Tourismus

Von
Prof. Dr. Jörn W. Mundt

3., völlig überarbeitete und ergänzte Auflage

R. Oldenbourg Verlag München Wien

Photonachweis

Deutsche Bahn AG (S. 192); Lyndall M. Jones (S. 466); Petra Meyer (S. 95, 211, 212); Jörn W. Mundt (S. 8, 33, 57, 58, 78, 89, 96, 113, 114, 172, 178, 183, 184, 198, 205, 206, 208, 259, 267, 278, 283, 306, 308, 342, 346, 356, 362, 384, 515); Geoffrey C. Robertson (S. 522); Martin Rüttenauer (S. 70, 118, 246, 262, 329, 435, 550).

Der Indianerkopf auf Seite 183 stammt von W. Nichts (Oklahoma 1943). © für das Gedicht auf Seite 239: Anna Lena Meyer

Bibliografische Information Der Deutschen Bibliothek

Die Deutsche Bibliothek verzeichnet diese Publikation in der Deutschen Nationalbibliografie; detaillierte bibliografische Daten sind im Internet über <http://dnb.ddb.de> abrufbar.

© 2006 Oldenbourg Wissenschaftsverlag GmbH
Rosenheimer Straße 145, D-81671 München
Telefon: (089) 45051-0
oldenbourg.de

Das Werk einschließlich aller Abbildungen ist urheberrechtlich geschützt. Jede Verwertung außerhalb der Grenzen des Urheberrechtsgesetzes ist ohne Zustimmung des Verlages unzulässig und strafbar. Das gilt insbesondere für Vervielfältigungen, Übersetzungen, Mikroverfilmungen und die Einspeicherung und Bearbeitung in elektronischen Systemen.

Gedruckt auf säure- und chlorfreiem Papier
Gesamtherstellung: Druckhaus „Thomas Müntzer" GmbH, Bad Langensalza

ISBN   3-486-58123-6
ISBN 978-3-486-58123-2

Inhaltsübersicht

Inhaltsverzeichnis
VII-X

Vorwort
XI-XVI

Definition und Erfassung des Tourismus
1-35

Entwicklungsfaktoren privaten Reiseverhaltens
37-104

Reisemotivation
105-140

Reisentscheidung
141-164

Verhalten auf Reisen und Reiseerleben
165-252

Anbieter im Tourismus
253-415

Die wirtschaftliche Bedeutung des Tourismus
417-474

Tourismuspolitik
475-526

Tourismusberufe: Bildung, Ausbildung, Weiterbildung
527- 552

Literatur
553-584

Personenregister
585-591

Sachregister
593-616

Internet
www.ba-ravensburg.de/~mundt/einfuehr.htm

INHALTSVERZEICHNIS

Seite

	Inhaltsübersicht	V
	Vorwort	XI
1	**Definition und Erfassung des Tourismus**	**1**
	1.1 ‚Tourist' – Definition und Abgrenzung....................	4
	1.2 Der ‚Tourist' in der Alltagssprache.........................	8
	1.3 Urlaubsreisen...	9
	1.4 Die Erfassung des Tourismus...................................	10
	1.4.1 Tourismusstatistik...	12
	1.4.2 Bevölkerungsrepräsentative Untersuchungen.....	19
	1.4.3 Europäische Tourismusstatistik.......................	25
	1.4.4 Erhebung über die Ausgaben und Einnahmen im internationalen Reiseverkehr.......................	26
	1.5 Touristische Kennwerte..	28
	1.6 Die Erfassung von Urlaubsreisearten.......................	30
	1.6.1 Veranstalterreisen...	31
	1.6.2 Weitere Differenzierung der Urlaubsreisearten......	34
2	**Entwicklungsfaktoren privaten Reiseverhaltens**	**37**
	2.1 Der Aufstieg von der Arbeits- zur multioptionalen Freizeit- und Erlebnisgesellschaft............................	38
	2.2 Die Entwicklung des privaten Reiseverhaltens...........	46
	2.2.1 Reiseziele...	49
	2.2.2 Reiseorganisationsform.................................	51
	2.2.3 Reiseverkehrsmittel......................................	53
	2.2.4 Beherbergung...	59
	2.3 Soziale Differenzierung und die Ungleichheit der privaten Reisechancen.....................................	60
	2.3.1 Einkommen...	60
	2.3.2 Formale Bildung...	62
	2.3.3 Stellung im Beruf..	63
	2.3.4 Regionale Herkunft.......................................	65
	2.3.5 Alter und Familienzyklus...............................	66
	2.3.6 Veränderungen der Lebensverläufe................	72
	2.3.7 Lebensstile..	76
	2.4 Reisesozialisation...	81
	2.5 Zeitgeschichtlicher Exkurs: Reisen in der DDR.........	88
	2.5.1 Die Reisen der neuen Bundesbürger..............	96
	2.6 Perspektiven für den Reisemarkt..............................	98
3	**Reisemotivation**	**105**
	3.1 Beruflich bedingte Reisen...	111
	3.2 Private Reisen und Urlaubsreisen.............................	114
	3.2.1 Übergreifende Motivationsansätze................	116
	3.2.1.1 Defizittheorie: Reisen als Flucht vor den Verhältnissen...	116
	3.2.1.2 Reisen als Suche nach Authentizität..................	117
	3.2.1.3 Der physiologische Erklärungsansatz: Urlaub zum Abbau der kumulierten Ermüdungsstoffe.............	121

		3.2.1.4	Psychologischer Erklärungsansatz I: Selbstverbesserung und symbolische Selbstergänzung................	123
		3.2.1.5	Psychologischer Erklärungsansatz II: Die Urlaubsreise als Kontrast zum Alltag........................	126
		3.2.1.6	Psychologischer Erklärungsansatz III: Die Urlaubsreise zur Verlängerung von Zeit...................	128
		3.2.1.7	Psychologischer Erklärungsansatz IV: Die Urlaubsreise zur Strukturierung von Zeit..................	131
	3.2.2	Spezielle Motivationsansätze..		133
		3.2.2.1	Reisen zum Erhalt oder zur Förderung der Gesundheit..	133
		3.2.2.2	Das Ausleben von Sexualität als Reisemotiv............	134
		3.2.2.3	Das Reisen selbst als Motiv für das Reisen.............	137

4 Reiseentscheidung 141

4.1 Beruflich bedingte Reisen.. 141
4.2 Private Reisen und Urlaubsreisen.. 144
    4.2.1 Das Phasenmodell der Reiseentscheidung........................... 154
    4.2.2 Der Persönlichkeitsansatz der Reisezielentscheidung........... 156
    4.2.3 Das Prestige-Modell der Reisezielentscheidung................... 158
    4.2.4 Das „Erwartung mal Wert"-Modell der Reisezielentscheidung.. 159
    4.2.5 Typologie der Entscheider.. 162

5 Verhalten auf Reisen und Reiseerleben 165

5.1 Erleben anderer Zeitstrukturen.. 168
5.2 Der touristische Blick... 171
5.3 Reiseführer in Buchform... 175
5.4 Photographien und Photographieren.. 180
5.5 Arrangements und Inszenierungen für den touristischen Blick.. 187
5.6 Reisearrangements und touristische Erfahrung............................. 191
    5.6.1 Verkehrsmittel.. 192
    5.6.2 Professionelle Hilfe.. 193
    5.6.3 Reisebegleitung.. 194
    5.6.4 Entfernung.. 199
5.7 Der touristische Handlungs- und Erfahrungsraum........................ 202
    5.7.1 Strand... 204
    5.7.2 Camping... 210
5.8 Fremde und Gäste.. 213
5.9 Typologien von Touristen und Reisen... 219
    5.9.1 Typen nach ihrer Anpassung an örtliche Normen................ 220
    5.9.2 Typen von ‚Reisestilen'.. 221
5.10 Exkurs I: Alternativ- und Aussteiger-Touristen............................. 223
5.11 Exkurs II: Sextouristen.. 231
5.12 Exkurs III: Liegestuhltouristen.. 237
5.13 Die Dynamik der Beziehungen zwischen Touristen und Einheimischen... 240
5.14 Der ‚eindimensionale Tourist' der Tourismuskritik....................... 244
5.15 Reisen als ‚darstellende Kunst'... 249

6 Anbieter im Tourismus 253

6.1 Verkehrsträger... 254

	6.1.1	Eisenbahnunternehmen		254
	6.1.2	Fluggesellschaften		258
		6.1.2.1	Exkurs: Deregulation im Luftverkehr	266
		6.1.2.2	Streckensysteme	269
		6.1.2.3	Linienfluggesellschaften	272
			6.1.2.3.1 Traditionelle Linienfluggesellschaften	272
			6.1.2.3.2 Strategische Allianzen	274
			6.1.2.3.3 Regionalfluggesellschaften	277
			6.1.2.3.4 Billigfluggesellschaften	281
		6.1.2.4	Charterfluggesellschaften	286
		6.1.2.5	Ertragssteuerung (*yield*- oder *revenue management*)	292
			6.1.2.5.1 Überbuchung	292
			6.1.2.5.2 Preise und Konditionen	294
			6.1.2.5.3 Vereinfachtes Modell der Billigfluggesellschaften	298
		6.1.2.6	Franchising bei Linienfluggesellschaften	300
		6.1.2.7	Flughäfen	302
	6.1.3	Mietwagenunternehmen		314
	6.1.4	Omnibusunternehmen		316
	6.1.5	Reedereien		321
6.2	**Destinationen**			**324**
	6.2.1	Tourismusorte		328
	6.2.2	Touristische Attraktionen		334
		6.2.2.1	Disney Parks	335
		6.2.2.2	Markenwelten (*brand lands*)	341
		6.2.2.3	Bungalowparks	343
		6.2.2.4	Einkaufszentren	345
		6.2.2.5	Veranstaltungen (*special events*)	347
	6.2.3	Destinationsmarken		348
6.3	**Beherbergung und Gastronomie**			**355**
	6.3.1	Beherbergungsbetriebe		356
	6.3.2	Restaurationsbetriebe		360
		6.3.2.1	Betreiberkonzepte von Beherbergungs- und Restaurationsbetrieben	360
6.4	**Reiseveranstalter**			**364**
	6.4.1	Vertrieb		369
	6.4.2	Ertragssteuerung (*yield* oder *revenue management*)		371
6.5	**Reisebüros**			**375**
	6.5.1	Stationäre Reisebüros		375
		6.5.1.1	Firmendienst	383
		6.5.1.2	Sortimentgestaltung im Reisebüro	385
	6.5.2	Nicht stationäre Reisevermittler		386
	6.5.3	Kennzahlen im Reisebüro		387
	6.5.4	Konzentrationsprozesse im Reisebürogeschäft		389
	6.5.5	Ticket-Großhändler (*consolidators*)		393
	6.5.6	Die Zukunft des Reisebüros		395
6.6	**Vertikale Integration**			**397**
6.7	**Reservierungssysteme**			**404**
	6.7.1	Auswirkungen auf den Wettbewerb		407
6.8	**Veränderung der Vertriebswege**			**410**
6.9	**Marketing**			**413**
7	**Die wirtschaftliche Bedeutung des Tourismus**			**417**
	7.1	**Ansätze zur Messung**		**421**

		7.1.1	Messung der touristischen Ausgaben (Nachfragemethode)	421
		7.1.2	Messung der touristischen Einnahmen (Angebotsmethode)	422
		7.1.3	Die Messung der Beschäftigungswirkung	428
	7.2	Modelle zur Bestimmung der ökonomischen Wirkungszusammenhänge		432
		7.2.1	Multiplikatormodell	432
		7.2.2	Brutto- und Nettoeffekte	436
		7.2.3	Wertschöpfungsmodell	442
		7.2.4	Input-Output Modell	445
		7.2.5	Dynamisches multisektorales Modell	449
	7.3	Empirische Studien		452
		7.3.1	Die Wertschöpfung des Tourismus in der Schweiz	452
		7.3.2	Die Wertschöpfung des Tourismus in Deutschland	456
		7.3.3	Regionale Wertschöpfung des Tourismus: der Kanton Bern	458
		7.3.4	Interdependenzen mit anderen Wirtschaftsbereichen: Die wirtschaftliche Bedeutung des Tourismus in Australien	463
		7.3.5	Beschäftigungseffekte	468
	7.4	Tourismus-Satellitenkonto im Rahmen der volkswirtschaftlichen Gesamtrechnung		471
8	**Tourismuspolitik**			**475**
	8.1	Was ist Tourismuspolitik?		478
	8.2	Staat und Tourismus		481
	8.3	Verbände		486
	8.4	Politische Entscheidungsgremien und Administrationen		495
		8.4.1	Die Europäische Union	495
		8.4.2	Die Bundesrepublik Deutschland	500
			8.4.2.1 Bundesebene	501
			8.4.2.2 Länderebene	503
			8.4.2.3 Stadt- und Gemeindebene	506
	8.5	Barrierefreier Tourismus		512
	8.6	Tourismus und Umwelt		516
9	**Tourismusberufe: Bildung, Ausbildung, Weiterbildung**			**527**
	9.1	Ausbildungsberufe im Tourismus		529
		9.1.1	Fort- und Weiterbildungsmöglichkeiten	530
	9.2	Hochschulausbildung		531
		9.2.1	Fort- und Weiterbildungsmöglichkeiten	533
	9.3	Qualitätsprobleme von Bildung und Ausbildung		534
	9.4	Angebot und Nachfrage auf dem touristischen Arbeitsmarkt		546
Literatur				**553**
Personenregister				**585**
Sachregister				**593**

Vorwort

Wer sich ernsthaft mit dem Tourismus beschäftigen will, kommt nicht umhin, sich mit einer Reihe von wissenschaftlichen Fächern auseinanderzusetzen. Aspekte der Reisemotivation, der Reiseentscheidung, des Reiseerlebens, der Einbettung des Reisegeschehens in die Entwicklungslinien moderner Industrie- und Dienstleistungsgesellschaften und ihrer politischen Systeme müssen untersucht und dargestellt werden.

Zweifelsohne ist auch die Betrachtung und Analyse der volks- und betriebswirtschaftlichen Seite des Tourismus von großer Bedeutung - nicht zuletzt auch deshalb, weil die weitaus meisten Studiengänge im Tourismus mit einem Diplom in Betriebswirtschaft abschließen. Für Studenten ist es deshalb wichtig, die Besonderheiten des Wirtschaftsbereiches Tourismus sowohl in makroökonomischen Zusammenhängen als auch in den speziellen Anforderungen an die in ihm tätigen Unternehmen kennenzulernen. In diesem Buch finden sich deshalb auch viele ökonomische Bezüge. So ist der wirtschaftlichen Bedeutung des Tourismus ein ausführliches eigenes Kapitel gewidmet.

Der Tourismus mit seinen vielen Facetten fordert aber den Versuch einer interdisziplinären Betrachtung heraus wie kaum ein anderer wissenschaftlicher Gegenstandsbereich. Ohne die Verwendung von Ansätzen, Methoden und Ergebnissen aus Soziologie, Psychologie, Medizin, Politik- und Rechtswissenschaften, Ethnologie, Kulturwissenschaften und vielleicht auch dem einen oder anderen Satz aus der Philosophie wird man der Breite und Vielfalt von touristischen Motivationen, Aktivitäten und Erfahrungen nicht gerecht. Die seit langem bestehenden Versuche, so etwas wie eine „Tourismuswissenschaft" zu etablieren (vgl. u.a. Nahrstedt, Piwodda & Vodde 1995; neuerdings Groß 2006) zeigen, daß es hier bislang an einer Integration der verschiedenen Disziplinen fehlt. Ob man dafür eine neue Wissenschaft begründen muß und ob es sich dabei dann tatsächlich um eine „Wissenschaft" handelt, bleibt dahingestellt. Immerhin kann man etwas salopp (und nicht sehr wissenschaftlich) den Standpunkt vertreten, daß alles das, was Wissen schafft, eben auch eine Wissenschaft ist.

1996 wurde eine Deutsche Gesellschaft für Tourismuswissenschaft (DGT) gegründet, die es sich in ihrer Satzung u.a. zum Ziel gesetzt hat, „zur Etablierung einer sich interdisziplinär verstehenden Tourismuswissenschaft beizutragen." Da Tourismus an deutschen Hochschulen, von einigen Ausnahmen wie der Geographie und Sozialpädagogik abgesehen, nur im Gewand der Betriebswirtschaftslehre daherkommt und meist an weniger mit Forschung betrauten Fachhochschulen und Berufsakademien gelehrt wird, ist diese Zielsetzung nur zu begrüßen. Wer sich an einer Hochschule mit Tourismus beschäftigen will, steht ja zunächst unter dem nur schwer auszuräumenden Verdacht, er wolle seinen Urlaub in seine Arbeitszeit hinein verlängern und für seine Traumreisen auch noch ein Gehalt beziehen. Eine Karikatur hat diese Einstellung der gesamten Freizeitforschung gegenüber vor Jahren auf den Nenner gebracht: Auf dem Schild für das dargestellte „Institut für Freizeit- und Urlaubsforschung" steht „Montag bis Freitag geschlossen". Die wirtschaftliche, soziale und politische Bedeutung von Freizeit und Tourismus in den modernen Industrie- und Dienstleistungsgesellschaften wird damit gründlich verkannt. Es geht den Wissenschaftlern hier kaum anders als den Studenten, die ein tourismusbezogenes Fach studieren und denen ihre Umwelt auch gerne einen gewissen Hang zur Leichtigkeit eines wenig arbeits- und verantwortungsbewußten Seins in flüchtigen Urlaubswelten unterstellt.

Nicht nur, daß diese Vorstellungen meilenweit an der Realität der Arbeitsbedingungen in den meisten Tourismusberufen vorbeigehen, in denen zum Beispiel lange Arbeitszeiten und Wochenendarbeit zum Alltag gehören, sie sind auch Ausdruck einer Arbeitsethik und eines alten Denkens, die zwar einerseits mit für die Grundlagen unseres heutigen Wohlstandes, gleichzeitig aber auch für eine hohe Arbeitslosigkeit und die Perspektivlosigkeit der Politik diesem Thema gegenüber verantwortlich sind. Das dümmliche Wort vom „Freizeitpark Deutschland" ist nur ein Indikator für diese Fehleinschätzung und den falschen Weg einer Politik, die mit den alten Mitteln neue Probleme glaubt lösen zu können. Es zeigt, daß Erfahrung nicht immer klug, sondern manchmal eben auch dumm macht, wenn man Handlungsmuster, die unter völlig anderen Bedingungen erfolgreich waren, ohne ausreichende Analyse eher reflexartig auf neue Problemlagen anwenden will (vgl. Dörner 1989). Wenn zum Beispiel, wie es mittlerweile vielfach geschieht, diejenigen, die einen Arbeitsplatz haben, länger arbeiten, werden jene, die keinen haben, ganz sicher nicht wieder in Lohn und Brot gebracht.

Die nähere Beschäftigung mit dem Tourismus macht deutlich, daß ohne den Tourismus auch Wirtschaftszweige, die man zunächst nicht mit ihm in Verbindung bringt, zu einem wesentlichen Teil ohne Arbeit wären. Die Verringerung von Urlaubsansprüchen würde also ungewollt auch jene Industrien treffen, denen eigentlich damit geholfen werden sollte. Mit anderen Worten:

Die Bedeutung des Tourismus wird zu einem wesentlichen Teil nur in seinen Vernetzungen sichtbar. Dabei geht es nicht nur um ökonomische Vernetzungen mit praktisch allen Wirtschaftsbereichen, sondern auch um Verknüpfungen mit den sozialen und politischen Verhältnissen. Wenn man also (hoffentlich) etwas lernt aus der Beschäftigung mit dem Tourismus, dann ist es das Denken in Zusammenhängen.

Studenten ist dies anfangs meist schwer zu vermitteln, weil sie heute oft sehr nutzen- und berufsbezogen an ein Studium herangehen. Nicht der Versuch des Verstehens steht an erster Stelle in ihrer Motivation, sondern die direkte praktische Anwendung der vermittelten Inhalte. Dabei haben viele von ihnen in alterstypischer Verkennung der Bedeutung der Gegenwart oft nur die derzeitige Situation, wie sie sich ihnen aus der theoretischen Beschäftigung mit den Tätigkeitsfeldern oder aus ihrer begrenzten Berufserfahrung (zum Beispiel im Rahmen von Praktika) darbietet, im Kopf. Wie jedoch der Rückblick auf die vergangenen Jahrzehnte lehrt, sind die Aufgaben und Grenzen der Berufe einem durchgreifenden Wandel unterworfen, von dem anzunehmen ist, daß er sich in den nächsten Jahrzehnten noch beschleunigen wird. Ganze Berufsgruppen sind weggefallen, neue dazugekommen, und manche Berufe haben heute nur noch den Namen mit den früher darunter subsumierten Tätigkeiten gemein. Auch der Tourismus ist davon betroffen. Ob es in zwanzig Jahren zum Beispiel noch viele Reisebüros geben wird, ist heute schon fraglich. In zwanzig Jahren aber stehen die meisten Studenten von heute mitten in ihrem Berufsleben. Deshalb darf man bei der Ausbildung nicht nur die Gegenwart, sondern muß auch die Zukunft im Auge haben.

Bei genauerem Hinsehen muß man zudem feststellen, daß das angeschnittene Theorie-Praxis Problem in Wirklichkeit gar nicht existiert. Schließlich gibt es keine Praxis ohne Theorie und keine Theorie ohne Praxis. Wer ein praktisches Problem lösen will, muß eine Vorstellung davon haben, wie die Lösung aussehen und wie sie erreicht werden soll. Ohne Annahmen über Ursachen und Wirkungen, d.h., ohne eine Theorie, wird er nicht in der Lage sein zu handeln. Wer umgekehrt versucht, Zusammenhänge zu verstehen und Vorhersagen zu formulieren, kann dies nur vor dem Hintergrund praktischer Erfahrungen. Selbst das Lesen im Kaffeesatz kommt nicht ohne Empirie aus, auch wenn sich nicht der geringste Zusammenhang zwischen den Schlieren im Kaffeesatz und dem vorhergesagten Lebensbereich herstellen läßt und dieser Ansatz damit also auf eine falsche Theorie zurückzuführen ist. Nur das Wechselspiel zwischen vorher gemachter Erfahrung und dem Versuch, das bisher Erfahrene auf neue Situationen anzuwenden, ermöglicht Lernen und Erkenntnis. Was jedes Kleinkind intuitiv weiß (und für sein Überleben wissen muß), geht offensichtlich im Verlaufe der schulischen Sozialisation wieder verloren und führt zu der unsinnigen Trennung von Theorie und Praxis. Verwendet man die deutschen Begriffe Vorstellung und Handeln für Theorie und Praxis, wird sehr schnell deutlich, daß beides nicht voneinander zu trennen ist. So wenig, wie man ohne Vorstellung handeln kann, kann man ohne zu handeln Vorstellungen entwickeln. Theorie und Praxis kann man damit so wenig voneinander scheiden wie zwei Seiten einer Medaille.

Zudem ist meist völlig unklar, was eigentlich mit Theorie oder Praxis gemeint sein soll. Der Geschäftsführer eines Tourismusunternehmens mag seine Tätigkeit für die eines gestandenen Praktikers halten und dies auch entsprechend herausposaunen, die meisten seiner Mitarbeiter können aber trotzdem durchaus der Meinung sein, bei ihm handele es sich um einen abgehobenen Theoretiker, der überhaupt nicht weiß, was in seinem Betrieb wirklich wie zu tun ist. Es gibt einfach unterschiedliche Ebenen von Praxis und damit auch unterschiedliche Vorstellungen von dem, was als „theoretisch" und dem, was als „praktisch" gilt. Oft sind sich die Menschen an ihren Arbeitsplätzen gar nicht bewußt, an welchen Vorstellungen sie ihr Handeln orientieren und mit welchen Theorien sie damit eigentlich arbeiten.

Vor dem Hintergrund ihrer rein nutzenbezogenen Denkweise sind viele Studenten heute oft eher theoriefeindlich eingestellt. Damit sind sie so ziemlich das genaue Gegenteil ihrer Elterngeneration, die in den späten sechziger und frühen siebziger Jahren des letzten Jahrhunderts die Hochschulen gegen jede Zumutung der direkten praktischen Verwertbarkeit der vermittelten Inhalte abschotten wollten. Wenn sich im Laufe der Zeit – und vielleicht auch mit der Lektüre dieses Buches – eine Haltung herausbildete, die keine Trennung mehr zwischen Theorie und Praxis und statt dessen den Wert von beidem sieht, wäre ein wichtiges Bildungsziel erreicht. Nichts ist schließlich praktischer als eine gute Theorie (Albert Einstein).

Über den Topfrand der eigenen Branche und des eigenen Wissenschaftsbereiches hinauszuschauen, ist also nicht nur deshalb notwendig, weil man den Tourismus und seine Entwicklung sonst nicht verstehen kann, sondern auch, weil man sonst Gefahr liefe, einer Schmalspurausbildung aufzusitzen, die zukünftigen Anforderungen nicht gewachsen ist. Natürlich weiß man heute noch nicht, was morgen sein wird, aber die Vorbereitung darauf, daß es gewiß anders sein wird und man sich auf die veränderten Anforderungen einstellen muß, kann eine Ausbildung relativ zukunftssicher machen. Damit ist nicht das Zertifikat gemeint, das man am Ende eines erfolgreichen Studiums ausgehändigt bekommt, sondern die Person, die es in Empfang nimmt. Sie muß wissen, daß der Studienabschluß nur den Anfang einer Periode lebenslangen Lernens markiert, die mehr von Wandel als durch Kontinuität geprägt sein wird. Deshalb wird Berufsbildungsfragen zum Abschluß des Buches ein eigenes Kapitel gewidmet.

Meist sieht man in durchgreifenden Veränderungen Gefahren und begegnet ihnen mit Angst, weil sie gewohnte und eingefahrene Gleise plötzlich ins Nichts führen lassen. Daß darin ganz wesentlich auch neue Chancen liegen, wird gerne übersehen. Wer diese Möglichkeiten nicht wahrnehmen will und sich nicht auf sie einstellt, hat schon auf den Arbeitsmärkten von heute große Probleme, sich zurechtzufinden und eine den eigenen Vorstellungen entsprechende Arbeit zu finden – auf denen von morgen wird er verloren sein. Ohne flexibles persönliches Reagieren können neue Chancen der Erwerbsarbeit nicht genutzt werden. Das Wahrnehmen dieser Chancen setzt aber ein breites Interessenspektrum voraus. Wer nur auf seinen eigenen Bereich schaut, kann Entwicklungen in anderen nicht sehen und verpaßt damit unter Umständen neue berufliche Möglichkeiten. Je mehr Interessen man also entwikkelt, desto besser.

Daß man in seinem Erwerbsleben heute mehrfach den Beruf wechseln muß, um erwerbstätig bleiben zu können, wird von vielen jungen Menschen eher als nachteilig und oft sogar beängstigend empfunden. Man kann es aber auch als ein Privileg sehen, daß man immer wieder etwas Neues lernen, alltäglichen Routinen den Rücken kehren und sich neuen Herausforderungen stellen darf. Viele der Erfahrungen schließlich, die man in verschiedenen Tätigkeitsbereichen gewonnen hat, lassen sich mit Gewinn in neue Situationen transferieren. Spezialisten sind zwar immer mehr gefragt, aber es sind Spezialisten auf Zeit, nicht für ein ganzes Erwerbsleben. Dazu ist der technische und wirtschaftliche Wandel zu schnell. Gefragt sind damit also Menschen, die es gelernt haben, sich schnell in neue Arbeitsgebiete einzuarbeiten, ohne dabei den Überblick zu verlieren.

Aus individueller Sicht ist es manchmal schwer, sich in einem solchen wirtschaftlichen und sozialen Umfeld zurechtzufinden. Das Gefühl des Verlustes an Kontrolle über das eigene Leben macht vielen, auch jungen Menschen, zu schaffen, die einmal geglaubt haben, einen festen und dauerhaften Platz in ihrem Berufsleben und damit weitgehend auch in der Gesellschaft finden zu können. Richtig an diesem Gefühl ist, daß aus persönlicher Sicht alles im Leben mehr oder weniger Zufall ist. Entscheidend ist aber, wie man darauf vorbereitet ist und was man aus diesen Zufällen macht.

Der Tourismus ist aufgrund seiner Verflechtungen ein sehr gutes Studienbeispiel. Richtig betrieben, kann das tourismusbezogene Studium zu einer fachgrenzenübergreifenden Qualifikation führen, zu Absolventen, die es gelernt haben, vernetzt zu denken und deshalb in der Lage sind, Problemlösungen auch in Bereichen zu entwickeln, die mit dem Tourismus weniger zu tun haben. Da die meisten tourismusbezogenen Studiengänge im Rahmen einer Ausbildung zu Diplom-Betriebswirten angeboten werden, ist die Interdisziplinarität des Studiums schon von daher gegeben. Wer heute zu einem betriebswirtschaftlichen Standardwerk wie zum Beispiel dem Marketinglehrbuch von Nieschlag, Dichtl & Hörschgen greift, hält damit gleichzeitig eine Einführung in wichtige Aspekte der Volkswirtschaftslehre, der Soziologie, Sozialpsychologie, Kommunikationswissenschaft und der empirischen Sozialforschung in seinen Händen. Auch die Beschäftigung mit dem Tourismus im Rahmen eines Geographiestudiums ist ohne fachübergreifende Sichtweise nicht möglich, zumal die Geographie selbst schon eine Reihe von Wissenschaften wie u.a. Geologie, Physik, Meteorologie, Biologie und Ökonomie zu integrieren versucht.

Wie rasant die wirtschaftlichen, gesellschaftlichen und vor allem die branchenspezifischen Entwicklungen in den letzten Jahren waren, findet auch darin seinen Niederschlag, daß einzelne Abschnitte dieses Buches nahezu vollkommen neu geschrieben werden mußten. Das gilt insbesondere für die Bereiche Luftverkehr (mit der weltweit zunehmenden Bedeutung von Billigfluggesellschaften), Reiseveranstaltung (mit der Bildung transnational aufgestellter, partiell vertikal integrierter Konzerne) und den Vertrieb, der zunehmend über Call Center und Internet erfolgt. Vor allem die Billigfluggesellschaften haben sich als die Motoren eines durchgreifenden globalen Wandels erwiesen, der praktisch alle Bereiche des Tourismus erfaßt und noch lange nicht abgeschlossen ist. Nachhaltige Veränderungen ergeben sich auch durch die zunehmende Dominanz Älterer in der Gesellschaft, die in allen Bereichen des Tourismus ihre Auswirkungen zeigt und auf die von den Anbietern sowohl in der Angebotsgestaltung als auch auf der Beschäftigungsseite reagiert werden muß. Im Bereich der akademischen Bildung und Ausbildung (nicht nur) im Tourismus ergeben sich mit dem 1999 in Bologna beschlossenen Umgestaltungsprozeß des europäischen Hochschulsystems bis 2010 ebenfalls gravierende Umgestaltungen, die im abschließenden Kapitel über Tourismusberufe und Ausbildungen berücksichtigt werden mußten.

Inwieweit es in diesem Buch nun gelungen ist, den Tourismus in seinen Vernetzungen unter einer fachgrenzenübergreifenden Perspektive und zum Nachdenken anregenden Weise darzustellen, bleibt dem Urteil des Lesers überlassen.

Jörn W. Mundt

1
Definition und Erfassung des Tourismus

Was ist eigentlich Tourismus? Was unterscheidet ihn von Fremdenverkehr oder Reiseverkehr; was wiederum ist das Verschiedene an diesen beiden Begriffen? Bevor man also den Tourismus erfassen und seine Entwicklung beschreiben kann, muß man sich Klarheit über seine Begrifflichkeit verschaffen. Dabei muß auch begründet werden, warum im Titel dieses Buches nicht die Bezeichnungen ‚Fremdenverkehr' oder ‚Reiseverkehr' verwendet werden, sondern der Begriff ‚Tourismus' gewählt wurde.

Das Wort ‚**Tourismus**' stammt aus dem griechischen τoρνoζ (=*tornos*) für ‚zirkelähnliches Werkzeug' und gelangte über das lateinische *tornare* (=runden) und das französische *tour* ins Englische und Deutsche. Der „*begriff der rundung, der zum ausgangspunkt zurückkehrenden wendung*" (Lexer & Kralik 1935, S. 915; Hervorh. u. Kleinschr. i. Orig.) ist allen diesen Worten gemeinsam. Eine Tour ist demnach ein „Wohin-und-zurück"[1], eine Reise weg vom normalen Wohnort hin zu einem anderen Ort, an dem man für eine Zeit verweilt, um dann wieder zum Ausgangspunkt zurückzukehren; ein Tourist ist jemand, der eine solche Tour macht.

---

[1] So nannte der Regisseur Axel Corti seine Filmtrilogie über die durch die Nationalsozialisten erzwungene Emigration und die spätere Rückkehr des Journalisten Georg Stephan Troller nach Österreich.

Das ursprünglich aus dem französischen übernommene Wort ‚**Tour**' wurde nach dem deutsch-französischen Krieg (1870/71) im neuen Deutschen Reich jedoch zunehmend verpönt und durch ‚Reise', ‚Wanderung' und, in der Jugendbewegung der zwanziger Jahre des 20. Jahrhunderts, durch ‚Fahrt' ersetzt. Im Gegensatz zum weitgehenden Verschwinden des Wortes ‚Tour' in diesem Zusammenhang hat sich die Bezeichnung ‚**Tourist**' im Deutschen jedoch durchgesetzt.

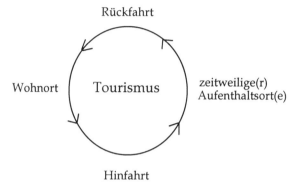

Abbildung 1.1: Die Zirkelbewegung des Tourismus

Gebräuchlicher ist das deutsche Wort ‚**Reise**'. Es ist mit dem englischen *rise* = ‚Hochgehen, Anstieg, Erhöhung' eng verwandt und hat die gemeinsame Wurzel im Altfriesischen *rîsa* = sich erheben, entstehen. Die Reise bezeichnet also den Aufbruch, das Wegfahren. Im Gegensatz zum Begriff ‚Tourismus', bei dem das Wiederzurückkommen bereits mitgedacht ist, bleibt das Wort Reise unter diesem Aspekt unbestimmt. Man kann unablässig Reisen, von einer Reise zurückkommen oder aber eine Reise unternehmen, an deren Endpunkt man für immer bleibt, wie etwa beim Auswandern.

Entsprechend ist auch der Begriff ‚**Reiseverkehr**' in diesem Zusammenhang weitgehend unspezifisch: Er umfaßt alles Verlassen des eigentlichen bzw. ursprünglichen Wohnortes. Damit gehört der Umzug von einem Ort in einen anderen ebenso dazu wie das Auswandern oder die Flucht.

Eine größere Überschneidung besteht in der Verwendung zwischen den Begriffen ‚Tourismus' und ‚**Fremdenverkehr**'. Teilweise werden sie sogar als Synonyme verwendet, häufig jedoch auch als zwei entgegengesetzte Begriffe zur Kennzeichnung verschiedener Sichtweisen der zeitlich begrenzten räumlichen Mobilität.

Das Adjektiv ‚**fremd**' stammt vom germanischen Adverb *fram* = „vorwärts, weiter; von - weg" (Drosdowski & Grebe 1963). Es wandelte sich dann zu ‚unbekannt, unvertraut'. In seiner ursprünglichen Bedeutung war es damit dem Aufbruch und dem Wegfahren, das den Begriff der ‚Reise' bestimmt, sehr ähnlich. Heute überwiegt jedoch ganz eindeutig der Aspekt des Unbekannten, Unvertrauten. Dies erklärt vielleicht auch, daß sich der Gebrauch des Begriffs ‚Fremdenverkehr' in Deutschland vor allem die Aufnahme von Gästen in Städten und Gemeinden (*incoming*) bezieht. Aus der Sichtweise der Bürger sind es vor allem Fremde, die ihre Orte besuchen. Im Gegensatz dazu versteht man unter ‚Tourismus' dann das zeitweilige Verlassen des Wohnortes für eine – meist in das Ausland gehende – Reise (*outbound*). Tourismus wäre damit die Mobilität des Nicht-Fremden aus der eigenen Umwelt, der wiederkommt, währenddessen der Fremde aus dem Unbekannten kommt und nach einer Weile als Fremdgebliebener wieder dorthin entschwindet. Allerdings ist diese Abgrenzung keineswegs eindeutig, denn in beiden Fällen ist es durchaus wieder der ‚Tourist', der einen Ort besucht oder seinen Ort verläßt.

Dieser kurze Ausflug in die Etymologie, die Lehre von der Herkunft der Wörter, zeigt sehr deutlich den **Vorzug des Begriffes ‚Tourismus'** vor allen anderen Bezeichnungen für das gesellschaftliche Phänomen, das in diesem Buch näher untersucht werden soll: Das zeitweilige Verlassen seiner gewohnten Umwelt, bei dem die Rückkehr an den Ausgangspunkt von vornherein feststeht und ohne deren Gewißheit man die Reise gar nicht erst angetreten hätte. Damit faßt man unter dem **Oberbegriff Tourismus** alle Reisen, unabhängig von ihren Zielen und Zwecken, zusammen, die den zeitweisen Aufenthalt an einem anderen als den Wohnort einschließen und bei denen die Rückfahrt Bestandteil der Reise ist.

Abbildung 1.2: Der Tourismus im Schnittpunkt verschiedener Wirtschaftsbereiche

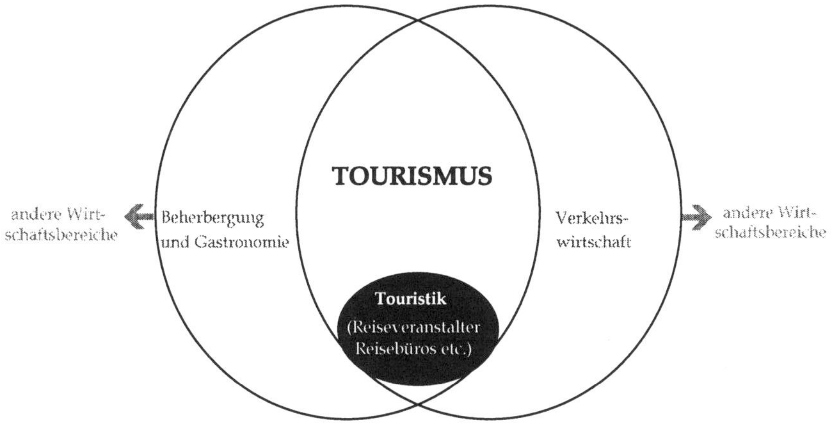

Die Verwendung des Begriffes ‚Tourismus' hat gleichzeitig den Vorzug, daß er zumindest in den meisten europäischen Sprachen ebenfalls verwendet wird. Ohnedies müßte man das eigentümliche Wort ‚Fremdenverkehr' ins Englische übersetzen als *tourism*, ins Französische als *tourisme* und ins Spanische oder Italienische als *turismo* bezeichnen.

Diese weite Definition von Tourismus als Oberbegriff umfaßt die verschiedensten Arten und Formen solcher Reisen. Geschäftsreisen gehören ebenso dazu wie der Besuch von Freunden und Verwandten, der Urlaub auf einer einsamen Insel, das Trekking im Hochgebirge, eine Studienreise durch Oberägypten und der Besuch einer abendlichen Kulturveranstaltung in einer weit vom Wohnort entfernten Stadt, die eine Übernachtung einschließt.

Daneben existiert noch der Begriff ‚Touristik'. Er bezeichnet erstens die Untermenge des Wirtschaftsbereiches Tourismus, der durch Reiseveranstalter und Reisebüros gebildet wird. Zweitens wird im Reisebüro damit die Abteilung bezeichnet, in der Veranstalterreisen vermittelt werden (Abbildung 1.2; siehe ausführlich dazu Abschnitt 6.5.1).

1.1 ‚Tourist' – Definition und Abgrenzung

Nachdem die wirtschaftlichen und politischen Umwälzungen infolge des Ersten Weltkriegs (1914-1918) ihren Ausdruck u.a. auch in Urlaubsregelungen fanden (siehe ausführlich dazu Kap. 2) und damit für weite Teile der Bevölkerung überhaupt erst die Möglichkeit von Reisen eröffnet wurde, die sich immer mehr Leute leisten konnten, kam der Tourismus als Wirtschaftsfaktor langsam in das Blickfeld der Öffentlichkeit und damit auch der Politik. Um diese neue Entwicklung international erfassen zu können, initiierte der Rat des Völkerbundes (Vorgängerorganisation der Vereinten Nationen, die von 1920 bis 1946 existierte) 1937 eine erste Konferenz, die Empfehlungen zur Definition des „internationalen Touristen" für ihre Mitgliedsländer herausgab. Deutschland hatte seine seit 1926 bestehende Mitgliedschaft bereits nach der Wahl Hitlers zum Reichskanzler 1933 aufgekündigt.

Erst nach dem Ende des von Deutschland angezettelten Zweiten Weltkrieges und der ersten Phase des Wiederaufbaus des in weiten Teilen zerstörten Europas wandte man sich 1950 mit einer Konferenz in Dublin wieder diesem Thema zu. Diese von der Internationalen Union der Offiziellen Tourismusorganisationen (IUOTO) veranstaltete Zusammenkunft von Experten entwarf das Konzept des weiter gefaßten „internationalen Besuchers", das 1953 von der Statistischen Kommission der Vereinten Nationen übernommen wurde.

Die von den Vereinten Nationen 1963 in Rom veranstaltete Konferenz über „International Travel and Tourism" empfahl die Übernahme der von der IUOTO vorgeschlagenen Begriffe „**Besucher**" (*visitor*), „**Tourist**" und „**Ausflügler**" (*excursionist*). Sie wurden nach längerer Überprüfung 1968 von der Statistischen Kommission der Vereinten Nationen übernommen.

- ‚**Besucher**' sind danach übergreifend alle Reisenden, die sich zeitweilig an einem anderen Ort als dem ihres ständigen Wohnsitzes aufhalten.

- Unter dem Begriff ‚**Tourist**' wurden dabei allgemein diejenigen zeitweiligen Besucher eines Landes zusammengefaßt, die sich für mindestens 24 Stunden an einem anderen als ihrem Wohnort aufhalten.

- ‚**Ausflügler**' dagegen sind diejenigen, die sich kürzer dort aufhalten. Dazu gehören zum Beispiel auch Kreuzfahrtpassagiere, die sich mehrere Tage an einem Ort aufhalten, aber jeweils auf ihrem Schiff übernachten. Ausgeschlossen sind dagegen Transitpassagiere, d.h. solche, die zum Beispiel von Düsseldorf über London nach New York fliegen; sie gelten nicht als Ausflügler, obwohl sie Großbritannien für weniger als 24 Stunden besuchen.

Die Reisen müssen entweder geschäftlichen Zwecken, dem Besuch von Tagungen und Kongressen, der Freizeitgestaltung oder dem Besuch von Freunden und Verwandten dienen. Zur Freizeitgestaltung gehören nach dieser Definition Urlaub, Erholung, Sport, Gesundheit, Studien, aber auch religiöse

Zwecke wie sie zum Beispiel Pilgerreisen zugrunde liegen (vgl. Abbildung 1.3). In der Regel handelt es sich nach diesen Definitionen bei den Touristen also um zeitweilige Besucher, die mindestens eine Nacht in einem anderen Land verbringen, bei Ausflüglern um solche, die ein Land, ohne dort zu übernachten, besuchen.

Abbildung 1.3: Grundlegende Definitionen

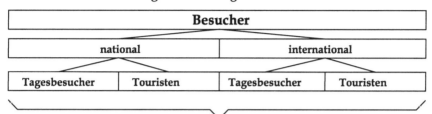

nach United Nations & World Tourism Organization (1994)

Im Zusammenhang mit der Einführung von Tourismus-Satelliten-Konten (*Tourism Satelite Accounts*, TSA) in das System der Volkswirtschaftlichen Gesamtrechnung zur Bestimmung der wirtschaftlichen Bedeutung des Tourismus in einem Land (siehe Abschnitt 7.4) hat die UNWTO den Tourismusbegriff insofern erweitert, als sie für diese Berechnungen auch Ausflügler (zum Beispiel Tagesgeschäftsreisen) miteinbezieht. Die Grenze sind in diesem Zusammenhang nur noch die maximal 364 Übernachtungen, die minimale Aufenthaltsdauer fällt weg.

Um der zunehmenden globalen Bedeutung des Tourismus gerecht zu werden, wurde 1975 in Mexiko die **World Tourism Organization** (WTO) als Nachfolgeorganisation der International Union of Official Travel Organisations (IUOTO) gegründet. Sie hat ihren Sitz in Madrid. 2003 erhielt sie den Status einer Spezialorganisation der Vereinten Nationen. In diesem Jahr gehörten ihr 141 Staaten, sieben Territorien (zum Beispiel Bundesstaaten) und 350 assoziierte Mitglieder (Unternehmen, Bildungseinrichtungen, Tourismusverbände usw.) an. Seit 2005 heißt sie deshalb auch **UNWTO**. Mit dieser Umbenennung wurde der zehnjährige Abkürzungswirrwarr beendet, den die Transformation des Welthandelsabkommens (General Agreement on Tariffs and Trade, GATT) in die Welthandelsorganisation (World Trade Organisation, WTO) seit 1995 verursachte.

Die UNWTO soll den Tourismus fördern und entwickeln und dabei vor allem die Interessen der Dritten Welt berücksichtigen. Für diesen Zweck sammelt sie alle relevanten Informationen und veröffentlicht sie unter anderem im Internationalen Jahrbuch der Tourismusstatistik. Mit ihrer Arbeit soll die UNWTO weltweit zum Schutz der natürlichen und kulturellen Ressourcen beitragen. Darüber hinaus organisiert sie Bildungs- und Ausbildungsprogramme zur Förderung von beruflichen Qualifikationen in der Tourismuswirtschaft. Die heute verwendeten Tourismusdefinitionen wurden nach der von der damaligen WTO mit vorbereiteten „International Conference on International Travel and Tourism" 1991 in Ottawa von der Statistischen Kommission der Vereinten Nationen und der WTO unter dem Titel „Recommendations on Tourism Statistics" 1994 veröffentlicht. Im Gegensatz zu den bis dahin verwendeten Begriffen beschränken sich diese Empfehlungen nicht auf den internationalen Tourismus, sondern beziehen den **Inlandstourismus** explizit mit ein. Daraus folgen die in Abbildung 1.4 dargestellten Begriffe des nationalen und des internationalen Tourismus.

Abbildung 1.4: Definitionen von nationalem und internationalen Tourismus

Nation A

Inlandstourismus
(domestic tourism)

Auslandstourismus
(outgoing)
in andere Länder ←

Ausländertourismus
(incoming)
aus anderen Ländern →

nationaler Tourismus

internationaler Tourismus

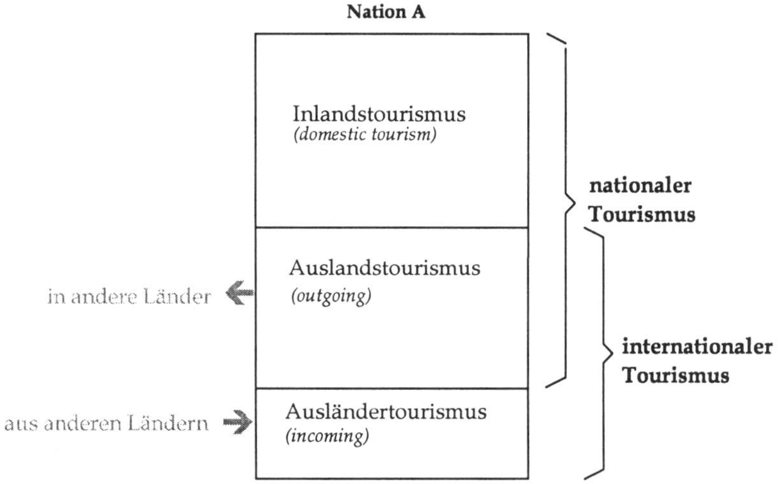

nach United Nations & World Tourism Organization (1994)

Besuche sind nach den statistischen Definitionen der Vereinten Nationen auf die Dauer von maximal einem Jahr beschränkt. Wer sich länger als ein Jahr in einem Land bzw. an einem bestimmten Ort aufhält, gilt danach als Einwohner.

Einen Überblick über die Systematik der zur Erfassung der räumlichen Mobilität von den Vereinten Nationen und der damaligen WTO international empfohlenen Definitionen bietet Abbildung 1.5. In diesem System wird für Personen, die sich an einen anderen als ihren (vorherigen) Wohnort begeben, der Oberbegriff „Reisende" (*travellers*) verwendet.

In den statistischen Erhebungen über den Inlandstourismus werden entsprechend Pendler (Tages- oder Wochenpendler) ebenso nicht erfaßt wie Personen, die in einen anderen Ort bzw. eine andere Region umziehen.

Leider werden in verschiedenen Ländern nach wie vor unterschiedliche Definitionen des Tourismus verwendet. Teilweise sind die Begriffe ‚Tourist' und ‚Reisender' sogar in verschiedenen Regionen des selben Landes unterschiedlich festgelegt. Da sich vielfach auch die Definitionen geändert haben, in verschiedenen Jahren im gleichen Land also Unterschiedliches gemessen wurde, lassen sich oft auch kaum Zeitreihen bilden, welche die touristische Entwicklung zuverlässig abbilden könnten.

Abbildung 1.5: Touristen in der Systematik der internationale Reisenden

International Reisende		
prinzipiell durch die Tourismusstatistik erfaßt:		**durch die Tourismusstatistik prinzipiell nicht erfaßt:**
Touristen (mind. eine Nacht)	**Ausflügler** (ohne Übernachtung)	- Grenzgänger - zeitweilige Auswanderer (Saisonarbeiter) - auf Dauer Ausgewanderte - Nomaden - Flüchtlinge - Transitpassagiere - Armeeangehörige - Konsulatsmitglieder - Diplomaten
- Inländer mit Wohnsitz im Ausland - Ausländer - Besatzungsmitglieder 1)	- Inländer mit Wohnsitz im Ausland - Ausländer - Besatzungsmitglieder 2) - Kreuzfahrtpassagiere 3)	

1) die während ihres Aufenthaltes Beherbergungsmöglichkeiten im besuchten Land in Anspruch nehmen
2) ausländische Besatzungsmitglieder, die nicht im besuchten Land leben und für einen Tag dort bleiben
3) welche die Nächte an Bord des Schiffes verbringen, auch wenn sie mehrere Tage an Land gehen

Quellen: United Nations & World Tourism Organization (1994); Vellas & Bécherel 1995, S. 5

Beispiel: Als Tourist gilt in Deutschland nach § 15 (2) des Melderechtsrahmengesetzes (MRRG) nur derjenige, der sich als Ausländer nicht länger als zwei und als Inländer nicht länger als sechs Monate an einem anderen als seinem Wohnort aufhält. Dieser Widerspruch zur UNWTO-Definition, für die Touristen bis zu einem Jahr aus ihrer gewöhnlichen Umgebung entfernt sein können, ist durch die – in vielen anderen Ländern nicht bekannte – gesetzliche Meldepflicht bedingt. Wer die genannten Fristen überschreitet, gilt demnach als Einwohner und muß sich entsprechend beim Einwohnermeldeamt der jeweiligen Gemeinde anmelden.

Vor diesem Hintergrund wird deutlich, daß man trotz aller Bestrebungen internationaler Organisationen noch weit von einer einheitlichen Verwendung des Begriffes ‚Tourist' entfernt ist. Entsprechend schwierig wird es auch, die Angaben über den Tourismus in verschiedenen Ländern zu einem Gesamtbild des touristischen Geschehens in bestimmten Regionen bzw. weltweit zusammenzufassen oder miteinander in Beziehung zu setzen.

1.2 Der ‚Tourist' in der Alltagssprache

Noch unübersichtlicher wird das Bild vom Tourismus, wenn man diese verschiedenen offiziellen bzw. gebräuchlichen Definitionen mit dem **Alltagsbegriff** ‚Tourist' vergleicht. In der Regel bezieht er sich nur auf Urlaubsreisende. Diese Beschränkung auf den privaten Reiseverkehr erweist sich aber bei näherem Hinsehen als nicht taugliche Verengung des Begriffes. Für Fluggesellschaften, Hotels oder Restaurants ist der Reiseanlaß ihrer Gäste nämlich weitgehend unerheblich. Ob es sich um Geschäftsleute oder um Privatreisende handelt: In allen Fällen gehen sie für eine kurze Zeit aus ihrer gewohnten Umgebung heraus an einen anderen Ort, an dem sie die teilweise (zum Beispiel Restaurants) oder ausschließlich für Reisende bereitgestellten Angebote (zum Beispiel die Übernachtungskapazitäten von Hotels) in Anspruch nehmen, bevor sie wieder an ihren Wohnort zurückkehren. Damit entsprechen sie exakt der Wortbedeutung bzw. der UNWTO-Definition von Touristen, wie wir sie im vorangegangenen Abschnitt kennengelernt haben.

Touristen in der Alltagssprache sind vor allem Massentouristen – wie hier vor einem Sealife Centre

Würde man nur den Alltagsbegriff des Touristen zugrunde legen, bliebe also ein großer Teil des eigentlichen touristischen Geschehens ausgeblendet. Dies wäre zumindest aus der Sicht der Länder, Regionen, Orte und Unternehmen, die direkt oder indirekt vom Tourismus profitieren, eine willkürliche Einschränkung. Warum sollte man einen Teil der Gäste als ‚Touristen', die anderen dagegen (zum Beispiel Geschäftstouristen) als ‚Reisende' bezeichnen?

Einen wissenschaftlich zu rechtfertigenden Grund dafür gibt es nicht. Daß man es vielfach trotzdem tut, liegt vielmehr an der alltagssprachlichen Verwendung des Begriffes Tourist. Der Tourist ist demnach „der Idiot der Reise" (*L'idiot du voyage*; Urbain 1991). Spätestens seit dem Touristen zugedachten Ausruf des Schriftstellers Henry

James (1843-1916), nachdem sie „*vulgar, vulgar, vulgar!*" seien, hat das Wort ‚Tourist' einen negativen Beigeschmack. Der britische Soziologe Richard Sharpley hat diese alltagssprachliche Begriffsaufladung so beschrieben:

„**Reisen** sind verbunden mit Abenteuer, authentischer Erfahrung, Geschmack, Individualität und Selbsterfahrung, wogegen **Tourismus** vorgefertigt, vorbezahlt, bequem und vorhersagbar ist. **Reisende** treffen ihre eigene Wahl; **Touristen** lassen sich ihre Entscheidungen von anderen treffen" (1994, S. 66; Übers. u. Hervorh. J.W.M.).

Touristen sind also immer die anderen, man selber reist. Dieser alltagssprachlich konstruierte Gegensatz zwischen Reisenden und Touristen dient primär der Herausstellung der eigenen individuellen Vorzüglichkeit gegenüber der willenlosen Masse der Anderen und verstellt den Blick auf die wesentlichen Gemeinsamkeiten. Auch wer sich als Reisender sieht und von den (Massen-)Touristen abheben will, bleibt entsprechend der Wortbedeutung ein Tourist.

Vor diesem Hintergrund ist auch die Kritik von Pearce (1982, S. 3) an den Festlegungen der WTO und der Statistischen Kommission der Vereinten Nationen wenig überzeugend. Nach seiner Argumentation müßte man sich bei den Begriffsfestlegungen an den Selbstdefinitionen der Reisenden und nicht an den objektiven Charakteristika der Reisen orientieren. So würden sich zum Beispiel weder Kongreßbesucher noch Geschäftsleute oder Sportler (was heute meist dasselbe ist) selbst als Touristen verstehen, noch würden sie in der Regel von anderen als solche angesehen. Würde man einem solchen Vorschlag folgen, wäre die – ohnedies zum Teil noch bestehende – Begriffsverwirrung komplett und wir wüßten im Einzelfall nicht mehr, wovon jeweils gerade die Rede ist, wenn über Tourismus gesprochen wird.

Deshalb werden die Begriffe ‚Tourismus' und ‚Tourist' in diesem Buch wissenschaftlich neutral und im Sinne ihres eigentlichen Sinngehalts verwendet. Alle Reisen (Ausnahmen siehe Abbildung 1.5) mit mindestens einer Übernachtung und fest geplanter Rückkehr, die nicht länger als ein Jahr dauern, werden also unter dem Oberbegriff Tourismus zusammengefaßt.

1.3 Urlaubsreisen

Die Begriffe ‚**Urlaub**' und ‚**Urlauber**' werden in der Alltagssprache häufig synonym mit ‚Reise' und ‚Tourist' verwendet. Ursprünglich bedeutet das althochdeutsche *urloup* die Erlaubnis schlechthin, im Mittelhochdeutschen wurde daraus spezifischer „die Erlaubnis wegzugehen die ein Höherstehender oder eine Dame dem Ritter zu geben hatte" (Drosdowski & Grebe 1963, S. 733). Heute bedeutet Urlaub „die Erlaubnis, ohne das Arbeitsverhältnis damit zu beenden, für eine Zeit die Dienstaufgaben niederzulegen" (Mundt & Lohmann 1988, S. 20). Ob man während dieser Zeit wegfährt oder zu Hause bleibt, spielt keine Rolle. Die Zahl der Urlauber ist also immer größer als die der Urlaubsreisenden, weil ein Teil von ihnen nicht verreist (siehe Abbildung 1.6).

Urlaubsreisen sind nach der UNWTO-Klassifikation eine Teilmenge der touristischen Reisen. Sie werden nach den Vorschlägen der UNWTO entsprechend ihrer Dauer in verschiedene Gruppen unterteilt. Verwendung findet bei den privaten Reisen in der Regel aber nur die Differenzierung zwischen den Kurz- und den längeren Urlaubsreisen. Unter **längeren Urlaubsreisen** werden privat veranlaßte Reisen mit einer Dauer von mindestens fünf Tagen (bzw. vier Übernachtungen) verstanden. **Kurzurlaubsreisen** sind private Reisen, die mindestens zwei und maximal vier Tage dauern (respektive mindestens eine und maximal drei Übernachtungen umfassen).

Abbildung 1.6: Urlauber und Urlaubsreisende

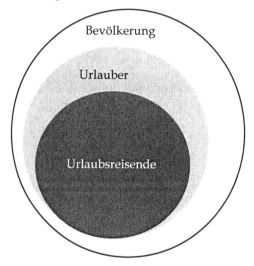

Diesem Bereich gilt im Tourismus meist die größte Aufmerksamkeit. Die Gründe dafür sind naheliegend: Urlaubsreisen sind ein wichtiges Freizeitthema, werden von einem großen Teil der Bevölkerung in den wirtschaftlich entwickelten Ländern gemacht; diesem Interesse der Bevölkerung entsprechend wird der Markt für Urlaubsreisen durch die Medien (Zeitungen, Zeitschriften, Radio, Fernsehen) stark beachtet. Dienst- und Geschäftsreisen dagegen haben nicht nur mit Arbeit zu tun – sie werden auch nur von einem vergleichsweise kleinen Teil der Bevölkerung gemacht.

1.4 Die Erfassung des Tourismus

In Zeitungen, Zeitschriften und in den elektronischen Medien werden regelmäßig Zahlen über den Tourismus veröffentlicht. Dabei entsteht der Eindruck, als würde es sich beim Tourismus um einen genau abgegrenzten, voll erfaßten und gut dokumentierten Wirtschaftsbereich handeln. Abgesehen davon, daß unter Tourismus hier meist nur Urlaubsreisen verstanden werden, machen bereits die oben geschilderten Probleme unterschiedlicher Definitionen deutlich, daß diese Zahlen so genau nicht sein können.

Es gibt keine einheitliche Statistik, die das Reiseverhalten der Bevölkerung erfaßt bzw. auch erfassen könnte. Anders als zum Beispiel der Markt für Automobile, der in Deutschland durch das Kraftfahrtbundesamt erfaßt wird, bei dem alle Fahrzeugneuzulassungen und -umschreibungen auf neue Besitzer zu melden sind, gibt es für den touristischen Markt keine zentrale Stelle, die alle Reiseaktivitäten protokollieren und überwachen würde. Eine solche

Einrichtung würde natürlich weitgehend der grundsätzlichen Freiheit des Reisens widersprechen. Kontrolle ist aber auch deshalb nicht nötig, weil man Reisen, anders als Kraftfahrzeuge, nicht stehlen und zum Beispiel ins Ausland weiterverkaufen kann.

Auch wenn man die Probleme außer acht läßt, die durch die geschilderten unterschiedlichen Definitionen von Tourismus in vielen Ländern entstehen, ist die genaue Erfassung des Tourismus mit einer Reihe von Schwierigkeiten behaftet, auf die in diesem Abschnitt genauer eingegangen wird.

Grundsätzlich gibt es vier verschiedene Möglichkeiten, die Aktivitäten zu erfassen, die wir unter Tourismus verstehen:

1. am Wohnort (**Wohnortmethode**),
2. bei der Nutzung von Reiseverkehrsmitteln (**Transportmittelmethode**),
3. bei der Grenzüberschreitung (Aus- oder Einreise bei internationalem Tourismus; **Grenzmethode**) und
4. bei der Ankunft in Beherbergungsbetrieben des Zielortes bzw. des Zielgebietes (**Standortmethode**).

Alle vier Möglichkeiten führen zu unterschiedlichen Ergebnissen. Erfaßt man die Reisenden und Reisen eines bestimmten Zeitraumes am Wohn- oder Arbeitsort, kann man im Prinzip die Gesamtzahl aller Reisenden und aller Reisen feststellen. Die Verkehrsmittelnutzung kann man in der Regel nur im öffentlichen Verkehr ermitteln, private Fahrzeuge werden nicht erfaßt. Die Zählung der Reisenden beim Grenzübertritt erfaßt lediglich den internationalen Tourismus, d.h., den Ausländer- bzw. den Auslandstourismus (vgl. Abbildung 1.4), der Inlandstourismus bleibt ausgeblendet. Die Erfassung des Tourismus bei den Beherbergungsbetrieben ermöglicht zwar auch die Identifikation der Inlandstouristen, aber damit bleiben nicht nur der Auslandstourismus (*outbound tourism*), sondern auch zum Beispiel die Verwandten- und Bekanntenbesuche ausgeschlossen, bei denen meist privat übernachtet wird.

Technisch kann der Tourismus über amtliche Zählungen/Statistiken oder über Befragungen erfaßt werden. Da er ein beobachtbares Verhalten ist, kann man ihn auch zu den Zeitpunkten erfassen, zu denen dieses Verhalten gezeigt wird. Die Grenz- und die Standortmethode, mit denen zum Beispiel die Zahl der Ankünfte gezählt wird, stützen sich auf die Erfassung dieses Verhaltens. Da hiermit jedoch – wie oben angemerkt – nur bestimmte Ausschnitte des Verhaltens erfaßt werden können, reichen diese Zählungen zur Erfassung des Tourismus nicht aus. Über Befragungen von Touristen an ihrem Wohnort ist es dagegen prinzipiell möglich, alle Aspekte des Reiseverhaltens zu ermitteln. Die Wohnortmethode hat dafür jedoch den Nachteil, daß das touristische Verhalten hier nicht mehr direkt durch Beobachtung, sondern nur noch indirekt über die Berichte der Befragten zu ihrem Reiseverhalten innerhalb eines bestimmten Zeitraumes zugänglich ist.

Auch Zählungen an Grenzen in Transportmitteln und in Beherbergungsbetrieben können mit Befragungen verbunden sein: Ob jemand geschäftlich oder privat reist, läßt sich weder an der Grenze noch im Flugzeug, in der Eisenbahn oder an der Rezeption eines Hotels beobachten, sondern muß erfragt werden. Damit ist man hier wie bei der Wohnortmethode auch zumindest teilweise von der Richtigkeit der von den Touristen dazu gemachten Angaben abhängig.

Generell läßt sich bislang festhalten, daß Zählungen in der Regel von staatlichen Stellen vorgenommen und in amtlichen Statistiken festgehalten und veröffentlicht werden, Befragungen am Wohnort dagegen Bestandteil der Marktforschung touristischer Organisationen und Unternehmen sind, die in den meisten Fällen der Öffentlichkeit nicht zugänglich sind.

1.4.1 Tourismusstatistik

In der Regel werden die Grenz- und die Standortmethode der Erfassung von Touristenströmen durch die Statistik genutzt. Die **internationale Tourismusstatistik** basiert prinzipiell auf diesen beiden unterschiedlichen Erhebungsmethoden. Bei der **Grenzmethode** werden die Touristen beim Übertritt der Grenze im Zielland erfaßt. Die genaue Aufenthaltsdauer kann hier nur dadurch ermittelt werden, daß man sowohl die Ein- als auch die Ausreise der gleichen Personen protokolliert. Bei der **Standortmethode** erfaßt man die Touristen in der gewählten Unterkunft (Registrierung im Hotel, am Campingplatz, beim Ferienwohnungsvermieter usw.) am jeweiligen Aufenthaltsort. Damit können sowohl die Zahl der Ankünfte als auch die Zahl der Übernachtungen festgestellt werden. Zur Unterscheidung der Touristen von Tagesbesuchern, Grenzgängern, Saisonarbeitern usw. (siehe Abbildung 1.5) reicht es an den Grenzen jedoch nicht aus, lediglich die Zahl der passierenden Personen nach Herkunftsländern zu zählen, man muß auch die Reiseanlässe erfragen. Entsprechend müssen auch die Meldezettel in den Beherbergungsbetrieben aufgebaut sein.

Grenz- und Standortmethode werden im internationalen Tourismus nur dann die gleichen Ergebnisse bei der Ermittlung der Zahl der Reisenden ergeben, wenn lediglich ein einziges Reiseziel im besuchten Land angesteuert wird. Tatsächlich gibt es aber, wie Abbildung 1.7 ausschnittsweise zeigt, eine ganze Vielfalt verschiedener Reisemuster, die logischerweise bei Anwendung der verschiedenen Zählmethoden auch zu ganz unterschiedlichen Ergebnissen führen müssen.

Beide Methoden sind dementsprechend jeweils mit einer Reihe von Vor- und Nachteilen verbunden. Nach einem von Kaspar (1996, S. 58) zitierten Papier von Hanspeter Schmidhauser bietet die **Standortmethode** folgende **Vorteile**:

- die Orte, die von den Touristen aufgesucht werden, werden damit genau lokalisiert;
- es werden alle Ankünfte in den Beherbergungsbetrieben, d.h., nicht nur wie bei der Grenzmethode, die der Ausländer erfaßt;
- sofern es sich um einen Beherbergungsbetrieb handelt, kann die Wahl der Unterkunftsart und ihre jeweilige Kategorie (zum Beispiel bei Hotels in Ländern mit einer offiziellen Hotelklassifikation) damit ermittelt werden;

- die Zahl der Übernachtungen an dem jeweiligen Ort ist dadurch ohne große Informationsverluste (zum Beispiel durch den nur sehr selten vorkommenden Wechsel der Unterkunft am gleichen Ort) feststellbar;
- die Auslastung der angebotenen Zimmer- und Bettenkapazitäten kann dadurch berechnet werden, indem man die Zahl der Übernachtungen mit 100 multipliziert und durch die Zahl der Zimmer bzw. Betten mal der Anzahl der Öffnungstage teilt.

Abbildung 1.7: Grundformen von Reiseverläufen

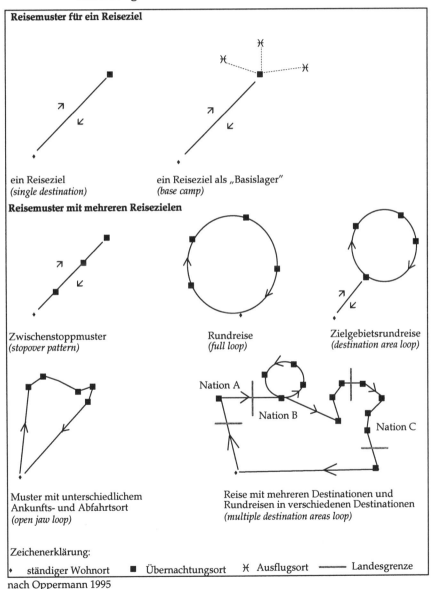

nach Oppermann 1995

Die **Nachteile** gegenüber der Grenzmethode liegen darin, daß

- es weder möglich ist, die Zahl der Ankünfte noch die der Übernachtungen ausländischer Touristen in einem Land insgesamt zu erfassen, da zum Beispiel bei Rundreisen die Ankünfte und Übernachtungen derselben Personen mehrfach erhoben werden. Man kann zwar die Zahl der Übernachtungen von Personen aus einem bestimmten Herkunftsland berechnen, nicht aber die Anzahl der Personen, welche diese Anzahl von Übernachtungen gemacht haben. Damit ist es auch unmöglich, durchschnittliche Aufenthaltsdauern mit diesen Daten zu errechnen;

- diejenigen, die keine kommerzielle Unterkunft in Anspruch nehmen, indem sie bei Freunden oder Verwandten unterkommen, nicht erfaßt werden.

Darüber hinaus werden die mit der Standortmethode erhobenen Ankünfte bei der Aggregation der Daten zu größeren Einheiten (zum Beispiel von der Gemeinde- auf die Kreis- oder Landesebene) übererfaßt, wenn jemand innerhalb der Region in mehreren Hotels abgestiegen ist und dadurch jedesmal erneut gezählt wird. Je größer die gewählte regionale Einheit ist, desto wahrscheinlicher wird diese Mehrfacherfassung. Man darf bei dieser Methode die Zahl Ankünfte also nicht mit der Zahl der Personen gleichsetzen, die ein bestimmtes Land oder eine Region besuchen. Deshalb ist hier die Zahl der Übernachtungen der genauere Indikator für die touristische Bedeutung und Entwicklung einer Region.

Mit beiden Methoden wird in der Regel die Zahl der Ankünfte bzw. Übernachtungen ermittelt, unabhängig von den Reiseanlässen und den jeweiligen Zwecken der Reise. Wie groß die Zahl der Urlauber, der Geschäftsreisenden oder von Kongreßteilnehmern ist, läßt sich mit den meisten dieser Zählungen nicht feststellen.

Die Standortmethode ist gleichzeitig auch die Grundlage für die Erstellung von **Beherbergungsstatistiken**. In Deutschland wird sie von den Statistischen Landesämtern erhoben und vom Statistischen Bundesamt in Wiesbaden in einer Monatsstatistik für das gesamte Bundesgebiet zusammengefaßt. Die Betriebe sind nach dem Beherbergungsstatistikgesetz von 1980 berichtspflichtig. Für die jeweiligen Berichtsmonate müssen sie Angaben machen über die Anzahl der Ankünfte und der Übernachtungen ihrer Gäste; Gäste mit Wohnsitz außerhalb Deutschlands müssen nach Herkunftsländern aufgelistet werden. Gleichzeitig muß angegeben werden, wie viele Betten (bei Hotels, Gasthäusern, Pensionen) bzw. Wohneinheiten (bei Ferienwohnungen) oder Stellplätze (bei Campingplätzen) für den Berichtsmonat angeboten wurden (vgl. Spörel 1993, S. 138).

Eingeschränkt wird die Qualität der Daten dieser Statistiken durch die sogenannte **Abschneidegrenze**. In der Schweiz werden nur Betriebe mit mindestens fünf Gästebetten erfaßt, in Deutschland wird durch das Beherbergungsstatistikgesetz festgelegt, daß nur Betriebe ab neun Betten berichtspflichtig sind (§ 3 BeherbStatG). Diese Grenzen wurden einerseits aus Datenschutzgründen eingeführt, um sicherzustellen, daß Betriebe in kleinen Orten nicht identifizierbar werden, andererseits sollen sie zu einer Verringerung von Bürokratie beitragen. Seit ihrer Einführung wird die Zahl der Ankünfte und

Übernachtungen in der Beherbergungsstatistik jedoch systematisch untererfaßt.

Im Bundesdurchschnitt liegt der Anteil der Übernachtungen in solchen Kleinbetrieben nach Schätzungen des Statistischen Bundesamtes bei unter 20 Prozent, gleichzeitig übersteigt die Zahl dieser Betriebe jedoch die der erfaßten Beherbergungsstätten. In großen Städten führt dies kaum zu Problemen, wohl aber in vielen traditionellen Feriengebieten wie im Allgäu oder an der Nord- und Ostsee. In der amtlichen Statistik wird mancher kleiner Erholungs- oder Badeort, der hauptsächlich vom Tourismus lebt, nur mit einer sehr geringen Betriebs- und entsprechend Ankunfts- und Übernachtungszahl geführt, weil die meisten Gastgeber in ihren Pensionen und Privatquartieren weniger als neun Betten anbieten. Die tatsächlichen kommerziellen Übernachtungen können hier nach Schätzungen bis zu 40 Prozent über den ausgewiesenen Zahlen liegen. In diesen Fällen ist die amtliche Statistik also praktisch unbrauchbar und interregionale Vergleiche sind entsprechend nicht möglich.

Beispiele: In den bayerischen Landkreisen Lindau und Oberallgäu liegt der Anteil dieser Kleinbetriebe an den Gesamtübernachtungen bei durchschnittlich etwa 30 Prozent, in den baden-württembergischen Landkreisen in der Bodenseeregion bei 34 Prozent (Böttcher & Schulz 2005, S. 12). Mit einer niedrigeren Abschneidegrenze wie in der Schweiz ließe sich dieses Problem vermutlich weitgehend lösen, denn die Zahl der Übernachtungen, die in der ähnlich strukturierten Ostschweiz auf Betriebe mit weniger als fünf Gästebetten entfallen, liegt dagegen nur bei 2-3 Prozent (*op. cit.*, S. 39).

2003 wurde das deutsche Beherbergungsstatistikgesetz novelliert und für Hotel- und hotelähnliche Betriebe wurde zusätzlich die Erfassung der Zimmerauslastung eingeführt. Allerdings wurde diese Verbesserung 2005 durch Artikel 8 a des „Gesetzes zur Umsetzung von Vorschlägen zu Bürokratieabbau und Deregulierung aus den Regionen" vom 21. Juni 2005 wieder aufgehoben. Damit ist es weiterhin nur möglich, die Betten-, nicht aber die Zimmerauslastung in diesen Beherbergungsbetrieben zu erfassen. Viele Doppelzimmer werden aber als Einzelzimmer vergeben, so daß die Auslastung der Betriebe oft unterschätzt wird.

Beispiel: In Baden-Württemberg lag die durchschnittliche Zimmerauslastung der Hotellerie 2004 mit 42,9 Prozent deutlich höher als die Bettenauslastung mit nur 34,2 Prozent.

Darüber hinaus werden in vielen Orten die Monatsberichte der Beherbergungsbetriebe in den Gemeinde- bzw. Stadtverwaltungen gesammelt und aufbereitet, ehe sie an die Statistischen Landesämter weitergemeldet werden. Abgesehen davon, daß viele Betriebe ihrer Berichtspflicht nur zögernd nachkommen, sind die Meldungen meist dann unvollständig, wenn Kurtaxe über sie eingezogen wird. Daß dies so ist, kann man immer wieder beobachten, wenn ein Ort diese Abgabe beschlossen hat: Im darauffolgenden Jahr sinken die Ankunfts- und Übernachtungszahlen deutlich ab, weil die Gastgeber zum Beispiel Stammgäste nicht mit dieser Verteuerung konfrontieren wollen.

Dies sind weitere Gründe dafür, warum die Beherbergungsstatistik in der Regel die Zahl der Ankünfte und Übernachtungen auf Ortsebene untererfaßt. Darüber hinaus empfinden manche Beherbergungsunternehmer die Meldepflicht generell als unzulässige staatliche Kontrolle ihrer Umsätze, weil sie (fälschlicherweise) davon ausgehen, die Finanzämter hätten Zugriff auf die statistischen Daten der Einzelbetriebe. Diejenigen Übernachtungen, die man an der Steuer vorbeimogelt, erscheinen deshalb meist auch nicht in den Statistiken.

Beispiel: In einer der Ferienregionen eines mitteleuropäischen Gebirgslandes gingen die Übernachtungszahlen so dramatisch zurück, daß die Regierung dieses auf Einnahmen aus dem Tourismus angewiesenen Landes alarmiert begann, die Gründe dafür untersuchen zu lassen. Auch die örtlichen Zimmervermittlungen berichteten keinerlei Rückgang – in der Hauptsaison waren nahezu alle Betriebe wie üblich ausgebucht. Des Rätsels Lösung: Viele Beherbergungsbetriebe in der Region hatten ihre Häuser baulich erweitert und sich dabei finanziell so engagiert, daß sie nur noch in der Steuerhinterziehung eine Möglichkeit des Überlebens sahen. Deshalb meldeten sie weit weniger Gäste als sie tatsächlich hatten.

Darüber hinaus läßt insbesondere die Qualität der Monatsstatistiken oft zu wünschen übrig.

Beispiel: In einem Hotel wurden zum 30. November zwanzig Gäste eingebucht, die an einer Tagung teilnehmen wollen. Von diesen zwanzig Gästen kommen jedoch nur zehn am Abend dieses Tages an. Weil das Hotel nicht genau weiß, wann genau die Gäste kommen, läßt es die Buchung bis zum nächsten Morgen weiter bestehen und bucht sie erst am 1. Dezember als Storno ein. Damit werden diese zehn fehlenden Gäste von der Gästezahl des Monats Dezember abgezogen. Im November werden damit entsprechend zehn Gäste zu viel, im Dezember dagegen zehn Gäste zu wenig aufgeführt, als tatsächlich angekommen sind.

Darüber hinaus wird die statistische Erfassung der Daten in manchen Städten und Gemeinden eher nachlässig gehandhabt. Wenn Betriebe den Berichtstermin verpaßt haben, werden ihre Buchungen für den Berichtsmonat nicht verwendet. Die nachgereichten Ankunfts- und Übernachtungszahlen werden dann einfach dem laufenden Monat zugerechnet. Eine Korrektur wird nicht mehr vorgenommen. Auf das Jahr bezogen bleiben damit die Daten zwar weitgehend zutreffend, die Monatsdaten sind damit jedoch praktisch unbrauchbar, weil zum Beispiel die Saisonalität der Nachfrage nicht mehr bestimmt werden kann und Vergleiche zu den Vorjahren damit unmöglich werden. In solchen Fällen wäre es sinnvoller, auf die Statistik ganz zu verzichten.

Auch sind die von den Beherbergungsbetrieben zu erhebenden Daten über die Herkunftsländer der Gäste in vielen Fällen nicht zuverlässig.

Beispiel: Eine deutsche Großstadt hatte über mehrere Jahre hinweg auffällig viele Besucher aus Großbritannien. Dafür war die Zahl der Japaner, die diese Stadt besuchten, sehr gering, obwohl man immer wieder vielen Reisegruppen aus Japan in der Stadt begegnen konnte. Eine Überprüfung der Registrierungspraxis in den Hotels ergab, daß die Japaner meist über London nach Europa einflogen und von dortigen Incomingagenturen betreut wurden. Da die Zimmerkontingente aus London gebucht wurden, hatte man sie einfach Großbritannien zugeschlagen, ohne die ständigen Wohnsitze der einzelnen Gäste zu überprüfen.

Die **Grenzmethode** wird in Deutschland nicht angewendet (vgl. Spörel 1993), so daß die Zahl der ausländischen Touristen nicht bekannt ist. Die Zahlen, welche zum Beispiel die UNWTO in ihren Statistiken über Deutschland veröffentlicht, beruhen also ausschließlich auf der Standortmethode. Damit ist ein direkter Vergleich mit vielen anderen Ländern, die ihre Ankunftsstatistiken mit der Grenzmethode erstellen, nicht möglich.

Vollerhebungen mit der Grenzmethode lassen sich in vielen Ländern der Welt nicht bewerkstelligen. Hier wird die Zahl der Ankünfte nur geschätzt und die Charakteristika der Besucher werden, wenn überhaupt, über Stichprobenerhebungen ermittelt.

Im Rahmen der europäischen Integration wird die Anwendung dieser Methode auch immer schwieriger. So gelten die Flüge zwischen den Vertragsstaaten des Schengener Abkommens innerhalb der Europäischen Union und nach Island und Norwegen nicht mehr als internationale, sondern als Inlandsflüge, Grenzkontrollen finden nicht mehr statt. Mit dem weitgehenden Fall der innereuropäischen Grenzen gilt damit auch ein großer Teil des früheren internationalen Tourismus jetzt aus der Sicht dieser Methode als Inlandstourismus.

Mit der **Transportmittelmethode** kann zumindest ein Teil des Tourismusmarktes vergleichsweise exakt erfaßt werden: der Markt für Flugreisen. Aus der Bahnstatistik lassen sich die Touristen ebensowenig herausrechnen wie aus der Straßenverkehrsstatistik (soweit es sich um den großen Anteil der Reisen mit dem eigenen Automobil handelt). Die **Luftfahrtstatistiken** dagegen hatten den Vorteil, daß sie bis 1996 zwischen dem Linien- und dem Charterflugverkehr eindeutig unterschieden haben. Da der Charterverkehr praktisch ausschließlich dem Tourismus dient, wurde der gesamte Bereich der Flugpauschalreisen damit sehr genau erfaßt. Bei den Linienflügen dagegen gibt es eine Reihe von Tagesreisen vor allem von Geschäftsleuten, die morgens zu ihrem Ziel fliegen, abends wieder nach Hause zurückkehren und damit definitionsgemäß zu den Ausflüglern und nicht zu den Touristen zählen.

Aufgrund von Angaben der Fluggesellschaften erfassen Luftfahrtstatistiken - mit Ausnahme von Kindern unter zwei Jahren, die in Begleitung Erwachsener ohne eigenen Flugschein verreisen und keinen eigenen Platz beanspruchen – alle ihre Fluggäste. Es werden die Abflug- und die Zielorte erfaßt. Nachdem der Unterschied zwischen Charter- und Linienfluggesellschaften immer geringer geworden ist (vgl. u.a. Mundt 1989 a) und viele Charterfluggesellschaften auch Linienflüge durchführen bzw. Einzelplatzbuchungen für Charterflüge anbieten können, hatte diese Unterscheidung keinen großen Sinn mehr (siehe hierzu ausführlich Abschnitt 6.1.2). Der Ferienflugverkehr wird jetzt über die Zielorte definiert: Wer zum Beispiel nach Palma de Mallorca, Heraklion oder Antalya fliegt, ist mit sehr hoher Wahrscheinlichkeit ein Urlaubs- und kein Geschäftsreisender. Diese Statistik wird monatlich vom Statistischen Bundesamt mit einem zeitlichen Verzug von ca. neun Monaten veröffentlicht. Darüber hinaus veröffentlicht die **Arbeitsgemeinschaft Deutscher Verkehrsflughäfen (ADV;** mit Sitz in Stuttgart) monatlich mit einer Verzögerung von ein bis zwei Monaten Statistiken über die Fluggastaufkommen der deutschen Verkehrsflughäfen. Sie beruhen ebenfalls auf den Angaben der Fluggesellschaften und sind praktisch mit den vom Statistischen Bundesamt zu einem späteren Zeitpunkt veröffentlichten Daten identisch.

Ähnlich wie bei der Standortmethode bei der Erfassung der Gesamtzahl von Touristen kann auch mit der Luftfahrtstatistik die Zahl der Fluggäste einer Periode durch die Addition der Fluggäste aller deutschen Verkehrsflughäfen nicht genau ermittelt werden. Passagiere, die beispielsweise über eine Umsteigeverbindung von New York nach München fliegen, werden doppelt gezählt. Sie „werden bei der Ankunft aus Gebieten außerhalb Deutschlands als Aussteiger und beim Abgang (Umsteigen) als Zusteiger nach Deutschland oder Gebieten außerhalb Deutschlands gezählt" (Statistisches Bundesamt 1995, S. 7).

Durch die damit verbundenen Doppelzählungen der ankommenden Passagiere steigt natürlich die Zahl der abgefertigten Passagiere auf den deutschen Flughäfen an, obwohl nicht mehr Personen eine Flugreise unternommen haben. Aus der Sicht der Flughäfen sind diese Doppelzählungen andererseits sinnvoll, weil ihre Einrichtungen damit ja jeweils in Anspruch genommen werden.

Insofern haben auch die Luftfahrtstatistiken, was die Erfassung der tatsächlichen Anzahl der Passagiere anbetrifft, nur einen begrenzten Aussagewert. Zwar kann man die Inlandsumsteiger aus den Statistiken herausrechnen, aber die Unterscheidung zwischen Linien- und Charterflugverkehr geht aus der veröffentlichten Statistik nicht mehr hervor. Ebenfalls nicht erfassen läßt sich auch der Zweck der Reise.

Wie eingangs zu diesem Abschnitt bereits angemerkt, kann man mit den vorhandenen Statistiken den Gesamtmarkt eines Landes nicht beschreiben. Statistiken erfassen immer nur Teilaspekte des Reisegeschehens, die für sich genommen zwar wertvolle Informationen bieten, für eine Gesamtschau jedoch kaum verwertbar sind, weil sie kaum aufeinander beziehbar sind.

Dafür haben sie im Prinzip aber den Vorteil, daß es sich bei ihnen meist nicht um Stichproben-, sondern um Vollerhebungen handelt. Sie basieren zudem auf objektiven Zählungen vorab definierter Ereignisse – zum Beispiel das Übertreten einer Grenze, das Einchecken in einem Beherbergungsbetrieb – und nicht, wie bei den Repräsentativbefragungen, auf den subjektiven Wahrnehmungen der Befragten. Diese beiden Aspekte führen dazu, daß Statistiken ihren jeweiligen Gegenstandsbereich im Prinzip exakter abbilden, als dies in der Regel mit einer Befragung möglich wäre.

Zwar gibt es eine statistische Erfassung von Reisenden zwischen unterschiedlichen Ländern, wie sie regelmäßig von der UNWTO veröffentlicht wird, die Qualität dieser Daten ist jedoch von Land zu Land sehr unterschiedlich. Würde man alle Deutschen, die in eines der an die UNWTO berichtenden Länder eingereist sind, zusammenrechnen, hätte man damit zwar möglicherweise alle Auslandsreisenden erfaßt, der Tourismus im Inland bliebe aber unberücksichtigt.

Darüber hinaus haben Statistiken verschiedener Länder den Nachteil, daß sie häufig nicht kompatibel sind, weil sie Unterschiedliches erfassen und/oder verschiedene Meßmethoden anwenden. Sie sind also kaum aussagefähig miteinander kombinierbar.

„Unterschiedliche Definitionen und Erfassungsmethoden sind ein **generelles Problem von Einfuhr- und Ausfuhrstatistiken**. Nähme man sie beim Wort, dann gäbe es an den Grenzen mancher Länder wohl große Schluchten, in denen Touristen und Güter verschwinden, die nach der Erhebung A zwar ein Land verlassen haben, nach der Statistik B des Ziellandes dort jedoch nie angekommen sind. Umgekehrt muß es an manchen Grenzen wohl ein Wunderhorn geben, nach dem Touristen und Güter zwar das Land X erreichen, ohne jedoch das Land Y je verlassen zu haben" (Hitchcock 1988 cit. n. Lohmann 1989, S. 26 f.).

Amtliche Zählungen und darauf aufbauende Statistiken alleine sind also nicht in der Lage, den Tourismus hinreichend genau und zeitnah zu erfassen. Deshalb ist es darüber hinaus notwendig, das Reiseverhalten der Bevölkerung über Befragungen zu ermitteln.

1.4.2 Bevölkerungsrepräsentative Untersuchungen

Mit diesem Verfahren werden die Touristen nicht auf ihren Reisen erfaßt, sondern nach ihrer Rückkehr zu Hause zu ihren Reisen befragt. Diese Untersuchungen arbeiten also immer mit der **Wohnortmethode**. Die Befragung bezieht sich dabei auf die Reisen eines fest bestimmten, zurückliegenden Zeitraumes (zum Beispiel das vorangegangene Jahr, die letzten ein, zwei oder drei Monate). Die Reisen werden also nicht mehr während ihrer Durchführung erfaßt, sondern nach ihrer Beendigung berichtet.

Die Angaben dieser Untersuchungen basieren also nicht auf objektiven Zählungen vorab definierter Ereignisse – zum Beispiel die Nutzung eines Verkehrsmittels, das Übertreten einer Grenze oder das Einchecken in einem Beherbergungsbetrieb – sondern auf den subjektiven Wahrnehmungen und Berichten der Befragten. Deshalb unterscheidet man in diesen Untersuchungen bei den längeren Urlaubsreisen (ab fünf Tagen Dauer) zwischen der **Haupturlaubsreise** und weiteren Urlaubsreisen. Die **Haupturlaubsreise** ist dabei die aus der Sicht des Reisenden wichtigste Reise; für denjenigen, der nur eine Urlaubsreise gemacht hat, sind Urlaubs- und Haupturlaubsreise identisch. Im Vergleich zu **Zweit-** und **Drittreisen** dauern Haupturlaubsreisen in der Regel länger, haben weiter entfernte Destinationen zum Ziel und sind teurer (siehe Abschnitt 1.6).

Wie die bei den Zählungen für die amtliche Statistik verwendete Standort- und Grenzmethode hat auch die Wohnortmethode Vor- und Nachteile.

Die **Vorteile** der Wohnortmethode bestehen darin, daß

- alle Reisen berichtet werden können, d.h., In- und Auslandsreisen werden gleichermaßen ermittelt;
- die Charakteristika der Reisen bestimmbar sind – zum Beispiel kann privater und geschäftlich veranlaßter Tourismus voneinander getrennt werden;
- die subjektive Bedeutung der jeweiligen Urlaubsreisen für die Reisenden ermittelt werden kann;

- eine Vielzahl von Aspekten der unterschiedlichen Reisen abgefragt werden kann (Ausgaben, Motive, Aktivitäten usw.), die durch Zählungen nicht erfaßt werden können;
- auch objektive (zum Beispiel Alter, Einkommen, formaler Bildungsstand) und subjektive Merkmale (Einstellungen, Lebensstile) der Reisenden damit erfragt werden können, die keine Statistik erfaßt;
- nicht nur das vergangene Reiseverhalten, sondern auch die zukünftigen Reiseabsichten und -pläne damit ermittelt werden können.

Diesen Vorteilen der Wohnortmethode stehen natürlich auch einige **Nachteile** gegenüber. Dazu gehört, daß

- damit keine kontinuierlichen Gesamterfassungen, sondern nur Stichprobenerhebungen zu bestimmten Zeitpunkten möglich sind;
- nicht Verhalten selbst erfaßt wird, sondern lediglich Berichte über dieses Verhalten protokolliert werden. Wie generell bei Befragungen läßt sich der Wahrheitsgehalt der von den Befragten gemachten Angaben nicht direkt (über geschicktes Nachfragen jedoch indirekt) überprüfen;
- durch den Erinnerungsverlust nicht alle Reisen berichtet werden (*underreporting*), wenn die Untersuchung sich auf einen relativ großen Zeitraum (zum Beispiel ein Jahr) bezieht. Je länger eine Reise zurückliegt, desto größer ist die Wahrscheinlichkeit, daß sie bei einer Befragung vergessen wird. Nach einer Untersuchung in Ontario von Rogers (1991; cit. n. Frechtling 1994 b, S. 369 f.) erfaßt man im dreimonatlichen Rhythmus nur ca. 40 Prozent der Reisen, die im monatlichen Befragungsturnus berichtet werden;
- zu viele Reisen berichtet werden (*overreporting*), wenn der Untersuchungszeitraum sehr klein (zum Beispiel ein Monat) ist. Sollen zum Beispiel nur die Reisen berichtet werden, die in diesem Monat angetreten worden sind, neigen viele Befragte dazu, auch Reisen anzugeben, die im Vormonat angetreten wurden und in den Berichtsmonat hineinreichten.

Trotz der genannten Einschränkungen bieten Stichprobenerhebungen mit der Wohnortmethode vielfach zuverlässigere und vor allem auch zeitnähere Daten über den Tourismus als die mit vielen Erfassungsfehlern behaftete und zeitlich schwerfällige amtliche Statistik.

Über die Befragung einer nur geringen Zahl von Personen einer sorgfältig ausgewählten Stichprobe kann man mit hoher Sicherheit auf das Verhalten der gesamten Bevölkerung zu den erfragten Bereichen schließen. Die entsprechenden Methoden der Stichprobenziehung und der Befragung wurden insbesondere von der politischen Markt- und Meinungsforschung entwickelt. Ihre Güte wird regelmäßig bei Wahlen (Wählernachfragen, Hochrechnungen) eindrucksvoll vorgeführt: Mit einer repräsentativen Stichprobe einiger tausend nach dem Wahlgang befragter Wähler ist es zum Beispiel möglich, bereits zum Zeitpunkt des Schließens der Wahllokale und damit vor Beginn der Stimmenauszählung den Ausgang der Wahlen zuverlässig vorherzusagen.

Für die Erfassung des Reiseverhaltens bedient man sich deshalb der gleichen Methoden, die sich in der politischen Marktforschung laufend bewähren. Durch die Befragung eines repräsentativen Querschnittes der Bevölkerung läßt sich nicht nur die Zahl der Touristen, sondern eine ganze Reihe von

Charakteristika ihres Verhaltens auf Reisen ermitteln. Indem man in Deutschland zum Beispiel eine Zufallsauswahl von Personen aus der Grundgesamtheit der Bevölkerung über 14 Jahren nach ihrem Reiseverhalten befragt, bekommt man ein Ergebnis, das man im Rahmen der üblichen Einschränkungen (Stichprobenfehler) solcher Untersuchungen auf die Bevölkerung hochrechnen kann.

Die Größe des **Stichprobenfehlers** t (auch Mutungs- oder Konfidenzintervall genannt) liegt nach der folgenden Schätzformel mit einer Wahrscheinlichkeit von 95 Prozent innerhalb eines Intervalls von

$$t = \pm 1{,}96 \cdot \sqrt{\frac{p \cdot q \cdot 2}{n}}$$

Der Wert p ist der mit der Zufallsstichprobe ermittelte Prozentwert (zum Beispiel Nettoreiseintensität, siehe Abschnitt 2.2), $q = 100 - p$ und n ist die Anzahl der Befragten.

Beispiel: Der Stichprobenwert für die Nettoreiseintensität lag bei der Reiseanalyse 2005 bei 74 Prozent. Bei einer Stichprobengröße von n = 7.703 befragten Personen lag der wahre Wert der Grundgesamtheit (= deutsche Bevölkerung in Privathaushalten ab 14 Jahre) mit einer Wahrscheinlichkeit von 95 Prozent innerhalb eines Intervalls von 73 und 75 Prozent. Insgesamt gab es 2004 64,72 Millionen Personen im Alter von mindestens 14 Jahren. Bei der angegebenen Stichprobe ergibt dies einen Hochrechnungsfaktor von 8059. Das heißt, jede 8059ste Person aus der Grundgesamtheit ist befragt worden bzw. jede Person in der Stichprobe steht für 8.059 Personen aus der Bevölkerung ab 14 Jahren. Damit hatten 2004 zwischen 47,0 und 48,8 Millionen Deutsche mindestens eine Urlaubsreise von fünf Tagen und mehr gemacht.

Wenn man nicht nur eine Momentaufnahme, sondern ein Bild von der Entwicklung des Tourismus bekommen will, muß man solche Untersuchungen regelmäßig durchführen. Da es für die meisten Tourismusorganisationen oder ein einzelnes Unternehmen zu teuer wäre, regelmäßig solche umfangreichen Erhebungen zu finanzieren, deren Ergebnisse praktisch alle Anbieter im Tourismus interessieren, werden sie als **Beteiligungsuntersuchungen** konzipiert. Das heißt, daß sich mehrere Interessenten die Kosten dafür teilen und dafür jeweils das Recht der Ergebnisnutzung eingeräumt bekommen.

Zwar haben das Allensbacher Institut für Demoskopie (IfD) und das DIVO-Institut in Frankfurt am Main bereits in den 1950er und 1960er Jahren in unregelmäßigen Abständen Untersuchungen zum Reiseverhalten in der damals noch jungen Bundesrepublik durchgeführt, aber erst seit 1970 gab es mit der **Reiseanalyse** des 1961 gegründeten Studienkreises für Tourismus e.V. eine jährliche Erhebung. Der Starnberger Studienkreis stellte in Zusammenarbeit mit Vertretern der Tourismuswirtschaft das Frageprogramm zusammen und beauftragte geeignete Marktforschungsinstitute mit der Durchführung der Reiseanalyse. Finanziert wurde das Unternehmen durch eine schwankende Zahl von zwischen 30 und 50 Beziehern der Untersuchung, die je nach der Höhe ihres Beitrags die Daten mehr oder weniger intensiv nutzen konnten.

Übersicht 1.1: Tourismusuntersuchungen in Deutschland

Untersuchung:	Reiseanalyse	Deutsche Tourismusanalyse	Deutscher Reisemonitor	Reiseverhalten der Bevölkerung
Schwerpunkt	Urlaubsreisen	Urlaubsreisen	alle Reisen	alle Reisen
Seit...	1970	1985	1988	1999
Organisation	Forschungsgemeinschaft Urlaub + Reisen e.V., Kiel	BAT-Freizeitforschungsinstitut (British American Tobacco), Hamburg	IPK, München,	Statistisches Bundesamt, Wiesbaden (in Umsetzung der EU-Statistikrichtlinie)
Untersuchungsmethode	jährlich ca. 7.700 persönliche Interviews; erfaßt werden die Urlaubs- und die Kurzreisen des vergangenen Jahres	jährlich ca. 4.000 persönliche Interviews; erfaßt werden die Urlaubs- und die Kurzreisen des vergangenen Jahres	monatlich 2.000 Telephoninterviews zu den Reisen der letzten zwei Monate, insgesamt 24.000 Interviews pro Jahr	jährlich vier Wellen à 2.500 Befragte
Gegenstand	Urlaubsreisen ab 5 Tage Dauer, Kurzreisen von 1-4 Tagen Dauer	Urlaubsreisen ab 5 Tage Dauer, Kurzreisen von 1-4 Tagen Dauer	alle Reisen mit mindestens einer Übernachtung	
Wichtigste Variable	Reiseziele, Reisedauer, Reisemotive, Reiseinformationsquellen, Buchungsstellen, Zeitpunkt der Reiseentscheidung, Reisearten, Verkehrsmittel, Organisationsform, Reiseaktivitäten, Reiseausgaben, Reiseerfahrungen, Interesse an Urlaubsarten und Reisezielen	Reiseziele, Reisedauer, Reisemotive, Reiseabsichten, Urlaubsqualität	Reiseziele, Reiseanlaß, Reisedauer, Verkehrsmittel, Organisationsform, Buchungszeitpunkte, Internetnutzung, Reiseausgaben	Reiziele, Reiseverkehrsmittel, Unterkunftsarten, Reiseausgebn
Zugang	„Erste Ergebnisse" - regelmäßige Pressemitteilung auf der ITB in Berlin; Kurzfassung; Tabellenbände für Käufer	jährliche Veröffentlichung; kann für ca. 10 € beim Institut erworben werden	sporadische Pressemitteilungen; Daten nur für Käufer	Veröffentlichungen des Statistischen Bundesamtes

Quellen: Seitz & W. Meyer 2006, S. 147-175; www.bat.de (26. Februar 2006)

Die Reiseanalyse untersucht ausschließlich das Urlaubsreisegeschehen und die Kurzreisen eines Jahres. Dabei stehen die Reiseziele, die genutzten Verkehrsmittel, die Unterkunftsart, Reisedauer, Reisezeitpunkte, die Organisationsform, die Motive für die Reisen und die Aktivitäten während des Aufenthaltes für die Haupturlaubsreise im Vordergrund.

Mit dem Konkurs des Starnberger Studienkreises für Tourismus e.V. Ende 1993 mußte zunächst auch die Reiseanalyse eingestellt werden. Die Kontinuität der langen Zeitreihe über das Urlaubsreisegeschehen in Deutschland seit 1970 blieb jedoch mit der Einführung der Repräsentativuntersuchung ‚Urlaub + Reisen' durch die Forschungsgemeinschaft Urlaub und Reisen e.V. (F.U.R) mit Sitz zunächst in Hamburg, jetzt in Kiel, bestehen. Mittlerweile wird diese Untersuchung wieder unter dem markenrechtlich geschützten Namen **Reiseanalyse** weitergeführt.

Die Untersuchung wird jeweils im Januar des darauffolgenden Jahres in Form von persönlichen Interviews (*face to face*) durchgeführt. Dadurch ist es möglich, ein umfangreiches Fragenprogramm mit Schwerpunkt im qualitativen Bereich anzuwenden. Damit können zum Beispiel über die Reisemotive gebildete Zielgruppen für bestimmte Reiseziele und -arten identifiziert werden, die für das Marketing von Reiseunternehmen und die Tourismusorganisationen der Reiseziele von großer Bedeutung sind. In der Reiseanalyse gibt es neben dem Grundfragenprogramm, das immer verwendet wird, Schwerpunktthemen, die in unregelmäßigen Abständen nach Absprache mit den Beziehern aufgenommen werden. Darüber hinaus können einzelne Bezieher Sonderfragen plazieren, deren Ergebnisse nur ihnen zugänglich sind. Für ein breiteres Publikum gibt es neben der Zusammenfassung der Ersten Ergebnisse, die jedes Jahr Anfang März auf der Internationalen Tourismusbörse (ITB) in Berlin vorgestellt werden, noch eine Kurzfassung zu erschwinglichen Preisen.

Das Freizeitforschungsinstitut der British American Tobacco (BAT), ein Unternehmen, das Zigaretten und Tabakmischungen unter verschiedenen Markennamen herstellt, wurde 1979 in Hamburg gegründet und führt seit 1985 eine jährliche Reiseuntersuchung unter dem Namen **Deutsche Tourismusanalyse** durch, die, wie die Reiseanalyse, auf auf persönlichen Interviews von einem bevölkerungsrepräsentativen Querschnitt der deutschen Wohnbevölkerung ab 14 Jahren beruht. Allerdings sind Stichprobe und Fragenprogramm deutlich kleiner als bei der Reiseanalyse. Das Projekt ist durch den Zigarettenhersteller eigenfinanziert und die Ergebnisse in Form von jährlichen Berichten sind entsprechend günstig beim Institut zu beziehen.

Der **Deutsche Reisemonitor** wurde 1988 von der IPK (München) entwickelt und erfaßt **alle touristischen Reisen** der Bundesbürger ab 14 Jahren in Privathaushalten, das heißt mit mindestens einer Übernachtung. Private Reisen und Urlaubsreisen sind hier also nur eine Untermenge aller erhobenen Reisen. Durch die Wahl der kostengünstigen Telephonbefragung muß das Fragenprogramm jedoch eingeschränkt werden. Während mündliche Interviews deutlich länger als eine Stunde dauern können (bei der Reiseanalyse dauert ein Interview durchschnittlich so lange), liegt die Obergrenze für telephonische Befragungen bei 15-20 Minuten. Die Schwelle, ein persönliches Interview vor seiner Beendigung abzubrechen, ist schon deshalb viel höher, weil man in der Regel einem Interviewer gegenübersitzt, den man ja selbst in die Wohnung eingelassen hat. Einen ungebetenen anonymen Anrufer wird man dagegen mit einem Druck auf die Telephongabel wieder los. Darüber hinaus kann man keine visuell gestützten Fragen stellen, wie zum Beispiel bei Motivfragen, die sich über Kartenspiele oder Notebook-gestützte visuelle Darstellungen erfassen lassen, bei denen auch der Interviewte aktiviert wird. Er ist ebenso wie die Reiseanalyse als Beteiligungsuntersuchung konzipiert.

Übersicht 1.2: Tourismusuntersuchungen in Großbritannien

Untersuchung	National Travel Survey	UK Tourism Survey	International Passenger Survey
Schwerpunkt	Inlandsreisen	Tourismus in GB	Internationale Reisen
Seit...	1965/66	1989	1961
Organisation	Verkehrsministerium	Nationale Tourismusverbände in GB	Statistisches Zentralamt
Untersuchungsmethode	7.400 Haushalte - alle Mitglieder führen ein Tagebuch für sieben Tage	bis 2000 ca. 70.000 persönliche Interviews mit britischen Erwachsenen im Zweimonatsrhythmus; seit 2000: kontinuierlich über das Jahr verteilt ca. 50.000 Telephoninterviews	Mehr als 250.000 persönliche Interviews mit ankommenden und abreisenden Passagieren auf Flug-, in Seehäfen oder am Kanaltunnel; kontinuierlich wird jeder 500. Passagier befragt
Gegenstand	die gesamte Mobilität	alle Reisen (mit Übernachtungen), Ausgaben	Ankünfte, Ausgaben, Nächte
Wichtigste Variable	Mobilitätsart, Verkehrsmittel, Entfernung, Mobilitätszweck, Mobilitätszeitpunkt, soziodemographische Daten	Reiseart, Reiseziel, Reisezweck, Reisezeitpunkt, Herkunftsort, Unterkunft, Organisationsform, Buchungsart, soziodemographische Daten	Reiseart, Reiseziel, Reisezweck, Reisezeitpunkt, Hafen/Flughafen, Ticketpreise, soziodemographische Daten
Zugang	regelmäßige Veröffentlichung (HMSO[1])	regelmäßige Veröffentlichung	Monatliche Kurzfassung, vierteljährliche und jährliche Dokumentationen (HMSO[1])

[1] Her Majesty's Stationery Office, London (= Informationsamt der britischen Regierung)
Quelle: Hitchins (1995); www..statistics.gov.uk (Februar 2005)

Der Deutsche Reisemonitor legt seinen Schwerpunkt ebenfalls auf das quantitative Mengengerüst des Reisegeschehens. Er war von Anfang an eingebettet in den **European Travel Monitor** (ETM), der zunächst nur das Reiseverhalten in den westeuropäischen, nach dem Zusammenbruch des sowjetisch beherrschten Ostblocks 1990 dann auch in den osteuropäische Staaten erfassen konnte. 1995 schließlich wurde durch Kooperationen und die Ausweitung der Erhebungen der **World Travel Monitor** (WTM) gegründet, in dem die wichtigsten Quelländer der Welt erfaßt werden. Derzeit werden nach WTM-Angaben mit über ca. 500.000 Interviews pro Jahr in mehr als 50 Ländern etwa 90 Prozent der internationalen Reiseströme abgedeckt. In den großen Märkten werden die Daten alle ein bis zwei Monate über Telephonumfragen erhoben, in kleinen Ländern begnügt man sich mit jährlichen Repräsentativbefragungen. Koordiniert und durchgeführt werden diese globalen Aktivitäten durch IPK International mit Sitz in Malta.

Neben dem Travel Monitor existieren noch eine Reihe weiterer nationaler Untersuchungen der Reisemärkte (vgl. Übersicht 1.2). Die bekannteste ist der **UK Tourism Survey** (UKTS), deren Vorgänger, der British Home Tourism Survey (BHTS) bereits seit 1960 durchgeführt wurde. In seiner jetzigen Form werden im UKTS, in dem auch der zwischen 1973 und 1988 durchgeführte British Tourism Survey Monthly (BTS-M) aufgegangen ist, seit 1989 jedes Jahr auf monatlicher Basis insgesamt etwa 50.000 Personen nach ihrem Reiseverhalten befragt. Organisiert wird diese aufwendige Studie durch die britischen *Tourist Boards*.

1.4.3 Europäische Tourismusstatistik

Vor dem Hintergrund der verschiedenen verwendeten Erhebungsverfahren und der unterschiedlichen Qualität der statistischen Informationen über den Tourismus in den Mitgliedsländern der Europäischen Union hat der Rat der EU 1995 eine „Richtlinie über die Erhebung statistischer Daten im Bereich des Tourismus" (Statistikrichtlinie) erlassen. Sie soll eine weitgehend einheitliche Tourismusstatistik für das Gebiet der Europäischen Union ermöglichen. So heißt es in der Richtlinie u.a.: „Die in einem Gemeinschaftssystem zusammengestellten statistischen Daten müssen zuverlässig und unter den Mitgliedsstaaten vergleichbar sein" (Amtsblatt der Europäischen Gemeinschaften Nr. L 291/32 v. 6. Dezember 1995).

Da im Rahmen der europäischen Integration immer mehr Grenzen und dort früher vorgenommene Kontrollen wegfallen, wird die statistische Erhebung zwangsläufig erschwert. Die Grenzmethode läßt sich, wie wir gesehen haben, bei den Ländern des Schengener Abkommens nicht mehr anwenden. Um trotzdem zu einer realistischen Abbildung der Angebote und der touristischen Ströme innerhalb der EU zu kommen, können auch Daten, die nach der Wohnortmethode aus bevölkerungsrepräsentativen Erhebungen gewonnen werden, in die Statistiken integriert werden. Die Richtlinie geht hier nur von Mindestanforderungen für die Genauigkeit der verwendeten Daten aus; es obliegt den einzelnen Mitgliedsstaaten, die dafür erforderlichen Maßnahmen selbst festzulegen.

Die europäische Statistik bezieht sich sowohl auf die Angebots- wie auf die Nachfrageseite. Auf der **Angebotsseite** werden erfaßt:

- Die **Kapazitäten** der Beherbergungsbetriebe nach Arten (Hotels und ähnliche Betriebe, Campingplätze, Ferienhäuser und -wohnungen und sonstige), nach ihrer Anzahl, der Zahl ihrer Zimmer und Betten.
- Die **Inanspruchnahme** der Betriebe nach Ankünften und Übernachtungen, getrennt für In- und Ausländer.

Die Daten über die Kapazitäten sind jährlich, die über ihre Inanspruchnahme dagegen monatlich auszuweisen, um die Saisonalität zu erfassen. Die Daten werden zum größten Teil sowohl auf nationaler wie auf regionaler Ebene veröffentlicht.

Auf der **Nachfrageseite** werden entsprechend der UN/WTO-Definition alle Reisen mit mindestens einer Übernachtung und maximal 365 Übernachtungen ermittelt. Urlaubs- und Geschäftsreisen werden dabei getrennt ausgewiesen. Schon daraus wird deutlich, daß diese Daten nicht mehr ohne weiteres mit den traditionellen statistischen Erhebungsmethoden erfaßt werden können. Bei den routinemäßigen Vollerhebungen wurde in der Regel nur die Zahl der Reisenden beim Grenzübertritt oder bei der Ankunft im Beherbergungsunternehmen bestimmt, Fragen zum Reisezweck hätten die Abwicklung des Grenzverkehrs bzw. der Gästeanmeldungen durch den damit verbundenen bürokratischen Aufwand erheblich behindert. Es liegt also nahe, für diese Angaben auf die **Wohnortmethode** zurückzugreifen und die entsprechenden Daten über regelmäßige bevölkerungsrepräsentative Befragungen zu ermitteln, wie dies zum Beispiel auch das deutsche Statistische Bundesamt macht und die Ergebnisse u.a. in den Statistischen Jahrbüchern veröffentlicht.

Dabei werden die folgenden Reisedaten registriert:

- Anzahl der Reisenden und Zahl ihrer Reisen, die nach Zielgebieten aufgeschlüsselt werden;
- demographische Daten über die Reisenden (Geschlecht und Altersgruppe);
- Zahl der Reisen nach dem Reisemonat, aufgeschlüsselt nach Inlands- und Auslandsreisen;
- Anzahl der Übernachtungen nach Reisezielen;
- Reiseorganisation (Selbstorganisation, mit Hilfe eines Reisebüros oder Veranstalters, Pauschalreisen);
- hauptsächlich benutztes Verkehrsmittel;
- Hauptunterkunftsart während der Reise;
- Reiseausgaben.

Diese Daten sind alle nur auf nationaler Ebene auszuweisen; zum größten Teil werden sie von den Mitgliedsstaaten jährlich, teilweise aber auch quartalsweise berichtet.

Mit diesem pragmatischen Vorgehen der EU verschwindet tendenziell der Unterschied zwischen den in der Regel auf Vollerhebungen basierenden traditionellen Statistiken und bevölkerungsrepräsentativen Stichprobenuntersuchungen.

1.4.4 Erhebung über die Ausgaben und Einnahmen im internationalen Reiseverkehr

Entsprechend der Vorgaben des Internationalen Währungsfonds (International Monetary Fund, IMF) über die Erstellung von Zahlungsbilanzen und der Empfehlungen der Vereinten Nationen und der WTO (UN & WTO 1994, S. 21 f.) veröffentlichen viele Länder regelmäßig Daten über die Devisenausgaben ihrer Bürger auf Urlaubsreisen im Ausland und die Einnahmen von Devisen ausländischer Besucher. Auch die Deutsche Bundesbank macht dies im Rahmen ihrer Zahlungsbilanzen im Dienstleistungsverkehr mit dem Ausland, die auch Aufstellungen über **Einnahmen und Ausgaben im Reiseverkehr** enthalten.

Die Erfassung dieser Geldströme erfolgt in Deutschland - wie in den meisten anderen westeuropäischen Ländern – über die **Zahlungsmittel**. Dazu gehören neben Bargeld auch Euroschecks, Travellercheques und Kreditkarten. Die Informationen über die Ausgaben werden jedoch wegen des damit verbundenen Aufwandes nicht direkt erfaßt – jeder Reisende müßte sonst seine Auslandsausgaben an die Deutsche Bundesbank melden. Statt dessen sind die Banken hier nach der Außenwirtschaftsverordnung (AWV) verpflichtet, entsprechende Meldungen über den Devisenumtausch zu machen (vgl. Steger 1991). Nach der Einführung des Euro-Geldes zum 1. Januar 2002 würde damit allein jedoch nur ein geringer Teil der reiseverkehrsbedingten internationalen Zahlungsströme erfaßt. Deshalb müssen die Banken auch Angaben über EC- und Kreditkartenumsätze „gebietsfremder Reisender in Deutschland" und „gebietsansässiger Deutscher im Ausland" (Anlage Z 12 für die Meldung nach § 69, Abs. 2 Nr. 4 AWV) machen.

Dies alleine würde jedoch nicht ausreichen, um eine auch nur halbwegs plausible Zahl ermitteln zu können – schließlich kann man sein Geld auch bei einer ausländischen Bank in die jeweilige Landeswährung eintauschen. Deshalb werden auch noch Euro-Notenrücksendungen aus dem Ausland mit zu den Reiseausgaben hinzugezählt. Für traditionelle Steuerhinterziehungsländer wie die Schweiz wird (nach telephonischer Auskunft der Bundesbank) der Kapitalverkehr herausgerechnet, indem große Noten und intakte Geldbündel nicht dem Reiseverkehr zugerechnet werden. Ebenfalls herausgerechnet wurden die Geldtransfers von Gastarbeitern in ihre Heimatländer, die häufig zu den beliebtesten Urlaubsreisedestinationen der Deutschen im Ausland gehören. Mit der Einführung des Euro-Geldes zum 1. Januar 2002 sind diese Möglichkeiten jedoch stark eingeschränkt und können nur noch auf Länder außerhalb der Europäischen Währungsunion angewendet werden.

Mit dieser Erhebungsmethode sind zudem generell einige **Ungenauigkeiten** verbunden:

- Es kann nicht unterschieden werden zwischen den Ausgaben bzw. Einnahmen von Ausflüglern (Tagesbesuchern) und Touristen.
- Der Rücktausch nicht ausgegebener Fremdwährungen im Zielland ist kaum zu erfassen (Koch *et al.* 1989, S. 22).
- Die Zahlen der Kreditinstitute werden zum großen Teil nach Währungen und nicht nach Ländern erfaßt. In vielen Ländern in der Karibik zum Beispiel gilt der US-$ praktisch gleichberechtigt neben den landeseigenen Zahlungsmitteln. Damit ist es weder möglich, das Herkunftsland der Besucher bei den Einnahmen, noch ihr Zielland bei den Ausgaben genau zu bestimmen.
- Weder bei aus- noch bei inländischen Banken ist der Zweck ersichtlich, zu dem ein Geldumtausch erfolgt. Zugerechnet werden auch Bargeldmitnahmen von Gastarbeitern bei Reisen in ihr Herkunftsland. Auch Gelder aus Steuerhinterziehungen, die zum Beispiel in kleinen Noten in Schweizer Franken umgewechselt

und dann bei Schweizer Banken verwahrt werden, zählen so im Prinzip zu den Reiseverkehrsausgaben.

- Mit dem Herausrechnen der Transaktionen im Kapitalverkehr werden auch Ausgaben zum Beispiel für den Erwerb von Immobilien (Ferienhäuser, Ferienwohnungen), Automobilen und Booten nicht berücksichtigt, die in den meisten Fällen (auch) für die touristische Nutzung erworben werden (UN & WTO 1994, S. 21).
- Umtauschgeschäfte außerhalb des Banksystems wie auf Schwarzmärkten, in Hotels oder in Geschäften werden nicht erfaßt (Frechtling 1994 b, S. 371 f.).

Aus diesen Gründen, auf welche die Bundesbank zum Teil selbst regelmäßig in einer Anmerkung zur entsprechenden Tabelle in ihren Berichten hinweist, können die Daten über die Reiseausgaben im Ausland nur als sehr grobe **Schätzwerte** angesehen werden. Das gleiche gilt natürlich für die Einnahmen aus dem Ausländertourismus (*inbound tourism*): Auch hier kann man aufgrund verschiedener Informationen nur schätzen, welcher Anteil der gesamten Deviseneinnahmen touristisch bedingt ist.

Für die Zahlungsbilanzstatistiken anderer Länder gilt Ähnliches. Bei diesen Zahlen haben wir es also immer nur mit Schätzungen zu tun, die zudem in den verschiedenen Ländern auf unterschiedlichen Erhebungsmethoden beruhen können. Damit können diese Daten zum Beispiel in Zeitreihen nur sehr vorsichtig interpretiert werden, und Vergleiche mit dem Ausgabeverhalten der Touristen aus anderen Ländern sind ebenfalls nur unter Vorbehalt aussagefähig.

1.5 Touristische Kennwerte

Um den Tourismus und seine wirtschaftliche, soziale und politische Bedeutung für ein Land, eine Region oder einen Ort zu erfassen, sind die reinen Zählungsergebnisse von Statistiken und die durch Befragungen gewonnenen Werte alleine nicht ausreichend. Um ihn ins Verhältnis zu anderen Aktivitäten setzen zu können, ist es daher notwendig, diese Daten mit anderen Angaben über die Bezugseinheiten zu kombinieren.

Mit entsprechend aus den Statistiken **abgeleiteten Maßen** lassen sich zum Beispiel Regionen unterschiedlicher touristischer Bedeutung voneinander abgrenzen. Dazu gehören die **durchschnittliche Aufenthaltsdauer** der Gäste, die **Bettendichte** (Zahl der zu vermietenden Betten je 1.000 Einwohner) und Maße der **Tourismusdichte**. Das gebräuchlichste ist das der **Tourismusintensität**: Es ist ein globales Maß, das alle kommerziellen Übernachtungen im Zeitraum eines Jahres mit der Zahl der Einwohner in Beziehung setzt (nach der Definition des Statistischen Bundesamtes die Zahl der Übernachtungen je 1.000 Einwohner einer Gebietseinheit; vgl. Tabelle 1.1). Mit ihm kann man also, wie bei allen anderen Maßen der Tourismusdichte, nicht zwischen Privat- und Geschäftsreisen unterscheiden.

Ein weiteres ist die **Ankunftsdichte**, mit dem analog die Zahl der Ankünfte je 1.000 Einwohner berechnet wird. Die **Übernachtungsdichte** bezieht die Zahl der Übernachtungen in einem Gebiet auf ihre Fläche und wird in Übernachtungen pro Quadratkilometer ausgedrückt (vgl. auch Althof 1996, S. 14 f.). Für diese Indikatoren gelten natürlich die gleichen Einschränkungen wie für die statistischen Größen, von denen sie abgeleitet werden. Bei der Nutzung dieser Maße für Ländervergleiche muß man sich darüber im Klaren sein, daß man damit oft so unterschiedliche Gebiets- und Bevölkerungsgrößen miteinander in Beziehung setzt, daß sie kaum noch aussagefähig sind. So handelt es sich bei Malta, Barbados, den Bahamas und Singapur zwar um unabhängige Staaten; ihre geringe Fläche und Bevölkerungszahl machen einen Vergleich mit Ländern wie Italien, Großbritannien, Malaysia oder Deutschland aber weitgehend obsolet, weil diese großen Länder Regionen ganz unterschiedlicher touristischer Attraktivität und Nutzung einschließen. Sinnvoller wäre es deshalb, Regionen in etwa entsprechender Größe und touristischer Bedeutung innerhalb dieser Länder mit den genannten Staaten zu vergleichen. Die regionalen Disparitäten innerhalb größerer Länder machen Durchschnittswerte weitgehend sinnlos: Kleinere Gebiete, in denen Tourismus eine der Haupterwerbsquellen ist, stehen neben großen, in denen der Tourismus bedeutungslos ist. Nähme man nur den Mittelwert, wäre der Tourismus insgesamt für dieses Land unbedeutend, obwohl die Bevölkerungen ganzer Regionen primär davon leben (siehe für Deutschland auch Tabelle 1.1).

Tabelle 1.1: Beispiele für die Tourismusintensität

Land/Region/Ort	Tourismusintensität (Übernachtungen je 1.000 Einwohner 2004)
Deutschland	4.106
darunter Flächenbundesländer:	
Mecklenburg-Vorpommern	14.183
Schleswig-Holstein	7.824
Bayern	5.919
Rheinland-Pfalz	4.882
Niedersachsen	4.310
Hessen	4.081
Baden-Württemberg	3.735
Thüringen	3.625
Brandenburg	3.605
Sachsen	3.546
Sachsen-Anhalt	2.355
Nordrhein-Westfalen	2.085
Saarland	2.052
darunter Städte	
Heidelberg	6.325
Berlin	3.914
Stuttgart	3.801
Hamburg	3.427
Bremen	2.145
Oberhausen/Rhld.	849
darunter Gemeinden	
Hinterzarten	171.392
Meersburg	28.136

Quellen: www.statistikportal.de; www.lds.nrw.de, www..statistik.baden-württemberg.de (alle 27. Februar 2006); eigene Berechnungen

Um das Ausmaß touristischer Aktivitäten der Bevölkerung eines Landes zu erfassen, mißt man die **Urlaubsreiseintensität** (*departure rate*). Sie bezeichnet den prozentualen Anteil der Bevölkerung, der innerhalb eines Kalenderjahres mindestens einmal eine privat veranlaßte Reise von mindestens fünf Tagen Dauer unternommen hat. Sie wird in manchen Veröffentlichungen (zum Beispiel Kaspar 1996, S. 49 f.) auch als **Nettoreiseintensität** bezeichnet. Unter **Bruttoreiseintensität** (*gross departure rate*) versteht man dann die Zahl der im definierten Zeitraum gemachten Reisen je 100 Einwohner. Die **Reisehäufigkeit** gibt an, wie viele dieser Reisen in diesem Zeitraum von den Reisenden unternommen wurden.

Beispiele: Bezogen auf die deutsche Wohnbevölkerung ab 14 Jahren lag die Nettoreiseintensität in Deutschland 2004 bei etwa 74 Prozent, die Bruttoreiseintensität bei 101, d.h., pro 100 Einwohner über 14 Jahren wurden 101 Urlaubsreisen gemacht. So betrug 2004 die durchschnittliche Reisehäufigkeit der Deutschen 1,36, d.h., 100 Reisende haben im Durchschnitt insgesamt 136 Reisen in diesem Jahr gemacht.

1.6 Die Erfassung von Urlaubsreisearten

Reisen gehört heute, wie die vorangegangenen Abschnitte gezeigt haben, fast zu den sozialen Selbstverständlichkeiten in der deutschen Gesellschaft. Dies hat auch dazu geführt, daß nicht nur die Reiseintensität, sondern auch die Zahl der Reisen in den letzten Jahrzehnten deutlich angestiegen ist. Wenn im Jahr mehr als eine Urlaubsreise gemacht wird, bedeutet dies, daß man aus Ökonomiegründen bei Nachfrageuntersuchungen in der Regel nicht alle Daten für jede Urlaubsreise erheben kann. Deshalb werden die Interviewpartner, die in einem Jahr mehr als eine solche Reise gemacht haben, zum Beispiel bei der Reiseanalyse gebeten, ihre **Haupturlaubsreise** zu bestimmen. Ihre Wahl ist rein subjektiv, d.h. der Befragte definiert selbst, auf welche seiner Reisen dies zutrifft. Betrachtet man das Ergebnis dieser Festlegung in den Reiseuntersuchungen, wird deutlich, daß Haupturlaubsreisen im Vergleich zu den Zweit- und Drittreisen...

Abbildung 1.8: Reisezeitpunkte von Haupturlaubs- und Zweit- und Drittreisen (in Prozent der Reisen)

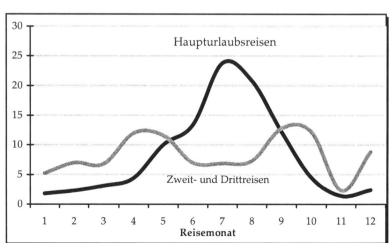

Quelle: Reiseanalyse 1997 der Forschungsgemeinschaft Urlaub und Reisen e.V., Hamburg, durchgeführt von GfM-Getas/WBA

- länger dauern (im Durchschnitt ca. sechs Tage);
- vor allem in den Sommermonaten unternommen werden (siehe Abbildung 1.8);
- ihr Reiseziel häufiger im Ausland haben;
- innerhalb Europas weiter entfernte Destinationen zum Ziel haben (zum Beispiel Spanien, Griechenland, Italien);
- häufiger in außereuropäische Länder gehen und
- entsprechend auch die teureren Reisen sind.

Darüber hinaus gibt es bei den privaten Reisen grundsätzlich zwei Arten der Organisation: Entweder man macht alles selbst oder man nimmt eines der vielen Angebote von Reiseveranstaltern an Pauschalreisen wahr. Im ersten Falle spricht man von einer **Individualreise**, im zweiten von einer **Pauschal-** oder **Veranstalterreise**. Bevor wir uns näher mit der Erfassung dieser beiden unterschiedlichen Reisearten befassen, müssen wir zunächst klären, was eigentlich ein Reiseveranstalter ist.

1.6.1 Veranstalterreisen

Wer Reiseveranstalter ist, wird in der Europäischen Union rechtlich definiert. Die grundlegende Regelung der EG-Pauschalreiserichtlinie vom 13. Juni 1990 (90/314 EWG) ist mittlerweile in nationales Recht der Mitgliedsstaaten übernommen worden, so daß in der gesamten EU die gleichen Grundprinzipien gelten.

In Deutschland ist diese Definitionsfrage seit Ende 1979 im sogenannten Reiserechtsparagraphen des Bürgerlichen Gesetzbuches (§ 651 a-m BGB) geregelt, der 1994 den EU-Richtlinien (Einfügung des Insolvenzschutzes) angepaßt wurde. Nach der EU-Richtlinie gilt als Reiseveranstalter

- wer mindestens **zwei Hauptreiseleistungen** (zum Beispiel Flug und Hotel) zu einem Gesamtpaket zusammenfaßt und zu einem einheitlichen Preis anbietet.

In Deutschland fällt darüber hinaus nach § 651 a (2) in diese Kategorie,

- wer nach außen hin **als Reiseveranstalter auftritt**, indem er zum Beispiel Ferienhausaufenthalte oder Charterboote über einen Katalog anbietet, auch wenn die Anreise privat von den Kunden organisiert wird.

Schon diese beiden grundsätzlichen Aspekte der rechtlichen Bestimmung eines Reiseveranstalters machen deutlich, daß die Erfassung der Veranstalterreisen sowohl auf der Nachfrage- wie auf der Angebotsseite mit einer Reihe von Problemen behaftet ist. Darüber hinaus vermarkten Charterfluggesellschaften die Einzelplatzbuchung auf ihren Flügen zum Teil auch über Reiseveranstalter, so daß es sowohl für den Kunden wie für das jeweilige Reiseunternehmen schwierig wird, genau zu sagen, ob es sich im jeweiligen Fall um eine Veranstalterreise gehandelt hat oder nicht. Nicht zuletzt treten vielfach selbst zusammengestellte Reisen mit nahezu den gleichen Leistungen an die Stelle von Pauschalreisen, wenn Flüge und Hotels von der Netzseite einer Billigfluggesellschaft gebucht werden. Gleichzeitig wurden die Angebote der Veranstalter um Reisen erweitert, die mit Billigfluggesellschaften durchgeführt werden und es gibt einen generellen Trend hin zu Baukastensystemen, mit denen man sich die eigenen Reisen bei einem Reiseveranstalter individuell zusammenstellen kann, aber, anders als bei den Buchungen auf den Netzseiten von Billigfluggesellschaften, damit den Schutz des Reiserechtes genießt. Vor dem Hintergrund dieser immer unübersichtlicher gewordenen Angebote und Buchungswege ist auch die Erfassung der Veranstalterreisen immer schwieriger geworden.

Daher wird zum **Beispiel** in der Reiseanalyse seit 2006 eine weitaus komplexere Abfrage als in den früheren Jahren verwendet. Es werden drei Fragen gestellt, deren Ergebnisse dann miteinander kombiniert werden, um den Charakter der Reisen zu erfassen.

Es gibt eine Frage nach der Organisationsform der Reise mit den folgenden Antwortkategorien (Mehrfachnennungen möglich):

- Pauschal- und Bausteinreise („individuell zusammengestellte Teil-Leistungen, bei einem Anbieter gebucht")
- Unterkunft einzeln
- Ticket einzeln
- Sonstiges einzeln
- Nichts vorher gebucht

Die zweite Frage bezieht sich auf die Stellen, bei denen die Reise gebucht wurde, dazu gehören u.a. folgende Beantwortungsalternativen (Mehrfachnennungen möglich):

- Reisebüro
- Unterkunft direkt
- Verkehrsträger direkt
- Reiseveranstalter direkt
- Internet-Portal

In der dritten Frage geht es um die Buchungswege mit den folgenden Antwortalternativen:

- persönlich
- per Telephon
- online oder per E-Mail
- per Brief oder Fax

Aus der Verknüpfung dieser Antwortalternativen ergeben sich theoretisch Hunderte von Kombinationen, die aufgrund ihres empirischen Gehaltes zu sinnvollen Kategorien zusammengefaßt und ausgewertet werden können. Mit dieser neuen Abfrage wird zwar die Zeitreihe unterbrochen, dies ist vor dem Hintergrund der ansonsten fragwürdigen Ergebnisse, welche die alte Abfrage zur Folge hätte, aber der geringere Nachteil, zumal man ja mit diesen Antworten für den Zeitvergleich auch die alte Frage weitgehend aggregieren kann.

Auf der **Angebotsseite** ist die Erfassung der Veranstalterreisen weniger umfassend. Dies vor allem deshalb, weil nicht alle Reiseveranstalter Angaben über die Zahl ihrer Teilnehmer bzw. über ihre Umsätze veröffentlichen. Die Fachzeitschrift *Fremdenverkehrswirtschaft International (FVW)* erhebt und veröffentlicht seit 1971 jedes Jahr eine Branchenumfrage, bei der die Teilnehmerzahlen von Reiseveranstaltern insgesamt und aufgegliedert nach Geschäftsfeldern aufgeführt werden. 1971 hatten sich erst neun Veranstalter an dieser Erhebung beteiligt, für das Geschäftsjahr 2004/2005 waren es 61. Verglichen mit der Zahl von 800-1.200 Reiseveranstaltern (ohne Busreiseveranstalter), die in der Bundesrepublik Deutschland tätig sind, ist das nur eine kleine Zahl. Allerdings sind es vor allem die großen und größeren Reiseveranstalter, die ihre Geschäftsdaten in diesem Zusammenhang veröffentlichen. So wird zwar einerseits ein großer Teil des Angebots auf dem Markt für Pauschalreisen erfaßt, andererseits wird das Bild jedoch dadurch verzerrt, daß die kleinen Veranstalter in diesen Aufstellungen praktisch nicht vorkommen. Das ist nicht der Fremdenverkehrswirtschaft International anzulasten, sondern den kleinen Veranstaltern selbst, die, aus welchen Gründen auch immer, keine Informationen über ihre Aktivitäten herausgeben und damit eine vollständige bzw. repräsentative Erfassung der Angebotsseite unmöglich machen.

Die Erfassung der verschiedenen Geschäftsfelder erfolgt für jeden der teilnehmenden Veranstalter nach den nur sehr groben Kategorien ‚Flugreisen' (mit den Unterkategorien ‚Nah- und Mittelstrecke' und ‚Fernstrecke'), ‚erdgebundene Reisen' und ‚Kreuzfahrten'. Bereits die in dieser Dokumentation veröffentlichten generellen Teilnehmerzahlen sind darüber hinaus mit einigen methodischen Problemen behaftet. Da sie von den Veranstaltern selbst anhand eines Fragebogens berichtet werden, lassen sie sich nicht weiter überprüfen. Manche Veranstalter stehen zum Beispiel unter dem Verdacht, an dieser Stelle geschönte Daten veröffentlicht zu haben. Aber selbst wenn alle Veranstalter hier ehrliche Angaben machen (was die meisten sicherlich tun), bleibt die Frage, ob sie auch gleiche Kriterien für die Zählung von Teilnehmern anlegen.

Informationsstände von Reiseveranstaltern in einer Hotelanlage auf Mallorca

Beispiele:

- Ein Studienreiseveranstalter kann neben seinem Kernprodukt auch Sprachaufenthalte anbieten, die er zu seinen begleiteten Rundreisen dazuzählt, ohne dies auszuweisen. Dadurch wird seine Marktgröße als eigentlicher Studienreiseveranstalter überschätzt.
- Durch das Mitzählen von lediglich vermittelten Fährpassagen kann ein Kreuzfahrtveranstalter seine Teilnehmerzahlen weitaus größer erscheinen lassen, als sie es tatsächlich sind.
- Manche Reiseveranstalter gehen immer mehr dazu über, ihre Reisen in Baukastensystemen anzubieten. So kann man verschiedene Reiseelemente oder -module (zum Beispiel Studienreise und Strandurlaub, Land A und Nachbarland B, Bootscharter und Mietwagen usw.) miteinander kombinieren und zu einer individuel-

len Pauschalreise zusammenstellen. Dadurch kann es leicht zu Doppelzählungen bei den Teilnehmern kommen.

1.6.2 Weitere Differenzierung der Urlaubsreisearten

Eine weitere Differenzierung von Urlaubsreisearten ist in der Regel nur über die Reisemotive und die Reiseaktivitäten der Reisenden möglich. Damit ist man hier auf Nachfrageuntersuchungen angewiesen. Festgelegte Standards zur weiteren Charakterisierung solcher Urlaubsreisen gibt es nicht. Vor allem durch die Reiseanalyse haben sich jedoch einige Urlaubsreisearten eingebürgert, die für die Beschreibung und Analyse des Tourismus immer wieder verwendet werden.

Diese Kategorisierung beruht auf einer Selbsteinschätzung der Urlaubsart durch die Reisenden nach einer Vorlage, die folgende Zuordnungsmöglichkeiten enthält:

- Vergnügungsurlaub/-reise
- Verwandten-/Bekanntenbesuch
- Sporturlaub/-reise
- Strand-/Bade-/Sonnenurlaub/-reise
- Studien-/Besichtigungsurlaub/-reise
- Gesundheitsurlaub/-reise
- Bildungsurlaub/-reise
- Ausruh-Urlaub/-reise
- Abenteuer-Urlaub/-reise

Bis 1989 mußten die Befragten sich für eine dieser Alternativen entscheiden, seit der Reiseanalyse 1990 sind Mehrfachnennungen möglich. Damit werden die Urlaubsformen zum einen präziser erfaßt, zum anderen wird der zunehmenden Verknüpfung unterschiedlicher Urlaubsreisearten – wie sie sich auch in den oben erwähnten Baukastensystemen von Reiseveranstaltern zeigen – auf einer einzigen Reise Rechnung getragen. Mit den Mehrfachnennungen und den damit möglichen Kombinationen können differenziertere Beschreibungen der Nachfrageseite des Urlaubsreisemarktes hergestellt werden, als dies früher der Fall war. So kann eine Vergnügungsreise nach Mallorca auch gleichzeitig ein Strandurlaub sein, eine Studienreise durch Ägypten kann mit einem Gesundheitsurlaub in Jordanien verknüpft werden und ein Sprachkurs in Südfrankreich, also eine Bildungsreise, mit einem Sporturlaub (zum Beispiel einer extremen Radtour durch die Pyrenäen) usw. Ein Nachteil liegt allerdings darin, daß die Zeitreihe der Daten seit 1970 mit dieser Veränderung unterbrochen wird, weil die beiden Nachfragemethoden den direkten Vergleich nicht mehr möglich machen. Mittlerweile ist dieses Problem allerdings eher historischer Natur.

Bei diesen Daten muß auch beachtet werden, daß es sich eben um subjektive Kategorisierungen handelt und nicht um objektive Zuordnungen anhand eindeutig definierter Kriterien. So mag dem einen ein gelegentliches Tennisspiel oder gar ein „verdorbener Spaziergang" (Kurt Tucholsky) über den Golfplatz während des Urlaubs bereits zu einem Sporturlaub werden, während für den anderen ein Sporturlaub erst dann gegeben ist, wenn er praktisch jeden Tag mit dem Kanu durch Wildwasser fährt oder zehn Kilometer durch die Landschaft rennt. Hier gibt es aber innerhalb der Reiseanalyse eine Reihe von Kontrollmöglichkeiten – zum Beispiel über die berichteten Urlaubsmotive und -aktivitäten –, so daß man nicht allein auf diese Angabe angewiesen ist. Die Verknüpfung dieser Daten zeigt, daß insgesamt eine hohe Übereinstimmung zwischen den Reisenden bei der Verwendung dieser Bezeichnungen besteht; es wird also weitgehend das Gleiche damit assoziiert. Weitere Differenzierungsmöglichkeiten bestehen in der Kombination mit Verkehrsmitteln – so läßt sich zum Beispiel eine Studienkreuzfahrt identifizieren.

Insgesamt muß man an dieser Stelle festhalten, daß sich die Urlaubsreisen mit den Daten aus Statistiken, Angebotserhebungen und Nachfrageuntersuchungen nicht immer eindeutig hinsichtlich ihrer Charakteristika erfassen und bestimmen lassen. Darüber hinaus sind die privaten Reisen auch so vielfältig hinsichtlich ihres motivationalen Hintergrundes und ihrer Ausgestaltung, daß der Versuch, alle möglichen Reisearten zu erfassen, weder möglich noch auch besonders sinnvoll wäre. Die durch Untersuchungen wie die Reiseanalyse bestehenden Möglichkeiten einer quantitativen und qualitativen Typisierung von Urlaubsreisen reicht in der Regel aus, um sich einen differenzierten Überblick über diesen Teil des Reisemarktes zu verschaffen. Da die offen oder verdeckt dahinterstehenden Motive u.a. eine große Rolle für die Charakterisierung von Reisen spielen, gehen wir später noch ausführlich darauf ein (Kapitel 3). In diesem Zusammenhang werden auch die **verschiedenen Geschäftsreisearten** behandelt.

2
Entwicklungsfaktoren privaten Reiseverhaltens

Die freie und offene Gesellschaft setzt sich bewußt einem stetigen Wandel aus. In dieser Gesellschaft soll es, im Gegensatz etwa zur geschlossenen Standesgesellschaft, prinzipiell keine Schranken geben, welche die Mobilität von Personen aufgrund individueller, sozialer, religiöser, politischer oder regionaler Zugehörigkeiten von vornherein einschränken und begrenzen würden. Mobilität bezieht sich dabei sowohl auf die Erreichung beruflicher und politischer Positionen, die prinzipiell jedem offen stehen, als auch auf die Freizügigkeit, innerhalb eines Landes dort zu leben und zu arbeiten bzw. dorthin frei zu verreisen, wo man auf Dauer oder für kürzere Zeit gerne sein möchte. Im deutschen Grundgesetz sind diese Rechte in den Artikeln 11 und 12 weitgehend verbrieft.

Solche Rechte sind auch heute vielerorts noch nicht die Selbstverständlichkeit, als die sie in den westlichen Demokratien angesehen werden. In den Zeiten der nationalsozialistischen Terrorherrschaft und in der fast bis zum Ende stalinistischen DDR gab es auch in Deutschland staatlich verfügte drastische Einengungen von Lebensperspektiven und Reisehorizonten. Totalitäre und menschenrechtsverachtende Staaten versuchen also, bis weit in das Private hinein alles zu regeln, zu kontrollieren und die freie Entfaltung ihrer Bürger zu verhindern.

Eine freie und offene Gesellschaft dagegen weist dem Staat nur die Aufgabe zu, „den Schutz jener Freiheit, die den anderen keinen Schaden zufügt" (Popper 1945; cit. n. d. Übers. 1992, S. 132) zu übernehmen. Darüber hinaus hat der freiheitliche Staat kein Recht, die Bewegungsfreiheit seiner Bürger einzuengen oder zu beschränken. Das bedeutet nun nicht, daß es daher keinerlei Unterschiede mehr im Handeln und im Verhalten zwischen den Menschen geben würde. Die in einer Gesellschaft wirksamen sozialen, wirtschaftlichen und religiösen Kräfte können sich innerhalb dieses staatlichen Rahmens vielmehr frei entfalten und führen zu unterschiedlichen sozialen Lagen, damit verbundenen Lebenshorizonten, biographischen Entwürfen und faktischen Lebensstilen und -verläufen. Darin zeigen sich objektiv gesetzte Grenzen (zum Beispiel durch Einkommen) und subjektive Selbstbeschränkungen (zum Beispiel durch unhinterfragt übernommene Traditionen), welche die Entfaltungschancen der Gesellschaftsmitglieder begrenzen.

Der Staat soll aber im Sinne der Subsidiarität mit sozialpolitischen Maßnahmen nur dort korrigierend eingreifen, wo gesellschaftliche Gruppen (zum Beispiel Arbeitslose) und Institutionen (zum Beispiel Familien) nicht mehr in der Lage sind, sich aus eigener Kraft zu helfen und ein menschenwürdiges Leben zu führen (vgl. ausführlich dazu Kapitel 8).

2.1 Der Aufstieg von der Arbeits- zur multioptionalen Freizeit- und Erlebnisgesellschaft

Die angesprochenen Unterschiede der sozialen Lagen zeigen sich auch im Reiseverhalten. So findet die prinzipielle Freiheit, überall hin zu verreisen, zum Beispiel ihre Beschränkung in den materiellen Möglichkeiten und in der Verfügbarkeit freier Zeit. Allerdings zeigt die Betrachtung des Zeitraumes seit Anfang des zwanzigsten Jahrhunderts, daß der eingangs angesprochene soziale Wandel in Deutschland sowohl zu einer Verbesserung der materiellen Rahmenbedingungen geführt hat als auch die Zeiträume beträchtlich erweitert hat, über deren Nutzung jeder selbst entscheiden kann. Durch die Einführung von in Tarifverträgen ausgehandelten Arbeitszeit- und Urlaubsregelungen ist mit der kontinuierlichen Verringerung der wöchentlichen Arbeitszeiten bis etwa Mitte der 1990er Jahre auch der Urlaubsanspruch gestiegen (siehe Abbildung 2.1).

Die der Industriegesellschaft inneliegende Eigendynamik hat also bereits im vordemokratischen Staatsgehäuse des Kaiserreichs, das noch weit davon entfernt war, die Freiheits- und Toleranzprinzipien einer offenen Gesellschaft zu akzeptieren, zu einem durchgreifenden Wandel von Arbeitsbedingungen geführt. Im flüchtigen demokratischen Intermezzo der Weimarer Republik fand dieser Wandlungsprozeß ebenso seine Fortsetzung wie nach dem zweiten Weltkrieg in der dauerhaften Demokratie der Bonner Bundesrepublik.

Urlaubsreisen waren – wie Abbildung 2.1 zeigt – um 1900 praktisch allen Arbeitnehmern schon deshalb unmöglich, weil man ihnen keinen Urlaub gewährte. Bei einer Wochenarbeitszeit von über 50 Stunden hätten sie in der Regel nicht einmal über das Wochenende verreisen können, um wenigstens für eine kurze Zeit den Zumutungen der harten Fabrik- und Landarbeit und ihren beengten Wohnverhältnissen zu entgehen. Erst mit der zunehmenden Gewährung von bezahlten Urlaubstagen, die meist über gewerkschaftliche Aktionen erkämpft und in Tarifverträgen festgeschrieben wurden, konnte eine wesentliche Voraussetzung für die Entwicklung eines Reisemarktes erreicht werden.

Abbildung 2.1 Die Entwicklung von Wochenarbeitszeit und Urlaubsanspruch 1900-2003

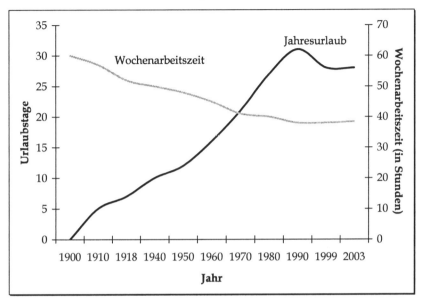

Quellen: Deutsche Gesellschaft für Freizeit (DGF) 1988 ff.; Saborowski, Schupp & Wagner 2004; Brenke 2004

Hinter der scheinbar uniformen Entwicklung, wie sie in Abbildung 2.1 bis 2003 dargestellt wird, verbergen sich jedoch ganz unterschiedliche Regelungen, weil die Tarifverträge jeweils für unterschiedliche Branchen mit verschieden hohem gewerkschaftlichen Organisationsgrad und wirtschaftlicher Leistungsfähigkeit ausgehandelt wurden. So galten Ende 1995 in verschiedenen Wirtschaftsbereichen wöchentliche Arbeitszeiten zwischen 35 Stunden (Eisen-, Stahl- und metallverarbeitende Industrie) und 39 Stunden (Baugewerbe). Die Geschwindigkeit, mit der die Arbeitszeitreduktion in den einzelnen Branchen durchgesetzt wurde, war dabei ebenfalls sehr unterschiedlich (DIE ZEIT Nr. 45 v. 3. November 1995, S. 24). Zudem sind von der Steigerung der freien Zeit und der Trennung von Arbeit und Freizeit „die abhängigen Arbeitnehmer und die breiten Angestelltengruppen am meisten, traditionelle geistige und künstlerische Berufe, Manager, Politiker, Ärzte usw. sowie Hausfrauen am wenigsten betroffen" (Lüdtke 1975, S. 25). Je weniger sich Tätigkeiten standardisieren lassen, desto weniger ist es auch möglich, ihre Produktivität über Rationalisierungen zu erhöhen. Die Erhöhung der Freizeit war also im Prinzip am ehesten dort möglich, wo sich die Produktivität der einzelnen Arbeitnehmer zum Beispiel über Automatisierung so stark erhöhen ließ, daß eine Verringerung der jährlichen Arbeitszeit wirtschaftlich vertretbar war. Allerdings sind bis 1990 Freizeit und Löhne auch in den Dienstleistungsbereichen deutlich angestiegen, in denen Rationalisierung und damit Produktivitätsfortschritte kaum möglich waren – sonst hätten

Dienstleistungsunternehmen auf den Arbeitsmärkten kaum mit anderen Beschäftigungsbereichen erfolgreich konkurrieren können (vgl. Häußermann & Siebel 1995, S. 44 f.).

Mittlerweile gibt es jedoch – wie Abbildung 2.1 ebenfalls deutlich zeigt – die gegenläufige Tendenz, d.h., die wöchentlichen und die Lebensarbeitszeiten werden wieder erhöht, weil zum Beispiel im öffentlichen Dienst die Mittel immer knapper werden bzw. die Renten und Pensionen der wachsenden Zahl der Ruheständler von der sinkenden Zahl Vollzeitbeschäftigter nicht mehr in vollem Umfang finanziert werden können. Dabei muß allerdings beachtet werden, daß die Angaben in Abbildung 2.1 sich jeweils nur auf die tarifvertraglich vereinbarten und nicht auf die tatsächlich geleisteten Arbeitsstunden bzw. auf den tatsächlich in Anspruch genommenen Jahresurlaub beziehen. Wie die Auswertungen des Soziökonomischen Panels (SOEP) zeigen, lag 2003 „die tatsächlich geleistete übliche Wochenarbeitszeit um vier Stunden oder reichlich 10 Prozent über der vertraglich vereinbarten Zeit von 38,4 Stunden" (Brenke 2004, S. 731). Für das Bezugsjahr 1999 zeigte das SOEP, daß fast ein Drittel der abhängig Beschäftigten ihren Urlaubsanspruch nicht vollständig nutzten und daß damit im Durchschnitt nur 26 der 28 ihnen zustehenden Urlaubstage auch genutzt wurden (Saborowski, Schupp & Wagner 2004).

Tabelle 2.1: Die Entwicklung der Haushaltseinkommen 1962/63-2003*

Jahr	HH-Bruttoeinkommen (in €; 1962-1998 rückgerechnet)	Ausgabefähige Einkommen und Einnahmen (in €; 1962-1998 rückgerechnet)	Anteil frei verfügbaren Einkommens am ausgabefähigen Einkommen
1962/63	522	463	45,5 %
1969	824	754	50,9 %
1973	1.280	1.114	55,9 %
1978	1.744	1.465	57,0 %
1983	2.131	1.774	57,3 %
1988	2.344	1.939	57,8 %
1993	3.081	2.560	60,2 %
1998**	3.202	2.617	59,3 %
2003**	3.454	2.820	60,4 %

* 1962-1993 nur alte Bundesländer; ** jeweils erstes Halbjahr
Quelle: Eigene Berechnungen aufgrund der Schätzungen der Einkommens- und Verbrauchsstichproben - Privater Verbrauch sowie Einnahmen und Ausgaben privater Haushalte. Statistisches Bundesamt, Wiesbaden 1966- 2004

Aber selbst wenn die Arbeiter, Angestellten und Beamten im Kaiserreich die Zeit dazu gehabt hätten, so hätte ihnen doch das Geld für den Luxus einer reinen Vergnügungsreise gefehlt. Nach einer Erhebung des Kaiserlichen Statistischen Amtes bei 852 Familien machten 1907 die **lebensnotwendigen Ausgaben** (Nahrung, Kleidung, Wohnung, Heizung und Beleuchtung) über 80 Prozent des überdies sehr geringen verfügbaren Einkommens aus (Jaide 1988, S. 117; vgl. auch die Tabellen dazu in Hohorst, Kocka & Ritter 1978, S. 112 ff.). Nimmt man hinzu, daß damals noch Schul- und manchmal auch noch Lehrgeld für die Bildung und Ausbildung der Kinder zu zahlen war, wird deutlich, wie knapp die finanziellen Spielräume der Familien waren.

Bis 1993 ist der Anteil des **frei verfügbaren Einkommens**, d.h., der Teil des verfügbaren Einkommens, der den Haushalten nach Abzug der lebensnotwendigen Ausgaben (Nahrungsmittel, Bekleidung, Wohnen, Bildungsausgaben) bleibt, nahezu kontinuierlich gestiegen. Schon während der Weimarer Republik war er 1927/28 auf 35 Prozent bei den Arbeitnehmerhaushalten angestiegen (Zapf et al. 1987, S. 27). Nach einer Rechnung, die Jaide (1988, S. 119) aufführt, hat sich der frei verfügbare Anteil des Einkommens für diese Personengruppe zwischen 1950 und 1983 von 22 Prozent auf 42 Prozent nahezu verdoppelt. Für alle privaten Haushalte sieht die Rechnung, die man seit Anfang der 1960er Jahre mit den Angaben aus den Einkommens- und Verbrauchsstichproben des Statistischen Bundesamtes aufmachen kann, ähnlich aus (Tabelle 2.1).

Gleichzeitig haben sich die Einkommen erheblich erhöht, so daß die finanziellen Spielräume der Haushalte erheblich größer geworden sind. Damit und mit der bis in die 1990er Jahre gestiegenen Zahl der Urlaubstage (Abbildung 2.1 auf Seite 39) bei bis dahin gleichzeitigem Absinken der Wochenarbeitszeit, ist die gesamte Gesellschaft von einer reinen Arbeitsgesellschaft aufgestiegen zu einer Arbeits-, Konsum-, Freizeit- und **Multioptionsgesellschaft** (Gross 1994). In dieser Gesellschaft steigt die Zahl der erschwinglichen Konsumgüter und ihrer Varianten ebenso an wie die von Dienstleistungen und Angeboten zur Sinnstiftung. Der Soziologe Ulrich Beck spricht in Zusammenhang mit dem gesamten Aufstieg der Gesellschaft von einem ‚**Fahrstuhl-Effekt**', der sich in verlängerter Lebenserwartung, weniger Erwerbsarbeit und größerem finanziellen Spielraum ausdrückt.

„Es hat - bei konstanten Ungleichheitsrelationen - ein *Umbruch im Verhältnis von Arbeit und Leben* stattgefunden. Die Nichterwerbszeit wurde verlängert und materiell erheblich besser ausgestattet. ... Es handelt sich also um einen Freisetzungsschub, der nicht in- sondern *außerhalb* der Erwerbsarbeit die Lebensbedingungen der Menschen in Bewegung gesetzt hat" (Beck 1986, S. 124; Hervorh. i. Orig.).

Mit dem Ingangsetzen dieses Fahrstuhls und der zunehmenden Ablösung von den Alltagsproblemen rein materieller Existenzsicherung eröffneten sich neue Horizonte des Konsums, von Freizeitbeschäftigungen und damit auch des Reisens. So konnten immer mehr Bürger an einem Reisemarkt partizipieren, dessen Wachstum und Entwicklung wiederum durch eine steigende Nachfrage stimuliert wurde.

Der Fahrstuhl, in dem sich die deutsche Gesellschaft in dem von Ulrich Beck gezeichneten Bild befand, fuhr jedoch nicht immer und nicht im gleichen Tempo nach oben – manchmal blieb er stehen oder rutschte sogar wieder ein wenig nach unten ab. Rezessionen in den Jahren 1966/67, 1980/81 und Anfang der 1990er Jahre haben ebenso wie die in diesem Zusammenhang immer wieder deutlich werdenden wirtschaftlichen Strukturprobleme zu sinkenden Realeinkommen und in vielen Fällen auch zu Arbeitslosigkeit geführt. Vor allem an denjenigen, die ausschließlich oder nahezu ausschließlich auf Einkommen aus unselbständiger Arbeit angewiesen sind, weil sie nur über sehr geringe oder gar keine Vermögenseinkünfte verfügen, ist der Fahrstuhl seit 1980 vorbeigefahren. Die Realeinkommen aus Löhnen und Gehältern in Westdeutschland sind in diesem Zeitraum nahezu gleich geblieben (Bedau 1996).

Für die anderen konnten die **Vermögenseinkommen** die rezessionsbedingten Einbußen bei den Löhnen und Gehältern bei jeder der drei Rezessionen stärker abfedern. Wer seine Urlaubsreisen nicht aus den laufenden Arbeitseinkommen finanzieren muß, sondern aus zusätzlichen Einkommen bestreiten kann, den wird ein zeitweiliges leichtes Absinken seines Lohnes oder Gehaltes nicht von seinen Reiseplänen abbringen.

Für viele Haushalte gab es eine solche Kompensationsmöglichkeit nicht: So besaß 1994 ein Viertel aller privaten Haushalte entweder gar kein Geldvermögen oder eines von weniger als 10.000 DM; insgesamt kamen sie auf ein Prozent des gesamten Geldvermögens. Die oberen fünf Prozent der Haushalte dagegen kamen auf einen Vermögensanteil von 31 Prozent (Bedau 1995). In Wirklichkeit dürfte die Ungleichverteilung noch viel krasser sein, denn in der Einkommens- und Verbrauchsstichprobe (EVS), einer Stichprobenerhebung des Statistischen Bundesamtes, in der – auf freiwilliger Basis – 0,25 Prozent der privaten Haushalte erfaßt werden, bleiben Spitzeneinkommen unberücksichtigt (Bedau 1995; Bartholomai & Bach 1996). Letztmalig findet man Angaben über die Vermögensverhältnisse Reicher (mit einem steuerpflichtigen Gesamtvermögen von mindestens 10 Millionen DM) in der Vermögenssteuerstatistik für das Jahr 1993 (zum 1. Januar 1997 wurde die Vermögenssteuer in Deutschland abgeschafft): „Sie machten knapp ein Prozent der Veranlagten aus und besaßen 26 Prozent des Gesamtvermögens" (Bedau 1999). Auch wenn durchaus Fortschritte in den Jahrzehnten seit dem Zweiten Weltkrieg gegeben hat und es dem Selbstverständnis unserer Gesellschaft zuwiderläuft: Wir leben nach wie vor in einer Klassengesellschaft, in der Besitz und Bildung Lebenssituationen und -chancen bestimmen. Und: Die Klassenunterschiede sind in den letzten beiden Jahrzehnten nicht geringer, sondern immer größer geworden (vgl. auch Nolte 2004, bes. S. 34-45). Das zeigt sich auch darin, daß die Einkünfte aus Vermögen die seit 1980 die am schnellsten wachsende Einkommensform sind. Ein nicht geringer Teil dieses Wachstums ist seit Ende der 1980er Jahre auf die Erbschaften zurückzuführen, welche die abtretende Gründergeneration der Bundesrepublik ihren Kindern nachläßt.

Erbschaften werden nach einer Studie der Dresdner Bank (Finke 2005) in den nächsten Jahren eine immer größere Rolle spielen. In den nächsten zehn Jahren werden in etwa 10,8 Millionen Erbschaftsfällen gut 2,3 Billionen Euro vererbt. Zwischen 2006 und 2010 werden es etwa 1,03 Billionen Euro sein. Zwischen 2011 und 2015 wird das vererbte Vermögensvolumen vermutlich auf ca. 1,3 Billionen Euro ansteigen. Aufgrund der steigenden Lebenserwartung (vgl. Abbildung 2.14 auf Seite 73) werden von diesen Erbschaften zunehmend ältere Bevölkerungsgruppen profitieren, die schon heute über ein vergleichsweise hohes eigenes Vermögen verfügen. Immerhin hat mehr als ein Drittel (36 Prozent) der Mittsechziger noch lebende Elternteile (Lehr 2000, S. 146). Da ihre Lebenserwartung auch wieder etwas höher ist als die der vorangegangenen Generation, werden sie einen großen Teil dieser Erbschaften selbst verbrauchen (Finke 2005). Zwar wird etwas davon als Vorsorge für eventuell anfallende

Pflegekosten zurückgelegt, ein nicht zu unterschätzender Teil wird jedoch für den direkten Konsum und nicht zuletzt das Reisen ausgegeben werden. Schon heute waren es nur die älteren Generationen, die für Wachstum auf dem Reisemarkt gesorgt haben (vgl. Abbildung 2.12 auf S. 66).

Wer davon abgekoppelt ist, partizipiert auch kaum am ‚Fahrstuhl-Effekt' – und das trifft für immerhin 30 Prozent der Bevölkerung zu (Finke 2005). Unter diesem Blickwinkel können wir also nach wie vor von einer ‚Zweidrittelgesellschaft' sprechen – einer Gesellschaft, in der ein Drittel vom Einkommenswachstum und damit zum großen Teil auch von einer Verbesserung der Lebenssituation und der daraus resultierenden Chancen weitgehend ausgeschlossen bleibt. Dennoch fanden für den größten Teil der Haushalte die Rezessionen immer in einem höheren Stockwerk – auf einem deutlich höheren Einkommensniveau – statt. Dieser Umstand ließ ihnen jeweils weit mehr Spielräume für Optionen des Konsum- und Freizeitverhaltens als beim vorherigen Halt. Bei diesen Durchschnittswerten (Tabelle 2.2) ist vor dem Hintergrund der Ungleichheiten in der Verteilung der Vermögenseinkünfte zu berücksichtigen, daß es sich um Mittelwerte aller Haushalte handelt.

Tabelle 2.2: Die Entwicklung der Vermögenseinkommen der Haushalte 1962/63-2003*

Jahr	monatliche Vermögenseinkünfte der Privathaushalte (in €; 1962-1998 rückgerechnet)	in Prozent der Haushaltsbruttoeinkommen
1962/63	25	4,7
1969	58	7,1
1973	99	7,7
1978	138	7,9
1983	207	9,4
1988	227	9,7
1993	359	11,7
1998**	400	12,4
2003**	402	11,6

* 1962-1993 nur alte Bundesländer; ** jeweils erstes Halbjahr
Quelle: Eigene Berechnungen aufgrund der Schätzungen der Einkommens- und Verbrauchsstichproben - Privater Verbrauch sowie Einnahmen und Ausgaben privater Haushalte, Wiesbaden 1966- 2004 (vgl. dazu auch die Kritik auf Seite 101).

Der ‚Fahrstuhl-Effekt' hat dazu geführt, daß sich insgesamt die Konsumchancen und -möglichkeiten enorm erweitert haben. Viele Konsumgüter, die früher nur wenigen zugänglich waren, liegen heute im Möglichkeitsbereich weiter Bevölkerungsschichten. Das gilt zum Beispiel nicht nur für Automobile generell, sondern auch für solche einstiger Nobelmarken wie Mercedes, die früher untrügliches Signum einer privilegierten Stellung waren und heute fast jedermann zugänglich sind. Nicht mehr die soziale Lage und die damit eng verknüpften finanziellen Möglichkeiten bestimmen heute die Konsumentscheidungen der meisten Menschen, sondern Selbstbilder, Geschmack und Vorlieben der Käufer.

Die wirtschaftliche und soziale Entwicklung hat damit zwei wesentliche Tendenzen in der Gesellschaft ermöglicht: die zur Individualisierung und die zur Pluralisierung.

„Die Tendenz zur **Individualisierung** bedeutet, daß mit der Erhöhung des kulturellen und wirtschaftlichen Reichtums der Gesellschaft die ökonomischen und sozialen Fremdzwänge abgenommen und die individuellen Möglichkeiten ... zugenommen haben" (M. Vester *et al.* 1993, S. 38). Die darin liegende Selbstbestimmung zeigt sich nicht nur in den zunehmenden Wahlmöglichkeiten beim Konsum, sondern auch im Bereich der eigenen Kompetenzerweiterung durch Bildung, Aus- und Weiterbildung, die Optionen zu früher nahezu undenkbaren Berufs- und Freizeitkarrieren eröffnet.

Die Tendenz zur **Pluralisierung** bedeutet, daß durch die angesprochenen sozialen Veränderungen die stärkere Individualisierung der früher unhinterfragt übernommenen Milieuzwänge und eingeschränkten Lebenshorizonte (zum Beispiel im gewerkschaftlichen Milieu der Industriearbeiterschaft oder dem katholischen Milieu) abgelegt werden und damit zunehmend an Bedeutung verlieren. Wie man sich verhält und was man tut, unterliegt heute eher der Selbst- als der Fremdbestimmung durch milieuspezifische Normen. Dadurch ist die Zahl der Lebensentwürfe und -formen angestiegen und gesellschaftliche Gruppen präsentieren sich heute weit heterogener und bunter, als es bei früheren Generationen der Fall war.

Allerdings kann die Tendenz der Gesellschaft zur Individualisierung und Pluralisierung nicht allein zurückgeführt werden auf die für die Mehrheit der Bevölkerung gestiegenen Handlungs- und Konsumspielräume. Auch die gewandelten Anforderungen der Arbeitswelt und der daraus resultierende Zwang zur Flexibilität (regionale Mobilität, Akzeptanz von Zeitarbeitsverträgen usw.) der Beschäftigten in Verbindung mit der Forderung nach höheren Qualifikationen (Ausweitung der Bildungs- und Ausbildungsphase bis in das frühe Erwachsenenalter) haben dazu beigetragen, daß sich „die Anforderungen an die heutige Lebensführung nicht mehr im Rahmen einer (frühen) Ehe und Familiengründung erfüllen lassen. Pluralisierungserscheinungen oder Pluralisierung insgesamt müssen also keineswegs ein Spiegelbild zunehmender Freiheitsgrade sein, sondern können genausogut aus neuen, komplexer gewordenen Abhängigkeiten und Zwängen resultieren" (Diewald & Wehner 1996, S. 126).

Andererseits muß man aber auch sehen, daß diese Entwicklung – auch wenn sie mit neuen Zwängen verbunden ist – für den größten Teil der Bevölkerung zu einer qualitativ anderen Lebenssituation geführt hat. Früher waren Handlungen und Verhalten der Menschen eher bestimmt durch den Mangel an Gütern (wie später noch in vielen Ländern des nach 1989 untergegangenen Ostblocks) oder an Geld, sie zu erwerben, und ihre Motivation war entweder darauf gerichtet, sich in der Mangelsituation zu arrangieren und/oder die dadurch gesetzten Grenzen zu erweitern. Gerhard Schulze (1992, S. 51) spricht in diesem Zusammenhang von einer **Außenorientierung** der Menschen. Sie suchen nach Mitteln und Wegen, um Ziele in- und außerhalb vorgefundener Grenzen zu erreichen, orientieren sich also an der äußeren Situation, in der sie sich befinden.

Wer alles hat oder haben kann, braucht sich dagegen keine Gedanken mehr über das Erreichen solcher Ziele zu machen. Er beschäftigt sich mehr mit sich selbst und sucht nach Erlebnissen, die er über die Beeinflussung seines eigenen Innenlebens und durch ‚Situationsmanagement' zu erreichen versucht. Nicht (allein) das Vorzeigen des Automobils einer früheren Nobelmarke ist der Grund für seinen Kauf, sondern das in seiner eigenen Biographie besondere Erlebnis, damit zu fahren.

Diese Tendenz zur **Innenorientierung** findet ihre Entsprechung auch in der gestiegenen Nachfrage nach **Reisen**. Anders als bei langlebigen Konsumgütern, die ebenso unaufdringlich wie demonstrativ dazu genutzt werden können, den (beanspruchten) Status anzuzeigen, eignet sich das flüchtige Erlebnis einer Reise weit weniger dazu. Man kann zwar hier und dort einflechten, über welche Weltkenntnis man verfügt, welche tolle Reise man gerade wieder gemacht hat – nach kurzer Zeit hat diese Information jedoch ihren Neuigkeitswert verloren und kann allenfalls durch eine andere Reise ersetzt werden. Im Vordergrund steht deshalb das **subjektive Erlebnis**, das mit einer Reise erreicht werden soll.

Dies entspricht weitgehend dem seit den 1970er Jahren verstärkt beobachteten Trend zur Genußorientierung (**Hedonismus**), der sich in einer Vielzahl von Aspekten manifestiert, wie Hartmut Lüdtke bereits 1975 resümierte:

„Verschiedene Anzeichen deuten darauf hin, daß ein von moralischen Zwängen weitgehend befreiter Hedonismus, d.h. die Suche nach Vergnügen und Lustmaximierung, allmählich zum hauptsächlichen Motiv des Freizeitverhaltens wird, ... daß sehr verschiedene Tätigkeiten zunehmend nach ihrem ‚Spaßwert' gewählt werden, auch solche, bei deren Wahl bisher instrumentale, Leistungs-, Bildungs- und Prestigemotive im Vordergrund standen" (S. 31).

Man spricht in diesem Zusammenhang auch von einer ‚**Erlebnisgesellschaft**' (Schulze 1992). Ihr Entstehen ist mitbedingt durch einen mit der Verbesserung der Einkommen und der Vergrößerung des Freizeitanteils parallel verlaufenden, durchgreifenden **Wertewandel**.

So sank zum **Beispiel** seit Beginn der 1950er Jahre der Wert traditioneller Tugenden. „Fleiß, Tüchtigkeit, Strebsamkeit" hielten nach Umfragen des Instituts für Demoskopie (IfD, Allensbach) 1952 noch 72 Prozent für eine der besten deutschen Eigenschaften. 1973 war der Wert auf 58 Prozent gesunken (cit. n. Kmieciak 1976, S. 342). An die Stelle von „Gehorsam und Unterordnung" (1951: 25 Prozent; 1972: 12 Prozent) traten „Selbständigkeit und freier Wille" (28 Prozent; 51 Prozent) bei den bevorzugten Erziehungszielen, wie EMNID-Untersuchungen in diesem Zeitraum belegen (*op. cit.*, S. 316). Empfanden 1965 in einer Allensbacher Repräsentativumfrage 10 Prozent der erwerbstätigen Deutschen die Arbeit als „notwendiges Übel" waren es 1974 schon fast doppelt so viele (19 Prozent). Dafür wurde der instrumentelle Charakter der Arbeit stärker herausgestellt: „Die Möglichkeit, (damit) Geld zu verdienen" spielte 1974 (38 Prozent) eine weitaus größere Rolle als ein Jahrzehnt zuvor (28 Prozent). Die „befriedigende Tätigkeit" und die „Erfüllung einer Aufgabe" nahmen in ihrer Bedeutung dagegen deutlich ab (*op. cit.*, Anhang Tab. IV, 1 a + b).

Gleichzeitig spielte der Freizeitbereich eine immer größere Rolle: Blieben den Erwerbstätigen 1952 im Durchschnitt 2,3 Stunden Freizeit pro Tag, so lag dieser Wert 21 Jahre später bereits bei 3,4 Stunden. Man begann, Lebensziele stärker im Freizeitbereich als in der Arbeitswelt zu verfolgen. Generell wird in den westlichen Industrie- und Dienstleistungsgesellschaften die Arbeit zunehmend mehr als Mittel zur Ermöglichung von Freizeitaktivitäten gesehen. Das steht im Gegensatz zur traditionellen Auffassung von Freizeit zur Unterstützung der Arbeit (Greenblat & Gagnon 1983, S. 95), etwa im Sinne der Reproduktion der Arbeitskraft. Die Arbeit wird also für die Freizeit instrumentalisiert und verliert damit an gesellschaftlicher Bedeutung. Die im Gegenzug gestiegene Geltung der Freizeit zeigt sich auch darin, daß neben dem Begriff der ‚Berufskarriere' auch der Begriff der ‚**Freizeitkarriere**' geprägt wurde: Was im Berufsleben nicht oder nur mit als zu groß empfundenem Aufwand zu erreichen ist, läßt sich im Freizeitbereich einfacher bewerkstelligen (siehe dazu Abschnitt 3.2.1.4). Demgemäß definieren sich Menschen zunehmend über Freizeitaktivitäten und entwickeln auch entsprechende Identitäten (Roberts 2004, S. 2), so daß dieser Bereich auch wirtschaftlich immer wichtiger wird und – ein wenig paradox – auch zunehmend mehr Menschen ihre Berufskarriere in diesem Bereich machen.

2.2 Die Entwicklung des privaten Reiseverhaltens

Eine **Übersicht über das Urlaubsreiseverhalten der Deutschen** gibt es seit dem Beginn der 1950er Jahre, als das Frankfurter DIVO-Institut und das Institut für Demoskopie (IfD), Allensbach sporadisch erste Reiseuntersuchungen durchführten. Von 1970 bis zu seinem Konkurs 1993 hat dann der Starnberger Studienkreis für Tourismus, ein gemeinnütziger Verein, in dem sich 1960 verschiedene Tourismusunternehmen, -organisationen, Kirchen und soziale Institutionen zusammengeschlossen hatten, mit der **Reiseanalyse** jedes Jahr mit einer bevölkerungsrepräsentativen Befragung das Urlaubsreiseverhalten der Bundesbürger erfaßt.

Betrachtet man die Entwicklung der Urlaubsreisen mit einer Dauer von mindestens fünf Tagen, wie sie sich in den Ergebnissen dieser Untersuchungen widerspiegelt, vor dem Hintergrund der im vorangegangenen Abschnitt dargestellten wirtschaftlichen und sozialen Entwicklung, wird deutlich, daß sie weitgehend parallel vonstatten gingen.

Wie Abbildung 2.2 zeigt, gibt es sicherlich einen engen Zusammenhang zwischen diesem ‚Fahrstuhl-Effekt', insbesondere dem durch die allgemeine Einkommensentwicklung ausgelösten Teil, und dem Reiseverhalten. Seit 1954 hat sich der Anteil der Deutschen an der Gesamtbevölkerung, die mindestens eine Urlaubsreise mit einer Dauer ab fünf Tagen gemacht haben, fast vervierfacht. Daß die wirtschaftlichen Rezessionen 1966/67 und 1980/81 jeweils zu einer Verringerung der Reiseintensität führten, bestätigt zunächst diesen Zusammenhang. Allerdings fiel der Rückgang bei der zweiten Rezession weniger deutlich aus. Die Rezession Anfang der 1990er Jahre schließlich fand in der Reiseintensität zunächst überhaupt keinen Niederschlag mehr: Zwischen 1987 und 1994 ist die Reiseintensität kontinuierlich jedes Jahr weiter angestiegen und hat fast die 80-Prozentmarke erreicht. Damit ist die jährliche Urlaubsreise nahezu zu einer **sozialen Selbstverständlichkeit** geworden (vgl. Tabelle 2.3), die man sich weitgehend unabhängig von konjunkturellen Entwicklungen und denen des eigenen Einkommens leistet. Erst mit der damaligen und mittlerweile längst überbotenen Rekordarbeitslosigkeit und der sozialen Krise infolge einer zunehmenden Umverteilung von unten nach oben gab es 1996 wieder einen deutlichen Rückgang bei der Reiseintensität und der Zahl der gemachten Reisen. Seitdem hat sie sich auf einem hohen Niveau von um die 75 Prozent eingependelt. Die soziale Selbstverständlichkeit des Reisens zeigt sich auch darin, daß es den Bundesbürgern nach der Reiseanalyse 2005 gleich nach Lebensmitteln und Gesundheit und noch vor Freizeit, Automobil und Kleidung beim Urlaub am schwersten fiele, zu sparen.

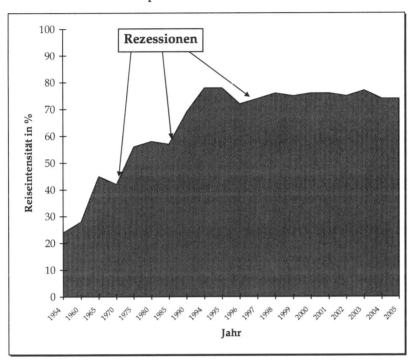

Abbildung 2.2: Die Entwicklung der Nettoreiseintensität in der Bundesrepublik Deutschland* 1954-2005

* längere Urlaubsreisen von mindestens fünf Tagen Dauer von 1954 - 1985: westliche Bundesländer; ab 1990 inklusive der neuen Bundesländer. Grundgesamtheit teilweise ab 18 bzw. ab 16 Jahre, ab 1970 immer ab 14 Jahre.

Quellen: 1954-1960 DIVO; 1970-1990 Studienkreis für Tourismus e.V., Starnberg (Dundler & Keipinger 1992); 1994-2005: Forschungsgemeinschaft Urlaub + Reisen e.V. (F.U.R), Kiel

Auch vor dem Rückgang 1996 konnte man daraus jedoch nicht schließen, daß es auf der Ebene der Gesamtgesellschaft seit einiger Zeit überhaupt keinen Zusammenhang mehr gäbe zwischen allgemeiner wirtschaftlicher Lage und dem Reiseverhalten. Wie aus Tabelle 2.1 (auf S. 40) hervorgeht, sind sowohl die Gesamteinkommen zwischen den jeweiligen Rezessionen angestiegen als auch der davon jeweils frei verfügbare Anteil. Die durchschnittlichen Einkommensspielräume der Privathaushalte waren in jeder weiteren Rezession deshalb erheblich größer als in der jeweils vorangegangenen. Damit ist es vielen Haushalten möglich, weitgehend unabhängig von der gesamtwirtschaftlichen Situation einen Teil ihrer Konsumbedürfnisse, zum Beispiel auch ihre Urlaubsreisen, aus Vermögenseinkommen zu finanzieren.

Tabelle 2.3: Entwicklung der Reiseregelmäßigkeit 1972-2005
(in Prozent der Bevölkerung)

Reiseregelmäßigkeit	1972	1980	1991	1995	2005
jährlich Reisende*	24	35	43	51	58
Intervallreisende**	32	34	36	35	28
selten Reisende***	44	31	21	14	14

* mindestens eine Urlaubsreise von mindestens fünf Tagen Dauer in den letzten drei Jahren
** in den letzten drei Jahren in einem oder in zwei Jahren eine Urlaubsreise gemacht
*** in den letzten drei Jahren keine Reise gemacht, aber evtl. früher gereist
Quellen: Reiseanalysen des Studienkreises für Tourismus, Starnberg, und der Forschungsgruppe Urlaub und Reisen (F.U.R), Kiel, cit. n. Lohmann 1997, Ergänzung durch F.U.R; ab 1991 mit neuen Bundesländern

Andererseits zeigt die Entwicklung der Nettoreiseintensität zwischen 1980 und 1987 eine Parallele zu den realen Lohn- und Gehaltseinkommen in Tabelle 2.1 auf Seite 40. Bis in die zweite Hälfte der 1980er Jahre waren sowohl bei den Löhnen und Gehältern leichte Rückgänge wie bei der Reiseintensität auszumachen. Erst 1987, mit dem Kaufkraftgewinn dieser Einkommensquelle, stieg auch die Nettoreiseintensität wieder an. Das könnte ein Hinweis darauf sein, daß jenes Drittel aller Haushalte, das kaum über Vermögenseinkünfte verfügt, und damit praktisch ausschließlich von den Lohn- und Gehaltseinkommen lebt (s.o.), zwischen 1980 und 1987 eher auf eine Urlaubsreise verzichtet hat. Es ist zu vermuten, daß der Rückgang der Nettoreiseintensität nach 1995 auch auf diese Gruppe der ausschließlich Lohn- und Gehaltsabhängigen zurückzuführen ist, die aus finanziellen Gründen auf eine Urlaubsreise verzichten.

Verringerungen des Realeinkommens bzw. negative wirtschaftliche Perspektiven und Erwartungen fanden zunächst keinen Niederschlag mehr bei der Reiseintensität, sondern eher bei der Zahl der gemachten Reisen. Wenn die Einkommensspielräume enger werden, verzichtet man eher auf eine zusätzliche Urlaubs- oder Kurzreise als auf die Haupturlaubsreise. Hinter der gleichgebliebenen Reiseintensität zwischen 1994 und 1995 steht in Wirklichkeit eine Verminderung der Reiseaktivitäten: Gegenüber dem Vorjahr wurden 1995 von der Reiseanalyse drei Millionen Urlaubsreisen weniger registriert. Die durchschnittliche Zahl der Reisen ging von 1994 1,37 auf 1,32 zurück; 1999 lag sie bei nurmehr 1,30 und erst ab 2003 stieg sie wieder leicht auf 1,34 und 1,36 (2004) an. Da Haupturlaubsreisen eher Auslandsreisen sind und diese zu einem großen Teil von Veranstaltern organisiert werden (s.u.), haben die Reiseveranstalter davon nichts gemerkt. Zweit- oder Drittreisen, mit ca. 10 Tagen Dauer im Schnitt deutlich kürzer als die Haupturlaubsreisen (ca. 17 Tage), haben dagegen eher Reiseziele im In- oder direkt angrenzenden Ausland. Dabei ist die durchschnittliche Dauer aller Urlaubsreisen kontinuierlich zurückgegangen: 1994 lag sie noch bei 14 Tagen, 2004 waren es nur noch 12,9.

Aber nicht nur die ökonomischen, auch die **politischen Rahmenbedingungen** haben einen wesentlichen Beitrag zur Entwicklung der privaten Reiseaktivitäten geleistet. Die am 1. März 1950 auch offiziell erfolgte Aufhebung der Rationierung von Lebensmitteln und anderen Konsumgütern, die seit dem

Ende des Zweiten Weltkriegs gegolten hatte, führte schnell wieder zu einem wirtschaftlichen Aufschwung. Bereits 1951 konnte ein Exportüberschuß der Bundesrepublik Deutschland in Höhe von 6,6 Mrd. DM verzeichnet werden und die erste Aufwertung der DM mußte im damals noch starren Währungssystem vorgenommen werden (Kistler 1986, S. 144 ff.). Mit dem „Gesetz über das Paßwesen" vom 4. März 1952 wurden im Jahr darauf formelle Hürden für Auslandsreisen abgebaut und alle Bürger der Bundesrepublik konnten theoretisch wieder überall hin reisen.

Vor dem Hintergrund dieser Entwicklung haben sich der Zugang zum Reisen, wie der zu anderen Freizeitaktivitäten auch, durchgreifend gewandelt. Dadurch hat das Reisen mittlerweile eine ganz andere Funktion und Bedeutung bekommen als noch in den fünfziger oder sechziger Jahren des zwanzigsten Jahrhunderts.

„In den USA und in vielen westeuropäischen Ländern sind Freizeitaktivitäten, die früher die *Belohnung* waren für ein durch Arbeit geregeltes Leben, zugänglich geworden für Heranwachsende und andere, die sich kaum an dem beteiligt haben, was man als verantwortliche Erwachsenenrolle bezeichnet. Freizeit (besonders Reisen) wird als selbstverständliches *Recht* und weniger als eine Belohnung für ein Leben voller Mühen angesehen" (Greenblat & Gagnon 1983, S. 95 f.; Übers. J.W.M.; Hervorh. i. Orig.).

Die mit diesem Bedeutungswandel von Freizeit und Reise verbundenen generations- bzw. kohortenspezifischen Verhalten werden später unter dem Blickwinkel der Reisesozialisation in Abschnitt 2.4 näher untersucht.

2.2.1 Reiseziele

Anders als in Großbritannien, wo noch bis in die 1970er Jahre hinein Devisenbeschränkungen galten (Holloway 2000), wurden sie in der Bundesrepublik mit dem Außenwirtschaftsgesetz am 28. April 1961 aufgehoben: In § 1 (1) wird festgehalten, daß der Wirtschafts- und Zahlungsverkehr mit dem Ausland grundsätzlich frei ist und praktisch keinen Beschränkungen unterliegt.

In der Folge spielten ausländische Reiseziele eine immer größere Rolle für die westdeutschen Urlauber (Abbildung 2.3). Zwar mußte noch Anfang der 1950er Jahre der getauschte Devisenbetrag zur Kontrolle der Beschränkungen im Reisepaß eingetragen werden, aber mit zunehmender wirtschaftlicher Prosperität der westdeutschen Bundesrepublik spielten diese Einschränkungen eine immer geringere Rolle und konnten das kontinuierliche Anwachsen der Reiseströme in das Ausland kaum behindern. Mit der sehr positiven wirtschaftlichen Entwicklung in den 1950er und 1960er Jahren, die schließlich zur Vollbeschäftigung führte, konnte man sich nicht nur häufiger das Reisen leisten, auch der Urlaub im Ausland rückte für immer mehr Menschen in den Bereich des finanziell Möglichen.

Auch wenn der prozentuale Anteil des Deutschlandurlaubes an den Haupturlaubsreisen sehr stark zurückgegangen ist – die absolute Zahl der Reisenden, die innerhalb Deutschlands gereist sind, ist mit jeweils um die 9 Millionen pro Jahr in der alten Bundesrepublik über die Jahre weitgehend konstant geblieben, weil die Nettoreiseintensität in diesem Zeitraum stark angestiegen ist (Abbildung 2.2). Der Anstieg 1990 ist fast ausschließlich auf die Reisenden aus den neuen Bundesländern zurückzuführen, die nach der Öffnung der bis zum 9. November 1989 existierenden innerdeutschen Grenze vor allem Reiseziele in Westdeutschland besucht haben. Die Altbundesbürger dagegen haben ihr Reiseverhalten kaum geändert; ausländische Reiseziele hatten bei ihnen 1990 gegenüber 1985 noch einmal vier Prozentpunkte gewonnen.

Abbildung 2.3: Die Reiseziele der Urlaubsreisen 1954 -2005
(in Prozent der Haupturlaubsreisen)

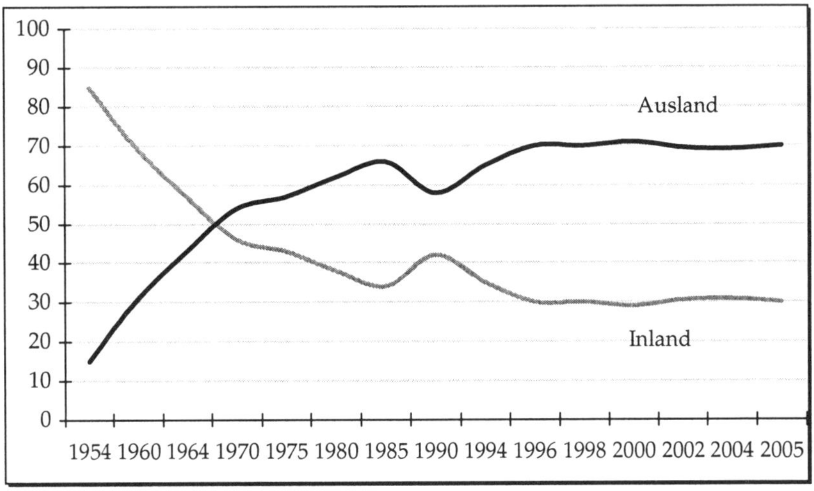

1954-1985: westliche Bundesländer; ab 1990 inklusive der neuen Bundesländer. Grundgesamtheit teilweise ab 18 bzw. ab 16 Jahre, ab 1970 immer ab 14 Jahre.
Quelle: 1954 - 1960 DIVO; 1970 - 1990 Studienkreis für Tourismus e.V. (Dundler & Keipinger 1992); 1994-2005: Forschungsgemeinschaft Urlaub und Reisen e.V. (F.U.R), Kiel

Waren es in den 1950er und 1960er Jahren vor allem Österreich, das seit dem Ende des zweiten Weltkrieges nach fast sieben Jahren ‚Anschluß' nicht mehr zu Deutschland gehörte, und dann Italien, die auf den Auslandsreisen besucht wurden und mit denen man erste positive Erfahrungen sammelte, wandte man sich ab den 1970er Jahren verstärkt weiteren Zielen wie Frankreich, Spanien, Griechenland und dem damaligen Jugoslawien zu. Das stärkste Wachstum konnten seit den 1970er Jahren die außereuropäischen Reiseziele verbuchen. Seit Mitte der 1990er Jahre haben sie einen Marktanteil von mehr als zehn Prozent an den Haupturlaubsreisen.

Fernreiseziele sind nicht nur wirtschaftlich hoch entwickelte Länder, sondern vor allem auch die politisch, sozial und wirtschaftlich weniger fortgeschrittenen Länder der Dritten Welt in Afrika, Asien und Südamerika. Haben im Zeitraum 1979-81 nur 1,7 Prozent der Reisenden auf ihrer Urlaubsreise ein Dritte-Welt-Land besucht, so waren es 1991 bereits 5,0 Prozent (Aderhold, v. Laßberg, Stäbler & Vielhaber 1993, S. 128). Hatte 1978 erst jeder siebzehnte Bundesbürger schon mindestens einmal eine Reise in ein solches Land gemacht, konnte elf Jahre später schon jeder fünfte über solche Erfahrungen berichten (*op. cit.*, S.129). Allerdings muß man berücksichtigen, daß die Autoren Länder wie die Türkei, Ägypten, Tunesien und Marokko zu diesen Ländern dazurechnen. Vor allem die Türkei, die in den letzten Jahren ein starkes Wachstum des Tourismus erlebte, wird in den Augen vieler Reisender meist nicht als Entwicklungsland gesehen, sondern eher mit europäischen Reisezielen wie Spanien oder Italien gleichgestellt, mit denen es auf den gleichen Urlaubermärkten – insbesondere beim Strandurlaub – in Konkurrenz steht.

Tabelle 2.4: **Reiseziele der Bundesdeutschen 1970, 1980, 1996 und 2005**
(Haupturlaubsreise)

Reiseziele	1970 %	1980 %	1996 %	2005 %
Bundesrepublik Deutschland	43	38	27	30
Österreich	15	13	6	6
Italien	12	10	9	8
Spanien	5	9	14	14
Frankreich	2	4	4	3
Griechenland	2	2	4	3
außereuropäische Länder	1	5	15	18

Quelle: Reiseanalysen 1970 - 1980 (Franz Dundler & Ralf Keipinger 1992); 1996-2005 (ab 1996 inklusive der neuen Bundesländer) Forschungsgruppe Urlaub + Reisen e.V. (F.U.R), Kiel

2.2.2 Reiseorganisationsform

Sieht man ab von Reisezielen mit gleicher Sprache (Österreich, der größte Teil der Schweiz, Südtirol), bei denen deutsche Urlauber zur Organisation ihrer Reise selbst mit Hotels, Pensionen oder Ferienwohnungsvermietern in Kontakt treten können, sind Auslandsreisen zu einem hohen Prozentsatz Veranstalterreisen. Reisen nach Spanien zum Beispiel waren nach der Reiseanalyse 1994 zu 62 Prozent Pauschalreisen, bei Griechenland- und Türkeireisen lag der Prozentsatz noch höher. Entsprechend der skizzierten Reisezielentwicklung ist es deshalb keine Überraschung, wenn der Anteil der von Veranstaltern organisierten Haupturlaubsreisen in den vergangenen Jahrzehnten nahezu kontinuierlich angestiegen ist. Allerdings ist die in Abbildung 2.4 dargestellte Entwicklung mit einigen Erfassungsproblemen behaftet, auf die im ersten Kapitel bereits hingewiesen wurde (vgl. Abschnitt 1.6.1).

Reiseveranstalter werden aber nicht allein deshalb in Anspruch genommen, weil sie weit besser als jeder einzelne in der Lage sind, Reisen in fremde Länder zu organisieren, sondern weil sie ihre Reisen durch die von ihnen in Anspruch genommenen Kontingentgrößen bei Fluggesellschaften und Hotels auch meist erheblich billiger anbieten können. Darüber bietet das 1979 eingeführte und 1994 und 2001 novellierte **Reiserecht** für Pauschalreisen einen weitgehenden Konsumentenschutz, der für selbst organisierte Reisen nicht besteht. Wer zum Beispiel mit den Leistungen seines Hotels nicht zufrieden ist, müßte im Gastland unter Umständen langwierige und aufwendige Prozesse führen, um zumindest einen Teil des ausgegebenen Geldes wiederzubekommen. Trifft eine (zum Beispiel im Katalog) zugesicherte Eigenschaft für eine Pauschalreise nicht zu, ist dafür alleine der Reiseveranstalter verantwortlich und verpflichtet, eine angemessene Entschädigung zu leisten. Ein eventuell notwendiger Prozeß wird vor einem deutschen Gericht ausgefochten. Dadurch ist der durch das Pauschalreiserecht gewährleistete **Konsumentenschutz** ein wichtiges **Verkaufsargument** für Veranstalterreisen und damit ein weiterer wichtiger Faktor, der ihr Wachstum befördert hat.

Abbildung 2.4: Die Entwicklung der Veranstalterreisen 1968-2004*

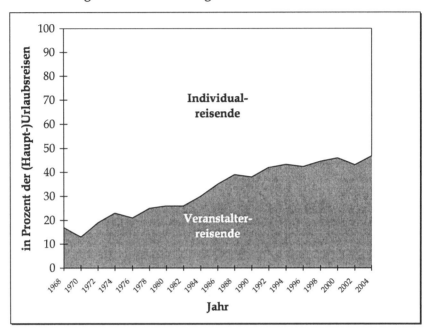

* bis 1992 nur Haupturlaubsreisen der Westdeutschen, ab 1993 alle Urlaubsreisen mit mindestens fünf Tagen Dauer aller Deutscher
Quelle: 1968: DIVO-Institut; 1970-1990: Reiseanalyse des Studienkreises für Tourismus, Starnberg (bis 1988 nur alte Bundesländer); ab 1992 der Forschungsgemeinschaft Urlaub + Reisen e.V. (F.U.R), Kiel

Dabei gab es natürlich eine Wechselwirkung zwischen der steigenden Nachfrage nach Urlaubsreisen einerseits und den immer breiter gewordenen Sortimenten der Reiseveranstalter, die andererseits in vielen Fällen Reisewünsche erst geweckt und ihre Erfüllung möglich gemacht haben.

Durch das Aufkommen von Billigfluggesellschaften (siehe ausführlich Abschnitt 6.1.2.3.4) hat die Pauschalreise seit Ende der 1990er Jahre etwas an Attraktivität verloren, da es nicht selten billiger ist, sich das Hotel zum günstigen Flug auf der Internetseite der Fluggesellschaft dazuzubuchen. Die Dienste dieser Fluggesellschaften haben 2002 in Deutschland 3,4 Millionen und 2004 bereits 10 Millionen Reisende in Anspruch genommen (Reiseanalyse 2005). Deshalb bieten mittlerweile auch viele Reiseveranstalter Reisepakte mit Billigfluggesellschaften an, so daß die Gäste weder auf bequeme Transfers noch auf den Konsumentenschutz verzichten müssen.

2.2.3 Reiseverkehrsmittel

Auch bei der Nutzung von Reiseverkehrsmitteln hat sich seit Mitte der 1950er Jahre ein durchgreifender Wandel vollzogen. Verloren bei den Urlaubern in diesem Zeitraum hat vor allem die Eisenbahn. Ihre markanten Marktanteilsverluste lassen sich dabei nicht allein aus der veränderten Reisezielwahl erklären. Vielmehr war es in erster Linie das mit zunehmendem Wohlstand immer wichtiger werdende Automobil, welches die Bahn in wenigen Jahren als wichtigstes Reiseverkehrsmittel ablöste. In Abbildung 2.5 ist dies sehr gut erkennbar.

Abbildung 2.5: Reiseverkehrsmittel der Urlaubsreisen 1956-2005

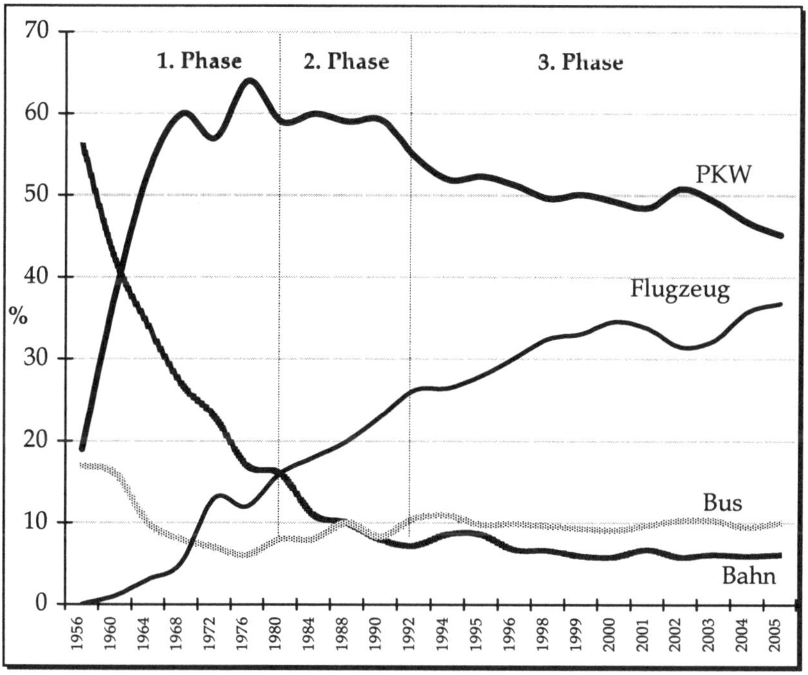

Quellen: 1956-1968: DIVO; 1970-1990 Reiseanalyse des Studienkreises für Tourismus, Starnberg; ab 1992 der Forschungsgemeinschaft Urlaub und Reisen (F.U.R), Kiel; West- und Ostdeutschland; bis 1992 für die Haupturlaubsreise, dann für alle Urlaubsreisen.

War es in der **ersten Phase** der Reiseentwicklung von 1956 bis 1968 das Automobil, das der Bahn den Rang ablief, so ist der Rückgang in der zweiten Phase (1968-1990) vor allem auf das Wachstum der Flugreisen zurückzuführen. In der ersten Phase dominierten noch Reiseziele, die man auch mit dem Automobil erreichen kann, in der **zweiten Phase** dagegen sind es zunehmend Destinationen, die weder mit der Bahn noch mit dem Pkw (unter akzeptablen Bedingungen) erreichbar sind. Beschleunigt hat sich diese Entwicklung seit 1990 in einer **dritten Phase**, in der auch das Automobil Marktanteile an das Flugzeug als Reiseverkehrsmittel abgibt und die Marktanteile von Bus und Bahn praktisch konstant bleiben. Auch wenn der Anteil der Urlaubsreisen mit dem Pkw 1995 gegenüber dem Vorjahr in etwa gleich geblieben ist: Dies war das erste Jahr in der deutschen Geschichte des Reisens, in dem das Flugzeug bei den Auslandsreisen das Automobil überflügelte.

Großen Anteil an dieser Entwicklung haben die Reiseveranstalter, deren erfolgreichstes Produkt die Flugpauschalreise ist. Der steigende Marktanteil für die Reiseangebote der Veranstalter kann vor allem auf ihre attraktiven und preisgünstigen Flugreisen zurückgeführt werden. Mit dieser Marktausweitung haben die Veranstalter in enger Zusammenarbeit mit den Charterfluggesellschaften, zum Teil auch mit Linienfluggesellschaften, Flugreisen immer populärer gemacht. Die Terroranschläge auf das World Trade Center in New York und das Pentagon in Washington D.C. am 11. September 2001 haben zwar kurzfristig zu einer Verringerung der Flugreisen geführt, aber seit 2003 steigt der Anteil des Flugzeuges als Reiseverkehrsmittel für die Urlaubsreisen wieder an. Dabei spielt auch der Erfolg der Billigfluggesellschaften eine entscheidende Rolle, die seit Anfang des neuen Jahrhunderts in Deutschland ein rasantes Wachstumstempo vorgelegt haben.

☐ Bahn

Daß die Bahn als Verkehrsmittel für Urlaubsreisen einen solchen rasanten Abstieg erleben mußte, hat nicht nur mit der allgemeinen Entwicklung des Reisemarktes, sondern auch mit erheblichen Versäumnissen der Verkehrspolitik zu tun. Die Ausdünnung des Bahnnetzes, die Verringerung des Service (Gepäckdienst, der jedoch vor einigen Jahren wieder von Bahn und Post eingeführt wurde) waren auch eine Folge der Förderung des Individualverkehrs und ließen die Bahn immer mehr als wenig attraktive Alternative zu anderen Verkehrsmitteln erscheinen. Auch der eher für Kurz- und Geschäftsreisen ausgelegte ICE ist wenig urlauberfreundlich, weil es in ihm kaum Gepäckablagemöglichkeiten gibt. Vor allem aber haben sich die Bahnpreise im Vergleich zur Lebenshaltung insgesamt und vor allem zu den Flugpreisen überdurchschnittlich verteuert, so daß man im Endeffekt im Ferienverkehr mehr für teilweise schlechtere Leistungen zahlen muß. Das ist zum Teil auch einer verfehlten Umwelt- und Steuerpolitik geschuldet, die dazu führt, daß die Bahn sowohl Mineralöl- als auch Ökosteuer entrichten muß.

Die in den Anfangszeiten der Reiseveranstaltung in der Bundesrepublik eingesetzten speziellen Ferienreisezüge in den Süden (Süddeutschland, Österreich, Italien), die nur zum Teil von der insgesamt negativen Entwicklung bei der Bahn betroffen waren, wurden vor dem Hintergrund der rasanten Entwicklung bei der Flugtouristik und entsprechend geringerer Nachfrage erst seltener und dann schließlich gar nicht mehr eingesetzt.

Erst in den 1990er Jahren versuchte die Deutsche Bahn AG, die Eisenbahn mit verschiedenen Maßnahmen wieder attraktiver für den Urlaubsreiseverkehr zu machen. Mit der Wiedereinführung von modernisierten ‚UrlaubsExpress'-Zügen und einem in Zusammenarbeit mit verschiedenen deutschen Tourismusverbänden entwickelten „Ferienticket", das die Mobilität am Urlaubsort zu sehr günstigen Preisen ermöglicht, soll nicht nur der umweltfreundlichere Bahntourismus gefördert, sondern auch versucht werden, den Inlandsurlaub wieder attraktiver zu machen (vgl. auch Kapitel 6). Der ‚TouristikZug', eine speziell auf die Bedürfnisse von Urlaubern ausgelegte Zugkombination, mußte dagegen nach wenigen Jahren wieder aufgegeben werden.

☐ Flugzeug

Entsprechend der Reisezielentwicklung spielt das Flugzeug als Reiseverkehrsmittel eine immer bedeutendere Rolle auf dem deutschen Privatreisemarkt. Insbesondere die Einführung von Charterflügen, die neben den Linienflügen organisiert wurden, hat den Luftverkehr in den letzten Jahrzehnten stark ansteigen lassen. Durch den Wegfall der Beförderungspflicht und die dadurch eröffneten Möglichkeiten des Zusammenlegens schlecht gebuchter Flüge (Konsolidierung) kann man mit weit höheren Auslastungen kalkulieren und die Flugpreise entsprechend niedrig ansetzen (ausführlicher dazu Abschnitt 6.1.2.4). Es sind also nicht nur die Einkommen der Bevölkerung gestiegen, sondern gleichzeitig haben sich auch die Preise für Flüge nach unten bewegt. Verbilligt wurden die Flüge auch durch die mit der Einführung von strahlgetriebenen Flugzeugen erheblich gestiegene **Produktivität** der Fluggesellschaften. Wo man früher in der gleichen Zeit nur einmal nach Mallorca und zurück fliegen konnte, lassen sich heute mehrere Hin- und Rückflüge in den Flugzeugumlauf mit der gleichen Besatzung einbauen.

Mit dieser Öffnung eines vordem sozial exklusiven Verkehrsmittels für breitere Schichten der Bevölkerung hat sich allerdings auch das Aussehen der Flugzeugkabinen deutlich verändert. Ein weiterer wichtiger Bestandteil der Kalkulation von Charterfluggesellschaften ist nämlich auch die Zahl der Passagiere, die man auf einem Flug befördern kann. Konnte man in den bequemen Flugzeugsesseln der 1940er und 1950er Jahre noch seine Beine ausstrecken, ohne gleich die Vorderreihe zu berühren, sind heute die Abstände zwischen den Sitzreihen in den meisten Fällen auf ein gerade noch erträgliches Minimum zusammengeschnurrt. Auch die ursprüngliche Qualität der Bordverpflegung ist billiger, „mcdonaldisierter" (Ritzer 1995) Massenware gewichen. Schließlich wurde der Mikrowellenherd für die engen Galleys der modernen Verkehrsflugzeuge entwickelt, bevor er in die privaten Haushalte vordrang. Vorbei sind die Zeiten in den 1950er Jahren, in denen noch gelernte Köche auf den mehr als zwanzig Stunden dauernden Lufthansa-Atlantikflügen mit der Lockheed L-1049G „Super Constellation" mitflogen und auf denen „so manch prominenter Gast ... beim Duft frisch gebackener Kartoffelpuffer gerne auf Hummer und Kaviar verzichtet (hat)" (Auth 1987, S. 552).

Reisezielwahl und die Entscheidung für ein bestimmtes Verkehrsmittel lassen sich kaum voneinander trennen. Daß vor allem die Bahn, in den 1950er Jahren noch unangefochten an erster Stelle, als Reiseverkehrsmittel für die Urlaubsreise immer mehr an Bedeutung verloren hat, ist vor dem Hintergrund der Reisezielentwicklung kaum überraschend. Nach Mallorca, auf die Kanarischen Inseln oder in die griechische Ägäis sind Bahnreisen praktisch unmöglich. Der erwähnte Trend zu außereuropäischen Zielen tut ein Übriges. Das Schiff ist schon seit Mitte der 1950er Jahre als Personenverkehrsmittel auf den Überseerouten vom Flugzeug abgelöst worden (Abbildung 2.6), so daß es bei den Reiseverkehrsmitteln außerhalb des speziellen Kreuzfahrtmarktes und neben einigen Fährverbindungen praktisch keine Rolle mehr spielt.

Beispiel: Von den 901.000 ausländischen Touristen, die 1954 Großbritannien besuchten, kamen 37 Prozent auf dem Luftweg auf die Insel. 203.000 von ihnen kamen aus den Vereinigten Staaten, knapp die Hälfte (48 Prozent) nutzte das Flugzeug. Am häufigsten entstiegen jedoch die 13.000 Besucher aus der Schweiz einem Flugzeug: 53 Prozent von ihnen hatten den – damals noch sehr teuren – Luftweg gewählt (*Flight and Aircraft Engineer* v. 26. August 1955).

Abbildung 2.6: Entwicklung der Verkehrsmittelnutzung zwischen Amerika und Europa 1946-1962 (Passagierzahlen)

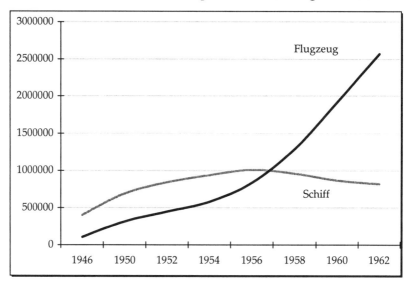

Quelle: Touristischer Informationsdienst (TID) Nr. 16. V. 25. Juli 1963; eigene Darstellung

Es war vor allem der Geschäftstourismus, der eine **Pionierfunktion** bei der Entwicklung des Flugreisemarktes gespielt hat. Für die im Export tätigen Unternehmen bedeutete die Zeitersparnis durch das Flugzeug beim Erreichen ihrer Märkte und Geschäftspartner erhöhte Flexibilität und eine enorme Kostenersparnis gegenüber der mühsamen und langwierigen Reise mit erdgebundenen Verkehrsmitteln. Der Preis spielte deshalb eher eine untergeordnete Rolle. Dies erlaubte den Fluggesellschaften die Etablierung eines weltumspannenden Flugverkehrsnetzes, das mit den Jahren immer dichter geknüpft wurde. Die stärkeren Exportverflechtungen und der Ausbau der Flugverbindungen bedingten sich dabei gegenseitig. Der Linienverkehr entwickelte sich dabei in der Bundesrepublik Deutschland seit der Wiederzulassung des Luftverkehrs im Jahre 1955 kontinuierlich oberhalb der Zuwachsraten des Weltluftverkehrs.

☐ Automobil[2]

Individualität, Flexibilität, Bequemlichkeit und geringe Kosten sind vermutlich die wichtigsten Gründe für die Wahl des eigenen Pkw als Reiseverkehrsmittel. Anders als mit allen anderen Verkehrsmitteln kann man mit dem Automobil in der Regel von Tür zu Tür fahren, muß kein Gepäck über Bahnhöfe oder Flughäfen schleppen und ist deshalb meist auch weniger eingeschränkt in der Auswahl dessen, was man mitnimmt auf die Urlaubsreise. Wenn das Reiseziel nicht mehr als eine Tagesreise vom Wohnort entfernt ist, hat das Automobil deutliche Vorteile gegenüber anderen Alternativen.

Da der Pkw meistens sowieso im Haushalt vorhanden ist und für den Pendelverkehr zwischen Wohn- und Arbeits- oder Ausbildungsort, für Einkaufs- und Ausflugsfahrten verwendet wird, muß man für die Urlaubsreise nur noch mit den nutzungsabhängigen Kosten für Benzin und Öl, allenfalls noch Reifenabnutzung und erhöhtem Wartungsbedarf, rechnen. Intervallfixe Kosten wie die für Steuer und Versicherungen fallen ohnedies ebenso an wie die urlaubsunabhängigen Fixkosten für den Kauf des Autos. In manchen Ländern (zum Beispiel Frankreich, Italien, Schweiz, Österreich) müssen noch Autobahngebühren hinzugerechnet werden. Unter dem Strich kommen dabei meist deutlich geringere Kosten zusammen als bei der Nutzung eines öffentlichen Verkehrsmittels. Dieser Kostenvorteil wird bei der Umlage auf mehrere Personen noch deutlicher.

Automobile sind immer noch das beliebteste Verkehrsmittel für die Urlaubsreise

Diese Faktoren zusammengenommen erklären weitgehend die Popularität des Automobils als Reiseverkehrsmittel bei den Urlaubsreisen. Diese Entwicklung lief anfangs (1956-1976) in etwa parallel mit der zunehmenden Motorisierung der bundesrepublikanischen Gesellschaft und blieb bis 1990 auf diesem Niveau. Da bei längeren Reisen der Pkw mit dem Flugzeug kaum noch konkurrieren kann, vor allem dann, wenn man mit einem Charterflug, zu einem kostengünstigen Sondertarif oder mit einer Billigfluggesellschaft reisen kann, hat der Trend zu weiter entfernten Urlaubsreisezielen den Marktanteil des Automobils seitdem absinken lassen. Zu den Streckenkosten müssen dann noch die Kosten für

---

[2] Die verkürzte Form ‚Auto' wird hier nicht verwendet: Sie bedeutet nämlich nur noch ‚selbst'. Auch wenn man das Gefühl hat, daß manche Leute sich über ihren Pkw definieren und in ihm ihr Selbst, folgerichtig ‚Auto', finden, bleiben wir beim etwas nüchterner seine wirkliche Funktion beschreibenden ‚Automobil' = das sich selbst Bewegende.

Übernachtung und Verpflegung dazu gerechnet werden, die meist deutlich über den Ticketpreisen auch für mehrere Personen liegen. Zudem ist der Zeitaufwand für Hin- und Rückreise dadurch viel zu hoch. Vermehrt werden aber auch Reiseziele gewählt, die sich mit landgebundenen Verkehrsmitteln nicht mehr erreichen lassen (s.o.). Damit fällt das Automobil als Verkehrsmittel von vornherein aus.

☐ Bus

Der Bus war 1956 praktisch in der gleichen Ausgangsposition wie der Pkw, verlor im wachsenden Reisemarkt jedoch bis 1976 kontinuierlich Marktanteile. Seitdem konnte er sich einigermaßen konstant behaupten und liegt mit der Bahn in etwa gleichauf. Wie die Bahn kann auch der Bus mit der Reisezielentwicklung nur sehr bedingt mithalten. Er läßt sich zwar flexibler einsetzen und ist nicht an die immer mehr ausgedünnten Bahnstrecken und Bahnhöfe gebunden, hat dafür aber einige Nachteile, die sein Entwicklungspotential offensichtlich einschränken: Seine Geschwindigkeit läßt sich – im Gegensatz etwa zur Bahn – nicht mehr steigern, und er zwingt die Mitfahrer in eine Gruppe, in der man zusammen reist. Für manche ist dieser letzte Aspekt zwar gerade ein Vorteil, viele schreckt aber die Vorstellung ab, auf relativ engem Raum mit einer Reisegesellschaft zusammensein zu müssen, die man nicht kennt bzw. sich nicht auswählen kann.

Privatzimmer spielen kaum noch eine Rolle

Eine weitere Problematik des Busses als Reiseverkehrsmittel zeigt das soziodemographische Profil seiner Nutzer, wie es zum Beispiel die Reiseanalyse zutage treten läßt: Ein Fünftel von ihnen sind unter dreißig, die Mehrheit von 60 Prozent ist über fünfzig Jahre alt. Die mittleren Altersgruppen der Dreißig- bis Vierzigjährigen machen dagegen nur 16 Prozent der Busreisenden aus, obwohl sie knapp 36 Prozent der Reisenden insgesamt stellen. Da Alter und formaler Bildungsstand eng miteinander verknüpft sind – in den Genuß der Bildungsexpansion kamen erst die Altersjahrgänge ab Mitte der 1940er Jahre – weisen die Busreisenden im Durchschnitt einen niedrigeren Bildungsstand und damit auch geringere Einkommen auf als der Durchschnitt der Reisenden.

Viele Busunternehmen arbeiten zudem mit den Organisatoren von Verkaufsveranstaltungen zusammen, die Tagesfahrten oder Kurzreisen zu Ausflugs- oder Urlaubszielen zu absoluten Niedrigpreisen anbieten. Verdient wird dann am Verkauf von meist überteuerten Haushaltswaren (Rheumadecken, Töpfe, Geschirr usw.). Obwohl die Teilnahme an diesen Veranstaltungen aus wettbewerbsrechtlichen Gründen freigestellt sein muß, gibt es mehr oder weniger subtile Mittel der Beeinflussung der meist älteren Fahrtteilnehmer. Zudem fühlen sich viele durch den äußerst günstigen Fahrpreis verpflichtet, an den Verkaufsveranstaltungen teilzunehmen.

Durch die Assoziation des Reiseverkehrsmittels Bus mit diesen umstrittenen Verkaufsfahrten und dem höheren Alter der Busreisenden generell hat der Bus bei vielen Reisenden ein schlechtes Image. Abfällige Begriffe wie ‚Rentnerjet' lassen viele Urlauber vor diesem Verkehrsmittel zurückschrecken. Für die ältere Generation, vor allem alleinstehenden Frauen, hingegen bietet der Bus nicht nur günstige Reisemöglichkeiten, sondern – durch die angesprochene Gruppensituation – auch deutlich mehr Chancen des Kontaktes zu Mitreisenden als andere Verkehrsmittel.

2.2.4 Beherbergung

Die markanteste Veränderung in den Jahrzehnten seit 1954 war der Aufstieg der **Ferienwohnung** zu einer der wichtigsten Unterkunftsarten. Der Rückgang des Marktanteils von Pensionen und Privatzimmern hängt auch mit der geringeren Bedeutung des Inlandurlaubes zusammen, während der gleichzeitige, moderate Anstieg des Hotels zu einem großen Teil auf die Entwicklung der Auslandspauschalreisen zurückzuführen ist, deren Standardform sich aus Transport- und Hotelleistungen zusammensetzt. Allerdings werden auch in diesem Markt häufig Kombinationen mit Ferienwohnungen angeboten.

Abbildung 2.7: Die Unterkunft während der Haupturlaubsreise 1972-2003

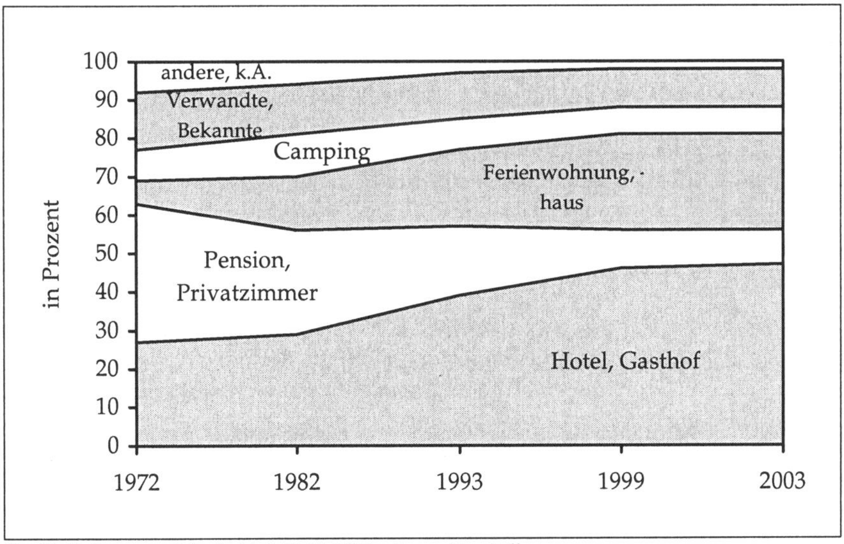

Quelle: Lohmann, Aderhold & Zahl 2004; eigene Darstellung

Privatzimmer waren – neben den Pensionen – traditionelle Unterkunftsformen für den Urlaub an Nord- oder Ostsee oder in den deutschen Mittelgebirgen. Mit zunehmendem Wohlstand spielten sie, ebenso wie die Unterkunft bei Verwandten und Bekannten, eine immer geringere Rolle. Lediglich 1990, nach der Öffnung der über Jahrzehnte nahezu hermetisch abgeschlossenen innerdeutschen Grenze zwischen der Bundesrepublik und der DDR (vgl. ausführlich Abschnitt 2.5), konnten beide Unterkunftsformen, die vor allem von den neuen Bundesbürgern genutzt wurden, noch einmal ein kurzfristiges Wachstum verbuchen. Es verläuft parallel mit der Reisezielentwicklung: Die vielen Reisen der früheren DDR-Bürger in den vordem verbotenen Westen hatten im gleichen Jahr zu einem Zuwachs bei den Inlandreisen geführt (siehe Abbildung 2.3 auf Seite 50). Mittlerweile hat sich das Reiseverhalten der neuen Bundesbürger jedoch dem der Bürger der ‚alten' Bundesrepublik angepaßt, so daß auch Privatzimmer von ihnen kaum noch nachgefragt werden (vgl. Abschnitt 2.5.1).

2.3 Soziale Differenzierung und die Ungleichheit der privaten Reisechancen

Mit dem Wirksamwerden des ‚Fahrstuhl-Effektes' und dem Trend der Entwicklung von einer Erwerbs- und Arbeitsgesellschaft zu einer Freizeit- und Erlebnisgesellschaft mit vielfältigen Reisemöglichkeiten sind jedoch soziale Ungleichheiten nicht aus der Welt geschafft. Neben der bislang fast ausschließlich betrachteten gesamtgesellschaftlichen Entwicklung und der ihr entsprechenden Argumentation mit Durchschnittswerten müssen wir deshalb auch die **soziale Differenzierung** der Gesellschaft berücksichtigen. Damit sind die eingangs zu diesem Kapitel zitierten unterschiedlichen **sozialen Lagen** innerhalb der Gesellschaft angesprochen, welche zum Beispiel durch die Ungleichheit von Einkommen, Bildung und regionaler Herkunft bestimmt werden.

2.3.1 Einkommen

Als erstes können wir in diesem Zusammenhang registrieren, daß die oben festgestellte Einkommensabhängigkeit der Reiseintensität nicht nur ein wichtiger Faktor der Entwicklung des Reiseverhaltens der Gesamtgesellschaft ist, sondern auch die individuellen Reisechancen in hohem Maße bestimmt. Zwischen der niedrigsten und der höchsten Einkommensgruppe liegt eine Differenz in der Nettoreiseintensität von 31 Prozentpunkten (siehe Abbildung 2.8).

Auch wenn die Reiseintensität mittlerweile einen hohen Wert erreicht hat, läßt sich also die dahinter liegende **Ungleichheit der** einkommensbedingten **Reisechancen** nicht wegdiskutieren. Berücksichtigen muß man in diesem Zusammenhang auch noch, daß die Einkommen wie überall so auch in der Bundesrepublik Deutschland nicht gleich verteilt sind. So verfügten 1985 die einkommensstärksten 20 Prozent der Privathaushalte über mehr als 40 Prozent des gesamten Einkommens aller Haushalte; die einkommensschwächsten 20 Prozent dagegen nur über sieben Prozent. Diese Ungleichverteilung ist in der Lorenzkurve in Abbildung 2.9 dargestellt. Auch wenn diese Zahlen mittlerweile veraltet sind, ist davon auszugehen, daß sie sich schon durch die seitdem stark angestiegene Arbeitslosigkeit (vgl. Abbildung 2.21 auf Seite 100) nicht in Richtung Gleichverteilung verschoben haben. Setzt man diese Zahlen in Zusammenhang mit der Reiseintensität, dann ist es wohl vor allem das untere Fünftel der Einkommensbezieher, die den größten Teil der Nichtreisenden ausmachen. In der nach wie vor bestehenden Ungleichheit der Reisechancen spiegelt sich also auch die Ungleichheit der Einkommen.

Abbildung 2.8: Die Nettoreiseintensität in Abhängigkeit vom Haushaltsnettoeinkommen

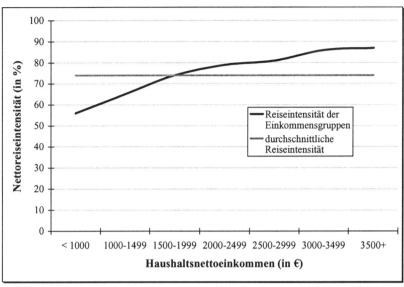

Quelle: Reiseanalyse 2005 der Forschungsgruppe Urlaub + Reisen e.V. (F.U.R), Kiel

Abbildung 2.9: Einkommensungleichheit in der Bundesrepublik 1985

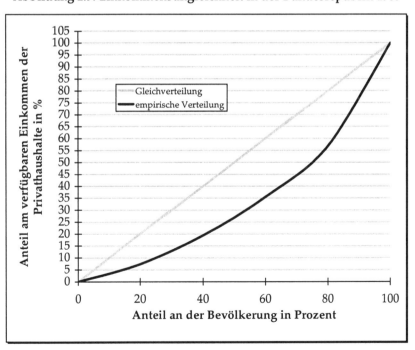

Quelle: nach Angaben aus M. Vester et al. 1993, S. 274; auch in der 2001 aktualisierten Neuausgabe des Buches werden in der gleichen Tabelle auf S. 403 keine neueren Daten präsentiert.

2.3.2 Formale Bildung

Zwischen den Einkommensgruppen, dem formalen Bildungsstand und der Berufsgruppe, der man angehört, besteht ein direkter Zusammenhang: Je höher die formale Bildung ist, desto größer ist die Chance für eine gehobene Stellung im Beruf und ein entsprechendes Einkommen. Dies zeigt sich auch, wenn man die Nettoreiseintensität der Bevölkerung nach der Stellung im Beruf betrachtet.

Personen mit einem formal höheren Bildungsstand haben nicht nur bessere Einkommenschancen, sie zeigen auch ein anderes Reiseverhalten als die übrige Bevölkerung. Ihre Reiseintensität ist höher, sie verreisen häufiger und ihre Reisezielerfahrung ist dementsprechend größer. Ihr Neugierverhalten und Interesse für andere Länder und Kulturen zeigt sich auch darin, daß sie überdurchschnittlich oft Studienreisen machen und die Zahl der bislang besuchten Länder deutlich höher ist als die der anderen Bildungsgruppen.

Die Struktur der Gesellschaft hat sich in den vergangenen Jahrzehnten deutlich zugunsten höherer Bildungsabschlüsse verschoben. In den 1950er Jahren machten nur etwa 5-7 Prozent eines Altersjahrgangs in der alten Bundesrepublik das Abitur. In den letzten Jahrzehnten ist dieser Anteil kontinuierlich auf gut ein Drittel angestiegen. Die jüngeren Menschen haben also im Durchschnitt eine weitaus bessere formale Bildung als ihre Vorgängergenerationen und damit – trotz aller Probleme auf den Arbeitsmärkten – auch erheblich bessere Berufs- und Einkommenschancen, die sich jeweils positiv auf das Reiseverhalten auswirken.

Tabelle 2.5: Nettoreiseintensität, Reisehäufigkeit und Reiseart der Gruppen formaler Bildung

Reisemerkmale	Hauptschule %	Mittelschule %	Gymnasium, Hochschule %
Nettoreiseintensität	68	79	85
eine Urlaubsreise	53	59	54
zwei Urlaubsreisen	11	15	23
drei und mehr Urlaubsreisen	4	4	9
Erfahrung mit Studienreise*	2	4	10
Erfahrung mit Kulturreise*	3	6	11
Erfahrung mit Rundreise*	9	11	17

* Befragte, die die jeweilige Urlaubsart in den letzten drei Jahren (2002, 2003 oder 2004) gewählt haben

Quelle: Reiseanalyse 2005 der Forschungsgruppe Urlaub und Reisen (F.U.R), Kiel

Damit ist bereits ein wesentlicher Aspekt des sozialen Wandels in der Bundesrepublik Deutschland seit dem Ende des zweiten Weltkriegs angesprochen. Um den mehrfach angesprochenen ‚Fahrstuhl-Effekt', d.h., den kollektiven Aufstieg der (West-)Deutschen zu verstehen, muß man sich darüber hinaus die Veränderung der Beschäftigungsstruktur in diesem Zeitraum ansehen.

2.3.3 Stellung im Beruf

Daß auch die Stellung im Beruf einen erheblichen Einfluß auf die Reiseintensität hat, zeigt Abbildung 2.10. Allerdings ist ihr Einfluß, ähnlich wie bei der formalen Bildung, nicht so stark wie der der Einkommensgruppen. Dies hängt vor allem damit zusammen, daß die verschiedenen Kategorien relativ weit gefaßt sind: Unter der Überschrift ‚Selbständige und Freie Berufe' zum Beispiel finden sich sowohl der Hochschulabsolvent, der eigentlich eine feste Anstellung anstrebt und sich mit kleinen Auftragsarbeiten über Wasser hält wie der geschäftlich erfolgreiche Fliesenleger oder ein Zahnarzt mit gutgehender Praxis. Bei den Beamten und Angestellten sieht dies, auch wenn sie nach ‚leitenden' und ‚sonstigen' differenziert sind, ähnlich aus. So zählen zu den leitenden Angestellten sowohl der Vorstandsvorsitzende eines großen Industriekonzerns als auch der Filialleiter eines kleinen Supermarktes.

Abbildung 2.10: Reiseintensität nach der Stellung im Beruf

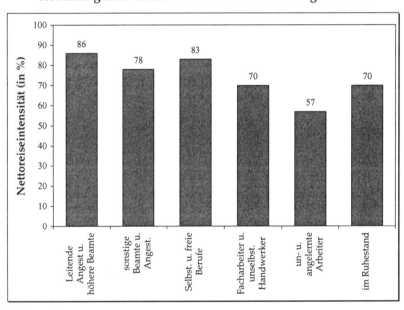

Quelle: Reiseanalyse 2005 der Forschungsgruppe Urlaub + Reisen e.V. (F.U.R), Kiel

Dennoch zeigt sich bereits mit diesen groben Kategorien, wie groß die Veränderungen im Beschäftigungssystem der Bundesrepublik seit 1950 waren. Der Anteil der Arbeiter (Facharbeiter, an- und ungelernte Arbeiter), wie er in der amtlichen Statistik nur zusammengefaßt ausgewiesen ist, schrumpfte von 1950 51 Prozent auf 1990 nur noch 37 Prozent aller Erwerbstätigen (Abbildung 2.11). Mithelfende Familienangehörige trifft man vor allem in landwirtschaftlichen Betrieben an. Daß ihr Anteil im gleichen Zeitraum von 12 Prozent auf unter 2 Prozent sank, ist Folge eines allgemeinen Niedergangs des primären Sektors und der zunehmenden Maschinisierung der Landwirtschaft. Noch deutlicher als in den ersten zwei Jahrzehnten der Bundesrepublik ist der Anteil der (in der amtlichen Statistik wiederum meist zusammengefaßten) Angestellten und Beamten an den Erwerbstätigen zwischen 1970 und 1990 gestiegen.

Die Gründe für diesen durchgreifenden gesellschaftlichen Wandel sind vielfältig. Daß der Anteil der Arbeiter so stark gesunken ist, hängt zum Beispiel zusammen mit der stärkeren Rationalisierung und Automatisierung von Produktionsvorgängen: Um die gleiche Menge an Gütern zu produzieren, werden heute weit weniger Arbeitskräfte gebraucht als früher (**Produktivitätssteigerung**). Die Anforderungen an die Qualifikation der verbleibenden Mitarbeiter sind derart gestiegen, daß sie vor allem im Angestelltenverhältnis beschäftigt werden. Seit 1987 gibt es in manchen Industriezweigen (zum Beispiel in der chemischen Industrie) nur noch Angestellte und keine Arbeiter mehr.

Der Rückgang der Arbeiter unter den Erwerbstätigen ist aber auch die Folge der zunehmenden Entwicklung der Bundesrepublik von einer **Industrie-** zur **Dienstleistungsgesellschaft**. Der Anteil der Beschäftigten in Dienstleistungsbetrieben ist kontinuierlich von 33 Prozent (1950) auf 56 Prozent (1990) und rund 70 Prozent im Jahre 2003 (Statistisches Bundesamt 2005, S. 307) gestiegen. Dienstleistungen werden aber in der Regel nicht von Arbeitern, sondern von Angestellten oder Beamten erbracht. Entsprechend stark war die Ausweitung des Anteils dieser Gruppe.

Abbildung 2.11: Die Veränderung der Erwerbsstruktur der Bundesrepublik 1950-2004

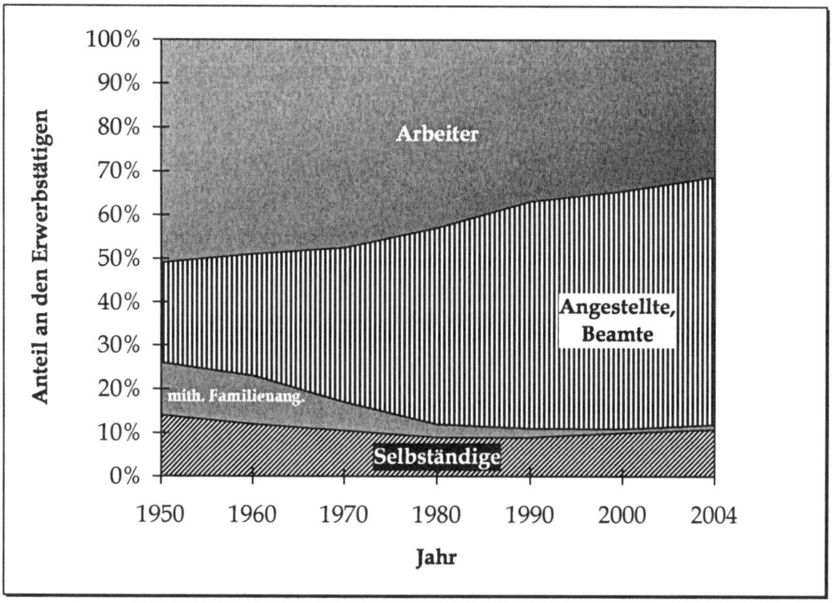

Quellen: in Ausschnitten entnommen aus M. Vester et al. 1993, S. 263 (auch i. d. Neuausgabe 2001, S. 393, nur bis 1990); Statistisches Bundesamt; eigene Darstellung

Wenn man unterstellt, daß sich das sozialgruppenspezifische Reiseverhalten in diesem Zeitraum kaum geändert hat, kann ein nicht geringer Teil der Steigerung der Urlaubsreiseintensität und des Wachstums an Urlaubsreisen damit auf den Wandel der Erwerbstätigenstruktur zurückgeführt werden.

2.3.4 Regionale Herkunft

Industrie- und Dienstleistungsgesellschaften weisen nicht nur eine vertikale Differenzierung auf, d.h., es gibt nicht nur eine nach Bildung, Einkommen, Berufsgruppenzugehörigkeit usw. gestaffelte soziale Ungleichheit, sondern auch horizontale Disparitäten. Darunter versteht man in der Soziologie u.a. regionale Ungleichheiten, die durch eine Reihe von jenseits vertikaler Schichtung liegenden Faktoren bedingt sein können. Dazu gehören zum Beispiel unterschiedliche soziale Milieus, in denen Personen gleicher vertikaler Position sehr verschiedene Werte- und Orientierungsmuster entwickeln können. Dies zeigt sich auch in unserem Alltagsverständnis, wenn zum Beispiel etwa Großstädtern eine größere geistige Beweglichkeit und Weltoffenheit zugesprochen wird als ‚provinziellen' Landbewohnern, deren Horizont nur ‚bis zum nächsten Kirchturm' reiche.

Dahinter steht die Vermutung, daß in Großstädten nicht nur Menschen sehr verschiedener Herkunft auf engem Raum zusammenleben, wodurch sich ursprünglich eigene Werte und Lebensweisen relativieren, sondern auch die Informationsversorgung besser ist. Insbesondere durch die flächendeckende Einführung des bis in die späten 1980er Jahre ausschließlich öffentlich-rechtlichen Fernsehens hat sich diese Situation seit den 1950er Jahren einschneidend verändert. Die Omnipräsenz des Fernsehens in den Haushalten und an vielen Orten des Weltgeschehens hat dazu geführt, daß man es (unter weitgehender Weglassung der Verhältnisse in den Entwicklungsländern) zu einem Medium erklärte, das die Welt praktisch zu einem Dorf (*„global village"* - Marshal McLuhan) schrumpfen ließe, weil jeder unabhängig von seinem Wohnort Zugang zu allen Informationen habe.

Tabelle 2.6: Nettoreiseintensität nach Wohnortgröße

Wohnortgröße	Nettoreiseintensität
-4.999 Einwohner	63
5.000 – 49.999 Einwohner	76
50.000 – 99.999 Einwohner	74
100.000 – 499.999 Einwohner	76
500.000 + Einwohner	83

Quelle: Reiseanalyse 2005 der Forschungsgruppe Urlaub und Reisen (F.U.R), Kiel

In den Industrieländern hat dies in der Tat zu einer erheblichen Nivellierung regionaler Unterschiede geführt. Auch die in der Bundesrepublik Deutschland im Grundgesetzartikel 72 (2) geforderte „Herstellung gleichwertiger Lebensverhältnisse"[3] hat dazu beigetragen, daß über eine weitgehende Vereinheitlichung des Bildungssystems und Maßnahmen zur Angleichung der weiteren Infrastruktur die regionalen Disparitäten gegenüber früher geringer geworden sind. Dennoch haben sich auch im Gebiet der alten Bundesrepu-

---

[3] bis zur Neufassung des Artikels durch Beschluß des Bundestages am 27. Oktober 1994 hieß es „Einheitlichkeit der Lebensverhältnisse".

blik Unterschiede im Verhalten nach der regionalen Herkunft erhalten, auch beim Reisen. Trotz aller Modernisierung ist die Mobilität in den städtischen Ballungsgebieten nach wie vor deutlich größer als in den ländlichen Regionen.

Die Seßhaftigkeit zeigt sich zum Beispiel darin, daß man sein ganzes Leben an nur einem Ort verbringt. Je ländlicher eine Gemeinde ist, desto größer ist der Anteil der Seßhaften, die seit ihrer Geburt im gleichen Ort wohnen (Mundt 1980, S. 59). Die starke Ortsbezogenheit zeigt sich auch heute noch im Reiseverhalten: Die Reiseintensität der Bevölkerung in ländlichen Gebieten liegt deutlich unter der von städtischen Arealen (Tabelle 2.6).

Das Reisen ist aber nicht nur ein Ausdruck sozialer Lagen und milieugeprägter Lebensstile, sondern hat über die damit gemachten Erfahrungen und Horizonterweiterungen sicherlich auch einen nachhaltigen Einfluß auf die Modernisierung der bundesdeutschen Gesellschaft gehabt. Wer andere Länder, fremde Lebensweisen und Kulturen, und sei es auch noch so flüchtig, kennengelernt hat, sieht nicht nur, daß es viele unterschiedliche Optionen für die Lebensgestaltung gibt, sondern wird auch seine eigene Umwelt mit anderen Augen sehen und relativieren können.

2.3.5 Alter und Familienzyklus

Aber nicht nur Einkommen und soziale Merkmale wie Bildung, Beruf und soziales Milieu bestimmen die Reisechancen. Auch **demographische Faktoren** haben Einfluß auf das Reiseverhalten.

Abbildung 2.12: Der Einfluß des Alters auf die Nettoreiseintensität 1990 und 2004

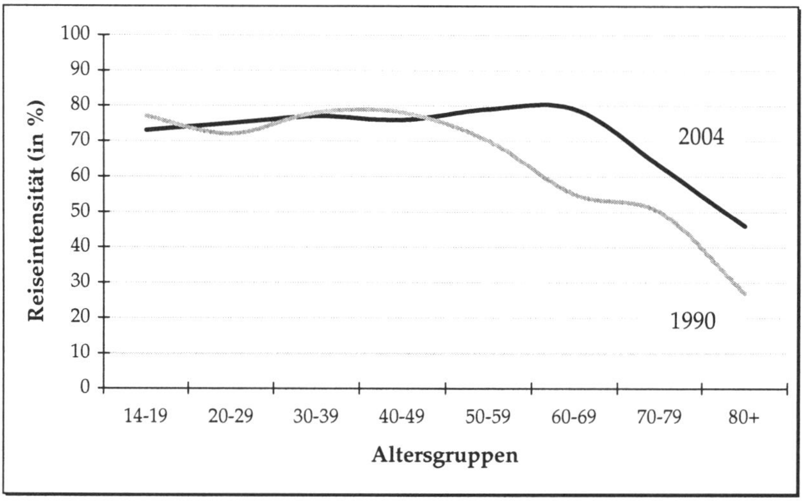

Quelle: Reiseanalyse 1990 des Studienkreises für Tourismus, Starnberg, und Reiseanalyse 2005 der Forschungsgruppe Urlaub und Reisen (F.U.R), Kiel

In erster Linie spielt hier das Alter eine Rolle. Allerdings hat seine Bedeutung in den letzten anderthalb Jahrzehnten abgenommen. Konnte man für 1990 noch feststellen, daß die Reiseaktivitäten mit zunehmendem Alter immer geringer wurden, wenn die Schwelle von fünfzig Jahren überschritten war, so hat sich diese Grenze anderthalb Jahrzehnte später um zwanzig (!) Lebensjahre nach hinten verschoben: Erst nach Vollendung des siebzigsten Lebensjahres beginnt die Nettoreiseintensität abzufallen und liegt auch dann noch erheblich höher als 1990. Vorher jedoch steigt sie im sechsten Lebensjahrzehnt sogar noch einmal an. Dies korreliert mit dem faktischen Renteneintrittsalter, das bei 60,2 Jahren (letzte verfügbare Zahl für 2001) liegt und ist ein Hinweis darauf, daß viele die gewonnene Zeit nach dem Ende ihres Arbeitslebens vermehrt für Reisen nutzen, zumal die Renten und Pensionen in diesen Alterskohorten auch noch recht hoch ausfallen (Abbildung 2.12). Die Abbildung macht auch deutlich, daß die Steigerung der Nettoreiseintensität um fünf Prozentpunkte zwischen 1990 und 2004 (vgl. Abbildung 2.2 auf Seite 47) ausschließlich auf die vermehrte Reisetätigkeit der Über-Fünfzigjährigen zurückzuführen ist. Dies zeigt sich auch bei den Mehrfachreisenden: Von den Über-60-jährigen Reisenden haben nach der Reiseanalyse 2004 mit 23 Prozent überdurchschnittlich viele Zweit- und Drittreisen gemacht. Bei den 14 bis 39-jährigen waren es dagegen nur 17 Prozent und die 40 bis 49-jährigen entsprachen gerade dem Durchschnitt von 20 Prozent.

Übersicht 2.1: Lebensphasen und Familienzyklus

Lebensphase	Familienzyklus	Alter (in Jahren)
Kindheit		0-13
Jugend		14-25
Beginn der Erwerbstätigkeit		ca. 16-30
Erwachsensein		> 25
	Partnerschaft/Heirat	ca. 20-35
	Beginn der elterlichen Phase	ca. 20-35
	Phase I: jüngstes Kind < 6 Jahre (*full nest I*) (Vorschulalter)	variabel
	Phase II: jüngstes Kind 6 - 15 Jahre (*full nest II*) (Schulalter)	variabel
	Phase III: abhängige Kinder 15 J. u. älter (*full nest III*) (höhere Bildung, Ausbildung)	variabel
	nachelterliche Phase (*empty nest*)	ca. 50-80
Austritt aus dem Erwerbsleben		ca. 60
Ruhestand		ca. 60-80
	einzelner Überlebender (*solitary survivor*)	

in Anlehnung an Wells & Gubar (1966)

Unter dem Gesichtspunkt der Beschreibung individueller und sozialer Lagen ist das Alter für sich genommen allerdings nur von eingeschränktem Wert. Zum einen vergrößert sich mit zunehmendem Alter die Varianz von individuellen Entwicklungszuständen (Lehr 2000), zum anderen haben Ereignisse wie der Einstieg in das Berufsleben oder die Gründung einer Familie, die jeweils in unterschiedlichen Lebensaltern eintreten können, einen einschneidenden Einfluß auf das Konsum- und Freizeitverhalten. Deshalb versucht man, die jeweilige Stellung im **Lebens-** bzw. **Familienzyklus** zu berücksichtigen, wenn man die das Reiseverhalten bestimmenden Faktoren untersucht. „Die elementare, dem Familienzyklusansatz zugrundeliegende Annahme ist, daß die meisten Haushalte eine geordnete Folge von Stufen durchlaufen, von denen jede durch ihre eigene charakteristische finanzielle Situation und ein bestimmtes Kaufverhalten gekennzeichnet ist" (Derrick & Lehfeld 1980, S. 214; Übers. J.W.M.).

Die Darstellung des Familienzyklus in Übersicht 2.1 stellt jedoch eher eine Norm als den Normalfall dar. Bei Scheidungsraten von um die 40 Prozent der geschlossenen Ehen sind alleinerziehende Mütter und Väter (*single parents*) keine Ausnahmen mehr und addieren sich zu denjenigen, deren Kinder von vornherein außerhalb einer Partnerschaft geboren und aufgezogen werden. Das Auseinandergehen von Partnerschaften kann darüber hinaus zu allen Zeitpunkten, vor, während und nach den elterlichen Phasen, erfolgen (vgl. Murphy & Staples 1979). Die gesamte Phase des Erwachsenenseins kann auch ohne (dauerhafte) Partnerschaft und ohne Kinder gelebt werden. Die tatsächlichen Lebensläufe sind also weitaus komplexer als es die Übersicht nahelegt. Dies zeigt auch die Untersuchung von Lawson (1991) über das Reiseverhalten der Besucher Neuseelands nach ihrem Stand im Familienzyklus: Fast 40 Prozent von ihnen konnten nicht in das im Prinzip gleiche Familienzyklusschema eingeordnet werden.

Neben den Schwierigkeiten der empirischen Zuordnung von Lebensgemeinschaften zum Familienzyklus ist dieser Ansatz in der Konsumforschung umstritten. Für das Ausgabeverhalten von Haushalten zum Beispiel spielt der Familienzyklus offensichtlich kaum eine Rolle: Wenn man Familien gleicher Größe, gleichen Einkommens und gleicher Zusammensetzung in unterschiedlichen Familienzyklen miteinander vergleicht, ergeben sich kaum Unterschiede (Wagner & Hanna 1983). Andererseits gibt es keinen Grund dafür, von einem Standardsystem des Familienzyklus auszugehen. Schon die eingangs in diesem Kapitel (Abschnitt 2.1) festgestellten und diskutierten Tendenzen der Individualisierung von Lebensläufen und der damit einhergehenden Pluralisierung von Lebenslagen lassen ein allgemeingültiges System von stufenförmig durchlaufenen Lebensphasen nicht mehr ohne weiteres zu. Dazu kommt, daß die Phasen des Familienzyklus je nach dem untersuchten Konsum- bzw. Verhaltensbereich anders definiert sein müßten. „In bezug auf das Reiseverhalten hat das Erreichen des 16. Lebensjahres (das Alter, in dem man in den USA den Führerschein machen kann) eine spezielle Bedeutung im Familienzyklus, aber dieses Alter mag von geringer oder gar keiner Bedeutung für andere Bereiche des Familienverhaltens sein" (Zimmerman 1982, S. 54; Übers. J.W.M.). Sie weist im weiteren auch darauf hin, daß man dem schwierigen Problem des möglichen Einflusses von Zeit- und Kohorteneffekten bislang bei der Interpretation von familienzyklischem Verhalten kaum Aufmerksamkeit geschenkt hat (siehe dazu ausführlich Abschnitt 2.4 zur Reisesozialisation).

Für die Untersuchung des Reiseverhaltens ist das Familienzyklusmodell mit einigen Modifikationen beim Kinderalter jedoch gut geeignet. Denn mit den verschiedenen Lebensphasen und dem Stand im Familienzyklus sind jeweils auch ganz unterschiedliche Reisemöglichkeiten und -bedürfnisse verknüpft. So kennzeichnet zum Beispiel der Beginn der elterlichen Phase einen biographischen Bruch im Leben der Partner, deren Alltag und Zusammenleben von einem Tag auf den anderen durch die Notwendigkeiten der Versorgung und Betreuung des Kindes bestimmt werden. Dies schlägt auch durch auf das Reiseverhalten.

Tabelle 2.7: Reiseverhalten in Abhängigkeit vom Alter der (mitreisenden) Kinder

Merkmale des Reiseverhaltens*	Kinder bis unter 2 Jahre	Kinder 2 bis unter 6 Jahre	Kinder 6 bis unter 14 Jahre	Kinder 14 bis unter 18 Jahre
Reiseintensität	55	70	74	k.A.
Deutschland	36	31	29	23
Hotel	12	12	17	25
Ferienwohnung oder -haus	43	41	36	32

* Reiseintensität: in Prozent der Bevölkerung; sonst in Prozent der Reisenden
Quelle: Reiseanalyse 1990 des Studienkreises für Tourismus, Starnberg; K.A. = keine Angabe; in den neueren Reiseanalysen lassen sich die ersten beiden Altersgruppen leider nicht mehr differenzieren.

Viele **junge Eltern** verzichten zunächst ganz auf die mit einem Mal beschwerlich gewordenen Urlaubsreisen, bis das Kind größer geworden ist (Tabelle 2.7). Mit zunehmendem Kinderalter sinkt die geforderte Betreuungsintensität und die Reiseintensität steigt wieder deutlich an. Verreist man trotzdem mit Kleinkindern, stehen plötzlich völlig andere Aspekte im Vordergrund der Entscheidung für eine Reise als vorher: Urlaubsmöglichkeiten und Reiseziele werden primär unter organisatorischen Perspektiven wie kurze Reisezeiten und Betreuungsmöglichkeiten von Kleinkindern gesehen (Cooper, Fletcher, Gilbert & Wanhill 1993, S. 37: „*holidays become more organisational and less geographical*"). Damit rücken einheimische Reiseziele wieder in der Vordergrund. Je kleiner die Kinder, desto häufiger wird ein Urlaubsort innerhalb Deutschlands angesteuert. Die speziellen Bedürfnisse junger Eltern finden auch in der Wahl der Unterkunft ihren Niederschlag: Je jünger die mitreisenden Kinder sind, desto eher entscheidet man sich für eine Ferienwohnung (*self-catering apartment*) oder ein Ferienhaus. Hier können sich die kleinen Kinder fast ebenso frei bewegen wie zu Hause und man muß nicht das Gefühl haben wie in einem Hotel, daß man andere Mitreisende stört oder durch sie gestört wird. Ganz wichtig ist auch, daß Ferienwohnungen in der Regel mehr Platz zur Verfügung stellen als Hotelzimmer, in denen man sich tagsüber meist nur ungern aufhält. Dies sind einige der Gründe für den Erfolg von Ferienwohnungen in den letzten Jahren (vgl. auch Abbildung 2.7 auf Seite 59). Hinzu kommt, daß man hier im Vergleich zum Hotel ein deutlich geringeres Urlaubsbudget braucht.

Daytona Beach zum Spring Break der Studenten

Mit dem Größerwerden der Kinder erweitern sich auch die Möglichkeitsspielräume der Familien wieder. Entsprechend steigen die Reiseintensität und die Auswahl von Unterkunftsarten und Reisezielen, die zunehmend im Ausland liegen. Je älter der Nachwuchs wird, desto größer wird auch die Wahrscheinlichkeit, daß er eine eigene Urlaubsreise (zum Beispiel mit einer Jugendgruppe oder Freunden) macht. Wenn die herangewachsenen Kinder bereits mit 14 oder 15 Jahren beginnen, ohne ihre Eltern wegzufahren, beginnt unter der Perspektive des Reiseverhaltens die **nachelterliche Phase** bereits weit vor dem Zeitpunkt, zu dem die Kinder das Haus verlassen. Die Eltern können also die Reisen wieder nach ihren eigenen Wünschen und Vorstellungen gestalten und müssen keine Rücksicht mehr auf ihre Kinder nehmen. Das gilt nicht zuletzt auch für die Terminplanung: Anders als früher ist man nicht mehr an die Schulferien gebunden, muß also nicht in der oft überlaufenen Hochsaison fahren, sondern kann zu preisgünstigeren Saisonzeiten verreisen (vgl. Abbildung 2.13).

Die Bedürfnisse von Alleinerziehenden in bezug auf Reiseziele scheinen jedoch gegenüber Eltern in festen Partnerschaften anders gelagert zu sein, wie Bojanic (1992) in einer – allerdings nicht repräsentativen Untersuchung in den USA – festgestellt hat. Sie verreisen weitaus häufiger und Kinder spielen nach eigenen Angaben für ihre Reiseplanung eine im Vergleich deutlich geringere Rolle.

Die Bedürfnisse der **Kinder** sind primär auf Spielmöglichkeiten, das Vorhandensein von Spielkameraden und auf freien Auslauf und Möglichkeiten selbständiger und gefahrloser Umwelterkundung ausgerichtet. Für **Jugendliche** in der Adoleszenz- und in der jungen Erwachsenenphase spielen sowohl das Austesten eigener wie das gesellschaftlicher Grenzen als auch Chancen des zwanglosen Kennenlernens möglicher Partner eine wichtige Rolle (siehe auch Abschnitt 3.2.2.2).

Beispiel: Jedes Jahr ziehen Studenten der Hochschulen an der us-amerikanischen Ostküste in den Frühjahrssemesterferien (*spring break*) für eine Woche in den Osten Floridas, u.a. nach Daytona Beach. In dieser Woche ist die Stadt von Studenten geradezu überfüllt: Zweibettzimmer in den Hotels sind mehrfach überbelegt; Bars, Diskotheken und Restaurants sind mit Studenten übervölkert. Der meilenlange Sandstrand wird zu einem *highway*, auf dem in Automobilen, auf Motorrädern und selbst in Autobussen hin- und hergefahren wird, um sich zu präsentieren und auch andere zu sehen, die im Sand liegen und die nicht endende Fahrzeugkolonne mit ihren Insassen beobachten. Sehen und gesehen werden ist das Motto auf dieser riesigen Kontaktmeile. Am Abend und in der häufig durchgemachten Nacht werden die flüchtigen Strandkontakte ergänzt oder zugunsten neuer Bekanntschaften wieder fallengelassen. Der auf dem Campus geltende Regelkodex wird vielfach ebenso provokativ und lustvoll durchbrochen wie in dieser Woche die Grenzen des ‚guten Geschmacks' überschritten werden.

Ein direktes Pendant dazu gibt es in Europa schon deshalb nicht, weil Studenten hier nicht nur älter sind, sondern meist auch nicht – wie in den USA die Regel – abseits „normalen" städtischen Lebens auf einem Campus studieren und wohnen und deshalb auch nicht als eine homogene Gruppe auftreten. Es gibt aber auch in Europa Reiseziele, die vor allem von jungen Leuten aufgesucht werden, die dort ihresgleichen suchen wie auf Ibiza oder in Torremolinos.

Mit diesen phasentypischen Verhaltensweisen sind auch **soziale Erwartungen** verknüpft: „So wird es zum Beispiel als normal für eine junge Person angesehen, wenn sie sich zwischen Schule und Universität ein Jahr frei nimmt um zu verreisen ... wogegen jemand, sagen wir in den Vierzigern, der das gleiche macht, als ungewöhnlich, exzentrisch oder vielleicht sogar als unverantwortlich angesehen werden mag" (Sharpley 1994, S. 4; Übers. J.W.M.). Hat man dagegen das aktive Arbeitsleben hinter sich gelassen, werden solche Reisen gesellschaftlich wieder akzeptiert und zum Beispiel als verdiente Belohnung für ein langes Arbeitsleben angesehen.

Reisen in der Lebensphase nach dem **Austritt aus dem Erwerbsleben** können im Prinzip völlig frei von äußeren Verpflichtungen geplant werden: Man muß keinen Urlaub beantragen und mit dem Arbeitgeber bzw. den Kollegen absprechen; entsprechend können Zeitpunkte (vgl. Abbildung 2.13) und auch die Dauer einer Reise beliebig sein. Dafür steigt jedoch die Wahrscheinlichkeit, daß man aufgrund gesundheitlicher Behinderungen nur noch eingeschränkt reisen kann. So stellten Noll & Weick (2004) aufgrund ihrer Auswertungen der Daten des Sozioökonomischen Panels (SOEP), einer Dauerbeobachtungsstudie der deutschen Gesellschaft, fest, daß die Verluste an Lebensqualität im Alter vor allem immaterieller Art sind. So verdoppelt sich zum Beispiel die Erkrankungsrate der 65-jährigen gegenüber den 40-jährigen (Gugg & Hank-Haase 1997, S. 10). Wenn die Reiseaktivitäten eingestellt werden, sind es also vor allem gesundheitliche Gründe, die dafür verantwortlich sind. Auch wenn die Renten und Pensionen in den nächsten Jahren sinken werden (müssen) ist doch zunächst kaum mit einem Rückgang bei der Reiseintensität der Über-50-jährigen zu rechnen, weil zum einen ein großer Teil von ihnen über zusätzliche Vermögenseinkommen verfügt bzw. in einer abbezahlten eigenen Immobilie wohnt (55 bis 65-jährige haben eine Wohneigentumsquote von 61 Prozent gegenüber dem Bundesdurchschnitt von 49 Prozent; Finke 2005, S. 27) und zum anderen aufgrund der höheren Lebenserwartung ihrer Elterngeneration (s. u.) ein großer Teil von ihnen erst in diesem Alter erben wird (a.a.O.). Für diejenigen allerdings, die weder über (nennenswerte) Vermögenseinkünfte noch über die Aussicht auf Erbschaften verfügen, wird nicht nur die Reisekasse schmaler werden.

Abbildung 2.13: Zeitpunkt der Haupturlaubsreise von Reisenden verschiedener Lebensphasen

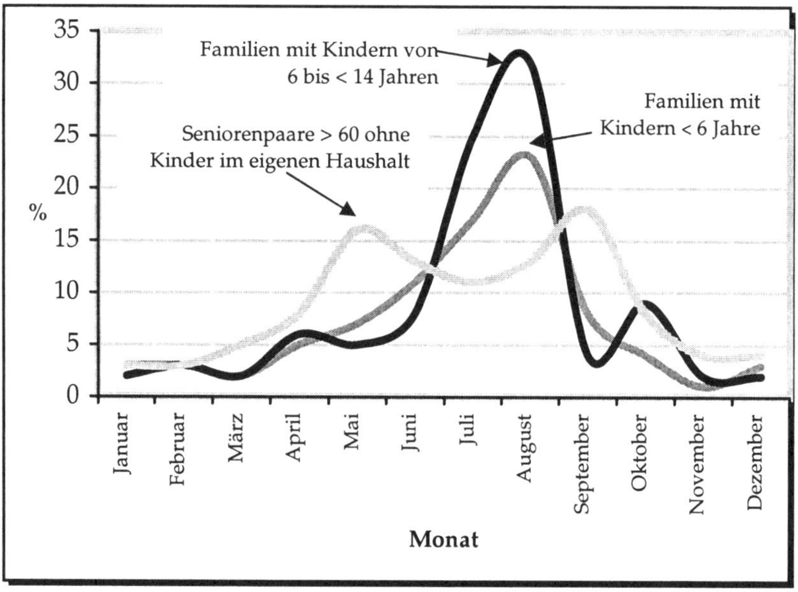

Quelle: Reiseanalyse 2005 der Forschungsgruppe Urlaub und Reisen (F.U.R), Kiel

2.3.6 Veränderungen der Lebensverläufe

Im letzten Jahrhundert ist die durchschnittliche Lebenserwartung in Deutschland geradezu dramatisch angestiegen. Sie hat sich zwischen 1871, dem Jahr der Reichsgründung, und 1988 mehr als verdoppelt. Diese Entwicklung verlief parallel zur Entfaltung der industriellen Produktion und dem damit verbundenen wirtschaftlichen Wachstum. Dadurch wurde es möglich, sich besser zu ernähren, die Wohnverhältnisse zu verbessern, den medizinischen und hygienischen Fortschritt und seine breite Anwendung auf alle Bevölkerungsschichten zu finanzieren. Alle diese Faktoren trugen und tragen weiter dazu bei, die durchschnittliche Lebenserwartung zu erhöhen.

Durch die gegenüber den Männern in den letzten fünf Jahrzehnten noch stärker gestiegene Lebenserwartung der Frauen wird auch die Phase des ‚einzelnen Überlebenden' (*solitary survivor*) im Lebenszyklus demographisch immer bedeutsamer (Abbildung 2.14). Sie überdeckt mittlerweile einen Zeitraum von durchschnittlich sechs Jahren. Durch die generell steigenden Zahlen älterer Mitbürger steigt damit auch die Zahl von einzelnen, in den weitaus meisten Fällen weiblichen, Überlebenden.

Abbildung 2.14: Die Entwicklung der durchschnittlichen Lebenserwartung der Altersjahrgänge 1871-2004 in Deutschland

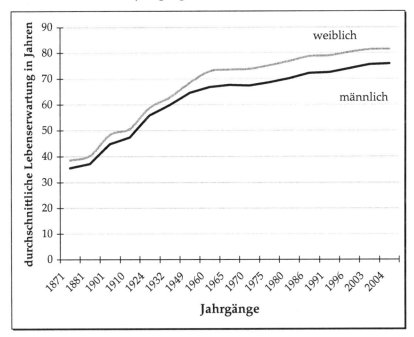

Quelle: Statistisches Bundesamt

Durch diese Entwicklung haben sich die Lebensläufe der Menschen durchgreifend verändert. Die normative Begrenzung des Erwerbslebens auf die Zeit bis zur Vollendung des 65. Lebensjahres und die 1972 in der Bundesrepublik Deutschland eingeführte Flexibilisierung haben dazu geführt, daß neben der Bildungs- und der Erwerbsphase eine dritte Lebensphase entstanden ist, die sich immer weiter ausdehnt (Noll 1996). Dieser Trend zeigt sich so auch in allen anderen Industrie- und Dienstleistungsgesellschaften. In allen diesen Ländern ist die Erwerbstätigkeit der Männer über 65 Jahre seit der Jahrhundertwende stark zurückgegangen. Sie „sank von 68 Prozent (USA: 1900), 66 Prozent (Frankreich: 1901), 62 Prozent (Schweden: 1910), 57 Prozent (Großbritannien: 1911) und 47 Prozent (Deutschland: 1925) auf zwischen 17 und 29 Prozent im Jahre 1970" (Jacobs & Kohli 1990; Kohli 1992, S.

239). Im Jahre 2003 waren in Deutschland noch ca. 10 Prozent der Männer und 4,1 Prozent der Frauen im Alter zwischen 65 und 70 Jahren erwerbstätig (Statistisches Bundesamt 2005, S. 100 f.).

Durch den wirtschaftlichen Strukturwandel, der vor allem die ‚alten Industrien' wie Bergbau und Stahl dezimiert hat, wurden viele ältere Mitarbeiter noch vor dem Erreichen der Altersgrenzen aus dem Erwerbsleben gedrängt und über spezielle Modelle von Einkommenssicherung (zum Beispiel ‚59er-Regelung') in den Ruhestand geleitet. Dieses wurde bei Beschäftigungskrisen in Folge von Rezessionen zum Vorbild, so daß der Austritt aus der Erwerbstätigkeit bei vielen Menschen bereits ab dem 55. Lebensjahr beginnt. 2001 lag das Durchschnittsalter beim Eintritt in den Ruhestand bei 60,2 Jahren. Das bedeutet, daß die Zeit der **dritten Lebensphase**, die völlig frei von beruflichen Verpflichtungen geplant werden kann, sich auf mehrere Jahrzehnte ausdehnt. Wer heute 60 Jahre alt ist, hat nach den Berechnungen des Statistischen Bundesamtes noch eine durchschnittliche Lebenserwartung von 20 Jahren (Männer) und 24 Jahren (Frauen).

Gleichzeitig hat sich die Bildungs- und Ausbildungsphase immer mehr verlängert. Zum einen wurde die Schulzeit verlängert (10. Schuljahr Hauptschule), zum anderen nimmt ein immer größerer Prozentsatz von Personen Angebote des sekundären (Realschule, Gymnasium) und des tertiären Bildungssystems (Hochschulen) wahr, welche die Bildungsphase bis in das Erwachsenenalter hinein verlängern. Dadurch wird die Lebensarbeitszeit deutlich verkürzt – daran ändert auch die mittelfristig wirksam werdende Verkürzung der Gymnasialzeit auf acht Jahre nur wenig.

Beide Entwicklungen haben einen erheblichen Einfluß auf die Reisetätigkeit. Höhere formale Bildung führt, wie wir gesehen haben, zu einer größeren Reiseaktivität innerhalb eines bestimmten Zeitabschnittes und die „gewonnenen Jahre" (Imhof 1981) bieten im Prinzip die Gelegenheit, die Zahl der Reisen, die man in seinem Leben machen kann, erheblich zu erhöhen.

Daraus folgt (vgl. Abbildung 2.12 auf Seite 66), daß die Touristen immer älter geworden sind. Gleichzeitig wurde das Personal in den Tourismusbetrieben, wie in allen anderen Unternehmen auch, nicht zuletzt aus Kostengründen jedoch immer jünger – das paßt nicht zusammen. Jüngere Leute haben in der Regel große Schwierigkeiten die Bedürfnisse älterer Menschen zu verstehen und ältere Menschen nicht selten Hemmungen, ihre speziellen Anliegen jüngeren Mitarbeitern mitzuteilen und um ihre Hilfe zu bitten. Aufgrund der demographischen Entwicklung werden viele Unternehmen in den nächsten Jahren zum Glück jedoch gezwungen sein, diese kurzsichtige Personalpolitik aufzugeben, weil es kaum noch Nachwuchs in vielen Berufen geben wird.

Aber nicht nur die Erwerbstätigkeit bindet die Menschen an einen bestimmten Zeitrhythmus, auch die Erziehung von Kindern hat einen nachhaltigen Einfluß auf das Ausmaß von Freizeit und ihre Planung. Aufgrund der nach wie vor weitgehend den Frauen überlassenen Aufgaben der Kinderbetreuung und Haushaltsführung, sind sie für die Kindererziehungszeit weitgehend an den Haushalt gebunden. Die Schule bestimmt durch Ferienregelungen die zeitlichen Reisemöglichkeiten von Familien. Der in allen Industrie- und Dienstleistungsgesellschaften zu beobachtende Geburtenrückgang zeigt sich auch in der gesunkenen Zahl der Kinder pro Familie. Damit ist der Zeitraum zwischen der Heirat und der Geburt des letzten Kindes stark gesunken. Im Zeitraum zwischen 1900 und 1929 lag er noch bei durchschnittlich etwa zehn Jahren, 1972-1974 nur noch bei etwa viereinhalb Jahren (op. cit., S. 168 ff.). Dadurch werden auch die Erziehungszeiten deutlich verkürzt und die **nachelterliche Lebensphase**, die frei ist von den alltäglichen Verpflichtungen und Einschränkungen durch die Kinder, hat sich dementsprechend ausgeweitet.

Indes gibt es auch den gegenläufigen Trend, nach dem Kinder in den Partnerschaften immer später geboren werden. So hat sich das Durchschnittsalter der Erstgebärenden seit den 1970er Jahren um fünf Jahre nach hinten auf nunmehr knapp 30 Jahre verschoben (Bundesinstitut für Bevölkerungsforschung 2004, S. 30). Hinter diesen Durchschnittszahlen stehen viele Frauen, die ihr erstes Kind erst im Alter von 35 oder 40 Jahren und darüber bekommen. Damit wird auch die Familienphase nach hinten verschoben und das Lebensalter kann immer weniger als Indikator für die Position im Familienzyklus herangezogen werden. Vor allem bei den Männern gibt es immer mehr, die, oft nachdem sie schon große Kinder haben, eine neue Beziehung mit einer jüngeren Frau eingehen, aus der dann auch wieder Kinder hervorgehen.

Gleichzeitig gab es einen klaren Trend zugunsten der Berufstätigkeit von Frauen auch nach der Eheschließung, der vor allen durch die Kriegsproduktion im nationalsozialistischen Deutschland ausgelöst wurde, als vor allem junge Frauen die zum Kriegsdienst eingezogenen Männer in den Betrieben ersetzen mußten. Dies betraf besonders die zunächst ledigen Frauen der Altersjahrgänge 1911-1920, die häufig auch nach der Heirat ihre Berufstätigkeit beibehielten und in der Zeit des Wiederaufbaus in den 1950er Jahren weiter als Arbeitskräfte gebraucht wurden (Lauterbach 1991, S. 29 f.). Ihr erfolgreiches Beispiel hat die Folgegenerationen stark beeinflußt und dazu geführt, daß die Berufstätigkeit von Frauen mit Kindern heute nahezu als selbstverständlich angesehen wird, aber auch dazu beigetragen, daß die Familienphase erst später beginnt.

In der Regel wird die Berufstätigkeit mit der Geburt des ersten Kindes zwar zunächst aufgegeben, es besteht aber eine deutliche Tendenz, sie nach einigen Jahren, wenn die Kinder einigermaßen selbständig zurechtkommen können und noch bevor sie aus dem Haus sind, wiederaufzunehmen. Gleichwohl war 2002 nach Angaben aus dem Sozioökonomischen Panel (SOEP) fast jede fünfte (19 Prozent) der Mütter von Kindern im Alter unter vier Jahren im Westen und 38 Prozent derjenigen im Osten Deutschlands berufstätig (und nicht im Mutterschutz oder in der Elternzeit; Statistisches Bundesamt 2004, S. 506). Ist das jüngste Kind zwischen vier und elf Jahren, trifft dies für zwei Drittel aller Mütter zu, ist es zwischen zwölf und Jahre alt, sogar für drei Viertel von ihnen (a.a.O.). Diese Entwicklung wurde unterstützt durch die Einführung und den Ausbau des Erziehungsurlaubes (jetzt Elternzeit genannt), der die Möglichkeit bietet, die Berufstätigkeit bis zu drei Jahre zu unterbrechen (vgl. Holst & Schupp 1996). Nach einer Untersuchung – an einer allerdings nicht repräsentativen Stichprobe – dauerte die Berufsunterbrechung vordem durch die Kinder im Durchschnitt 7,5 Jahre (Hellmich 1986, S. 46). Durch die gestiegene Berufstätigkeit von Frauen verbessert sich die materielle Situation zunächst in der Familienphase, dann in der nachelterlichen Partnerschaft und später auch im Rentenalter, indem dadurch mehr Mittel auch für Reisen zur Verfügung stehen. Allerdings ist andererseits auch davon auszugehen, daß die zukünftigen Rentnergenerationen nach einem unsicheren und von häufigen Unterbrechungen gekennzeichneten Verlauf ihres beruflichen Lebens auf eine insgesamt längere Erwerbstätigenzeit zurückblicken werden und deutlich weniger finanzielle Mittel zur Verfügung haben werden als heute.

2.3.7 Lebensstile

In den vorangegangenen Abschnitten ging es um politische und soziodemographische Lebensbedingungen als Bestimmungsfaktoren von Reiseverhalten. Durch die Betrachtung der historischen Entwicklung wurde bereits sichtbar, daß die dargestellten gesellschaftlichen Verhältnisse (zum Beispiel wirtschaftliche Entwicklung) und individuellen Merkmale (zum Beispiel Stellung im Familienzyklus) keine ausschließlichen Determinanten dieses Verhaltens sein können. Sie begrenzen lediglich die objektiven und subjektiven **Reisechancen** der Gesellschaftsmitglieder. Das Ausmaß dieser Begrenzung hat sich dabei in den vergangenen Jahrzehnten stark verändert. Sowohl die Entwicklung der Einkommen der Privathaushalte als auch die auf der Anbieterseite erfolgte Vergrößerung der Zahl der Reiseziele und Reisearten haben die Möglichkeiten und Verhaltensspielräume erheblich ausgeweitet. Hierin findet wiederum der bereits eingangs zu diesem Kapitel zitierte ‚Fahrstuhl-Effekt' seinen Ausdruck.

„Die ‚Klassengesellschaft' wird *insgesamt* eine Etage höher gefahren. Es gibt - bei allen sich neu einpendelnden oder durchgehaltenen Ungleichheiten - ein *kollektives Mehr* an Einkommen, Bildung, Mobilität, Recht, Wissenschaft, Massenkonsum. In der Konsequenz werden subkulturelle Klassenidentitäten und -bindungen ausgedünnt oder aufgelöst. Gleichzeitig wird ein Prozeß der Individualisierung und Diversifizierung von Lebenslagen und Lebensstilen in Gang gesetzt, der das Hierarchiemodell sozialer Klassen und Schichten unterläuft und in seinem Wirklichkeitsgehalt in Frage stellt" (Beck 1986, S. 122; Hervorh. i. Orig.).

Dies beleuchtet noch einmal zusammenfassend die den eingangs zu diesem Kapitel angesprochenen Prozesse der Individualisierung und Pluralisierung der Gesellschaft zugrundeliegenden Rahmenbedingungen. In den – um im Bilde zu bleiben – höheren Stockwerken der wirtschaftlichen und gesellschaftlichen Entwicklung lösen sich tradierte sozialgruppen- und regionalspezifische Lebensformen auf. Zudem haben sich die mit der Stellung im Erwerbsleben einerseits und mit den konfessionellen Bindungen andererseits jeweils verbundenen sozialen Milieus in diesem Zeitraum weitgehend verflüchtigt. In der Bonner Bundesrepublik waren dies vor allem das katholisch-kirchliche, das gewerkschaftliche und das, allerdings weniger bedeutsame, ländliche Milieu.

Das **katholische Milieu** mit seinen dogmatischen Einschränkungen und Vorschriften stand in zunehmendem Widerspruch zu einer immer mobiler werdenden Gesellschaft. Die Folge war ein rasanter Rückgang der Kirchenbindung, wie er zum Beispiel im regelmäßigen Kirchgang seinen Ausdruck findet. Das **gewerkschaftliche Arbeitermilieu** auf der anderen Seite war zunächst ebenfalls geprägt von Tradition und einem gewissen Immobilismus, das aber durch die Erfolge der Gewerkschaftsarbeit (höhere Löhne, mehr Aufstiegschancen) selbst immer mehr in Frage gestellt wurde und schließlich zu einer anhaltenden Krise der Gewerkschaften selbst geführt hat.

An die Stelle der Norm tritt damit die Option, das Selbstverständliche und unhinterfragt Übernommene wird abgelöst von eigenen Entscheidungen. Das äußert sich auch in der Auflösung der politischen Prägekraft der skizzierten Milieus. Das politische Geschehen spielte sich weitgehend im Spannungsfeld zwischen diesen beiden dominierenden gesellschaftlichen Polen ab, die jeweils entgegengesetzte politische Umwelten hervorgebracht hatten. Heute sind Wahlentscheidungen weniger von der sozialen Gruppenzugehörigkeit als von individuellen Einschätzungen und Motiven der Wähler abhängig (vgl. u.a. Kort-Krieger & Mundt 1986).

Allgemein zeigt sich diese Entwicklung darin, daß in der „traditionellen Gesellschaft soziale Herkunft, soziale Position und Lebensstil in einem von Zuschreibung geprägten Funktionszusammenhang bestand", Lebensstile dagegen „heute weitgehend individueller Gestaltbarkeit (unterliegen). ... Die Entscheidungen für oder gegen eine Lebensstil-Option werden auf der subjektiven Eben gefällt und sind im Zusammenhang mit grundlegenden Persönlichkeitsmerkmalen, aber auch mit Zufall und externen Auslösern zu sehen" (Drieseberg 1995 a, S. 33).

Auch im **Konsumverhalten** hat eine weitgehende Ablösung der Kaufentscheidungen von der sozialen Lage stattgefunden. Wir haben es heute in diesem Bereich mit einer ausgeprägten **Inkonsistenz** des Verhaltens zu tun. Zum Beispiel kann man heute, anders als früher, nicht mehr an der Kleidung erkennen, welcher gesellschaftlichen Schicht eine Person angehört. Die Art der Kleidung ist eher eine Frage des persönlichen Geschmacks und eigener Vorlieben und Abneigungen als Bestandteil normierter sozialer Kodes. Mit anderen Worten: Wer viel Geld für Kleidung ausgibt (oder einfach nur Geschmack hat), kann sowohl reich und gebildet als auch wenig begütert und von geringerem formalen Bildungsstand sein. Die Inkonsistenz des Konsumverhaltens zeigt sich aber auch darin, daß man auch denjenigen, der gerade viel Geld für seine Kleidung ausgeben hat, im nächsten Moment beim Einkauf bei einem Discounter (wie Aldi oder Lidl) treffen kann. Umgekehrt sieht man auch Leute in billiger Kleidung im Feinkostgeschäft beim Kauf auserlesener und entsprechend teurer Lebensmittel. Wer in einem Schnellimbiß oder bei einer Hamburgerkette seinen Kalorienbedarf quasi im Vorübergehen deckt, ist deswegen für die Spitzengastronomie nicht verloren: Zu einem anderen Zeitpunkt kann die gleiche Person ihrer Neigung zum Genuß in einem vom ‚Guide Michelin' mit Sternen ausgezeichneten Restaurant nachgehen. Kurz: Die Inkonsistenz zeigt sich einerseits in der gleichzeitigen Nutzung verschiedener Angebotssegmente in unterschiedlichen Konsumbereichen und andererseits in der zu verschiedenen Zeitpunkten erfolgenden Inanspruchnahme von auf den ersten Blick als unvereinbar miteinander angesehenen Angeboten im gleichen Konsumbereich.

Wenn also die im wesentlichen auf sozialen Merkmalen wie Einkommen, formale Bildung und Beruf aufbauenden Klassen- und Schichtmodelle, modifiziert über demographische Daten (Alter, Geschlecht, Lebens- und Familienzyklus), nicht mehr in der Lage sind, die Handlungs- und Verhaltensweisen der Bevölkerung hinreichend abzubilden, dann müssen andere Merkmale gesellschaftlicher Ungleichheit zur Beschreibung und Analyse gesellschaftlicher Differenzierung und Chancenbegrenzung herangezogen werden.

Daß es sich hierbei keineswegs um eine theoretische Diskussion unter Soziologen, sondern um sehr praktische Probleme bei der Erfassung und Einschätzung von (nicht nur) touristischer Nachfrage handelt, zeigen sowohl ein Blick in Fachbücher und -zeitschriften mit Beiträgen zu Marketingthemen als auch die Praxis der Marktforschung (vgl. u.a. Drieseberg 1992, 1995 a, 1995 b; Seitz & W. Meyer 2006, S. 46 ff.). Entsprechend der zunehmenden Individualisierung und Pluralisierung der Lebensgestaltung müssen auch die Angebote auf den Güter- und Dienstleistungsmärkten so differenziert werden, daß sie von den angezielten Käuferschichten auch angenommen werden. Vor diesem Hintergrund hat sich eine **Lebensstilforschung** zur Identifikation von Zielgruppen etabliert, in der versucht wird, solche Gruppen jenseits von traditioneller Schicht und Klasse in der Gesellschaft zu identifizieren.

Szenerie für einen gemächlichen Reisestil

Allein die Wandlung des Begriffes **Stil** im Verlaufe der Zeit spiegelt die Verflüssigung der vordem starren gesellschaftlichen Verhältnisse, wie Thomas Drieseberg (1992) zeigt. Abgeleitet vom lateinischen *stilus* (= Schreibstift) bezog sich der Stilbegriff ab der Spätantike im übertragenen Sinne auf die Schreib- und Redeweise. Bis etwa ins 17. Jahrhundert blieb der Begriff Stil auf die Art der Anwendung von Schrift und Sprache beschränkt und hatte einen normativen Charakter. Ab diesem Zeitpunkt begann man auch in der bildenden Kunst von Stilen zu sprechen. Abweichungen von den sprachbezogenen stilistischen Normen wurden als Angriff auf gesellschaftliche Konventionen bis in das 18. Jahrhundert negativ sanktioniert. In der zweiten Hälfte des 18.

Jahrhunderts wandelte sich die Verwendung des Begriffes von der Normsetzung zur Beschreibung einer individuellen Ausdrucksweise. Nach Jean-Jacques Rousseau wird Stil damit zu einem Begriff, „der organische Zusammenhänge dort stiftet, wo sie ... verlorengegangen schienen" (Dirscherl 1986 cit. n. Drieseberg 1992, S. 19). Entsprechend wird der Stil „durch seine unbegrenzt variierbare Anwendbarkeit und seine lebensweltliche Ausrichtung ... zu einem sinn- und identitätserzeugenden Ordnungsmerkmal moderner Gesellschaften" (Drieseberg 1992, S. 19).

Anders als soziodemographische Daten, von denen ein großer Teil durch amtliche Statistiken erfaßt wird, lassen sich Informationen über den Lebensstil nur über eigene Erhebungen beschaffen. Dabei kommt es darauf an, verschiedene Gruppen nach den jeweils interessierenden Merkmalen zu identifizieren, die den folgenden Kriterien genügen:

- größtmögliche Unterscheidung zwischen den Gruppen hinsichtlich der interessierenden Eigenschaften (maximale **Heterogenität**);
- größtmögliche Gleichförmigkeit innerhalb dieser Gruppen, d.h., die Gruppenmitglieder sollen sich in diesen Eigenschaften so wenig wie möglich voneinander unterscheiden (maximale **Homogenität**).

Anders als die soziodemographischen Daten zur sozialen Lage, lassen sich die psychographischen Merkmale des Lebensstils nicht mehr universell verwenden. Das hängt jedoch weniger mit der Qualität der Daten, als mit den beschriebenen Veränderungen im (Konsum-)Verhalten zusammen. An sich bräuchte man für die Erfassung dieser „kollektiven Typen der Lebensführung" (Lüdtke 1995, S. 7) handfeste Verhaltensdaten, die man eigentlich nur über Beobachtung gewinnen könnte. Allerdings wären damit so viele methodische Probleme und enorm hohe Kosten verbunden, daß man statt dessen versucht hat, einfachere Wege zur Identifikation von Lebensstilgruppen zu beschreiben. Eine Alternative zu Beobachtungen sind zum Beispiel Tagebuchaufzeichnungen anhand vorgegebener Zeitstrukturen, aus denen ein sehr umfassendes Bild von Aktivitäten in nahezu allen Bereichen und unter allen Aspekten der Tagebuchführer hergestellt werden kann (*op. cit.*, S. 105 ff.). Indes ist auch dieses Verfahren mit einem so großen methodischen und finanziellen Aufwand verbunden, daß man in der Regel auf vergleichsweise einfache Einstellungsuntersuchungen und Ähnliches ausweicht, die für die Typisierung und Abgrenzung von Lebensstilen herangezogen werden.

Unter dem Begriff **Einstellung** (*attitude*) versteht man ein relativ dauerhaftes System von Gedanken, Gefühlen, Anschauungen, Meinungen oder Überzeugungen. Dabei wird angenommen, daß dieses System handlungsleitend wirkt (Drever & Fröhlich 1968, S. 65; Secord & Backman 1964, S. 97). In welchem Ausmaß dies jedoch zutrifft, ist umstritten und hängt vermutlich sowohl vom Gegenstand der Einstellung als auch von Persönlichkeitsmerkmalen und situativen Faktoren ab. Zudem sind Einstellungen generell stark von sozialer Erwünschtheit (*social desirability*) beeinflußt: Bei ihrer Messung spielen die wahrgenommenen Normen und Erwartungen der Gesellschaft und des sozialen Umfeldes ebenso eine wichtige Rolle wie das damit zusammenhängende Selbstbild, das erhebliche Differenzen zum tatsächlichen Verhalten aufweisen kann. Darüber hinaus gibt es eine ganze Reihe von semantischen Problemen: Was für den einen zum Beispiel bereits ein ‚abwechslungsreiches Leben' ist, bedeutet für den anderen die schiere Langeweile; wenn der eine sich im Urlaub ‚sehr viel gönnt', ist das dahinter stehende Verhalten für den anderen ziemlich spartanisch und eher Ausdruck von Einschränkung.

Aus diesen Batterien von Fragen lassen sich mit Hilfe von statistischen Methoden (multivariate Analysen) Gruppen bilden, die den oben genannten Kriterien der internen und der externen Gruppendifferenzen entsprechen. Die so gefundenen Lebens- und Reisestiltypen weisen jedoch mit ihrer **Instabilität** einige gravierende Nachteile auf. Sie sind teilweise methodisch bedingt, teilweise liegen die Ursachen dafür aber vermutlich auch in der Natur der Sache. Untersuchungen mit den gleichen Instrumenten führen nämlich zu verschiedenen Zeitpunkten zu unterschiedlichen Ergebnissen. Dafür können zwei Gründe maßgeblich sein:

1. Die Reliabilität (Zuverlässigkeit) der angewandten Meßverfahren ist zu gering, so daß man es bei den Messungen in einem hohen Maße mit Zufallsergebnissen zu tun hat.

2. Die Lebensstile und die ihnen zugrundeliegenden Einstellungen sind einem derart schnellen Wandel unterworfen, daß die einmal gebildeten Gruppen wie in einem Kaleidoskop nach kurzer Zeit wieder zusammenfallen und sich zu neuen Aggregaten formieren. Der schnelle Wechsel von Moden und die flüchtigen Festlegungen dessen, was ‚*in*' und was ‚*out*' sei, könnten ein Beleg dafür sein. Dagegen spricht allerdings, daß es sich bei einigen der Lebens- und Reisestilgruppen um soziodemographisch einigermaßen fest umrissene Lebenslagen handelt. In diesen Fällen allerdings ist es dann wieder fraglich, welchen Erkenntnisgewinn die so vorgenommene Erfassung des Lebensstils gegenüber der Verwendung soziodemographischer Daten bringt.

Die offensichtliche **Instabilität der Ergebnisse** zeigt sich auch bei der Betrachtung von Lebensstiluntersuchungen, wie sie Lüdtke (1995) referiert. Es zeigen sich erhebliche Unterschiede nicht nur in der Zahl der identifizierten Typen (bis zu 12), sondern auch in den sie bestimmenden Merkmalen. Darin zeigt sich nicht nur eine gewisse Beliebigkeit der Ansätze, sondern es wird damit auch die eingangs getroffene Feststellung bestätigt, daß ihre Verwendung in übergreifenden Zusammenhängen kaum mehr möglich ist. Eine Lebensstiltypisierung für den Automobilmarkt muß sicherlich andere Merkmale berücksichtigen als eine für den politischen Markt oder für die Zusammenfassung von Gruppen ähnlichen Reiseverhaltens.

Ein **wesentlicher Kritikpunkt** an dieser Art von Lebensstiluntersuchungen liegt neben der Verwendung von Einstellungsmerkmalen im induktiven Vorgehen, indem man zunächst mehr intuitiv als inhaltlich begründete Statements formuliert und nach ihrer Beantwortung durch die Personen aus einer repräsentativ ausgewählten Stichprobe hinsichtlich möglicher Redundanzen statistisch überprüft (Faktorenanalyse). Diejenigen Statements, welche die Beantwortungsstruktur am besten widerspiegeln, werden ausgewählt und mit einem weiteren statistischen Verfahren (Clusteranalyse) zu Gruppen zusammengefaßt, die den eingangs zu diesem Abschnitt erwähnten Kriterien maximaler Heterogenität nach außen und maximaler Homogenität nach innen optimal genügen. Es handelt sich also um eine Verfahrensweise, die vollkommen abhängig ist von den eingegebenen Statements. Was ihnen möglicherweise inhaltlich fehlt, kann auch durch statistische Analysen nicht kompensiert werden. Darüber hinaus ist es strittig, ob Clusteranalysen mehr leisten können als eine erste Gruppierung der Daten. Die Verwendung vorgefertigter Computerprogramme verführt indes viele Markt- und Sozialforscher aus Bequemlichkeit dazu, die mathematisch berechneten Muster (*cluster*) mit Typen gleichzusetzen und sie nach den entsprechenden Merkmalszusammensetzungen zu bezeichnen. Statistische Verfahren behandeln aber alle in eine Analyse eingehenden Merkmale als gleichwertig, obwohl sie inhaltlich gesehen durchaus unterschiedlich gewichtet werden müßten. So ist es für die auf eine Differenzierung nach Verhaltensweisen angelegte Lebensstiltypologie zum Beispiel sicherlich wichtiger, daß jemand selber „Reparaturen und handwerkliche Arbeiten" erledigt als Zustimmung zu der Aussage, man „führe ein einfaches und bescheidenes Leben". Ohne ein dahinter liegendes theoretisches Konzept bleiben die Lebensstiltypologien daher weitgehend ein **statistisches Zufallsprodukt**.

Generell sind diese aufgrund psychographischer Daten gebildeten Lebensstilgruppen auch praktisch nur von sehr begrenztem Wert. Sie sind sehr stark bezogen auf individuelle Sichtweisen, deshalb lassen sie sich bei der Untersuchung von Reiseverhalten kaum anwenden – jedenfalls oft dann nicht, wenn man nicht alleine, sondern zum Beispiel zusammen mit einem Partner in den Urlaub fährt. Wie eine Untersuchung in den USA an Ehepaaren gezeigt hat, die eine Auslandsreise gemacht haben, gehören beide sehr oft zu ganz unterschiedlichen Gruppen (Pyszka 1987; cit. n. Lawson 1991). Wenn Mitglieder verschiedener Gruppen jedoch – wie in diesem Falle – ein identisches Reiseverhalten an den Tag legen, dann ist die Differenzierungskraft der Verfahren in der Folge nur sehr gering. Das Vorhandensein zweier verschiedener so bestimmter Gruppen bei einem Ehepaar „kann einem Marketingmann echte Probleme bereiten, der versucht, Lebensstile als Segmentierungskriterien zu nutzen" (Lawson 1991, S. 12; Übers. J.W.M.).

Daten aus Konsumentenpanels, die mittlerweile auch auf das Reiseverhalten ausgeweitet wurden), liefern in diesem Zusammenhang vermutlich handfestere Daten, die aber in der Regel nur zu Marketingzwecken verwendet werden und schon aufgrund ihrer sehr hohen Kosten für wissenschaftliche Auswertungen nicht zur Verfügung stehen.

2.4 Reisesozialisation

Es sind aber nicht nur die veränderten materiellen Bedingungen und der verbesserte Gesundheitszustand, die zu einer Erhöhung der Reiseaktivitäten im Alter geführt haben. Auch die **Sozialisation** spielt eine wichtige Rolle in diesem Zusammenhang. Mit diesem Begriff ist der Prozeß des Hineinwachsens in die Gesellschaft angesprochen, in dem die Normen und Verhaltensschemata übernommen und gelernt werden, die für das Zurechtfinden und das Leben in einer Gesellschaft von existentieller Bedeutung sind. Dies ist kein einseitiger Prozeß von der Gesellschaft zum Individuum, sondern wird – mal grundsätzlicher und stärker, mal weniger lautstark – auch von Ablehnung, Abwendung, Protest, Uminterpretationen und Gegenentwürfen, kurzum von Konflikten begleitet, in denen das Bestehende immer wieder in Frage gestellt und in verschiedene Richtungen mehr oder weniger folgenreich neu gedacht und ausprobiert wird. Die Sozialisation ist auch deshalb ein Prozeß immerwährender und oft konflikthafter Veränderungen, weil moderne Industrie- und Dienstleistungsgesellschaften eine dynamische Entwicklung aufweisen und damit einem andauernden **sozialen Wandel** unterliegen. Dieser Wandel zeigt sich nicht nur in den veränderten Lebensbedingungen, welche die jeweiligen Generationen vorfinden: Er ist so schnell und so durchgreifend, daß oft schon wenige Jahre Altersdifferenz ausreichen, um in eine unter bestimmten Aspekten völlig andere gesellschaftliche Situation hineingeboren zu werden. Dies gilt auch für das Reisen.

Die Sozialisationsbedingungen sind also bereits für verschiedene **Alterskohorten** ganz unterschiedlich. Man spricht in diesem Zusammenhang zwar oft von ‚unterschiedlichen Generationen' – die Altersdifferenz zwischen den **Generationen** ist aber weitaus größer und liegt bei mindestens zwanzig Jahren. Wegen der durch bessere Bildung/Ausbildung und Berufstätigkeit der Frauen bedingten zeitlichen Verschiebung von Geburten ist heute sogar von einer Generationendifferenz von durchschnittlich dreißig Jahren auszugehen. Der soziale Wandel führt jedoch bereits in Zeitabständen von weniger als zehn Jahren zu so durchgreifenden Veränderungen, daß eine kohortenspezifische Betrachtung nötig ist, um die Auswirkungen der gesellschaftlichen Veränderungen erfassen zu können.

Schon nach den Überlegungen von Karl Mannheim (1928) ist davon auszugehen, daß „sich die von außen auf die Individuen zukommenden Einflüsse nur auf Gesellschaftsmitglieder in einem bestimmten Lebensalter derart nachhaltig auswirken, daß für Geburtskohorten typische Verhaltensmuster entstehen" (Wahl 2003, S. 170). Im Originalton:

„Es ist ganz entscheidend für ein und dieselbe ‚Erfahrung' und deren Relevanz und Formierung, ob sie von einem Individuum erlebt wird, das sie als einen entscheidenden Jugendeindruck, oder von einem anderen, das sie als ‚Späterlebnis' verarbeitet. Die ersten Eindrücke haben die Tendenz, sich als *natürliches Weltbild* festzusetzen. Infolgedessen orientiert sich jede spätere Erfahrung an dieser Gruppe von Erlebnissen, mag sie als Bestätigung und Sättigung dieser ersten Erfahrungsschicht oder aber als deren Negation und Antithese empfunden werden (Mannheim 1928, S. 181; Hervorh. i. Orig.).

Man kann also analog der psycho-physischen Entwicklung (nicht nur) des Menschen hier von kritischen Perioden sprechen, in denen sie besonders sensibel und empfänglich für bestimmte Einflüsse sind, die prägend für ihre Einstellungen und ihr Verhalten im weiteren Verlaufe ihres Lebens sind.

Eine **kritische Periode** ist ein Zeitraum, in dem ein Organismus besonders empfindlich auf unterschiedliche, entwicklungsrelevante Umwelteinflüsse reagiert, „die, wenn sie zu einem anderen Zeitpunkt im Lebenszyklus auftreten, nur einen geringen oder gar keinen Einfluß hätten" (Caldwell 1966, S. 311; Übers. J.W.M.). Es ist also die Periode der jeweils größten Beeinflußbarkeit für ein bestimmtes Verhalten. Sie findet auch im deutschen Volksmund ihre eher schulische Entsprechung, wenn es heißt: „Was Hänschen nicht lernt, lernt Hans nimmermehr."

In bezug auf das Reisen läßt sich die Schlüssigkeit dieser Überlegungen schon an sehr einfachen Beispielen empirisch belegen. Wer zum Beispiel 1960 zwanzig geworden ist, wurde dies in einer Gesellschaft, deren große Mehrheit noch keine Urlaubsreise machte. Als zwei Jahrzehnte später die nächste Generation so alt wurde, war das Reisen in weiten Kreisen der bundesdeutschen Gesellschaft bereits fast zu einer **sozialen Selbstverständlichkeit** geworden (Abbildung 2.15). Die verschiedenen Jahrgänge sind also in andere gesellschaftliche Verhältnisse hineingeboren worden und hineingewachsen, die weiterhin zu einer Erhöhung der Reiseaktivitäten beitragen werden. In dieser Abbildung wird der eingangs erwähnte ‚Fahrstuhl-Effekt' in der sozialen Entwicklung der Bonner Bundesrepublik am Beispiel des Reisens noch einmal deutlich.

Abbildung 2.15: Der Fahrstuhl-Effekt für verschiedene Alterskohorten beim Einstieg in das aktive ‚Reiseleben'

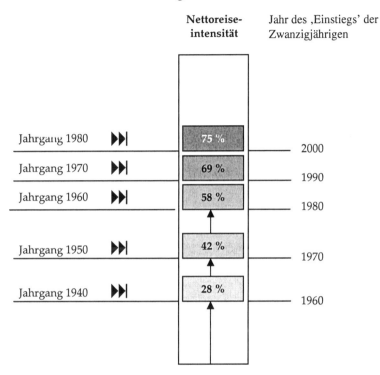

Quelle: DIVO-Institut 1960; Reiseanalysen 1970-1992 des Studienkreises für Tourismus, ab 1993 der Forschungsgemeinschaft Urlaub und Reisen (F.U.R), Kiel

Nicht nur hatte das Reisen für die Gesellschaft, in welche die nachkommenden Jahrgangskohorten hineinwuchsen, einen immer größer werdenden Stellenwert, auch das Spektrum der Reiseziele hatte sich eindrucksvoll erweitert. 1970 hatte noch fast jede zweite Haupturlaubsreise ein Ziel im Inland, zwanzig Jahre später traf dies nur noch für gut ein Viertel dieser Reisen zu. Markant war vor allem die Zunahme an Reisen in außereuropäische Länder in diesem Zeitraum (Tabelle 2.4 auf Seite 51). Daß die kohortenspezifische Betrachtung und Analyse des Reiseverhaltens angebracht ist, läßt sich am Beispiel der **Reisezielwahl** verdeutlichen. Die zusammengefaßten Jahrgänge von 1940 bis 1950 bevorzugten 1975 bereits häufiger Reiseziele im Ausland als die Reisenden dieses Jahres insgesamt. Bei den älteren Jahrgängen dagegen dominierte der Deutschlandurlaub (Abbildung 2.16).

Darüber hinaus beleuchtet die Abbildung einen weiteren wichtigen Aspekt der Reisesozialisation. Offensichtlich sind bis zu einem gewissen Alter die Weichen für das weitere Reiseverhalten der Alterskohorten gestellt und es finden danach kaum noch Veränderungen statt. Obwohl sich die **Reiseziel-**

Abbildung 2.16 Kohortenspezifisches Reiseverhalten

Reiseziele aller Reisenden

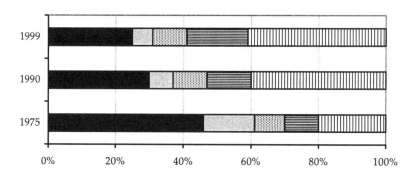

Reiseziele der Jahrgänge 1940 bis 1950

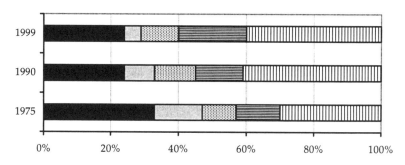

Reiseziele der Jahrgänge 1915 bis 1925

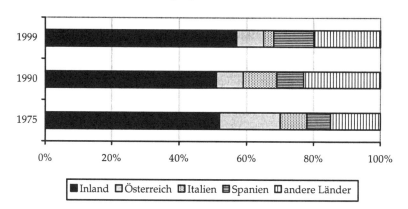

■ Inland □ Österreich ▦ Italien ▨ Spanien ▥ andere Länder

Quelle: Lohmann & Danielsson 2001, S. 362, mit Daten aus den entsprechenden Reiseanalysen; eigene Darstellung

wahl der Bundesbürger in dem Vierteljahrhundert zwischen 1975 und 1999 durchgreifend verändert hat, blieb das Verhalten der beiden betrachteten Alterskohorten vergleichsweise unverändert, sieht man von dem deutlichen Rückgang des Anteils des Deutschlandurlaubs zwischen 1975 und 1990 bei den zusammengefaßten Jahrgängen 1940-1950 ab. Das gilt nicht nur für Wahl des Reiseziels, sondern zeigt sich auch bei der **Reiseorganisationsform**. Die Alterskohorte der zwischen 1925 und 1935 Geborenen hat zwischen 1985 und 1999 ihr Buchungsverhalten praktisch nicht geändert: Mehr als zwei Drittel von ihnen organisierten ihre Urlaubsreisen jeweils ohne die professionelle Hilfe eines Veranstalters oder eines Reisebüros. Bei der deutlich jüngeren Gruppe derjenigen, die 1985 zwischen 30 und 40 Jahre alt war, ist dagegen im gleichen Zeitraum ein Zuwachs von 23 Prozent bei den Veranstalterreisen zu verzeichnen (Lohmann & Danielsson 2001, S. 363). Wie Lohmann bereits 1988 feststellte „behält eine Generation im großen und ganzen ihre Reiseverhalten – als Gruppe betrachtet – bei, wenn das 45ste Lebensjahr überschritten ist" (S. 87). Diese Feststellung steht in Einklang mit den Ergebnissen einer Reihe von Untersuchungen zum Konsumverhalten generell, die zeigen, „daß nicht das Alter allein auf die Verbrauchergewohnheiten einwirkt, sondern daß das Verhalten des Verbrauchers vielmehr durch seine bereits in der Kindheit geformte Persönlichkeit und die Gewohnheiten, die während des späteren Lebens angeeignet werden, geprägt wird. Die Verbrauchergewohnheiten sind somit an Lebensphasen und Einkünfte während früherer Jahre gebunden" (Artho 1996, S. 67).

Das Modell einer **phasenspezifischen Sozialisation** wird damit auch für das Reiseverhalten der älteren Bevölkerungsgruppen bestätigt, „denn jede neue Seniorengeneration zeigt ein anderes Verhaltensmuster als ihre Vorgänger" (Lohmann & Danielsson 2001, S. 361; Übers. J.W.M.). Da sich der Markt für Urlaubsreisen in der Zeit nach dem Zweiten Weltkrieg erst entwickelt hat, beginnen die verschiedenen Alterskohorten ihre Reiseaktivitäten jeweils auf einem ganz anderen Niveau und vor dem Hintergrund völlig unterschiedlicher Reisezielerfahrungen ihrer sozialen Umwelt. War 1970 eine Urlaubsreise für viele Bürger der Bundesrepublik noch ein fernes Ziel, ist sie um das Jahr 2000 für die meisten längst zum Normalfall geworden. Und selbst wer sich 1970 bereits eine Urlaubsreise leisten konnte, träumte noch von einer Reise in ein Land außerhalb Europas, die dreißig Jahre später den Charakter von etwas Besonderem längst verloren hatte.

In etwas überzeichneter und vereinfachender Form macht Abbildung 2.17 deutlich, auf welchem Niveau der Reiseaktivitäten (Reiseintensität, Anzahl der Reisen) der Gesellschaft und bei welchem Stand der Möglichkeiten bei der Auswahl von Reisezielen und Reiseformen (inklusive der angebotenen Qualitätsstufen) verschiedene Jahrgangsgruppen in das Alter kommen, in dem man beginnt, seine eigenen Reiseentscheidungen zu treffen. Mit zunehmender Zeit haben sich gesellschaftliches Reiseverhalten und die Angebotsseite des Reisemarktes weiterentwickelt. Verfügte man zum Zeitpunkt T_1 erst über eine recht eingeschränktes Auswahl von Optionen, hatte sie sich zum Zeitpunkt T_3 bereits erheblich erweitert. Oder, um im Bilde des Fahrstuhls zu bleiben: Je höher das Stockwerk, in das man vom Lift gebracht wurde, desto weiter reicht auch der Blick in die Landschaft möglicher Reiseziele.

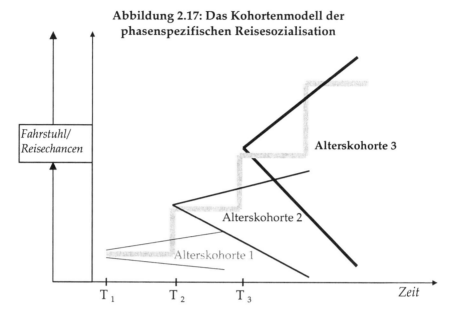

Abbildung 2.17: Das Kohortenmodell der phasenspezifischen Reisesozialisation

Betrachtet man die Lebensläufe der Alterskohorten, dann entwickeln sich nach einer Phase der Orientierung und des Ausprobierens bis zu einem bestimmten Alter Präferenzen, die man weitgehend für den Rest des Lebens beibehält. Es gibt also kein rein altersspezifisches Reiseverhalten, sondern es ist verknüpft mit den Möglichkeiten und Erfahrungsräumen, die der jeweiligen Alterskohorte in der kritischen Periode ihrer Entwicklung zur Orientierung offen standen und genutzt wurden.

Mit diesem Modell, das prinzipiell nicht nur für das Reiseverhalten zutreffend ist, läßt sich auch das Phänomen der sogenannten ‚**jungen Alten**' erklären. Wer heute ins Rentenalter kommt, verhält sich völlig anders als seine Vorfahren. Ältere Leute von heute unterscheiden sich kaum noch, wie früher üblich, in der Kleidung von jüngeren Menschen; sie sind weitaus gesünder, aktiver und verfügen auch über deutlich mehr Einkommen als ihre Vorgänger. Ihre gestiegene Aktivität zeigt sich besonders beim Reiseverhalten: 1972 betrug die Reiseintensität der Altersgruppe der 60-69jährigen nach Angaben aus der Reiseanalyse erst 41 Prozent, 1990 war sie bereits auf 55 Prozent gestiegen und 2004 waren vier Fünftel von ihnen gereist. Sogar von den über 80-jährigen hat 2004 fast die Hälfte (46 Prozent) mindestens eine Urlaubsreise gemacht – das entspricht der Reiseintensität der Gesamtbevölkerung der Bundesrepublik im Jahre 1965, als diese Altersgruppe schon die vierzig überschritten hatte (vgl. Abbildung 2.2 auf Seite 47 und Abbildung 2.12 auf Seite 66). Viele Reisewünsche aus dieser Zeit konnten oft wegen Mangels an Zeit und Gelegenheit nicht verwirklicht werden und wurden auf die Zeit nach dem Erwerbsleben verschoben. Das gilt auch für andere Freizeitbeschäftigungen. Dabei handelt es sich in der Regel um ähnliche Aktivitäten, wie sie bereits in der ersten Lebenshälfte ausgeübt worden sind.

Nach diesem Modell zeigt also jede Alterskohorte ihr spezifisches Verhalten und wird weite Teile der bis zur Lebensmitte erworbenen Handlungsmuster auch im Alter nicht verändern. Man wird also davon ausgehen können, daß das Reiseverhalten der nachwachsenden Senioren schon heute *ceteris paribus* anhand des Reiseverhaltens der entsprechenden Altersgruppen weitgehend festgelegt ist, so daß man zum Beispiel für die jeweiligen Altersgruppen der 65-75-jährigen 2010 eine Nettoreiseintensität von 77 Prozent und für 2020 von 80 Prozent vorhersagen kann (Lohmann & Danielsson 2001, S. 363). Damit werden 7,6 bzw. 8,4 Millionen Urlaubsreisende dieser Altersgruppe angehören.

Auch der formale Bildungsstand der nachwachsenden ‚jungen Alten' unterscheidet sich um einiges von den Vorgängerkohorten. Unabhängig von der erst später (Ende der 1960er Jahre) einsetzenden Bildungsreform stieg bereits in den 1950er Jahren der Anteil der Schüler in Mittelschulen und Gymnasien. Dies war Folge des sich weiter fortsetzenden Wandels der Erwerbsstruktur (siehe Abbildung 2.11 auf S. 64). Befördert wurde die Bildungsexpansion auch durch das „unbekannte Bildungsprojekt" (Mundt 1987, S. 181 ff.) in der Zeit des Arbeitskräftemangels in den 1960er Jahren, als viele Unternehmen ihren Bedarf an qualifizierter Arbeit auf dem Arbeitsmarkt nicht mehr decken konnten. Es blieb ihnen nichts anderes übrig, als über interne Schulungen das vorhandene Personal, das diese Chance sonst nie bekommen hätte, trotz mangelnder formaler Vorbildung zu qualifizieren und an verantwortlichere Stellen zu setzen. Der meist damit verbundene Aufstieg vom Arbeiter zum Angestellten sollte in der Nachfolgegeneration natürlich nicht wieder rückgängig gemacht, sondern, im Gegenteil, durch den entsprechenden Schulabschluß der Kinder auch offiziell bestätigt werden. Damit ist ein großer Teil der Nachfrage nach höheren Schulabschlüssen in dieser Zeit zu erklären (a.a.O.). Für die nächsten Jahre allerdings muß man davon ausgehen, daß der Fahrstuhl, der die gesamte deutsche Gesellschaft in den letzten Jahrzehnten um einige Stockwerke nach oben gefahren hat, außer Betrieb gesetzt ist. Daß die Nettoreiseintensität für Urlaubsreisen seit einigen Jahren um die 75 Prozent stagniert, ist auch Ausdruck der strukturellen Krise der deutschen Wirtschaft, die in Abschnitt 2.6 näher eingegangen wird.

Ergänzt man das Modell der kohortenspezifischen Reisesozialisation mit Daten über die allgemeine soziale und kulturelle Entwicklung der Bundesrepublik, wird schnell deutlich, wie falsch – auch in der Tourismuswirtschaft – selbst heute noch manche Vorstellung über die Alten in unserer Gesellschaft ist. Wer um die Jahrtausendwende siebzig Jahre alt wurde, war um die zwanzig, als der freche Rock'n Roll in den 1950er Jahren seinen Siegeszug über die vordem behäbig-gesitteten deutschen Tanzdielen antrat. Die Musik von Little Richard, Elvis Presley, Bill Haley, Fats Domino und vielen anderen bildete – zusammen mit dem Dixieland – die Hymnen weiter Teile dieser Alterskohorte. Wer in den 1940er Jahren geboren wurde, ist mit dem Beat erwachsen geworden, mit den „Rolling Stones", den „Beatles", den „Who", den „Yardbirds" usw. – Musik, die, wie der Rock'n Roll, auch heute noch unter den Jugendlichen ihre Liebhaber findet. Diese Alterskohorten zum Beispiel im Kurkonzert nur mit schmalzigem Operetten-Tralala, mit Wiener Kaffeehausmusik und Walzerseligkeit abzuspeisen, dürfte vermutlich um einiges an ihrem Geschmack und ihren Bedürfnissen vorbeigehen.

Auch dieser Umstand weist wiederum auf die Nachhaltigkeit der in den entscheidenden Jugendjahren gemachten Erfahrungen in bezug auf Orientierungen und Verhalten hin. In diesen Jahren werden unter vielen Aspekten die entscheidenden Weichen für die späteren Lebensabschnitte gestellt, auch wenn natürlich einschneidende Ereignisse und Entwicklungen nicht ohne Wirkung auf die Entfaltungschancen und -weisen dieser Dispositionen bleiben. Die Vorbereitungsphase auf das Erwachsenendasein ist damit „eine Periode nicht nur des positiv sanktionierten Aufschubs endgültiger Verpflichtung in Familie und Beruf, sondern gleichzeitig auch der psychophysischen und kognitiven Reifung, erlaubt eine relative Freiheit für Rollenexperimente, die sich in erfahrungssuchenden, stimulierenden und abwechslungsreichen Verhaltensmustern manifestiert" (Wahl 2003, S. 72). Es sind also nicht nur die in der Gesellschaft vorgefundenen Muster von Aktivitäten, Einstellungen und Bewertungen, die Dispositionen und Verhalten nachwachsender Alterskohorten und Generationen beeinflussen, sondern vor allem auch die eigenen Versuche von (neuen) Lebensentwürfen, ihre Erprobung und die Erfahrungen damit, die ihr langfristiges Handeln bestimmen. Dabei unterscheidet sich schon die Wahrnehmung des Vorhandenen durch die Jüngeren von der älterer Generationen, weil sie „einen ‚neuen Zugang' zum akkumulierten Kulturgut haben." Dabei „bedeutet ‚neuartiger Zugang' zugleich stets neuartige Distanzierung des Gegenstandes, neuartigen Ansatz bei der Aneignung, Verarbeitung und Fortbildung des Vorhandenen" (Mannheim 1928, S. 176; Hervorh. i. Orig.). In der Argumentation Karl Mannheims bedeutet dies weiterhin, daß neben den „sozialen Verschiebungen", wie sie zum Beispiel durch technische und meist damit verbundene wirtschaftliche Entwicklungen ausgelöst werden, vor allem „vitale Momente" wie der Generationenwechsel für den sozialen Wandel verantwortlich zu machen sind. „Der letztere ist *potentiell* viel radikaler, weil in neuen Trägern sich der Einstellungswandel vollzieht und historisch früher Angeeignetes für diese nicht mehr von derselben Relevanz ist" (a.a.O.; Hervorh. i. Orig.).

Der Blick zurück weist also nach vorne, denn er macht deutlich, daß auch beim Reisegeschehen die sich ausformenden Verhaltensweisen und Einstellungen der jüngeren Generationen im Blickpunkt des forscherischen Interesses stehen müssen, denn hier werden die Reiseformen entwickelt und ausprobiert, die auf die Trends von morgen verweisen.

2.5 Zeitgeschichtlicher Exkurs: Reisen in der DDR

Die frühere DDR, 1949 von der damaligen Sowjetunion in ihrer Besatzungszone als ‚sozialistische' Antwort auf die Gründung der Bundesrepublik Deutschland in den Westzonen eingesetzt, war in vielen Punkten das gewollte Gegenteil einer offenen Gesellschaft. Der Staat wurde dominiert von einer Einheitspartei, deren Macht unangefochten war und die nach eigenem Bekunden ‚immer recht' hatte. Wahlen dienten deshalb nicht zur Legitimation von zeitlich beschränkter Herrschaft und zur periodischen Herstellung und Veröffentlichung einer Momentaufnahme des Standes im andauernden Wettstreit von Ideen und Interessen, sondern hatten lediglich die Funktion, den bestehenden Machtverhältnissen zuzustimmen. Anders als in einer Demokratie erwuchs politische Herrschaft in der DDR, wie in allen Staaten des sowjetisch dominierten ehemaligen Ostblocks, damit nicht aus der Struktur konkurrierender gesellschaftlicher Gruppen und Ideen, sondern die einmal installierte Machtelite schuf sich diese Struktur selbst und nutzte sie für ihre Zwecke (vgl. Lane 1971, S. 131). Dazu gehörten neben den sogenannten ‚Blockparteien' (CDU, Liberaldemokratische Partei Deutschlands [LDPD], Bauernpartei, Nationaldemokratische Partei Deutschlands [NDPD]) zum Beispiel der FDGB (Freier Deutscher Gewerkschaftsbund), der nur dem Namen nach eine Gewerkschaft war, welche die Interessen der Arbeiter zum Beispiel in Tarifverhandlungen vertreten hätte. In Wirklichkeit handelte es sich beim FDGB wie bei den Blockparteien der ‚Nationalen Front' um den verlängerten Arm der Sozialistischen Einheitspartei (SED) zur linientreuen Organisation und Formierung der Werktätigen.

Diese pseudo-demokratische Struktur zu etablieren und am Leben zu erhalten, war nur möglich, indem Partei und Staat den direkten Durchgriff auch auf die privaten Lebensverhältnisse ihrer Untertanen organisierten und dafür ein System von Verboten und Kontrollinstanzen zu ihrer Einhaltung installierten. Der totale Überwachungsstaat, wie ihn der britische Schriftsteller Eric Blair (unter dem Pseudonym George Orwell) in seinem 1948 geschriebenen Buch „1984" beschrieben hatte, war in der DDR dank der Stasi und ihrer willfährigen Spitzel Wirklichkeit geworden. Dabei verstand sich dieser Staat als irdisches ‚Arbeiter- und Bauernparadies' – eine ‚Umhegung' (so die griechisch-hebräische Urbedeutung des Wortes ‚Paradies') also, in dem die sich die Industrie- und Landarbeiter wie in einem ‚umgrenzten Lustgarten' – so die spätere persische Bedeutung – fühlen und sich der ‚allseitigen sozialistischen Bildung' ihrer Persönlichkeit widmen konnten. Damit die Menschen auch dort blieben, wurden die Grenzen zum Westen

Damit niemand über die Ostsee aus dem „Arbeiter- und Bauernparadies" fliehen konnte: DDR-Wachturm am Strand von Kühlungsborn

1961 hermetisch abgeriegelt; ausreisen durften nur noch Rentner oder besondere ‚Reisekader' – Personen, die meist in besonderer Nähe zum SED-Regime standen bzw. bei denen aus privaten Gründen keine Fluchtgefahr bestand. In diesem Zusammenhang wurde die oben zitierte ursprüngliche

Wortbedeutung von Paradies als ‚Umhegung' zu einer Konkretisierung aus Mauer und Stacheldraht. Die brutal eingeschränkte Bewegungs- und Reisefreiheit war dann letztlich auch einer der Gründe für den Niedergang des feudale Züge tragenden Regimes der DDR, das am 9. November 1989 mit der Öffnung der Berliner Mauer endgültig zusammenbrach.

Entsprechend dem Anspruch von Staat und Partei, das Leben der Bürger bis in Details hinein zu reglementieren, waren auch Freizeit und Urlaubsreisen im Prinzip nicht einfach Privatsache, sondern Bestandteil des kontrollierten öffentlichen Lebens. Auch außerhalb der Arbeitszeit hatte man gesellschaftliche Aufgaben zu erfüllen, wie die folgende Definition des Begriffes Freizeit im „Wörterbuch der marxistisch-leninistischen Soziologie" zeigt:

„**Freizeit**: ein Teil der Nicht-Arbeitszeit, in dem von den Werktätigen ihr kulturelles Niveau erhöht, ihre Bedürfnisse hinsichtlich Bildung, Erholung gesellschaftspolitischer Tätigkeit, Geselligkeit, Kunstgenuß, Unterhaltung, Körperkultur und Sport befriedigt werden" (Staufenbiel 1969, S. 132).

Schließlich war auch „die Organisierung einer sinnvollen Urlaubsgestaltung ... immanenter Bestandteil sozialistischer Bedürfnisbefriedigung" - so stand es 1979 in einem DDR-Band zur „Theorie und Praxis der Sozialpolitik" (Manz & Winkler 1979, S. 375).

Anders als in der Bundesrepublik, in der es kein grundgesetzlich verbrieftes Recht auf Urlaub gibt, sah bereits die erste Verfassung der DDR vom 7. Oktober 1949 in Artikel 16 einen Urlaubsanspruch und die Lohnfortzahlung vor: „Jeder Arbeitende hat ein Recht auf Erholung, auf jährlichen Urlaub gegen Entgelt ...". In der geänderten Verfassung vom 7. Oktober 1974 sollte dieses Recht in Artikel 34 zusätzlich „durch den planmäßigen Ausbau des Netzes volkseigener und anderer gesellschaftlicher Erholungs- und Urlaubszentren" gewährleistet werden (vgl. in R. Schuster 1985). Gleichzeitig wurde in Artikel 18 (3) der hohe gesellschaftliche Stellenwert von sportlich aktiven Formen des Tourismus festgeschrieben: „Körperkultur, Sport und Touristik[4] als Elemente der sozialistischen Kultur, dienen der allseitigen körperlichen und geistigen Entwicklung der Bürger" (a.a.O.). Mit jährlich 21 Tagen Grundurlaub (für voll berufstätige Mütter, Lehrlinge usw. konnten bis zu sieben Tage hinzugefügt werden), bei denen bis zum 1.1.1979 der Samstag hinzugezählt wurde, lag der Urlaubsanspruch allerdings unter dem Durchschnitt der tariflichen Regelungen in der Bundesrepublik (vgl. Abbildung 2.1 auf Seite 39).

In diesen Regelungen wird deutlich, daß SED und Regierung dem Urlaub eine große Bedeutung beimaßen. Daß die Reisemöglichkeiten mit der Legitimität eines gesellschaftlichen und politischen Systems in einem engen Zusammenhang stehen, hat die DDR in doppelter Weise erfahren. Zunächst waren sie ein Mittel, Systemakzeptanz und -zufriedenheit zu erhöhen, später

---

[4] anders als in der üblichen Terminologie (vgl. Abbildung 1.2 auf S. 3) verstand man in der DDR darunter sportliche Urlaubsaktivitäten wie Wandern, Bergsteigen, Radfahren, Segeln usw. (vgl. Bähre 2003, Bd. I, S. 180).

war die seit dem Mauerbau im August 1961 sehr stark eingeschränkte Reisefreiheit ein weiterer Sargnagel für ihre Existenz.

So hatte der von der Verfassung der DDR garantierte Urlaubsanspruch zur Folge, daß die Betriebe und die Pseudogewerkschaft FDGB mit ihrem ‚FDGB-Feriendienst' weitgehend auch für die Urlaubsreisen ihrer Mitarbeiter verantwortlich waren. Die von ihm angebotenen Reisen standen allen Mitgliedern unabhängig vom Einkommen offen, und die Kosten wurden zu etwa zwei Dritteln vom Staat subventioniert (Selbach 1996). Die Betriebe waren sogar per Gesetz dazu verpflichtet, eigene ‚Ferienobjekte' durch ihre Sozialfonds in Urlaubsgegenden der DDR zu finanzieren – meist einfache Bungalows, Wohnwagen auf Dauerstellplätzen, aber auch hotelähnliche Betriebsferienheime (Friedrich-Ebert-Stiftung 1978, S. 25). Wie fast überall herrschte auch in diesem Bereich ein Mangel und die Ferienplätze wurden von den Betriebsgewerkschaftsleitungen vergeben (Deja-Lölhöffel 1986, S. 39). Daher konnte man in der Regel nicht damit rechnen, jedes Jahr einen Platz in einem der betriebseigenen Ferienobjekte oder als Gewerkschaftsmitglied eine günstige Urlaubsgelegenheit über den FDGB-Feriendienst vermittelt zu bekommen.

„Nach der geübten Auswahlpraxis des FDGB werden in erster Linie solche Mitglieder berücksichtigt, die sich durch besondere Leistungen in der Produktion hervorgetan haben. Die billige Ferienreise wird vom FDGB bewußt als Stimulanzmittel für aktiven Einsatz am Arbeitsplatz benutzt. In zweiter Linie werden FDGB-Mitglieder mit Kindern berücksichtigt. Erst in dritter Linie kommen ‚gewöhnliche' Mitglieder bei der Auswahl in Betracht, die weder durch besondere Leistungen in der Produktion noch durch gesellschaftliche Leistungen in Erscheinung getreten sind. So gibt es FDGB-Mitglieder, die alle zwei oder drei Jahre im FDGB-Feriendienst berücksichtigt werden, wie es auch solche gibt, die niemals zum Zuge kommen" (Friedrich-Ebert-Stiftung 1978, S. 25).

Die **Politisierung des Reisegeschehens** in der DDR wurde noch deutlicher im Bereich Jugendreisen, der vorrangig vom Reisebüro ‚Jugendtourist' der SED-Parteijugendorganisation Freie Deutsche Jugend (FDJ) beherrscht wurde. Bereits im Jugendgesetz der DDR wurde in § 49 festgelegt, daß „Jugendliche und Jugendkollektive für hervorragende Leistungen mit Reisen in die Sowjetunion und die anderen sozialistischen Bruderländer" ausgezeichnet werden sollten.

Vor dem Hintergrund der verfassungsrechtlichen Absicherung und der politischen Instrumentalisierung des Urlaubs und der Urlaubsreise entwickelte sich der Tourismus in der DDR ähnlich wie in der BRD. Anders als in der Bundesrepublik führte die völlige oder teilweise Abschottung gegenüber anderen Ländern, selbst solchen im Ostblock, jedoch nur zu geringen Anteilen von Auslandsreisen (vgl. Abbildung 2.18). In diesem Zusammenhang spielten planwirtschaftliche Vorgaben und die notorischen Devisenprobleme eine wesentliche Rolle. Die DDR und die jeweiligen ‚sozialistischen' Zielländer legten jedes Jahr die Zahl der Reisenden und die entsprechenden Devisenfonds dafür fest. Darüber hinaus war es dann bei größerer Nachfrage (die eigentlich immer bestand) nicht mehr möglich, die Kontingente aufzustokken. Kam es in diesen Ländern zwischenzeitlich zu Preiserhöhungen, wurden diese nicht an die Urlauber weitergegeben – die Politik fester Preise sollte auch im Tourismus gelten – sondern durch entsprechende Serviceverschlechterungen ausgeglichen (Großmann 1996, S. 78).

Abbildung 2.18: Reisen* der DDR Bürger 1975-1989

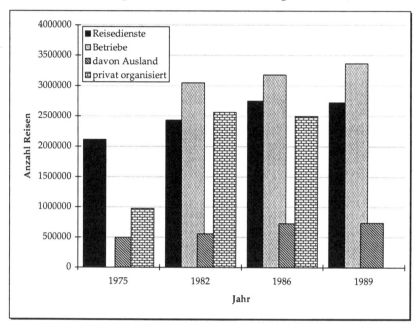

* ab sieben Tagen Dauer. **Reisedienste** = Summe aller durch das Reisebüro der DDR, Jugendtourist und den FDGB-Feriendienst organisierten Reisen; **Betriebe** = Reisen in betriebliche Erholungsstätten, die im Rahmen von Kooperationsvereinbarungen mit Partnern vereinzelt auch im sozialistischen Ausland sein konnten; **Auslandsreisen** = alle durch Reisedienste organisierte Reisen mit Zielen im Ausland; **privat organisiert** = umfragebasierte Schätzungen. Für 1975 sind keine Angaben zu den betrieblich, für 1989 zu den privat organisierten Reisen verfügbar.

Quelle: Bähre 2003, Bd. 1, S. 271; Bd. 2, S. 238 f.; eigene Berechnungen

Die meisten sozialistischen Bruderstaaten waren – wie die DDR selbst auch – mehr an westlichen Devisen interessiert als an den vergleichsweise wertlosen Ostblockwährungen. Die meisten DDR-Touristen nahmen diejenigen Länder auf, die für Urlaubsreisende aus dem Westen nicht so attraktiv waren: die UdSSR, die Tschechoslowakei und Polen. Bulgarien, Rumänien und Ungarn dagegen waren für die Touristen aus der DDR schwerer zugänglich. Auch mußten DDR-Bürger für Auslandsreisen in die gleichen Länder (DM und Ostmark 1 : 1 gerechnet) deutlich mehr zahlen als Bundesbürger (Friedrich-Ebert-Stiftung 1978, S. 29). „Zum höheren Preis müssen die Ostdeutschen auch noch in Kauf nehmen, in Hotels minderer Güte untergebracht und schlechter verpflegt zu werden. Bei den geringen Devisen, über die sie verfügen, sind Trinkgelder kaum möglich. So werden sie dann obendrein vom Bedienungspersonal unfreundlich behandelt" (Deja-Lölhöffel 1986, S. 52). Dazu kam noch, daß Westdevisen in den Gastländern deutlich höher im Kurs standen als die bei den inszenierten Volksaufmärschen immer wieder beschworene ‚sozialistische Solidarität'. Aufgrund der begrenzten Währungsbeträge, die DDR-Bürger eintauschen konnten, waren ihre Konsumspielräume ohnedies eingeengt. Dadurch, daß es begehrte Konsumartikel und Dienstleistungen nur gegen harte Westdevisen zu kaufen gab, hatten sie jedoch prinzipiell das Nachsehen. Das war zwar genauso wie zuhause in der DDR, wo die ‚Intershops' ihre Waren auch nur gegen westliche Devisen verkauften, aber während man in der DDR – abgesehen von Ost-Berlin – kaum mit westlichen Touristen konfrontiert war, mußte man hier dem, aus Sicht der an Mangelwirtschaft gewöhnten DDR-Bürger, ungehemmten Konsum der Westurlauber aus nächster Nähe zusehen.

Aus den Daten des Statistischen Amtes der DDR und früher nicht veröffentlichten Befragungsergebnissen des Leipziger Instituts für Marktforschung (IM) hat Heike Bähre in ihrer akribischen, zweibändigen Arbeit über die Transformation des touristischen Systems der DDR in das der Bundesrepublik das Urlaubsreisevolumen und seine Entwicklung zwischen 1970 und 1989 rekonstruiert (Abbildung 2.18). Weitere Hinweise auf die Auslandserfahrungen der DDR-Bürger liefert eine Untersuchung, die das Marktforschungsinstitut BasisResearch 1990 in den letzten Monaten des Bestehens der DDR durchgeführt hat (Helmut Jung 1990). Danach hatten 61 Prozent von ihnen im Verlaufe ihres bisherigen Lebens eine Reise in einen der Ostblockstaaten gemacht. Dabei stand die angrenzende Tschechoslowakei mit 47 Prozent mit Abstand an erster Stelle. Sie war zu DDR-Zeiten ein beliebtes Ziel vor allem von Kurzreisen, meist mit dem Ziel Prag. In Polen und Ungarn waren jeweils knapp 30 Prozent schon einmal gewesen und die Sowjetunion kannte jeder vierte DDR-Bürger auch aus eigener Anschauung. Bulgarien und Rumänien rangierten mit 16 bzw. 8 Prozent weit hinten (*op. cit.*, S. 59).

Trotz der Devisenbeschränkungen fanden DDR-Bürger immer wieder Mittel und Wege, die Planwirtschaft zu unterlaufen und an den offiziellen Pfaden vorbei eine Reise in das ‚sozialistische' Ausland zu organisieren:

„Reisende aus der DDR nehmen Lebensmittel und Benzin für ihren eigenen Bedarf mit, auch Waren zum ‚Naturaltausch', orientiert an der Nachfrage im Gastland. So lassen sich zum Beispiel Gardinen in Bulgarien gut tauschen, Kleidung und Lebensmittel in Rumänien, auch Zeltausrüstungen wechseln den Besitzer. Sie tauschen Geld auf dem Schwarzmarkt und erwerben so Devisen des Ziellandes. ‚Westverwandte oder -freunde', die in einem der RGW-Urlaubsländer Ferien machen, buchen oft den Ferienaufenthalt für DDR-Bürger mit, im Urlaub treffen sie sich dann auf ‚neutralem Boden'. Auch besuchen DDR-Bürger auf Gegenseitigkeitsbasis in Form eines Austauschs Tschechen, Polen, Ungarn, Bulgaren und Rumänen. Auf diesem Wege lassen sich Übernachtungs- und andere Kosten senken" (Großmann 1996, S. 79 f.).

Aber auch Aufenthalte in kaum zugänglichen Unterkünften und Restaurantbesuche werden in der DDR zur Währung eines Naturalientauschs: „Ein begehrter Urlaubsplatz auf der Ostseeinsel Rügen, ein Hotelaufenthalt im Interhotel ‚Stadt Berlin' oder eine Platzreservierung im japanischen Nationalitätenrestaurant ‚Waffenschmied' in Suhl wurden in diesem Natural- und Schwarzmarktgeflecht zum Zahlungsmittel" (Bähre 2003, Bd. I, S. 197).

Wie sehr die Auslandsreisen in der DDR auf der anderen Seite engen parteipolitischen Zwängen unterstellt waren, zeigen die touristischen Kontakte zum Nachbarland Polen. Obwohl dieses ‚sozialistische Bruderland' selbst dem sowjetischer Hegemonie unterstellten Warschauer (Militär-)Pakt und dem Rat für gegenseitige Wirtschaftshilfe (RGW, auch Comecon genannt) angehörte, war die Grenze zu Polen nach 1980 fast ebenso hermetisch abgeriegelt wie die zum feindlichen Westen. Die Danziger Arbeiterunruhen und die aufkommende Gewerkschaftsbewegung (Solidarnosc) schürte Ängste bei der politischen Führung der DDR, die genau wußte, daß es in ihrem Land ebenso gute Gründe für solche Entwicklungen gab wie in der damaligen Volksrepublik Polen. Der Reiseverkehr aus der DDR nach Polen wurde deshalb zeitweise einfach unterbunden (Tabelle 2.8).

Dieses ständige Mißtrauen der DDR-Regenten gegenüber der eigenen Bevölkerung und die andauernde Bevormundung auch und gerade beim Reisen trug sicherlich nicht zu einer Erhöhung der Legitimation des Regimes bei den Bürgern des Landes bei.

Tabelle 2.8: Zahl der vom Reisebüro der DDR vermittelten Auslandsreisen für ausgewählte Länder 1970 - 1984

Land	1970	1980	1983	1984
Bulgarien	81.655	52.951	57.675	53.720
Polen	86.445	104.383	685	5.429
Rumänien	8.516	13.899	4.943	10.356
Tschechoslowakei*	77.419	602.142	505.425	495.066
UdSSR**	113.790	215.817	250.506	284.066
Ungarn	28.798	61.245	75.073	82.226

* heute aufgeteilt in Tschechische Republik (Hauptstadt: Prag) und Slowakei (Hauptstadt: Bratislava)
** Union der Sozialistischen Sowjetrepubliken, heute weitgehend identisch mit der Gemeinschaft Unabhängiger Staaten (GUS)
Quelle: Statistisches Taschenbuch der DDR 1985, cit. n. Deja-Lölhöffel 1986, S. 48

Selbst in der DDR mit ihrem dichten und ausgefeilten Netz sozialer und politischer Kontrolle war es jedoch nicht möglich, das Verhalten der Untertanen des SED-Regimes vollständig zu steuern. Die Bürger fanden trotz allem immer neue Möglichkeiten und Wege, den Zumutungen des von einseitigen politischen Anforderungen bestimmten Alltags zu entkommen. Dies führte zur Entstehung einer Art **Rückzugsgesellschaft**, in der private Kontakte und informelle Beziehungen im Familien- und Freundeskreis eine größere Bedeutung hatten als im Westen. Man versuchte – oft leider erfolglos – das Private gegenüber der allgegenwärtigen Überwachungsbürokratie mit ihren Spitzeln abzuschotten und, zumindest in Ansätzen, ein anderes Leben als das offiziell propagierte zu führen (H. Schmidt, Mundt & Lohmann 1990, S. 80). Nicht nur die am offiziellen politischen Vorbild Sowjetunion orientierte ‚Datsche', das Gartenhäuschen im Schrebergarten, auch die neben den offiziellen Reisepfaden organisierte private Reise mit Camping im Garten eines Bekannten oder Verwandten in einem Feriengebiet gehörten zu den Freiräumen, die sich die DDR-Bürger erschlossen. Die Zahl dieser Reisen, die zwar teilweise über Umfragen erhoben, aber zu DDR-Zeiten nie veröffentlicht wurden, lag jeweils fast genauso hoch, wie die offiziellen, von den Reisediensten oder den Betrieben organisierten Reisen (Abbildung 2.18).

Bis Anfang der 1960er Jahre galt Camping generell in der DDR in der Diktion der SED als „typisch kapitalistisch", da es den „schädlichen Individualismus" fördere (Kruse 1996, S. 107). Dieser Bereich entwickelte jedoch eine derartige Eigendynamik, daß die SED-Regierung letztlich nicht umhin konnte, ihn zu fördern. Schließlich gelang es ihr nie, das Angebot an Urlaubsreisen an die große Nachfrage anzupassen.

Einen weiteren Freiraum in der Freizeit und im Urlaub ertrotzten sich die DDR-Bürger mit der Freikörperkultur (FKK). Sie war zwar in der Tradition der Arbeiterbewegung vor dem Zweiten Weltkrieg fest verankert, die kleinbürgerliche Elite des SED-Regimes sah darin jedoch ein „öffentliches Ärgernis" (so 1954 der damalige Innenminister Willi Stoph in einem Schreiben an die Hauptverwaltung der Volkspolizei), das schnellstens unterbunden werden sollte. Mit geringem Erfolg: Das Verbot war praktisch wirkungslos und unter den Nacktbadenden waren auch viele SED-Mitglieder, die sich von ihrer Partei nicht vorschreiben lassen wollten, in welcher Kleidung sie ihre Freizeit verbringen. Die daraufhin 1956 erlassene „Anordnung zur Regelung des Freibadewesens", die das Nacktbaden auf ausgewiesene Zonen beschränken wollte, blieb ebenso wirkungslos (Kruse 1996, S. 110 f.).

„FKK ist für viele zur ‚kleinen Freiheit' geworden, die das Heraustreten aus den gesellschaftlichen Rollen ebenso wie das Ausbrechen aus der Enge und Prüderie des Alltags erlaubt. Rückblickend gilt für viele FKK-Anhänger noch heute: Zumindest zeitweise und in engem Rahmen war es ihnen möglich, Prinzipien zu verwirklichen, die in der Gesellschaft der DDR gemeinhin unterentwickelt waren oder fehlten: Freiheit und Toleranz" (op. cit., S. 111).

Camping galt in der DDR zeitweilig als „typisch kapitalistisch"

Wenig Verständnis fanden daher die strikten Regelungen und Zonierungen, wie sie nach dem Beitritt der DDR an die in diesem Punkt irrtümlich als freizügiger eingeschätzte Bundesrepublik eingeführt werden (Bütow 1996).

Entsprechend der vor allem im Inland liegenden Reiseziele sah auch die **Verkehrsmittelnutzung** ganz anders aus als in der Bundesrepublik. Zwar spielte auch hier das Automobil eine wichtige Rolle, aber der durch das unzureichende Angebot geringere Motorisierungsgrad der DDR gegenüber der BRD machte sich auch in diesem Zusammenhang bemerkbar. Bei den Inlandsreisen stand daher in den 1970er und 1980er Jahren die Bahn mit fast 50 Prozent unangefochten an erster Stelle. Selbst bei den selteneren Auslandsreisen lag die Bahn mit fast einem Drittel nach dem

Automobil (ca. 40 Prozent) an zweiter Stelle der benutzten Verkehrsmittel. Aber auch das Flugzeug spielte bei Auslandsreisen eine wichtige Rolle: Nahezu jede vierte Auslandsreise war eine Flugreise (Bundesministerium für Innerdeutsche Beziehungen 1978, 1988). Die staatliche DDR-Fluggesellschaft Interflug spielte hier eine wichtige Rolle (siehe auch Abschnitt 6.1.2.4 in Kapitel 6).

2.5.1 Die Reisen der neuen Bundesbürger

Als am 9. November 1989 die Mauer in Berlin geöffnet wurde, strömten die Bürger der DDR in den ihnen vorher verschlossenen Westen. Auch die Grenze zur Bundesrepublik wurde kurze Zeit später von Menschen überlaufen, die zum ersten Mal die Gelegenheit hatten, ohne Beschränkungen die Orte zu besuchen, die sie gerne sehen wollten. Zunächst war vor allem die Bundesrepublik das vorrangige Ausflugs- und Reiseziel, aber auch das bis dahin für sie genauso unerreichbare westliche Ausland fand ihr Interesse. Bereits im September 1990 hatte fast die Hälfte (43 Prozent) der DDR-Bürger eine Reise in den Westen Deutschlands gemacht, vier Prozent waren in Österreich gewesen und südeuropäische Länder wie Spanien und Italien hatten drei Prozent gesehen (Helmut Jung 1990, S. 59).Insgesamt behielten viele DDR-Bürger in diesem Übergangsjahr jedoch ihr gewohntes Reiseverhalten bei. Mit 43 Prozent verbrachte fast die Hälfte von ihnen den Urlaub im gewohnten Rahmen der DDR, der größte Teil von ihnen in Mecklenburg-Vorpommern an der Ostsee. Wie schon in den Jahrzehnten zuvor war der Bezirk Rostock das Hauptreiseziel. Ein Drittel nutzte die Gelegenheit zu einem Urlaub in der BRD, wobei Bayern mit seinem Hochgebirge bevorzugt wurde. Bei den Reisezielen im Ausland, die von jedem vierten Reisenden angesteuert wurden, dominierten die gleichen Länder des ehemaligen Ostblocks, die bereits in den Zeiten zuvor bereist wurden: 38 Prozent der Auslandsreisenden verbrachten dort ihre Haupturlaubsreise.

Reisebüro in der Lutherstadt Wittenberg

Bereits im ersten Jahr des Beitritts der früheren DDR zur Bundesrepublik Deutschland änderte sich das Reiseverhalten der Neubundesbürger und ein Prozeß der Angleichung an die Reisegewohnheiten der Westdeutschen setzte ein. Am deutlichsten zeigt sich das bei den Reisezielen. Ähnlich wie in der Bonner Bundesrepublik wurde auch für die früheren Bürger der DDR der Auslandsurlaub immer interessanter (Abbildung 2.19) und die Urlaubsreise zu inländischen Reisezielen findet entsprechend weniger Anhänger. Die über vier Jahrzehnte abgelaufene Entwicklung des Reiseverhaltens im Westen hat sich unter diesem Aspekt in den neuen Bundesländern praktisch im Zeitraffer wiederholt.

Abbildung 2.19: Entwicklung der Reiseziele in den neuen Bundesländern
(in Prozent)

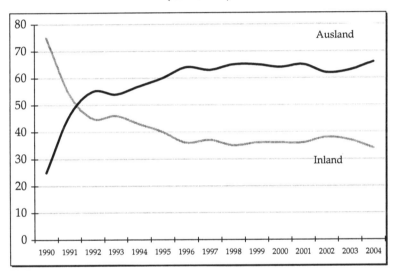

Quellen: bis 1992 Reiseanalyse des Studienkreises für Tourismus, Starnberg, ab 1993 der Forschungsgruppe Urlaub und Reisen (F.U.R), Kiel

Die Entwicklung des Reise- und Konsumverhaltens nach der Wende in der DDR macht eindrucksvoll deutlich, wie sehr das SED-Regime seine Bürger gegängelt und in welchem Maße es ihre Bedürfnisse ignoriert hat. Nicht nur durch Kontrolle und Verhinderung des Auslandsreiseverkehrs, sondern auch durch die durch die Unzulänglichkeiten der zentral geleiteten Verwaltungswirtschaft bewirkte permanente Verknappung von Gütern spielte Geld in der Mangelgesellschaft der DDR keine so zentrale Rolle wie in einer Marktwirtschaft. Wichtiger waren Beziehungen und Organisationstalent, die zur Entstehung von informellen Tauschmärkten führten, um wenigstens einen Teil der Konsumwünsche abdecken zu können. Auf höherwertige Konsumgüter wie Automobile aus meist heimischer Produktion (Trabant, Wartburg) mußte man in der Regel mehr als zehn Jahre warten. Es war also weniger eine Geld- als eine Geduldsfrage, die den Erwerb eines Pkw bestimmte.

In dieser Situation blieb vielen Bürgern der DDR keine andere Alternative als das Geld, dem kein entsprechendes Güterangebot gegenüberstand, zu sparen. So kumulierte sich bis zum Ende der DDR ein erheblicher **Kaufkraftüberhang**, der erst mit dem 1990 erfolgten Umtausch der DDR-Währung in DM marktrelevant werden konnte. Die für die Privathaushalte günstige Umtauschrate und die Öffnung des Marktes für Anbieter aus westlichen Ländern führte nicht nur dazu, daß man sich viele vordem aufgeschobene Wünsche plötzlich erfüllen konnte, sondern ließen auch nach diesen ersten Anschaffungen noch nennenswerte Ersparnisse zu. Das erklärt zu einem großen Teil, warum sich der Reisemarkt trotz der erheblichen wirtschaftlichen Schwierigkeiten und der konstant hohen Arbeitslosenrate in den neuen Bundesländern so positiv entwickeln konnte. Allerdings sank die Nettoreiseintensität der Ostdeutschen, die wegen ihres großen Nachholbedarfes in den ersten vier Jahren nach der Wende über der Westdeutscher lag, dann unter das Niveau im Westen ab (Bähre 2004, S. 40 f.) – die Realität der von Transferzahlungen des Westens abhängigen ostdeutschen Wirtschaft hatte auch den Reisemarkt wieder eingeholt.

2.6 Perspektiven für den Reisemarkt

Nach dem Zweiten Weltkrieg schien im Westen Deutschlands eine fast unaufhaltsame Entwicklung einzusetzen, nach der alles immer besser, größer und schöner zu werden versprach. Mit der Ölkrise Anfang der 1970er Jahre gab es ein kurzfristiges Innehalten, ausgelöst vor allem durch den Schock der Sonntagsfahrverbote, aber ab Mitte der 1990er Jahre vollzog sich eine gravierende **Wende** in Wirtschaft und Gesellschaft, die auch den Reisemarkt nachhaltig beeinflussen wird. Dafür gibt es verschiedene Anzeichen:

- Die Epoche der **Arbeitszeitverkürzungen** ist vorbei. 1996 gab es zum ersten Mal seit mehr als einem Jahrzehnt im gesamtwirtschaftlichen Durchschnitt keine Arbeitszeitverkürzung mehr (Arbeitskreis Konjunktur des DIW 1997). Im Gegenteil: Arbeitszeiten sind in den letzten Jahren wieder angestiegen. Das trifft sowohl für die Wochen- wie für die Jahresarbeitszeit zu. Die Zahl der Urlaubstage wurde nicht nur im öffentlichen Dienst verringert, gleichzeitig wurde die Wochenarbeitszeit erhöht (vgl. Abbildung 2.1 auf S. 39).

- Viele Arbeitnehmer müssen seit Jahren **reale Einkommensverluste** hinnehmen (Abbildung 2.20); dies hat zu einer Schwächung der Massenkaufkraft geführt, so daß in den 1990er Jahren zum ersten Mal in der Geschichte der Bundesrepublik die nominalen Einzelhandelsumsätze gesunken sind.

- Die **Arbeitslosigkeit** steigt weiterhin an (Abbildung 2.21). Der Sprung zwischen 1990 und 1991 ist zwar auf den Beitritt der früheren DDR zur Bundesrepublik zurückzuführen, aber auch im alten Bundesgebiet sind die Zahlen gestiegen.

Die direkten Auswirkungen dieser Entwicklung liegen auf der Hand: Wenn die Freizeit für diejenigen, die im Beschäftigungssystem sind, immer knapper wird, werden damit auch die Möglichkeiten für Reisen beschnitten. Die realen Einkommensverluste von weiten Teilen der Arbeitnehmerschaft führen vor allem zu weniger und kürzeren Reisen bei denen man weniger ausgibt. Wer arbeitslos oder akut von Arbeitslosigkeit gefährdet ist, wird es sich überlegen müssen, ob er sich überhaupt noch eine Urlaubsreise leisten kann. Das gilt vor allem für die ebenfalls steigende Zahl von Langzeitarbeitslosen, die häufig in die Nachfolgekategorien der früheren Sozialhilfe abdriften. Wer sich im immer weitmaschiger werdenden Netz der sozialen Sicherung als

Sozialhilfeempfänger gerade noch halten kann, wird in den allermeisten Fällen nicht einmal auch nur daran denken können, eine Urlaubsreise zu machen.

Abbildung 2.20: Reale Entwicklung der Löhne und Gehälter

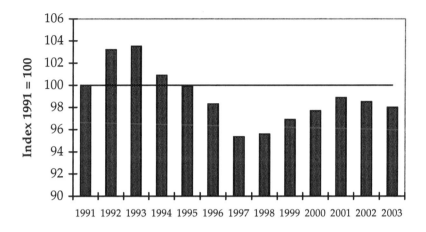

Quelle: Institut der Deutschen Wirtschaft (IDW) 2004, S. 54

Gravierender sind vermutlich die **indirekten Auswirkungen** dieser Entwicklung, die mittel- und langfristig die soziale und politische Stabilität der Bundesrepublik gefährden können. Es scheint, daß einige soziale Gruppen aus dem Fahrstuhl (Beck 1986; siehe Abschnitt 2.1), der in den ersten drei bis vier Jahrzehnten der Bundesrepublik allen sozialen Gruppen weitgehend offenstand, ausgeschlossen wurden. Der nahezu lineare Prozeß der Wohlstandsmehrung für (fast) alle wurde abgelöst von einer Epoche übersteigerter sozialer Differenzierung, in der „Personen und ganze soziale Gruppen ... von der allgemeinen Wohlstandsmehrung abgekoppelt (werden)" (Huster 1993, S. 18 f.). Die sozialen Distanzen innerhalb der bundesdeutschen Gesellschaft werden immer größer, wie sich vor allem am Beispiel der **Entwicklung der Einkommen** zeigen läßt.

In der Zeit, in der weite Teile der Arbeitnehmerschaft trotz erheblich gestiegener Produktivität auf reale Einkommenszuwächse verzichten mußten, in der sich die Zahl der Arbeitslosen in Westdeutschland vermehrfachte, ist die Zahl der Einkommensmillionäre in Deutschland sprunghaft angestiegen (Abbildung 2.22). Diese Zahl dürfte zudem noch untertrieben sein: Die Steuergesetze in Deutschland erlauben es, daß aus Millioneneinkommen durch diverse Abschreibungen regelmäßig relativ geringe zu versteuernde Einkommen werden. Neben diesen legalen Möglichkeiten der steuerlichen Einkommensverringerung ist es zum Beispiel für Selbständige möglich und nur mit relativ geringem Risiko behaftet, Steuern zu hinterziehen und dieses Schwarzgeld in Ländern wie der Schweiz oder anderen Ländern, die ihre Devisenbilanzen traditionell mit dem Geld Steuerkrimineller aufbessern, ‚verschwinden' zu lassen. Man muß also davon ausgehen, daß die Zahl der

Einkommensmillionäre in Wirklichkeit deutlich über dem in der Einkommensstatistik ausgewiesenen Wert liegt.

Abbildung 2.21: Die Entwicklung der Arbeitslosenzahlen in Deutschland*

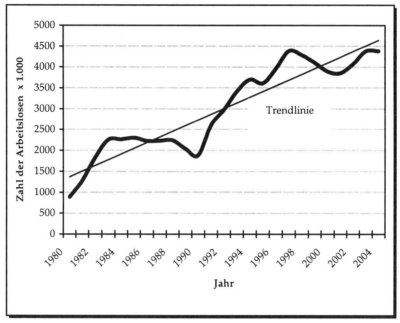

* bis 1990 altes Bundesgebiet, ab 1991 mit den neuen Bundesländern; ohne Berücksichtigung unterschiedlicher Definitionen von Arbeitslosigkeit
Quelle: Statistisches Bundesamt

Wirklich verläßliche Zahlen über den Reichtum in Deutschland gibt es nicht, da auch die Einkommens- und Verbrauchsstichprobe (EVS), die vom Statistischen Bundesamt regelmäßig alle fünf Jahre befragt wird, aus zwei Gründen nur mit Vorsicht interpretiert werden kann: Zum einen beruhen die Daten auf den Selbstauskünften der befragten Haushalte, die nicht weiter überprüft werden (können), zum anderen werden die wirklich hohen Einkommen nicht erfaßt. Bis in die 1980er Jahre wurden alle Haushalte mit einem monatlichen Nettoeinkommen ab 25.000 DM nicht in die Stichprobe aufgenommen, ab 1993 wurde die Grenze auf 35.000 DM hochgesetzt (Geißler 1996, S. 65); in der letzten verfügbaren Statistik aus dem Jahre 2003 wurden Haushalte mit monatlichen Nettoeinkommen ab 18.000 Euro nicht mehr berücksichtigt. Nach eigener Schätzung des Statistischen Bundesamtes fallen so ca. 70.000 Haushalte aus der Statistik heraus (Statistisches Bundesamt 2004, Glossar, Stichwort ‚Hochrechnung'). Damit ist die Statistik verzerrt und das wahre Ausmaß der Einkommensdisparitäten in Deutschland und ihre Entwicklung wird teilweise verschleiert.

Noch schwieriger ist die Ermittlung der Vermögen, weil dies in den unterschiedlichsten Formen (Immobilien, Yachten, Aktien, Geschäftsanteile, Fahr- und Flugzeuge usw.) vorhanden sein kann. Die Ermittlung seines Wertes ist abhängig von Marktentwicklungen, zum Beispiel auf den Immobilien- oder auf den Aktienmärkten. Zudem haben viele der Vermögenden verständlicherweise kein Interesse an der öffentlichen Ermittlung des Wertes ihres Besitzes. Die aufgrund der vorliegenden Daten vorgenommenen Berechnung stellen bei den Vermögen eine etwa doppelt so große Disparität wie bei den Einkommen fest (Geißler 1996, S. 65 f.). Die Politik hat u.a. mit der Abschaffung der Vermögenssteuer ab 1997 diese Entwicklung noch gefördert.

Abbildung 2.22: Einkommensmillionäre 1980-2001*

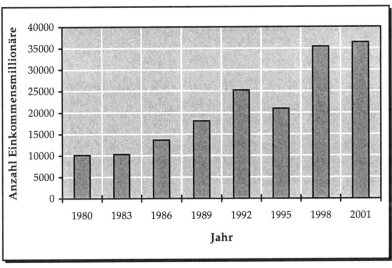

* die Definition bezieht sich auf Einkommen in DM; ab 1992 inklusive der neuen Bundesländer

Quelle: Steuerstatistik des Statistischen Bundesamtes

Auf die möglichen Folgen dieser Entwicklung hat Schäfers (2004, S. 258) hingewiesen: „Die Konzentration der Vermögen – unter den Voraussetzungen der gegebenen Wirtschafts- und Gesellschaftsordnung – könnte dann die alten Klassengegensätze neu beleben, wenn sich die Prinzipien der Sozialen Marktwirtschaft und des Sozialstaats weiterhin als relativ schwache Steuerungs- und Umverteilungsinstrumente erweisen."

Wir haben es also mit einer **Polarisierung** der Gesellschaft zu tun, mit einem gleichzeitigen Anwachsen von Armut und Reichtum. Dies findet auch seinen Niederschlag in der subjektiven Wahrnehmung der Menschen, die für die Zukunft eine weitere Verschärfung dieser Entwicklung erwartet: Mehr als drei Viertel der Bevölkerung stimmten 2005 auf die Frage „Wie stellen Sie sich unsere Gesellschaft in zehn Jahren vor?" der Antwort „Die Reichen werden immer reicher und die Armen immer ärmer" zu (Allensbacher Archiv, IfD-Umfrage 7035; cit. n. context, Folge 14, 2005, S. 15). Damit geht einher, daß der Anteil von Personen, die sich finanziell Sorgen machen müssen, immer größer wird: Ihre Zahl hat sich in nur zwei Jahren von sieben auf 15 Prozent im Jahr 2005 mehr als verdoppelt (Tabelle 2.9).

Tabelle 2.9: Beschreibung der eigenen wirtschaftlichen Situation

Frage: „Wo würden Sie sich auf dieser Liste hier einstufen?"	Bevölkerung insgesamt (jeweils in Prozent*)	
	2003	2005
Mir geht es wirtschaftlich sehr gut, habe finanziell keine Sorgen	12	7
Ich kann mir zwar nicht alles leisten, aber alles in allem geht es mir wirtschaftlich recht gut	52	45
Ich komme finanziell einigermaßen aus, es reicht (gerade)	31	35
Ich muß mich wirtschaftlich ziemlich einschränken, kann mir nur das Nötigste leisten	6	12
Habe finanziell ziemlich Sorgen, weiß kaum, wie ich meinen Lebensunterhalt finanzieren soll	1	3

* Differenzen zu 100 Prozent: keine Angabe
Quelle: IfD Allensbach, Köcher 2005

Diese subjektive Einschätzung einer gespaltenen gesellschaftlichen Entwicklung hat ihre Grundlagen also nicht zuletzt in der zum Teil bitteren Erfahrung der Entwicklung der persönlichen Lebensumstände der Menschen. Sie beeinflußt die Lebensplanung sowie das Konsum- und Reiseverhalten. Sie zeigt sich auch in dem schon seit längerem zu beobachtenden Umstand, daß Wachstum bei Konsumgütern und Reisen fast nur noch in den höheren Preissegmenten und bei den Billigangeboten stattfindet (‚Verlust der Mitte'). So steigen zum Beispiel die Marktanteile der Fernreisen weiterhin an (vgl. Tabelle 2.4 auf S. 51), während die Reiseveranstalter auf der anderen Seite gezwungen sind, billigere Angebote (oft über eigens dafür ins Leben gerufene Marken wie „1-2 Fly" der TUI) auf den Markt zu bringen, um ihre Kundschaft nicht zu verlieren. Das kann jedoch nicht verhindern, daß insbesondere die Arbeitslosen tendenziell vom Reisemarkt abgekoppelt werden. Lag die Urlaubsnettoreiseintensität Arbeitsloser 1994 um 17 Prozentpunkte unter dem bundesdeutschen Durchschnitt, so hat sich dieser Abstand nach Angaben der Reiseanalyse 2005 auf gut 30 Prozent nahezu verdoppelt. Eine gewisse Kompensation dafür ist zwar bei den Kurzreisen (zwei bis vier Tage Dauer) zu beobachten, gleichzeitig setzt sich aber auch der langjährige Trend zu immer kürzeren Urlaubsreisen (ab fünf Tagen Dauer) fort.

Es findet zudem eine **Umverteilung** von unten nach oben statt. Diese Situation wird sich in den kommenden Jahren, wenn nicht einschneidende politische Reformen des Steuer- und Sozialsystems durchgesetzt werden, erheblich verschärfen. Denn die zitierte Wende Anfang der 1990er Jahre zeigt sich auch darin, daß die Zahl der Beschäftigten bei gleichzeitigem Wachstum des Bruttoinlandproduktes weiter sinkt (Abbildung 2.23). Zwar ist aufgrund des Produktivitätsfortschrittes auch vorher schon die Beschäftigtenzahl langsamer gestiegen als das Bruttoinlandprodukt, seit 1991 hat sich der Zusammenhang geradezu umgekehrt. Mit anderen Worten: Durch mehr Wirtschaftswachstum lassen sich die gravierenden Beschäftigungsprobleme offensichtlich nicht mehr lösen.

Abbildung 2.23: Die Entwicklung des Bruttoinlandsprodukts* und der Zahl der Erwerbstätigen

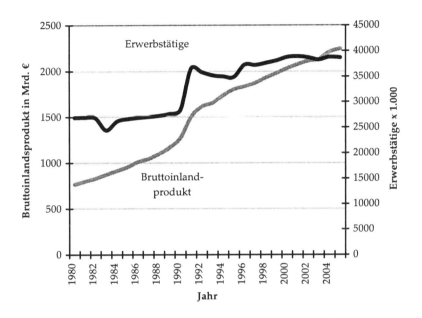

* Bruttoinlandprodukt in jeweiligen Preisen
Der Aufwärtsbewegung 1991 ist durch den zum 3. Oktober 1990 vollzogenen Beitritt der DDR zur Bundesrepublik bedingt.
Quelle: Statistisches Bundesamt; Stand Januar 2006 (zum Teil rückgerechnet in Euro); Erwerbstätige: Durchschnittswert für 2005

Der Stopp der Arbeitszeitverkürzung und eine sich abzeichnende Tendenz zur Verlängerung von Arbeitszeiten wird die Zahl der Arbeitslosen noch stärker ansteigen lassen: „Mit der Verlängerung der Lebensarbeitszeit wird in den nächsten Jahren die Zunahme des Erwerbspersonenpotentials zudem noch verstärkt. Damit wird die Hürde für einen Abbau der Arbeitslosigkeit immer höher gesetzt" (Arbeitskreis Konjunktur des DIW 1997).

Vor diesem Hintergrund ist es bemerkenswert, daß in der politischen Diskussion vielfach der Eindruck erweckt wird, das soziale Sicherungssystem sei nicht mehr finanzierbar, „weil das Leistungsniveau überhöht sei und das System dazu tendiert, von denen ausgenutzt zu werden, die in den Genuß der in ihm umverteilten Mittel kommen. Dabei wird übersehen, daß der Anstieg ... fast ausschließlich auf die wirtschaftspolitischen Grundentscheidungen im Zuge der deutschen Vereinigung und deren wirtschaftliche Folgen zurückzuführen ist. Nach Berechnungen des DIW sind mindestens zwei Drittel des Anstiegs der Staatsquote der Vereinigung zuzurechnen.
... Der Sozialstaat als solcher ist nicht instabil. Aber er kann, wie jedes System der Umverteilung, überfordert werden, wenn, wie im Zuge der deutschen Einigung geschehen, ihm zusätzliche Leistungen abverlangt werden, für die von der Politik auf

lange Frist die **Solidarität** der gesamten Gesellschaft hätte eingefordert werden müssen" (a.a.O.; Hervorh. J.W.M.). Damit sind insbesondere die Arbeitslosen- und die Rentenversicherung gemeint, deren Versicherte – Arbeiter und Angestellte – die Gesamtlast der Gewährung von Arbeitslosenunterstützung und von Rentenauszahlungen für Arbeitslose und Rentner in den neuen Bundesländern (die ja selber nicht einzahlen konnten) tragen müssen. Selbständige und Beamte wurden von diesen Belastungen verschont. Bedient hat sich die Politik bei den Versicherten, die damit um einen wesentlichen Teil ihrer Beitragsleistungen gebracht wurden. Schon deshalb ist die Behauptung, der Sozialstaat sei Ursache der Arbeitslosigkeit, nicht richtig. „Löhne und Lohnnebenkosten sind in fast allen Ländern Europas in den gesamten achtziger Jahren weniger stark angestiegen als die Produktivität und die Preise, so daß sich die Gewinnsituation durchaus verbessert hat. Die Arbeitslosigkeit ist vielmehr die zentrale Ursache der Probleme des Sozialstaats" (a.a.O.).

Wir haben es – wie diese Beispiele zeigen – mit einer **Entsolidarisierung** der Gesellschaft zu tun. Die wirtschaftlich Stärkeren stehen nicht mehr für die Schwächeren ein, sondern es hat den Anschein, als habe sich dieses ursprünglich dem Sozialstaat zugrundeliegende Prinzip sogar umgekehrt, so daß es nunmehr die Schwachen sind, welche die Starken ‚stützen'. Zudem gewinnt man den Eindruck, daß für maßgebliche gesellschaftliche und politische Kräfte nicht nur in der Bundesrepublik Wirtschaft zum Selbstzweck geworden ist.

Daß sich die Reiseaktivitäten der Deutschen vor diesem Hintergrund dennoch auf hohem Niveau eingependelt haben (vgl. Abbildung 2.2 auf Seite 47) ist, wie wir gesehen haben, auf die gestiegene Reiseintensität bei den Älteren zurückzuführen (siehe Abbildung 2.12 auf Seite 66), die zu einem sehr großen Teil noch über hohe Renten, Pensionen, Vermögenseinkommen und zunehmend auch von Erbschaften verfügen. Auch die direkt nachfolgenden Alterskohorten werden davon noch profitieren und – da der Anteil älterer Menschen an der Bevölkerung weiter zunehmen wird – die Zahl der Urlaubsreisenden in Zukunft noch leicht erhöhen. Die nachwachsenden Generationen dagegen werden es schwerer haben, diese Standards auch für sich beanspruchen zu können. Einkommensverluste, diskontinuierliche Berufsbiographien und Langzeitarbeitslosigkeit mit entsprechenden Abschlägen bei der Altersversorgung und generelle Kürzungen werden die materiellen Spielräume der Durchschnittshaushalte einengen. Da das Reisen aber schon seit mehr als einer Generation zu einer sozialen Selbstverständlichkeit geworden ist und schon zum normalen familialen Erfahrungshintergrund gehört, werden die regelmäßigen Urlaubsaufenthalte wohl auch weiterhin Bestandteil der Lebensführung bleiben. Man wird eher an den Reiseausgaben als an den Reisen sparen. Die Angebote der Tourismusindustrie, insbesondere das Aufkommen der Billigfluggesellschaften seit der Jahrtausendwende (siehe ausführlich dazu Abschnitt 6.1.2.3.4), werden dafür sorgen, daß das Niveau der Reiseaktivitäten hoch bleiben wird. Die Boomjahre des Tourismus allerdings sind vorbei und die Karten werden neu gemischt.

3
Reisemotivation

Warum verreisen Menschen? Diese Frage ist so alt wie die Menschheit, denn seit es sie gibt, sind die Menschen auch gereist. Anders als in vielen anderen Punkten unterschieden sie sich damit aber nicht von vielen Tieren, in deren Verhaltensrepertoire das periodische Reisen einen festen Platz hat. Man denke nur an die Zugvögel, die jedes Jahr über Tausende von Kilometern bis nach Südeuropa oder nach Afrika reisen, um dort zu überwintern. Sie könnten im teilweise harten nord- und mitteleuropäischen Winter nicht überleben, weil ihr Gefieder sie nicht ausreichend vor der Kälte schützen würde und/oder sie zum Beispiel unter Schneeflächen kein Futter mehr finden könnten. Andere Tierarten wie zum Beispiel Wale, Albatrosse oder Tölpel, deren eigentlicher Lebensraum sich über große Teile des Globus erstreckt, legen sehr große Distanzen zurück, um an ganz bestimmten Plätzen zu brüten und ihre Jungen aufzuziehen.

Die Gründe für das Reisen der Tiere liegen weitgehend auf der Hand: das eigene Überleben und das Überleben der eigenen Art. Auch für das Reisen von Menschen trifft dieses Motiv zu. Nomaden zum Beispiel können nur überleben, wenn sie innerhalb eines bestimmten Gebietes jeweils nur für eine Weile Aufenthalt nehmen, weil ihre Tiere ansonsten die eher karge Vegetation überweiden und damit ihre Lebensgrundlage zerstören würden. Nur durch das Weiterziehen an den nächsten, vorübergehenden, Standort kann die Vegetation des davorliegenden Weideplatzes sich wieder erholen und, zu einem späteren Zeitpunkt, ein weiteres Mal genutzt werden.

Immerwährendes Reisen ist für diese Menschen und die erwähnten Tiere in ihren Umwelten also lebensnotwendig. Nur durch das Reisen können sie ihre

Grundbedürfnisse nach Nahrung und – wie bei den Zugvögeln – einer für sie auch klimatisch überlebbaren Umwelt befriedigen. Dort, wo die Vegetation ausreichte, um sich über unabsehbare Zeiträume ernähren zu können, entfiel auch der Zwang zum Reisen und es entwickelten sich stationäre Gesellschaften, die den einmal gewählten Standort in der Regel nicht verließen.

Gereist wurde und wird aber nicht nur von den kaum noch existierenden Nomadenvölkern, sondern auch von Personen, für die keine direkt existentiellen Gründe geltend gemacht werden können, weil sie an auskömmlichen Standorten leben. Sie reisen, weil sie bestimmte Ziele, nicht nur im geographischen, sondern auch im wirtschaftlichen Sinne erreichen wollen.

Ein solches Ziel kann zum Beispiel die Verbesserung der Lebensqualität am Standort sein. Man verläßt den eigentlichen Lebensraum für einen begrenzten Zeitraum, um über eine Reise an begehrte Güter zu kommen, die am Wohnort nicht erhältlich sind. Voraussetzung für das Erreichen dieses Zieles ist, daß zuhause ein Überfluß an bestimmten Gütern besteht, die anderswo entweder gar nicht oder nur in schlechterer Qualität zu bekommen sind. Umgekehrt müssen die vom Reisenden begehrten Güter in der Fremde entweder im Überfluß vorhanden sein oder speziell für den Bedarf an anderen Orten hergestellt werden. Diese Reisen sind also nicht existentiell notwendig, wie die räumliche Mobilität der Nomaden, sondern sie haben das Ziel, das bereits gesicherte Leben angenehmer zu machen.

Trotzdem haben sie einen sehr hohen Stellenwert zum Beispiel im Rahmen beruflicher Tätigkeiten. Auch wenn sie im Sinne der Sicherung der materiellen Existenz einer Gesellschaft nicht unbedingt notwendig sind, haben sie eine existentielle Bedeutung für viele Berufe. Der Handel mit anderen Regionen und Ländern sichert vielen Menschen ein auskömmliches Leben, das sie ohne ihn nicht führen könnten. Dabei geht es nicht nur darum, in den Besitz von Materialien (zum Beispiel Rohstoffen) zu kommen, die am eigenen Ort nicht verfügbar sind, sondern auch, durch internationale Arbeitsteilung und entsprechende Austauschbeziehungen die Produktivität der Wirtschaft zu erhöhen. Der britische Ökonom David Ricardo (1772-1823) hat in seiner „Theorie des komparativen Kostenvorteils" (*theory of comparative advantage*) vorgerechnet, daß es für ein Land wirtschaftlich sinnvoller ist, sich zu spezialisieren, als alle Güter, die es herstellen kann, auch selber zu produzieren.

Beispiel: Anhand eines seinerzeit zwischen England und Portugal bestehenden Abkommens über den zollfreien Austausch von britischem Tuch und portugiesischem Wein rechnete er vor, daß dieser Tausch selbst dann für beide Länder günstiger ist, wenn ein Land (Portugal) beide Güter billiger herstellen kann als England. Wieviel Arbeiter man in jedem Land benötigt, um die jeweils gleichwertige Tauschmenge an beiden Gütern herzustellen, zeigt die folgende Übersicht:

	England	Portugal
Wein	120	80
Tuch	100	90

Es ist für beide Länder günstiger, wenn England nur noch Tuch und Portugal nur noch Wein produziert, obwohl Portugal beides mit weniger Arbeitskräften herstellen kann. Beweis: In England können dadurch 20 Arbeitskräfte eingespart werden, da man die gleiche Menge Wein durch den Tausch des Tuches von 100 Arbeitskräften bekommt. In Portugal werden 10 Arbeitskräfte eingespart, weil man für die Herstellung der gleichen Menge Tuch, die man gegen den Wein eintauschen kann, 10 Arbeitskräfte mehr als für die Herstellung des Weines benötigen würde. Insgesamt sparen beide Länder durch diesen Austausch 30 Arbeitskräfte, die entweder für die Erzielung noch größerer Tauschmengen oder in anderen Wirtschaftszweigen zur Wertschöpfung beitragen können (Koesters 1983, S. 40 f.).

Ohne Reisen sind solche vorteilhaften Handelsbeziehungen nicht zu realisieren. Die Konditionen dafür müssen ausgehandelt, in Verträge gefaßt und unterzeichnet werden. Dafür ist die persönliche Präsenz der verantwortlichen Akteure oder der von ihnen Beauftragten zumindest bei der Anbahnung eines Geschäftes unbedingt erforderlich.

In diesem Kapitel geht es also um die vielfältigen Gründe, die Menschen dazu veranlassen, für eine Zeit ihren normalen Lebensraum zu verlassen und zu Touristen zu werden. Sie können bewußt und/oder rational sein, aber auch unbewußt und/oder rational weniger zugänglich. In der Psychologie bezeichnet man generell die hinter dem Handeln und Verhalten von Menschen stehenden Dispositionen als **Motivation**. Der Begriff ist abgeleitet vom lateinischen Verb *movere* (= bewegen) und dem dazugehörigen Substantiv *motio* (= Bewegung). Das Verb bezeichnet sowohl „bewegen" im übergreifenden Sinne von ‚verändern, verwandeln' oder ‚zu etwas bewegen', als auch im räumlichen Sinne von ‚fortbewegen, entfernen'. Von Reisemotivation zu sprechen, ist vor diesem Hintergrund also doppelt gerechtfertigt, denn es geht nicht nur um Verhalten generell, sondern speziell um die Gründe, die Menschen dazu bewegen, sich zeitweise von ihrem Wohnort zu entfernen.

Wenn wir die Motive der eingangs angeführten Reisen näher betrachten, können wir zunächst grundlegend zwischen Schub- und Zugfaktoren des Reisens unterscheiden. So werden die Nomaden von **Schubfaktoren** zu ihrem Reisen getrieben. Unter Schub (engl. *push*) werden in der Psychologie diejenigen Antriebskräfte für ein bestimmtes Verhalten zusammengefaßt, die aus der Person selber kommen. Die Person wird also aus sich selbst heraus zu einem bestimmten Verhalten „geschoben". Zu diesen Schubfaktoren zählen die Primärtriebe Hunger, Durst und Sexualität. Bezogen auf unsere Beispiele von Tieren und Menschen ist damit klar, was hinter ihren periodischen Reisen steht: Es gilt, bestehende und/oder antizipierte Mangelsituationen zu beseitigen, die beim Verbleiben am gegenwärtigen Ort weiter bestehen bzw. eintreten würden.

Werden die Menschen durch die (vermutete) Attraktivität ihres Angebotes von anderen Orten angezogen und nicht durch innere Mangelsituationen, spricht man von einem **Zugfaktor** (engl. *pull*) der Motivation. Zugfaktoren erklären nach der Ansicht mancher Autoren aber nicht den Wunsch nach Reisen überhaupt, sondern eher die Reisezielwahl und damit die Reiseentscheidung: „Die Schubfaktoren sind diejenigen, die dazu führen, daß man reisen möchte. Die Zugfaktoren sind diejenigen, die beeinflussen, *wohin* man fährt, *vorausgesetzt*, daß man überhaupt reisen möchte" (Witt & Wright 1992, S. 38; Übers. J.W.M.; Hervorh. i. Orig.). Das eigentliche Reisebedürfnis wäre danach immer auf Schubfaktoren zurückzuführen.

Dem ist entgegenzuhalten, daß es viele Fälle gibt, in denen die Zugfaktoren primär oder sogar ausschließlich die Motivation des Reisens bestimmen. Das gilt zum Beispiel für Bekannten- und Verwandtenbesuche, die einen nicht unerheblichen Teil des touristischen Reisegeschehens ausmachen. Diese Reisen werden meist aber nur deshalb unternommen, weil man sich wiedersehen will. Dabei ist es weitgehend egal, zu welchem Ort diese Reisen gehen – ausschlaggebend ist, daß diejenigen Personen, die man wiedersehen möchte, dort wohnen.

Andererseits könnte man auch argumentieren, daß Bekannten- und Verwandtenbesuche durch eine Mangelsituation, nämlich das Fehlen von Freunden und Verwandten am eigenen Wohnort, motiviert werden. Dann wären die damit verbundenen Reisen wiederum durch Schub- und nicht durch Zugfaktoren ausgelöst. Eine klare Trennung von Schub- und Zugfaktoren erweist sich damit als sehr schwierig.

Beispiele: Sowohl die gesellschaftliche als auch die internationale Arbeitsteilung haben dazu geführt, daß es eine ganze Reihe von Berufen gibt, in denen man seinen Lebensunterhalt ausschließlich durch Reisen verdient. Schiffs- und Flugzeugbesatzungen, Busfahrer, Lokomotivführer und Reiseleiter können ihre Grundbedürfnisse weitgehend nur mit dem Geld finanzieren, das sie als Entlohnung für ihre andauernden Reisen bekommen. Auf den ersten Blick wären ihre Reisen damit fast ausschließlich durch Schubfaktoren motiviert, denn ohne das damit verdiente Geld könnten sie in unserer Gesellschaft nicht ‚überleben'. Geld verdienen kann man aber nicht nur mit Reisen, sondern vor allem mit stationären Tätigkeiten. Das Reisen als Beruf ist also substituierbar durch eine Vielzahl anderer Erwerbsberufe. Damit entfällt die Notwendigkeit des Reisens, die bei den Nomaden durch nichts ersetzt werden kann. Wenn diese Leute also Reisen quasi zum Beruf gemacht und keine primär stationäre Tätigkeit gewählt haben, dann in der Regel deshalb, weil sie reisen wollen.

Zugfaktoren der Motivation sind, anders als Schubfaktoren, prinzipiell austauschbar. Hunger und Durst können durch nichts anderes beseitigt werden als durch die Aufnahme von Nahrung und Flüssigkeit. Das Bedürfnis nach einem angenehmeren Leben dagegen läßt sich mit einer Vielzahl von Gütern und Dienstleistungen befriedigen, die alle für sich genommen nicht unmittelbar notwendig sind. Ob man sich ein größeres Automobil zulegt, statt dessen eine teure Reise macht oder das Geld für gutes Essen und Trinken ausgibt, ist im Grunde genommen egal und hängt nur von den persönlichen Zielen und Vorlieben einer Person ab.

Dieses Problem der Unterscheidung von Schub- und Zugfaktoren der Reisemotivation läßt sich vielleicht dadurch lösen, daß man sie in Zusammenhang mit der Unterscheidung zwischen Grund- und Wachstumsbedürfnissen des Menschen bringt. Schubfaktoren der Motivation lassen sich mit Grund-, Zugfaktoren mit weitergehenden oder Wachstumsbedürfnissen gleichsetzen. Erst wenn seine Grundbedürfnisse befriedigt sind, weitet sich der Horizont des Menschen für andere, sein Leben und seine Umwelt betreffende Dinge, entwickelt er Interesse für Umstände, die über das unmittelbar Lebensnotwendige hinausgehen. Diese hierarchische Ordnung von aufeinander aufbauenden Bedürfnissen hat Abraham H. Maslow (1954) beschrieben. Durch die Wahl einer Pyramide zur Darstellung dieser Ordnung wird unmittelbar unterstellt, daß im Prinzip jeweils immer nur die nächsthöhere Bedürfnisstufe erreicht werden kann, wenn die darunterliegenden befriedigt sind, sonst würde das Gebäude zusammenstürzen.

Abbildung 3.1: Die Bedürfnispyramide nach Abraham H. Maslow (1954)

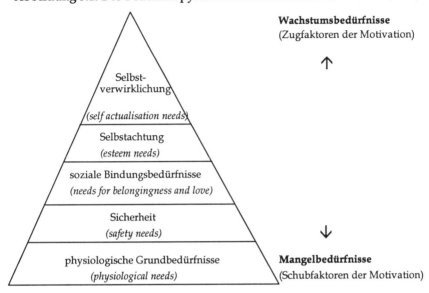

Anders formuliert: Wenn ein Bedürfnis befriedigt ist, motiviert es nicht länger und die Motivation wird durch die nächsthöhere Stufe der Bedürfnisse ausgelöst. Allerdings darf man sich dieses Modell nicht so deterministisch vorstellen. Selbst wenn seine Lebensverhältnisse ihn bis zur höchsten Stufe geführt haben, pendelt der Mensch je nach Situation zwischen den verschiedenen Ebenen der Bedürfnispyramide. Nicht immer werden die physiologischen Grundbedürfnisse zum Beispiel durch Trinken und Essen gleich befriedigt. Die Sicherheit kann durch äußere Umstände ebenso gefährdet sein wie die sozialen Bindungen. Auch müssen die Bedürfnisse auf einer niedrigeren Ebene nicht vollständig befriedigt sein, bevor die nächsthöhere Ebene ihre Motivationswirkung entfaltet. Eine Person kann also zum gleichen Zeitpunkt auf allen Ebenen der Bedürfnishierarchie teilweise befriedigt und teilweise unbefriedigt sein (Witt & Wright 1992, S. 35).

Zwar lassen sich die objektiven Grundbedürfnisse des Menschen im Prinzip sehr einfach definieren, was aber *subjektiv* als Grundbedürfnis empfunden wird, ist abhängig von den materiellen und gesellschaftlichen Umständen, in denen eine Person dauerhaft lebt bzw. unter denen sie aufgewachsen ist. Das wird schon unmittelbar deutlich, wenn man nur die physiologischen Grundbedürfnisse betrachtet. Objektiv lassen sie sich durch die Anzahl täglich lebensnotwendiger Kalorien und durch den Flüssigkeitsbedarf für diesen Zeitraum darstellen. Dort, wo es an allem fehlt und es wirklich um das nackte Überleben geht, wird man eine solche Festlegung fraglos akzeptieren. In den ökonomisch hoch entwickelten Industrie- und Dienstleistungsgesellschaften dagegen würde dies allein von den meisten Menschen nicht akzeptiert werden. Hier zählt nicht nur die Quantität, sondern auch die Qualität der Kalorien. Die physiologischen Grundbedürfnisse gelten für die eigenen Gesellschaftsmitglieder erst dann als befriedigt, wenn Lebensmittel in ausreichender Anzahl, Variation und Qualität zur Verfügung stehen. Diese subjektive Definition physiologischer Grundbedürfnisse enthält bereits Elemente der vierten Maslow'schen Stufe, die das Bedürfnis nach Selbstachtung und Menschenwürde artikuliert.

Dies läßt sich ganz einfach mit dem allgemein erreichten Lebensstandard in diesen Gesellschaften erklären. „Subjektiv" heißt hier: bezogen auf die materiellen Rahmenbedingungen einer Gesellschaft. Wenn die Versorgung mit Lebensmitteln ohne Einschränkung auf einem hohen qualitativen Niveau stattfindet, dann gilt diese als Norm. Eine Abweichung von dieser Norm nach unten, die in Mangelgesellschaften bereits als Luxus gelten würde, wird in Gesellschaften mit allgemein hohem Lebensstandard dagegen bereits als Gefährdung des Existenzminimums wahrgenommen. Generell wird der wahrgenommene Durchschnitt in jeder Gesellschaft zu einer Art **Ankerreiz**, an dem die Beurteilung der Versorgung sich orientiert und festgemacht wird. Was als Grundbedürfnis empfunden wird, ist damit faktisch eine Mischung aus Schub- und Zugfaktoren, weil es nicht mehr allein um die Befriedigung von Hunger und Durst geht, sondern auch die Qualität der Mittel dazu als Kriterium der Befriedigung gilt. Diese Qualität ist ein Ziel, das man erreichen möchte und damit ein Zugfaktor der Motivation.

Zurück zum Reisen. Es wird klar, daß die Motive für Reisen auf allen Ebenen der Maslow'schen Bedürfnispyramide zu finden sind. Eine einfache Zuordnung von verschiedenen Reisearten zu den einzelnen Bedürfnisstufen ist jedoch nicht möglich. Wer aus beruflichen Gründen reist, tut dies zum **Beispiel** ...

- um mit einem Teil des dadurch verdienten Geldes seine physiologischen Grundbedürfnisse zu befriedigen, indem er es gegen Lebensmittel eintauscht;
- um dadurch seine berufliche Stellung zu sichern bzw. die seines Unternehmens oder seiner Organisation, wodurch er wiederum indirekt seine eigene Stelle erhalten und festigen kann. Mit einem Teil des verdienten Geldes kann er überdies Versicherungen abschließen, die ihn vor den unliebsamen Folgen von Wechselfällen des Lebens schützen können. Damit sind seine Reisen indirekt auch durch verschiedene Aspekte von Sicherheitsbedürfnissen motiviert;
- um seine Integration in das eigene Unternehmen bzw. in das Netzwerk von Geschäftsbeziehungen zu fördern. Dazu gehört auch der Aufbau von Sozialbeziehungen zwischen Kollegen und Geschäftspartnern an anderen Standorten;
- um sich und anderen zu beweisen, daß er in der Lage ist, eigenen und fremden Anforderungen gerecht zu werden, indem er zum Beispiel Verhandlungen zu einem erfolgreichen Ende führt. Darüber hinaus haben Geschäftsreisen, vor allem solche ins Ausland, auch einen Statuswert. Wer auf Geschäftskosten eine Reise in ein interessantes Zielgebiet machen kann, wird von den Zurückgebliebenen beneidet und unterstreicht damit seine Wichtigkeit für das Unternehmen;
- um eigene Projekte und/oder Vorstellungen von Geschäftsbeziehungen zu entwickeln und umzusetzen. Dadurch können auch Karriere- und Selbstverwirklichungschancen in- und außerhalb des eigenen Unternehmens eröffnet und verbessert werden.

Ein- und dieselbe Reise kann also gleichzeitig durch alle Bedürfnisse der Maslow'schen Pyramide direkt oder indirekt motiviert sein. Das gilt weitgehend auch für Urlaubsreisen, bei denen, bis auf die physiologischen Grundbedürfnisse, alle Aspekte der Maslow'schen Pyramide berührt sein können. Andererseits reicht die Maslow'sche Bedürfnispyramide nicht aus, um die Motive für alle Reisen, insbesondere der Urlaubsreisen, zu erfassen. Das Motiv „Erholung" zum Beispiel, das bei den meisten Urlaubsreisen eine herausragende Rolle spielt, läßt sich den verschiedenen Hierarchieebenen des Maslow'schen Modells nur sehr schwer, wenn überhaupt, zuordnen (zum Begriff „Erholung" siehe die Abschnitte 3.2.1.3 und 3.2.1.5).

Eine weitere Unterscheidung von Motivationstypen ist die zwischen intrinsischer und extrinsischer Motivation. Unter **extrinsischer Motivation** versteht man handlungs- bzw. verhaltensbestimmende Faktoren, die primär kontext- und nicht sachbezogen sind. Wenn jemand zum Beispiel nur deswegen das Automobil einer bestimmten Marke kauft oder eine besonders teure Urlaubsreise zu einem prestigeträchtigen Ziel macht, weil er damit seiner Umwelt imponieren will, ist extrinsisch motiviert. Es geht ihm weniger um den funktionalen Wert seiner Kauf- oder Reisezielentscheidung, sondern um ihren Anerkennungswert bei seinen sozialen Bezugsgruppen. Bei **intrinsischer Motivation** dagegen werden Handlungen und Verhaltensweisen ausschließlich um ihrer Inhalte willen vollzogen. Ein intrinsisch motivierter Automobilkauf orientiert sich demnach nicht an Statusaspekten, sondern richtet sich nach dem Gebrauchswert eines Fahrzeuges; eine Reise wird deshalb unternommen und ein Reiseziel gewählt, weil es zum Beispiel dem Bedürfnis nach Erholung am ehesten entspricht.

Allerdings zeigen schon die gewählten Beispiele, daß es sich hier um eine **idealtypische Klassifizierung** von Motiven handelt. Das heißt, rein extrinsisch und rein intrinsisch motivierte Handlungen und Verhaltensweisen kommen in der Realität praktisch nicht vor. Eine rein statusgeleitete Entscheidung beim Autokauf oder einer Reise ist kaum denkbar: Selbst ein Auto mit hohem Prestige hat einen Gebrauchswert, der in eine Entscheidung mit hineinspielt, und die Reise an einen mondänen Zielort kann nicht nur durchaus erholsam sein, sondern solche Aspekte werden schon deshalb eine Rolle spielen, weil es mehr als einen dieser Orte zur Auswahl gibt, zwischen denen man sich entscheiden muß. Reale Motivationen lassen sich deshalb nur auf einer Skala zwischen den beiden extremen Polen ex- und intrinsisch verorten, ohne daß die beiden Pole selbst je besetzt werden.

3.1 Beruflich bedingte Reisen

Arbeitsteilung ist einer der Schlüsselfaktoren nicht nur für die Produktivität von Unternehmen, sondern von ganzen Gesellschaften. Wie das eingangs zu diesem Kapitel aufgeführte Beispiel von der Arbeitsteilung der Nationen zeigt, dient es auch international zu einer effektiveren Allokation von Ressourcen. Was für Nationen gilt, läßt sich auch auf an verschiedenen Standorten bzw. international produzierende Unternehmen anwenden, die standortbedingte Kostenvorteile im Rahmen ihrer internen Arbeitsteilung ausnutzen. Arbeitsteilung auf nationaler wie auf internationaler Ebene, innerhalb eines oder zwischen verschiedenen Unternehmen kann aber nur funktionieren, wenn ...

- ein hoch entwickeltes Transportwesen die an verschiedenen Standorten hergestellten Güter schnell und kostengünstig zur Nachfrage bringt.
- die Marktteilnehmer über ein umfassendes Wissen über die jeweiligen Produktionsbedingungen an den verschiedenen Standorten verfügen.
- die Aktivitäten koordiniert werden.

Tabelle 3.1: Motive und Anlässe für Geschäfts- und Dienstreisen

Reisemotive/-anlässe	Inland %[1]	Ausland %[1]
Messe/Ausstellung	44	5
Vorhandene Geschäftsbeziehungen pflegen, Kundenbesuche	36	8
Verhandlungen führen	33	9
Seminar/Fortbildung/Schulung: eigene Firma/Behörde	30	2
Neue Geschäftsbeziehungen aufbauen, entwickeln, Akquisition	27	7
Verträge entwickeln, ausarbeiten, abschließen	25	7
Seminar/Fortbildung/Schulung: andere Veranstalter	25	3
Informationsbesuch/Einblick über Marktgegebenheiten gewinnen	23	6
Service/Kundendienst	20	3
Produkt-Präsentation	17	4
Konferenz/Tagung/Meeting: eigene Firma/Behörde	17	3
Konferenz/Tagung/Meeting: andere Veranstalter	15	3
Montage/Bau	10	2
Kongreß	9	2
Reparaturarbeiten	7	1
Produktionsüberwachung	6	1
Forschungszwecke/-aufgaben	5	2
Dozententätigkeit/Lehrauftrag	4	1

[1] Die Prozentzahlen beziehen sich auf die Basis aller Reisen, d.h. sowohl mit in- als auch mit ausländischen Reisezielen; Mehrfachnennungen aufgrund mehrerer Reisen pro Reisendem.
Quelle: SPIEGEL-Dokumentation Geschäftsreisen 1994, S. 59

Diese Bedingungen lassen sich nur erfüllen, wenn eine direkte Kommunikation zwischen den Beteiligten stattfindet. In der Regel läßt sich das nur über Reisen bewerkstelligen. Die Entwicklung der modernen Kommunikationstechnik vom Telephon über Telex zum Fax und elektronischen Datenfernübertragung bis zur Videokonferenz über Multimediasysteme hat zwar manche Reisen überflüssig gemacht, aber eben nicht alle. Die Pflege von Geschäftsbeziehungen, langwierige Verhandlungen über komplizierte Verträge und der Aufbau neuer Geschäftsbeziehungen lassen sich so wenig über solche Medien abwickeln wie der Service des Kundendienstes, der zum Beispiel die an die Kunden gelieferten Werkzeugmaschinen einsatzfähig erhält (siehe Tabelle 3.1) – auch wenn es mittlerweile zum Teil möglich ist, Fernwartung über das Internet durchzuführen.

Geschäftsreisemotiv Schnelligkeit: Cessna CitationJet

Daß der Besuch von Messen und Ausstellungen mit Abstand an erster Stelle der Reisemotive für geschäftlich bedingte Reisen steht, hat mehrere Gründe. Man erhält dort in kurzer Zeit einen Überblick über den aktuellen Stand einer Branche, für den man sonst Wochen bräuchte. Neuheiten kann man nicht nur aufgrund von Prospektangaben beurteilen, sondern selbst in Augenschein nehmen. Man kann in wenigen Tagen Gespräche mit vielen Kunden, Geschäftspartnern und Mitbewerbern führen, für die man sonst Monate brauchen würde. Daß Messe- und Ausstellungsreisen in erster Linie Inlandreisen sind, hängt mit dem hoch entwickelten Messewesen in Deutschland zusammen: Viele der führenden internationalen Branchenmessen werden hier veranstaltet.

Die Teilnahme an Seminaren oder Fortbildungen dient nicht nur der Schulung zum Beispiel bei der Einführung neuer Produkte, sondern hat oft auch einen Gratifikationscharakter für verdiente Mitarbeiter, deren Motivation durch eine bei guter Leistung in Aussicht gestellte Reise mit Einmaligkeitscharakter (Incentive-Reise) erhöht wird (Davidson 1994; Eisenhut 2000). Das gleiche kann auch für die Teilnahme an Kongressen und Informationsbesuche gelten.

Daß Dienst- und Geschäftsreisen nicht immer rein rational motiviert sind, zeigte sich auch während des zweiten Golfkrieges Anfang 1991 und nach den Attentaten in den USA 2001, als wegen der Furcht vor (weiteren) Terroranschlägen auf die zivile Luftfahrt viele ursprünglich geplante Reisen abgesagt wurden. Offensichtlich hatte sich gezeigt, daß viele dieser Reisen nicht unbedingt notwendig waren, denn danach ist die Zahl der Geschäftsreisen jeweils zunächst kaum wieder angestiegen. Ein Teil dieses Rückganges im Jahre 1991 wird zwar auf eine nahezu zeitgleich einsetzende Rezession in vielen Ländern zurückgeführt, diese hätte aber nicht zu einem so abrupt einsetzenden Rückgang geführt (vgl. auch Davidson 1994, S. 196 ff.). Ähnliches gilt für 2001.

3.2 Private Reisen und Urlaubsreisen

Auch private Reisen können unabdingbar notwendig sein. Das gilt insbesondere für Reisen, die direkt zur Erhaltung der Gesundheit dienen (siehe Abschnitt 3.2.2.1) und für Reisen aus religiösen Gründen. Nicht nur im Islam, der jedem Gläubigen mindestens eine Reise zur Kaaba nach Mekka (die *hadj*) auferlegt, auch im Christentum und in anderen Religionen werden **Pilgerreisen** wenn nicht vorgeschrieben, so doch nahegelegt. Alte europäische Pilgerstraßen wie der Sankt Jakobsweg zum nordspanischen Santiago de Compostella zeugen ebenso davon wie auch heute noch regelmäßig veranstaltete Wallfahrten und Reisen zu den religiösen Stätten des Heiligen Landes. Hier steht nicht das Reisen an sich im Vordergrund, sondern das Erfüllen einer religiös motivierten Anforderung, die man nur so erfüllen kann.

„Urlaubsparadies" Strand

Die Vorstellung eines Paradieses ist zwar religiösen Ursprungs, in seiner zeitgenössischen Form als ‚Urlaubsparadies' wird es als privater Gegenentwurf gesehen zum oft als grau empfundenen und von äußerlichen Zwängen geprägten Alltag zu Hause. Für eine Zeit kann man austreten aus dem ständigen Einerlei und frei von den täglichen Zumutungen von Arbeit und Gesellschaft das Andere erleben. Daß nach wie vor ein so abgegriffenes Stereotyp wie das ‚Urlaubsparadies' ohne die ultimative Strafe der Publikumsverachtung immer wieder in der Werbung verwendet werden darf, zeigt, wie sehr wir uns nach einer solchen „Umhegung" sehnen (vgl. Abschnitt 2.5). Der Urlaubsalltag (sic!) wird jedoch in kleinerer Münze gehandelt, wenn das Zusammenspiel der spezifischen ‚Weg von-' und die eher diffusen ‚Hin zu-Motive' zwar auf einem entsprechenden Grundmuster beruhen, aber etwas nüchterner als Kontrasterleben bezeichnet werden.

Wie wir im zweiten Kapitel gesehen haben, gehören regelmäßige Urlaubsreisen erst seit wenigen Jahrzehnten zu den Gütern und Dienstleistungen, die man sich über die lebensnotwendigen Anschaffungen und Ausgaben hinaus regelmäßig leisten kann. Dazu beigetragen haben auch Urlaubsregelungen, die einen immer größeren, zusammenhängenden Teil des Jahres der freien Verfügung der Arbeitnehmer überlassen.

Aber auch die Wochenenden werden vielfach für kürzere Reisen genutzt, seitdem der Samstag für die meisten Beschäftigten im Rahmen der Einführung der Fünftagewoche frei ist. Feiertage in Wochenendnähe machen es oft möglich, mit der Verwendung von nur einem Urlaubstag bis zu vier Tage zu verreisen (zum Beispiel wenn ein Feiertag auf einen Donnerstag fällt). Die Motive für solche Reisen und für längere Urlaubsreisen sind deutlich unterschieden. Stehen „Tapetenwechsel" und „Abschalten, Ausspannen" an erster Stelle der von den Urlaubsreisenden genannten Motive, so ist es der Besuch von Verwandten, Bekannten und Freunden bei den Kurzreisen. Kurzreisen sind also in erster Linie durch die Pflege von Sozialbeziehungen zu weiter entfernt wohnenden Verwandten oder Bekannten motiviert, bei denen man dann für die Dauer des Aufenthaltes auch meist wohnt.

Mit den hier aufgeführten Reisemotiven sind zwar verschiedene Aspekte wie Entspannung, Erholung, Abwechslung, Erlebnis, Bildung, Naturerlebnis und sportliche Betätigung genannt, was jedoch zu diesen Motiven führt, wovon man sich zum Beispiel Erholen oder Entspannen möchte, bleibt offen. Aufgrund einer technischen, wirtschaftlichen, politischen und sozialen Entwicklung, nach der das Reisen aus reinem Vergnügen in den letzten Jahrzehnten praktisch zu einer sozialen Selbstverständlichkeit geworden ist, übersehen wir leicht, daß diese Art des Reisens für die weitaus meisten Menschen vor noch wenigen Generationen jenseits ihrer Möglichkeiten und Erwartungen stand. Vor diesem Hintergrund besteht also meistens keine Notwendigkeit für das Reisen, obwohl viele Menschen aus heutiger Sicht dies vielleicht sogar so sehen.

In den folgenden Abschnitten beschäftigen wir uns mit verschiedenen Ansätzen, die den Gründen für unsere privaten Reisen nachgehen und nach Erklärungen dafür suchen. Im ersten Teil werden diejenigen Ansätze behandelt, die eine übergreifende Deutung der Motivation für die generell gestiegene private Reisetätigkeit in den letzten Jahrzehnten versuchen. Die Motivation für bestimmte Urlaubsreisen bzw. spezielle Aspekte der Motivation von Urlaubsreisen werden im zweiten Teil behandelt.

3.2.1 Übergreifende Motivationsansätze

3.2.1.1 Defizittheorie: Reisen als Flucht vor den Verhältnissen

Dieser Ansatz geht zunächst davon aus, daß Urlaubsreisen *per se* unnötig und durch den damit verbundenen Energieaufwand, die Verbauung von Naturgebieten und durch die vor Ort entstehenden Abfälle und Abwässer extrem umweltschädlich sind. Darüber hinaus zerstört die Tourismusindustrie gewachsene ökonomische und vor allem traditionelle soziale Strukturen in den Urlaubsorten.

Weiterhin unterstellt diese Sichtweise, daß die Menschen in den Entsendeländern eigentlich gar kein Interesse an Reisen haben und deshalb auch gar nicht reisen wollen. Sie müssen aber reisen, um wenigstens zeitweise den Zwängen entfremdeter Arbeit und defizitären Umweltverhältnissen zu Hause entgehen zu können. Die extreme Arbeitsteilung in den fortgeschrittenen Industriegesellschaften führt zu einem Verlust der Möglichkeiten des Erfahrens von Sinnzusammenhängen; die Wohnverhältnisse insbesondere der lohnabhängig Beschäftigten sind nicht nur häufig beengt, sondern weisen erhebliche Defizite in der Versorgung mit wohnortnahen Infrastruktureinrichtungen, nicht zuletzt im Freizeitbereich, auf. So fehlen gut gestaltete Grünanlagen und Parks, Sport-, Beschäftigungs- und Unterhaltungsangebote, in denen die Menschen in ihrer abendlichen, wöchentlichen und vor allem in der jährlichen Urlaubsfreizeit ihren Interessen und Neigungen nachgehen könnten (vgl. u.a. Nohl 1983, S. 90 ff., Krippendorf 1984, S. 141 ff.).

Vor dem Hintergrund dieser Mangelsituation wird verständlich, daß die Menschen, so bald sie können, diesen Verhältnissen zumindest zeitweise entfliehen: „Fluchthelfer Tourismus" heißt deswegen auch ein diese These vertretendes Buch von Mäder (1982). Gestützt wird diese Sichtweise auch dadurch, daß die „Weg-von"-Motive bei den Untersuchungen über die Gründe für Urlaubsreisen dominieren. In der Bundesrepublik Deutschland hat die Reiseanalyse regelmäßig über Jahrzehnte die Motive „Aus dem Alltag herauskommen, Tapetenwechsel", „Abschalten, ausspannen" und „Tun und lassen können was man will, frei sein" als dominante Faktoren für das Urlaubsreiseverhalten ausgemacht (u.a. Laßberg & Steinmassl 1991). Auch die Urlauber in den USA wollen „weg von den Belastungen (*pressures*) und Verantwortungen (*responsibilities*)" des Alltags und „aus schmerzhaften und ungemütlichen Umwelten entfliehen (*escape*)" (Fodness 1994, S. 562; Übers. J.W.M.). Entsprechend stimmen sie besonders häufig Aussagen zu wie „Von Zeit zu Zeit muß ich weg von Druck und Streß", „Urlaub heißt wegzukommen" oder „Weg von der Arbeit, weg von der täglichen Routine, das steht bei mir an vorderer Stelle" (*op. cit.*, S. 563; Übers. J.W.M.).

Es liegt deshalb nahe, wenn Urlaubsreisen in diesem Argumentationszusammenhang mit einer Flucht gleichgesetzt werden, mit der sich die Menschen dem strengen Zeitkorsett und den Zumutungen und Anforderungen des Alltagslebens entziehen wollen. Gleichzeitig schwingt ein erhebliches Stück Kritik an den Urlaubsreisenden darin mit, die den Verhältnissen zu Hause nicht standhalten und, statt sie zu verändern, durch ihre zeitweilige Flucht auch noch zur Stabilisierung der bestehenden Situation beitragen, weil die

Reisen nicht nur von der eigentlichen Misere ablenken, sondern durch das dafür verwendete Geld das die Probleme erst schaffende Wirtschaftssystem unterstützen.

Kritik: Diese Sicht der Motive für Urlaubsreisen ist unter verschiedenen Aspekten nicht haltbar. Vor allem die Gleichsetzung von Urlaubsreisen mit einer Flucht ist wirklichkeitsfremd und führt zu einer Verniedlichung des Begriffes „Flucht". Vor dem Hintergrund von Naturkatastrophen, von Hunger, Durst und vielen andauernden kriegerischen Auseinandersetzungen in der Welt mit ihren bedrohlichen und menschenverachtenden Konsequenzen, die vielen Menschen keine andere Wahl als das Verlassen der Heimat lassen, ist die Gleichsetzung des reinen Luxusgutes einer Vergnügungsreise mit „Flucht" nicht akzeptabel.

Man sollte es auch deshalb nicht tun, weil Flucht immer etwas Ungewisses ist: Wer flieht, möchte eigentlich gar nicht weg, will auch nicht an einen bestimmten Ort, sondern muß weg, egal wohin. Er fährt also ins Ungewisse. Wer in den Urlaub fährt, weiß dagegen sehr genau, wohin er fährt und was ihn dort erwartet: Er hat sich sein Reiseziel schließlich selbst ausgesucht. Ungewiß ist auch, ob und wann der Flüchtende je zurückkehren kann. Der Tourist dagegen hat seine Rückfahrt fest gebucht und kennt den Tag, an dem er wieder zu Hause ist und sein normales Leben weiterführen wird.

Auch wenn unstrittig das „Weg von" viele Urlaubsreisen motiviert: Zwei, drei oder auch sechs Wochen zu verreisen ist auch schon deshalb keine Flucht, weil jeder Reisende weiß, daß ihn bei seiner Rückkehr die gleichen Verhältnisse erwarten, die er vordem zurückgelassen hatte. Und er weiß auch, daß es eben diese Verhältnisse sind, die es ihm erlaubt haben, überhaupt verreisen zu können.

Die Behauptung, Urlaubsreisen seien eine Kompensation für als defizitär erlebte Umwelten bei der Arbeit und in den Wohnorten, läßt sich überdies empirisch leicht widerlegen. Gerade diejenigen, die einen hohen formalen Bildungsabschluß haben, eher selbstbestimmten Tätigkeiten nachgehen und sich dank eines höheren Einkommens bessere Wohngegenden, Wohnungen oder Häuser leisten können, sind auch diejenigen, die eine höhere Reiseintensität und Reisehäufigkeit als der Durchschnitt der Bevölkerung aufweisen (Kapitel 2).

3.2.1.2 Reisen als Suche nach Authentizität

Dieser Ansatz zur Erklärung von Reisemotivation ist zwar verwandt mit der im vorherigen Abschnitt dargestellten Defizittheorie, er unterscheidet sich aber insofern von ihr, als er umfassender davon ausgeht, daß er nicht nur für benachteiligte soziale Gruppen, sondern für alle Menschen in den modernen Industrie- und Dienstleistungsgesellschaften Gültigkeit hat.

Diese Gesellschaften sind geprägt durch einen hohen Grad an Entfremdung, dem ihre Mitglieder ausgesetzt sind. Mit dem Begriff der **Entfremdung** werden in diesem Zusammenhang verschiedene Tatbestände belegt (vgl. u.a. Neuer 1990, S. 144 ff., Reinhold et al. 1991, S. 130 f.; Sharpley 1994, S. 111):

- **Arbeitsteilung, Massenproduktion** und **Automatisierung** führen dazu, daß die Menschen die Verbindung zum eigentlichen Produkt ihrer Arbeit verlieren, das sie für einen ihnen unbekannten, anonymen Markt produzieren, mithin ihr Sinn nur noch indirekt über die Zahlung von Geld vermittelt wird.

- Der hohe Grad an **Technisierung** am Arbeitsplatz und im Alltagsleben führt zu einer größer werdenden Distanz des Menschen zu seinen natürlichen Lebensgrundlagen, die u.a. durch anhaltende Verstädterung verstärkt wird. Man bewegt sich in einer immer künstlicher werdenden Welt, deren innere Zusammenhänge dadurch mehr und mehr aus dem Blick geraten.

- Die gestiegene **soziale und regionale Mobilität** führten ebenso wie der immer stärker werdende Gebrauch elektronischer Kommunikations- und Unterhaltungstechniken zu geringeren persönlichen Kontakten mit Familie, Freunden und Bekannten;

- Die so strukturierte Gesellschaft weist den Menschen von außen her verschiedenartige und sich wandelnde **soziale Rollen** zu, die sie ausfüllen müssen und zu spielen haben, damit das System nicht in Frage gestellt wird und funktionieren kann.

- Daraus folgen für viele Menschen Gefühle von Macht- und Sinnlosigkeit, weil sie den Eindruck haben, den undurchschaubaren Verhältnissen ohne Einflußmöglichkeiten ausgeliefert zu sein. Sie wissen nicht mehr, wo sie hingehören, können ihr Leben nicht entsprechend ihrer eigentlichen Wünsche und Bedürfnisse organisieren und kommen damit letztlich in einen Zustand der **Selbstentfremdung**, weil sie Dinge tun oder tun müssen, die sie vor sich selbst nicht mehr begründen können.

Dieser Ansatz bzw. Teile davon finden sich ausgesprochen oder unausgesprochen in vielen Äußerungen zum Tourismus. In den Worten des Schweizers Jost Krippendorff, einem der Wortführer der Tourismuskritik in den 1980er Jahren, liest sich das so:

„die Verarmung der zwischenmenschlichen Beziehungen, die Verdrängung des Gemüts, den Verlust der Natur und der Natürlichkeit. ... Um einen Ausgleich für all das zu finden ... fahren wir weg: um soziale Abhängigkeit abzuschütteln, um abzuschalten und aufzutanken, um Unabhängigkeit und Selbstbestimmung zu genießen und Kontakte zu knüpfen, um zur Ruhe zu kommen, um Freiheit zu empfinden und etwas Glück heimzuholen. Eigentlich fahren wir weg, um zu leben, um zu überleben. So ist denn der große Mas-

„Authentische" Karibik

senauszug unserer Tage eine Folge von Verhältnissen, die uns die Entwicklung unserer Industriegesellschaft beschert hat" (1984, S. 16).

In der Soziologie nennt man diesen Zustand einer Gesellschaft, in dem sich ihre Mitglieder dem Verlust von Normen und Bedeutungen ausgesetzt sehen und individuelle Beziehungslosigkeit an die Stelle von sozialer Integration tritt, **Anomie** (Durkheim 1897). Dann (1977) stellte in einer 1976 durchgeführten Untersuchung an einer repräsentativen Auswahl von 422 Touristen auf Barbados fest, daß Menschen, die sich zuhause in einer solchen Situation befanden,

- überdurchschnittlich viele soziale Kontakte während des Urlaubsaufenthaltes eingingen,
- diese Kontakte sozial und ethnisch sehr breit gestreut waren
- und sie dabei Themen außer acht ließen, die mit ihrer Situation am Heimatort zu tun hatten.

Sie hatten sich für Barbados als Reiseziel entschieden, weil es für sie eine vergangene Welt repräsentierte:

„Nostalgische Gefühle für die gute alte Zeit wurden durch altmodische Gebäude, enge Straßen, Eselskarren, Zuckermühlen und die Geruhsamkeit des Lebens auf der Insel wiederbelebt und standen für sie in starkem Kontrast zu den betonierten und verschmutzten Metropolen, aus denen zwei Drittel der Touristen kamen" (*op. cit.*, S. 188; Übers. J.W.M.).

Abbildung 3.2: Skizze des Argumentationsgangs der Authentizitätsthese

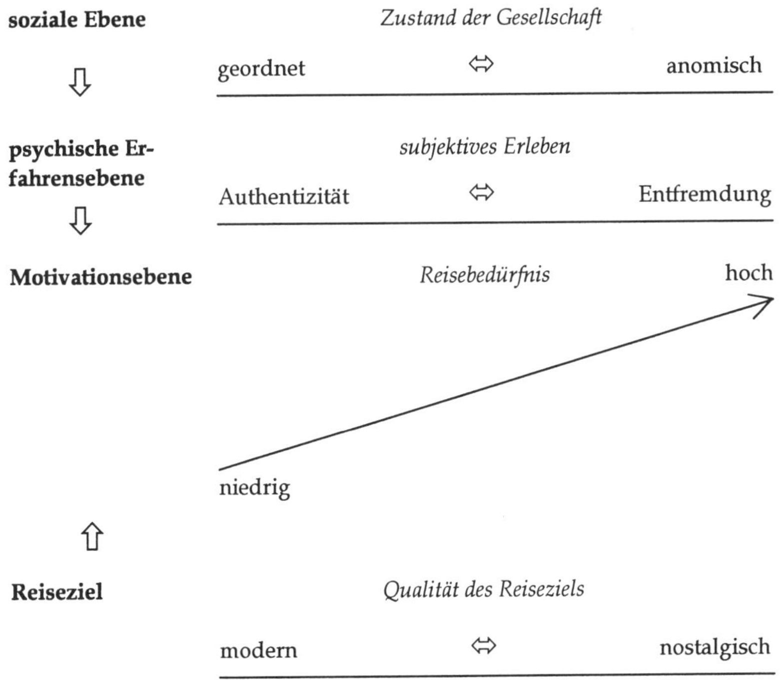

soziale Ebene	*Zustand der Gesellschaft*		
⇩	geordnet	⇔	anomisch

psychische Erfahrensebene	*subjektives Erleben*		
⇩	Authentizität	⇔	Entfremdung

Motivationsebene	*Reisebedürfnis*		hoch
	niedrig		

⇧			
Reiseziel	*Qualität des Reiseziels*		
	modern	⇔	nostalgisch

Dabei handelte es sich nicht, wie man zunächst vermuten könnte, um ältere Menschen, die den idealisierten Verhältnissen ihrer Jugend nachtrauerten, sondern vorwiegend um jüngere Männer in überdurchschnittlich guten beruflichen Positionen, die dieser Gruppe angehörten. Auch dadurch unterscheidet sich dieser Ansatz von der im vorausgehenden Abschnitt dargestellten Defizittheorie. Anders als Krippendorf, der in dem oben angeführten Zitat sehr stark verallgemeinert, geht Dann davon aus, daß Gefühle von Anomie und Entfremdung nicht alle Menschen betreffen und das Reisen motivieren, sondern daß dafür auch noch andere soziale und psychische Faktoren eine Rolle spielen (s. u.).

Gemeinsam ist den anomischen Touristen also die Suche nach **Authentizität**, nach dem von ihnen als direkt und unverfälscht empfundenen Leben, das in den hektischen Agglomerationen der Industriegesellschaft, in denen sie leben, verloren gegangen ist. Authentizität ist damit das **Gegenteil von Entfremdung**, der man nur zeitweilig und außerhalb der gewohnten sozialen und räumlichen Umgebung entgeht. Diese Touristen fahren im Gegensatz zu anderen, wie Dann (1977) in seiner Studie ebenfalls ermittelte, immer wieder an den gleichen Ort, an dem sie die authentischen Erlebnisse gefunden haben, nach denen sie gesucht hatten.

Anders als bei der Defizittheorie, bei der allein die Schubfaktoren im Sinne des ‚Weg-von'-Motivs im Vordergrund standen, geht die Authentizitätsthese einen Schritt weiter, indem sie das gleichzeitige Wirken von Schub- und Zugfaktoren postuliert (siehe 3.2.1.1). Nicht allein das Verlassen der gewohnten Umgebung, auch die vermutete oder bereits erfahrene Qualität des Reiseziels im Sinne von Ursprünglichkeit und Natürlichkeit motiviert hiernach das Reisen. Anders als bei den anderen Ansätzen zur Erklärung von Reisemotivation liefert dieser Ansatz damit auch eine Erklärung für die Reisezielentscheidung.

Kritik: In der Argumentation mancher Tourismuskritiker wird dieser Ansatz ebenso pauschal vertreten wie die im vorangegangenen Abschnitt dargestellte Defizit-These. Die Verhältnisse in den meisten Industrie- und Dienstleistungsgesellschaften, die, wie die Bundesrepublik Deutschland, eine hohe Reiseintensität aufweisen, müßten demnach im Umkehrschluß im Vergleich zu weniger wirtschaftlich entwickelten Ländern erheblich größere gesellschaftliche Anomie aufweisen. Eine These, die so wohl nicht haltbar ist. Man hat deshalb manchmal den Eindruck, dieser Ansatz soll eher dazu dienen, den Tourismus pauschal zu diskreditieren als die Beweggründe zu verstehen, die Menschen veranlassen zu reisen.

In seiner differenzierteren Form indes kann dieser Ansatz, wie die Arbeit von Dann (1977) gezeigt hat, durchaus zur Aufklärung der Reisemotivation und darüber hinaus auch der Reisezielentscheidung beitragen. Damit ist ein Teil des touristischen Reisegeschehens zu verstehen. In diesem Zusammenhang ist aber darauf hinzuweisen, daß ein Bedürfnis nach Authentizität nicht alleine durch Reisen zu befriedigen ist, sondern generell im Freizeitbereich (zum Beispiel durch Gartenarbeit oder Sport) realisierbar ist.

3.2.1.3 Der physiologische Erklärungsansatz: Urlaub zum Abbau der kumulierten Ermüdungsstoffe

Die andauernde Belastung der Menschen durch das Arbeitsleben und die im Alltag zu bewältigenden Aufgaben führt zu einer Ermüdung des Organismus, die nur durch den zeitweiligen Wegfall der Belastungen in einer Ruhepause wieder rückgängig gemacht werden kann. In dieser Pause findet die Erholung statt.

Beide Begriffe, Ermüdung und Erholung, sind nicht direkt zugänglich. Deshalb handelt es sich bei ihnen um sogenannte „hypothetische Konstrukte": Man kann sie nur indirekt, zum Beispiel über die Messung physischer oder psychischer Leistungsfähigkeit über die Zeit, erfassen.

Unter **Ermüdung** versteht man einen, kontinuierlich oder in Schüben über die Zeit beobachtbaren, reversiblen Leistungsabfall während physischen und/oder psychischen Belastungen durch Arbeit und/oder Umweltfaktoren (zum Beispiel Lärm, Klima usw.). Die Ermüdung erfaßt den gesamten Organismus und kann durch den Wegfall der Belastung nach einiger Zeit wieder rückgängig gemacht werden. Das in dem Begriff enthaltene „müde" ist eng verwandt mit „Mühe" und bedeutet „demnach im zustande der anstrengung und beschwerde" (J. Grimm, W. Grimm & Heyne 1885, Bd. 12, S. 2616; Kleinschreibung im Original).

Erholung bezeichnet den Vorgang, der nach dem Ausüben einer Tätigkeit den gleichen Zustand eines Organismus wie vor dem Ausüben dieser Tätigkeit(en) wiederherstellt. In dieser Wortbedeutung ist der Begriff gleichbedeutend mit Erfrischung und, abgeleitet aus dem mittelhochdeutschen „irholon", mit Wiederherstellung.

Erholung macht also die Ermüdung wieder rückgängig. Das einfachste Beispiel für das andauernde Wechselspiel von Ermüdung und Erholung ist der Tag-/Nachtrhythmus des Menschen. Die Vorstellung vom Urlaub als Erholung und damit Wiederherstellung eines vor einer Belastungssituation bestehenden Zustandes stammt jedoch aus der seit mehr als hundert Jahren betriebenen Erforschung der Erholungswirkung von Arbeitspausen auf die Leistungsfähigkeit von Menschen. In diesen Untersuchungen ging es darum, die optimale zeitliche Plazierung und Dauer von Arbeitspausen zu ermitteln, um die maximal mögliche tägliche Arbeitsleistung der Beschäftigten zu erreichen.

Die Messung von Ermüdung und Erholung erfolgt nach folgendem einfachen Schema: Einer physischen oder psychischen Belastungssituation mit einer bestimmten Dauer folgt eine Pause, nach der die Personen wieder in diese Situation zurückkehren. Fällt die Leistung zwischen dem Beginn der Belastungsperiode bis zur Pause ab, schließt man auf Ermüdung durch die Belastungssituation, steigt die Leistung nach der Pause wieder, auf Erholung durch den Wegfall der Belastung während der Pause (siehe Abbildung 3.3).

Aus dieser **Theorie der „schiefen Ebenen"** folgt, daß weder die kurzen Arbeitspausen eines Tages, noch die Tagesfreizeit oder die Wochenenden zu einer vollständigen Erholung des Organismus von den vorangegangenen Belastungen führt. In den Worten des Arztes Karl Behm (1924) wird dieser Vorgang so beschrieben:

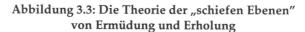

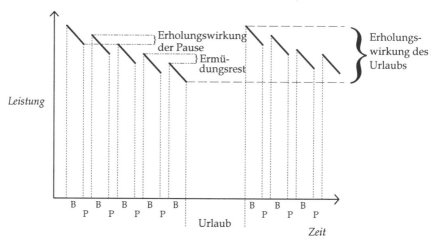

B = Arbeit/Belastung; P = Pause (Freizeit/Wochenende)

„Der erholungsbedürftige Zustand, der beseitigt werden soll, ist eben ein Ermüdungszustand, mag er ein ganz kurzer sein, wie z.B. die Atemlosigkeit nach einem Lauf, die sich leicht durch ein tiefes Wiederaufatmen beseitigen läßt, oder mag es die abendliche Ermüdung sein, die durch die Ruhe, den Schlaf beseitigt wird. Durch Beseitigung der Müdigkeit kommen wir wieder in den Zustand der Frische, der Kraft. Wir sehen somit, daß unser Lebensrhythmus zwischen diesem Kraftzustand und dem Müdigkeitszustand hin- und herschwingt und können als Arbeit den absteigenden Schenkel der Kurve bezeichnen, als Erholung den aufsteigenden. Die Ermüdung durch des Tages Arbeit soll im allgemeinen ... durch den Schlaf wieder ausgeglichen werden, aber wir sehen, daß der voraufgehende Kraftzustand nicht wieder erreicht wird, daß der Ermüdungszustand sich immer weniger leicht beseitigen läßt" (S. 491 f.).

Mit anderen Worten: Jeden Tag bleibt ein Rest von Ermüdung in uns hängen, der durch tägliche Freizeit und Schlaf ebensowenig ausgeglichen werden kann wie durch die arbeitsfreien Sonntage. Diese kumulierten Tagesreste führen schließlich nach einem Jahr zur Erholungsbedürftigkeit im Sinne eines Urlaubs von einigen Wochen Dauer. In diesen Wochen werden die Ermüdungsreste vollständig abgebaut und man befindet sich wieder im Zenit seiner Leistungsfähigkeit.

Hinter diesem Konzept steht die in der ersten Phase der Ermüdungsforschung dominierende Vorstellung von den „Ermüdungstoxinen" (Toxine = Giftstoffe), von denen man annahm, daß sie generell die Verursacher von Leistungsabfall und Müdigkeit seien. Man vermutete, daß generell bei (körperlicher) Arbeit Stoffwechselprodukte entstehen, die bei anwachsenden Konzentrationen Ermüdung zur Folge haben. Damit übertrug man isolierte Erkenntnisse über den Muskelstoffwechsel auf den gesamten menschlichen Organismus und ging davon aus, daß zum Beispiel die Milchsäure als ein solches Toxin im gesamten Körper die gleiche Wirkung entfaltet wie im einzelnen Muskel.

Kritik: Diese Stoffwechseltheorie wurde bereits Ende der 1920er Jahre angezweifelt, weil, wie Schmidtke (1965) in seinem Standardwerk über „Die Ermüdung" resümierte, „für die Erklärung von ermüdungsbedingten zentralnervösen Funktionsmängeln komplizierte Zusatzhypothesen notwendig waren. ... Mit dem weiteren Eindringen in die chemischen Prozesse des Stoffwechsels traten die auf eine ‚Ermüdungssubstanz' aufbauenden Definitionen immer mehr in den Hintergrund" (S. 16 f.), weil diese Stoffe nicht gefunden werden konnten. Dennoch wurde diese Theorie in den 1960er Jahren im Rahmen einer damals sehr zaghaft ansetzenden Erholungsforschung insbesondere von Hittmair (u.a. 1959, 1972, 1983) wieder ausgegraben und wirkt noch heute in manchen Vorstellungen über Ermüdung und Erholung nach.

Darüber hinaus hat sich die Arbeitswelt seit den 1920er Jahren stark verändert. Überwog damals noch die physische Belastung durch körperliche Arbeit, spielt sie heute durch Mechanisierung und Automatisierung nur noch eine vergleichsweise geringe Rolle. Erhöht hat sich statt dessen die psychische Belastung an den Arbeitsplätzen durch eine erheblich gestiegene Produktivität und vermehrte Überwachungs- und Kontrollaufgaben. Auch aus diesem Grunde wäre die auf physischer Ermüdung aufbauende Theorie heute längst obsolet.

Wie die Entwicklung seit den 1920er Jahren überdies gezeigt hat, wurde die Wochenarbeitszeit stark reduziert und gleichzeitig die Zahl der den Arbeitnehmern zustehenden Urlaubstage ebenso stark erhöht (vgl. Abbildung 2.1 auf Seite 39). Auf diese aus ihrer Sicht paradoxe Entwicklung kann die Erholungstheorie keine Antwort geben.

Dieser Ansatz sieht den Urlaub zudem als eine Pause, die nur definiert ist durch das Wegfallen einer bestimmten Belastung. Der Inhalt dieser Pause bleibt unberücksichtigt. Ob man während dieses Urlaubes verreist oder nicht, spielt deshalb auch keine Rolle. Damit liefert er im Grunde keinen Beitrag zur Aufklärung von Urlaubsreisemotiven.

3.2.1.4 Psychologischer Erklärungsansatz I: Selbstverbesserung und symbolische Selbstergänzung

Menschen brauchen Anerkennung, von sich selbst und von anderen. Von Zeit zu Zeit müssen wir uns deshalb vor uns selbst beweisen und versuchen, von unserer Umwelt Bestätigungen unserer sozialen Position zu bekommen. Vor dem Hintergrund einer in ihrem Selbstverständnis auf Wettbewerb, Leistung und berufliche Karriere ausgerichteten Gesellschaft fühlt man sich meist wohler, wenn man auf der sozialen Leiter etwas weiter oben steht und auf andere herabblicken kann. Wir suchen deshalb vielfach nach Möglichkeiten, um schneller an anderen vorbei weiter nach oben zu kommen.

Die einmal zugewiesene Position zu Hause in der eigenen Gesellschaft zu verbessern, ist meist ein langdauernder Prozeß, der zudem mit Unwägbarkeiten und Risiken verbunden ist. Deshalb suchen wir nach alternativen Möglichkeiten, mit denen wir schneller und sicherer zum Ziel gestiegener Anerkennung gelangen können. Auf der anderen Seite sind wir bestrebt, Kompensation in anderen Lebensbereichen zu finden, wenn die soziale Kernposition (zum Beispiel durch Arbeitslosigkeit) in der Gesellschaft gefährdet ist und sozialer Abstieg droht oder bereits eingetreten ist.

Mit einer Reise kann man seine „eigentliche" Position abstreifen und bei Ankunft an einem anderen Ort für die Zeit des Aufenthaltes eine ganz andere Person darstellen. In seiner bereits in Abschnitt 3.2.1.2 zitierten Untersuchung über Touristen auf Barbados hat Dann (1977) diesen Motivationstypus, den er mit „**Selbstverbesserung**" (ego-enhancement) bezeichnet, dem anomischen gegenübergestellt.

Die „Selbstverbesserer" ...

- fühlen sich in einer Gesellschaft, in der man sie und ihren sozialen Heimatstatus nicht kennt, deshalb überlegen gegenüber den Gastgebern – dies vor allem dann, wenn sie in ein Land fahren, das weniger wohlhabend ist als ihr eigenes;
- fahren im Gegensatz zu den ‚anomischen' Touristen, die häufiger immer wieder an den gleichen Urlaubsort zurückkehren, an wechselnde Zielorte;
- versuchen ihren Status auch dadurch zu erhöhen, daß sie in einen Urlaubsort mit hohem Prestige fahren;
- erzählen nach ihrer Rückkehr von ihren Reisen zu Hause ausführlich von ihren Urlaubserfahrungen und können dadurch ihr Ego in der Kommunikation mit anderen stärken (op. cit., S. 187).

In der Untersuchung Danns fielen vor allem ältere Frauen mit geringerem sozioökonomischem Status in diese Gruppe. Der Alterungsprozeß führt nach Dann (op. cit., S. 192) zu einem zunehmenden Verlust an gesellschaftlichem Status, der schließlich im Austritt aus dem Erwerbsleben kulminiert, deshalb der hohe Anteil älterer Menschen in dieser Gruppe. Hinzu kommt vermutlich noch, daß viele ältere Frauen dieser Generationen ihren Status in der Regel durch den ihres Mannes erlangt haben und bei seinem Tod von Einkommens- und Statusverlust betroffen sind.

Anstatt von „Selbstverbesserung" kann man auch von „**Selbstergänzung**" sprechen – durch ihre Reisen fügen die Menschen etwas aus ihrer Sicht Fehlendes ihrer Person und ihren Eigenschaften hinzu, das sie benötigen, um ihrem Selbstbild bzw. den wahrgenommen Anforderungen ihrer Umwelt zu entsprechen. Dieser von Braun (1993) in die Diskussion gebrachte Versuch zur Erklärung von Urlaubsreisemotivation ist praktisch eine Spezifizierung des Ansatzes von Dann. Ausgangspunkt ist die Unterscheidung zwischen zwei grundsätzlich verschiedenen psychischen Zuständen im Verhältnis zur Umwelt.

Im Zustand **dynamischer Orientierung** bewegt man sich im optimalen Anforderungsbereich, fühlt sich also weder unter- noch überfordert, ist außenorientiert und in der Lage, auch Nuancen in der Umwelt wahrzunehmen und angemessen darauf zu reagieren (Braun 1993., S. 13).

Bei **statischer Orientierung** befindet man sich in Disharmonie mit seiner Umwelt, weil man sich zum Beispiel über- oder unterfordert fühlt und entsprechend über kein angemessenes Handlungspotential verfügt. Als Konsequenz richtet man seine Aufmerksamkeit auf die Eigenschaften, über die man verfügen müßte, um in Harmonie mit seiner Umwelt zu leben. Wer aufgrund einer Überforderung in den statischen Zustand geraten ist, würde etwa darüber nachdenken, ob er genügend Intelligenz, Auffassungsgabe, Willen oder auch die Kraft besitzt, um die Aufgabe zu lösen (*op. cit.*, S. 13 f).

Kurt Lewins (1926) Arbeit über zielgerichtetes Handeln geht davon aus, daß immer dann, wenn man sich ein Ziel setzt, ein Spannungszustand entsteht, der sich erst dann auflöst, wenn man das gesetzte Ziel erreicht, eine Ersatzhandlung vorgenommen hat oder die Absicht aufgegeben wird. Wird die Arbeit an der Erreichung durch dieses Ziel aus irgendeinem Grunde unterbrochen, bleibt dieser Spannungszustand in der Regel erhalten, weil das Ziel (noch) nicht erreicht wurde. Die Spannung wird jedoch deutlich geringer, wenn die Unterbrechung durch eine andere Aufgabe verursacht wird, die der selbstgesetzten ähnlich ist. Das heißt, die Wahrscheinlichkeit, daß das ursprüngliche Ziel nach Erledigung der Ersatzaufgabe weiter verfolgt wird, wird deutlich geringer.

Die von Wicklund und Gollwitzer (1982) in Anlehnung an Kurt Lewin entwickelte **Theorie der symbolischen Selbstergänzung** geht nun davon aus, daß Personen, die feststellen, daß sie ein selbstgesetztes Ziel nicht erreichen, in anderen Bereichen nach Symbolen suchen, mit denen sie diesen Mangel vor sich selbst und den anderen ausgleichen können. Wer also in den Zustand der statischen Orientierung (s. o.) kommt, tendiert dazu, außerhalb des Handlungsfeldes nach einem symbolischen Ausgleich zu suchen, der das „Versagen" kompensiert. Dazu gehört der demonstrative Konsum (*conspicuous consumption*; Veblen 1899) von Gütern oder Dienstleistungen als Ersatzhandlung im Sinne Lewins, an denen man sich und anderen seinen „Erfolg" beweisen kann. Auch Aspekte von Freizeit, Urlaub und Reisen können zu dieser Demonstration verwendet werden.

In einer Untersuchung an Studenten konnte Braun (1993, S. 33 ff.) feststellen, daß Personen vor allem in einem Zustand statischer Orientierung ein Bedürfnis nach Erholung spüren: Wenn sie ihre Kompetenz (zum Beispiel, weil das Studium ihnen sehr schwer fällt) bedroht fühlen oder die Erreichung ihrer Identitätsziele gefährdet sehen (zum Beispiel, weil sie ihr Studienziel erreichen wollen, sich aber nicht sicher sind, ob sie es schaffen).

Dieses Ergebnis bestätigt eine frühe Untersuchung von Böhm aus den 1960er Jahren über die Motivation junger Auslandsreisender. Sie reisten vor allem deshalb, weil sie zumindest zeitweise der Bevormundung durch ihre Eltern entgehen wollten, also Identitätsziele verfolgten, die sie zu Hause nicht erreichen konnten. Bei negativer beruflicher Erfahrung wurde die Auslandsreise meist motiviert durch die Suche nach befriedigenden Erlebnissen außerhalb des Berufes (Braun 1993, S. 23).

Zusammenfassend beschreibt Braun die von den eigenen Problemen dominierte und damit innengerichtete Reisemotivation dieser nach „symbolischer Selbstergänzung" strebenden Urlauber:

„Das Urlaubsziel des statisch orientierten Touristen besteht darin, die im Alltag beschädigte Identität zu reparieren. Dazu ist es zunächst notwendig, die bedrohenden Bedingungen zu meiden. Man flieht aus dem Alltag. Die beschädigte Identität wird dann dadurch repariert, daß Prestigesymbole angeschafft werden, die anderen Leuten präsentiert werden. Im Urlaub kommt es darauf an, bei anderen Leuten einen guten Eindruck zu hinterlassen und Anerkennung zu bekommen. Dieses Ziel muß jedoch keineswegs bewußt repräsentiert sein und wird auch nicht planvoll angesteuert" (1993, S. 95).

Erholungsbedürftigkeit ist in seiner Definition demnach Konsequenz von wahrgenommenen Schwierigkeiten im Alltag (*op. cit.*, S. 33). Erholt fühlt sich eine Person dann, wenn sie glaubt, daß die Menschen in ihrer Umwelt die von ihr als Prestigesymbol angesehene Urlaubsreise wahrgenommen haben.

Aber auch dynamisch orientierte Personen, die zu Hause im Einklang mit sich und der Umwelt sind, machen Urlaubsreisen. Ihre Motive sind entsprechend außengerichtet und beziehen sich auf das Kennenlernen eines Landes und seiner Kultur. Sie unterscheiden sich vor allem darin von den statisch orientierten Personen, daß sie die Reise eben nicht wegen des Aufbaus oder der Reparatur ihrer Identität antreten.

Kritik: In bezug auf die Reisemotivation wurde dieser Erklärungsansatz an Jugendlichen und vor allem Studenten entwickelt und durch eine Reihe kleinerer Untersuchungen überprüft. Inwieweit diese Ergebnisse auf andere Bevölkerungsgruppen übertragbar sind, bleibt offen.

Die beiden Zustandstypen von Personen werden als weitgehend dauerhaft angesehen. Es kann aber durchaus sein, daß man nur kurzfristig von einem Zustand dynamischer in einem Zustand statischer Orientierung gelangt, den man durch eine Urlaubsreise, die nicht durch „symbolische Selbstergänzung" motiviert ist, wieder beseitigen kann. Mit anderen Worten: Man kann eine Urlaubsreise auch deshalb antreten, weil man sich für eine Zeit mit etwas anderem beschäftigen möchte (zum Beispiel mit Land und Leuten eines fremden Landes), um danach seine Arbeit erfolgreich weiterführen zu können.

3.2.1.5 Psychologischer Erklärungsansatz II: Die Urlaubsreise als Kontrast zum Alltag

Dieser Versuch einer Erklärung der Motive für Urlaubsreisen geht zurück auf die Theorie der „psychischen Sättigung", wie sie in den zwanziger Jahren von den Psychologen Kurt Lewin und Anitra Karsten entwickelt worden ist. Der neue Begriff der psychischen Sättigung tritt dabei nicht an die Stelle der Ermüdung, sondern beide werden von ihnen neu definiert und voneinander abgegrenzt.

In den Worten von Anitra Karsten (1928) versteht man „unter **psychischer Sättigung** ... einen Zustand des Widerwillens, der affektgeladenen Abneigung gegen eine bestimmte Handlung. Subjektive, erlebnismäßige Symptome sind dabei Gefühle wie das ‚Satt-haben' einer Aufgabe, das ‚Auf-der-Stelle-treten', Ärgerlichkeit, unruhevolle Unlust, Mißmut, Beeinträchtigung der emotionalen Steuerungsfähigkeit, was verbunden sein kann mit affektiven Ausbrüchen. Objektive Symptome sind Leistungsverschlechterungen, Gestaltzerfall der auszuführenden Handlung, die Tendenz zur Variation der Tätigkeit" (S. 144 f.; Hervorh. J.W.M.).

Ermüdung dagegen ist ein genereller Zustand und bezieht sich nicht auf eine bestimmte Handlung. Sie zeigt sich deshalb bei allen Tätigkeiten durch einen Leistungsabfall gegenüber dem Normalzustand.

Bei psychischer Sättigung gibt es den Leistungsabfall nur bei einer bestimmten Tätigkeit. Man kann also nach dem Eintreten von psychischer Sättigung mit entsprechendem Leistungsabfall bei Tätigkeit A (Diplomarbeit schreiben) zur Tätigkeit B (Garten umgraben) wechseln und dort ohne Abstriche wieder leistungsfähig sein. Je größer die subjektiv wahrgenommene Differenz zwischen den beiden Tätigkeiten ist, d.h., je weniger sie als ähnlich empfunden werden, desto geringer wird der Einfluß der vorangegangenen Handlungen auf die Leistungsfähigkeit sein. Bei Vorliegen von Ermüdung dagegen wäre auch die Tätigkeit B nur auf einem ähnlich niedrigen Leistungsniveau wie zuvor die Tätigkeit A durchführbar.

Während Ermüdung also nur durch die Erholung in einer Ruhephase wieder rückgängig zu machen ist, reicht bei psychischer Sättigung das **"Aus-dem-Felde-gehen"**, wie das Verlassen der Sättigung auslösenden Situation in der psychologischen Terminologie heißt. Auch die Symptome zwischen den beiden Zuständen sind völlig entgegengesetzt: Ermüdung führt zu Passivität, zu einem umfassenden Abschalten, genereller Mattigkeit und Erschöpfung; psychische Sättigung dagegen zeigt sich in gestiegener Spannung, in affektiver Unruhe und Gereiztheit.

Ersetzt man "Tätigkeit" durch "Alltag" und "Aus-dem-Felde-gehen" durch "Urlaubsreise", wird unmittelbar deutlich, welchen psychologischen Hintergrund das Verreisen im Urlaub nach diesem Ansatz hat. Damit bekommt das bereits oben (in Abschnitt 3.2.1.1) angeführte Grundmotiv des "Weg-von", wie es sich in einer Reihe von Aussagen widerspiegelt, eine andere Bedeutung, denn das Weggehen ist von vornherein nur als ein zeitweiliges Verlassen des normalen Umfeldes geplant. Klaus D. Hartmann und Gudrun Meyer haben diese Motivation so beschrieben:

„Wenn man immer wieder das Gleiche oder etwas Ähnliches tut bzw. – noch schlimmer – tun muß, sinkt das Aktivationsniveau, es werden immer stärkere Reize notwendig, damit man sich noch angeregt fühlt. Der zeitweilige Wechsel der Reize steigert die Aufnahmefähigkeit und hebt das energetische Niveau der Reaktionen. Dasselbe gilt dann, wenn man vom Urlaub zurückkommt und die ‚alten' Reize ‚neu' erfährt, bis nach längerer Zeit der Gewöhnungs- und Sättigungseffekt wieder eintritt" (1982, S. 24).

Dadurch wird klar, daß nicht nur das Wegfahren die Urlaubsreise motiviert, sondern auch das Wiederkommen. Denn auch der schönste Urlaub wird nach einer gewissen Zeit zum Urlaubsalltag, dem man genauso entgehen möchte wie vorher seiner Alltagswelt zu Hause. Auch dadurch wird die Verwendung des Begriff "Flucht" in diesem Zusammenhang (siehe Abschnitt 3.2.1.1) obsolet. Hinzu kommt, daß auch Statusaspekte die Reisemotivation bestimmen: „Es ist wichtig, den Arbeitskollegen zu zeigen, daß man sich eine Urlaubsreise leisten kann"; „Wenn ich von meiner Urlaubsreise zurückkomme, erzähle ich jedem darüber" waren Aussagen mit hoher Zustimmung bei den Befragten in einer Untersuchung in den USA (Fodness 1994, S. 564; Übers. J.W.M.).

Mit dem angestrebten Wechsel der Reize kommen aber auch Motive ins Spiel, die über das „Weg-von" hinaus die Neugier auf das Andere ausdrücken. Interesse an Ländern und Landschaften, Menschen und Kulturen zeigt sich in Aussagen wie „Ganz neue Eindrücke gewinnen, etwas anderes kennenlernen", „Andere Länder erleben, viel von der Welt sehen" (von Laßberg & Steinmassl 1991, S. 46), „Ich sehe gerne, wie andere Menschen leben" und „Historische Sehenswürdigkeiten sind sehr wichtig für meine Urlaubspläne" (Fodness 1994, S. 563; Übers. J.W.M.).

Mit diesem Ansatz ist es auch möglich, das scheinbare **Freizeitparadox** aufzulösen, von dem im vorangegangenen Kapitel die Rede war. In einem einfachen Experiment hat Anitra Karsten (1928) zeigen können, wie sehr die psychische Sättigung von der sozialen Situation abhängig ist, in der sich eine Person befindet. Sie ließ einige Arbeitslose gegen Bezahlung zeilenweise Striche auf Papierbögen malen. Während normalerweise bei Versuchspersonen schon nach kurzer Zeit diese an sich sinnlose Beschäftigung zu deutlichen Symptomen psychischer Sättigung führt, strichelten die arbeitslosen Männer stundenlang weiter. Ihre Motivation war das Geldverdienen. Auf welche Art dies geschah, war ihnen ziemlich egal. Mit anderen Worten: Über die soziale Lage vermittelter Antrieb und Wille können in der Tätigkeit liegende Sättigungspotentiale so überlagern, daß sie entweder gar nicht oder erst mit großer zeitlicher Verzögerung wirksam werden.

Geht man also nicht von Ermüdung, sondern von psychischer Sättigung aus, dann löst sich der Widerspruch zwischen der Verkürzung der Wochenarbeitszeit und dem Anstieg des Urlaubsanspruches auf. Denn die Prozesse psychischer Sättigung sind über die Motivation eng verknüpft mit der Entwicklung sozialer Ansprüche und Bedürfnisse. Was früher das Privileg weniger war, nämlich über ein Stück freier Zeit und die notwendigen Mittel für Reisen verfügen zu können, ist im Verlaufe der wirtschaftlichen und politischen Entwicklung längst zu einer sozialen Selbstverständlichkeit geworden. Selbstverständlich sind auch der freie Samstag und eine wöchentliche Arbeitszeit von weniger als vierzig Stunden – in den fünfziger und sechziger Jahren des letzten Jahrhunderts erschien dies noch wie eine soziale Utopie. Durch diese Veränderung der Rahmenbedingungen haben sich auch die Ansprüche und damit die **Sättigungspotentiale** verschoben: Heute treten die Symptome psychischer Sättigung bei gleichen Tätigkeiten erheblich früher auf als damals.

Kritik: Im Grunde geht die Theorie der psychischen Sättigung ebenso wie der physiologische Erklärungsansatz von einem Kumulationseffekt aus. Das tägliche und wöchentliche „Aus-dem-Felde-gehen" vom Berufsleben in die Freizeit reichen als Kontrast immer weniger aus, bis ein Verlassen der gesamten normalen Umgebung notwendig wird. Empirische Forschungsarbeiten, die diesen generellen Ansatz für die Anwendung auf die Motivation für Urlaubsreisen untersucht hätten, gibt es bislang jedoch nicht.

3.2.1.6 Psychologischer Erklärungsansatz III: Die Urlaubsreise zur Verlängerung von Zeit

Dieser Ansatz der Erklärung von Reiselust geht von der Alltagserfahrung aus, daß wir den Ablauf von Zeit nicht als kontinuierlich empfinden, sondern gleiche Zeiteinheiten situations- und altersspezifisch mit ganz unterschiedlichem Erleben einhergehen. Sieht man von den für uns auf der Erde nur sehr geringen und kaum meßbaren Effekten der Bewegung im Raum ab, die nach der Relativitätstheorie Albert Einsteins zu einer Veränderung von Zeit führt und läßt auch außer acht, daß sie weder Anfang noch Ende aufweist, ist die physikalische Zeit ein Kontinuum, das sich in beliebig viele gleich große Abschnitte aufteilen läßt. Auf die Lebensspanne bezogen bedeutet dies, daß jedes einzelne Jahr jeweils gleich lange dauert. Dennoch erleben wir die Jahre als unterschiedlich lang: Je älter wir werden, desto schneller scheint uns die Zeit davonzueilen. Gleiche Zeiteinheiten werden also von Menschen unterschiedlichen Alters anders erlebt. Für ein Kind handelt es sich um eine unüberschaubar lange Zeit, fast um eine kleine Ewigkeit, für seine Eltern dagegen scheint das Jahr bereits vergangen, bevor man sich richtig darauf einstellen konnte.

Für dieses unterschiedliche Zeiterleben lassen sich unterschiedliche Gründe anführen: Die Eltern haben den jahreszeitlichen Kreislauf eines Jahres bereits viele Male erfahren und wissen, was auf sie zukommt. Das Kind dagegen kann sich noch kaum auf eigene Zeiterfahrungen beziehen. Selbst ein Tag oder eine Woche bringt soviel an Neuem, daß es sich immer wieder auf etwas anderes konzentrieren muß und laufend dazulernt. Je weniger wir uns in Situationen auskennen, desto stärker müssen wir uns darauf konzentrieren, sie zu erfassen, um uns entsprechend verhalten zu können.

Je länger wir da sind, desto besser kennen wir das Leben. Der Anteil des wirklich Neuen wird immer geringer gegenüber dem, was wir bereits mehrfach so oder so ähnlich erlebt haben. Das erklärt das unterschiedliche subjektive Zeiterleben verschiedener Altersgruppen. Jedes neue Lebensjahr bedeutet mit zunehmendem Alter einen **geringeren relativen Zuwachs** an erlebter Zeit (siehe Abbildung 3.4).

Es gibt einige Hinweise darauf, daß deshalb ein Motiv jeder Urlaubsreise in jenem **Grunderlebnis eines veränderten Zeitempfindens** liegt, das Hans Castorp nach seiner Ankunft auf dem „Zauberberg" in Thomas Manns gleichnamigen Roman erlebt: Die ersten drei Wochen seines eigentlich als kurzer Besuch geplanten Aufenthalts in Davos sind voller neuer Eindrücke und Erlebnisse, die nach der Diagnose seiner eigenen Lungenkrankheit folgende Zeit im Sanatorium dagegen ist geprägt von Gleichförmigkeit und Routine und wird nur dann und wann unterbrochen durch einschneidende Veränderungen bei den Personen und in ihrem Umfeld – wie im normalen Lebensalltag auch. Daß die ersten drei Wochen gut die Hälfte des Romans ausmachen und die Schilderung der sieben Jahre danach nur den Rest beansprucht, ist eine vorzügliche literarische Umsetzung dieses veränderten Zeitgefühls, weil es nicht direkt durch Worte, sondern nur indirekt durch das Zeiterleben beim Lesen vermittelt wird.

Möglicherweise sind wir uns dessen selber nicht bewußt, aber unser Verlangen nach Reisen wird vielleicht auch dadurch gespeist, daß wir ein wenig von dem Zeiterleben unserer Kindheit zurückholen wollen, als alles noch kleine Ewigkeiten dauerte, weil eben fast alles neu war und deshalb zu einer großen Intensität des Erlebnisses führte. Als Erwachsene, denen die Zeit in den Alltagsroutinen davonrinnt, würden wir gerne etwas davon zurückerlangen (Mundt 1990 a, S. 27 f.).

Abbildung 3.4: Die relative Abnahme des Zuwachses an erlebter Zeit mit zunehmendem Lebensalter

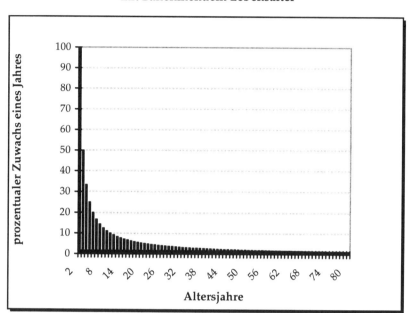

Kinder besitzen auch noch kein Konzept von der Zeit als homogene Einheit. Der Schweizer Entwicklungspsychologe Jean Piaget kam zu dem Schluß, daß „das Kind so handelt, als ob ... jede Bewegung ihre eigene ‚Zeit' hätte ... und daß die den Bewegungen eigenen ‚Zeiten' deshalb nicht aufeinander abstimmbar sind" (Flavell 1963, S. 317; Übers. J.W.M). So glauben viele Kinder zum Beispiel, wenn man etwas schneller tue, bedeute dies auch längere Zeit.

„Wenn wir ein solches Kind z. B. fragen, wieviel Zeit es für seinen Schulweg brauche, mag es sagen: eine Viertelstunde. Wenn wir dann weiter fragen, ob der Weg, wenn es die Strecke nicht gehe, sondern renne, länger oder kürzer als eine Viertelstunde dauere, wird es in vielen Fällen sagen, daß er jetzt länger als eine Viertelstunde dauere. ... Es ist, als dächte das Kind: schneller bedeutet, daß mehr getan wird, und es wird mehr getan bedeutet, daß mehr Zeit gebraucht wird" (Piaget 1973, S. 84).

Für Kinder ist also der subjektive Eindruck der Zeit verknüpft mit der Anzahl von Ereignissen in diesem Zeitraum. Für viele Afrikaner scheint es ähnlich zu sein.

„Für sie ist die Zeit eine ziemlich lockere, elastische, subjektive Kategorie. ... Die Zeit ist sogar etwas, was der Mensch selbst schaffen kann, weil die Existenz der Zeit zum Beispiel in Ereignissen zum Ausdruck kommt, ob es aber zu diesen Ereignissen kommt oder nicht, hängt schließlich vom Menschen ab. ... Die Zeit macht sich als Folge unseres Handelns bemerkbar, und sie verschwindet, wenn wir etwas unterlassen oder überhaupt nicht tun" (Kapuscinski 2001, S. 20).

Hinzu kommt in unserem Erleben der Neuigkeitscharakter der Ereignisse – unbekannte Ereignisse werden als zeitintensiver empfunden als bereits bekannte – wie auf dem ‚Zauberberg'.

Das Binden der Zeit an die Handlung und die zeitweilige (sic!) Negation ihrer Universalität wäre demnach für europäisch denkende Menschen, die in der Zeit eine objektive, außerhalb ihres Einflusses liegende physikalische Größe sehen, eine wichtige Triebfeder für das Reisen. Und eine wichtige Möglichkeit der Realisierung liegt im bewußten Aufsuchen möglichst unbekannter Orte und Situationen. Ein Beispiel dafür liefert die Beschreibung der Gefühle, die der us-amerikanische Schriftsteller John Knowles beim Besuch Venedigs hatte:

„Es war ein erfrischendes Gefühl, irgendwie süß, fast wie eine Rückkehr in die früheste Kindheit. Es lag etwas von einem neuen Morgen darin, ja sogar eine gewisse Unschuld. Das war es, was das Reisen in mir bewirkte, aber nur in weitester Ferne, wo die Spuren noch nicht ausgetreten waren von anderen ... , wo es nur wenige, unleserliche Hinweisschilder gab und primitive oder gar keine Unterkünfte, wo ich mich in einer neuen, unbekannten Welt befand und improvisieren mußte; mit anderen Worten: wo ich mich verhalten mußte wie ein noch sehr junger Mensch" (Knowles 1964, S. 36; cit. n. Leed 1993, S. 64).

In seinem sehr lesenswerten Buch über die Psyche des Reisenden kommt Eric J. Leed, den französischen Soziologen Michel Leiris zitierend, deshalb zu dem Schluß:

„Von den Anfängen der Reiseliteratur bis heute wurde die Reise immer als ein Mittel betrachtet, ‚die Zeit zu negieren, indem man den Raum durchquert, als ein ‚symbolisches Mittel, nicht zu altern'" (1993, S. 90).

3.2.1.7: Psychologischer Erklärungsansatz IV: Die Urlaubsreise zur Strukturierung von Zeit

Darüber hinaus spielt die subjektiv erlebte Qualität von Situationen eine große Rolle für die erlebte Zeit. Angenehme Situationen vergehen viel schneller als Situationen, die uns unangenehm sind. ‚Schrecksekunden' dauern ein Vielfaches von der wirklich vergangenen Zeit; in angenehmer Gesellschaft bei anregenden Beschäftigungen dagegen ‚vergehen die Stunden wie im Fluge'. Auch in unserer Sprache drückt sich die ereignisbezogene Relativität von Zeit aus: Das Interessante ist ‚kurz-', das Uninteressante dagegen ‚langweilig'.

Zeit an sich ist etwas Strukturloses, Synthetisches das, entgegen früherer Annahmen, nicht direkt sinnlich erfahrbar ist (Elias 1984, S. 3 f.). In unserem normalen Lebensablauf versuchen wir uns deshalb die Zeit über bestimmte Zuordnungen und Ereignisse zu strukturieren. Einige Anthropologen und Soziologen haben Übereinstimmungen zwischen „Elementaren Formen religiösen Lebens" (Durkheim 1912) und dem Lebensrhythmus von Reisenden festgestellt. In Anlehnung an die „Klassifizierung der realen oder idealen Dinge, die sich die Menschen vorstellen, in zwei Klassen" (Durkheim, op. cit., cit. n. d. Ausg. 1984, S. 62) in das Profane und das Heilige, kann man sich unter dem Profanen das Alltägliche und unter dem Heiligen das aus dem Alltag herauslösende Reisen vorstellen (Graburn 1989).

Ursprünglich bezogen sich die geheiligten Abschnitte der Zeit nur auf die religiösen Feiertage. Sie sind die Ereignisse im Leben eines religiösen Menschen, die dem an sich einförmigen Ablauf der Zeit eine Struktur geben, in der man sich zurechtfinden kann. Sie sind etwas, auf das man sich hinzubewegt, auf die man sich vorbereitet und auf die man sich freut, weil sie die Ablösung vom Alltäglichen bedeuten. Die Feiertage erheben diesen Menschen für ihre Dauer weit über das Profane hinaus. Sind sie vorüber, können sie zwar den Abstieg in die Mühsal der täglichen Arbeit nicht verhindern, sie bleiben aber als positive Erinnerung erhalten, die den Alltag leichter ertragen lassen, bis man sich auf die nächsten Feiertage freuen und damit wiederum auch die notwendigen täglichen Arbeiten besser ertragen kann.

Abbildung 3.5: Skizze der Strukturierung von Zeit durch das Reisen

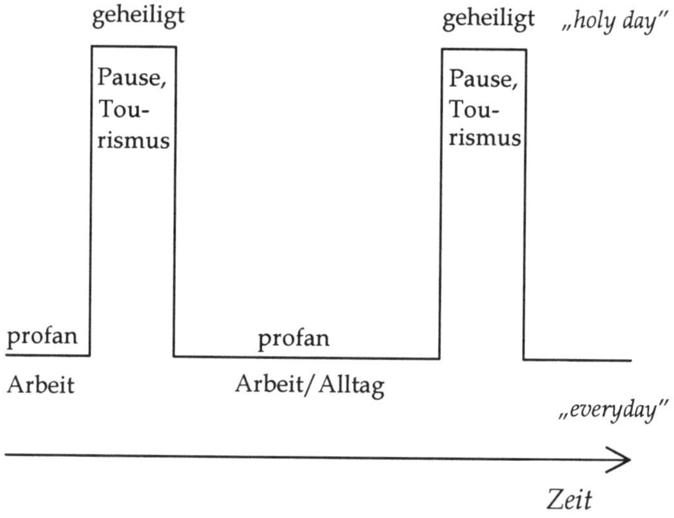

```
     geheiligt            geheiligt    „holy day"
     ┌────────┐           ┌────────┐
     │Pause,  │           │Pause,  │
     │Tou-    │           │Tou-    │
     │rismus  │           │rismus  │
     │        │           │        │
     │        │           │        │
     │        │           │        │
     │        │           │        │
 profan│     │   profan   │      │
─┘    └────┘          └────┘     └────
 Arbeit    Arbeit/Alltag
                                  „everyday"
────────────────────────────────────────>
                                    Zeit
```

nach Graburn 1989, S. 25

Feiertage haben also eine doppelte Wirkung: Sie strukturieren den ansonsten gleichförmigen Ablauf der Zeit, geben so Orientierung und erleichtern damit den Alltag, indem sie über positive Erinnerungen und Erwartungen unsere psychische Befindlichkeit nachhaltig verbessern.

Wenn man sie ihres religiösen Hintergrundes entkleidet, handelt es sich bei den Feiertagen um willkommene Unterbrechungen in der Folge der alltäglich gleichen Verrichtungen, also um Pausen. Die psychologische Erforschung der Pausen hat nun sehr ähnliche Ergebnisse erbracht: Sie haben sowohl einen **Strukturierungs-** wie einen **Erwartungseffekt**. Die durch Pausen segmentierte Zeit wird eher erfahrbar, kann besser eingeteilt und produktiver genutzt werden (Hacker 1986, S. 530), hat also einen leistungssteigernden Effekt. Darüber hinaus gibt es eine Vorauswirkung der Pause: Wenn man weiß, daß die Tätigkeit nach einer gewissen Zeit durch eine Pause unterbrochen wird, verändert sich die Einstellung zur Arbeit. Dieser „gefühlsmäßige Erwartungswert" (O. Graf 1922) bewirkt eine zeitliche Verzögerung des Leistungsabfalls bei gleicher Arbeitsbelastung (Haider 1962, S. 8).

Erweitert man nun die Pause zu einem Urlaub, dann zeigt es sich, daß die vorgenommene Gleichstellung mit dem Heiligen selbst in unserer Alltagssprache ihren Niederschlag findet: Der englische Begriff für Urlaub und Ferien ist ‚*holidays*' – wörtlich übersetzt sind das die „heiligen Tage" (vgl. Abbildung 3.5).

Vor dem Hintergrund der Ergebnisse der Pausenforschung liegt die Vermutung nahe, daß auch die Erwartung eines Urlaubs im Sinne einer Vorfreude bereits eine kompensatorische Wirkung auf die Befindlichkeit entfaltet. Dies belegt eine Arbeit von Crompton (1979), der in einer kleinen Studie an 39 Personen in ausführlichen Interviews und Gesprächen den Gründen für den Vergnügungsurlaub (*pleasure vacation*) nachging.

„Man hält den Winter ein wenig besser durch, erst durch die Vorfreude auf Weihnachten, dann durch die Vorfreude auf die Urlaubsreise im Februar oder im März. Es ist etwas, auf das ich mich den ganzen langen Winter über freue" – so zitiert Crompton einen seiner Gesprächspartner (S. 416; Übers. J.W.M.).

Ein Motiv für die Planung einer Urlaubsreise liegt nach diesem Ansatz deshalb darin, daß damit zeitliche Fixpunkte gesetzt werden, die immer als Ziel vor Augen bleiben und damit den Alltag zeitlich konturieren und erträglicher machen. Ohne die anstehende Belohnung für das Durchstehen der Zeit wäre die Mühsal des täglichen Einerlei für viele weit weniger erträglich. Damit liegt ein wichtiger Grund für das Wegfahren in der mit dieser Perspektive verbundenen Verbesserung des Hierbleibens.

Daß einerseits die Zahl von Urlaubsreisen pro Jahr gestiegen ist und sie gleichzeitig kürzer geworden sind, läßt sich – abgesehen von den verbesserten materiellen Verhältnissen, die dies ermöglichen – gut mit diesen beiden Aspekten des veränderten Zeiterlebens erklären (vgl. Günther 1996, S. 119). Aufgrund der Gewöhnung an die Urlaubssituation an einem Ort sinkt der Erlebniswert mit zunehmender Aufenthaltsdauer und das subjektive Zeitempfinden wird wieder ‚schneller'. Nur eine, dafür aber längere, Urlaubsreise wäre damit unter diesem Aspekt unökonomisch. Darüber hinaus wären die Intervalle zwischen den Urlaubsreisen mit einem Jahr zu groß, um eine dauerhafte Wirkung im Sinne der Strukturierung der Alltagszeit zu erreichen.

Kritik: Dieser Ansatz ist zwar einleuchtend und trifft sicherlich für viele Menschen – bewußt oder unbewußt – zu. Seine Operationalisierung dürfte jedoch schwerfallen, so daß es sehr kompliziert ist, empirisch herauszufinden, ob hier wirklich um hinter allen Urlaubsreisen tatsächlich das Motiv der Wiederholung dieser Grunderfahrung steht bzw. wenn ja, mit welcher Intensität dies zutrifft.

3.2.2 Spezielle Motivationsansätze

3.2.2.1 Reisen zum Erhalt oder zur Förderung von Gesundheit

Die klassische Reise in diesem Zusammenhang ist der Gebirgs- bzw. Hochgebirgsaufenthalt zum Kurieren der Lungentuberkulose, wie ihn Thomas Mann im „Zauberberg" beschrieben hat. Ohne den Orts- und Klimawechsel in die dünne Bergluft wären die Überlebenschancen dieser Patienten damals praktisch Null gewesen. Mit der Einführung modernerer Therapieformen ist die Notwendigkeit dafür nicht mehr gegeben. Dafür haben sich andere Krankheiten etabliert, insbesondere die stark angestiegenen Allergien, die vielfach nur über einen Ortswechsel zu beeinflussen sind. Dazu gehören

Krankheiten wie Neurodermitis, die häufig bei Kleinkindern auftritt und bei der medikamentöse Behandlungen – nicht zuletzt auch deshalb, weil es bislang keine plausible Erklärung dafür gibt – kaum Linderung bringen. Neben dem Einhalten von bestimmten Diäten hat sich hier vor allem der Ortswechsel in ein Reizklima entweder des Hochgebirges oder der Nordsee als symptommildernd herausgestellt.

Ein weiterer klassischer Bereich von gesundheitsbedingten Reisen sind, insbesondere in Deutschland, die **Kuren**. Daß nicht allein die Kurmittelanwendungen zum gewünschten Effekt einer Verbesserung des Allgemeinzustandes führen, wurde bereits in den fünfziger und sechziger Jahren festgestellt, in denen die Kurforscher Heinrich Drexler und Karl Dirnagel Kontrollgruppenuntersuchungen durchführten (vgl. zusammenfassend Mundt & Lohmann 1988, S. 95 f.). Personen mit der gleichen Indikation, die zu Hause geblieben waren, bekamen die gleichen Kurmittelanwendungen wie diejenigen Patienten, die in einen Kurort gefahren waren. Im Ergebnis zeigten sich häufiger Verbesserungen bei den Patienten in den Kurorten als bei denen, die zu Hause geblieben waren.

Diese Differenz wurde auf verschiedene Faktoren zurückgeführt. Dazu gehört das sogenannte „Kurregime", mit dem der Ablauf der Kur am Ort geregelt wird und der auch eine gewisse Kontrolle der Einhaltung der ärztlichen Vorschriften garantiert. Als ebenso wichtig angesehen wird aber der Orts- und Klimawechsel, der zu einer Umstellung des Organismus führt und damit den Heilerfolg begünstigen kann. In einer Reihe von Kurorten wird speziell dieser Effekt für die sogenannte „Klima-Terrain Kur" (vgl. Schuh 1986) ausgenutzt, bei der man körperliche Belastungen und klimatische Bedingungen kombiniert. Auch Aspekte seelischer Gesundheit werden mit Reisen in Verbindung gebracht (vgl. den wenig integrierten und daher nicht sehr überzeugenden Versuch von B. Graf 2002).

3.2.2.2 Das Ausleben von Sexualität als Reisemotiv

☐ Flirt und Liebe

Mit etwa einem Zehntel gibt nur ein vergleichsweise geringer Prozentsatz der deutschen Urlauber an, daß es ihnen bei ihrer Reise besonders auch um „Flirt und Liebe" ging. Bei den berichteten Urlaubsaktivitäten dagegen wird diese Art des Kontaktes durchgängig häufiger genannt (Abbildung 3.6. In Wirklichkeit liegen diese Zahlen vermutlich viel höher, denn viele Urlauber möchten vor sich selbst und anderen weder zugeben, daß sie im Urlaub (vermutlich) mit neuen Partnern sexuell aktiv waren und daß die Suche nach diesen Erlebnissen darüber hinaus ein wichtiges Urlaubsreisemotiv war. So etwas zu tun entspricht trotz aller Enttabuisierung des Themas nicht den wahrgenommenen gesellschaftlichen Normen, auch wenn die Zahlen in hier für eine zunehmende Lockerung sprechen. Für die Annahme von Einflüssen solcher sozialen Erwünschtheit (*social desirability*) auf das Antwortverhalten spricht auch, daß Männer sowohl bei den Motiven als auch bei den berichteten Aktivitäten immer häufiger als die Frauen Flirt und Liebe nennen. Hier mag noch das alte Schema zutreffen, nach dem sexuelle Eroberungen von Männern eher bewundert werden, die von Frauen jedoch zu eher zweifelhaftem Ruf führen. Ebenso mag es in vielen Fällen auch so sein, daß man die Urlaubsaktivität berichtet, nicht aber zugeben mag, daß Flirt und Liebe ein Motiv für die Reise gewesen ist.

Flirt und Liebe sind, wie Abbildung 3.6 deutlich zeigt, vor allem Urlaubsmotive und -aktivitäten jüngerer Urlaubsreisender. Im Alter zwischen vierzehn und dreißig sucht man sowohl zunächst nach Orientierung und als auch nach einem Partner. Im Urlaub hat man Zeit und Muße, sich ganz der Suche nach Partnern zu widmen. Die neue Umwelt, in der sich alle Reisenden zurechtfinden müssen und in die sie scheinbar voraussetzungslos eintreten, macht sie offener für Kontakte zu anderen. Vor allem sind sie der Zwänge ledig, die ansonsten ihren Alltag bestimmen. Der Wegfall der rigiden Zeitstrukturen von Arbeit oder Schule, von Besorgungen und Haushaltsführung führt dazu, daß man im Urlaub Beziehungen quasi im Zeitraffer anknüpfen und entwickeln kann. Was sich sonst durch die notwendigen Unterbrechungen über Wochen hinzieht, geschieht hier in Tagen. Auch dieser Aspekt kann dazu beitragen, daß die Zeit während des Urlaubsaufenthaltes intensiver und damit als langsamer vergehend erlebt wird, als zuhause (siehe Abschnitt 3.2.1.6).

Abbildung 3.6: „Flirt und Liebe" als Reisemotiv und Urlaubsaktivität nach Alter

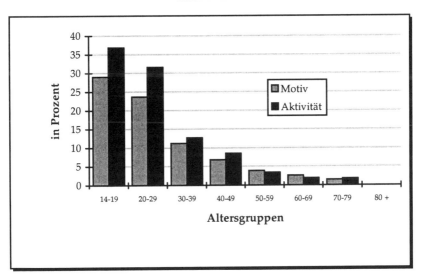

Quelle: Reiseanalyse 1990

Hinzu kommt der weitgehende Wegfall sozialer Barrieren, die den Kontakt im Alltagsleben erschweren: In der Ausnahmesituation am Urlaubsort mischen sich soziale Gruppen, die sich sonst in ihrer Freizeit nicht treffen würden. Dadurch wird auch das Spektrum an Kontaktmöglichkeiten und der Partnerwahl erheblich erweitert. Die Ausnahmesituation Urlaub führt auch dazu, daß aufgrund der zeitweiligen Herauslösung aus dem alltäglichen Umfeld und der dadurch geringeren sozialen Kontrolle Hemmungen abgelegt bzw. deutlich vermindert werden, die ansonsten das eigene Handeln und Verhalten enger begrenzen (vgl. Sharpley 1994, S. 101). Ein extremes Beispiel dafür ist das Verhalten us-amerikanischer Studenten während des alljährlichen *spring breaks* in Daytona Beach, wie es bereits im vorangegangenen Kapitel beschrieben worden ist.

Das trifft generell für alle Altersgruppen zu. Bei den höheren Altersgruppen sind es allerdings vermutlich weniger Aspekte von Orientierung und Partnersuche, die das sexuelle Verhalten bestimmen, als der Wunsch nach Abwechslung und Selbstbestätigung. Daß Flirt und Liebe als Urlaubsmotiv und -beschäftigung mit zunehmendem Alter abnehmen, reflektiert dabei nicht allein die Etablierung in festen Partnerschaften, sondern auch die generelle Abnahme sexueller Aktivität im Lebensverlauf.

☐ Prostitution

Flirt und Liebe als Urlaubsaktivität spielen sich in der Regel zwischen Touristen, meist auch noch aus dem gleichen Herkunftsland, ab. Beim Sex von Deutschen mit Personen, die sie vor der Reise nicht kannten, handelt es sich bei zwei Dritteln um Landsleute (nach Sonderfragen aus der Reiseanalyse 1992; Kleiber & Wilke 1995, S. 296). Der lockerere Umgang, die niedrigeren Kontaktschwellen und die größere Permissivität während des Urlaubsaufenthaltes sind ein starker Motivator für Reisen, auf denen man seine eigenen Mitbürger aus anderen, zu Hause meist nicht zugänglichen Blickwinkeln kennenlernen kann. Spielen bei dieser Form des Auslebens von Sexualität zumindest noch Möglichkeiten einer darauf aufbauenden längeren Partnerschaft eine Rolle, sind sie beim Prostitutionstourismus objektiv von vorneherein praktisch völlig ausgeblendet, auch wenn manche Touristen subjektiv glauben (möchten), es gäbe realistische Chancen des Aufbaus einer Beziehung. Hier geht es weitgehend abgelöst von persönlichen oder sozialen Beziehungen um sexuelle Dienstleistungen Einheimischer ohne irgendwelche andere als finanzielle Verpflichtungen.

Die Motive von Männern und Frauen für einen solchen Sextourismus sind vielfältiger Art:

- Hemmschwellen fallen eher außerhalb der Zwänge des normalen Alltags und im Ausland, wo einen niemand kennt, als zu Hause, wo immer auch die Gefahr des Entdecktwerdens besteht;
- die Suche nach sexuell Neuem, die vermutete und/oder wahrgenommene Exotik des Landes und der Prostituierten wie zum Beispiel in Südostasien, in Afrika oder in der Karibik, die sich zum Beispiel in den körperlichen Merkmalen einer anderen ‚Rasse' äußert (Hall 1996, S. 182);
- geringere Kosten wegen geringerer Lebenshaltungskosten im Zielland und günstiger Devisenumtauschkurse;
- erweiterter Dienstleistungsumfang, den man im eigenen Land nicht bekommen oder nicht bezahlen kann (dazu gehört oft auch ungeschützter Verkehr);
- die Möglichkeit, weitgehend ungestraft mit Kindern und Jugendlichen sexuell zu verkehren.

Vor allem der letzte der angeführten Gründe spielt eine zunehmende Rolle. In den meisten Industrieländern wird der sexuelle Verkehr mit Kindern strafrechtlich verfolgt. Wie nicht zuletzt die Diskussion der letzten Jahre über das Verbot von Kinderpornographie in Deutschland gezeigt hat, gibt es eine Reihe von Menschen, die pädophiler Sexualität zugeneigt sind. Zwar wird auf dem Papier zum Beispiel auch in Thailand die Kinderprostitution bestraft, die Erfahrung zeigt jedoch, daß dies praktisch kaum zu Konsequenzen führt. Darüber hinaus glauben viele irrtümlicherweise, daß man AIDS bei ungeschütztem Geschlechtsverkehr vor allem dadurch entgehen kann, daß man mit möglichst jungen Prostituierten verkehrt, die noch gar keine oder erst wenige sexuelle Kontakte hatten (u.a. Stolle 1990, S. 79; Kleiber & Wilke 1995, S. 188 ff.).

Die Aussicht auf sexuelle Abenteuer, die nicht auf die kurze geschäftsmäßige Abfertigung bei einem oder einer Prostituierten beschränkt sind, lockt sicherlich viele Menschen nach Thailand, auf die Philippinen, nach Kenia oder in die Karibik, wo es ohne Probleme und hohe finanzielle Aufwendungen möglich ist, für die gesamte Zeit des Urlaubsaufenthaltes eine entsprechende Begleitung zu bekommen. Damit kann die Beziehung zwischen Kunden und sexuellen Dienstleistern manchmal das rein Geschäftsmäßige überschreiten und auch zu emotionalen Beziehungen bzw. zu einer sexuellen Partnerschaft auf Urlaubszeitbasis führen (siehe Abschnitt 5.11).

3.2.2.3 Das Reisen selbst als Motiv für das Reisen

Alle bislang referierten Ansätze zur Erfassung, Beschreibung und Erklärung von Reisemotivation beziehen sich in erster Linie nicht so sehr auf die Reise selbst, wie auf die Alltagssituation zu Hause und die Eigenschaften und Qualitäten des Aufenthaltes an einem fremden Ort. Die Reise selbst, also die Fortbewegung zwischen den beiden Polen Heimat- und Urlaubsort, spielt in diesen Ansätzen praktisch keine Rolle.

Es gibt jedoch touristische Reisen, deren wesentliches Charakteristikum nicht der Aufenthalt an einem fremden Ort, sondern die nahezu andauernde Fortbewegung ist. Dazu gehören zum Beispiel lange Wanderungen, Radreisen, Rundreisen, Kreuzfahrten und Kreuzflüge[5]. Anders als bei den sonst üblichen touristischen Reisen gibt es nirgendwo einen längeren Aufenthalt, keine Um- und Eingewöhnung an einen neuen Ort, an dem man sich die meiste Zeit während des Urlaubs aufhält. Statt dessen paßt man sich an an die andauernde Bewegung des Unterwegsseins.

Der damit verbundene psychische Zustand ist nur schwer zugänglich und beschreibbar. Mit dem von dem Psychologen Milhaly Csikszentmihalyi 1975 entwickelten Ansatz des **Flow-Erlebnisses** kann man sich den hinter solchen Reisen stehenden Motiven und Bedürfnissen vielleicht nähern.

In seinen Arbeiten ging es Csikszentmihalyi darum, **intrinsische Motivation** näher zu untersuchen, das heißt, die Gründe für das Ausüben von Tätigkeiten, die nicht durch Anreize von außen (= extrinsisch) zu erklären sind. So wollte er in intensiven Tiefeninterviews von Menschen, die Tätigkeiten ohne die Aussicht auf extrinsische Beloh-

---

[5] Sie sind das fliegende Pendant zu den schwimmenden Kreuzfahrten. Anders als bei den Kreuzfahrten steigt man zwar zur Übernachtung in Hotels ab, bewegt sich aber ansonsten immer mit dem gleichen Flugzeug und der gleichen Besatzung über meist lange Distanzen.

nung ausübten, wissen, wie sie diese Tätigkeiten besonders dann erleben, wenn es „gut läuft". Dabei stieß er immer wieder auf die Aussage, daß dann alles „im Fluß" sei und sich wie von selbst in Übereinstimmung mit dem eigenen Selbst entwickele. Deshalb verwendete Csikszentmihalyi den Begriff „Flow" auch, um dieses Erlebnis zu benennen. „Im Zustand des Flow stehen alle Inhalte des Bewußtseins zueinander und zu den Zielen, die das Selbst der Personen definieren, in Harmonie" (Anft 1993, S. 141).

Die **Erlebniskomponenten** des Flow lassen sich wie folgt zusammenfassen (*op. cit.*, S. 142):

- Gefühl der Freude, Begeisterung,
- starke Konzentration auf relevante Reize,
- Tätigkeit als Herausforderung,
- Gleichgewicht von Anforderung und Können,
- Kontrolle,
- Prozeßhaftigkeit,
- Bewegung im Fluß,
- Verlust des Gefühls für Zeit und Raum,
- Vergessen der Alltagssorgen,
- Transzendenz, Verschmelzungserfahrung,
- Wunsch nach Wiederholung.

Was hier in bezug auf bestimmte Tätigkeiten wie Bergsteigen, Segeln oder Fliegen formuliert ist, läßt sich auch auf das Reisen übertragen. Wie beim Klettern in einer Bergwand oder beim Segeln gegen den Wind Handlung auf Handlung folgt und den Akteur voranbringt, ist es der unausgesetzte Lauf der Fortbewegung, der den Reisenden in einen Zustand des Flow bringen kann. Leed (1993) formuliert dies so:

„Insofern die Reisenden in der Lage sind, alles, was nicht Bewegung ist, zu vergessen, gehen sie in der charakteristischen Struktur des Reisens auf – die Bewegung reinigt, macht süchtig und wird zur Lust, zum Selbstzweck. Wenn sie sich darauf einlassen, wird das Reisen zu einer ‚autotelischen[6] Erfahrung', die ihre Belohnung in sich selbst findet" (*op. cit.*, S. 91).

Die ‚charakteristische Struktur' des Reisens ist die der stetigen Veränderungen und der Typus dieses Reisenden ist der des ‚**Passagiers**' im eigentlichen Sinne.

Abgeleitet aus dem lateinischen *passus* = ‚Schritt' wurde das Wort über das vulgärlateinische *passare* = ‚Schritte machen', ‚durchschreiten', ‚durchgehen', zum italienischen Substantiv *Passage*, dem ‚Durchgang', oder ‚Durchreisen' und zum französischen Adjektiv *passagère* = ‚vorübergehend', ‚flüchtig'. Auch im englischen *to pass* = ‚an etwas vorbeigehen' findet sich der lateinische Ursprung. Anders beim englischen Wort für Reise: *travel*, das aus dem französischen *travail* abgeleitet ‚Arbeit' und ‚Härte' bedeutet, wird auch das deutsche ‚Spaß' letztlich aus *passus* abgeleitet (Drosdowski & Grebe et al. 1963, S. 494).

Dieser Spaß am Reisen als nahezu reiner Fortbewegung im Sinne des Flow-Erlebnisses führt fast zu einer Art Sucht des Reisens. Denen, die sich der **Struktur der Passage** überlassen, zwingt sie eine „unwiderstehliche Logik

---

[6] Aus dem altgriechischen ‚auto' = selbst und ‚telos' = das Ziel. Die Tätigkeit selbst ist demnach das Ziel des Handelns.

des Fortschreitens" (Leed 1993, S. 91) auf. Eine milde Form davon mag das Phänomen des Nicht-anhalten-könnens sein, das manche Reisende bei längeren Autofahrten zeigen. Wenn sie einmal unterwegs sind, fällt es ihnen sehr schwer, zum Beispiel einen Platz für die Übernachtung zu finden – ehe sie sich überhaupt auf den Vorschlag einlassen können, an dem gerade vorbeiziehenden Ort anzuhalten, ist er schon wieder vorbei und sie vertrösten auf den nächsten.

Wer einmal dieses Flow-Gefühl beim Reisen empfunden hat, den zieht es in periodischen Abständen immer wieder zum Reisen - nicht, um irgendwo anzukommen, sondern um dieses Gefühl beim beständigen Unterwegssein wieder verspüren zu können.

Kritik: Das Flow-Erlebnis ist nicht auf die Freizeit beschränkt. Wie empirische Studien belegen, ist sogar eher das Gegenteil der Fall: Über die Hälfte der Versuchspersonen berichteten Flow-Erlebnisse vor allem während ihrer Arbeitszeit, in der Freizeit waren es weniger als ein Fünftel. Dort dominierte dagegen die Apathie (vgl. Kagelmann 1996, S. 209). Allerdings muß man auch sehen, daß diejenigen Aktivitäten, in denen man Flow-Erlebnisse haben kann, Konzentration und Anstrengung erfordern, die zwar in der Situation selbst nicht wahrgenommen werden, sich aber danach wiederum wie jede andere Belastungssituation auch bemerkbar machen. Wer Flow-Erlebnisse bereits während der Arbeit hat, sucht vermutlich in seiner Freizeit und während einer Urlaubsreise weniger danach. Hier gilt vermutlich wiederum das Argument, daß man im Urlaub nach einem Kontrast zum Alltag sucht (vgl. Abschnitt 3.2.1.5). Umgekehrt würde dies bedeuten, daß jemand, der sich im Alltag bzw. während der Arbeit eher langweilt, in seinem Urlaub nach Flow-Erlebnissen sucht. Mit anderen Worten: Es bedürfte differenzierterer Untersuchungen, um diese Vermutungen zu überprüfen.

In der **Bilanz** muß man zu diesem Kapitel wohl festhalten, daß es zwar einerseits möglicherweise ein generell wirksames Grundmotiv für das Reisen gibt, das in der Strukturierung und Verlängerung von Zeit liegt, andererseits aber auch eine ganze Reihe von Einzelmotiven, die je nach persönlicher Lebenslage und Befindlichkeit wirksam werden. Die einzelnen berichteten Ansätze stehen also weniger in Konkurrenz zueinander, sondern könnten in ihrer gegenseitigen Ergänzung zu einer differenzierteren Analyse von Reisemotivation beitragen.

Beispiel: Es gibt viele Leute, die überhaupt nicht verstehen können, warum jemand der in einem der wenig attraktiven Neubaugebiete der 1960er und 1970er Jahre, wie zum Beispiel Neuperlach in München, wohnt, nach El Arenal auf Mallorca fährt, wo es genauso aussieht wie zu Hause. Bis hin zur Biermarke in den Kneipen und den Schnitzeln, Würsten und Schinken ist alles der Alltagsrealität in Deutschland nachgebildet. Dabei liegt das Kontrasterleben hier – neben dem Wetter und dem Meer – in der **veränderten Zeitstruktur** gegenüber dem Alltagsleben. Die meist rigiden Zeitvorgaben im Alltag des Berufslebens, der Schule oder der Haushaltsführung weichen von einem Tag auf den anderen einer vollständigen **Zeitsouveränität**: Man kann plötzlich für eine Weile selbst bestimmen, was man mit seiner Zeit anfängt. In der Regel schläft man länger, hat Zeit für ein ausgiebiges Frühstück, sucht selbst nach den Aktivitäten, die man unternehmen will und kann abends, ohne an den nächsten Morgen denken zu müssen, feiern. Selbst wenn man immer wieder an den gleichen, längst in allen Einzelheiten bekannten Urlaubsort fährt, ist es dieses Abstreifen des Zeitkorsetts und die Definition des eigenen Rhythmus, die das Interessante und Erholsame einer Urlaubsreise ausmacht. Ohne den Umgebungswechsel würde einem dies in der Regel nicht gelingen. Die eigenen Räumlichkeiten zu Hause sind zu sehr mit den Alltagsroutinen und Zeitabläufen assoziiert, denen man so leicht nicht entkommen kann.

4
Reiseentscheidung

Auch in diesem Kapitel wird - wie im vorangegangenen über die Reisemotivation – wieder zwischen den geschäftlich bzw. dienstlich bedingten Reisen und den privaten und Urlaubsreisen unterschieden. Auch über Dienstreisen muß schließlich entschieden werden – sie kommen nicht von alleine zustande. Allerdings sind hier Entscheider und Reisender sehr häufig nicht identisch. Im privaten Bereich dagegen kann man im Prinzip völlig selbständig über die Reisen, die man macht bzw. machen möchte, entscheiden. Im Familienverband sind hier allerdings auch Rücksichten zu nehmen und Kompromisse zu schließen.

4.1 Beruflich bedingte Reisen

Die Entscheidung, eine Dienst- oder Geschäftsreise zu machen, ist in der Regel von rationalen Kalkülen bestimmt. Die Reisen sollen betrieblichen Zwecken dienen und gehören zu den Aufgaben, die man als Mitarbeiter eines Unternehmens zu erledigen hat.

Andererseits muß man aber auch sehen, daß Dienst- und Geschäftsreisen bzw. ein Teil von ihnen nicht allein den vorgegebenen Zwecken dienen, sondern auch mit inner- und außerbetrieblichen Statusaspekten verbunden sind. Aus der Sicht der in ihren alltäglichen Routinen Zurückgebliebenen erscheinen solche Reisen als Privileg – besonders dann, wenn sie in weit entfernte Länder und attraktive Zielgebiete gehen. Daß man – anstatt selber dafür zahlen zu müssen – für solche Reisen im Gegenteil auch noch bezahlt wird, läßt vor den Augen vieler Menschen einen „Mythos des Vielreisenden" (Mundt 1992 b) entstehen, gegen den sich auch die Reisenden, welche die wirklichen Strapazen der Geschäftsreisen kennen, meist nicht sehr überzeugend wehren, weil sie damit auch ihre eigene Wichtigkeit für das Unternehmen unterstreichen können. Zudem setzen viele Unternehmen im Rahmen betriebsinterner Wettbewerbe auch Reisen als Incentives (vgl. u.a. Eisenhut 2000) ein, so daß eine Verwechslung der meist nicht so angenehmen Dienst- und Geschäftsreisen mit dem einmaligen Erlebnis einer gelungenen Incentivereise meist sehr nahe liegt.

Schon bei der Betrachtung der Reiseanlässe (siehe Tabelle 3.1 auf Seite 112) wurde deutlich, daß ein nicht geringer Teil der Dienst- und Geschäftsreisen so wenig attraktiven Zwecken wie Kundendienst- und Reparaturarbeiten vor Ort beim Kunden dienen. Ein Teil solcher Reisen wird also von eher in den unteren Hierarchiestufen der Unternehmen angesiedelten Mitarbeitern durchgeführt. Entsprechend haben sie auch nur einen geringen Einfluß auf die Reiseentscheidung. Entschieden wird über diese Reisen von ihren Vorgesetzten.

Wer letztlich über solche Reisen in einer Organisation entscheidet, hängt also von der Position des Reisenden und von den Aufgaben ab, die er erfüllen soll. Beim Führen von Verhandlungen, dem Aufbau neuer Geschäftsbeziehungen oder dem Abschluß von Verträgen dagegen wird der Mitarbeiter, meist in leitender Stellung, selbst über die Notwendigkeit seiner Reise entscheiden. Erhebungen darüber gibt es jedoch offensichtlich nicht. Auch die SPIEGEL-Untersuchung von 1994 über den Geschäftsreisemarkt in Deutschland läßt diesen Aspekt, ebenso wie Untersuchung des VDR (2005), unberücksichtigt.

Tabelle 4.1: Informationsbeschaffung für Geschäftsreisen nach der Unternehmensgröße

Informationsbeschaffer	Betriebsgröße (in Beschäftigten)				
	Ø %[1]	bis 9 %[1]	10-99 %[1]	100-999 %[1]	1.000 + %[1]
Reisender selbst	56	82	58	44	37
Sekretariat/Mitarbeiter	26	9	27	40	46
Vorgesetzter	18	8	18	19	18
Andere	8	4	7	8	12

[1] Mehrfachnennungen durch mehrere Reisen pro Reisendem
Quelle: SPIEGEL-Dokumentation Geschäftsreisen 1994, S. 80

Wer die notwendigen Reiseinformationen beschafft, ist aber, zumindest teilweise, ein Indikator auch für die Zuordnung der Reiseentscheidung. Wie Tabelle 4.1 zeigt, wurden die Informationen bei fast einem Fünftel der Reisen vom Vorgesetzten beschafft und nicht vom Reisenden. In diesen Fällen dürfte es wahrscheinlich sein, daß auch die Reiseentscheidung vom Vorgesetzten gefällt wurde. Daß dies in kleineren Betrieben mit maximal neun Mitarbeitern vergleichsweise selten vorkommt, hängt wohl auch damit zusammen, daß hier die Arbeitsteilung notwendigerweise geringer ist und die meisten Reisen vom Inhaber/Geschäftsführer selbst gemacht werden.

Je größer das Unternehmen, desto seltener ist es auch der Reisende selbst, der sich die Informationen beschafft: Diese Aufgabe erledigen Sekretariate, firmeneigene Reisestellen oder Reisebüros. Sie gewinnen damit auch einen Einfluß auf die aus der Reiseentscheidung folgenden Entscheidungen, zum Beispiel über die Wahl der Verkehrsmittel, gegebenenfalls auch der Fluggesellschaft, des Mietwagenunternehmens oder des Hotels. Allerdings geschieht dies in der Regel im Rahmen von Reiserichtlinien der Unternehmen. Dabei werden zum Beispiel auch speziell ausgehandelte Zimmerpreise mit Hotels (*corporate rates*) berücksichtigt - man ist also nicht mehr frei in der Wahl eines Hotels, hat dadurch aber den Vorteil geringer Übernachtungskosten.

Tabelle 4.2: Entscheidungen über Verkehrsmittel und Hotel

Entscheider	Verkehrsmittel %[1]	Hotel[2] %[1]
Reisender selbst	57	45
Reisender selbst, aber im Rahmen vorgegebener Restriktionen	14	13
Sekretariat/Mitarbeiter	4	8
Vorgesetzter	18	14
Geschäftsleitung	5	4
Andere	6	12

[1] Mehrfachnennungen möglich.
[2] nicht auf allen Dienst-/Geschäftsreisen wird übernachtet, deshalb werden hier keine 100 Prozent Nennungen erreicht
Quelle: SPIEGEL-Dokumentation Geschäftsreisen 1994, S. 80, 82

Daß die Reisenden selbst eher die Wahl des Verkehrsmittels als die des Hotels haben, wie dies Tabelle 4.2 auf den ersten Blick nahelegt, trifft nicht zu. Die Differenz kommt vielmehr dadurch zustande, daß ein Teil der Geschäftsreisen nur Tagesreisen ohne Übernachtung sind und sich die Prozentzahlen auf alle Reisen beziehen. Allerdings kommt es gerade in diesem Bereich häufig zu Konflikten: Seit der Einführung von Vielfliegerprogrammen zur Kundenbindung wollen viele Geschäftsreisende nur noch mit „ihrer" Fluggesellschaft fliegen, um die entsprechenden Bonusmeilen zu erhalten, die in der Regel privat abgeflogen werden können (vgl. ausführlicher Kapitel 6, Abschnitt 6.1.2.3.1). Bis 2006 konnte das Unternehmen durch entsprechende Reiserichtlinien, die in Betriebsvereinbarungen bzw. Arbeitsverträgen festgeschrieben werden können, bestimmen, daß die Rabatte ihnen zugute kommen und nicht privat verwendet werden dürfen. Die Überwachung ihrer Einhaltung oblag überwiegend der Geschäftsführung bzw. einem Travel Manager (VDR Geschäftsreiseanalyse 2005). In einem Grundsatzurteil hat das Bundesarbeitsgericht 2006 festgestellt, daß die Bonusmeilen aus Geschäftsreisen grundsätzlich den Unternehmen, welche die Reisen finanziert haben, zustehen.

Wer im Betrieb die Informationen beschafft und über die Art der Durchführung der Reisen entscheidet, ist zum Beispiel wichtig zu wissen für diejenigen Anbieter, die den Geschäftsreisenden Transport- und Beherbergungsleistungen anbieten (Bahn, Fluggesellschaften, Mietwagenunternehmen, Hotelketten). Sie möchten die Informationen über ihre Angebote möglichst direkt an diejenige Stelle geben, die für die Informationsbeschaffung zuständig ist, bzw. an der über die Dienst- und Geschäftsreisen entschieden wird.

4.2 Private Reisen und Urlaubsreisen

Die erste Entscheidung ist die, überhaupt zu verreisen. Die Motive dafür haben wir in Kapitel 3 ausführlich beleuchtet. In diesem Kapitel geht es nun darum, die Kriterien zu identifizieren, nach denen Personen ihre Reiseentscheidungen treffen. Der Plural macht es bereits deutlich: Eine Reiseentscheidung alleine gibt es eigentlich nicht, sondern nur eine **Reihe von Teilentscheidungen**.

Abbildung 4.1: Reiseentscheidungen und ihre Rahmenbedingungen

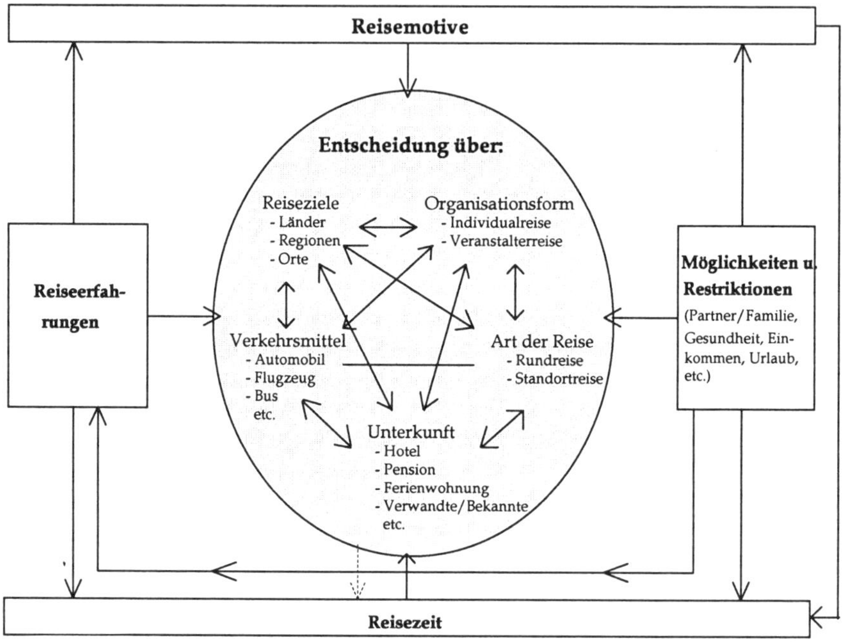

Entschieden wird dabei nicht nur über das Reiseziel - das auch wiederum verschiedene Teilentscheidungen vom Land über die Region bis zum Urlaubsort voraussetzen kann -, sondern auch über das oder die Verkehrsmittel und die Unterkunft. Hinzu kommen Entscheidungen über den Reisezeitpunkt, die wiederum auch die Wahl des Reiseziels und umgekehrt bestimmen können: Wer im Frühling oder Herbst nach Südspanien fahren möchte, will dies nicht unbedingt auch im Hochsommer tun. Weitere Teilentscheidungen betreffen die Organisationsform der Reise – mit einem Veranstalter oder selbstorganisiert – und die Wahl des Buchungsweges - unter Inanspruchnahme eines Reisebüros oder nicht. Wie Abbildung 4.1 deutlich macht, existiert ein ganzes Geflecht von solchen Teilentscheidungen, die sich teilweise bedingen. Hahn & Hartmann (1973) haben die prinzipiellen Wahlmöglichkeiten von Urlaubsreisenden noch etwas ausführlicher als in der Abbildung wie folgt aufgelistet:

- Reiseart (u.a. Erholungsreise, Bildungsreise)
- Zielreise, Rundreise
- Reiseland, Reisegegend
- Zielort

- Reisezeitpunkt
- Reiseverkehrsmittel
- Unterkunftsart (Hotel, Camping, Appartement etc.)
- Quartier (die jeweils ausgesuchte Unterkunft)
- Reiseform bzw. Reiseorganisation (Einzelreise, Gesellschaftsreise)
- Reiseveranstalter
- Reiseausgaben

Wie Abbildung 4.1 bereits nahelegt, gibt es keine natürliche Reihenfolge, nach der die einzelnen Reiseentscheidungen getroffen werden (können). Teilentscheidungen hängen, worauf schon Hahn & Hartmann (1973) hingewiesen haben, eng miteinander zusammen, indem etwa eine Entscheidung die andere bereits einschließt.

Beispiele: Wer seinen Urlaub auf den Kanarischen Inseln oder auf Mallorca verbringen möchte, der hat in der Regel damit auch die Reiseorganisationsform, das Verkehrsmittel und die Unterkunftsform bestimmt. Es wird sich fast immer um die Flugpauschalreise mit Hotelaufenthalt eines Veranstalters handeln. Wer eine Kreuzfahrt bucht, hat auch die Unterkunft (Schiff) entschieden. Reisen in außereuropäische Länder sind, von wenigen Ausnahmen abgesehen, praktisch nur mit dem Flugzeug durchzuführen. Wenn die Urlaubsreise mit dem eigenen Automobil gemacht werden soll, liegen dagegen nahezu alle außereuropäischen Reiseziele außerhalb des Möglichkeitsbereiches.

In den meisten Fällen steht das Reiseziel an erster Stelle des Entscheidungsprozesses, wie Hartmann bereits 1973 in der psychologischen Leitstudie zur Reiseanalyse 1973 anhand von Paarvergleichen zwischen den verschiedenen Teilentscheidungen festgestellt hat (Tabelle 4.3).

Tabelle 4.3: Relative Bedeutsamkeit der Teilentscheidungen

Vorlage	Ø Anzahl der Wahlen
Zielgebiet, Zielort	3,8
Art des Urlaubs (Erholung, Bildung etc.)	3,6
Preis, Reisekosten	3,0
Unterkunftsart	2,8
Verkehrsmittel	1,9
Reiseorganisationsform	1,9

Quelle: Hartmann 1973; cit. n. Braun & Lohmann 1989, S. 13

Die Tabelle macht aber auch deutlich, daß es ganz unterschiedliche **Entscheidungspfade** gibt, entlang derer Entschlüsse über die Reise gefaßt werden. Am Anfang eines solchen Pfades kann auch der Preis stehen, wenn man zum Beispiel nur ein sehr begrenztes Budget zur Verfügung hat oder auch die Art des Urlaubs, wenn etwa eine Studienreise beabsichtigt wird. Wenn diese Grundentscheidung jeweils gefallen ist, reduzieren sich die Alternativen bei den dann anstehenden weiteren Teilentscheidungen ganz erheblich: Steht ein niedriger Preis im Vordergrund, fallen außereuropäische und teure Reiseziele automatisch aus der Liste der möglichen Destinationen; wird eine (geführte) Studienreise geplant, ist damit meist auch die Entscheidung über die Reiseorganisationsform gefallen, denn hierbei handelt es sich in der Regel um eine Veranstalterreise.

Die **primäre Entscheidung** am Beginn des Pfades kann durch unterschiedliche Faktoren bestimmt werden. Sie kann sowohl durch Angebotsqualitäten (zum Beispiel Attraktivität eines Reiseziels) als auch Nachfragequalitäten (zum Beispiel „Weg-von"-Motive oder Vorstellungen von Reisezielen) oder eine Kombination aus beidem ausgelöst werden. Vor dem Hintergrund der Ausführungen über die Reisemotivation im vorangegangenen Kapitel könnte man also die Nachfragequalität weitgehend mit Schub- und die Angebotsqualität mit Zugfaktoren der Motivation gleichsetzen. Damit wird deutlich, daß die Entscheidung, überhaupt zu verreisen, nicht immer an erster Stelle stehen muß: Manchmal ist es auch die subjektiv erlebte Attraktivität eines Landes, einer Region, eines Ortes oder sogar die eines Hotels bzw. einer Ferienanlage, die überhaupt erst den Gedanken an eine Reise aufkommen läßt.

Die erste Entscheidung, die über die Reise getroffen wird, ist in vielen Fällen nicht die Auswahl des Reiseziels. Vielmehr ergibt sich das Reiseziel aus den Ansprüchen, die man an seinen Urlaub hat. Wer einen Strandurlaub mit Sommer, Sonne, Sand und Meer will, der findet entsprechende Angebote in vielen Ländern und Regionen Europas; ausschlaggebend für die Reisezielentscheidung ist dann oft der Preis - die sonstigen Charakteristika der in Frage kommenden Länder spielen kaum eine Rolle. Ähnliche Primärentscheidungen finden auch bei anderen Urlaubsreisearten statt.

Beispiele: Bei einem Cluburlaub steht oft der Club mit seinem Animationskonzept und seiner Infrastruktur an erster Stelle, der Standort ist dann sekundär. Immer trifft dies zu bei einem (Kurz-)Urlaub in einem Center Parc: Die Anlage ist die Attraktion, ihr Standort spielt nur unter dem Gesichtspunkt der Erreichbarkeit eine Rolle. Bei vielen Kreuzfahrten spielt, vor allem beim erfahrenen Publikum, das Schiff die wichtigste Rolle – die Fahrtroute ist sekundär.

Andererseits darf man sich die Entscheidungspfade aber nicht einfach linear derart vorstellen, daß einmal getroffene Primärentscheidungen nicht mehr umgestoßen werden können. Wenn es sich bei den folgenden Teilentscheidungen (**Sekundärentscheidungen**) herausstellt, daß die möglichen Alternativen mit anderen Zielen, Vorstellungen oder Beschränkungen nicht in Einklang zu bringen sind, wird diese Entscheidung wieder rückgängig gemacht und ein anderer Pfad gesucht. Wenn sich – um im oben angeführten Beispiel zu bleiben – herausstellt, daß die in Frage kommenden Studienreiseangebote der Veranstalter die ursprünglichen Kostenvorstellungen zu weit übertreffen oder die möglichen Reisetermine nicht in Einklang mit der eigenen Zeitplanung zu bringen sind, wird – zumindest für dieses Mal – das Vorhaben einer Studienreise aufgegeben. Wenn man dann überhaupt noch reisen will, muß man also nach anderen Alternativen suchen.

Reiseentscheidungen werden in einem hohen Maße durch Merkmale der jeweiligen **Lebenslage** beeinflußt. Bislang sind wir in unseren Überlegungen davon ausgegangen, daß die Wahl möglicher Reiseziele und Reisearten allenfalls durch Einschränkungen des Budgets eingeschränkt wird. Wie aber bereits im zweiten Kapitel zu sehen war, gibt es darüber hinaus eine ganze Reihe von Faktoren, welche die Wahlmöglichkeiten objektiv und subjektiv einschränken. Die objektiven Beschränkungen rühren insbesondere aus der Familiensituation: Wer zum Beispiel kleine Kinder hat, für den reduzieren sich in der Regel die Reiseziel-, Unterkunfts- und Verkehrsmitteloptionen auf wenige Alternativen (vgl. Tabelle 2.7 auf Seite 69). Subjektive Begrenzungen resultieren zum Beispiel aus der Reisesozialisation, d.h. durch die im Lebensverlauf erfahrenen Möglichkeiten des Reisens und des ‚Erlernens' von Reisestilen, wie sie in Abschnitt 2.4 dargestellt wurden. In denjenigen Alterskohorten, die kaum die Gelegenheit hatten, in ihren jungen Jahren eigene Reisevorstellungen zu entwickeln und vor allem zu erproben, werden deshalb in der Regel von vornehrein nur sehr begrenzte Listen von Reisealternativen überhaupt in Erwägung gezogen. Andererseits erlauben diese beiden angesprochenen Lebenslagen eine weitaus freiere Entscheidung über die Reisetermine, da sie nicht, wie zum Beispiel Eltern mit Kindern im schulpflichtigen Alter, an die einschränkenden Ferienzeitregelungen gebunden sind (vgl. Abbildung 2.13 auf Seite 72).

Bevor man entscheiden kann, benötigt man **Informationen**. Alleine einen identischen Informationsstand für die Reisezielalternativen zu erreichen, erfordert einiges an Beschaffungs- und Beschäftigungsaufwand. Darüber hinaus ist der mögliche Informationsstand beim Kauf bzw. Buchen von Reisen gegenüber dem Erwerb von normalen Konsumgütern immer geringer, als man ihn für seine Entscheidung wirklich brauchte, denn „Touristen kaufen kein Produkt: Sie kaufen die Erwartung von Nutzen" (Moutinho 1987, S. 34; Übers. J.W.M.). Zum Zeitpunkt des Kaufes (der Buchung) existiert das Produkt „Urlaubsreise" schließlich noch gar nicht – es kann erst dann hergestellt werden, wenn der Urlauber sich auf die Reise macht. Mit dem Kauf einer Reise, die wesentlich aus unterschiedlichen Dienstleistungen besteht, geht man also ein höheres **Risiko** ein als mit dem eines normalen Konsumgutes, denn allgemein gilt: Je größer der Anteil von Dienstleistungen an einem Produkt, desto größer ist auch die mit dem Kauf verbundene Ungewißheit über seine Qualität (Murray 1991). Darüber hinaus gibt es eine Reihe weiterer Unwägbarkeiten, wie zum Beispiel das Wetter, die den Erfolg einer Urlaubsreise vergleichsweise ungewiß erscheinen lassen.

Damit unterscheidet sich die Urlaubsreise von Gütern wie einem Fernsehgerät, einem Auto oder einer Musikanlage, die man vor dem Kauf sehen und ausprobieren kann. Allerdings hat man bei der Fülle an Angeboten auf dem Markt auch hier in der Regel nicht die Möglichkeit, für sich selbst eine volle Markttransparenz herzustellen und damit eine rationale Kaufentscheidung zu treffen. Wieviel Aufwand an Zeit und Arbeit ein potentieller Käufer in die Evaluation der Angebote investiert, hängt in erster Linie vom zu erwerbenden Produkt ab: Die Kaufentscheidungen für langlebige und teure Produkte wie Waschmaschinen, Möbel oder Autos bedürfen in der Regel einer längeren Vorbereitungszeit, Güter des täglichen Bedarfs wie Lebensmittel, Seife oder Klopapier dagegen werden ohne größeren Aufwand beschafft – man hat sich einmal mit den Angeboten beschäftigt und kauft dann in der Regel routinemäßig die bewährten Produkte.

Vor diesem Hintergrund unterscheidet man vier Typen von Kaufentscheidungen (vgl. u.a. Nieschlag, Dichtl & Hörschgen 1991, S. 119; Kuß 1994, S. 513):

- **Extensive Kaufentscheidungen** werden vor allem dann getroffen, wenn ein unbekanntes Produkt gekauft werden soll oder eine Entscheidung von großer persönlicher Bedeutung ansteht. Sie gehen aus einer ausführlichen Beschäftigung mit den Angeboten hervor, bei der vom Käufer erst Auswahlkriterien entwickelt werden müssen.

- **Limitierte Kaufentscheidungen** werden gefällt, wenn bereits Kauferfahrungen mit einem Produkt vorliegen, sich aber keine Präferenz für eine bestimmte Marke herausgebildet hat. Es existieren also bereits Auswahlkriterien beim Käufer, die lediglich angewandt werden müssen.

- **Habitualisierte Kaufentscheidungen** sind zu beobachten, wenn eine gewohnheitsmäßige Produkt- und/oder Markenwahl vorliegt. Der geistige Aufwand für diesen Entscheidungstyp reduziert sich also auf die Produkt- bzw. Markenerkennung.

- **Impulsive Kaufentscheidungen** sind das Ergebnis einer spontanen, durch Produktinformation ausgelösten emotionalen Reaktion mit geringer kognitiver[7] Steuerung.

Die Autoren weisen aber darauf hin, daß neben diesen mehr oder weniger bewußten Kaufentscheidungen auch simples **Zufallshandeln** eine wesentliche Rolle spielt. Tatsächliche Kaufentscheidungen sind also eine Mischung aus diesen vier Entscheidungstypen und von Zufallselementen (zum Beispiel in welches Geschäft man beim Einkaufsbummel zufällig gegangen ist oder, bezogen auf den Reisemarkt, an welchem Reisebüro man vorbeigekommen ist, welche Werbung man zufällig gesehen hat oder wen man gerade getroffen hat, der von seiner letzten Reise erzählte).

Man kann sich diese Typen entlang eines Kontinuums von hohem und niedrigem Engagement (*high and low involvement*) und damit kognitiver Beteiligung des Entscheiders vorstellen:

Diese Typologie kann man weitgehend auch für die Reiseentscheidungen übernehmen:

- Wer zum ersten Mal ein völlig neues, ihm unbekanntes Zielgebiet oder eine Fernreise, zum Beispiel in ein Entwicklungsland, in Erwägung zieht, wird sich ausführlich mit den in Frage kommenden Reisezielen und -angeboten beschäftigen und versuchen, Kriterien für seine Entscheidung zu entwickeln (extensive Kaufentscheidung).

- Wer für seinen Jahresurlaub Sonne, Sand und Strand möchte und dafür bisher regelmäßig nach Spanien gereist ist, weiß genau, wonach er sucht und ist ohne größeren Aufwand in der Lage, sich für entsprechende Angebote in einem anderen, für ihn neuen Zielgebiet (zum Beispiel Türkei, Griechenland, Tunesien) zu entscheiden (limitierte Kaufentscheidung).

---

[7] Von lat. *cognoscere* = erkennen

- Wer seit Jahren immer wieder in den gleichen Urlaubsort fährt, trifft eine habitualisierte Kaufentscheidung.

- Impulsive Kaufentscheidungen wie sie in Supermärkten durch die an den Kassen ausliegenden Angebote („Quengelware") normal sind, werden bei Reisen seltener getroffen. Allerdings kann dies für Kurzreisen und Reisen für Kurzentschlossene (*last minutes*) zutreffen.

Verallgemeinernd kann man an dieser Stelle zusammenfassen, daß eine Reiseentscheidung um so mehr zu hohem Engagement (*high involvement*) der Person führt, je weniger ihr das Zielgebiet bekannt ist, je weiter es entfernt ist und je länger, aufwendiger und teurer die von ihr in Erwägung gezogene Reise ist.

Das unterschiedliche Entscheidungsverhalten ist, wie die angeführten Beispiele schon deutlich machen, weniger persönlichkeits- als situationsspezifisch. Die ihm zugrunde liegenden Kalküle sind die von **Risikovermeidung** und **Ökonomie**. Die Risiken (vgl. Mansfield 1992, S. 408) beziehen sich dabei prinzipiell auf ...

- die geringe frei verfügbare Zeit;

- das Geld, das häufig für die Realisierung einer Reise angespart wurde;

- die Möglichkeit von Frustration durch ein nicht den eigenen Erwartungen entsprechendes Reisepublikum;

- die Gesundheit des Reisenden, die in Extremfällen durch eine Reise beeinträchtigt werden kann (zum Beispiel Trekking in Nepal). Darüber hinaus kann eine Reise durch medizinische Gründe motiviert sein, die bei falscher Reisezielwahl ebenfalls die Gesundheit des Reisenden gefährden kann.

Je größer die **Risiken** für eine bestimmte Reise eingeschätzt werden, desto umfassender informiert man sich im Vorfeld der Reiseentscheidung. Bei geringen Risiken – wenn man zum Beispiel mit einem Reiseveranstalter einen Strandurlaub in einem unbekannten spanischen statt einem bekannten italienischen Badeort verbringen möchte – erscheint eine ausführliche Beschäftigung mit den Umständen der Reise meist nicht nötig. Als erfahrener Badeurlauber weiß man, worauf man zu achten hat und kann den Zeitaufwand für die Entscheidungsvorbereitung damit deutlich reduzieren. Auch Reisedauer und -aufwand haben Einfluß auf das mit der Reiseentscheidung wahrgenommene Risiko: Je kürzer der Reisezeitraum und die funktionale Distanz zum Reiseziel, desto geringer wird es eingeschätzt.

Verglichen mit höherwertigen Gütern, die vom Preis her beispielsweise einer typischen Urlaubsreise nach Spanien entsprechen, ist das Risiko bei der Reiseentscheidung allerdings wesentlich höher. Wenn eine Waschmaschine nicht funktioniert, kann man sie nicht nur im Rahmen von Garantieleistungen des Herstellers entweder reparieren oder ganz austauschen lassen, man kann auch seine Wäsche trotzdem waschen – zum Beispiel in einem Waschsalon. Wenn auf einer Reise dagegen etwas nicht funktioniert, hat man zwar bei einer Pauschalreise den Anspruch auf eine Teilrückzahlung des Reisepreises durch den Veranstalter, die Reise als solche bleibt aber mangelhaft und kann nicht gleichzeitig durch eine andere ersetzt werden. Übertragen auf das Beispiel der nicht richtig funktionierenden Waschmaschine hieße das, man bekäme einen Teil der für die Waschmaschine bezahlten Summe wieder, die Mängel an der Maschine aber blieben. Darüber hinaus läßt sich die Qualität einer Urlaubsreise vorab schon deshalb nicht verläßlich abschätzen, weil Unwägbarkeiten wie schlechtes Wetter, Umbauten und Veränderungen beim Personal des gewählten Hotels selbst dann einen Urlaub zum Risiko werden lassen können, wenn man schon seit Jahren denselben Ort besucht und in der gleichen Unterkunft wohnt.

Abbildung 4.2: Skizze der Alternativen bei der Reisezielentscheidung

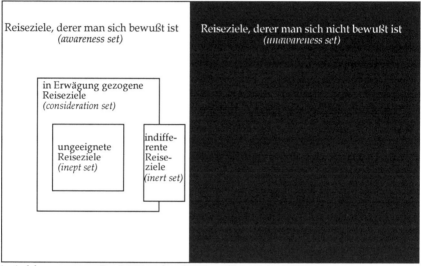

in Anlehnung an van Raaij & Francken (1984) und Moutinho (1987)

Reiseentscheidungen werden im Kontext des normalen Lebens- und Arbeitsalltags getroffen. Auch wenn man aufgrund der Höhe der für eine Urlaubsreise getätigten Ausgaben und der mit dem Buchen einer Reise verbundenen Risiken in einem Großteil der Fälle eher von *high involvement* und einer extensiven Kaufentscheidung ausgehen kann, gibt es deshalb eine Reihe von Einschränkungen. Die Vielzahl der verschiedenen Tätigkeiten ermöglicht nur einen beschränkten Zeit- und Aktivitätsrahmen für die Beschaffung adäquater Informationen und das Treffen darauf aufbauender Entscheidungen. Aufwand und Ertrag müssen auch bei Reiseentscheidungen in einem akzeptablen Verhältnis zueinander stehen, das heißt, Reiseentscheidungen unterliegen einem **Ökonomieprinzip**. Dieses Ökonomieprinzip kann in Einzelfällen sogar den Ausschlag für die Wahl einer bestimmten Reise geben: Wenn sich entweder die Informationsbeschaffung als zu aufwendig oder die Qualität der Auskünfte als wenig zuverlässig erweist und man gleichzeitig das mit der Buchung einer Reise verbundene Risiko minimieren möchte, wird man auf die ursprünglich geplante Reise verzichten. Die Wahrscheinlichkeit ist dann groß, daß – wenn man nicht überhaupt auf eine Reise zu dem Zeitpunkt verzichtet – statt dessen ein bekanntes und bewährtes Reiseziel gewählt wird. Dieses Ökonomieprinzip kann auch dann entscheidend sein, wenn man sich generell nicht lange mit dem Sammeln von Informationen und ihrer Abwägung beschäftigen will, sondern ohne großen Aufwand davonkommen möchte. Zudem spiegelt sich das Ökonomieprinzip auch in dem Aufwand für die Entscheidungsfindung bei verschiedenen Reisetypen: Für kurze und nicht sehr weite Reisen fällt die Entscheidung in der Regel schnell und ohne große Informationssammlungs- und Abwägungsphasen; je länger und weiter eine Reise dagegen werden soll, desto umfangreicher wird die Entscheidungsphase (*high involvement*). Betrachtet man alleine die Zahl der insgesamt in Frage kommenden Reiseländer und Reiseziele, wird sehr schnell deutlich, daß es schon im Vorfeld von Reisezielentscheidungen zu einer Auswahl kommen muß. Es ist praktisch unmöglich, eine Entscheidung zu treffen, die das ganze Spektrum der möglichen Reisezielalternativen berücksichtigt. Ein Teil der Alternativen wird uns deshalb gar nicht erst bewußt. Wie dies für den weitaus größten Teil der ungeheuren Menge von Konsumartikeln zutrifft, die uns in den Geschäften angeboten werden, dringt auch der größte Teil der objektiv bestehenden Reisezielmöglichkeiten nicht einmal in unser Bewußtsein (siehe die Skizze in Abbildung 4.2).

Reisezielentscheidungen können dementsprechend natürlich nur aus denjenigen Alternativen getroffen werden, deren Existenz den Menschen auch bewußt ist. Von diesen Reisezielen wird wiederum aus verschiedenen Gründen nur ein Teil überhaupt ernsthaft in Erwägung gezogen. Zu diesen Gründen können mangelnde Informationen ebenso gehören wie eine prinzipiell negative Einstellung gegenüber einem Reiseziel, die auf eigener Erfahrung gründet. Reiseziele, die man zwar gerne besuchen möchte, die einem aber zu teuer sind oder deren Klima man nicht verträgt, scheiden ebenfalls als Alternativen aus. Zieht man noch diejenigen Destinationen ab, denen man indifferent gegenübersteht, bleibt nur noch eine vergleichsweise geringe Anzahl von Reisezielen, zwischen denen man sich letztlich entscheiden kann. Nach Moutinho (1987, S. 20) werden für jede Reise in der Regel nicht mehr als sieben Alternativen analysiert und gegeneinander abgewogen. In der Reiseanalyse 2006 wurde ermittelt, daß für die getroffene Reiseentscheidung im Schnitt vier alternative Destinationen und sechs unterschiedliche Urlaubsformen in Erwägung gezogen wurden.

Es findet also keine systematische Suche nach uns noch unbekannten Reisezielen statt, die den eigenen Ansprüchen genügen würden. Im Gegenteil: Aus Gründen der Ökonomie haben wir ein großes Interesse daran, die Komplexität der Entscheidung und die damit zu verarbeitenden Informationsmengen möglichst stark zu reduzieren.

Ein wichtiges Mittel dieser **Komplexitätsreduktion** liegt in der Verwendung von Images.

Unter einem **Image** versteht man die „Gesamtheit aller subjektiven Ansichten und Vorstellungen von einem Gegenstand, also das ‚Bild', das sich ein Konsument von einem Beurteilungsgegenstand macht. Es entwickelt und verfestigt sich im Zeitablauf durch eigene oder fremde Erfahrungen sowie die Imagewerbung teils bewußt, teils unbewußt und beeinflußt dann selbst die Wahrnehmung und Interpretation der Umwelt (‚Orientierungsfunktion'). Wegen der Subjektivität und Verzerrtheit der menschlichen Wahrnehmung weicht dieses Bild zum Teil erheblich von der objektiven Realität ab, bestimmt aber das Denken und Handeln der Marktteilnehmer" (Knoblich 1994, S. 434).

Hier gilt also der berühmte Satz des us-amerikanischen Soziologen William Isaac Thomas, der auch als ‚Thomas-Theorem' bekannt ist: „Wenn Menschen etwas als wirklich definieren, dann ist es wirklich in seinen Konsequenzen", denn man handelt ja entsprechend der Situation, wie man sie erfaßt hat. Das Image einer Reise oder eines Reiseziels, nicht die Wirklichkeit (wie immer man sie definieren mag) ist also handlungsleitend und bestimmt die Reiseentscheidung.

Über die oben angeführte Definition hinausgehend spielen auch emotionale Aspekte eine wichtige Rolle bei der Bildung und Verfestigung von Images. Das gilt insbesondere für touristische Images, in die immer auch diffuse Sympathien und Antipathien gegenüber Ländern und Völkern mit eingehen (W. Meyer 1993).

Die komplexitätsreduzierende Wirkung eines Images besteht vor allem darin, daß nur wenige als relevant angesehene Informationen verarbeitet werden müssen, um zu einer Entscheidung zu kommen. Dieser Informationskern überstrahlt alle anderen Aspekte des Beurteilungsgegenstandes (Halo-Effekt[8]) und man ergänzt sich die fehlenden Informationen durch entsprechende Vorstellungen.

Images haben also einen **doppelten Nutzen**: Aus der Sicht derjenigen, die Entscheidungen treffen müssen, führen sie zu einer erheblichen Erleichterung bei der Informationsbeschaffung. Anbieter können sich auf die Kommunikation einiger weniger, dafür aber wichtiger Argumente beschränken. Bei der Etablierung von Marken macht man sich diesen Effekt zunutze und versucht, Name und Logotyp als Signal und Garanten für die Produktqualität herauszustellen, so daß der Kunde nur noch darauf achten muß, um sein Kaufrisiko minimieren und einen befriedigenden Kauf tätigen zu können (vgl. Bruhn 1994).

Wer sich zwischen zwei und mehr Alternativen bei der Auswahl eines Reiseziels zu entscheiden hat, steht in einem **Konflikt**. Dieser Konflikt wird mit der Reiseentscheidung zunächst abgeschlossen. Im Vorfeld dieser Entscheidung versucht man, Informationen zu sammeln, um die Entscheidung darauf aufzubauen. Je nachdem, welche Alternativen überhaupt in Erwägung gezogen werden, wird dieser Prozeß der Informationssammlung mehr oder weniger intensiv sein (siehe oben). Mit der Reiseentscheidung ist dieser Konflikt in einer Person jedoch nicht ausgestanden.

Vor allem längere Urlaubsreisen werden einige Monate, oft mehr als ein halbes Jahr, vor Antritt der Reise bereits fest gebucht. In diesem Zeitraum

---

[8] Engl. *halo* = Heiligenschein und der Hof, der durch irdischen Dunst um einen leuchtenden Himmelskörper entsteht. Dadurch entsteht der Eindruck, als ob auch das Gebiet um diesen Himmelskörper leuchten würde. Der Begriff Halo-Effekt stammt aus der Persönlichkeitspsychologie und bezeichnet den Umstand, daß eine Eigenschaft als besonders positiv oder negativ beurteilt wird und dieses Urteil dann auf die übrigen Eigenschaften übertragen wird (vgl. u. a. Herrmann 1969, S. 168).

zwischen Reiseentscheidung und Reiseantritt wird man jedoch auch dann, wenn man nicht mehr aktiv danach suchen sollte, mit Informationen über Reiseziele und -angebote konfrontiert, die man zum Entscheidungszeitpunkt noch nicht kannte. So berichtet zum Beispiel ein Bekannter begeistert über seinen Urlaub, den er an einem Ort verbracht hat, den man vorher auch in Erwägung gezogen hatte. Man kommt so in einen **Nachentscheidungskonflikt**: Alternativen, die man verworfen hat, werden auf einmal attraktiv und stellen damit die bereits getroffene Entscheidung in Frage.

Beim Kauf höherwertiger Güter treten solche langen Zeiträume zwischen Bestellung und Auslieferung mit Ausnahme des Autokaufs meist nicht auf. Beim Autokauf wäre ein Rücktritt von dem geschlossenen Vertrag mit erheblichen Kosten verbunden, hat man dagegen eine Veranstalterreise gebucht, könnte man einige Monate vor Reiseantritt ohne oder nur mit minimalen Kosten wieder vom Reisevertrag zurücktreten. Mit einer neuen Reiseentscheidung wäre aber nicht nur ein weiterer Aufwand verbunden (wieder zum Reisebüro gehen, Umbuchen usw.), der gegen das Ökonomieprinzip verstieße, sondern es würde die gleiche Situation wieder eintreten wie mit der alten.

Wenn also die einmal getroffene Entscheidung beibehalten werden soll, müssen Informationen, die sie danach wieder in Frage stellen würden und damit zu einer kognitiven Dissonanz (Festinger 1957) führen, in der Wahrnehmung möglichst unterdrückt werden. Dieses geschieht dadurch, daß man unbewußt laufend nur nach den Gründen sucht, die für die einmal getroffene Entscheidung sprechen.

Beispiel: Hat man sich für den Automobiltyp einer bestimmten Marke entschieden, sinkt die Wahrnehmungsschwelle für genau diesen Autotyp und man wundert sich, daß einem früher gar nicht aufgefallen ist, wie viele Leute dieses Auto fahren. Bei einer Entscheidung, die aufgrund der Typen- und Ausstattungsvielfalt nicht unter allen Aspekten rational ausfallen kann, sucht man sich deshalb unbewußt die Bestätigung bei Leuten, welche die gleiche Entscheidung gefällt haben und reduziert damit den Widerspruch zwischen der getroffenen Kaufentscheidung und den Alternativen, die einem laufend im Straßenverkehr begegnen. Kognitive Dissonanzreduktion wird auch dadurch betrieben, daß man beginnt, die Werbeanzeigen des Herstellers für das Fahrzeug aufmerksam zu lesen, um sich immer wieder neu von der eigenen Wahlentscheidung überzeugen zu lassen.

Für Reiseentscheidungen ist dieser Nachentscheidungskonflikt nicht so extrem wie für den Automobilkauf, weil man nicht, wie beim Automobil, ständig mit den konkurrierenden Produkten selbst, sondern lediglich beiläufig mit subjektiven Erfahrungsberichten und/oder Werbeaussagen konfrontiert wird.

Von zentraler Bedeutung bei der Reiseentscheidung ist natürlich nicht zuletzt – wie bei allen anderen Kaufentscheidungen auch – der **Preis**. Von Reisealternativen, die man aufgrund der eigenen finanziellen Situation nicht realisieren kann, träumt man vielleicht, aber sie finden erst gar nicht ihren Weg in den Satz der tatsächlich in Erwägung gezogenen Reiseziele (siehe Abbildung 4.2). Der Preis hat hier also zunächst eine Filterfunktion. Bei der Entscheidung zwischen den einzelnen erwogenen Reisealternativen spielt dann der Preis oft die entscheidende Rolle: Je ähnlicher sich die angeschauten Angebote sind, desto größer wird die Wahrscheinlichkeit, sich für das preisgünstigere zu entscheiden. Das gilt in besonderem Maße für die sogenannten überschnittenen Angebote in Reisekatalogen: Wenn verschiedene Reiseveranstalter für die selbe Zeit das selbe Hotel mit dem selben Abflugort im Programm haben, wird in der Regel das günstigste gebucht. Allerdings kann in solchen Fällen auch das Image eines Reiseveranstalters entscheidend sein, wenn er zum Beispiel über einen besonders guten Ruf verfügt, weil er eine besondere Gästebetreuung anbietet und/oder als besonders schnell, unbürokratisch und kulant reagierend in eventuellen Beschwerdefällen gilt.

Zwar gibt es bislang praktisch keine empirisch überprüfte Theorie über die Prozesse der Reisentscheidung, aber einige Ansätze, die den Anspruch erheben, dazu beitragen zu können. Diese Ansätze verengen ihre Perspektive jedoch nur auf die Reisezielentscheidung. Alle anderen Aspekte einer Urlaubsreise bleiben unberücksichtigt. Damit können auch mögliche Wechselwirkungen zwischen den einzelnen Entscheidungen nicht mehr erfaßt werden.

4.2.1 Das Phasenmodell der Reisezielentscheidung

Dieses Modell geht davon aus, daß man in einem Reduktionsprozeß die Zahl der möglichen Alternativen sukzessive reduziert. So war in der Untersuchung von Um & Crompton (1990) die Liste der Zielgebiete, die im Februar „noch im Rennen" waren, bedeutend größer als die Mitte Mai, als die Personen zum zweiten Mal befragt wurden.

Abbildung 4.3: Das Trichtermodell des Informationsverhaltens vor und nach der Reiseentscheidung

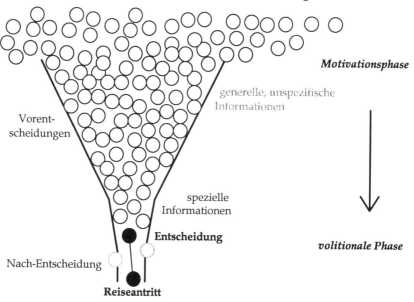

Wer eine Urlaubsreise machen will oder sie erwägt, wird sich also zunächst allgemein und unspezifisch über die zur Verfügung stehenden Alternativen informieren. Sind die ersten Vorentscheidungen gefallen, zum Beispiel über das Zielgebiet oder über die Reiseart (Badeurlaub), werden spezifischere Informationen über das ausgewählte Zielgebiet bzw. über die dafür in Frage kommenden Zielgebiete gesucht. Man kann sich diesen Vorgang graphisch als eine Art Trichter vorstellen, in dem die Informationswahrnehmung immer mehr auf die in Frage kommenden Alternativen verengt wird (siehe Abbildung 4.3).

Weitgehend dieser Vorstellung entsprechend hat Pivonas (1973, 1980) **vier Phasen** der Reiseentscheidung formuliert, wobei sie allerdings den Aspekten der Nachentscheidungsituation keine Aufmerksamkeit schenkt:

1. Man hat noch keine festen Vorstellungen, wann und wohin man reisen will, aber man findet Hinweise auf Reiseziele. Ohne bestimmte Absicht sieht man sich Bilder und Berichte an und denkt dabei: Dahin möchte ich mal fahren.
2. Auf dieser Stufe läßt man sich nicht mehr allgemein beeindrucken, sondern sucht ganz bewußt nach Informationen.
3. Hier entscheidet man sich endgültig, wohin man fährt und wie man dort leben will.
4. Hier werden die einzelnen Reisevorbereitungen getroffen.

In der bevölkerungsrepräsentativen Reiseanalyse 1973 wurde dieses Modell den Befragten quasi zur Abstimmung vorgelegt und gefragt, ob sie die jeweiligen Situationen aus eigener Erfahrung kennen. Zwischen zwei Drittel und knapp vier Fünftel der Reisenden waren die einzelnen Phasen aus eigener Erfahrung bekannt.

Darüber hinaus wurde gefragt, welche Informationsquellen zu den einzelnen Phasen gebraucht wurden (Tabelle 4.4). Die Ergebnisse bestätigen in etwa das Trichtermodell des Informationsverhaltens (Abbildung 4.3). Wenn Vorentscheidungen gefallen sind, wird das Suchverhalten spezifischer. Das zeigt sich zum Beispiel bei der Nutzung von Orts- und Unterkunftsprospekten.

Tabelle 4.4: **Nutzung von Informationsquellen in den vier Phasen der Reiseentscheidung**

Informationsquelle	1. Phase %	2. Phase %	3. Phase %	4. Phase %
Berichte von Verwandten, Bekannten	54	32	27	25
Kataloge der Reiseveranstalter	25	26	19	12
Berichte in Zeitungen, Zeitschriften, TV und Hörfunk	20	8	5	4
Auskünfte durch Reisebüro, Verkehrsverein, Automobilclub	18	28	24	19
Gebiets-, Ortsprospekte	13	20	25	21
Prospekte einzelner Unterkünfte	9	14	21	23

Quelle: Reiseanalyse 1973 mit n = 6.086 Befragten; cit. n. Braun & Lohmann 1989, S. 22

Kritik: Bei aller Plausibilität, die das Modell auf den ersten Blick für sich in Anspruch nehmen kann: Wesentliche Aspekte des Entscheidungsverhaltens, wie sie zum Beispiel in der oben aufgeführten Typologie von Kaufentscheidungen enthalten sind, werden nicht berücksichtigt. Das Vierphasenmodell ist zu wenig differenziert und unterstellt im Prinzip ein uniformes Reiseentscheidungsverhalten, unabhängig davon, ob es sich um die Wiederholung einer schon oft gemachten Urlaubsreise oder um die Erwägung eines völlig neuen Zielgebietes oder einer neuen Urlaubsart handelt.

Die empirische Überprüfung des Modells ist unter verschiedenen Aspekten fragwürdig. Einmal wurden nur die einzelnen Phasen abgefragt und nicht das gesamte Modell. Ob die vorgeschlagene Reihenfolge so von den Befragten akzeptiert worden ist, läßt sich mit den Daten nicht belegen. Zum anderen kann man prinzipiell ein theoretisches Modell nicht dadurch überprüfen, daß man darüber abstimmen läßt. Die hohe Zustimmung ist wahrscheinlich nur auf die auf den ersten Blick hohe Plausibilität des Modells zurückzuführen (Braun & Lohmann 1989, S. 23). Es ist ja geradezu das Wesen der meisten psychischen Prozesse, daß sie den Personen selbst, bei denen sie ablaufen, gar nicht bewußt sind. Sie sind nur zugänglich über theoriegeleitete Messungen, nicht über Ansichten der Personen zu ihrem eigenen Verhalten.

4.2.2 Der Persönlichkeitsansatz der Reisezielentscheidung

Stanley C. Plog hat in den 1970er Jahren ein sehr einfaches Modell für die Bevölkerung der Vereinigten Staaten entwickelt, das die Reisezielentscheidung auf Persönlichkeitsmerkmale der Touristen zurückführt. Er kam auf dieses Modell, als er im Rahmen eines Auftrages von Fluggesellschaften und Reiseunternehmen nach Möglichkeiten zur Ausweitung des Reisemarktes suchen sollte (Lowyck, Langenhove & Bollaert 1992, S. 18 f.).

Ausgangspunkt seiner Überlegungen und Untersuchung war der Umstand, daß es eine große Gruppe von US-Amerikanern gab, die zwar über die entsprechenden Einkommen verfügte, die Dienste von Fluggesellschaften aber nicht in Anspruch nahm. Es war aber nicht nur die Angst vor dem Fliegen, sondern auch das Beibehalten vertrauter Gewohnheiten und die Nicht-Vertrautheit mit dem Fliegen, die diese Personen am Boden hielt (Plog 1990). In einer Reihe von Tiefeninterviews mit solchen Nicht-Fliegern stellte es sich auch heraus, daß sie einfach Flüge nicht brauchten, weil sie keine so weiten Reisen machten, daß sie das Buchen eines Fluges rechtfertigen würden. Da er bei den meisten seiner Interviewpartner das gleiche Muster von Gebietsbezogenheit, generellen Ängsten und einer gewissen Kraftlosigkeit ausmachte, hat er es als Persönlichkeitstypus interpretiert und *psychocentric* genannt. Den Gegentypus, der viel reist und fliegt, bezeichnet er als *allocentrics*.

Unter *psychocentrics* versteht er Personen, die eher auf sich selbst, ihre eigene Psyche, zentriert sind, sich mit sich selbst beschäftigen, ängstlich sind und deshalb nach Sicherheit suchen. Ihre Reisezielwahl beschränkt sich auf Destinationen, die nicht weit von zu Hause entfernt sind und die sie möglichst schon aus eigener Erfahrung kennen.

Allocentrics dagegen sind selbstbewußte Personen, extrovertiert und bereit, Neues auszuprobieren. Sie suchen generell Vielfalt und übertragen dies auch auf die Wahl ihrer Reiseziele. Ihre Reisen gehen vor allem ins Ausland, und auch touristisch weniger oder gar nicht erschlossene Gebiete finden ihr Interesse.

Zwischen diesen beiden Polen lassen sich seiner Auffassung nach die Persönlichkeitstypen verorten. Er geht davon aus, daß sich die Bevölkerung der Vereinigten Staaten normal über diese Persönlichkeitsskala verteilt, d.h., es gibt nur wenige wirkliche *psychocentrics* und nur wenige reine *allocentrics*, jedoch sehr viele Personen, die sich in dem breiten Bereich dazwischen (*midcentrics*) bewegen. Die Reisezielentscheidungen der verschiedenen Persönlichkeitstypen hat Stanley C. Plog (1973) aus us-amerikanischer Ostküstensicht in Abbildung 4.4 dargestellt.

Abbildung 4.4: Reisezielentscheidungen verschiedener Persönlichkeitstypen nach Stanley C. Plog

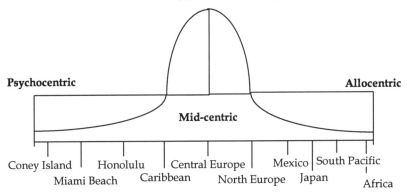

Coney Island ist eine Insel mit einem großen Strand in New York, die im Sommer traditionell von vielen Bewohnern der Stadt als Ausflugs-, aber eben auch als Reiseziel genutzt wird (vgl. dazu auch Kapitel 6, Abschnitt 6.2.2). Miami Beach ist aufgrund seines milden Klimas ein beliebtes Winterreiseziel vor allem für betagte Ostküstenbewohner. Hawaii ist zwar deutlich weiter von der Ostküste entfernt als die Karibik, gehört dafür aber zu den USA.

Stanley C. Plog hat in seiner Arbeit selbst darauf hingewiesen, daß die *psychocentrics* meist aus niedrigeren Einkommensschichten stammen und dadurch in ihren Reiseentscheidungen auch finanziell stärker eingeengt sind als die anderen Gruppen. Damit würde es sich bei den unterstellten Persönlichkeitstypen weitgehend nur um unterschiedliche Einkommensgruppen handeln – hätten die Leute mehr Geld für Reisen zur Verfügung, würden sie auch ungewöhnlichere Reisen unternehmen.

Aber selbst wenn man über genügend Mittel für Reisen verfügt: Ohne eine gewisse Reiseerfahrung wagt man sich in der Regel nicht an etwas ausgefallenere Reiseziele heran. Der Autor sieht deshalb seine Persönlichkeitstypen auch nicht als statisch an. Mit gestiegener Reiseerfahrung können die Leute von *psychocentrics* mehr in Richtung *allocentrics* tendieren.

Stephen L. J. Smith (1990) hat kritisiert, daß sich die beiden Extremgruppen der *psycho-* und der *allocentrics* in bezug auf Reisezielentscheidungen und -interessen nicht trennscharf genug voneinander unterscheiden. Seine Kritik basiert auf Auswertungen der Daten von Fernreiseuntersuchungen, die im Auftrag kanadischer und us-amerikanischer Tourismusstellen in sieben verschiedenen Ländern (Frankreich, BRD, Schweiz, Großbritannien, Hong Kong und Singapur) durchgeführt wurden. Allerdings waren die Grundgesamtheiten für die jeweiligen nationalen Zufallsstichproben denkbar ungeeignet für die Überprüfung des Plog'schen Konzeptes: Es handelte sich um Personen, die in den letzten drei Jahren mindestens eine Fernreise von mindestens fünf Tagen Dauer gemacht hatten oder planten, dies innerhalb der nächsten zwei Jahre zu tun. Damit aber kamen *psychocentrics* in den Stichproben gar nicht vor.

Kritik: Einen wesentlichen Kritikpunkt hat Stanley C. Plog mit seinem Hinweis auf die offensichtliche Einkommensabhängigkeit seiner Persönlichkeitstypen bereits selbst vorweggenommen (s.o.). Welche Geltung dieser speziell auf die Bevölkerung einer Region – der us-amerikanischen Ostküste – bezogene Ansatz auch für andere Gebiete haben kann, bleibt offen.

Darüber hinaus unterstellt dieser Ansatz eine innere Homogenität von Reisezielen, die der Wirklichkeit nicht entspricht. Eine Urlaubsreise nach Afrika beispielsweise kann nicht nur ganz verschiedene Zielgebiete haben, sondern auch ganz unterschiedlich organisiert sein: Man kann alleine nach Namibia reisen und alles selbst arrangieren oder innerhalb einer von einem Reiseveranstalter organisierten Gruppe von Landsleuten nach Südafrika fahren und in Häusern der von zu Hause bekannten internationalen Hotelgruppen absteigen. Mit der zuletzt genannten Reiseform könnte auch der eher selbstbezogene Persönlichkeitstyp exotische und für ihn untypische Reiseziele kennenlernen (siehe ausführlich dazu Kapitel 5).

4.2.3 Das Prestige-Modell der Reisezielentscheidung

Thorstein Veblen hat in seinem vor mehr als einem Jahrhundert erschienenen Klassiker über die „*Leisure Class*" den demonstrativen Müßiggang beschrieben, mit dem Menschen sich und den anderen zeigen können, daß sie „etwas besseres" sind und es nicht nötig haben, zu arbeiten. Am einfachsten läßt sich der soziale Status über ein Haus in der richtigen Wohngegend und über den Konsum von Gütern wie teurer Schmuck, teure Kleidung und Autos signalisieren.

Symbolische Indikatoren wie die „vornehme Blässe" oder die „gesunde Bräune" (siehe dazu Kapitel 5, Abschnitt 5.7.1) haben im Zuge der Demokratisierung der Gesellschaft und der gewachsenen Freizeit ihren Klassencharakter weitgehend verloren. Geblieben ist die Tendenz der Menschen zur Selbststilisierung, dem Bedürfnis nach sozialer Anerkennung (sozialen Bindungsbedürfnissen und Selbstachtung nach Abraham H. Maslow 1954; siehe Kapitel 3) entspricht. In Gesprächen über den Urlaub mit Bekannten und Verwandten läßt sich die besondere Reise ebensogut kommunizieren wie über Photographien, die man selber von prestigeträchtigen Urlaubsszenerien macht und/oder die einen selbst vor berühmten Sehenswürdigkeiten zeigen (vgl.

Abschnitt 5.4). Auch in der Wohnung verteilte Souvenirs von den vielen interessanten Reisen, die man sich leisten konnte, eignen sich gut, um mit Besuchern darüber ins Gespräch zu kommen (Brown 1992, S. 60).

Nach der in Abschnitt 3.2.1.4 vorgestellten Theorie zur **symbolischen Selbstergänzung** neigt man vor allem dann zur Beschäftigung mit sich selbst, mit seinen Eigenschaften und ihrer Wahrnehmung durch die anderen, wenn man sich in einem **Zustand statischer Orientierung** befindet. In diesen Zustand gerät man einerseits unter Handlungsdruck, andererseits sind die zu erledigenden Aufgaben geeignet, die eigene Kompetenz in Frage zu stellen.

Reisezielentscheidungen, die in diesem Zustand der Identitätszentrierung gefällt werden, orientieren sich vor allem an dem wahrgenommenen Prestige einer Destination. In einer Untersuchung an 85 Universitätsstudenten fand Braun (1993, S. 28 ff.), daß diejenigen unter ihnen, die (a) ihrem Studienziel stark verpflichtet waren, (b) einen starken Willen zeigten, dieses Ziel auch zu erreichen und (c) ihren Studiengang im Vergleich zu anderen als schwer einstuften, Reiseziele wählten, die aus ihrer Sicht einen hohen Prestigewert hatten. Sie zentrierten sich auf ihre Persönlichkeitseigenschaften und suchten nach sozialer Anerkennung über Prestigesymbole auf einem Gebiet, das mit ihrem Studienziel nichts zu tun hatte.

Diese symbolische Selbstergänzung der durch die Schwierigkeiten auf dem Weg zur eigentlichen Zielerreichung beschädigten Identität der Personen entspricht, zumindest zeitweise, dem Erledigen einer Ersatzaufgabe, welche zu einer ähnlichen Befriedigung führen kann, wie sie von der eigentlichen Aufgabenerledigung erwartet würde (siehe Abschnitt 3.2.1.4 in Kapitel 3).

Kritik: Die Überprüfung dieses Ansatzes alleine an Studenten (wie dies in der Sozialpsychologie leider allzuhäufig der Fall ist), die sich in einer Statuspassage befinden, die durch Ziele (Studien- oder Berufsziele) definiert ist, ist wenig aussagekräftig. Welcher Stellenwert dieser Theorie für die Klärung von Prozessen der Reiseentscheidung allgemein zukommen kann, müßte mit weniger selektierten Stichproben überprüft werden.

4.2.4 Das „Erwartung mal Wert"-Modell der Reisezielentscheidung

In der psychologischen Leitstudie zur Reiseanalyse 1978 hat Klaus D. Hartmann versucht, die Reiseentscheidung vor dem Hintergrund persönlicher Präferenzen als Ergebnis einer rationalen Abwägung der Vor- und Nachteile verschiedener Alternativen empirisch darzustellen. Er ging dabei von der „Erwartung mal Wert"-Theorie aus, nach der bei der Wahl zwischen verschiedenen Alternativen diejenige gewählt wird, bei der das Produkt aus erzielbarem Wert mit der Wahrscheinlichkeit, ihn zu erreichen, am größten ist.

In seiner Untersuchung wurde erhoben,

- welche Reiseziele man in den nächsten Jahren gerne besuchen möchte;
- welche Vorzüge und welche Nachteile die genannten Länder haben;

- wie die Wahrscheinlichkeit W eingeschätzt wird, in der die einzelnen Vor- und Nachteile für dieses Land tatsächlich zutreffen;
- wie hoch die persönlichen Bedeutung B der Vor- und Nachteile eingeschätzt wird.

Aus diesen Angaben berechnete Hartmann mit der folgenden Formel den Attraktionswert A:

$$A = \frac{\sum W_v \cdot B_v - \sum W_n \cdot B_n}{100}$$

(W = Wahrscheinlichkeit des Eintretens; B = persönliche Bedeutung; v = Vorteile; n = Nachteile).

Für die einzelnen Ausdrücke können Werte zwischen 0 = „völlig unwahrscheinlich" bzw. „unbedeutend" und 100 = „tritt mit Sicherheit ein" bzw. „hat die größte Bedeutung für mich" angegeben werden.

Tabelle 4.5: Ermittlung eines Attraktionswertes am Beispiel Österreichs und der Niederlande

Vorteile	W_v	B_v	Nachteile	W_n	B_n
Österreich					
die schöne Landschaft	90	90	eventuell zu teuer	50	80
schönes Wetter	80	80	lange Anfahrt	100	100
schöne Pensionen	90	90			
viele Seen und Schwimmbäder	80	100			
Niederlande					
das herrliche Wasser	100	100	etwas primitive Unterkünfte	80	80
meist schönes Wetter	80	90	jeden Wochentag dasselbe Essen	50	80
kein Wattenmeer	100	90			
sehr nette Leute	80	80			
Wohnen direkt am Meer	50	80			
viel Schiffsverkehr	100	70			
nicht so weite Anfahrt	100	100			

Quelle: Hartmann 1978 cit. n. Braun & Lohmann 1989, S. 26

Für jedes Reiseziel läßt sich damit ein Attraktionswert berechnen. Je höher er ist, desto positiver wird ein Reiseziel eingeschätzt und desto wahrscheinlicher sollte die Reiseentscheidung für dieses Ziel sein. In Tabelle 4.5 wird dies an zwei Beispielen von Reisezielen durchgerechnet. Dabei ist klar, daß die Nennung von Vor- und Nachteilen für jede Person anders ist.

In diesem Beispiel ergibt die Formel für die Niederlande einen Attraktionswert von A = 432, für Österreich einen von A = 185. Von der Person müßte also erwartet werden, daß sie ihren Urlaub in den Niederlanden und nicht in Österreich verbringt.

In der Untersuchung von Klaus D. Hartmann war die Übereinstimmung zwischen dem tatsächlich gewählten Urlaubsziel und den Attraktionswerten der Ziele allerdings nicht sehr groß. Oft stimmte auch das vorher abgefragte Wunschziel nicht mit dem Reiseziel überein, das den größten Attraktionswert erreicht hatte. Klaus D. Hartmann schließt daraus, daß die Attraktionswerte zwar nicht in der Lage sind, bereits bestehende Reiseentscheidungen abzubilden, dafür vielleicht aber künftige Entwicklungstrends aufzeigen könnten. Die Rangreihe der für später geplanten Ziele und die der Attraktionswerte waren nämlich weitgehend identisch (Braun & Lohmann 1989, S. 27).

Einen ähnlichen Ansatz schlagen Witt und Wright (1992) vor. Bei ihnen soll jedoch darüber hinaus auch die Wahrnehmung der Alltagsumwelt zu Hause bei der Erklärung der Reisezielentscheidung mit berücksichtigt werden. Wer seine Umgebung unter verschiedenen Aspekten als unangenehm wahrnimmt, wird sich ihrer Ansicht nach zu anderen Reisezielen hingezogen fühlen als jemand, der sich in seiner normalen Umwelt wohl fühlt *(op. cit.,* S. 47 ff.).

Kritik: Damit könnte man das „Erwartung mal Wert"-Modell der Reiseentscheidung im Prinzip *ad acta* legen, vor allem wenn man bedenkt, daß die Nach-Entscheidungsphase zur kognitiven Dissonanzreduktion (s.o.) in der Regel zu einer Überbewertung der getroffenen Zielentscheidung und zu einer Unterbewertung der damit als Alternativen ausgeschlossenen Reiseziele kommt *(op. cit.,* S. 28).

Möglicherweise greift der auf eine Person als Entscheidungsträger zugeschnittene Ansatz dieses Modells aber nur deshalb zu kurz, weil er außer acht läßt, daß die meisten Personen nicht alleine, sondern in Begleitung in Urlaub fahren. Die Entscheidung über ein Reiseziel fällt in einem Aushandlungsprozeß zwischen den Beteiligten, bei dem Kompromisse die Regel sein werden. Wenn keine genuin eigenen Entscheidungen gefällt werden, kommt vermutlich auch der Nach-Entscheidungskonflikt nicht zum Tragen und das persönlich favorisierte Reiseziel verliert nichts von seiner Attraktivität. Das könnte die beobachtete Diskrepanz zwischen den Attraktionswerten und den tatsächlichen Reiseentscheidungen erklären.

Daraus folgt, daß der Prozeß der Reiseentscheidung nicht, wie bei Hartmann (1978), durch eine einmalige Erhebung, sondern nur mit einer Längsschnittuntersuchung erfaßbar ist. Die Erhebungen müßten sich dabei auf alle diejenigen Personen beziehen, die gemeinsam eine Urlaubsreise in Erwägung ziehen. Erst eine solche Untersuchung könnte die „Erwartung mal Wert"-Theorie wirklich überprüfen, ist aber meines Wissens bislang nicht unternommen worden. Witt & Wright (1992, S. 50) schlagen in ihrem umfassenden Modell der Reisezielentscheidung zwar vor, die Bezugspersonen, mit denen man seine Reise plant, mit einzubeziehen, sehen aber aufgrund seines hohen

Komplexitätsgrades Probleme bei der empirischen Umsetzung. Alleine die Vielzahl der theoretisch in Frage kommenden Reiseziele mache eine umfassende Untersuchung ihrer Ansicht nach nahezu unmöglich.

Dies ist vermutlich auch einer der Gründe dafür, daß es bislang kaum aussagekräftige Untersuchungen zur Reiseentscheidung gibt. **In der Summe** muß man daher wohl festhalten, daß gerade in diesem Bereich ein erheblicher Forschungsbedarf besteht. Vor dem Hintergrund sich verändernden Reiseverhaltens wären Untersuchungen zu diesem Thema von großer Bedeutung. Denn erst wenn man als Anbieter weiß, wie die Entscheidungsprozesse ablaufen und welche Informationen in sie einfließen, ist es auch möglich, sie zum Beispiel über die bedürfnisgerechte Ausgestaltung der Angebote und die entscheidungsrelevanten Informationen für die Zielgruppen zum richtigen Zeitpunkt zu beeinflussen.

4.2.5 Typologie der Entscheider

In einer ausführlichen qualitativen Studie, in der die Mitglieder von insgesamt 27 Haushalten unterschiedlicher Zusammensetzung in Belgien über ein ganzes Jahr mit vier Tiefeninterviews (drei vor, eines nach der Reise) begleitet wurden, hat Decrop (2000) versucht, die verschiedenen Modellansätze zur Beschreibung und Erklärung von privaten Reiseentscheidungen für den Sommerurlaub zu überprüfen. Über diesen longitudinalen Untersuchungsansatz konnten nicht nur Entwicklungen in den Entscheidungsprozessen nachgezeichnet werden, sondern auch Nachentscheidungskonflikte und die Beurteilung der Urlaubsreise nach der Heimkehr der Reisenden erfaßt werden. Ergänzt wurden die so gewonnenen Daten durch systematische Beobachtungen auf der Brüsseler Reisemesse und in zwei Reisebüros in Namur.

„Der Hauptpunkt ist, daß die Reiseentscheidung ein andauernder Prozeß ist, der weder über starre Sequenzen abläuft noch aufhört, wenn eine Entscheidung getroffen wurde. ... Zunächst war die grundsätzliche Entscheidung, ob man verreist oder nicht, die als erster ‚logischer' Schritt in den sequentiellen Modellen gilt ..., nicht immer die erste in unseren Daten und ist sogar völlig bedeutungslos für einige (zum Beispiel Routine-) Urlaubsreisende. Ebenso gibt es selten eine lineare Entwicklung (zum Beispiel sequentiell oder hierarchisch) von Urlaubsplänen. Fehlendes Engagement und der Einfluß situativer Faktoren sind verantwortlich für viele Umwege und Umschwünge. Tagträumereien, Nostalgie und Vorwegnahme (des Urlaubserlebnisses; J.W.M.) sind weitere erklärende Elemente. Darüber hinaus gibt es eine Reihe von späten Entscheidungen (Buchungen), die mit Risikoverminderung, Erwartungen ..., Verfügbarkeit ..., Loyalität und Persönlichkeit erklärt werden können. Endlich gibt es eine Reihe von kognitiven Dissonanzen in den Nachentscheidungs- oder Nacherlebnisphasen, die man bestrebt ist zu reduzieren" (Decrop 2000, S. 209; Übers. J.W.M.).

Die Reiseentscheidung wird in seiner Untersuchung nicht als isolierte individuelle Entscheidung gesehen, sondern als Untersuchungseinheit wurde der Haushalt oder die Gruppe genommen, der man sich auch in bezug auf Reisen zugehörig fühlt. Decrop übernimmt in diesem Zusammenhang den neutralen Begriff der *„decision making unit"*, unter dem die verschiedensten Konstellationen zusammengefaßt werden können. Vor diesem Hintergrund sind die sechs Typen von Urlaubsreisenden zu sehen, die Decrop als Ergebnis aus seinen umfangreichen Interviews und Beobachtungen destilliert hat (*op. cit.*, S. 216-223):

- den Gewohnheitsreisenden (*habitual vacationer*),
- den rationalen Urlaubsreisenden,
- den hedonistischen Urlaubsreisenden,
- den Gelegenheitsreisenden (*opportunistic vacationer*),
- den eingeschränkten Urlaubsreisenden (*constrained vacationers*) und
- den anpassungsfähigen Urlaubsreisenden (*adaptable vacationer*).

Die **Gewohnheitsreisenden** treffen eigentlich gar keine Entscheidung mehr: Sie wiederholen jedes Jahr das gleiche Urlaubsverhalten und fahren zum Beispiel immer an den gleichen Ort. Sie lassen sich zwar auch mit anderen Reisemöglichkeiten konfrontieren, bleiben aber letztlich dann doch beim Gewohnten.

Die Vermeidung von Risiken hat auch einen starken Einfluß auf das Entscheidungsverhalten der **rationalen Urlaubsreisenden**. Sie sind sparsam und ihre Risikovermeidung mündet oft in Markentreue bei der Buchung einzelner Reiseleistungen. Erste Überlegungen zum nächsten Sommerurlaub werden bereits im vorangehenden Jahr angestellt und nach sorgfältiger Auswahl wird so früh wie möglich gebucht, damit keine Einschränkungen im verfügbaren Angebot eine Wiederholung des Entscheidungsprozesses nötig machen. Auch während der Reise ist es diesem Typ wichtig, daß alles genau nach Plan verläuft.

Die **hedonistischen Urlaubsreisenden** finden ein Vergnügen in der Entwicklung von Träumen, Vorstellungen und Reden über eine Reise. Sie beschäftigen sich sehr ausführlich mit dem Thema, das für sie auch sehr stark emotional besetzt ist. Ihr habitueller Optimismus läßt sie dabei häufig die Realität etwas aus den Augen verlieren. Das führt dazu, daß sie zwar die Planung und das Erlebnis ihrer „Traumreise" detailliert durchspielen – sie aber entweder nie antreten oder statt dessen durch eine andere, weniger anspruchsvolle Reise ersetzen. Für diese Urlauber ist im Verlaufe des Entscheidungsprozesses der Wechsel vom Traum zur Realität von allen Typen am markantesten.

Für **Gelegenheitsurlauber** dagegen ist die Urlaubsreise kein Thema. Sie sind zwar bereit, sich bietende Gelegenheiten für eine Reise wahrzunehmen, soziale, finanzielle oder berufliche Einschränkungen führen aber dazu, daß zunächst nichts geplant wird. Erst wenn deutlich wird, daß eine Reise tatsächlich möglich ist, zum Beispiel durch ein Sonderangebot für eine Reise, die man sich sonst nicht leisten könnte, wird diese Gelegenheit ergriffen. Dieses Verhalten führt zu sehr späten und spontanen Entscheidungen und birgt das Risiko in sich, daß man letztendlich gar nicht verreist.

Sie möchten gerne verreisen, aber ihre Planung und Entscheidungsfindung wird häufig von anderen Faktoren überrollt: Die **eingeschränkten Urlaubsreisenden** werden oft durch Faktoren außerhalb ihres Einflußbereiches in ihren Wünschen und Plänen begrenzt. Dazu gehören finanzielle oder gesundheitliche Probleme, notwendig werdendes Umziehen oder konfligierende Interessen mit potentiellen Begleitern. In der Folge muß man oft auf die Reise verzichten, was besonders frustrierend ist, wenn man sich vorher ausführlich mit der geplanten Reise beschäftigt hat. Aber auch wenn man verreist, macht man dies häufig nur, weil man sich den Entscheidungen anderer beugt: So zum Beispiel Kinder oder Jugendliche, die lieber woanders hinfahren möchten als ihre Eltern, oder Frauen, die mit der Wahl einer Ferienwohnung als Unterkunft nicht zufrieden sind, weil dies auch im Urlaub das Erledigen von Hausarbeit bedeutet. Aus dieser Erfahrung resultiert eine eher passive Haltung und ein nur sehr geringer Grad des Engagements bei der Reiseentscheidung.

Ein großes Maß an Flexibilität in Hinsicht auf die Urlaubsplanung wie auf das Verhalten während der Reise zeigen die **anpassungsfähigen Reisenden**. Sie denken mehr oder weniger laufend an Reisen und ziehen gleichzeitig eine ganze Reihe von unterschiedlichen Möglichkeiten in Erwägung. Ein großer Teil dieser Projekte wird auch tatsächlich realisiert, da dieser Typ sehr flexibel seine Pläne mit sich ergebenden Gelegenheiten kombiniert. Endgültige Entscheidungen werden erst sehr spät gefällt, um eine möglichst optimale Passung von möglichen Gelegenheiten mit den ursprünglichen Plänen zu erreichen. Die Personen, mit denen sie in den Urlaub fahren, wechseln: Das eine Mal fährt man mit der Familie, das nächste Mal mit Freunden.

Kritik: Die Untersuchung erlaubt keine Aussagen darüber, ob die dargestellten Typen von Reiseentscheidern vollständig bzw. repräsentativ sind. Auch kann sie keine Antwort auf die Frage nach der Stabilität der gefundenen Entscheidungsmuster geben.

Vor dem Hintergrund der Befunde dieser ausführlichen explorativen Studie wäre es aber möglich, eine quantitative Längsschnittuntersuchung an einer repräsentativen Stichprobe zu konzipieren, die den Prozeß der Reiseentscheidung weiter aufklären und differenziert beschreiben könnte. Mit den Ergebnissen einer solchen Studie ließen sich dann viel nuanciertere Marketingansätze formulieren, als dies heute möglich ist.

5
Verhalten auf Reisen und Reiseerleben

Reisen erzeugt mit die beeindruckendsten Situationen im Leben eines Menschen. Es öffnet nicht nur die geographischen, sondern auch die geistigen und kulturellen Horizonte für einen Menschen. Das belegt bereits die Alltagssprache: Wenn wir ausdrücken wollen, daß jemand viel erlebt und viele Situationen gemeistert hat, dann nennen wir diese Person „erfahren". Auch das englische Wort für Erfahrung, *experience*, hat eine sehr ähnliche Herkunft: *per* bedeutet soviel wie ‚versuchen', ‚probieren', ‚riskieren'. Im englischen Wort für Gefahr, *peril*, zeigt sich der auf Risiken hinweisende Wortsinn noch heute. Sehr eng verwandt ist *experience* mit dem aus dem Lateinischen stammenden ‚Experiment'.

„Diese Vorstellung von ‚Erfahrung' als Prüfung, als Durchlaufen eines Handlungsrahmens, in dem sich die wahren Dimensionen und die wahre Natur der betreffenden Person oder des betreffenden Gegenstandes erweisen, entspricht der ältesten und allgemeinsten Vorstellung von den Folgen des Reisens für den Reisenden. Ein Großteil der sekundären Bedeutungen von *per* bezieht sich ausdrücklich auf eine Bewegung: ‚einen Raum durchqueren', ‚ein Ziel erreichen', ‚herausgehen'" (Leed 1993, S. 19).

Die prägende Kraft der sozialen Situation des Reisens zeigt sich auch in der Übertragung ursprünglich reisebezogener Bezeichnungen auf soziale Beziehungen.

„‚Begleiter', ‚Führer', ‚Gefolgsmann' sind allesamt Begriffe, die ihren Ursprung in der Erfahrung der Reise haben und dann auf andere soziale Beziehungen übertragen wurden" (op. cit., S. 30).

Das gilt auch für den ‚Gefährten', in dem andererseits im Deutschen auch die Entsprechung des englischen *peril*, die Gefahr, mitschwingt. Erst wenn man die Gefahren der Fremde überstanden hat, gilt man als fähig, erfüllt man die subjektiven Voraussetzungen für die Freiheit oder das Privileg für das Ausüben von Berufen. In England zum Beispiel „konnte ein Leibeigener dadurch den Status eines Freien erlangen, daß er den Boden, an den er gebunden war, verließ und erst nach Ablauf eines Jahres zurückkehrte. Jeder Mensch konnte sich also tatsächlich durch seine Abreise befreien" (Leed 1993, S. 63). Wer die Meisterschaft im alten Handwerk erringen wollte, mußte nach der Lehrzeit für eine festgelegte Zeit als fahrender Geselle durch die Lande ziehen und konnte sich erst nach Ablauf dieser Zeit, während der er nach manchen Handwerkerordnungen eine bestimmte Minimalentfernung zum Heimatort nicht unterschreiten durfte, dort niederlassen. Erst dann galt er als ‚erfahren', ‚bewandert' und damit der Meisterschaft würdig.

In seiner zweibändigen „Tübinger Einleitung in die Philosophie" hat Ernst Bloch (1885-1977) mehrfach unausgesprochen auf die Situation des Reisens als Grundlage allen Lernens, aller menschlichen Entwicklung und Erfahrung, hingewiesen. Es ist weder Zufall, daß dies gleich im ersten Abschnitt geschieht, noch daß dieser mit ‚Aus sich heraus' überschrieben ist:

„Ich bin. Aber ich habe mich nicht. Darum werden wir erst.

Das Bin ist Innen. Alles Innen ist an sich dunkel. Um sich zu sehen und gar was um es ist, muß es aus sich heraus. Muß sich herausmachen, damit es überhaupt erst etwas sehen kann, sich unter seinesgleichen, wodurch ein Ich bin, als nicht mehr an sich, zu einem Wir wird. Und draußen geht dem Ansich das Um-uns auf, worin Menschen stehen und unter, neben oder über ihnen Dinge. Als mehr oder minder abstoßende, mehr oder minder anziehende Fremdlinge zuerst; sie müssen so, als keineswegs selbstverständlich, erst gelernt werden. Dies Lernen bewegt sich völlig im Außen, ist darin fahrend und so erst erfahrend und so erst auch, mittels des Draußen, das eigene Innen selber erfahrend. Der Mensch besonders ist auf diesen steten Weg nach außen angewiesen, damit er überhaupt nur wieder auf sich zurückkommen könne und so bei sich gerade die Tiefe finde, die nicht dazu ist, daß sie in sich, ungeäußert bleibe" (1964, S. 11).

Die prägnanten Ausführungen Blochs sind unter zwei Aspekten bedeutsam: Sie beleuchten einmal die Notwendigkeit des Aufsuchens entfernter, neuer und unbekannter Situationen, wenn man etwas lernen und über sich selbst erfahren will; zum anderen zeigen sie allgemeiner, daß der Kontakt und die Auseinandersetzung mit dem Fremden unabdingbar ist für die Artikulation des Eigenen.

Der Anthropologe Frederick Barth (cit. n. Leed 1993, S. 33) stellte während eines Forschungsaufenthaltes in Neuguinea fest, daß die Mitglieder eines isoliert lebenden Bergstammes nicht in der Lage waren, ihm die Bedeutung ihrer seit undenklichen Zeiten praktizierten Riten und verwendeten Symbole zu erklären. Erst durch sein Dasein als neugieriger und fragender Fremder stellte er das Selbstverständliche und von Generationen unhinterfragt Übernommene in Frage und zwang die Mitglieder des Stammes dazu, Erklärungen dafür zu suchen bzw. zu erzeugen. Damit hat er die bestehende Kultur nicht nur verändert, sondern gleichzeitig auch zum kulturellen Selbstbewußtsein der Stammesmitglieder beigetragen. Die Begegnung der fremden Kulturen führt damit auch zur Überwindung der Sprachlosigkeit dem eigenen Dasein gegenüber.

Bei einer Analyse der Wirkungen des Tourismus auf die Inuit in Alaska kommt Valene L. Smith (1989 b, S. 78) zu dem Schluß, daß der Massentourismus „zu einer Wiedergeburt der Eskimokultur beigetragen hat, indem er ihnen zeigte, daß ihre Kultur von großem Interesse für Touristen ist, die bereit sind, erhebliche Summen für den Besuch der Arktis und das Kennenlernen des Lebensstiles der Eskimo zu zahlen" (Übers. J.W.M.). Ähnliches dürfte für viele kulturelle Traditionen von Südafrika bis Oberbayern und Hawaii bis Borkum zutreffen.

Der Reisende verzichtet für eine Zeit auf seine normale Umgebung, seine sozialen Bindungen, die es ihm erlauben, sich nahezu automatisch in seiner Umwelt zu bewegen. Ihr Verlassen wirft ihn auf sich selbst zurück, entfremdet ihn von allem Gewohnten.

In Anlehnung an die Analyse von länger dauernden Pilgerreisen durch Victor Turner hat Sharpley (1994, S. 121 f.) die **Erlebnisphasen** vergleichsweise kurzer touristischer Reisen versucht zu skizzieren. Die **erste Phase** ist demnach durch Trennung gekennzeichnet: Durch die Abreise wird man aus den normalen sozialen und wirtschaftlichen Strukturen und Begrenzungen herausgelöst. In der **zweiten Phase** werden die Grenzen der normalen, geordneten und strukturierten Gesellschaft überschritten und man kommt in eine Situation der Unstrukturiertheit, in der die normale Ordnung verschwunden ist und die Dinge zunächst unübersichtlich werden. In dieser Phase entstehen neue Beziehungen jenseits der normalen sozialen Begrenzungen von Status und Rolle und man findet sich zu Gruppen und Beziehungen, die in ihrer normalen Umwelt vermutlich nie entstehen würden. Die daraus entstehende neue Ordnung der sozialen Umwelt führt bei der einer sozialen Situation wie der Pilgerreise am ehesten entsprechenden Gruppenreise zu einem Zusammengehörigkeitsgefühl und der Teilhabe an gemeinsamen Erlebnissen. In der **dritten** und letzten **Phase** schließlich haben wir es mit der Rückkehr, der Reintegration in die normalen häuslichen, beruflichen und sozialen Strukturen des Alltagslebens zu tun. Wie bei der Pilgerreise, zum Beispiel der muslimischen *hadj* nach Mekka, kann damit auch ein höherer Status (im Beispiel der des *hadji*) in der heimischen Gesellschaft verbunden sein: Je entfernter das Reiseziel und je länger die Reise gedauert hat, desto größer ist die Wahrscheinlichkeit, daß damit eine Erhöhung des persönlichen Ansehens verbunden wird.

Mit der Abreise ist also zunächst auch der Verlust des sozialen Status verbunden: In der Reihe der Mit-Touristen ist man ununterscheidbar. Die Menschenschlange vor dem Schalter einer Fluggesellschaft besteht ebenso aus lauter Gleichen, die sich nach Kleidung und Verhalten nicht voneinander unterscheiden wie die Urlauber am Strand, die alle gleichermaßen in der Sonne liegen, schwimmen, lesen, spielen oder dösen (vgl. ausführlich dazu Abschnitt 5.7.1). Damit wird die touristische Reise zu einem, wenn auch nur kurzzeitigen, sozialen Gleichmacher. Die im zweiten Kapitel angesprochene ‚Demokratisierung' des Reisens gilt also in einem doppelten Sinne: Einmal durch die breiteren Schichten eröffnete Möglichkeit des Verreisens und zum anderen durch die egalisierende Wirkung der alles übertönenden Touristenrolle. Knebel (1960, S. 99 ff.) spricht in diesem Zusammenhang deshalb von einer **totalen Rolle**. Sie wird nicht nur durch den Fall der alltäglichen sozialen Grenzen zwischen Touristen, sondern auch durch die Wahrnehmung der Bereisten konstituiert. Allerdings ist diese Bezeichnung, wie Opaschowski (2002) richtig anmerkt, übertrieben, denn „eine solche Rolle würde ja nur noch vom Krankenhauspatienten oder Strafgefangenen übertroffen. Im Gegensatz dazu hat der Urlaubsreisende einen ungleich größeren Spielraum des Verhaltens" (S. 129).

Es gibt nicht nur den Blick der Touristen („*The Tourist Gaze*") über den der britische Soziologe John Urry (1990) geschrieben hat (vgl. ausführlich dazu Abschnitt 5.2), sondern auch den Blick der Einheimischen auf die Touristen. In den Augen der Bereisten haben die Fremden zunächst nur die Eigenschaft ‚Tourist' zu sein. Weitere Differenzierungen sind durch die typisierten Verhalten und die begrenzte Kommunikation zwischen Einheimischen und Touristen kaum möglich. Allenfalls die Nationalität hat – wegen der Sprachprobleme – noch eine Bedeutung: Alle Touristen einer bestimmten Nationalität werden danach als eine Gruppe von Gleichen angesehen.

Teilweise wiedergewonnen werden kann der eigene Status während der Reise erst durch die Buchung eines luxuriösen und teuren Hotels, durch das Gespräch mit Mitreisenden und dort, wo dies möglich ist, durch die demonstrative Teilhabe an gesellschaftlichen Ereignissen am Urlaubsort.

Wer selber reist und sich den Eindrücken einer in vielem anderen Welt aussetzt, als sie in seiner gewohnten Umgebung entspricht, entfremdet sich damit bewußt von seinem in dieser Umwelt verankerten Selbst. Was den Einheimischen in der Begegnung mit den reisenden Fremden passiert, erfährt aus einer anderen Perspektive auch der Reisende selbst: „Durch die Distanz wird man plötzlich in die Lage versetzt, die eigene Kultur, in die man hineingeboren wurde und die einem bis dahin als Filter für die Betrachtung der Welt gedient hat, als Objekt, als geschlossenes, von außen beschreibbares Phänomen zu sehen" (Leed 1993, S. 59).

Der Schriftsteller und Journalist Kurt Tucholsky (1890-1935) hat diesen Effekt des Reisens in den dreißiger Jahren des zwanzigsten Jahrhunderts auf den Punkt gebracht: „Wer die Enge seiner Heimat ermessen will, reise. Wer die Enge seiner Zeit ermessen will, studiere Geschichte". Wie wir am Beispiel der These vom Reisen als der Suche nach Authentizität im Kapitel über die Reisemotivation bereits gesehen haben (Abschnitt 3.2.1.2), hängen beide Aspekte miteinander zusammen.

5.1 Erleben anderer Zeitstrukturen

Ein wesentliches Merkmal von Urlaubsreisen liegt in der veränderten Zeitstruktur gegenüber dem Alltagsleben. Die meist rigiden Zeitvorgaben im Alltag des Berufslebens, der Schule oder der Haushaltsführung weichen von einem Tag auf den anderen einer vollständigen **Zeitsouveränität**: Man kann plötzlich für eine Weile selbst bestimmen, was man mit seiner Zeit anfängt. In der Regel schläft man länger, hat Zeit für ein Frühstück, sucht selbst nach den Aktivitäten, die man unternehmen will und kann abends, ohne an den nächsten Morgen denken zu müssen, feiern. Selbst wenn man immer wieder an den gleichen, längst in allen Einzelheiten bekannten Urlaubsort fährt, ist es dieses Abstreifen des Zeitkorsetts und die Definition des eigenen Rhythmus, die das Interessante und Erholsame einer Urlaubsreise ausmachen. Ohne den Umgebungswechsel würde einem dies in der Regel nicht gelingen. Die eigenen Räumlichkeiten zu Hause sind zu sehr mit den Alltagsroutinen und Zeitabläufen assoziiert, denen man so leicht nicht entkommen kann.

Darüber hinaus verändert die Konfrontation mit neuen Eindrücken das Zeiterleben. Je unbekannter die neue Umgebung am Urlaubsort bzw. an den Zielorten, die man aufsucht, ist, desto größer ist der psychische Aufwand, den man aufbringen muß, um sich zurechtzufinden und dem Neuen eine Struktur zu geben, mit der man es bewältigen kann. Diese Konzentration auf etwas Ungewisses dehnt die erlebte Zeit, da die vorgenommenen Tätigkeiten weniger routinisiert sind. Dadurch scheint die Zahl der verschiedenen Tätigkeiten größer zu werden und ihre Intensität wird stärker erlebt. Dies kann – bewußt oder unbewußt – eines der Motive sein, die das Reisen so attraktiv machen (vgl. dazu ausführlich Abschnitt 3.2.1.6).

Die Einteilung der Zeit, die im Alltag die vorgenommenen Tätigkeiten in einem hohen Maße bestimmt, verliert hier weitgehend ihre Bedeutung. Im Vordergrund steht die Tätigkeit und nicht die Zeit, in der sie erledigt wird. Das gilt zum Beispiel für Rundreisen, auf denen die Orte das Signifikante sind und nicht der Zeitpunkt, zu dem sie besucht werden. So gesehen ist der anekdotische Ausspruch eines US-Amerikaners, auf einer *„See Europe in 10 Days"*-Tour: *„If this is Tuesday, it must be Rome"*, unzutreffend. Das Umgekehrte ist viel wahrscheinlicher: Der Verlust der normalen Zeitorientierung und die stärkere Tätigkeitsorientierung würde wohl eher dazu führen, den Spruch umzudrehen: Wenn dies Rom ist, muß es wohl Dienstag sein.

Zwar bestimmen vorgegebene Zeitstrukturen auch diese Rundreise, aber für den Teilnehmer tritt sie gegenüber den neuen Eindrücken in der Regel in den Hintergrund. Da auf einer organisierten Tour der Reisende selbst sich um den Zeitablauf und die Einhaltung der Termine nicht zu kümmern braucht, gelingt es ihm in der Regel sehr schnell, sich aus dem alltäglichen Zeitmanagement weitgehend auszuklinken. Dabei ist auch die tendentielle Regression in ein eher kindhaftes Gruppen-Ich hilfreich, von dem später noch die Rede sein wird (Abschnitt 5.6.3).

Wer eine Rundreise dagegen völlig allein organisiert, muß sich zwar mit den Zeitstrukturen auseinandersetzen, wie sie in Fahrplänen, Öffnungszeiten von Sehenswürdigkeiten und Museen usw. vorgegeben sind, und seine Planung danach ausrichten, hat aber trotzdem immer wieder Gelegenheiten zum Ausbruch aus ihnen, indem er sich innerhalb einzelner Orte von seinen eigenen Eindrücken treiben läßt oder sogar seine Reiseplanung ändert.

Die Erlebnisdichte von nicht alltäglichen Eindrücken und Handlungen führt während und kurz nach einer wie auch immer gearteten Reise zu einem Gefühl der Zeitverlängerung, auch wenn man gleichzeitig meint, der Urlaub sei viel zu schnell vergangen, weil man (bei positivem Verlauf) viel von dem Erlebten gerne irgendwie festhalten möchte. Trotzdem hat man häufig die Erwartung, daß in der Zeit der Abwesenheit zu Hause ähnlich viel passiert sein müßte wie auf der eigenen Reise und ist manchmal fast enttäuscht, daß sich nichts Signifikantes ereignet hat. Verstärkt wird diese Ernüchterung noch dadurch, daß für die zu Hause gebliebenen die Zeit so schnell vergangen ist, wie für einen selbst, wenn man nicht verreist gewesen wäre. Wer so in der Gleichförmigkeit seiner langjährigen Alltagsroutinen verhaftet ist, daß ihm, wie Hans Castorp während seines siebenjährigen Aufenthaltes auf dem Thomas Mann'schen „Zauberberg", die Woche zur kleinsten Zeiteinheit wird, für den liegen die vierzehn Tage der Abwesenheit eines Bekannten kaum oberhalb seiner Wahrnehmungsschwelle.

Es gibt also im Gegensatz zur physikalischen eine **soziale Zeit** (Elias 1984, S. 93 ff.), die durch den Kontext eigener Handlungen und die Charakteristika der Umwelt, in der sie stattfinden, erfahren wird. Soziale Zeit wird aber nicht nur erlebt, sondern, wie jeder weiß, der auf seinen Reisen mit anderen Kulturen konfrontiert worden ist, auch konstruiert. Das zeigt sich besonders bei Verabredungen. Schon in den Mittelmeerländern hat man sich auf einen anderen Begriff von Pünktlichkeit – und damit von Zeit – verständigt, als in den mitteleuropäischen Industrieländern, in denen man dazu neigt, pünktlich auf die Minute zu sein. In afrikanischen Ländern schließlich existiert Zeit nicht als eigene Kategorie außerhalb des Menschen, sondern ist ein sozialer Begriff.

Beispiele: „Wenn wir in ein Dorf kommen, wo am Nachmittag eine Versammlung stattfinden soll, aber am Versammlungsort niemanden antreffen, ist es sinnlos zu fragen: ‚Wann wird die Versammlung stattfinden?' Die Antwort ist nämlich von vornherein bekannt: ‚Wenn sich die Menschen versammelt haben.' Daher wird auch ein Afrikaner, der in einen Autobus steigt, niemals fragen, wann dieser abfährt, sondern wird einsteigen und sofort in jenen Zustand versinken, in dem er einen großen Teil seines Lebens zubringt – in den Zustand reglosen Wartens" (Kapuscinski 2001, S. 20 f.). Wenn jemand aus einem anderen Kulturkreis, der Afrika nicht kennt, dort in den Autobus steigt, beginnt er „sich umzudrehen, umzuschauen und zu fragen: ‚Wann fährt der Autobus ab?' ‚Was heißt wann?' sagt der Fahrer erstaunt. ‚Wenn so viele Leute beisammen sind, daß er bis auf den letzten Platz besetzt ist.'" (*op. cit.*, S. 19).

Zeiterleben ist also nicht etwas rein Passives, sondern entsteht durch soziales Handeln, wie zum Beispiel sich versammeln, und kann daher auch in Grenzen aktiv beeinflußt werden (vgl. Abschnitt 3.2.1.6). Daraus könnte man einen weiteren Aspekt von Zeitsouveränität ableiten: Die Möglichkeit, durch gezieltes Handeln und das Aufsuchen geeigneter Situationen – zum Beispiel Reisen – die soziale Zeit zu verlängern.

Auch in westlichen Gesellschaften ist das subjektive Zeitempfinden abhängig von den Handlungen, die man in einer objektiven Zeiteinheit ausführt. In einem einfachen Experiment haben Cahoon & Edmonds (1980; cit. n. Levine 1998) zeigen können, daß Handeln die Zeit verkürzt: Wenn man nur darauf wartet, daß das Wasser im Topf zu kochen beginnt, vergeht die Zeit langsamer als wenn man in der gleichen Zeit auch noch andere Dinge tut. Gewendet auf einen Urlaubsaufenthalt heißt dies, daß die Zeit hier auch deshalb subjektiv langsamer vergeht, weil man während des Urlaubs meist weniger aktiv ist, als man es im Alltag zu Hause sein muß. Am langsamsten vergeht die Zeit, wenn es eintönig wird. „Ein Mangel an Abwechslung ist eine

Grundkomponente der Langeweile, die wiederum ihrer Definition nach eine psychisch so wahrgenommene Verlangsamung der Uhr ist" (Levine 1998, S. 79) – was im Deutschen bereits im Begriff selbst zum Ausdruck kommt. Im Rückblick sieht es allerdings oft umgekehrt aus: Die mit wenig Abwechslung verbrachten gedehnten Zeiten hinterlassen kaum Spuren in unserer Erinnerung, wohingegen die kurzweiligen und mit verschiedenartigen Handlungen ausgefüllten Zeiträume nicht nur besser präsent bleiben, sondern in der Rückschau auch als viel länger erscheinen als es der objektiv vergangenen Zeit entspricht.

Die subjektive Verlangsamung der Zeit durch das Reisen hat dabei aber auch seine Entsprechung in der objektiven Dehnung der Zeit durch die Bewegung. So brachte der Vergleich zweier synchronisierter Atomuhren, von denen die eine an ihrem Ort blieb und die andere in einem Flugzeug die Welt umrundete, einen empirischen Beweis für die Einstein'sche Relativitätstheorie, denn die stationär gemessene Zeit war einen Hauch schneller abgelaufen als die gereiste. Ob es hier einen Zusammenhang zwischen der physikalischen und der subjektiven Zeit gibt, bleibt – bei aller Faszination dieser Parallele – dahingestellt.

Diese subjektive Zeitverlängerung durch die Unterbrechung der Alltagsroutinen mit einer Reise wirkt allerdings fast ausschließlich während der Reise und vielleicht noch für eine kurze Zeit nach der Heimkehr. Dann überdecken die meist als gleichförmig erlebten Ereignisketten des Alltags immer mehr die durch die Reise gebildete Lücke, bis die Kumulation der Tage diese Unterbrechung in der Rückschau kaum noch sichtbar werden läßt. Das entspricht dann dem etwas enttäuschenden Gefühl, das so ist, „als sei man nie weggewesen". Unterstützt wird diese Wahrnehmung durch unser Denken in Kontinuitäten von Kontexten: Die Ereignisfolgen im Beruf werden zum Beispiel kaum verknüpft mit denen des Privatlebens. Auch wenn sie zeitlich sehr eng miteinander verwoben sind, bleiben es doch zwei subjektiv weitgehend getrennte Zeitstränge, die in sich einer jeweils anderen Logik folgen. Bei unseren Reisen kann sich in der Regel aber nicht einmal eine solche Kontinuität entwickeln – dazu sind sie zu kurz und zu selten. Deshalb werden die Reisen immer mehr überlagert von anderen Kontexten, bis sie im Rückblick durch die Logik der Kontinuität wie überbrückt erscheinen.

5.2 Der touristische Blick

Der **erste Schritt** zur Entwicklung des touristischen Blicks liegt in der Ästhetisierung der Landschaft. Auf der Suche nach Bildern, die den von Künstlern gemalten Abbildungen entsprechen, machen sich Reisende im 18. Jahrhundert auf den Weg. Diese Abbildungen sind ihrer künstlerischen Natur entsprechend jedoch weniger an der photographisch exakten Erfassung von Arrangements der verschiedenen Elemente von Landschaft ausgerichtet, als an der Erzeugung von Stimmungen und Gefühlen bei ihrer Betrachtung. Da sich dieser erst bei der Arbeit des Malens entstehende künstlerische Blick nicht automatisch bei der Anschauung von Landschaften einstellt, bedienen sich die Pioniere des touristischen Blicks eines technischen Tricks: Mit dem Blick durch das Claude-Glas (*camera lucida*), einem nach dem französischen

Landschaftsmaler Claude Lorraine (1604-1682) benannten konvexen kleinen Spiegel, konnte die Landschaft wie ein Gemälde in seinem Rahmen verkleinert und verdunkelt dargestellt werden. Aufgesucht werden dementsprechend „malerische" Szenerien, also eine Form der, wie Orvar Löfgren es weiter beschreibt, „virtuellen Realität" (1999, S. 19), die man auf die verschiedenste Weise sammelt: in Skizzenbüchern, Worten oder auch nur als wenig ausgearbeitete bloße Erinnerungen. Diese virtuelle Realität äußert sich vor allem auch in den Idealbildern, die man sich von Landschaften macht. Sie werden einerseits als gemalte Vorstellung für die Erzeugung gewünschter Stimmungen und Gefühle auf die Leinwände projiziert, andererseits entstehen sie mehr oder weniger artikuliert in den Köpfen der Betrachter. Dabei avancieren bestimmte Landschaften zu Modellen, an denen sich andere Gegenden messen lassen müssen.

Ein Stück echte Schweiz (Vnà im Unterengadin)

Um zumindest Elemente dieser nicht immer erreichbaren Vorbilder aufzuspüren, durchstreifen Touristen immer neue Regionen – und werden fündig. In diesem **zweiten Schritt** werden die als charakteristisch angesehenen Elemente dieser Ideal- oder Modellandschaften nicht nur in anderen geographischen Gebieten identifiziert, sondern *pars pro toto* auch zu ihrer Bezeichnung herangezogen. So erklärt sich zum Beispiel die Entstehung der „Fränkischen", der „Holsteinischen", der „Sächsischen" und immerhin 113 weiteren „Schweizen", die Siedentopf (1984) ausmachen konnte. „Während Schweden des 18. Jahrhunderts nach italienischen Versatzstücken in ihrer eigenen Landschaft suchten, wurde jetzt eine schöne nordische Aussicht zu einem ‚Schweizer Panorama'. In den Vereinigten Staaten konkurrierten viele Orte, von den Catskills im Osten bis zu den Santa Cruz-Bergen im Westen, um das touristische Etikett der ‚Schweiz der USA'" (Löfgren 1999, S. 34; Übers. J.W.M.).

Vielfach dienen diese Namen also als werbewirksame Bezeichnungen für unbekannte Gegenden. Einerseits motivierten sich damit die Touristen selbst, denen die Originale aus Zeit- und Geldgründen unerreichbar waren, andererseits wurden solche Etikette von der entstehenden Tourismuswirtschaft zu ihrer Förderung gerne aufgegriffen bzw. selbst lanciert. Heute würde man von dem Versuch eines ‚Imagetransfers'[9] sprechen, mit dem versucht wurde, die Erfahrungen mit und die Vorstellungen von attraktiven Orten und Landschaften auf unbekanntes Terrain zu übertragen.

Der **dritte** entscheidende **Schritt** vollzog sich durch die in den vergangenen Jahrhunderten und besonders in den letzten Jahrzehnten immer stärker rationalisierten Lebensweisen der Menschen. Als augenfälligstes Beispiel dafür mag die private Hausarbeit dienen: Durch die Einführung von Waschautomaten wurde das Wäschewaschen geradezu revolutioniert. Anstatt die Wäsche Sonntagabends in der meist im Keller gelegenen Waschküche in großen Bottichen einzuweichen, um sie dann am frühen Montagmorgen, dem vor Zeiten traditionellen Waschtag, in einem durch Holz oder Kohle gefeuerten Waschtrog aufzukochen, zu spülen, zu wringen und schließlich im Garten oder auf einem Trockenboden mit viel Umhängen langwierig zu trocknen, steckt man die Wäsche heute in einen kombinierten Wasch- und Trockenautomat und geht derweil seiner Wege.

Es sind aber nicht allein die technischen Hilfsmittel wie Staubsauger, Küchen-, Spülmaschinen oder Mikrowellenherde, welche die Rationalisierung der Haushaltsführung vorangetrieben haben, sondern auch die Verbreitung des richtigen *know-how*. Das zeigt sich besonders in der Küche. Der erste Schritt der **Rationalisierung** in ihr war die Einführung von Kochbüchern. Man muß nicht mehr selber Ideen haben, ausprobieren und vielleicht aufschreiben, was besonders gut gelungen ist, sondern kann in Rezepten anderer nachlesen, mit welchen Zutaten und Verfahren man in welcher Zeit ein bestimmtes Gericht nachkochen kann. Der nächste Schritt war die Verwendung von Halbfertigprodukten: zum Beispiel Gemüse, das bereits geputzt und ‚kochfertig' in die Küche kommt, zunächst in Dosen, wie früher das selbst Eingeweckte, dann zunehmend tiefgefroren. Von dort zur Verwendung von Fertigprodukten (*convenience products*) war es nur noch ein kleiner Schritt. In Verbindung mit einem Mikrowellenherd lassen sich Gerichte in kürzester Zeit garen und auf den Tisch bringen. Diese Rationalisierung führt zu einer erheblichen Zeitersparnis gegenüber dem Selberkochen.

Mit dieser Entwicklung wurde die **Rationalisierung der Arbeitswelt**, wie sie sich am augenfälligsten seit Anfang des zwanzigsten Jahrhunderts in der Einführung der Fließbandproduktion zeigte, in die privaten Haushalte und damit letztlich auch in den Freizeitbereich getragen. Der 1922 in den USA gegründete Verlag Reader's Digest zum Beispiel übertrug das industrielle Ef-

---

[9] Der englische Begriff *image* ist abgeleitet vom lateinischen *imago* = das Bild

fizienzprinzip auf das Lesen von Zeitschriftenartikeln: Statt der über viele Zeitschriften verstreuten umfänglichen Artikel konnte der unter Zeitmangel leidende US-Amerikaner in ihm auf das ‚Wesentliche' zusammengekürzte Extrakte lesen. Dieses in den 1950er Jahren auch auf Romane und zeitgeschichtliche Werke übertragene Prinzip (*Reader's Digest Condensed Book Club*) blieb nicht ohne Einfluß auf den touristischen Blick. Die Schaffung von Parks und attraktiven Kunstwelten sind letztlich Vergegenständlichungen des von ihm im jeweils wörtliche Sinne als wesentlich Angesehenen (siehe ausführlich dazu Abschnitt 6.2.2).

Mit ihrem wirtschaftlichen Niedergang, der in den 1960er Jahren begann, ist schließlich die industrielle Arbeitswelt der früheren Schlüsselindustrien Kohle und Stahl selbst zum Objekt des touristischen Blickes geworden (vgl. Schwark 2004). Was vordem als Beleidigung für das Auge gesehen wurde, die großen Industrieanlagen der Stahlwerke, die Gasometer und die Fördertürme der Zechen verwandelten sich nach ihrer Stillegung, nachdem langsam das Endgültige ihres Endes in das öffentliche Bewußtsein gesickert war, zu Zeugen einer vergangenen Epoche, die es zu bewahren gilt. „Technische Anlagen haben nur dann eine Chance der Wertschätzung, wenn sie mit soviel rostiger Patina überzogen sind wie der Eiffelturm" (Müllenmeister 1993, S. 148). Für die Bewohner der Industriegebiete an Ruhr und Saar blieben sie jedoch auch in der Rückschau zunächst „Symbole der Ausbeutung" (Soyez 1993, S. 50) und der Umweltverschmutzung, die sie, nachdem sich keine Einkommenschancen mehr mit ihnen verknüpfen ließen, abreißen wollten.

Hierin spiegelt sich ein ähnliches Verhalten der eigenen Umwelt gegenüber, wie in den 1960er und 1970er Jahren, als zum Beispiel viele Bauern ihre traditionellen Höfe (nicht nur) in Oberbayern mit dem Einbau großer Blumenfenster und außen angepappten wärmeisolierenden Hartfaserplatten zu modernisieren begannen. Es waren zunächst vor allem Auswärtige, die nicht zuletzt auch wegen dieser in angenehmem Kontrast zu den oft dreckigen heimischen Industriegebieten stehenden regionstypischen Architektur hier ihren Urlaub verbrachten, die den kulturellen Frevel dieser Art von Modernisierung erkannten. Schließlich kaufte mancher betuchte Industriestadtbewohner solche Gebäude, um sie stilgerecht zu renovieren und als Ferienhaus zu benutzen, bevor die meisten Einheimischen selbst den (letztlich auch touristischen) Wert ihrer bebauten Umwelt entdeckten. Es ist daher nicht ohne Ironie, daß umgekehrt der bayerische Architekt und Regionalplaner Karl Ganser, vorher Professor an der TU München, Leiter der Internationalen Bauausstellung (IBA Emscher Park 1989-1999) im Ruhrgebiet wurde, mit der die wichtigsten baulichen Zeugen der Industriekultur erhalten und neuen, auch touristischen Nutzungen verfügbar gemacht wurden.

Ein weiteres **Beispiel** für die positiven Folgen des touristischen Blicks waren die Aktivitäten des Bielefelder Professors für Bau-, Kunst- und Kulturgeschichte Roland Günter in den 1970er Jahren, dem es mit zu verdanken ist, daß die traditionelle Arbeitersiedlung Eisenheim in Oberhausen nicht, wie ursprünglich geplant, abgerissen, sondern durch behutsame Renovierung erhalten wurde (vgl.u.a. Günter 1980).

Durch diese nicht auf das Ruhrgebiet beschränkten Aktivitäten wurden auch architekturgeschichtlich bedeutsame Gebäude aus der Anonymität des weitgehend vergangenen industriellen Alltags mit seiner fast alles überdeckenden Schmutzschicht befreit. Von Zechengebäuden im verspielt-ornamentalen Jugendstil bis zur funktionalen Ästhetik von Hallen und Bürogebäuden im Bauhausdesign reicht die Palette der dabei zutage getretenen Baudenkmäler einer vergangenen Industriekultur. In der Folge wurden auch ganze Komplexe wie die Zeche Zollverein in Essen oder die Stahlhütte in Völklingen unter Denkmalsschutz gestellt und schließlich in die Unesco-Liste des Weltkulturerbes aufgenommen.

Am deutlichsten wird dieser Wandel des touristischen Blicks in einem Werbetext des Volkswagenkonzerns in Wolfsburg:

„In der Autostadt finden Sie das exklusive The Ritz-Carlton. Was es so besonders macht, sind seine luxuriöse und künstlerische Ausstattung als auch sein grandioser Ausblick: Dem Rundbau des Hotels gegenüber liegt die expressionistische Kulisse des Volkswagen Heizkraftwerks."

5.3 Reiseführer in Buchform

Was haben die oben erwähnten Rationalisierungen von Arbeitswelt und privatem Haushalt nun mit Reisen, speziell mit dem ‚touristischen Blick' zu tun, der in der Überschrift zu diesem Abschnitt genannt wird? Sehr viel. Denn auch die touristische Erfahrung ist in erheblichem Maße rationalisiert worden. Den Beginn dieser Entwicklung markiert das Erscheinen von **Reiseführern**. Ebenso wie die Kochbücher bieten sie ‚Rezepte', mit denen man ein Land, eine Region oder einen Ort möglichst effizient, d.h. mit geringem Zeitaufwand, erkunden kann. Das Wesentliche, die ‚Sehenswürdigkeiten', werden herausgelöst aus der großen Menge der Möglichkeiten und beschrieben. Im Vordergrund dabei steht **das Typische** eines bestimmten Reiseziels. Dieses wiederum bestimmt sich primär aus dem Kontrast zu dem, was die Alltagsumwelt der Adressaten dieser Bücher ausmacht.

Dazu gehören etwa „das ‚typische' englische Dorf, der ‚typische' us-amerikanische Wolkenkratzer, der ‚typische' deutsche Biergarten, das ‚typische' französische Château usw." (Urry 1990, S. 12). Diese Liste ließe sich nahezu endlos verlängern. Dieses jeweils Typische macht zwar das Besondere aus der Sicht eines Besuchers aus, ist aber keineswegs repräsentativ für das Aussehen eines Landes. Alle der genannten landestypischen Eigenheiten sind in Wirklichkeit auch regional stark eingegrenzt: Das ‚typische' englische Dorf ist nur in den Cotswolds zu finden, der ‚typische' Wolkenkratzer nur in den us-amerikanischen Metropolen, für die beispielhaft New York steht, der ‚typische' deutsche Biergarten nur in Bayern und die ‚typischen' französischen Schlösser nur an der Loire und im Gebiet um Bordeaux. Auch sind die riesigen, fast menschenleeren australischen ‚outbacks' mit ihren Farmen (*homesteads*) bis zur Größe Belgiens zwar etwas Landestypisches, in Wirklichkeit aber ist Australien eines der am höchsten urbanisierten Länder der Welt. Repräsentativ ist somit der städtische Lebensstil, der sich freilich kaum von dem anderer Länder unterscheidet. Deshalb interessiert den Touristen eben nicht das, was er zu Hause selber hat, sondern das Typische, im Falle Australiens eben das Leben in den ‚outbacks'.

Da man mit Hilfe eines Reiseführers gezielt die jeweils landestypischen Orte und Regionen aufsuchen kann, ist es möglich, die Aufenthaltszeit mit einem Optimum an touristischen Erlebnissen und Erfahrungen aufzufüllen. Der Reiseführer ermöglicht also den ersten Schritt hin zu einem **rationalisierten**

Tourismus (Ritzer 1995, S. 49). Zwar hat sich, wie wir im zweiten Kapitel gesehen haben, die Urlaubszeit der abhängig Beschäftigten vom Anfang des 20. Jahrhunderts bis zu seinem Ende erheblich ausgeweitet, sie ist aber immer noch weit von den Zeitspannen entfernt, in denen die adeligen Müßiggänger des 18. und 19. Jahrhunderts durch Europa und manchmal auch darüber hinaus reisen konnten (vgl. u.a. Tower 1985). Schon vor diesem Hintergrund ist die gezielte und rationale Verwendung von Zeit von großer Bedeutung. Schließlich haben wir alle gelernt, mehr oder weniger bewußt Aufwand und Ertrag aller unserer Tätigkeiten, auch derjenigen in unserer Freizeit, in Beziehung zueinander zu setzen.

„Die bürgerliche Erholungs- und Vergnügungsreise muß planbar, kalkulierbar sein, mit begrenzter Zeit und begrenzten Mitteln durchführbar sein, der Reisende will das Sehenswerte sehen und nichts Bedeutendes übersehen, er will zu den Besichtigungspunkten hingeführt werden und nicht umständliche eigene Recherchen anstellen müssen" (Gorsemann 1995 a, S. 74).

Auf einer Rundreise zum Beispiel wollen wir möglichst viel in der uns zur Verfügung stehenden kurzen Zeit sehen und erleben. Dadurch reduziert sich der Blick der Touristen während ihrer Reise auf bestimmte, im doppelten Sinne vorgesehene Dinge. Erleichtert wird dieser Anspruch durch eine weitere Rationalisierung: Die Mitte des 19. Jahrhunderts in Karl Baedekers Reiseführern eingeführten Sterne, die in der Folge auch von anderen Reiseführern bis hin zum Gastronomieführer Guide Michelin für besonders gute Restaurants übernommen wurden. Sie kennzeichnen besondere Sehenswürdigkeiten und Aussichtspunkte auf den Karten und in den Beschreibungen und erleichtern damit die Planung der Reise. So kann man seinen Blick weitgehend auf die Sehenswürdigkeiten und Aussichten mit Sternen reduzieren, sich auf das ‚Wesentliche' eines bestimmten Gebietes konzentrieren und seine Reise damit ‚effektiver' gestalten.

Die Bedeutung von Reiseführern in Buchform für das Reisegeschehen wird deutlich, wenn man sieht, daß zum Beispiel 1995 insgesamt etwa 600 Verlage rund 23 Millionen von ihnen auf dem deutschen Markt abgesetzt und dabei ca. 440 Millionen DM (ca. 225 Mio. €) umgesetzt haben (F.A.Z. Nr. 195 v. 22. August 1996, S. R 4). Setzt man dies in Beziehung zu den etwa 48 Millionen Reisenden in diesem Jahr, dann zeigt sich, daß auf knapp jeden zweiten Reisenden ein neuer Reiseführer entfiel. Daran dürfte sich, wie ein Blick auf die Regale nahezu jeder Buchhandlung zeigt, in den letzten Jahren wenig geändert haben.

Die Relevanz des ‚**Vorgesehenen**' zeigt sich nach Percy (1975; cit. n. Redfoot 1984, S. 294) auch darin, daß Touristen – wie im vorangegangenen Abschnitt bereits beschrieben – dazu neigen, die Realität mit den vorher gesehenen Bildern zu vergleichen. Je höher die Übereinstimmung ist, desto zufriedener seien sie mit ihrer Erfahrung. Damit wird das ursprüngliche Verhältnis von Wirklichkeit und Abbild umgekehrt: „Wir beurteilen nicht das Abbild nach der Realität, sondern die Realität nach der Abbildung" (Boorstin 1964, S. 104).

Am Beispiel des Grand Cañon versucht Percy zu zeigen, welcher Unterschied zwischen demjenigen besteht, der diese Landschaft zum ersten Mal und ohne Vorinformationen sieht, und dem, der aufgrund der vorher gelesenen Informationen und gesehenen Abbildungen gezielt dort hinfährt.

„Wo das Staunen und die Freude des Spaniers (der ihn als erster Europäer sah; J.W.M.) von seinem Eindringen in den Gegenstand selbst herrührte, von der fortschreitenden Entdeckung von Tiefen, Mustern, Farben, Schatten usw., mißt der Tourist seine Befriedigung über den Grad der Übereinstimmung mit dem vorgeformten Komplex. Wenn es genauso aussieht wie die Postkarte, ist er zufrieden; er könnte sogar sagen: ‚Warum ist alles so schön wie auf einer Bildpostkarte!' " (Percy 1975, S. 47; cit. n. *op. cit.*; Übers. J.W.M.).

Die Anlehnung des eigenen Verhaltens an das Vorgesehene führt in vielen Fällen zu einer Einschränkung des touristischen Blicks: Das, was nicht im Reiseführer aufgeführt ist, existiert für den Besucher auch nicht. Wer in möglichst kurzer Zeit das Wesentliche sehen will, der läßt sich nicht auf das Risiko ein, beim ungezielten Herumschlendern vielleicht doch etwas Interessantes zu finden, das über das für den Reiseführer Typische hinausgeht. In ihrem Aufsatz über „den Touristen", obwohl er in der elitären Tradition der Tourismuskritik steht, hat die britische Schriftstellerin Nancy Mitford, die seit dem Ende des Zweiten Weltkriegs in Paris lebte, diese Selbstbeschränkung der touristischen Wahrnehmung am Beispiel von Paris und Versailles einprägsam beschrieben:

„Gut an Touristen ist, daß es sehr einfach ist, sich von ihnen fernzuhalten. Wie Ameisen folgen sie ihrem festgelegten Pfad und ein paar Meter links und rechts entfernt von diesem Pfad sind keine. In Paris bleiben sie in den Einkaufszentren und in Saint Germain-de-Près. Dort, wo ich wohne, weniger als eine Meile südlich des Flusses, habe ich nie einen gesehen. In Versailles ist der Pfad sogar noch schmaler. Dort gibt es ein ausgezeichnetes Café, eine dieser hübschen Bäckereien aus dem 19. Jahrhundert, mit Stuckdecken und Wandmalereien, wo man sich hinsetzen und seinen Kakao mit einem Croissant trinken kann. Es ist vielleicht drei Minuten zu Fuß vom Busparkplatz entfernt und kein Tourist hat es je gefunden. Sein reges Geschäft verdankt es ausschließlich den einheimischen Witwen. Niemand besucht das Théâtre Montausier aus dem 18. Jahrhundert, die Bibliothek (eine der schönsten der Welt) oder das Musée Houdon. Sie liegen einfach nicht am Pfad" (1959, S. 5; Übers. J.W.M.).

In einer relativ aufwendigen empirischen Studie konnten Keul & Kühberger (1996) dieses Verhalten am Beispiel Salzburgs bestätigen. Ein ähnliches Phänomen läßt sich in England beobachten, wo die Touristen nach Canterbury fahren, um die berühmte Kathedrale zu sehen, und dabei erhebliche Unannehmlichkeiten des Wartens auf Einlaß und eine meist überfüllte Kirche auf sich nehmen, obwohl nicht weit davon entfernt, in Rochester, eine mindestens ebenso interessante normannisch-gotische Kathedrale zu sehen wäre, die aber kaum jemand besucht. Canterbury wird in den Reiseführern ausführlich beschrieben – nicht zuletzt auch deshalb, weil es Sitz der *Church of England* ist – und steht deshalb auf dem Reiseplan fast jedes Englandtouristen. Rochester dagegen wird kaum erwähnt und liegt deshalb am Rande der Touristenströme. Deutlich weiter voneinander entfernt liegen Pisa und Suurhusen in Ostfriesland, die beide einen schiefen Turm haben. Pisa kennt wegen des schiefen Turms jeder, vom noch schieferen Kirchturm in Suurhusen wissen fast nur die Einwohner dieses kleinen Dorfes bei Emden.

Der schiefe Turm der alten Kirche von Suurhusen in Ostfriesland

Deshalb bleibt die Frage, ob tatsächlich alle Touristen ein Interesse an den Sehenswürdigkeiten an sich haben, oder ob es ihnen nicht von vornherein eher auf das Aufsuchen solcher Orte ankommt, die bereits als touristische Attraktionen anerkannt sind und deshalb in gewisser Weise für eine bestimmte Region stehen. Ähnlich dem Gourmet, der sicher gehen will und sich bei der Auswahl von Restaurants ausschließlich an Restaurantführer wie den Guide Michelin oder den Gault Millaut hält, möchten auch viele Touristen möglichst kein Risiko auf ihrer kurzen Reise eingehen. Dabei entgehen ihnen vielleicht eine Reihe von interessanten Entdeckungen und Erlebnissen, sie haben dafür aber die weitgehende Gewähr, daß sie das ‚Richtige' tun und sind deshalb in der Regel zufrieden, wenn Erwartung und Erleben weitgehend übereinstimmen.

Vor diesem Hintergrund relativiert sich die in der Beschreibung Mitfords mitschwingende Kritik an den Touristen wiederum, denn sie selbst erheben ja gar nicht den Anspruch, auf ihren Reisen den Dingen an sich auf den Grund zu gehen; sie wollen – wie schon die Pioniere des touristischen Blicks im 18. Jahrhundert mit ihren Claude-Gläsern – vielmehr eine Bestätigung und Ergänzung der Bilder, die sie sich bereits vorher von den Reisezielen gemacht haben. Die Ergänzung liegt dabei vor allem im Atmosphärischen. Reisebeschreibungen erzeugen zwar Assoziationen und Bilder beim Lesenden, ebensowenig wie Bilder können sie jedoch die Atmosphäre eines Ortes weitergeben. Dazu muß man ihn selber aufsuchen, erfahren und erleben. In vielen Fällen ist es auch so, daß der persönliche Eindruck weit entfernt ist von dem Bild, das man sich aufgrund der vorab zur Verfügung stehenden Informationen gemacht hat.

Nicht zuletzt erliegen auch viele Wissenschaftler, die sich mit fremden Ländern, Kulturen und ihrer Geschichte beschäftigen, den gleichen durch ihre eigenen Vorerfahrungen geprägten Wahrnehmungsverzerrungen wie Touristen. Das trifft zum **Beispiel** auf die historische Konstruktion der Antike zu. In seiner klug und originell gegen den akademischen Strich gebürsteten fünfbändigen ‚Kulturgeschichte der Neuzeit' hat Egon Friedell (1927-1931 erschienen) aufgezeigt, wie der in Rom lebende Archäologe und Altertumsforscher Johann Joachim Winckelmann (1716-1778) das antike Griechenland erfand. In seinem 1978 zum ersten Mal erschienenen Buch ‚Orientalism' zeigt Edward W. Said, daß der westliche Begriff von Orient „weniger mit dem Orient zu tun hat als mit ‚unserer' Welt" (S. 12; Übers. J.W.M.). Vorgefertigte Bilder und Konstruktionen sowie Projektionen des Eigenen auf das Fremde bestimmen also in hohem Maße die Sicht auf das, was sich außerhalb unserer Grenzen abspielt. Die kultiviert reisenden Bildungsbürger sind damit ebenso ‚Opfer' des Vorgesehenen wie die vulgären Touristen, sie bewegen sich allenfalls auf einem höherem Niveau des Mißverständnisses.

Auch wenn sie auf der einen Seite den touristischen Blick verengen, muß man den Reiseführern auf der anderen Seite zugestehen, daß sie häufig diesen Blick überhaupt erst möglich machen. Nur etwa zwanzig Prozent der optischen Wahrnehmung des Menschen kommen von Reizen der Retina, also der Netzhaut des Auges, vier Fünftel dagegen „aus dem dichten neuronalen Geflecht anderer Bereiche des Gehirns" (Varela 1990, S. 74). Man sieht also nur das, wovon man sich vorher (in seinem Gehirn) bereits ein Bild gemacht hat. Nur wenn man weiß, was zu erwarten ist, worauf man sich einstellen muß, hat man auch eine Chance, es wahrzunehmen.

Ein eindrucksvolles historisches Beispiel dafür lieferten die Ureinwohner der Fidschi Inseln, die das große Schiff des Entdeckers und Weltumseglers James Cook, das sehr gut sichtbar vor dem Riff ihrer Insel ankerte, nicht wahrnahmen, wohl aber das Kanoe, mit dem Cook zum Land übersetzte.

„Denn das Kanoe, so schnittig es war, konnten sie noch halbwegs mit ihren eigenen, plumpen Einbäumen vergleichen, so hatten sie zu ihm noch Zugang, optisch. Die großartige Fregatte hingegen, die draußen hielt, zu ihr fehlte jeder Zugang, es gab kein Fallreep des Vergleichs, sie blieb buchstäblich unter dem Horizont, der der des Wahrnehmens ist" (Bloch 1930; cit. n. d. Ausg. 1995, S. 110 f.).

War es bei den Fidschi noch das Moment des Überraschtseins, das sie davon abhielt, das Unvermutete wahrzunehmen, sieht man oft auch dann nichts, wenn man bereits eine Vorstellung von dem hat, was man beobachten möchte.

Beispiel: Sie verabreden mit einem Förster, am nächsten Morgen ganz früh in den Wald zu gehen, um Wild zu beobachten. Um die Tiere nicht durch Geräusche zu verjagen, dürfen sie während der Pirsch nicht miteinander reden. Damit Sie wirklich alles sehen, schauen sie immer auch dahin, wohin der Förster blickt. Als sie aus dem Wald herauskommen, ist der Förster hoch erfreut darüber, was er ihnen alles zeigen konnte: Mehr als ein Dutzend Rehe, zwei Keiler, mehrere Fähen, eine Iltisfamilie, unzählige Hasen und fünf Hirsche. Sie können nur staunen, denn sie haben bloß drei Kaninchen und ein Reh gesehen. Der Grund für diesen eklatanten Unterschied: Der Förster hat ein geschultes Auge, er beobachtet das Wild schon lange und weiß, worauf zu achten ist; Sie dagegen haben keine Erfahrung damit und nehmen deshalb kaum etwas wahr.

Die Vorstellung alleine reicht also nicht, um etwas wahrzunehmen; man muß die Wahrnehmung auch üben und wissen, worauf man im einzelnen zu achten hat. In diesem Fall hätten wir noch den Vorteil, unser eigenes Nichtsehen, wenn auch vielleicht zunächst etwas ungläubig, durch einen Fachmann korrigieren lassen zu können. Wenn eine solche Korrektur fehlt, sehen wir nicht einmal, daß wir nicht sehen „und was wir nicht sehen, existiert nicht" (Maturana & Varela 1987, S. 260). Wir würden also mit voller Überzeugung und der uneingeschränkten Glaubwürdigkeit des ‚Augenzeugen' gegenüber Dritten behaupten, daß der Wald nur wenig Wild beherbergt.

Wenn dann zwei nicht zusammengehörende Personen nebeneinanderstehend das gleiche historische Gebäude in Florenz betrachten, werden sie mit großer Wahrscheinlichkeit jeder etwas anderes sehen. Derjenige der beiden, der sich mit Kunstgeschichte beschäftigt hat, wird auf ganz andere Details und Zeichen in der Fassade sehen als der andere, der kein geschultes Auge besitzt. Ein Reiseführer ist damit in vielen Fällen die Voraussetzung dafür, daß man bestimmte Dinge überhaupt wahrnimmt, an denen man sonst achtlos vorbeiginge. „Man sieht nur, was man weiß" lautet deshalb das Goethe-Zitat, das der DuMont Buchverlag als Slogan für seine Reiseführer verwendete (cit. n. Gorsemann 1995 a, S. 78).

Wenn man darüber hinaus aus der nahezu unendlichen und auf den ersten Blick verwirrenden Vielfalt von sozialen Zeichen im Umgang mit Einheimischen einer fremden Kultur die richtigen Signale lesen will, ist die Vorbereitung mit einem Reiseführer unerläßlich.

Beispiel: In China wird einem der Gastgeber beim Essen immer wieder nachlegen, wenn man seine Schale leergegessen hat; wer satt ist, tut dies dadurch kund, daß er etwas in der Schale übrigläßt. Er signalisiert damit auch, daß der großzügige Gastgeber ihm mehr angeboten hat, als er brauchte. In westlichen Ländern dagegen legt man Messer und Gabel parallel auf den Teller als Zeichen dafür, daß man gesättigt ist, und wer zeigen will, daß es ihm geschmeckt hat, ißt seinen Teller ordentlich leer.

Wer diese Vorinformation nicht besitzt – der Chinese in Europa wie der Europäer in China - wird mit großer Wahrscheinlichkeit in peinliche Situationen geraten, weil er nicht nur die verbale Sprache des Gastlandes nicht beherrscht, sondern auch das, was in der jeweiligen Kultur als unhinterfragt selbstverständliches Zeichen gilt, nicht richtig zu deuten weiß und sich deshalb unwillentlich falsch verhält.

5.4 Photographien und Photographieren

Wenn bereits Auswahl und Beschreibung von Orten und Routen in Reiseführern zu einer Stereotypisierung des touristischen Blickes führen, wird deutlich, daß die Erfindung der Photographie einen noch nachhaltigeren Einfluß auf die touristische Sichtweise und daraus resultierende Verhaltens- und Erlebnisweisen hat. Als erstes war es möglich, die Photographie zur Illustration von Reiseführern zu verwenden. In den meisten Büchern hat sie in großen Mengen die vordem eher spärlich verwendeten Zeichnungen, Skizzen und Gemälde ersetzt und damit die visuellen Voreindrücke von einem Reiseziel erheblich erweitert. In Anzeigen, Prospekten und Reisekatalogen spielen Photographien darüber hinaus eine wichtige Rolle. Mit ihnen kann man versuchen, das Angebot von Destinationen visuell so darzustellen, daß der Betrachter den Eindruck hat, er sei bereits selbst dort, oder es sich doch so vorstellen kann.

Auch die Ansichtskarte spielt eine wichtige Rolle für die Herausbildung des touristischen Blicks. Sie dient zwar auch dem Beweis gegenüber den Zuhausegebliebenen, daß man tatsächlich dort war, wohin man reisen wollte, in erster Linie prägt sie jedoch das Bild, das man sich anderswo von einer Stadt, einer Region oder einem Land macht.

Beispiele: Der Eiffelturm, Sacré Coeur, die Champs Elysée und der Louvre mit seiner Glaspyramide vor dem Eingang stehen auf den Postkarten für Paris wie die Tower Bridge, Westminster, Buckingham Palace und der Hyde Park für London oder das Brandenburger Tor, der Ku'damm, die Gedächtniskirche oder der Alexanderplatz mit dem Fernsehturm für Berlin und der Dom für Köln. Mit Sydney und Jörn Utzons Opera House, København und der Meerjungfrau oder dem Tivoli, San Francisco und der Bay Bridge, New York

Ansichtskarte

und der Freiheitsstatue, dem Empire State Building, dem Moskauer Kreml, der Akropolis in Athen oder den Pyramiden von Giseh bei Kairo. Darüber hinaus ließe sich diese Liste über Seiten fortführen.

Diese Bilder prägen die Sichtweise der möglichen Reiseziele schon lange, bevor man sie selbst zum ersten Mal sieht. Es liegt nahe, daß man auf seinen Reisen zuerst und oft ausschließlich diejenigen Orte besucht, die man ohnehin schon aus dem Reiseführer, von Bildbänden oder Bildpostkarten her kennt. Man möchte gerne in der Realität das sehen, was man schon hunderte von Malen auf Reproduktionen von Photographien gesehen hat. Erst dann hat man das Gefühl, es richtig zu kennen.

Allerdings sind Postkarten oft weit davon entfernt, so etwas wie eine örtliche Realität wiederzugeben. Vielfach bedienen sie wiederum nur touristische Klischees. Sie reproduzieren den fremden Blick und die damit verknüpften Erwartungen und Stereotype der Touristen. Das gilt vor allem für die Darstellung von Menschen anderer Kulturen.

Am **Beispiel** der Indianer an den Großen Seen haben Albers & James (1983) den Wandel ihrer Darstellung auf Postkarten in Abhängigkeit von der Tourismusentwicklung in diesem Gebiet untersucht. Wie Tabelle 5.1 deutlich zeigt, hat sich die Präsentation der Indianer auf Postkarten im Zeitraum zwischen 1900 und 1970 signifikant verändert. Sie folgt immer mehr einem Stereotyp, das kaum Bezüge zu ihrer Realität aufweist.

Die Postkarten in der ersten Periode wurden nicht für Touristen, sondern für die Einheimischen selbst hergestellt, die in vielen Fällen die Personen darauf persönlich kannten. Bei ihnen handelte es sich um Erinnerungsstücke der eigenen Umwelt und nicht um Andenken für Außenstehende. Der Tourismus setzte in diesem Gebiet nennenswert erst ab 1915 ein. „Als die Postkarten um 1920 ihre Dokumentationsrolle verloren hatten und zu speziellen Souvenirs für Touristen wurden, verringerte sich die Notwendigkeit für authentische Photographien" (*op. cit.*, S. 141).

Tabelle 5.1: Darstellung von Indianern auf Postkarten.
Verteilung ausgewählter Eigenschaften nach Perioden

Eigenschaften	1900 - 1920 (n = 210) %	1920 - 1950 (n = 274) %	1950 - 1970 (n = 173) %
A. Aufnahmeorte			
Alltagssituation (*indigenous site*)	53	12	2
Studio	17	7	3
Außen (neutral)	21	13	9
Außen (Aussichtspunkt)	4	22	34
mit einer Sehenswürdigkeit	5	46	52
B. Posen*			
Schnappschuß (*casual*)	42	19	15
Frontalportrait	34	21	7
C. Geschlecht			
nur Frauen	35	23	22
nur Männer	32	53	57
Männer und Frauen	33	24	21
D. Kleidung der Männer*			
europäisch	58	10	1
traditionell	21	18	1
Zwischenform (*transitional*)	2	36	25
Wildleder	-	14	31
E. Kopfschmuck der Männer			
keiner	19	6	1
europäisch	64	9	-
traditionell	13	1	1
hochgekämmt (*roach*)	25	31	55
Kriegerkopfschmuck (*warbonnet*)	1	72	52
F. Kleidung der Frauen			
europäisch	57	30	5
traditionell	33	16	12
Zwischenform (*transitional*)	13	27	35
Wildleder	1	31	68

* Auswahl
Quelle: Albers & James 1983, S. 130 (Übers. J.W.M.)

In der Folge wurde das Bild der örtlichen Indianer auf den Postkarten immer mehr denen der Pferde reitenden und Büffel jagenden Indianer der großen Ebenen mit ihrer Wildlederkleidung angepaßt (siehe Tabelle 5.1), die am bekanntesten waren und am ehesten den Erwartungen der Touristen an „typische Indianer" entsprachen. Ihre Umwelt auf den Photographien wurde aus verschiedenen Elementen anderer Indianerkulturen synthetisiert: Sie enthielt nicht mehr nur die heimischen Gegenstände, sondern zunehmend auch „die bekannten Symbole der Indianer von außerhalb des Gebietes, darunter Nomadenzelte (*tipis*) und einfache Transportgeräte (*travois*[10]) aus

---

[10] Sie bestehen aus zwei Stangen, auf denen Querbretter oder Netze befestigt sind, die meist von einem Pferd über den Boden geschleift werden.

der Prärie, Totempfähle von der Nordwestküste und Lehmhäuser (*adobe buildings*) aus dem Südwesten" (*op. cit.*, S. 139). Damit einher ging die Errichtung von Attraktionen für Touristen: Künstlich angelegte „indianische Dörfer", „Handelsposten" und „Grenzforts" wurden an verschiedenen Stellen des Gebietes angelegt, vor denen die Indianer zunehmend für die Postkarten posierten.

Da durch die Perfektionierung der Phototechnik und die billige Massenproduktion von Kameras jeder selbst photographieren kann, wird auch nahezu jeder Tourist zum Photographen, der die spezifischen Zeichen sucht und dokumentiert, die das Typische seiner Reiseziele ausmachen. Aus ihren Photographien lernt man, daß

„ein Landhaus mit einem Reetdach und Rosen um die Tür ,ye olde England' repräsentiert; oder daß gegen Felsen schlagende Wellen für ,wilde, ungezähmte Natur' stehen; oder daß eine Person mit einer Kamera um den Hals natürlich ein Tourist ist" (Urry 1990, S. 139; Übers. J.W.M.).

Kopfschmuck eines typischen Prairieindianers

Man sucht also nach den Zeichen für das, was andere vor einem als das Typische an einem Land, einer Region, einem Ort oder an Menschen und Kulturen ausgemacht haben. Alles andere wird nur mit dem Unterbewußtsein wahrgenommen und, wenn es den Vorstellungen nicht entspricht, oft verdrängt. Diese Reproduktion des bereits vorher von anderen Gesehenen und Photographierten und diese vorgeformte Zeichensprache spielt auch eine große Rolle, wenn man selber auf seinen Reisen Photos macht. Zwei Aspekte sind dabei u.a. von Bedeutung:

- Man möchte mit seinen Photos eine **eigene Version** der Sehenswürdigkeiten herstellen, die man bereits vor Reiseantritt durch andere Bilder kennt (Urry 1990, S. 140).
- Das Photo als **Beweismaterial**: Man möchte den direkten Beleg haben, daß man diese Orte und Sehenswürdigkeiten besucht hat. „Photos sollen den unwiderleglichen Beweis liefern, daß man die Reise unternommen, das Programm durchgestanden und dabei seinen Spaß gehabt hat" (Sontag 1977; cit. n. d. dtsch. Ausg. 1996, S. 15). Man postiert sich selbst vor die Sehenswürdigkeit und läßt sich von Mitreisenden oder Passanten photographieren.

Hier bestimmen auch Statusaspekte, auf die wir in Kapitel 3 bei der Analyse von Reisemotiven bereits eingegangen sind, eine nicht unwesentliche Rolle für den Blick, mit dem man die Sehenswürdigkeiten wahrnimmt und für das Verhalten auf der Reise. Dies gilt allerdings nur für diejenigen, für die solche Aspekte von entscheidender Bedeutung sind. Für sie

„erhält die Reise durch das Photographieren eine Form. Es ist Grund für das Anhalten, ein Photo zu machen (zu knipsen) und dann weiterzufahren. Photographieren führt zu Verpflichtungen. Die Leute haben das Gefühl, daß sie bestimmte Szenerien nicht verpassen dürfen, da sie sonst die Gelegenheit zum Photographieren verpassen ... Vieles im Tourismus wird tatsächlich zur Suche nach dem Photogenen; die Reise wird zu einer Strategie für die Ansammlung von Photos" (Urry 1990, S. 139; Übers. J.W.M.).

Einem solchen Touristen geht es nicht um die Augenblickserfahrung, sondern um die Konservierung von Erleben und die Herstellung von Beweismaterial für zukünftige Situationen zu Hause, wenn er seine Aufnahmen vorzeigt. „Die ‚unmittelbare Begegnung' wird deshalb nicht nur danach gemessen, wie sie mit seinen ‚vorgefertigten Vorstellungen' übereinstimmt, sondern auch, wie es ist, wenn man die Bilder zurück zu Hause zeigt" (Redfoot 1984, S. 294; Übers. J.W.M.). Er zitiert als Extrembeispiel für einen solchen Touristen ein Interview aus seiner Untersuchung über Photographie und Realität:

„Wir haben mal eine Reise gemacht, auf der wir so um die viertausend Meilen in zehn Tagen gefahren sind und mehr als tausend Dias geschossen haben. Wie ich gesagt habe, ich mag es, nach Hause zu kommen und die Reise zu genießen" (*op. cit.*, S. 295; Übers. J.W.M.).

Das ist die Haltung des photographierenden Touristen in letzter Konsequenz: Man reist nicht, um zu reisen, um andere Landschaften, Menschen, Kulturen und Atmosphären unmittelbar zu genießen, sondern um photographische Abbilder davon mit nach Hause nehmen zu können. Die absolute Gegenposition dazu

„*Eine Person mit einer Kamera um den Hals ist natürlich ein Tourist*"

hat eine Touristin, die früher selbst viel auf Reisen photographiert hat, während einer Reise durch Vietnam formuliert: Auf die Frage, warum sie nicht wie alle anderen in der Gruppe photographiere, antwortete sie: „Ich bin jetzt schon hier" (Scheicher 1997).

Für den viel photographierenden Touristen ist die Reise nicht Zweck, sondern Mittel. Die eigentliche Absicht des Reisens liegt nicht im Unterwegssein, sondern darin, sich zu Hause die Bilder anzuschauen und sie auch anderen zeigen zu können, um sie mit der eigenen Reiseerfahrung zu beeindrucken und vielleicht auch neidisch zu machen. Allerdings ist die Photographiersucht eher, wie Susan Sontag bemerkt, als Abschottung von der gesehenen Wirklichkeit und von Erfahrung zu sehen:

„Als Mittel zur Beglaubigung von Erfahrung verwandt, bedeutet das Fotografieren aber auch eine Form der Verweigerung von Erfahrung – indem diese auf der Suche nach fotogenen Gegenständen beschränkt wird, indem man Erfahrung in ein Abbild, ein Souvenir, verwandelt. ... Allein schon das Hantieren mit der Kamera ist beruhigend und mildert das Gefühl der Desorientierung, das durch Reisen oft verschärft wird" (1977; cit. n. d. dtsch. Ausg. 1996, S. 15).

Das trifft selbstverständlich nicht für jeden Touristen zu, der mit einer großen Kamera um den Hals oder einer Minikamera in der Tasche durch die Welt zieht. Man darf auch nicht übersehen, daß der Photoapparat ja auch zu Hause benutzt wird. Es bleibt deshalb die Frage, ob er nicht auch die Wahrnehmung der Realität im Alltag beeinflußt. Wer seine Familie, seine Kinder, Familienfeste, sein Haus, sein Auto oder seine Nachbarschaft photographiert, hat auch bestimmte Vor-Bilder, Klischees, denen er nicht nur bei der Motivauswahl folgt, sondern auch bei bestimmten Arrangements von Personen (wer bei welcher Gelegenheit neben wem steht), Posen („Bitte in die Kamera schauen", „Bitte recht freundlich!") und Perspektiven (auf denen Haus, Garten und Auto am vorteilhaftesten dargestellt werden). Wenn das Photographieren zu einem Realitätsverlust bei der Erfahrung von Situationen führt, dann ist dies nicht auf das Reisen beschränkt; es betrifft das Erleben generell.

Der Unterschied zum Reisen besteht darin, daß man sich zu Hause beständig in einer mehr oder weniger stabilen Umwelt bewegt, während man auf Reisen nur für einen vergleichsweise sehr kurzen Zeitraum, für einige ‚Augenblicke', an einem Ort verweilt. Die Möglichkeit, diese flüchtigen Momente auf der Reise in den Alltag zu Hause hinein zu verlängern, ihm etwas Dauerhaftes, Statisches zu verleihen, macht vermutlich die Faszination des Photographierens aus.

Die Gegenposition zu dieser Sichtweise vertritt M. Schuster (1996) in seiner „Fotopsychologie". Er geht davon aus, daß sich ein Tourist durch die Verwendung seiner Kamera intensiver mit seiner Reiseumwelt auseinandersetzt als jemand, der sich nur auf seine eigene unmittelbare Wahrnehmung beschränkt.

„Denn schließlich macht sich doch der Fotografierende über sein Bild Gedanken, wählt den Ausschnitt, versucht Schatten und Lichteinfall abzuschätzen. Es gibt also gute Gründe anzunehmen, daß die bewußte Analyse des Wahrnehmungsbildes beim Fotografieren besonders intensiv ist" (op. cit., S. 57).

Hinter der Forderung nach einem Verzicht auf die Verwendung von Photoapparaten auf Reisen vermutet M. Schuster die Beibehaltung einer längst gegenstandslos gewordenen Kritik an historischen Zuständen. Er denkt dabei zum einen an den erheblichen zeitlichen und materiellen Aufwand, den ein Photograph in der Frühzeit der Photographie betreiben mußte, um ein Photo herzustellen. Die Apparate wurden zwar mit der Zeit kleiner, aber die Herstellung eines Photos erforderte noch lange Zeit die Einstellung der richtigen Entfernung, die Ermittlung des Belichtungswertes und den vorsichtigen Weitertransport des Filmes in der Kamera. Der Photograph war also mit technischen Dingen abgelenkt vom eigentlichen Gegenstand seines Interesses. Mit den vollautomatischen Kameras von heute wird nach M. Schuster „das Erleben ... durch das Fotografieren also kaum mehr beeinträchtigt, ja *das Fotografieren adelt den Moment, indem es dessen Bedeutung unterstreicht*" (op. cit., S. 58; Hervorh. i. Orig.). Allerdings ist an die Stelle der notwendigen Ablenkung durch Technik bei manchen photographierenden Touristen die gewollte Beschäftigung mit den technischen Aspekten des Photographierens getreten. So registrierte Markwell (1997) auf einer Gruppenreise mit Studenten einen hohen Anteil von Fachgesprächen über Kameras, Objektive, Filme und Techniken des Photographierens.

Tabelle 5.2: Vorführhäufigkeit von Diaserien über Reisen*

Reisediaserie angesehen/vorgeführt	in den ersten 12 Monaten nach ihrer Entstehung	in den letzten 12 Monaten vor der Befragung
gar nicht	0	20
1-4 mal	13	20
5-9 mal	18	3
15-20 mal	10	0
mehr als 20 mal	1	1

* Angaben in absoluten Zahlen
Quelle: Nichtrepräsentative Befragung von photographierenden Urlaubsreisenden; Spitzing 1985, S. 299

Zum anderen ist die Forderung nach dem Verzicht auf Photographieren in der Argumentation Schusters wohl durch den Vergleich zur intensiven Auseinandersetzung mit dem Gesehenen eines malenden oder zeichnenden Reisenden motiviert, der noch über keine Kamera verfügt. Die Beschäftigung des photographierenden Touristen mit seiner Umwelt ist vor diesem Hintergrund eher oberflächlich. „Das Foto ist also vergleichsweise zu einfach" (a.a.O.). Dieses Argument steht in der Tradition einer elitären Tourismuskritik, auf die in Abschnitt 5.14 näher eingegangen wird. Es ist auffallend, daß M. Schuster in keinem Punkt seiner Argumentation auf die Inhalte der Photographien eingeht, sondern nur allgemeine wahrnehmungspsychologische und technische Argumente zu Unterstützung seiner These einer intensiveren Auseinandersetzung der Reiseumwelt durch das Photographieren anführt. Auch daß die Photos einen größeren Erinnerungswert haben als der Rückgriff auf die im Gehirn abgespeicherten Erinnerungen, kann man kaum belegen. Die Photos werden nämlich nur in den Monaten nach einer Reise noch häufiger angesehen, später dann kaum noch einmal herausgeholt (Spitzing 1985, S. 299; vgl. Tabelle 5.2). Sie verlieren offensichtlich an Erinnerungswert, vor allem was die Gefühlskomponente der dargestellten Situationen angeht. „Ein wichtiger Grund, diese Bilder noch einmal anzuschauen" entfällt damit langsam, wie M. Schuster (1996, S. 70 f.) selber zugeben muß.

Photographien schaffen damit vermutlich nur einen relativ kurzen Erinnerungswert. Es gibt aber offensichtlich keine Untersuchung, die sich näher mit diesem Thema beschäftigt und dabei auch verschiedene Formen des Reiseverhaltens variiert hätte (zum Beispiel Photographieren vs. Nicht-Photographieren während einer Reise). Da man sich beim Photographieren auf den Gegenstand konzentriert, den man ‚festhalten' möchte, glaubt M. Schuster zwar, daß die Erinnerungsleistung dadurch größer wird, es gibt aber keine empirischen Belege für diese Annahme. Deshalb sind die Argumente von John Urry und Donald L. Redfoot über die Reproduktion von Stereotypen auf den Urlaubsphotos stichhaltiger und abgesicherter als die Vermutungen M. Schusters.

Beim Photographieren auf Urlaubsreisen in bisher unbekannte Destinationen kommt man damit leicht in eine Situation, in der man gegenüber sich und anderen die Auswahl der kaum bekannten Orte, Situationen und Perspektiven der Reise- und Urlaubsphotos mit der dortigen Alltagsrealität verwechselt. Bei den Photos, die man zu Hause macht, besteht diese Gefahr weniger, auch wenn sie im Verlaufe der Jahre durchaus zu einer gewissen Begrenzung und Verklärung der Erinnerung beitragen können.

Um diese Realitätsverengung durch den photographischen Blick zu vermeiden, hatte der Studienreiseveranstalter **Studiosus** 1996 eine Rundreise in sein Programm aufgenommen, auf der nicht photographiert werden durfte. Denn auch für denjenigen, der selbst keine Kamera mitnimmt, ist das Reisen in einer Gruppe beständig photographierender Teilnehmer nicht nur unangenehm; es führt auch bei ihm zu einer Begrenzung seiner Wahrnehmungsmöglichkeiten, denn bestimmte Plätze werden nur wegen der photographischen Perspektive aufgesucht. Das direkte Erleben eines Ortes und seiner Atmosphäre wird so erheblich erschwert, wenn nicht unmöglich gemacht.

5.5 Arrangements und Inszenierungen für den touristischen Blick

Viele Touristen sind auf der Suche nach dem Typischen, dem Originalen, Authentischen eines Ortes, der umgebenden Landschaft und der darin lebenden Menschen. Was als typisch angesehen wird, ist zu einem großen Teil durch den Blick anderer vorgesehen und mitgeteilt worden. Dies betrifft aber nicht nur bestimmte Orte, sondern wird, wie wir oben gesehen haben, generalisiert auf alle Orte, die jeweils etwas Besonderes vorweisen müssen, um die touristische Aufmerksamkeit zu finden. Das, was als ‚authentisch' empfunden wird, ist letztlich also das „Ergebnis der Projektion gewisser stereotyper Bilder, die in den Gesellschaften, aus denen die Touristen stammen, für richtig gehalten und vor allem über die Massenmedien und touristisches Werbematerial kommuniziert werden" (Wang 2000, S. 54; Übers. J.W.M.). Es darf jedoch nicht übersehen werden, daß die Suche nach Authentizität als Reisemotiv keineswegs allen Touristen gemeinsam ist (vgl. ausführlich dazu Abschnitt 3.2.1.2).

Der touristische Blick ist nicht nur passiv, indem er das aufnimmt, was er vorfindet und Teile davon im Gedächtnis abspeichert, sondern er verändert auch die Wahrnehmung der Orte durch ihre Einwohner. Das kann positiv sein, wie in den oben zitierten Fällen oberbayerischer Bauernhausarchitektur und von historischen, industriegebietsspezifischen Fabrikgebäuden, in denen erst der touristische Blick das bauliche Kulturerbe in Wert setzte. Oft werden aber auch Orte den Erwartungen des touristischen Blicks angepaßt und damit verändert – in der Regel aus ökonomischen Gründen. Nancy Mitford hat dies am Beispiel der Veränderung der Insel Torcello in der Venezianischen Lagune in den fünfziger Jahren des zwanzigsten Jahrhunderts sehr plastisch beschrieben:

„Torcello, das so einsam war wie eine Wolke, ist neuerdings zu einem Ausflugsziel von Venedig aus geworden. Weit mehr Besucher, als es bequem aufnehmen könnte, strömen herein, mit Schiffssonderfahrten, gecharterten Motorbooten und Yachten; den ganzen Tag schlendern sie über den Treidelpfad, auf der Suche nach was? Die Kathedrale ist dekoriert mit frühen Mosaiken ... Sie [die Touristen] laufen durch die Kirche und schauen ziellos umher. ... Weit interessanter als das Verhalten der Touristen ist jedoch das der Insulaner. Da sie gezwungen sind, ob sie es mögen oder nicht, den ganzen Sommer über in der Öffentlichkeit zu leben, versuchen sie natürlich, wenigstens etwas Profit daraus zu schlagen. ... Zwischen der Ankunft des ersten Schiffes aus Venedig um 11 Uhr morgens und dem letzten um 6 Uhr abends, mit dem der normale Tourist wieder verschwindet, verwandelt sich die Insel in eine Bühne, auf der die Einheimischen ihre Rollen spielen. Junge Männer von Burano, der nächsten Insel, verkleiden sich als Gondoliere und setzen die Touristen in Gondeln vom Dampfer über zum Dorf. ... Hübsch aussehende alte Frauen sitzen vor den Türen der Häuschen, verkaufen Postkarten und Schmuck und tun so, als klöppelten sie *point de Venise*-Spitzen. In Wirklichkeit bekommen sie die in Kommission von Verwandten von Burano, wo sie von jungen Mädchen hergestellt werden. Alte Frauen mit ihren abgemühten Händen können solche feinen Arbeiten gar nicht machen. Man glaubt, daß die Touristen eher kaufen, wenn sie meinen, sie würden sehen, wie die Spitzen gemacht werden, aber kaum einer von ihnen scheint ihre wunderbare Qualität zu schätzen ... Der Pfarrer organisiert heilige Prozessionen, die mit der Ankunft der Dampfer zusammenfallen. Und so geht das Spiel weiter. ... Sobald das letzte Schiff abgelegt hat, fällt der Vorhang. Die Gondoliere entledigen sich ihrer weißen Westen und der albernen Strohhüte und fahren zurück nach Burano ... Die hübschen alten Frauen lassen ihr Lächeln vom Gesicht verschwinden, legen die Klöppelkissen beiseite und kehren zu den üblichen Aktivitäten ihres Dorflebens zurück, wie das Ertränken von Kätzchen. ... Torcello ist wieder es selbst" (Mitford 1959, S. 6; Übers. J.W.M.).

Der Tourismusort als Bühne, seine Gebäude und seine Landschaft als Kulisse, seine Einwohner als Schauspieler und Komparsen, die den Erwartungen der anreisenden Zuschauer entsprechend das von ihnen geschriebene Stück „Eine unberührte Insel in der Venezianischen Lagune" aufführen.

Solche Umstände haben Dean MacCannell (1973) dazu veranlaßt, von „inszenierter Wirklichkeit" (*staged authenticity*) zu sprechen und die Arrangements sozialer Räume auf den Schauplätzen des Tourismus unter dieser Perspektive zu betrachten. Er geht dabei davon aus, daß die Menschen bei ihren Reisen primär von der Suche nach dem Echten, Unverfälschten und Authentischen geleitet werden und sieht die modernen Reisen in der Tradition der Pilger, die sich an Orte begeben, in denen sich in ihrer Religion wichtige Ereignisse zugetragen haben (sollen) und an denen sie durch den *genius loci* diese in direkter Erfahrung nachempfinden können. Das Aufsuchen von historisch oder kulturell bedeutenden Orten durch Touristen ist in seiner Darstellung eine moderne Analogie zu diesem Verhalten.

Solche Orte haben viel mit Werken der **bildenden Kunst** gemein, bei denen das durch den Künstler hergestellte Original und nicht seine Reproduktion über die Photographie oder ähnliche Verfahren wertvoll ist. „Noch bei der höchstvollendeten Reproduktion fällt *eines* aus: das Hier und Jetzt des Kunstwerkes – sein einmaliges Dasein an dem Orte, an dem es sich befindet. An diesem einmaligen Dasein aber und an nichts sonst vollzog sich die Geschichte, der es im Laufe seines Bestehens unterworfen gewesen ist" (Benjamin 1936; cit. n. d. Ausg. 1963, S. 11; Hervorh. i. Orig.). Walter Benjamin spricht in diesem Zusammenhang von der „Aura" des Originals, die durch seine Reproduktion verlorengeht. Weder über eine Beschreibung noch in einem photographischen Abbild, einer Photographie oder einem Film, läßt sich diese Aura des Ortes erfahren; dazu muß man den Ort selber aufsuchen. „An einem Sommernachmittag ruhend einem Gebirgszug am Horizont oder einem Zweig folgen, der seinen Schatten auf den Ruhenden wirft – das heißt die Aura dieser Berge, dieses Zweiges atmen" (op. cit., S. 15). Die Aura eines Ortes und die Authentizität seines Erlebens stehen also in einem sehr engen Zusammenhang.

Die Suche nach Authentizität wird jedoch in der Regel durch die Organisation und Gestaltung sozialer Räume unmöglich gemacht, wie die Schilderung von Nancy Mitford deutlich gemacht hat. In Anlehnung an Goffman (1959) unterscheidet MacCannell deshalb zwischen Front- und Rückraum, zwischen der Bühne vor den Kulissen und den Räumen dahinter. Die Fronträume sind für die Begegnung des Dienstleistungspersonals mit den Touristen gestaltet, wie zum Beispiel die Empfangshalle in einem Hotel, ein Restaurant, die Abflug- oder Ankunftshalle auf einem Flughafen. Die rückwärtigen Räume dienen der Produktion von Gütern, der Verwaltung, der Vorbereitung von Dienstleistungen, aber auch der Entspannung des Servicepersonals zwischen verschiedenen Vorstellungen. Beispiele dafür sind Küchen, Büroräume, Wasch- und Ruheräume für das Personal, Treffpunkte für Flugzeugbesatzungen usw. Das Verhalten des Personals unterscheidet sich dementsprechend in den Front- und in den Rückräumen: „*Smile, we are on stage*" wurde dem Personal des Berliner Adlon-Hotels an die Tür geschrieben, die von der Küche in die Governmenträume führt (Roll 1997; vgl. auch Abschnitt 5.2).

Wie ‚Hinter der Bühne' für das Publikum des Theaters tabu ist, sind die rückwärtigen Räume für Touristen gesperrt. Auf der eingangs beschrieben Insel Torcello waren, wie heute noch auf Helgoland mit seinen vielen Tagesbesuchern, Front- und Rückräume weniger durch räumliche Gestaltung, als vielmehr durch rigide zeitliche Nutzungsstrukturen voneinander getrennt.

Für den Authentizität suchenden Touristen führt schon die Tatsache, daß es „eine rückwärtige Region gibt, zu dem Glauben, daß da mehr ist, als sein Auge sehen kann; selbst da, wo keine Geheimnisse sind, ist der Glaube weit verbreitet, daß es sie gibt" (MacCannell 1973, S. 591; Übers. J.W.M.). Die Trennung in Front- und Rückräume führt also aus der Sicht des Authentizität suchenden Touristen zu einer gewissen Mystifikation der betrachteten Wirklichkeit, die er gerne überwinden möchte.

Beispiel: Besonders begehrt bei Reisen zu Musicals, die oft über Jahre hinweg *en suite* in extra dafür gebauten Häusern aufgeführt werden, sind organisierte Besuche hinter der Bühne (*backstage*), bei denen man einen Eindruck davon bekommt, mit welch hohem technischen Aufwand sie jeweils in Szene gesetzt werden. Auch bei den *open air*-Opernfestspielen auf der (Boden-)Seebühne in Bregenz ist der Blick hinter die Kulissen der technisch ebenfalls sehr aufwendigen Produktionen im Rahmen einer Führung für viele Opernbesucher von besonderem Interesse.

Aber genau genommen sind auch diese Führungen schon wieder ein Stück inszenierte Wirklichkeit, und im Endeffekt muß man wohl davon ausgehen, daß es praktisch unmöglich ist, als Tourist authentische Erfahrungen im idealtypischen Sinne zu machen. Wer zum Beispiel Menschen in ihrem normalen Lebenszusammenhang beobachten will, verändert dadurch, daß er als Zuschauer die Szene betritt, das Verhalten der Beobachteten, die auf seine Erscheinung hin reagieren und – wie jeder Mensch, der sich beobachtet fühlt – anders handeln als wenn sie alleine wären.

„... möglicherweise kommt der Erste schon zu spät: In der radikalsten Deutung besteht das Dilemma darin, daß nicht einmal der Erstbesteiger eines Gipfels diesen Ort unberührt erfährt, da er selbst ja diesen Gipfel (buchstäblich) berührt. Und wer das ‚wirkliche' Leben anderer Menschen kennenlernen will, kann immer weniger übersehen, daß er es durch eben diesen Versuch verändert" (Günther 1996, S. 102).

In vielen Fällen versuchen die Bereisten, den Vorstellungen der Reisenden von ihnen entgegenzukommen, um zumindest teilweise deren Erwartungen, so falsch sie im Einzelfall auch sein mögen, nicht zu enttäuschen. Dazu kommt, daß Touristen meist nicht einfach als unbeteiligte Besucher, sondern als Erwerbschance gesehen werden.

Beispiel: Ein kenianischer Safari-Führer berichtet über das Verhalten der Gäste, mit denen er zu tun hat: „Einige Leute geben mir Geschenke, wie T-Shirts und Stifte und andere bringen ihre abgelegte Kleidung zum Handeln. In der Regel besuchen wir ein typisches Massai-Dorf ... und diese Touristen glauben, sie können dort ihre alten Kleider gegen Souvenirs eintauschen. Die Massai sind daran nicht interessiert. Ich muß dann erklären, daß die Massai nicht rückwärtsgewandt leben, aber im Gegensatz zu anderen Stämmen ihre Traditionen bewahren. Weil die Massai Bargeld wollen, beschweren sich einige Besucher, ihre Dörfer seien kommerzialisiert. Dies ist aber nur deshalb so, weil Touristen Massai-Souvenirs in Nairobi und anderswo gesehen haben und nach solchen Souvenirs fragen, wenn sie die Massai-Dörfer besuchen. Deshalb haben die Massai nach einiger Zeit diese Dinge woanders besorgt" (Kairu & Hodson 1996).

Werbung aus den 1950er Jahren

Es waren in diesem Beispiel also Touristen, welche über ihre Nachfrage die „Kommerzialisierung" der Massai-Dörfer betrieben haben, die dann von den ihnen folgenden Touristen kritisiert wird. Bei den Bereisten werden dadurch bestimmte Vorstellungen von der Rolle des Touristen verbunden, denen man mit dazu passenden Angeboten entsprechen möchte (siehe das oben zitierte Beispiel der Insel Torcello oder das Beibehalten der alten Omnibusse auf Malta, die, ginge es nur nach den Maltesern, längst gegen moderne Fahrzeuge ausgetauscht worden wären). Schon dadurch wird es praktisch unmöglich, in diesem Sinne authentische Erfahrungen als Tourist zu machen.

Vor diesem Hintergrund war es nur noch ein kleiner Schritt, die touristische Sichtweise der realen Welt als Ausdruck von Bedürfnissen zu erkennen und mit der Schaffung entsprechender Angebote damit in letzter Konsequenz Reiseziele vollständig zu synthetisieren. Damit wird das, was sich sonst in den Köpfen der Menschen abspielt, im wörtlichen Sinne ‚realisiert'. Gleichzeitig sind diese synthetisierten Reisewelten Ausdruck einer extremen Rationalisierung des touristischen Blicks, indem sie gedruckte Reiseführer als Wegweiser durch die „sperrigen und risikobehafteten konkreten Räume" (Wöhler 2005 a, S. 21) normaler Destinationen überflüssig machen, weil sie quasi schon die Baupläne für diese besucheroptimierten Erlebnisräume geliefert haben. Die Disneyparks stehen prototypisch für solche in synthetische Destinationen umgesetzten fiktionalen Welten, auch wenn wir nachher sehen werden, daß ihre Konstruktionsprinzipien aus der Landschaftsarchitektur des 18. Jahrhundert stammen (vgl. Abschnitt 6.2.2). Die Inszenierung touristischer Erfahrung zwischen den Kulissen zusammengeführter, real weit auseinanderliegender Räume, wird dabei weder als Ersatz für die wirklichen Orte noch als Täuschung empfunden.

Anders als in den 1950er Jahren, als sich zum Beispiel die Mainau als palmenbewachsene, tropische Insel im Bodensee ausgab und das schräg gegenüberliegende Überlingen sich zum „Nizza des Nordens" machte, um den materiell noch weitgehend reisebeschränkten Deutschen am südlichen Rande des eigenen Landes erfolgreich das noch verwehrte Erlebnis weltläufiger Tourismuserfahrung vorzutäuschen, können die Staffagen jetzt offen vorgeführt werden. Denn für das reiseerfahrene Publikum von heute sind es nurmehr „spielerische Kulissen", in denen „Wirklichkeit nicht verschleiert, sondern hergestellt werden soll. ... Dabei gelten Gefühle, Phantasien, Erlebnisse nicht als Wahrnehmungsstörungen, sondern als Wirklichkeit eigener Art" (Schulze 1999, S. 9). Dazu gehört, daß man hier nicht selten auch die Essenz der durch die eigenen Reiseerinnerungen gesättigten Vorstellungen besichtigen kann, wenn sie einem in sozusagen gereinigter Form gegenübertreten.

5.6 Reisearrangements und touristische Erfahrung

Nicht nur die Verhältnisse an den Zielorten des Tourismus sind mehr oder weniger für den touristischen Blick inszeniert, auch touristisches Erleben und touristische Erfahrung sind immer Produkt einer Inszenierung. Die Möglichkeit, sich das Ziel selbst auszusuchen, die genaue Dauer festzulegen, das Verkehrsmittel zu bestimmen und sich die Begleitung weitgehend selbst auszusuchen, lassen die Reise wie das Realisieren eines Drehbuchs erscheinen, das vom Touristen durch die Wahl aus diesen verschiedenen Optionen in Szene gesetzt wird.

Schon der Umstand, daß man einen Ort erst nach einer längeren Reise erreicht, während der man nicht nur mit Verkehrsmitteln und der Bewegung an sich, sondern auch mit vielen Eindrücken von Landschaften und Menschen konfrontiert wird, führt zu einer Veränderung der Wahrnehmung. Nicht nur der Vergleich mit dem eigenen Heimatort und seiner Kultur, auch das Unterwegssein führt zu einer Relativierung des Blickes auf das Reiseziel. Gegenüber den Bewohnern eines Ortes, die möglicherweise seit ihrer Geburt dort zu Hause sind und nichts oder wenig Anderes kennen, sehen die Touristen notwendigerweise eine ganz andere Welt. Auch dies macht es unmöglich, authentische Erfahrungen in dem Sinne zu machen, wie sie den Einwohnern häufig unterstellt wird.

5.6.1 Verkehrsmittel

Wenn es sich bei einer Reise um eine Inszenierung handelt, dann kann man diese Inszenierung ändern und so den Rahmen der Erfahrungsmöglichkeiten unterschiedlich gestalten. Dies wird bereits bei der Wahl des Verkehrsmittels, mit dem man im ursprünglichen Sinne des Wortes einen unterschiedlichen ‚Zugang' zum Reiseziel bekommt, deutlich: Je nachdem, ob man es zu Fuß, mit dem Fahrrad, dem Schiff, dem Zug, einem Reisebus, dem eigenen Wagen oder mit dem Flugzeug erreicht, nimmt man sein Reiseziel aus einer jeweils unterschiedlichen Perspektive wahr und bekommt einen ganz anderen Eindruck von ihm und auch vom Unterwegssein selbst.

Beispiel: Wer mit dem Zug bis Barcelona fährt und von dort mit der Fähre nach Mallorca übersetzt, sieht die schroffe Westküste der Insel nach mehreren Stunden Fahrt langsam aus dem Meer auftauchen. Von da an dauert es noch Stunden, bis das Schiff in den Hafen von Palma einläuft. Er bekommt ein ganz anderes Gefühl für die Entfernung der Insel sowohl von zu Hause als auch von der spanischen Küste als derjenige, der in weniger als zwei Stunden vom Flughafen seiner Region die Insel erst beim Landeanflug zu Gesicht bekommt. Je nach Wetterlage und Sitz im Flugzeug hat er häufig während des Fluges fast nichts von den überflogenen Ländern und Landschaften gesehen. Wer über Barcelona fährt, muß dabei notwendigerweise auch in Kontakt mit dem einheimischen Personal treten (Zugschaffner, Taxifahrer, Taschendiebe, Schiffsbesatzung usw.) und hat viele Gelegenheiten, auch Mitreisende nicht nur eigener Nationalität kennenzulernen. Die kurze Zeit in einem Charterflugzeug dagegen mit in der Regel nur Mitreisenden eigener Nationalität ist viel zu kurz, um ein Gefühl der Gemeinsamkeit und darauf basierende Unterhaltungen aufkommen zu lassen. Den ersten Kontakt mit Spaniern hat der Flugreisende erst mit dem Taxi- oder Busfahrer am Flughafen von Palma.

Um keine Mißverständnisse zu erzeugen: Es geht hier nicht um eine Bewertung unterschiedlicher Reisearrangements, sondern darum aufzuzeigen, daß die Reiseorganisation einen erheblichen Einfluß auf das Reiseerleben hat. Denn auch während seines Aufenthaltes hat derjenige, der sich seinem Ziel langsam genähert hat, auf seiner Reise vermutlich einen ganz anderen Blick entwickelt als derjenige, der nur knappe zwei Stunden im Flugzeug saß. Man kann also nicht sagen, welcher davon ‚echter', ‚richtiger' oder vielleicht ‚falsch' ist: Es sind ganz einfach unterschiedliche Perspektiven, aus denen heraus man das gleiche komplexe Objekt – hier das Reiseziel Mallorca – sehen und wahrnehmen kann. Schließlich muß man sich in diesem Zusammenhang auch darüber klar sein, daß das, was als echte oder authentische Erfahrung gilt, im historischen Sinne sehr stark zeitgebunden ist.

Auf längeren Bahnfahrten entstehen schnell soziale Kontakte

Beispiele: Zu Beginn des industriellen Zeitalters galt den Menschen die Fahrt in einem ‚rasenden' Eisenbahnzug als etwas Unauthentisches, weil man die Landschaft, die man durcheilte, nicht mehr richtig wahrnehmen konnte und alles zu einem undeutlichen Bild vor dem Auge verschwamm. Auch das nach festen Fahrplänen durch die See stampfende Dampfschiff hat die Erfahrung von Wind und Wellen und ihre Konsequenzen, zum Beispiel die kaum kalkulierbare Fahrzeit, während einer Seereise gegenüber einem Segelschiff erheblich reduziert.

Der polnische Publizist Ryszard Kapuscinski beschreibt seine erste Reise nach Ghana im Jahre 1958 so: „Noch gestern das regentriefende, herbstliche London. Das regentriefende Flugzeug. Kalter Wind und Dunkelheit. Und hier seit dem Morgen der ganze Flughafen in der Sonne, wir alle – in der Sonne. Früher einmal, als die Menschen noch zu Fuß durch die Welt zogen, auf Pferden ritten oder auf Schiffen segelten, bereitete die Reise sie selber auf die Veränderungen vor. ... Die Reise dauerte Wochen, Monate. Der Mensch hatte genug Zeit, um sich in eine andere Umgebung, eine andere Landschaft einzuleben. Auch das Klima veränderte sich in Etappen, stufenweise. ... Heute ist von diesen Abstufungen nichts mehr geblieben! Das Flugzeug reißt uns unvermittelt aus Schnee und Eis und schleudert uns noch am selben Tag in den glühenden Abgrund der Tropen" (2001, S. 7).

Die Verkehrsmittel sind also zunehmend rationeller geworden. Dies äußert sich nicht nur in ihrer erheblich vergrößerten Produktivität (Beförderung von immer mehr Passagieren in immer kürzerer Zeit), sondern auch in ihrer gestiegenen Zuverlässigkeit, welche die Planbarkeit von Reisen in starkem Maße verbessert hat. Das Zeitfenster, innerhalb dessen man touristische Erfahrungen machen kann, ist damit – wenn man von Verspätungen absieht – zumindest bis auf die Stunde genau vorherzubestimmen. Damit fügen sich Reisen ein in die rigiden Zeitschemata der extrem arbeitsteilig und damit aufeinander angewiesenen produzierenden Einrichtungen in den Industrie- und Dienstleistungsgesellschaften.

5.6.2 Professionelle Hilfe

Die Rationalisierung von Reisen ist nicht nur durch Reiseführer, Photographien, Postkarten und weitere Medien zur Vermittlung von Vorerfahrung gefördert worden, sondern vor allem auch durch die professionelle Hilfe. Reisebüros und Reiseveranstalter bilden zusammen mit Leistungsträgern eine mittlerweile weltweite Infrastruktur zur Planung und Organisation von Reisen. Zwischen den beiden Extremen der völlig unvorbereiteten Reise ‚ins Blaue' und der organisierten Veranstalterreise gibt es eine ganze Palette von Zwischenstufen.

Wie wir in Abschnitt 5.3 festgestellt haben, hat die Vorstrukturierung der Reise einen widersprüchlichen Effekt auf die Erfahrungsmöglichkeiten: Einerseits ermöglicht sie durch die Vermittlung von Vor-Bildern erst die Wahrnehmung von Besonderheiten der Reiseziele, andererseits engt sie dadurch den Wahrnehmungsraum auf ausgetretene Touristenpfade ein. Je stärker eine Reise rationalisiert und vorstrukturiert ist, desto geringer wird jedoch die Chance, Erlebnisse und Erfahrungen außerhalb des gesteckten Rahmens zu haben.

Beispiel: Eine nach genauem Zeitplan vorstrukturierte Studienrundreise bietet keine Möglichkeit, in einem Museum länger zu verweilen, als bei der Planung vorgesehen wurde. Einen Ort oder eine Landschaft, die man gerne näher kennenlernen würde und in denen man vielleicht ein paar Tage länger bleiben möchte, muß man zurücklassen, um den Terminplan einzuhalten. Damit werden die Möglichkeiten der Entwicklung eines eigenen Reiserhythmus und damit verbundener Erlebnisse und Erfahrungen stark eingeschränkt.

In einem noch stärkeren Maße gilt dies für die ‚klassische' Standardpauschalreise, die im wesentlichen aus Transport und dem Aufenthalt in einem Strandhotel am Mittelmeer besteht. Zwar werden zusätzlich noch geführte Ausflüge und die Möglichkeit des Mietens von Leihwagen geboten, die Erfahrungsmöglichkeiten auf einer solchen Urlaubsreise sind jedoch denkbar gering. Dabei darf man aber nicht übersehen, daß sie von den Touristen – anders als bei der Studienreise – auch gar nicht gewollt sind, denn solche Reisen sollen in erster Linie der Erholung und/oder der Sättigung eines auf das Strand- und Nachtleben beschränkten Erlebnishungers dienen.

5.6.3 Reisebegleitung

Ob man alleine oder in Begleitung reist, kann ebenfalls einen erheblichen Einfluß auf den touristischen Blick und auf das Reiseerleben haben. Alleine reisend hat man meist einen viel direkteren Blick für die Umgebung, in der man sich gerade befindet. Diese größere Direktheit ist jedoch ambivalent: Sie kann einerseits als interessanter und erlebnisreicher, andererseits aber auch als bedrohlicher und sogar als gefährlich empfunden werden oder auch sein. Häufig ist sie einfach nur unbefriedigend, weil man während der Reise niemanden hat, mit dem man sich über das Erlebte und Gesehene austauschen kann.

Beim Reisen in einer Gruppe gibt es eine Reihe von Phänomenen zu beobachten, die das Verhalten und Erleben nachhaltig bestimmen. Dazu gehören

- die **Zentrierung** der Reisenden **auf die Gruppe** und
- der zeitweise Rückfall in eher **kindliche Verhaltensmuster**.

Gruppenreisen (wie etwa Studienreisen eines Veranstalters) werden in der Regel mit Personen unternommen, die man vorher nicht kannte, von denen man aber aufgrund der Reiseauswahl gleiche Interessen vermuten kann. Gleichwohl bringen die teilnehmenden Personen in aller Regel unterschiedliche Bildungs-, Berufs- und Sozialerfahrungen mit. Die darauf aufbauenden Selbstkonzepte, die auch ihre jeweiligen Vorstellungen von der Reise und ihrer Stellung in der Reisegruppe mit bestimmen, können durchaus in Konflikt zu den Selbstpräsentationen von Mitreisenden geraten. Je nachdem, wie die Gruppe und/oder der Reiseleiter mit diesen Konflikten umgehen, kann dies zu einer starken Beschäftigung der Gruppe mit sich selbst führen, die den Blick für die besuchten Orte erheblich einschränken kann. Auch die Entwicklung von Sympathien und Aversionen, die Entstehung von Beziehungen zwischen Gruppenmitgliedern, die Bildung von Teilgruppen innerhalb der Gruppe und weitere gruppendynamische Prozesse wirken sich eher negativ auf die Wahrnehmung der Außenwelt aus.

Die Wahrnehmung wird nämlich auch dadurch eingeschränkt, daß in der Regel alle Mitglieder einer Reisegruppe aus dem gleichen Land stammen und im Falle einer Studienreisegruppe (trotz aller Differenzierung zum Beispiel zwischen verschiedenen Berufsgruppen im einzelnen) zudem auch aus der gleichen gesellschaftlichen Schicht kommen. Dadurch wird die Sichtweise aus dem Blickwinkel des eigenen kulturellen und sozialen Hintergrundes noch verstärkt, denn in einer solchen Gruppe neigt man eher dazu, die Umwelt zu Hause als Ankerreiz für die Betrachtung des Anderen heranzuziehen, als wenn man die besuchten Orte unabhängig von anderen sieht. Zudem entsteht ein erheblicher Konformitätsdruck innerhalb von Gruppen, sich – bewußt oder unbewußt – der Mehrheitswahrnehmung anzupassen.

Beispiel: In Wahrnehmungsexperimenten gleichen sich die Größenschätzungen von Objekten durch verschiedene Personen in einer Versuchsreihe immer mehr aneinander an, wenn die jeweiligen Ergebnisse untereinander kommuniziert werden (vgl. u.a. Secord & Backman 1964, S. 323 ff.).

Selbst dann, wenn keine offene soziale Interaktion zwischen Gruppenmitgliedern stattfindet, kommt es in Gruppen in der Regel zu einer Übereinstimmung von Wahrnehmung, Einstellungen und Ansichten (vgl. zusammenfassend Argyle 1972, S. 220 ff.). Dahinter steht die vielfach belegte Erfahrung, daß es mit erheblichen psychischen Kosten verbunden ist, eine andere Wahrnehmung oder eine andere Meinung zu haben, als die Mehrheit einer Bezugsgruppe. Der andauernde Widerspruch zwischen der Gruppe und der eigenen Position erzeugt eine unangenehme psychische Spannung (kognitive Dissonanz; Festinger 1957), die man auf Dauer nicht aushalten kann und deshalb abzubauen versucht. Da es weitaus schwieriger ist, die gesamte Gruppe zu überzeugen als sich selbst, neigen die meisten Menschen (unbewußt) dazu, diese Spannung durch eine Revision der ursprünglich eigenen Wahrnehmung aus der Welt zu schaffen (kognitive Dissonanzreduktion). Dadurch ist man von der bereisten Außenwelt stärker isoliert, als wenn man außerhalb einer Gruppe reist. Erik Cohen (1972; s.o.) spricht in diesem Zusammenhang von einer *„environmental bubble"*, einer Art „Käseglocke", unter der man sich auf seiner Reise bewegt (Abbildung 5.1): Die Beziehungen der Gruppenmitglieder untereinander werden tendenziell wichtiger als die Herstellung von Verbindungen zum Reiseland. Für manche Leute mögen sogar die einzelnen Personen in der Reisegruppe wichtiger sein als die Reiseziele, die man besucht. Das zeigt sich zum Beispiel in dem hohen Anteil von Photos, die von anderen Mitgliedern der Reisegruppe aufgenommen werden. In seiner Untersuchung über das Photographieren auf Reisen wertete Markwell (1997) alle Photos von einer studentischen Gruppenreise durch Malaysia aus und stellte fest, daß nahezu ein Viertel aller Aufnahmen Mitreisende zeigten.

Der Idealtypus einer solchen Käseglocke ist das Kreuzfahrtschiff: Hier nimmt man praktisch seine eigene kulturelle und soziale Umwelt wie ein Schneckenhaus mit, in das man sich jederzeit wieder zurückzieht, wenn einem das besuchte Land zu verwirrend, zu fremd und bedrohlich erscheint. In der ironischen und in der Tradition der elitären Tourismuskritik stehenden Formulierung von Boorstin liest sich das so:

Abbildung 5.1: Die „Käseglocke" (*environmental bubble*) bei Gruppenreisen

„Die mitreisenden Passagiere ersetzen jetzt die ‚Eingeborenen' als Erlebnisquelle. An die Stelle überraschender Erfahrungen mit Taschendieben und Banditen tritt das Wagnis einer sorgfältig arrangierten Romanze an Bord. Nicht die Besichtigung des Vatikans, des Louvre oder der Akropolis enttäuschen Junggesellen und alte Jungfern, sondern die Mitreisenden. Abgesehen von Erlebnissen beim Trinkgeldgeben haben heimkehrende ‚Kreuzfahrer' wenig über Begegnungen mit der einheimischen Bevölkerung zu erzählen, dagegen stecken sie voller Berichte über ihre Landsleute, die mit ihnen fuhren" (1964, S. 84 f.).

Das Mißverständnis der Kulturkritik am Tourismus scheint trotz einiger zutreffender Beobachtungen auch in diesen Zeilen durch. Hier ist es die Vorstellung vom ‚eindimensionalen Touristen', der nur ein einziges Motiv für seine Reisen kennt: Das Kennenlernen andersartiger Menschen und Kulturen (vgl. ausführlich dazu Abschnitt 5.14). Es ist jedoch durchaus vorstellbar und nicht verwerflich, daß man nicht verreist, um die Fremde kennenzulernen, sondern um, herausgelöst aus dem Alltäglichen, mit Personen mit verwandten Interessen und ähnlichem sozialen Hintergrund aus dem eigenen Land in einen näheren Kontakt zu treten, zu dem man aufgrund seiner üblichen Verpflichtungen in der Regel nicht kommt. Die ‚Käseglocke' kann also ganz bewußt als Reiseumwelt gewählt werden, um dieses Ziel zu erreichen.

Auch die Situation während des Reisens und auf Ausflügen mit einem Bus entsprechen weitgehend einer solchen „Käseglockensituation":

„Ein Charakteristikum der Umgebung (*setting*) innerhalb eines Reisebusses ist die physische und psychische Distanzierung der Fahrgäste von ihrer Außenwelt. Auf einem Busausflug werden die Gäste in einer geschlossenen Umwelt transportiert, die gewöhnlich den Kontakt zur einheimischen Bevölkerung beschränkt. Diese Trennung wird noch deutlicher, wenn Reisende im Ausland mit anderen aus der gleichen Kultur zusammen sind" (Holloway 1981, S. 381; Übers. J.W.M.).

Manche, vor allem jüngere Touristen, unterstützen diese Abkapselung von der bereisten Umwelt noch dadurch, daß sie sich auch akustisch über das

Hören von Musik mit ihren Walkmen oder MP3-Abspielgeräten von ihr distanzieren.

Wenn man in ein Land reist, das sich in ökonomischer, sozialer und kultureller Hinsicht sehr stark vom Herkunftsland des Touristen unterscheidet, kann dieses Kontrasterlebnis im Extremfall zu einer Art Kulturschock führen, der sich in Orientierungsverlust, Ohnmachtsgefühlen, Handlungsunfähigkeit oder Aggressionen äußern kann. In solchen Fällen, wenn man sich zum Beispiel in einem Land der Dritten Welt aufhält, kann die Gruppe die Rolle eines sozialen Unterstützungssystems übernehmen, das solche Wirkungen abfedert und bei der Bewältigung solcher Erfahrungen helfen kann (H.-G. Vester 1993). Die ‚Käseglocke' hat damit auch in diesem Zusammenhang eine durchaus positive Funktion für den Touristen.

Im Schutze eines Busses und innerhalb einer Gruppe trauen sich Touristen auch in Umwelten, in die sie alleine und/oder ohne die Abgeschlossenheit des Fahrzeuges nie gehen würden.

Beispiel: In die in Zeiten der illegalen südafrikanischen Apartheidsregierungen Ende der 1950er Jahre gegründete Schwarzenvorstadt Katutura (= „Ort, wo wir nicht leben wollen") von Windhuk, der jetzigen Hauptstadt Namibias, würden sich die meisten Besucher der Stadt alleine nicht trauen, vor allem nicht in die immer weiter wachsenden Teile, in denen die Einwohner (oft Flüchtlinge aus dem nördlichen Nachbarland Angola) in menschenunwürdigen Verhältnissen leben müssen. Örtliche Incoming-Agenturen veranstalten daher geführte Busfahrten in diese Gebiete, die den Touristen ansonsten verschlossen blieben.

Es ist sicherlich zu fragen und zu diskutieren, ob man solche Touren überhaupt veranstalten soll. Man kann auf der einen Seite damit argumentieren, daß hier die Ärmsten der Armen wie Tiere in einem exotischen Wildreservat vorgeführt und von einem staunenden internationalen Publikum in ihrer Not auch noch begafft werden. Auf der anderen Seite kann man der Meinung sein, daß auch diese zum Teil schrecklichen Verhältnisse zur Realität dieses Landes gehören. Die eigene, wenn auch aus luxuriöser Warte erfolgende, Anschauung kann Besuchern vielleicht eine Vorstellung von den immensen wirtschaftlichen und sozialen Problemen dort vermitteln. Einige dieser Agenturen arbeiten auch mit Bewohnern der Siedlung zusammen, die sich dadurch ein kleines Einkommen sichern können.

Auch Alleinreisende können ihre Begegnungen mit der bereisten Umwelt reduzieren, indem sie sich zum Beispiel bei Auslandsreisen in die Obhut des Hotels einer internationalen Hotelkette begeben, deren Zimmer und Serviceleistungen weltweit nach den gleichen Plänen und Prinzipien gestaltet sind. Man mag dies teilweise vor dem Hintergrund eines gewissen Kulturimperialismus der führenden us-amerikanischen Hotelketten sehen, deren prominentester Vertreter, Conrad Hilton, 1955 in einer Rede zur Eröffnung des Istanbul-Hilton sagte: „Ich fühlte, daß diese ‚Stadt am Goldenen Horn' einen sehr wirkungsvollen Hintergrund für ein Stückchen Amerika bilden würde. ... Jedes unserer Hotels ist ein Stückchen Amerika" (cit. n. Boorstin 1964, S. 89). Auf der anderen Seite bedeutet genau dies für viele, auch europäische, Touristen ein Stück Begegnung mit dem Vertrauten in der Fremde, das ihnen die Verarbeitung des Neuen erleichtert und damit zu ihrem Wohlbefinden und ihrer Erholung beiträgt.

Beispiel: Auch Touristen und Geschäftsreisende, die sich vorgenommen hatten, so weit es ihnen möglich war, den chinesischen Sitten und Gebräuchen zu folgen, kehrten in den 1980er Jahren nach einer Reise durch China oder einem längeren Aufenthalt in Hongkong gerne beim Holiday Inn „Golden Mile" in Kowloon ein, in dem ein österreichischer Koch wirkte. Daß die chinesischen Bedienungen dort im Dirndl servierten, wurde beim Verzehr eines frisch gebackenen Apfelstrudels mit besonderem Amüsement wahrgenommen, weil man sich dabei erst bewußt wurde, wie es mit fremden Augen aussieht, wenn zum Beispiel zu Hause eine deutsche Kellnerin in südamerikanischer Bekleidung im Lokal einer Steakhauskette arbeitet.

Wer als Individualreisender alleine oder mit nur einer Begleitperson unterwegs ist und sich nicht nur an die ausgetretenen Touristenpfade hält, wird durch das Gesehene in seinen Erwartungen oder auch in seinen Vorurteilen eher verunsichert und hat dadurch die Chance, unbeeinflußt von Gruppenwahrnehmungen und Konformitätsdruck einen eigenen Blick zu entwickeln und damit einen direkteren Eindruck von den bereisten Orten zu bekommen.

Unerfahrene Einzeltouristen, die entweder ohne oder mit einer ebenso kenntnisarmen Begleitung unterwegs sind und dabei unbekannte Gebiete und Situationen aufsuchen, können sich dabei in eine solche Lage bringen, daß sie praktisch handlungsunfähig werden und sich möglicherweise – zurecht oder nicht – kaum mehr aus ihrem Hotelzimmer trauen. Reisende, die sich zuviel zumuten, als sie dann tatsächlich in der Lage sind zu verkraften, können damit in eine noch viel größere Isolation geraten als Gruppenreisende.

Personen, die in einer Gruppe reisen, neigen dazu, in eher kindliche Verhaltensmuster zurückzufallen, wie sie in der Kindergarten- und Schulzeit von ihnen erfahren wurden. Selbst Menschen, die es gewohnt sind, selbständig und selbstverantwortlich zu handeln, delegieren die Verantwortung für einen Teil ihres Verhaltens an Reiseverantwortliche.

Fluggäste beim Einsteigen

Beispiel: Untersuchungen für die britische Zivilluftfahrtbehörde (CAA) zeigen, daß Fluggäste weitgehend die vorgeschriebenen Sicherheitsanweisungen vor jedem Flug ignorieren, weil sie glauben, die Verantwortung für ihre eigene Sicherheit läge nicht auch in ihrer, sondern alleine in der Hand der Kabinenbesatzung (*Flight International*, 17-23 July 1996, S. 31).

Obwohl es sich bei den Passagieren eines Fluges um eine sehr lose Gruppe von Personen handelt, die lediglich ein gemeinsames (Teil-)Reiseziel und das Verkehrsmittel gemein haben, reicht die an schulische Grunderfahrungen erinnernde Strukturierung und Abgeschlossenheit der Situation im Flugzeug offenbar aus, um eigentlich längst abgelegte Verhaltensmuster zu reaktivieren. In solchen *behaviour settings* erklären die Charakteristika der Situation das Verhalten der Menschen in ihnen offenbar besser als ihre Persönlichkeit.

Innerhalb einer geleiteten Reisegruppe, die nicht nur für einige Stunden gemeinsam im Flugzeug sitzt, sondern über mehrere Tage oder Wochen zusammen bleibt, geht die tendentielle Selbstentmündigung (Regression) bei vielen Gruppenmitgliedern noch erheblich weiter: Für nahezu alles, was auf einer Reise passiert oder auch nicht passiert, trägt der Reiseleiter die Verantwortung. Reisende tendieren innerhalb der Gruppe zu einer Hilflosigkeit, die sie außerhalb dieser Gruppensituation nie an den Tag legen würden.

Beispiel: Auf dem Linienflug von Hongkong nach München wurde der Reiseleiter einer kleinen Reisegruppe beim Aussteigen zu einem Zwischenstopp in Bangkok mehrfach von Reiseteilnehmern gefragt, wie man vom *gate* zum Flughafengebäude kommt und unterschwellig um Begleitung dorthin gebeten. Dies obwohl der Reiseleiter offenkundig auch nicht mehr wissen konnte als das, was die Kabinenbesatzung während des Rollens zur Parkposition an ausführlichen Informationen über die Kabinenlautsprecher bekanntgegeben hatte. Keiner der nicht in der Gruppe reisenden Passagiere hatte irgendein Problem, zum Flughafengebäude zu kommen.

Die Delegation von Eigenverantwortung an andere Personen oder Institutionen ist jedoch nicht touristen- oder gruppenspezifisch. Wie die berühmten Experimente von Stanley Milgram (1963) sehr eindrucksvoll gezeigt haben, neigen sehr viele Menschen unabhängig von ihrem Alter, ihrer Nationalität oder ihrer formaler Bildung dazu, die Verantwortung für ihr eigenes Handeln zu „vergessen", wenn andere behaupten oder den Anschein erwecken, sie würden statt dessen die Verantwortung dafür übernehmen. Sie tun es selbst dann, wenn sie den Eindruck haben müssen, anderen Menschen dadurch erhebliches Leid zuzufügen.

Gruppen haben für viele Menschen auch einen befreienden Effekt: Innerhalb einer Gruppe bzw. aus einer Gruppe heraus tun sie Dinge, die sie alleine vermutlich nie tun würden. Im Schutze der Gruppe trauen sie sich, Normen abzustreifen, die sie normalerweise internalisiert haben. Da in der Regel nicht der einzelne, sondern nur die Gruppe nach außen sichtbar ist, kann man hierbei die eigene Verantwortung an die anonyme Gruppe delegieren, die meist nur schlecht oder gar nicht zur Verantwortung gezogen werden kann. Bei Touristengruppen handelt es sich dabei in den allermeisten Fällen um eher harmlose Übertretungen von Normen, die zum Beispiel in kindlichen Albernheiten, lautstarker Kommunikation und Kommentierung des Geschehenen, Überschreitung normalerweise akzeptierter sozialer Grenzen im Verhältnis zum anderen Geschlecht und im Gebrauch von Alkohol ihren Ausdruck finden (wie beim *spring break* us-amarikanischer Studenten).

5.6.4 Entfernung

Die Entfernung von zu Hause ist ein wichtiger Faktor für die Wahrnehmung des Reiseziels. Dabei ist das, was wir als ‚nah' und was wir als ‚fern' empfinden, abhängig von einer Reihe von objektiven und subjektiven Faktoren, die oftmals miteinander verschränkt sind. Am naheliegendsten (*sic!*) ist die geographische Entfernung, die sich zum Beispiel in Kilometern oder in der für die Überwindung notwendigen Reisezeit (= funktionale Entfernung) ausdrücken läßt.

Diese objektiven Maße werden jedoch durch eine Reihe von subjektiven Umständen variiert. Dazu gehören:

- topographische Elemente der Reiseroute;
- Landesgrenzen;
- Sprachgrenzen;
- klimatische Grenzen;
- Empfindungen kulturellen und sozialen Kontrastes und
- eigene Reiseerfahrungen und Sprachkompetenzen des Touristen.

Topographische Elemente: Wenn zwischen Heimat- und Zielort größere Gewässer und/oder hohe Berge liegen, wird die gleiche kilometermäßige Distanz als weiter entfernt empfunden als zu gleich weit entfernten Orten, bei denen keine landschaftlichen Hindernisse zu überwinden sind. Auch wenn die funktionale Entfernung dadurch nicht beeinträchtigt wird (zum Beispiel bei Nutzung von Flugverbindungen), erscheinen die Orte hinter solchen Barrieren als subjektiv weiter entfernt. Das gilt insbesondere für Inseln, die bei gleicher oder sogar geringerer geographischer Entfernung gegenüber anderen Orten das Gefühl größerer Abgeschiedenheit und damit größerer Distanz zum Heimatort vermitteln.

Reiseziele, für deren Erreichen man eine oder mehrere **Landesgrenzen** überschreiten muß, erscheinen bei gleicher physischer Entfernung gegenüber inländischen Reisezielen ebenfalls subjektiv weiter entfernt, selbst dann, wenn die Sprache gleich bleibt. So kommt zum Beispiel eine Reise von Freiburg (durch die Schweiz und Österreich) nach Südtirol den meisten als weiter vor als eine Reise von Freiburg nach Köln, obwohl deren kilometermäßige Entfernung größer ist. Auch ist die Entfernung von Freiburg nach London gut 100 Kilometer kürzer als die nach Stralsund.

Beim Überschreiten von **Sprachgrenzen** wird das Gefühl von Entfernung noch verstärkt: Die Fahrt von München nach Slowenien erscheint deshalb subjektiv weiter als die von München nach Hamburg, obwohl Hamburg nach Kilometern gut doppelt so weit von der bayerischen Landeshauptstadt entfernt ist. Dabei spielt natürlich die Fremdsprachenkompetenz des Reisenden eine wichtige Rolle: Wer die Sprache des Landes, in das er reist, beherrscht, dem ist das Land näher als demjenigen, der sich nicht in der Landessprache verständigen kann.

Klimatische Grenzen vermitteln ein besonders eindrucksvolles Erlebnis von Entfernung, weil man den Kontrast zum Heimatort durch Temperaturunterschiede, Luftfeuchtigkeit, Niederschläge oder deren Ausbleiben und periodische Wettererscheinungen usw. sinnlich unmittelbar erfährt. Besonders dann, wenn man eine weitere Reise über den Äquator macht und dabei zum Beispiel vom Winter in den Sommer oder umgekehrt reist, wird die Entfernung oft als größer angesehen, als wenn man auf seiner Halbkugel eine kilometermäßig noch weitere Reise unternimmt, aber in der gleichen Jahreszeit bleibt.

Je größer der **kulturelle** und **soziale Kontrast** zwischen dem eigenen und dem besuchten Land empfunden wird, desto größer ist die Wahrscheinlichkeit, daß die dazwischenliegende Entfernung als größer eingeschätzt wird, als es der objektiven Entfernung entspricht. Diese Wahrnehmung ist natürlich auch abhängig von den eigenen Reiseerfahrungen; wenn man nicht das erste Mal in einem Land oder in einer Region ist, wird es einem in der Regel leichter fallen, sich auf die Situation im Gastland einzustellen, als wenn man das erste Mal dort ist.

Auch die **Erreichbarkeit** von Reisezielen spielt eine Rolle für die Wahrnehmung ihrer Entfernung: Die während der Zeit des Kalten Krieges aus politischen Gründen kaum oder nicht ohne weiteres erreichbaren Städte im Ostblock wie Prag, Warschau, Moskau und Bukarest wurden von Westdeutschen als wesentlich weiter im Osten liegend eingeschätzt als es ihrer tatsächlichen geographischen Position entspricht (Reiss 1993).

Die Entfernung des Reiseziels hat auch Einfluß auf den **touristischen Aktionsraum** und damit auf das, was vom Touristen als Destination wahrgenommen wird. Destinationen können aus der subjektiven Sicht der nachfragenden Touristen etwas ganz anderes bedeuten, als sie auf der Angebotsseite definiert sind.

Abbildung 5.2: Quasi-optische Wahrnehmung der Destination nach der Entfernung vom Wohnort

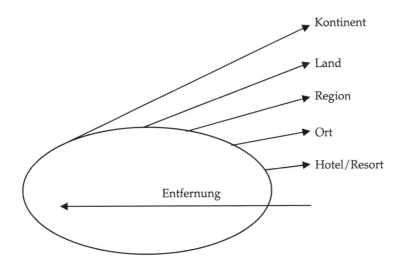

in Anlehnung an Bieger 2005

Beispiele: Rein auf die Befriedigung touristischer Bedürfnisse hin angelegte Orte wie Surfer's Paradise an der australischen Pazifikküste, Miami Beach in Florida oder Disneyland in Kalifornien sehen sich sicher ebenso als Destination wie Paris, London oder Berlin. Für viele Touristen sind die eigentlichen Destinationen jedoch Australien, Florida oder Europa. Hier scheint es eine gewisse Gesetzmäßigkeit zu geben: Je größer die Entfernung zwischen Wohnort und Reiseziel, desto größer wird das Gebiet, das subjektiv als Destination wahrgenommen wird. Als Europäer fährt man in der Regel nicht nach Palm Cove, Oodnadatta, Yulara, Three-Way-Roadhouse, Robe oder Broome in den Urlaub, sondern nach Australien. Ebenso fährt ein Japaner nach Europa und nicht nach Rom, Liechtenstein, Marseille oder Konstanz. Wer aber in Stuttgart wohnt, für den ist Konstanz ebenso die Destination wie für den „Sydneysider" Palm Cove und Disneyworld für den Einwohner von Tallahassee.

Mit der Entfernung sind also meist unterschiedliche Grundformen des Reisens verbunden, wie sie bereits im ersten Kapitel (Abbildung 1.6) dargestellt wurden. Bei kürzeren Entfernungen werden eher die ersten drei Formen bevorzugt, bei größeren die übrigen. Entsprechend unterschiedlich werden dann vom Reisenden die Destinationen definiert. Hinter dieser **variablen Wahrnehmung** stehen vermutlich vier wesentliche Gründe:

1. Die Größe eines Zielgebietes wird um so kleiner eingeschätzt, je weiter es vom Heimatort entfernt ist (quasi-optische Wahrnehmung; vgl. Abbildung 5.2).

2. Je weiter die Reise ist, desto größer wird die bereiste Destination, weil die Investition sowohl vom Geld- als auch vom Zeitaufwand proportional steigt und dieser Aufwand in einem angemessenen Verhältnis zum touristischen Ertrag stehen muß. Wer den mehr als zwanzigstündigen Flug von Europa nach Neuseeland auf sich nimmt, wird nicht nur in Auckland bleiben, sondern möglichst „alles" sehen wollen.

3. Je größer die Aufwendungen zum Erreichen eines Reiseziels sind, desto länger bleibt man dort. Die durchschnittliche Dauer der Haupturlaubsreisen der Deutschen liegt bei weniger als zwei Wochen – die deutschen Urlauber in Australien bleiben dagegen im Mittel 41 Tage. Dies ist ein weiteres Ökonomieprinzip, weil der Anteil der Anreisekosten an den Gesamtkosten bei steigender Aufenthaltsdauer sinkt. Je länger man in einem Land oder in einer Region bleibt, desto größer ist die Wahrscheinlichkeit, daß man innerhalb dieses Landes oder der Region reist, um den touristischen Ertrag zu erhöhen (siehe Punkt 2).

4. Wer eine Reise tut, erzählt darüber, vorher und nachher. In bezug auf weiter entfernte Reiseziele sind die Gemeinsamkeiten zwischen Touristen und seinen Freunden, Bekannten und Verwandten am Wohnort in der Regel jedoch geringer als bei nähergelegenen Destinationen. Deshalb kann man nicht so differenziert darüber sprechen wie über ein Reiseziel, das die Beteiligten aus eigener Erfahrung kennen.

5.7 Der touristische Handlungs- und Erfahrungsraum

Aus den verschiedenen Aspekten, die in den vorangegangenen Abschnitten angesprochen wurden, läßt sich ein dreidimensionaler Raum denken, innerhalb dessen touristisches Handeln stattfindet und Erfahrungen gemacht werden können. Diese drei Dimensionen sind:

1. Wahrnehmung der **Reisezielentfernung** unter den verschiedenen dargestellten geographischen, sozialen und kulturellen Aspekten;

2. Charakteristik des gewählten Reiseziels unter dem Gesichtspunkt des Grades seiner **Authentizität**; und

3. der Grad der Rationalisierung bei der **Reiseorganisation**.

Die Dimensionen des Raumes sind dabei bipolar angelegt, das heißt, es gibt ein Kontinuum zwischen den jeweils gegenteiligen Polen auf denen die Eigenschaften abgetragen werden können.

Abbildung 5.3: Der touristische Handlungs- und Erfahrungsraum

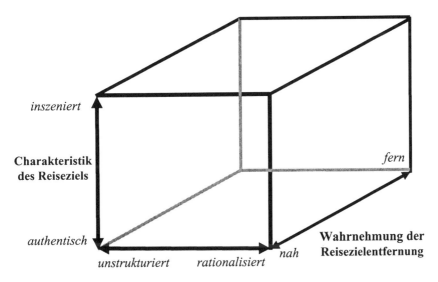

Die **Wahrnehmung der Reisezielentfernung** zwischen den beiden Polen *fern* und *nah* ist unter den im vorangegangenen Abschnitt betrachteten Aspekten zu sehen.

Die **Charakteristik des Reisziels** ließe sich im Anschluß an die Überlegungen Mac-Cannells (1973; 1976) zwischen den beiden Polen *authentisch* und *inszeniert* messen. Als authentisch wird hier ein Reiseziel angesehen, das entweder noch gar nicht oder kaum vom Tourismus berührt wurde. Das andere Extrem wäre ein Reiseziel, das nur durch den Tourismus existiert, für den es auch geschaffen wurde. Hierbei handelt es sich um synthetisch erzeugte Attraktionen wie Disneyland, Center Parcs, Ferienclubanlagen usw. Diese Dimension touristischer Arrangements hat einen großen Einfluß darauf, ob man mit Einheimischen in Kontakt kommt oder nicht. Zwischen diesen beiden Extremen gibt es eine Vielzahl von Möglichkeiten (zum Beispiel ein primär für Touristen erbauter Park in einer attraktiven Landschaft), die sich als Zwischenformen auf dieser Achse abtragen lassen.

Die **Reiseorganisationsform** bestimmt in einem hohen Maße die Inszenierung der Reise und damit die soziale Situation, die Blickwinkel und -weite bestimmt, aus denen heraus Touristen ihre Umwelt wahrnehmen. Die voll *rationalisierte* Reise steht hier für eine Organisation, bei der nichts dem Zufall überlassen bleibt und bei der man während der Reise und/oder des Aufenthaltes nahezu ausschließlich innerhalb der Reisegruppe bleibt und sich voll einem Reiseleiter anvertraut oder im Rahmen einer Vollpauschalreise nur an einem Ort bleibt, der rein auf touristische Zwecke hin ausgelegt ist. Der entgegengesetzte Pol wäre eine völlig *unstrukturierte* Reise, die man ohne ein Ziel und damit auch ohne jegliche Vorinformationen zu haben, antritt und bei der man sich ganz von den eigenen Eindrücken und Interpretationen des Geschenen treiben läßt.

Die empirische Vermessung dieses Erfahrungsraums könnte vieles an Informationen nicht nur über das Reiseerleben, sondern auch über Reisemotivationen und Kriterien für die Entscheidung für eine bestimmte Reise erzeugen. Das bessere Verständnis dieser Aspekte touristischen Erlebens und Verhaltens könnte zum Beispiel Anbieter im Tourismus (vgl. Kapitel 6) in die Lage versetzen, bedürfnisgerechtere Reisen zu konzipieren und mit besseren Argumenten in der Öffentlichkeit zu präsentieren.

Gleichzeitig läßt sich dieser dreidimensionale Raum als analytisches Koordinatensystem für die Betrachtung spezifischer Urlaubs- und Reisearten heranziehen, die auf dem Reisemarkt von Bedeutung sind. Bei einigen der populärsten Reisearten suchen die Touristen ja bewußt speziell für sie geschaffene Situationen auf; an Authentizität bzw. den dahinterstehenden Verhältnissen und Prozessen sind sie überhaupt nicht oder allenfalls am Rande interessiert. Auch die Entfernung spielt dabei nur eine untergeordnete Rolle. Zu diesen Reisearten gehört in erster Linie der Strand- und Badeurlaub. Etwa ein Drittel aller Haupturlaubsreisen deutscher Touristen sind solche Strandurlaube. Deshalb wird dieser Urlaubsart ein eigener Abschnitt gewidmet. Auch wenn der Anteil der Campingurlauber im Vergleich dazu mit unter zehn Prozent deutlich geringer ausfällt und sich zudem teilweise bereits mit den Strand- und Badeurlaubern überschneidet, wird auch dieser speziellen Urlaubsart gesondert nachgegangen.

5.7.1 Strand

Der Strand ist Natur und Kunstprodukt in einem. Um die Naturgewalt des Meeres an seinen Gestaden erfahren zu können, mußten für die Besucher eigens Siedlungen geschaffen werden, weil die Einwohner der Küstenregionen – mit Ausnahme derer von Fischerorten und Hafenstädten – sich eher von den ungebändigten Naturgewalten des Meeres entfernten und ihre Häuser und Dörfer meerabgewandt an windgeschützten Waldrändern und auf Anhöhen errichteten, die den unberechenbaren Fluten eher trotzen konnten. Zudem ist das Meer in der jüdisch-christlichen Überlieferung das Unergründliche, der „formlose Überrest (der Schöpfung), der keine Gestalt erhielt" (Corbin 1994, S. 14). Mit der biblischen Sintflut wurde das Meer zudem zum Symbol der Urgewalt von Natur, die alles Leben an Land bedroht. Die Küste als Scheidelinie zwischen Meer und Land war schon deshalb völlig unattraktiv.

„Die Küstenlinie ist in Wahrheit eine Trümmerlandschaft. Nur so erklärt sich ihre Unregelmäßigkeit und die unbegreifliche Anordnung der vorgelagerten Klippen. In diesem Wirrwarr ist es sinnlos, nach einer Ordnung zu suchen. Radikal unästhetisch, können das Meer und seine Küsten nach guter theologischer Denkungsart nicht von der Schöpfung stammen" (a.a.O.).

Die Entdeckung des Strandes als Ort gesuchten Erlebens, von Rekreation und Erholung läßt daher im jüdisch – christlichen Abendland lange auf sich warten. Sie fällt zusammen mit einer grundlegenden Veränderung des Lebensgefühls und des touristischen Blickes zu Beginn des Industriezeitalters. Die Lenkung des Blickes auf das Meer und seine Begrenzung ging einher mit der Entdeckung von Natur und Landschaft.

In den Augen der im 17. und 18. Jahrhundert dominierenden Kulturreisenden „war Landschaft primär Kulturlandschaft, Zeugnis menschlichen Gestaltungswillens und von eher lieblicher Qualität. Wer in der Ästhetik des Parks das Refugium vor der Vulgarität des unbeaufsichtigten Wachsens und Absterbens sieht, für den sind wilde Naturlandschaften allenfalls eine Beleidigung seines verwöhnten Auges. ... Der Siegeszug der bürgerlichen Produktionsweise hinterließ jedoch auch in vielen Landschaften seine tiefen Spuren: nüchterne Städte, dominiert von häßlichen Industrieanlagen, entstanden. Wälder, Sträucher, Blumen verschwanden mehr und mehr aus dem Blickfeld der Bewohner. Das ‚Zurück-zur-Natur' Jean-Jacques Rousseaus war zwar mehr Vorahnung an der Schwelle zu dieser Entwicklung als Antwort auf die Realität seiner Epoche, es führte aber, langfristig von ihr unterstützt, zu einer Umdeutung von Landschaft und Natur. Auch wenn immer etwas revolutionär Antibürgerliches in ihr mitschwingt: Im bürgerlichen Reiseverhalten fand diese zivilisationskritische Forderung ihren deutlichen Ausdruck" (Mundt & Lohmann 1988, S. 12 f.). „Der Genuß der möglichst ‚unberührten' Natur galt als Ereignis; ihre Wildheit wurde vor dem Hintergrund des nur durch die unsichtbaren Gesetze des Marktes geordneten Chaos der abstoßenden Industrielandschaften zum erholsamen Genuß" (Mundt 1989 b, S. 17).

Früher badete man ungesehen – und unbekleidet – vom Strandwagen aus

Gleichzeitig wurde mit der Entdeckung der Heilkraft des Meerwassers die Tradition der binnenländischen Kurorte auf die Küste übertragen, so daß Unternehmern und weiteren bürgerlichen Schichten auch aus dem selbst verordneten strengen Blickwinkel der kapitalistischen Buchführung und Arbeitsethik ein Erholungsaufenthalt an der See als wichtiges Mittel zur Erhaltung ihrer wertvollen Arbeitskraft erschien. „Man konnte sich selbst als ‚Arbeitsmaschine' nicht restlos überlasten; die Investition in die eigene Erholung und somit Produktivität war damit rentabel" (Knebel 1960, S. 17). Später durfte dieses Argument auch für die Schicht der kleinen Angestellten und Arbeiter Geltung beanspruchen, für welche die extrem knapp bemessene freie Zeit zunächst auch gar nicht ausreichte, um ihre beengten Wohnstätten für eine Weile verlassen zu können.

Im Widerspruch zu dieser rein utilitaristischen, d.h. nutzenbezogenen Argumentation steht ein weiteres Moment, das die Entwicklung des Strandurlaubs gefördert hat: Der durchgreifende Wandel in der **Bewertung der Hautfarbe** als Zeichen gesellschaftlichen Status. Die Möglichkeit, selbstbestimmt über die eigene Zeit zu verfügen, ist nur denen gegeben, die über genügend Mittel verfügen, um ihren Lebensunterhalt nicht durch Arbeit verdienen zu müssen. Da Zeitsouveränität selbst nicht so einfach nach Außen darstellbar ist, kann die Hautfarbe als Symbol dafür angesehen werden. Zunächst war es die „vornehme Blässe", die anzeigte, daß man seine Zeit müßiggehend in geschützten Räumen verbringen konnte und mit der sich die damals in der Regel adelige *leisure class* von den zur Arbeit im Freien gezwungenen Landarbeitern unterscheiden konnte. Als mit der Industrialisierung jedoch die niederen Tätigkeiten in lichtlose Bergwerke und düstere Fabrikhallen verlagert wurden, wandelte sich die Blässe von einem Zeichen des Vornehmen zu einem Stigma des Proletariats, gleichzeitig verlor die gebräunte Haut ihre Vulgarität und wurde zum äußeren Kennzeichen von Leuten, die es sich leisten konnten, statt in dunklen Fabriken und geschlossenen Kontoren an eine Arbeit gefesselt zu sein, sich in der „freien" Natur zu bewegen. Auch heute noch gilt – trotz der durch die Ozonlöcher erheblich angestiegenen Gefahr von Hautkrebs – die „gesunde Bräune" gegenüber der mittlerweile „kränklichen Blässe" als anzustrebendes Ideal, das nicht mehr nur durch den Aufenthalt im Freien, sondern auch ‚künstlich' durch den regelmäßigen Gebrauch von elektrischer Höhensonne und Sonnenbank erreicht werden kann.

Abgesehen von diesen technischen Hilfsmitteln war und ist es in erster Linie der Strand, der das Erreichen dieses Ideals und das Erlebnis der Naturelemente am ehesten befördert. Die im Vergleich zu den meisten anderen Landschaften stärkere Intensität der Sonnenstrahlen, die klare und durch das Meer leicht salzhaltige Luft, ein leichter, über den Sand streichender Seewind, die gelegentliche Abkühlung durch ein Bad im Meer und das abendliche Flanieren auf der Promenade sowie das nächtliche gesellige Beiwerk ergeben jene Verbindung aus elementarem Naturempfinden und sozialen Ereignissen, die von vielen Urlaubern als besonders erholsam angesehen wird.

Mit dem steten Blick aufs Meer kehrt man dem Land den Rücken

Sie bewegen sich dabei zwar einerseits in der freien Natur, andererseits handelt es sich bei den meisten Seebadeorten um speziell für den Tourismus angelegte Siedlungen, die entweder in einiger Entfernung vom mehr im Inland liegenden ursprünglichen Ort (zum Beispiel Großenbrode an der Ostsee und Alcudia auf Mallorca) oder von vorneherein als eigene Tourismusorte konzipiert wurden (zum Beispiel Deauville in Frankreich und Bournemouth in Südwestengland). Die Erfahrung von Entfernung ist daher am Strand weniger vermittelt durch die geographische Distanz von zu Hause als durch die doppelte Trennung von der Alltagswelt: Der Strand schafft Abstand sowohl vom Alltag zu Hause als auch von der Alltagsrealität des Reisegebietes (Hennig 1997, S. 31). Wie unter der zitierten Käseglocke (*environmental bubble*) bei Gruppenreisen (vgl. Abbildung 5.1 auf S. 196) wird von den Touristen vielmehr ein eigenständiges Strandleben inszeniert, für das die Ferienregion allenfalls die richtige Kulisse liefert.

„Wenn Du am Strand liegt und ein wenig liest, schläfst, döst, bist Du so ein bißchen in deiner eigenen Welt, du bist ganz allein, du redest ein wenig mit zwei, drei Freundinnen, du erschaffst dir deine eigene Welt, du bist ein bißchen wie in einer Kristallkugel" zitiert Kaufmann (1996, S. 133) eine seiner Interviewpartnerinnen.

Im Prinzip sind die geographischen Orte für den Strandurlaub austauschbar, solange sie die mit Sonne, Wasser und Strand wichtigsten Elemente für seine Realisierung bieten. Nicht das Land oder die Region, in dem die Strände liegen, sondern die Qualität dieser Elemente bestimmen weitgehend die Attraktivität dieser Reiseziele für den Strandurlaub. Das findet auch darin seinen Ausdruck, daß man am Strand dem Land im wahrsten Sinne des Wortes den Rücken kehrt und den Blick auf das überall mehr oder weniger gleich aussehende Meer richtet.

Die persönlichen Kontakte finden meist weniger zwischen Einheimischen und Gästen, sondern unter den Touristen selber statt. In vielen Fällen arbeiten in diesen Badeorten nicht einmal Einheimische, sondern Personal aus anderen Regionen oder sogar Ländern (siehe Abschnitt 5.8), so daß entsprechende Kontaktchancen ohnedies eher gering wären. Sie sind aber meist auch gar nicht so wichtig wie die Möglichkeiten von Kontakten der Strandurlauber untereinander. Zwar gab es die Tradition des Bade- und Strandurlaubs an den Küsten der Nord- und Ostsee schon lange in Deutschland, in den 1950er und 1960er Jahren jedoch konnten es sich die westdeutschen Bundesbürger auch leisten, an die Adria zu fahren.

„Vor allem der seit den 1960er Jahren berüchtigte ,Teutonengrill' an der italienischen Adria in und um Rimini zog die sonnenhungrigen Deutschen in den Süden. Was die neue Prüderie in den Anfangsjahren der Bundesrepublik in den Nord- und Ostseebädern, die mehr den Familienferien dienten, unmöglich machte, bekam hier, unter südlicher Sonne und fernab von den Zwängen des grauen deutschen Alltags, den Charakter einer Neuentdeckung: Flirt und Liebe als Urlaubsbeschäftigung" (Mundt 1989 b, S. 23).

Das ist naheliegend, denn der Strand ist derjenige Urlaubsort, an dem fast alle Hüllen fallen und an dem die Körper der Urlauber im Vordergrund stehen und das Verhalten bestimmen. Die durch das Alltagsleben aufgerichteten (Sicht-)Barrieren zwischen den Körpern verschwinden und es entsteht, ähnlich wie in Tanzlokalen, ein institutionalisierter Ort der körperlichen Begegnung (Urbain 1994). Es ist daher sicher kein Zufall, daß das Tanzengehen und der Besuch von Diskotheken bei Strandurlaubern im Vergleich zu Touristen an anderen Urlaubsorten eine weit größere Rolle spielt (Mundt 1989 b, S. 21 f.) und „Flirt und Liebe" von ihnen überproportional häufig als Reisemotiv genannt wird (Mundt 1989 c, S. 118).

In die 1960er Jahre fallen auch erste Versuche in Deutschland, das Verhalten der Touristen in den Urlaubsorten, insbesondere an den Stränden, systematisch zu untersuchen. Der 1961 gegründete Studienkreis für Tourismus (StfT) initiierte mit Unterstützung der sich formierenden Reiseindustrie eine ganze Reihe von Beobachtungsstudien, die vor allem diesem neuen Phänomenen des Strandurlaubs nachgehen sollten. Der Pfarrer und Mitbegründer des StfT, Paul Rieger, veröffentlichte 1962 eine erste Arbeit, die sich mit dem Verhalten der deutschen Strandurlauber in Rimini beschäftigte.

Wer nach Rimini fuhr, war offensichtlich geprägt von großem „Kontakthunger", wobei seinen Beobachtungen nach „Amore" nur ein – allerdings sehr wichtiges – „Teilproblem der Geselligkeitsfrage" darstellte. „Wie hinter der ganzen Geselligkeitssuche, so steckt auch hinter ‚Amore' eine Sehnsucht, die bei den meisten nicht so sehr auf den Leib des anderen, als vielmehr auf dessen Seele zielt" (*op. cit.*, S. 19). Langfristige Kontaktperspektiven konnte er jedoch auch im Sommer 1961, dem Zeitpunkt seiner Reise, nicht mehr feststellen. Bei den meisten Urlaubsbeziehungen ging es schon damals nur um den gesuchten Flirt oder eine Affäre, die auf den Urlaub beschränkt bleiben und keine Fortsetzung im Alltag zu Hause finden sollte.

Strandkörbe im ältesten Seebad Deutschlands in Bad Doberan-Heiligendamm an der Ostsee

Eine etwas skurrile Variante des Territorialverhaltens, wie es an deutschen Stränden gerne durch den Bau von „Strandburgen" dokumentiert wurde, konnte Rieger (1964) in Bibione, ebenfalls an der italienischen Adria, beobachten. Die Urlauber belegten immer nur denjenigen Strandsektor, der ihrem Quartier direkt gegenüberlag. Sie taten es selbst dann, wenn ihnen dadurch die Sicht auf das Meer versperrt wurde, weil sie sich wegen der Belegung des nicht formal abgegrenzten Strandgebietes in einer der hinteren Reihen niederlassen mußten. Dabei wäre ein paar Meter links oder rechts genügend Platz gewesen. Trotz allen Kontrastes zur Alltagswelt zu Hause mußten offensichtlich auch im Urlaub bestimmte abstrakte Ordnungsprinzipien eingehalten werden (vgl. dazu auch ausführlich Abschnitt 5.12). Das Konzept eines freien Raumes, der einfach allen zur Verfügung steht, scheint für manche Touristen jenseits ihrer Vorstellungskraft zu liegen. Darüber hinaus zeigten die „Niederlassungsformen" am Strand deutliche Unterschiede zwischen Hotelgästen, den Bewohnern von Ferienbungalows und den Mietern von Apartments. „Das Leben am Strand zeigte also, auf wenige Meter genau abgegrenzt, getreu die Eigenarten, Wohnformen und Urlaubsstile der unmittelbar dahinter liegenden Ferienquartiere" (*op. cit.*, S. 9).

Den Strandurlaub in einem Ostseebad beobachtete Pfaffenberger (1965). In diesem Ort machten vor allem ältere Ehepaare und Familien mit Kinder, Kleinkindern und Jugendlichen Urlaub. Einzelreisende und Paarurlauber gab es hier kaum. Entsprechend spielten amouröse Abenteuer bei dieser Version des Strandurlaubs keine Rolle. Statt dessen verfuhr man nach der von Pfaffenberger so genannten „**Strandroutine**, dem für den Strandaufenthalt typischen Verhaltens- und Aktionssyndrom" (*op. cit.*, S. 25; Hervorh. J.W.M.). Sie besteht vor allem aus dem Bauen, Ausbauen, Verzieren und „Besitzen" von Strandburgen, dem Spielen mit Bällen oder Wurfringen am Strand oder einfach dem „lustbetonten Gammeln" im Strandkorb.

Letzteres scheint das Hauptmerkmal des Urlaubes am Strand zu sein: Es geschieht kaum etwas. Dies mag bereits als wohltuender Kontrast zum Alltagsleben empfunden werden, in dem man meist eingebunden in ein starres Zeitkorsett ständig irgend etwas tun bzw. auf etwas regieren muß. Dieser Zwang fällt symbolisch mit der normalen Kleidung, der man sich am Strand bis auf ein paar Fetzen Stoff entledigt. Damit hat der Strand auch eine **egalisierende Funktion**: Die Möglichkeiten der Selbststilisierung und des Abhebens von anderen durch Kleidung sind weitgehend aufgehoben, alle gesellschaftlichen Attribute werden abgelegt, soziale Hierarchien verschwinden und die Strandurlauber unterscheiden sich optisch nur noch nach ihrer physischen Erscheinung (Hennig 1997, S. 28).

Diese **physische Erscheinung** spielt allerdings eine herausragende Rolle, wie Jean-Claude Kaufmann (1996) in einer ausführlichen Untersuchung am **Beispiel** des Obenohne (*seins nus*) an französischen Stränden gezeigt hat. Hinter der trägen Strandroutine entwickelt sich eine weitgehend sprachlose, primär durch Blicke vermittelte komplexe Ordnung des Verhaltens, in der genau festgelegt ist, was man wann, wie und wo zeigen und sehen bzw. nicht sehen darf. In der Regel ist die Entblößung des Busens auf den Strand und auf eine Position im Liegen beschränkt. Abweichungen davon werden zwar faktisch toleriert – niemand schreitet gegen einen Verstoß der ungeschriebenen Regeln ein –, aber nicht goutiert. Es sei denn, es handelt sich um einen besonders wohlgeformten, d.h. jungen und nicht zu großen Busen, der zudem noch zu einer ausnehmend schönen und gut gebauten Frau gehört; eine solche Person kann sich nahezu alles erlauben. An die Stelle der sozialen Hierarchie im Alltag tritt am Strand also die unmittelbare Hierarchie der schön gebauten Körper.

Die scheinbare Entsexualisierung freigelegter Frauenbrüste am Strand wird dadurch erreicht, daß von den Männern erwartet wird, ihre Blicke zu zügeln. „Normal ist der Blick, der nichts sieht" (*op. cit.*, S. 147). Damit sich die Frauen nicht wie Exhibitionistinnen fühlen, dürfen die Männer die Busen nicht betrachten und müssen so tun, als würden sie nichts sehen, was ihre Phantasie oder gar ihr Handeln beflügeln könnte. Dabei wird Männern von den Frauen, die Oben-ohne praktizieren, durchaus ein extra Blick zugestanden, wenn sie glauben, einen schönen Busen zu haben. Allerdings nur jungen Männern: Wer über vierzig, fünfzig ist, wird sofort verdächtigt, ein ‚Spanner' zu sein, wenn er das gleiche tut. Bei den Männern tritt aus der Sicht der Frauen am Strand an die Stelle der sozialen also eine Altershierarchie.

Der Strand bietet also keine vollkommene Egalisierung, sondern eine andere Form der Differenzierung, die dann zutage tritt, wenn man seine Kleider weitgehend ablegt und sich in die ungeschriebenen Regeln der Strandroutine fügt.

Dieser gewollte zeitweise Verlust der ‚sozialen Haut' ist gleichbedeutend mit einer **teilweisen Regression** des modernen Menschen in ein eher kindliches Erleben. Diese Regression findet ihren verhaltensmäßigen Ausdruck im Spiel mit Sand und Wasser. „Am Strand wurde das ‚Kind im Manne' wach. Erwachsene schlossen sich den Kindern an beim Herumalbern mit Sand, dem Bau von Sandburgen Kanälen, Skulpturen und dem gegenseitigen Vergraben im Sand" (Löfgren 1999, S. 220 f.; Übers. J.W.M.). Beim Baden „veränderten sich die Köperbewegungen ... von kontrollierter Beherrschtheit zu kindlicher Euphorie. ... Im Wasser konnte man schweben, gleiten, paddeln, tauchen, kraulen. Auch das wieder eine Gelegenheit die einfachen Vergnügungen der Kindheit wiederzubeleben" (*op. cit.*, S. 221). Man fällt lustvoll zurück in eine Periode des eigenen Lebens, in der man noch keine soziale Stellung erworben hatte und über ein ganz anderes Zeitempfinden verfügte (vgl. auch Abschnitt 3.2.1.6).

Damit geschieht hier auf anderem Wege etwas Ähnliches wie bei einer Gruppenreise (vgl. Abschnitt 5.6.3). Durch die Gleichförmigkeit der Strandroutine entsteht auch das Empfinden eines „zeitlosen Raumes" (Kaufmann 1996), die normalen Zeitstrukturen lösen sich auf und man verliert die normalen Rhythmen des Alltagslebens. Unterstützt wird dieser Prozeß auch durch die unmittelbare Erfahrung der Naturelemente, insbesondere des Meeres, dessen Anblick auf viele Menschen einen starken Eindruck hinterläßt und manchmal sogar erschütternd wirkt. Diese Erschütterung wird von Willy Hellpach gesehen als die Wirkung einer „Selbstreinigungskraft der Natur", die den Betrachter zu einer „Umstellung seines Inneren" führt, denn „vor gewaltigen oder auch sanft-stillen, ‚gelassenen' Landschaften wird vieles klein, was im Alltag übergroß erschien und Ewiges tritt wieder klarer dem Flüchtigen gegenüber" (1939, S. 255).

Gleichzeitig verschwinden durch diese zeitweilige Regression die Unterschiede zwischen Kindern und Erwachsenen, die Situation wird kindgerechter (Hennig 1997, S. 36), weil sich, zum Teil abgesehen vielleicht vom Lesen, das kleinere Kinder noch nicht beherrschen, die Tätigkeiten der Menschen am Strand unabhängig von ihrem Alter kaum voneinander unterscheiden. Der Strand als Urlaubsort überwindet damit für eine Zeit tendenziell auch die Grenzen zwischen den Generationen.

5.7.2 Camping

Das gilt in ähnlicher Weise auch für das Camping. Die selbstgeschaffene Umwelt der Camper ist ein „vereinfachter Gegenentwurf zum Normalleben" (Hennig 1997, S. 33), der Raum auf dem Campingplatz ist unfertiger, überschaubarer, eingeschränkter und weniger komplex als zu Hause (G. Hofmann 1995, S. 99). Auch hier haben wir es also wie beim Urlaubsleben am Strand mit einer **Regression** der Erwachsenen zu tun. Oftmals ist diese Regression doppelter Natur, denn etwa die Hälfte aller Camper macht während ihrer Haupturlaubsreise einen Strand- bzw. Badeurlaub.

Auf dem Campingplatz taucht man ein in eine gewollt provisorische Welt, die in wesentlichen Punkten erst selbst erschaffen werden muß: Der Wohnwagen oder Caravan muß richtig eingestellt, das Zelt bzw. Vorzelt aufgestellt, die Liegen und Matratzen arrangiert und eine Küchenecke eingerichtet werden. Alle Familientätigkeiten, die man sonst wie die Küchenarbeit in einen abgeschlossenen Raum verbannt, finden öffentlich statt, die sonst vorhandenen Grenzen zwischen den Räumen verschwinden zugunsten eines einzigen Raumes oder reduzieren sich auf dünne Zeltwände oder Abteiler in Caravans. Dadurch wird, wie am Strand, auch die Distanz zwischen Erwachsenen und Kindern geringer, die diese Umwelt zusammen schaffen und über gemeinsame Verrichtungen aufrechterhalten können (Hennig 1997, S. 36). Die Tätigkeiten auf dem Campingplatz werden im Gegensatz zu daheim weniger als Arbeit empfunden: Sie sind überschaubarer, improvisierter und damit spielerischer als die nie endende Arbeit zu Hause (G. Hofmann 1995, S. 99).

Eine Parallele des Campings zum Strandleben liegt auch darin, daß man zwar einerseits der Natur näher ist, andererseits jedoch gegenüber der Alltagswelt in den Ferienregionen weitgehend abgeschirmt bleibt. Die Camper selbst sind Bestandteil der Attraktion dieser Urlaubsform. Schon das Interesse an dieser speziellen Urlaubsform schafft Gemeinsamkeit. Durch das Wegfallen der Distanzen und festen Grenzen zwischen den Häusern und Wohnungen, die normalerweise die intimen Familienwelten voneinander trennen, und die Nutzung von Gemeinschaftseinrichtungen wie Duschen, Waschmaschinenräumen oder Küchen, steigen die Kontaktchancen zwischen den Urlaubern. Aber ebenso wie die gesuchten amourösen Kontakte am Strand ist die soziale Beziehung zwischen Campern in der Regel auf die Zeit des Urlaubs beschränkt, und selbst das Verhältnis unter Dauercampern ist durch informelle Regeln (Grüßen, Bereitschaft zu gegenseitiger Hilfeleistung etc.) eher auf Distanz und Unverbindlichkeit ausgerichtet (*op. cit.*, S. 100).

Die Grenzen der Familienräume fallen: Spülküche auf einem Campingplatz

Ähnlich wie am Strand spielt die Kleidung auf dem Campingplatz fast keine Rolle, fast alle Camper tragen ähnlich legere, dem Provisorium Campingplatz angemessene Sachen. Damit verschwinden auch hier die Möglichkeiten der Selbststilisierung durch den Gebrauch ausgewählter Garderobe; sichtbare Merkmale sozialer Hierarchie treten zurück hinter die Zweckmäßigkeit der Bekleidung und die Ungezwungenheit der Situation auf dem Campingplatz. Im Gegensatz zum Hotel, in dem erwartet wird, daß man zum Beispiel nicht mit der Badehose in den Speisesaal kommt, gibt es auf dem Campingplatz keine diesbezüglichen Regeln. Dies auch deshalb nicht, weil jeder in oder vor seiner Behausung, allerdings meist sichtbar für Nachbarn und Passanten, seine Mahlzeiten selber zubereitet und einnimmt. Obwohl abgeschlossener von der Außenwelt, ist das Verhalten in einer Ferienwohnung, in der man sich auch selbst versorgt, in der Regel formeller, die Bekleidung mehr dem üblichen Standard entsprechend. Die Wohnung entspricht eher der normalen Umgebung, hier fehlt das Improvisierte, Provisorische und die größere Nähe zur Natur, die mit der Freiheit von Zwängen zum Fallenlassen des Alltäglichen und Gewohnten führt.

Auch Kochen und Essen finden in der Öffentlichkeit statt

Diese subjektiv empfundene Abwesenheit von Zwängen des Alltags wird paradoxerweise auch hier durch das Befolgen ungeschriebener Regeln ermöglicht:

„Die Rituale des Campings sind vertraute Rituale, weil eben nicht jeder macht, was er will, sondern sich an die Regeln hält. ... Hier hebt sich der scheinbare Widerspruch zwischen Freiheit und Ordnung auf: Die Platzordnung garantiert den vertrauten Rahmen und ermöglicht so erst, sich ungezwungen bewegen zu können. Die Selbstverständlichkeit der Verhaltensweisen reduziert die Komplexität dessen, was möglich ist. Nur eine Verhaltensweise erscheint ‚richtig', eben die des Campers. Freiheit als ‚Abwesenheit von Zwängen' bezieht also ihre Wirkung aus vertrauten Regeln" (G. Hofmann 1995, S. 102).

Gleichzeitig entwickelt sich bei allem zeitweiligen Rückzug aus dem normalen Leben eine eigene soziale Welt mit entsprechenden Hierarchiemerkmalen auf den Campingplätzen. Größe und Ausstattung von Zelten, Wohnwagen und Motorcaravans bekommen in dieser Urlaubswelt eine ähnliche Funktion für die Demonstration eines gewollten sozialen Status wie ein Haus, eine besonders gut gelegene große Wohnung oder ein Automobil im Alltag. Zudem entwickelt sich quer dazu auf vielen Plätzen eine Hierarchie von Dauercampern über Stammgäste bis hinunter zu durchreisenden Touristen (Hennig 1997, S. 36).

Wer schließlich mit seinem Campmobil unterwegs ist, der nimmt sich mehr noch als auf dem Kreuzfahrtschiff, das weiter oben (in Abschnitt 5.6) als Paradebeispiel für das Reisen in einer „Käseglocke" (*environmental bubble*) angeführt wurde, seine eigene Umwelt mit und ist damit ein Paradebeispiel für den Typus des psychozentrischen Touristen (*psychocentric*; Plog 1990; vgl. Kapitel 4, Abschnitt 4.2.2).

„Wie die Schnecke, aber mit größerer Reichweite der Bewegung, trägt man sein Haus bei sich – und fährt, wohin man will. Der Kontakt zu anderen Menschen kann auf ein Minimum reduziert werden; man braucht sie nicht. In seinem Wohnwagen lebt der Reisende autark, gleichsam ein Robinson auf einer schwimmenden Insel" (Hennig 1997, S. 35).

5.8 Fremde und Gäste

Das Verhältnis von Gast zu Gastgeber, von Einheimischen zu Fremden, ist eine der widersprüchlichsten und komplexesten Sozialbeziehungen überhaupt. Diese für den Tourismus grundlegende Beziehung zwischen Gast und Gastgeber ist und war immer ambivalent. Das zeigt sich schon in der Bedeutungsgeschichte des Wortes ‚Gast'. In seiner ursprünglichen altgermanischen Wortbedeutung war es keineswegs freundlich gemeint: Es bedeutete nicht nur ‚Fremder' im Sinne von ‚Unbekannter' sondern auch Feind oder sogar feindlicher Krieger (Drosdowski & Grebe 1963). Damit hat es die gleiche Bedeutung wie das lateinische *hostis* = Fremder, Fremdling, aber auch Kriegsfeind. Es ist deshalb vielleicht mehr als nur ein Zufall, daß das englische Wort für ‚Gastgeber', *host*, dem Adjektiv für ‚feindlich', *hostile*, ähnlicher ist, als *hospitality*, der Gastfreundschaft und *hostage* gleichzeitig die englische Bezeichnung für ‚Geisel' ist.

Im Deutschen wurde das Wort Gast im Sinne von ‚Fremder' noch bis in das 16. Jahrhundert hinein gebraucht. In der Schweiz war der „*gast fremdling, dem auf wolverhalten erlaubt ist in der stadt zu wohnen und derselben bequemlichkeiten zu genieszen*" (Stalder 1806; cit. n. Jacob & Wilhelm Grimm 1878, S. 1456; Hervorh. u. Kleinschr. i. Orig.). Von ihrer Wurzel her sind also die Bedeutungen von ‚Gasthaus' und ‚Fremdenheim' praktisch identisch. Erst im 17. Jahrhundert und mit der Entstehung des Bürgertums erhielt der Begriff ‚Gast' seine ehrende Bedeutung, während das Wort ‚fremd' seine eher ausgrenzende Konnotation behalten hat.

Die Fremdheit des Gastes wurde vermutlich durch die Bildung der Nationen verringert: Viele derer, die vordem als unbekannte Fremdlinge durch die Lande gezogen waren, wurden damit plötzlich zu Teilhabern einer gemeinsamen Idee, die soziale Zugehörigkeiten übergreifend neu definierte und aus ihrer regional, örtlich und durch persönliche Loyalitäten begrenzten Enge befreite.

„Der Fremde ist uns nah, insofern wir Gleichheiten nationaler oder sozialer, berufsmäßiger oder allgemein menschlicher Art zwischen ihm und uns fühlen; er ist uns fern, insofern diese Gleichheiten über ihn und uns hinausreichen und uns beide nur verbinden, weil sie überhaupt sehr viele verbinden (Simmel 1923, S. 511).

Gegenläufig zu dieser Entwicklung, die viele Gäste von ihrer Fremdheit befreite, wurden die Regeln zur Behandlung der Gäste enger gefaßt. Das zunächst ungeschriebene vorchristliche Gebot der Gastlichkeit, einem „Gast ohne sachlichen Gegenwert zuwenigst drei Tage die Unterkunft nicht zu verwehren, wurde seit Karl dem Großen zum geschriebenen Gesetz" (Bahr 1994, S. 36). Zwei Jahrhunderte später galten als Gäste einschränkend nur noch diejenigen, die eine andere Staatsangehörigkeit aufweisen konnten. Alle anderen wurden ausgeschlossen und aus der Pflicht der mindestens dreitägigen Gastfreundschaft wurde das auf die Fremdlinge bezogene Verbot, sie ohne Genehmigung länger als drei Tage zu beherbergen (*op. cit.*, S. 37).

Die Figur des Fremden tritt zunächst vor allem als Händler in die Gesellschaft und gehört damit zu ihr wie andere Gruppen auch. Denn ohne den die räumlichen Alltagsgrenzen überschreitenden Handel sind Gesellschaften ab einem bestimmten wirtschaftlichen Entwicklungsstand nicht mehr überlebensfähig. Sie bedürfen deshalb des Fremden. Ob man nun selbst woanders hinfährt, um die begehrten Waren zu besorgen, oder Auswärtige sie mitbringen, spielt dabei keine Rolle: In jedem Falle handelt es sich um Fremde (Simmel 1923, S. 509 f.), die in eine Austauschbeziehung zueinander treten.

Tourismus als Wirtschaftstätigkeit ist eine Form des Handels. In ihm werden zwar primär keine Güter, sondern Eindrücke und Dienstleistungen gehandelt, und anders als Güter, die der Händler zum Kunden bringt, kann der Konsum des touristischen Angebotes nur dadurch erfolgen, daß sich der Abnehmer selbst an den Ort seiner Nachfrage begibt und damit zwangsläufig zum Fremden wird. Diese Austauschbeziehung zwischen Fremden und Gastgebern führt dazu, daß der Gast nicht mehr nur als Person, sondern auch als Einkommensquelle gesehen wird. Vor allem wenn Gäste nicht mehr nur vereinzelt, sondern in größerer Anzahl auftreten, verschwindet dann das Besondere der einzelnen Person hinter der Alltäglichkeit des Typus. Dies ist gleichbedeutend mit einer **doppelten Entfremdung** zwischen Gast und Gastgebern: Der Gastgeber wird zum erwerbsmäßigen Betreuer und entspricht in seinem Kontakt zu den Gästen einer genau umschriebenen beruflichen Fertigkeit; der Gast sieht in den Gastgebern eben diese Funktion und nimmt seine Person nur in eben diesem Ausschnitt wahr. Dies kann auch ein gegenseitiges Fremdwerden bedeuten, wenn etwa ein ursprünglich auf eher persönlicher Basis beruhendes Verhältnis zwischen einem über viele Jahre immer wiederkehrenden Gast und einem Gastgeber durch die Expansion und die damit einhergehende Professionalisierung der Gastgeberunternehmung sich immer mehr den standardisierten Beziehungsschablonen des Gewerbes annähert. Georg Simmel hat diesen Aspekt in seinem „Exkurs über den Fremden" am Beispiel der noch viel intimeren erotischen Beziehungen deutlich gemacht, in denen die Partner sich sehr gut kennen und viel voneinander wissen:

„Eine Entfremdung pflegt ... in dem Augenblick einzusetzen, in dem der Beziehung ihr Einzigkeitsgefühl entschwindet; ein Skeptizismus gegen ihren Wert an sich und für uns knüpft sich gerade an den Gedanken, daß man mit ihr schließlich nur ein allgemein menschliches Geschick vollzöge, ein tausendmal dagewesenes Erlebnis erlebte, und daß, wenn man nicht zufällig eben dieser Person begegnet wäre, irgendeine andre die gleiche Bedeutung für uns gewonnen hätte" (Simmel 1923, S. 511).

Diese Parallele zwischen einem erotischen Verhältnis und einer professionellen Dienstleistungsbeziehung erscheint nur auf den ersten Blick als überraschend. Denn zum einen zeigt die nähere Betrachtung, daß es sich bei privaten Reisen um ein sehr stark emotional gefärbtes „Produkt" handelt, zum anderen erwartet man von den in direktem Kundenkontakt stehenden Mitarbeitern touristischer Unternehmen (Fluggesellschaften, Hotels, Restaurants usw.), daß sie so tun, als habe die unpersönliche Beziehung zu einem Gast eine im weitesten Sinne emotionale Grundlage. Dies ist nur möglich, indem die eigene Person der Mitarbeiter mit ihren Gefühlen und ihrem Einfühlungsvermögen in ihre Berufssituation eingebracht und kommerziell genutzt wird (vgl. Abschnitt 6.2.2.1, Zitat aus dem Handbuch für Disney-Mitarbeiter). Sie müssen damit „Beziehungen, die auf einem Lohnarbeitsprinzip beruhen" erscheinen lassen, „als wären sie frei davon und unentgeltlich" (Hochschild 1990, S. 101). Die personenbezogene Dienstleistung ist damit „eine eigentümliche Lage zwischen einer wirtschaftlich zweckrationalen Tauschbeziehung und einer kooperativ solidarischen Hilfebeziehung" (Gross 1983, S. 51), in der sich Fremde treffen und in Kontakt zueinander treten. Dabei kann man sich fragen, „ob der menschliche Faktor die ... bürokratisierte Tauschbeziehung (verklärt) oder aber ... die ökonomische Transaktion den unmittelbaren Sozialbezug (entzaubert)" (a.a.O.).

Die **Ambivalenz** darauf aufbauender Beziehungen zeigt sich auch darin, daß beide Seiten natürlich im Prinzip wissen, daß es sich bei ihren Begegnungen nicht um Situationen handelt, die auf Sympathie oder sogar darüber hinaus gehende Gefühle beruhen, sondern um weitgehend normierte Konstellationen professioneller Dienstleistung, die ihren Preis hat. Vor allem die touristische „Geschäftswelt hat eine Vorder- und eine Rückseite, die jeweils unterschiedliche Funktionen erfüllen: auf der Vorderseite werden Dienste angeboten, die Rückseite ist für die Bezahlung zuständig" (Hochschild 1990, S. 111). Jeder Gast, der zum Beispiel von den Mitarbeitern eines Unternehmens, dessen Dienste er kauft, immer angelächelt und mit ihrem Namen angesprochen wird, weiß, daß dies nicht über persönliche Sympathie, sondern über ein professionelles Verständnis von Dienstleistung motiviert ist. Es ist im Prinzip nichts Individuelles daran, denn jedem anderen Gast wird genauso begegnet. In diesem flüchtigen Gehäuse persönlicher Zuwendung kann so auch das beiderseitige Gefühl des austauschbaren Fremden entstehen.

Die persönliche Dienstleistung enthält für manche Personen, aber auch ganze Gesellschaften, Reminiszenzen an das traditionelle Verhältnis zwischen Herr und Diener. In diesem Fall kann die Übernahme der Dienstleistungsrolle zur **Selbstentfremdung** führen, weil man sich plötzlich in der Rolle eines Untertanen sieht, der anderen für den Preis eines Lohnes oder Gehaltes dienstbar ist. Vor allem die Erinnerung an die im traditionellen Verhältnis festgeschriebene Ausgrenzung des Dieners aus der eigentlichen Gesellschaft und die persönliche Willkür und Schrankenlosigkeit des

Herren ihm gegenüber (vgl. Weber 1921; cit. n. d. Ausg. 1976, S. 130 f.) führen zu einer Verstärkung der Distanz zwischen Identität und Berufsrolle. Persönliche Dienstleistung wird dann als Machtbeziehung interpretiert, in der Gäste innerhalb des gesetzten Rahmens (zum Beispiel in einem Hotel) quasi ein Stück Befehlsgewalt über das Personal erhalten. Diese Art von Selbstentfremdung spielt aber überall da keine oder kaum eine Rolle, wo die Statusunterschiede zwischen Dienstleistern und Gästen gering oder gar nicht vorhanden sind und eine Tradition professioneller Dienstleistung besteht, die in einem Rahmen klar definierter Rollen von Gast und Gastgeber bzw. Mitarbeiter eines gastgewerblichen oder im weiteren Sinne touristischen Unternehmens vollzogen wird.

Der Tourismus ist eine der sichtbarsten Industrien überhaupt, gleichzeitig wird seine wirtschaftliche und gesellschaftliche Bedeutung jedoch in der Regel unterschätzt. Dieses Paradox wird in den Kapiteln 7 und 8 näher untersucht. Die Austauschbeziehungen im Tourismus sind im Gegensatz zu anderen Industrien teilweise öffentlich. Anders als bei der Herstellung von Gütern zum Beispiel, die meist in von der Öffentlichkeit völlig abgeschirmten Betrieben stattfindet und deren Abnehmer den Herstellungsort in der Regel nie selbst betreten, ist die Tourismusindustrie auf das persönliche Erscheinen ihrer Kunden angewiesen. Prinzipiell ist der gesamte Ort oder die Region das Reiseziel, in dem sich die Touristen bewegen und von den Einwohnern zumindest gesehen werden. Die Folgen des Tourismus sind dadurch für jeden sichtbar und werden Bestandteil des Alltagslebens in Tourismusorten.

Dennoch findet der Großteil des Tourismus in der Regel in definierten Räumen statt. Dabei kann es sich sowohl um **physisch** als auch um **zeitlich** abgegrenzte Räume handeln (vgl. Abschnitt 5.6). Das gilt besonders für die Beziehung zwischen Gästen und Gastgebern. Sie ist beschränkt auf die Fronträume, die speziell für den Umgang mit Gästen arrangiert sind, in den Rückräumen versuchen die Einheimischen unter sich zu bleiben.

Darüber hinaus sind die Räume auch in der **Mikrostruktur** der touristischen Einrichtungen definiert: zum Beispiel die Rezeption und die Lobby eines Hotels, der Speiseraum eines Restaurants und die Dienstzeiten des Personals. Außerhalb der Dienstzeiten und außerhalb der dafür vorgesehenen Räume sind Kontakte nicht vorgesehen. Die Gäste wissen, daß sie in den Rückräumen (in Büros, Küchen, Aufenthaltsräumen für das Personal, Lagerräumen usw.) nicht erwünscht sind und verhalten sich entsprechend. Dies ist nicht in jedem Haus eigens geregelt, sondern *common sense*: Es gibt eine unausgesprochene gesellschaftliche Vereinbarung über die Rollen, die beide Seiten zu spielen haben. Man muß also nicht jedem Gast zunächst die Prinzipien erklären, nach denen ein Hotel, ein Restaurant oder eine Bar funktionieren. Dabei gilt in der Regel, daß, je größer eine touristische Einrichtung ist und je professioneller sie geführt wird, die Trennung zwischen Front- und Rückräumen desto strikter gehandhabt wird und die Rollen auf beiden Seiten desto eindeutiger definiert sind.

Beispiele: Wer in einem großen Hotel einer weltweit operierenden Kette absteigt, weiß sehr genau, was ihn erwartet und was man von ihm erwartet. Wer ein solches Hotel kennt, findet sich in allen anderen Häuser dieser und aller anderen Ketten zurecht, unabhängig davon, wo auf der Welt sie stehen. Die Kenntnis eines Lokals einer *fast food*-Kette führt dazu, daß man genau weiß, wie man sich in allen anderen Lokalitäten dieser und ähnlicher Ketten verhalten muß. Die „Gastgeber" in diesen Einrichtungen sind austauschbar, unabhängig davon, ob sie den Betrieb selbst im Rahmen eines Franchisevertrages oder als Angestellte eines Konzerns betreiben.

Die Kontakte zwischen Gast und Gastgeber sind in diesen Fällen hoch **formalisiert** (bzw. ritualisiert) und **rationalisiert**. Dauer und Intensität der Begegnungen sind nur sehr gering, weitgehend abgelöst von den eigenen Persönlichkeiten und fast ausschließlich auf die jeweiligen Rollen begrenzt. Damit sind die Chancen eines Gastes, über die in diesen Rollen definierte Kommunikation hinaus etwas über den Ort und die Menschen, mit denen er es dort zu tun hat, zu erfahren, gering. Dies ist nicht wertend zu verstehen, denn Gäste können durchaus bewußt solche Situationen aufsuchen, weil sie einen über das Notwendigste hinausgehenden Kontakt zu Personal und Einheimischen gar nicht wollen und nur an Eindeutigkeit und Effektivität in der Beziehung zu Gastgebern bzw. zum Personal interessiert sind.

Abbildung 5.4: Chancen für Kontakte zwischen Gastgebern/Dienstleistern und Touristen in verschiedenen Situationen bzw. Unterkunftsarten

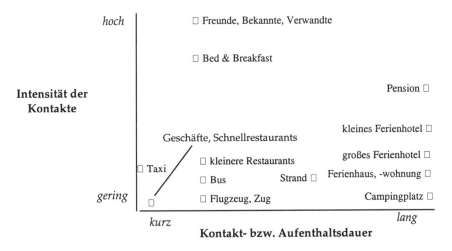

Die Kontaktchancen sind abhängig von den Situationen, in die man sich als Tourist begibt. In Abbildung 5.4 wird versucht, sie zwischen den beiden Dimensionen Kontaktdauer und -häufigkeit und Intensität der Kontakte zu lokalisieren. Die jeweiligen Positionen zwischen den Achsen sind dabei allerdings nicht in jedem Falle zwingend. Bei der Darstellung wurde davon ausgegangen, daß zum Beispiel Aufenthalte bei Verwandten und Bekannten kürzer sind als die in Pensionen oder Ferienwohnungen. Unberücksichtigt bleibt, daß Aufenthalte in Ferienhotels auch sehr kurz sein können, etwa bei einer Kurz- oder Wochenendreise. Die Darstellung ist also nur zum Teil verallgemeinerbar. Man kann aber den Raum zwischen den beiden Achsen für jeweils unterschiedliche Muster (vgl. Oppermann 1995; Abb. 1.6 in Kapitel 1) und Längen von Reisen empirisch ausfüllen und ihre Elemente hinsichtlich der Beziehungen zwischen Reisenden und Bereisten aufzeigen.

Einen Sonderfall stellen in diesem Zusammenhang Clubanlagen dar. Da es sich meist um gegenüber der Umwelt am Urlaubsort relativ abgeschlossene Einrichtungen handelt, ist zwar die Trennung zwischen Gästen und Einheimischen relativ stark, nicht aber die zwischen Gästen und Personal. Vor allem die Animateure, die meist selbst nicht aus dem Ort bzw. Land stammen, in dem sie eingesetzt werden, wohnen meist auf dem Clubgelände, so daß für sie kaum eine Differenzierung zwischen Dienst und Freizeit möglich ist.

Ein besonders deutliches **Beispiel** für die grundlegende Ambivalenz von Gast und Gastgeberbeziehung stellen die in Großbritannien und Irland häufig anzutreffenden Privatunterkünfte (*Bed and Breakfast*, B & B) dar, die meist von Frauen (*landladies*) geführt und von Gästen auf Rundreisen in Anspruch genommen werden. Wie Stringer (1981) in seiner Untersuchung über Betreiber und Gäste von B & Bs feststellte, war die ursprüngliche Motivation der *landladies* für die Einrichtung von Gästezimmern zunächst durchaus ökonomisch motiviert. Die meisten benötigten ein (zusätzliches) Einkommen nach Scheidung, Tod des Partners, Pensionierung oder Arbeitslosigkeit, um ihr großes Haus behalten zu können. Mit einem B & B bekommen sie eine Erwerbschance, ohne ihr Haus verlassen und ohne eine spezielle Ausbildung vorweisen zu müssen. Gleichzeitig haben sie sich dabei aber auch „für ein Gewerbe entschieden, das grundlegend auf dem Eindringen von Fremden in die heimische Privatsphäre basiert" (op. cit., S. 362; Übers. J.W.M.). Durch die besondere Situation, daß die Gäste nicht in einem abgetrennten Gästebereich untergebracht werden (können), ist die ansonsten übliche Trennung in Front- und Rückräume hier nicht möglich. In vielen Fällen benutzt man sogar das gleiche Bad wie die Gastgeber, und die angebotenen Zimmer sind häufig mit sehr privaten Gegenständen (Photos, Andenken) dekoriert. Für die Dauer des Aufenthalts entsteht dadurch zwangsweise ein sehr enger Kontakt zwischen Gast und Gastgeber, der weit über das Normale der in Beherbergungsbetrieben üblichen sozialen Beziehungssituationen hinausgeht. In der Folge verstehen sich die *landladies* deshalb selbst eher als private Gastgeberinnen denn als distanzierte Betreiber eines kommerziellen Betriebes. Für die Gäste von B & Bs ist dies - neben den im Vergleich zu Hotels deutlich niedrigeren Kosten - ein wichtiges Motiv für die Wahl ihrer Beherbergung. Sie bekommen einen engeren Bezug zu Land und Leuten, sehen nicht allein die für Touristen aufgebauten Räume, sondern erleben die Umwelt ein Stück weit aus der Perspektive der Einheimischen. Durch die Enge des Kontaktes und durch das Fehlen institutionalisierter Regeln wie im Hotel gibt es jedoch eine Reihe von Verhaltensunsicherheiten auf beiden Seiten. Dadurch, daß die typische *landlady* ihre Gastgeberrolle nicht einfach als (austauschbaren) *job* begreift, der gegen ein Entgelt erledigt wird, sondern eher als private Betreuung, ist für sie die persönliche Anerkennung ihrer Dienstleistung tendenziell wichtiger als das dafür eingenommene Geld. Für den Gast bedeutet das auf der anderen Seite, daß er sich mehr in der Rolle des privaten Gastes fühlen sollte, der sich auf die Persönlichkeit der jeweiligen Gastgeberin einstellen muß.

Der Fremde ist im Tourismus aber auch derjenige, über den wir wenig wissen und mit dem wir konfrontiert werden. Dabei spielt es keine Rolle, ob wir selber reisen und uns in unbekanntem Terrain bewegen oder zu Hause mit Reisenden konfrontiert werden, deren Herkunftsverhältnisse wir nicht kennen. Die fehlenden Informationen versuchen wir auf Reisen durch eigene Wahrnehmungen, bei Fremden durch stereotype Vorstellungen und Assoziationen auszugleichen.

„Immer wieder können wir an uns und andern feststellen, wie sehr in der Fremde das Gelegentliche, Augenblickliche, ja das Unwesentliche als charakteristisch genommen und das Individuelle zum Typischen verallgemeinert wird. ...
Jene Neigung, alles Fremde als typisch, nicht als individuell aufzufassen, betrifft ganz besonders die Person des Fremden selbst. Besonders bei Auslandsreisen hat man aufgehört, der C. D. oder X. Y. zu sein; man ist Angehöriger einer Nation und höchstens noch eines Berufes. Da aber viele Leute reisen, um sich endlich einmal als Person und als Ich fühlen zu können, also gerade nicht als Träger einer Funktion geben zu müssen, entsteht aus diesem Mißverhältnis der Haltung des reisenden Fremdlings und der Beurteilung, die seine Haltung findet, eine unerfreuliche Dissonanz" (v. Wiese 1930, S. 2 und 3).

Diese beiden Aspekte unterstreichen noch einmal die Ambivalenz der Beziehung zwischen Reisenden und Bereisten, zwischen Gästen und Gastgebern.

5.9 Typologien von Touristen und Reisen

Wie schon die Betrachtung der unterschiedlichen Grundformen von Reiseverläufen im ersten Kapitel gezeigt hat (Abb. 1.6), gibt es ‚den Touristen' nicht und alle Kritik, die nur auf diese Kunstfigur zielt, ist damit ideologisch (vgl. ausführlich dazu Abschnitt 5.14). Die realen Touristen lassen sich nicht über einen Kamm scheren. Bereits die verschiedenen Reiseverläufe führen zu ganz unterschiedlichem Verhalten und auch zu unterschiedlichem Erleben der Touristen. Auch die in Kapitel 3 aufgeführten Ansätze zur Erklärung der Motivation von Touristen legen es nahe, daß es ganz unterschiedliche Typen von Touristen gibt. Deutlich wird auch, daß eine bestimmte touristische Präferenz zum Beispiel nicht in dem Sinne als stabiles Persönlichkeitsmerkmal angesehen werden kann, daß sie immer wieder zu den gleichen Urlaubsentscheidungen führt. Die touristischen Biographien sind weitaus komplexer, als daß sie jeweils nur einen Typus von Urlaubsreise zuließen.

Beispiel: Aus einer Situation völliger Überarbeitung heraus fällt eine Reiseentscheidung der gleichen Person völlig anders aus als nach einer Zeit unaufgeregter Alltagsroutine. Im ersten Falle spielt das Urlaubsland nur eine sehr untergeordnete Rolle, wichtig sind vor allem ein angenehmes Klima und die Möglichkeiten von Ruhe und Rückzug – eine Pauschalreise in ein ruhiges Hotel am Mittelmeer zum Beispiel; im zweiten Falle steht dagegen Neugier auf ein bestimmtes Zielgebiet und Erlebnis im Vordergrund einer Reise, wie etwa bei einer Studienrundreise.

Hinzu kommt, daß – wie u.a. in Kapitel 4 festgestellt wurde – Reiseentscheidungen meist nicht von einer Person alleine, sondern von mehreren Personen, die zusammen verreisen möchten, aber meist unterschiedliche Vorstellungen und Interessen haben, getroffen werden. Kompromisse, die von Reise zu Reise anders aussehen, sind daher die Regel.

Vor diesem Hintergrund unterschiedlicher Reisen von gleichen Personen zu verschiedenen Zeitpunkten wäre es wohl auch sinnvoller, weniger von einer **Typologie** der Touristen als eher von einer **der Reisen** zu sprechen. Wie die folgenden Beispiele zeigen, ist die Vorstellung aber nach wie vor weit verbreitet, daß Reisen Ausdruck persönlichkeitsspezifischer Präferenzen und Merkmale sind und damit der Typus der Reise mit dem des Reisenden gleichgesetzt wird.

5.9.1 Typen nach ihrer Anpassung an örtliche Normen

Eine einfache Typologie von Touristen hat Valene L. Smith (1989; vgl. Übersicht 5.3 auf Seite 242) versucht. Da sich Touristen auch nach den Regionen, die sie aufsuchen, unterscheiden, hat sie Touristen danach klassifiziert, ob sie in touristisch stark oder weniger stark erschlossene Regionen reisen. Dies hat auch mit den Ansprüchen zu tun, die Touristen an einen Urlaubsort stellen. Da V. L. Smith als Sozialanthropologin ihr Hauptaugenmerk auf die Bereisten legt, ist ihr Kriterium die Anpassung der Touristen an die örtlichen Normen und Verhaltensweisen. Mitgedacht, aber nicht explizit aufgeführt in diesem Versuch einer Typologie von Touristen, ist auch eine Typologie von Urlaubsorten. Die Wahrscheinlichkeit, daß der Entdeckertyp seinen Urlaub an einem Ort verbringt, der ausschließlich vom Massentourismus lebt, ist zwar gering, wenngleich, wie das Beispiel Mallorca zeigt, möglich. Unmöglich ist dagegen, daß Massen- und Chartertouristen in kaum „entdeckte" Orte reisen, weil es die entsprechenden Angebote dafür nicht gibt.

Es wäre aber ein Fehler zu glauben, daß diese Typologie den Touristen anklebt wie ein Etikett. Es ist nicht nur denkbar, sondern kommt häufig vor, daß man den einen Urlaub als Chartertourist in einem Massenreiseziel in Spanien verbringt, den nächsten aber eher „unkonventionell" in einem kleinen Gästehaus auf einer kaum vom Tourismus berührten Insel in Indonesien, wo man sich den Sitten und Gebräuchen der Einheimischen weitgehend anpaßt.

Diese Typologie bezieht sich jedoch weitgehend auf den Tourismus in wirtschaftlich weniger entwickelte Länder, speziell Länder der Dritten Welt, nicht auf den Tourismus innerhalb der Ersten und Zweiten Welt, den Staaten mit Industrie- und Dienstleistungsgesellschaften und ihren Peripherieländern. Der weitaus größte Teil der Tourismusströme verbleibt jedoch innerhalb dieser Regionen.

☐ Grad der Reflexion der Touristenrolle als Kriterium

Zutreffender in diesem Zusammenhang ist vielleicht die grobe Unterscheidung von Touristen erster bis vierter Ordnung durch Redfoot (1984). Der **Tourist erster Ordnung** entspricht weitgehend den Massen- und Chartertouristen in der Typologie von V. L. Smith:

„Geformt durch Reisekataloge, Fernsehen und Postkartenbilder stehen seine Erwartungen im Vornherein insofern fest, als er weiß, welche Erfahrungen man zu machen hat. ... Die Erlebnisse des Touristen erster Ordnung sind daher vorhersagbar - Wahrzeichen, die, wie es sich gehört, als ‚real', als ‚echt', ‚ursprünglich' und ‚original' ‚bestätigt' wurden, werden besucht ... ; Aussichtspunkte, die als ‚malerisch' gelten, werden ausgesucht. In diesem Prozeß wird die unmittelbare Erfahrung durch die Bestätigung vorangegangener Erwartungen verloren" (S. 293 f. ; Übers. J.W.M.).

Der **Tourist zweiter Ordnung** dagegen ist sich voll seiner Rolle als Tourist bewußt, er weiß um die Einschränkungen seiner touristischen Rolle und möchte eigentlich gar kein Tourist sein, vor allem aber nicht so genannt werden. Er sucht nach Wegen und Möglichkeiten, um anderen Touristen aus dem Weg zu gehen, verreist deshalb lieber außerhalb der Saisonzeiten und wird wenigstens ein paar Brocken der Landessprache lernen, um sich zu verständigen. Er versucht an Plätzen zu übernachten und zu essen, die nur die Einheimischen kennen (*op. cit.*, 296). Im Prinzip versucht der Tourist zweiter Ordnung, der ‚bessere Tourist' zu sein. Eigentlich ist seine Angst, Tourist zu sein, also dadurch bedingt, „nicht genug Tourist zu sein, durch sein Versagen, alles so zu sehen, wie es gesehen werden ‚sollte'. Diese touristische Kritik am Tourismus basiert auf der Sehnsucht, über die anderen ‚bloßen' Touristen hinaus zu einem profunderen Verständnis von Gesellschaft und Kultur" des Gastlandes zu gelangen (MacCannell 1976, S. 10; Übers. J.W.M.).

Der **Tourist dritter Ordnung** ist dem Entdecker bzw. der Elite in der Typologie von V. L. Smith ähnlich und ist nach Redfoot (1984) identisch mit dem Anthropologen, der versucht, Gesellschaft, Kultur und Religion eines fremden Landes oder einer Region zu verstehen. Als **Tourist vierter Ordnung** schließlich bezeichnet Redfoot die Aussteiger, die nicht versuchen, eine andere Kultur zu verstehen, sondern die in andere Länder ziehen und dort selbst einheimisch werden wollen. Dazu gehören auch diejenigen, die der westlichen Zivilisation den Rücken kehren und spirituelle Erfahrungen in fernöstlichen Ländern machen wollen. Da sie – meist entgegen ihrer ursprünglichen Absicht – praktisch alle wieder zurückkommen, kann man sie mit Recht zu den Touristen zählen (siehe dazu den Exkurs in Abschnitt 5.10).

5.9.2 Typen von ‚Reisestilen'

In der Reiseanalyse wurde versucht, auf der Basis von Statements in Anlehnung an Verfahren zur Bestimmung von Lebensstilgruppen (vgl. Abschnitt 2.3.6), **Typen von Reisestilen** zu erfassen. Diese Typologie bezieht sich ausschließlich auf Urlaubsreisende. Dabei wurden, getrennt nach alten und neuen Bundesländern, jeweils sieben Reisestiltypen ausgemacht (Übersicht 5.3).

Der **weltoffene Aktive** aus den alten Bundesländern zum Beispiel sucht im Urlaub vor allem den Kontrast zu seiner Alltagsumgebung und reist deshalb vor allem ins Ausland, oft sogar mehr als einmal im Jahr. Sein Pendant aus den neuen Bundesländern, der **weltoffene Freizeitorientierte** unterscheidet sich von ihm vor allem dadurch, daß er eher nicht bereit ist, auf den gewohnten Komfort zu verzichten. Beide Typen sind also – bezogen auf die Klassifikation von V. L. Smith – eher im massentouristischen Segment zu finden. Der **kulturbeflissene Natururlauber** aus den alten Bundesländern dagegen ist durchaus bereit, auf seinen Reisen auf den normalen Komfort zu verzichten. Das gilt auch für den **selbstgenügsamen Naturliebhaber** aus den östlichen Bundesländern.

Eine ähnlich differenzierte Typologie von Reisestilen mit insgesamt 14 Typen haben Yannakis & Gibson (1992) mit einer gleichartigen Methode entwickelt. Sie identifizieren darüber hinaus drei bipolare Dimensionen, die dieser Typologie zugrunde liegen: Anregung – Ruhe, Fremdheit – Bekanntheit und Strukturierung – Unabhängigkeit.

Auch wenn man den hier gewählten Ansatz kritisch sehen muß (vgl. dazu ausführlich Abschnitt 2.3.6), weil die vorgegebenen Statements die Ergebnisse stark beeinflussen und ihnen in der Regel keine theoretischen Konzepte zugrunde liegen, zeigen diese verschiedenen Typen, wie differenziert Touristen zu sehen sind.

Typologien ließen sich auch bilden über die verschiedenen Reisemotive der Urlauber, wie sie im dritten Kapitel (Abbildung 3.2 auf Seite 119) aufgeführt sind. Wer reist, um seinen persönlichen Horizont zu erweitern, gehört sicherlich zu einer anderen Gruppe von Reisenden als derjenige, der ‚nur' abschalten und ausspannen oder Spaß und Unterhaltung haben will. Für eine (unvollständige) Übersicht über verschiedene Typologien siehe Lowyck, Van Langenhove & Bollaert (1992).

Übersicht 5.1: Reisestiltypen in den alten (ABL) und in den neuen Bundesländern (NBL)

ABL		NBL	
Reisestiltyp	%*	Reisestiltyp	%*
1. Der weltoffene Aktive	13	1. Der weltoffene Freizeitorientierte	21
2. Der häusliche Gesellige	15	2. Der kulturinteressierte Bequeme	15
3. Der genießerische Bequeme	11	3. Der vergnügungslustige Gesellige	11
4. Der häusliche Reiseunwillige	13	4. Der selbstgenügsame Naturliebhaber	13
5. Der kulturbeflissene Natururlauber	15	5. Der familienbestimmte Uninteressierte	15
6. Der familienbestimmte Uninteressierte	15	6. Der wunschlose Untätige	15
7. Der familienbestimmte Natururlauber	11	7. Der aktive Natururlauber	11

*) bezogen auf die jeweilige Bevölkerung; Differenzen zu 100 %: nicht einzuordnen und Rundungsfehler

Quelle: Reiseanalyse 1990

Einen **eigenen Typus** bilden die Aussteiger- und Alternativtouristen, die versuchen, den von ihnen so empfundenen touristischen Kunstwelten zu entgehen und sich deshalb auf eigenen Wegen ihre Zielgebiete und Routen suchen wollen. Anders als die – nach Redfoot – Touristen dritter Ordnung treibt sie kein wissenschaftliches Motiv und anders als die vierter Ordnung wollen sie nicht in den Gastländern auch nicht heimisch werden, sondern wieder zurück in ihre Heimatländer. Deshalb wird ihnen im folgenden ein eigener Abschnitt gewidmet (Abschnitt 5.10).

Eine weitere Extremgruppe bilden die **Sextouristen**, auf deren Reisen vor allem sexuelle Aktivitäten, meist mit örtlichen Prostituierten, im Vordergrund stehen. Auch bei ihnen handelt es sich nur um eine sehr kleine Gruppe von Reisenden, deren Verhalten aus verschiedenen Gründen aber immer wieder in der Öffentlichkeit diskutiert wird. In einem zweiten Exkurs (Abschnitt

5.11) wird deshalb dem Phänomen des Prostitutionstourismus unter verschiedenen Aspekten nachgegangen.

Unumgänglich in einem deutschen Lehrbuch, das sich u.a. mit dem Verhalten von Touristen beschäftigt, ist die ausführliche Beschäftigung mit dem **Liegestuhltouristen**. Der Liegestuhl, sei es auf einer Hotelterrasse oder auf einem Kreuzfahrtschiff, hat für diese nicht ganz so kleine Untergruppe meist deutscher Pauschalreisender eine offensichtlich so große Bedeutung, daß ihm ein weiterer Exkurs (Abschnitt 5.12) gewidmet werden muß. In diesem Abschnitt geht es aber dabei nicht – wie den anderen – um die Beziehungen zwischen Reisenden und Einheimischen, sondern um die zwischen den Reisenden selbst.

5.10 Exkurs I: Alternativ- und Aussteiger-Touristen

In den 1970er Jahren, zum Teil auch motiviert durch die weitgehend gescheiterten gesellschaftspolitischen Ansätze der Studentenbewegung vor allem in den USA, in Frankreich und in der Bundesrepublik Deutschland, kam es zu einem Abwenden von den Industriegesellschaften und zu einer Hinwendung zu den als ursprünglicher (authentischer) und einfacher erachteten Verhältnissen am Mittelmeer und insbesondere in Indien.

Sich voll in die besuchten Gesellschaften und Kulturen zu integrieren, war das Ziel der **Aussteiger-Touristen**, die den Konventionen der bürgerlichen Gesellschaft entfliehen und neue Lebensentwürfe als Kontrast zur bürgerlichen Gesellschaft ausprobieren wollten. Sie standen damit in der Tradition der Wandervogel-, Vagabunden und Kundenbewegung[11] der zwanziger Jahre, die der „Zuvielisation" (Frieda & Willy Ackermann 1975) den Rücken kehren und ein authentisches, naturverbundenes Leben auf den Wegen und Straßen führen wollten. In dieser Bewegung ging es anfangs, in der Zeit des Kaiserreichs vor dem Ersten Weltkrieg, als 1901 eine privilegierte Schülergruppe am Steglitzer Gymnasium in Berlin den „Wandervogel" gründete, um sich von der Elterngeneration abzugrenzen, auch um das bessere Kennenlernen des eigenen Landes.

„Die Freiheit der fahrenden Scholaren, der wandernden Handwerksgesellen und Landstreicher, das ungeplante Abenteuer, die Unsicherheit des Nichtbesitzes, die Gefahr ungebahnter Wege, die Schönheit unerschlossener Natur waren Vorbild und Ideal einer Jugend, deren Eltern im Schlafwagen 1. Klasse in das komfortable Grandhotel wohlgepflegter Kurorte fuhren. Anstelle von Kurkonzert und Promenade suchte sie Klampfe, Volkslied und Lagerfeuerromantik, statt Konversation Gespräch, statt Flirt das vorerotische Gefühl gemeinschaftlicher Verschworenheit. Eleganz und vatermörderische Enge[12] der Kleidung wurden gegen Saloppheit und Schillerkragen ausgetauscht, die Plätze der internationalen Welt gegen die Heimat. Man suchte und fand das Ursprüngliche, Ungeformte in der Innen- und Außenwelt" (Knebel 1960, S. 41).

---

[11] Kunde hier in der Bedeutung von Handwerksbursche oder Bettler
[12] mit „Vatermörder" bezeichnete man einen hochstehenden, steifen und engen Hemdkragen, den man in Gesellschaft trug und der seinem Träger manchmal fast das Gefühl vermittelte, erwürgt zu werden

Man kann deshalb aber kaum, wie Erik Cohen (1973), behaupten, daß es bei dieser Bewegung darum ging, den Kindern und Jugendlichen Vaterlandsliebe und Patriotismus einzuimpfen, es sich mithin also um eine eher nationalistisch gefärbte pädagogische Aktion handelte. Vor allem nach dem katastrophalen Ersten Weltkrieg und den durch das Versagen der Politik folgenden Notjahren wurde die Bewegung internationalistischer und es ging darum, einen alternativen Lebensstil zu entwickeln, der keine Grenzen kennt. Das Reisen in der ganzen Welt, soweit es damals überhaupt möglich war, stand im Mittelpunkt der Aktivitäten dieser Bewegung.

Als **Beispiel** dafür mag hier Willi Hammelrath (1893-1966) stehen. Nach seinem Studium, das er mit zwei Promotionen abschloß, und dem Austritt aus dem Jesuitenorden zog er mit seiner Freundin und späteren Frau Margret und dem gemeinsamen Sohn über den Balkan, in die Türkei, durch Palästina, Syrien, Ägypten usw., verdingte sich als Maurer, Landarbeiter und lebte mit den jeweiligen Einheimischen zusammen. Auf einem der Treffen der Jugendbewegung auf dem Monte Verità im Tessin wurde er zum „König der Vagabunden" ausgerufen. Als Sekretär eines jüdischen Rechts- und Finanzwissenschaftlers in Wien wurde er 1938 von den Nazis zusammen mit seinem Arbeitgeber verhaftet. Als er wieder freikam, legte er in Deutschland das Staatsexamen für Lehrer ab und arbeitete während des Krieges u.a. an verschiedenen Privatschulen. 1948 zog er mit seiner Familie nach Oberhausen, gründete dort die Arbeiterhochschule, die später in Volkshochschule umbenannt wurde, und wurde Lehrer am (heute nicht mehr existierenden) Novalis-Gymnasium (u.a. Kerner 1982). Nebenbei dozierte Dr. Dr. Willi Hammelrath über Philosophie und moderne Literatur an der Volkshochschule und faszinierte mit seinen aus dem Stegreif gesprochenen, druckreifen Vorträgen.

Die gewiß nicht nationalistische politische Komponente dieses versuchten Ausstiegs aus der Gesellschaft wird auch deutlich in dem Slogan „Generalstreik das Leben lang!", den sein Sinnesgenosse Gregor Gog auf dem Vagabundentreffen im Mai 1929 in Stuttgart ausrief. Der eher kosmopolitische Charakter dieser Bewegung in der Zeit zwischen den beiden Weltkriegen zeigt sich auch darin, daß Gog 1924 mit einer Gruppe der „Internationalen Bruderschaft des Dienstes der Liebe und Freiheit" nach Brasilien auswanderte, aber enttäuscht wieder zurückkehrte, weil die Regierung dort auf dem zugesagten Land die Ansiedlung nur auf privatwirtschaftlicher und nicht auf genossenschaftlicher Grundlage erlaubte. Im Oktober 1945 starb Gregor Gog in Taschkent (Trappmann 1982).

Auch dieser kleine historische Einschub bestätigt im Prinzip die Theorie von Dann (1977), der den Auslöser für die Suche nach Authentizität auf Reisen in gesellschaftlicher Anomie sieht (vgl. Abschnitt 3.2.1.2). Die Aussteiger-Touristen der sechziger und siebziger Jahre des zwanzigsten Jahrhunderts waren demgegenüber nicht durch das Versagen von Politik und Gesellschaft motiviert, wie nach dem Ersten Weltkrieg, sondern sie sind eher, wie Erik Cohen (1973) es formuliert hat, als ‚Wohlstandsnomaden' (*nomads from affluence*) zu sehen: Touristen, die es sich leisten konnten, der Wohlstandsgesellschaft für eine längere Zeit den Rücken zu kehren. Auch die Lebensverhältnisse in diesen Gesellschaften können durch Anomie geprägt sein (vgl. ausführlich dazu Abschnitt 3.2.1.2). In der Argumentation Erik Cohens war beiden ein gewisser Eskapismus gemeinsam, die Jugendbewegung zu Anfang des 20.

Jahrhunderts hatte jedoch ein soziales Anliegen, die ‚Wohlstandsnomaden' dagegen waren rein hedonistisch, das heißt genuß- und selbstbezogen.

Allerdings spielte der lange Vietnamkrieg, vor allem bei den US-Jugendlichen, hier eine nicht unwesentliche Rolle. Einer Gesellschaft, die einen offensichtlich ungerechten und technisch höchst aufwendigen und teuren Krieg gegen ein kleines Land führte, wollte man eigentlich nicht angehören und suchte nach persönlichen Alternativen. Verknüpft mit dem Eskapismus des Drogengebrauchs standen vor allem solche Länder in der Gunst der damals meist ‚Gammler' (*drifter*) oder ‚Hippies' genannten Touristen, in denen Drogen wie Haschisch, Marihuana, Opium etc. entweder zur Landeskultur gehörten (wie in einigen Ländern des Nahen Ostens und Südostasiens) oder toleriert wurden (wie zum Beispiel in den Niederlanden).

„Obwohl der moderne ‚Gammlertourismus' (*drifter tourism*) mit der Sehnsucht unter individualistischen Jugendlichen danach begann ‚die Welt so zu sehen, wie sie wirklich ist', war sie später mehr und mehr mit der ‚Gegenkultur' verbunden. Das Loslassen von Bindungen und Verpflichtungen, das Verlassen akzeptierter Standards und konventioneller Lebenswege, der freiwillige Verzicht auf den Komfort der technisierten Gesellschaft und die Suche nach sinnlichen und emotionalen Erfahrungen gehören zu den charakteristischen Merkmalen der Gegenkultur in ihren unterschiedlichen Formen, die junge Menschen dazu bringen, aus ihrem Land wegzugehen um zu reisen und unter anderen, ‚primitiveren' Bedingungen zu leben" (Erik Cohen 1973, S. 93; Übers. J.W.M.).

Diese Art des Tourismus wurde durch die materiellen Möglichkeiten der jungen Leute gefördert, die nach einer Berufsausbildung oder einem Studium nicht gezwungen waren, sofort eine Stelle anzunehmen, sondern sich Zeit für alternative Erfahrungen nehmen konnten. So ließ sich die Zäsur zwischen der relativen Ungebundenheit zum Beispiel eines Studentenlebens und der Übernahme von Verpflichtung und Verantwortung im Erwachsenenleben um einige Zeit hinausschieben und mit der Erfahrung des Fremden ausfüllen. Um sich den Gegebenheiten der Länder anzupassen, reiste man möglichst nicht mit dem Flugzeug, sondern mit den landesüblichen Verkehrsmitteln wie Eisenbahn, Überlandbus und Sammeltaxen.

Wie im ‚normalen' Tourismus auch, mit dem man nichts zu tun haben wollte, entwickelten sich über die Kommunikation unter den Reisewilligen und den Zurückgekehrten bestimmte Standards von Routen, denen man folgte, und bald gab es auch hier die ersten Reiseführer in Buchform, die ‚alternatives Reisen' ermöglichen sollten. „Die bekannteste ... ist die ‚klassische' Tour von der Türkei durch den Iran, Afghanistan, Pakistan und Indien nach Nepal, mit der Verlängerungsmöglichkeit nach Thailand, Bali und Japan" (Erik Cohen 1973, S. 95; Übers. J.W.M.).

Dies führte zu einer **Vermassung** dieser Art von Tourismus, und die ursprünglich gewollte Spontaneität wich der eigentlich abgelehnten Vorfabrikation der Reisen. Auch die Fluggesellschaften entdeckten schnell diese neue Kundengruppe und boten ihnen spezielle, auf ihre Bedürfnisse zugeschnittene Billigflugtickets an.

Neben den alternativen Reiseführern, deren Auftauchen einen ersten Schritt in Richtung **Kommerzialisierung** bedeutete, entstanden auch Reiseunternehmen aus dieser Reiseszene selbst, von Leuten, die ihre eigenen Erfahrungen weitergeben wollten und schnell erkannten, daß ihnen dies auch Möglichkeiten einer eigenen wirtschaftlichen Existenz eröffnete.

Ein **Beispiel** für diese Entwicklung ist das Unternehmen **Travel Overland** in München. Hier war der Name des Unternehmens ursprünglich Programm, denn es wurde 1978 gegründet als „Gesellschaft für landnahes Reisen mbH". Verkauft werden sollten primär Expeditionsreisen abseits des Massentourismus. Mit der Schließung des Landkorridors nach Indien Ende 1979 durch die russische Invasion und den folgenden jahrzehntelangen Krieg in Afghanistan war diese wichtige Route nicht mehr passierbar. An Stelle der Landarrangements mußten deshalb die ursprünglich nicht gewollten Flugreisen treten. Heute ist das Unternehmen unter dem Slogan „Billigflüge weltweit" ein bedeutender Vermarkter von Consolidatortickets (vgl. Abschnitt 6.5.5). Mit anderen Worten: Das Unternehmen macht heute im Prinzip das Gegenteil von dem, wofür sein Name steht.

Diese Kommerzialisierung fand jedoch nicht nur in den Entsendeländern, sondern auch in den Destinationen selbst statt. Zwar war es die ursprüngliche Absicht dieser Touristen, möglichst nur die bereits bestehenden Infrastruktureinrichtungen auf ihren Reisen zu nutzen, die zudem in der Regel den Vorteil hatten, sehr billig zu sein. Mit der Vermassung dieser Art von Tourismus setzte jedoch ein Prozeß der Spezialisierung ein, in dem die Geschäftsleute an den zunehmend eingefahrenen Reiserouten sich auf diese Zielgruppe einstellten und ihre Angebote für sie ausbauten. Alte Busse wurden beschafft, um den Massenandrang bewältigen zu können, Gästehäuser, Jugendhotels und Kaffeehäuser wurden gebaut. Damit entwickelten sich sowohl spezielle Treffpunkte für diese Touristen als auch ganze Gemeinden, in denen sie einige Zeit verbrachten. Dazu gehörten zum Beispiel Ibiza, Kathmandu, Goa, Eilat am Roten Meer in Israel, die Insel Lamu im Norden Kenias und einzelne griechische Inseln (Erik Cohen 1973, S. 97). Die Wahrscheinlichkeit, Bekannte, die ebenfalls unterwegs waren, auf einer dieser Routen zu treffen, wurde ziemlich hoch. Die eigentlich angezielte Individualität der Reisemuster wich damit den gleichen kollektiven Reiseabläufen wie im eigentlich abgelehnten, primär kommerziell ausgerichteten Tourismus.

In **Eilat**, wo die Gemeinde der ‚Wohlstandsnomaden' von Erik Cohen näher untersucht wurde, zeigte es sich, daß nur ein geringer oder gar kein Kontakt zu den eigentlichen Einwohnern der Stadt bestand - die meisten Einheimischen wollten mit diesen zeitweiligen Aussteigern nichts zu tun haben. Die lokalen Tourismusbehörden versuchten, die ‚Gammler' von den ‚normalen' Touristen fernzuhalten, ihre Ausbreitung am Strand zu verhindern und sie generell möglichst ‚unsichtbar' zu halten, indem sie auf bestimmte Gebiete beschränkt wurden.

Dies kennzeichnet die Entwicklung der Vermassung der „Anti-Tourismus"-Reisen: Dadurch, daß es immer mehr dieser meist jugendlichen Touristen gibt, die auf zunehmend standardisierten Routen unterwegs sind, verringert sich der Kontakt zu den Einheimischen drastisch. Diese fürchten oft um ihre eigenen Kinder, die nicht mit diesen fremden und unmoralischen Besuchern in Kontakt kommen sollen, die zudem aus der Sicht der Einwohner noch die eigenen kulturellen Traditionen gefährden (Erik Cohen 1973, S. 102). Damit wird die Parallele zum normalen Tourismus immer deutlicher: Hier wie dort ziehen die Pioniere des Reisens, durch ihr Beispiel angeregt, neue Gruppen auf ihre Fährte. Die Kontakte beschränken sich zunehmend auf andere, gleichgesinnte Reisende, die meist ebenfalls irgendwie zur Gegenkultur gehören. Zusammenfassend schreibt Erik Cohen:

„In seiner sozialen Dynamik entwickelt der massenhafte Gammlertourismus (*massdrifter tourism*) eine parallele Tendenz zu dem, was man im normalen Massentourismus beobachten kann: Ein Verlust an Interesse ... an den Einheimischen, an Gebräuchen und Landschaften und eine zunehmende Orientierung an der eigenen Gruppe. ... Ebenso wie der Massentourist hat auch der Gammler ein verzerrtes Bild von der Gastgebergesellschaft; die Perspektive des letzteren ist jedoch der des ersteren diametral entgegengesetzt: Der eine schaut aus den luftigen Höhen eines klimatisierten Hotelzimmers auf das Gastland, der andere aus der Tiefe eines Mülleimers " (1973, S. 99; Übers. J.W.M.).

Der Hippietourismus hat zudem in vielen Fällen das bewirkt, wogegen er eigentlich als Alternative angetreten war: die Entwicklung des ‚normalen' (Massen-)Tourismus. In den sechziger Jahren des zwanzigsten Jahrhunderts öffneten die Hippies Mexiko für den Tourismus (MacCannell 1976, S. 171), die griechischen Inseln und in den 1970er Jahren die Türkei. Wenn ihnen die normalen Touristen folgten und ihre wirtschaftliche Bedeutung vor Ort deutlich geworden war, wurden Hippies in vielen Fällen nicht mehr geduldet und sollten dem Blick der Besucher entzogen werden. In manchen Fällen wie in San Francisco und in Amsterdam war es jedoch vor dem Absterben der Hippie-Bewegung gelungen, sie so in den Ort zu integrieren, daß sie selbst zu einer der Attraktionen für die Besucher der Stadt wurden (*op. cit.*, S. 172).

Dadurch unterschieden sich diese Reisen sehr stark von den Vorläuferreisen der Aussteiger und Vagabunden in den zwanziger und dreißiger Jahren des 20. Jahrhunderts. Die brutale Zäsur des Zweiten Weltkrieges ebenso wie die vordem eher durch Not und kaum sozial abgesicherte Arbeitslosigkeit als durch Wohlstand geprägte Zeit, ließen die Kopie und damit eine Entwicklung zur Kommerzialisierung dieser Reisen nicht zu. Ohne diese Begrenzung wäre wohl bereits in den 1930er und 1940er Jahren eine ähnliche Entwicklung zu beobachten gewesen.

Der Tourismus ist nicht das einzige ‚Opfer' dieses **Trends zur Kommerzialisierung**: Er ist in praktisch allen Lebensbereichen zu beobachten. Ob es sich um Mode, Popmusik oder Freizeitaktivitäten handelt, in allen Bereichen wird erfolgreich versucht, neue Entwicklungen aufzugreifen und erfolgreich zu vermarkten, nicht selten unterstützt und gefördert von denen, die diese Entwicklungen zunächst meist ohne geschäftliche Hintergedanken und oft sogar mit einer explizit gegen den Kommerz gerichteten Einstellung betrieben haben.

An die Stelle des Hippie- oder Gammlertourismus ist seit den 1980er Jahren, vor allem in Australien und Neuseeland, der weniger mit negativen Konnotationen besetzte Begriff des **Rucksacktourismus** (*backpacker tourism*) getreten. Dabei handelt es sich „um Reisestile, bei denen die Betonung auf Bewegung und Mobilität liegt. Der Rucksack als Gepäckstück ermöglicht dieses

Verhalten viel besser als zum Beispiel der Koffer" (Ateljevic & Doorne 2001, S. 172; Übers. J.W.M.). Hinter dieser auf den ersten Blick weitgehend homogen erscheinenden Gruppe verbergen sich jedoch ganz unterschiedliche Wünsche, Motive und Verhaltensweisen.

Übersicht 5.2: Entgegengesetzte Typen von Rucksacktouristen (backpackers)

traditionelle Langzeitreisende (traditional, long term budget travellers)	Rucksackreisende mit konventionellem Hintergrund (mainstream backpackers)
• Reisen zur Verarbeitung von Statuspassagen oder biographischen Brüchen (zum Beispiel nach der Schule/dem Studium, nach einer längeren Partnerschaft)	• sowohl ältere Menschen mit flexibleren Reisevorstellungen als auch jüngere Erwachsene (oft Studenten und ‚party animals'), die für wenig Geld möglichst viel erleben möchten
• Nostalgiemotive – Natur, authentische Lebensstile, lokale Kultur, Einkaufen in Bioläden (*organic shops*)	• Reisen als Bestandteil eines neuen ‚globalen Lebensstils', Treffen Gleichgesinnter, Desinteresse an lokaler Kultur, Einkauf in billigen Supermärkten
• keine festgelegten Reiserouten	• über spezialisierte Veranstalter organisierte Reisen (Bausteinkonzept für individuelle Kombination)
• Verbindung von Reisen mit Gelegenheitsarbeiten, typischerweise bei Ökobauern (*organic farms*) um den Aufenthalt zu verlängern	• vergleichsweise kurze Aufenthalte - von zwei bis drei Wochen bis zu drei Monaten
• Wunsch nach Vermeidung der üblichen Routen und Plätze	• Plätze, die man gesehen haben muß
• Wunsch nach zeitweisem Eintauchen in die Gastgesellschaft	• Reisen in der ‚Käseglocke' mit Gleichgesinnten, erlebnisorientierte Aktivitäten (zum Beispiel *bungy jumping, river rafting*)
• Fahren per Anhalter, Nutzung öffentlicher Verkehrsmittel, Fahrrad, Gebrauchtwagen	• Fahren mit Linienbusgesellschaften, die sich auf dieses Publikum spezialisiert haben

Quelle: erstellt aus den Angaben in Ateljevic & Doorne 2001

In einer empirischen Studie wurden von Ateljevic & Doorne (2001) über einen Zeitraum von zwei Jahren insgesamt 106 Tiefeninterviews und fünf Gruppendiskussionen (*focus groups*) mit Rucksacktouristen in Neuseeland durchgeführt. Dabei wurde deutlich, daß dieser Markt sich über ein breites Spektrum ausdifferenziert hat, welches man als ein Kontinuum zwischen den beiden Polen „traditionelle Langzeitreisende" und „Rucksackreisende mit konventionellem Hintergrund" ansehen kann. Die Charakteristika dieser beiden Extreme sind in Übersicht 5.2 aufgeführt.

Abbildung 5.5: Die Entwicklung des Marktes für Rucksacktouristen in Neuseeland

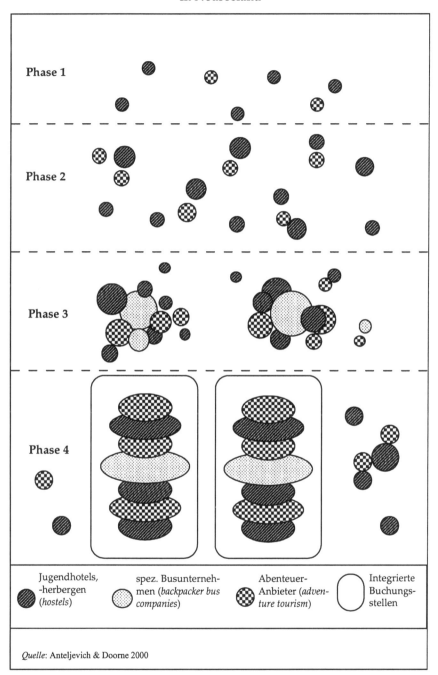

Quelle: Anteljevich & Doorne 2000

Die meisten der traditionellen Langzeitreisenden nehmen, so kann man mit Hennig 1999 in Anlehnung an den Ethnologen van Genepp argumentieren, die Reisen als mehr oder weniger bewußte **Übergangsrituale**, die den Übergang von einer Phase im Lebenszyklus zur nächsten markieren.

„Vor allem in der Umwandlungsphase sind die Regeln des normalen Alltagslebens aufgehoben; sie ist eine Zeit der grundlegend anderen, das gewöhnliche Leben transzendierenden Erfahrungen. Zu ihren Merkmalen gehört, daß Statussymbole ihre Bedeutung verlieren, Menschen befreit sind von ihren üblichen Verpflichtungen und daß größere Nähe und Gleichheit herrschen als im Alltag" (Hennig 1999).

Die Vorstellung der Wandlung ist zwar im Prinzip mit allen Reisen verbunden, für diese Reisenden ist sie jedoch von besonderer Bedeutung, denn sie wollen keinen flüchtigen Aufenthalt, sondern ein zeitweiliges Abtauchen in (meist allerdings nur bestimmte Bereiche) des authentischen Lebens in der Gastgesellschaft. Erlebnisorientierung, Flexibilität, vergleichsweise kurze Reisedauer und das Gefühl, einen globalen Lebensstil zu führen bei gleichzeitigem Wunsch, dies alles für ein Minimum an Ausgaben zu erhalten, kennzeichnet dagegen den anderen Pol, den die Rucksackreisenden mit konventionellem Hintergrund einnehmen.

Der Aufbau einer speziellen Infrastruktur für Rucksackreisende, die einen weitgehend reibungslosen Ablauf dieser Reisen gewährleistet, entspricht vor allem den Bedürfnissen der zweiten Gruppe. Zu dieser ‚Rucksacktourismusindustrie' (*backpacker industry*) gehören in Neuseeland vor allem Busunternehmen wie **Kiwi Experience** und **Magic Bus**, aber auch Jugendherbergen und einfache Hotels, die aufgrund der Nachfrage dieses Typus von Touristen entstanden sind.

Die Entwicklung verlief nach Ateljevic & Doorne in vier Phasen. In der ersten Phase dominierten die vereinzelten und weitgehend isoliert voneinander bestehenden Beherbergungsbetriebe neben einigen wenigen Unternehmen, die Exkursionen und Erlebnisse (*bungee jumping, river rafting, kayaking* usw.) anboten. Neue Unternehmen dieser Art entstanden in der zweiten Phase, in der dann vor allem die Beherbergungsbetriebe wuchsen, die in der Nähe eines solchen Unternehmens lagen. In der dritten Phase entstanden Vernetzungen zwischen den Beherbergungsbetrieben, den Erlebnisproduzenten und den neu gegründeten Busunternehmen, die zu starkem Wachstum der kooperierenden Unternehmen führten. In der vierten Phase schließlich haben sich verschiedene Partner um die Busunternehmen fester aneinander gebunden, von Konkurrenten abgegrenzt und bieten jeweils gemeinsam Reisearrangements an, die man bei jedem der Partner in der Regel auch buchen kann. Wie Abbildung 5.5 zeigt, entsteht so ein immer stärker rationalisierter Tourismus, der schließlich zu einem „mcdonalidisierten" Produkt wird, das sich im Bild des „*tourist hamburgers*" im Bild der vierten Phase symbolisiert.

„Wenn die Entwicklung der *fast food*-Industrie auf die der Rucksacktourismusindustrie hindeutet, dann werden wir in Zukunft die Entstehung effizient vermarkteter, vertikal integrierter[21] und internationaler Unternehmensstrukturen sehen, die eine ganze Palette standardisierter Produkte für Rucksacktouristen auf der ganzen Welt anbieten wird" (Ateljevic & Doorne 2001, S. 176; Übers. J.W.M.).

---

[21] siehe dazu ausführlich Abschnitt 6.6

5.11 Exkurs II: Sextouristen

Normale gesellschaftliche Schranken fallen auf einer Urlaubsreise bzw. während eines Urlaubsaufenthaltes weitaus schneller als in der normalen Umwelt. Die gewohnten Bahnen führen durch das tägliche Einerlei und man wird durch die Anforderungen und Notwendigkeiten der Organisation des Alltags im Beruf und Privatleben quasi in der Spur gehalten. Auch die räumlichen Arrangements, innerhalb derer der Alltag stattfindet, und die soziale Kontrolle durch Nachbarn, Bekannte und Verwandte führen dazu, daß man sich weitgehend gemäß den wahrgenommen Normen verhält. Gesellschaftlich akzeptierte Brüche in dieser Gleichförmigkeit finden sich einerseits zu Hause im Karneval, zum anderen während Urlaubsreisen. Wir haben es also auch bei Reisen unter diesem Aspekt mit einem Ritual zu tun, das zwar, wie der Alltag, ebenfalls bestimmten Regeln gehorcht, deren Inhalte aber als eher gegensätzlich zu den sonst geltenden Verhaltensnormen empfunden werden (vgl. dazu auch das in Abschnitt 2.3.6 angeführte Beispiel der us-amerikanischen Studenten).

Das gilt insbesondere für das Sexualverhalten. Wie bereits im 3. Kapitel zu sehen war (Abschnitt 3.2.2.2), spielen „Flirt & Liebe" als Urlaubsmotiv und noch stärker als Urlaubsaktivität eine wichtige Rolle im privaten Reisegeschehen. Das trifft vor allem sexuelle Kontakte zwischen den Urlaubern, deren Chancen nicht zuletzt auch durch die hohe Verdichtung von Urlaubern in den Hotelanlagen der Touristenzentren gefördert werden. Nur ein relativ kleiner Prozentsatz von Reisenden – dazu gehören auch Geschäftsreisende – suchen auf ihren Reisen auch den Kontakt zu einheimischen Prostituierten bzw. haben Sexualkontakte gegen die Bezahlung von Geld oder Sachleistungen. Diesem Thema wird hier aber aus zwei Gründen größere Beachtung geschenkt, weil

1. durch die hohe Durchseuchungsrate mit der erworbenen Immunschwäche AIDS (*acquired infection deficiency syndrome*) in den Zielländern der meisten dieser Touristen die reale Gefahr einer weiteren Ausbreitung dieser tödlichen Krankheit in den Entsendeländern besteht;
2. ein Teil dieser Sextouristen auf Reisen pädophilen Neigungen nachgeht und damit die sexuelle Ausbeutung von Minderjährigen im Rahmen der Kinderprostitution in den Zielländern fördert.

Aussagefähige repräsentative Studien zu diesem sensiblen Thema liegen nicht vor. Dies ist vor allem darauf zurückzuführen, daß die Grundgesamtheit der Sextouristen nur schwer zu definieren und zu identifizieren ist. Jeder weiß zwar, was ein Sextourist ist, aber wenn es darum geht, ihn von anderen Reisenden abzugrenzen, ist es schwierig, dafür die richtigen Kriterien zu finden. In der bislang umfangreichsten Studie, die vom Bundesministerium für Gesundheit finanziert wurde, wird folgende **Definition des Sextouristen** vorgenommen:

Der Begriff Sextourist wird für alle Personen verwendet, „die aus der Bundesrepublik (oder einem anderen Industrieland) kommend ein Zielland (zumeist) in der Dritten Welt befristet bereisen (zumeist zu Urlaubszwecken, aber auch als Geschäfts- oder

Tagungsreisende), die dort Sex mit einheimischen Frauen haben und dafür mit Geld oder Sachleistungen bezahlen" (Kleiber & Wilke 1995, S. 21.)

Auch wenn sie natürlich im Zusammenhang mit der Untersuchung deutscher Sextouristen zu sehen ist, ist diese Definition ob ihrer Einseitigkeit problematisch, denn auch Besucher aus wirtschaftlich weniger entwickelten Ländern wie zum Beispiel China sind häufig Sextouristen. Sie sind es sogar umgekehrt in den entwickelten Industrieländern, wenn männliche chinesische Besucher eine Stadt wie Amsterdam vor allem wegen der in ihrem Heimatland undenkbaren Freizügigkeiten der kommerziellen örtlichen Sexszene in ihre Reiserouten einbeziehen. Die in der Definition deutlich werdende Beschränkung ist aber nicht nur auf eine eingeengte Wahrnehmung der vielfältigen und komplexen sozialen Wirklichkeit auf unserem Globus zurückzuführen, sondern hängt auch zusammen mit den in Industrieländern weitverbreiteten Schuldgefühlen gegenüber Ländern der Dritten Welt, die ihre Wurzeln in der kolonialen Vergangenheit dieser Länder haben. Drei oder vier Jahrzehnte nach dem Ende der Kolonialherrschaft können die Probleme der Entwicklungsländer aber nicht mehr auf die Kolonialzeit geschoben werden – sie sind inklusive der menschenverachtenden Ausbeutungsstrukturen praktisch ausnahmslos hausgemacht (vgl. dazu u.a. Ayittey 2005; Chabal & Daloz 1999; Kapuscinski 2001; de Soto 2002).

Die weitere Einschränkung der Definition, nach der nur heterosexuelle Männer Sextouristen sein können, haben die Autoren selbst im Verlaufe der Studie aufgehoben, in dem sie auch Frauen als Sextouristen einbezogen und neben hetero- auch homosexuelle Kontakte erfaßt haben. Sextouristen sind also ganz allgemein diejenigen, die auf ihren touristischen Reisen in der Regel kommerzielle sexuelle Kontakte mit Einheimischen haben.

Nach einer **Schweizer Studie** aus dem Jahre 1991, die im Auftrag des Institutes für Sozial- und Präventivmedizin an der Universität Lausanne durchgeführt wurde, hatten sieben Prozent der schweizerischen Männer zwischen 17 und 45 Jahren sexuelle Kontakte mit Einheimischen, ein Viertel der Männer hatte dafür bezahlt (cit. n. Kleiber & Wilke 1995, S. 291 f.). Vermutlich war der Anteil der gegen Bezahlung geleisteten Sexarbeit bei den Männern aber erheblich größer, weil sie die von ihnen erbrachten Sachleistungen nicht als Entgelt wahrgenommen haben (a.a.O.). Insgesamt kommt die Studie so zu einer Zahl von ca. 25.000 Schweizern, die man als Sextouristen bezeichnen könnte. Darüber hinaus basiert die Untersuchung auf einer telephonischen Befragung, bei der die Auskunftsbereitschaft zu einem solchen Thema relativ gering sein dürfte.

In **Deutschland** wurde über eine Sondererhebung bei der Reiseanalyse 1992 versucht, die Zahl der Sextouristen zu ermitteln. Dafür wurde den Befragten ein zusätzlicher einseitiger Fragebogen und ein verschließbarer Umschlag übergeben, damit die Antwortbereitschaft nicht durch die mögliche Reaktion des Interviewers beeinflußt wird. Etwa 40 Prozent der in der Reiseanalyse 1992 befragten Personen haben diesen Fragebogen nicht ausgefüllt. Somit ist auch diese Studie nicht repräsentativ und man kann sie nur mit großer Vorsicht interpretieren. Aufgrund ihrer Ergebnisse wird die Zahl derjenigen, die Sex mit vorher nicht bekannten Einheimischen hatten, auf ca. 800.000 geschätzt. Davon hatten nach den Angaben in der Befragung ca. sechs Prozent bezahlten Sex (*op. cit.*, S. 304). Die Grundgesamtheit bezieht sich dabei auf Männer und Frauen ab 14 Jahren, sie ist also größer gefaßt als in der erwähnten Schweizer Befragung. Die meisten dieser Sexualkontakte fanden – entgegen den Erwartungen durch die öffentliche Diskussion des Themas – nicht in Südostasien, sondern in den europäischen Reisezielen statt (*op. cit.*, S. 293 ff.). Das ist auch naheliegend, denn weitaus die meisten Reisen der Deutschen führen in das europäische Ausland. Der Anteil der Sexualkontakte mit Einheimischen in außereuropäischen Reisezielen lag bei ca. einem Viertel.

Auch wenn die Untersuchung von Kleiber & Wilke nicht unbedingt repräsentativ ist, da sie nur deutschsprachige Sextouristen in außereuropäischen Ländern (Philippinen, Thailand, Kenia, Dominikanische Republik und Brasilien) berücksichtigt hat, ist es ihr doch weitgehend gelungen, das Typische an ihrem Verhalten zu erfassen. Während die Männer erstaunlich offen über ihre sexuellen Urlaubsaktivitäten berichteten, ist es auf der anderen Seite kaum gelungen, weibliche Sextouristen zu befragen, obwohl sie ebenso eindeutig zu identifizieren waren. Offensichtlich ist der Kauf von Sex für Frauen stärker mit einem Tabu behaftet als für Männer. Dabei sahen sich knapp vier Fünftel der Befragten trotz des Zutreffens der oben aufgeführten Definition selbst nicht als Sextouristen. Insgesamt wurden in der Studie 807 Sextouristen (661 hetero-, 122 homosexuelle Männer und 24 heterosexuelle Frauen) an ihrem Urlaubsort in persönlichen Interviews zu ihrem Verhalten befragt und um das Ausfüllen eines Persönlichkeitsfragebogens (Freiburger-Persönlichkeits-Inventar, FPI) gebeten.

Wer sind nun die Sextouristen? In erster Linie, wie die Ergebnisse des FPI am Beispiel der größten Teilgruppe, der **heterosexuellen Männer**, zeigen, ganz normale Männer. Allerdings war der Anteil besonders selbstsicherer Männer mit einem Fünftel nur etwa halb so groß wie in der deutschen Gesamtbevölkerung. Auf der anderen Seite sind unter ihnen jedoch auch doppelt so viele Extrovertierte zu finden, wie in der Normstichprobe. 90 Prozent der Sextouristen sind alleinstehend, ihr Durchschnittsalter liegt bei knapp 35 Jahren und sie kommen aus allen Schichten der Bevölkerung. Drei Viertel von ihnen gaben an, bereits vor den Reise geplant zu haben, Sex mit einheimischen Frauen zu haben. Nur jeder vierte von ihnen nahm auch in Deutschland sexuelle Dienstleistungen von Prostituierten in Anspruch. Ihre Reise haben zwei Drittel individuell organisiert, nur ein Drittel waren Pauschalreisende, der größte Teil davon in der Dominikanischen Republik. Die durchschnittliche Aufenthaltsdauer der Sextouristen betrug 37 Tage – Pauschalreisen sind spätestens nach drei Wochen zu Ende. Die häufig für den Sextourismus gescholtenen Reiseveranstalter haben also – zumindest nach dieser Untersuchung – recht wenig damit zu tun.

Die Beziehung zu Prostituierten sieht in den Gastländern ganz anders aus als zu Hause. In Deutschland dauerte der Kontakt zu einer Prostituierten maximal eine Stunde und kostete im Schnitt ca. 80 Euro, ist in der Regel dominiert von der Prostituierten und – mit genauen Tarifen für bestimmte Dienstleistungen – vergleichsweise stark rationalisiert. In den typischen Zielgebieten für Sextouristen dagegen ist der Kontakt nicht auf die sexuelle Transaktion beschränkt, sondern eher in Urlaubsbeziehungen organisiert: Bei mehr als der Hälfte dauerte das „letzte Zusammensein mit der letzten Prostituierten" mindestens einen Tag, bei 45 Prozent mehrere Tage. Diese Arrangements erlauben es Prostituierten wie Freiern, den tatsächlichen Charakter ihrer im doppelten Sinne Austauschbeziehung vor sich selbst und anderen zu verschleiern und umzudefinieren zu einer ‚normalen' Beziehung, wie dies Günther (1998) und Weiler (1998) in ihren Fallstudien eindrucksvoll gezeigt haben. Ein wichtiges Element dieser Verschleierung des tasächlichen Charakters der professionellen sexuellen Transaktionen liegt in dem geschickten Spiel der Prostituierten, die vorab keinen Preis für ihre Dienste mit ihren Freiern vereinbaren und auch Formen indirekter Bezahlung über das Begleichen von Restaurantrechnungen und über Geschenke akzeptieren (Ryan & Hall 2001, S. 58 ff.).

Nach der Untersuchung von Kleiber & Wilke beschränken sich die sexuellen Kontakte auch in diesen Fällen jedoch nicht auf eine Frau, sondern im Durchschnitt hatten die Männer zum Befragungszeitpunkt nach (wieder im Durchschnitt) 22 Aufenthaltstagen knapp vier verschiedene Sexualpartnerinnen, mit denen sie etwa 12 Sexualkontakte hatten. Dennoch, das Spiel funktioniert: Ein Fünftel der Männer gaben an, sich in eine der Frauen „sehr stark" bzw. „stark" verliebt zu haben. Fast 30 Prozent haben sich „etwas" verliebt. Jeder zweite Mann erlebt also Aspekte von, wie immer zu bewertenden, Liebesbeziehungen in seinen Kontakten zu Prostituierten. Entsprechend spielen auch mehr als die Hälfte von ihnen mit dem Gedanken, diese Frau wiederzusehen, 20 Prozent sind sich sogar sicher und ein großer Teil gibt an, bereits über eine eventuelle Heirat nachgedacht zu haben.

„Die Tatsache, daß für diese Kontakte ja mit Geld oder Sachleistungen bezahlt worden war, geriet offenbar weitgehend aus dem Blick. Imaginiert wurden häufiger temporäre ‚Liebes'-Beziehungen, deren Ausgestaltung im Urlaub für beide Beteiligten durchaus funktionale Aspekte hat: So brauchen die Männer, wenn sie sich als Partner oder Urlaubsehemann fühlen, sich nicht mehr als ‚Ausbeuter' wahrzunehmen und so reduzieren sich ihre möglicherweise real vorhandenen Ambivalenzen, die sie gegenüber ihren eigenen sextouristischen Handlungen erleben. Zugleich ist die Produktion der ‚Illusion von Liebe, Partnerschaft und Perspektive' auch für die Frauen funktional. Den Männern das ‚Gefühl von Zuneigung zu geben' reduziert für die Frauen zum einen die Wahrscheinlichkeit, daß die real existierenden (bereits altersmäßig vorgegebenen) Macht- und Dominanzverhältnisse sich zu Ungunsten der Frauen auswirken; es reduziert zum Zweiten die mit der Prostitutionsaktivität verbundenen Gefahren, physischer Gewaltanwendung ausgesetzt zu sein und es erhöht die Wahrscheinlichkeit, ‚spendable' Freier zu haben, die ggf. auch über die Urlaubsdauer hinaus ‚aus Liebe' Geld schicken" (Kleiber & Wilke 1995, S. 197).

Letzteres wird sogar kommerziell über Serviceagenturen betrieben, in denen Studenten für die meist nicht fremdsprachenkundigen Prostituierten die Briefe aufsetzen (Eirk Cohen 1982). Dies kann soweit gehen, daß auch Lebensgemeinschaften eingegangen oder Ehen mit (Gelegenheits-)Prostituierten geschlossen werden, die nur kurze Zeit existieren und von den Frauen oft geschickt für die weitere Finanzierung ihres Lebensunterhaltes bzw. den Aufbau einer eigenen Existenz genutzt werden (Erik Cohen 2003).

Für die Kondombenutzung als Aids-Prävention ist das Gefühlsengagement der Freier jedoch kontraproduktiv: Je stärker die Empfindungen für eine Frau sind, desto geringer wird die Wahrscheinlichkeit, daß bei den Sexualkontakten ein Präservativ verwendet wird. Die Wahrscheinlichkeit dafür wird auch dadurch vermindert, daß die Prostitution in diesen Ländern weniger professionell betrieben wird, nicht zuletzt auch deshalb, weil die Frauen meist deutlich jünger und unerfahrener sind als zum Beispiel die Prostituierten in Deutschland. Das von den Männern angegebene Durchschnittsalter ihrer letzten Prostituierten im Urlaub lag bei 23 Jahren, immerhin ein knappes Fünftel wurde jünger als 20 geschätzt, die jüngsten davon auf 13 Jahre. Aus verschiedenen Gründen (u.a. mangelnde Fähigkeit der Männer, das Alter richtig zu schätzen; Tendenz minderjähriger Mädchen, sich als älter auszugeben; Beruhigung des eigenen Gewissens) dürfte das Alter jedoch in vielen Fällen jünger sein als angegeben (*op. cit.*, S. 188). Immerhin wird das Charakteristikum „mädchenhaft" von mehr als der Hälfte der Männer ihrer letzten Sexualpartnerin zugeschrieben. Ein Viertel von ihnen gibt als Motiv für den Sex mit einheimischen Frauen auch an, daß man hier „Sex mit besonders jungen Frauen/Mädchen haben kann" (*op. cit.*, S. 193).

Eine Zusammenfassung der Motive (mit Hilfe einer Faktorenanalyse) zeigt denn auch, daß der wichtigste Faktor aus Motiven besteht, die man mit „Verantwortungsfreier Sex mit jungen Mädchen" überschreiben kann. Dazu gehört die Zustimmung zu den folgenden Aussagen: „Ich hatte Sex mit einheimischen Frauen, weil

- ich Sex haben kann, ohne eine ernsthafte Beziehung eingehen zu müssen;
- weil man alles bekommen kann, was man will;
- weil Prostitution hier so billig ist;
- weil ich hier anonym Sex haben kann und nicht kontrolliert werde;
- weil ich hier Sex mit besonders jungen Frauen/Mädchen haben kann;
- weil Sex mit Prostituierten hier so normal ist;
- weil ich mich hier freier fühle im Ausleben meiner sexuellen Wünsche"

(*op. cit.*, S. 193 ff.). Wer die sexuellen Dienstleistungen minderjähriger Mädchen kauft, das sind ca. 10 Prozent der männlichen heterosexuellen Sextouristen, ist nach den Ergebnissen der Studie im Durchschnitt älter als andere Sextouristen, ist sexuell noch aktiver, präferiert andere Sexualpraktiken und verliebt sich seltener.

„Die Suche nach einer Partnerschaft und emotionale Nähe, die für eine beträchtliche Gruppe der Sextouristen handlungsleitend war, spielt für Männer, die Sex mit Minderjährigen und sehr jungen Frauen haben, nur eine sehr nachrangige Rolle. Bei ihnen stand das *selbstbezogene Ausleben sexueller Wünsche* im Vordergrund. Sie erkaufen sich im Urlaub auf Kosten der minderjährigen Mädchen die Befriedigung von sexuellen Vorlieben, die sie im eigenen Herkunftsland nicht oder nur sehr viel schwieriger ausleben können" (*op. cit.*, S. 288; Hervorh. i. Orig.).

Kinderprostitution gibt es in diesen Ländern zwar offener als in Mitteleuropa, gleichwohl gibt es sie unabhängig vom Tourismus auch hier („Babystrich") und ist über viele Jahre weitgehend toleriert worden, bis das Problem sexuellen Mißbrauchs Minderjähriger generell auch in Deutschland diskutiert wurde. In den USA, in Australien oder Großbritannien wurde diese Debatte schon in den frühen 1980er Jahren geführt. In Deutschland wird die

Zahl der Kinderprostituierten auf zwischen 5.000 und 30.000 geschätzt (Jans 1990; cit. n. v. Krause 1995, S. 314).

Homosexuelle Männer als weitere Teilgruppe der Sextouristen waren sexuell noch deutlich aktiver als heterosexuelle. Weitaus häufiger als heterosexuelle Männer benutzen sie zwar Kondome, der kleine Teil, der dies nicht tut, ist aber aufgrund der sehr hohen Partner- und Sexfrequenzen vermutlich eine noch größere Gefahr für die Übertragung von Aids als die weniger Kondome nutzenden heterosexuellen Männer. Diese Gruppe ist im Durchschnitt noch älter (ca. 43 Jahre) als die heterosexueller Männer und weniger von romantischen Anwandlungen betroffen. Entsprechend sieht sie sich selbst auch eher in der Kategorie Sextourist.

Heterosexuelle Frauen als Sextouristen konnten aus den oben genannten Gründen nur einige wenige in Kenia befragt werden (Kleiber & Wilke 1995., S. 193, S. 245 ff.). Die meisten von ihnen waren bereits etwas älter, hatten mehrere Beziehungen und/oder Ehen hinter sich und waren romantisch eingestellt. Eher passiv in ihrem Verhalten sahen sie sich in Kenia einem relativ offensiven und dauerhaften Kontaktangebot ausgesetzt, dem sie dann irgendwann nachgegeben haben. Da die sexuellen Dienstleistungen der einheimischen Männer entsprechend der gefühlsbetonten Grundeinstellung der Frauen meist als Liebesbeziehung erlebt wurden, wurden – wie bei den heterosexuellen Männern in solchen Situationen – Kondome nur vergleichsweise selten verwendet. Sie sahen sich deshalb auch nicht als Sextouristinnen, obwohl sie für die sexuellen Dienstleistungen der Männer mit Geld oder Sachleistungen gezahlt haben.

Der hauptsächliche Grund für den Prostitutionstourismus aus Industrieländern in Fernreisedestinationen ist, wie auch die oben referierte Untersuchung von Kleiber & Wilke deutlich gemacht hat, das erhebliche Wohlstands- und damit Preisgefälle zwischen den Entsende- und den Empfängerländern. Die Prostitution in den Reiseländern ist dabei keineswegs die Folge des Tourismus, wie manchmal behauptet wird. Boonchalakski & Guest (1998) zeigen am Beispiel Thailands, daß die touristische Nachfrage nach sexuellen Dienstleistungen hier nur von untergeordneter Bedeutung ist. Daß immer wieder der Eindruck einer großen, nur auf die Bedürfnisse von Touristen zugeschnitteten Sexindustrie entsteht, hängt nach Ansicht der Autoren ganz einfach mit der größeren öffentlichen Sichtbarkeit von ‚Bierbars' und ‚a-go-go'-Betrieben zusammen, die von Sextouristen aufgesucht werden. Than-Dam (1983) referiert die verschiedenen Formen der Prostitution und ihre gesellschaftlichen Ursachen und langen Traditionen innerhalb der Länder Südostasiens. Sie stellt dabei fest, daß

„unter den vorherrschenden traditionellen Heiratsbräuchen Frauen ganz offen gegen wirtschaftliche Vorteile getauscht werden und ihnen damit das Recht auf freie Partnerwahl abgesprochen wird oder sie in die Ehe gezwungen werden, um zwar sozial ‚akzeptiert' zu sein, aber nur beschränkte Rechte zu haben. Auch wenn sich für einige die Situation verbessert, haben doch viele keinen Zugang zu den Möglichkeiten, über ihr eigenes Leben zu bestimmen. Unter diesen Umständen können Frauen, die Opfer solcher Traditionen sind, gezwungen sein, ihren Körper als letzte Chance wahrzunehmen. In diesem Zusammenhang kann der Verkauf von Sex als Teil einer weiblichen Überlebensstrategie gesehen werden" (*op. cit*, S. 539; Übers. J.W.M.).

Der Unterschied zwischen offener Prostitution und gesellschaftlichen Traditionen ist damit in vielen Fällen fließend. Gegenüber vielen anderen Erwerbschancen sind die Verdienstmöglichkeiten in der Prostitution um ein Vielfaches höher. Aber nicht nur das. In ihrer Untersuchung über die Prostitution in Indonesien für die Internationale Arbeitsorganisation (ILO) kommen Jones, Sulistyaningsi & Hull (1998) zu dem Schluß, daß „im Großen und Ganzen ... die Arbeitsbedingungen im Sexsektor erheblich besser (sind) als diejenigen, welche die meisten arbeitenden Indonesier auf gleichem Niveau genießen" (S. 44; Übers. J.W.M.). Für viele Frauen bedeutet die sexuelle Dienstleistung für Touristen, die noch einmal deutlich besser bezahlt ist als die für Einheimische, mehr als das bloße Einnehmen von Geld. Viele Mädchen und Frauen träumen auch davon, einen der Besucher zu heiraten und ihr Glück im Ausland zu machen. Die wenigen Beispiele, in denen dieser Traum in Erfüllung gegangen ist, dienen vielen jungen Frauen mit als Motiv für ihr eigenes Handeln (Erik Cohen 1982).

Neben diesem teilweise emanzipativen Aspekt von Prostitution für Touristen vor dem Hintergrund frauenfeindlicher Sozialstrukturen gibt es gleichzeitig aber auch das genaue Gegenteil: die Versklavung von Frauen für die Prostitution und einen entsprechenden Mädchen- und Frauenhandel. Der allerdings ist nicht auf Destinationen der Dritten Welt beschränkt, sondern ebenso in Mitteleuropa anzutreffen. Er hat also im Prinzip nichts mit Tourismus zu tun und hängt weitgehend mit der doppelten Moral zusammen, mit der sexuellen Dienstleistungen auch in sich selbst als aufgeklärt verstehenden Gesellschaften heute noch begegnet wird. Vielfach auch wird die Sicht auf den so motivierten Tourismus durch moralische Blickverengungen behindert, die ihn von vornherein verdammen und dabei oft so tun, als gäbe es Prostitution im eigenen Lande nicht (vgl. Sharpley 1994, S. 211).

Damit unterscheiden sich westeuropäische Länder unter diesem Aspekt wenig von Ländern der Dritten Welt. Selbst in Thailand ist die Prostitution seit 1960 offiziell verboten. Sie wird aber nicht nur toleriert, sondern ist teilweise – wie in anderen Ländern Südostasiens auch – ganz offen zur Förderung des Tourismus eingesetzt worden. „Die Touristen kommen hierher für Sex. Das ist doch ganz normal, denn Thaifrauen sind sehr hübsch" – so hat sich 1990 der damalige Premierminister Thailands, Chalichai Choonhavan, laut Bangkok Post vom 10. Juni 1990 zu einem kritischen Fernsehprogramm über Prostitutionstourismus und Kinderprostitution geäußert (v. Krause 1995, S. 303; Übers. J.W.M.). In Südkorea haben Minister Prostituierten öffentlich für ihren Beitrag zur Entwicklung der Wirtschaft des Landes gratuliert, den sie vor allem im Rahmen der sexuellen Betreuung japanischer Touristen geleistet haben (Urry 1990, S. 62). In manchen Ländern Südostasiens gibt es offiziell vom Ministerium für Tourismus empfohlene Bordelle (a.a.O.).

5.12 Exkurs III: Liegestuhltouristen

Der Typus dieses Touristen unterscheidet sich vor allem dadurch von den anderen Klassifizierungen, daß nicht die Häufigkeit seines Auftretens an einem Ort oder sein Verhalten gegenüber den Gastgebern bzw. der einheimischen Bevölkerung und seine Anpassung an die örtlichen Gepflogenheiten die Grundlage dafür ist, sondern die Art und Weise, wie er mit einem für ihn offensichtlich zentralen Urlaubsgegenstand, dem hotel- oder schiffeigenen Liegestuhl, umgeht. Da dieses Objekt in der Regel nur ihm und seinen Mit-Touristen zur Verfügung steht, wird darüber nur eine Beziehung unter Touristen hergestellt. Das Personal von Hotels oder die Deckbesatzung von Kreuzfahrtschiffen oder Fähren wird nur indirekt, zum Beispiel im Falle eines Konfliktes zwischen Gästen, durch das Verhalten dieses Touristentyps mit einbezogen.

Interessanterweise hat dieser Gegenstand nahezu ausschließlich für deutsche Touristen eine über das Alltägliche hinausgehende Bedeutung. Die Touristen anderer Länder begegnen den zur Verfügung gestellten Liegestühlen dagegen mit einer gewissen Gleichmut, indem sie gerne eines der Exemplare für eine Zeit in Anspruch nehmen, wenn sich einer findet, ansonsten aber darauf vertrauen, daß in der Regel genügend davon vorhanden sein müßten, so daß man ihn nach der Nutzung selbst dann wieder freigibt, wenn man nicht sicher ist, ob man später nicht vielleicht noch einmal darin liegen möchte.

Die Vorstellung einer offensichtlich als notwendig angesehenen „Ferienordnung über die Verwendung von Liegestühlen durch Gäste" ist aus der Sicht vieler deutscher Touristen völlig anders aufgebaut. Zwar akzeptieren auch sie, daß die Liegen nicht ihnen, sondern zum Hotel oder Schiff und damit allen Gästen gehören, aber sie haben untereinander eine Übereinkunft getroffen, nach der es bestimmte Perioden gibt, für welche ihre freie Nutzung praktisch aufgehoben wird. An ihre Stelle tritt ein temporärer ‚Besitzstand', der durch das gemeinsame Interesse der ‚Eigentümer' und ihre dadurch gegebene hohe Organisationsfähigkeit vergleichsweise einfach durchgesetzt werden kann. Wie schnell dies geschehen kann, zeigt die folgende Beschreibung einer Schiffahrt durch die Ägäis:

„In den ersten Tagen, zwischen drei oder vier Häfen, wechseln die Liegestühle ständig ihre Besitzer. Sobald jemand aufstand, galt der Liegestuhl als frei. Belegungssymbole wurden nicht anerkannt. ... Die Zahl der Liegestühle (die einem Drittel der Anzahl der Passagiere entsprach; J.W.M.) reichte für den jeweiligen Bedarf etwa aus. ... Ein Gebrauchsgut, das in begrenzter Zahl zur Verfügung stand, wurde nicht knapp. Nach der Ausfahrt aus einem Hafen ... brach diese Ordnung plötzlich zusammen. Die Neuankömmlinge hatten die Liegestühle plötzlich an sich gebracht und erhoben einen dauerhaften Besitzanspruch. Sie deklarierten also auch einen zeitweilig nicht von ihnen besetzten Liegestuhl als ‚belegt'. Das war durch Belegungssymbole nach wie vor nicht durchsetzbar. Aber es gelang durch den gemeinsamen Kraftaufwand aller Auch-Besitzer: Näherte man sich einem gerade freien Liegestuhl in irgendwie verdächtiger Weise, so wurde man durch Posen, Gesten und Geschrei der Auch-Besitzer zurückgewiesen.... Der nächste Schritt ist zweifellos die zeitweilige Vermietung der Liegestühle an einige Nicht-Besitzer. Als Gegenwert kommen ... vor allen Dingen Dienstleistungen in Frage, und hier wiederum in erster Linie die Übernahme derjenigen Funktion, die mit jedem Besitzanspruch entsteht, der Funktion des Wächters. Die Delegation des Wächteramtes an einige Nicht-Besitzende bringt nicht nur eine echte Entlastung der Besitzenden, sie führt auch zu einer weiteren Bereicherung des inneren Gefüges, das sich nun dreiteilig entfalten kann: in den Gruppen der Besitzenden, der Wächter und der Nur-Besitzlosen. Damit ist zugleich eine wesentliche Klärung erreicht: Die Nur-Besitzlosen sind von nun an aus freien Stücken und eigenem Verschulden in der schlechtesten Lage" (Popitz 1968, S. 7 f).

Mallorka-Muff

Morgens, gegen sechs Uhr dreißig,
wir manch müder Mensch fast fleißig:
so früh schon zieht's die deutsche "Rasse"
auf des Hoteles Meerterrasse.
Dort, emsig, ziehen, fahren, stapeln, schieben
die frühen Menschen weiße Liegen:
Wer sie als erster hat berührt,
dem sie als "Eigentum" gebührt.
Ihm wird jedoch erst richtig wohl
verteilt er sein Besitzsymbol,
so daß mit Handtuch, Zeitung, Bademütze
er seinen frühen Fang beschütze
und ja kein anderer bekommt,
was ihm allein am besten frommt.

Später dann, so gegen acht,
hat man das große Werk vollbracht:
Da stehen alle Liegen leer,
denn liegen kann jetzt keiner mehr!
Um diese Zeit genießt man sein „Besitzer"glück
im nahen Saal beim frühen Stück.

Wer glaubt, man müsse nun,
um sich vom Schaffen auszuruh'n
den Tag lang auf die Liege legen,
um sich dann kaum noch zu bewegen,
dem sei sein Irrtum angezeigt,
denn der, der hat, ist kaum geneigt,
das, was er will besitzen,
andauernd zu benützen.
Deswegen sind dann drei von zehn
gerade beim Spazierengehn,
sitzen an der nahen Bar,
weil gerade dort ein Schatten war,
oder sie spechten, schlimmer,
von ihrem kühlen Zimmer
mit stetem Blick auf „ihre" Liege,
denn sicherlich gibt's hier auch „Diebe",
die sich einfach, unerhört,
nehmen, was zum Haus gehört.
Und wem einer „seine" Liege „klaut",
dem ist der ganze Tag versaut.

Nun also, frisch ans Tagewerk!
Es grüßt der deutsche Gartenzwerg.

Die Organisationsfähigkeit der Nicht-Besitzenden dagegen ist weitaus geringer, ihre Chancen, den ursprünglichen Zustand zu erreichen, sind entsprechend klein. In einer Gemeinschaft, in der einige die Ordnungsvorstellung „Besitz knapper Güter" und die wenigen „Besitzenden" ein entsprechendes gemeinsames Interesse an der Geltung jedes einzelnen Besitzrechtes haben, läßt sich der Ordnungsentwurf ‚freier Gebrauch' kaum durchsetzen. Ihre Verfechter würden immer wieder in die Situation des ‚Angreifers' und ‚Ruhestörers' gebracht, „mit nichts weiter in den Händen als ihrem Prinzip" (a.a.O.).

Um den Aufwand zur Durchsetzung des Besitzanspruches auf die Liegestühle möglichst gering zu halten, hat man sich auf die Verwendung von **Belegungssymbolen** geeinigt. Wenn diese Symbole weitgehend akzeptiert werden, braucht man kaum noch Aufpasser, um Gäste, welche die Regeln (willentlich oder unwillentlich) nicht beachten, in die Schranken zu weisen. Wichtigstes Belegungssymbol ist das – ironischerweise in der Regel ebenfalls zum Hotel oder Schiff gehörende – Badehandtuch.

Beispiel: Auf der großen Meerterrasse eines mallorquinischen Hotels, in die auch das Schwimmbecken eingelassen war, wurden den Gästen verschiedene Arten von Liegestühlen zur Verfügung gestellt, die in mehreren Stapeln am Anfang der Terrasse standen. Die Gäste konnten sich selbst die Liegen nehmen und an die Stelle bringen, an der sie gerne liegen wollten. Abends wurden die Liegen vom Hotelpersonal wieder eingesammelt, damit die Terrasse gereinigt werden konnte. Die meisten Hotelgäste besorgten sich schon vor dem Frühstück die von ihnen bevorzugte Liege, brachten sie an ihren gewünschten Ort und belegten sie mit ihrem Besitzsymbol, meist dem erwähnten Badehandtuch. Manche Hotelgäste wurden bereits nachts um drei dabei beobachtet, wie sie sich „ihre" Liege sicherten. Es kam häufig vor, daß bis zu einem halben Dutzend der Liegen an einem Ort ineinander gestapelt und mit Belegungssymbolen versehen wurden, die dann erst am späten Nachmittag benutzt wurden. Etwa ein Drittel der Liegen war immer frei, konnte aber nicht genutzt werden, weil sie mit Symbolen belegt waren. Ein Spottgedicht auf dieses Verhalten (siehe die vorherige Seite), das am Schwarzen Brett in der Hotellobby angebracht war, wurde von erbosten Hotelgästen mehrfach abgerissen.

Der Typus des Liegestuhltouristen ist sich selbst wahrscheinlich gar nicht bewußt darüber, daß er ein sehr gutes Beispiel für die Beschreibung und Erklärung von **Prozessen der Machtbildung** abgibt. Da diese, wie man an dem Beispiel sehr gut sehen kann, vor allem auf Organisationsfähigkeit beruht, entspricht der Umstand, daß dieser Touristentyp vor allem unter Deutschen zu finden ist, sehr gut dem **Stereotyp der Deutschen** im Ausland. Da er es dabei schafft, um eines abstrakten Ordnungsprinzips willen Konflikte herzustellen, die unter der Perspektive eines optimalen Gebrauches von Liegestühlen kontraproduktiv sind, indem er eine künstliche Knappheit dieses freien Gutes herstellt, kommt es vordergründig zu Auseinandersetzungen zwischen unterschiedlichen Nationalitäten von Touristen. Dies ist einer der Gründe dafür, warum deutsche und britische Touristen von Reiseveranstaltern möglichst nicht im gleichen Hotel untergebracht werden.

Beispiele: Britische Touristen haben versucht, sich kollektiv gegen die künstliche Verknappung zu wehren, indem sie die als Belegungssymbole verwendeten Handtücher morgens in die Hotelschwimmbecken warfen. Durch den Aufruf in britischen Boulevardblättern zum Widerstand gegen diese „Deutsche Ordnung" wurde der Konflikt verschärft, der andererseits wiederum von ihren deutschen Gegenstücken durch Handtücher mit Aufschriften wie „Sorry, dieser Liegestuhl gehört heute mir" geschürt wurde.

Aber auch viele deutsche Touristen fühlen sich durch diesen Typus des auf seine Ordnungsvorstellungen pochenden Mit-Touristen erheblich gestört (vgl. das hier abgedruckte Spottgedicht) und würden es gerne sehen, wenn Reiseveranstalter bzw. Hoteliers und Reedereien in ihrem eigenen Interesse dafür sorgen würden, daß die ausreichend vorhandenen Liegen durch die Machtspielchen dieses Urlaubertyps nicht künstlich verknappt und die Versorgung der Gäste behindert wird.

5.13 Die Dynamik der Beziehungen zwischen Touristen und Einheimischen

Wie bereits mehrfach in diesem Kapitel angedeutet, ist das Verhältnis zwischen Besuchern und Einwohnern nicht statisch, sondern wandelt sich im Laufe der Entwicklung eines Tourismusortes. Diese Veränderungen spielen sich auf beiden Seiten ab, der von Gästen und der von Gastgebern: Mit steigender Touristenzahl werden die Einheimischen ihnen gegenüber meist skeptischer und die wenigen ‚Entdecker' eines Ortes machen den eher in ausgetretenen touristischen Pfaden reisenden ‚Normaltouristen' Platz.

Nach Doxey (1975, cit. n. Ryan 1991; Sharpley 1994) verläuft diese Entwicklung in Phasen (siehe Übersicht 5.3). Die meisten Touristenorte liegen in zunächst eher abgelegenen Gebieten, und in der ersten Phase wirken die wenigen Besucher für die Bewohner wie ein „Fenster zur Welt" (Sharpley 1994, S. 178). Es finden viele persönliche Kontakte statt, aber gleichzeitig werden die ersten Touristen meist auch als eine willkommene zusätzliche Einkommenschance gesehen. Allerdings nicht immer, da dort, wo Gäste eine Seltenheit und offene Gastfreundschaft noch normal und ein freies Gut ist, niemand an Einnahmen daraus denkt.

Beispiel: Als die Tourismusorganisation Zyperns im Rahmen ihres Diversifikationsprogramms die Entwicklung von Bauernhofurlaub in einigen Bergdörfern vorschlug, waren die Dorfbewohner höchst erstaunt über die Idee, daß Besucher für ihre Gastfreundschaft zahlen sollten (*op. cit.*, S.167).

Nachdem die Zahl der Touristen stark angestiegen ist, kommen in der zweiten Phase weniger Personen der Wohnbevölkerung mit ihnen in Kontakt, die Beziehungen werden professioneller, d.h., das persönliche Interesse an ihnen wird überlagert von wirtschaftlichen Interessen. Das Auftreten von Besuchern wird eher hingenommen als begrüßt. Wenn das anhaltende Wachstum des Zustroms an Touristen zu einer Verringerung der Lebensqualität der Einwohner führt, weil neben der Überlastung der angebotenen Infrastruktur zum Beispiel auch noch Geschäfte in Souvenirläden umgewandelt werden, schlägt die Apathie in der dritten Phase um und Touristen werden jetzt als Belästigung empfunden. Von da ist es nur noch ein kleiner Schritt bis hin zu einer offenen Gegnerschaft zwischen Einwohnern und Touristen, welche die vierte Phase prägt.

Der Typus von Touristen, die einen Ort besuchen, verändert sich parallel zu dieser Entwicklung. Sind es anfangs noch Leute, die bewußt abseits der großen Touristenströme reisen und sich in eine völlig andere Umwelt begeben, in der sie möglichst auch keine anderen Touristen treffen, werden sie mit zunehmender touristischer Entwicklung abgelöst von eher konventionellen Touristentypen, die sich weniger selbst anpassen wollen und statt dessen eine Anpassung des Ortes an ihre Wünsche und Vorstellungen verlangen.

Beispiele: El Arenal auf Mallorca hat sich nahezu ausschließlich auf ein deutsches Massenpublikum eingestellt. Davon zeugen u.a. die ‚Bier-', die ‚Schinkenstraße' und die vielen Lokale mit deutschen Speiseangeboten und Getränken. Auf der anderen Seite der Bucht von Palma hat sich Magaluf demgegenüber primär auf britische Gäste eingestellt, die in *pubs* englisches Bier trinken und *Bingo* spielen können.

Die in Übersicht 5.3 versuchte Synchronisation einer Typologie von Touristen und von Phasen der lokalen Wirkung der Tourismusentwicklung ist allerdings unter zwei Gesichtspunkten zu hinterfragen:

1. Die Touristentypologie von V. L. Smith (1989 b) ist in dieser Differenzierung kaum nachvollziehbar. So bleiben die Unterschiede zwischen den ersten drei Kategorien ebenso unklar wie der qualitative Unterschied zwischen einem ‚Massen-' und einem ‚Chartertouristen'.

2. Die bei Doxey aufeinanderfolgenden Phasen können durchaus auch in anderer Reihenfolge bzw. verkürzt vorkommen. Ein Ort kann sich zum Beispiel bereits bei den ersten Anzeichen einer bevorstehenden Tourismusentwicklung dagegen entscheiden und damit gleich die vierte Phase soweit vorwegnehmen, daß es gar nicht erst zu einem Massentourismus kommt. Im übrigen sind Massentourismus

und offene Gegnerschaft nicht zwingend. Man kann sich durchaus auch positiv damit arrangieren.

Beispiel: Um den Problemen und sozialen Folgen der rapiden Entwicklung von Ayia Napa, einem massentouristischen Reiseziel auf Zypern, zu entgehen, haben die Einwohner ihr ursprüngliches Dorf einige Kilometer entfernt und abseits des Tourismus neu aufgebaut (Sharpley 1994, S. 179).

Übersicht 5.3: Schema für die Entwicklung des Verhältnisses von Einwohnern gegenüber Touristen

Touristentyp	Anzahl	Anpassung an örtliche Normen	Phasen des Verhältnisses der Einwohner zu Touristen
Entdecker	□	akzeptiert vollständig	1. Phase: Euphorie Besucher sind willkommen und es gibt kaum Planung touristischer Infrastruktur
Elite	□□	paßt sich voll an	
Unkonventioneller Typ	□□□	paßt sich gut an	
Außergewöhnlicher Typ	□□□□	paßt sich ein wenig an	
Prototypischer Massentourist	●●●●●	sucht westliche Annehmlichkeiten	2. Phase: Apathie Touristen gelten als selbstverständlich und die Beziehung zu ihnen wird formeller
Massentourist	●●●●●●●●●● ●●●●●●●●●●	erwartet westliche Annehmlichkeiten	3. Phase: Belästigung: Verkehrsstaus, Schlangen in den Geschäften. Man versucht, durch die Planung verbesserter Infrastruktur die Touristenströme besser zu kanalisieren.
Chartertourist	●●●●●●●●●● ●●●●●●●●●● ●●●●●●●●●● ●●●●	verlangt westliche Annehmlichkeiten	4. Phase: Gegnerschaft Teilweise offenes Agieren gegen den Tourismus

Quellen: nach Valene L. Smith (1989 b), S. 12 (Touristentypologie); Doxey 1975, cit. n. Ryan 1991, S. 137 und Sharpley 1994, S. 178 ff. (Entwicklungsphasen); Übers. J.W.M.

Solche Veränderungen sind jedoch nicht tourismusspezifisch: Auch während der Industrialisierung wurden alte soziale und räumliche Strukturen überformt und manches Wohngebiet mußte Industriebetrieben oder Verkehrsprojekten weichen. Ganze Wohnorte werden zum Beispiel auch heute noch in Deutschland dem Braunkohleabbau geopfert.

Die Entfremdung zwischen Touristen und den Einheimischen wird oft auch dadurch gefördert, daß es nicht primär die ursprünglichen Einwohner eines Tourismusortes oder -gebietes sind, die als Beschäftigte direkt von der touristischen Entwicklung profitieren. Vielmehr werden oft Arbeitskräfte aus anderen Regionen und nicht selten auch Ländern angeworben, die erst eine touristische Entwicklung ermöglichen.

Beispiele: In der Tourismuswirtschaft der Balearen arbeiten viele Festlandspanier, besonders Andalusier, die zu Hause keine Beschäftigungschancen haben. In der Schweiz sind insbesondere im Gastgewerbe viele ausländische Arbeitskräfte (*Saisoniers*) beschäftigt. Auch in Deutschland wäre in vielen touristischen Destinationen die Aufrechterhaltung der Angebote ohne ausländische Beschäftigte vielfach nicht möglich.

Auch dieser Umstand hat seine Parallele in der geschichtlichen Entwicklung der alten Industrien. So war das Ruhrgebiet vor der Industrialisierung kaum besiedelt. Ohne die Anwerbung und Ansiedlung von Arbeitskräften, vor allem aus Ostpreußen und Polen, wäre es nicht möglich gewesen, die Montanindustrie aufzubauen.

Am Beispiel der Kanalinsel Guernsey zeigte Milligan (1989; cit. n. Ryan 1991, S. 136 f.), daß sich der Ärger der Bewohner nicht nur gegen die Touristen, sondern vor allem gegen die im Tourismus Beschäftigten richtete. Der Tourismus war zwar ein wichtiger Wirtschaftsfaktor auf der Insel, aber konnte vor dem Hintergrund der Vollbeschäftigung bei den Einheimischen nur mit ausländischen Arbeitskräften, vor allem Portugiesen, entwickelt werden. Die Beziehung zwischen Einheimischen und den touristischen Akteuren war damit durch eine **doppelte Fremdheit** geprägt: Einmal gegenüber den Touristen und zum anderen den im Tourismus Beschäftigten. Aber auch für die Touristen bedeutet dies eine gewisse Entfremdung vom Reiseziel, wenn sie nicht einmal in den Hotels und Restaurants eine Chance haben, mit Einheimischen in Kontakt zu kommen. Aus der Sicht der Beschäftigten schließlich ist die Entfremdung vermutlich am größten, denn sie arbeiten in der Fremde für Touristen, die ihnen selbst so fremd sind, wie den Touristen ihr Arbeitsort.

Sehr oft fällt also die Rolle des Gastgebers gar nicht mehr den Einheimischen zu. In den Fällen, in denen nur die Angestellten regions- oder ortsfremd sind, die Hotel- und Restaurantbesitzer jedoch meist aus den Orten selbst stammen, ist die dadurch entstehende Fremdheit noch abgemildert. Wenn jedoch nahezu alle touristisch relevanten Infrastruktureinrichtungen im Besitz ortsfremder bzw. ausländischer Konzerne sind und die Beschäftigten ebenfalls zu großen Teilen ortsfremd sind, dann ist das Verhältnis zwischen Einheimischen und Touristen – wie zum Beispiel in Goa oder auf Hawaii – häufig durch offene oder verdeckte Konflikte geprägt. Spätestens dann, wenn die Entwicklung in solche Dimensionen vorangeschritten ist, wird der Tourismus von Einheimischen als eine Form neokolonialistischer Inbesitznahme der eigenen Lebenswelt angesehen (u.a. Kay-Trask & Biegert 1990).

Allerdings muß man auch klar feststellen, daß es keine naturgesetzliche Beziehung zwischen der touristischen Entwicklung und der Entstehung von Tourismusfeindlichkeit gibt. Das Doxey'sche Modell mag für einige Fälle zutreffen, Allgemeingültigkeit kann es nicht beanspruchen. Selbst da, wo sich, wie zum Beispiel auf Mallorca, das ganze Jahr über eine extrem große Zahl von „Chartertouristen" aufhält, gibt es keine Feindseligkeit von seiten der Bevölkerung. Schließlich lebt die Insel zu einem sehr großen Teil vom Tourismus und die Balearen sind dadurch zur wohlhabendsten Provinz Spaniens geworden.

Darüber hinaus spielt die geschichtliche Entwicklung eine große Rolle für die Wahrnehmung des Fremden und den Umgang mit ihm. Dort, wo der Kontakt und die Auseinandersetzung mit dem Fremden eine lange historische Tradition haben, führt auch der Umgang mit dem Massentourismus nicht zur Entwicklung von tiefen gesellschaftlichen Konflikten und einer offenen Gegnerschaft den Touristen gegenüber.

Beispiel: „Maltas traditionelle Kontakte mit Fremden haben durch seine lange Geschichte abhängiger Existenz in der maltesischen Kultur ein starkes Element von Vermittlungsfähigkeiten (*brokerage skills*) erzeugt. ... Diese Fähigkeiten und die damit verbundenen Einstellungen haben wie ein Schutzschild gegen einen massiven Kulturschock gewirkt. ... Jahre bevor Malta das Wachstum der Touristenankünfte erlebte, waren die Malteser Fremden ausgesetzt, während des Zweiten Weltkrieges in Form einer gewaltigen Militärmaschinerie. Die Gegenwart von Fremden auf der Insel spiegelt sich auch im vielfältigen Spektrum von Familiennamen verschiedenster Nationalitäten" (Inguanez 1994, S. 351; Übers. J.W.M.). Auch deshalb hat der Tourismus, der zudem eine ähnliche wirtschaftliche Bedeutung wie auf Mallorca hat (ca. 30 Prozent des Bruttoinlandproduktes; NTO Malta 1994), hier auch in seiner massenhaften Entwicklung keine prinzipiellen Konflikte ausgelöst.

Das Verhältnis zwischen Gästen und Gastgebern und seine Entwicklung ist so vielfältig und von vielen wirtschaftlichen, kulturellen, historischen und nicht zuletzt auch persönlichen Faktoren abhängig, daß eine solche Schematisierung wie die von Doxey kaum zutreffen kann.

5.14 Der ‚eindimensionale Tourist' der Tourismuskritik

Das Verhalten von Touristen war von Anbeginn an Thema kulturkritischer Anmerkungen und beißender Kritik. Der Begriff ‚Tourist' gilt vielen als Synonym für Unwissenheit, Arroganz, mangelnde Sensibilität, Lernverweigerung und die Vulgarisierung des Reisens (siehe auch Abschnitt 1.3). Diese grundlegende Ablehnung des Tourismus und der Oberflächlichkeit der Touristen, die sich nur für das Scheinbare interessieren und die weder ein Interesse an der Wirklichkeit der besuchten Länder, Regionen und Orte haben, noch auf ihren vororganisierten Reisen die Gelegenheit geboten bekommen, sich damit auseinanderzusetzen, wurde von einer langen Reihe von Kritikern geäußert, von denen der Schriftsteller und Essayist Hans Magnus Enzensberger in Deutschland und Daniel J. Boorstin in den USA am einflußreichsten waren.

In seinem 1958 zuerst erschienenen Essay über „Eine Theorie des Tourismus", der von Tourismuskritikern immer wieder gerne zitiert wird, hat Enzensberger „die vergebliche Brandung der Ferne" beschworen, weil der (Massen-)Tourismus seine eigenen Grundlagen zerstöre. Der Genuß unberührter Natur, ursprünglicher Landschaften und der Blick auf ‚unverdorbene' Menschen werde dadurch unmöglich, daß viele Menschen das Gleiche wollten. Die Natur sei in dem Moment, in dem sie von vielen betrachtet wird, nicht mehr unberührt, die Landschaft verliere durch die notwendigen Verkehrswege und weitere touristische Infrastruktur ihre Ursprünglichkeit und den Menschen komme mit zunehmender Zahl der sie besuchenden Touristen ihre Gastfreundschaft abhanden, an deren Stelle sie die Geschäftstüchtigkeit setzten, mit der sie ökonomischen Gewinn aus den Touristen zögen. In den USA wurde von Erik Cohen (1972) darauf hingewiesen, daß die meisten Touristen in geführten Reisegruppen und damit unter einer Art Käseglocke (*environmental bubble*) ohne wirklichen Kontakt zu Einheimischen durch die Lande ziehen (vgl. Abbildung 5.1 auf Seite 196). Die Attraktionen, die sie aufsuchen, haben wenig mit der wirklichen Welt um sie herum zu tun und wurden, wie etwa Disneyland, als „*Pseudo-Events*" (Boorstin 1964) speziell für Touristen entworfen. Indem die US-Touristen auch im Ausland in Häusern us-amerikanischer Hotelketten absteigen, verweigern sie sich der ihnen fremden Wirklichkeit. Sie verweilen weitgehend auf Inseln der eigenen Kultur und nehmen wenig wahr von den Eigenarten der bereisten Länder.

Diese Kritik unterstellt, daß Menschen in ihrer Motivation primär durch die Wirkung von Zugfaktoren (siehe Kapitel 2) zu Touristen werden. Danach wären es erstens fast ausschließlich Kriterien der Qualität eines bestimmten Reiseziels, einer Landschaft, vor allem von lokaler Kultur und den Einwohnern, die Menschen zum Reisen bewegen. Zweitens wird unter der Hand davon ausgegangen, daß Touristen *per se* an der Ursprünglichkeit, der Authentizität von Landschaften, Menschen und Kulturen interessiert sind. Dahinter steht ein stark **bildungsbürgerlich orientiertes Menschenbild**. Touristen werden also danach gemessen, inwieweit sie diesem unterstellten Idealbild des interessierten und autonomen Bildungsbürgers auf Reisen entsprechen. Die Kritik konstruiert damit einen ‚**eindimensionalen Touristen**', der, ob bewußt oder unbewußt, nur motiviert ist durch die Sehnsucht nach dem in seiner eigenen Umwelt abhanden gekommenen Echten, nach Unmittelbarkeit und Erfahrungen aus erster Hand.

Diese Suche nach Authentizität ist jedoch, wie wir schon aus der Untersuchung von Dann (1977; vgl. Abschnitt 3.2.1.2) wissen, keineswegs allen Touristen zu eigen. Sie trifft vielmehr nur für solche zu, deren Alltagssituationen von Anomie geprägt sind. Vor dem Hintergrund der vorangehenden Ausführungen über den touristischen Blick (vgl. Abschnitt 5.2) erscheint es auch mehr als fraglich, ob die Menschen auf ihren Reisen wirklich nach solchen Erlebnissen suchen, oder ob sie nicht eher nach Bestätigungen ihrer vorgeformten Bilder, also gerade das Gegenteil von selbsterlebter Authentizität suchen.

Vermutlich sind die vielgescholtenen Touristen schon aus diesem Grunde die besseren Denker als ihre Kritiker. Denn Authentizität in diesem Sinne unterstellt in letzter Konsequenz die Möglichkeit einer Identität des Erlebens von Einheimischen und Touristen, so zum Beispiel von Papua und Europäern, Massai und US-Amerikanern und von Japanern aus Tokyo und Tiroler Bergbauern. Eine Vorstellung, die aus verschiedenen Gründen absurd ist. Zum einen bewegen sich Touristen in einer ganz anders strukturierten Zeit als die Bewohner der besuchten Orte. Touristen befinden sich nicht in einer Alltags-, sondern in einer Ausnahmesituation – das gilt selbst für den Geschäftsreisenden, der laufend unterwegs ist. Für ihn ist das Unterwegssein realer in seinem Erleben als der Aufenthalt an einem bestimmten Ort, den er in der Regel ohnedies nur aus der Perspektive eines Hotelgastes sieht. Zum anderen haben Einheimische häufig eine völlig andere Wahrnehmung ihrer Alltagsumwelt als Touristen. Sie kennen in der Regel viele der Sehenswürdigkeiten ihres Wohnortes nicht aus eigener Anschauung, weil sie in ihrem Alltag keinerlei Bedeutung haben.

Beispiel: Viele Münchener waren noch nie in ihrem Leben in einer der Pinakotheken, obwohl manche von ihnen auf ihren eigenen Reisen durchaus Museen besuchen. Nur wenn sie auswärtigen Besuch haben, machen sie sich den touristischen Blick zu eigen und führen ihre Gäste in Museen.

Bei der ganzen Diskussion über Authentizität liegt der Verdacht nahe, daß dahinter vielfach die Projektion des Wunsches nach einer idealen Welt auf andere Örtlichkeiten steht. Die Klischees von den „glücklichen Wilden", der „romantischen Südsee" und der „heiteren Karibik" sind nichts anderes als Ausdruck dieser Wunschproduktion. Je weiter entfernt die Orte sind und je weniger man von den Gesellschaften weiß, desto besser funktioniert sie.

Authentischer Rückraum: Slum auf den Bahamas

Darüber hinaus trägt der eindimensionale Tourist Züge eines Anthropologen, der sich seinen Reisezielen schon deshalb in einem Spannungsfeld zwischen wissenschaftlicher Neugier und dem gebotenen Respekt vor der Einzigartigkeit der jeweiligen fremden Kultur nähert, weil er seinen Erkenntnisgegenstand nicht verlieren will.

Wie bereits in den Kapiteln über die wirtschaftlichen und sozialen Faktoren des Reisens (Kapitel 2), über die Reisemotivation (Kapitel 3) und die Reiseentscheidung (Kapitel 4) deutlich geworden ist, hat diese **Kunstfigur** mit der Realität so gut wie nichts gemein. So sind die Gründe für das Verreisen ebenso zu Hause wie in der Fremde zu finden. Sie sind deshalb nicht weniger legitim. Die dieser Kritik am Tourismus zugrundeliegenden Annahmen gehen daher völlig an der Realität vorbei.

Auch wenn sich viele Tourismuskritiker ein progressives Mäntelchen umhängen, stehen sie doch in einer im schlechtesten Sinne **konservativen Tradi-**

tion teilweise arroganter Tourismuskritik, die sich vor allem darüber mokiert, daß Reisen ‚demokratisiert' und nicht mehr Privileg aristokratischer Müßiggänger und groß- und bildungsbürgerlicher Schichten geblieben sind.

Die **geschichtliche Entwicklung** des privaten Tourismus in der Neuzeit zeigt, daß die jeweiligen ‚Pioniere' des Reisens mit einer gewissen Abscheu auf ihre Nachahmer in den unteren Klassen herabschauten und sich auch räumlich von ihnen distanzierten. „Jede der aufstiegsorientierten Gruppen, die sich zunächst überhaupt das Reisen leisten können, orientiert sich in ihrem Reiseverhalten an den vorgelebten Beispielen der nächsthöheren Gruppe, um über die Imitation sich selbst und der Umwelt die Zugehörigkeit zu den ‚besseren Kreisen' zu beweisen" (Mundt & Lohmann 1988, S. 15). Nachdem im 18. Jahrhundert zunächst der Adel die Bäder und Seebäder für sich entdeckte, folgte das aufstrebende und zunehmend erfolgreichere Bürgertum ihnen im 19. Jahrhundert. Im 20. Jahrhundert schließlich konnten sich auch die Mittelschichten und, vor allem in der Zeit seit dem Zweiten Weltkrieg, auch Arbeiter eine solche Reise leisten – mit verachtender Kritik begleitet von ihren Vorbildern: „Ebenso wie sich einst die Adeligen über die miese Qualität der Bürgerlichen beklagt hatten, distanzierten sich ein halbes Jahrhundert später die Mittelschichten von den vulgären Unterschichten" (Prahl & Steinecke 1979, S. 30).

In diesem Zusammenhang ist auch die abschätzige Verwendung des Begriffs ‚Tourist' entstanden, auf die schon im ersten Kapitel (Abschnitt 1.3) näher eingegangen wurde. Auf die Spitze getrieben hat diese elitäre Arroganz Fussell (1980), der den aus seiner Sicht erfolgten Niedergang der Erlebnisqualität des Reisens in der Überschrift eines Kapitels in der folgenden Reihenfolge auflistet: „Von der **Entdeckung** zum **Reisen** zum **Tourismus**" (S. 37 ff.; Hervorh. u. Übers. J.W.M.). „Jedes davon kann grob einer Epoche in der Geschichte der Neuzeit zugerechnet werden: Die Entdeckung gehört zur Renaissance, die Reise zum bürgerlichen Zeitalter, der Tourismus zu unserem proletarischen Augenblick" (*op. cit.*, S.38; Übers. J.W.M.). Sehr zu Recht merkt Redfoot (1984) dazu an, daß

„diese Charakterisierungen eine bemerkenswerte Fähigkeit des Vergessens unpassender historischer Fakten darstellen. Hatte Cortez (ein Repräsentant der Fussell'schen ‚Entdecker'-Aera) eine ursprünglichere Erfahrung der Kultur der Azteken als ein moderner Tourist? Hatte Lord Byron (ein Repräsentant der bürgerlichen ‚Reise') eine authentischere Erfahrung der italienischen Kultur als die heutigen Besucher der Museen von Florenz? Sicherlich müßte man zugeben, daß Cortez königsmordende und Lord Byrons erotische Eroberungen abenteuerlicher und in gewisser Weise heroischer waren als die Erfahrungen des heutigen Touristen. Aber diese historischen Reisenden kamen auch mit Erwartungen, die sie mindestens so weit von authentischen Erfahrungen mit den Einheimischen entfernte wie jeden weniger heldenhaften Reisenden von heute. Wenn die Erfahrungen des modernen Touristen eine Verringerung des Realitätsgehaltes beinhalten, dann werden die Einheimischen für diesen Verlust wohl dankbar sein" (S. 303; Übers. J.W.M.).

Vor diesem Hintergrund sind auch die polemischen Ausführungen von André Heller zu sehen, der unter dem Titel „Der Einfall touristischer Horden führt zur Ausrottung des Schönen" in einer Rede auf einem Tourismusforum der Schweizer Verkehrszentrale Ende der 1980er Jahre behauptete:

„Das Reisen, meine Damen und Herren, war ursprünglich eine Tat der Gottsuchenden und später der Handeltreibenden, noch später der Eroberer und ganz spät eine der Touristen. *Man begreift, es kam jeweils Schlimmeres nach"* (1990, S. 160; Hervorh. J.W.M.).

Daß die Eroberer und Kolonialisten, die sich die neuen Welten mordend, vergewaltigend, kulturverachtend und brandschatzend untertan machten und rassistische Terrorregime errichteten, weniger schlimm gewesen sein sollen als ‚die' Touristen der Nachkolonialzeit, ist allerdings auch im Rahmen einer Polemik nicht mehr nachzuvollziehen und zu begreifen.

Wie an diesen Beispielen deutlich wird, ist es ein Charakteristikum eines großen Teils der Kritik, daß sie pauschal von ‚den' Touristen spricht und mit dieser unterstellten Eindimensionalität touristischer Motivation keinerlei Differenzierung mehr erlaubt. Der Verdacht bleibt bestehen, daß dieser nostalgische Blick auf das heutige Reisen – bei aller möglicherweise berechtigten Kritik im einzelnen – der oben bereits angesprochenen elitären Sichtweise entspringt, nach der die massenhafte Kopie des vorgelebten Verhaltens der ‚besseren' Kreise durch weniger privilegierte Schichten *per se* schlecht, ja vulgär ist.

Diese Kritik führte über viele Jahre zu einer **Denkblockade** (Hennig 1997, S. 23 ff.), die es bis heute sehr schwer macht, den Tourismus ohne die Verwendung von Klischees zu sehen, die man den Touristen und ihrem Tun vorwirft. Ihre Wirkungen sind auch in anderen Veröffentlichungen zum Thema Tourismus zu besichtigen. So etwa bei Burghoff & Kresta, die noch 1995 geschrieben haben:

„*Der* Tourist frönt nur seinem eigenen Genuß, *mißbraucht* das Land als Kulisse und benutzt gerade ärmere Länder zur Bestätigung seiner eigenen materiellen und kulturellen Potenz. Im Ferienghetto versichert er sich demonstrativ seiner eigenen kulturellen Identität und Wertigkeit. Zuviel Nähe zum Fremden erschüttert die eigene Wahrnehmung. ... Wirklicher Kulturkontakt, offene Begegnung stünde der hedonistischen Ferienwelt konträr entgegen – ist dies doch Arbeit. Zwischen den touristischen Produzenten und Konsumenten scheint es eine elementare Interessenübereinstimmung zu geben: sich abzuschotten gegen Einflüsse, die die Urlaubsidylle und den reibungslosen Freizeitkonsum stören könnten" (*op. cit.*, S. 70; Hervorh. J.W.M.).

Wie der von ihnen beschworene wirkliche Kulturkontakt, die offene Begegnung zwischen Einheimischen und Fremden im Zeitalter des Massentourismus organisiert werden sollte, teilen die Autorinnen allerdings nicht mit. Zudem darf man Touristen vielleicht einige Wochen der Nichtarbeit im Jahr zugestehen, die sie an anderen Orten als in ihrer gewohnten Alltagsumwelt verbringen. Auch Anthropologen und Tourismuskritiker wurden schon in „Ferienghettos" gesichtet, wo sie sich offensichtlich gut von den Strapazen ihrer alltäglichen Forschungs- und kritischen Denkarbeit erholten. Die von Burghoff & Kresta bedauerte Interessenübereinstimmung zwischen Touristen und Produzenten ist in Wirklichkeit ein Segen, vor allem für die im Tourismus Beschäftigten und die Einwohner touristischer Orte. Alle vierzehn Tage mit neuen kulturellen Begegnungen und Dialogen konfrontiert zu werden, hält kein Mensch auf Dauer aus (siehe das Zitat von Redfoot). Das wissen vor allem die vom Tourismus Betroffenen selber – ihr Reiseverhalten unterscheidet sich nämlich, wenn sie die entsprechenden Einkommen haben, in nichts von dem anderer Touristen.

5.15 Reisen als ‚darstellende Kunst'

Schon bei der Betrachtung der Auswirkungen der Organisation und Arrangements von Reisen in Abschnitt 5.6 ist deutlich geworden, daß die Unterstellung der Suche nach dem Authentischen für das Reisen gleichbedeutend mit der Forderung des Unmöglichen wäre. Denn alleine dadurch, daß wir uns bewegen, verändert sich unsere Perspektive, und der touristische Blick kann nie identisch sein mit dem eher statischen Blickwinkel, aus dem Einheimische ihre Umwelt wahrnehmen. Zudem sieht man den besuchten Ort vor dem Hintergrund seiner Vorerfahrungen. Man vergleicht ihn bewußt oder unbewußt mit der eigenen Umwelt, obwohl die Perspektiven jeweils ganz unterschiedlich sind: Den normalen Aufenthaltsort sieht man aus dem Blickwinkel des Alltags, besuchte Orte dagegen in einer Situation ungewöhnlicher Freiheit, in der man sich im Prinzip seine Standpunkte aussuchen bzw. dem aus touristischer Sicht von anderen Vorgesehen folgen kann (siehe Abschnitt 5.3).

Beispiel: Paris, das mit Abstand beliebteste Ziel von Städtereisen in Europa, ist aus touristischer Sicht eine sehr interessante Stadt mit berühmten Gebäuden, Museen, Parks und Straßen. Denjenigen, die dort arbeiten und leben (müssen), erscheint die gleiche Stadt dagegen meist völlig anders: Die alltägliche Zeitstruktur läßt keinen Raum für die Wahrnehmung der vielfältigen kulturellen Angebote und der Touristen so ansprechenden Einladung zum Flanieren in den Parks und auf den Boulevards. Innerhalb der vorgegebenen Zeitfenster müssen die Berufsarbeit erledigt und Besorgungen gemacht werden. Beeindruckender als Eiffelturm und Arc de Triomphe sind für sie Verkehrsstaus und zu den Stoßzeiten überfüllte U- und Regionalbahnen. Zudem ist Paris räumlich weit größer als die vergleichsweise wenigen Quadratkilometer, die das touristische Interesse finden. Die tristen Siedlungen der *banlieue* sind Pariser Alltag, der sich kaum von dem an den Rändern anderer Großstädte unterscheidet und in die sich kaum ein Tourist verirrt.

Darüber hinaus sieht man sein Reiseziel erst, nachdem man eine ganze Reihe anderer Orte durchquert hat. Es steht am vorläufigen Ende einer ganzen Kette von Bildern und Eindrücken, die man auf dem Weg dorthin gesammelt hat. Selbst derjenige, der sein Ziel mit dem Flugzeug erreicht, muß verschiedene Stationen seiner Reise durchlaufen, und auch der Flug selbst wird für ihn oft zu einem Erlebnis. Diese Abfolge von Bildern und Eindrücken entsteht auf jeder Reise neu. Sie ist die Illustration bzw. Umsetzung eines vorher festgelegten Drehbuchs, nach dem die Reise in Szene gesetzt wird. Dadurch entsteht eine **neue Realität**, deren Elemente räumlich auseinanderliegende Orte sind, die durch die Reise miteinander verknüpft und in einen Zusammenhang gebracht werden. Darin ähnelt die Reise einem Film, in dem verschiedene Drehorte, die in der Alltagsrealität keine Verbindung zueinander haben, durch Montage und die Kontinuität einer Geschichte zur Einheit eines neuen Ortes verschmelzen, der für den Betrachter seine eigene Authentizität erhält.

Wie beim Film ist die Grundlage dieses Drehbuchs die Phantasie, die Vorstellung, die man sich von Orten, ihren Bewohnern, ihren Gerüchen, ihren Temperaturen und von dem Gefühl macht, dort zu sein. Diese Phantasie kann durchaus von weitgehend realistischen Bildern und soliden Informationen gespeist sein, an der sie sich entzündet. „Wir reisen in der wirklichen und der imaginären Welt zugleich, wenn wir als Touristen unterwegs sind" (Hennig 1997, S. 96). Diese Trennung zwischen den Welten ist jedoch rein analytisch, für den Reisenden bleibt sie unsichtbar. Er erlebt die reale Einheit von Vorstellungen und Eindrücken der verschiedenen Orte und Plätze weitgehend so, wie sie durch die verschiedenen Elemente der Inszenierung (vgl. Abschnitt 5.5) seiner Reise arrangiert werden. Die karibischen Strände sehen tatsächlich so aus, wie auf den traumhaften Photos in Reisezeitschriften und Katalogen, die Sonne scheint so unentwegt im spanischen Sommer, wie man es sich vorgestellt hat und die Almidylle ist auch in Wirklichkeit so pittoresk wie auf den Photographien, die einen dazu anregten, sich in die Bilder hinein zu träumen. Die ‚vorgesehenen' Ansichten und die Beschreibungen der Reiseführer stimmen mit der am Ort vorgefundenen Realität überein. Hennig spricht deshalb von der Reise wie vom Film als einer „realen Fiktion", von „Erfahrungswelten, in denen sich *Wirklichkeit und Traum wechselseitig durchdringen*. Aus ‚realen' Einzelelementen entsteht jeweils ein fiktionaler, mit Gefühlselementen aufgeladener Raum. Die Grundprinzipien dieser Konstruktion sind *Bewegung* und *Montage*" (op. cit., S. 98; Hervorh. i. Orig.).

Diese Bewegung findet in dem dreidimensionalen Erfahrungsraum zwischen den Polen Nähe und Entfernung, Rationalisierung und Unstrukturiertheit der Reiseorganisation und dem Grad der Selbstinszenierung des Reiseziels statt, wie er in Abbildung 5.3 auf S. 203 dargestellt wird. Anders als beim Film ist der Konnex der Orte jedoch nicht synthetisch, sondern wirklich erlebbar. Zwar lassen sich auch die realen Orte, an denen Filme bzw. wichtige Szenen gedreht wurden, aufsuchen – was viele Touristen gerne tun und deshalb auch von der Tourismuswerbung gerne genutzt wird – , ihr Zusammenhang geht aber durch die Realität verloren, weil die Geschichte fehlt, die sie zusammenhält. Indes macht der Tourist sich seine Geschichte selbst, in der er zudem noch die Hauptrolle spielt, denn sie ist gleichbedeutend mit der Abfolge der Ereignisse seiner Reise. Sie ist die Nacherzählung einer neuen Realität, die nur durch das Reisen entstehen konnte. Die zugrundeliegenden Erinnerungen können mit verschiedenen Methoden gestützt, illustriert und gesichert werden: durch das Führen von Reisetagebüchern und Skizzenheften, die Herstellung von Photographien und Videosequenzen, das Sammeln von Souvenirs usw. Hinter der viel bespöttelten winterlichen Diaschau oder der Vorführung von Videos, die den letzten Urlaub thematisieren, stecken die Mühen der überlegten Montage des vielfältigen Materials zu stimmigen und stimmungsvollen Erzählungen. Möglicherweise liegt gerade in dieser produktiven Tätigkeit der Reiz der Beschäftigung mit den eigenen Erlebnissen und Erinnerungen. „Aus dieser Perspektive gesehen beinhalten die Erzählungen von Touristen aus den letzten beiden Jahrhunderten eine Bandbreite künstlerischer Aktivitäten, die in anderen Bereichen undenkbar wären" (Löfgren 1999, S. 74; Übers. J.W.M.).

So gesehen kann man generell das „Reisen als darstellende Kunst" – so die Überschrift eines Aufsatzes von Judith Adler aus dem Jahre 1989 – bezeichnen. Dabei gehen, wie in anderen Bereichen der Kunstproduktion auch, die Meinungen über die Qualität der Darstellungen und darüber, ob es sich dabei wirklich um Kunst handelt, oft weit auseinander. In ihrem zusammenfassenden Rückblick auf die literarische Verarbeitung der Entwicklung des Tourismus stellt Adler fest:

„Die Kunst des Reisens wurde ebenso repräsentiert durch intime, kleine Werke wie durch solche von majestätischem Schwung; sie hatte ihre Schreiberlinge und Erneuerer, ihre naiven Amateure, die vor den Augen eines Familienpublikums herumabenteuerten ebenso wie Profis, die im vollen Wissen um die Reisetradition handelten. ... Der Tourist, der sein Automobil gehorsam in Richtung einer Stelle lenkt, die von den Planern eines tourismusabhängigen Landes sorgsam in der Landschaft bezeichnet wurde, kann mit einem Amateur verglichen werden, der vorgezeichnete Schablonen auf einer Leinwand (*numbered canvas*) nachmalt. Diejenigen, die sich dagegen wenden, daß dieser Tourist neben den Helden der westlichen Entdecker und Literatur untersucht wird, kann ich, zurückgreifend auf eine ehrenvolle Tradition, nur eindringlich darauf hinweisen, daß durch das Schauen mit einem dauerhaften, vergleichenden Blick sowohl auf die ‚Bescheidenen wie die Stolzen' ... viel gewonnen werden kann. Selbst die sorgfältige Beobachtung der gegenwärtigen Typen von sex-, alkohol- oder drogenbezogenen Reisen, die von Leuten gemacht werden, die mehr darauf aus sind, ihren Verstand zu verlieren als zu gebrauchen ... kann unser Verständnis für höher geachtete Reiseformen verbessern. Denn in letzter Konsequenz sind alle Darstellungen der Reisekunst am besten als Beschwörungsformeln (*conjuring devices*) zur Herbeiführung einer von vielen möglichen Welten zu verstehen, die einzigartige Formen der Subjektivität begründet und sich selbst offenbart" (S. 1385; Übers. J.W.M.).

Es ist daher folgerichtig und nur ein weiterer Schritt in der Entwicklung des Tourismus, wenn die Anziehungspunkte verschiedener Destinationen zu einer einzigen Attraktion verschmelzen, wie dies in Freizeitparks von „Legoland" bis „Disneyworld" geschieht. Sie sind ja keineswegs Ersatzwelten für tatsächliches Reisen, sondern gedacht für ein immer reiseerfahreneres Publikum, das hier nicht selten die Essenz ihrer eigenen Reiseerfahrungen erinnert. In ihnen ist physisch an einen Ort gebracht, was zwar geographisch voneinander getrennt, aber durch zwei Entwicklungen in unserem Erleben immer näher aneinander gerückt ist: Einmal die technische Entwicklung der Verkehrsmittel, welche die zeitliche Distanz zwischen den Orten immer mehr schrumpfen ließ, und zum anderen die der elektronischen Medien, die gleichzeitig Bilder aus allen Teilen der Welt in einem unablässigen Strom in unseren Alltag transportiert.

In der Ersten Moderne (Industrialisierung) wurden durch die Entwicklung der Verkehrsmittel und den beginnenden Wohlstand die Voraussetzungen für das Aufsuchen ferner Orte und damit für den Massentourismus geschaffen; in der Zweiten Moderne (Kommunikationselektronik und Dienstleistungen; Beck 1986) sind wir in der Lage, uns die erträumten Orte selbst zu schaffen. Erleben ist synthetisierbar durch die Amalgamation von Imaginärem Museum, Kirmes, Kino und Parkanlagen zu den real erlebbaren Traumwelten von Disneyworld, Futuroscope usw. (vgl. Abschnitt 6.2.2 in Kapitel 6).

Sie konstituieren eine neue Realität, die in einem Hier und Jetzt als wirklich erfahren und erlebt werden kann und sind eine andere Spielart der realen Fiktion, von der weiter oben bereits die Rede war, und in welcher der Tourist die Hauptrolle spielt.

6
Anbieter im Tourismus

Im Verlaufe der touristischen Entwicklung, die in Ausschnitten für die letzten Jahrzehnte in Kapitel 2 dargestellt wurde, hat sich eine ganze Industrie herausgebildet, die mit differenzierten Angeboten der immer größer und verschiedenartiger gewordenen Nachfrage nach Reisen und damit zusammenhängenden Dienstleistungen zu entsprechen versucht. Die beiden hauptsächlichen Komponenten einer Reise, Beförderung und Unterkunft, wurden immer mehr ausgebaut und mündeten schließlich in ein Verkehrswesen mit verschiedenartigen Verkehrsmitteln und entsprechenden Infrastrukturen und in ein ebenso differenziertes Beherbergungswesen. Zur Deckung von Nachfrage und Angebot wurden Vertriebssysteme entwickelt, die schnell und effektiv die notwendigen Informationen an die Gäste weitergeben und ihnen die Möglichkeit geben, ohne großen Aufwand die gewünschten Leistungen zu buchen. Dominierten bis Anfang der 1990er Jahre noch stationäre Vertriebsstrukturen (zum Beispiel repräsentative Stadtbüros von Linienfluggesellschaften, Reisebüros usw.), so hat sich die Szene seitdem durchgreifend verändert. Dieser Wandel ist noch längst nicht abgeschlossen, so daß wir uns hier nach wie vor in einer Umbruchsituation befinden, die durch die immer weiter ausgebauten Möglichkeiten der Nutzung elektronischer Medien ausgelöst wurde. Auch wenn die erste euphorische Phase der ‚Internetökonomie' mit ihren illusorischen Vorstellungen von Unternehmenswerten schon nach kurzer Zeit wie eine Seifenblase geplatzt ist: Sie wird die Struktur der zukünftigen Vertriebssysteme weitaus stärker bestimmen, als es bislang bereits der Fall war. Dies wird das Aussehen der gesamten Reisebranche in den nächsten Jahren nachhaltig verändern. Deshalb wird sich später auch ein eigener Abschnitt damit beschäftigen.

6.1 Verkehrsträger

6.1.1 Eisenbahnunternehmen

Das erste Massentransportmittel war die Eisenbahn. Es ist deshalb kein Zufall, daß eine der ersten Veranstalterreisen, organisiert vom Buchhändler und Baptistenprediger Thomas Cook 1841 für ein Temperenzlertreffen von Leicester nach Loughborough, eine Eisenbahnfahrt war. Der Erfolg dieser Reise veranlaßte ihn, schon wenige Wochen später eine voll durchorganisierte Eisenbahnfahrt mit mehr als 570 Personen durch die britischen Midlands zu veranstalten (Yale 1995, S. 33 f.). Die große Nachfrage nach Reisen führte zusammen mit der Notwendigkeit verbesserten Gütertransportes der sich rasant entwickelnden Industriegesellschaft zu einem schnellen Ausbau des Eisenbahnnetzes in Großbritannien, wodurch auch die Fahrpreise gesenkt werden konnten und damit Personen das Reisen erlaubten, die vordem weder die Zeit und schon gar nicht das Geld dazu gehabt hätten. In Deutschland lief diese Entwicklung – nicht zuletzt auch wegen der erst 1871 überwundenen Kleinstaaterei – der englischen um einige Jahrzehnte hinterher. Aber auch hier verschaffte die Bahn vielen Menschen eine räumliche Mobilität, die sich die Generationen zuvor kaum hätten vorstellen können.

Nach dem Zweiten Weltkrieg war es zunächst wieder die Eisenbahn, die in Deutschland das Reisen ermöglichte. Die ersten Pauschalreisen wurden von Dr. Degener nach Ruhpolding organisiert, der dafür die Ferienreisezüge entwickelte. In den 1950er Jahren überquerten sie bereits die Alpen und fuhren an die italienische Adriaküste nach Rimini. Aber auch die selbst organisierten Reisen wurden mehrheitlich mit der Eisenbahn unternommen (siehe Abbildung 2.5 auf Seite 53). Allerdings ist mit zunehmendem Wohlstand und dem Siegeszug des privaten Automobils die Bedeutung der Eisenbahn für Urlaubsreisen seit den 1950er Jahren kontinuierlich zurückgegangen und spielt heute nur noch eine relativ kleine Rolle.

In den europäischen Ländern sind die Bahnbetriebsgesellschaften staatlich. In Deutschland war die Deutsche Bundesbahn bis Mitte der 1990er Jahre Bestandteil des öffentlichen Dienstes, ein großer Teil des Personals hatte sogar Beamtenstatus und war damit unkündbar. Geführt wurde das Wirtschaftsunternehmen Bahn wie eine Behörde nach den Grundsätzen kameralistischen Haushaltsrechtes, das ein flexibles und schnelles Reagieren auf veränderte ökonomische Umweltbedingungen unmöglich macht.

Grundprinzip der Kameralistik ist ein starrer Jahreshaushalt für alle Untergliederungen (bei der Bundesbahn galt das zum Beispiel auch für einzelne Bahnhöfe) mit verschiedenen Haushaltsposten, die in der Regel nicht gegenseitig deckungsfähig sind. Wenn bei einem Haushaltsposten weniger Geld verbraucht wird als veranschlagt, bei einem anderen jedoch mehr gebraucht würde, darf man das Geld aus dem einen nicht in den anderen „Haushaltstopf" umschaufeln, sondern es verfällt. Die Folge ist, daß der Haushaltsansatz für diesen Posten im nächsten Jahr um die gesparte Summe verringert wird, weil man ja dort offensichtlich mit weniger auskommen konnte. Da man für Sparsamkeit nicht „bestraft" werden will, versucht man deshalb, die für jeden einzelnen Etatposten zur Verfügung stehenden Mittel bis auf den letzten Pfennig auszugeben, auch wenn die damit getätigten Beschaffungen wirtschaftlich unsinnig sind. Bekannt ist dies im öffentlichen Dienst als „Dezemberfieber" – Restmittel aus den Jahreshaushalten müssen bis zum Jahresende ausgegeben werden, um nicht zu verfallen. Auf der einen Seite wird also viel Geld für Unsinniges ausgegeben, auf der anderen Seite fehlt das Geld dort, wo es dringend benötigt würde.

Daß man so weder eine Verwaltung noch ein Unternehmen wirtschaftlich führen kann, liegt auf der Hand. Darüber hinaus führte das leistungsfeindliche und auf Beharrung angelegte öffentliche Dienstrecht zu einer weiteren Schwerfälligkeit des Apparates, der sich, wie bei Verwaltungen üblich (vgl. u.a. Parkinson 1966), personell immer aufblähte und damit die Produktivität erheblich verringerte. Was im öffentlichen Dienst nach wie vor zu erheblicher Geldverschwendung und knappen Kassen führt, brachte die Deutsche Bundesbahn schließlich an den Rand des Ruins.

Außerdem wurden über eine auf das Automobil ausgerichtete Verkehrspolitik die Wettbewerbschancen der Bahn systematisch verschlechtert. Die Folge waren Streckenschließungen und damit eine noch geringere Attraktivität des Bahnangebotes und der daraus folgenden stärkeren Hinwendung zum PKW. Durch den aus den öffentlichen Haushalten finanzierten Ausbau der Straßen, dem kaum nutzungsabhängige Einnahmen aus dem Straßenverkehr selbst gegenüberstehen, wird der Individualverkehr hoch subventioniert. Die Bundesbahn mußte dagegen ihre Wegekosten selber finanzieren und machte auch aus diesem Grunde erhebliche Verluste.

Die durch den 1990 vollzogenen Beitritt der DDR zur Bundesrepublik Deutschland notwendig gewordene Integration der beiden Bahngesellschaften Deutsche Bundesbahn und Deutsche Reichsbahn brachte die Chance einer völligen Umorganisation: Mit der Gründung der Deutschen Bahn AG wurde eine privatwirtschaftliche Rechtsform gewählt, die frei von den Restriktionen des öffentlichen Dienstes ist. Allerdings mußten aus rechtlichen Gründen auch die langjährigen Angestellten und die Beamten unter den gleichen Konditionen weiter beschäftigt werden.

Gleichzeitig werden aber im Zuge der in Stufen angelegten Bahnreform die Wegstrecken der Bahn aus der Bahngesellschaft herausgenommen und gehen an eine Betriebsgesellschaft des Bundes. Damit ist zumindest unter diesem Aspekt eine weitgehende Wettbewerbsgleichheit mit anderen Verkehrsträgern sichergestellt. Inwieweit die Infrastruktur bei einer eventuellen Privatisierung der DB im Unternehmen integriert bleibt oder – und nur dies würde fairen Wettbewerb ermöglichen – ausgegliedert wird, ist derzeit noch eine kontrovers diskutierte verkehrspolitische Frage.

Neben den weitgehend von den Ländern finanzierten Angeboten der Bahn im öffentlichen Personennahverkehr (Regionalbahn, S-Bahn) spielt vor allem der Fernverkehr eine wichtige Rolle. Mit der Entwicklung des Intercity-Systems in den 1970er Jahren und der Einführung des Stundentaktes auf den Hauptlinien wurde vor allem für Geschäftsreisende eine Alternative zu anderen Verkehrsmitteln geboten. Zunächst nur mit Wagen der ersten Klasse ausgestattet, war der Erfolg so groß, daß auch Wagen der zweiten Wagenklasse dafür entwickelt und eingesetzt wurden. Damit wurde die Bahn auch für Personengruppen wieder attraktiv, die sie vor allem an das Automobil verloren hatte. Gesteigert wurde ihre Attraktivität durch den Intercity Express (ICE), der auf speziellen Neubaustrecken Geschwindigkeiten bis zu 300 km/h erreicht und damit auf manchen Strecken eine Alternative zum innerdeutschen Luftverkehr geworden ist. Das gilt vor allem für die Strecken Berlin, Hamburg/Hannover, München/Stuttgart nach Frankfurt am Main und nach Köln. Mit dem ICE „Sprinter", der morgens und abends ohne Halt diesen Städten durchfährt, wurde eine besonders auf die Bedürfnisse von Geschäftsleuten ausgerichtete Tagesrandverbindung geschaffen.

Mit der Einführung der **Hochgeschwindigkeitszüge** ICE im Jahr 1991 hat die Deutsche Bahn jedoch keine Pionierrolle übernommen, sondern mit einiger Verspätung lediglich eine Entwicklung nachvollzogen, die in Japan und Frankreich schon Jahrzehnte vorher eingesetzt hatte. Der Shinkansen fuhr bereits seit 1964 innerhalb Japans und der TGV (*Train à Grande Vitesse*) der SNCF (*Société National de Chemin de Fer*) wird seit 1981, zunächst zwischen Paris und Lyon und mittlerweile in ganz Frankreich eingesetzt. Nach Deutschland hat in Europa Spanien 1992 den auf TGV-Technologie beruhenden Hochgeschwindigkeitszug AVE zwischen Madrid und Sevilla in Betrieb genommen.

Der europäische Ausbau des Hochgeschwindigkeitsnetzes wird unter anderem durch die Konkurrenz zwischen TGV und ICE und die dahinterstehenden nationalen Interessen behindert. Dabei haben die Bahngesellschaften für Geschäftsreisende in ihren Zügen einiges zu bieten. Die Deutsche Bahn AG hat im ICE Konferenzabteile eingerichtet und es gibt auf vielen Plätzen auch Stromanschlüsse für Laptops bzw. Notebooks, so daß man während der Fahrt auch dann noch arbeiten kann, wenn die Akkus erschöpft sind. Die SNCF bietet in den Großraumwagen erster Klasse der normalen Fernzüge richtige Arbeitsplätze mit kleinem Regal, einer großen Schreibplatte und ebenfalls einem Stromanschluß für Rechner.

In Zusammenarbeit mit den Schweizer Bundesbahnen hat die Deutsche Bahn zudem unter dem Namen **CityNightLine** eine völlige Neukonzeption ihrer Übernachtverbindungen mit Schlafwagen vorgenommen, mit dem sie unter dem Slogan „Reisen statt Fliegen" bewußt versucht, auf manchen Strecken dem Flugzeug Konkurrenz zu machen. In diesen Zügen hat man die Wahl zwischen Ruhesesseln und drei verschiedenen Kategorien von Schlafabteilen, wobei jedes Abteil über eine eigene Dusche verfügt. Zudem gibt es einen Bar- und Loungewagen. Für **Urlaubsreisen** dagegen ist der ICE aus verschiedenen Gründen nur sehr beschränkt tauglich, weil er zum einen nicht direkt in Urlaubsgebiete fährt, zum anderen die Wagen unverständlicherweise kaum Abstellmöglichkeiten für größeres Gepäck wie Koffer bieten. Dieser Umstand und die erwähnte Ausdünnung des Streckennetzes in der Fläche haben dazu geführt, daß die Bahn als Reiseverkehrsmittel für Urlaubsreisen immer mehr an Bedeutung verloren hat (vgl. Abbildung 2.5 auf Seite 53). Auch darin zeigt sich die verkehrspolitische Bevorzugung des PKW.

Mit dem **TouristikZug**, den die Deutsche Bahn AG seit Oktober 1995 einsetzte, versuchte sie, dieser Entwicklung gegenzusteuern. Der Zug bestand aus sieben eigens dafür entwickelten Sitzwagen, zwei Clubwagen und einem Gepäckwagen, in dem außer normalen Gepäckstücken auch urlaubertypische Utensilien wie Fahrräder, Wintersportausrüstungen und sonstige Sportgeräte mitgeführt werden konnten. Ein eigenes Abteil war für Kinder vorgesehen, die hier spielen bzw. betreut werden konnten. Reiseveranstalter wie die bahneigene Ameropa boten mit diesem Zug europaweite Urlaubs-, Städte- und Kulturreisen an. Wegen mangelnder Nachfrage mußte das Angebot jedoch wieder eingestellt werden.

Mit der **Bahncard** hatte die damalige Deutsche Bundesbahn Anfang der 1990er Jahre das in der Schweiz bereits sehr erfolgreiche „Halbtax-Abonnement" der Schweizer Bundesbahnen (SBB) kopiert und auf dem deutschen Markt eingeführt. Mit dem Kauf dieser Karte erwirbt man das Recht, für ein Jahr alle Zugverbindungen innerhalb Deutschlands zum halben Preis zu nutzen. Nicht nur Privatreisende, auch viele Firmen, für die sich Netzkarten oder Großkundenabonnements nicht lohnen, haben für ihre dienstlich reisenden Mitarbeiter solche Ermäßigungen in Anspruch genommen.

Die Bahn ist zwar auf manchen Strecken direkter Konkurrent des Flugzeuges, im großen und ganzen ergänzen sich jedoch beide Verkehrsmittel. Bei relativ kurzen Strecken bietet das Flugzeug in vielen Fällen keinen Zeitvorteil gegenüber der Bahn. Innerhalb Deutschlands gilt dies zum Beispiel (s.o.) für die Verbindungen von Frankfurt nach Stuttgart, München, Hamburg und Hannover. Zwischen Hamburg und München dagegen hat das Flugzeug trotz ICE gegenüber der Bahn einen deutlichen Zeitvorteil. Je länger also die Strecke ist, die zurückgelegt wird, desto besser kann das Flugzeug seine höhere Geschwindigkeit zur Geltung bringen. Es hat also wenig Sinn, auf den Strecken, auf denen die Bahn mindestens ebenso schnell ist, wie das Flugzeug, die Flugverbindungen aufrechtzuerhalten. Das sehen auch Fluggesellschaften: So setzte die Lufthansa zum Beispiel seit den 1980er Jahren auf der Strecke zwischen Köln-Bonn und Frankfurt am Main in Zusammenarbeit mit der Deutschen Bahn einen eigenen Zug ein, der diese Region direkt mit dem Rhein-Main Flughafen verband. Mittlerweile fahren einige ICE-Züge auch unter Lufthansa Flugnummern und man kann das Gepäck bis zum Endbahnhof durchchecken. So zum Beispiel nach Köln oder Stuttgart, wenn man über Frankfurt am Main geflogen ist. Die Deutsche Bahn bietet ihrerseits mit dem **Rail & Fly**-Programm gegen Vorlage eines Flugtickets Sonderpreise für die Fahrt zu den Abflughäfen an und eine Reihe von Fluggesellschaften und Reiseveranstaltern hat Abkommen mit Verkehrsverbünden geschlossen.

Stärker noch als die Flughäfen (siehe Abschnitt 6.1.2.7) wurden die (Haupt-)Bahnhöfe in den Großstädten, bevorzugt durch ihre Innenstadtlagen, zu Einkaufs- und Dienstleistungszentren ausgebaut. Begünstigt wurde diese Entwicklung auch durch eine Ausnahmeregelung im deutschen Ladenschlußgesetz, nach der Reiseproviant und -bedarf auch außerhalb der Ladenschlußzeiten verkauft werden dürfen. Da es praktisch unmöglich ist, zu kontrollieren, ob es sich bei den Kunden tatsächlich um Reisende handelt, haben sich die Bahnhöfe ebenso wie die zu Läden des täglichen Bedarfs umgebauten Tankstellen zu wichtigen Versorgungseinrichtungen zur Umgehung des antiquierten Ladenschlußgesetzes entwickelt. Damit konnten die Erträge der Deutschen Bahn AG durch Vermietung von Laden- und Geschäftsflächen gesteigert werden.

6.1.2 Fluggesellschaften

Der erste reguläre Transatlantikflug mit einem Landflugzeug (vorher gab es nur langsamere Flugbootverbindungen) fand am 24. Oktober 1945 statt und führte mit einer Douglas DC 4 der American Overseas Airlines vom New Yorker Flughafen La Guardia über Boston, Gander (Neufundland) und Shannon nach Bournemouth in England, wo die Maschine nach 23 Stunden und 48 Minuten landete. Mit 32 Passagieren und 10 Besatzungsmitgliedern war die Maschine voll besetzt (*The Times* v. 2. November 1995, S. 41). Das war der Durchbruch des Flugzeuges als Reiseverkehrsmittel auf langen Strecken.

Die Einführung der ersten Jets Anfang der 1950er Jahre (die vierstrahlige DeHavilland Comet aus Großbritannien mit zunächst nur 44 Sitzen nahm 1952 den Passagierdienst auf und die 50-sitzige russische Tupolev TU 104, die jedoch nur zweistrahlig war und nicht auf Transatlantikflügen eingesetzt werden konnte, wurde vier Jahre später eingesetzt) hatte noch keinen nachhaltigen Einfluß auf die Entwicklung. Nach einer Unfallserie erhielt die Comet zunächst ein Flugverbot und konnte erst nach einer Neukonstruktion der Kabinenfenster 1958 in einer größeren Version (Comet 4) wieder in Dienst genommen werden. Mit der fast gleichzeitigen Einführung der immer noch mehr als doppelt so großen Boeing 707 und der etwa gleich großen Douglas DC 8 wuchs ab Ende der 1950er Jahre das Verkehrsaufkommen auf dem Nordatlantik und machte damit der Linienschiffahrt ein Ende (siehe Abbildung 2.6 auf Seite 56).

Flugreisen spielen auf dem Reisemarkt eine immer größere Rolle. Da ausländische Reiseziele und vor allem auch Fernreisen immer beliebter werden (vgl. Kapitel 2), war diese Entwicklung praktisch vorprogrammiert, denn die meisten dieser Ziele lassen sich nur mit dem Flugzeug erreichen. Andererseits wurden diese Ziele für viele nur deshalb erreichbar, weil die Preise für einen Flug dorthin erschwinglich wurden. Dies wiederum wurde durch zwei sich gegenseitig stützende Entwicklungen möglich: Die Erhöhung der Einkommen in den vergangenen Jahrzehnten (vgl. ausführlich dazu Kapitel 2) und die gleichzeitige Verbilligung der Flüge.

Die Flugpreise sind durch eine Reihe technischer und betriebswirtschaftlicher Maßnahmen gesunken. Im einzelnen sind dies:

- Der Einsatz größeren Fluggerätes, vor allem von Großraumflugzeugen, die seit dem ersten Einsatz einer Boeing 747 im Jahre 1969 eine immer größere Rolle im Luftverkehr spielen. Durch sie konnte die Produktivität der Fluggesellschaften erheblich gesteigert werden. So kann mit der gleichen Cockpitbesatzung eine größere Zahl von Passagieren befördert werden.
- Die dichtere Bestuhlung in den Flugzeugen ermöglicht niedrigere Kosten pro Sitz und Transportleistung (Sitzmeilenkosten).
- Durch den Wegfall des Flugingenieurs und die Lizensierung der Piloten für verschiedene Flugzeugmuster (*cross crew qualification*) mit fast identischem Cockpit (wie bei der Boeing B 757 und B 767 und bei allen Flugzeugmustern vom kleinen zweistrahligen Airbus A 318 bis zum großen vierstrahligen A 340) konnten die Personalkosten gesenkt werden.

- Gewichtseinsparungen durch computergesteuerte Steuerungssysteme (*fly by wire*, FBW), weil die Maschinen nicht mehr ausschließlich aerodynamisch stabil sein müssen und damit u.a. das Leitwerk verkleinert werden konnte. Zudem können damit präzisere, kerosinsparende Flugprofile geflogen werden.
- Die Einführung neuer und verbesserter Triebwerkstechnologie (Turbofan-Triebwerke, elektronische Triebswerkssteuerung) führte zu einer signifikanten Senkung des spezifischen Kraftstoffverbrauchs.
- Durch bessere Überwachung der Triebwerke, deren Daten zum Beispiel laufend direkt über Satellit an die Wartungsingenieure übermittelt werden und damit Trendanalysen ermöglichen, konnte die Zahl der teuren außerplanmäßigen Wechsel stark verringert und die Nutzungsdauer der Triebwerke deutlich erhöht werden.

Kurz vor dem Aufsetzen: Blick aus dem Cockpit des Airbus A 310-200, dem ersten Großraumflugzeug ohne Flugingenieur

- Die Steigerung der Zuverlässigkeit der Triebwerke führte auch dazu, daß seit den 1980er Jahren selbst Langstrecken, auch über Wasser und nicht bewohnten Landmassen, mit zweistrahligen Flugzeugen beflogen werden dürfen (*extended twin operations*, ETOPS). Zwar gibt es hierbei Einschränkungen der Streckenwahl gegenüber drei- oder vierstrahligen Flugzeugmustern (zum Beispiel muß, je nach Flugzeugtyp und den Erfahrungen der sie betreibenden Fluggesellschaft, in jeder Phase des Fluges ein offener Ausweichflughafen [*alternate airport*] in maximal 90, 120 oder 180 Minuten mit Einmotorengeschwindigkeit erreichbar sein), aber die geringeren Betriebskosten zweistrahliger Flugzeugmuster wiegen diese teilweisen Nachteile mehr als auf. In der Folge wurden die *twins* immer größer: Die zweistrahlige Boeing 777-300 ER kann ebenso wie der Jumbo Jet (Boeing 747) bis zu 550 Passagiere befördern und hat eine maximale Reichweite von über 12.000 km gegenüber 10.800 km der noch heute eingesetzten vierstrahligen B 747-200.
- Die verbesserte Aerodynamik der neueren Flugzeuge (superkritische Flügelprofile, Winglets, *raked wingtips*), die ebenso wie die Verwendung leichterer Bauteile

(Aluminium-Lithium Legierungen, Kohlefaserverstärkte Kunststoffe [KFK] usw.) und computergesteuerte Trimmung durch Gewichtsverlagerung über Tankmanagementsysteme den Treibstoffverbrauch verringert.

- Die höhere Auslastung der Flugzeuge durch Ertragssteuerungssysteme (*yield management*), die wiederum eine Preisdifferenzierung mit einer Reihe niedrigerer Tarife voraussetzt, über die das Fliegen unter bestimmten Bedingungen deutlich billiger wird (siehe Abschnitt 6.1.2.5).

- Die Einführung der sogenannten ‚Open Skies'-Politik durch die Carter-Administration 1978 in den USA, mit welcher der Wettbewerb der Fluglinien untereinander dereguliert wurde. Mit dem Eintritt vieler US-Fluglinien, die sich vorher auf dem inneramerikanischen Markt beschränkten, in internationale Märkte traf dieser Wettbewerb auch die europäischen Fluglinien. Die Europäische Union ist zudem weitgehend dieser Politik gefolgt, so daß auch hier der Wettbewerb stärker geworden ist und in vielen Bereichen die Preise in der Folge gesunken sind (vgl. ausführlich Abschnitt 6.1.2.1). Durch die mit dieser Politik verbundene Aufhebung der Preiskontrollen konnte auch das Geschäftsmodell ‚Billigfluggesellschaft', zunächst in den USA und dann auch in Europa und anderen Teilen der Welt weiterentwickelt und auf dem Flugmarkt etabliert werden (siehe Abschnitt 6.1.2.3.4).

Schon vor diesen Entwicklungen hatte jedoch eine Evolution der Fluggesellschaften begonnen, die zu immer weiter aufdifferenzierten Geschäftsmodellen führte (vgl. Abbildung 6.1 auf Seite 264), die das Reisen mit dem Flugzeug für immer mehr Bevölkerungsgruppen immer attraktiver machten. Fluggesellschaften sind daher im Gegensatz zu Bahnen und Busunternehmen in der Tourismuswirtschaft immer wichtiger geworden und seit langem auch das bedeutendste Reiseverkehrsmittel für Veranstalterreisen.

Zunächst gab es nur die **Linienfluggesellschaften**, für die noch während des Zweiten Weltkriegs mit dem Chicagoer Abkommen vom 7. Dezember 1944 (auf den Tag genau drei Jahre nach dem japanischen Luftangriff auf Pearl Harbor und dem darauf folgenden Kriegseintritt der USA) international gültige Regeln aufgestellt wurden. Mit dieser Konvention wurde auch die in Montreal beheimatete ICAO (= *International Civil Aviation Organisation*) geschaffen, die zwei Jahre später, am 14. Dezember 1946, den 1945 in San Francisco gegründeten Vereinten Nationen (UNO) angegliedert wurde (Mann & Pross 1957, S. 170).

Linienfluggesellschaften unterliegen demnach den folgenden Bestimmungen: Sie müssen ihre Angebote der Allgemeinheit zur Verfügung stellen (Öffentlichkeit), dürfen also niemanden ohne triftigen Grund ausschließen (Beförderungspflicht). Die Flüge müssen regelmäßig durchgeführt, in einem für eine längere Periode gültigen Flugplan veröffentlicht und dieser unabhängig von der Zahl der gebuchten Passagiere eingehalten werden (Regelmäßigkeit, Betriebspflicht). Darin sind Abflugs-, Ziel- und eventuelle Zwischenlandeorte auszuweisen und einzuhalten (Linienpflicht). Flugtarife und Beförderungsbedingungen müssen veröffentlicht werden (Tarifpflicht; vor der Deregulierung mußten sie von der jeweiligen nationalen Erlaubnisbehörde – in Deutschland dem Bundesministerium für Verkehr – genehmigt werden; vgl. Abschnitt 6.1.2.1).

Linienfluggesellschaften dienten zunächst vor allem der Entwicklung des Geschäftsreiseverkehrs, waren also primär ein Instrument der Wirtschaftsförderung und der damit einhergehenden Internationalisierung von Wirtschaftsbeziehungen. Außerhalb der USA waren viele der Fluggesellschaften staatlich und galten zudem „als Symbol nationaler Unabhängigkeit und technischer Leistungsfähigkeit", indem sie „die Flagge des Herkunftslandes im Ausland" zeigten (Pompl 2002, S. 112; daher der auch heute noch im Englischen gebräuchliche Name *flag carrier*).

Die Regulierung von Überflug-, Lande- und Beförderungsrechten erfolgt in in zwischenstaatlichen (bilateralen) Verträgen innerhalb des Rahmens der sogenannten ‚**Freiheiten der Luft**' der ebenfalls durch das Chicagoer Abkommen bestimmt wird. Ursprünglich wurden 1944 fünf festgelegt: Es sind im einzelnen das Recht von Fluggesellschaften aus Staaten, die dem Abkommen beigetreten sind (Vertragsstaaten) ...

1. zum freien Überflug eines anderen Vertragsstaates;
2. auf technische Zwischenlandungen in einem Vertragsstaat (zum Beispiel Auftanken);
3. Passagiere, Post und Fracht aus dem eigenen Land in einen anderen Vertragsstaat zu befördern;
4. Passagiere, Post und Fracht für das eigene Land in einem anderen Vertragsstaat aufzunehmen und
5. Passagiere, Fracht und Post zwischen zwei anderen Vertragsstaaten zu befördern, wobei der Flug im eigenen Land beginnen oder enden muß.

In der Folgezeit haben sich in der praktischen Anwendung dieses Rahmens zwischen den Vertragsstaaten darüber hinaus noch weitere Rechte herausgebildet, wie das Recht...

6. zur Beförderung von Passagieren, Fracht und Post aus einem Vertragsstaat in weitere Vertragsstaaten mit einer Zwischenlandung im eigenen Land;
7. zur Beförderung von Passagieren, Fracht und Post aus einem Vertragsstaat in weitere Vertragsstaaten ohne das eigene Land zu berühren;
8. zur Beförderung von Passagieren, Fracht und Post innerhalb eines anderen Vertragsstaates, wobei der Flug im eigenen Land beginnen oder enden muß und
9. zur Beförderung von Passagieren, Fracht und Post innerhalb eines Vertragsstaates (Kabotage).

Die letzte Freiheit kann man auch weglassen, denn sie entspricht praktisch den Rechten im eigenen Land, wie sie aber zum Beispiel international in den Mitgliedsländern der Europäischen Union gelten. Wieweit diese möglichen Freiheiten des Luftverkehrs zwischen zwei Vertragsstaaten jedoch ausgenutzt werden, wird in den erwähnten bilateralen Verkehrsabkommen festgelegt.

Dieser Rahmen war notwendig, um den Bedürfnissen von Geschäftsreisenden entsprechend ein verzweigtes Netz von weltweiten Flugverbindungen schaffen zu können, das über Drehkreuze (Abschnitt 6.1.2.2) mit Umsteigemöglichkeiten verschiedene Strecken und oft auch die Angebote unterschiedlicher Fluggesellschaften miteinander verknüpft. Dieses Charakteristikum findet seinen Ausdruck in dem Begriff **Netzfluggesellschaft** (*network carrier*) für diesen Typus von Linienfluggesellschaft, der damit vor allem von den Billigfluggesellschaften (Abschnitt 6.1.2.3.4) abgegrenzt wird. Da es sich dabei um das hergebrachte Geschäftsmodell für Linienfluggesellschaften handelt, hat wird dafür auch der Begriff **traditionelle Linienfluggesellschaft** (*legacy carrier*) verwendet. Sie wurden staatlich besonders gefördert, von möglicher Konkurrenz abgeschottet und nicht selten subventioniert. Auch wenn es heute noch Staaten gibt, die sich solche Fluggesellschaften halten, ist ihre Marktbedeutung schon aus Kostengründen (siehe zum Beispiel die früher schweizerische Swiss) in den vergangenen Jahrzehnten doch immer geringer geworden.

Um der steigenden Nachfrage nach Flugreisen auch aus dem Privatbereich für den Ferienverkehr nachzukommen, entstanden Bedarfs- oder Charterfluggesellschaften (nicht selten als Töchter von Linienfluggesellschaften), die so konzipiert werden mußten, daß sie den Linienfluggesellschaften kein Geschäft wegnehmen konnten (vgl. Abbildung 6.1 auf Seite 264).

Propellermaschinen mußten hier früher zwischenlanden:
Douglas DC 8-63 während eines Transatlantikfluges über Neufundland

Charterfluggesellschaften sind rein rechtlich gesehen Flugverkehrsunternehmen, die den einschränkenden Regelungen des Linienverkehrs nicht unterliegen. Weder im Chicagoer Abkommen noch im Luftverkehrsgesetz der Bundesrepublik findet sich eine positive Definition der Begriffe Charter- oder Gelegenheitsverkehr (Pompl 2002, S. 30 f.). Ihre Angebote waren ursprünglich insofern nicht öffentlich, als sie entweder nur einem bestimmten Personenkreis zugänglich waren (zum Beispiel Gastarbeiterflüge) oder nur als Bestandteil einer Pauschalreise bei einem Veranstalter gebucht werden konnten. Der Verkehr unterliegt naturgemäß keiner Linienbindung. Im Rahmen von Charterketten (Abschnitt 6.1.2.4) ist der Verkehr jedoch mittlerweile meist regelmäßig, wenn auch nicht so dicht wie auf den üblichen Linienflugrelationen. Es gibt zwar im Prinzip weder eine Betriebs- noch eine Beförderungspflicht für Charterflugunternehmen, da diese Flüge jedoch in der Regel im Rahmen von Pauschalreisen angeboten werden, unterliegen sie den Reisevertragsregelungen des § 651 a-m des Bürgerlichen Gesetzbuches (BGB), die den Veranstalterkunden vor der Nichterfüllung von Reiseversprechen schützen. Die Liberalisierung des Luftverkehrs in Europa hat auch hier durchgreifende Veränderungen gebracht. Durch den danach möglichen Einzelplatzverkauf, über den mittlerweile ein großer Teil des Sitzangebots abgesetzt wird, haben sich nicht nur die Unterschiede zu den Linienfluggesellschaften immer mehr verwischt, viele ursprünglich reine Charterfluggesellschaften wickeln zumindest einen Teil ihrer Flüge auch offiziell als Linienflüge ab (vgl. Abschnitt 6.1.2.4).

Übersicht 6.1: Verkehrsflugzeuge (Auswahl; ohne Regionalflugzeuge)

Flugzeugtyp	Pax (max.)	Reichweite (km)	Reisegeschwindigkeit (km/h)	Anzahl im Einsatz 2005
Schmalrumpfflugzeuge (single aisle aeroplanes)				
Airbus A 319/20/21	124-185	4.700-5.550	ca. 842	2.398
Boeing 737 Classic[1]	108-171	2990-5.550	ca. 805	1.882
Boeing 737 NG[2]	146-189	5.080-6.040	ca. 848	965
Boeing 757-200, -300	201-279	5.550-7.400	ca. 864	1.009
MD-80[3]	114-168	2.897-4.635	ca. 821	1.058
Tupolev TU 154 M	180	3,700	ca. 900	452
Großraumflugzeuge (widebodies)				
Airbus A 300 B4, -600	254-361	4.350-7.700	ca. 842	407
Airbus A 310	218	4.633-9.600	ca. 853	200
Airbus A 330-200, -300	253-335	10.400-12.300	ca. 886	351
Airbus A 340-200, -300	420-440	13.100-14.800	ca. 886	230
Airbus A 340-500, -600	420-440	13.900-16.400	ca. 896	64
Airbus A 380-800[4]	822	14.800	ca. 918	(141)
Boeing 747-100 bis 300	400-580	9.250-11.000	ca. 918	384
Boeing 747-400	660	11.440-14.200	ca. 923	606
Boeing 767-200 bis 400	274-375	10.440-12.300	ca. 864	856
Boeing 777-200, -300	440-550	7.490-17.500	ca. 907	518
Boeing 787[5]	250-320	6.500-15.700	ca. 918	(195)
Ilyushin Il 86 u. Il 96	300-350	3.600-7.500	ca. 900	78

[1] 737-300, -400, -500, werden nicht mehr gebaut; [2] New Generation ohne 737-600, siehe Übersicht 6.3 auf S. 279; [3] der Hersteller McDonnell Douglas wurde 1997 von Boeing übernommen; [4] Bestellungen, Auslieferungen beginnen 2006; [5] Bestellungen, erste Auslieferungen für 2008 geplant

Quellen: a) technische Daten: World Airliners Directory, Part I, in Flight International 26 October-1 November 2004, S. 47-75, Airbus und Boeing Internetseiten; eigene Berechnungen; b) Zahl der eingesetzten Flugzeuge: World Airliner Census, in: Flight International 30 August-5 September 2005, S. 34-61

Hinzu kommt aber noch, daß Linienfluggesellschaften eine Reihe von Aufwendungen für den Absatz der angebotenen Flugplätze haben: Personal für den Ticketverkauf auf den Flugplätzen, eigene Verkaufsbüros und teilweise auch noch (offene oder mittlerweile eher verdeckte) Provisionen an Reisebü-

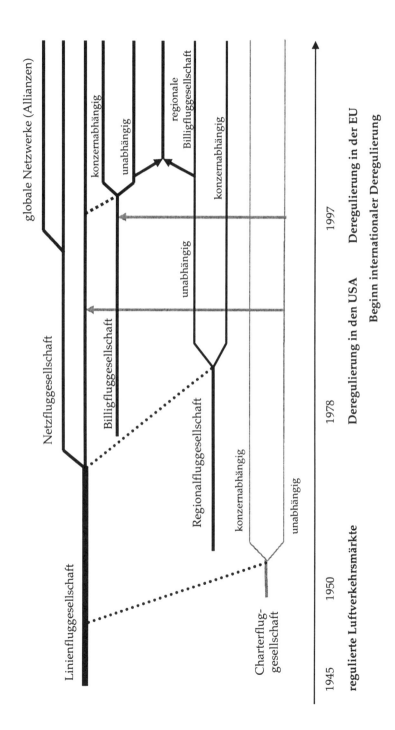

Abbildung 6.1: Evolution von Fluggesellschaften

ros, die alle noch in den Flugpreis mit einkalkuliert werden müssen. Die Charterfluggesellschaften dagegen sind weit weniger personal- und kosten intensiv, da von ihrem ursprünglichen Geschäftsmodell her der gesamte Absatz über Reiseveranstalter abgewickelt wird. Die Notwendigkeit einer aufwendigen Absatzorganisation entfällt damit. Dies erklärt in weiten Teilen den Erfolg der Charterfluggesellschaften auf den europäischen Reisemärkten zwischen 1950 und den 1990er Jahren. Wurden 1955, im ersten Jahr, in dem die Bundesrepublik Deutschland nach dem Zweiten Weltkrieg ihre Lufthoheit wieder erlangte, bereits 40.000 Passagiere auf Charterflügen befördert, so hatte sich diese Zahl nur fünf Jahre später bereits mehr als verzehnfacht.

Schon seit langem sind Geschäftsleute und Dienstreisende nur noch eine Minderheit unter den Passagieren der Linienflüge und haben ihre Pionierfunktion weitgehend eingebüßt. Bereits 1989 waren 60 Prozent der deutschen Passagiere, die ein Linienflugzeug bestiegen, Privatreisende (Mundt 1990 b), beim grenzüberschreitenden Verkehr lagen die Zahlen schon Anfang der 1990er Jahre noch höher: 80 Prozent Privatreisenden standen hier nur 20 Prozent Geschäftsreisende gegenüber (Schörcher & Richters 1993, S. 558). Vom anhaltenden Trend zu Fernreisen im Urlaub haben vor allem die Linienfluggesellschaften profitiert, die diese Ziele ohnedies anflogen und mit speziell auf den Urlaubsreisemarkt zugeschnittenen Preisangeboten die Nachfrage stimulierten. Für viele Destinationen lohnt sich auch mangels entsprechend großer und kontinuierlicher Nachfrage der Aufbau einer Charterkette nicht, so daß nicht nur Individualreisende, sondern auch viele Reiseveranstalter die Angebote der Linienfluggesellschaften bei diesen Reisen in Anspruch nehmen.

Neben diesen beiden Haupttypen von Luftverkehrsgesellschaften haben sich in den vergangenen Jahrzehnten noch zwei weitere herausgebildet: die **Regionalfluggesellschaft** und die **Billigfluggesellschaft**. Bei beiden handelt es sich um Linienfluggesellschaften. Regionalfluggesellschaften gehören zum sogenannten Ergänzungsluftverkehr, indem sie zum einen Zubringerdienste zu den großen Drehkreuzen der Netzfluggesellschaften fliegen, zum anderen zwischen Regionalflughäfen verkehren und zu verkehrsschwächeren Zeiten auch Strecken der großen Fluggesellschaften mit dem für sie typischen kleineren Fluggerät (meist bis 100 Sitze) bedienen (Sterzenbach & Conrady 2003, S. 10). Im Kurz- und Mittelstreckenverkehr haben sich in Ergänzung des traditionellen Linienflugbetriebs Billigfluggesellschaften entwickelt, die ihrerseits sowohl die Netz- als auch die Regionalfluggesellschaften stark beeinflußt haben. So haben sich einzelne Regionalfluggesellschaften mit einem Billigflugkonzept neu aufgestellt (zum Beispiel die britische flybe) und Billigfluggesellschaften haben ihre Streckennetze in den Regionalflug (die us-amerikanische Jetblue) hinein erweitert. Vorher waren bereits einige Charterfluggesellschaften in den Linienflug eingetreten und hatten damit die Grenze zwischen diesen beiden grundsätzlichen Typen von Luftverkehrsgesellschaften aufgeweicht (vgl. Abbildung 6.1).

6.1.2.1 Exkurs: Deregulation im Luftverkehr

Grundsätzlich gibt es zwei Möglichkeiten der Deregulation im internationalen Luftverkehr: einmal die Marktderegulierung durch die Schaffung eines freien Marktes und die damit einhergehende Entfaltung des vollen Wettbewerbs zwischen den Fluggesellschaften, zum anderen die Eröffnung der Möglichkeit des freien Erwerbs von Fluggesellschaften. Wenn heute von Deregulation die Rede ist, dann ist damit meist nur der erste Aspekt angesprochen. Denn anders als in allen anderen Branchen gibt es in der Luftfahrt eine Reihe von protektionistischen Hindernissen, die eine Transnationalisierung der Luftverkehrsbranche verhindern. So sind in den bilateralen Verkehrsabkommen – deren Muster auf die Zeit zurückgehen, in denen die Linienfluggesellschaften oft in staatlichem Besitz waren – zwischen den Mitgliedsländern der ICAO die Verkehrsrechte in der Regel daran gebunden, daß die sie ausübenden Fluggesellschaften mehrheitlich im Besitz von Staatsbürgern der jeweiligen Nation sind. Darüber hinaus verwehren einige scheinbar wirtschaftsliberale Länder wie die USA entscheidenden Besitz an inländischen Fluggesellschaften, wenn die Anteile von Ausländern gesetzlich auf 25 Prozent begrenzt sind (siehe auch Abschnitt 6.1.2.3.2)

Im Folgenden geht es daher lediglich um die Rücknahme von Gesetzen, die das Befliegen bestimmter Strecken und die Höhe der Flugpreise von staatlichen Genehmigungen abhängig machten. Diese Entwicklung begann in den USA und da die **Luftfahrtpolitik der USA** erheblichen Einfluß auf die Weltluftfahrt hat, ist es zum Verständnis notwendig, die Entwicklung und die hinter dieser Politik stehenden Gründe näher zu beleuchten (vgl. dazu und im folgenden Hanlon 1996, S. 33 ff.).

In den USA ging man davon aus, daß sich bei den Linienflugmärkten **Oligopole**, das heißt, Märkte mit nur wenigen privaten Anbietern, herausbilden werden, die zu wirtschaftlichen Nachteilen für die Passagiere führen könnten. Der Preis als Wettbewerbsparameter spielt in solchen Marktsituationen meist keine Rolle, weil alle Anbieter dabei nur verlieren können. Würde nämlich die eine Fluggesellschaft die Preise zur Nachfragestimulierung für ihre Angebote senken, müßte die andere dem folgen, so daß im Endeffekt die gleiche Leistung zu weniger Einnahmen und damit kleineren Gewinnen führen würde. Deshalb betreiben Oligopolisten eine Preispolitik, deren Ziel die Erreichung eines maximalen gemeinsamen Gewinns ist und die sich kaum von der eines Monopols unterscheidet. Wettbewerb findet unter solchen Bedingungen eher über Produktdifferenzierungen (höhere Flugfrequenzen, größere Sitzabstände, bessere Mahlzeiten an Bord, größere Getränkeauswahl usw.) und Werbung statt, die meist als weniger riskant angesehen werden als ein Preiskrieg zwischen den Fluggesellschaften. Da die Wettbewerber hier mithalten müssen, wenn sie keine Passagiere verlieren wollen, steigen die Kosten der Fluglinien. Da es keine Preiskonkurrenz gibt, ist es für die Fluglinien bequemer, die Kostensteigerungen an die Konsumenten weiterzureichen als ihre Kosten zu senken. Die Folge sind hohe Flugpreise.

Um die Entwicklung unkontrollierter Oligopole zu verhindern, wurde 1938 in den USA während der zweiten Amtszeit von Franklin Delano Roosevelt (Präsident von 1933 bis 1945) die Civil Aeronautics Authority (CAA) gegründet, die 1940 in **Civil Aeronautics Board (CAB)** umbenannt wurde. Diese Behörde regulierte den gesamten Linienflugverkehr in den USA: Fluggesellschaften mußten für alle bundesstaatenübergreifenden Flugverbindungen, die sie anbieten wollten, bei ihr die Streckenrechte und die Preise beantragen und genehmigen lassen. In der Regel versagte das CAB anderen Fluggesellschaften die Streckenrechte für Flugverbindungen, wenn diese bereits von zwei oder mehr Anbietern bedient wurden. Selbst bei Strecken ohne Non-Stop-Verbindungen oder mit nur einem Anbieter gab es kaum neue Markteintritte. Dadurch wurde der Wettbewerb aus der Sicht vieler Kritiker behindert und die Folge waren eben doch hohe Flugpreise, die eigentlich hatten verhindert werden sollen.

Nachdem auf Flugstrecken innerhalb des Bundesstaates Kalifornien die Preise zum Teil weniger als halb so hoch waren wie auf gleich langen bundesstaatenübergreifenden Routen an der Ostküste der USA, war für viele Kritiker der Beweis erbracht, daß die Regulierung zu höheren Preisen führte. 1978 schaffte die US-Regierung unter Präsident Jimmy Carter deshalb mit dem *Airline Deregulation Act* die Regulierung ab und überließ die Entwicklung des Linienflugverkehrs dem freien Spiel der Marktkräfte. Das CAB wurde mit dem Jahresende 1984 aufgelöst.

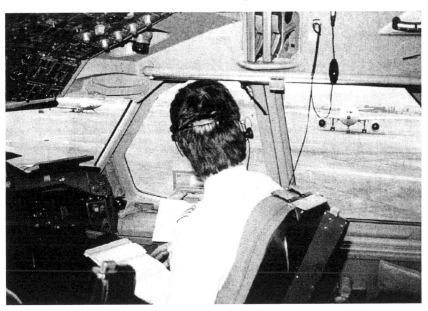

Die US-Deregulationspolitik hat den Weltluftverkehr verändert - Airbus A 310 auf dem Flughafen von Ankara (Esenboga)

Das Argument der oligopolistischen Märkte, das in den 1930er Jahren ein wichtiges Motiv für die Regulierung gewesen war, so wurde in der Folge zur weiteren Stützung der Deregulierung argumentiert, greife nicht, weil es sich bei den Flugmärkten um sogenannte *contestable markets* handele (Baumol, Panzar & Willig 1988). Nach dieser Theorie der bestreitbaren Märkte handelt eine Fluggesellschaft selbst dann, wenn sie das Monopol für eine bestimmte Streckenverbindung hält, bei der Preisforderung so, als ob sie einen Konkurrenten hätte. Zwei Gründe sind nach dieser Theorie dafür maßgebend: Erstens sind die Markteintrittsbarrieren für neue Anbieter auf diesem Markt gering. Im Prinzip müssen sie keine höheren Kosten tragen als bereits auf dem Markt etablierte Anbieter. Dadurch steigt die Wahrscheinlichkeit des Markteintrittes eines möglichen Konkurrenten. Sie steigt zweitens auch dadurch, daß mit einem Neueintritt in den Markt keine hohen verlorenen Kosten (*sunk costs*) verbunden sind. Der größte Kostenblock einer Fluggesellschaft liegt bei der Anschaffung der Flugzeuge. Anders als die Maschinen und Gebäude, die zum Beispiel für die Papierherstellung gebraucht werden, sind sie jedoch ihrer Natur entsprechend hoch mobil und können jederzeit auf den weltweiten Gebrauchtflugzeugmärkten wieder verkauft oder verleast werden. Wenn ein Unternehmen also feststellt, daß es langfristig auf dem angepeilten Markt die gesetzten Ziele nicht erreichen kann, kann es mit vergleichsweise geringen Verlusten oder sogar mit Gewinn wieder aus dem Geschäft aussteigen.

Allerdings zeigen Untersuchungen der Flugpreise in Abhängigkeit von der Zahl der Konkurrenten, daß Linienfluggesellschaften offensichtlich nicht unter den Bedingungen eines *contestable markets* arbeiten. Zwar sind die Flugpreise nach der Deregulierung insgesamt gesunken, aber auf Strecken mit nur einem Anbieter lagen die Preise im Durchschnitt um acht Prozent über denen mit zwei Anbietern. Bei drei Anbietern lag er im Schnitt um weitere acht Prozent darunter (Weinhold, 1995, S. 25). Der Markteintritt ist für neue Unternehmen nämlich keineswegs ohne Barrieren. Eine der wichtigsten sind die Zeitfenster für Start- und Landung an Flughäfen (*slots*). Auf praktisch allen Großflughäfen sind die *slots* knapp, d.h., es gibt mehr Nachfrager als solche Zeitfenster zur Verfügung stehen. Hier gelten im Prinzip immer noch die sogenannten „Großvaterrechte" (*grandfather rights*), weil die Fluggesellschaften, die seit jeher diese Strecken bedienten, ihre Rechte weiter behielten und neue Gesellschaften kaum eine Möglichkeit hatten, in diese Quasi-Monopole günstiger An- und Abflugzeiten an den wichtigsten Flughäfen einzudringen.

Auf Europa und damit auch auf Deutschland war die Theorie der *contestable markets* jedoch nie anwendbar. Hier hatte die staatliche Lufthansa über Jahrzehnte praktisch ein Monopol bei in- und ausländischen Linienflügen und verlangte entsprechende Preise. Lediglich in den 1980er Jahren gab es mit der (2003 zusammengebrochenen) Charterfluggesellschaft Aero Lloyd, die für kurze Zeit auch Linienflüge innerhalb Deutschlands anbot, und der Münchener Fluggesellschaft German Wings, die sich nur kurz – von 1988 bis 1990 – auf dem Markt halten konnte, eine Episode innerdeutscher Konkurrenz für die Lufthansa. Erst mit dem Markteintritt von British Airways, welche die Friedrichshafener Regionalfluglinie Delta Air im Mai 1992 faktisch (die Mehrheit der Anteile lag – der europäische Luftfahrtmarkt war noch nicht dereguliert – *pro forma* bei einigen deutschen Banken) übernahm und als Deutsche BA weiterführte, hat sich die Situation grundlegend geändert. Mit dem Einsatz von Boeing 737 (vgl. Übersicht 6.1 auf Seite 263) auf den meisten Inlandsstrecken und niedrigeren Tarifangeboten konnte sie relativ schnell signifikante Marktanteile erringen und zwang dadurch die Lufthansa, ebenfalls die Preise zu senken. Sie tat es aber nur auf denjenigen Strecken, auf denen sie in direkter Konkurrenz zur Deutschen BA (dba) stand. Deshalb kam die Deutsche BA auch nie aus der Verlustzone heraus und wurde schließlich 2003 für einen symbolischen Euro an die deutsche Intro Verwaltungsgesellschaft verkauft, hinter der der Nürnberger Textilkaufmann und Flugkapitän Hans-Rudolf Wöhrl steht, dem früher mit dem Nürnberger Flugdienst eine der beiden Vorläufergesellschaften der Dortmunder Eurowings gehörte. Mit der kompletten Deregulierung des europäischen Linienflugmarktes seit dem 1. April 1997 drängen vor allem Billigfluggesellschaften (siehe Abschnitt 6.1.2.3.4) auf den Markt, zu denen jetzt auch die dba gehört, so daß die Lufthansa ihre nahezu vollständige marktbeherrschende Stellung im innerdeutschen und innereuropäischen Verkehr ex Deutschland weitgehend verloren hat.

6.1.2.2 Streckensysteme

Die Deregulation im us-amerikanischen Luftverkehr führte auch zu einer Veränderung der Streckensysteme. Bis dahin versuchten die Fluggesellschaften, möglichst viele *non stop*- oder Direktverbindungen (d.h. mit Zwischenlandungen, aber ohne Umsteigen) anzubieten. Mit der beginnenden Preiskonkurrenz mußten sowohl die etablierten Anbieter wie auch die neu in den Markt eintretenden Fluggesellschaften ihre Kosten bei gleichzeitigem Ausbau der Streckensysteme sehr niedrig halten, um attraktiv für die Kunden zu sein.

Abbildung 6.2: Streckensysteme im Vergleich

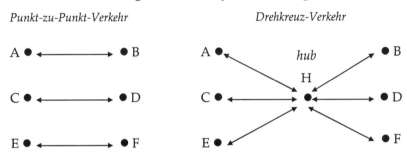

Darstellung in Anlehnung an Mohr & Rodermann 1995, S. 70; Hanlon 1996, S. 70 ff.

Modell für die Umgestaltung der Streckennetze waren die erfolgreichen Spediteure von Übernachtfrachtdiensten wie Federal Express, die ihre großen Frachtflugzeugflotten im sogenannten „hub and spoke"-System einsetzen: Alle Frachtflüge gehen abends von einer Vielzahl von Flugplätzen zu einem zentral gelegenen Frachtzentrum (*hub*), in dem die Sendungen sortiert und noch in der Nacht mit den gleichen Flugzeugen wieder zu den Ausgangsflugplätzen, die sich wie die Endpunkte von Speichen (*spokes*) um das Zentrum gruppieren, gebracht werden. Dadurch können Destinationen an das Expreßfracht-System angeschlossen werden, die für einen Punkt-zu-Punkt-Verkehr ein viel zu kleines Frachtaufkommen haben. Durch die Bündelung der Fracht für *alle* Bestimmungsorte und von *allen* Bestimmungsorten wird das Frachtaufkommen so groß, daß sich der Einsatz von Flugzeugen lohnt.

Ersetzt man die Fracht durch Passagiere (in der Branche deshalb auch gerne „*self loading cargo*" genannt) und macht aus den Nachtflügen gut aufeinander abgestimmte Tagesverbindungen, kann man als Fluggesellschaft über ein solches Drehkreuz seinen Kunden eine Vielzahl von Destinationen zu günstigen Preisen anbieten, weil durch den damit möglichen Einsatz größeren Fluggerätes die Kosten deutlich gesenkt werden können. Wenn sich eine Punkt-zu-Punkt-Verbindung von A nach B wegen des geringen Passagieraufkommens nicht lohnt, kann man durch die Etablierung eines Drehkreuzes H (siehe Abbildung 6.2) diese Flugverbindung trotzdem einrichten, weil man den Flug auch mit Passagieren, die von A zu anderen Zielen fliegen wollen, füllen kann. Während im Punkt-zu-Punkt-Verkehr in dem in Abbildung 6.2 angeführten Beispiel nur drei Streckenpaare bedient werden können, lassen sich die sechs Städte über ein Drehkreuz (*hub*) zu insgesamt 21 Städtepaaren miteinander verbinden: Zunächst einmal alle sechs Städte mit dem Drehkreuz H (= sechs Städtepaare), dann A mit allen fünf weiteren Destinationen (B-F; = fünf Städtepaare), dazu kommt B mit vier weiteren Destinationen (die Paarung B-A ist bereits unter den fünf Verknüpfungen von A), gefolgt von C mit drei weiteren, D mit zwei und E mit einer weiteren Paarung. Da dies nur ein sehr einfaches Beispiel ist – in Wirklichkeit sind viel mehr Städte über Drehkreuze miteinander verbunden – hilft die folgende Formel bei der Berechnung der Städtepaare:

$$N = n \cdot \frac{(n-1)}{2} + n$$

N ist dabei die Zahl der Städtepaare, die sich ergibt, wenn von einem Drehkreuz aus n Destinationen erreichbar sind. Da die Städtepaare mit zunehmender Zahl der vom Drehkreuz aus erreichbaren Städte parabelförmig ansteigen, läßt sich mit diesem System die Zahl der Verbindungen mit geringem Aufwand vervielfachen (siehe Abbildung 6.3). Mit der Bedienung von nur 25 Städten von einem einzigen Drehkreuz aus lassen sich so 325 Städteverbindungen anbieten. Der Ausbau solcher Streckensystem führte dazu, daß Anfang der 1990er Jahre in den USA bereits über 20.000 Städteverbindungen registriert wurden, das waren 9.400 mehr als 1984 (Weinhold 1995, S. 29, Anm. 46). Ermöglicht dieses Verfahren im einen Fall überhaupt erst die Einrichtung einer Flugverbindung, kann es im anderen Fall die Wirtschaftlichkeit eines bestehenden Flugnetzes durch den Einsatz größeren Fluggerätes erheblich verbessern.

Abbildung 6.3: Zunahme der Städtepaare mit steigender Zahl der erreichbaren Städte von einem Drehkreuz

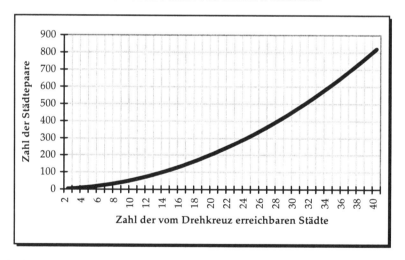

Beispiel: Das Passagieraufkommen für den Morgenflug zwischen A und B beträgt im Durchschnitt 25 Passagiere. Man setzt also eine kleine Turbopropmaschine zum Beispiel des Typs Saab 340 mit 33 Plätzen ein. Führt man die Flugverbindung über das Drehkreuz H, das ohnehin auf dem Weg liegt, lohnt sich der Einsatz eines größeren Düsenverkehrsflugzeuges, weil nunmehr auch die jeweils 25 Passagiere, die von A nach C, D, E und F wollen, mitnehmen kann. Für die durchschnittlich 125 Passagiere lohnt sich damit der Einsatz einer Boeing 737-700 oder eines Airbus A 320. Je länger die im Drehkreuzsystem miteinander verbundenen Flugstrecken sind, desto eher rechnet sich der Einsatz größeren und schnelleren Gerätes. Wird zum Beispiel auf beiden Teilstrecken ein Düsenverkehrsflugzeug eingesetzt, wird der Zeitunterschied zu einer *non stop*-Verbindung mit einem langsameren Turboprop bei entsprechender Streckenlänge trotz des Umsteigens nur noch gering sein.

Es gibt aber auch eine Reihe von Nachteilen der Drehkreuzsysteme. An erster Stelle steht die dadurch erheblich ansteigende Zahl der Starts und Landungen auf den Flughäfen mit *hub*-Funktion. Da das Drehkreuzsystem mit kurzen Umsteigezeiten steht und fällt, müssen die Flugzeuge möglichst alle gleichzeitig ankommen und wieder abfliegen. Innerhalb eines solchen Zeitfensters sind dann praktisch alle *slots* belegt und Konkurrenten ist es nahezu unmöglich, innerhalb dieses Zeitraums An- und Abflüge genehmigt zu bekommen (vgl. Übersicht 6.2; siehe auch Tabelle 6.8 auf Seite 312).

Übersicht 6.2: Vor- und Nachteile des Drehkreuzsystems

Vorteile	Nachteile
für Passagiere:	
mehr Auswahl an Städteverbindungen	fast nur noch Umsteigeverbindungen
häufigere Abflugzeiten	größerer Zeitaufwand
Einsatz größerer Flugzeuge	überfüllte Ankunfts- und Abflughallen im Drehkreuz
preisgünstigere Flüge	
für Fluggesellschaften:	
Skaleneffekte durch Einsatz größeren Fluggerätes	höhere Kosten durch mehr Lande- und Abfertigungsgebühren
Kosteneinsparungen durch Stationierung von Flugzeugen und Besatzungen im Extremfall nur an einem Flughafen	Nahezu Ausschluß von *slots* an Drehkreuzen der Konkurrenz
Dominanz am eigenen Drehkreuz	Einzelverspätungen wirken sich auf das ganze Streckennetz aus
für Umwelt und Flugplatzanwohner	
	höhere Schadstoffemissionen durch mehr Starts und Landungen
	stärkere Lärmbelästigung

In Europa werden solche Drehkreuzsysteme vor allem für Zubringerflüge zu Interkontinentalverbindungen genutzt: Die Lufthansa zum Beispiel hat dafür Frankfurt Rhein-Main als *hub* eingerichtet, British Airways London-Heathrow. Ihre innereuropäischen Flugverbindungen dienen auch als Zubringer für die von ihnen angebotenen Langstreckenflüge. Damit können die Fluggesellschaften auch in den Heimmärkten der Mitbewerber zu direkten Konkurrenten werden. Bei Flügen in die USA, nach Südamerika oder nach Südostasien und Australien ist es dem Kunden aus München zum Beispiel egal, ob er in Frankfurt am Main, London, Zürich, Amsterdam oder Paris umsteigt.

Im Langstreckenbereich gibt es auch eine Reihe von Fluggesellschaften, welche die geographische Lage ihres Heimatlandes geschickt ausnutzen, Passagiere zwischen Drittländern zu befördern. Vor allem auf der sogenannten ‚Känguruh-Route' profitieren eine Reihe von asiatischen und seit einiger Zeit auch arabischen Fluggesellschaften vom sechsten Freiheitsrecht (siehe Abschnitt 6.1.2), indem sie ihre Heimatbasen zu Drehkreuzen für den Vekehr zwischen Europa und Australien machen. Singapore Airlines (SIA) und Cathay Pacific haben schon seit Jahrzehnten ein solches Streckenmodell, die jungen Fluggesellschaften der Golfstaaten wie Emirates oder Etihad haben es in den letzten Jahren übernommen.

6.1.2.3 Linienfluggesellschaften

Die Angebote der **herkömmlichen Linienfluggesellschaften** (*legacy airlines*) waren primär auf den Markt der Geschäftsreisenden ausgerichtet, die der Charterfluggesellschaften zielten ausschließlich auf den Ferienreisemarkt. Zeichnete sich bereits vorher (s.o.) eine Aufweichung dieser Rollenverteilung an, so hat sich das Bild mit dem verstärkten Aufkommen von **Billigfluggesellschaften** (*low cost* oder *no frills airlines*) seit dem Ende der 1990er Jahre komplett gewandelt. Darüber hinaus spielen **Regionalfluggesellschaften** seit den 1980er Jahren mit ihren Zubringer- und eigenständigen Liniendiensten auch in Europa eine immer wichtigere Rolle.

6.1.2.3.1 Traditionelle Linienfluggesellschaften

Bei diesen Fluggesellschaften handelt es sich in der Regel um Unternehmen, die schon seit vielen Jahrzehnten bestehen (daher auch die oben erwähnte Bezeichnung *legacy carrier*), die oft unter staatlicher Regie als nationale Prestigeunternehmen entstanden und international ‚Flagge zeigen' sollten.

Beispiele dafür sind die Deutsche Lufthansa, British Airways, Air France, Alitalia, Iberia, Air Canada, die brasilianische VARIG oder Air New Zealand. Auch die SAS, ein schwedisch-dänisch-norwegisches Gemeinschaftsunternehmen, war ursprünglich ein, wenn auch multinationales, Staatsunternehmen.

Lediglich in den USA hat es nie eine staatliche Fluggesellschaft gegeben, wenngleich – wie wir gesehen haben – der Markt sehr stark reguliert war und internationale Routen nur einigen wenigen Fluggesellschaften (vor allem Pan American World Airways und Trans World Airlines [TWA], die beide nicht mehr existieren) vorbehalten waren, die dafür dann aber keine Inlandsflüge durchführen durften.

In Europa begann die bis heute noch nicht abgeschlossene Privatisierung der ehemaligen Staatlinien 1987 mit dem Börsengang von British Airways. Bei der Deutschen Lufthansa AG zog sich die schrittweise Entstaatlichung bis 1997 hin; seitdem sind alle Aktien in Privatbesitz. Einige staatliche Fluggesellschaften lassen sich aufgrund ihrer katastrophalen finanziellen Situation nicht privatisieren (zum Beispiel Olympic Airways und Alitalia) und obwohl staatliche Subventionen nach europäischem Wettbewerbsrecht nur einmal und in Zusammenhang mit einem von der Europäischen Kommission zu genehmigenden Sanierungsplan gewährt werden dürfen, sind diese Fluggesellschaften, obwohl nach wie vor am staatlichen Tropf hängend, nach vielen Tricksereien immer noch am Markt. Manche Länder sind offenbar nach wie vor bereit, Fluggesellschaften, die unter normalen Umständen schon vor

Jahren in den wohlverdienten Konkurs gegangen wären, aus nationalen Prestigegründen mit großen Summen verschleuderten Steuergeldes künstlich am Leben zu halten.

Die meisten traditionellen Linienfluggesellschaften sind in der 1945 in Havanna (Kuba) gegründeten *International Air Transport Association* (IATA) mit Sitz in Montreal und Genf organisiert. Eine ihrer wichtigsten Funktionen ist das sogenannte **Interlining**, das es einem Passagier erlaubt, die gleiche Strecke ohne Aufpreis mit einer anderen als der gebuchten Fluggesellschaft zu fliegen (vgl. ausführlicher dazu Pompl 2002, S. 326 ff.).

Beispiel: Ein Geschäftsmann aus Hamburg hat einen dringenden Termin in London. Er bucht bei der Lufthansa für den nächsten Tag den ersten Hin- und den letzten Rückflug. Da er seine Geschäfte in London schneller als erwartet erledigen kann, fährt er sofort nach Heathrow und stellt fest, daß British Airways einen früheren Rückflug anbietet. Er kann mit seinem Lufthansaticket, wenn auf diesem Flug noch ein Platz frei ist, einchecken und ist damit früher wieder zu Hause.

Da die ursprünglich gebuchte Fluggesellschaft zwar das Geld für das Hin- und Rückflugticket eingenommen hat, aber der Passagier nur eine Strecke (*leg*) mit ihr geflogen ist, steht die Hälfte des Betrages der anderen Fluggesellschaft zu. Da es viel zu kompliziert wäre, wenn die große Zahl der Fluggesellschaften, die Interline-Vereinbarungen getroffen haben, die Abrechnungen jeweils bilateral bearbeiteten, bietet die IATA mit ihrem **Clearing House** einen wichtigen Service, der auch Nichtmitgliedern offensteht. Neben organisatorischen bietet diese Dienstleistung auch einige finanzielle Vorteile: Forderungen können gegeneinander verrechnet werden, so daß nur vergleichsweise kleine Beträge überwiesen werden müssen, die innerhalb einer Woche zu begleichen sind. Die gegenseitige Verrechnung erlaubt es auch Fluggesellschaften aus Ländern mit beschränkter Devisenverfügbarkeit und/oder Einschränkungen der Devisenausfuhr, an diesem Verfahren teilzunehmen.

Voraussetzung für dieses System sind jedoch **Preisabsprachen** im Rahmen der IATA-Tarifkonferenzen. Waren diese vor der Deregulierung der internationalen Luftverkehrsmärkte gängige Praxis, wirken sie heute auf den ersten Blick weiterhin als wettbewerbswidriges Tarifkartell. Allerdings gelten diese Preisfestlegungen in der Regel nur für voll flexible Flugscheine (,Vollzahlertickets'), die man jederzeit umbuchen oder sich wieder auszahlen lassen kann. Außer sehr flexibilitätsempfindlichen Geschäftsleuten bucht jedoch kaum jemand solche Flüge, weil die Fluggesellschaften mittlerweile eine Vielzahl von (stark) ermäßigten Sondertarifen anbieten, mit denen sie in Wettbewerb zueinander treten. Vor diesem Hintergrund erlauben die Kartellbehörden jeweils eine zeitlich befristete Ausnahme für die Preisabsprachen im Rahmen des IATA-Interlining, die auf Antrag verlängert werden kann. Weil mit diesem System auch Vorteile für Fluggäste verbunden sind, die dadurch schneller ihre Zielorte erreichen können und flexibler in der Flugwahl sind, gewährt zum Beispiel die in der EU dafür zuständige Europäische Kommission eine sogenannte Gruppenfreistellung (*group exemption*).

Darüber hinaus vereinfacht die IATA durch die Vergabe einer Lizenz an entsprechend qualifizierte Reisebüros den Verkauf einheitlicher Linienflugtickets. In ihrem sogenannten **Billing and Settlement Plan (BSP)** sorgt sie zudem dafür, daß die Abrechnungen und das Inkasso bei den Reisebüros schnell erfolgen, damit die beteiligten Fluggesellschaften nicht lange auf ihre Einnahmen warten müssen. Da die IATA hiermit nahezu ein Monopol bei der Vermittlung von Linienflügen in den Reisebüros besitzt, bedarf es auch hierfür einer ebenfalls zeitlich befristeten Genehmigung der jeweils zuständigen Kartellbehörden. Sie wird neben den oben genannten Gründen auch deshalb gewährt, weil es die Arbeit der Reisebüros erheblich erleichtert, die sonst mit jeder Fluggesellschaft einzeln abrechnen müßten und damit erheblich höhere Kosten hätten, die wiederum ihren Kunden in Rechnung gestellt würden.

Vor dem Hintergrund der Einbindung der traditionellen Linienfluggesellschaften in dieses Geflecht globaler, transnationaler Geschäftsbeziehungen, die ihren Passagieren die gegenseitige Nutzung der Verkehrsdienste ermöglichen, bezeichnet man sie auch als **Netzfluggesellschaften** (*network carrier*). Eine spezifischere Bedeutung hat diese Benennung zum einen vor dem Hintergrund der in den letzten Jahrzehnten immer stärker gewordenen Verknüpfung mit regionalen Zubringerdiensten, zum anderen durch die strategischen Allianzen im Luftverkehr bekommen.

6.1.2.3.2 Strategische Allianzen

Durch die Politik der Deregulierung des Linienflugverkehrs in den USA ist auch die internationale Konkurrenz stärker geworden. Die europäischen Fluggesellschaften bekamen dies vor allem auf den Transatlantikstrecken zu spüren, als die vorher auf den amerikanischen Markt konzentrierten großen US-Fluglinien wie United, Delta, American Airlines usw. die neuen Möglichkeiten interkontinentaler Streckenerweiterungen zu nutzen begannen.

So war es den neu in den Transatlantikmarkt eingetretenen Fluggesellschaften zum Beispiel möglich, über Anschlußverbindungen oder Direktflüge die meisten Orte in den USA ohne Wechsel der Fluggesellschaft bzw. Umsteigen anzubieten – ein Service, den die europäischen Konkurrenten aufgrund eingeschränkter Landerrechte in den USA und zu kleiner Heimmärkte nicht bieten konnten.

Zur Erschließung des Transatlantikmarktes hatten die US-Linien einen Preiskampf mit den europäischen Fluggesellschaften angezettelt, den letztere nicht gewinnen konnten. Für die meisten europäischen Unternehmen gehören die Nordatlantikstrecken zu ihren „Brot-und-Butter-Verbindungen", von denen sie lebten, für die großen US-Linien machen sie dagegen nur einen sehr geringen Teil ihres Gesamtmarktes aus. Verluste über dem Atlantik waren leicht aus den Erträgen der inneramerikanischen Verbindungen zu kompensieren und wurden oft auch durch die gebuchten Anschlußflüge innerhalb der USA ausgeglichen.

Europäische Luftfahrtgesellschaften haben deshalb in den 1990er Jahren versucht, mit ihren us-amerikanischen Konkurrenten ins Geschäft zu kommen. Ein erster Versuch war die Beteiligung an us-amerikanischen Konkurrenten: British Airways kaufte Minderheitsanteile an USAir (heute US Airways), die niederländische KLM erwarb wesentliche Anteile an Northwest-

Tabelle 6.1: Internationale strategische Linienflugallianzen

Fluggesellschaft	Land	seit	Passagierkilometer*	Marktanteil
Star Alliance				
Adria Airways**	Slowenien	2004	896	
Air Canada	Kanada	1997	69.874	
Air New Zealand	Neuseeland	1999	24.352	
All Nippon Airways	Japan	2000	57.645	
Asiana	Südkorea	2003	19.724	
Austrian Airlines	Österreich	2000	21.277	
Blue 1**	Finnland	2004	731	
British Midland	Großbritannien	2000	6.348	
Croatia Airlines**	Kroatien	2004	1.159	
LOT Polish Airlines	Polen	2003	6.822	
Lufthansa	Deutschland	1997	104.065	
SAS	S, DK, N	1997	26.443	
Singapore Airlines	Singapur	2000	77.594	
South African	RSA	2006	23.080	
Spanair	Spanien	2003	5.106	
Swiss	Schweiz	2006	20.596	
TAP Air Portugal	Portugal	2005	13.640	
Thai Airways	Thailand	1997	50.633	
United Airlines	USA	1997	184.286	
US Airways	USA	2004	64.302	
Varig	Brasilien	1997	28.297	
Summe:			806.809	22,2
SKYTEAM				
Air Europa**	Spanien	2006	11.630	
Aeromexico	Mexiko	1999	14.512	
Air France-KLM	Frankreich NL	1999	168.998	
Alitalia	Italien	2001	33.860	
China Southern	VR China	2006	37.196	
Continental	USA	2004	105.766	
Copa Airlines**	Panama	2006	4.100	
CSA Czech Airl.	Tschechien	2001	6.224	
Delta Airlines	USA	1999	182.317	
Kenya Airways**	Kenia	2006	5.627	
Korean Air	Südkorea	2000	45.879	
Northwest	USA	2004	117.958	
Tarom**	Rumänien	2006	1.428	
Summe:			735.496	20,2
ONEWORLD				
Aer Lingus	Irland	2000	11.291	
American Airlines	USA	1998	209.217	
British Airways	GB	1998	107.892	
Cathay Pacific	China	1998	57.283	
Finnair	Finnland	1999	15.604	
Iberia	Spanien	1999	45.924	
LanChile	Chile	2000	15.125	
Qantas	Australien	1998	84.762	
Summe:			547.099	15,0

* RPK = *revenue passenger kilometres*, bezahlte Passagen mal der geflogenen Kilometer; ** assoziierte bzw. Regionalflugmitglieder. *Quellen*: Airline Business, September 2005, S. 46 (korrigierte Beitrittsjahre); World Airline Directory, in: Flight International 29 March-18 April 2005 (drei Ausgaben)

Airlines. Da – wie wir gesehen haben – aufgrund nationaler Gesetzgebung keine ausländische Mehrheit an US-Fluggesellschaften erlaubt ist, waren beide Beteiligungen nicht ohne Probleme und beide wurden 1997 nach einer Reihe andauernder Konflikte zwischen den Partnern faktisch wieder aufgegeben.

Andere Fluggesellschaften, darunter die Lufthansa, wählten im gleichen Jahr den Weg einer **strategischen Marketingallianz**, um im Wettbewerb mit den großen US-Liniengesellschaften bestehen zu können.

Beispiel: Lufthansa und United Airlines haben sich ergänzende Streckennetze: Die Lufthansa unterhält ein sehr dichtes Streckennetz innerhalb Europas, United eines in den USA. Durch die Verknüpfung dieser beiden Netze und die Einführung gemeinsamer Flugnummern steigt die Zahl der Direktflüge für beide Fluggesellschaften zwischen den beiden Kontinenten sprunghaft an und beide Fluggesellschaften profitieren gemeinsam von dem erweiterten Angebot an Flügen und aufeinander abgestimmter Flugverbindungen, die sie jetzt ihren Kunden anbieten können.

Der Nordatlantik spielte zwar eine Schlüsselrolle für die Entwicklung solcher Partnerschaften. Da es sich aber mittlerweile um einen globalen Wettbewerb zwischen den großen Fluggesellschaften handelt, lag es nahe, Allianzen mit Fluggesellschaften in der ganzen Welt einzugehen. Tabelle 6.1 zeigt die drei globalen strategischen Marketingallianzen.

Solche Allianzen setzen voraus, daß die Flugpläne der Kooperationspartner so aufeinander abgestimmt werden, daß die Übergänge vom einen in das andere Streckensystem nur zu minimalen Zeitverlusten führen. Ansonsten würden die Kunden solche Angebote wohl nur einmal wahrnehmen und mittel- und langfristig vermutlich sogar diesen Fluglinien, wo möglich, den Rücken kehren. Um dies zu vermeiden, werden auch die Kundenbindungsprogramme der Partner von Allianzen miteinander verknüpft. Das in den USA entwickelte System von **Bonusmeilen** (*frequent flyer programmes*), bei dem man für jeden Flug, den man mit „seiner" Fluggesellschaft bucht, wie in einem der früher üblichen Rabattmarkenhefte im Genossenschaftskonsum eine bestimmte Anzahl von Gratis-Flugmeilen sammeln und innerhalb eines bestimmten Zeitraums gegen einen Flug eintauschen kann, hat sich weltweit durchgesetzt, und es gibt praktisch keine bedeutende traditionelle Linienfluggesellschaft, die darauf verzichtet. Auch die Lufthansa hat mit „Miles and More" ein solches Programm. Dadurch, daß Lufthansa-Kunden Bonusmeilen der Allianzpartner und umgekehrt Partnerkunden auch Lufthansa-Meilen angerechnet bekommen, wird in vielen Fällen das gemeinsame Angebot selbst dann angenommen, wenn die Flugverbindungen mit konkurrierenden Fluggesellschaften günstiger sind.

Mit ihren Marketingallianzen und Beteiligungen versuchen die Fluggesellschaften, ihren Kunden gemeinsam mit ihren Partnern ein immer dichter zu knüpfendes globales Netz von Flugverbindungen anzubieten, das sie alleine nicht betreiben könnten. Der wesentlichste Grund für die Wahl der Kooperationsform ‚strategische Allianz' sind die durch bilaterale Verkehrsabkommen und nationale Gesetze nach wie vor eingeschränkten Möglichkeiten der Bildung transnationaler Luftverkehrskonzerne (s.o.). Das führt dazu, daß es, anders als in allen anderen Wirtschaftsbereichen (zum Beispiel Automobilbau, Ölindustrie, Lebensmittelherstellung), kaum multinationale Unternehmen unter den bedeutenden Luftverkehrsgesellschaften gibt. Die skandinavische SAS, Air France mit der niederländischen KLM sowie die in den Lufthansa-Konzern eingegliederte Swiss sind europäische Ausnahmen. „Die Luftfahrtindustrie befindet sich in einem Paradox. In bezug auf ihre Tätigkeit ist sie die internationalste aller Industrien. Aber nach ihren Besitzverhältnissen ist sie fast ausschließlich national organisiert" (Doganis 2001, S. 19; Übers. J.W.M.). Strategische Allianzen sind also auch ein Ersatz für die verhinderte Konsolidierung der Luftverkehrsindustrie durch transnationale Fusionen und Übernahmen, die ohne diese Hindernisse längst von mehreren multinationalen Konzernen dominiert würde. Im Bereich der Besitzverhältnisse von Luftverkehrsgesellschaften hat sich also kaum etwas geändert und wir haben es nach wie vor mit stark regulierten und damit eingeschränkten Märkten zu tun.

6.1.2.3.3 Regionalfluggesellschaften

Seit 1980 ist die Zahl dieses Typs von Linienfluggesellschaft, die in der Regel Flugzeuge mit maximal 100 Sitzen einsetzen, stark angestiegen. Hatte die European Regions Airlines Association (ERA) 1980 erst fünf Mitglieder, so wurden 2005 die Interessen von mehr als 50 Fluggesellschaften durch diesen Verband vertreten.[13] Die Passagierzahl stieg von den 1980 gezählten 500.000 auf 65,4 Millionen (2004) jährlich an (Airline Business, May 2005, S. 48). Mit 6,7 Millionen Passagieren war Lufthansa CityLine 2004 die größte Regionalfluggesellschaft Europas.

Diese Zahlen unterstreichen die Bedeutung dieser Fluggesellschaften, die mit meist kleinerem Fluggerät die Verbindung zwischen weniger bedeutsamen Flughäfen und den großen Drehkreuzen mit **Zubringerflügen** (*feeder flights*) für die Flüge der traditionellen Linienfluggesellschaften herstellen, aber auch **Direktflüge** an diesen Drehkreuzen vorbei (*hub bypassing*) zwischen Regionalflughäfen durchführen. Häufig werden Regionalfluggesellschaften von den größeren Linienfluggesellschaften auch im Sinne eines **Ergänzungsluftverkehrs** eingesetzt, um die Verbindungen zwischen internationalen Flughäfen auch zu verkehrsschwächeren Zeiten aufrechtzuerhalten (zum Beispiel später Vor- und früher Nachmittag) oder generell um nachfrageschwächere Verbindungen aufrechterhalten zu können (Sterzenbach & Conrady 2003, S. 10). Häufig dienen sie den großen Fluggesellschaften auch als Pionier bei der **Entwicklung neuer Streckenverbindungen** („Dosenöffner'). Durch die mit kleinerem Fluggerät verbundenen geringeren Kosten wird zum einen das Auslastungsrisiko gering gehalten, zum anderen halten sich durch die meist deutlich bessere Kostenstruktur der Regionalfluggesellschaften die Anlaufverluste in einem vertretbaren Rahmen. Wenn sich das Verkehrsaufkommen positiv entwickelt, kann die große Fluggesellschaft dann selbst die Strecke übernehmen.

---

[13] Die Zahl der Mitgliedgesellschaften lag zeitweilig bei über siebzig. Sie hat sich nach der Konsolidierung, bei der zum Beispiel British Airways und Air France eine Anzahl von Regionalfluggesellschaften in jeweils eine Tochtergesellschaft integrierten (British Airways Connect, Régional Compagnie Aérienne Européenne), stark verringert.

Ihre Domäne sind entsprechend Kurzstrecken, die mit kleineren Flugzeugen (meist mit zwischen 30 und 100 Sitzen) beflogen werden. Bestanden die Flotten der europäischen Regionalfluggesellschaften 1996 noch zu 66 Prozent aus Turbopropmaschinen, werden seit 2002 mehrheitlich für diesen Markt speziell entwickelte kleine Düsenverkehrsflugzeuge eingesetzt, die aufgrund ihres Geschwindigkeitsvorteils vor allem längere Strecken profitabel bedienen können. Die durchschnittliche Routenlänge ist daher zwischen 1996 und 2003 um 100 km auf 520 km gestiegen (HSH Nordbank 2004, S. 5). Die Turboprops sind aber nach wie vor unverzichtbar, da vor allem mit ihnen auch kleine Flugplätze mit kurzen Start- und Landebahnen angeflogen werden können, so daß es möglich ist, die Flugnetze mit den Regionalfluggesellschaften erheblich dichter zu knüpfen. Gleichzeitig ist der spezifische Kerosinverbrauch der Propellermaschinen deutlich geringer, was sie auf kürzeren Strecken, auf denen der Einsatz von Jets praktisch keinen zeitlichen Vorteil bietet, zur wirtschaftlich besseren Alternative macht.

Regionaljet (Embraer ERJ 145) im regnerischen Bristol

Die meisten Regionalfluggesellschaften sind entweder in einen der großen Linienflugkonzerne (wie zum Beispiel in Europa Lufthansa, British Airways, Air France, und in den USA American Eagle, United Express, Delta Connection) integriert oder arbeiten mit ihnen zusammen. Aus der Sicht der großen Linienfluggesellschaften handelt es sich bei den vergleichsweise kleinen Unternehmen, die mit kleinerem Fluggerät Zubringerdienste von peripheren Flughäfen zu den großen Drehkreuzen anbieten, praktisch um eine vorgelagerte Produktionsstufe (siehe Abschnitt 6.6), die ihnen die Passagiere aus sonst mit dem Flugzeug nicht erreichbaren Regionen zu ihren Flügen bringt. Demnach betreiben sie vertikale Integration, wenn sie ein solches Unternehmen gründen oder erwerben. Da diese Fluggesellschaften jedoch bei entsprechenden Verkehrsaufkommen auch kleinere Flughäfen unter Umgehung der großen Drehkreuze direkt miteinander verbinden, ist diese Integration auch gleichbedeutend mit einer horizontalen Erweiterung.

Übersicht 6.3: Regionalflugzeuge (Auswahl)

Flugzeugtyp	Pax	Reichweite (km)	Reisegeschwindigkeit (km/h)	Anzahl im Einsatz 2005
Turboprops				
ATR 42	48-50	bis 1.950	463	309
ATR 72	68	bis 1.334	463	283
Beech 1900 C/D	19	975-1.164	427-476	447
Dash 8 100-400	37-74	1.483-2.519	448-648	598
EMB-110	19	1.960	417	158
EMB-120	30	1.481	583	206
Fokker 50	50	3.030	ca. 460	172
Saab 340	37	1.551	463	369
Saab 2000	50	2.110	676	51
Jets				
Airbus A 318-100	107	2.750-6.000	ca. 842	22
BAE 146/Avroliner	73-100	1.850-3.650	ca. 756	322
Boeing 717-200	106	2.645-3.815	ca. 832	143
Boeing 737-600	108	2.474-5.650	ca. 848	56
CRJ 100 bis 900	50-86	1.813-3.566	ca. 864	1.239
ERJ-135/140/145	37-50	2.775-3.700	ca. 842	822
Embraer 170/175	70-78	2.405-3.889	ca. 864	70
Embraer 190/195	98-108	3.119-4.260	ca. 864	(186)*

* Bestellungen, da das Flugzeug noch nicht auf dem Markt ist
ATR = Avions de Transport Régional, Frankreich-Italien; Beech= Raytheon Beechcraft, USA; Dash 8 und CRJ = Bombardier, Kanada; BAE = British Aerospace bzw. BAE Systems, Großbritannien; EMB und ERJ = Embraer, Brasilien.

Quellen: a) technische Daten: World Airliners Directory, Part II: The Regionals. In: Flight International 2-8 November 2004, S. 52-74, Raytheon Internetseiten; eigene Berechnungen; b) Zahl der eingesetzten Flugzeuge: World Airliner Census. In: Flight International 30 August-5 September 2005, S. 34-61

Diese Zusammenarbeit kann über *wet lease*, in Form der Veranstaltung von Gemeinschaftsflügen und/oder in Franchisesystemen erfolgen. Beim *wet lease* vermietet die Regionalfluggesellschaft ihre Flugzeuge inklusive (Cockpit-)Besatzungen und Treibstoff (daher der Name) zu einem fixen Flugstundenpreis an eine traditionelle Fluggesellschaft, die damit unter eigener Flugnummer auch das Auslastungsrisiko trägt. Der Regionalflugpartner hat damit für die Vertragslaufzeit kein Auslastungsrisiko und die anmietende große Linienfluggesellschaft kann von den in der Regel günstigeren Kostenstrukturen der Regionalfluggesellschaft profitieren. Bei der Veranstaltung von **Gemeinschaftsflügen** (*code share*) bietet die Regionalfluggesellschaft ihre Flüge auch unter der Flugnummer einer großen Fluggesellschaft an, vermarktet sie aber auf eigenes Risiko. Dabei hat sie den Vorteil, daß sie zum Beispiel die Bodenabfertigung, das gesamte Vertriebssystem und das Vielfliegerprogramm des großen Partners nutzen kann. Beim **Franchise** fliegt die Regionalfluggesellschaft unter dem Etikett des großen Partners (zum Beispiel

Lufthansa Regional) und kann damit zusätzlich vom bekannten Namen und dem damit verbundenen Vertrauenspotential bei den Fluggästen profitieren. Die Flüge werden in der Regel nicht mehr als Gemeinschaftsflüge, sondern nur noch unter der Flugnummer der großen Fluggesellschaft angeboten und abgewickelt (mehr dazu in Abschnitt 6.1.2.6).

Es gibt nur wenige Regionalfluggesellschaften, die sich eigenständig und ohne Kooperation mit einem großen Partner auf dem Markt behaupten. Sie geraten dabei unweigerlich in zunehmende Konkurrenz zu den Billigfluggesellschaften, die zur Vermeidung von Kosten vor allem regionale Flughäfen anfliegen (siehe Abschnitt 6.1.2.3.4). Es bleibt ihnen daher nichts anderes übrig, als sich selber weitgehend die gleichen Kostenstrukturen zu geben.

Beispiele: (a) Die größte unabhängige Regionalfluggesellschaft in Europa, die 1979 gegründete Jersey (später: British) European Airways, hat sich mit geringeren Kosten, höherer Produktivität, erweitertem Streckennetz, vergrößerter Flotte, weitgehend internetbasiertem Vertrieb und neuem Servicekonzept komplett neu aufgestellt und ist seit 2002 unter dem Namen flybe von ihrer Basis in Exeter aus erfolgreich auf dem europäischen Markt tätig. (b) Das Geschäftsmodell einer der kleinsten Regionalfluggesellschaften, der 2001 in Bregenz (Österreich) gegründeten und von ihrer Basis in Friedrichshafen aus operierenden Intersky wurde von vorneherein an dem einer Billigfluggesellschaft ausgerichtet.

Tabelle 6.2: Die umsatzstärksten Regionalfluggruppen 2004

Unternehmen	Land	Umsatz (in Mio. US$)	Umsatzrendite	Flugzeuge	
				Props	Jets
ExpresJet	USA	1.508	13,6 %	-	248
American Eagle[1]	USA	1.446	15,2 %	38	212
US Airways Express[2]	USA	1.379	k.A.	k.A.	k.A.
Comair[3]	USA	1.191	5,7 %	-	164
Skywest Airlines	USA	1.156	12,5 %	70	148
Atlantic Southeast Airlines	USA	948	8,8 %	19	124
Mesa Air Group	USA	897	7,5 %	46	134
SN Brussels	Belgien	817	1,8 %	-	32
BA Citiexpress[4]	GB	684	-0,1 %	10	49
Air Wisconsin	USA	673	10,7 %	-	87
Pinnacle Airlines	USA	635	10,6 %	-	120
Lufthansa Cityline	Deutschl.	633	13,8 %	-	81
Air Nostrum[5]	Spanien	612	11,7 %	21	29
Eurowings[6]	Deutschl.	587	3,1 %	14	20
Chautauqua Airl.	USA	541	13,6 %	-	115

[1] Tochtergesellschaft von AMR, der Muttergesellschaft von American Airlines; [2] System aus zehn Fluggesellschaften, darunter Mesa Air Group, drei davon sind in Besitz von US Airways; [3] Tochtergesellschaft von Delta Air Lines; [4] Tochtergesellschaft von British Airways; [5] Iberia Regional Franchise, Umsatzrendite für 2003; [6] Lufthansa-Beteiligung.
Quellen: Airline Business, September 2005, S. 110; World Airline Directory. In: Flight International 29 March-18 April 2005 (drei Ausgaben)

6.1.2.3.4 Billigfluggesellschaften

Die erste Billigfluggesellschaft (*low cost carrier*, LCC) war die 1967 in Dallas gegründete Southwest Airlines, die ab 1971 im zu dieser Zeit noch regulierten Luftverkehrsmarkt der USA zunächst nur innerhalb des Bundesstaates Texas fliegen konnte. Aber erst nach der Liberalisierung des US-Luftverkehrsmarktes ab 1978 konnte 1979 die erste bundesstaatenübergreifende Verbindung (von Dallas nach New Orleans) aufgenommen werden. Während sich Southwest Airlines zu einer der fünf größten Fluggesellschaften der USA entwickeln konnte, mußte der schon vor der Deregulierung ab 1977 auf der Langstrecke zwischen London und New York fliegende Skytrain der britischen Laker Airways 1982 aufgrund unfairer Wettbewerbspraktiken vor allem von Seiten der damals noch staatlichen British Airways und der (mittlerweile von American Airlines übernommenen) TWA den Betrieb wieder einstellen und Laker Airways ging in Konkurs. Erst nach der weitgehenden Deregulierung des europäischen Luftverkehrsmarktes begann 1995 die zehn Jahre zuvor gegründete private irische Charterfluggesellschaft Ryanair mit zehn Flugzeugen sieben Routen nach dem Modell von Southwest Airlines zu befliegen. Im gleichen Jahr gründete der griechische Reedersohn Stelios Haji-Ioannou in London die Fluggesellschaft EasyJet nach dem gleichen Vorbild. Nachdem beide Fluggesellschaften einen unerwarteten Erfolg hatten und mit einem rasanten Wachstum den europäischen Luftverkehrsmarkt in Bewegung brachten, gab es um die Jahrhundertwende Dutzende von Neugründungen, teilweise auch von traditionellen Linienfluggesellschaften, in Europa, Nordamerika, Australien, Süd- und Südostasien.

Primär werden mit zum Teil extrem niedrigen Flugpreisen Personenkreise angesprochen, für die bislang aus Kostengründen das Fliegen bei ihren Reisen nicht in Frage kam. Die niedrigen Flugpreise werden durch die Kumulation von einzelnen Kosteneinsparungen möglich, die insgesamt zu Kosteneinsparungen von 35 bis 60 Prozent gegenüber traditionellen Linienfluggesellschaften (vgl. u.a. Binggeli & Pompeo 2002) führen.

Dazu gehören:

- Die Verwendung einheitlichen Fluggerätes zur Senkung von Wartungs- und Lagerhaltungskosten für Ersatzteile bei gleichzeitiger Auslagerung (*outsourcing*) der Wartung zur Senkung der Fixkosten. Gleichzeitig werden die Trainingskosten reduziert und die Flexibilität des Piloteneinsatzes dadurch erhöht, daß alle Piloten über die gleiche Musterberechtigung (*type rating*) verfügen.

- Ausnutzung der gesetzlich möglichen Höchstarbeitszeiten für Cockpit- und Kabinenbesatzungen und damit Erhöhung der Produktivität des Personals. Die Bezahlung der Piloten ist dabei vergleichsweise gut. Ryanair zum Beispiel zahlt Kapitänen mindestens 100.000 € jährlich, Kopiloten (ab 1.500 Flugstunden Flugerfahrung) mindestens 50.000 € (Stand Juni 2005). Durch schnelles Wachstum verringern sich die Personalkosten, weil jüngere Mitarbeiter weniger verdienen als solche, die schon länger dabei sind. Allerdings sind in diesem Punkt die Grenzen absehbar.

- Die engere Bestuhlung der Flugzeuge, da fast ausschließlich kurze Flüge (unter zwei Stunden Dauer) angeboten werden.

- Die Konzentration sich auf eher in der Peripherie der großen europäischen Siedlungsagglomerationen gelegene Flughäfen oder Regionalflughäfen (zum Beispiel Stansted, Luton, Frankfurt Hahn, Skavsta bei Stockholm, Lübeck, Friedrichshafen). Dadurch werden nicht nur Landegebühren gespart, auch die Umkehrzeiten sind auf diesen, meist weit unter ihrer Kapazität genutzten Flughäfen kürzer (25 Minuten), so daß mehr Flüge pro Tag und Flugzeug als bei ‚normalen' Fluggesellschaften durchgeführt werden können. Durch die erhöhte Flugstundenzahl pro Tag (12-13 Stunden und darüber) sinkt der Anteil der Kapitalkosten an den Beförderungskosten.

- Der Verzicht auf eigene Flughafenstationen und Auslagerung der Abfertigung zu lokalen Unternehmen.

- Der Verzicht auf Bordservice (daher oft auch die Bezeichnung *no frills airline*), der die Reduktion der Flugbegleiter auf das gesetzlich vorgeschriebene Minimum ermöglicht und damit Personalkosten spart. Durch den Bordverkauf von Mahlzeiten, Getränken und ggf. auch Fahrkarten für den Flughafentransfer, werden weitere Einnahmen erzielt (bei Ryanair machten sie im Geschäftsjahr 2004/2005 15,6 Prozent des Umsatzes aus). Indem die Flugbegleiter auch die durch den Verzicht auf Bordservice in der Regel weniger verschmutzte Kabine säubern, können wiederum Zeit und Kosten gespart werden.

- Den Verzicht auf Umsteigeverbindungen und Interlining (s.o.). Dadurch werden nicht nur Kosten, sondern auch die Zahl der Verspätungen verringert, weil kein Flugzeug auf ein anderes warten muß.

- Die Flugzeugumläufe werden so geplant, daß die Flugzeuge abends wieder am Heimatflughafen sind. Dadurch entfallen Hotel-, Transfer- und Aufenthaltskosten für die Besatzungen.

Abbildung 6.4: Unfall- bzw. Zwischenfallsraten* us-amerikanischer Fluggesellschaften 2000-2004

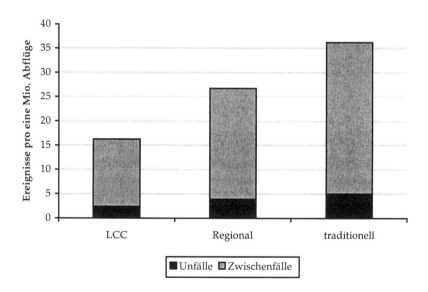

* ohne den 11. September 2001; eigene Darstellung nach San Jose State University, California; cit. n. Flight International 21-27 March 2006, S. 14 (LCC= Low Cost Carrier)

- Geringe Vertriebskosten durch den Absatz der Flugscheine über das Internet oder Telephonverkauf. Durch die papierlose elektronische Buchung werden Prozeß- und Transaktionskosten verringert. Der bei fast allen Billigfluggesellschaften übliche Verzicht auf Sitzplatzreservierungen spart weitere Kosten und führt auch zur Zeiteinsparung beim Einchecken.

Allerdings hat sich der Kostenabstand zu den traditionellen Linienfluggesellschaften in den letzten Jahren aufgrund von Einsparungsmaßnahmen verringert (zum Beispiel Ende der Provisionszahlungen an Reisebüros). Wichtig ist es auch festzuhalten, daß die Einsparungen nicht auf Kosten der Sicherheit gehen. Die schnellen Umkehrzeiten sind nur mit exzellent gewarteten Maschinen möglich. Untersuchungen des Fünfjahreszeitraumes von 2000 bis 2004 (ohne Berücksichtigung des 11. September 2001) haben in den USA gezeigt, daß Zwischenfälle und Unfälle am niedrigsten bei den Billigfluggesellschaften und am höchsten bei den traditionellen Luftverkehrsgesellschaften waren (Abbildung 6.4). Für Cockpitbesatzungen sind schnell wachsende Fluggesellschaften besonders attraktiv, weil man in relativ kurzer Zeit zum Flugkapitän avancieren kann.

Boeing 737-300 der DBA in Berlin-Tempelhof

Ryanair hat zum **Beispiel** im Jahr 2005 gut 300 neue Piloten eingestellt und 150 Kapitänsstellen geschaffen, um das enorme Wachstum von 30 bis 40 Flugzeugen durchhalten zu können, mit dem die Flotte derzeit jährlich aufgestockt wird. Pro Flugzeug werden im Schnitt neun Piloten gebraucht (*Flight International*, 7-13 Mach 2006, S. 10).

Billigfluggesellschaften sind damit zu einer teilweise bedrohlichen Konkurrenz für Netzfluggesellschaften geworden. Dies zeigt sich im steigenden Anteil Geschäftsreisender, die (auch) Billigfluggesellschaften nutzen, weil die meisten Firmen ein starkes Interesse an der Senkung ihrer Reisekosten haben. Auch Regionalfluggesellschaften stehen, wie bereits erwähnt, zunehmend unter Druck. „Ryanair ist die größte Regionalfluggesellschaft in Europa" (Rigas Doganis, Airline Consultant, in *Airline Business*, May 2005, S. 47; Übers. J.W.M.), schließlich ist diese Fluggesellschaft vor allem auf Regionalflughäfen aktiv. In den USA macht JetBlue, deren Airbus A 320 sonst eher auf den großen Flughäfen zu finden sind, mit dem Kauf einer ganzen Flotte von Regionalflugzeugen des Typs Embraer 190 (siehe Übersicht 6.3 auf S. 279) den Regionalfluggesellschaften direkte Konkurrenz. Damit setzt sich die Evolution der Fluggesellschaften weiter fort, wie sie schematisch vereinfacht in Abbildung 6.1 auf S. 264 dargestellt wird. In Europa kommen mit dem Anfliegen von Ferienzielen (wie zum Beispiel Mallorca) auch Reiseveranstalter und traditionelle Charterfluggesellschaften unter Druck (vgl. Mercer 2002), denn in Kombination mit den auf den Internetseiten der Billigfluggesellschaften direkt buchbaren Hotels sind diese Reisen oft preisgünstiger als die angebotenen Pauschalreisen – fast ein Fünftel (18 Prozent) der Hotelreservierungen auf den Balearen erfolgten 2005 bereits direkt über das Internet (siehe auch Abschnitt 6.4). Um hier nicht unter die Räder zu kommen, hat der Reisekonzern TUI deshalb mit Hapag-Lloyd Express (HLX) 2002 seine eigene Billigfluggesellschaft gegründet.

Auch wenn die allerersten Billigflüge mit dem oben erwähnten ‚Skytrain' Freddy Lakers über Nordatlantik durchgeführt wurden, sind sie bislang auf den Kurz- und Mittelstreckenverkehr begrenzt. Denn je länger der Flug dauert, desto weniger fallen die oben genannten Einsparungen ins Gewicht: Die Besatzungen können ihre Schichten nicht mehr regelmäßig auf ihren Heimatbasen beenden, so daß Transfer- und Hotelkosten anfallen; die Bestuhlung kann auf Langstreckenflügen nicht so eng sein wie auf Kurzstrecken; ohne das Angebot von Umsteigeverbindungen wird es kaum möglich sein, die Langstreckenmaschinen zu füllen. Inwieweit zum Beispiel der Einsatz des Airbus A 380 in der zu erwartenden verlängerten Version mit um die tausend Fluggäste ein ähnliches Konzept für die Langstrecke ermöglichen wird, bleibt abzuwarten. Generell gilt zudem, daß mit zunehmender Länge der Reiseflugphase die Kostenunterschiede zwischen Billigfluggesellschaften und traditionellen Fluggesellschaften weniger drastisch ausfallen.

Vor allem in Süd- und Südostasien werden die Billigfluggesellschaften zu einem dramatischen Anwachsen des Luftverkehrs führen. Mit der Öffnung des vorher streng regulierten und begrenzten Anbietermarktes in Indien sind gleich eine ganze Reihe solcher Fluggesellschaften entstanden, die durch ihre niedrigen Preise vielen der mehr als einer Milliarde Inder zum ersten Mal die Möglichkeit einer Flugreise eröffnen. In Indonesien, mit über 210 Millionen Einwohnern viertgrößte Nation der Welt, die auf etwa 6.000 bis zu 5.000 km auseinander liegenden Inseln leben, sind ebenfalls eine Reihe von Fluggesellschaften nach diesem Geschäftsmodell entstanden. Auch in Malaysia, Singapur und Thailand sind Billigfluggesellschaften aktiv. Sie werden voraussichtlich in den nächsten Jahren das Bild in Tabelle 6.3 stark verändern, das noch von Fluggesellschaften der hoch entwickelten Industrie- und Dienstleistungsnationen dominiert wird.

Tabelle 6.3: Die 25 größten Billigfluggesellschaften

Fluggesellschaft*	Land	Passagiere (in Mio.)	Flugzeuge 2006 eingesetzt	bestellt
1. Southwest Airlines	USA	77,7	447	64
2. Ryanair	Irland	33,4	99	140
3. easyJet	GB	26,1	98	76
4. AirTran Airways	USA	16,6	108	49
5. JetBlue Airways	USA	14,7	98	186
6. Virgin Blue	Australien	13,4	47	-
7. Gol	Brasilien	13,0	47	67
8. Song (Delta Airl.)	USA	11,5	47	-
9. Ted	USA	10,0	57	-
10. WestJet Airlines	Kanada	9,4	54	16
11. Air Berlin**	BRD	8,1	54	56
12. Lion Airlines	Indonesien	7,5	21	30
13. Frontier	USA	7,5	50	11
14. flybe***	GB	5,5	39	38
15. germanwings	BRD	5,5	23	18
16. Spirit Airlines	USA	4,7	37	14
17. AirAsia	Malaysia	4,4	25	56
18. Jetstar (Qantas)	Australien	4,4	25	4
19. dba	BRD	4,3	24	10
20. AdamAir	Indonesien	4,0	18	-
21. Hapag-Lloyd Exp	BRD	3,6	15	9
22. bmibaby (BMI)	GB	3,5	19	-
23. Norwegian	Norwegen	3,3	15	-
24. Sterling Airlines	Dänemark	2,7	26	-
25. Monarch Scheduled	GB	2,6	24	-

* in Klammern Mutterfluggesellschaften; * *ohne Charterflugpassagiere; *** Regionalfluggesellschaft

Passagierzahlen: Bezugsjahr 2005

Quelle: Airline Business, May 2006; eigene Berechnungen

Trotz der aufgezählten Nachteile gibt es bei einer Reihe von Billigfluggesellschaften konkrete Überlegungen zur Ausweitung ihrer Geschäftstätigkeit in diesen Markt. Dafür wird auch das Konzept einer Billigfluggesellschaft angepaßt werden müssen und die Evolution der Geschäftsmodelle weiter vorantreiben (Abbildung 6.1 auf S. 264). Dazu gehört zum Beispiel die Ausweitung des Bordumsatzes durch Glücksspiel und andere Unterhaltungsmöglichkeiten, mehr Einnahmen durch Werbung und weitergehende Überlegungen, nach denen zum Beispiel nicht mehr (nur) die Passagiere, sondern (auch) Zielgebiete und Hotels die Flüge finanzieren, mit denen ihre Gäste zu ihnen kommen.

Aufgrund der vielen Neugründungen wird es in den nächsten Jahren zu einer Marktbereinigung im Billigflugsektor kommen. Der Konkurs der britischen Debonair und die Übernahmen der von der niederländischen KLM gegründeten Buzz durch Ryanair und von der ursprünglich von British Airways gegründeten Go! durch EasyJet waren erste Anzeichen dafür. Bislang gehen sich die Billigfluggesellschaften insofern weitgehend aus dem Weg, als sie kaum auf den gleichen Strecken miteinander konkurrieren (Groß & Schröder 2005, S. 22-27). Das von den Unternehmen geplante Wachstum wird nahezu unweigerlich dazu führen, daß sie verstärkt in direkte Konkurrenz zueinander treten werden. Ohne dieses Wachstum würden die Billigfluggesellschaften aber einen weiteren Kostenvorteil gegenüber den Netzfluggesellschaften verlieren – die niedrigeren Personalkosten. Bei den Piloten kommen sie insbesondere dadurch zustande, daß mit der ständig wachsenden Flotte immer wieder neue Besatzungen eingestellt werden, die das Durchschnittsalter und damit die Personalaufwendungen niedrig halten.

Tabelle 6.4: Innerdeutscher Flugverkehr 2000-2006

Fluggesellschaft	Marktanteil		Veränderung
	2000	2006	
Lufthansa	73,8 %	56,4 %	- 23,5 %
DBA	16,2 %	18,4 %	+ 13,5 %
Germanwings	-	8,8 %	-
Hapag-Lloyd Expreß	-	3,9 %	-
Air Berlin	0,8 %	3,4 %	+ 325 %
LTU	1,1 %	1,1 %	0 %

Quelle: Airline Business April 2006, S. 18; eigene Berechnungen

Wie das Beispiel innerdeutscher Flugverkehr zeigt, haben die Billigfluggesellschaften (DBA, Germanwings – die zum Lufthansa-Konzern gehört –, die TUI-Tochter Hapag Lloyd Expreß und Air Berlin) in den letzten Jahren die Struktur des Marktes deutlich zuungunsten des Marktführers Lufthansa verändert (Tabelle 6.4). Deshalb müssen sich auch die Netzfluggesellschaften an die neuen Mitbewerber anpassen und ihre Kosten- und vor allem Preisstruktur so ändern, daß sie zumindest in Teilen die Konkurrenz mit den Billigfluggesellschaften bestehen können. So hat die Lufthansa ein neues einfaches Preismodell für Einzelstrecken entwickelt, das ihnen die direkte Konkurrenz mit Billigfluggesellschaften erlaubt.

6.1.2.4 Charterfluggesellschaften

Ihr Geschäftsmodell entwickelte sich in Zeiten regulierter Märkte aus dem Spagat zwischen den damals wesentlichen Zielen staatlicher Luftverkehrspolitik: Zum einen den Schutz und die Aufrechterhaltung der regelmäßig zu bedienenden Flugstrecken in den Netzen von den in das IATA-Kartell integrierten (und in Europa meist staatlichen und teuren) Linienfluggesellschaften – von denen es pro Land in Europa meist nur eine gab – zu gewährleisten, und zum anderen dem Bedürfnis weiter Kreise der Bevölkerung nach bezahlbaren Flugreisen zu entsprechen. Mit dem Erlaß von Bestimmungen (vor allem Koppelung an eine Pauschalreise, aber auch Begrenzung auf bestimmte Gruppen usw.) wurde daher die Zugänglichkeit der kostengünstigeren Charterflüge stark eingeschränkt und damit sichergestellt, daß sie Linienflügen keine Konkurrenz machen konnten.

Bereits Ende 1955, als die Bundesrepublik Deutschland wieder die nach dem Zweiten Weltkrieg von den Alliierten suspendierte Lufthoheit erhielt, wurden mit dem Lufttransport-Unternehmen (LTU) und dem Deutschen Flugdienst (DFD) die ersten Charterfluggesellschaften gegründet. Am DFD waren neben der gerade neu gegründeten Lufthansa auch die Reedereien Hapag

(Hamburg) und der Norddeutsche Lloyd (Bremen) sowie die Bundesbahn beteiligt. Nach einigen Schwierigkeiten und Turbulenzen stiegen 1959 die beiden Reedereien aus dem DFD aus, und die Gesellschaft ging ganz in den Besitz der Lufthansa über. 1957 wurde vom Oetker-Konzern die Luftreederei Condor in Hamburg gegründet, die im Jahr darauf den Flugbetrieb aufnahm. Nachdem sich auch die ursprünglichen Pläne des Oetker-Konzerns mit ihrer Luftreederei nicht verwirklichen ließen, wurde die Condor 1961 an die Lufthansa verkauft. Seitdem firmiert das seit 1997 mehrheitlich zum Reisekonzern Thomas Cook (einem Gemeinschaftsunternehmen der Lufthansa mit QuelleKarstadt) gehörende Unternehmen unter diesem Namen. Anfang 1968 wurde die damals nach der Condor zweitgrößte deutsche Charterfluggesellschaft Südflug (Stuttgart) übernommen, an der die beiden Veranstalter Touropa und Scharnow (später in der TUI aufgegangen) seit 1966 zu jeweils 25 Prozent beteiligt waren (Wölfer 1995).

In der **DDR** wurde am 1. Mai 1955 der „VEB[14] Deutsche Lufthansa" gegründet, der neben Linien- auch Charterflüge durchführte. Da die Rechte an dem Namen so eindeutig in der Bundesrepublik lagen, daß nach der Feststellung des VEB-Lufthansa Direktors in einem Brief an den Ministerpräsidenten vom Januar 1957 selbst DDR-Gerichte „das Recht auf Führung des Namens ‚Deutsche Lufthansa' und des stilisierten Kranichs als Warenzeichen untersagen müssen" (cit. n. Seifert 1994, S. 49), gab die auch in diesem Punkt unfähige DDR-Regierung schließlich 1963 nach und gründete statt dessen die Interflug. Nach der Wende und vor dem Beitritt der DDR zur BRD wollte sich die Lufthansa mit 26 Prozent an der Interflug beteiligen und unter dem Namen „Intercondor" eine gemeinsame Chartertochter für Ostdeutschland gründen. Nachdem das Bundeskartellamt Ende Juli 1990 die Lufthansa-Beteiligung untersagte, war das Ende der Interflug praktisch besiegelt. Die ehemalige DDR-Staatslinie überlebte den Anschluß nur um wenige Monate: Am 30. April 1991 fand der letzte offizielle Flug der Gesellschaft statt.

Anders als in Großbritannien, das schon aufgrund seiner Insellage bei Auslandsreisen die Nutzung des Flugzeuges als Reiseverkehrsmittel nahelegt, spielten Flugreisen in Deutschland zunächst nur eine sehr geringe Rolle. Hinzu kommt, daß nach der Berliner „Luftbrücke" 1948 in Großbritannien eine große Zahl von Flugzeugen zur Verfügung stand, die nach dem Ende der sowjetischen Blockade West-Berlins nicht mehr benötigt wurden. Ihre Anschaffungskosten waren daher gering und erlaubten neu gegründeten Charterfluggesellschaften in Verbindung mit Reiseveranstaltern das Angebot sehr günstiger Flugpauschalreisen. Bereits 1950 hob das erste britische Charterflugzeug für den Veranstalter Horizon Holidays zu einem Flug nach Korsika ab (Holloway 2000). Seitdem hat sich der Chartermarkt in Großbritannien gut entwickelt und hat eine Reihe von Charterfluggesellschaften entstehen lassen.

Auch in Deutschland hat sich ein Chartermarkt mit mehreren Anbietern etabliert. Drei der größten Charterfluggesellschaften sind dabei mittlerweile in Reisekonzerne integriert: Hapagfly (die frühere Hapag-Lloyd Flug) gehört zur TUI, die frühere Lufthansa-Tochter Condor zu Thomas Cook und die Rewe-Touristik ist mit 40 Prozent an der LTU beteiligt. Rewe hat als Han-

---

[14] = Volkseigener Betrieb

delsorganisation aber kein großes Interesse an dieser Beteiligung, die sie eingehen mußte, um die LTU-Reiseveranstalter erwerben zu können. Die Mehrheit von 60 Prozent liegt seit 2006 bei der Intro, der Muttergesellschaft von dba. Air Berlin dagegen hat sich zur größten konzernunabhängigen (Charter-)Fluggesellschaft in Deutschland entwickelt.

Abbildung 6.5: Struktur einer Charterkette zwischen München (MUC) und Palma de Mallorca (PMI)

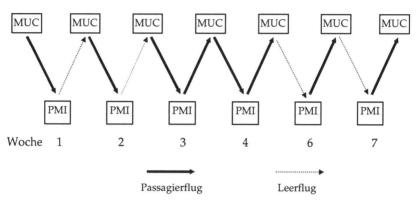

Spielt bei traditionellen Linienfluggesellschaften primär das flexible Angebot und die Möglichkeit, zwischen verschiedenen Flügen der gleichen sowie anderen Unternehmen ohne Kosten oder größeren Buchungsaufwand wechseln zu können, eine wichtige Rolle, steht bei Charterflügen der günstige Preis an erster Stelle. Anders als Geschäftsreisende, die häufig kurzfristig umdisponieren müssen, stehen die Reisepläne der Urlaubsreisenden in der Regel langfristig fest. Um möglichst niedrige Preise zu erreichen, muß nicht nur der Sitzladefaktor so hoch wie möglich, sondern gleichzeitig auch der Leerfluganteil so niedrig wie möglich angesetzt werden.

Charterflüge werden im Prinzip nur dafür eingesetzt, Urlauber zwischen Heimat und Zielgebiet zu befördern. Da sie in der Regel nicht über das ganze Jahr eine bestimmte Destination bedienen, sondern nur als **Charterkette** für die Urlaubssaison eingesetzt werden können, gibt es **Leerflüge**: Mindestens der erste Rückflug und der letzte Hinflug finden ohne Passagiere statt.

Beispiel: Der Aufbau einer Charterkette vom Flughafen München nach Palma de Mallorca mit wöchentlichem Abflug. Aus Darstellungsgründen wird die Länge der Charterkette hier auf sechs Wochen reduziert (Abbildung 6.5). Geht man von einer durchschnittlichen Aufenthaltsdauer der Urlauber von 14 Tagen im Zielgebiet aus – was den realen Werten ziemlich nahe kommt –, dann gibt es sogar zwei Leerflüge als Rückflüge zu Anfang der Charterkette und weitere zwei Hinflüge ohne Passagiere zum Ende („Abholer"), weil die Rückflüge durch die im Zielgebiet befindlichen Gäste bereits ausgebucht sind. Es müssen also insgesamt vier Leerflüge bei der Kalkulation berücksichtigt werden. Haben wir es bei diesem Beispiel wieder mit einem 120sitzigen Flugzeug zu tun und kostet ein Umlauf (Hin- und Rückflug) 30.000 Geldeinheiten, dann errechnet sich der Flugpreis folgendermaßen: Bei einem kalkulatorischen Sitzladefaktor von 87 Prozent werden 104 Passagiere befördert. Das macht insgesamt 832 Passagiere, denn auf den ersten und auf den letzten beiden Umläufen können jeweils nur 104 Passagiere und nicht 208, wie auf den übrigen transportiert werden. Die Gesamtkosten für die sechs Umläufe liegen bei 6 x 30.000 Geldeinheiten = 180.000 Geldeinheiten. Pro Passagier errechnet sich daraus ein Preis von 217.— Geldeinheiten. Bei einer Kettenlänge von 12 Wochen läge der kalkulatorische Preis für den Hin- und Rückflug nur noch bei 173.— Geldeinheiten, weil die Kosten für die Leerfluganteile auf mehr Passagiere verteilt werden können. Allerdings trägt nicht die Charterfluggesellschaft das Risiko und damit die Kosten für eine Charterkette, sondern der Reiseveranstalter. Er ist der Kunde, an den sie ihre Transportleistungen verkauft.

Abbildung 6.6: Der Einfluß der Kettenlänge auf den Flugpreis

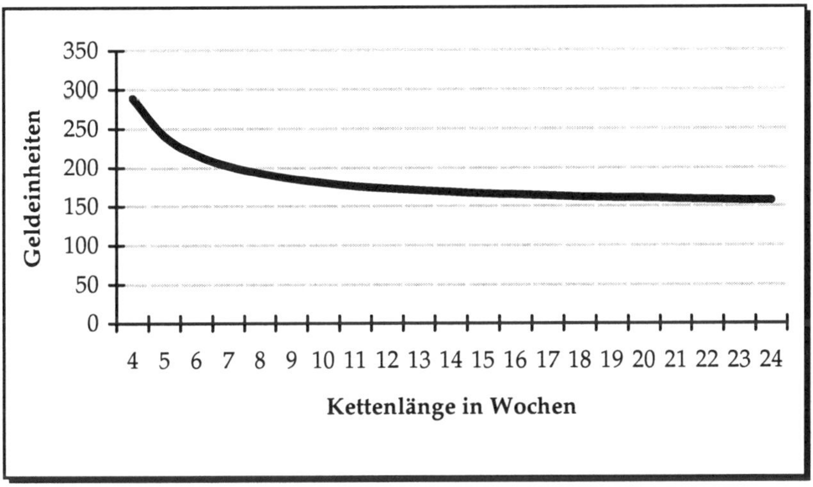

Mit zunehmender Kettenlänge verringert sich natürlich der relative Anteil der Leerflugkosten. Beträgt in unserem Rechenbeispiel die absolute Differenz zwischen einer fünf- und einer sechswöchigen Charterkette umgerechnet auf den Einzelplatz für den Hin- und Rückflug noch 24 Geldeinheiten, so sind es zwischen einer 23- und einer 24-wöchigen Kette nur noch 0,5 Geldeinheiten. Abbildung 6.6 stellt diesen Zusammenhang graphisch dar.

In der Regel werden die Umläufe von Flughäfen aus geflogen, auf denen Flugzeuge und Besatzungen stationiert sind. Von Flughäfen, auf denen sich aufgrund eines zu geringen Passagieraufkommens eine solche Stationierung nicht lohnt, kann man trotzdem Passagiere fliegen, indem man sie als **Zwischenstück** in den normalen Flugzeugumlauf zu einem sogenannten *W-Pattern* einbindet. Ein solcher Flugzeugumlauf läßt sich ohne Probleme an einem Tag abfliegen, so daß das dafür eingesetzte Flugzeug mit seiner Besatzung am Abend wieder an seinem Stationierungsort ist.

Mit der Einrichtung von **Drehkreuzen** (vgl. ausführlich dazu Abschnitt 6.1.2.2) ist es möglich, auch zu buchungsschwachen Zeiten (wie im Winter) Charterflüge zu den Destinationen aufrechtzuerhalten. Dadurch wird zwar die Zahl der Flüge bzw. der Starts und Landungen erhöht und der Flug ist wegen des damit verbundenen höheren Treibstoffverbrauchs und von Lande- und Abfertigungsgebühren teurer als Flüge ohne Zwischenlandung, aber in der Regel deutlich weniger kostspielig als das Fluggerät am Boden stehen zu lassen und gar nicht zu fliegen.

Abbildung 6.7: Beispiel für Charterflug mit einem Zwischenstück (W-Pattern)

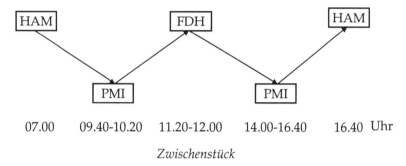

HAM = Hamburg-Fuhlsbüttel; PMI = Palma de Mallorca; FDH = Friedrichshafen-Löwental

Beispiel: Am 8. März wollen mit einer Charterfluggesellschaft von Berlin (Tegel) insgesamt 138 Personen in den Urlaub fliegen – jedoch mit unterschiedlichen Reisezielen: 50 Passagiere möchten nach Mallorca, 12 nach Menorca, 23 in die Dominikanische Republik, 24 nach Thailand, 7 nach Heraklion, 10 nach Malta und 12 nach Izmir. Von Berlin aus lohnt es sich also für kein einziges Reiseziel, eine Maschine für einen Non-Stop-Flug einzusetzen. Da die Situation von den anderen Abflugorten ähnlich aussieht, entschließt man sich, alle Passagiere von Tegel zunächst mit einem Airbus A 320 nach München zu fliegen. Das gleiche macht man auf den anderen Abflughäfen. In München werden dann alle Passagiere zum jeweiligen Zielflughafen zusammengefaßt und in ein entsprechend großes Flugzeug gesetzt. Die A 320 von Tegel zum Beispiel fliegt dann weiter nach Malta, der größere Airbus A 330-300 aus Düsseldorf geht nach Palma de Mallorca usw.

Zwar ist dieses Verfahren auch für die Passagiere lästig und zudem noch zeitaufwendig, aber in der Regel die einzige Alternative, einen kostengünstigen Flug (meist im Rahmen einer Pauschalreise) zu bekommen. Linienflüge wären in den meisten Fällen keine bequemere Alternative, weil die meisten Ferienreiseziele entweder gar nicht oder nur über teure Umsteigeverbindungen von den Linienfluggesellschaften angeflogen werden.

Die ursprünglichen Unterschiede zwischen Linien- und Charterfluggesellschaften sind im Verlaufe der Jahre immer geringer geworden. Charterfluggesellschaften sind mit dem Ausbau ihres Geschäftes immer mehr dazu übergegangen, nach festen Flugplänen zu fliegen, weil sich die Flugzeugumläufe sonst kaum noch planen lassen. Zudem haben sie – wie zum Beispiel die LTU oder Air Berlin– auch Linienrechte und fliegen deshalb manche Strecken als Linienfluggesellschaft. Seit der Deregulierung des europäischen Luftverkehrsmarktes besteht mittlerweile auch die Möglichkeit der Einzelplatzbuchung außerhalb von Pauschalarrangements, so daß auch unter diesem Aspekt die Unterschiede zwischen Charter- und Linienflügen immer geringer geworden sind. Hinzu kommt, daß auch Linienfluggesellschaften zum größten Teil von Privat- und nicht von Geschäftsreisenden genutzt werden. Mit speziellen Urlaubstarifen und der Hereinnahme von Urlaubsreisezielen in ihre Streckennetze tragen sie dieser Entwicklung Rechnung. Deshalb wird – wie wir bereits im ersten Kapitel gesehen haben – seit 1996 in der amtlichen Luftfahrtstatistik auch nicht mehr zwischen Linien- und Charterpassagieren unterschieden, sondern der Urlaubsreiseverkehr wird über die Destinationen identifiziert: Wer nach Palma de Mallorca, Gran Canaria oder Heraklion fliegt, tut dies schließlich in den allerseltensten Fällen aus geschäftlichen Gründen.

Tabelle 6.5: Die größten Charterfluggruppen und -gesellschaften

Unternehmen	Land	RPK*	Sitzladefaktor	Ø Streckenlänge
1 **TUI Gruppe**	Deutschland	55.600	88,2 %	2.851 km
Thomsonfly	*GB*	*20.400*	*90,3 %*	*2.519 km*
Hapagfly	*Deutschland*	*16.800*	*88,0 %*	*2.366 km*
Corsair	*Frankreich*	*12.200*	*83,0 %*	*5.810 km*
Britannia Nordic	*Schweden*	*4.059*	*95,2 %*	*3.530 km*
TUI Belgium	*Belgien*	*2.300*	*92,0 %*	*2.300 km*
2 **Thomas Cook**	Deutschland	40.868	87,6 %	2.868 km
Condor	*Deutschland*	*21.519*	*86,0 %*	*3.027 km*
Thomas Cook UK	*GB*	*14.338*	*92,1 %*	*2.862 km*
*SunExpress***	*Türkei*	*2.629*	*80,5 %*	*2.266 km*
Thomas Cook B	*Belgien*	*2.381*	*85,0 %*	*2.455 km*
3 **Mytravel Group**	GB	25.671	94,2 %	2.766 km
MyTravel Airw.	*GB*	*17.941*	*92,6 %*	*2.812 km*
My Travel A/S	*Dänemark*	*7.730*	*93,0 %*	*2.666 km*
4 LTU Int'l Airw.	Deutschland	18.400	86,2 %	3.119 km
5 First Choice	GB	14.564	89,6 %	2.511 km
6 Transavia Airl.	Niederlande	7.504	75,0 %	1.862 km
7 Air Transat	Kanada	9.933	88,0 %	4.147 km
8 Monarch Airl.	GB	9.406	88,5 %	2.996 km
9 Martinair	Niederlande	7.950	k.A.	4.397 km
10 Excel Airways	GB	6.433	86,4 %	2.753 km
11 Blue Panorama	Italien	5.088	79,3 %	8.206 km
12 Finnair**	Finnland	4.976	89,1 %	3.632 km
13 Spanair**	Spanien	4.831	k.A.	1.960 km
14 World Airways	USA	4.253	54,1 %	4.945 km
15 Futura	Spanien	3.843	82,6 %	2.261 km

* *revenue passenger kilometres*, bezahlte Passagen mal der geflogenen Kilometer in Millionen; Ordnungskriterium für die Übersicht. ** nur Chartergeschäft
Quelle: Airline Business, September 2005, S. 99; eigene Gruppierung

Anders als bei Linienfluggesellschaften dürfen reine Charterflüge, die zu unterschiedlichen Zeiten an einem Tag geplant waren, zusammengelegt („konsolidiert") werden, wenn die Passagierzahlen für beide Flüge nicht ausreichend waren. Allerdings setzt das europäische Recht den Fluggesellschaften hier seit 2005 enge zeitliche Grenzen bei den daraus möglicherweise für die Passagiere resultierenden Verspätungen. Eine Tarifpflicht besteht nicht, der Preis ist Verhandlungssache zwischen der Charterfluggesellschaft und dem Charterer (in der Regel einem Reiseveranstalter) und darf überdies in der Rechnung des Veranstalterkunden nicht extra ausgewiesen sein.

Durch diese größere Flexibilität bei der Flugzeugeinsatzplanung ist es den Charterfluggesellschaften möglich, mit weitaus höheren Auslastungen zu kalkulieren als eine traditionelle Linienfluggesellschaft. Wenn man von einer durchschnittlichen Auslastung von 87 Prozent (= **Sitzladefaktor**) ausgeht, wird bei gleichen Kosten der Preis pro Flugsitz deutlich geringer als bei einer Kalkulationsgrundlage von 70 Prozent. Da die Charterfluggesellschaften - anders als die Linienfluggesellschaften - nicht in direkter Konkurrenz beim Kunden zueinander standen, sondern den weitaus größten Teil ihrer Transportleistungen über Reiseveranstalter absetzten, konnten sie auch die Sitzabstände in ihren Flugzeugen verringern und damit die Zahl der Passagiere pro Flug gegenüber der üblichen Bestuhlung bei Linienfluggesellschaften deutlich erhöhen. Vor dem Hintergrund der durch die Deregulierung ausgelösten Preiskämpfe auf dem Luftverkehrsmarkt sahen sich viele traditionelle Linienfluggesellschaften gezwungen, das Gleiche zu tun.

Beispiel: Wenn im selben Flugzeugtyp statt 100 Plätzen 120 angeboten werden können, dann bedeutet dies, daß im ersten Fall die Kosten mit 70 Passagieren gedeckt werden müssen, im zweiten Fall die gleichen Kosten jedoch auf 84 Passagiere verteilt werden können. Einen Flug, dessen Durchführung 15.000 Geldeinheiten kostet, müßte die erste Fluggesellschaft mit 214.—Geldeinheiten kalkulieren, die andere dagegen nur mit 178.—Geldeinheiten. Kann sie als Charterfluggesellschaft darüber hinaus mit einem höheren Sitzladefaktor (87 statt 70 Prozent) kalkulieren, verringert sich der Preis sogar auf 144.—Geldeinheiten.

Diesen Effekt haben sich auch die Billigfluggesellschaften zunutze gemacht, die meist ein Preissystem verwenden, das ihnen eine sehr hohe Auslastung ermöglicht (siehe den folgenden Abschnitt über Ertragssteuerung). Deshalb war es naheliegend, daß Charterfluggesellschaften wie Air Berlin, die bereits seit längerem mit einem flugplanmäßigen Pendeldienst zwischen Deutschland und Mallorca (‚Mallorca Shuttle'), mit hohen Raten von Einzelplatzbuchungen auf dem Markt waren, in weiten Teilen zu einer Billigfluggesellschaft ausgebaut wurden.

6.1.2.5 Ertragssteuerung (*yield* oder *revenue management*)

Methoden der Ertragssteuerung wurden von den großen US-Netzfluggesellschaften seit den 1960er Jahren entwickelt und mit dem Einsatz der ersten Terminals von Computerreservierungssystemen (CRS; siehe Abschnitt 6.7) in Reisebüros vor allem nach der Deregulierung des us-amerikanischen Luftverkehrsmarktes seit 1978 angewendet und haben sich in der gesamten Luftverkehrsbranche durchgesetzt. Auch in anderen Bereichen des Tourismus wie in Hotels und bei Reiseveranstaltern werden solche Methoden mittlerweile zur Ertragsmaximierung eingesetzt (vgl. Tscheulin & Lindenmeier 2003;). Ertragsmanagement ist kurz gefaßt die Steuerung der Nachfrage aus unterschiedlichen Marktsegmenten nach begrenzt vorhandenen Dienstleistungen durch Prognosen, Preise und Konditionen mit dem Ziel einer ertragsoptimalen Auslastung der angebotenen Kapazitäten.

6.1.2.5.1 Überbuchung

Die erste Aufgabe des *yield management* besteht darin, dafür zu sorgen, daß die angebotenen Flüge auch tatsächlich in Anspruch genommen werden.

Erfahrungsgemäß gibt es immer Fluggäste, die den fest gebuchten Flug, ohne vorher storniert zu haben, nicht nutzen (*no shows*). Begrenzt man die zum Verkauf stehenden Kapazitäten auf genau die Zahl der zur Verfügung stehenden Sitze, wird man selbst bei 100-prozentiger Ausbuchung nicht nur eine Reihe von leeren Sesseln durch die Luft fliegen, sondern hat womöglich auch einige Passagiere zurückgewiesen, die diesen Flug gerne genutzt hätten. Nach den Erfahrungen einiger Fluglinien werden ca. 50 Prozent aller Buchungen für einen bestimmten Flug innerhalb des Buchungszeitraums entweder storniert oder durch *no shows* nicht in Anspruch genommen. Der Anteil der *no shows* liegt nach diesen Angaben bei ca. 15 Prozent der jeweils angebotenen Flugzeugsitze (Smith, Leimkuhler & Darrow 1992). Beschränkte man die verkaufbaren Sitze auf die Zahl der faktisch vorhandenen Flugzeugsitze, würden auch ausgebuchte Flugzeuge nur mit einer durchschnittlichen Belegung von 85 Prozent starten. Dabei hätte man noch kurz vor dem Abflug Passagiere abgewiesen, weil die Kapazität des Fluges zu 100 Prozent gebucht war. So wären für die Fluglinie Kosten durch die verlorenen Einnahmen der abgewiesenen Passagiere (*lost-opportunity cost*) entstanden. Um die sonst entstehenden Leerkosten zu vermeiden, muß die Summe der verkaufbaren Kontingente eines Linienfluges deutlich über der Zahl der tatsächlich verfügbaren Flugzeugsitze liegen. Die Flüge werden also systematisch überbucht.

Beispiel: Die Deutsche Lufthansa AG hatte Presseberichten zufolge im Jahre 2001 ca. sieben Millionen ‚no shows', das entsprach 14 Prozent aller Lufthansapassagiere dieses Jahres oder 185.000 vollbesetzten Boeing 747 Jumbo Jets. Durch die Überbuchung der Flüge konnten ca. eine Millionen Passagiere mitgenommen werden, die ansonsten hätten zurückgewiesen werden müssen.

Bei der Überbuchung wichtig ist die getrennte Behandlung von Gruppen- und Einzelbuchungen. Gruppen (zum Beispiel Reisegruppen eines Veranstalters) weisen nur sehr geringe *no show*-Quoten auf und bei den gebuchten Rückflügen kann davon ausgehen, daß alle, die den Hinflug angetreten haben auch den gebuchten Rückflug nutzen werden.

Da Linienflüge in der Regel bis zu einem Jahr im voraus buchbar sind, liegen die Grenzen für das Überbuchen zu Beginn dieses Buchungszeitraumes relativ hoch und werden, je näher der Abflugtermin rückt, immer niedriger angesetzt, bis schließlich nur die am Flugtag zugelassene Überbuchungsrate akzeptiert wird. Diese Überbuchungsgrenzen sind notwendig, weil die **Überbuchung** zum **Überverkauf** werden kann, wenn mehr der gebuchten Fluggäste erscheinen, als vorhergesagt wurde. Daraus entstehen der Fluggesellschaft **Fehlmengenkosten**, die wiederum ihre Erträge schmälern. Diese Kosten werden veranlaßt durch...

- die nach der EU-Verordnung 261/2004 in allen Ländern der Europäischen Union gesetzlich vorgeschriebene Kompensationszahlungen für den Zeitverlust der Passagiere, die wegen Überbuchung nicht mitgenommen werden konnten (*denied boarding compensation*);
- die Übernahme von Kommunikationskosten für den abgewiesenen Passagier, der zum Beispiel auf einen späteren Flug gebucht wird;

- *upgrading*, d.h., Passagiere einer überbuchten niedrigeren Beförderungsklasse (Economy/Business) werden ohne Aufpreis in der nächsthöheren (Business/First) transportiert;
- die Beschaffung alternativer Transportmöglichkeiten, zum Beispiel bei einer konkurrierenden Fluggesellschaft;
- die Übernahme von Hotelkosten, wenn keine alternativen Buchungsmöglichkeiten bestehen und
- den Imageverlust, den die Fluggesellschaft bei den fest gebuchten und dann doch noch abgewiesenen Passagieren erleidet.

Der optimale Überbuchungsgrad kann also definiert werden als der Punkt, an dem die Summe aus Leer- und Fehlmengenkosten ein Minimum erreicht (Krüger 1990). Allerdings läßt sich der Imageverlust nicht, wie alle anderen Kosten, direkt messen und in einem Geldbetrag ausdrücken, man muß aber davon ausgehen, daß bei abgewiesenen Passagieren die Wahrscheinlichkeit sinkt, bei alternativen Angeboten wieder das der abweisenden Gesellschaft zu wählen. Deshalb werden in der Regel nur die Kunden, die zu reduzierten Sondertarifen gebucht haben und damit der Fluggesellschaft einen geringeren Erlös bringen, abgewiesen (Lindenmeier & Tscheulin 2005, S. 119). Um jedoch zu vermeiden, daß Passagiere mit hohem Kundenwert abgewiesen werden, garantieren viele Fluggesellschaften ihren vielfliegenden Stammkunden (zum Beispiel Inhabern der ‚Senator Card' bei der Lufthansa) die Mitnahme auch auf überbuchten Flügen, selbst wenn sie dieses Mal den günstigsten Tarif gebucht haben sollten.

Andererseits muß man sehen, daß der Überverkauf in manchen Fällen auch weitgehend kostenneutral sein kann, wenn Passagiere sich auf einen zeitnahen anderen Flug der gleichen Gesellschaft buchen lassen (*recapture*). Dies geht jedoch nur auf Strecken mit einer entsprechend hohen Flugfrequenz. Um die Fehlmengenkosten durch Überverkauf so minimal wie möglich zu halten, ist deshalb eine der Aufgaben der Ertragssteuerung die Bestimmung des optimalen Überbuchungsgrades für jeden einzelnen Flug, um die Erträge zu optimieren und Fehlmengenkosten zu vermeiden.

6.1.2.5.2 Preise und Konditionen

Die Kapazität von Flugzeugen ist relativ starr und ihre Anschaffungskosten sind sehr hoch. Eine Boeing 747-400 kostet zum Beispiel – je nach Ausstattung – zwischen 198 und 227 Millionen US$ (Listenpreise 2005). Der Anteil der Kapitalkosten an den Gesamtkosten einer Fluggesellschaft sind also – wenn die Flugzeuge nicht geleast werden – sehr hoch. Gleichzeitig ist die Nachfrage jedoch starken Schwankungen ausgesetzt. Dem kann man zwar durch den Einsatz unterschiedlicher Flugzeugtypen mit jeweils größeren oder kleineren Kapazitäten Rechnung tragen, dies ist aber nur sehr eingeschränkt möglich, da die Flugzeugumläufe so geplant werden müssen, daß die Flugzeuge zur richtigen Zeit an den Orten der stärksten Nachfrage sind. Dadurch müssen auch Strecken beflogen werden, die man ohne diesen Positionierungszwang eher nicht bedienen würde. Das selbe Flugzeug muß also auf verschiedenen Strecken mit unterschiedlicher Nachfragegröße und -struktur (zum Beispiel Verhältnis Geschäfts- zu Privatreisenden) eingesetzt werden, deren nachgefragte Kapazitäten zudem noch im Rhythmus täglicher, wöchentlicher und jährlicher Saisonzeiten schwanken.

Abbildung 6.8: Preisdifferenzierung zur Optimierung des Gesamterlöses

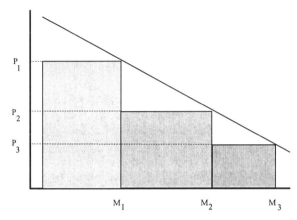

P = Preis; M = abgesetzte Menge
Quelle: Daudel & Vially 1992

Die Größe des verwendeten Fluggeräts richtet sich bei Linienfluggesellschaften meist nach dem Spitzenbedarf, weil man möglichst keine Kunden wegen eventueller Übernachfrage abweisen und an die Konkurrenz verlieren will. Auf vielen Flügen blieben deshalb die vorgehaltenen Kapazitäten ungenutzt, wenn man keine Maßnahmen zu ihrer Nutzung ergriffe. Da sowohl Flugzeuge, die am Boden stehen wie auch jeder leere Sitz auf einem Flug nur Kosten verursachen, bietet man die Überkapazitäten zu günstigeren Preisen an, um damit die Nachfrage zu stimulieren. Allerdings besteht dabei die Gefahr, daß es nur zu einer allgemeinen Verbilligung der Dienstleistung und damit zu einer Verminderung der Erträge (Umsatzverdrängung) kommt. Ziel bei der Gestaltung der Konditionen für die verschiedenen Preiskategorien ist aber die **Ertragsmaximierung**, das heißt, die einzelnen Preis-Mengen-Blöcke (Abbildung 6.8) sollen möglichst überschneidungsfrei in der Weise sein, daß keine Kunden vom Normaltarif- zu einem niedrigeren Preisangebot wechseln können (*fencing*). Aus diesem Grunde werden die stark verbilligten Sondertarife an einschränkende Konditionen gebunden. Dabei geht man grob von zwei Kundengruppen aus, die jeweils unterschiedliche Anforderung an die Fluggesellschaften haben: Geschäfts- und Privatreisende.

Geschäftsreisende sind vor allem flexibilitätsempfindlich, d.h., sie wollen jederzeit in der Lage sein, ihre Passagen umzubuchen und dabei oft auch ohne Probleme die Dienste anderer Fluggesellschaften im Rahmen des Interlining in Anspruch zu nehmen (siehe Abschnitt 6.1.2.3). Das von ihnen gebuchte Produkt enthält also nicht nur einen **Beanspruchungsnutzen** (die Beförderung), sondern auch einen **Bereitstellungsnutzen** (den sehr kurzfristig verfügbaren Flugsitz; vgl. Maleri 1991, S. 186). Dieser Bereitstellungsnutzen ist natürlich mit höheren Kosten für die Fluggesellschaften verbunden, denn er führt zur Notwendigkeit einer **strukturellen Überkapazität**. Sie muß vorhanden sein, um auch die Nachfrage nach kurzfristigen Geschäftsreisen befriedigen zu können, wenn man zum Beispiel von einem Tag zum anderen einen wichtigen Termin in New York wahrnehmen muß. Dabei spielt der Preis nur eine untergeordnete Rolle, denn der Termin muß in jedem Fall wahrgenommen werden.

Privatreisende dagegen sind in der Regel nicht flexibilitäts-, dafür aber preisempfindlich. Wer eine Urlaubsreise macht oder zu einer Familienfeier fliegt, will dies zu einem ganz bestimmten Zeitpunkt tun. Die Urlaubsplanung in einem Unternehmen ist langfristig angelegt und im Prinzip so wenig flexibel wie achtzigste Geburtstag der Großtante, der schon seit acht Jahrzehnten feststeht. Hier geht es also nahezu ausschließlich um den Beanspruchungsnutzen und der Bereitstellungsnutzen ist nur insofern von Bedeutung, als es überhaupt buchbare Flüge zu den gewünschten Destinationen geben muß. Entsprechend können solche Reisen länger im Voraus geplant werden. Je günstiger der dafür verlangte Preis ist, desto größer wird auch die Nachfrage dieser Gruppe nach Flügen. Entweder wird man für eine bereits fest geplante Reise von anderen Verkehrsmitteln (Bahn, Automobil) auf das Flugzeug umsteigen oder durch niedrige Preise überhaupt erst auf die Idee einer Reise gebracht. Bei Geschäftsreisenden würde man mit niedrigeren Tarifen dagegen keine weiteren Geschäftsreisen stimulieren.

Die auf die Gruppe der Privatreisenden zielenden günstigeren Sondertarife werden daher mit **Flexibilitätsrestriktionen** belegt, um sie für Geschäftsreisende unattraktiv zu machen und damit Umsatzverdrängungen durch das eigene Angebot zu vermeiden. Da Interlining nur mit zwischen den beteiligten Fluggesellschaften abgesprochenen Tarifen funktionieren kann, sind die Sondertarife einer Fluggesellschaft in der Regel nur für die eigenen Flüge gültig. Zu den weiteren Konditionen, mit denen man Geschäfts- von Privatreisenden gut voneinander trennen kann, gehören Vorausbuchungsfristen, hohe Umbuchungsgebühren bzw. gar keine Umbuchungsmöglichkeiten, Mindestaufenthaltsdauern oder die Forderung, daß mindestens die Nacht von Samstag auf Sonntag im Reisezeitraum liegen muß (*Sunday rule*).

Allerdings schaffen sich die traditionellen Netzfluggesellschaften damit ihre *no shows* und die daraus resultierende Überbuchungsproblematik (s.o.) teilweise auch selber. Indem zum **Beispiel** Sondertarife (s.u.) nur für Hin- und Rückflüge gelten und der Rückflug frühestens am Sonntag angetreten werden kann (*sunday rule*), ist es oft günstiger, zwei solcher Tickets zu buchen und jeweils nur den ersten Flug zu nutzen. Beispiel: Ein Kongreß in Wien findet von Mittwoch bis Freitag statt. Ein normales Rückflugticket mit dem Hinflug am frühen Mittwochmorgen und dem Rückflug am Freitagabend ist nur zum voll flexiblen Normaltarif zu haben. Flexibilität wird in diesem Falle jedoch nicht gebraucht, weil der Termin für den Kongreß ja feststeht. Es ist damit günstiger, zwei Hin- und Rückflugtickets (Zürich-Wien-Zürich bzw. Wien-Zürich-Wien) zu Sondertarifen zu kaufen und jeweils nur den Hinflug zu nutzen (Kreuztickets). Damit werden quasi automatisch *no shows* für die Rückflüge Wien-Zürich und Zürich-Wien produziert.

Diese Konditionen werden mit den dazugehörigen Tarifen zu unterschiedlichen **Buchungsklassen** gruppiert und für jeden Flug, für den sie gelten sollen, mit maximalen Kontingenten versehen.

Bei den verschiedenen Sondertarifen handelt es sich also weitgehend um eine **Preisdifferenzierung**, d.h., das gleiche Produkt wird zu unterschiedlichen Preisen abgesetzt, während man mit vergleichendem Blick auf die Vollzahlertickets von einer **Produktdifferenzierung** sprechen kann, weil die durch die kurzfristige Verfügbarkeit von Kapazitäten mögliche Flexibilität zu einem anderen Produkt führt. Diese nicht sichtbaren Produktelemente versucht man durch sichtbare zu ergänzen, indem man – wie meist bei Kurz- und Mittelstreckenflügen üblich – die sich nicht durch unterschiedliche Sitze und Sitzabstände von der Economy abhebende Business Class mit Serviceelementen (Getränke bzw. größere Getränkeauswahl, [bessere] Mahlzeiten oder auch Nichtbelegung von Mittelsitzen) anreichert. Durch den verschiebbaren Kabinenteiler (*cabin divider*) kann die Business Class je nach Buchungslage vergrößert oder verkleinert werden und wird auch optisch von der übrigen Kabine abgetrennt. Am Boden ist mit solchen Tickets meist auch die Nutzung von Flughafenlounges der Fluggesellschaften verbunden.

Ziel des Ertragsmanagements ist es, für jeden Flug eine optimale Preis-/Mengenrelation und eine möglichst hohe Auslastung zu erreichen, ohne daß jemand abgewiesen werden muß. Auf der Basis der Erfahrungen aus der Vergangenheit und von aktuellen, das Reiseverhalten beeinflussenden Faktoren (Schulferien, Messetermine, Sicherheitslage usw.) läßt sich dafür eine Bandbreite des Buchungsverlaufes festlegen, die eingehalten werden muß, wenn man dieses Ziel erreichen will. Zur Korrektur eines aus diesem Rahmen fallenden Buchungsverlaufes wird die Nachfrage über die Freigabe oder Schließung der vorab festgelegten Tarifkontingente (Buchungsklassen) gesteuert. Liegen die Ist-Zahlen zu einem bestimmten Zeitpunkt unter dem Soll, lassen sich weitere Kontingente mit billigeren Tarifen öffnen; liegen sie über dem Soll, kann man diese Kontingente schließen und akzeptiert nur noch Vollzahler, die auch Sitze belegen können, die ursprünglich für Sondertarife vorgesehen waren.

Würde man die verschiedenen Kontingente starr und unabhängig voneinander verwalten, könnte es passieren, daß man im gleichen Moment einen Niedrigtarif verkauft und einen Normaltarif ablehnt, weil die Normaltarifkontingente geschlossen und nur die Niedrigtarifkontingente noch offen sind. Um den damit verbundenen Ertragsausfall zu vermeiden, wird automatisch das Normalzahlerkontingent erweitert und das für Sondertarife verkleinert. Um die jeweils höherwertigen Buchungsklassen gegenüber den niedrigeren zu schützen, werden die Kontingente also derart ineinander geschachtelt (*nesting*), daß bei entsprechend hoher Nachfrage im Prinzip alle Flugscheine zum Normaltarif verkauft werden könnten. Wettbewerbsrechtliche Einschränkungen zwingen jedoch zu tatsächlich verfügbaren Mindestkontingenten für die niedrigste angebotene Buchungsklasse.

Gibt es verschiedene Sondertarife, wird entsprechend das Kontingent für den günstigsten Tarif sofort gesperrt, wenn das für den nächst höheren ausgeschöpft ist. Wer jetzt noch ein Ticket für den Flug haben will, muß mindestens auf das nächst höhere Angebot ausweichen. Auch wenn möglicherweise ein kleiner Teil von auf den günstigsten Sondertarif fixierten Kunden damit auf den Flug verzichtet, kann die Fluggesellschaft mit dieser Maßnahme ihre Einnahmen erhöhen, denn auf der anderen Seite werden viele, die ursprünglich wegen des günstigsten Sondertarifs ihre Reise geplant hatten, trotzdem ihre Reise buchen. In diesem Fall haben Sondertarife gewissermaßen eine ‚Lockvogelfunktion', weil letztlich eine Tarifklasse gebucht wird, die gar nicht vorgesehen war (*upsell*).

Um auch eine ertragsoptimale Auslastung von Direktflügen mit Zwischenstopp bzw. von Kombinationen unterschiedlicher Flüge (zum Beispiel Zubringer- und Langstreckenflug) zu erreichen, muß dieses System auf das gesamte Netz einer Fluggesellschaft ausgedehnt werden. Um die Komplexität dieses Verfahrens zu verringern, werden die Tarife für Gesamt- und Teilstrecken nach ihrer Wertigkeit geordnet und in sogenannten virtuellen Kategorien (*buckets*) zusammengefaßt, die dann übergreifend als die entscheidungsrelevanten Buchungsklassen fungieren.

Beispiel: Der Flug Barcelona-München-Hamburg mit jeweils vier Buchungsklassen für jede der möglichen drei Teilstrecken würde insgesamt 12 Buchungsklassen umfassen. Um diese Zahl zu reduzieren, werden die Tarifklassen nach der Höhe des Preises geordnet und jeweils nahe beieinanderliegende zu einer neuen, virtuellen Kategorie zusammengefaßt, so daß alle Teilstrecken in nur fünf übergreifenden Buchungsklassen verkauft werden können. Das kann dazu führen, daß man eher ein hochwertiges Ticket nur für Barcelona-München verkauft als die Gesamtstrecke Barcelona-Hamburg zu einem Sondertarif, den Platz zwischen München und Hamburg also unbesetzt läßt.

Dieses Verfahren muß man vor dem Hintergrund der Vielzahl von Buchungsklassen, täglichen Abflüge und Kombinationsmöglichkeiten von Flügen sehen, die über das Ertragsmanagement gesteuert werden müssen.

So hat die Lufthansa zum **Beispiel** täglich bis zu 1.500 Abflüge mit 18 Buchungsklassen und steuert damit täglich bis zu 17 mal ca. 30.000 Strecken (Einzelstrecken, Verbindungen mit Zwischenlandungen, und Umsteigeflüge) und muß daraus resultierend täglich ca. 15 Milliarden Steuerungsentscheidungen treffen (Helbing 2001).

Bei diesen Entscheidungen geht es zum Beispiel um die Frage, ob man zu einem bestimmten Zeitpunkt die Buchungsanfrage für einen Flugsitz zu einem Sondertarif von 300 US-$ positiv bescheiden soll oder ob man auf den typischerweise kurzfristig buchenden Geschäftsmann wartet, der bereit ist, 400 US-$ dafür zu bezahlen (Pölt 2001). Dies ist ein generelles Problem, da „die Vorausbuchungsfristen so ausgelegt (sind), daß Tickets mit geringem Erlös vor solchen mit hohem Erlös nachgefragt werden". Deshalb muß „über den Verkauf niederwertiger Tickets entschieden werden, bevor die Nachfrage nach den höherwertigen bekannt ist" (Kimms & Klein 2005, S. 13).

Die immer weitere Verfeinerung des hier nur in groben Zügen beschriebenen Ertragsmanagements bei den großen Netzfluggesellschaften führte zu einer immer größeren Tarifvielfalt und teilweisen Unübersichtlichkeit, mit der Folge, daß viele (potentielle) Kunden dadurch zum Teil mehr verwirrt als für ihre Buchungsentscheidungen motiviert wurden.

6.1.2.5.3 Vereinfachtes Modell der Billigfluggesellschaften

Die Billigfluggesellschaften haben ihren Markterfolg auch wegen ihrer einfacheren und übersichtlicheren Tarifstruktur erreicht. Manche dieser Fluggesellschaften hatten im Gegensatz zu den komplexen und sehr weit ausdifferenzierten Tarifsystemen der traditionellen Netzfluggesellschaften sogar ein einfaches Festpreissystem (Gexx, Helvetic Airways), das nur einige fixe Preisstufen für die gesamten angebotenen Flüge kannte. Damit sparte man zwar einerseits die Kosten für das Ertragsmanagement (EDV-Anlagen und Programme, Personal), andererseits werden damit weder die unterschiedlichen Wertigkeiten von Flugstrecken (zum Beispiel auch zu verschiedenen Zeiten) noch die unterschiedlichen Zahlungsbereitschaften der Fluggäste (zum Beispiel von Privat- und Geschäftsreisenden) für die Steigerung der Verkaufserlöse genutzt.

Die meisten Fluggesellschaften in diesem Marktsegment verkaufen nur einfache Flüge ohne Umsteigeverbindungen, verzichten auf Buchungsklassen und kombinieren lediglich zwei Preissteuerungsprinzipien: den **Wochentag** bzw. die **Tageszeit** und die **verbleibende Zeit** bis zum Abflug. Hin- und Rückflüge werden dabei nicht, wie bei den traditionellen Linienfluggesellschaften üblich, zusammen, sondern nur als Einzelprodukte mit meist jeweils unterschiedlichen Preisen verkauft. Mittlerweile haben einige Netzfluggesellschaften für ihre Sondertarife auf Kurz- und Mittelstrecken wesentliche Teile dieses Preismodells übernommen.

Auf Flugstrecken, die vor allem von Urlaubern genutzt werden „ist dienstags und mittwochs mit weniger Fluggästen zu rechnen als montags und freitags (Wochenpendler) sowie samstags und sonntags (Wochenendtouristen bzw. Kurzurlauber)" (Spann *et al.* 2005, S. 58). Entsprechend können hier wie auch an und um Feiertage die Preise an den Wochenenden höher sein als in der Wochenmitte. Umgekehrt sind auf Strecken, die eher von Geschäftsreisenden genutzt werden, die Wochenendtermine günstiger und die Flüge von Montag bis Freitag teurer (a.a.O.). Darüber hinaus können Tagesrandverbindungen in der Regel teurer angeboten werden als andere Flüge.

Je früher man bucht, desto niedriger der Tarif. Durch die sehr niedrigen Frühbuchungstarife werden vor allem diejenigen Gruppen unter den Privatreisenden angesprochen, die bislang noch keine oder kaum Flugreisen gemacht haben. Auch für Geschäftsreisende sind die Angebote von Billigfluggesellschaften wie easyJet interessant, weil selbst die beim kurzfristigen Buchen in der Regel verlangten teuersten Tarife noch deutlich billiger sind als die kurzfristig meist nur noch buchbaren Vollzahlertickets. Damit kann man auch mit diesem sehr simplen Modell in Ansätzen die unterschiedlichen Zahlungsbereitschaften von Privat- und Geschäftsreisenden ausnutzen. Da das Konzept der Billigfluggesellschaften jedoch kostensparend nur auf den Beanspruchungsnutzen hin ausgerichtet ist, sind kurzfristige Geschäftsreisen häufiger nicht mehr möglich, weil die Flüge schon ausgebucht sind. Bei sehr häufig am Tag bedienten Strecken läßt sich dieses Risiko durch die steigende Wahrscheinlichkeit eines leeren Platzes jedoch minimieren.

Wenn sich eine höhere als die geplante Nachfrage von Flügen abzeichnet, kann man die Preise auch früher anheben, um wiederum eine ertragsoptimale Auslastung der Flugzeuge zu erreichen. Umgekehrt können die Preise niedriger gehalten oder gesenkt werden, wenn der Verkauf der Flugpassagen unter den Erwartungen verläuft. Damit kann das Grundprinzip der innerhalb eines festgelegten Preiskorridors mit zunehmender zeitlicher Nähe zum Abflugtag steigenden Preise flexibel moduliert werden. Dabei können die

Preise, die kurz vor Abflug gezahlt werden, bis zu zehn mal so hoch sein, wie die Frühbuchertarife, die mehr als zwei Monate im voraus gebucht werden (*op. cit.*, S. 59 f.).

Daß dieses vereinfachte Modell des Ertragsmanagements im Zusammenspiel mit generell niedrigen Preisen bei gleichzeitiger Konzentration auf das Kernprodukt Flugbeförderung wirtschaftlich erfolgreich ist, zeigen die Ergebniszahlen von Ryanair: In den Geschäftsjahren 2003/2004 und 2004/2005 erzielte das Unternehmen eine Umsatzrendite von jeweils um die 25 Prozent nach Steuern.

6.1.2.6 Franchising bei Linienfluggesellschaften

In vielen Fällen lohnt es sich für Netzfluggesellschaften nicht, bestimmte Strecken selbst zu fliegen. Das betrifft vor allem regionale Strecken und Zubringerdienste (*commuter services*) von kleineren Flughäfen zu ihren Drehkreuzen, aber auch längere Strecken mit geringerer Nachfrage (*long thin routes*). Zum einen haben die großen Traditionsfluggesellschaften in der Regel zu hohe Kosten, um solche Dienste gewinnbringend betreiben zu können, zum anderen wären damit auch erhebliche Managementkapazitäten gebunden, die man besser für das Kerngeschäft verwendet. Deshalb setzen diese Fluggesellschaften hier vor allem das Franchising ein. Das heißt, das wirtschaftlich und rechtlich selbständige kleinere Fluggesellschaften unter dem (abgewandelten) Namen und unter den Flugnummern der großen Fluggesellschaft solche Flüge betreiben. Damit liegt auch das geschäftliche Risiko bei den Partnerfluggesellschaften.

Beispiele dafür sind in erster Linie die Regionalfluggruppen, die um die großen Netzfluggesellschaften herum entstanden sind. In den USA sind dies etwa Delta Connection, United Express, American Eagle, US Airways Express und Northwest Airlink, in Europa Lufthansa Regional.

Nicht zuletzt hat Franchising in diesem Kontext auch eine strategische Funktion. Mit ihm können die großen Netzfluggesellschaften einen Teil der Marktbarrieren wiederherstellen, die durch die Deregulierung weggefallen sind. Ein regionaler **Zubringerschutzgürtel** (Joppien 2003, S. 526 ff.) um ihre Drehkreuze erhöht die Markteintrittsbarrieren für potentielle Mitbewerber. Die mit den vielen Zubringerflügen belegten *slots* machen es Konkurrenten praktisch unmöglich, hier Fuß zu fassen (vgl. Tabelle 6.8 auf Seite 312). Aber selbst wenn zum Beispiel eine Flughafenerweiterung hier Chancen böte, müßte eine neu einsteigende Fluggesellschaft gleich mit einem ähnlich integrierten Netz von aufeinander abgestimmten Flügen am Markt auftreten. Die damit verbundenen Kosten und der Managementaufwand wären jedoch so hoch, daß es in der Regel zu riskant wäre, sich darauf einzulassen. Für die Netzfluggesellschaften ist es daher nutzbringender, ihre eigenen Drehkreuze weiter auszubauen und nur über Zubringerflüge, auch zwischen den Drehkreuzen, in Konkurrenz zueinander zu treten.

Beispiel: Bei Interkontinentalflügen konkurrieren Fluggesellschaften über ihre jeweiligen Drehkreuze miteinander. Wenn man ohnedies zuerst von Hamburg nach Frankfurt am Main fliegen muß, wenn man nach San Francisco möchte, dann kann man genausogut über London Heathrow fliegen. Bietet die Lufthansa billigere oder zeitlich

besser gelegene Verbindungen via Frankfurt Rhein/ Main an als sie über Heathrow möglich sind, lohnt es sich für Passagiere aus Birmingham über Frankfurt zu fliegen.
Durch das Franchise haben beide Partner Vorteile. Kleine Fluggesellschaften, die sonst kaum Chancen des Überlebens hätten, können sich in einer solchen Partnerschaft auf dem Markt behaupten und weiterentwickeln. In erster Linie profitieren sie dabei vom Namen und vom Vertriebsnetz der Franchisegeber, da sie unter deren Flugnummern weltweit in den Computerreservierungssystemen buchbar sind. Für die großen Fluggesellschaften sind mit der Beschäftigung der kleineren Partner erhebliche Kostenvorteile verbunden, da die großen traditionellen Fluggesellschaften aus den Zeiten annähernder Monopolstellungen in ihren Märkten vor allem bei den Lohnkosten noch immer erhebliche Nachteile gegenüber jüngeren bzw. kleineren Fluggesellschaften haben. Deshalb ist das Franchising nicht nur auf die regionalen Zubringergesellschaften (*commuter airlines*) beschränkt, sondern wird von manchen großen Fluggesellschaften auch im eigenen Streckennetz angewendet. Das gilt insbesondere für Mittelstrecken mit vergleichsweise niedriger Nachfrage.

Beispiel dafür ist British Airways, die für ihre Flüge in Teile des westlichen Mittelmeerraumes und in das westliche Nordafrika seit 1995 von GB Airways durchführen läßt und die BMED (British Mediterranean Airways) 1997 mit Flügen in den östlichen Mittelmeerraum, ins östliche Nordafrika bis hin in den Kaukasus beauftragt hat. Die Airbus A 320/321 beider Fluggesellschaften sind dabei von den Maschinen der British Airways selbst nicht zu unterscheiden. Dienste in der Republik Südafrika werden ebenfalls von einem Franchisepartner, Comair[15] (an dem British Airways mit 18 Prozent beteiligt ist), mit Boeing-Flugzeugen in British Airways-Bemalung durchgeführt.

Die Franchisenehmer von British Airways können diese Flüge mit durchschnittlich ca. 40 Prozent geringeren Kosten durchführen. Ohne den Franchise könnte die Fluggesellschaft die meisten dieser Strecken nicht bedienen. Aber nicht nur die franchisegebende Fluggesellschaft kann dadurch ihre Kosten reduzieren. Auch die Franchisenehmer haben durch die Anbindung an eine große Netzfluggesellschaft erhebliche Kostenvorteile. Durch die Mitversicherung ihrer Flugzeuge im Flugzeugpool von British Airways verringern sich ihre Versicherungsprämien um nahezu zwei Drittel. Sie sparen weiterhin Kosten durch ihre Einbindung in das Rechnungswesen und die Nutzung der Bodendienste des Franchisegebers. Zusammen mit den BA-Flugnummern und dem Vertriebssystem von British Airways sparen sie damit rund 20 Prozent ihrer ohnehin schon niedrigeren Kosten (Airline Business, November 2002, S. 60 f.).

„Am Ende einer solchen Entwicklung steht dann schließlich die ‚*virtuelle Airline*', deren Firmenlogo zwar weiterhin auf den Flugzeugen der Töchter bzw. Franchise-Partner prangt – die sich jedoch selber nur noch um die Koordination des Gesamtflugnetzes, um die Überwachung einer einheitlichen Produktqualität, um (die Marke), Marketing und Vertrieb sowie um die Ticketabrechnung kümmert und in eigener

---

[15] leicht zu verwechseln mit der us-amerikanischen Fluggesellschaft gleichen Namens, die als eine der weltgrößten Regionalfluggesellschaften unter Delta Connection Zubringerdienste für Delta Air Lines in den USA fliegt.

Regie nur noch wenige oder sogar überhaupt keine Flugzeuge mehr (betreibt). Die meisten, wenn nicht sogar alle Flüge werden dann längst nur noch im Namen und Auftrag der Mutter von anderen Gesellschaften durchgeführt" (Joppien 2003, S. 556; Hervorh. i. Orig.).

Allerdings sind dem Franchise oder die Übertragung von Streckendiensten an kostengünstigere Tochterunternehmen bei den meisten Netzfluggesellschaften enge Grenzen gesetzt. Die Pilotengewerkschaften haben in den USA wie in Europa mit sogenannten *scope clauses* in den meisten Tarifverträgen mit den traditionellen Netzfluggesellschaften durchgesetzt, daß in der Regel nur kleinere Flugzeuge und kürzere Strecken von diesen Gesellschaften geflogen werden dürfen, damit ihre privilegierte Stellung dadurch nicht gefährdet wird (vgl. Mundt 2002, S. 113-117). Mit der Krise der großen Traditionsfluggesellschaften in den USA nach dem 11. September 2001 mußten die Pilotengewerkschaften hier jedoch zum Teil deutliche Zugeständnisse machen. Es bleibt also abzuwarten, wie sich diese Systeme weiterentwickeln. Möglicherweise werden sich die strategischen Allianzen (siehe Abschnitt 6.1.2.3.2) zu solchen Franchisesystemen entwickeln, wie sie Martin Günter Joppien oben skizziert hat, wenn sie weltweit unter ihrem Namen auftreten und die einzelnen Mitgliedsfluggesellschaften nur noch zu Submarken werden.

6.1.2.7 Flughäfen

Spricht man über wichtige Wirtschaftsunternehmen im Tourismus, denkt man eher an Reiseveranstalter, Hotelketten und Fluggesellschaften als an Flughäfen. Dabei ist der größte deutsche Flughafen seit längerem auch die größte Arbeitsstätte in Deutschland: Mehr als 63.000 Menschen arbeiten mittlerweile auf dem Frankfurter Rhein-Main Flughafen. Das sind mehr Mitarbeiter als im VW-Stammwerk in Wolfsburg. Davon sind bei der Flughafengesellschaft Fraport AG alleine ca. 15.500 Mitarbeiter (2003) beschäftigt. Dabei ist natürlich zu berücksichtigen, daß ein kleinerer Teil der Einnahmen der Flughafengesellschaft nicht aus Dienstleistungen im Zusammenhang mit dem Tourismus, sondern aus dem Frachtgeschäft stammt und entsprechend in diesem Bereich auch Beschäftigung erzeugt. Die anderen Beschäftigten sind zum Beispiel bei Fluggesellschaften, Abfertigungsunternehmen, Sicherheitsdiensten, Caterern, Reisebüros und nicht zuletzt in der Gastronomie und im Einzelhandel tätig. Vor allem die großen Flughäfen haben sich zu attraktiven Geschäftszentren entwickelt, in denen nicht nur Reisende, sondern auch Besucher und nicht zuletzt auch die auf dem Flughafen Beschäftigten eine breite Palette von Waren und Dienstleistungen vorfinden. Das zeigt sich auch in der **Umsatzstruktur**. Die europäischen Flughäfen machen im Durchschnitt etwa die Hälfte ihres Umsatzes mit nicht luftverkehrsbezogenen Geschäften. Dazu gehören zum Beispiel Mieten und Pachten für Ladenlokale, Gastronomiebetriebe, Hotels und Einnahmen aus Parkhäusern und -plätzen, Eintritt für Besucherterrassen usw. (Abbildung 6.9).

Flughäfen sind die Schnittstellen zwischen landgebundenem Verkehr und dem Flugverkehr. Daraus resultiert eine Reihe von Anforderungen an **Standort** und **Organisation** dieser Einrichtungen. Flughäfen müssen möglichst zentral gelegen und für die Passagiere mit verschiedenen landgebundenen

Verkehrsmitteln gut erreichbar sein. Da, wie alle Verkehrsträger, auch das Flugzeug nicht isoliert gesehen werden darf, sondern im Kontext von Verkehrssystemen behandelt werden muß, in denen die einzelnen Transportmittel miteinander vernetzt sind, spielt die **Verkehrsanbindung** für jeden Flughafen eine zentrale Rolle. Es gibt praktisch niemanden, der für eine Reise nur das Flugzeug nutzt. Man muß sowohl vom Wohn- oder Arbeitsort auf dem Weg zum Abflughafen immer ein Verkehrsmittel nutzen (Automobil, Bahn, Bus etc.) als auch zum Erreichen des Zielortes vom Ankunftsflughafen aus, da der Flughafen selbst in den seltensten Fällen (zum Beispiel bei einer Konferenz oder Geschäftsbesprechung im Flughafenhotel) mit dem eigentlichen Reiseziel identisch ist.

Abbildung 6.9: Anteil der nicht luftfahrtbezogenen Umsätze in Prozent der Gesamtumsätze europäischer Flughafengesellschaften

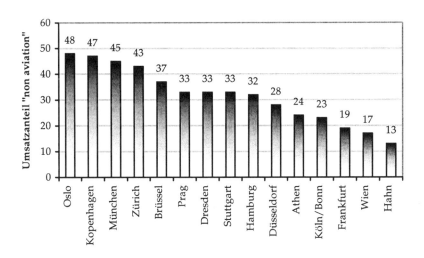

Quelle: A. T. Kearney 2006

Bislang verfügen in Deutschland die Flughäfen Frankfurt Rhein-Main, Düsseldorf-Lohhausen, Köln-Bonn und Berlin-Schönefeld über eine direkte Verbindung an das Fernverkehrsnetz der Deutschen Bahn; der Flughafen Friedrichshafen-Löwental ist über Regionalbahnverbindungen mit einem lokalen Anbieter (der auch den Bahnhof betreibt) und der Deutschen Bahn zu erreichen und die Flughäfen München und Stuttgart-Echterdingen sind nur über langsame S-Bahn-Verbindungen mit vielen zeitraubenden Zwischenhaltestellen zugänglich. In Frankreich ist der Flughafen Charles de Gaulle in Roissy bei Paris nicht nur an die Regionalbahn (RER) angebunden, sondern, wie Lyon-Satolas, auch an das Hochgeschwindigkeitsnetz des TGV. Auch die Flughäfen von Rom, Amsterdam und Birmingham sind an die jeweiligen Inter City-Netze angeschlossen. Der Zürcher und der Genfer Flughafen verfügen ebenfalls über einen eigenen Bahnhof, über die Züge aus der gesamten Schweiz geführt werden. Die Komplementarität von Bahn und Flugzeug ist hier schon lange weiter entwickelt als in den meisten anderen Ländern: Man kann nicht nur sein Gepäck an den meisten größeren Bahnhöfen aufgeben, sondern an vielen Stationen auch einchecken, d.h., man bekommt hier bereits die Bordkarte mit der Sitzplatzreservierung und kann bei der Ankunft auf den Flughäfen direkt zum Warteraum bzw. Ausgang gehen. Diese Dienstleistung gibt es zum Beispiel auch am Schweizer Bahnhof im deutschen Konstanz. Mittlerweile bietet auch die Deutsche Bahn in Zusammenarbeit mit der Lufthansa diesen Service auf einzelnen ICE-Verbindungen an, die auch unter einer Lufthansa-Flugnummer fahren und damit als Bestandteil eines Flugtickets gebucht werden können.

Übersicht 6.4: Land- und luftseitige Funktionen, Einrichtungen und Dienstleistungen eines Flughafens

Luftseitig	Landseitig
• Bereitstellung von Start- und Landebahn(en), Rollwegen, Vorfeld(ern) und Navigationseinrichtungen • Vorfeldkontrolle und ggfs. (bei kleineren Flughäfen) Flugsicherungsdienste* • Vorfelddienste (Betankung, Wasserver- und Abwasserentsorgung, Reinigung**, Be- und Entladen, Flugzeugenteisung, bei Außenpositionen Passagiertransport zwischen Terminal und Flugzeugen) • Catering** (Speisen und Getränke für den Bordservice) • Betrieb von, Vermietung oder Verpachtung von Gelände für Hangare • Sicherheitsdienste	• Bereitstellung von Abfertigungsgebäuden (Terminals) • Bereitstellung von Abfertigungsschaltern mit EDV-Infrastruktur • Gepäckauf- und -ausgabe • Vermietung von Büro- und Schalterflächen für Fluggesellschaften, Abfertigungsunternehmen und Reisebüros • Vermietung von Geschäftsflächen für Restaurants, Bars, Kioske und Einzelhandelsunternehmen • Parkflächen und/oder Parkhäuser • Hotel(s) und Kongreßeinrichtungen • Sicherheitsdienste

* auf den Großflughäfen in Deutschland von der Deutschen Flugsicherung (DFS) erbracht
** in der Regel schon vor der Deregulierung von Fremdfirmen erbracht

Die wichtigste Aufgabe eines Flughafens aus der Sicht seiner Kunden ist neben seiner guten Erreichbarkeit die reibungslose und schnelle Abfertigung der Passagiere bei Abflug und Ankunft. Dazu gehören neben den entsprechenden Kapazitätsgrößen eine übersichtliche Flughafenarchitektur und ein Leitsystem, das die alle Passagiere unmißverständlich und ohne Umwege an die für ihren Flug richtigen Stellen führt. Wichtigster Bestandteil der Flughafenlogistik ist ein Gepäckbeförderungssystem, welches das Passagiergepäck beim Abflug in kurzer Zeit vom Abfertigungsschalter zur Flugzeugposition und bei der Ankunft von dort an die Gepäckausgabestelle bringt. Flughäfen sind somit wichtige Zentren, die ganze Bündel von Dienstleistungen rund um das Reisen mit dem Flugzeug und darüber hinaus anbieten. Dabei unterscheidet man zwischen luft- und landseitigen Funktionen eines Flughafens. Auf der **Luftseite** spielt sich alles ab, was in einem direkten Zusammenhang mit den Flugbewegungen steht, auf der **Landseite** dagegen gibt es neben der Passagierabfertigung für Abflug und Ankunft eine Vielzahl von zusätzlichen Möglichkeiten, mit denen ein Flughafenbetreiber seine Aktivitäten und damit auch seine Umsätze und Gewinnchancen ausweiten kann (vgl. Über-

Tabelle 6.6: Flughafengebühren am Beispiel des Flughafens Bremen

Flugzeugtyp/ -bewegung	Landegebühren	Passagiergebühren*	weitere Gebühren
Dash 8-300Q (Turboprop) MTOW** 18,6 t max. 50 Pax	144,40 € (7,60 € pro angefangene Tonne; für nicht lärmreduzierte Maschinen 19,10 €)		
36 ankommende Passagiere		Inlandsflug: 258,80 € EU-Flug: 266,40 € nicht EU: 279,00 €	Positionsgebühr: 115 € (Abfallentsorgung, Wasser, Elektrizität) Passagierbus (max. 15 Min.): 20 €
42 abfliegende Passagiere		Check-in: 56,70 € Gepäck: 109,20 €	Parkgebühren: fallen bis vier Stunden Aufenthalt nicht an, ansonsten pro angefangene 24 Std. 39,90 €
Airbus A 321 (Jet) MTOW** 83 t max. 186 Pax	630,80 € (7,60 € pro angefangene Tonne für Kapitel 3-Flugzeuge***; Kapitel 2: 23,85 €)		
143 ankommende Passagiere		Inlandsflug: 1.018,15 € EU-Flug: 1.058,20 € nicht EU: 1.108,25 €	Positionsgebühr: 440,00 € mit Fahrgastbrücke (Finger), 365,00 € auf einer Außenposition (Abfallentsorgung, Wasser, Elektrizität);
171 abfliegende Passagiere		Check-in: 230,85 € Gepäck: 444,60 €	*push back* bei Nutzung eines Fingers mit eigener Schleppstange: 80 €; ohne eigene Schleppstange 127 €; bei Außenposition zwei Busse (max. 15 Min.): 40 € Parkgebühren: fallen bis vier Stunden Aufenthalt nicht an, ansonsten pro 24 Std. 174,30 €

* an Sonn- und Feiertagen erhöhen sich die Gebühren um 25 Prozent; liegen Ankunft und Abflug nicht zeitnah beieinander (zum Beispiel durch einen Nachtstopp) wird ein Aufschlag von 20 Prozent erhoben. ** MTOW = *maximum take-off weight*. *** Lärmkategorien, die in Anhang 16 zum Chikagoer Abkommen definiert sind.

Quelle: Flughafen Bremen 2005; eigene Berechnungen

sicht 6.4). Luftseitig hatten die europäischen Flughafengesellschaften bis 1996 ein Monopol bei den Vorfelddiensten (s.u.), landseitig gab es immer schon mehrere Anbieter, die zum Beispiel die Abfertigung beim Check-in der Passagiere übernehmen.

Das Einchecken ist nach wie vor eine Schwachstelle auf den meisten Flughäfen

Einnahmen erzielt ein Flughafenunternehmen in erster Linie aus **Lande-** und **Abfertigungsgebühren**. Abfertigungsgebühren fallen pro Passagier, Landegebühren pro Flugzeug an (Tabelle 6.6). Sie werden für jede Nutzung der Start- und Landebahn erhoben und bemessen sich in der Regel nach dem zulässigen Höchstabfluggewicht (*maximum take-off weight*; MTOW) des eingesetzten Flugzeugmusters: Je höher dies ist, desto teurer wird die Landung, unabhängig davon, wie stark das Flugzeug tatsächlich besetzt bzw. beladen ist. Die Abfertigungsgebühren dagegen werden pro abgefertigtem Passagier fällig. Wegen der pauschalen Festsetzung der Landegebühren werfen Fluggesellschaften den Flughafenbetreibern oft vor, daß sie unabhängig von der Passagierentwicklung konstante Einkommen aus dieser Einnahmequelle haben. Vor allem in der Krise nach dem Terroranschlag vom 11. September 2001 in New York und Washington D.C. hatten die Fluggesellschaften mit erheblich gesunkenen Sitzladefaktoren (Auslastungen) zu kämpfen, mußten aber trotzdem aus den geminderten Umsätzen gleich hohe Landegebühren wie vorher bei den Flughäfen finanzieren (vgl. auch Abbildung 6.10 auf Seite 311). Nicht zuletzt vor diesem Hintergrund gab es erheblichen Druck auf die Flughäfen, angemessenere Entlohnungsformen für ihre Dienstleistungen zu finden.

Beispiel: Die Einnahmen des Frankfurter Rhein-Main Flughafens basieren seit 2002 stärker auf den pro abgefertigtem Passagier verlangten Gebühren als auf den fixen Landegebühren. Dadurch sind jetzt auch die Einnahmen des Flughafens stärker an die durch die Passagierzahlen bestimmten Umsätze der Fluggesellschaften gebunden (Graham 2003, S. 134).

Weil nahezu alle Flughäfen Probleme mit ihren Anwohnern haben, staffeln viele diese Gebührenliste noch nach der Lärmemission des eingesetzten Flugzeugmusters (siehe Tabelle 6.6). Je höher die bauartbedingte Emission, desto größer wird der Aufschlag auf die Landegebühren. Für jeden einsteigenden Passagier wird darüber hinaus eine Gebühr für die Nutzung der Flughafeneinrichtungen erhoben. Auf manchen Flughäfen spielt auch der Zielort bei der Gebührenberechnung eine Rolle: So sind zum Beispiel internationale Flüge wegen der Inanspruchnahme von Paß- und Zolleinrichtungen teurer als Inlandsflüge (Langner 1996, S. 27, Anm. 54; siehe auch Tabelle 6.6).

Die Grundzüge dieses Entlohnungsmodells für das Vorhalten der Infrastruktur und der Dienstleistungen stammen aus Zeiten, als der Luftverkehr noch wenig entwickelt war und Flughäfen als Bestandteil allgemeiner Infrastruktur angesehen und folglich vom Staat finanziert und direkt oder indirekt betrieben wurden. Mit dem wachsenden Luftverkehr der vergangenen Jahrzehnte sind viele Flughäfen jedoch zu einem Engpaßfaktor bei der Abwicklung der Luftverkehrsströme geworden. Fast alle bedeutenden Verkehrsflughäfen sind überfüllt, weil die Nachfrage der Fluggesellschaften nach Zeitfenstern für An- und Abflüge (*slots*) größer ist, als die Kapazitäten der Start- und Landebahnen, des Vorfeldes und der Abfertigung. Die Nachfrage konzentriert sich dabei auf bestimmte Tageszeiten (zum Beispiel für die von Geschäftsreisenden präferierten Tagesrandverbindungen), zu anderen Tageszeiten werden die vorgehaltenen Kapazitäten nicht voll genutzt. Dieses Problem der Saisonalität haben nahezu alle touristischen Unternehmen. Es wird in der Regel durch ein entsprechendes Preissystem gelöst: Die Preise für nachfrageschwache liegen deutlich unter denen für nachfragestarke Zeiten, um entsprechend Nachfrage zu stimulieren und die Kapazitäten besser auszulasten. Durch dieses Verhalten, das im Ertragsmanagement der Fluggesellschaften perfektioniert wurde (siehe Abschnitt 6.1.2.5), können die Erlöse optimiert und die Nachfragespitzen entzerrt werden.

Vor dem Hintergrund ihrer öffentlich-rechtlichen Organisationsform war es den Flughäfen jedoch verwehrt, das Naheliegendste zu tun und die von ihnen geschaffenen Zeitfenster zu vermieten und den Mietzins über die Lande- und Abfertigungsgebühren einzuziehen. Vielmehr mußten die Flughafengesellschaften nach dem **Kostendeckungsprinzip** arbeiten. Es durften also keine Gewinne erzielt werden. Zum anderen folgt daraus, daß, da jede Landung, gestaffelt nach den zulässigen Höchstabfluggewichten (MTOW) der Flugzeuge – unabhängig von der Tageszeit – zu den gleichen Kosten aus den Belastungen für die Infrastruktur (Landebahn, Rollwege usw.) führt, sie auch nur gleich berechnet werden darf. Statt eines Marktmodells entwickelten die Fluggesellschaften daher untereinander ein System von Verteilungsregeln, das ihnen einen gerechten Zugang zu den Flughäfen gewährleisten soll, auf denen die Zeitfenster zu einem knappen Gut geworden sind (siehe dazu Abschnitt 8.4.1; vgl. auch Mundt 2004, S. 395-399).

Daß zum **Beispiel** u.a. der Flughafen Frankfurt Rhein-Main einen dreißigprozentigen Aufschlag für Flüge zwischen 22.00 und 06.00 Uhr erhebt, verstößt nicht gegen das Kostendeckungsprinzip, weil damit die Nachtzuschläge für das Bodenpersonal finanziert werden (Langner 1996, S. 27, Anm. 57). Das Gleiche gilt für die Sonn- und Feiertagsaufschläge, wie sie, wie viele andere, zum Beispiel auch der Flughafen Bremen verlangt (siehe Tabelle 6.6 auf Seite 305). Da viele Flughäfen nur über ein bestimmtes Lärmkontingent verfügen, ist es auch systemkonform, lautere Flugzeuge mit höheren Gebühren zu belasten (s.o.), weil der Einsatz dieser Maschinen die Kapazitäten eines Flughafens beschränkt und die fixen Infrastrukturkosten entsprechend auf weniger Flugbewegungen umgelegt werden können.

Flughafen München

Durch die **Privatisierung** von Flughäfen, die 1987 in Großbritannien mit dem Börsengang der British Airports Authority (BAA) begann, erhalten die Flughäfen langfristig die Chance, nicht nur Gewinne zu erzielen, sondern selbst auch zu Akteuren im Luftverkehrssystem zu werden. Zur BAA plc (*public limited company* = Aktiengesellschaft) gehören neben verschiedenen Auslandsbeteiligungen die Londoner Großflughäfen Heathrow, Gatwick und Stansted sowie die von Aberdeen, Glasgow, Edinburgh und Southampton in Großbritannien. Diese Flughäfen können **variable Landegebühren** erheben, die sich an der Nachfrage orientieren (Beyhoff 1993). *Slots* zu Zeiten des stärksten Verkehrsaufkommens (*peak*) sind um ein Vielfaches teurer als in verkehrsschwachen Zeiten. So kostete schon 1990 die Landegebühr für eine Boeing 747 in LondonHeathrow bei jeweils 70 Prozent Sitzauslastung 6.477 US$ in den verkehrsstarken und nur 1.221 US$ in den verkehrsschwachen (*off peak*) Zeiten (Doganis 1991, S. 140). Mit diesem *peak pricing* war es möglich, die Nachfrage nach *slots* zeitlich zu entzerren, die Kapazitäten gleichmäßiger auszulasten und damit insgesamt den Nutzungsgrad der vorgehaltenen Anlagen und ihre Wirtschaftlichkeit zu steigern. Das gleiche Ziel verfolgt der Flughafen Düsseldorf, der seit 2003 die Nichtnutzung gebuchter Zeitfenster mit einer Buße belegt. Dadurch werden die Luftverkehrsgesellschaften angehalten, ihre *slots* besser zu planen. Damit wird auch die Einnahmesituation des Flughafens verbessert, der aufgrund der Buchungslage häufig Anfragen nach Zeitfenstern für Start und Landung abweisen mußte, obwohl freie Kapazitäten vorhanden gewesen wären, weil die Fluggesellschaften die zugeteilten *slots* nur zu 80 Prozent nutzen müssen (vgl. Abschnitt 8.4.1). Allerdings konnte die Flughafengesellschaft nicht frei darüber entscheiden, sondern mußte sich diese neue Regelung wie alle anderen von ihr verlangten Nutzungsentgelte von der zuständigen Landesluftverkehrsbehörde genehmigen lassen.

Der Flughafen Düsseldorf ist auch einer der wenigen deutschen Großflughäfen, die bislang teilprivatisiert wurden. Zwar gibt es vor dem Hintergrund leerer öffentlicher Kassen in Deutschland immer mehr Bestrebungen zu ihrer Privatisierung, auch wenn dies von Bundesland zu Bundesland unterschiedlich gesehen wird. Auch sind die bislang wenigen Ansätze dazu eher kritisch zu sehen. Das Land Nordrhein-Westfalen zum Beispiel hat seinen 50-prozentigen Anteil an der Flughafengesellschaft Düsseldorf an ein Konsortium aus der Essener Firma Hochtief und der irischen Flughafenbetriebsgesellschaft Aer Rianta (jetzt: Dublin Airport Authority) verkauft, die restlichen Anteile sind bei der Stadt Düsseldorf geblieben. Auch am Flughafen Hamburg-Fuhlsbüttel erwarb das gleiche Konsortium 36 Prozent der Anteile.

Diese ‚Privatisierung' ist aber schon deshalb fragwürdig, weil es sich bei der Dublin Airport Authority um ein staatliches Unternehmen handelt, das alle irischen Flughäfen betreibt. Hier wurde weitgehend nur ein staatlicher Anteilseigner durch einen anderen ersetzt, zumal auch die frühere Muttergesellschaft von Hochtief, RWE (Rheinisch-Westfälisches Elektrizitätswerk), traditionell stark mit der Politik in Nordrhein-Westfalen verfilzt ist und ihre Diversifizierung in den vergangenen Jahrzehnten vor allem aus den Monopolgewinnen als Stromversorger, also auf Kosten der bis vor kurzem alternativlosen Kunden, finanziert hat. RWE war seit 1926 einer der Hauptaktionäre und von 1990 bis 2004 mit 56 Prozent Anteilen Mehrheitsgesellschafter von Hochtief. Seitdem ist RWE noch mit 9,6 Prozent an dem Unternehmen beteiligt.

Nur 43 Prozent der Aktien des Frankfurter Flughafens (Fraport AG) werden an der Börse gehandelt, das Land Hessen ist mit 31,7 Prozent der größte Anteilseigner und sorgt mit den Stadtwerken Frankfurt (20,3 Prozent) dafür, daß der Flughafen nach wie vor mehrheitlich in öffentlicher Hand ist. Nach dem Ausstieg der Bundes 2005, der 18,3 Prozent der Anteile hielt, erwarb die Deutsche Lufthansa AG, mit Abstand größter Kunde von Fraport, knapp zehn Prozent der Anteile, der Rest ging an die Börse. Trotz der staatlichen Dominanz unter den Anteilseignern agiert die Fraport wie ein privatwirtschaftliches Unternehmen und ist mehrheitlich an den Flughäfen Frankfurt-Hahn (73,07 Prozent) und Saarbrücken (51 Prozent) beteiligt. An der Flughafengesellschaft Hannover hält sie 30 Prozent. Darüber hinaus gibt es noch eine Reihe von mehr oder weniger erfolgreichen Auslandsbeteiligungen des Unternehmens. Dazu gehören die 2001 für dreißig Jahre erteilte Konzession für den Flughafen von Lima (Peru) für ein Gemeinschaftsunternehmen, an dem Fraport mit 42,75 Prozent beteiligt ist und 50 Prozent der Anteile am Terminal 1 in Antalya (Türkei).

Tabelle 6.7: Die größten Flughäfen in Europa

Flughafen*	Anzahl Passagiere	Veränderung zum Vorjahr
1 London Heathrow (LHR)	67.344.000	+ 6,1 %
2 Frankfurt Rhein-Main (FRA)	51.098.300	+ 5,5 %
3 Paris Roissy (CDG)	50.860.600	+ 5,7 %
4 Amsterdam Schipol (AMS)	42.541.200	+ 6,5 %
5 Madrid Barajas (MAD)	38.525.900	+ 7,5 %
6 London Gatwick (LGW)	31.461.500	+ 4,8 %
7 Roma Fiumicino (FCO)	28.118.600	+ 7,0 %
8 München (MUC)	26.814.500	+10,8 %
9 Barcelona (BCN)	24.549.600	+ 7,9 %
10 Paris Orly (ORY)	24.032.200	+ 7,0 %
11 Manchester (MAN)	21.548.500	+ 8,3 %
12 London Stansted (STN)	20.908.100	+11,7 %
13 Palma de Mallorca (PMI)	20.410.900	+ 6,4 %
14 Kopenhagen Kastrup (CPH)	18.965.700	+ 7,5 %
15 Mailand Malpensa (MXP)	18.554.000	+ 5,3 %

* in Klammern IATA-Kode
Quelle: Airports Council International (ACI) 2005; Bezugsjahr 2004

An manchen Standorten hat die international ausgerichtete örtliche Industrie ein großes Interesse an einem Flughafen. So beteiligen sich mit zusammen 39,71 Prozent der weltweit tätige Getriebe- und Fahrzeugkomponentenhersteller ZF, die Zeppelin GmbH, der Schiffsmotorenhersteller MTU, Dornier und die Industrie- und Handelskammer am Bodenseeflughafen in Friedrichshafen-Löwental. Die Mehrheitsanteile liegen aber nach wie vor in öffentlicher Hand (Stadt, Landkreis und mit einem sehr geringen Anteil das Land Baden-Württemberg).

Die erste vollständige Privatisierung eines deutschen Verkehrsflughafens erfolgte 2005 beim Lübecker Flughafen Blankensee. Der börsennotierte neuseeländische Investor Infratil, der sich auf den Betrieb von Infrastruktureinrichtungen spezialisiert hat und u.a. den Hauptstadtflughafen Wellington und den Flughafen Glasgow-Prestwick betreibt, hat 90 Prozent der Anteile der bislang zu 100 Prozent der Hansestadt Lübeck gehörenden Flughafengesellschaft übernommen. Größter Kunde des Flughafens ist, wie auch in Prestwick, der europäische Marktführer im Billigflugsegment, Ryanair.

Das **Monopol der Flughafengesellschaften** für die luftseitige Abfertigung von Flugzeugen ist von der Europäischen Kommission im Jahre 1996 durch eine in nationales Recht umzusetzende Richtlinie (96/67/EG) abgeschafft worden. Damit wurde den Beschwerden vieler Fluggesellschaften über die ihrer Ansicht nach überhöhten Preise für diese Dienstleistungen (zum Beispiel Be- und Entladen, Bewegen der Flugzeuge usw.) stattgegeben, die immer wieder darauf hingewiesen hatten, daß auf außereuropäischen Flughäfen mit mehreren Anbietern bei den Vorfelddiensten die Preise deutlich unter denen mit Monopolen der Flughafengesellschaften lagen. In einer ganzen Reihe von Einzelentscheidungen hat die Europäische Kommission für einzelne Flughäfen in Europa zum Teil die Genehmigungen nationaler Behörden für die Gewährung einzelner Monopole aufgehoben und Konkurrenz ausdrücklich zugelassen. So zum Beispiel in der Entscheidung vom 14. Januar 1998 für den Flughafen Frankfurt Rhein-Main.

Abbildung 6.10: Umsatzrenditen der weltweit Top 100 Flughäfen und der Top 150 Fluggesellschaften

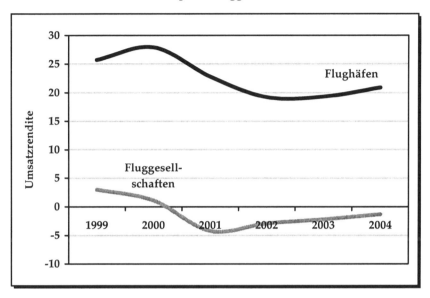

Quelle: Airline Business November 2005, S. 51

Für privatisierte Flughäfen ist das Kostendeckungsprinzip bei der Ermittlung der Landegebühren nicht angemessen. Für Investoren muß sich das eingesetzte Kapital verzinsen, sonst gäbe es keinen Grund für ein finanzielles Engagement. Flughäfen müssen zudem auch deshalb Gewinne machen können, weil sie sonst nicht in der Lage wären, in Erhalt und Ausbau ihrer Anlagen zu investieren. Andererseits verfügen Flughäfen zu einem wesentlichen Teil über ein Monopol, weil es in der Regel keine direkten Konkurrenten an ihren Standorten gibt. Damit dies nicht zu entsprechenden Preisen führt, wurden in den jeweiligen Ländern verschiedene Regeln entwickelt, die Monopolpreisen vorbeugen sollen (vgl. ausführlich dazu Graham 2003, S. 112-120). Dies geht zum Beispiel über die Koppelung der verlangten Entgelte an die Entwicklung der Konsumentenpreise, wobei die Steigerung der externen Kosten des Flughafens ausgenommen werden kann. Gelingt es dem Flughafen, seine internen Kosten zu reduzieren, wird der daraus resultierende Zuwachs an Effizienz ergebniswirksam. Über solche Regelungen soll sichergestellt werden, daß die Preise den Leistungen und Aufwendungen der Flughafengesellschaften angemessen sind und gleichzeitig die Flughafenbetreiber auch Anreize bekommen, ihre Kosten zu reduzieren – was beim Kostendeckungsprinzip nicht gegeben ist.

Beispiel: Wenn der in öffentlicher Hand befindliche internationale Flughafen einer großen Weltstadt plant, sein neues Terminal sehr groß, aufwendig und luxuriös, etwa mit feinstem Marmor, auszustatten, sind die Fluggesellschaften gezwungen, die daraus entstehenden Kosten über die ihnen auferlegten Gebühren zu finanzieren.

Tabelle 6.8: Dominanz von Fluggesellschaften auf Flughäfen

Flughafen	Rang*	Anteil der jeweils drei größten Fluggesellschaften**					
		1.	%	2.	%	3.	%
Cincinnatti	43	Delta	87	Astar (Cargo)	5	Northwest	2
Houston	18	Continental	86	American	2	Delta	2
Charlotte	34	US Airways	84	Delta	4	American	3
Dallas FW	6	American	83	Delta	2	United	2
Minneapolis	16	Northwest	80	American	3	Delta	3
Detroit	19	Northwest	80	Delta	3	American	3
Salt Lake City	61	Delta	79	Southwest	8	United	4
Atlanta	1	Delta	75	AirTran	13	American	2
Philadelphia	30	US Airways	70	Southwest	7	American	4
Dschiddah	93	Saudi Arab.	70	Egyptair	4	Air India	2
Pittsburgh	88	US Airways	66	Delta	6	Northwest	5
Newark	22	Continental	66	American	7	Delta	4
Cleveland	98	Continental	65	Southwest	6	American	6
München	33	Lufthansa	64	dba	8	Air France	2
Chikago Midw.	48	Southwest	64	ATA	18	Northwest	5
Istanbul	64	Turkish	64	Atlasjet	9	Lufthansa	3
Toronto	29	Air Canada	63	Westjet	7	American	5
Paris Orly	40	Air France	61	Iberia	8	easyJet	6
Frankfurt	7	Lufthansa	60	British Airw.	3	Condor	2
Oakland	83	Southwest	60	JetBlue	8	Alaska	8

* auf der Weltrangliste der nach Passagieren pro Jahr 100 größten Flughäfen; ** an den Flugbewegungen
Quelle: Airline Business, June 2005, S. 60 f.; eigene Zusammenstellung und Darstellung

Diskutieren kann man in diesem Zusammenhang deshalb über die Frage, ob die gesamte finanzielle Situation des Flughafens dabei berücksichtigt werden soll oder ob man nur die Aufwendungen für die Start-, Lande- und Rollbahnen sowie die für das Vorfeld in die Berechnung eingehen soll. Vor dem Hintergrund der oben geschilderten Erlösstruktur von Verkehrsflughäfen (vgl. Abbildung 6.9 auf Seite 303) gehen manche Autoren davon aus, daß damit „unter Umständen das Start-/Landebahnsystem von den sonstigen Aktivitäten subventioniert wird, d.h., daß es für sich genommen nicht kostendeckend arbeitet. ... Dies wiederum hat, wie bei jedem knappen Gut, dessen Preis zu niedrig ist, zur Folge, daß die Nachfrage nach dem Gut Landebahnkapazität viel zu hoch ist. Es kommt zur Übernutzung mit Verspätungen und hohen Verstopfungskosten" (v. Rohr & Stoetzer 1991, S. 314). Auf der anderen Seite kann man, wie die Fluggesellschaften, aber auch argumentieren, daß die landseitigen Einnahmen, insbesondere solche aus dem Einzelhandel, der Gastronomie und den Parkgebühren ohne die von ihnen beigebrachten Passagiere nicht flössen. Flughäfen erzielen mittlerweile sehr hohe Anteile ihrer Einnahmen aus dem nicht direkt luftverkehrsbezogenen (*non aviation*) Bereichen. Deshalb sollten die hohen Lande- und Abfertigungsgebühren aus der

Sicht der Fluggesellschaften deutlich reduziert werden, welche die Flughäfen mit ihren Teilmonopolen derzeit noch erzielen. Die Fluggesellschaften besorgten das Kerngeschäft des Luftverkehrs mit hohem Risiko während die die Flughäfen nahezu risikolos hohe Gewinne machten. Das werde insbesondere deutlich bei der Renditeentwicklung: Die außerhalb der Allianzen in scharfer Konkurrenz zueinander stehenden 150 größten Fluggesellschaften der Welt haben zusammengenommen seit den Terroranschlägen von New York und Washington D.C. am 11. September 2001 nur noch Verluste gemacht, während die weltweit 100 größten Flughäfen nur vergleichsweise leichte Einbußen bei den auf hohem Niveau stabilisierten Umsatzrenditen verzeichneten (Abbildung 6.10).

Auch wenn sie meist ein Gebietsmonopol besitzen, stehen Flughäfen, wie andere Unternehmen, in **Konkurrenz** zueinander. Allerdings umfaßt diese Konkurrenz nicht alle Aspekte ihres Geschäftes. So besteht zwischen Frankfurt und München oder London Heathrow natürlich keine Konkurrenz, was die Verbindungen zwischen diesen Städten anbetrifft. Bei Fernflügen dagegen schon. Ob man etwa von Hamburg nach Singapur über Frankfurt, München oder London fliegt, ist aus der Sicht des Passagiers im Prinzip egal. Die Flughäfen sind jedoch daran interessiert, so viel Verkehr wie möglich an sich zu ziehen, um so ihre Umsätze zu erhöhen. Sie versuchen daher, die Fluggesellschaften mit verschiedenen Mitteln dazu zu bewegen, ihre Dienstleistungen denen der Konkurrenz vorzuziehen. So betreibt zum Beispiel der Flughafen München das Terminal 2, das nur von der Lufthansa und ihren Partnerfluggesellschaften (vor allem aus der Star Alliance) genutzt wird, gemeinsam mit der Deutschen Lufthansa AG, die mit 40 Prozent daran beteiligt ist. Dadurch können u.a. die Mindestumsteigezeiten (*minimum connecting times*, MCT) reduziert werden, was den Flughafen als Drehscheibe interessant macht und seine Position vor allem gegenüber dem Hauptkonkurrenten Frankfurt Rhein-Main stärkt.

Andererseits kann eine zu enge Verzahnung zwischen einem Flughafen und einer Fluggesellschaft problematisch sein, vor allem dann, wenn eine einzige Fluggesellschaft praktisch ein Monopol bei den Flugbewegungen auf einem Flughafen besitzt. Das ist vor allem in den USA der Fall, wo infolge der Drehkreuzsysteme (vgl. Abschnitt 6.1.2.2) eine Reihe von Großflughäfen zu mehr als 80 Prozent von einer einzigen Fluggesellschaft dominiert werden (Tabelle 6.8). Nicht nur, daß dadurch neue Fluggesellschaften keinen Zugang zu diesen Flughäfen bekommen und damit die Konkurrenz stark eingeschränkt wird, die Dominanz führt auch zur Abhängigkeit des Flughafens von einem einzigen Kunden. Wenn diese Fluggesellschaft zum Beispiel beschließt, ihr Drehkreuz an einem anderen Flughafen aufzubauen oder in Konkurs geht, steht die Flughafengesellschaft praktisch vor dem Aus. Auch für die Kunden der Fluggesellschaften führen solche Monopole zu Nachteilen, weil es oft keinen Preiswettbewerb für Flüge von und zu diesen Flughäfen mehr gibt und sie überteuerte Flugtickets zahlen müssen. Auch in Deutschland gibt es bedenkliche Konzentrationen auf den internationalen Großflughäfen in München und Frankfurt Rhein-Main. Die Dominanz der Lufthansa ist hier in Wirklichkeit sogar noch größer als in Tabelle 6.8 angegeben, wenn man die Flugbewegungen der von ihr kontrollierten Tochter-

und Partnerfluggesellschaften (zum Beispiel Air Dolomiti und Eurowings) dazurechnet.

Zum ersten Mal sind die Flughäfen 2000 von der Bundesregierung in den **Bundesverkehrswegeplan** aufgenommen worden. Da die Flughäfen im Prinzip in den Bereich der Länderkompetenzen fallen, war dies bislang nicht der Fall. Vor dem Hintergrund von Prognosen, die bis 2015 von einer Verdoppelung des Luftverkehrs ausgehen, ist aber aus der Sicht des Bundes ein unkoordiniertes Vorgehen beim Ausbau der Flughäfen kaum mehr möglich. Der Ausbau aller 18 deutschen Verkehrsflughäfen wird danach als „dringlich" oder „sehr dringlich" angesehen. Da Schätzungen des Bundesverkehrsministeriums zufolge jede zusätzliche Million an Passagieren ca. 4.000 Arbeitsplätze schafft, liegt in dieser Entwicklung auch ein wesentlicher Beitrag zur Sicherung und zum Ausbau von Beschäftigung. Ohne diesen Ausbau würden vor allem grenznahe Flughäfen im Ausland wie Amsterdam, Zürich, Basel-Mulhouse, Luxemburg usw. vom Wachstum der Luftverkehrsnachfrage in Deutschland profitieren.

6.1.3 Mietwagenunternehmen

Mietwagen sind vor allem für Geschäftsreisen eine wichtige Ergänzung zu anderen Verkehrsmitteln, vor allem zum Flugzeug. Sie haben den Vorteil, daß man direkt vom Flughafen zu den Geschäftsorten fahren und zudem den Wagen an jeder Station des jeweiligen Unternehmens zurückgeben kann. Deshalb sind auf jedem Flughafen Stationen der großen Mietwagenunternehmen zu finden und viele Linienfluggesellschaften kooperieren bis hin zu gemeinsamer Werbung mit ihnen („*fly and drive*"). Über entsprechende Abkommen partizipieren Mietwagenunternehmen an den Kundenbindungsprogrammen (Bonusmeilen) der großen internationalen Fluggesellschaften und sichern sich dadurch einen Teil ihres Geschäftes.

Aber auch im Urlaubsreisemarkt spielen Mietwagen eine wichtige Rolle: In vielen Feriendestinationen haben sich Mietwagenunternehmen auf die Bedürfnisse von Touristen eingestellt, die gerne die Umgebung ihres Ferienortes auf eigene Faust kennenlernen möchten und sich deshalb für einen oder mehrere Tage einen Mietwagen nehmen. Die Wagen werden in der Regel an den Hotels bereitgestellt und können dort auch wieder zurückgegeben werden. Da die Wagen bei diesem Geschäft anders als bei vielen Geschäftsreisen, am gleichen Ort wieder zurückgegeben werden, entfallen teure Positionierungsfahrten – entsprechend preisgünstig können hier die Fahrzeuge vermietet werden. Für Hotels und Reiseveranstalter sind die Provisionseinnahmen durch die Vermittlung von Mietwagen für ihre Gäste ein willkommenes Zusatzgeschäft. Große Reiseveranstalter wie die TUI (s. u.) vermieten darüber hinaus selber Automobile, um über dieses Zusatzgeschäft ihre Wertschöpfung zu erhöhen (vgl. Abschnitt 6.6).

Für das Jahr 2004 schätzt der Bundesverband Deutscher Autovermieter (BAV), daß die ca. 650 Autovermieter in Deutschland mit dem Mietgeschäft einen Umsatz von 1,9 Mrd. € gemacht haben. Der weitaus größte Teil davon entfällt auf das Firmengeschäft. Wie bei den meisten Verkehrsunternehmen sind auch bei den Autovermietungen die Aktivitäten nicht auf den Tourismus beschränkt: Einen großen Teil ihres Umsatzes machen die Unternehmen mit der Stellung von Ersatzwagen nach Verkehrsunfällen und arbeiten dabei zum Teil mit Versicherungen zusammen. Die Ausleihungen an Touristen (Privatanmietungen an Auswärtige) dagegen spielten demgegenüber nur eine geringe Rolle (Abbildung 6.11). In Ferienregionen wie zum Beispiel auf Mallorca sieht das Bild natürlich vollkommen anders aus: Hier dominiert das Autoverleihgeschäft mit den Touristen, alle anderen Bereiche spielen kaum eine Rolle.

Die großen Mietwagenunternehmen verfügen neben den normalen Ausleihungen auch noch über andere Geschäftsfelder wie zum Beispiel das Flottenleasing. Unternehmen kaufen oder leasen ihren Fahrzeugpark nicht beim Hersteller oder Händler, sondern über den Leasingarm einer Autovermietung, die oft auch das gesamte Flottenmanagement inklusive Wartung usw. übernimmt. Da die Wagen bei den Autovermietungen in kurzer Zeit hohe Laufleistungen aufweisen, ist der Ersatzbedarf entsprechend hoch. Die Autovermietungen sind daher oft die größten Kunden der Automobilhersteller mit entsprechenden Rabatten, die auch dem Leasinggeschäft zugute kommen. Das war auch der Grund dafür, daß große Automobilhersteller an Mietwagenunternehmen wie Avis (GM), Hertz (Ford) oder Europcar (VW) für lange Zeit, bis sich die Hersteller wieder auf ihr Kerngeschäft zurückgezogen haben, beteiligt waren.

Abbildung 6.11: Struktur des Autovermietungsgeschäftes in Deutschland (in Prozent)

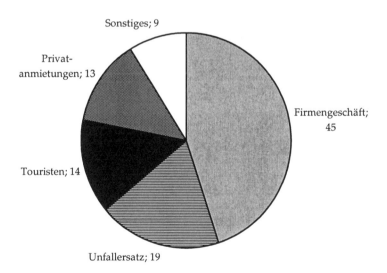

Quelle: Bundesverband Deutscher Autovermieter (BAV) für 2004; cit. n. Sixt Geschäftsbericht 2004 (März 2005)

Beispiele: Die Firma Hertz hatte im 2005 weltweit eine Flotte von über 575.000 Fahrzeugen, Avis ca. 407.000, Europcar um die 251.000 und Budget etwa 150.000 (Angaben aus TID 2006). Zum Vergleich: Die Automobilproduktion der Mercedes Automobilgruppe betrug 2006 im ersten Quartal 295.000 Fahrzeuge, bei BMW 332.923. Geht man davon aus, daß die Autos bei den Mietwagenunternehmen im Durchschnitt ein

Jahr gefahren werden, kann man sich leicht ausrechnen, welche Bedeutung die großen Autovermietungen für den Kraftfahrzeugmarkt haben.

Autovermieter sind damit auch Gebrauchtwagenhändler und verdanken ihre Einnahmen nicht nur dem Vermietungsgeschäft, sondern ein großer Teil davon wird mit dem Verkauf von Gebrauchtwagen erzielt. Nur für die touristische Nachfrage arbeiten dagegen die Vermieter von Reisemobilen und Wohnwagen, die oft auch noch als Vermittler für die Anmietung solcher Fahrzeuge im Ausland tätig sind.

Neben den eigentlichen Autovermietungen mit eigenen Fahrzeugparks haben sich vor allem im Feriengeschäft auch **Mietwagenmakler** (meist engl. als *broker* bezeichnet) etabliert. Diese Makler (wie zum Beispiel Holiday Cars, Sunny Cars oder TUI Cars) schließen jährlich Verträge mit Mietwagenunternehmen, in denen sie vereinbarte Abnahmekontingente ihrer Flotten garantieren und dafür niedrige Festpreise bekommen. Sie werden mit Zusatzleistungen wie Versicherungen usw. ergänzt über das eigene Reservierungssystem direkt (zum Beispiel über das Internet) oder indirekt über Reisebüros vermarktet, indem sie gleich mit einer Pauschalreise zusammen gebucht werden können.

6.1.4 Omnibusunternehmen

Der Begriff ‚Omnibus' ist eine Form des lateinischen *omnis* = jeder, alle; er bezeichnet also ein Verkehrsmittel für alle, in das jeder einsteigen und eine Fahrt oder Reise machen kann. Im Tourismus spielt der Omnibus verschiedene Rollen als Reiseverkehrsmittel. Zum einen kann er das einzige Verkehrsmittel einer Reise sein, zum anderen das Hauptverkehrsmittel, wenn auf den Reisen zum Beispiel noch Fähren oder ergänzend Seilbahnen beansprucht werden, aber der größte Teil der Strecken oder der Zeit im Bus bewältigt bzw. verbracht wird. Bei Rundreisen in weiter entfernten Zielgebieten wird oft aus Zeitgründen oder weil es mit dem Bus nicht möglich ist (zum Beispiel nach Amerika), das Flugzeug für die Anreise genutzt, aber die Rundreise selbst mit dem Bus gemacht. Im Rahmen von Flugpauschalreisen wird er regelmäßig für den Transfer zwischen Flughafen und Hotel und darüber hinaus auch für die fakultativen Ausflüge eingesetzt. Letzteres gilt ebenfalls für Landexkursionen auf Kreuzfahrten. Auch wenn sie innerhalb Deutschland außerhalb des öffentlichen Personennahverkehrs (ÖPNV) nicht so eingesetzt werden können (s.u.), spielen sie in anderen Ländern, wie zum Beispiel in Großbritannien, auch eine wichtige Rolle im Linienverkehr. Ebenso wie die Bahn sind auch die meisten Busunternehmen keine rein touristischen Firmen, sondern sind vor allem im Linienverkehr des Öffentlichen Personennahverkehrs (ÖPNV) tätig. Für etwa 70 Prozent der ca. 5.800 Omnibusbetriebe in Deutschland trifft dies zu (Übersicht 6.5). Die touristischen Fahrten der Busunternehmen werden in der Regel im Rahmen des sogenannten **Gelegenheitsverkehrs** abgewickelt. Er ist ebenso wie der Charter- gegenüber dem Linienverkehr in der Passagierluftfahrt nur negativ in dem Sinne definiert, daß in § 46 des Personenbeförderungsgesetzes (PBefG) alle Beförderungen als Gelegenheitsverkehr bezeichnet werden, die nicht dem Linienverkehr zuzurechnen sind. In den §§ 48 und 49 des PBefG wird dann jedoch inhaltlich zwischen verschiedenen Formen des Gelegenheitsverkehrs unterschieden:

- Ausflugsfahrten,
- Ferienzielreisen,
- Mietomnibusverkehr.

Nach dem Gesetz dienen **Ausflugsfahrten** allem „was der Freizeitgestaltung dient und nicht gleichzeitig Erholung ist" (Sterzenbach 1991, S. 56). Dazu gehören Tagesausflüge aber auch touristische Reisen wie Kurzreisen (2-4 Tage) und Mehrtagesfahrten im Rahmen von Städte- oder Rundreisen. Gemeinsam ist allen diesen Reisen, daß sie nach einem vom Unternehmen vorab aufgestellten Plan erfolgen müssen, in dem Ziel, Fahrtzweck, Reisezeiten und Fahrpreise festgelegt sind. Zudem muß die Ausflugsfahrt wieder an den Ausgangsort zurückführen.

Die **Ferienzielreisen** dienen dagegen primär der Erholung der Fahrgäste und umfassen neben der Beförderungsleistung auch die Unterkunft. Es handelt sich dabei also um eine Pauschalreise im Sinne des Reiserechts (vgl. ausführlich dazu Abschnitt 6.4) und der Busunternehmer wird damit gleichzeitig zum Reiseveranstalter. Entsprechend dürfen solche Reisen nur zu Gesamtpreisen angeboten und verkauft werden. Sie bedürfen zudem der Genehmigung der entsprechenden Landesverkehrsbehörde, in deren Bereich das Unternehmen seinen Sitz hat (Pompl 2000). Sie darf nur solchen Unternehmen erteilt werden, „die auf dem Gebiet des Reiseverkehrs über ausreichende Erfahrungen verfügen" (§ 48 [2] PBefG).

Übersicht 6.5: Busunternehmen in Deutschland

Zahl der ...	insgesamt	darunter	Anzahl
...privaten Omnibusunternehmen	5.788	im Gelegenheitsverkehr tätig (Ausflüge, Ferienzielreisen, Mietomnibusse)	5.420
		Busreiseveranstalter	1.107
		im Linienverkehr tätig	4.116
		mit eigenen Liniengenehmigungen	1.007
...Omnibusse	61.000	Reisebusse	ca. 20.000
		Linienbusse	ca. 17.000
		gemischt einsetzbare Busse	ca. 24.000
...Beschäftigten	ca. 65.000[1]		
...beförderten Pers.	ca. 120 Mio.		
		Kurz- u. Urlaubsreisende	ca. 20 Mio.
		Ausflugsreisende	ca. 100 Mio.
Umsatz (2002)	4,3 Mrd. €		
		Gelegenheitsverkehr[2]	1,8 Mrd. €
		Linienverkehr	2,5 Mrd. €

[1] nur Unternehmen mit wirtschaftlichem Schwerpunkt im Straßenpersonenverkehr (4.723)
[2] ohne Umsätze aus touristischen Zusatzleistungen wie Übernachtungen, Essen und Eintrittskarten

Quelle: Bundesverband Deutscher Omnibusunternehmer (BDO; www.bdo-online.de, 10. Februar 2006)

Beim **Mietomnibusverkehr** erbringt der Busunternehmer nur die Beförderungsleistung und handelt dabei im Auftrag des Mieters, der für die Gesamtreise verantwortlich ist. Insofern entspricht er dem Modell des Charterflugs. Der Betriebsausflug eines Unternehmens ist also keine Ausflugs-, sondern eine Fahrt im Rahmen des Mietomnibusverkehrs.

Bekannt sind vor allem ferner die **Werbefahrten** zu sehr geringen Preisen in touristisch interessante Zielgebiete. Im Preis inbegriffen sind in der Regel noch Zusatzleistungen wie Mittagessen oder Geschenke wie Lebensmittel oder Haushaltswaren. Diese Fahrten können auch mehrere Tage dauern und Hotelaufenthalte und umfangreiche touristische Besichtigungsprogramme enthalten. Zu diesen Reisen gehört immer eine Verkaufsveranstaltung, auf der Propagandisten ein bestimmtes Produkt oder eine Reihe von Produkten vorstellen und verkaufen. Die Teilnahme an diesen Veranstaltungen ist zwar freigestellt, aufgrund der Gruppensituation bei einer Busfahrt und entsprechender Arrangements der Veranstalter läßt sie jedoch kaum einer aus. Veranstaltet werden diese Fahrten von Verkaufsagenturen, die sich auf diesen Vertriebsweg spezialisiert haben. Sie chartern dafür die Busse bei lokalen Busunternehmen, die diese Fahrten dann aber oft unter ihrem Namen (zum Beispiel über Postwurfsendungen) anbieten. Solche Fahrten gehören rechtlich gesehen zum Mietomnibusverkehr (Pompl 2000), denn der Veranstalter solcher Werbefahrten chartert den Bus dazu.

Innerhalb der **Europäischen Union** wird der grenzüberschreitende Busreiseverkehr nach einer 1992 erlassenen Verordnung des Rates geregelt (VO-EWG 684/92), die durch eine weitere Verordnung 1998 teilweise neu gefaßt wurde (VO-EG 12/98). Im Rahmen des freien Dienstleistungsverkehrs zwischen den Mitgliedsländern wird dabei festgelegt, daß jeder Verkehrsunternehmer EU-weit zugelassen wird, wenn er im Niederlassungsstaat die Genehmigung für die Personenbeförderung besitzt und die Rechtsvorschriften zur Sicherheit im Straßenverkehr erfüllt). Diese Zulassung erfolgt mit der Erteilung einer Gemeinschaftslizenz gemäß Artikel 3a VO-EWG 684/92 durch die zuständige Behörde des Niederlassungsstaates für die Dauer von fünf Jahren, welche die ansonsten benötigte nationale Genehmigung im EU-Ausland ersetzt (Gunkel & Brocks 2003, S. 21). Die Verordnung unterscheidet zwischen Linienverkehr, Sonderformen des Linienverkehrs (Berufsverkehr, Schülerverkehr usw.), Werk- (nichtkommerzieller Berufsverkehr mit unternehmenseigenen Fahrzeugen) und Gelegenheitsverkehr.

Die in der Verordnung festgelegten Formen des Gelegenheitsverkehrs entsprechen im wesentlichen denen im deutschen Personenbeförderungsgesetz:

- Ferienzielreisen (allerdings ohne die in Deutschland nach § 48 [2] PBefG erforderliche dazugehörige Unterkunft);
- Mietomnibusverkehr (Charter);
- örtlichen Ausflügen.

Anders als im deutschen Personenbeförderungsgesetz, das in § 48 (3) bestimmt, daß im Gelegenheitsverkehr unterwegs (außer in Nachbarorten oder im Umkreis von dreißig Kilometern in ländlichen Gebieten um den Ausgangsort) keine Fahrgäste aufgenommen werden dürfen (Unterwegsbedienungsverbot), können nach der EU-Verordnung Fahrgäste auch an anderen Orten aufgenommen werden. D.h., für Fahrten im deutschen Inland gilt nach wie vor die Regelung des Personenbeförderungsgesetzes, für Fahrten mit einem Ziel im Ausland dagegen die Regelung der EU-Verordnung.

Beispiel: „Ein Unternehmen befördert im Auftrage einer Hotelkette Fahrgastgruppen von Hamburg nach Lloret de Mar in Spanien und zurück. Auf der Hinfahrt werden auch in Bremen, Osnabrück, Köln und Dortmund Fahrgäste aufgenommen" (Gunkel & Brocks 2003, S. 38).

Für die Personen, die ein Busunternehmer an einen Zielort gebracht hat, darf er dort auch **örtliche Ausflüge** anbieten und durchführen. Dafür muß der gleiche Bus genutzt werden, der auch für die Hinfahrt benutzt wurde. Ähnlich den Regelungen im Luftverkehr ist mit der EU-Verordnung 12/98 auch **Kabotage** erlaubt, d.h., es dürfen Personenbeförderungen in einem Land der EU durch ausländische Busunternehmen erfolgen, die in dem Land weder einen Firmensitz noch eine Niederlassung haben. Voraussetzung dafür im Gelegenheitsverkehr ist lediglich die bereits erwähnte Gemeinschaftslizenz.

Beispiel: Ein französisches Busunternehmen bietet in Deutschland eine mehrtägige Rundreise von München aus (Ausgangs- und Endpunkt) an, die mit einem in Frankreich zugelassenen Omnibus durchgeführt wird. Diese Reise steht allen Personen offen, d.h., nicht nur Franzosen, sondern auch Deutsche oder Personen aus welchem Land auch immer können daran teilnehmen.

Anders als im Luftverkehr innerhalb der EU, in dem es keinerlei Restriktionen mehr gibt, ist der Linienverkehr mit Bussen jedoch nicht vollkommen frei. So dürfen Personen in Bussen aus einem EU-Land zwischen Orten in einem anderen EU-Land („Aufnahmemitgliedstaat') nur im Rahmen grenzüberschreitenden Linienverkehrs durchgeführt werden; „Stadt- und Vorortdienste" (= öffentlicher Personennahverkehr, ÖPNV) sind davon ausgenommen (Artikel 3 [3] der VO-EG 12/98). Allerdings unterliegen die Liniendienste nach Artikel 4 dieser Verordnung weitgehend den Rechts- und Verwaltungsbestimmungen des Aufnahmemitgliedstaates, in Deutschland also denen des Personenbeförderungsgesetzes. Das betrifft insbesondere die Erteilung von Genehmigungen für die zu bedienenden Verbindungen und Streckenführungen (Art. 4 [2] VO-EG 12/98). Deshalb ist es zum Beispiel nicht möglich, im Rahmen eines grenzüberschreitenden Linienverkehrs aus einem EU-Land nach Deutschland Fahrgäste zwischen Orten in Deutschland zu befördern, weil die Genehmigung dafür aufgrund der bereits bestehenden Bahnverbindungen nach § 13 (2), Ziffer 2 PBefG versagt wird. Da solche Liniendienste auch deutschen Busunternehmen nicht erlaubt werden, liegt hier auch keine Diskriminierung von Anbietern aus EU-Mitgliedstaaten vor (Gunkel & Brocks 2003, S. 46). Die einzigen innerdeutschen Linienverbindungen bietet die Deutsche Touring von Mai bis September mit den Fahrten auf der Romantischen Straße zwischen Frankfurt am Main und München und auf der Burgenstraße zwischen Mannheim und Nürnberg an. Die Deutsche Touring, die zudem mit Eurolines ein kontinentaleuropäisches Netz von internationalen Linienbusverbindungen aus Deutschland betreibt, gehörte mehrheitlich der Deutschen Bahn AG, die das Unternehmen 2005 an Eurosur

S.A., ein Konsortium portugiesischer und spanischer Busunternehmen, verkaufte.

Die Busunternehmen haben mit einem **negativen Image** des Busses als Reiseverkehrsmittel zu kämpfen. Dazu tragen neben den vielfach als Bauernfängerei angesehenen Werbefahrten der Gruppenzwang auf Busreisen, die durch spektakuläre Unfälle wahrgenommene Unsicherheit des Busses und die Unbequemlichkeit eng bestuhlter Fahrzeuge bei. Auch das Publikum von Busreisen hat seinen Anteil am negativen Image: Da vor allem junge Leute ohne viel Geld und Rentner den Bus benutzen, gilt er vielen als Verkehrsmittel für Unterprivilegierte.

Die bereits 1975 gegründete Gütegemeinschaft Buskomfort (GBK) versucht, das Image des Busses mit der Einführung eines Gütesiegels und einem System von Sternen zu verbessern und den Kunden größere Transparenz über Komfort und Ausstattung der angebotenen Busse zu geben. Durch die Einführung von Bordservice bis hin zu warmem Essen sollen auch zahlungskräftigere Gäste zu Busreisen animiert werden.

Durch den anhaltenden Erfolg der Flugreisen haben viele Busunternehmer auch den Fehler gemacht, ihre Angebote an denen der Fluggesellschaften zu orientieren. So wurden zum Beispiel Videoanlagen installiert, um den Fahrgästen den gleichen Service wie auf Langstreckenflügen zu bieten. Dabei wurde die eigentliche Stärke des Busses, nämlich auf flexiblen Routen die Landschaft genießen zu können, konterkariert. Auch die Bedienung zu langer Strecken im Ferienzielverkehr unter Einbeziehung von strapazierenden Nachtfahrten, auf denen man ohnehin nichts sieht, hat zum negativen Image des Busses beigetragen (Mundt 1990 e).

Etwa 1.100 Busunternehmen sind auch als Veranstalter von Reisen tätig, für die ihre eigenen Busse eingesetzt werden (vgl. Übersicht 6.5 auf Seite 317). Sie nehmen hierbei meist die Leistungen von **Paketreiseveranstaltern** in Anspruch, die Pauschalreisen zusammenstellen, welche die Busunternehmen dann in eigenen Katalogen mit ihrer Beförderungsleistung als Eigenveranstaltungen vermarkten können. Sie haben dadurch mehrere Vorteile: Sie können sich auf ihr Kerngeschäft konzentrieren, die Einkaufsvorteile eines größeren Veranstalters (zum Beispiel durch bessere Konditionen bei den Hotels) nutzen und einen Imagegewinn bei ihrer Kundschaft erreichen.

Schon durch die große Zahl von Busunternehmen wird deutlich, daß es sich um eine sehr stark mittelständisch strukturierte Branche mit vielen Kleinunternehmen handelt, die auf eng lokal abgegrenzten Märkten tätig sind. Nach Schätzungen des Bundesverbandes Deutscher Omnibusunternehmen (BDO) verfügen die Busunternehmen im Durchschnitt über ca. 10 Fahzeuge und haben etwa 13 Beschäftigte. Statistisch verläßliche Daten gibt es wegen der Abschneidegrenze von sechs Bussen nicht – d.h., alle Unternehmen mit weniger als sieben Bussen werden von der Amtlichen Statistik nicht erfaßt.

Diese Situation ist auch bedingt durch die niedrigen Markteintrittsbarrieren. Viel einfacher als zum Beispiel im Handwerk lassen sich die subjektiven Voraussetzungen zur Gründung eines Busbetriebes nach dem Personenbeförderungsgesetz entweder durch eine einschlägige Ausbildung (zum Beispiel

Reiseverkehrskaufmann bzw. entsprechendes Studium), „angemessene Tätigkeit" oder durch eine Fachkundeprüfung nachweisen (§ 13 PBefG).

Auf den immer stärker umkämpften Reisemärkten haben die meisten Kleinunternehmen kaum eine Überlebenschance. Deshalb haben sich einige von ihnen **Kooperationen** angeschlossen, innerhalb derer sie einerseits ihre Selbständigkeit bewahren, andererseits aber von einer stärkeren Unternehmensgruppe profitieren können. Vor allem dadurch, daß man in dieser Kooperation den Kunden eine Durchführungsgarantie für alle Reisen geben kann, erhöht sich ihre Verkaufbarkeit, weil viele Kunden die Erfahrung machen mußten, daß die ausgeschriebenen Busreisen vieler kleinerer Unternehmen schlußendlich wegen zu geringer Teilnehmerzahlen abgesagt werden müssen.

6.1.5 Reedereien

Bis in die 1950er Jahre war das Passagierschiff das wichtigste Personenbeförderungsmittel für interkontinentale Reisen. Auf den Routen von Europa nach Nord- oder Südamerika, nach Afrika, nach Ost-, Süd- und Südostasien sowie nach Australien, Neuseeland und Ozeanien war das Schiff dominant. Schlüsselmarkt war der Nordatlantik zwischen Europa und den USA, der die größte Verkehrsdichte aufwies. Nachdem mit der Einführung großer Düsenverkehrsflugzeuge mit entsprechender Reichweite, Produktivität, Zuverlässigkeit und Sicherheit die Linienschiffe auf dieser Route nicht mehr konkurrenzfähig waren, standen die meisten Reedereien vor der Alternative, entweder ganz auf die Passagierschiffahrt zu verzichten oder alternative Möglichkeiten der Beschäftigung zu finden (vgl. auch Abbildung 2.6 auf Seite 56) wie Kreuzfahrten.

Mitte der 1980er Jahre stagnierte in Deutschland der Markt für Hochseekreuzfahrten. Zwar gab es ein treues Publikum von vor allem älteren Seereisenden, die immer wieder neue Kreuzfahrten machten (*repeater*), aber die mittleren Altersgruppen und der Nachwuchs fehlten nahezu vollständig. Interessiert an einer Kreuzfahrt waren zu dieser Zeit paradoxerweise vor allem Jugendliche und junge Erwachsene bis 24 Jahre, gemacht haben die Kreuzfahrten jedoch vor allem ältere Leute ab 55 Jahre, die von allen Altersgruppen das geringste Interesse an Kreuzfahrten zeigten (& Lohmann 1986). Es gab also eine erhebliche Diskrepanz zwischen dem Angebot, das offensichtlich nur auf die Bedürfnisse älterer Leute zugeschnitten war, und einen großen Teil der Nachfrage. Der zu hohe Preis der angeboten Schiffe spielte dabei vermutlich eine zwar wesentliche, aber nicht die einzige Rolle. Das steife „Urlaubsprotokoll" an Bord, Kleiderzwang und das Image, eine Reiseart für ältere und betuchte Herrschaften zu sein, hat sicherlich auch zum Verzicht auf diese eigentlich als interessant empfundene Reiseart geführt. Vor dem Hintergrund des Erfolges von Cluburlaubsanbietern auf dem deutschen Markt, deren Tagespreise keine große Differenz zum Kreuzfahrtschiff aufwiesen, kam in den Diskussionen des Seepassage-Komitee Deutschland (SPKD) damals schon die Idee auf, ein Clubschiff für den deutschen Markt zu konzipieren. Schließlich unterscheidet sich die Situation an Bord im Prinzip kaum von der einer Clubanlage, die auch alle möglichen Angebote auf vergleichsweise engem Raum in sich vereinigt.

Der Club Méditerranée hatte sich offensichtlich auch schon Gedanken darüber gemacht und stellte 1987 sein Konzept eines modernen Segelschiffes als schwimmende Clubanlage vor. Auf dem deutschen Markt sind diese beiden Schiffe, von denen eines in der Karibik und das andere in der Südsee kreuzt, nicht gut aufgenommen wurden. Dabei spielt es sicherlich eine Rolle, daß mit dem Buchen dieses Angebotes immer auch eine teure Fernreise und ein internationales Publikum an Bord verbunden ist, was nicht zuletzt auch zu Kommunikationsproblemen führen kann.

Bis 1995 hatte der Kreuzfahrtenmarkt in **Großbritannien** mit weitgehend den gleichen Problemen zu kämpfen wie der in Deutschland: Überaltertes Publikum und bestenfalls Stagnation, in der ersten Hälfte der neunziger Jahre sogar leichte Rückgänge der Buchungen. In diesem Jahr entschloß sich Airtours (heute MyTravel), das nach Thomson Holidays zweitgrößte Unternehmen im britischen Veranstaltermarkt, zwei Schiffe zu kaufen und damit Kreuzfahrten im Mittelmeer für 399 £ zu veranstalten – nur rund 100 £ teurer als ein einfacher Strandurlaub aus den Katalogen der Veranstalter. Für diesen Aufpreis wurden jedoch sechs Mahlzeiten und das gesamte Unterhaltungsprogramm an Bord geboten. Im ersten Jahr konnte Airtours damit ca. 100.000 Passagiere verbuchen. Das entsprach etwa einem Viertel der gesamtem britischen Nachfrage nach Kreuzfahrten. Gleichzeitig wuchs der Markt um fast 24 Prozent. Auch 1996 hielt dieser Trend mit einer Wachstumsrate von knapp 22 Prozent an. Damit war es in nur einer Saison gelungen, neue Zielgruppen für diese Form einer Urlaubsreise zu gewinnen. Entsprechend hatten 80 Prozent der Airtours-Passagiere noch nie eine Kreuzfahrt gemacht. Die Hälfte von ihnen war unter 40 Jahre alt und ihr Durchschnittsalter lag mit 45 Jahren um gute zehn Jahre unter dem Durchschnitt der „normalen" Kreuzfahrer (*Travel Weekly* v. 20. März u. v. 28. April 1996).

Damit hatte Airtours ein Konzept auf den britischen Markt übertragen, das in den siebziger Jahren durch den damaligen Newcomer Carnival Cruise Lines (CCL) erfolgreich für den **US-Reisemarkt** entwickelt wurde. Carnival hatte mit seinem ersten Schiff mit dem ebenso bezeichnenden Namen „Mardi Gras" und einem Unterhaltungsprogramm *à la* Las Vegas die erfolgreichen Vorbilder an Land kopiert. Das Angebot von billigen Dreitagesfahrten durch die Karibik zog vor allem junge Leute an und führte zur Entwicklung des sogenannten „*Caribbean Carousel*": Von Miami und Fort Lauderdale in Florida aus werden Rundfahrten (Turnusreisen) unternommen, bei denen die Attraktion primär die Schiffe und weniger die angelaufenen Inselhäfen sind. Mit diesen neuen Vergnügungsdampfern („*funships*") wurde eine völlig neue Kategorie von Kreuzfahrtschiffen geschaffen. Ihren Preisvorteil gegenüber anderen Urlaubsanlagen auf den karibischen Inseln können sie auch durch zollfreie Waren ausspielen. Nach den ersten Erfolgen der Briten hatte sich CCL mit 29,5 Prozent an Airtours beteiligt, später diese Beteiligung aber wieder aufgegeben.

In **Deutschland** hat die DRS-Seereederei mit dem speziell für diesen Zweck gebauten **Clubschiff** „Aida" seit dem Sommer 1996 das Cluburlaubskonzept vom Land auf das Schiff übertragen. Nach dem Vorbild der karibischen Turnusreisen verkehrt sie im Sommer mit wöchentlichen Reisen auf verschiedenen Routen ab Palma de Mallorca oder Kreta auf dem Mittelmeer. Im Winterhalbjahr reiht sich die „Aida" ein in das karibische Karussell, wo sie ebenfalls auf zwei Routen im Wochenrhythmus verkehrt. Durch die beiden unterschiedlichen Routen kann man sowohl ein- als auch zweiwöchige Fahrten buchen. Anschlußprogramme auf Mallorca bzw. in der Karibik sind ebenfalls möglich und erlauben nach dem Baukastensystem ganz unterschiedliche Ferienkombinationen. Mit diesem Konzept ist es AIDA Cruises, wie das mittlerweile zur us-amerikanischen Carnival Cruise Line gehörende Unternehmen heute heißt, gelungen, den deutschen Kreuzfahrtenmarkt zu revolutionieren. Das Konzept ließ sich erfolgreich auf neue Schiffe mit dem AIDA-Namen (aus AIDA wurde AIDAcara, dazu kamen AIDAblu, AIDAvita, AIDAaura) ausdehnen, so daß eine Reihe von AIDA-Clubschiffen unterwegs ist. In den nächsten Jahren kommen noch einige Neubauten hinzu.

Von den fast eine Millionen Kreuzfahrten, die 2005 auf dem deutschen Markt abgesetzt werden konnten, waren ein gutes Drittel **Flußkreuzfahrten**. Diese finden nicht nur in Deutschland oder in Europa auf Rhein, Elbe, Donau oder Rhône statt, sondern auch auf dem Nil, der Wolga, dem Amazonas (bis Manaus können spezielle Hochseekreuzfahrtschiffe fahren), dem Jangtse, dem Murray River usw. Unternehmen wie Arosa und Nicko Tours haben sich auf diese Art von Kreuzfahrt spezialisiert. Sie ist vor allem attraktiv für ältere Menschen (siehe Tabelle 6.9), die diese Art des gemächlichen Reisens durch reizvolle Landschaften genießen und keinen Seegang bei stürmischem Wetter, wie es immer wieder auf einer Hochseekreuzfahrt vorkommen kann, fürchten müssen.

Tabelle 6.9: Der deutsche Kreuzfahrtenmarkt 2005

	Hochseekreuzfahrten		Flußkreuzfahrten	
	2005	Differenz zu 2004 in %	2005	Differenz zu 2004 in %
Passagiere	639.099	+ 9,6	325.634	+ 6,2
Ø Reisedauer	9,6 Tage	- 0,2	8,1 Tage	± 0,0
Passagiernächte	6.142.669	+ 7,1	2.622.875	+ 6,0
Umsatz (in Mio. €)	1.220	+ 7,2	370,4	+ 4,1
Ø Reisepreis in €	1.913	- 2,1	1.137	- 2,0
Ø Tagesrate in €	199	± 0,0	141	- 1,8
Ø Gästealter	48,3 Jahre	+ 0,1	58,5 Jahre	+ 0,8

Quelle: DRV Kreuzfahrtenstudie 2006

Auch die **Fährschiffahrt** ist von großer touristischer Bedeutung. Viele Reiseziele könnten ohne Fähren entweder gar nicht oder nur sehr schlecht erreicht werden. Von den Inselwelten der Philippinen und Indonesiens über Europa bis hin nach Alaska spielen Fährverbindungen für die touristische Entwicklung deshalb eine wichtige Rolle. Zwar ist das Flugzeug als Reiseverkehrsmittel in vielen Fällen ein harter Konkurrent der Fähren, weil man zum Beispiel Inseln, ohne umsteigen zu müssen, direkt erreichen kann, aber es gibt auch Destinationen wie Skandinavien, die von Touristen bevorzugt werden, die bewußt keine Flug-, sondern eine Campingreise machen wollen. Hier gibt es zum Automobil nahezu keine Alternative. Fähren sind deshalb das wichtigste Reiseverkehrsmittel für Urlaubsreisen von Zentraleuropa nach Norwegen, Schweden und Finnland.

Bis zur Eröffnung des Eurotunnels zwischen Nordfrankreich und Südostengland Mitte der neunziger Jahre boten Fähren neben dem Flugzeug auch die einzige Verbindung nach Großbritannien. Um zunächst die Konkurrenz mit dem Flugzeug und später mit dem schnell zum Marktführer aufgestiegenen Eurotunnel bei der Kanalüberquerung bestehen zu können, wurden viele Innovationen im Fährbereich hier geboren. Dazu gehörten insbesondere die seit den 1960er Jahren eingesetzten und mittlerweile aus dem Verkehr genommenen schnellen Luftkissenfahrzeuge (Hovercraft) und die Einführung von großen Katamaranen, die bis zu 375 Automobile und 1.500 Passagiere mit einer Geschwindigkeit von 44 Knoten (= 81,5 km/h) befördern können. Sie sind damit doppelt so schnell wie herkömmliche Fährschiffe und erlauben eine entsprechend höhere Produktivität.

Neben technischen Verbesserungen wurden auch eine Reihe von Maßnahmen ergriffen, um den Aufenthalt an Bord kurzweiliger und interessanter zu gestalten. Dazu gehören auf den großen Fähren eine Bordgastronomie, die von Schnell- bis zu gehobenen Restaurants reicht, Bars und Nachtklubs, Diskotheken, Kinos und Spielkasinos. Darin liegen für die Reedereien auch erhebliche Möglichkeiten einer Umsatzausweitung. Ähnlich wie bei den Center Parcs (vgl. Abschnitt 6.2.2.3) wird ein großer Teil des Umsatzes und des Gewinns durch diese Zusatzgeschäfte erwirtschaftet, die es auch erlauben, die eigentliche Passage zu günstigen Preisen anzubieten.

Die Erlebnismöglichkeiten an Bord der Fährschiffe erlauben auch den Verkauf organisierter **Kurz- und Städtereisen**. Nachdem sie nach einem von Kreuzfahrtveranstaltern erwirkten Gerichtsurteil nicht mehr als „Mini-Kreuzfahrten" angeboten werden dürfen, werden sie heute mit dem Attribut eines „perfekten Kreuzfahrt-Gefühls" (Anzeige einer Fährgesellschaft) beworben. Fahrten zum Beispiel von Kiel nach Oslo oder Göteborg bzw. von Travemünde nach Helsinki werden mit einem Besichtigungs- bzw. Kulturprogramm kombiniert und zu sehr günstigen Preisen angeboten. Da die großen Fährschiffe mit entsprechenden Räumen und Konferenztechnik ausgerüstet sind, werden auch Tagungen, Seminare und Kongresse auf den Schiffen veranstaltet, die mit Landaufenthalten kombinierbar sind.

6.2 Destinationen

Bei der Gliederung des Angebotes von Destinationen für Touristen wird meist auf die Unterscheidung von Claude Kaspar zwischen dem „ursprünglichen" und dem „abgeleiteten" Angebot zurückgegriffen. Unter dem **ursprünglichen Angebot** versteht er alle jene Faktoren, „die in ihrem Wesensgehalt keinen direkten Bezug zum Fremdenverkehr haben, aber durch ihre Anziehungskraft dem Tourismus Richtung und Gestalt geben" (1996, S. 65). Dazu gehören für ihn „natürliche Gegebenheiten" wie geographische Lage, Landschaften, Klimate, Flora und Fauna ebenso wie die „sozio-kulturellen Verhältnisse", zu denen neben der Kultur Traditionen, Gebäude, Mentalität, Sprache und Brauchtum gehören, als auch die „allgemeine Infrastruktur", zu der er u.a. Versorgungs- und Transportmöglichkeiten vor Ort zählt (*op. cit.*, S. 66).

Im Gegensatz dazu besteht nach Kaspar das **abgeleitete Angebot** aus den Verkehrsmitteln, die den überörtlichen Verkehr ermöglichen, dem Gastgewerbe, Einrichtungen zu Erholung und sportlicher sowie zu „wirtschaftlicher Betätigung", zu denen auch Kongreß- und Einkaufsmöglichkeiten gezählt werden. Schließlich gehören auch Vermittlungseinrichtungen wie Verkehrsvereine und -ämter dazu (*op. cit.*, S. 66 f.).

Diese Einteilung ist zwar rein phänomenologisch, d.h., sie orientiert sich ausschließlich an Erscheinungsformen und nicht an den dahinter stehenden Entwicklungen des Tourismus, unterstellt mit den verwendeten Begriffen „ursprünglich" und „abgeleitet" aber eine **zeitliche Abfolge** der Angebotsentstehung. Damit wird der Eindruck erweckt, als ob es zunächst so etwas wie ein aus sich heraus attraktives Angebot gäbe, das insbesondere durch die „natürlichen Gegebenheiten" und die „sozio-kulturellen Verhältnisse" gebildet würde. Nur aus sich heraus ist jedoch, wie die Geschichte des Reisens zeigt, keine Örtlichkeit interessant. Das, was als touristisch anziehend empfunden wird, hat sich im Laufe der Zeit nachhaltig verändert und ist auch weiterhin in stetigem Wandel begriffen.

Beispiele: Zur Zeit der *grand tour* und der adeligen Bildungs- und Kulturreisen des 17. und 18. Jahrhunderts galten die **Alpen** als häßliches, unwirtliches und ungesundes Landschaftshindernis, das es auf dem Weg in das kultivierte Italien zu überwinden galt. Auch das **Meer** mit seiner rauhen Ursprünglichkeit war kein Ort, den man freiwillig aufsuchte (siehe Abschnitt 5.7.1). Selbst die **Jahreszeiten**, zu denen Destinationen als attraktiv angesehen werden, ändern sich. Bis Anfang des 20. Jahrhunderts war die Côte d'Azur wegen ihres angenehmen Klimas zu dieser Jahreszeit ein reines Winterreiseziel: Die Hotels in Nizza öffneten im November und wurden im Mai wieder geschlossen. Heute ist der Winter nur noch eine Nebensaison, der Hauptandrang der Touristen findet, wie anderswo auch, im Sommer statt. Florida machte in jüngerer Zeit eine ähnliche Entwicklung als Reiseziel durch: Aus einem reinen Winterreiseziel der US-Amerikaner wurde ein Sommerreiseziel der (wenig informierten) Europäer.

Nicht die Orte an sich sind also attraktiv, sondern der durch technische und soziale Erfahrungen geprägte und von Kontrastverlangen gelenkte touristische Blick sucht sich, wie wir im vorangegangenen Kapitel in Abschnitt 5.2 gesehen haben, die passenden Objekte zur Erfüllung seiner Bedürfnisse. So gesehen gibt es kein „ursprüngliches Angebot", sondern wechselnde Aufmerksamkeiten und Wahrnehmungen für die Elemente der physischen und sozialen Welt.

Darüber hinaus sind die zwischenörtlichen Verkehrsmittel, die Kaspar seinem „abgeleiteten Angebot" zuschlägt, in Wirklichkeit „ursprünglich" in dem Sinne, daß sie es ja erst ermöglichen, einen entfernten Ort erreichbar und attraktiv werden zu lassen. Der Zusammenhang ist trivial: Ohne die Entwicklung der entsprechenden Verkehrsmittel, mit denen man sie erreichen kann, gäbe es auch keine Destinationen. Viele Orte, Regionen und Länder wurden zudem sehr weiten Kreisen der Bevölkerung überhaupt erst durch ihre Verkehrserschließung bekannt.

Ein großer Teil der unter den in der Kaspar'schen Terminologie „abgeleitetes Angebot" subsumierten Elemente erfüllt genau die Funktion, die er eigentlich dem „ursprünglichen Angebot" zuweist: Freizeitparks wie Disneyland oder der Europapark Rust, Bungalowdörfer in touristisch uninteressanten Gebieten wie Center Parcs und kulturelle Einrichtungen à la Musicalhäuser wie in Hamburg, Bochum oder Stuttgart geben nämlich „durch ihre Anziehungskraft dem Tourismus Richtung und Gestalt" (*op. cit.*, S. 65; vgl. auch Abschnitt 6.2.2.5).

Auch wenn sie auf den ersten Blick viel für sich zu haben scheint, ist die von Kaspar vorgenomme Unterscheidung zwischen ursprünglichem und abgeleitetem Angebot aus den genannten Gründen also nicht geeignet für eine differenzierte Darstellung und Analyse touristischen Geschehens. Im Gegenteil: Durch die rigide Trennung dieser beiden vermeintlich unterschiedlichen Angebotsbereiche besteht eher die Gefahr, daß Tourismusmanager in ihrer Kreativität zur Entwicklung neuer Attraktionen gehemmt werden, wenn sie in ihrem Verantwortungsbereich die ‚gottgegebenen' Angebotselemente vermissen, auf die sie mit ihrer Planung aufbauen könnten.

Vor diesem Hintergrund ist es kaum nachzuvollziehen, daß auch neuere Einführungen in den Tourismus die Kaspar'sche Einteilung immer noch unkritisch übernehmen. Bei Bieger (2004) verwandelt sie sich dabei in „unterschiedliche Schichten einer Wertekette" (S. 153), deren Erkenntnisgewinn sich aus dem Text schon deshalb nicht erschließt, weil sie nur weitgehend zusammenhanglos aufgezählt und nicht weiter reflektiert werden. Auch Freyer listet Kaspars Kategorien ohne weiteren Kommentar nur auf, ohne deutlich zu machen, was damit eigentlich bezweckt werden soll (2006, S. 253 ff.).

Sinnvoller ist deswegen die von Swarbrooke (1995) vorgeschlagene Kategorisierung von touristischen Attraktionen, wie sie in Übersicht 6.6 dargestellt wird. Vor diesem Hintergrund wird deutlich, daß auch die Unterscheidung Kaspars zwischen Infra- und Suprastruktur weitgehend obsolet ist. Zur touristischen **Infrastruktur** zählen bei Kaspar (1996, S. 67 f.) alle Anlagen und Einrichtungen, die u.a. auch von Einheimischen im Rahmen der Naherholung mitgenutzt werden können, wie zum Beispiel Parks, Bäder, Wanderwege, Tanzlokale usw., zur **Suprastruktur** dagegen zählen bei Kaspar die Beherbergungs- und Gastronomiebetriebe, die für die eigentlichen Touristen „von ausschlaggebender Bedeutung sind" (*op. cit.*, S. 68). Zum einen sind die beiden Kategorien nicht überschneidungsfrei, zum anderen ist keinerlei Erkenntnisgewinn mit dieser Unterscheidung verbunden. Wir bleiben deshalb allgemein bei dem Begriff touristische Infrastruktur, der beide Kaspar'schen Bereiche umfaßt.

Wie bereits in Kapitel 5 (Abschnitt 5.6.4) zu sehen war, ist die räumliche Einheit ‚Destination' von der **Nachfrageseite** her nicht eindeutig bestimmbar, weil zum Beispiel jemand, dessen Wohnort geographisch weniger weit entfernt ist, etwas ganz anderes darin sieht als ein anderer, der eine weite Anreise hat. Zudem wird unter Destination je nach der aktuellen Bedürfnislage des Touristen bzw. den Gründen seiner Reise jeweils etwas ganz anderes verstanden. „Je enger der Reisezweck ist, desto kleiner wird die Destination. Für einen Chirurgen, der nur an einem Kongreß interessiert ist, ist möglicherweise das Kongreßhotel die Destination. Für einen Kongreßbesucher, der gleichzeitig Einkäufe tätigen will und sich für die Kultur am Reiseziel interessiert, ist die ganze Stadt die Destination" (Bieger 2005, S. 57). Entsprechend können Destinationen für unterschiedliche Zielgruppen ganz unterschiedlich geschnitten sein. Dies zeigt sich oft auch in den verschiedenen Jahreszeiten: In der Wintersaison konstituieren sich viele Destination über die Aktionsräume und Wahrnehmungen der Touristen auch räumlich ganz anders als im Sommer (vgl. Tschurtschenthaler 1997). Die Wirkung der Bedürfnislage und der daraus resultierenden Aktivitäten (zum Beispiel Wandern im Sommer, Skifahren im Winter) kann also aus geographisch gleichen Orten unterschiedliche Destinationen machen. Allerdings bleibt der Kern der Destination über seine Verkehrsanbindung und mit seinen gastgewerblichen Einrichtungen identisch. Die große Rolle der Bedürfnislage in diesem Zusammenhang wird auch darin deutlich, daß sie den Einfluß der Entfernung auf die Definition der Destination verringern oder, in Extremfällen, sogar völlig übertönen kann.

Übersicht 6.6: Vier Kategorien von touristischen Attraktionen

natürliche	von Menschen gemacht, aber ursprünglich nicht in erster Linie um Besucher anzuziehen	von Menschen gemacht und extra gebaut, um Touristen anzuziehen	Veranstaltungen (*special events*)
Landschaften und Landschaftselemente: Strände; Höhlen; Felswände; Flüsse und Seen; Wälder.	Kirchen und Kathedralen; herrschaftliche Anwesen, historische Gebäude; Archäologische Ausgrabungsstätten und frühzeitliche Monumente; historische Gärten; Industriedenkmäler; Dampfeisenbahnen; Stauseen.	Vergnügungsparks; Themenparks; Clubanlagen; Freiluftmuseen; Messegelände; Heilbäder; Safari Parks; Unterhaltungskomplexe; Spielkasinos; Picknickeinrichtungen; Museen und Galerien; Einkaufszentren; Markenwelten	Sportveranstaltungen – zum Mitmachen und Zuschauen; Kunstfestivals; Märkte und Messen; Folkoreveranstaltungen; historische Feste; religiöse Feste.

in Anlehnung an Swarbrooke 1995, S. 5

Beispiel: Wenn ein prominenter Europäer nur zur Erholung für eine oder zwei Wochen in Urlaubsanlagen fährt, in denen ihn unter Garantie niemand kennt, wie in ein bestimmtes *resort* auf die Insel Eleuthera (Bahamas) oder in die Luxusanlage Hayman Island (Australien) und keine anderen Orte auf seiner Reise besucht.

Entsprechend schwierig ist die Definition der Destination auch von der **Angebotsseite** her. Zunächst kann man jede der in Abbildung 5.2 (auf Seite 201) dargestellten Ebenen als Destination begreifen. Denn ein Land, eine Region, ein Ort und eine Ferienanlage oder ein Kongreßzentrum müssen sich auf dem Markt präsentieren und handeln, um bekannt und für Touristen attraktiv zu werden. Die Akteure auf jeder dieser Ebenen haben ihre spezifischen Aufgaben, die sich allerdings zum Teil überschneiden: Die Tourismusverantwortlichen eines Landes „verkaufen" es als Destination im Ausland, diejenigen einer Region versuchen ihre Angebote im In- und Ausland bekannt und buchbar zu machen, diejenigen eines Ortes machen dies für ihre Leistungsträger und diese schließlich für sich selbst. Auf den unterschiedlichen Ebenen haben die Destinationen es immer mit einer entsprechenden Konkurrenz zu tun: Länder stehen ebenso in Konkurrenz zueinander, wie Regionen und Orte innerhalb dieser Länder und die Leistungsträger vor Ort. Bieger definiert deshalb eine Destination als eine **„Wettbewerbseinheit**, die Leistungen für Dritte mit Hilfe von Personen und Technologie ... gegen Entgelt erbringt" (2005 S. 61; Hervorh. J.W.M.). Andererseits müssen die Beteiligten aller Ebenen auf allen Ebenen miteinander kooperieren, um auf dem Markt erfolgreich zu sein, weil die Nachfrager je nach Entfernung und Bedürfnislage Destination anders definieren. Wenn ein Ort zum Beispiel seinen Anteil ausländischer Besucher erhöhen will, wird er in der Regel mit der nationalen Tourismusagentur zusammenarbeiten; wenn Regionen mehr touristische Beachtung finden wollen, müssen die konkurrierenden Orte und wenn die Orte ihren Tourismusanteil erhöhen wollen, müssen die im Wettbewerb stehenden Leistungsträger miteinander kooperieren.

6.2.1 Tourismusorte

Es gibt praktisch keinen Ort, der nicht von Touristen besucht wird. So gesehen ist jeder Ort ein Tourismusort. Ganz offensichtlich unterscheiden sich aber Orte nach dem Ausmaß, in dem sie Touristen beherbergen. Es gibt Orte, die nahezu ausschließlich vom Tourismus leben und es gibt andere, bei denen der Tourismus wirtschaftlich unbedeutend ist. Die Tourismusintensität (siehe Kapitel 1) wäre damit ein gutes Maß, mit dem man nach der Festlegung bestimmter Schwellenwerte Tourismus- von anderen Orten unterscheiden könnte. Allerdings verstehen wir unter Anbietern im Tourismus nur solche Organisationen, die tatsächlich auch als Akteure auf den Tourismusmärkten auftreten. Deshalb ist eine **handlungsorientierte Definition** von Tourismusorten sinnvoller. In der Regel hängt aber beides eng miteinander zusammen: Erst wenn der Tourismus in einem Ort ein bestimmtes Niveau erreicht hat, wird dieser Ort sich im Wettbewerb mit anderen Orten sehen und entsprechend handeln. In der Regel manifestiert sich das in der Etablierung eines Verkehrsamtes oder einer dem entsprechenden Einrichtung. Als **Tourismusorte** werden damit nur jene Orte angesehen, die über eine solche Einrichtung verfügen.

Kaspar unterscheidet bei den Tourismusorten zwischen solchen im „engeren" und im „weiteren Sinne":

„Während die Inanspruchnahme der touristischen Leistungen im Fremdenverkehrsort im weiteren Sinne nur Mittel zum Zweck ist – Aufsuchen und Übernachten in einem Wirtschaftszentrum, um geschäftliche Transaktionen vorzunehmen –, wird der Erholungsort zum eigentlichen Zweck des Konsumierens von Fremdenverkehrsleistungen im Rahmen des angebotenen Leistungsbündels aufgesucht" (1996, S. 70).

Zu den **Tourismusorten im engeren Sinne** gehören nach Kaspar Erholungs-, Kur- und Naherholungsorte, Ferienerholungs- bzw. Urlaubsorte, Orte mit touristischen Attraktionen, Vergnügungszentren und Orte mit „besonderen

Einrichtungen/Veranstaltungen profanen Charakters" (op. cit., S. 69). Allerdings ist diese von ihm so genannte „Ortstypologie" weder in allen Punkten nachvollziehbar noch überschneidungsfrei. So bleibt der Unterschied zwischen den „Erholungs-" und den „Ferienerholungsorten" ebenso unklar wie die Unterscheidung zwischen „Orten mit touristischen Attraktionen" und „Vergnügungszentren" – Vergnügungszentren *sind* – Beispiel Las Vegas – touristische Attraktionen. Dennoch bleibt die Grobdifferenzierung Kaspars brauchbar.

Walker Key, die nördlichste der bahamesischen out islands

Vor dem Hintergrund der sehr unterschiedlichen Faktoren, die individuell zur Erholung beitragen können (siehe Kapitel 3), ist der Begriff **Erholungsort** generell problematisch. Alle Tourismusorte im engeren Sinne sind nämlich mehr oder weniger Erholungsorte, weil die Touristen dort – auf welche Weise auch immer – Erholung suchen. In den generellen „Begriffsbestimmungen" des Deutschen Tourismusverbandes und des Deutschen Heilbäderverbandes (DTV & Deutscher Heilbäderverband 2005) und in deutschen Kurortegesetzen und -verordnungen sind jedoch Erholungsorte als unterste Stufe gesundheitstouristischer Destinationen aufgeführt.

Beispiele: Nach dem baden-württembergischen Kurortegesetz sind Erholungsorte „Gemeinden oder Teile von Gemeinden, a) die eine landschaftlich bevorzugte und klimatisch günstige Lage besitzen, b) die für eine Ferienerholung geeignete Einrichtung und einen entsprechenden Ortscharakter auf weisen und c) bei denen die durchschnittliche Aufenthaltsdauer in der Regel mindestens 5 Tage beträgt." Die „Begriffsbestimmungen" von DTV & Deutschem Heilbäderverband (2005, S. 36) fügen noch die „zentrale Auskunftsstelle", in der Regel also ein Verkehrsamt, als Voraussetzung für die Ausweisung als Erholungsort hinzu.

Auch die zitierte gesetzliche Bestimmung zeigt, daß der Begriff wenig tauglich für die Abgrenzung und Charakterisierung von Tourismusgemeinden im engeren Sinne ist. Die angelegten Kriterien sind mehr als interpretationsbedürftig. Teil c enthält zwar das einzig meßbare Kriterium, ist aber wenig brauchbar, denn danach wäre zum Beispiel ein Ort in Baden-Württemberg wie Baden-Baden mit knapp drei Tagen durchschnittlicher Aufenthaltsdauer nicht einmal ein Erholungsort. Die zentrale Auskunftsstelle in den Begriffsbestimmungen von DTV & Deutschem Heilbäderverband ist zwar ein, wie wir oben ausgeführt haben, sinnvolles Kriterium für die Definition eines Tourismusortes, ist aber keineswegs auf Erholungsorte beschränkt.

Sinnvoller als die Ortstypologie Kaspars ist deshalb die Einteilung von Schwerpunkttypen, die nach der durchschnittlichen Aufenthaltsdauer der Touristen gebildet werden (Lang 1996 b, S. 10 f.; siehe Abbildung 6.12). Sie ist auch unter dem Gesichtspunkt des Managements und des Marketings der Destinationen von Bedeutung, weil Kurzreisende andere Ansprüche an ein Reiseziel haben als Urlaubsreisende. Kurzreisende neigen zum Beispiel eher dazu, nur an einem Ort zu bleiben, an dem man in wenigen Tagen möglichst viel erleben möchte, Urlaubsreisende dagegen nehmen ihren Urlaubsort oft als Basis für Ausflüge in die Umgebung. Entsprechend müssen die Angebote auf die jeweiligen Zielgruppen ausgerichtet werden.

Überschneidungsfrei ist aber auch eine solche Einteilung der Tourismusorte im engeren Sinne nicht, denn viele Destinationen werden gleichzeitig von Urlaubs- und von Kurzreisenden aufgesucht, das heißt, die Varianz, die sich hinter der durchschnittlichen Aufenthaltsdauer verbirgt, ist für viele Orte sehr groß.

Abbildung 6.12: Schwerpunkttypen von Tourismusorten im engeren Sinne nach der durchschnittlichen Aufenthaltsdauer

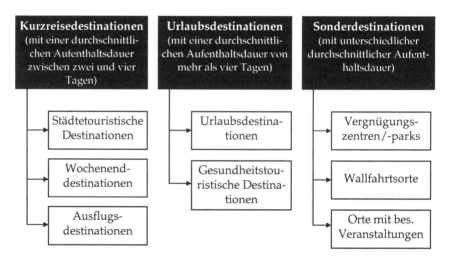

in Anlehnung an Lang 1996 b, S. 11

Beispiel: Die Bodenseeregion ist sowohl ein Reiseziel für Urlaubsreisende (die mindestens fünf Tage bleiben) wie auch für Kurzreisende (zwei bis drei Tage Aufenthalt) und Ausflügler, die aus den nahegelegenen Ballungsgebieten um Stuttgart, Zürich und – nach dem Ausbau der Autobahn München - Lindau – auch aus der bayerischen Landeshauptstadt für einen Tag an den See kommen.

Darüber hinaus werden städtetouristische Destinationen häufig an (verlängerten) Wochenenden besucht und sind nicht selten auch Ziele von Ausflüglern. So wird die Stadt München oft von Touristen besucht, die in Oberbayern Urlaub machen. Nahezu jede Stadt hat auch besondere Veranstaltungen, die Touristen zumindest für Kurzreisen anziehen, wie das Oktoberfest in München oder das Seenachtfest in Konstanz. Wallfahrts- und Urlaubsorte können zudem identisch sein wie Steingaden und die Wieskirche in Oberbayern.

Eine Besonderheit im deutschen Tourismus sind die **Kurorte**. Sie haben eine große Bedeutung, weil in der Sozialgesetzgebung Kuren als Heilbehandlung vorgesehen sind. Unter Kuren versteht man meist längere Aufenthalte mit Anwendungen von speziellen heilklimatischen und/oder ortsgebundenen bzw. ortstypischen Heilmitteln zur Gesundheitsvor- oder -nachsorge an einem entsprechend ausgewiesenen Ort. Die Kosten dafür werden in der Regel von den Krankenkassen oder den Sozialversicherungsträgern übernommen und der Kuraufenthalt wird ursprünglich nicht auf den Jahresurlaub angerechnet. Fast 30 Prozent aller Übernachtungen in Deutschland entfallen auf Kurorte. Mit der Gesundheitsreform ist die Zahl jedoch seit Mitte der 1990er Jahre rückläufig, weil die Kurdauer reduziert, eine Kostenbeteiligung eingeführt und Urlaubstage zum Teil angerechnet werden. Die Kurorte sind in den Kurgesetzen und -verordnungen der deutschen Bundesländer mit solchen Einrichtungen genau, aber nicht einheitlich, definiert.

Beispiel: Nach dem Kurortegesetz von Baden-Württemberg sind Kurorte „Gemeinden oder Teile von Gemeinden" (zum Beispiel Stuttgart-Bad Cannstatt), „in denen natürliche Heilmittel des Bodens oder des Klimas oder wissenschaftlich anerkannte hydrotherapeutische Heilverfahren ... durch zweckentsprechende Einrichtungen angewendet werden und die einen entsprechenden Ortscharakter besitzen."

In Übersicht 6.7 sind die verschiedenen Kurortstypen aufgeführt. Dabei ist zu beachten, daß es aufgrund der föderalen Struktur der Bundesrepublik Deutschland keine einheitliche Nomenklatur der Kurorte gibt (Lang 1996 b, S. 19).

Übersicht 6.7: Hierarchische Typisierung gesundheitstouristischer Destinationen

Gesundheitstouristische Destinationen				
Kurorte (als gesetzlicher Gattungsbegriff)				
Kurorte im engeren Sinne				
Heilbäder	Kurorte	Orte mit Kurbetrieb	Luftkurorte	Erholungsorte
Thermal- Mineral- Moor- Kneipp- See-	heilklimatische Seebad Kneipp- - -	Moor Heilquellen Kneipp - -	Luftkurort - - - -	Erholungsort - - - -

in Anlehnung an Lang 1996 b, S. 18

- „Orte mit Kurbetrieb gibt es zum Beispiel in allen alten Flächenbundesländern (außer im Saarland), in den neuen Bundesländern aber nur in Brandenburg.
- Eine staatliche Anerkennung als Seebad oder Seeheilbad kann selbstverständlich nur in Ländern vorgenommen werden, die an der Küste liegen.

- Die rheinland-pfälzische Kurverordnung kennt als weitere Stufe unterhalb der Erholungsorte sogenannte „Fremdenverkehrsgemeinden", die hier jedoch nicht berücksichtigt wurden.

Diese Ortstypen sind aufgrund der Regelungen in den Kurortegesetzen und -verordnungen staatlich anerkannt. Das Anerkennungsverfahren ist auf Länderebene geregelt und sieht jeweils unterschiedlich aus. Zum Teil werden die offiziellen Prädikatisierungen auf Antrag durch die Wirtschaftsministerien, zum Teil durch Regierungspräsidien oder entsprechende Ausschüsse ausgesprochen.

Unter **Tourismusorten im weiteren Sinne** versteht Kaspar Verkehrs-, Bildungs-, Verwaltungs- und Wirtschaftszentren (1996, S. 71). Sie werden primär von Dienst- und Geschäftsreisenden aufgesucht. Sie fragen ebenso Beherbergung und gastronomische Leistungen nach wie Privatreisende. Auch kulturelle und Unterhaltungsangebote werden von ihnen zum Teil nachgefragt, zum Beispiel zwischen verschiedenen Terminen; oft sind solche Aktivitäten auch Bestandteil der geschäftlichen Verpflichtungen, wenn es etwa um die Pflege von Geschäftsbeziehungen auch auf sozialer Ebene geht. Insofern gibt es eine Ähnlichkeit der touristischen Infrastruktur zwischen den beiden Arten von Tourismusorten. Hinzu kommt, daß viele der oben angeführten Zentren auch als Tourismusorte im engeren Sinne gelten können: Orte wie New York, Paris, London, Prag oder München sind gleichzeitig auch städtetouristische Attraktionen.

Abbildung 6.13: Kontinuum zwischen Tourismusorten im weiteren und im engeren Sinne

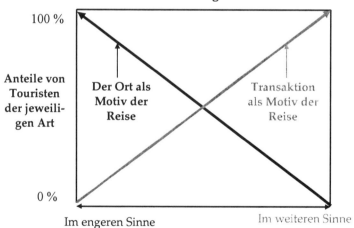

Entsprechend der Darstellung in Abbildung 6.13 muß man von einem Kontinuum ausgehen, das zwischen den zwei Polen aufgespannt ist. Es gibt weder den reinen Tourismusort im engeren Sinne, der ausschließlich von Reisenden um seiner selbst willen aufgesucht wird, noch Orte, die nur zur Abwicklung von Transaktionen (Geschäften, Besprechungen, Seminaren, Umsteigen usw.) besucht werden. Bei den Tourismusorten im engeren und im weiteren Sinne handelt es sich also um **Idealtypen** im Sinne Max Webers (1904; cit. n. d. Ausg. 1968, S. 42), die uns die Eigenart von Zusammenhängen „pragmatisch veranschaulichen und verständlich machen können", obwohl sie in der Realität nie in reiner Form, sondern nur in Mischformen auftreten.

Empirisch könnte man sich dieses Kontinuum zu Nutze machen, indem man Tourismusorte nach den jeweiligen Anteilen der beiden Arten von Touristen typisiert, wobei man die beiden Hauptmotive jeweils noch weiter differenzieren könnte. Dies wäre eine sinnvolle Grundlage für tourismuspolitische Maßnahmen (siehe Kapitel 8), die sich zum Beispiel auf die Entwicklung von regionalen Angebotsstrukturen und -schwerpunkten beziehen. Dabei darf man nicht übersehen, daß auch Tourismusorte im weiteren Sinne nicht nur ‚naturwüchsig' durch Industrie- und Geschäftszentren entstehen, sondern auch systematisch durch verkehrspolitische Maßnahmen und/oder den Bau von Kongreß- und Messezentren gefördert werden können. An Orten ohnehin hoher Transaktionsdichte ist es zum Beispiel naheliegend, zusätzliche Infrastruktur bereitzustellen.

Beispiel: In Städten mit hoher Konzentration von Betriebsstätten einer bestimmten Branche liegt die Einrichtung einer entsprechenden Messe nahe. Vor dem zweiten Weltkrieg war Leipzig das Zentrum des deutschen Verlagswesens und Buchhandels und hatte die wichtigste Buchmesse im deutschen Sprachraum. Nach dem Krieg entwickelte sich Frankfurt am Main zur wichtigsten Verlagsstadt in der Bundesrepublik und etablierte folgerichtig mit der Frankfurter Buchmesse den führenden Umschlagplatz für den Handel mit Büchern und Lizenzen.

Tourismusorte treten, wie wir oben festgestellt haben, als Wettbewerbseinheiten auf den Markt, wenn sie über ein eigenes Verkehrsamt bzw., allgemeiner, eine eigene Tourismusstelle verfügen. Diese Stellen haben verschiedene Funktionen, wobei nicht jede alle diese Aufgaben erfüllen muß und die Reihenfolge keine Aussage über ihre jeweilige Relevanz bedeutet:

- **Werbung**: den Ort bekanntmachen und seine Angebote herausstellen;
- **Information**: Anfragen von Interessenten beantworten;
- **Akquisition**: aktiver Verkauf von Tagungen; Zusammenarbeit mit Reiseveranstaltern;
- **Buchung**: die Vermittlung von Unterkünften und Tagungsräumen;
- **Pauschalen**: Zusammenstellung von Pauschalangeboten mit besonderen Programmen bzw. zu besonderen Anlässen;
- **Veranstaltungen**: die Kreation und Durchführung von besonderen Veranstaltungen (*events*), die Besucher und Touristen anziehen;
- **Gästebetreuung**: Organisation von Unterhaltungsprogrammen, Gäste-, Stadtführungen, Rundfahrten, Rahmenprogramme für Tagungen, Ausflügen usw.
- **Koordination**: Entwicklung eines Tourismuskonzeptes mit Leistungsträgern und Anspruchsgruppen (zum Beispiel Naturschutzverbände) vor Ort; Abstimmung der Angebote mit den Leistungsträgern.

Vor dem Hintergrund dieser Aufgaben könnte man sich eine Tourismusstelle im Prinzip wie die Spitze eines Unternehmens vorstellen: Sie ‚managt' den Tourismusort im Wettbewerb mit anderen Destinationen. Die örtlichen Leistungsträger wären dann gleichbedeutend mit den Abteilungen oder Ergebniseinheiten (*profit centres*) dieses Unternehmens. Dagegen spricht allerdings, daß sie keinen Zugriff auf diese ‚Abteilungen' hat, weil es sich bei ihnen in Wirklichkeit um eigenständige Unternehmen handelt, die völlig unabhängig von der Tourismusstelle wirtschaften können. Die Leistungsträger haben diese Stelle in der Regel auch nicht als Gemeinschaftsunternehmen für das Tourismusmarketing gegründet, sondern sie werden meist von der Kommune mit dem erklärten Ziel der Wirtschaftsförderung eingerichtet. Deshalb trifft auch die Gleichsetzung der örtlichen Tourismusagenturen mit ‚virtuellen Unternehmen', wie sie zum Beispiel Bieger (2005) vorschlägt, in der Regel nicht zu (siehe auch Abschnitt 6.2.3).

Tourismusstellen versuchen zwar im Prinzip, ebenso Marketing wie normale Unternehmen zu betreiben, sind aber faktisch auf den Kommunikationsmix (Werbung, Öffentlichkeitsarbeit, Verkaufsförderung) und die Distribution beschränkt, da sie weder auf die Produktgestaltung von Anbietern (Hotels, Gastronomie, Verkehrsbetriebe usw.) noch auf ihre Preise Einfluß haben. Zudem betreiben sie die Vermarktung der Destination in einem öffentlichen Rahmen, der sie weitgehend gleichbedeutend mit der örtlichen Tourismuspolitik macht. Deswegen werden weitere Aspekte des Handelns von Tourismusorten auch in Kapitel 8 untersucht.

6.2.2 Touristische Attraktionen

Sowenig es im Deutschen ein Wort für das französische *loisir* und das englische *leisure* gibt, die beide mit Freizeit nur sehr unzulänglich übersetzt sind, so wenig gibt es auch eine befriedigende deutsche Entsprechung für die englische *visitor attraction*. Die Worte ‚Besucherattraktion', oder neuerdings auch ‚Attraktionspunkte', klingen leider ziemlich gestelzt und der dazugehörige ‚Freizeitpark' gewinnt nur vor dem Hintergrund solcher euphemistischen Bezeichnungen wie ‚Industriepark' (für Gewerbegebiet) und – noch schlimmer – ‚Entsorgungspark' (für Müllbeseitigung und -wiederverwertung) seine Berechtigung, denn im ursprünglichen Sinne diente der Park nicht der Arbeit, sondern Müßiggang und Erbauung.

Trotz des oft konstatierten Überwiegens der Weg-von-Motive (vgl. Kapitel 3) bei der Reisemotivation muß man doch feststellen, daß es ohne Attraktionen wohl keinen Tourismus gäbe. Ohne sie gäbe es keinen Bedarf für touristische Dienstleistungen. „In der Tat würde der Tourismus gar nicht existieren, gäbe es keine Attraktionen" (Swarbrooke 1995, S. 3; Übers. J.W.M.). Der Autor unterscheidet vier Kategorien touristischer Attraktionen, die in Übersicht 6.6 auf Seite 327 dargestellt sind. Dabei könnte man die Veranstaltungen ebenso wie die von Menschen geschaffenen Bauten noch einmal unterteilen in diejenigen, bei deren Einrichtung man (zunächst) nicht an auswärtige Besucher gedacht hat, und denjenigen, die ausschließlich für Touristen geschaffen wurden.

Auch wenn wir in Kapitel 5 festgestellt haben, daß natürliche Attraktionen, wie zum Beispiel der Strand als touristischer Raum, auch etwas Künstliches an sich haben (vgl. Abschnitt 5.7.1), kann man grob mit den vier Kategorien Swarbrookes argumentieren. Uns interessiert in diesem Zusammenhang vor allem die dritte Kategorie, in der die speziell für die Bedürfnisse von Touristen geschaffenen Einrichtungen zusammengefaßt sind.

Wir halten zwar die in diesem Zusammenhang als erstes zu nennenden Freizeit- oder Themenparks – die mit den unten in einem eigenen Abschnitt ausführlicher beleuchteten Disney-Parks ihre prominentesten Vertreter haben – meist für ein modernes Phänomen des 20. Jahrhunderts, ihre Wurzeln reichen jedoch weiter bis ins 18. Jahrhundert zurück. Paradoxerweise ist vor allem die gegen die gekünstelte französische Gartenbautradition mit ihren übersichtlich abgezirkelten Mustern und zu künstlichen Silhouetten beschnittenen Hecken und Bäumen gerichtete ‚Wildnis' des englischen Gartens ihr wichtigster Vorgänger und Wegbereiter. Eine freilich nur scheinbare Wildnis, denn in Wirklichkeit verbirgt sich dahinter die gleichermaßen künstliche wie künstlerische Inszenierung von Natur. „Ironischerweise ließen sich viele der frühen englischen Gartenbauer von Landschaftsbildern inspirieren, nicht zuletzt von Lorraines Szenerien" (Löfgren 1999, S. 24; Übers. J.W.M.; vgl. auch Abschnitt 5.2 über den ‚touristischen Blick'). Die Umsetzung des Malerischen in die Wirklichkeit der Parks erfolgt entsprechend genau kalkulierter Überlegungen, nach denen die Pflanzen in verschiedenen Szenerien so arrangiert werden, daß die Besucher sich bei ihrem Durchlaufen jeweils in andere Stimmungen versetzt fühlen. „Die Natur wurde der Unnatur einverleibt" schreibt Per Olov Enquist in seinem Roman „Der Besuch des Leibarztes" über den Park von Ascheberg in Holstein im 18. Jahrhundert (cit. n. d. dtsch. Ausg. 2005, S. 103). „Ein wichtiges und immer wiederkehrendes Element dieser Gärten war damals zum Beispiel das Einsiedlerhäuschen oder die Höhle eines Eremiten. Wie bei der Formierung des touristischen Blicks durch die Reiseführer in Buchform (siehe Abschnitt 5.3) entsteht auch hier zum Ende des 18. Jahrhunderts durch Handbücher und Bauanleitungen schließlich eine solche Gleichförmigkeit, „daß sich Touristen in jedem englischen Garten sofort heimisch fühlen konnten, unabhängig davon, ob er in Deutschland, Dänemark, Schottland oder in Nordamerika lag. Ein Park nach dem anderen entstand, ausgestattet mit der weitgehend gleichen Auswahl an Szenerien und von Kulissen" (Löfgren 1999, S. 25; Übers. J.W.M.). Im Park von Ascheberg war das Einsiedlerhäuschen für den erwarteten Besuch von Jean-Jacques Rousseau gebaut worden, der jedoch nie kam.

Die Herstellung der modernen Freizeit- und Themenparks unterscheidet sich also nur in ihrem Ausgangspunkt von den englischen Gärten des 18. Jahrhunderts – die Konstruktionsprinzipien sind die gleichen. Statt des künstlerischen Blicks der Landschaftsmaler, der die Architektur der kunstvoll angelegten Gartenanlagen bestimmt, orientieren sich die Schöpfer der modernen Freizeitanlagen direkt an den (touristischen) Erfahrungen ihres Publikums. Gemeinsam ist beiden die Inszenierung von Erlebnissen in synthetischen Umwelten.

6.2.2.1 Disney Parks

An erster Stelle denkt man hier in der Regel an die Disney-Parks: An das 1955 bei Anaheim in Kalifornien eröffnete Disneyland, die 1971 bei Orlando in Florida eröffnete Disneyworld (eine Kopie davon wird in Lizenz als Tokyo Disneyland in Japan betrieben) das 1991 in Marne-La-Vallée bei Paris eröffnete Disneyland Paris. und das im September 2005 eröffnete Disneyland Hong Kong Allerdings war der Comic-Zeichner und Schöpfer der Micky-Maus, Walt Disney, nicht der Erfinder solcher Einrichtungen.

Beispiele: 1896 versuchte die Ogden-Eisenbahngesellschaft mit dem bei Salt Lake City gelegenen Lagoon-Park, den Passagierverkehr auf ihrem Bahnnetz zu erhöhen. Straßenbahngesellschaften errichteten schon ab Mitte des 19. Jahrhunderts aus dem gleichen Grund in US-Großstädten an den Endhaltestellen Vergnügungsparks (*amusement* oder *trolley parks*). 1897 entstand der Steeplechase Park auf Coney Island bei New York City, 1903 wurde der berühmte Luna Park eröffnet und zwei Jahre später folgte Dreamland. Sie waren der Kulminationspunkt einer Entwicklung, die um 1830 mit der Entdeckung des Strandes durch die Bevölkerung der Stadt begann und zunächst eine Reihe von kleineren Unterhaltungsbetrieben mit oft zweifelhaftem Ruf anlockte. Allein der Luna Park hatte pro Saison fünf Millionen Besucher. In nahezu jeder Stadt gab es mindestens eine solche Anlage, so daß es 1919 ca. 1.500 von ihnen in den USA gegeben haben soll. Sie lagen so eng beieinander, daß man nach G. Kyriazi „beinahe auf Achterbahnen von der Ost- zur Westküste fahren konnte" (Fichtner & Michna 1987, S. 120 f.). In Europa gab es Vorläufer dieser Einrichtungen schon im England des 17. und im Frankreich des 18. Jahrhunderts (Vauxhall Gardens in London, Folie Richelieu etc.), in dem auch das erste Tivoli entstand. Das berühmteste und heute noch bestehende ist das 1843 als „Kjøbenhavns Sommertivoli og Vauxhall" gegründete Tivoli in Kopenhagen (*op. cit.*, S. 197 ff.).

In Europa fielen die meisten Vergnügungsparks der Stadtentwicklung zum Opfer, welche die großen Flächen einer profitableren Nutzung zuführte. Nur das Kopenhagener Tivoli konnte sich bis heute im Innenstadtbereich der dänischen Hauptstadt halten. Durch die zunehmende Motorisierung nach dem zweiten Weltkrieg verschwand ein Großteil der Bahnlinien und Straßenbahnen in den USA und mit ihnen der größte Teil der Vergnügungsparks. Zu diesem Zeitpunkt errichtete Walt Disney, nachdem er sich mehr als zwei Jahrzehnte lang mit Konzepten solcher Einrichtungen befaßt hatte, seinen ersten Park. Die meisten der bis dahin existierenden Parks fanden nicht seine Zustimmung; das Kopenhagener Tivoli war eine der wenigen Ausnahmen. Disneyland zu errichten war mit sehr großen Schwierigkeiten verbunden, denn Vergnügungsparks schienen generell am Ende ihres Lebenszyklus angekommen, so daß nahezu sämtliche Parkbetreiber in den USA das Projekt als unwirtschaftlich ablehnten.

„Nicht nur sie, sondern auch die Banken waren vom geschäftlichen Mißerfolg eines solchen Freizeitbetriebes überzeugt und verweigerten Disney die erbetenen Kredite. Dieser veräußerte deshalb sein Ferienhaus und belieh seine Lebensversicherung. Aber erst, nachdem die Fernsehgesellschaft ‚ABC-Paramount Theaters' sich mit einem Geschäftsanteil von 35 % beteiligte, konnte mit dem Bau der Anlage begonnen werden. Nur wenig mehr als vier Jahre dauerte es, bis die Einnahmen die gesamte Anfangsinvestition (17 Mio. US $) abdeckten. Schon 1960/61 zahlte Disney seine beiden Partner ‚ABC' und ‚Western Printing and Lithographing Company' (13,8 %) aus und war nunmehr alleiniger Eigentümer von Disneyland" (Fichtner & Michna 1987, S. 123).

Was war und ist nun das Erfolgsrezept dieses völlig gegen den damaligen Trend gestemmten Projektes? Der Hauptunterschied zu den bis dahin existierenden Vergnügungsparks besteht wohl darin, daß Disney ein thematisches Konzept entwickelte und in konsequent inszenierte Landschaften umsetzte. Dadurch gab es zwar weniger Fahrgeschäfte als in den traditionellen

Parks, aber eben auch keine Rummelplatzatmosphäre, welche die zum Teil märchenhaften Phantasiewelten zerstörte. Disneyland soll schließlich der Ort sein, „wo die Menschen ihre Alltagssorgen vergessen und sich in Ländern der Phantasie und Abenteuer, von Vergangenem und Zukünftigem versenken", wie es in einer Selbstdarstellung heißt (cit. n. Fichtner & Michna 1987, S. 14). So gehört Wasser zu den wichtigsten Gestaltungselementen und wird auf vielfältige Weise genutzt. Man kann mit dem Schiff durch das Abenteuerland oder mit einem Raddampfer über den „Mississippi" fahren. Wasserfälle gehören ebenso zum Landschaftsbild wie Seen und Bäche.

Dabei wird alles weitgehend den Vorstellungen der Besucher entsprechend dargestellt. Wie wir im vorangegangenen Kapitel im Abschnitt über den „touristischen Blick" (5.2) festgestellt haben, sind Touristen in der Regel dann am zufriedensten, wenn die Wirklichkeit am Zielort mit den Vorstellungen, die sie sich vorher aufgrund von Lektüre (und sei es nur der Reisekataloge) und Bildern gemacht haben, übereinstimmt. Die Disney- und anderen Parks wie zum Beispiel Legoland oder Minimundus sind so gesehen nichts anderes als eine Angleichung der Realität an diese Vorstellungen bzw. die real erlebbare Bebilderung eines Reiseführers (durch Zeit und Raum) in Buch- oder Videoform.

Diese „reale Fiktion" (Hennig 1997) wird so perfekt in Szene gesetzt, daß sie fast als „realer" erscheint als die Wirklichkeit, die sie abbilden soll. Die wirklichen touristischen ‚highlights' sind nicht räumlich getrennt und erst nach mühsamen Reisen zu sehen, sondern gleich nebenan. Auf Naturschauspiele muß nicht in der knappen Zeit, die einem für das Erleben auf Reisen zur Verfügung steht, gewartet werden, verbunden mit der Ungewißheit, ob man es dann tatsächlich auch sehen wird, sondern man kann sicher sein, daß man das, was man sehen kann, auch sehen wird.

Beispiele: Tiere sind selbst im Zoo nicht zu allen Zeiten und nicht in allen Situationen zu beobachten. Sie ziehen sich zurück, um zu ruhen oder zu schlafen. Sie baden oder fressen auch nicht ununterbrochen zu den Besuchszeiten. Deshalb hat Disney die sogenannten *audio-animatronics* entwickelt – Roboter, die täuschend echt die Bewegungen und Geräusche von Lebewesen simulieren können. Die im Fluß des Abenteuerlandes badenden Elephanten sind so immer zu sehen und zu hören. Die technische Perfektion dieser Nachbildungen ist darüber hinaus eine Attraktion, die sehr gut mit dem Image des Comic- und Trickfilmunternehmens Disney harmoniert. Allein in Disneyland Paris sind über 1.000 dieser aufwendigen *audio-animatronics* installiert (Wenzel & Franck 1995). Auch das von Disney entwickelte 360^0-Kino und hydraulisch bewegbare Zuschauertribünen, die einem das Gefühl vermitteln, selbst mitten in der dargestellten Situation zu sein, sind kongruent mit den Erwartungen, die mit den Produkten eines mittlerweile zum *high tech*-Medienkonzern avancierten Unternehmens assoziiert werden.

Um die Illusion möglichst perfekt zu machen, legte Disney großen Wert darauf, daß die Technik, die alles dies ermöglicht, nicht zu sehen ist: Kabel, Hochspannungs- und Versorgungsleitungen bleiben im Verborgenen. Die jeweiligen Themenwelten werden in sich stimmig dargestellt und nicht sichtbar durch Elemente aus späterer Zeit (zum Beispiel die Asphaltierung der Hauptstraße der Western-Stadt) oder durch das Zusammenwerfen unterschiedlicher Kulturen (zum Beispiel ein deutsches Festhaus in einem Gebäude im afrikanischen Stil), wie in manchen anderen Parks, verfälscht. Glühbirnen werden ausgetauscht, sobald sie 80 Prozent ihrer durchschnittlichen Nutzungsdauer erreicht haben (Fichtner & Michna, S. 17 ff.).

Ein weiterer Grund für den Erfolg des Disney'schen Konzeptes liegt in der absoluten Sauberkeit und in der ständigen Renovierung und Ergänzung der Anlagen, die jeweils auf dem neuesten Stand der Technik sind. Reparaturtrupps sind jede Nacht unterwegs, um Schäden auszubessern; alles sieht aus wie neu, abgeschabte Farbanstriche usw. gibt es in den Anlagen nicht. Darüber hinaus spielt das Personal eine Schlüsselrolle. Im Handbuch für Mitarbeiter finden sich u.a. folgende Anleitungen:

„In Disneyland werden wir zwar müde, aber niemals gelangweilt, und selbst an harten Tagen erscheinen wir glücklich. Sie müssen ein ehrliches Lächeln haben. Es muß von innen kommen. Um das zu schaffen, müssen Sie Sinn für Humor und ein wirkliches Interesse an Menschen entwickeln. Wenn nichts anderes mehr hilft, erinnern Sie sich daran, daß Sie für Ihr Lächeln bezahlt werden" (cit. n. Fichtner & Michna 1987, S. 18; Übers. J.W.M.).

Für die Personalschulung wurde eigens – etwas großspurig – die „University of Disneyland" eingerichtet, in denen den Mitarbeitern bis ins Detail ihr Auftreten (Frisur, Kleidung etc.) und die von ihnen erwarteten Verhaltensweisen vermittelt werden.

In Anlehnung an Wenzel & Franck (1995, S. 79 ff.) kann man die **Erfolgsfaktoren** der Disney-Parks zusammenfassen:

- Räumliche Abgrenzung der in sich stimmig dargestellten **Themengebiete**, die zum Teil aus den bekannten Disney-Comics und -Filmen entlehnt wurden und bis ins Detail über verschiedene Elemente (Architektur, Mitarbeiter, Fahrgeschäfte, show-Programm, merchandise-Produkte etc.) inszeniert sind. Das gilt auch für die verschiedenen gastronomischen Einrichtungen, die über ein Erlebniskonzept in die einzelnen Themengebiete ihrer Standorte integriert sind. Selbst die vor dem eigentlichen Park lokalisierten Hotels sind jeweils nach Themen- und Erlebniskonzepten aufgebaut.
- Der Besucher wird selbst zum Bestandteil der Inszenierung, indem er in eine Welt versetzt wird, in der er selbst zum Akteur wird. Dadurch entsteht eine hohe **Identifikation** mit dem Park, denn man nimmt seine eigenen subjektiven Erlebnisse mit nach Hause, nicht die Eindrücke eines passiven Konsumenten.
- Ausrichtung aller Angebote auf **Familien** und daher mit entsprechend hohen Sicherheitsstandards entworfen. Kinder machen zwar nur ca. ein Drittel der Besucher aus, sie sind aber in der Regel diejenigen, welche die Idee zum Besuch haben und die Entscheidung maßgeblich beeinflussen.
- Entsprechend dem Familienkonzept kommen die Anlagen **ohne** die Darstellung von **Sex und Gewalt** aus. Alles muß moralisch einwandfrei sein – auch die Bekleidung der weiblichen Mitarbeiter.
- Der Park soll **nie langweilig** wirken. Deshalb gibt es für jeden Park langfristige Innovations- und Investitionspläne, damit auch Wiederholungsbesucher immer wieder etwas Neues vorfinden.
- Der Parks sind schön und **ästhetisch ansprechend** gestaltet. Entsprechend müssen auch die Mitarbeiter solchen Kriterien genügen. Auch an die Besucher werden

gewisse Anforderungen in diesem Punkt gestellt: Sie dürfen die Parks nicht barfuß oder mit bloßem Oberkörper betreten.
- **Streßsituationen** für die Besucher sollen **vermieden** werden. Lange Warteschlangen vor einzelnen Attraktionen innerhalb des Parks werden zum einen vor der übrigen Parköffentlichkeit durch entsprechende bauliche Maßnahmen verborgen, zum anderen gehört zum *queue-management* auch die Unterhaltung der Wartenden, so daß selbst das Anstehen wiederum möglichst zu einem Erlebnis wird. Vermißtendurchsagen finden nicht statt. Dafür gibt es für die Besucher Rückzugsräume auch außerhalb der mit Konsumzwang verbundenen Gastronomie.
- Es werden **Gesamteintrittspreise** verlangt, die in der Regel zur Nutzung aller Einzelattraktionen in den Parks berechtigen. Dadurch wird nicht nur der Streß für die Besucher vermindert, sondern auch der für die Betreiber, denn so läßt sich der Umsatz besser steuern.
- Durch eine ausgeklügelte **Besucherlenkung** und den thematischen Zusammenhang zu den Einzelattraktionen werden Zusatzgeschäfte mit gastronomischen Angeboten und Souvenirs in zum Teil sehr hochpreisigen Segmenten optimiert.

Die Disney-Parks waren daher die ersten, die nicht mehr nur der Naherholung und dem Vergnügen der in der Region ansässigen Bevölkerung für Tagesausflüge dienten, sondern zu **touristischen Destinationen** avancierten.

„Zehn Jahre nach Eröffnung von Disneyland war die Zahl der Hotelzimmer im nahen Anaheim von 100 auf 4.300 gestiegen, 250 neue Geschäfte hatten sich angesiedelt. Auf Drängen der Hoteliers, welche ihr Anliegen mit der guten Verkehrsinfrastruktur und dem nahen Freizeitpark untermauerten, errichtete die Stadtverwaltung ein Kongreßzentrum. Da in der Regel ein Besuch in Disneyland zum Tagungsprogramm gehört, profitiert die Freizeitanlage also von dieser Einrichtung, und umgekehrt hebt er die Attraktivität der Stadt als Tagungsort. Nahmen an derartigen Zusammenkünften 1966 rund 45.000 Personen teil, so waren es 1975 fast 500.000!" (Fichtner & Michna 1987, S. 126).

Damit haben die Disney-Parks auch eine nicht zu unterschätzende Bedeutung für den **Dienst- und Geschäftsreiseverkehr**, der sich auch an den anderen Standorten bemerkbar macht. Allerdings hat Disney dort von vornerein die touristische Infrastruktur mit in die Planung der Parks einbezogen. Dies geschah aus zwei Gründen: Zum einen sollte der Wildwuchs vor den Toren der Parks aufhören und einem mit den Stilelementen des Parks harmonierenden baulichen Ensemble weichen, zum anderen sollten die Zusatzgeschäfte um die Parks in den Konzern integriert und damit Umsatz und Ertrag erhöht werden.

Zum ersten Mal wurde dieses Konzept bei der Errichtung der **Disneyworld** in Orlando realisiert. Hotels und Kongreßzentrum wurden in den Komplex integriert, der mit 110 qkm etwa so groß ist wie Paris oder San Francisco. Insgesamt stehen mehr als 4.500 Hotelbetten zur Verfügung, die das ganze Jahr über zu ca. 98 Prozent ausgelastet sind. Durch die Zusammenarbeit mit großen US-Konzernen, die einzelne Teile von Disneyworld mitfinanziert haben, konnte sowohl die Attraktivität der Anlage wie auch der wirtschaftliche Ertrag gesteigert werden. So wurde die *„Experimental Prototype Community of Tomorrow* (EPCOT-Center)" zu verschiedenen Themen u.a. von den Konzernen Kraft (Lebensmittel), General Motors (Automobile), Kodak (Photo), Exxon (Energie), American Express (Reisedienstleistungen), Coca Cola (süße Brause), United Technologies (u.a. Triebwerke) mitfinanziert. Durch die große Vielfalt der Themen und die schiere Größe der Anlagen konnte die durchschnittliche Aufenthaltsdauer gegenüber der ersten Anlage in Kalifornien auf 3,2 Tage verdoppelt werden (Fichtner & Michna 1987, S. 126 ff.).

Die Disney-Parks in den USA gehören deshalb schon seit langem zu den Reiserouten in- und ausländischer Touristen. Das gilt sowohl für Individualreisende wie für die von Veranstaltern organisierten Rundreisen. In Europa ist Disneyland Paris mittlerweile eine eigene Destination geworden, zu der insbesondere Busreiseveranstalter aus ganz Europa Reisen organisieren.

Allerdings gab es bei der Übertragung des Disney-Park-Konzeptes nach Europa eine ganze Reihe von massiven **Schwierigkeiten**, die beinahe zu einem Scheitern des Projektes geführt hätten (vgl. Swarbrooke 1995, S. 119 f.; Wenzel & Franck 1995, S. 106 ff.). Dazu gehörten bzw. gehören u.a.:

- Eröffnung in einer **Rezessionsphase** in Westeuropa.
- Ein **falscher Standort**, der - anders als in den Anlagen in den USA - aus klimatischen Gründen keinen richtigen Ganzjahresbetrieb ermöglicht. In Frankreich wäre die Côte d'Azur deshalb der bessere Standort gewesen. Dazu kam eine zu späte Anbindung an das französische Hochgeschwindigkeitsbahnnetz (TGV).
- Viel zu **hohe Preise** in der Anfangsphase vor allem in den Hotels und in den gastronomischen Einrichtungen, die von den Gästen nicht akzeptiert wurden. Da die Besucher keine eigenen Lebensmittel in den Park mitnehmen dürfen, verstärkte dies den Eindruck von Nepp.
- Die **Hotelkapazitäten** waren für die Anfangsphase viel **zu groß** ausgelegt und führten deshalb zu erheblichen Leerkosten.
- **Mangelhafte Anpassung** des Konzeptes an europäische Verhältnisse, gepaart mit „kultureller Arroganz" des us-amerikanischen Managements. So führte das strikte Alkoholverbot in den Restaurants anfangs zu erheblichen Konflikten. Nach seiner Aufhebung bot man zunächst nur kalifornische Weine an – und das in Frankreich!
- Der Versuch, us-amerikanische Methoden der **Personalführung** (*hire and fire*) auf französische Verhältnisse zu übertragen, schlug gründlich fehl. Insbesondere das Verbot von Bärten, Ringen, Schminke und von Rauchen während des Dienstes usw. führte zu erheblichen Konflikten mit den Mitarbeitern, die in massiven juristischen Auseinandersetzungen u.a. mit den Gewerkschaften ausgetragen wurden.
- Viele **Fehler** wurden zudem **im Marketing**, insbesondere in der Zusammenarbeit mit Reiseveranstaltern gemacht, die dazu führten, daß viele von ihnen Disneyland Paris zunächst wieder aus ihren Programmen gestrichen hatten.

Alle diese Probleme stellten aber nicht das Konzept selbst in Frage. Im Grunde handelt es sich dabei um weitgehend vermeidbare Fehler bei der Umsetzung und Anpassung des dahinterstehenden Konzeptes an europäische Verhältnisse. Insgesamt werden die Zukunftsperspektiven für solche Themenparks, wie die von Disney, Legoland, Europapark, Port Aventura, Fantasia, Futuroscope usw. auch in Europa als gut eingeschätzt. Dahinter steht vor allem der Umstand, daß in Europa nach Angaben von Swarbrooke (1995, S. 57) erst 17 Prozent der Bevölkerung einen solchen Park besucht haben, in den USA und Japan dagegen 60 Prozent. Allerdings spielt hier auch eine Rolle, daß bei ähnlicher Einkommenshöhe in den USA und insbesondere in Japan mit der dort zudem noch bestehenden Sechstagewoche die Urlaubsansprüche deutlich geringer sind als in Europa (*op. cit.*, S. 70). Der Besuch von Themenparks hat hier also teilweise eine Ersatzfunktion für oft nicht mögliche längere Urlaubsreisen. Dennoch geht der Trend auch in Europa deutlich in Richtung speziell für den Tourismus entworfener Attraktionen, wie er sich zum Beispiel, wenn auch vielleicht in einer etwas gemäßigten Form, im Erfolg von Bungalowparkanlagen mit künstlichen Badelandschaften zeigt, von denen im übernächsten Abschnitt die Rede ist. Jedenfalls zeigt sich nicht zuletzt darin, wie wenig stichhaltig die Argumente derjenigen sind, die glauben, Reisen und touristischer Konsum hätten in erster Linie mit der Suche nach einer Authentizität zu tun, die in der Alltagswelt verlorengegangen sei (vgl. Kapitel 3 und 5).

6.2.2.2 Markenwelten (*brand lands*)

Die Möglichkeiten und Chancen für das Marketing, die sowohl in der Synthetisierung von Erfahrungen als auch in der Realisierung von Phantasiewelten liegen, haben eine Reihe von Herstellern dazu gebracht, ihre Marken zum Ausgangspunkt der Inszenierung eines Themenparks zu machen. Im Grunde genommen war aber schon die Schaffung des ersten Disneyparks gleichzeitig auch die Errichtung einer solchen Markenwelt, die von Mickey Mouse und weiteren Comicfiguren der Zeichengeschichten Walt Disneys bevölkert wurde und damit wesentlich auch zur Verbreitung der Hefte und der Popularität der Trickfilme beitrug (vgl. Gross 2005).

In der Automobilindustrie gab es schon lange Firmenmuseen, in denen alle Modelle des jeweiligen Unternehmens gezeigt werden. Bei der Schaffung markenbezogener Themenparks knüpfte man darüber hinaus an die schon seit Jahrzehnten gängige Praxis einiger Hersteller an, die es ihren Kunden ermöglichen, die bestellten Fahrzeuge persönlich noch am Tage ihrer Fertigstellung in der Fabrik abzuholen. Dabei geht es nicht bloß um die Fahrzeugübergabe, sondern der Kunde soll über gezielte Informationen, ein entsprechend stilvolles Rahmenprogramm und eine Betriebsbesichtigung in seiner Wahl bestätigt und zu einem überzeugten Markenanhänger werden. Durch die inhaltliche Erweiterung des Konzeptes nicht nur auf die Firmengeschichte, sondern zum Beispiel auch auf die historische Entwicklung der individuellen räumlichen Mobilität und ihre Verknüpfung mit Zeitgeschichte und Kultur können auch Zielgruppen angesprochen werden, die noch nicht zu den Kundengruppen der Unternehmen gehören. Für die Besucher soll damit auch der gesellschaftliche und kulturelle Anspruch der Marke persönlich erfahrbar werden, der den Kauf eines der Produkte zu mehr machen soll als dem bloßen Erwerb eines Fahrzeuges. Vor dem Hintergrund weitgehend austauschbarer Produkte spielen solche Imageaspekte eine immer größere Rolle nicht nur bei der Vermarktung von Automobilen. Wo es letztlich ohnedies keine rationalen Kaufentscheidungen gibt, geht es um eine gezielte Emotionalisierung, die nicht zuletzt auch über solche Markenwelten erlebbar wird, wie sie etwa die Volkswagen AG mit der Autostadt im Jahre 2000 realisiert hat. Sie ist, wie die anderen Projekte, auch eine Antwort auf die durch die verstärkte Konkurrenz und die unübersichtlicher gewordene Medienlandschaft problematischere traditionelle Kommunikation (Print- und Fernsehwerbung), über die es immer schwieriger wird, noch Gehör zu finden. Gerade durch die weitgehende Neutralität der hier laufend stattfinden unterschiedlichen und ständig wechselnden Kulturveranstaltungen von Konzerten bis zu Autorenlesungen steigt die Glaub- und die Vertrauenswürdigkeit des Betreibers.

Mit diesen markenbezogenen Themenparks, in die man als Besucher eintaucht, können, anders als in den klassischen Werbemedien, praktisch alle Sinne angesprochen und darüber ein persönliches und möglichst nachhaltiges Erlebnis inszeniert werden. Teilweise ergänzt durch Hotels, haben sie sich, wie die Autostadt in Wolfsburg, zu eigenständigen Destinationen entwickelt. Mehr als zwei Millionen Besucher jährlich machen sie nach dem Europapark in Rust zum zweitgrößten Themenpark in Deutschland. Dabei ist der Europapark 1975 ursprünglich auch als Einrichtung zur Förderung des Absatzes der Fahrgeschäfte der 1780 gegründeten Traditionsfirma Mack gegründet worden. Hier kann man den Schaustellern die neuen Produkte vorführen und gleichzeitig ihre Attraktivität beim Publikum testen. Wie bei Disney ist auch hier der Park zu einem eigenständigen profitablen Unternehmen geworden.

Afrikanische Naturszenerie aus Legosteinen in einem Legoland

Ähnliche Konzepte verfolgten Lego mit Legoland, von dem es neben dem ursprünglichen Park in Billund (Dänemark) Anlagen in Carlsbad (Kalifornien, USA, nicht weit von Anaheim), in Windsor (Großbritannien) und seit 2002 auch in Deutschland (Günzburg) gibt, die allerdings 2005 in ein neues Unternehmen überführt wurden, an dem Lego nur noch 30 Prozent der Anteile hält. Die Mehrheit hat darin Merlin Entertainment, zu der u.a. auch die in acht Ländern vertretenen Sealife Centre (mit sieben deutschen Standorten) gehören. Das Ravensburger Spieleland ist ein weiterer Markenpark im Markt für Kinder- und Familienunterhaltung, in dem die Produkte des Otto Meier

Verlags (Ravensburger Puzzle, Käpt'n Blaubär usw.) neben anderem ein wichtige Rolle spielen. Die von André Heller für die von ihm so verachteten Touristen (vgl. Abschnitt 5.14) inszenierten Kristallwelten des Fabrikanten Swarovski bei Innsbruck in Tirol sind ein weiteres Beispiel für ein erfolgreiches Markenland.

Die unternehmerischen Risiken, die in solchen Projekten wie in denen von Themenparks generell liegen, sind jedoch nicht zu unterschätzen. Sie liegen nicht zuletzt in dem hohen Investitionsbedarf für diese Anlagen, die bei konzeptuellen Anfangsfehlern auch große Konzerne schnell den Atem verlieren lassen. Es gibt daher auch eine Reihe von Gegenbeispielen, in denen Firmen bei der Etablierung eines solchen markenbezogenen Themenparks gescheitert sind. ‚Opel live' in Rüsselsheim, 2000 eröffnet und 2001 schon wieder geschlossen, ist in Deutschland das prominenteste (vgl. Penz & Rösch 2005). Deshalb gibt es auch eine Reihe von Kooperationen von Unternehmen mit Parkbetreibern. So hat bereits 1982 Kodak einen eigenen Pavillon im Epcot (=*Experimental Prototype Community of Tomorrow*) Themenpark im Disney Land in Florida eröffnet, einzelne Themenbereiche werden von (wechselnden) Geldgebern mitfinanziert, die dafür das Recht bekommen, durchgehend ihr Firmenlogo zu plazieren und auch eigene Exponate zu integrieren. Nachdem die zum Ravensburger Spieleland gehörende Kinderverkehrsschule in den ersten Jahren mit miniaturisierten Mercedes-Kleinwagen bestückt war, sind es jetzt Minis, mit denen BMW seine Marke bei den für den Autokauf nicht zu unterschätzenden Kindern präsentiert.

6.2.2.3 Bungalowparks

Sind die Disney-Parks, wie am Beispiel Disneyland Pariss zu sehen war, als Freiluftanlagen noch stark von entsprechenden klimatischen Voraussetzungen abhängig, so sind die Bungalowparks die Antwort auf das häufig schlechte Wetter in Nord- und Mitteleuropa. Mittelpunkt dieser Anlagen ist das aufwendig gestaltete **subtropische Erlebnisbad**, das von einer großen Glaskuppel überdacht und damit gegen jegliche Witterungseinflüsse geschützt ist.

Entstanden ist dieses Konzept in den Niederlanden der 1960er Jahre, zu einer Zeit also, in der sich nur wenige eine Flugreise in den Süden leisten konnten. Aus einer 1967 errichteten Sommerhausanlage mit 30 Ferienbungalows entstand ein Jahr später durch die Überdachung des Schwimmbeckens eine Ganzjahresanlage mit Restaurant und Einkaufsmöglichkeiten (Doensen 2000). Nach diesem Modell entstanden weitere Anlagen, zunächst in den Niederlanden, dann auch im benachbarten Belgien, in Großbritannien und Frankreich. Dabei wurde das Schwimmbad im Zentrum dieser Anlagen immer weiter ausgebaut, und 1980 entstand das erste subtropische Erlebnisbad in der Ferienanlage „Eemhof" (Faché 1991). Heute ist daraus ein großes Ferienunternehmen, **Center Parcs**, mit Sitz in Rotterdam entstanden, zu denen auf dem europäischen Kontinent unter dem Dach der französischen Pierre & Vacances auch die früher in Konkurrenz zu Center Parcs entwickelten Gran Dorado Parcs (jetzt: „Free Life from Center Parcs") und „Sea Spirit from Center Parcs" gehören. Mit ähnlichen Konzepten arbeiten die belgischen **Sun Parcs** und die **Landal GreenParks**.

Die Erlebnisbäder haben mit den ursprünglichen viereckigen Schwimmbekken nichts mehr zu tun. Vielmehr handelt es sich um vielgestaltige, meist terrassenförmig angelegte Badelandschaften mit Palmen und weiteren Pflanzen. Wellenbad, Kanäle, Becken mit unterschiedlichen Wassertemperaturen zwischen 24^0 und 36^0 Celsius, Erlebnisrutschen, Saunen und Dampfbäder – alles ist in diese Landschaft integriert, die selbst Strände und Terrassencafés enthält (a.a.O.). Bei gutem Wetter können sowohl die Glaskuppel über dem Bad geöffnet werden als auch die Glaswand zu der an das Gebäude grenzende Liegewiese (Riemer 1995). Um die Badelandschaft gruppiert ist ein Einkaufs- und Restaurantbereich im Stil einer Passage – auch hier ist alles überdacht. Dazu kommen noch Sport- und Spieleinrichtungen sowie Diskotheken. Auch dort gibt es Wasseranlagen mit (sub)tropischen Pflanzen und Wasservögeln Bei Center Parcs nennt sich diese in mediterraner Atmosphäre gestaltete „Parc Plaza". Sie sind in der Mitte der ca. ein bis drei Quadratkilometer großen Bungalowparkanlagen mit ca. 600 Wohneinheiten à 4-8 Betten plaziert, die bei Center Parcs auch einen (meist künstlich angelegten) See enthalten, um den viele der Häuser so gruppiert sind, daß von allen der Blick auf die Wasserfläche möglich ist.

Diese Anlagen sind speziell auf die Bedürfnisse von Kurzurlaubern zugeschnitten. Deshalb befinden sich ihre Standorte in der Regel verkehrsgünstig in der Nähe von Autobahnausfahrten und liegen bis zu etwa zwei Stunden Fahrzeit von größeren Städteagglomerationen entfernt (Doensen 2000). Dabei verfolgen die verschiedenen Betreiber der Bungalowparks unterschiedliche Konzepte. Center Parcs Anlagen haben – von wenigen Ausnahmen abgesehen – ihren Standort in touristisch uninteressanten Regionen, die früheren Gran Dorado und Sun Parcs dagegen liegen in der Regel in touristisch erschlossenen Gebieten. Die Center Parcs sind damit ein weiteres Beispiel dafür, daß eine Trennung zwischen natürlichem und abgeleiteten Angeboten, wie sie Kaspar (1996) vornimmt, nicht sinnvoll ist (vgl. 6.2). Die Center Parcs selbst sind die Attraktion und nicht das Gebiet, in dem sie ihren Standort haben.

Entsprechend haben sie ein **innenorientiertes betriebswirtschaftliches Konzept** (Strasdas 1992, S. 18 ff.), d.h., die Parks sind so angelegt, daß die Besucher sie während des gesamten Aufenthaltes nicht zu verlassen brauchen, weil die Einkaufs- und Restaurantplaza alles an Gütern und Dienstleistungen bietet, was man sich während eines Kurzurlaubs wünscht. Damit entspricht dieses Konzept weitgehend der Konzeption, die Disney seit der Einrichtung des zweiten Themenparks in Florida verfolgt, und in der alle Hotel- und Gastronomiebetriebe und die Läden durch den Konzern selbst geführt werden.

Etwa die Hälfte des Umsatzes wird, grob gerechnet, bei den **Center Parcs** durch die Vermietung der Bungalows erzielt. Die Nutzung der Badelandschaft ist in diesem Preis enthalten. Ein Viertel wird für Verpflegung ausgegeben, das meiste davon in den verschiedenen Restaurants der Anlagen. Etwa 15 Prozent des Umsatzes wird durch die Läden erzielt (von Kleidung bis hin zu Schmuck), der Rest durch die Nutzung der Sporteinrichtungen. Damit ist es möglich, niedrige Katalogpreise für einen Aufenthaltes zu kalkulieren, was die Buchungsbereitschaft der (potentiellen) Gäste erheblich erhöht. Der hohe Umsatzanteil der Restaurants und Läden wird auch dadurch begünstigt, daß es sich nur um kurze Aufenthalte handelt, bei denen man in der Regel ausgabefreudiger ist als bei längeren Reisen, bei denen der Umsatz pro Tag und Person deutlich niedriger liegt (Doensen 2000, S. 338).

Die Anlagen der beiden anderen Anbieter werden dagegen nach eher **außenorientierten** bzw. **halboffenen betriebswirtschaftlichen Konzepten** geführt. Da sie an touristisch interessanten Orten liegen, verlassen die Gäste von den früheren **Gran Dorado** und den **Sun Parcs** häufiger die Anlagen und tätigen einen Teil ihrer Urlaubsausgaben außerhalb. Um diesen Umsatzverlust teilweise zu kompensieren, können Gäste von außerhalb das Erlebnisbad gegen Eintritt benutzen. Dem Vorteil des höheren Umsatzes der innenorientierten im Vergleich zu den halboffenen Parks stehen jedoch auch erheblich höhere Investitionssummen gegenüber.

Die größte Nachfrage nach dieser Art Kurzurlaub besteht an den (verlängerten) Wochenenden von Freitag bis Montag. Durch Preisdifferenzierung (verringerte Tarife unter der Woche) wird bei den meisten Anlagen der Unternehmen eine Jahresauslastung von ca. 95 Prozent erreicht.

6.2.2.4 Einkaufszentren

Vor dem Hintergrund des hohen Anteils von Einzelhandelsumsätzen, die in den Freizeit- und Unterhaltungsparks getätigt werden, haben Investoren erfolgreich versucht, von der Handelsseite her große Zentren zu errichten, die durch Freizeit- und touristische Angebote so ergänzt werden, daß hier ebenfalls eine Erlebniswelt entsteht, welche die Aufenthaltsdauer der Konsumenten und damit ihre Ausgabebereitschaft erhöht.

Beispiel: In einer Untersuchung in einem us-amerikanischen *shopping-center* wurde folgender Zusammenhang zwischen der Verweildauer und dem Ausgabeverhalten der Kunden festgestellt:

Verweildauer (in Stunden)	Ausgaben (1,5 Std. Verweildauer = 100 % Ausgaben)
1,0	75 %
1,5	100 %
2,0	124 %
3,0	181 %
4,0	212 %

(Stillerman Jones & Co. 1989, cit. nach Wenzel & Franck 1995, S. 115, Anm. 9)

Wenn es also gelingt, die Verweildauer durch eine interessante, abwechslungs- und erlebnisreiche Gestaltung der Anlage zu erhöhen, steigen auch die Chancen für den Umsatz der darin vertreten Geschäfte. Dazu müssen zum Beispiel, ebenso wie in einem Freizeitpark, auch Ruhezonen ohne Konsumzwang vorgesehen werden. Die Kombination von Einkaufsmöglichkeiten mit Unterhaltungs- und Spielangeboten für alle Altersgruppen, insbesondere Kinder führt zur gewünschten hohen Aufenthaltsdauer und zu einer hohen Kundenbindung. So besitzen diese Komplexe durch ihre Größe und Vielfalt einen so hohen Attraktionswert, daß sie auch **touristisch relevant** werden. Dies haben die beiden größten Zentren dieser Art, die 1981 eröffnete West Edmonton Mall in Edmonton/Kanada und die seit 1992 bestehende Mall of America in Bloomington bei Minneapolis/USA deutlich gezeigt.

Die **West Edmonton Mall,** die 1983, 1985 und 1998 erweitert wurde, beherbergt neben acht Großkaufhäusern 800 Geschäfte und fünf Großattraktionen (darunter Wasserpark, Eislaufbahn, Casino und Tiefseeabenteuer), 110 Restaurants und ein Hotel angesiedelt sind. Von den jährlich rund 20 Millionen Besuchern sind 9,2 Millionen Touristen oder Ausflügler, 10,8 Millionen sind Einwohner Edmontons. Zwischen 1982 und 1986 steigerten sich die touristischen Gesamtausgaben in der Stadt Edmonton von 200 Millionen Can $ auf 700 Millionen Can $ und ca. 60 Prozent aller Anfragen an das städtische Verkehrsbüro beziehen sich auf die Mall (Wenzel & Franck 1995, S. 113 f.; Internetseiten der West Edmonton Mall 1997, 2006). Mit etwa 520 Geschäften ist die

Eingang zum CentrO in Oberhausen

Mall of America zwar nicht ganz so groß, mit etwa 35 Millionen Besuchern (Disneyworld in Florida: ca. 28 Millionen) hat sie jedoch bereits im ersten Jahr die West EdmontonMall überflügelt. Integriert in die Anlage sind ein ‚Lego Imagination Center' (Legoland) und das Dinosaur Walk Museum. 86 Restaurants und eine Vielzahl von Kinos gehören neben einer Achterbahn zu den weiteren Attraktionen. 40 Prozent der Besucher reisen aus einer Entfernung von mehr als 150 Meilen (ca. 240 km) an. Von Mitte August (der Eröffnung) bis Dezember 1992 fuhren mehr als 2.500 Reisebusse zur Mall und hatten bereits 90 japanische Reisegruppen den Komplex besucht (Wenzel & Franck 1995, S. 114 ff.; Internetseiten der Mall of America 1997, 2006); ca. 10.000 Besuchergruppen werden pro Jahr registriert.

In Europa entsprechen die **Meadowhall** in Sheffield mit etwa 270 Geschäften und einem eigenem Bahnanschluß und das ihr in Teilen nachempfundene Neue Zentrum Oberhausen, **CentrO**, das vom gleichen Investor errichtet wurde, mit mehr als 200 Läden, diesem Modell.

Die Freizeitangebote in diesen Einkaufspromenaden sind zwar an sich meist defizitär, ihre Fehlbeträge werden aber durch den Mehrumsatz, den die Geschäfte durch die Plazierung im gleichen Komplex erzielen, mehr als ausgeglichen. In Amerika sind die Ladenbesitzer deshalb bereit, diese Einrichtungen durch höhere Mieten zu subventionieren (Wenzel & Franck 1995, S. 127).

Touristisch werden diese kombinierten Einkaufs- und Vergnügungszentren in den nächsten Jahren vermutlich eine immer größere Rolle spielen, zumal sie sich auch mit Sport und Kulturereignissen (*events*) in den Theatern, Konzertsälen, Kinos und Sportarenen der Zentren (wie dies etwa im Oberhausener CentrO geschieht) verbinden lassen, welche die Attraktivität des Einkaufens (*shopping*) in ihnen noch weiter verstärken wird. So finden in der Mall of America jährlich ca. 350 Veranstaltungen (*events*) statt. Das trifft auch für Deutschland zu. Nicht zuletzt durch solche Angebote wie auch die von Firmenverkaufsstellen (*factory outlets*) werden durch auswärtige Tagesbesucher und Touristen in Deutschland etwa 8,7 Mrd. Euro pro Jahr an Einzelhandelsumsätzen getätigt, das entspricht 2,3 Prozent des gesamten Einzelhandelsumsatzes in Deutschland (Widman 2006, S. 105). Ein gutes Drittel davon wird von Übernachtungsgästen ausgegeben (a.a.O.).

6.2.2.5 Veranstaltungen (*special events*)

Messen und Kongresse, Konzertveranstaltungen mit Weltstars (zum Beispiel „Die drei Tenöre"), spektakuläre Theater- oder Operninszenierungen, Festivals, sog. sportliche Ereignisse wie Turniere, Meisterschaften oder Olympiaden – sie alle gehören zu den Ereignissen, die über den Veranstaltungsort hinaus Menschen anziehen und zum Reisen veranlassen. Dazu gehören auch jährlich wiederkehrende Veranstaltungen wie „Rhein in Flammen", das Münchner Oktoberfest oder das Seenachtfest in Konstanz und im Schweizer Nachbarort Kreuzlingen.

Die auffälligste Entwicklung in diesem Bereich gab es in den letzten Jahrzehnten bei den **Musicals**. Seitdem „Cats" von Andrew Lloyd Webber aufgeführt wurde und in Europa und in den USA in verschiedenen Städten und in unterschiedlichen Inszenierungen *en suite* aufgeführt wird, hat sich eine ganze Musicalindustrie entwickelt. Die Einzugsbereiche der privatwirtschaftlich betriebenen Bühnen reichen dabei weit über ihre Standortregionen hinaus. Sie wurden damit zu einer Attraktion, die in einem erheblichen Maße zum touristischen Wachstum der Städte beigetragen hat, in denen mittlerweile eine ganze Reihe solcher Musicals gezeigt wird. In Deutschland sind dies neben Hamburg, wo früher „Cats" und das „Phantom der Oper" aufgeführt wurden und heute „Buddy Holly" und „Der König der Tiere" läuft, vor allem Bochum („Star Light Express") und Stuttgart mit „Mamma Mia".

Nachdem sich diese Musicalszene dauerhaft etabliert hatte, war es naheliegend, daß die Produzenten einen höheren Anteil an den durch ihre Produktionen ausgelösten Gesamtumsätzen erwirtschaften wollten. Denn im Normalfall reduzieren sich ihre Erlöse auf den Verkauf der Eintrittskarten, von den durch ihr Angebot ausgelösten zusätzlichen Umsätzen in der örtlichen Hotellerie und Gastronomie und bei Reiseveranstaltern profitieren andere. Für „Miss Saigon" wurde deshalb in Stuttgart für die Stella Musical AG, die zur später (wegen Immobiliengeschäften in Ostdeutschland) in Konkurs gegangenen Deyhle-Gruppe gehörte, ein ganzer Theater-, Freizeit- und Hotelkomplex der eröffnet (SI-Erlebnis Zentrum Stuttgart). Hatte man zunächst mit Reiseveranstaltern, vor allem Busunternehmen, zusammengearbeitet, wurde später ein eigenes Reiseunternehmen gegründet, das die Vorstellungen touristisch vermarktete. Zu diesen Reiseprogrammen gehörte meist auch ein Blick hinter die Kulissen, vor allem auf die aufwendigen technischen Anlagen, mit denen das Musical in Szene gesetzt wird. Die Hilfsmittel zur Herstellung der Bühnenillusion werden damit selbst zu einer Attraktion (vgl. Abschnitt 5.5).

Durch diese Integration der um das Kernprodukt „Musical" gruppierten zusätzlichen Produkte und Dienstleistungen kann der Anteil des Produzenten an der Wertschöpfung und damit auch der Gewinn erheblich gesteigert werden. Allerdings sind mit dieser Strategie auch um ein Vielfaches höhere Investitionssummen und ein entsprechend höheres Risiko verbunden. Deshalb mußte man zunächst abwarten, wie sich der Musicalmarkt entwickelt. Mit dem Bau eines multifunktionalen Komplexes wie in Stuttgart können dabei auch ähnliche Synergieeffekte genutzt werden, wie sie in den Themen- und Bungalowparks sowie in den Malls durch die Bündelung eines großen Spektrums unterschiedlichster Angebote erreicht werden. Es ist deshalb gut vorstellbar, daß die zukünftige Entwicklung zu einer Integration von Freizeitzentren, Malls und populären kulturellen Attraktionen mit einem breiten Übernachtungsangebot führt. Ein Beispiel dafür ist die „Neue Mitte Oberhausen", in der es neben dem Einkaufszentrum CentrO einen Freizeitpark, ein großes Sea Life Centre, ein Museum (im Gasometer), eine Veranstaltungsarena – und eben auch das Metronom Theater mit einem Musical gibt. Gab es in Oberhausen 1997 erst 295 kommerzielle Übernachtungen auf 1.000 Einwohner (Tourismusintensität), so sind sie 2004 auf 849 gestiegen (vgl. Tabelle 1.1 auf Seite 34).

6.2.3 Destinationsmarken

Um wirtschaftlich erfolgreich zu sein, müssen Reiseziele versuchen, ihren Attraktionswert zu steigern und sich positiv von anderen, konkurrierenden Gebieten abzuheben. Dies zu erreichen ist eine der wichtigsten Aufgaben von Vermarktungsorganisationen auf lokaler, regionaler, nationaler und manchmal auch auf supranationaler Ebene (vgl. Abschnitt 6.2.1). Dafür werden u.a. Prospekte hergestellt, Anzeigen und manchmal sogar Radio- und/oder Fernsehwerbespots geschaltet sowie aufwendige Internetauftritte gestaltet. Die Destinationsagenturen sind dabei immer professioneller geworden und die Gestaltung eines Logotyps, oder kurz Logos, einer Kombination von graphischen mit Textelementen, gehört mittlerweile nahezu zu den Selbstverständlichkeiten ihrer Werbeauftritte. Damit versuchen sie, sich der Darbietung erfolgreicher Markenprodukte anzugleichen, in der Hoffnung, damit, ähnlich wie bei ihren Vorbildern, eine Präferenz bei Zielgruppen von (potentiellen) Gästen zu erreichen, die zu höheren Buchungszahlen und nach oben erweiterten Preisspielräumen führt.

Deshalb findet man zunehmend Destinationen, von denen behauptet wird, mit ihrem Logo und ihrem Namen – meist dem Orts- oder Gebietsnamen – nunmehr über eine Marke zu verfügen (u.a. Ritchie & Ritchie 1998; Scherhag 1999, 2003; Bieger & Ludwig 2000; Brysch 2001; Morgan, Pritchard & Pride 2002). Dazu gehören dann zum Beispiel so unterschiedliche Orte und Gebiete wie St. Moritz (Bieger 2005), der Harz (Lücke 2001), Wales (Pride 2002), der Bodensee, Tirol (Margreiter 2001), Hamburg (Pirck 2005) oder gleich die gesamte Schweiz (M. Hartmann 1999).

Dies fügt sich ein in eine Entwicklung, nach der mittlerweile so ziemlich jede Bezeichnung zu einer ‚Marke' avanciert. „Alles, was einen Namen hat und benannt wird, was man namentlich zuordnen kann, wird Marke. Die Marke Dieter Bohlen, die Marke Maggi, die Marke Zweckverband Abwasser und so weiter, ist das ein- und dasselbe?" (Dürr 2004). Beantwortete man diese berechtigte Frage mit ‚ja', bewegte man sich wohl auf dem Niveau dessen, was unter afrikanischen Lehrern als der ‚Kühlschrank-Fehlschluß (*refrigerator fallacy*)' bekannt ist: Alle Lehrer haben Kühlschränke und wer sich einen kauft, wird damit selber auch Lehrer (Ayittey 2005, S. 88).

An dieser Stelle ist es daher notwendig, sich kurz vor Augen zu führen, was eigentlich Marken sind. Auch wenn es schon früher ähnliche Ansätze gegeben hat, wurden sie am Ende des 19. Jahrhunderts systematisch entwickelt, um von anonymen Produzenten hergestellte homogene und lose gehandelte Lebensmittel wie Milch, Mehl, Butter, Zucker usw. zu heterogenisieren, d.h., ihnen durch die Verwendung von Verpackungen mit Namen und Zeichen (Logos) in Verbindung mit dem Versprechen gleichbleibend hoher bzw. ständig verbesserter Produktqualität durch einen identifizierbaren und vertrauenswürdigen Hersteller jeweils ein Image des Verläßlichen und des Besonderen zu verleihen. Damit können Präferenzen bei den Kunden geschaffen werden, die – wenn das Garantieversprechen gleichbleibender bzw. ständig verbesserter Produktqualität eingehalten wird – zu Konsumentenloyalität (Wiederholungskäufen) führen und den Produzenten größere Preisspielräume nach oben eröffnen.

Die bekannteste Marke der Welt, Coca Cola, ist ein solcher klassischer Fall: Koffeinhaltige, süße Brause ist ein homogenes Produkt (in Blindversuchen sind die verschiedenen Colas nicht zuzuordnen), das über den Namen und das Logo auf der Verpackung (der besonders geformten Flasche) heterogenisiert und über Werbung und andere Kommunikationskanäle mit einem bestimmten Image aufgeladen wird. Ähnliches läßt sich über die erfolgreichste Zigarettenmarke, Marlboro, feststellen.

Heterogenität bezieht sich also nur auf den äußeren Vergleich mit konkurrierenden Produkten, in sich müssen diese Waren homogen, d.h. von gleichbleibender Qualität sein, wenn das Markenversprechen eingelöst werden soll. Bei Waren ist dies prinzipiell einfach, bei Dienstleistungen, die seit 1979 in Deutschland auch als Marke angemeldet und geschützt werden können, wird es dagegen schon schwieriger. Das gilt vor allem für persönliche Dienstleistungen, bei deren Erbringung der Kunde ja mitwirken muß, weil Herstellung und Konsumtion (wie beim Haareschneiden) zusammenfallen (*uno actu*-Prinzip). Durch Standardisierung, Schulung des Personals und Kontrollen lassen sich hier die Markenversprechen nur bedingt einlösen. Deshalb haben bereits Reiseveranstalter, deren Produkt aus der Kombination verschiedener Dienste von meist selbständigen Leistungsträgern besteht, Probleme, ihrem Markenanspruch gerecht zu werden. Die oben beispielhaft aufgeführten ‚**traditionellen' Destinationen** sind aber bereits in sich heterogene Gebilde mit einem Gemenge aus privaten (u.a. Beherbergungsbetriebe) und öffentlichen (u.a. Verkehrsinfrastruktur) Angebotsgütern, die nicht unter einer einheitlichen Leitung stehen (Luft 2004, S. 18).

Übersicht 6.8: Markenrelevante Eigenschaften von Gütern, Dienstleistungen und ‚traditionellen' Destinationen

Waren (*tangible goods*)	Dienstleistungen (Gastgewerbe, Verkehr)	‚traditionelle' Destinationen
Produzenten		
• identifizierbar	• identifizierbar	• nicht identifizierbar
Produkte und Dienstleistungen		
• homogen • die gesamte Produktkonzeption wird durch den Hersteller bestimmt	• heterogen (externe Faktoren wie Wetter und, bei persönlichen Dienstleistungen, Konsumenten, haben einen deutlichen Einfluß auf die Produktqualität) • die Dienstleistungsqualität (*levels of service*) kann vom Unternehmen bestimmt werden	• sehr heterogen (weil es eine Vielzahl unterschiedlicher und unabhängiger Produzenten gibt) • die Qualität der Dienstleistungen kann nicht von der Tourismusorganisation vorgegeben werden
Markenbildung		
• die Markenbildung für die Produkte ist vollständig in der Hand des Herstellers • die Waren sind vervielfältigbar • strikte Qualitätskontrolle	• die Markenbildung für die Dienstleistungen ist in der Hand des Unternehmens, wird aber durch subjektive Einflüsse des Personals und der Kunden (externe Faktoren) beeinflußt • prinzipiell vervielfältigbar • direkte Qualitätskontrolle	• „Markenbildung" durch eine Tourismusstelle mit sehr begrenztem Einfluß auf das Produkt • nicht vervielfältigbar, weil auf eine geographisch eingegrenzte Region beschränkt
rechtliche Aspekte		
• keine Probleme innerhalb des gesetzlichen Rahmen	• keine Probleme innerhalb des gesetzlichen Rahmens	• Namen geographischer Orte sind nach europäischem Recht als Markennamen nicht zulässig

Quelle: Mundt (2002 c), S. 343 (Übers. J.W.M.)

„Unabhängig von ihrer Größe sind sie Bündel sowohl von natürlichen wie kultivierten und bebauten Landschaften, von kulturellen Faktoren, dem Klima und einem Fächer von Gütern und Dienstleistungen, die von einer Vielzahl verschiedener und meist unverbundener Unternehmen angeboten und hergestellt werden" (Mundt 2002 c; Übers. J.W.M.; vgl. Übersicht 6.8).

Ein glaubwürdiger Markenauftritt ist unter solchen Voraussetzungen praktisch unmöglich. Hinzu kommt, daß Artikel 3 (1) der Richtlinie 89/104 EG der Europäischen Union vom 21. Dezember 1988 bestimmt, daß Namen, die ausschließlich durch die Bezeichnung eines geographischen Ortes bestimmt werden, nicht als Marken registriert werden dürfen und damit auch **keinen Markenschutz** genießen. Dies ist seit der Umsetzung im Jahre 1995 auch geltendes Recht in Deutschland. Nach zwei Urteilen des Europäischen Gerichtshofes aus dem Jahre 1999 dürfen nur solche Ortsbezeichnungen als Markennamen weiter geführt werden, die bereits vor dem Inkrafttreten des Gesetzes Marktbedeutung erlangt haben und in keinem Zusammenhang mit ihrer ursprünglichen Bedeutung stehen (wie zum Beispiel Textilien der Marke ‚Chiemsee'; Rsn C 108/97 und C 109/97).

Vor diesem Hintergrund ist es wenig verwunderlich, daß bis auf eine von den eingangs zu diesem Abschnitt aufgeführten Arbeiten keine die Definition einer ‚Destinationsmarke' enthält. Das ist schon deshalb bemerkenswert, weil man vor allem von einem Buch, wie dem von Morgan, Pritchard & Pride (2002) herausgegeben Band über „Destination Branding" einige Grundlegungen dazu hätte erwarten dürfen. Die Ausnahme ist der Aufsatz von Ritchie & Ritchie (1998):

„Eine Destinationsmarke ist ein Name, Symbol, Logo, Wortzeichen oder eine Graphik, die eine Destination identifiziert und unterscheidet; darüber hinaus vermittelt sie das Versprechen einer erinnerungswürdigen Reiseerfahrung, die einzig mit dieser Destination verknüpft ist; sie dient auch dazu, die angenehmen Erinnerungen des Destinationserlebnisses im Gedächtnis zu festigen und zu verstärken" (S. 103; Übers. J.W.M.).

Obwohl das von Bieger (2005) herausgegebene Buch „Management von Destinationen" betitelt ist und Markenkonzepte in diesem Zusammenhang propagiert, enthält es keine Definition von Destinationsmarken, sondern – im Glossar – nur allgemein eine von Marken:

„Eine Marke ist ein Symbol, ein Name oder ein Zeichen, das in der Psyche des Verbrauchers/Gastes für einen bestimmten Nutzen eine Monopolstellung besitzt. Markenprodukte sind damit Produkte, an die der Konsument bei einem bestimmten Bedürfnis sofort denkt. ... Voraussetzung für eine Marke ist eine klare Positionierung und ein langfristig ausgerichtetes, integriertes Marketing" (S. 359).

Beide Definitionen sind – nicht nur in diesem Kontext – problematisch, wenn sie zum Beispiel die Einzigartigkeit bzw. sogar „Monopolstellung" einer Marke für ein Erlebnis bzw. für Dienstleistungen oder Waren herausstellen, wie dies im übrigen auch der Untertitel des von Morgan, Pritchard & Pride (2002) herausgegebenen Buches – *„creating the unique destination proposition"* – tut.

„Es ist einer der großen Marketingmythen, daß eine solche Marktposition die Voraussetzung für einen kommerziellen (Marken)Erfolg ist. ... Nicht einmal die Hersteller von Luxusautomobilen können die Einzigartigkeit irgendeines ihrer Fahrzeuge für sich in Anspruch nehmen. Technisch gesehen sind sie alle ziemlich gut gegenseitig austauschbar und selbst in bezug auf die mit ihnen assoziierten Images gibt es keine wirklichen Differenzen zwischen Marken wie BMW, Jaguar oder Mercedes. Alle ge-

Übersicht 6.9: Unterschiede zwischen ‚traditionellen' und synthetischen Destinationen

‚traditionelle' Destinationen	synthetische Destinationen
Struktur	
• sind beschränkt auf einen Ort; • sind aus unterschiedlichen Entwicklungen entstanden und nicht alleine durch touristische Bedürfnisse bestimmt; • haben eine gemischte Wirtschaftsstruktur, die überwiegend, teilweise oder auch gar nicht abhängig vom Tourismus ist; • umfassen Tourismusunternehmen unterschiedlicher Größen und Interessenlagen und werden in der Regel von kleinen und mittleren Unternehmen (KMU) dominiert; • weisen deutliche Unterschiede in Qualifikation und Professionalität zwischen den Anbietern auf; • umfassen starke Anspruchsgruppen auch von außerhalb des Tourismus (zum Beispiel politische Parteien, Umweltgruppen, Vereine usw.).	• können vervielfältigt werden; • wurden ausschließlich zu diesen Zweck und (fast) nur von einem Unternehmen geplant; • haben die Möglichkeit der Auslagerung (*outsourcing*) von Teilen des Geschäftes zu Unterauftragnehmern bzw. Mietern (Läden, Restaurants, Kioske, Ausflüge usw.); • Anspruchsgruppen wie bei jedem anderen Unternehmen.
Organisation	
• Selbstorganisation ist wegen unterschiedlicher Interessen und dem daraus resultierenden Marktversagen auf der Anbieterseite nicht möglich; • es existieren keine umfassenden, von allen akzeptierten Organisationsstrukturen; • öffentliche Tourismusstellen haben nur einen sehr eingeschränkten Einfluß auf Marketingentscheidungen; • öffentlich-private Partnerschaften können die daraus resultierenden Probleme vermindern, aber nicht lösen.	• einheitliche Organisation entsprechend den geplanten Strukturen mit klar umgrenzten Verantwortlichkeiten; • Unterordnung möglicher Subunternehmer oder Mieter unter das Geschäftskonzept des federführenden Unternehmens (*operator*) durch entsprechende Verträge.
Wahrnehmung von außen (*public perception*)	
• unscharf und verschwommen aufgrund von Vorerfahrungen (*preconceived awareness*), die durch Geschichte und soziale Klischees bestimmt sind; • aufgrund der unterschiedlichen Funktionen eines Ortes vielfältig und oft widersprüchlich.	• klare Charakteristik des Ortes durch die Anwendung professioneller Kommunikationstechniken von Anfang an.

‚traditionelle' Destinationen	synthetische Destinationen
Handeln	
• Gefahr gegenläufiger Aktionen durch verschiedene Anbieter, wenn die Konkurrenz untereinander Vorrang vor gemeinsamen Interessen hat; • Beschränkung gemeinsam abgestimmter Aktionen auf fremd (= öffentlich) finanzierte Kampagnen und/oder solche mit dem kleinsten gemeinsamen Nenner; • Marketing bleibt weitgehend beschränkt auf den Kommunikationsmix, weil der Tourismusorganisationen die anderen Marketinginstrumente nicht zur Verfügung stehen.	• einheitlich und voll abgestimmt; • volle Nutzung des gesamten Marketing-Instrumentariums unter Berücksichtigung der Unternehmensleitbilder und der entsprechenden strategischen und taktischen Entscheidungen; • Einbeziehung von allfälligen Unterauftragnehmern bzw. Mietern in die Marketing-Aktivitäten; • Verteilung der Kosten auf alle Beteiligten.

Quelle: Mundt 2002 c, S. 346 (Übers. J.W.M.)

ben ihren Besitzern das Gefühl eines höheren Status und alle werden in der Öffentlichkeit als mehr oder weniger gleichwertig eingeschätzt – und jede einzelne von ihnen ist recht erfolgreich" (Mundt 2002 c, S. 343; Übers. J.W.M.).

Bei den insgesamt über 700.000 Marken, die derzeit allein beim Deutschen Marken- und Patentamt eingetragen sind – der Duden enthält ca. 120.000 Wörter und eine Boulevardzeitung kommt mit 400 aus (Daly & Wenhart 2005, S. 59) – wäre es zudem auch völlig weltfremd zu behaupten, sie alle besäßen in ihren jeweiligen Märkten eine Alleinstellung. Davon abgesehen bleibt der Definitionsversuch von Ritchie & Ritchie notgedrungen sehr vage, weil es in ‚traditionellen' Destinationen, auf die er sich ausweislich der dort zitierten Beispiele bezieht, wenig Ansatzpunkte für eine Markenbildung gibt. Ein eigenes Produkt läßt sich schon deshalb kaum konzipieren, weil man ja gerade das vermarkten will, was in Form eines Ortes ohnehin schon da ist. Hinzu kommt, daß es keinen Besitzer eines solchen Ortes oder einer Region gibt. Es gibt lediglich Destinationsagenturen unterschiedlicher Ebenen (Ort, Region, Land), die man heute meist neudeutsch (und wenig zutreffend) als *destination management companies* bezeichnet. Dabei geht man häufig davon aus, diese agierten quasi als Marketingabteilung einer Destination, die man demnach also einem (virtuellen) Unternehmen gleichzusetzen könnte (u.a. Bieger 2004, S. 155 f.; 2005, S. 93 f.). Damit wird weiter unterstellt, daß das, was von den Destinationsagenturen als ‚Marketing' bezeichnet wird, dem Marketing normaler Unternehmungen entspräche.

Beides ist jedoch nicht zutreffend. Zu einen sind es in diesem Sinne keine Unternehmen, sondern **Agenturen**, welche die in der Regel von der Politik (und nicht von den einzelnen Unternehmen) gestellte Aufgabe haben (vgl. Abschnitt 8.4.2.3), bei der Vermarktung des örtlichen Mix von Tourismusangeboten unterstützend tätig zu sein. Es handelt sich bei ihnen deshalb auch keineswegs um Kooperationen aller Tourismusunternehmen in einer Destination, so daß sie auch kein umfassendes Marketing mit der dazugehörenden Nutzung aller Marketinginstrumente (Produkt, Preis, Vertrieb, Kommunikation) betreiben können. Es ist wohl diese Gleichsetzung der Kombination des Kommunikationsmix und Teilen des Vertriebs mit ‚Marketing', die dazu führt, daß man sich dann auch für fähig hält, Destinations-,Marken' etablieren zu können. Ergänzt wird sie vermutlich durch eine falsche Interpretation des Begriffes ‚Marketing': „Das Unglück beginnt schon damit, daß das Wort Marke im englischen Wort Marketing enthalten ist. Marke und Marketing schließen eine phonetische Ehe, die semantisch nicht gültig ist! Im Englischen heißt Marke *brand*" (Dürr 2004, S. 4).

Eine „klare Positionierung" und ein „langfristig ausgerichtetes integriertes Marketing", die bei der obigen Definition Biegers als Voraussetzung für die Etablierung einer Marke gesehen werden, lassen sich mit einer ‚traditionellen' Destination nicht bewerkstelligen. Schließlich bleiben die einzelnen Anbieter in einer Destination selbständige Unternehmen und es liegt ganz an ihnen, ob sie mit einer letztlich politischen Organisation wie der Destinationsagentur kooperieren oder nicht. Auch bei einer Zusammenarbeit bleiben zumindest die Preis- und die Produktpolitik Sache der Leistungsträger. Eine Führungskonzeption der Tourismusstelle läßt sich vor diesem Hintergrund kaum formulieren, geschweige denn durchsetzen.

Ganz anders sieht es bei **synthetischen Destinationen** aus. Clubanlagen, Freizeit- und Themenparks sowie Bungalowparks sind wie weitere ähnliche Einrichtungen nur für den Zweck konzipiert und gebaut worden, die speziellen Bedürfnisse von Touristen zu befriedigen (vgl. Übersicht 6.6 auf Seite 327). Bei ihnen handelt es sich tatsächlich um Unternehmen, die unter einheitlicher Leitung stehen und die Marketing im eigentlichen Sinne betreiben können. Ihre Konzepte sind nicht an einen Platz gebunden, sondern können – wie dies zum Beispiel Clubanlagen, die Disney-Parks oder die Center Parcs zeigen – an ganz unterschiedlichen Standorten mit echten Markenkonzepten realisiert werden. Übersicht 6.9 zeigt die Differenzen zwischen solchen synthetischen und ‚traditionellen' Destinationen. In diesem Zusammenhang ist es bemerkenswert, daß bei der ganzen Diskussion nahezu immer nur über gewachsene Orte und Regionen und nicht über die – auch im rechtlichen Sinne – wirklichen Destinationsmarken geredet wird.

Im übrigen wird die Bedeutung von Marken generell und vor allem im Tourismus häufig überbewertet,

„denn der Erfolg eines Angebotes ist nicht davon abhängig, ob es sich in den Augen der Zielgruppe um eine Marke handelt, sondern davon, daß es ein relevantes, attraktives und differenzierendes Angebot ist. Präferenz und Loyalität in der Zielgruppe ist natürlich mit Hilfe von Markenführung zu erreichen, das bloße Label ‚Marke' ist jedoch keineswegs ein Erfolgsgarant. Vielleicht ist es sogar kontraproduktiv wie bei Personen, Institutionen und Regionen" (Daly & Wenhart 2005, S. 63).

Ziel einer Marke ist die Stimulierung von Wiederholungskäufen. Wesentliches Merkmal touristischer Motivation und damit auch der Destinationsentscheidung ist jedoch die Suche nach Abwechslung (*variety seeking*). Deshalb sind in erster Linie Markenkonzepte von Leistungsträgern sinnvoll, die, wie zum Beispiel Hotelketten oder -kooperationen, mit ihren Angeboten in verschiedenen Destinationen präsent sind. Hier lassen sich Markenpräferenz und Suche nach Abwechslung miteinander verbinden. Synthetische Destinationen können – wie dies etwa die Markenhersteller von Kleidung, Automobilen und Elektrogeräten mit technischen Weiterentwicklungen, erweiterten Funktionen und neuem Design tun – ihre Kunden durch systematische Ergänzungen und Erneuerungen ihres Angebotes an sich zu binden versuchen. Auch damit kann dem Bedürfnis nach Abwechslung bei Wiederholungsbesuchen entsprochen werden. In ‚traditionellen' Destinationen sind solche Strategien kaum möglich, da Investitionsentscheidungen hier anderen Kalkülen folgen und zudem nicht von den Destinationsagenturen getroffen werden.

Schaut man sich überdies die oben zitierten Arbeiten über Destinations-‚Marken' genauer an, stellt man schnell fest, daß sie wenig mit Marken und eher mit Images oder Gütesiegeln zu tun haben.

„Kurz: Wenn es um traditionelle Destinationen geht, scheint es, daß die Begriffe ‚Image', ‚Name', ‚Logo', und ‚Qualitätssiegel' durch ‚Marke' ersetzt werden. Vielleicht ist es eine puristische Haltung, aber wenn wir versuchen, uns wissenschaftlich mit Tourismus zu beschäftigen, sind wir verpflichtet Puristen zu sein. Daher müssen wir die *differentia specifica* zwischen den Begriffen wahren. Ansonsten verlieren wir die differenzierende Kraft unserer Sprache und gewinnen dadurch nichts als Verwirrung und Erwartungen, die sich nie erfüllen" (Mundt 2002 c; Übers. J.W.M.; Hervorh. i. Orig.)

Generell spielen im übrigen Marken bei Kaufentscheidungen eine abnehmende Rolle. Nach Angaben der Nielsen-Marktforschung halten mittlerweile zwei Drittel der deutschen Haushalte Markenartikel für überteuert, entsprechend sinken Markenloyalität und der Glaube, Markenartikel seien qualitativ besser als andere Produkte (context, Folge 13, 2005, S. 12-14). Vor dem Hintergrund der wirtschaftlichen und gesellschaftlichen Entwicklung (vgl. Kapitel 2) spielt auch im Tourismus der Preis eine immer prominentere Rolle – der durchschlagende Erfolg der Billigfluggesellschaften ist nur ein Beispiel dafür (vgl. Abschnitt 6.1.2.3.4).

6.3 Beherbergung und Gastronomie

Sowohl von der Zahl der Betriebe als auch von den Beschäftigten her gesehen ist das **Gastgewerbe** mit Abstand der größte Wirtschaftsbereich im Tourismus. Die weitaus meisten touristischen Reisen (= mindestens eine Übernachtung) sind ohne die Inanspruchnahme von Beherbergungs- und Verpflegungsleistungen nicht möglich. Zwar kann man auch bei Verwandten oder Bekannten unterkommen, aber dies gilt naturgemäß nur für eine sehr beschränkte Zahl von Reisezielen.

Zur Befriedigung der unterschiedlichen Nachfrage von Reisenden nach Unterkunft und Verpflegung hat sich ein differenziertes Gastgewerbe entwickelt, das den jeweiligen Bedürfnissen Rechnung trägt. In diesem Zusammenhang ist jedoch zu beachten, daß dieser Bereich nicht allein durch den Tourismus, sondern auch durch die einheimische Nachfrage getragen wird. Restaurants und Hoteleinrichtungen, wie etwa Seminar- und Veranstaltungsräume, werden auch von der ansässigen Bevölkerung in Anspruch genommen. Auf diesen Aspekt wird im Rahmen der Beschäftigung mit den wirtschaftlichen Effekten des Tourismus in Kapitel 7 genauer eingegangen.

6.3.1 Beherbergungsbetriebe

Die weitaus wichtigste Unterkunftsart im Tourismus ist das **Hotel**. Es wird von Geschäftsreisenden ebenso wie von den meisten Pauschalurlaubern in Anspruch genommen. Nach einer Definition des Deutschen Hotel- und Gaststättenverbandes (DEHOGA) ist ein Hotel ein Beherbergungsbetrieb, der durch die folgenden Merkmale gekennzeichnet ist:

- mindestens 20 Gästezimmer,
- ein erheblicher Teil davon hat ein eigenes Bad bzw. eine Dusche und WC,
- ein Restaurant,
- einen Empfang.

Dem Empfangsbereich angeschlossen ist eine Lobby, in der sich Gäste außerhalb ihrer Zimmer aufhalten, andere Gäste treffen oder Besuch empfangen können. Hier besteht auch die Möglichkeit, Getränke oder kleinere Speisen zu sich zu nehmen. In der Regel ist zumindest der Empfang eines Hotels 24 Stunden besetzt, nachts mit einem Nachtportier, so daß die Gäste jederzeit und ohne daß man Schlüssel an sie ausgeben müßte, in das Hotel kommen können. Zudem ist es dadurch prinzipiell möglich, hier jederzeit nachts noch ein Zimmer zu finden.

Eine Sonderform des Hotels ist das **Motel**, das nach Standort und Anlage speziell auf die Bedürfnisse von Automobilisten zugeschnitten ist. Es wurde in den USA entwickelt, und der Begriff ist als Kunstwort eine Zusammenfassung der beiden Worte „Motor" und „Hotel". Direkt an den wichtigen Verkehrswegen gelegen, hat es am Eingang einen Empfang, in dem man oft ohne aussteigen zu müssen einchecken kann. Die Zimmer liegen in der Regel im Erdgeschoß und sind so um den Parkplatz herum angeordnet, daß man sein Auto direkt vor der Zimmertür parken kann. Entsprechend groß ist der Flächenverbrauch für eine solche Beherbergungseinrichtung, obwohl meist keine weiteren Aufenthaltsräume für Gäste zur Verfügung stehen. In Europa gehört praktisch immer ein Restaurant mit entspre-

Hotelalternative mit Erlebnischarakter für schmale Geldbeutel

chendem Service dazu. In den USA haben Motels dagegen oft nur einen sehr eingeschränkten Service – ohne eigenes Restaurant bieten sie auch kein Frühstück an. Getränke bezieht man aus Automaten bzw. kann sie sich auf dem Zimmer mit Hilfe eines Tauchsieders selbst zubereiten (Kaffee, Tee); nicht selten gehört dafür auch eine kleine Küche (*kitchenette*) zur Ausstattung der Zimmer.

In diesem Punkt ähneln us-amerikanische Motels den europäischen **Aparthotels**, die aus Apartments bzw. Zimmern mit Kochgelegenheit bestehen. Gäste können sich hier entweder selbst versorgen oder den normalen Service eines Hotels in Anspruch nehmen.

Einen eingeschränkten Service bietet das **Hotel Garni**, das seinen Gästen meist nur ein Frühstück und neben Getränken allenfalls kleine Speisen anbietet.

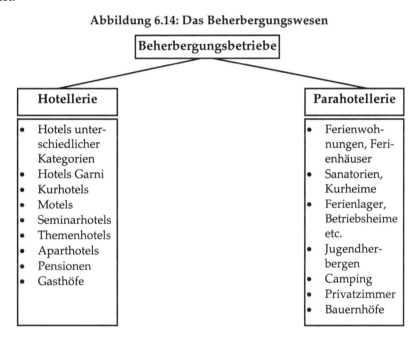

Abbildung 6.14: Das Beherbergungswesen

Kurhotels sind eine Besonderheit, die es vor allem in Deutschland, Österreich, Ungarn, Tschechien, Slowenien, Italien und Frankreich gibt. Bei ihnen handelt es sich um Betriebe in Kurorten oder Heilbädern, in denen spezielle Diäten angeboten werden und in denen eine medizinische Versorgung gewährleistet ist. Italienische Kurhotels verfügen dabei im Gegensatz zu deutschen oder österreichischen meist über eigene Kureinrichtungen, so daß Gäste für ihre Anwendungen das Haus nicht verlassen müssen.

Neben Hotels gibt es noch eine Reihe anderer Beherbergungsbetriebe. An erster Stelle sind hier die **Pensionen** zu nennen. Sie unterscheiden sich von Hotels vor allem dadurch, daß sie meist kleiner sind und neben einem eingeschränkten Service (kein Empfang, kein Nachtportier) Mahlzeiten nur an Hausgäste ausgeben. Die meisten Pensionen bieten heute zudem nur noch ein Frühstück an (Frühstückspensionen) und keine weiteren Mahlzeiten.

Bei **Gasthöfen** stehen Ausschank und Restaurantleistungen im Vordergrund, der Beherbergungsbereich ist dem Betrieb lediglich angeschlossen. Folglich gibt es meist keinen eigenen Empfang und es stehen außer dem Schankraum meist auch keine weiteren Aufenthaltsräume für Gäste zur Verfügung.Darüber hinaus ist es sinnvoll, bei den Hotels zwischen Stadt- und Ferienhotels zu unterscheiden. **Stadthotels** leben in erster Linie von Geschäftsreisenden. Unter der Woche sind sie daher meist gut gebucht und an Wochenenden gibt es kaum Nachfrage nach ihren Leistungen. Ihre Klientel bleibt meist nur eine oder zwei Nächte und ist vor allem an Flexibilität (zum Beispiel kurzfristige Buchungsmöglichkeiten) und sehr frühen Frühstücksmöglichkeiten interessiert. Der Preis spielt eine geringere Rolle, auch wenn die meisten Firmen preissensibler geworden sind. Eine Geschäftsreise wird aber am Hotelpreis nicht scheitern. Die Gäste von **Ferienhotels** dagegen sind sehr preissensibel und geneigt, bei zu hohen Preisforderungen ganz auf eine Reise zu verzichten. Dafür buchen sie in der Regel weit im Voraus und bleiben auch deutlich länger als Geschäftsreisende. Sie können in der Regel mit längeren Verweildauern (mit entsprechend geringeren Kosten durch Wäschewechsel etc.) und höheren Auslastungen kalkulieren als Stadthotels und dadurch – ähnlich wie eine Charter- gegenüber einer traditionellen Linienfluggesellschaft (siehe Abschnitt 6.1.2.4) – auch billiger anbieten.

Auf die Durchführung von Tagungen und Kongressen haben sich **Seminarhotels** spezialisiert. Es gibt aber nur sehr wenige Hotels, die sich ausschließlich auf diesen Markt konzentrieren. Alle großen Hotels bieten zum Beispiel auch Tagungsmöglichkeiten ein, ohne daß sie deswegen auf andere Geschäftsbereiche verzichten würden.

Themenhotels versuchen, selbst zu einer Attraktion zu werden, indem sie, ähnlich wie die Themenparks, ihr Angebot unter einer bestimmten Überschrift inszenieren. Dazu gehören vor allem Großhotels.

Beispiele dafür findet man vor allem in Las Vegas. Das ‚Luxor' Hotel (4.476 Zimmer und Suiten) hat sich das Thema Ägypten gestellt. Es ist einer Pyramide nachempfunden und der Eingang ist in einer riesigen Nachbildung der Sphinx untergebracht. Das ‚Venice' ist eine teilweise Nachbildung Venedigs mit seinen Kanälen und dem Campanile, das ‚Bellagio' ist die Inszenierung eines italienischen Traums, das ‚New York, New York' bietet die Attraktionen des ‚Big Apple' auf kleinsten Raum und im ‚Paris' findet man sich unter einer Replica des Eiffelturms in einem Stück stereotypisierten Frankreichs.

Das ganze Hotel kann unter einem Thema stehen oder es kann verschiedene Zimmer und/oder Bereiche geben, die jeweils einem Thema entsprechend arrangiert sind. Auch die zu den Themenparks gehörenden Hotels sind in der Regel sind (wie zum Beispiel in Rust) in der Regel so aufgebaut, daß sie verschiedene Motive der Parks wiederaufnehmen und neu interpretieren. Die **Qualität von Hotels** wird in den meisten Ländern (zum Beispiel Frankreich, Spanien) über offizielle Klassifikationen festgestellt. Die Hotels werden dabei nach Sternen klassifiziert. Die Bandbreite der Zuordnung reicht dabei von einem (einfaches Haus) bis zu fünf Sternen (Luxushotel). In Deutschland gab es lange keine solche Klassifikation. Seit 1996 nimmt der Deutsche Hotel- und Gaststättenverband (DEHOGA) Kriterien auf Wunsch der Betrieb eine solche Klassifizierung nach bundeseinheitlichen vor. Anders als zum Beispiel in Italien, den Niederlanden oder in Dänemark ist sie also in Deutschland nicht obligatorisch. Derzeit sind ca. 8.200 Hotels unter den insgesamt ca. 47.000 Beherbergungsbetrieben (inklusive Gasthäuser und Pensionen) in Deutschland klassifiziert, der mit Abstand größte Teil davon mit drei Sternen (Abbildung 6.15).

Abbildung 6.15: Klassifizierte Hotels in Deutschland

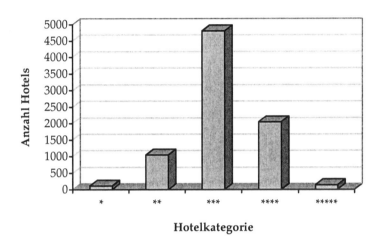

Quelle: DEHOGA; Stand Januar 2006

Für Gästehäuser, Gasthöfe und Pensionen hat der Deutsche Tourismusverband (DTV) ein analoges Klassifikationsschema entwickelt, das durch ein vorgestelltes „G" gekennzeichnet ist. Eine mit drei Sternen bewertete Pension wird also als „G ***" ausgewiesen.

Diese Kategorisierungen müssen vor dem Hintergrund sich stetig ändernder Ansprüche von Zeit zu Zeit überarbeitet werden. So brauchte man 1974 in Frankreich für drei Sterne keinen Fahrstuhl, wenn ein Hotel zwei Stockwerke hatte und vier Sterne konnten ohne Fahrstuhl vergeben werden, wenn es nur eine erste Etage hatte. Für drei Sterne reichte es, wenn mindestens 70 Prozent der Zimmer ein eigenes Bad oder eine eigene Dusche hatten, bei vier Sternen durften bis zu zehn Prozent der Zimmer ohne diese heute fast in allen Kategorien selbstverständliche Einrichtung sein. Das man früher Dusche/Bad und Toiletten oft trennte, wird auch darin deutlich, daß für drei Sterne nur die Hälfte der Zimmer mit eigenen WCs ausgerüstet sein mußte und in vier Sterne Häusern wurden wiederum bis zu zehn Prozent der Zimmer ohne eigene Toilette akzeptiert (Dany & Laloy 1980).

Solche Klassifizierungen werden nicht zuletzt auch deshalb benötigt, um Buchungen über Computerreservierungssysteme (CRS) bzw. Internet zu ermöglichen, bei denen potentielle Kunden verläßlich über Qualität und Ausstattung eines Hotels informiert werden müssen, bevor sie ein Angebot akzeptieren.

Zudem gibt es noch eine Reihe von Hotelführern in Buchform, die nach eigenen Kriterien Klassifikationen vornehmen. Sie umfassen meist nur eine Auswahl von Häusern. Die bekanntesten dieser Hotel- und zum Teil auch Restaurantführer sind der *Guide Michelin*, der für eine Reihe von Ländern herausgebracht wird, der *Varta-*, und der *Mitsubishi-Hotelführer*. Daneben gibt es noch eine Reihe anderer Veröffentlichungen, von denen jedoch einige - zumindest was die Auswahl anbetrifft – nicht sehr verläßlich sind, weil der Eintrag von Hotels bezahlt werden muß.

Neben der Hotellerie gibt es einen großen Bereich von Beherbergungsbetrieben und -arten, der meist als **Parahotellerie** bezeichnet wird. Er umfaßt vom Privatzimmer über Sanatorien bis hin zu Jugendherbergen und Campingplätzen Unterkunftsarten, die sowohl nebenberuflich (Privatzimmer) als auch professionell betrieben werden können (Abbildung 6.14).

Auch für Teile der Parahotellerie hat der DTV Klassifizierungsschemata entwickelt: Ferienhäuser und -wohnungen (F), Privatzimmer (P) und Campingplätze (C) können ebenfalls mit dem Sternesystem von eins bis fünf eingeordnet werden können. Durch den analog zu den Gasthöfen und Pensionen vorgestellten Buchstaben (s.o.) wird deutlich, um was für einen Betrieb es sich dabei jeweils handelt.

6.3.2 Restaurationsbetriebe

Beherbergungsbetriebe haben immer, wenn auch in unterschiedlichem Ausmaß, mit Tourismus zu tun, Restaurationsbetriebe dagegen können vollständig zur Versorgung der ortsansässigen Bevölkerung dienen und praktisch nie einen Reisenden bewirten. Im anderen Extremfall gibt es aber auch Restaurants, die ausschließlich von Touristen leben und außerhalb der Saison geschlossen bleiben. Das trifft vor allem für Betriebe in den Badeorten an Nord- und Ostsee und in anderen stark saisonal frequentierten Urlaubsgebieten zu.

Wie im Beherbergungsbereich gibt es auch bei den Restaurationsbetrieben eine ganze Palette unterschiedlicher Angebotsformen. Dazu gehören Restaurants, Gasthöfe, Speisewirtschaften, Imbißstuben-/buden, Cafés, Teestuben, Eisdielen, Unterhaltungsbetriebe (u.a. Bars), Selbstbedienungs- und ethnische Restaurants (Italiener, Chinesen, Spanier, Griechen etc.). Dabei kann es sich jeweils um Einzelbetriebe (**Individualgastronomie**) oder um Filial- oder Kettenbetriebe handeln, die man unter dem Oberbegriff **Systemgastronomie** zusammenfaßt. Darunter versteht man Betriebe, „deren Sortiment und Ausstattung sowie Arbeitsabläufe systematisch nach einem bestimmten gastronomischen Konzept ausgerichtet sind" (Hänssler 2004 b, S. 70).

6.3.2.1 Betreiberkonzepte von Beherbergungs- und Restaurationsbetrieben

In beiden Bereichen haben sich ähnliche Gefüge von Besitzverhältnissen und Managementstrukturen herausgebildet. In der Hotellerie ist der klassische Fall der eines **Eigentümerbetriebes**: Grundstück und Immobilie gehören dem Betreiber des Hotels. Bei Restaurationsbetrieben ist es der **Pachtbetrieb**, der auch in der Hotellerie häufig anzutreffen ist. Eigentümer und Betreiber des Gastgewerbeunternehmens sind nicht identisch. Dabei gibt es eine Reihe unterschiedlicher Formen von Pachtverhältnissen (Jaeschke 2004):

- die **Festpacht** ist unabhängig von der geschäftlichen Situation des Pächters und der wirtschaftlichen Tragfähigkeit des Pachtobjektes zu entrichten;
- die **variable Pacht** wird anhand von betriebswirtschaftlichen Größen wie Umsatz oder Gewinn festgelegt;
- die **Mischpacht** ist eine Kombination der beiden anderen Pachtarten: Ein Teil der Pacht wird als Fixum festgesetzt, der andere Teil wird umsatz- oder gewinnbezogen festgesetzt.

Im ersten Fall liegt das Risiko aus dem Pachtverhältnis voll beim Pächter, im zweiten Fall beim Verpächter und im dritten Fall teilen sich beide Partner das Risiko. Das Investitionsrisiko für die Immobilie liegt dabei in jedem Fall beim Verpächter, während der Pächter die Risiken der betriebsbedingten Kosten trägt.

Für den Betreiber eines Hotels oder eines reinen Gastronomiebetriebes hat ein Pachtverhältnis vor allem den Vorteil, daß seine Investitionskosten gegenüber einem Eigentümerbetrieb erheblich niedriger sind und seine Kapitalrendite (*return on investment, ROI*) dadurch entsprechend höher ausfällt. Nachteilig daran kann für ihn sein, daß er mit seiner erfolgreichen Arbeit den Wert der Immobilie erheblich gesteigert hat, daraus aber keinen wirtschaftlichen Vorteil, sondern im Gegenteil Nachteile zu erwarten hat, weil der Eigentümer zum Beispiel nach Ablauf des Pachtverhältnisses einen für ihn günstigeren Vertrag mit einem anderen Betreiber abschließen oder die Immobilie mit Gewinn veräußern kann. Andererseits hat natürlich der Verpächter auch keinen Einfluß auf die betreiberbedingte Wertentwicklung seines Objektes (a.a.O.).

Um im Folgenden die verschiedenen Betreiberformen von Hotels verstehen zu können, ist es erforderlich, drei Funktionsebenen zu unterscheiden (Jaeschke 2004):

1. die des rechtlichen **Eigentümers** der Immobilie;
2. die des **Inhabers der Hotelkonzession** und
3. die des **Managements**.

Beim Eigentümerbetrieb liegen alle drei Funktionsebenen in einer Hand, bei einem Pachtbetrieb sind in der Regel die zweite und dritte Ebene zusammengefaßt und in manchen Fällen ist jede dieser Ebenen mit einem anderen Akteur besetzt. In vielen Fällen sind Eigentümer und Konzessionär zwar identisch, das Management wird aber von einer anderen Person oder einem anderen Unternehmen im Rahmen eines Managementvertrages gemacht.

Diese Form der **Entkoppelung von Funktionsebenen** ist auf die internationale Expansion us-amerikanischer Hotelketten in den vierziger Jahren des zwanzigsten Jahrhunderts zurückzuführen. Die politische Instabilität vieler touristisch interessanter Länder bedeutete für sie ein zu großes Investitionsrisiko. Deshalb überließen sie den Bau der Hotels inländischen Investoren und beschränkten sich auf das Management der Hotels. Dadurch konnten sie nicht nur ihre Risiken vermindern, sondern auch ihre Expansionsgeschwindigkeit beträchtlich erhöhen (Coltmann 1979, S. 209 f. nach

Jaeschke 2004, S. 76). Aus der Sicht von Eigentümern, die meist keine Managementerfahrung mit Hotels haben, hat die Entkoppelung den Vorteil, daß man einen professionellen Manager für das Hotelgeschäft einsetzen kann. Da zudem die Managementverträge meist mit großen Hotelketten abgeschlossen werden, ergeben sich daraus auch erhebliche Vorteile im Bereich des *know how* und für Werbung und Vertrieb (zum Beispiel durch den Anschluß an internationale Reservierungssysteme; vgl. Abschnitt 6.7).

Schweizer Alpenhotel

Im deutschen Recht liegt solchen **Managementverträgen** ein Vertragsverhältnis gemäß § 675 BGB (entgeltliche Geschäftsbesorgung) zugrunde. Wie das Reisebüro für seinen Handelsherren (vgl. Abschnitt 6.5) handelt das eingesetzte Hotelmanagement im Namen und auf Rechnung des Hoteleigentümers, bei dem auch die Mitarbeiter angestellt sind und der damit letztlich das finanzielle Risiko trägt. Um sich gegen geschäftlichen Mißerfolg abzusichern, können die Managementverträge so gestaltet werden, daß sie, analog den Mischformen bei den Pachtverträgen, aus einer festen Managementgebühr (*management fee*) und einer erfolgsabhängigen Vergütung bestehen. Manche Eigentümer verlangen eine Gewinngarantie. Wird das entsprechende Betriebsergebnis nicht erreicht, muß das Managementunternehmen den Fehlbetrag an den Eigentümer zahlen. Management und Eigentümer müssen – anders als bei einem Pachtvertrag – eng zusammenarbeiten, um erfolgreich wirtschaften zu können.

Für das Managementunternehmen liegt bei dieser Vertragsform der Vorteil vor allem darin, daß sein Kapitaleinsatz noch geringer ist als bei Pachtverhältnissen. Das erhöht die Chancen auf eine noch höhere Kapitalrendite als bei einem Pachtvertrag. Vor diesem Hintergrund schließen die meisten großen Hotelgesellschaften keine Pachtverträge, sondern nur noch Managementverträge ab.

Damit bedeutet der Begriff „Kette" in der Hotellerie in der Regel etwas anderes als zum Beispiel bei Reisebüros. Sind es bei einer Reisebürokette Filialen eines Unternehmens, das die Geschäftsräume in der Regel gemietet hat, in denen das eigene Personal nach Vorgaben der Firmenzentrale arbeitet (vgl. ausführlich dazu Abschnitt 6.5), sind die Hotels meist nur über einen Managementvertrag an eine Hotelkette gebunden.

Tabelle 6.10: Betreiberkonzepte von Hotelketten in Deutschland

Hotelmarke	Eigentümerbetriebe	Pachtbetriebe	Managementbetriebe	Franchisebetriebe
Accor	8	231	12	33
Dorint*	-	68	8	2
Best Western	-	-	-	144
Maritim	17	17	2	-
Steigenberger	-	40	11	12
Marriott	-	-	32	4
Intercontinental	14	9	8	47
Starwood	-	3	16	3
Hilton Intern'l	3	14	1	-

* Marke der französischen Accor-Gruppe

Quelle: Jaeschke 2004, S. 85 (Stand 2002)

Wenn mehrere Restaurationsbetriebe nach einem einheitlichen Konzept geführt werden, spricht man von **Systemgastronomie**. Vor allem im Bereich der Schnellimbisse (*fast food*) haben sich ausgefeilte Systeme der Produktion und des Vertriebs etabliert, deren bekanntestes und erfolgreichstes Beispiel McDonald's ist (siehe ausführlich dazu Ritzer 1995). Aber auch im Bereich etwas gehobenerer Gastronomie haben sich entsprechende Konzepte durchsetzen können. Beispiele dafür sind u.a. die Mövenpick-Restaurants und verschiedene Steakhausketten. Wie die Hotelketten haben auch Restaurantketten mit ihren Markenkonzepten den Vorteil, daß sie Touristen auch in einer fremden Umgebung etwas Vertrautes bieten können, von dem sie wissen, was sie erwarten können. Vor allem us-amerikanische Ketten haben bei ihrer internationalen Expansion auf diesen Effekt bei ihren Landsleuten gesetzt.

In der Systemgastronomie spielt das **Franchise** eine große Rolle. Bei einem Franchisesystem ist der Eigentümer oder Pächter eines Hotels oder Restaurationsbetriebes selber in der Managementfunktion tätig, setzt dabei aber ein Markenkonzept in die Praxis um, das der Franchisegeber entwickelt hat und ihm gegen Zahlung einer Lizenzgebühr überläßt. Dafür wird der Franchisenehmer in der Regel durch weitreichende Marketingaktivitäten der Systemzentrale unterstützt.

Beispiele: Im Hotelbereich arbeiten die Holiday Inns und die französische Accor-Gruppe u.a. bei ihren Mercure- und Ibis-Hotels in mit Franchise. Im Gastronomiebereich sind die bekanntesten Franchisesysteme die von McDonald's und Wienerwald. Dabei gibt es neben den Franchisebetrieben meist auch einige wenige eigene Filialen, so daß wir es mit einem Mischsystem aus Franchisebetrieben und Filialen zu tun haben.

Das Franchise ist vor allem in den USA von Bedeutung: Die meisten Hotels der großen Ketten werden nach einem solchen Konzept betrieben (Jaeschke 2004, S. 85).

6.4 Reiseveranstalter

Reiseveranstalter kombinieren die Dienste von Leistungsträgern zu einem Gesamtpaket, das sie an ihre Kunden verkaufen. In der Regel handelt es sich dabei um eine Kombination von Verkehrs- und Unterkunftsleistungen. Für den Kunden sind in der Regel vier wesentliche Vorteile mit einer Veranstalterreise verbunden:

- Er braucht nichts selber zu organisieren, weil der Reiseveranstalter für ihn die gesamte **Planung** der Reise übernimmt;
- Das Paket der zusammengestellten Reiseleistungen beim Reiseveranstalter ist **billiger** als die individuelle Kombination gleichwertiger Einzelleistungen;
- Bei Problemen der Erbringung der versprochenen Leistungen ist der Kunde **rechtlich abgesichert** und muß sich nur an den Reiseveranstalter, nicht an den Verkehrsträger und die einzelnen örtlichen Leistungsträger wenden;
- Wenn ein Leistungsträger oder der Reiseveranstalter selbst in Konkurs geht, entstehen dem Kunden durch den gesetzlich vorgeschriebene **Insolvenzschutz** keine Nachteile: Angezahlte Gelder sind abgesichert, bereits angetretene Reisen können normal beendet werden.

Es ist kein Zufall, daß der weitaus größte Teil aller Pauschalreisen in Zielgebiete im Ausland geht: Viele Menschen ohne die entsprechende Sprachkenntnis wären entweder nicht in der Lage, selber eine Reise ins Ausland zu organisieren oder würden sich nicht trauen, das Wagnis auf sich zu nehmen. Die Reiseveranstalter waren hier für weite Kreise der Bevölkerung die „Türöffner" für den Weg in ausländische Urlaubsgebiete.

Durch die Reservierung größerer Kontingente auf Flügen und in Hotels kommen die Veranstalter in den Genuß von Mengenrabatten, die sie zum größten Teil an ihre Reisekunden weitergeben, die dadurch meist weniger zahlen müssen, als sie es bei Selbstorganisation tun müßten. Das trifft bei Flugreisen auch für den Transfer zwischen Flughafen und Hotel zu. Bei Selbstorganisation hätte man nur die Alternativen Mietwagen oder Taxi – beides sehr kostspielig. Gerade wenn man ein Land oder ein Zielgebiet noch nicht kennt, ist es zudem sehr angenehm, nicht gleich alles selbst organisieren und seinen Weg selber finden zu müssen, sondern bequem mit dem Bus in das gebuchte Hotel gebracht zu werden.

Es kommt auf Reisen immer wieder vor, daß zugesagte Leistungen nicht oder nur mangelhaft erbracht werden. Auf einer Inlandsreise ist dies meist weniger gravierend: Es gibt keine Verständigungsprobleme und das Rechtssystem ist im Prinzip bekannt. Bei Auslandsreisen dagegen besteht auf Seiten der Reisenden im Falle von Reklamationen eine große Rechtsunsicherheit. Gerichtliches Vorgehen gegen einen Leistungsträger wäre nur im Urlaubsland möglich und würde zu erheblichem Aufwand und hohen Kosten bei gleichzeitiger Ungewißheit über den Ausgang eines Rechtsstreites führen. Deshalb ist das deutsche und europäische **Reiserecht** ein wesentliches Argument für die Buchung einer Pauschalreise. Denn bei einer solchen Reise haftet der Veranstalter gegenüber dem Reisenden für alle Leistungsausfälle und Schlechtleistungen bei den von ihm unter Vertrag genommen Leistungsträgern. Der Kunde muß sich bei Beschwerden nicht an jeden einzelnen Vertragspartner des Reiseveranstalters wenden, sondern hat nur den Veranstalter selbst als Ansprechpartner. Wenn es zu keiner außergerichtlichen Lösung kommt, kann er den Veranstalter in seinem Heimatland nach dem jeweils dort geltenden Recht verklagen.

In Deutschland wurde § 651 des Bürgerlichen Gesetzbuches (BGB; Werklieferungsvertrag) Ende 1979 um einen zweiten Teil zum **Reisevertrag (§ 651 a-k, BGB)** ergänzt. Darin wird definiert, wer Reiseveranstalter ist und welche rechtlichen Konsequenzen sich daraus gegenüber den Kunden ergeben. Die Europäische Kommission hatte im Juni 1990 zudem eine **Reiserechtsrichtlinie** erlassen, die in weiten Teilen die Argumentation des deutschen Reiserechts übernahm und zudem eine **Insolvenzschutzsicherung**, wie sie zum Beispiel in Großbritannien in anderer Form bereits üblich war (*bonding*), vorsah. Diese Regelungen mußten in das nationale Recht der Mitgliedsstaaten der EU übernommen werden, was in Deutschland mit einiger Verspätung erst zum 1. November 1994 geschah. § 651 a-m BGB regelt (nach weiterer Novellierung 2002) damit nun auch die Absicherung von Kundengeldern im Falle des Konkurses eines Reiseveranstalters. Auch spektakuläre Firmenzusammenbrüche wie der des Stuttgarter Reiseveranstalters Hetzel im Sommer 1996 führen so nicht mehr zu Problemen wie im Ausland „gestrandeten" Urlaubern und zu finanziellen Verlusten von Urlaubern, die zwar gebucht und bezahlt haben, aber ihre Reise nicht mehr antreten können. Damit gehören die der ganzen Branche schadenden Berichte über verzweifelte Urlauber, die in der Folge eines Konkurses aus ihren Hotels geworfen werden und ihren Rückflug noch einmal bezahlen müssen, im Prinzip der Vergangenheit an.

Als Reiseveranstalter gilt nach § 651 a-m BGB, wer mindestens zwei **Hauptreiseleistungen** miteinander kombiniert und zu einem Gesamtpreis (Pauschalpreis) verkauft. Als Hauptreiseleistungen gelten danach zum Beispiel Transport und Unterkunft, Unterkunft und Sonderleistungen (wie Sprachunterricht) oder eine Kreuzfahrt inklusive Verpflegung (Führich 1996, S. 170). Pauschalreisen werden typischerweise in Katalogen mit näheren Angaben zu Reisen, Terminen und Preisen zusammengestellt und über Reisebüros an Kunden weitergegeben. Als Reiseveranstalter gilt deshalb in Deutschland – anders als in anderen Ländern der Europäischen Union – auch, wer aus der Sicht des Kunden den Anschein erweckt, ein Reiseveranstalter zu sein. Deshalb gehören auch Ferienhausverträge, bei denen nur eine einzige Leistung verkauft wird, unter das Reisevertragsgesetz, wenn sie von einem gewerblichen Veranstalter aus einem Katalog angeboten werden.

Auch wenn gut vierzig Prozent aller Haupturlaubsreisen von Veranstaltern organisiert werden: Dem Begriff „pauschal" haftet im Deutschen ein abwertender Beigeschmack im Sinne von Individualität ignorierender Einheitlichkeit auf niedrigem

Niveau an. Die „Pauschalreise" wird deshalb von manchen Tourismuskritikern immer noch gerne als Beispiel für die Kulturlosigkeit und Ignoranz von Touristen angeführt, die nur die berüchtigten „Fünf S" („Sonne, Strand, Sand, Saufen und Sex") im Kopf hätten und denen ihr Urlaubsland an sich nichts bedeute. Prototypisch dafür steht der Mallorcaurlaub in C'an Pastilla oder El Arenal, wo sich die deutschen Urlauber am einschlägig bekannten „Ballermann 6" vollaufen lassen und sich abends in deutschen Kneipen in der „Bier-" und Restaurants in der „Schinkenstraße" den Rest geben.

Daß auch die exklusive Kreuzfahrt auf einem yachtähnlichen Schiff, die von einem renommierten Fachwissenschaftler geführte Studienreise durch Griechenland oder die von einem Veranstalter auf Kundenwunsch zusammengestellte Tour mit Boot und Mietwagen durch Irland Pauschalreisen sind, wird leicht vergessen. Um diesen leicht negativen Beigeschmack zu vermeiden, spricht man in der Touristik deshalb auch lieber von Veranstalter- als von Pauschalreisen.

In der Folge der sehr positiven Entwicklung der Pauschalreisen haben sich verschiedene Arten von Veranstaltern herausgebildet:

- **Großveranstalter**: Reiseveranstalter mit einem umfassenden Angebot an Zielgebieten, Zielorten, Verkehrsmitteln und Unterkunftsarten.

- **Mittlere Reiseveranstalter**: Sie bieten ebenfalls in der Regel ein umfassendes Angebot, haben aber ihren Vertriebsschwerpunkt meist auf bestimmte Regionen um ihren Firmensitz beschränkt.

- **Spezialveranstalter**: Meist eher kleine Veranstalter, die sich zum Beispiel auf ein Zielgebiet (etwa ein Land wie die Türkei oder Portugal), auf eine Reiseart (wie Studienreisen, Cluburlaub usw.), Zielgruppen (wie Familien- und Jugendreisen) oder auf bestimmte Verkehrsmittel (Bus, Bahn, Schiff, Fahrrad usw.) spezialisiert haben.

In Tabelle 6.11 werden Beispiele aus dem deutschen Markt für Veranstalterreisen aufgeführt. Über die hier genannten Veranstalterarten hinaus gibt es noch die sogenannten **Paketreiseveranstalter**[16], die gegenüber dem Reisekunden selbst nicht in Erscheinung treten, weil sie ihre Reisen für andere Veranstalter konzipieren und organisieren. Der typische Abnehmer eines Paketreiseveranstalters ist ein Busunternehmen, das seinen Kunden zwar eigene Pauschalreiseangebote machen möchte, selbst aber nicht über die Expertise und/oder die Personalressourcen verfügt, um alles selber zu organisieren. In diesem Falle übernimmt der Paketreiseveranstalter die gesamte Organisation der Reise im Zielgebiet (Hoteleinkauf, Ausflüge, u. U. auch Reiseleitung), der Busunternehmer kombiniert dies mit seinen eigenen Beförderungsleistungen und vermarktet die Reisen unter seinem Namen mit einem eigenen Katalog. Durch die Bündelung der Nachfrage können so auch ganz andere Preise und Konditionen erreicht werden, als es den einzelnen kleinen Busreiseunternehmen möglich wäre.

Eine weitere Sonderform ist die des **Last-Minute Veranstalters**, für den prototypisch das Baden-Badener Unternehmen L'Tur steht. Hier werden die Überkapazitäten verschiedener Reiseveranstalter (sowohl der TUI-Konzern

---

[16] gut ein Fünftel des Umsatzes von Alpetour (in der Tabelle unter ‚Spezialveranstalter') wird mit Paketreisen gemacht

als auch Thomas Cook sind an dem Unternehmen beteiligt) neu gebündelt und als eigene Reisen über die eigenen Reisebüros, das Internet und Call Center vermarktet. Indem man die Flüge des einen mit den Hotelangeboten des anderen Veranstalters zu neuen Pauschalreisen zusammenstellt entstehen völlig neue Reisen, die in den Katalogen der Veranstalter so nicht mehr zu finden sind. Damit ist kein direkter Preisvergleich zwischen den ursprünglichen Katalogangeboten der Reiseveranstalter und den Last-Minute Angeboten mehr möglich zumal sie ja dann auch von einem ganz anderen Unternehmen angeboten werden. Darüber hinaus geben Hotels in den Zielgebieten und Ferienfluggesellschaften ihre nicht ausgelasteten Kontingente direkt an diese Veranstalter, die sie kurzfristig unter eigenem Namen vermarkten (siehe auch Abschnitt 6.4.2).

Tabelle 6.11: Beispiele für Veranstalterarten

Unternehmen	Angebots-schwerpunkte	Buchungen 2004/2005	Umsatz (in Mio. €)	Zahl der Mitarbeiter
Großveranstalter				
TUI Deutschland	keine	7.490.000	4.271,1	k.A.
Thomas Cook	keine	6.038.889	2.990,4	k.A.
Rewe Touristik	keine	5.733.724	2.841,0	k.A.
Mittlere Veranstalter				
Alltours	Flugreisen	1.522.500	1.115,0	889
Öger	Flugreisen, Türkei	1.367.466	677,0	200
FTI	keine	962.000	537,1	1.060
Spezialveranstalter				
Aida Cruises	Kreuzfahrten	233.000	375,1	400*
Studiosus	Studienreisen	91.650	202,8	265
Novasol	Ferienwohnungen	712.000	104,0	30
Ameropa	Bahnreisen	465.000	97,9	120
Olimar	Portugal	112.600	65,9	34
Alpetour	Busreisen	255.089	46,2	80
RUF	Jugendreisen	40.064	21,2	60
Vamos	Eltern-Kind-Reisen	21.952	9,0	22

* ohne Schiffsbesatzungen
Quelle: fvw 2005 b; TID 2006

In den letzten Jahren ist zudem in offensichtlicher Anlehnung an den Begriff des **virtuellen Unternehmens** des öfteren die Rede von sogenannte ‚virtuellen Reiseveranstaltern'. Der Begriff des virtuellen (= scheinbaren) Unternehmens ist zwar erst im Zeitalter des Internets geprägt worden, das damit Bezeichnete existierte aber schon in Zeiten von Luftpost-, Telephon- und Telexverbindungen. Denn in seiner klassischen Form ist der Reiseveranstalter quasi der Prototyp eines solchen virtuellen Unternehmens: Man kann die Zusammenstellung von Pauschalreisen auch als ein Projekt auffassen, in dem die Dienste von unabhängigen Unternehmen wie Hotels, Verkehrsträgern und Zielgebietsagenturen raumzeitlich für eine Saison koordiniert und vermarktet werden. Der Reiseveranstalter ist dabei nicht an einen Ort gebunden und kombiniert und synchronisiert die Leistungen von geographisch weit auseinanderliegenden Firmen. Allerdings handelt es sich beim Reiseveranstalter, anders als im reinen Fall des virtuellen Unternehmens, nicht um ein nur scheinbares, sondern um ein dauerhaft existierendes Unternehmen, in dem diese Aufgaben institutionalisiert sind.

Den Kunden gegenüber bleibt der **klassische Reiseveranstalter** unsichtbar, denn er vertreibt die von ihm zusammengestellten Reisen über Reisebüros, die allein über seine Adresse verfügen und auch die Rechnung stellen, beauftragt eine Fluggesellschaft und eine Zielgebietsagentur mit dem Transport in die und in der Destination, in welcher der Gast in einem vom Reiseveranstalter ausgesuchten Hotel die meiste Zeit seines Urlaubs verbringt. Er hat also zu keiner Zeit direkten Kontakt zu seinen Kunden. Erst durch das seit den 1990er Jahren zunehmend übliche Direktinkasso des Veranstalters bekommt dieser überhaupt die Adressen seiner Kunden von den buchenden Reisebüros. In direkten Kontakt über seine Mitarbeiter kommt er erst durch die vertikale Integration, d.h. die Gründung oder den Erwerb von Leistungsträgern und Dienstleistern entlang der Wertschöpfungskette (siehe Abschnitt 6.6).

In Deutschland gibt es insgesamt ca. 800-1.200 Reiseveranstalter (ohne Busveranstalter; s.o.). Allerdings sind viele davon nur gelegentlich als Reiseveranstalter tätig und sind entweder branchenfremd (wie zum Beispiel das Wu-Shu-Zentrum in Konstanz mit seinen Spezialreisen nach China) oder Reisevermittler mit einem kleinen Programm an Eigenveranstaltung(en). Die Zahl der Unternehmen, die ausschließlich Reisen veranstaltet, ist deutlich kleiner. Da man als Reiseveranstalter so wenig wie als Reisebüro in Deutschland eine Lizenz benötigt, gibt es auch keine offiziellen Informationen über ihre Anzahl.

In anderen europäischen Ländern, wie zum **Beispiel in Großbritannien**, werden zumindest die Veranstalter von Flugpauschalreisen von der Luftfahrtbehörde (CAA - *Civil Aviation Authority*) lizensiert. Dadurch ist sowohl die Zahl der Veranstalter von Flugreisen als auch ihre wirtschaftliche Situation bekannt, die der CAA für die Lizenzerteilung bzw. -verlängerung offengelegt werden muß (Holloway 2000). In Deutschland dagegen ist man auf unvollständige Branchenerhebungen und die Freiwilligkeit der Mitarbeit von Unternehmen angewiesen (vgl. Kapitel 1).

Daraus ergibt sich auch eine Reihe von **kartell- und wettbewerbsrechtlichen Problemen**, denn die Konzentration auf dem Reisemarkt läßt sich - s.o. - mit offiziellen Daten nicht messen.

Das Problem in diesem Zusammenhang liegt neben der Beschaffung der Daten vor allem in der Abgrenzung der Märkte und in der Zurechnung von Marktanteilen (vgl. Führich 1993, S. 492 ff.). Handelt es sich zum Beispiel bei der Flugpauschalreise generell um einen eigenen Markt oder muß die Gesamtheit aller angebotenen Pauschalreisen inklusive der Ferienhausangebote mitgerechnet werden? Darüber hinaus sind nicht alleine die Marktanteile maßgebend, sondern vor allem das mißbräuchliche Verhalten und Ausnutzen der jeweiligen Marktmacht zum Nachteil des Wettbewerbs. Dabei ist der Nachweis eines solchen Mißbrauchs im Einzelfalle schwierig.

Vermutlich wird sich der Markt für Veranstalterreisen, wie andere Märkte auch, langfristig von einem jeweils nationalen zu einem europäischen Markt entwickeln, auf dem dann ganz andere Dimensionen zählen als in den Ländern, in denen die Unternehmen ihren Sitz haben. Praktisch alle großen europäischen Reiseveranstalter haben ihre Aktivitäten über ihre Ursprungsländer hinaus ausgedehnt und entweder eigene Unternehmen im Ausland gegründet oder erworben.

Die TUI zum **Beispiel**, mit Abstand größter europäischer Reiseveranstalter, ist als „Travel Unie International" (TUI), in der die früheren Spitzenreiter Holland International und Arke Reizen aufgegangen sind, auch Marktführer in den Niederlanden. NUR steht dafür in Belgien mit verschiedenen Veranstaltern an erster Stelle. Die britische Mytravel plc ist durch den Kauf der Scandinavian Leisure Group (SLG; Schweden) und den dänischen Großveranstalter Spies seit 1996 in den skandinavischen Ländern klarer Marktführer.

Man wird davon ausgehen können, daß die „Europäisierung" des Reiseveranstaltergeschäftes weitergehen und die Konkurrenzsituation damit eine andere Dimension erhalten wird.

6.4.1 Vertrieb

Der weitaus größte Teil der Pauschalreisen wird nach wie vor über stationäre Reisebüros verkauft, die im Auftrag und auf Rechnung der Veranstalter mit Kunden in Beziehung treten (siehe ausführlich dazu Abschnitt 6.5.1). Daneben gibt es aber noch weitere Möglichkeiten des Vertriebs wie zum Beispiel über das Internet und Fernsehen (sowohl Bildschirmtext als auch spezielle Verkaufssender) in Verbindung mit telephonischer Buchung über Call Center. Dies kann sowohl direkt mit eigenen Netzseiten erfolgen als auch zum Beispiel über Internetreisebüros betrieben werden (siehe 6.5.2). Um die mit dem stationären Reisebürovertrieb verbundenen Kosten für die Reiseveranstalter – Kataloge, Agenturbetreuungsaufwand – in vertretbarem Rahmen zu halten, werden beim Abschluß eines Agenturvertrages Mindestumsätze mit den Angeboten des Veranstalters verlangt.

So müssen zum **Beispiel** Reisebüros für einen Vertrag mit einem der Reisekonzerne in Orten unter 10.000 Einwohnern mindestens 25.000 € und in größeren Orten mindestens 50.000 € Umsatz mit Veranstaltern des Konzerns machen, wenn sie den Agenturvertrag nicht wieder verlieren wollen.

Vor allem Großveranstalter versuchen, Vorteile gegenüber ihren Mitbewerbern auf diesem Vertriebsweg zu erreichen. Bis zum 1. November 1994 geschah dies u.a. über Ausschlußklauseln in den Agenturverträgen (so durften TUI-Vertragspartner keine Reisen des Konkurrenten Neckermann, Neckermann-Agenturen keine ITS-Reisen vermitteln). Lange vor diesem Termin hatten sie bereits damit begonnen, über den Kauf bzw. die Gründung eigener Reisebüros und den Aufbau von Franchisesystemen direkte Steuerungsmöglichkeiten für den Verkauf ihrer Angebote zu erhalten (siehe auch Abschnitt 6.5.4).

In der Vielzahl von Reisebüros, in denen die Veranstalter keine direkte Verkaufssteuerung betreiben können, versuchen sie indirekt über **Staffelprovisionen** und einen **Steigerungsbonus** den Verkauf ihrer Produkte zu fördern. So wird die Provision zum einen mit zunehmendem Vermittlungsvolumen erhöht. Für das Reisebüro besteht damit ein Anreiz, den Umsatz mit einem bestimmten Reiseveranstalter über einen bestimmten Schwellenwert hinaus zu erhöhen, um in den Genuß dieses zusätzlichen Einkommens zu gelangen. Viele Reiseveranstalter geben zum anderen noch einen Wachstumsanreiz, indem sie auf den jeweiligen Provisionssatz noch einen Bonus zahlen, wenn das Umsatzwachstum des Reisebüros gegenüber dem Vorjahr einen bestimmten Wert überschreitet. Gleichzeitig gibt es jedoch auch Provisionskürzungen, wenn die Vorjahreswerte nicht erreicht werden (**Malus**; siehe Tabelle 6.12). Da die Agenturen in der Regel von den großen Veranstaltern Abschlagszahlungen für die Provision erhalten, die sich an den Vorjahresumsätzen orientieren, müssen die Reisebüros einen Teil dieser Zahlungen wieder rücküberweisen, wenn sie diese vorgegebenen Umsätze unterschreiten. Da es aber auch Situationen geben kann, in denen ein Umsatzrückgang nicht in erster Linie einem einzelnen Reisebüro zuzuschreiben ist, sondern die übergreifende Marktentwicklung widerspiegelt, wird dies bei manchen Veranstaltern bei der Provisionsberechnung berücksichtigt.

Tabelle 6.12: **Beispiel einer Provisionsstaffel für stationäre Reisebüros**

Umsatz (in T€)	Gesamtprovision (in Prozent) Umsatz gegenüber dem Vorjahr					
	< 85 %	85-89 %	90-94 %	95-99 %	100-104 %	ab 105 %
< 75	immer 6,00			immer 7,00		
75 - < 135	6,00	6,00	7,00	7,00	7,00	7,00
135 - < 185	immer 8,50	immer 9,00	immer 10,00	10,00	10,05	10,15
185 - < 210				10,00	10,10	10,20
210 - < 235				10,00	10,15	10,25
235 - < 260				10,05	10,20	10,30
260 - < 300				10,10	10,30	10,40
300 - < 330				10,20	10,40	10,50
330 - < 370				10,40	10,60	10,70
370 - < 440				10,60	10,80	10,90
440 - < 515				10,80	11,00	11,10
515 - < 590				11,00	11,20	11,30
590 - < 665	immer 9,50	immer 10,00	immer 11,00	11,20	11,40	11,50
665 - < 765				11,40	11,60	11,70
765 - < 865				11,60	11,80	11,90
865 - < 990				11,80	12,00	12,10
990 - < 1.190				12,00	12,20	12,30
≥ 1.190	10,50	11,00	12,00	12,20	12,40	12,50

eigene zusammenfassende Darstellung der Provisionstabelle eine Großveranstalters

Beispiel: Liegt der Gesamtumsatz aller Vertriebsstellen des Veranstalters unter dem Vorjahr, wird die Umsatzentwicklung jedes einzelnen Reisebüros mit der Gesamtentwicklung verglichen. Ist der Umsatz gleich oder besser als die Veränderungsrate des gesamten provisionsrelevanten Veranstalterumsatzes, wird die Höhe der Basisprovision der jeweiligen Umsatzklasse nicht verändert. Das gilt etwa in dem Fall, in dem der Gesamtumsatz um drei Prozent, der eines Reisebüros aber nur um zwei Prozent gegenüber dem Vorjahr gesunken ist.

Es bleibt allerdings fraglich, ob der Malus immer den vom jeweiligen Veranstalter gewünschten Effekt hat, daß man bevorzugt auf ihn steuert. Viele

Reisebüros werden eher versuchen, gerade keinen Zuwachs zum Vorjahr zu erreichen, weil sie ansonsten im Folgejahr Gefahr laufen, daß ihnen die Provision gekürzt wird, wenn sie es nicht schaffen, das Vermittlungsniveau zu halten. Damit würde eher das Gegenteil von dem erreicht, was man damit eigentlich bezweckt.

Eine Reihe von Reiseveranstaltern, vor allem Spezialisten in relativ kleinen Märkten, vertreiben ihre Reisen nicht nur über Reisebüros, sondern daneben auch direkt an ihre Kunden – schriftlich, telephonisch und über das Internet.

Beispiel: Ein Studienreiseveranstalter mit einem vergleichsweise kleinen, aber hochwertigen Angebot wird versuchen, seine Kunden auch dadurch an sich zu binden und zu Wiederholungsreisen zu animieren, indem er sie direkt anspricht und ihnen zum Beispiel interessante Angebote zuschickt, die sie auch direkt und ohne Einschaltung eines Reisebüros bei ihm buchen können. Wenn der Veranstalter die Reisen zum gleichen Preis verkauft, wie er sie über Reisebüros anbietet, kann er seine Einnahmen durch die Einsparung von durchschnittlich 10 bis 11 Prozent Provision erheblich steigern. Setzt man dies in Bezug zu den in der Regel ca. 1-2 Prozent Umsatzrendite eines Veranstalters, wird klar, wie attraktiv der teilweise Direktvertrieb für das Reiseunternehmen ist. Billiger als im Reisebüro sollte er sie aber auf keinen Fall im Direktvertrieb anbieten, weil sonst die Neigung der Reisemittler, seine Produkte anzubieten, stark nachlassen könnte (Klingenstein 2000).

Vor allem für sehr kleine Reiseveranstalter, die nur wenige Reisen im Jahr veranstalten bzw. nur eine geringe Anzahl von Gästen haben, lohnt sich der Reisebürovertrieb in der Regel nicht. Die Kosten für die Katalogherstellung und den -vertrieb, die Betreuung der Reisebüros und für Provisionen stünden in keinem vertretbaren Verhältnis zu den aus den Reisebüros zu erwartenden Umsätzen. Je spezieller die Veranstalterangebote sind, desto seltener werden Reisebüros mit ihrem eher generalistischen Marktauftreten ein sinnvoller Vertriebsweg sein.

Die großen Reiseveranstalter haben dagegen vorerst kein Interesse daran, den Vertrieb über die stationären Reisebüros zu umgehen. Online-Reisebüros (siehe Abschnitt 6.5.2) finden bei ihnen schon deshalb weniger Interesse, weil damit eine zu große Angebots- und Preisdifferenz verbunden ist. Sie können auch deshalb gut mit den Widersprüchen des stationären Reisebürovertriebs leben, weil so der Vertriebskanal für absehbare Zeit eine für sie interessante Größe behält. Allerdings vermarkten sie ihre Reisepakte zunehmend auch über das Internet, einmal um den Anschluß nicht zu verpassen, zum anderen um die Kontrolle über die Angebotsdarstellung nicht zu verlieren.

6.4.2 Ertragssteuerung (*yield*- oder *revenue management*)

Eine der ältesten Maßnahmen zur Ertragssteuerung war die Einführung von Saisonpreisen. Wenn in Ferienzeiten die Nachfrage hoch ist, werden die Preise hoch gesetzt (Hauptsaison), wenn kaum jemand verreisen möchte (Nebensaison) werden sie für die gleichen Leistungen heruntergesetzt, um die Nachfrage zu stimulieren und eine auskömmliche Auslastung der Kapazitäten zu erreichen. Dies machen nicht nur Reiseveranstalter, sondern auch Hotels und Pensionen. Es geht beim Reiseveranstalter aber nicht nur darum, auf saisonale Nachfrageschwankungen angemessen zu reagieren, sondern auch um die ertragsoptimale Angebotsgestaltung für eine sich unterschiedlich entwikkelnde Nachfrage nach Destinationen und einzelnen Hotels. Allerdings sind den Veranstaltern hier Grenzen gesetzt, weil die Preise in den Katalogen, die jeweils für eine Saison (Sommer oder Winter) gültig sind, veröffentlicht werden müssen und daher nicht kurzfristig geändert werden können. Die klassische Variante ist daher der Verkauf von *last minute*-Angeboten. Reisepakete, die bis einige Wochen vor dem geplanten Abreisetermin nicht gebucht wurden und für die nur eine sehr geringe Wahrscheinlichkeit besteht, daß sie in den verbleibenden Wochen noch abgesetzt werden können, werden preislich so stark reduziert (zum Beispiel um 40-50 Prozent), daß sie kurzfristig noch schnell entschlossene Käufer finden. Wenn die kalkulierte Gewinnschwelle für solche Pakete mit den Normalpreisangeboten schon erreicht wurde, die Fixkosten also bereits gedeckt sind, ist der Verkaufspreis minus der variablen Kosten (Deckungsbeitrag) gleich dem daraus entstehenden Gewinn. Liegt man noch in der Verlustzone, kann man die Verluste dadurch verringern bzw. unter günstigen Umständen doch noch die Gewinnschwelle erreichen. Es lohnt sich also in jedem Falle, stark verbilligte Kurzfristangebote zur Ertragssteigerung auf den Markt zu bringen. Ob man dies selber tut oder über einen Spezialisten wie L'Tur oder eine Kombination aus beidem, entscheidet jeder Reiseveranstalter vor dem Hintergrund seiner strategischen Ausrichtung und den Entwicklungen auf dem Markt.

Vor dem Hintergrund des in Abschnitt 6.1.2.5 in Ansätzen dargestellten *yield management* von Fluggesellschaften ist klar, daß damit die Möglichkeiten der Ertragsoptimierung bei Reiseveranstaltern noch lange nicht erschöpft sind. Die Ausgangssituation für Reiseveranstalter entspricht dabei – abgesehen davon, daß Techniken der Überbuchung von Veranstaltern nicht angewendet werden müssen – weitgehend der von Fluggesellschaften. Einerseits ist das Ertragsmanagement für die Veranstalter einfacher, weil sie es nur mit einem Typus von Reisenden, den Urlaubern, zu tun haben, andererseits ist ihre Aufgabe in diesem Zusammenhang komplexer, weil nicht nur die Flüge, sondern auch noch die Wertigkeiten der Hotelbuchungen berücksichtigt werden müssen. Es geht also darum, den ertragsoptimalen Mix aus Flugzeugsitz, Hotelbett und eventuellen Zusatzleistungen für jede Buchungsanfrage in ein Zielgebiet zu finden. Wie bei den Linienfluggesellschaften müssen hierfür auch die höherwertigen Angebote gegenüber denen mit geringeren Ertragswerten geschützt werden.

Beispiel: Im Rahmen einer wöchentlich über eine Charterkette bedienten Destination können wochenweise Angebote gemacht werden. Die Gäste können also eine, zwei oder drei Wochen (längere Aufenthaltszeiten werden kaum nachgefragt) im Zielgebiet bleiben. Dementsprechend kann jedes Hotelbett mit einer Person für eine, zwei oder drei Wochen belegt werden. Der Deckungsbeitrag aus der Hotelbelegung ist dabei jeweils identisch. Bleibt ein Gast drei Wochen, kann man in diesem Zeitraum mit diesem Hotelbett nur zwei Deckungsbeiträge aus dem Flug erzielen, nämlich jeweils einen für den Hin- und für den Rückflug. Kann man das gleiche Bett wochenweise, d.h., mit drei verschiedenen Gästen belegen, erzielt man im gleichen Zeitraum drei Mal so hohe Deckungsbeiträge aus dem Flug. In diesem Falle würde man die Wochenbuchungen vor den Anfragen nach dreiwöchigen Aufenthalten schützen.

Tabelle 6.13: Die Wertigkeit von Hotelbuchungen
für einen Reiseveranstalter

Unterkunft	Deckungsbeitrag	Bindung/Vertragsart*
Hotel A	100 €	eigenes Haus
Hotel B	85 €	Festanmietung
Hotel C	80 €	Beteiligung
Hotel D	72 €	Garantievertrag (tägliche Garantie)
Hotel E	69 €	Garantievertrag (kumulative Garantie)
Hotel F	42 €	Kontingentvertrag

(Flugzeugsitz → Hotels; Präferenz)

* **Festanmietung**: Das Haus wird für eine Saison angemietet, das Auslastungsrisiko trägt der Veranstalter; **Garantievertrag**: Der Veranstalter garantiert zum Beispiel 80 Prozent Auslastung seines Kontingentes; bei **täglicher Garantie** muß er die Differenz unterhalb der 80 Prozent Auslastung auf Tagesbasis tragen; bei **kumulativer Garantie** werden die Belegungen oberhalb von 80 Prozent mit denen unterhalb für die gesamte Belegungsperiode gegengerechnet; Kontingent- oder Allotmentvertrag: Das gebuchte Zimmerkontingent kann 14 Tage vor geplanter Inanspruchnahme (Release-Periode) ohne Kosten wieder zurückgegeben werden (vgl. Hofmann 2000).

Voraussetzung dafür ist aber, daß man ein funktionierendes **Prognosemodell** hat, daß einem Auskunft darüber geben kann, wie hoch die Wahrscheinlichkeit für jede dieser Buchungen ist. Dies setzt voraus, daß man die in der Vergangenheit getätigten Buchungen genau analysiert, mit den aktuellen Buchungsentwicklungen vergleicht und über ein quantifizierbares Modell von externen Einflußfaktoren auf das Buchungsverhalten verfügt (Hilz 2000, S. 462).

Ein weiteres Element des Ertragsmanagements ist die Wertigkeit der unterschiedlichen Hotels, die mit einem Flugzeugsitz kombiniert werden können. Sind alle Hotels auf die gleiche Art unter Vertrag genommen (zum Beispiel Kontingentvertrag) und werden die gleichen Aufenthaltsdauern nachgefragt, dann werden Buchungen nach ihrer Wertigkeit gelistet und höherwertige Buchungen vor solchen mit geringeren Deckungsbeiträgen geschützt. Eine Alternative läge in der Art der Bindung an das jeweilige Haus: Eigene Häuser würden gegenüber den anderen bevorzugt (Tabelle 6.13).

Man kann aber auch ausgehend vom Hotel die Präferenzordnung der Flüge analog dem Beispiel in Tabelle 6.13 nach Deckungsbeiträgen, eigenen Fluggesellschaften oder Beteiligungen ordnen.

So können zum **Beispiel** Flüge von weiter entfernten Abflughäfen höhere Deckungsbeiträge erzielen und entsprechend vor Anfragen mit näher gelegenen Abflugorten geschützt werden.

Darüber hinaus können beide Prinzipien auch miteinander verknüpft und die Summe der Deckungsbeiträge aus Hotel- und Flugbuchung als Präferenzkriterium herangezogen werden (Helbing 2001, S. 32). Dies alles kann aber nur funktionieren, wenn es entsprechende Prognosen über Buchungswahrscheinlichkeiten für die einzelnen Kategorien gibt.

Eine weitere Variante des Ertragsmanagements von Reiseveranstaltern liegt in der Verwendung von Tagespreisen für die Elemente einer Pauschalreise. Dieses Modell wurde schon 1998 vom britischen Unternehmen Thomson unter dem Namen *fluid pricing* auf den Markt gebracht und erlebt jetzt unter dem Namen *dynamic packaging* eine etwas veränderte Neuauflage. Dahinter steht, ähnlich wie bei den Ertragsmanagementsystemen der Billigfluggesellschaften (Abschnitt 6.1.2.5.3), die Überlegung, daß man die Preise direkt mit der Nachfrage koppelt: Je höher die Nachfrage, desto höher werden die Preise für ein bestimmtes Angebot. Dies ist ein Modell, daß viele Hotels, vor allem in den USA (zum Beispiel die großen Hotels in Las Vegas), eingeführt haben, um ihre Erträge zu maximieren. Voraussetzung dafür ist der Verzicht auf Reisekataloge – sie ohne Preisteil auf den Markt zu bringen ist nach der deutschen Preisangabenverordnung nicht erlaubt (wie ein großer Reiseveranstalter erfahren mußte). Das *fluid pricing* bei Thomson ist demnach auch ein nur eingeschränktes Ertragsmanagement gewesen, weil die Preise gegenüber den im Katalog ausgewiesenen Höchstpreisen ja nur sinken, nicht aber über die Katalogmarke steigen konnten (Kirstges 2005, S. 512). Durch die Angabe von Preisspannen haben einige Veranstalter versucht, dieses Problem zu lösen. Allerdings waren diese im Einzelfall so groß, daß sie gegenüber den Kunden eher unseriös wirkten. Tagespreise führen zudem zu Preissprüngen, welche die Kunden verwirren können.

„Für sie ist es nur schwer nachvollziehbar, warum eine bestimmte Reise in einer bestimmten Preis-Leistungs-Kategorie vorgestern besonders billig war, gestern als ausgebucht galt und heute nur noch über einen höheren Preis buchbar ist. Eine aus Kundensicht ‚chaotische' Preispolitik mag daher die Glaubwürdigkeit des Reiseveranstalters beeinträchtigen. Dieser negative Effekt wird, ähnlich der Verärgerung von Kunden über sogenannte Lockvogelangebote, insbesondere dann auftreten, wenn die Teilkontingente zu klein sind. Auch mag es manchen Kunden verwundern, daß eine (Grund-)Leistung ausgebucht erscheint, während dieselbe Leistung in Verbindung mit Zusatzleistungen noch erhältlich ist. … Ebenso wird der Kunde verärgert reagieren, wenn er – zum Beispiel durch erneute Preisvergleiche oder über Mitreisende – erfährt, daß eine spätere Buchung doch wieder günstiger war" (op. cit., S. 519).

Allerdings sind viele Kunden von den traditionellen Linienfluggesellschaften bereits solche extreme Preisdifferenzierungen seit langem gewohnt und bei Billigfluggesellschaften lassen sich diese Erfahrungen durchaus wiederholen. Durch die hohen Preisunterschiede zwischen normalen und *last minute*-Reisen haben die meisten auch Erfahrungen mit solchen Preissprüngen bei Reiseveranstaltern. Durch die Individualisierung von Pauschalreisen mit Reisebausteinen, die man sich aus verschiedenen Angeboten zusammenstellen (lassen) kann, verringert sich zudem die Preistransparenz gegenüber uniformen Massenmarktprodukten. Vor diesem Hintergrund könnte das *dynamic packaging*, die „in Echtzeit, also erst im Moment der Anfrage durch den Kunden, erfolgte kundengerechte Auswahl, Bündelung und Buchung von Reisekomponenten" (*op. cit.*, S. 468) zu Tagespreisen als eine Technik des Ertragsmanagements bei Reiseveranstaltern langfristig erfolgreich sein. Vor allem geeignet ist dieses Verfahren für den Vertrieb über das Internet, für den die Probleme mit den fixen Preisangaben in den Katalogen nicht bestehen.

6.5 Reisebüros

Traditionell übernimmt das wohnortnahe Reisebüro die Aufgabe, Passagen (Flüge, Bahn- und Busfahrscheine), Reiseunterkünfte (vor allem Hotels) und Pauschalreisen an Kunden zu vermitteln und zu buchen. Neben diesen stationären Reisebüros haben sich in den letzten Jahren auch andere Typen von Reisevermittlern auf dem Markt etabliert. In erster Linie sind das Internetreisebüros, auf deren Seiten die Reisen von verschiedenen Leistungsträgern und Veranstaltern miteinander verglichen und gebucht werden können. Darüber hinaus gibt es auch Reisebüros, die Reisen über den Bildschirmtext von Fernsehsendern anbieten oder auch Fernsehsender bzw. Sendefenster, in denen in reportageähnlich aufgemachten Werbesendungen vor allem Pauschalreisen vorgestellt werden, die dann jeweils telephonisch über ein Call Center gebucht werden können. Von geringerer Marktbedeutung sind mobile Reiseberater (Heimverkäufer), die Interessenten zu Hause besuchen und in ausführlichen, von mobilen Computern mit entsprechenden Informationen unterstützten Gesprächen ihre individuell ausgerichteten Angebote erläutern und buchen sowie der Strukturvertrieb von Reisen.

6.5.1 Stationäre Reisebüros

Das Reisebüro steht in einem Spannungsfeld zwischen verschiedenen, sich oft gegenseitig ausschließenden Interessen. Die **Kunden** erwarten vom Reisebüro eine kompetente und qualifizierte Beratung in allen Reisefragen. Zur Kompetenz eines Reisebüro gehören aus ihrer Sicht insbesondere

- die Erfassung ihrer Reisebedürfnisse
- der Überblick über alle relevanten Reiseangebote
- Zielgebietskenntnisse
- Kenntnisse über die angebotenen Unterkünfte in einem Zielgebiet
- Kenntnisse über die jeweils möglichen und günstigsten Verkehrsmittel bzw. ihre Kombination
- ein qualifizierter Überblick über Preise und Tarife, damit die für die jeweiligen Bedürfnisse günstigste Reiseart ausgewählt werden kann

In der Summe geht es den Kunden also um eine qualifizierte Beratung, die sie zu einer Reiseentscheidung befähigt und das Gefühl vermittelt, die richtige Wahl getroffen zu haben. Das ist eine sehr schwierige und manchmal nahezu unlösbare Aufgabe, denn schon die in Reisebüros nachgefragten Zielgebiete erstrecken sich praktisch über die ganze Welt. Noch komplizierter wird es bei den Preisen und Tarifen, die mittlerweile so vielfältig sind, daß es kaum noch möglich ist, auch nur für ein einziges größeres Zielgebiet einigermaßen den Überblick zu behalten.

Leistungsträger und **Reiseveranstalter** auf der anderen Seite möchten vor allem, daß das Reisebüro ihre Angebote denen der Konkurrenz vorzieht und ihnen damit zu einem möglichst hohen Umsatz verhilft. Andererseits müssen sie aber auch ein Interesse an der Beratungsqualität des Reisebüros haben, denn wenn einem Kunden eine letztlich nicht seinen Bedürfnissen entsprechende Reise verkauft wird, wird diese negative Erfahrung möglicherweise nicht nur dem Reisebüro, sondern auch den Leistungsträgern bzw. dem Reiseveranstalter zugeschrieben.

Da vor allem Veranstalter dem Reisebüro, das sie bevorzugt bucht, materielle Anreize bietet, steht es manchmal in einem **Zwiespalt** zwischen optimaler Beratung für den Kunden einerseits und der Provisionsmaximierung andererseits.

Auch heute noch ist das stationäre Reisebüro die wichtigste Vertriebsstelle für Reisen: Die weitaus meisten Veranstalterreisen und Linienflüge werden von ihnen vermittelt. In Deutschland gab es 2005 nach Angaben des Deutschen Reiseverbandes (DRV) 12.639 solcher Reisevertriebsstellen, so daß auf etwa 6.260 Einwohner (Säuglinge und Altersheimbewohner inbegriffen) ein stationäres Reisebüro kommt. Auch wenn sich die Reisevermittlungsstellen in den Städten konzentrieren, macht diese Zahl deutlich, daß auch nahezu jedes größere Dorf mit einer solchen Einrichtung versorgt ist.

Das Vermittlungsgeschäft läßt sich grob in **vier Bereiche** einteilen, die bei größeren Reisebüros jeweils eigenständigen Abteilungen entsprechen:

- **Touristik** (vor allem Vermittlung von Pauschalreisen);
- **Firmendienst** (Buchung aller möglichen Reiseleistungen von Bahnfahrkarten über Flugtickets und Mietwagen bis hin zu Hotels);
- **IATA** (Verkauf von Flugtickets an Privatreisende);
- **DB** (Ausstellen von Bahnfahrkarten und Zugreservierungen für Privatreisende).

Der Verkauf von Reiseversicherungen ist sowohl aufgrund ihres vergleichsweise geringen Volumens als auch wegen seiner direkten Verknüpfung mit der Reisevermittlung kein eigener Bereich des Reisebürogeschäftes.

In der klassischen Vertriebssituation ist das lokale Reisebüro der Ort, an dem Reisen von Reiseveranstaltern und oftmals im Ausland beheimateten Leistungsträgern gebucht werden. Im Prinzip gibt es dafür drei sich nicht gegenseitig ausschließende Handlungsalternativen für ein Reisebüro:

1. Es wirkt als **Handelsvertreter**, indem es Reisen im Namen und auf Rechnung für Reiseveranstalter und Leistungsträger (Handelsherren) vermittelt und abschließt (vgl. Abbildung 6.16);

2. es arbeitet als **Handelsmakler**, indem es Reisen zu von Leistungsträgern und Reiseveranstaltern festgesetzten Preisen vermittelt und dafür, analog zum Immobilienmakler, in der Regel vom Käufer ein Vermittlungsentgelt dafür verlangt;

3. es agiert als ein selbständiger **Händler**, d.h., es kauft die Reisen bei den jeweiligen Produzenten ein und verkauft sie auf eigene Rechnung und auf eigenes Risiko zu einem selbst kalkulierten Preis.

Alle drei Alternativen exitieren heute praktisch im gleichen Reisebüro, wenn sie nebeneinander für unterschiedliche Kundengruppen bzw. für unterschiedliche Leistungsanbieter angewendet werden.

Abbildung 6.16: Die Rechtsbeziehungen des Reisebüros

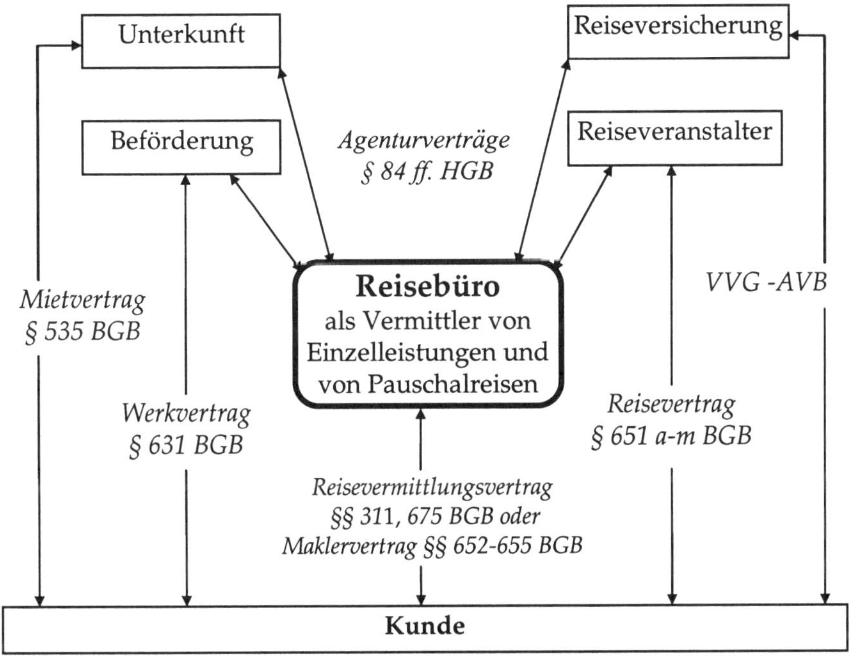

```
    Unterkunft                          Reiseversicherung

    Beförderung    Agenturverträge      Reiseveranstalter
                   § 84 ff. HGB

Mietvertrag        Reisebüro                    VVG -AVB
§ 535 BGB       als Vermittler von
                Einzelleistungen und
                von Pauschalreisen
                                        Reisevertrag
    Werkvertrag                         § 651 a-m BGB
    § 631 BGB
                Reisevermittlungsvertrag
                §§ 311, 675 BGB oder
                Maklervertrag §§ 652-655 BGB

                        Kunde
```

Abkürzungen: BGB = Bürgerliches Gesetzbuch; HGB = Handelsgesetzbuch; VVG = Versicherungsvertragsgesetz; AVB = Allgemeine Versicherungsbedingungen
Darstellung nach Führich 2000, S. 158 ff. und Nies 2005, S. 3 ff. mit entsprechender Aktualisierung; Erläuterungen siehe Text

Historisch gesehen war das Reisebüro in Deutschland zunächst ausschließlich als **Handelsvertreter** (§ 84 ff. HGB) tätig, der aufgrund seiner Tätigkeit für einen Reiseveranstalter oder Leistungsträger nach § 87 HGB einen Anspruch auf Provision für abgeschlossene Vermittlungen hat. Hierfür werden in der Regel Agenturverträge geschlossen, in denen u.a. die Provisionshöhen geregelt sind. Darüber hinaus sehen sie meist Mindestumsätze vor, die erreicht werden müssen, um die Vertretung nicht zu verlieren. Diese Sätze variieren je nach Veranstalter und Standort des Reisebüros (in Großstädten zum Beispiel liegen sie höher als in Kleinstädten). Um den Reisebüros einen Ansporn für den Verkauf ihrer Leistungen zu geben, sehen die Verträge auch sogenannte Superprovisionen vor, die fällig werden, wenn ein bestimmter Umsatz überschritten wird. Meist werden sie in Form von Staffelprovisionen vereinbart, nach denen verschiedene Umsatzstufen festgelegt werden, deren Überschreiten jeweils rückwirkend einen höheren Provisionssatz für den Gesamtumsatz zur Folge hat. In einigen Verträgen werden auch Wachstumsziele festgelegt: Die Zahlung von Superprovisionen wird auch abhängig gemacht von einer Steigerung der Umsätze mit einem Veranstalter oder Leistungsträger gegenüber dem Vorjahr. Umgekehrt gibt es bei einigen großen

Reiseveranstaltern auch einen Malus, wenn die Umsätze gegenüber dem Vorjahr gesunken sind (vgl. Tabelle 6.12 auf S. 370).

Gibt es keinen solchen Vertrag zwischen einem Reisebüro und einem Leistungsträger oder Reiseveranstalter, so kommt er dennoch zustande, wenn dieser die Buchung eines Reisevermittlers akzeptiert. Ist die Höhe der in diesem Falle zu zahlenden Provision nicht vereinbart, d.h., ist sie in den dem Reisebüro zugänglichen Unterlagen nicht genannt, so ist „der übliche Satz als vereinbart anzusehen" (§ 87 b [1] HGB). Aus dem Geschäftsbesorgungsvertrag (§ 675 BGB), der gleichzeitig zwischen Reisebüro und Kunden abgeschlossen wird, entsteht also keine Zahlungsverpflichtung des Kunden für die Reisevermittlungsleistung. Für Veranstalterreisen gilt dies nach wie vor. Eine Preiskonkurrenz zwischen Reisebüros findet in diesem Geschäftsfeld also nicht statt, da der Veranstalter als Handelsherr den Preis seiner Angebote festsetzt.

Andererseits widerspricht die normale Geschäftstätigkeit des Reisebüros der in § 86 (1) HGB festgelegten Pflicht des Handelsvertreters, „hierbei das Interesse des Unternehmers wahrzunehmen." Reisebüros sind somit regelmäßig in einem Interessenskonflikt, da sie eine Vielzahl direkter Konkurrenten unter den Leistungsträgern und Reiseveranstaltern vertreten. Mit jedem Vermittlungsabschluß für einen Handelsherren verstoßen sie im Prinzip gegen diese Pflicht bei allen anderen der von ihnen vertretenen Unternehmen. Da Leistungsträger und vor allem Reiseveranstalter aus verschiedenen Gründen aber keine Aufgabe des Handelsvertreterstatus der Reisebüros wollen (siehe Abschnitt 6.4.1), bleibt diese Pflichtverletzung folgenlos.

Nachdem die weitaus meisten traditionellen Netzfluggesellschaften, beginnend mit dem 1. September 2004, auch in Deutschland keine Provisionen mehr bezahlen, handeln die Reisebüros hier beim Verkauf nicht mehr als Handelsvertreter, sondern finden sich in der Rolle eines **Handelsmaklers**, der für die Vermittlung von zu festen Preisen angebotenen Flügen ein selbst kalkuliertes Entgelt verlangt.

Dies steht allerdings zunächst in Widerspruch zu § 93 (1) HGB, in dem der Handelsmakler definiert wird als jemand „der gewerbsmäßig für andere Personen, ohne von ihnen aufgrund eines Vertragsverhältnisses ständig damit betraut zu sein, die Vermittlung von Verträgen ... übernimmt." Auf den ersten Blick müßte demnach ein Reisebüro, das kontinuierlich Flüge einer Fluggesellschaft vermittelt, unter diesem Gesichtspunkt auf den Handelsvertreterstatus beschränkt bleiben. Gibt es jedoch keine dauerhafte Vertragsbeziehung zwischen ihm und Produzenten, kann das Reisebüro zum Handelsmakler werden. Andererseits ist im zitierten Gesetzestext die Rede von ‚Personen', nicht von Unternehmen, für die der Makler tätig wird. So gesehen führt er bei der Buchung eines Fluges einen Vermittlungsauftrag nicht für die Fluggesellschaft, sondern für den Kunden aus, der ihn schließlich auch dafür bezahlt. Für Privatgeschäfte erscheint der Handelsmaklerstatus vor diesem Hintergrund angemessen, für die Bedienung von Firmenkunden, die in der Regel auf einer vertraglichen Grundlage beruht, dagegen nicht.

Auch die Rechtsprechung ist in diesem Zusammenhang nicht immer eindeutig. Da es in vielen Fällen nicht nur um die reine Vermittlung von Reisen geht – was für den Maklerstatus spräche –, sondern „stets ... mit der Vermittlung eine Beratung des Kunden und eine Überprüfung der vermittelten Reiseleistung durch das vermittelnde Reisebüro verbunden (ist)" (Führich 2005, S.

541), spräche dies eher für den Status eines Handelsvertreters. Allerdings zitiert Führich an dieser Stelle auch verschiedene Urteile von Oberlandesgerichten, in denen die reine Vermittlung von Flügen zu reduzierten Tarifen schon in den 1980er und 1990er Jahren als Maklertätigkeit qualifiziert wurde. Der Verkauf dieser Consolidatortickets (siehe Abschnitt 6.5.5) erfolgt traditionell zu Nettopreisen an die Reisebüros, die ein Vermittlungsentgelt aufschlagen und an ihre Kunden weiterverkaufen. Auch unter diesem Gesichtspunkt ist die Vermittlung von Linienflügen, die in der Regel keine Beratung verlangt, als Maklertätigkeit zu sehen. Dadurch war es den Netzfluggesellschaften möglich, auch nach deutschem Recht die Reisebüros als Makler anzusehen, so daß die Provisionen gestrichen und die Fluggesellschaften ihre Vertriebskosten damit wesentlich senken konnten.

In diesem Falle kommt also kein Geschäftsbesorgungsvertrag nach § 675 BGB zwischen den Kunden und dem Reisebüro zustande, sondern ein Maklervertrag nach §§ 652-655 BGB. Der Werkvertrag zur Beförderung zwischen Kunden und Fluggesellschaft bleibt davon unberührt.

Abbildung 6.17: Reisebüroumsatzentwicklung 1997-2004

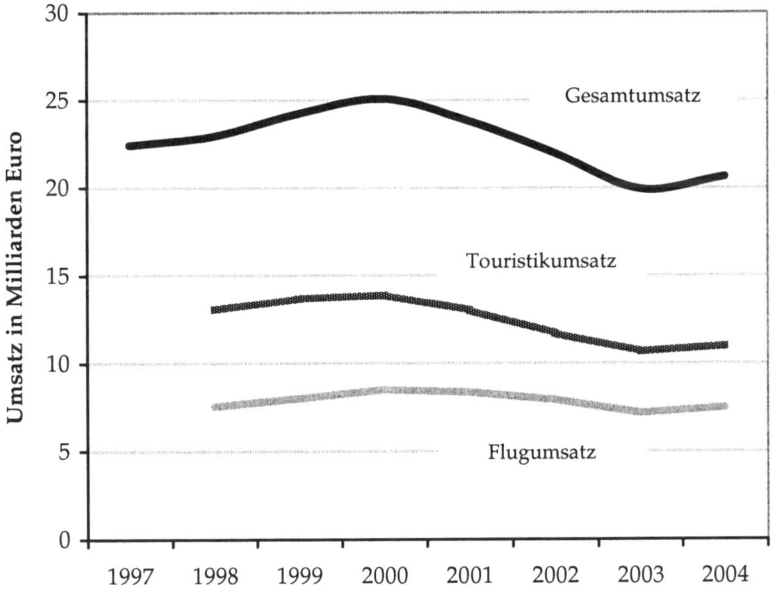

Quelle: DER bzw. Rewe Marktforschung nach der Dokumentation Reisebüroketten und -kooperationen. Beilagen der fvw International 2001-2005; Rückrechnung in Euro

Nach diesem Modell findet also nur ein eingeschränkter Preiswettbewerb zwischen den Reisebüros statt, weil die Grundpreise durch die Leistungsträger vorgegeben bleiben und die Büros nur über die verlangten Entgelte für die Vermittlung in Preiskonkurrenz zueinander treten. Gegen den Wegfall der Provisionen haben sich viele Reisebüros und ihre Verbände zunächst vehement gewehrt. Dennoch hat sich die Ertragssituation der meisten der Flüge vermittelnden Reisebüros dadurch zunächst erheblich verbessert.

Beispiel: Nach den Provisionskürzungen der 1990er Jahre wurde für die Vermittlung einer Flugpassage innerhalb Europas bis 2004 fünf Prozent Provision gezahlt. Nimmt man hier einen Durchschnittspreis pro Ticket von 300 € an, bekam der Vermittler 15 € dafür. Gängig sind heute jedoch Buchungsentgelte zwischen 30 € und 45 €. Lediglich bei den meist deutlich teureren (und seltener gebuchten) interkontinentalen Flügen haben sich die Einnahmen der Reisebüros verringert, weil man hierfür – es handelt sich in der Regel um den gleichen Aufwand – nur geringfügig höhere Preise verlangen kann.

Auf dem Markt für Geschäftsreisen dagegen können die hier tätigen Reisebüros teilweise auch als **Händler** agieren, wenn sie eigene Preise mit Leistungsträgern (Fluggesellschaften, Hotels, Mietwagenunternehmen) als Lieferanten für feste Kontigente aushandeln, die sie dann auf eigenes Risiko und mit selbst kalkulierten Preisen an ihre Firmenkunden verkaufen.

Wenn sie dies jedoch nicht tun, bleibt ihr rechtlicher Status unklar. Nicht nur durch den Wegfall der Provisionen von Fluggesellschaften, sondern weil es auch schon vorher üblich war, alle Leistungen zu Nettopreisen an die Firmenkunden weiterzugeben und sich für ihre Dienstleistungen direkt von ihnen entlohnen zu lassen (siehe Abschnitt 6.2.2.1), trifft für sie weder der Handelsvertreter- noch – wegen der dauerhaften vertraglichen Bindung (s.o.) – der Handelsmaklerstatus zu.

Es wäre aber auch denkbar, daß Reisebüros im Markt für Privatreisen zu Händlern werden, indem sie Pauschalreisen von Veranstaltern einkaufen und exklusiv mit selbst kalkulierten Preisen vermarkten. In beiden Fällen entstünde dadurch eine direkte Preiskonkurrenz zwischen den Reisebüros. An der Haftung änderte sich dadurch nichts: Wie bei einem Händler, der zum Beispiel Elektrogeräte verkauft, welche der Hersteller mit einer Gewährleistungsgarantie versehen muß, könnten auch in diesem Modell die Veranstalter für Schlechtleistungen nach dem Reiserecht haftbar gemacht werden. Der Vorteil für die Reisebüros läge vor allem darin, daß dann – wie im normalen Einzelhandel auch – nicht mehr ersichtlich wird, wie groß die Marge zwischen Einkaufs- und Verkaufspreisen ist und seine Kalkulation nicht praktisch offenlegen muß. Allerdings ist es fraglich, ob sich Reiseveranstalter auf ein solches Vertriebsmodell für den Absatz ihrer Reisen einlassen würden. Nicht zuletzt verlören sie dadurch die Preishoheit über die von ihnen geschnürten Reisepakete und würden damit ein wichtiges Instrument ihres Marketings aus der Hand geben.

Insgesamt muß man wohl festhalten, daß die Usancen der Reisevermittlung, wie sie sich auf den Märkten herausgebildet haben, nicht in die vorgesehenen Rechtskategorien passen. Oder, anders ausgedrückt: Bei der Formulierung der entsprechenden Paragraphen in BGB und HGB hat man an alles gedacht, nur nicht an die Rolle von Reisebüros. Reisebüros bewegen sich damit rein rechtlich gesehen praktisch immer in einer Grauzone.

Ein großer Teil der Reisebüros ist nur in der **Touristik** – also als Handelsvertreter – tätig und hat zudem nur ein eingeschränktes Sortiment, weil sie zum einen nur eine Auswahl der mehr als tausend Reiseveranstalter in Deutschland vertreten können, zum anderen nicht über eine IATA-Lizenz zum Verkauf von Linienflugtickets und/oder eine Lizenz der Deutschen Bahn AG verfügen. Gut ein Drittel der Reisebüros sind darüber hinaus branchenfremd, weil der Verkauf von Reisen für sie nur eine Nebentätigkeit darstellt. Bei einigen Touristikbüros handelt es sich um reine Vertriebsstellen von bestimmten Reiseveranstaltern bzw. -konzernen, die deshalb nur ein sehr eingeschränktes Angebot und entsprechend auch keine umfassende Beratung bieten können.

Abbildung 6.18: Entwicklung der Reisebüros 2000-2004

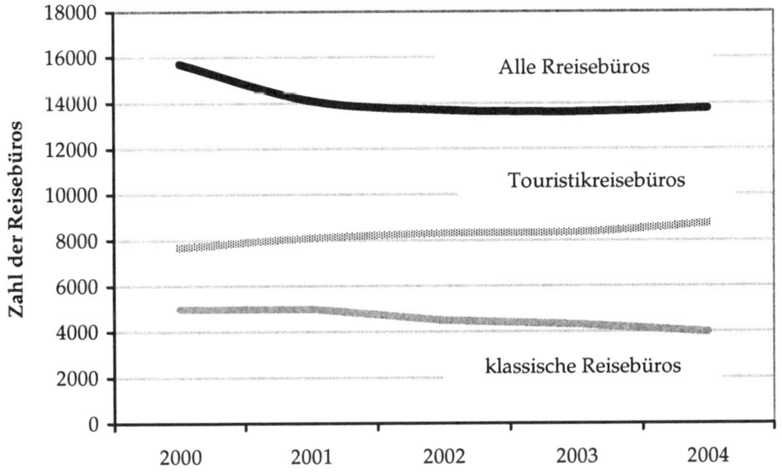

Quellen: DER bzw. Rewe Marktforschung nach der Dokumentation Reisebüroketten und -kooperationen. Beilagen der fvw International

Zudem gibt es eine ganze Reihe von Reisebüros, die Busunternehmen gehören und die ursprünglich primär den Zweck hatten, die eigenen Busreisen zu verkaufen. Zur besseren Nutzung der vorgehaltenen Kapazitäten und zur Bindung von Kunden, die nicht nur Busreisen nachfragen, hat man mit der Zeit auch Angebote von anderen Reiseveranstaltern mit in das Sortiment aufgenommen. Primär ist in vielen dieser Büros aber immer noch das Busgeschäft.

Daß die Zahl der **Voll-** oder **Fachreisebüros** mit sowohl einer IATA- und einer DB-Lizenz mit maximal 2.627 im Vergleich zur Gesamtzahl der Vertriebsstellen nur sehr gering ist, hat vor allem zwei Gründe. Erstens kann nicht jedes Reisebüro eine IATA-Lizenz bekommen, da bestimmte Voraussetzungen dafür erfüllt sein müssen. Dazu gehören u.a. eine Bankbürgschaft, z. Zt. noch das Vorhandensein eines Tresors für die Ticketvordrucke (ab 2008 soll es nur noch elektronische Tickets geben), ein entsprechendes Ladenlokal und qualifiziertes Personal. Zweitens wollen viele Reisebüros auch keine Bahnlizenz, weil sie nur wenig Geschäftschancen in diesem Bereich sehen, unter anderem weil viele (potentielle) Reisebürokunden nicht wissen, daß man Bahnfahrkarten auch dort bekommen kann.

Die oben angeführten Geschäftsbereiche sind auch die Grundlage für die **Typisierung von Reisebüros**, wie sie zum Beispiel der Deutsche Reiseverband (DRV) verwendet:

1. **Klassische Reisebüros** haben neben einer Touristikabteilung auch eine Beförderungslizenz, d.h., mindestens die der IATA oder der Deutschen Bahn AG.
2. Reine **Touristikbüros** vermitteln nur Pauschalreisen verschiedener Veranstalter.
3. **Buchungsstellen** sind Reisebüros, die nur die Pauschalreisen eines einzigen Reiseveranstalters bzw. eines Reisekonzerns vermitteln.
4. **Firmendienstbüros** vermitteln primär Leistungen für Geschäftsreisende, aber auch Privatreisen für Mitarbeiter vor allem der Firmen, in denen sie ein Implant-Reisebüro (s.u.) betreiben.

Alle aufgeführten Typen von Reisebüros können zudem noch im Haupt- oder Nebenerwerb geführt werden. Ein Nebenerwerbsbetrieb wäre zum Beispiel das Reisebüro eines Busveranstalters. In diesem Falle wäre es nicht branchenfremd, weil es zu einem touristischen Leistungsträger gehören würde. **Branchenfremd** sind dagegen Reisevermittlungsstellen, die von Unternehmen außerhalb der Tourismusbranche betrieben werden wie zum Beispiel Buchungsstellen in Versandhäusern oder der Reisevertrieb in Lotto- bzw. Totoannahmestellen. In diesem Bereich gibt es auch einige tausend praktisch **konkursresistenter Reisebüros**, die, wie bei den Lotto- und Totoannahmestellen, als Nebengeschäft in einem anderen Laden betrieben werden. Das kann zum Beispiel ein Fahrrad-, Photo-, Buch- oder Schmuckhändler sein, in dessen Geschäftsräumen ein Familienmitglied zusätzlich noch eine Reisevermittlung betreibt. Da die Fixkosten durch das Kerngeschäft gedeckt sind, ist dieses Zusatzgeschäft nahezu risikolos und kann auf reiner Deckungsbeitragsbasis abgewickelt werden. Da man in der Regel die Mindestumsätze für einen Agenturvertrag mit einem der großen Reiseveranstalter nicht erreicht, arbeitet man mit normalen Reisebüros zusammen, die für die Buchung einen Teil der Provision für sich beanspruchen. Das ist für beide Seiten vorteilhaft: Das Reisebüro kann dadurch seine Umsätze mit einem der großen Veranstalter erhöhen und u. U. in eine höhere Provisionsklasse aufsteigen, der Mittler ein breites Angebotsspektrum gängiger Veranstalter anbieten. Solche Vermittler haben meist eine ganze Reihe von Stammkunden, die sie persönlich kennen und für die sie viel Zeit haben – sie betreiben also ganz modernes Beziehungsmarketing. Auch wenn die Veranstalter solche Unterverträge ihrer Agenturen eigentlich untersagen, muß man doch sehen, daß sie vermutlich einen nicht geringen Teil ihrer Reisen auf diese Weise absetzen.

Im Rahmen ihrer Vermittlungstätigkeit sind Reisebüros verpflichtet, auf die Möglichkeit des Abschlusses einer Reiserücktrittskostenversicherung hinzuweisen. Die Provisionen aus ihrer Vermittlung (bis zu 30 Prozent der Versicherungsprämie) sind eine weitere regelmäßige Einnahmequelle. Darüber hinaus können noch Gepäckversicherungen, Kranken- und Unfallversicherungen usw. verkauft werden. Viele Reisebüros sind zudem selbst als regelmäßige oder gelegentliche Veranstalter von Reisen tätig. Vollreisebüros (d.h. solche mit IATA- und DB-Lizenz) machten 6,3 Prozent ihres Umsatzes mit Eigenveranstaltungen, reine Touristikbüros dagegen nur 1,7 Prozent. Im

Durchschnitt machen die Erlöse der Reisebüros aus Eigenveranstaltungen 13,4 Prozent vom damit erzielten Umsatz aus – es handelt sich für sie also um ein attraktives Geschäftsfeld (Kreilkamp, Regele & Schmücker 1996, S. 56 f.).

6.5.1.1 Firmendienst

Der **Firmendienst** ist in der Regel nicht im Reisebüro selbst, das heißt im Ladenlokal, angesiedelt, sondern wird entweder aus den zum Ladenlokal gehörenden Geschäftsräumen (*back office*) heraus, oder – bei größeren Reisebüros – aus reinen Büroräumen an anderen Standorten mit geringeren Mieten betrieben. Denn anders als das Privatkundengeschäft, das extrem standortabhängig ist (s.u.), werden die Bestellungen im Firmendienst in der Regel nicht persönlich, sondern über Telephon, Telefax oder E-Mail abgewickelt.

Für Unternehmen mit hohen Reiseumsätzen bieten viele Reisebüros sogenannte **Implantreisebüros** an. Diese Büros sind direkt im Unternehmen angesiedelt und arbeiten – wenn es sich um ein **geschlossenes Implant** handelt – wie eine unternehmenseigene Reisestelle ausschließlich für die Geschäftsreisen des jeweiligen Unternehmens. Da alle Unterlagen (Flugtickets, Mietwagenreservierungen usw.) direkt ausgestellt werden können, entfallen kostspielige Botendienste bei kurzfristigen Buchungen, wie sie im Geschäftsreiseverkehr üblich sind. Bei einem **offenen Implant** dagegen hat das Büro zwar ebenfalls seinen Standort bei einem Großkunden, es werden aber auch Vermittlungen und Buchungen für andere Firmenkunden durchgeführt, so daß diese Kosteneinsparungen nicht für alle Firmenkunden greifen.

Abbildung 6.19: Entwicklung der Firmenreisebüro und Implants 1997-2004

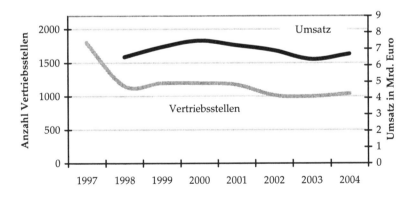

Quellen: Dokumentationen Reisebüroketten und -kooperationen. Beilagen der fvw International

Notwendig für das Geschäft mit großen Unternehmen sind globale Verbünde, die ihre Kunden weltweit betreuen können. Da die Unternehmen ihre Reisekosten senken wollen, brauchen sie diese Verbünde auch, um ihre Nachfragemacht gegenüber den Leistungsträgern zu verstärken und weltweit Tarife (*negotiated fares* [Fluggesellschaften] bzw. *corporate rates* [Hotels und Mietwagenunternehmen]) auszuhandeln, die ihre Wettbewerbsposition auf den jeweiligen heimischen Märkten verbessern.

Geschäftsreisebüro

Schon vor dem Wegfall der Provisionen für die Vermittlung von Linienflugtickets haben die Anbieter deshalb Entlohnungssysteme entwickelt, die auf den **Transaktionskosten** aufgebaut sind. Den Kunden werden dabei die Nettopreise plus einem Transaktionsentgelt (*transaction fee*) in Rechnung gestellt. Dafür oder wenn ein Reisebüro darüber hinaus das gesamte Reisekostenmanagement inklusive aller Abrechnungen und Kontrollen eines Firmenkunden übernimmt, kann auch eine Managementgebühr (*management fee*) vereinbart werden, die sich am gesamten Reisevolumen und nicht mehr an den einzelnen Transaktionen orientiert.

Aus Reisebürosicht haben Implants außerdem den Vorteil, daß es relativ einfach ist, die Geschäftsreise- auch zu Privatreisekunden zu machen (*cross selling*). Wenn die Zusammenarbeit im geschäftlichen Bereich funktioniert, steigt natürlich auch die Bereitschaft der Kunden, ihre Privatreisen bei der gleichen Stelle zu buchen. Aber auch die nicht dienstreisenden Mitarbeiter der Unternehmen lassen sich aus einem Implant heraus sehr gut erreichen. Es liegt auf der Hand, daß auch die Privatreisen ähnlich günstig vermittelt werden können wie die Geschäftsreisen. Aufgrund der höheren Provisionen, die größere Ketten auch bei Reiseveranstaltern gewährt bekommen, und der geringeren Raumkosten (es wird kein teures Ladenlokal benötigt)ist dies für die Implants immer noch ein gutes bis sehr gutes Geschäft: In der Regel werden etwa 10 bis 30 Prozent des Gesamtumsatzes dort mit Privatreisen gemacht.

6.5.1.2 Sortimentgestaltung im Reisebüro

Zwar bemühen sich die Reiseveranstalter, ein Markenbewußtsein bei ihren Kunden zu erzeugen, damit ihre Reisen gegenüber Mitbewerbern bevorzugt werden. Da ein Reiseveranstalter in der Regel jedoch nur bereits existierende Angebote von Leistungsträgern miteinander kombiniert und seine Kunden im klassischen Fall nie in direkten Kontakt mit seinen Mitarbeitern treten, gibt es (abgesehen von möglichen Zusatzleistungen) eigentlich keinen Grund für eine durch Qualität motivierte Präferenz eines Veranstalters gegenüber dem anderen. Unterstrichen wird diese Austauschbarkeit der Reiseveranstalter untereinander noch durch die sog. „überschnittenen" Angebote, wenn zum Beispiel unterschiedliche Reiseveranstalter das gleiche Hotel in der gleichen Saisonzeit und möglicherweise noch mit identischen Abflugorten und Fluggesellschaften im Programm haben.

Abbildung 6.20: Sortimentsbereinigung und Umsatz bei einer großen Reisebürokette

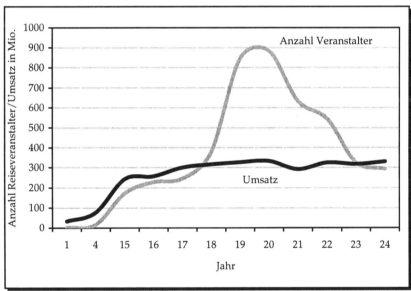

Aus der Sicht des Reisebüros ist es daher wenig sinnvoll, eine zu große Zahl von Veranstaltern mit ihren Katalogen im Sortiment zu führen, die sich in ihren Angeboten überschneiden. Um mit den getätigten Umsätzen in den Genuß von Superprovisionen zu kommen (vgl. Tabelle 6.12 auf Seite 370) muß die Anzahl der Reiseveranstalter deshalb möglichst klein gehalten werden. Gleichzeitig muß das Reisebüro jedoch sicherstellen, daß dadurch das Sortiment nicht unnötig eingeschränkt wird, so daß Kundenwünsche nicht mehr erfüllt werden können. Dazu ist es erforderlich, die Angebote der verschiedenen Reiseveranstalter miteinander zu vergleichen und sich auf diejenigen zu beschränken, deren Angebote den Kundenwünschen entsprechen.

Beispiel: Die Reiseveranstalter A, B, C, D, E und F bieten alle ein sehr ähnliches Mallorca-Programm. Orte und Hotelkategorien unterscheiden sich kaum voneinander, zum Teil sind die Hotels sogar überschnitten. Die Veranstalter C und F haben das größte Gesamtangebot an weltweiten Reisen. Da es sich bei beiden um Großveranstalter handelt, die hohe Mindestumsätze verlangen, lohnt es sich, nur einen davon im Angebot zu belassen, um die Superprovision nicht zu gefährden, da sonst ein großer Teil der Umsätze auf beide Veranstalter verteilt würde. Da Veranstalter F häufiger Probleme bei der Reklamationsbearbeitung zeigt und das Reisebüro eine auf Sicherheit und Qualität achtende Kundschaft bedient, entscheidet man sich für den Veranstalter C als „**Leitveranstalter**". Um auch in Situationen, in denen der Veranstalter C ausgebucht sein kann, keine Kunden zu verlieren, wird als zweiter Veranstalter für Mallorca noch A in das Sortiment aufgenommen, der eher regional ausgerichtet ist und einen guten Ruf vor Ort besitzt. Bei anderen wichtigen Zielgebieten, die von den Kunden nachgefragt werden, geht man ähnlich vor, wobei man hier wiederum darauf achten muß, die Zahl der geführten Reiseveranstalter möglichst gering zu halten.

Viele, vor allem kleinere, Reisebüros machen sich diese Mühe nicht und verschenken damit im Endeffekt Geld. Bei Reisebüroketten sind solche Sortimentsüberlegungen und -bereinigungen dagegen die Regel. Das ist auch einer der Gründe dafür, daß die Zahl der unabhängigen Reisebüros in den letzten Jahren geschrumpft ist (siehe Abbildung 6.21 auf Seite 389 und Abbildung 6.22 auf Seite 390). Wie Abbildung 6.20 deutlich zeigt, führt eine solche Sortimentsbereinigung nicht zu einer Verringerung des Umsatzes. Vielmehr wird der gleiche Umsatz auf deutlich weniger Veranstalter verteilt. Daraus folgen höhere Umsätze je Veranstalter und durch die Superprovisionen auch höhere Provisionssätze (vgl. Tabelle 6.12 auf Seite 370). Gleichzeitig werden durch diese Maßnahmen Kosten gespart: In den Reisebüros müssen weniger Kataloge gelagert und bei Saisonwechsel ausgetauscht werden und der Schulungsaufwand für die Expedienten kann erheblich verringert werden. Auch die Produktivität der Mitarbeiter steigt und führt zu höheren Erlösen und besseren Renditen im Vermittlungsgeschäft.

6.5.2 Nicht stationäre Reisevermittler

Auch wenn der Vertrieb von einzelnen Reiseleistungen und Reisepaketen von Leistungsträgern und Reiseveranstaltern auch direkt und unter Umgehung von Mittlern über das Internet erfolgen könnte, haben sich auf dem Markt auch Reisevermittler etabliert, die ausschließlich über diesen Weg zu ihren Kunden finden.

Beipiele: Die bekanntesten dieser Internetreisebüros sind u.a. Expedia, Opodo, Bahn.de, Lastminute.com. Bei allen diesen Onlinereisevermittlern fällt auf, daß sie von Unternehmen oder Personen von außerhalb der traditionellen Reisebürobranche gegründet wurden. Bei Expedia und Lastminute.com waren es sogar komplett Branchenfremde: Expedia wurde 1994 in den USA von Microsoft gegründet, 1999 folgte die Gründung des deutschen Ablegers; Lastminute.com wurde 1998 in London von zwei jungen Leuten ohne eigene Erfahrung in der Reisebranche gegründet, ebenfalls 1999 folgte eine deutsche Tochtergesellschaft. Opodo wurde 2001 von einer Reihe großer europäischer Netzfluggesellschaften nach dem Vorbild von Orbitz in den USA gegründet und die Deutsche Bahn hat ihren Internetauftritt zu einem Reiseportal ausgebaut, über das man nicht nur Bahn-, sondern auch Flüge und Pauschalreisen buchen kann.

Vor allem die Reiseveranstalter der großen Konzerne sehen die Tätigkeit der Internetreisebüros eher kritisch. Zum einen wollen sie natürlich nicht auf die so gebuchten Umsätze verzichten, zum anderen können sie aber kein Interesse daran haben, daß jeder Internetnutzer hier vergleichsweise schnell verschiedene Angebote miteinander vergleichen und sich dann für das günstigste Angebot entscheiden kann. Können die stationären Reisebüros über die Provisionsgestaltung zumindest ansatzweise gesteuert werden (Tabelle 6.12 auf Seite 370), so verlören die Online-Reisevermittler ihren Reiz bei den Kunden, wenn solche Vergleiche erschwert würden oder eine nicht mehr objektive Angebotsdarstellung erfolgte. Daher zahlen vor allem große Veranstalter für solche Buchungen nur eine geringere Provision als für Vermittlungen in stationären Reisebüros.

Beispiel: Für Buchungen über den nicht-stationären Handel werden maximal 9 Prozent Provision gezahlt, bei gleicher Umsatzhöhe sind es für den stationären Vetrieb 10,55 Prozent, wenn es keinen Umsatzzuwachs gegenüber dem Vorjahr gab. Wie wenig den großen Veranstaltern am nicht-stationären Fremdvertrieb gelegen ist, wird auch darin deutlich, daß es, anders als beim stationären Fremdvertrieb, keine Anreize für Umsatzsteigerungen gibt.

Bei Internetbuchungen wird noch zwischen **aktiven** und **passiven Buchungen** unterschieden: Wenn ein Kunde direkt über den Internetauftritt eines Reisebüros in das Reservierungssystem des Veranstalters einbucht, spricht man von einer aktiven Buchung; kommt der Kunde über die Webseiten des Veranstalters auf die des Vertriebspartners, handelt es sich um eine passive Buchung. Letzterer Fall ist praktisch nur für stationäre Reisebüros von Bedeutung, die zusätzlich eigene Internetseiten mit entsprechenden Funktionen betreiben. Für diese passiven Buchungen wird nur ein verringerter Provisionssatz, meist 5 Prozent, vergütet, und die damit erzielten Umsätze werden nicht auf die Provisionsstaffeln angerechnet.

Aber nicht nur online-Vermittlungen, auch andere nicht-traditionelle Wege des Verkaufs (NTO – *non traditional outlets*) von Pauschalreisen werden von den Veranstaltern mit geringeren Provisionssätzen vergütet. Das gilt auch für Heimverkauf und Strukturvertrieb.

6.5.3 Kennzahlen im Reisebüro

Die Reisevermittlung ist ein sehr personalkostenintensives Gewerbe: etwa 55 Prozent der Erlöse werden für Personalkosten einschließlich den Unternehmerlohn aufgewendet. An zweiter und dritter Stelle stehen die Raum- (13 Prozent) und die Verwaltungskosten (10 Prozent). Kommunikationskosten (neben den Telephonkosten vor allem die Miete für Reservierungsterminals und EDV) schlagen mit 8 Prozent der Erlöse zu Buche. Die übrigen Kosten entstehen durch Werbung, Abschreibungen, Zinsaufwand usw. Nach den hier zitierten Zahlen aus dem ersten Betriebsvergleich für die Reisebürobranche (Erdmann 1995, S. 59) bleiben danach im Durchschnitt 5 Prozent der Erlöse als betriebswirtschaftliches Ergebnis.

Das betriebswirtschaftliche Ergebnis ist definiert als:

Bruttoerlös
- darin enthaltene Umsatzsteuer
= Nettoerlös
- Kosten
= Betriebswirtschaftliches Ergebnis

Vor allem der Anteil der Verwaltungs-, Raum- und Kommunikationskosten nimmt mit zunehmendem Umsatz der Reisebüros ab. Größere Reisebüros haben damit eine weitaus günstigere Kostenstruktur, und entsprechend liegt ihr Betriebsergebnis mit bis zu 11 Prozent auch deutlich über dem Durchschnitt (*op. cit.*, S.60 f.).

Die **Umsatzrendite**, d.h., der Anteil des Gewinns am Gesamtumsatz, gilt vielen als Maß für den Erfolg oder Mißerfolg eines Reisebüros. Im Durchschnitt lag nach der Betriebsvergleichsrechnung 1994 dieses Ergebnis für die Reisebüros bei 1,0 Prozent (Kreilkamp, Regele & Schmücker 1996, S. 97). Da der größte Teil des Umsatzes bei Reisebüros ein „durchlaufender Posten" ist, der direkt an Reiseveranstalter bzw. Leistungsträger weitergereicht wird, ist dieser Wert nicht sehr aussagekräftig. Interessanter ist deshalb die Erlösrendite, die das Ergebnis in Abhängigkeit von den erzielten Provisionen bzw. sonstigen Einnahmen angibt.

Die **Erlösrendite** wird mit der folgenden Rechnung (*op. cit.*, S.95) ermittelt:

Nettoerlös (100 Prozent; s.o.)
- Kosten (in Prozent vom Nettoerlös)
= Erlösrendite (in Prozent vom Nettoerlös)

Die zunächst sehr gering erscheinende Rendite der Reisebüros mit einem Prozent vom Umsatz wird deutlich relativiert, wenn man sich die Erlösrendite ansieht: sie lag 1994 im Durchschnitt aller Reisebüros bei 8,8 Prozent. Der wichtigste Faktor für die Höhe der Erlösrendite war die Organisationsform. Die mit 12,1 Prozent höchste Rendite warfen die Filialen von Reisebüroketten ab, die niedrigste von 5,1 Prozent erwirtschafteten die Einzelreisebüros, die nicht mit anderen Büros kooperierten. Dieses Ergebnis unterstreicht die Bedeutung von Kooperationen und zeigt den klaren Wettbewerbsvorteil von Ketten bei der Reisevermittlung.

Ein weiterer wichtiger **Erfolgsfaktor** von Reisebüros ist ihr **Standort**. Büros in Hauptgeschäftslagen kamen auf 9,5 Prozent, solche in mittleren Lagen auf 8,1 Prozent und solche in ruhigen Geschäftslagen nur auf 6,1 Prozent Erlösrendite. Es ist naheliegend, daß Reisevermittler in guten Lauflagen, insbesondere in Fußgängerzonen, durch Laufkundschaft höhere Umsätze erzielen. Entsprechend geringer fallen auch die Kosten für Werbung aus. Allerdings muß man hier berücksichtigen, daß zum Beispiel Filialreisebüros in der Regel in Hauptgeschäftslagen liegen und sich deshalb die beiden Faktoren Organisationsform und Geschäftslage gegenseitig bedingen. Vor dem Hintergrund der im Touristikgeschäft gezahlten Staffelprovisionen (vgl. Tabelle 6.12 auf S. 370) ist es wenig verwunderlich, daß auch die Umsatzgröße, die nicht zuletzt durch Organisationsform und Geschäftslage mitbedingt ist, eine wesentliche Rolle für den geschäftlichen Erfolg der Agenturen spielt. Je höher der Umsatz, desto größer fällt auch die Erlösrendite aus.

Diese Zahlen beleuchten den Hintergrund für den seit einigen Jahren zu beobachtenden Konzentrationsprozeß im Reisebüro, der im nächsten Abschnitt untersucht wird.

6.5.4 Konzentrationsprozesse im Reisebürogeschäft

Das traditionelle, unabhängige inhabergeführte Einzelreisebüro, das Mitte der 1990er Jahre noch bei den Vermittlern in Deutschland dominierte, hat zunehmend an Bedeutung verloren und macht heute nur noch einen verschwindend kleinen Teil des Marktes aus (Abbildung 6.21). Nach den Schätzungen des Betriebsvergleichs 1994 waren in diesem Jahr noch 43 Prozent der Büros nicht an eine Kette oder eine Kooperation (einschließlich Franchise) gebunden, im Folgejahr waren es nur noch 39 Prozent (Kreilkamp, Regele & Schmücker 1996, S. 10; Ungefug 1996, S. 170). Ihr Niedergang begann aber bereits in den 1980er Jahren, als unabhängige Büros noch mehr als 70 Prozent der Vertriebsstellen ausmachten und es noch keine Reisebürofranchisesysteme in Deutschland gab (Abbildung 6.22).

Abbildung 6.21: Das Verschwinden unabhängiger Reisebüros

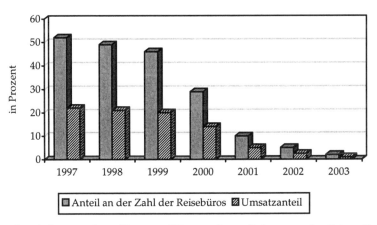

Quellen: fvw Dokumentationen Ketten und Kooperationen. Beilagen zur fvw International

Die Gründe dafür sind schnell erzählt: Zum einen war der Markt für Reisevermittlungen mit weit über 20.000 Reisebüros deutlich übersetzt, zum anderen begannen Reiseveranstalter und Handelskonzerne zunächst damit, Reisebüros aufzukaufen bzw. in ihren schon bestehenden Kaufhäusern einzurichten und damit den unabhängigen Einzelbüros Konkurrenz zu machen. Dann wurden vor allem seit Anfang der 1990er Jahre von Reiseveranstaltern Franchisesysteme eingerichtet, um den Vertrieb stärker an sich zu binden. Für Reisebüros waren damit attraktive Perspektiven verbunden (s. Abbildung 6.22) – an erster Stelle höhere Provisionen, weil man die Umsätze aller Agenturen bündeln und damit in höhere Kategorien der Staffelprovision kommen konnte. Auch wenn die Franchisesysteme wie auch andere Reisebürokooperationen (s.u.) damit die eigentliche Absicht der Provisionsmodelle der Veranstalter unterliefen, wurden diese höheren Provisionssätze, die ursprünglich nur den Reisebüroketten mit ihren zentral geführten Filialen gewährt wurden, über viele Jahre vergütet.

Abbildung 6.22: Beginn der Konzentration im Reisebüromarkt

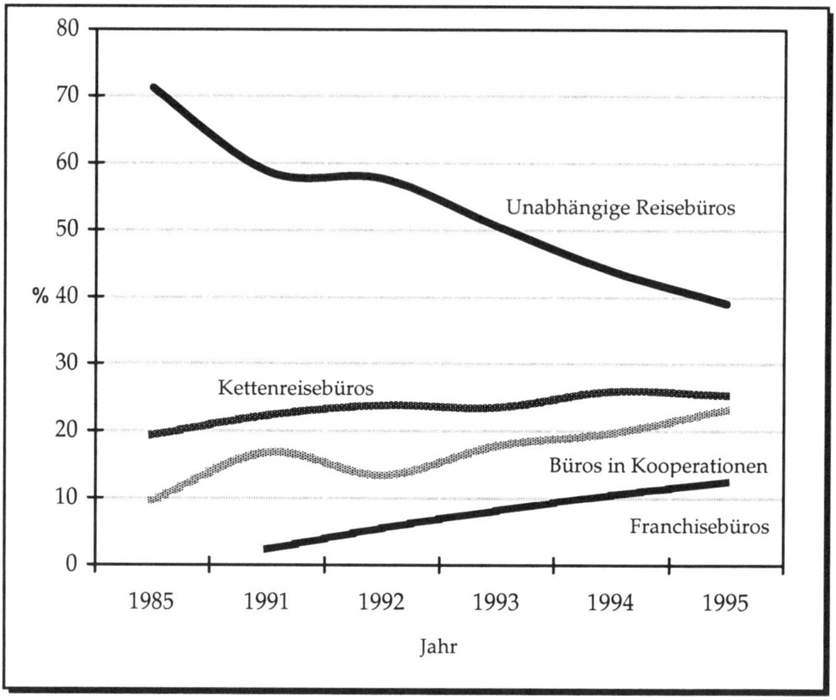

[Diagramm: Prozentuale Entwicklung verschiedener Reisebürotypen von 1985 bis 1995. Unabhängige Reisebüros: Rückgang von ca. 70% auf ca. 38%. Kettenreisebüros: Anstieg von ca. 19% auf ca. 25%. Büros in Kooperationen: Anstieg von ca. 10% auf ca. 22%. Franchisebüros: Anstieg von ca. 2% auf ca. 12%.]

Quelle: Ungefug 1996, S. 170

Dafür gab es verschiedene Gründe: Zum einen war und ist kein Veranstalter stark genug, in seinem eigenen Franchisesystem nur Reisen des eigenen Unternehmens zu vermitteln. Da man sogar zum größten Teil Reisen der Veranstalterkonkurrenz für die Kunden buchte, waren die höheren Provisionen dieser Mitbewerber willkommen. Sie überstiegen meist die eigenen höheren Provisionszahlungen, die man Partnern konkurrierender Franchisesysteme zukommen ließ. Zum anderen waren gerade die höheren Basisprovisionen ein wesentliches Argument, mit dem man die noch unabhängigen Büros vom Eintritt in ein Franchisesystem überzeugen konnte. Es war daher kein Zufall, daß diese Bevorzugung der Franchisebüros in dem Moment in Frage gestellt wurde, in dem es praktisch keine unabhängigen Reisebüros mehr gab, die man noch für eines der Systeme hätte gewinnen können.

Franchisesysteme im Reisevermittlerbereich kamen in Deutschland erst relativ spät. In der Getränkeabfüllung (u.a. Coca Cola), Hotellerie (u.a. Holiday Inn, Ibis) und in der Gastronomie (u.a. Wienerwald, McDonald's) dagegen gibt es sie bereits sehr lange. Daß solche Konzepte im Reisebüro erst so spät eingeführt wurden, hat verschiedene Gründe. Der wichtigste ist wohl der, daß viele Reisebüroinhaber erst spät erkannt haben, daß sie alleine in Zukunft auf dem immer härter umkämpften Markt keine Chance haben. Ohne den Anschluß an einen starken Partner werden langfristig vermutlich nur wenige Nischenanbieter mit ganz speziellen Angeboten überleben. Aus der Sicht des Franchisegebers läßt sich ein Reisebürokonzept vergleichsweise schnell und ohne hohe Investitionen (Kauf und/oder Neueröffnung von Filialen) verwirklichen (vgl. Übersicht 6.10).

Übersicht 6.10: Vor- und Nachteile von Reisebüro-Franchisesystemen

für Reisebüros als Franchisenehmer	
Vorteile	Nachteile
• starker Markenname, *corporate design* • fertiges Agenturkonzept • Sortiment • höhere Provisionen • Marketingunterstützung • Einkaufsvorteile • Unterstützung im *back office* • fertige EDV-Lösungen • Schulungen • rechtliche und, wenn auch eingeschränkt, wirtschaftliche Selbständigkeit bleibt erhalten • Gebietsschutz	• Aufgabe der Selbständigkeit in den zentralen Punkten der Kooperation • Abhängigkeit vom Erfolg des Konzeptes • Aufnahme- und/oder laufende Franchisegebühr • hohe Anfangsinvestitionen, vor allem für neue Büroausstattung • höherer Kommunikationsaufwand
für Reiseveranstalter als Franchisegeber	
Vorteile	Nachteile
• größere Bindung an den Veranstalter, Eröffnung von Steuerungsmöglichkeiten • geringere Kosten gegenüber Reisebürokauf oder Neueröffnung • keine Personalkosten in den angeschlossenen Agenturen • Reisebüros bleiben in der Regel inhabergeführt • kein Auslastungsrisiko • keine Personalbeschaffungsprobleme • keine Personalverantwortung in den Büros • schnelleres Wachstum gegenüber System von Filialbüros	• gegenüber Filialen nur indirekte Steuerung und Kontrolle möglich • Gefahr von Trittbrettfahrern unter den Franchisenehmern, die dem Image des Systems schaden können

Beispiele: Die zu diesem Zweck gegründete Reiseland GmbH in Northeim (mittlerweile Teil von Otto Freizeit und Touristik, OFT) hat so den seit der Öffnung der früheren DDR zugänglichen Markt in sehr kurzer Zeit erfolgreich bearbeiten können. Für die TUI war es die einzige Möglichkeit, selbst im Reisebürovertrieb tätig sein zu können, weil ihre ursprünglichen Anteilseigner, in erster Linie Reisebüros, die keine

Konkurrenz zu ihrem Kerngeschäft haben wollten, dem Veranstalter keine eigenen Reisebüros zugestanden.

Tabelle 6.14: Die größten Reisemittlergruppen in Deutschland

Gruppe	Unternehmen	Umsatz (Mio. Euro)
Reisebüroketten und Franchisesysteme		
TUI	Hapag-Lloyd, Discount Travel, TUI Reise Center, First, Touristik Express	4.428
Rewe Touristik	DER, DER Business Travel, Atlas Reisen	3.205
Lufthansa City Center[1]	Lufthansa City Center, Business Plus	1.659
Thomas Cook	Thomas Cook Reisebüro, Holiday Land	755
OFT (Otto Freizeit und Touristik)	Reiseland, Travel Overland, Holiday Express	746
Karstadt Quelle[2]	Reise Quelle, Karstadt Reisebüro, Neckermann Urlaubswelt	682
Carlson Wagonlit Travel	Carlson Wagonlit Travel (CWT)[3]	592
TVG	Flugbörse, FTI Ferienwelt, Fünf vor Flug, Allkauf, Koch Überseee, Reisebüro Kimmel	314
Reisecenter Alltours	Reisecenter Alltours	185
Kooperationen[4]		
QTA	RTK, Schmetterling, Best-RMG, Alpha, TUI Travel Star	3.597
TMCV	TSS, AER	2.203
RSG	Pro Tours/RCE, Deutscher Reisering, Tour Contact, Prima Urlaub	1.282

[1] wurde Anfang der 1990er Jahre von der Lufthansa gegründet, ist heute aber komplett in der Hand der Franchisenehmer und ist damit der größte konzernunabhängige Reisemittler in Deutschland; [2] mit 50 Prozent an Thomas Cook beteiligt, die anderen 50 Prozent hält die Lufthansa; [3] überwiegend im Geschäftsreisebereich tätig; [4] Kooperationen, die in den drei Großallianzen Mitglied sind
Quelle: fvw Dokumentation 2005 a

Einen weiteren Beitrag zu einer Konzentration des Marktes leisteten die **Reisebürokooperationen**, die unterhalb der Schwelle des einheitlichen Marktauftritts der Franchisesysteme bleiben. Ihren Ursprung hatten sie zunächst in der Absicht von Reisebüros, durch die Bündelung ihrer Umsätze höhere Staffelprovisionen bei den Reiseveranstaltern zu erreichen („Provisionssammelverein'; vgl. Pompl 1999, S. 8). Attraktiv sind sie vor allem für jene Reisebürounternehmer, die eigentlich lieber unabhängig bleiben würden, aber keine Chance mehr dafür sehen. Zumindest behält das Büro seinen eigenen Namen, sein eigenes Aussehen und auch die in der Regel unverbindlicheren Konditionen des Beitritts, nach denen auch die wirtschaftliche Freiheit kaum eingeschränkt wird, machen diesen Mittlern den Anschluß leichter. Zudem fallen auch keine Franchisegebühren an. Vor dem Hintergrund der für Franchisesysteme nicht mehr gewährten Basisprovision für Ketten entfällt ein wichtiger Grund für das Franchise. Damit wird der Austritt aus einem Franchisesystem zugunsten einer Reisebürokooperation in vielen Fällen attraktiv.

Schließlich bieten Kooperationen auch Einsparungen aus der Zentralisierung von Verwaltungs- und Marketingfunktionen. Allerdings gibt es auch Kooperationen, bis hin „zur strategischen Partnerschaft mit hohem zentralen Steuerungsgrad", so daß sie „einen Integrationsgrad erreichen, in dem sie sich von den Reisebüroketten nicht mehr (unterscheiden)" (a.a.O.). Dies und die zunehmende Vertiefung der Zusammenarbeit der großen Kooperationen mit den Reisekonzernen tragen zur Konzentration bei.

Nach Angaben der DER-Marktforschung (*Fremdenverkehrswirtschaft International* Nr. 25 v. 11. November 1996) hatten 1990 in Deutschland 31 Reisebüroketten und -kooperationen einen Umsatz von zusammen 8,044 Milliarden DM (= 4,11 Mrd. €). Über die Hälfte des Reisebüroumsatzes (ca. 52 Prozent) fiel nach diesen Angaben auf die zehn größten Reisemittlergruppen, die zum Teil sowohl Reisebüroketten als auch Kooperationen und Franchisesysteme umfaßten. 2004 setzten allein die ersten sechs (ohne veranstalternahe Kooperationen) 11,48 Mrd. € um. Nach Angaben der Rewe-Marktforschung (fvw Dokumentation 2005 a, S. 5) gab es im Jahre 2004 13.753 Haupterwerbsreisebüros, die zusammen einen Umsatz von 20,62 Mrd. € machten. Damit beherrschten allein die größten sechs mehr als die Hälfte des Marktes (knapp 56 Prozent; vgl. Tabelle 6.14).Anders als im Einzelhandel, bei dem die Nachfragemacht einiger weniger großer Handelskonzerne die Preise und Konditionen der Hersteller weitgehend bestimmt, haben wir es im Reisebürovertrieb jedoch mit einer **Herstellerdominanz** zu tun: Reiseveranstalter sind hier bestimmend. Durch die Schaffung bzw. den Aufkauf von Reisebüroketten (zum Beispiel Neckermann, Rewe) und den Aufbau von Franchisesystemen (zum Beispiel TUI, Neckermann) wird ein wichtiger Anteil des Vertriebswegs Reisebüro durch sie kontrolliert. Dadurch hat die Konzentration auch nicht die gleiche Wirkung wie im Einzelhandel, bei dem Hersteller mangels Absatzalternativen oft gezwungen sind, nicht nur bei den Preisen erhebliche Nachlässe zu gewähren, sondern auch für die Listung ihrer Erzeugnisse und das Marketing der Händler zahlen zu müssen. Die Konzentration im Reisegeschäft ist dagegen nicht nur horizontal, sondern vor allem auch vertikal ausgeprägt. Dazu trägt auch der Status der Reisebüros als bloße Handelsvertreter der Reiseveranstalter bei, die dadurch vor allem die Kontrolle über die Endpreise der vermittelten Reiseleistungen behalten. Da auch in den beiden Reisebüroverbänden (Deutscher Reiseverband [DRV] und Bundesverband mittelständischer Reiseunternehmen [asr[17]]) nicht nur Reisebüros, sondern auch Veranstalter und Leistungsträger vertreten sind, gibt es auch keine Organisation, welche die reinen Interessen der Vermittler gegenüber den Handelsherren vertreten würde (siehe dazu auch Abschnitt 8.3 in Kapitel 8).

6.5.5 Ticket-Großhändler: Consolidators

Linienfluggesellschaften versuchen zwar selbst, über Preisdifferenzierung und Methoden des *yield management* (Abschnitt 6.1.2.5) möglichst ertragsoptimale Auslastungen ihrer Flüge zu erreichen, können bzw. wollen aber nicht das volle Auslastungsrisiko ihrer Flüge tragen. Nicht ausgelastete Kapazitä-

---

[17] ursprünglich Arbeitsgemeinschaft selbständiger Reisebüros im DRV, daher die Abkürzung asr.

ten verkaufen sie daher zu sehr niedrigen Preisen an Großhändler, welche die Tickets für diese Flüge in der Regel zu Nettopreisen an Reisebüros weiterverkaufen, die sie dann mit einem selbst kalkulierten Preisaufschlag ihren Kunden anbieten. Dadurch hat die Fluggesellschaft zwar einerseits einen (theoretischen) Umsatzverlust durch die gewährte Preisreduktion, andererseits würde sie aber den weitaus größten Teil der Flugsitze ohne dieses Preiszugeständnis überhaupt nicht verkaufen. Wollte sie die verbilligten Tickets selber vertreiben, wären damit zudem erhebliche Zusatzkosten für die Kommunikation der jeweiligen Angebote verbunden, die solche Angebote für sie unwirtschaftlich machen könnten. Da ein Ticketgroßhändler die Niedrigpreisangebote einer Reihe von Fluggesellschaften vermarktet und in der Regel eine feste Geschäftsverbindung zu seinen Reisebürokunden aufbaut, denen er eine ganze Palette von Billigflügen für ihre Kunden anbieten kann, sind die Vertriebskosten insgesamt geringer als wenn jede Fluggesellschaft ihren eigenen Vertriebsweg für solche Tickets aufbauen würde. Diese Großhändler von Billigflugtickets nennt man deshalb (nach dem englischen *to consolidate* = zusammenlegen) **Consolidators**. Bei ihnen werden die zu normalen Preisen und Konditionen voraussichtlich nicht absetzbaren Flugsitze von mehreren Fluggesellschaften gebündelt und vermarktet.

Dies wurde bereits in Zeiten gemacht, als die Flugmärkte noch reguliert waren, die IATA als eine Art Preiskartell fungierte und die internationalen Flugtarife kontrollierte. Damals bürgerte sich der Begriff **„Graumarkttickets"** für die über Consolidators vertriebenen Flugscheine ein, und viele Fluggesellschaften versuchten – wie die Lufthansa - in ihren Heimmärkten den Anschein zu erwecken, als wenn diese Tickets irgendwie illegal und über fadenscheinige Händler auf die Märkte gelangen würden. Damit wollte man verhindern, daß zum Beispiel Lufthansa-Tickets über einen ausländischen Consolidator auf den deutschen Markt gelangten.

Beispiel: Wenn einem britischen Großhändler Tickets der Lufthansa von London über Frankfurt am Main nach Bangkok verkauft wurden, waren diese erheblich billiger als die günstigsten Tarife ab Frankfurt. Findige Reisebüros kauften deshalb die Tickets bei britischen Consolidators und boten sie ihren Kunden in Deutschland an, die dann die Strecke London - Frankfurt nicht in Anspruch nahmen und trotzdem erheblich billiger fliegen konnten.

Durch Ticketkontrollen versuchte man solchen „Mißbrauch" zu verhindern. Wenn die Passagiere in diesem Beispiel den Flugcoupon ab London nicht genutzt hatten, wurden sie am Flughafen in Frankfurt abgewiesen. Dies führte zu erheblichen Konflikten, weil viele Inlandkunden der Lufthansa vorwarfen, ausländischen Fluggästen weitaus bessere Preise einzuräumen. Seit der Liberalisierung des Luftverkehrs (siehe Abschnitt 6.1.2.1) gehen die Linienfluggesellschaften offen mit dieser lange angewandten Praxis um und auch die Lufthansa gibt offiziell an, daß sie eine ganze Reihe von Consolidators unter Vertrag hat.

Die Vorteile für diese Praxis liegen auf der Hand: Linienfluggesellschaften, die ihre Flüge normalerweise nur über Reisebüros mit einer IATA-Lizenz vertreiben, können dadurch den Vertriebskanal Reisebüro erheblich ausweiten, denn die Consolidator-Tickets können von jedem Reisebüro verkauft werden. Statt der 4.500 Reisebüros mit IATA-Lizenz werden dadurch ca. 17.000 Reisebüros erreicht, die vom Brancheninformationsdienst **Infox** bedient werden. Es wird also eine volle Marktabdeckung erreicht. Vor allem für ausländische Fluggesellschaften, die nur über eine geringe Repräsentanz auf dem deutschen Markt verfügen, eröffnet sich damit ein kostengünstiger und trotzdem intensiver Vertriebsweg.

6.5.6 Die Zukunft des Reisebüros

Die Zukunft des Reisebüros als Vermittler von Reiseleistungen ist unter verschiedenen Aspekten gefährdet. Vor allem zwei Umstände werden die Position des Reisebürovertriebes schwächen:

- die im Rahmen der Harmonisierung des europäischen Wettbewerbsrechtes anstehende Aufhebung der Preisbindung und
- der Ausbau des Direktvertriebes durch Leistungsträger und Reiseveranstalter.

Der zweite Punkt betrifft nicht nur die Reisebüros, sondern hat Auswirkungen auf die gesamte Reisebranche und wird deshalb übergreifend in Abschnitt 6.8 behandelt.

Innerhalb der Europäischen Union gibt es derzeit keine einheitliche Regelung für die **Rabattierung von Vermittlungsleistungen**. In Deutschland waren Rabatte bislang nur im Geschäftsreisebereich üblich (siehe Abschnitt 6.2.2.1), in Großbritannien und Belgien dagegen sind seit Jahren auch Rabatte an Privatkunden normal. In diesen Ländern gibt es seitdem einen direkten Preiswettbewerb zwischen den einzelnen Reisebüros. Entsprechend haben die Katalogpreise der Reiseveranstalter dort keinen bindenden Charakter mehr, sondern stellen lediglich Preisempfehlungen dar.

Nach einem **Urteil des Europäischen Gerichtshofes** (EuGH) vom 1. Oktober 1987, das sich auf einen Fall aus Belgien bezieht, ist die Anwendung des Handelsvertreterstatus auf Reisebüros (Abschnitt 6.5.1) nicht im Einklang mit Artikel 85 (Verbot wettbewerbsbeschränkender Vereinbarungen und Verhaltensweisen) des EWG-Vertrages von 1957, weil ein Reisebüro in der Regel – anders als ein klassischer Handelsvertreter, für den die gesetzlichen Regelungen gedacht sind – nicht nur einen Reiseveranstalter, sondern eine ganze Bandbreite von solchen Unternehmen in seinem Büro vertritt. Damit ist er wie ein normaler Einzelhändler zu bewerten und die Anwendung des Handelsvertreterstatus bedeutet eine Wettbewerbseinschränkung, weil der Preiswettbewerb zwischen Reisebüros damit ausgeschlossen ist. Das EG-Wettbewerbsrecht war nach Ansicht der Richter deshalb anzuwenden, weil Reisebüros generell

- Reisen von Veranstaltern aus anderen EG-Ländern vertreiben können;
- Reisen auch an Kunden aus anderen EG-Staaten verkaufen können und
- ein Großteil der Reisen in andere Mitgliedsstaaten gehen.

(*Fremdenverkehrswirtschaft International*, Sonderheft „Europa" v. 27. Oktober 1992, S. 49; vgl. auch Borrmann & Weinhold 1994, S 30 ff.)

Die Europäische Kommission hat sich die Argumentation des EuGH zum Preiswettbewerb weitgehend zu eigen gemacht, indem sie zwischen „integrierten" und „nicht-integrierten" Handelsvertretern unterscheidet. Ein **integrierter Handelsvertreter** bildet mit dem Handelsherrn eine wirtschaftliche Einheit und fällt deshalb nicht unter Artikel 85 der Römischen Verträge. Als **nicht-integriert** wird ein Handelsvertreter dann angesehen,

„wenn er ganz oder zu einem wesentlichen Teil das wirtschaftliche Risiko trägt, das mit dem Abschluß und der Durchführung der von ihm vermittelten Geschäfte verbunden ist, wenn er erhebliche Mittel für absatzfördernde Maßnahmen aufzuwenden hat, wenn er auf dem Markt nicht nur als Vermittler und Abschlußvertreter, sondern auch als Eigenhändler auftritt, und vor allem wenn der Handelsvertreter für mehrere miteinander konkurrierende Anbieter tätig wird" (*Fremdenverkehrswirtschaft International*, Sonderheft „Europa" v. 27. Oktober 1992, S. 48).

Zumindest die Buchungsstellen eines Reiseveranstalters würden nach dieser Rechtsauffassung als integriert gelten. Franchisesysteme und Reisebüroketten dagegen sind wirtschaftlich weitgehend selbständig und wohl auch dann als nicht-integrierte Handelsvertreter anzusehen, wenn sie teilweise oder vollständig einem Reiseveranstalter oder einem Leistungsträger gehören. Selbst der letzte Punkt – die Vermittlung konkurrierender Reiseveranstalter – trifft auch auf die Reisebüroketten in der Hand von Reiseveranstaltern zu, weil Reisebüros, die nur die Reisen eines Veranstalters bzw. einer Veranstaltergruppe verkaufen, auf dem Markt nicht konkurrenzfähig wären.

Allerdings ist die Europäische Kommission seitdem in dieser Frage nicht mehr aktiv geworden und es bleibt abzuwarten, wann diese Rechtsauffassung ihren Niederschlag in den EU-Richtlinien finden wird. Wenn die Preisbindung fiele, wäre damit auch das in den letzten Jahren immer mehr forcierte System des **Direktinkasso** der Reiseveranstalter bei den Reisebürokunden in Frage gestellt. Anders als früher, als die Reisebüros ihren Kunden die Veranstalterreise in Rechnung stellten, den Zahlungseingang kontrollierten und den Reisepreis abzüglich der vereinbarten Provision an den Veranstalter überwiesen, bekommen heute die meisten Reiseveranstalter die Adressen der Kunden, stellen die gebuchten Leistungen in Rechnung und überweisen den Reisebüros die Provisionen. Das Direktinkasso hat Vor- und Nachteile für die Reisebüros. Der Vorteil liegt vor allem darin, daß man weniger Buchhaltungsaufwand betreiben muß. Nachteilig daran ist aber, daß den Reisebüros ein Zinsverlust entsteht, da sie früher das eingenommene Geld vor Reisebeginn zunächst auf dem eigenen Konto parken konnten. Darüber hinaus haben viele Reisebüros die Befürchtung, daß die Veranstalter über kurz oder lang ihre Kundenadressen für den Direktverkauf von Reisen nutzen könnten und das Geschäft dann an ihnen vorbei liefe. Zudem wäre mit der Aufhebung der Preisbindung auch das Direktinkasso nicht mehr möglich, da die von den Kunden gezahlten Preise ja variabel würden.

Wenn die Reisebüros auch im Privatkundenbereich selbst über den Endverkaufspreis der vermittelten Reisen und Reiseleistungen bestimmten, würden sie damit zwar einerseits die jetzt noch sichere Provisionsmarge verlieren, andererseits aber auch ein Stück unternehmerischer Selbständigkeit gegenüber Reiseveranstaltern und Leistungsträgern gewinnen. Allerdings würde dann auch die Verantwortung gegenüber den Kunden bei der Verwaltung der Kundengelder wieder größer werden.

6.6 Vertikale Integration

Der Begriff ‚vertikale Integration' läßt sich sehr anschaulich am Beispiel einer Pauschalreise verdeutlichen. Wie Abbildung 6.23 zeigt, sind verschiedene Unternehmen aus unterschiedlichen Branchen mit der Erstellung von Leistungen für die verschiedenen Komponenten einer solchen Reise beschäftigt. Zusammen bilden sie eine **Wertschöpfungskette**. Wenn eines der Unternehmen aus dieser Wertschöpfungskette sich entschließt, auch andere zum Produkt Pauschalreise gehörende Bestandteile herzustellen und mit seiner ursprünglichen Leistung zu kombinieren, dann betreibt es vertikale Integration. Dies kann geschehen durch den Zukauf bereits bestehender oder die Gründung neuer Unternehmen. Man unterscheidet dabei zwischen der **Integration vorgelagerter** und **nachgelagerter Produktionsstufen**. Was eine vor- und was eine nachgelagerte Produktionsstufe ist, ergibt sich aus der Position des vertikale Integration betreibenden Unternehmens in der Wertschöpfungskette. Dabei ist normalerweise die vorgelagerte Wertschöpfungsstufe die verkaufende und die nachgelagerte Stufe die kaufende Firma (Porter 1992, S. 377). Allerdings liegen – anders als in Abbildung 6.23 aus Platzgründen dargestellt – zum Beispiel Hotel- und Flugleistungen auf der gleichen Ebene, da sie jeweils nicht untereinander, sondern nur zum Reiseveranstalter als Lieferanten in einem Vertragsverhältnis stehen.

In der **Wettbewerbstheorie** werden eine Reihe von Gründen genannt, die für das Entstehen strategischer Vorteile durch die vertikale Integration von Produktionsstufen sprechen. Dazu gehören nach Porter u.a. (*op. cit.*, S.378 ff.):

- Einsparungen durch bessere **Koordination** und **Kontrolle** der zusammenarbeitenden Unternehmen. Die Kommunikation zwischen den Schwesterunternehmen kann direkter, schneller und damit kostengünstiger erfolgen - vor allem dann, wenn sie auch räumlich zusammengefaßt werden. Gleichzeitig läßt sich durch die größere Kontrolle auch die Qualität der eigenen Angebote besser beeinflussen (vgl. auch die Beiträge in Pompl & Lieb 1997).
- Einsparungen aus **gemeinsamer Nutzung** von Marktinformationen. Die Kosten für die dauerhafte Marktbeobachtung können auf mehrere Unternehmen, die sie sonst jeweils alleine tragen müßten, verteilt werden.
- Einsparungen von **Markttransaktionskosten**. Die kooperierenden Schwesterunternehmen können die Kosten für Verkaufs- und Einkaufsabteilungen im internen Umgang sehr stark reduzieren, Kosten für Werbung entfallen ganz.
- Einsparungen durch die vorgegebene **Stabilität** der Transaktionsbeziehungen. Sie erlaubt eine weitaus engere Zusammenarbeit und ein direkteres Aufeinandereingehen und längerfristige Planung der Schwesterunternehmen als dies bei externen Marktbeziehungen, die immer mit dem Risiko des Geschäftsabbruchs verknüpft sind, möglich wäre. Dadurch werden Kosten gespart.
- Größere **Marktnähe** durch die Integration der Vertriebswege in das eigene Unternehmen. Durch den direkten Kundenkontakt erfährt man mehr über Verwendung der und Erfahrungen mit den angebotenen Produkten.

Vor allem der Aspekt der Kontrolle spielt für einen Reiseveranstalter eine große Rolle. Wenn er als nicht-integrierter, reiner Veranstalter tätig ist, hat er an keiner Stelle direkten Kontakt mit seinen Kunden: Gebucht wird in einem unabhängigen Reisebüro, geflogen mit einer fremden Fluggesellschaft,

Transfers und Gästebetreuung erfolgen durch eine fremde Zielgebietsagentur und das Hotel hat ebenfalls nur eine Kundenbeziehung zum Reiseveranstalter. Indem er vertikale Integration betreibt, hat der Veranstalter direkten Zugriff auf die eingebundenen Leistungsträger und kann nicht nur die Qualität vorgeben und besser kontrollieren, sondern hat dadurch auch Möglichkeiten, sich besser von der Konkurrenz abzuheben und – im Falle von Reisebüros, direkte Verkaufssteuerung zu betreiben.

Abbildung 6.23: Wertschöpfungskette am Beispiel einer Flugpauschalreise

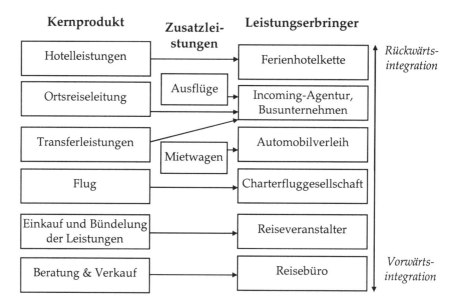

Darüber hinaus kann man durch vertikale Integration die Umsatzrendite erhöhen. Geht man zum Beispiel vom Preis einer Pauschalreise aus, gehen ca. 11 - 12 Prozent als Verkaufsprovision an das Reisebüro. 4-6 Prozent werden als Zielgebietsaufwand für Transfer und Reiseleitung ausgegeben, 35-40 Prozent erhält das Hotel und 30-35 Prozent müssen vom Reiseveranstalter an die Charterfluggesellschaft überwiesen werden (W. Hofmann 2000, S. 116 f.). Bei einer durchschnittlichen Gesamtumsatzrendite bei Reiseveranstalter und Reisebüro von jeweils etwa einem Prozent bleiben bei vertikaler Integration beider Bereiche insgesamt zwei Prozent im Unternehmen. Ähnliches gilt für alle anderen Produktionsstufen.

Aus der Sicht eines Reiseveranstalters kann es deshalb wirtschaftlich sehr interessant sein, sowohl vorgelagerte (Hotels, Fluggesellschaften, Incoming-agenturen, Mietwagenunternehmen) als auch nachgelagerte Produktionsstufen (Reisebürovertrieb) in sein Unternehmen zu integrieren. Dadurch bleibt ein größerer Teil des Umsatzes im eigenen Haus und die Gewinne des Unternehmens können optimiert werden. Aber auch jedes andere Unternehmen aus der Wertschöpfungskette kann solche Überlegungen anstellen und entsprechende Unternehmensstrategien entwickeln, um sein Geschäft in vor- oder nachgelagerte Bereiche auszubauen bzw. darüber abzusichern.

Ein **Beispiel** dafür ist die LTU (vgl. dazu Krauthäuser & Kappner 1996). 1955 in Frankfurt am Main von einem Briten als Lufttransport-Union gegründet, entwickelte sie sich nach dem Einstieg des Duisburger Architekten und Bauunternehmers Kurt Conle in den 1960er Jahren zur – nach der Condor – zweitgrößten deutschen Charterfluggesellschaft. Um die wachsende Zahl von Flugzeugen besser auszulasten, wurde bereits 1964 mit der Gründung des Reiseveranstalters Transair ein erster Schritt in Richtung vertikale Integration einer nachgelagerten Wertschöpfungsstufe getan. 1969 folgte mit THR der zweite Veranstalter. Dies erwies sich 1969, als es wegen des ‚Kleinverkaufs' von Flugsitzen der LTU an Reisebüros zu günstigen Preisen zum Bruch mit dem bis dahin größten Kunden, den Reiseveranstaltern der TUI, kam, als sehr vorausschauend. Schließlich konnten viele der freigewordenen Flugsitze über den eigenen Veranstalter gefüllt werden. Seitdem hat die LTU ihre Strategie konsequent fortgesetzt und ihre Reiseveranstalter (1980 wurde Meier's Weltreisen gegründet, 1982 Jahn Reisen übernommen und 1986 kam eine Beteiligung an Tjæreborg dazu, die 1991 zu einer Mehrheitsbeteiligung ausgebaut wurde). Mittlerweile gehört das Unternehmen zu 40 Prozent der Rewe-Gruppe, die nach dem Konkurs des späteren Hauptgesellschafters, Swissair 2001 die Reiseveranstalter der Gruppe übernommen hat und seit 2006 ist die Intro, Muttergesellschaft der dba, Gesellschafter der LTU.

Andere deutsche Reiseveranstalter wie Neckermann Reisen und die TUI haben in ähnlicher Weise vertikale Integration betrieben, um einen möglichst großen Teil der Wertschöpfung auf den einzelnen Produktionsstufen im eigenen Hause zu behalten. Dabei stand vor allem die Integration vorgelagerter Produktionsstufen im Vordergrund. In der nachgelagerten Integrationsstufe Reisevertrieb waren dem Unternehmen über viele Jahre die Hände gebunden, weil sich zum Beispiel der Gesellschafterkreis der TUI bis Anfang der 1990er Jahre vor allem aus Reisebüros zusammensetzte, die naturgemäß wenig Neigung zeigten, die TUI als Konkurrenten bei der Vermittlung von Reisen aufzubauen. Die bis dato Karstadt-Tochter Neckermann und Reisen (NUR) dagegen konnte im Vorgriff auf die anstehende Liberalisierung des Vertriebs in großem Stil Reisebüros aufkaufen und in verschiedenen Ketten miteinander verschmelzen. Damit war es ihr möglich, auch nach der Aufhebung der Vertriebsbindung im November 1994 ihre Position als Leitveranstalter in diesen Reisebüros zu sichern und das restliche Sortiment zu bestimmen. Dieser Teil des Vertriebsweges ist damit durch vertikale Integration voll unter der Kontrolle des Reiseveranstalters.

Die TUI baute ihren Reisevertrieb zunächst ab 1991 mit einem Franchisesystem, zunächst unter dem Namen TUI Urlaubs-Center, dann als TUI Reise-Center auf (siehe Abschnitt 6.5.4). Erst mit der Übernahme der FIRST-Reisebürokette kam in Deutschland eine nennenswerte Zahl eigener Reisebüros dazu. Da Hapag Lloyd als langjähriger TUI-Gesellschafter eine eigene Charterfluggesellschaft besaß, gab es keine ernsthaften Überlegungen zur Integration eines solchen Unternehmens in den Konzern. Lediglich NUR hatte Anfang der 1990er Jahre erfolglos versucht, zusammen mit dem Nürnberger Flugdienst (NFD; heute Teil von Eurowings) und der britischen ILG (International Leisure Group) eine eigene Fluggesellschaft zu etablieren. Mit dem spektakulären Zusammenbruch von ILG, die auch die Nummer zwei auf dem britischen Veranstaltermarkt war, ging 1991 auch diese Charterfluggesellschaft unter. Erst Ende der 1990er Jahre, als die damals von der WestLB kontrollierte Preussag Hapag-Lloyd erwarb und damit die lange angezielte

Anteilsmehrheit bei der TUI erreichte, konnte die Charterfluggesellschaft in den Preussag-Konzern eingegliedert werden, der sich später in TUI umbenannte.

Ein weiteres Beispiel für die vertikale Integration durch eine Fluggesellschaft sind die Initiativen der Lufthansa seit Mitte der 1990er Jahre. Über ihre damalige Chartertochter Condor hatte sie durch den Kauf von Reiseveranstaltern mit der Integration nachgelagerter Produktionsstufen begonnen. Vor allem mittlere Reiseveranstalter ohne Spezialisierung, die im Prinzip die gleichen Angebote offerierten wie die Großveranstalter und damit mittelfristig alleine kaum Überlebenschancen hatten, wurden von der Condor aufgekauft. Dazu gehörten die Veranstalter Fischer Reisen (später eingestellt), Air Marin (umbenannt in Neckermann Preisknüller) und Kreutzer Touristik (jetzt Thomas Cook Reisen). Der einzige Veranstalter aus dieser Gruppe, der es allein versuchte, Hetzel Reisen in Stuttgart, ging 1996 in Konkurs.

Damit wurde das vollzogen, was in Großbritannien, dem „Mutterland der Pauschalreise" (Holloway 2000), schon seit vielen Jahren üblich war. Der britische Marktführer Thomson Holidays – 1972 aus der Zusammenführung verschiedener Reiseveranstalter hervorgegangen – erhielt im gleichen Jahr die Charterfluggesellschaft Britannia Airways. Über diese dauerhafte Beziehung (= Stabilität) hat der Veranstalter garantierte Flugsitze und kann den Kostenaufwand für Markttransaktionen sehr gering halten – 1992 wurden über 80 Prozent der Kunden von Thomson Holidays mit Britannia Airways befördert (Yale 1995, S. 25). Ebenfalls 1972 wurde mit Lunn Poly eine kleine Reisebürokette gekauft und zur heute größten in Großbritannien ausgebaut. Damit hatte der mittlerweile zur TUI gehörende Thomson Reisekonzern sowohl eine Vorwärts- (Vertrieb) als auch eine Rückwärtsintegration (Beförderung) betrieben. Im Hotelbereich allerdings scheiterten britische Unternehmen bereits Anfang der 1970er Jahre, weil man die Eigenarten des Beherbergungswesens unterschätzt hatte.

Beispiele: 1970 hatten sowohl Thomson als auch Clarkson Holidays (Marktführer in Großbritannien bis zu seinem Zusammenbruch 1974) Hotels erworben. Clarkson etablierte dafür keine eigene Hotelmanagementgesellschaft, sondern versuchte, sie durch das Management des Reiseveranstalters selbst zu betreiben, was zu erheblichen Verlusten führte. Thomson machte diesen Fehler zwar nicht, indem eine Tochtergesellschaft für Hotelentwicklung der eigenen Hotels auf Malta, in Tunesien und Spanien gegründet wurde. Trotzdem zog sich Thomson bald darauf wieder aus diesem Geschäft zurück, weil man der Meinung war, daß das Hotelgeschäft ein Expertenwissen verlangt, das zu weit von den Aufgaben eines Reiseveranstalters entfernt liegt (Yale 1995, S. 25 f.).

In den 1980er Jahren folgten die großen Konkurrenten dem Beispiel von Thomson mit der Integration von Fluggesellschaften und Reisebüros, so daß die britischen Reiseveranstalter auf verschiedenen Ebenen miteinander konkurrieren. Vertikale Integration war dabei auch ein Schutz vor drohendem Marktausschluß (vgl. Porter 1992, S. 385), denn ein Reiseveranstalter, der keinen direkten Zugriff auf die Flugsitze von Charterfluggesellschaften hat, ist abhängig von Überkapazitäten der Konkurrenten: Sind sie ausgebucht, hätte er kaum eine Chance, an Beförderungskapazitäten zu akzeptablen Preisen zu kommen. Umgekehrt hat auch eine Charterfluggesellschaft bei integrierter Konkurrenz ohne die Verbindung mit einem Reiseveranstalter Probleme des Überlebens. Die Reiseveranstalter beschäftigen naturgemäß in erster Linie ihre eigenen Fluggesellschaften. Für die traditionsreiche britische Charterfluggesellschaft Dan-Air führte diese fehlende Verbindung mit einem der großen Veranstalter 1992 zum wirtschaftlichen Ende. In der Folge des im Vorjahr erfolgten Zusammenbruchs der ILG mit ihrer Fluggesellschaft Air Europe hatten die integrierten Konkurrenten versucht, mit ihren Fluggesellschaften die entstandene Lücke auf dem Markt zu füllen. Die Folge waren erhebliche Überkapazitäten auf dem Chartermarkt, die zur Unterbeschäftigung von Dan-Air führten.

Abbildung 6.24: Modell eines integrierten Ferienreisekonzerns mit minimalem Risiko der Kapazitätsauslastung

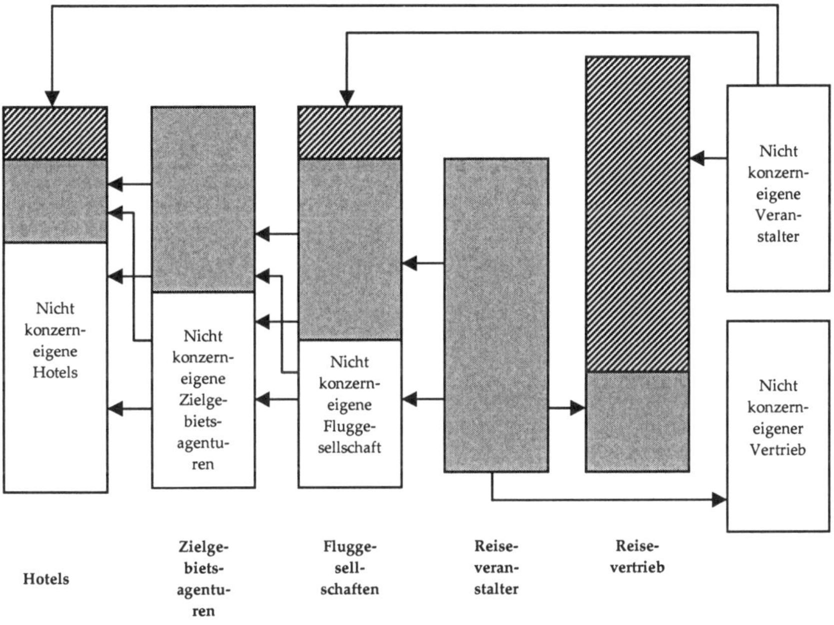

Erläuterung: grau unterlegte und schraffierte Felder = konzerneigene Kapazitäten der jeweiligen Wertschöpfungsstufe

Quelle: Mundt 2002 a, S. 138

Auch wenn mit dem Branchenzweiten Mytravel ein großer britischer Veranstalter einige Hotelbeteiligungen besitzt, glauben die meisten Mitbewerber, daß sie damit zu unflexibel werden könnten (Yale 1995; Porter 1992, S. 386 ff.). Wenn eine Destination an Attraktivität verliert, hat man Probleme, die Hotels zu füllen. Muß man in der Folge auf den Heimmärkten die Preise reduzieren, um die Nachfrage zu stimulieren, bleiben die Kosten vor Ort dennoch die Gleichen. Als reiner Reiseveranstalter kann man entweder seine Nachfragemacht für Preisreduktionen in solchen Destinationen ausnutzen oder auf andere, attraktivere Zielgebiete ausweichen. Für die Fluggesellschaft gilt das Gleiche: Wenn Griechenland wegen zu hoher Einreisegebühren und die Türkei wegen der Gefahr von Terroranschlägen gemieden wird, läßt man die Flugzeuge eben nach Spanien und Italien fliegen, im Prinzip ohne daß dadurch zusätzliche Kosten entstehen.

Generell erhöhen sich die Fixkosten eines Unternehmens in dem Maße, indem es vertikale Integration betreibt. Wenn eine Fluggesellschaft oder ein Reiseveranstalter eine Reisebürokette kauft, entstehen nutzungsunabhängige Kosten im Vertrieb. Wurde vorher das Reisebüro über die Provision nur bei einer festen Buchung entlohnt (= variable Kosten), müssen jetzt die Kosten für den Vertrieb (Personal-, Miet-, Sachkosten usw.) unabhängig vom Verkauf getragen werden (= Fixkosten). Hat ein Unternehmen innerhalb der vertikalen Wertschöpfungskette Probleme, können sie auf das gesamte Unternehmen durchschlagen, weil die Schwesterunternehmen gezwungen sind, ihre Produkte und Dienstleistungen primär untereinander zu kaufen bzw. zu verkaufen.

Theoretisch könnte man dieses **Risiko** dadurch begrenzen, daß man die Kapazitäten der einzelnen Produktionsstufen in Abhängigkeit von den jeweils damit verbundenen **Investitionskosten** bzw. der **Flexibilität** der Ressourcennutzung dimensioniert (Abbildung 6.24). Die höchsten Kosten und gleichzeitig die geringste Flexibilität entsteht durch Investitionen in Hotelanlagen. Beim Kauf oder der Gründung einer Fluggesellschaft entstehen zwar noch höhere Investitionskosten, im Gegensatz zu den immobilen Hotels ist die Flexibilität hier jedoch sehr groß: Flugzeuge können weltweit eingesetzt werden und praktisch in jedes Zielgebiet fliegen. Vergleichsweise geringe Kosten bei hoher Flexibilität fordert die Gründung eines Reiseveranstalters. Reisebüros liegen irgendwo dazwischen, wobei das Risiko, eine Reisebürokette zu integrieren, nicht so hoch ist, weil man auch Angebote der Konkurrenz vermitteln kann. Allerdings ist dieses Modell für Zeiten relativ geringer Kapazitätsauslastung konzipiert. In Engpaßsituationen, wenn die Kapazitäten aller Ferienfluggesellschaften ausgeschöpft sind, würde der Reiseveranstalter erheblichen Problemen bei der Flugbeschaffung gegenüberstehen, weil die eigenen Flugzeuge nur etwa zwei Drittel seines Bedarfes decken können. Allerdings scheint die Wahrscheinlichkeit, daß es zu solchen Engpaßsituationen kommt, derzeit eher gering, da der Chartermarkt insgesamt von Überkapazitäten geprägt ist.

Bedenken muß man auch, daß die **Anforderungen an das Management** des vertikale Integration betreibenden Unternehmens, wie das oben zitierte Beispiel von Clarkson und Thomson zeigt, erheblich steigen. Ohne Fachkompetenz und ohne eine entsprechende Koordination und Kostenkontrolle in allen beteiligten Unternehmen können die Preise innerhalb des vertikalen Verbundes steigen und die theoretischen Kostenvorteile obsolet machen. Man muß sich zum Beispiel bei den internen Transaktionen an Marktpreisen orientieren und aufpassen, daß der Vorteil der Stabilität der Beziehungen nicht zu einem Nachteil der Bequemlichkeit wird, weil die Schwesterunternehmen zur Abnahme der produzierten Leistungen, egal zu welchen Konditionen, verpflichtet sind.

Beispiel: Aufgrund der erheblichen Probleme mit den Kosten der konzerneigenen Charterfluggesellschaft Condor, deren Personal nach dem Lufthansa-Tarifvertrag bezahlt wurde, mußten die Reiseveranstalter des Thomas Cook Reisekonzerns in einer Saison in Deutschland höhere Flugpreise zahlen als sie den konkurrierenden Reiseveranstaltern angeboten wurden.

Es gibt aber durchaus erfolgreiche Beispiele für vertikale Integration. Eines ist der mittlerweile zur TUI gehörende französische Marktführer Nouvelles Frontières (NF), der mit Paladien über eine eigene Hotelkette, mit Corsair über eine eigene Charterfluggesellschaft verfügt und seine Reisen über seine Reisebüros verkauft. Damit haben es neue Mitbewerber im französischen Markt sehr schwer, denn über vertikale Integration werden auch die **Markteintrittsbarrieren** für neue Konkurrenten auf verschiedenen Ebenen der Produktionskette erhöht (vgl. Porter 1992, S. 384 f.). Wer zum Beispiel als neuer Reiseveranstalter in einen Markt einsteigen will, in dem seine Konkurrenten in den wichtigen Zielgebieten mit eigenen Hotelgesellschaften vertreten sind und über eigene Ferienfluggesellschaften verfügen, wird ohne die Verbindung zu einer Fluggesellschaft bzw. zu Hotels kaum Chancen haben, sich auf dem Markt bzw. in Teilmärkten zu etablieren. Er wird in der Folge vermutlich nur vertikal integriert in den Markt eintreten können, was die notwendigen Investitionskosten erheblich erhöht.

Beispiel: Ein Reiseveranstalter möchte ein wichtiges Zielgebiet in sein Programm aufnehmen, das von seinen Konkurrenten beherrscht wird, die zum Teil eigene Hotels dort besitzen und die anderen Hotels mit Garantie- bzw. Festanmietungsverträgen an sich gebunden haben. Um in den Markt einzudringen, muß er Hotels in diesem Zielgebiet kaufen oder selber bauen. Beides ist mit erheblichen Kosten verbunden und er wird sich deshalb genau überlegen müssen, ob sich dieses Risiko lohnt.

Ein weiterer Grund für die vertikale Integration hat weniger mit Konkurrenz zu anderen Unternehmen als mit der Sicherung des eigenen Geschäftes zu tun. Reiseveranstalter und Reisebüros können im Prinzip durch andere Vertriebskanäle ersetzt werden, Hotels und Luftverkehrsgesellschaften werden jedoch im Urlaubsreisegeschäft immer gebraucht. Die Investition in diese beiden Wertschöpfungsstufen ist damit auch eine **defensive Strategie**, um langfristig den Fortbestand des eigenen Unternehmens zu sichern. Um die Sicherung des eigenen Geschäftes ging es auch in der Karibik. Wenn Hotels primär davon abhängig sind, daß US-Fluggesellschaften entsprechend attraktive Verbindungen zu ihren Destinationen anbieten, kann es notwendig sein, in den vorgelagerten Bereich der Fluggastbeförderung zu expandieren. Das gilt insbesondere dann, wenn eine ausländische Fluggesellschaft eine dominante Stellung auf dem Markt einnimmt. In diesem Fall ist es – wenn der Staat hier nicht eingreifen kann oder will (vgl. Abschnitt 8.2 in Kapitel 8) – für die Hotels bzw. größere Hotelgesellschaften sinnvoll, in eine Fluggesellschaft zu investieren.

Beispiel: Da der Tourismus auf Jamaika und in der Karibik generell in einem sehr starken Maße von nur einer einzigen Fluggesellschaft abhing, American Airlines, und Air Jamaica unter staatlicher Führung zu unzuverlässig war, um eine ernsthafte Konkurrenz für den US-Wettbewerber darzustellen, hatte 1994 im Rahmen der Privatisierung eine Investorengruppe unter der Leitung der karibischen Sandals Hotelgruppe 70 Prozent an der Fluggesellschaft erworben. In Montego Bay auf Jamaika wurde ein Drehkreuz (*hub*; vgl. Abschnitt 6.1.2.2) eingerichtet und die Flüge aus den USA so koordiniert, daß direkt im Anschluß alle wichtigen Destinationen in der Karibik erreicht werden. Wie wichtig diese Entscheidung für die Integration einer Fluggesellschaft für die Hotels in der Karibik war, zeigte sich 1997, als bei American Airlines ein Pilotenstreik drohte, der einige Inseln komplett von internationalen Verbindungen abgeschnitten hätte (Warwick 1997). Allerdings war das private Engagement bei Air Jamaica nicht von langer Dauer: Nach erheblichen Verlusten war die Existenz des Unternehmens gefährdet und ging 2005 wieder vollständig in die Hände des Staates über (Airline Business, February 2005, S. 16).

6.7 Reservierungssysteme

Es gibt verschiedene Arten von computergestützten Informations- und Reservierungssystemen, die von unterschiedlichen Unternehmen im Tourismus verwendet werden:

- isolierte **Hotelreservierungssysteme**, die nur innerhalb eines einzelnen, in der Regel größeren Hauses für die Zimmerreservierung verwendet werden.
- Reservierungssysteme in einem **Tourismusort**, mit dem alle oder Teilkontingente der im Ort angebotenen Zimmer reserviert werden können. Hierbei handelt es sich ebenfalls um Insellösungen, da sie nicht mit anderen Systemen vernetzt sind.
- **Regionale Reservierungssysteme** für die Buchung von dafür freigegebenen Kontingenten von Unterkünften und Zusatzleistungen innerhalb eine touristischen Gebietes.
- **Interne Reservierungssysteme** (IRS) von Leistungsträgern wie Hotelketten, Fluggesellschaften, Mietwagenunternehmen, Reiseveranstalter usw., die zwar in sich vernetzt sind, aber nur innerhalb des jeweiligen Unternehmens verwendet werden.
- **öffentlich** über Abonnements (in der Regel von Reisebüros) **zugängliche Computer-Reservierungssysteme** (CRS), über die man gleichzeitig die Angebote einer Vielzahl von Leistungsträgern abfragen und buchen kann.

Die weitaus wichtigste Rolle im Tourismus spielen die mittlerweile sowohl mit weltweiten Angeboten verschiedenster Leistungsanbieter aufwartenden als auch global verfügbaren Computer-Reservierungssysteme, die daher auch als **Globale Distributionssysteme** (GDS) bezeichnet werden. Es gibt vier solcher Systeme, die den Weltmarkt beherrschen. Das sind (in alphabetischer Reihenfolge): **Amadeus, Galileo, Sabre** und **Woldspan**.

Entwickelt und zuerst verwendet wurden sie von us-amerikanischen **Fluggesellschaften**. Mit der Verfügbarkeit der entsprechenden *hardware* wurden bereits ab den 1960er Jahren Computersysteme für Zwecke der internen Kommunikation bei den Fluggesellschaften eingesetzt. Mit der Deregulierung des Luftverkehrs in den USA (vgl. Abschnitt 6.1.2.1) wurde die Verfügbarkeit solcher Systeme zu einem strategischen Instrument: Hatten die Fluggesellschaften vorher in den USA ca. 400.000 verschiedene Tarife wurden es nach der Liberalisierung kontinuierlich immer mehr. Im Jahre 1987 waren es bereits mehr als sieben Millionen mit über 10.000 täglichen Änderungen (Echtermeyer 1993). Die Installation von Terminals, von denen bereits 1976 die ersten in ausgewählten Reisebüros aufgestellt worden waren, wurde damit zur absoluten Notwendigkeit, weil sich diese Tarifvielfalt und die vielen Änderungen anders nicht mehr kommunizieren ließen.

Vor allem American Airlines, die für die Entwicklung eines solchen Systems eigens eine Tochtergesellschaft, American Airlines Decision Technologies, gegründet hatte, war Vorreiter auf diesem Feld. Schon der Name dieses Unternehmens macht deutlich, daß es dabei um mehr ging, als nur um die Vereinfachung von Buchungsvorgängen. Mit der Freigabe der Strecken und Tarife waren die Fluggesellschaften nunmehr gezwungen, die Umlaufpläne ihrer Flugzeuge und die Tarife laufend den sich verändernden Marktbedingungen anzupassen (Weinhold 1995, S. 39). Dazu war eine kontinuierliche Konkurrenz- und Nachfragebeobachtung erforderlich. Mit SABRE, dem *Semi Automated Business Research Environment*, wurde ein Instrument dafür geschaffen, das alle Buchungen bei der Fluggesellschaft in Echtzeit verfügbar macht und mit dessen Hilfe Verfahren der preis- und konditionengesteuerten Ertragsoptimierung (*yield management*; vgl. Abschnitt 6.1.2.5) entwickelt und angewendet werden können. Die elektronische Buchung war also zunächst nicht der Hauptzweck der Entwicklung von Computer-Reservierungssystemen, sondern die technische Voraussetzung für die Etablierung von Systemen zur flexiblen Reaktion auf aktuelle Marktentwicklungen.

Fraglos haben die Computer-Reservierungssysteme bei den Fluggesellschaften zunächst als **Systembetreiber**, den weiteren **Systemteilnehmern** (Leistungsträgern wie Reiseveranstalter, Hotelketten, Mietwagenunternehmern usw., die ihre Angebote darüber buchbar machten) und den **Systemabonnenten**, den Reisebüros, aber auch zu erheblichen Rationalisierungsgewinnen geführt. Aus der Sicht von Reisebüros steht das abonnierte Computer-Reservierungssystem für die Vereinfachung von Vakanzüberprüfungen und Buchungen. Mit diesen Systemen können Buchungsvorgänge erheblich vereinfacht werden. Anstatt zeitaufwendig beim Leistungsträger schriftlich oder telephonisch nach der Verfügbarkeit von Plätzen zu einem bestimmten Zeitpunkt fragen zu müssen, erhält man nunmehr ‚auf Knopfdruck' die gewünschten Informationen auf den Bildschirm des Reisebüroterminals. Für den Buchungsvorgang gilt das Gleiche. Der Einsatz von Computer-Reservierungssystemen führt auch auf Seiten von Reiseveranstaltern und Leistungsträgern zu Rationalisierungen, denn man braucht kein Buchungspersonal mehr, das laufend die Anfragen der Reisebüros bearbeitet. Es müssen lediglich die entsprechenden Buchungsmasken und Daten in das System eingegeben werden, in dem die Reisebüromitarbeiter dann Verfügbarkeiten überprüfen und buchen können.

Beispiele: In einer Untersuchung des Justizministeriums anhand interner Berechnungen von Fluggesellschaften wurde schon 1983 in den USA ermittelt, daß der Einsatz von CRS die Kosten pro Buchung von 7,50 US$ auf nur noch 50 Cent gesenkt hat. Spätere Untersuchungen zeigten, daß die Kosten für Reservierung und Ausstellung von Flugcoupons bei Fluggesellschaften und Reisebüros durch CR-Systeme um etwa 80 Prozent gesenkt wurden. Der Produktivitätszuwachs von Reisebüros wurde mit 42 Prozent beziffert (Weinhold 1995, S. 94).

Finanziert werden die CRS durch Abonnementsentgelte der Reisebüros und Eintrags- und Abwicklungsentgelte von Fluggesellschaften und anderen Leistungsträgern sowie weiteren Anbietern. Die Abonnenten müssen Monatsmieten für ihre Terminals bezahlen, die im System vertretenen Anbieter haben für jede Buchung einen bestimmten Betrag abzuführen. Darüber hinaus werden anonymisierte Datensätze der Buchungen zu Marktforschungszwecken an interessierte Unternehmen verkauft. Die CRS sind für ihre Besitzer daher zu einer wichtigen Einnahmequelle geworden. Durch ihre einer Monopolstellung nahekommenden Marktposition in manchen Ländern haben sie auch die Möglichkeit, entsprechende Preise für ihre Dienstleistungen zu verlangen. Im internationalen Maßstab gibt es zwar Wettbewerber, aber sie können mit ihren Angeboten den Marktführern in diesen Ländern nicht ohne weiteres Marktanteile streitig machen. Eine wirksame Wechselbarriere liegt zum Beispiel darin, daß jedes der Systeme anders aufgebaut ist und einigen Aufwand an Mitarbeiterschulung für die Abonnenten verlangt.

In den USA setzten sich die auf die Bedürfnisse von Reisebüros zugeschnittenen CRS von American Airlines und United immer mehr durch, so daß auch andere Fluggesellschaften gezwungen waren, ihre Daten in diese Systeme einzustellen, um weiterhin in den Reisebüros buchbar zu bleiben. Da es auch für die Reisebüros, vor allem kleinere, kaum möglich war, mehrere Terminals zu installieren, um die Angebote aller Fluggesellschaften buchen zu können, gab es auch von dieser Seite her Druck, die Systeme zu öffnen.

In Deutschland wurde 1971 die ‚Studiengesellschaft zur Automatisierung für Reise und Touristik', kurz START, gegründet. Initiatoren waren die TUI, die Deutsche Bundesbahn und die Lufthansa. Ihnen ging es um die Entwicklung eines übergreifenden Reservierungssystems für Reisebüros, über das nicht nur Flüge, sondern auch Veranstalterreisen und Bahnwerte gebucht werden konnten. Dieses System wurde ab 1979 in den Reisebüros installiert. Gleichzeitig wurden auch die Inhalte der CRS der Fluggesellschaften immer mehr ausgebaut, so daß man Ende der 1980er Jahre bei Sabre zum Beispiel auch Flughafentransfers, Clubaufenthalte, Kreuzfahrten und Golfreisen buchen konnte.

Auf europäischer Ebene wurden mit Galileo International (1986) und Amadeus (1987) zwei Unternehmen gegründet, hinter denen jeweils eine ganze Gruppe von Fluggesellschaften stand. Auf der Grundlage us-amerikanischer CRS (‚System One' von Continental bei Amadeus und ‚Apollo' von United bei Galileo) wurden benutzerfreundlichere und auf europäische Bedürfnisse zugeschnittene Systeme entwickelt. In Deutschland integrierte man Amadeus in das in den Reisebüros nahezu konkurrenzlose START-System, so daß globale zusammen mit nationalen Anbietern, die nur den deutschen Quellmarkt bearbeiten, über ein einziges Terminal buchbar wurden. Deutsche Reiseveranstalter können zum Beispiel über eine eigene Buchungsmaske (TOMA = Touristikmaske) gebucht werden. In allen anderen Ländern mit Amadeus-Präsenz wurden nach dem gleichen Modell nationale Marketinggesellschaften gegründet oder dazugekauft. Die Angebote, die man über CRS buchen kann, wurden in diesem Zusammenhang immer mehr ausgeweitet. So können neben Flügen und Pauschalarrangements der Reiseveranstalter u.a. auch Hotels, Restaurants, Eintrittskarten, Reiseversicherungen, Mietwagen, Fähren und Zugfahrkarten gebucht werden. Entsprechend verringerte sich der Anteil der reinen Flugbuchungen an den gesamten Buchungsumsätzen.

6.7.1 Auswirkungen auf den Wettbewerb

Schon vor der branchenweiten Einführung von Computer-Reservierungssystemen wurde die Problematik der jeweiligen Angebotsdarstellungen erkannt. An den ersten Versuchen zur Einrichtung von CRS in den USA war deshalb u.a. auch die Vereinigung us-amerikanischer Reisebüros (*American Society of Travel Agents*, ASTA) beteiligt. Den Reisebüros ging es dabei in erster Linie um die darin liegenden Rationalisierungspotentiale für ihr Geschäft, aber auch darum, eine Markttransparenz zu erreichen, die ihnen ihre Beratungs- und Vermittlertätigkeit erleichtern sollte (vgl. Weinhold 1995, S. 38 ff.). Insbesondere die Fluggesellschaften zeigten jedoch wenig Interesse an solchen Systemen, zumal auch die Gefahr bestand, daß die Einigung der us-amerikanischen Tourismuswirtschaft auf ein einziges CRS zu einem Monopol führen würde, das durch die Kartellgesetzgebung nicht gedeckt gewesen wäre. Deshalb wurde der letzte Versuch, doch noch ein solches System in den USA zu etablieren, 1979 fallengelassen (a.a.O.).

Nachdem United Airlines bereits vorher (1976) sein Reservierungssystem Apollo für Reisebüros geöffnet hatte (Schulz, Frank & Seitz 1996, S. 52), entwickelten die großen Fluggesellschaften jeweils ihre eigenen Systeme, mit denen sie in Konkurrenz zueinander traten. Erwartungsgemäß führte der Ausbau ihrer internen Reservierungssysteme (IRS) zu öffentlich zugänglichen Computer-Reservierungssystemen, die neben den eigenen Flugverbindungen auch die der Konkurrenz enthalten mußten, um von den Reisebüros akzeptiert zu werden, zunächst zu einer Verzerrung der dargestellten Informationen. Die Fluggesellschaften machten sich dabei vor allem das Buchungsverhalten der Reisebüros zunutze: Wie eine Reihe von Untersuchungen belegen, buchen sie in mehr als der Hälfte der Fälle nur Flüge von der ersten Bildschirmseite, und zu über 90 Prozent dann die erste dort aufgeführte Flugverbindung (vgl. u.a. Weinhold 1995, S. 101 f.; Hanlon 1996, S. 55). Indem sie die eigenen Flugverbindungen bei einer Abfrage automatisch an die erste Stelle setzte, konnte die das System kontrollierende Fluggesellschaft ihre Buchungen erheblich erhöhen.

Beispiel: American Airlines hatte sein CRS Sabre dazu benutzt, um einen neuen Konkurrenten, New York Air, aus dem Markt zu verdrängen. Durch Manipulation der Bildschirmhauptanzeige (*display bias*) wurde das Angebot des Konkurrenten in Sabre auf die hinteren Bildschirmseiten verdrängt, so daß es kaum gebucht wurde (Weinhold 1995, S. 102). Dabei konnte Sabre dann so tun, als habe es die Auflistungsreihenfolge der Flugnummern nach einem neutralen Modus, dem Alphabet, vorgenommen – die Flugnummern von American Airlines beginnen mit AA.

Weitere Manipulationsmöglichkeiten ergaben sich aus der Art der Verknüpfung der CRS mit den internen Buchungssystemen.

Bei **integrierten CRS** werden die Veränderungen in den internen Reservierungssystemen (IRS) automatisch übernommen und sind im Reisebüro direkt auf den entsprechenden Bildschirmseiten repräsentiert. Dieses Verfahren ist von der dargebotenen Information her identisch mit dem direkten Zugriff auf das jeweilige IRS. Bei **nicht-integrierten CRS** müssen die entsprechenden Daten der Unternehmen erst übermittelt und eingegeben werden, was zu entsprechenden Zeitverzögerungen führt (a.a.O.). Dabei sind auch Mischformen möglich, indem ein Teil der Teilnehmer automatisch mit dem CRS verbunden ist, ein anderer Teil dagegen nicht.

Wenn der direkte Zugriff nicht möglich ist, konnten diese Zeitverzögerungen von systembetreibenden Fluggesellschaften dazu genutzt werden, sich einen Wettbewerbsvorteil auf dem Markt zu verschaffen. So war es möglich, die übermittelten Preisänderungen eines Anbieters vorwegzunehmen, indem die Reaktion des Systembetreibers auf die Preisänderung noch vor der des Teilnehmers im CRS veröffentlicht wurde (Weinhold 1995, S. 107 f.).

Diese und weitere wettbewerbsverzerrende Praktiken führten zu einer erheblichen Ausweitung des Marktanteils CRS-besitzender Fluggesellschaften auf Kosten der Fluggesellschaften, die bloße Systemteilnehmer waren. Deshalb wurden solche Methoden in den USA bereits 1984 durch verbindliche Regeln des Civil Aeronautics Board (CAB) untersagt und 1992 nach einer weiteren Überprüfung durch die Regierung bekräftigt, gleichzeitig aber auch ihre Gültigkeitsdauer auf den 31. Januar 2004 begrenzt (*sunset date*). Auch die Europäische Zivilluftfahrtkonferenz (ECAC) hat einen entsprechenden Kodex entwickelt (Hanlon 1996, S. 55), in dessen Folge auch die EG-Kommission 1989 tätig wurde und erstmals eine entsprechende Verordnung (Pompl 2002, S. 301) mit unmittelbarer Gesetzeskraft erließ, die in der Folge den sich verändernden Marktverhältnissen angepaßt wurde. Auch die ICAO (International Civil Aviation Organisation) hat 1992 einen entsprechenden Kodex in Kraft gesetzt, der allerdings nur empfehlenden Charakter für die Mitgliedsländer hat (Echtermeyer 1998, S. 72). Danach ist entweder der gewünschte Abflugzeitpunkt oder die Dauer der Flugverbindung ausschlaggebend für die Bildschirmdarstellung, so daß die Flüge aufsteigend nach ihrer Dauer aufgelistet werden. Heute allerdings ist es auch nach diesen Regelungen immer noch möglich, daß bei Gemeinschaftsflügen (*code share*) der gleiche Flug mehrere Male auf dem Bildschirm angezeigt wird (*screen clutter* oder *screen padding*): einmal unter der Flugnummer der durchführenden Fluggesellschaft und zum anderen unter der der Partnerfluglinie(en). Dadurch werden andere Flüge auf der ersten Seite weiter nach unten bzw. auf die Folgeseiten verdrängt, deren Buchungswahrscheinlichkeit dadurch nur noch gering ist.

Nicht nur diese gesetzlichen Bestimmungen mit ihrer Pflicht zur Neutralität hatten das strategische Interesse der Fluggesellschaften an ihren Tochterunternehmen stark verringert. Auch die rasante Entwicklung der CRS zu eigenständigen, marktfähigen Unternehmen, die der touristischen Wertschöpfungskette eine neue Stufe hinzufügten, haben dazu beigetragen. Damit sind die zu globalen Distributionssystemen herangewachsenen CRS ihrer ursprünglichen Funktion als unternehmensbezogene Hilfsmittel entwachsen und zu selbständigen, profitablen Unternehmen geworden, die einen durch sie entstandenen eigenen Markt bedienen. Letztlich sahen die systembetreibenden Fluggesellschaften ihre Beteiligungen daher nur noch unter einem rein kommerziellem Blickwinkel. Zudem lagen die Beteiligungsverflechtungen der Fluggesellschaften mit ihren CRS quer zu den ab 1997 entstandenen Strategischen Allianzen (vgl. Abschnitt 6.1.2.3.2). So waren zum Beispiel die beiden Gründungsmitglieder der Star Alliance, Lufthansa und United Airlines, maßgebliche Anteilseigner bei den konkurrierenden Systemen Amadeus (LH) und Galileo International (UA).

Daher war es nur folgerichtig, daß man die CRS bzw. die Beteiligungen an ihnen verkaufte. Nicht zuletzt gewannen die früheren Besitzer bzw. Anteilseigner durch ihren Ausstieg bei den CRS auch größere Handlungsfreiheit. So beauftragte zum Beispiel British Airways nach dem Verkauf ihrer Anteile an Galileo den Konkurrenten Amadeus mit der Neueinrichtung ihres Passagier-Management Systems. Auch im Vertrieb wurden die Handlungsspielräume dadurch größer, daß Fluggesellschaften zum Beispiel im Firmenreisegeschäft internetbasierte Buchungslösungen unter Umgehung von CRS anbieten können. Die entsprechende Kosteneinsparung kann zusammen mit anderen (etwa Verzicht auf Vielfliegerprogramme und die Benutzung von Kreditkarten) direkt an die Kunden weitergegeben werden. Vor dem Hintergrund ihrer globalen Netze im Rahmen der Mitgliedschaft in strategischen Allianzen können Fluggesellschaften so auch Reisebüros Konkurrenz machen und eröffnen sich damit die Chance, sie tendentiell aus ihrer Vertriebskette auszuschließen.

Galileo wurde 1997 zunächst an die Börse gebracht bis das Unternehmen 2001 komplett vom großen us-amerikanischen Tourismuskonzern Cendant erworben und damit wieder von der Börse genommen wurde (nach der Aufteilung der Geschäftsbereiche von Cendant in verschiedene Unternehmen heißt die Muttergesellschaft jetzt Travelport). Das 1990 von drei US-Fluggesellschaften (Delta, Northwest, TWA – später von American Airlines übernommen) gegründete CRS **Worldspan** wurde Mitte 2003 an die Travel Transaction Processing Group verkauft, die eigens dafür von us-amerikanischen Banken (u.a. Citibank) als Gemeinschaftsunternehmen (*joint venture*) gegründet wurde. **Sabre** ist seit dem Jahr 2000 ein eigenständiges Unternehmen, dessen Aktien an der New Yorker Börse gehandelt werden. Das gleiche galt zunächst weitgehend auch für **Amadeus**, wenngleich drei der ursprünglich vier Gründer (Air France, Iberia und Lufthansa – die SAS hatte ihre Anteile relativ bald wieder veräußert) zusammen noch Minderheitsanteile an ihr hielten. 2005 wurde das Unternehmen von der Börse genommen, nachdem es von zwei *private equity*-Gesellschaften aufgekauft wurde. Lediglich die Minderheitsanteile der genannten Fluggesellschaften blieben. Damit haben die Fluggesellschaften auch die Möglichkeit, sich nach Alternativen zu den etablierten GDS umzuschauen, die ihnen in den letzten Jahren zu teuer geworden sind.

Auch bei START gab es entsprechende Veränderungen, als sich 1996 zunächst die TUI als eines der Gründungsunternehmen aus dem Gesellschafterkreis zurückzog. Für die TUI war es primär um die Schaffung eines solchen CRS für den kostengünstigen Vertrieb ihrer Pauschalreisen in den Reisebüros gegangen. Mit der Etablierung des mitentwickelten Systems im Markt und dem Aufkommen konkurrierender CRS war das wesentliche strategische Ziel des eigenen Engagements erreicht. Auch hier ging es deshalb nicht zuletzt darum, Handlungsspielräume im Vertrieb zu öffnen. 2003 schließlich kaufte Amadeus das gesamte Unternehmen von den verbliebenen Gesellschaftern und änderte den Namen in ‚Amadeus Germany'.

Mit diesem aus der Funktionsveränderung der Computer-Reservierungssysteme resultierenden Wechsel ihrer Gesellschafter ist im Prinzip auch der Grund für die gesetzliche Festlegung wettbewerbskonformen Verhaltens entfallen. Für die jetzigen Betreiber der CRS gibt es keinen Grund, bestimmte Fluggesellschaften oder andere Anbieter in ihren Darstellungen zu bevorzugen. Es liegt vielmehr in ihrem Interesse, daß möglichst viele Buchungen einer großen Zahl von Systemteilnehmern mit umfassenden Angeboten von Verkehrs-, touristischen und ergänzenden Leistungen über ihr Computer-Reservierungssystem getätigt werden. Dies können sie nur erreichen, wenn die konkurrierenden Leistungsanbieter gleich behandelt und ihre Angebote nach objektiven Kriterien entsprechend der Kundenbedürfnisse im System dargestellt werden. Das US-Verkehrsministerium (Department of Transportation) hat daher die begrenzte Gültigkeitsdauer der Regeln nicht mehr verlängert (s.o.) und nach einer halbjährigen Übergangsphase zum 31. Juli 2004 auslaufen lassen. Auch in der Europäischen Union wird vor dem Hintergrund der Trennung der Fluggesellschaften von den Computer-Reservierungssystemen über einen Verzicht des Verhaltenskodex nachgedacht.

6.8 Veränderung der Vertriebswege

Mit der Einrichtung von CRS als neuem Glied in der Kette der touristischen Wertschöpfung wurde zwar einerseits die Arbeit der Reisebüros erheblich vereinfacht, auf der anderen Seite wurde damit jedoch eine Entwicklung in Gang gesetzt, die Teile des Reisemittlergewerbes überflüssig macht. Je einfacher die Bedienung der Reservierungsterminals wird und je weiter Online-Netzwerke ausgebaut werden, desto größer wird die Wahrscheinlichkeit, daß Vermittler nicht mehr gebraucht werden, weil sich dann jeder selbst zu Hause über eine Internetverbindung an seinem Bildschirm Angebote und Verfügbarkeiten anschauen und direkt buchen kann. Bei der Vermittlung von reinen Verkehrsleistungen ist diese Entwicklung am schnellsten vonstatten gegangen.

British Midland, die zweitgrößte britische Linienfluggesellschaft, war mit der Einführung des „Cyberseat"-Programmes am 11. Dezember 1995 die erste Fluggesellschaft, deren Flüge man direkt über das Internet buchen und – über die Eingabe der Kreditkartennummer – bezahlen konnte. Diesem Beispiel sind mittlerweile praktisch alle Fluggesellschaften, darunter auch die Lufthansa mit ihrem Programm „Info Flyway", gefolgt. Richtig erfolgreich wurde dieser Vertriebskanal aber erst mit dem Aufkommen der Billigfluggesellschaften (vgl. Abschnitt 6.1.2.3.4), die – wie die europäischen Marktführer Ryanair und easyJet – seit Jahren über 90 Prozent ihrer Buchungen über das Internet abwickeln. Aber auch der Vertrieb von zeitkritischen Angeboten wie Last Minute-Reisen bedient sich erfolgreich des Internets.

Vorboten dieser Entwicklung waren die Ticketautomaten in den Abflughallen der großen Flughäfen an der US-Ostküste, über die Flugtickets für die Pendelverkehrsdienste (*shuttle services*) zwischen den Metropolen der US-Ostküste gebucht werden konnten. Auch die Fahrkartenautomaten der Deutschen Bahn haben die Kunden ebenso zur Selbstbedienung erzogen wie die Geldautomaten vor und in den Schalterhalten der Banken, in denen die

Kunden gegen Zahlung einer Buchungsgebühr die Arbeit des Personals selber erledigen dürfen.

Unterstützt wurde diese Entwicklung nicht zuletzt auch durch die Abschaffung des herkömmlichen Flugcoupons zugunsten des weitaus kostengünstigeren **elektronischen Tickets** (bei der Lufthansa Etix). Es bedeutet eine weitere Vereinfachung des Vertriebs von Flugbeförderungsleistungen, denn damit wird die elektronische Direktbuchung über das Internet für die Kunden erleichtert, die Zeit für den Buchungsablauf verringert – der postalische Versand von Flugscheinen entfällt –, so daß Buchungen auch noch kurz vor dem Abflugtermin durchgeführt werden können. Ab 2008 wird es bei den IATA-Fluggesellschaften nur noch elektronische Tickets geben.

War bei den Billigfluggesellschaften aufgrund der extrem niedrigen Tarife unmittelbar einsehbar, daß sie auf den kostengünstigen *online*-Vertrieb setzten, trafen die Internetbuchungsmöglichkeiten der großen Netzfluggesellschaften zunächst nur auf eine geringe Akzeptanz bei den Kunden. Dies hing zum einen damit zusammen, daß die Preise für die Internetangebote weitgehend die gleichen waren, die auch im Reisebüro verlangt wurden; zum anderen fehlte der im Reisebüro mögliche Preisvergleich zwischen den Angeboten konkurrierender Fluggesellschaften. Jeweils auf die Netzseiten der einzelnen Fluggesellschaften zu gehen und die Preise miteinander zu vergleichen, war den meisten Kunden zu zeitaufwendig und – wegen der oft wenig optimalen Abfrage – auch zu mühsam. Deshalb gründeten die Konkurrenten United, Northwest, Continental und Delta Air Lines Ende 1999 das Internetflugreiseportal **Orbitz**, das, nachdem American Airlines sich im Jahre 2000 ebenfalls daran beteiligte, im gleichen Jahr in den USA für Buchungen freigeschaltet wurde. Mit dieser gemeinsamen Plattform wurde den Kunden ein weitaus umfassenderes Angebot gemacht und die Möglichkeit von direkten Preisvergleichen eingeräumt. Dies steigerte, neben der Möglichkeit, auch Mietwagen, Hotels und andere Reiseleistungen zu buchen, die Attraktivität und führte zu einem deutlichen Anstieg der *online*-Ticketverkäufe. Diesem Vorbild folgten ebenfalls allianzübergreifend neun europäische Netzfluggesellschaften (Lufthansa, Air France, Aer Lingus, Alitalia, Austrian Airlines, British Airways, Finnair, Iberia und KLM) bei der Gründung von **Opodo** (*opportunity to do*), das Ende 2001 mit der deutschen Version ans Netz ging. 2002 wurden die britische und die französische Version freigeschaltet, weitere länderspezifische Angebote befinden sich in Vorbereitung. Die Attrraktivität dieser Netzseiten wird nicht zuletzt durch günstige Sonderangebote der beteiligten Fluggesellschaften gesteigert, die über die in den Reisebüros aufgestellten Terminals der Computer-Reservierungssysteme nicht buchbar sind.

Bereits vorher waren von meist branchenfremden Unternehmen Internetreiseportale gegründet worden, von denen das wichtigste das international aufgestellte *online*-Reisebüro **Expedia** ist. Es wurde 1995 von Microsoft gegründet und ist neben den USA in einer Reihe weiterer Länder, darunter auch Deutschland, mit eigenen Webseiten aktiv. Seit 2001 gehört es nach einem Zwischenspiel an der Börse dem Medienunternehmen USA Interactive (früher USA Networks).

In dieser Entwicklung lag eine erhebliche Gefahr für die meisten, zunächst nur auf den Reisebürovertrieb fokussierten Computer-Reservierungssysteme. 1996 wurde deshalb von Sabre unter dem Namen **Travelocity** ein eigenes Internetreisebüro gegründet, das seit 2002 mit Travelocity Europe auch einen europäischen Ableger hat, an dem der deutsche Otto Versand über seine Tochtergesellschaft Otto Freizeit und Touristik (OFT) mit 50 Prozent beteiligt war. Amadeus ging 1997 mit seinem Internetangebot **amadeus.net** auf den Markt. Dieses Buchungs- und Informationssystem steht auch hinter dem Flugreiseportal Opodo und den Buchungsmöglichkeiten auf den Internetseiten der beteiligten Fluggesellschaften. 2004 erwarb Amadeus von den Gründergesellschaften die Mehrheit an Opodo und im gleichen Jahr wurde auch Orbitz von den beteiligten Fluggesellschaften an Cendant (heute Travelport), die Muttergesellschaft des Globalen Distributionssystems Galileo, verkauft. Das dürfte längerfristig zu Problemen für Worldspan führen, deren Technik hinter Orbitz steht. Diese Internetbuchungsmaschine wird seit 1998 auch von Priceline in den USA verwendet. Damit verfügen derzeit nur zwei der vier GDS auch starke Positionen im *online*-Vertrieb. Worldspan verfügt lediglich über ein Internetangebot für Reiseagenturen, Galileo über gar keines.

Die Position der Reisebüros wird vor dem Hintergrund dieser Entwicklung sicherlich nicht einfacher. Schließlich ist nicht nur ihr Marktanteil bei den Flugbuchungen rückläufig, auch in der Touristik machen ihnen die großen Internetreiseportale zunehmend Konkurrenz. Analog der Entwicklung bei den CRS, nur viel schneller, ist neben den Flügen die ganze Palette zusätzlicher touristischer Angebote bis hin zu Veranstalterreisen über diese Portale buchbar. Gleichwohl haben Reisebüros weiterhin gute Chancen auf dem Markt zu bestehen. Reisebüros sehen ihre Daseinsberechtigung vor allem darin, daß sie kompetent beraten und das den Bedürfnissen ihrer Kunden entsprechende Angebot vermitteln. Das trifft sicherlich für einen Teil der Urlaubsreisen zu, wenn die Expedienten die Reisevorstellungen ihrer Klienten zu ermitteln vermögen, über eine gute Zielgebiets- und Angebotskenntnis verfügen und in der Lage sind, beides zu konkreten Vorschlägen zu kombinieren. Deshalb ist nicht davon auszugehen, daß der stationäre Vertrieb verschwinden wird. Auch verläuft die Entwicklung hier langsamer als man Mitte der 1990er Jahre annahm. Eine im Auftrag der TUI erstellte Studie zum Thema „Reisemarkt 2000" (Reber Consult + Partner 1995), ging zum Beispiel davon aus, daß im Jahre 2005 nur noch etwa die Hälfte der Veranstalterreisen über Reisebüros gebucht werden würde. In Wirklichkeit ist der Marktanteil für *online*-Buchungen von Pauschalreisen aus verschiedenen Gründen über eine kleine einstellige Prozentzahl nicht hinausgekommen.

Wir haben es hier vielmehr mit einer Entwicklung zu tun, die auf vielen Märkten zu beobachten ist: Zu den alten Angeboten kommen neue hinzu, ohne daß jedoch dadurch die bewährten Offerten überflüssig würden. Das gilt für Produkte wie für Vertriebswege.

Beipiele: Das Angebot für Automobile ist immer weiter ausdifferenziert worden. Gab es früher nur Limousinen, Kombis, Coupés und Cabriolets, haben wir es heute mit einer Vielzahl von Typenklassen zu tun: Es gibt neben den reinen Geländewagen noch die Sports Utility Vehicles (SUV), die Kastenwagen in unterschiedlicher Ausprägung als Multi-Purpose Vehicles (MPV), die als Vans, Minivans usw. auf dem Markt sind –

und alles noch in unterschiedlichen Größen-, Preis- und Statusklassen. Limousinen, Kombis, Coupés und Cabriolets werden jedoch entsprechend der Nachfrage weiterhin gebaut, auch wenn ihre Marktbedeutung geringer geworden ist. – Neben dem stationären Buchhandel haben sich sehr erfolgreich Internetanbieter wie Amazon etablieren können, ohne daß der stationäre Buchhandel damit existentiell bedroht würde.

Deshalb ist auch nicht davon auszugehen, daß der wachsende Vertrieb von Reisen über Fernsehkanäle wie Travelshop, Sonnenklar TV usw. zum Ende der Reisebüros führen wird. Nicht zuletzt hindert auch niemand die vor allem in der Touristik tätigen Reisebürounternehmen daran, sich selbst dieser Techniken und Vertriebswege zu bedienen, wie dies mit den Internetbuchungsmaschinen im Geschäftsreisedienst schon länger üblich ist. Durch den Wegfall des größten Teils der Provisionen (Förderprogramme der Fluggesellschaften von Strecken und/oder Produkten bleiben jedoch erhalten) haben Reisebüros die Chance, sich von (Pseudo-)Handelsvertretern zu unabhängigen Unternehmen zu wandeln, die ihre eigenen Leistungen identifizierbar und selbstbewußt vermarkten können.

6.9 Marketing

Marketing wird für alle Anbieter im Tourismus immer wichtiger. Damit unterscheidet sich der Tourismus zunächst einmal nicht von allen anderen Wirtschaftsbereichen. Verantwortlich dafür ist vor allem der sowohl auf nationaler wie auf internationaler Ebene stärker gewordene Wettbewerb. So haben sich die meisten Märkte von Verkäufer- zu Käufermärkten gewandelt. Das gilt allgemein und im Besonderen auch für die Märkte im Tourismus: Waren sie von den 1950er bis 1970er Jahre hinein noch durch erhebliches Wachstum und vor allem Nachfrageüberhänge gekennzeichnet, hat sich seit den 1980er Jahren die Angebotsseite schneller entwickelt als die Nachfrage. So wurden **neue Destinationen** entwickelt wie zum Beispiel die Türkei oder die Karibik, insbesondere mit die Dominikanische Republik, andere wurden erst für den Tourismus geöffnet wie zum Beispiel China und Kuba, oder wurden durch politische Entwicklungen akzeptabel wie die Südafrikanische Republik oder Namibia mit der Abschaffung der Apartheid. Gleichzeitig haben sich die Kapazitäten der Reiseunternehmen in den Entsendeländern erheblich vergrößert.

Um wettbewerbsfähig zu bleiben müssen die Anbieter vor allen die Kosten mit dem entsprechenden **Kostenmanagement** im Griff haben. Wettbewerbsfähig sind nur diejenigen, die ihre Kosten im Griff haben – egal in welchen Marktbereichen sie sich bewegen. Kosten lassen sich zunächst vor allem durch zwei Maßnahmen reduzieren: **Verringerung des Personalaufwands** und **stärkere Marktorientierung**. Je größer der Verwaltungsapparat eines Unternehmens ist, desto hierarchischer wird er organisiert und desto mehr beschäftigt es sich mit sich selbst.

Daß Organisationen generell aus sich selbst heraus eine starke Tendenz haben, sich zunehmend mit sich selbst zu beschäftigen, hat C. Northcote Parkinson (1966) am **Beispiel** der britischen Marine zwischen 1914 und 1928 untersucht. In dieser Zeit sank die Zahl der Großkampfschiffe um mehr als zwei Drittel, die Zahl der Beamten in der Admiralität dagegen stieg im gleichen Zeitraum um fast 80 Prozent. Was steht nun hinter diesem Phänomen? Ein Soziologe würde sagen: Die Selbstreferentialität von

Organisationen und meinte damit, daß alle Organisationen die Tendenz haben, sich vor allem mit sich selbst zu beschäftigen. Nicht die eigentliche Aufgabe, für welche die Organisation ursprünglich einmal geschaffen wurde, steht im Vordergrund ihrer Tätigkeiten, sondern ihr eigener Erhalt und die Interessen der in ihnen Beschäftigten. Zur rationalen Führung werden in Organisationen auch objektivierbare Regeln entwickelt, nach denen zum Beispiel Beförderungen der in ihnen tätigen Mitarbeiter erfolgen. So kann zum Beispiel die Mitarbeiterzahl einer Abteilung entscheidend sein für die Einstufung eines Leiters in eine Vergütungsgruppe. Das erscheint auf den ersten Blick als sinnvoll, denn man muß zunächst davon ausgehen, daß die Zahl der beschäftigten Mitarbeiter auch etwas mit dem Umfang der zu bewältigenden Aufgaben zu tun hat. Man kann das Spiel – und das ist es letztlich – aber auch anders herum spielen: Um eine entsprechende Wichtigkeit für die Höherstufung zu erreichen muß man entweder bestehende Aufgaben an sich ziehen oder einfach neue Aufgaben erfinden. Ist das gelungen, braucht man natürlich mehr Personal, ist dies da, steht der Höherstufung nichts mehr im Wege. Da nun alle Abteilungen dieses Spiel spielen, wächst die Organisation entsprechend.

Unternehmen haben also wie alle anderen Organisationen die Tendenz, die eigenen Probleme in den Vordergrund des Handelns zu stellen. In der Folge entsteht daraus eine größere Marktferne. Da auch der Umkehrschluß gilt, ist eine möglichst kleine und hierarchisch wenig ausdifferenzierte Organisation wichtige Voraussetzung für marktnahes und erfolgreiches Arbeiten. Gleichzeitig muß Marketingdenken das gesamte Unternehmen durchdringen. Betriebliche Organisation, Mitarbeiterführung und -motivation sind in diesem Kontext von entscheidender Bedeutung. Auch die Arbeit der Personalabteilung hat damit einen direkten Einfluß auf das Marketing eines Unternehmens. Das gilt vor allem für touristische Unternehmen, deren Produkte ja in erster Linie aus Dienstleistungen bestehen. Sachgüter spielen dagegen nur eine sehr untergeordnete Rolle. Reisebüro, Verkehrsamt, Reiseveranstalter, Beförderungsbetriebe, Hotels und Restaurants: Sie alle bieten Dienstleistungen wie Beratung, Buchung, Bündelung einzelner Reiseleistungen, Transport, Unterkunft und Verpflegung an. Lediglich in Restaurants oder im Rahmen restaurantähnlicher Dienstleistungen – zum Beispiel während eines Fluges – spielen Sachgüter in Form von Speisen und Getränken eine Rolle.

In der **Definition von Marketing** von Günther Haedrich kommt dieser personalbezogene Aspekt deutlich zum Ausdruck: „Marketing ist eine markt-, wettbewerbs- und gesellschaftsorientierte Führungskonzeption von Organisationen aller Art" (1991, S. 21). Marketing ist also nicht arbeitsteilig gesehen die Aufgabe einer entsprechenden Abteilung, sondern die wichtigste und integrale Aufgabe des verantwortlichen Führungspersonals einer Organisation. Entsprechend muß Marktorientierung, die Einschätzung der Wettbewerber und die Wahrnehmung gesellschaftlicher Trends und Veränderungen das gesamte Instrumentarium des Marketings durchziehen und das Handeln bestimmen. Die Gesellschaftsorientierung muß dabei ihren Ausdruck in der Beobachtung, Analyse und Berücksichtigung von demographischen und sozialstrukturellen Entwicklungen, Veränderungen von sozialen Milieus, Lebensstilen und Werthaltungen finden (vgl. Kapitel 2). Ihre Anwendung beschränkt sich dabei nicht auf die Entwicklung entsprechender Konzepte zu gewinnbringender Befriedigung von Kundenwünschen und -bedürfnissen, sondern muß zugleich innengerichtet und auf das eigene Personal bezogen sein. Veränderungen der Zustimmungs- und Ablehnungsmuster von Werten in der Bevölkerung, der Wandel des gesellschaftlichen Stellenwertes von Arbeit, die durchgreifenden Änderungen familiärer Situationen, um nur einige zu nennen, müssen nicht nur stimmige Antworten in der Personalrekrutierung, -aus- und -weiterbildung finden, sondern auch in der Personalführung und in der Gestaltung der Arbeitsverhältnisse. Ein Ausdruck davon ist die in den letzten Jahren auch in Deutschland endlich in Gang gekommene Diskussion über die notwendigen Maßnahmen und Arrangements zur Vereinbarkeit von Familie und Beruf (*work-life balance*). Eine organisationsübergreifende Sicht auf die eigenen Mitarbeiter, die zur Verbesserung ihrer gesamten Lebenssituation beiträgt, führt in aller Regel dazu, daß die Zufriedenheit des Personals steigt und die Wahrscheinlichkeit des Abwanderns qualifizierter Mitarbeiter zurückgeht. Man kann davon ausgehen, daß dies – im doppelten Sinne – die Arbeitsqualität und damit auch die Zufriedenheit der Kunden steigert. Dies gilt vor allem für Organisationen, die, wie im Tourismus, hohe Anteile personenbezogener Dienstleistungen aufweisen.

7

Die wirtschaftliche Bedeutung des Tourismus

Vielfach wird der Tourismus als einer der bedeutendsten Wirtschaftszweige der Welt angesehen, manchmal sogar an erste Stelle gesetzt. Ob diese Behauptungen stimmen, ist jedoch nur sehr schwer nachprüfbar. In den Systematiken amtlicher Wirtschaftsstatistiken wird man den Tourismus als Wirtschaftszweig in fast allen Ländern der Welt nämlich vergeblich suchen: Es gibt ihn nicht. Der Grund dafür ist so einfach, wie die daraus folgenden Konsequenzen unbefriedigend sind: Wirtschaftszweige werden traditionell von der Angebotsseite des Marktes her definiert, nicht von der Nachfrageseite. Tourismus ist deshalb vor diesem Hintergrund selbst kein Wirtschaftszweig, sondern ein Verhalten, das zu einer Nachfrage von Dienstleistungen und Gütern in verschiedenen Wirtschaftszweigen führt. Diese Wirtschaftszweige leben aber nicht ausschließlich von der touristischen Nachfrage, sondern ihre Produkte und Dienstleistungen werden auch von anderen Nachfragegruppen verlangt und gekauft.

Nachdem wir im vorangegangenen Kapitel die wichtigsten Anbieter und Leistungsträger im Tourismus kennengelernt haben, geht es in diesem Kapitel nun darum herauszubekommen, wie sich die durch den Tourismus ausgelösten wirtschaftlichen Produktionsprozesse und Transaktionen erfassen und analysieren lassen. Der traditionell angebotsorientierte Blick auf das Wirtschaftsgeschehen führt ja generell dazu, daß man die Zusammenhänge aus dem Auge verliert, die zwischen der Nachfrage nach Dienstleistungen und der nach Gütern bestehen.

Abbildung 7.1: Die Beziehungen zwischen Tourismusausgaben, den betroffenen Wirtschafts- und Beschäftigungsbereichen und dem Staat

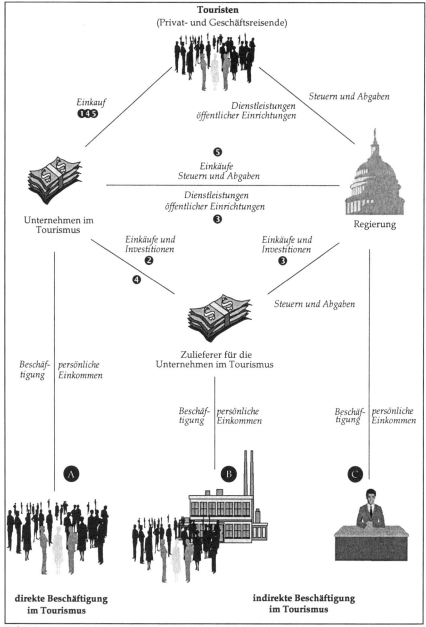

Erläuterungen:
1. Ausgaben der Konsumenten für Transport, Unterkunft, Verpflegung, Erholung und reisebedingte Güter und Dienstleistungen
2. Investitionen in Gebäude (Hotels, Flughäfen, Freizeitanlagen usw.) und Ausrüstungen (Computer, Flugzeuge, Busse usw.) durch touristische Unternehmen

3. Regierungsausgaben, die den Tourismus ermöglichen

4. Außenhandel, der durch internationale Reiseausgaben und Verkäufe von Reiseutensilien ausgelöst wird

5. Reiseausgaben von Unternehmen und Regierungsstellen im Rahmen der Durchführung ihrer Geschäfte und Aufgaben

A. Beschäftigte in touristischen Unternehmen für Privat-, Geschäfts- und Dienstreisende wie Piloten, Hotelangestellte, Angestellte in Mietwagenunternehmen, bei Reiseveranstaltern und in Reisbüros.

B. Beschäftige in Unternehmen zur Entwicklung und Herstellung von Gebäuden, Ausrüstungen und Versorgungsgütern für touristische Unternehmen wie Hotels und Ferienanlagen, Flug- und Fahrzeuge sowie Getränke und Nahrungsmittel.

C. Beschäftigte in Regierungseinrichtungen für die Förderung von Tourismus wie öffentliche Tourismusstellen, Transportorganisationen und Nationalparks

nach WTTC 1995 b, S. 2

Beispiel: In einer der Debatten über den „Wirtschaftsstandort Deutschland" machte ein eigentlich für Bildung zuständiger deutscher Bundesminister den polemischen Einwurf, er könne sich keine Dienstleistungsgesellschaft vorstellen, „in der jeder jedem seine Pizza bringt". Seine Absicht war es wohl, mit diesem flotten Spruch die Grenzen der weiterhin anhaltenden Entwicklung zu einer Dienstleistungsgesellschaft aufzuzeigen. Unfreiwillig hat er damit allerdings ein Beispiel dafür geliefert, daß die Güterproduktion in einem immer stärkeren Ausmaß abhängig wird von der Nachfrage nach Dienstleistungen. Wenn der Pizzaservice nämlich funktionieren soll, braucht er dafür eine ganze Palette von Gütern. Die wesentlichsten davon sind

1. eine Kommunikationsinfrastruktur (Zeitung, Radio, Telephon, Fax, Computernetzwerk usw.), mit der er seine Angebote bekanntmachen und Bestellungen entgegennehmen kann;

2. Räumlichkeiten und Geräte (Rührwerke, Öfen etc.) zur Herstellung von Pizze;

3. Fahrzeuge zur Auslieferung.

Geht man davon aus, daß sich in vielen Fällen eine normale Pizzeria durch die hohen Fixkosten der entsprechenden Infrastruktur (Gasträume und ihre Einrichtung, Bestekke, Geschirr usw.) nicht lohnen würde, wäre die Herstellung normaler Restaurantpizze keine Alternative. Damit ist auch die Anschaffung der Produktionsmittel für Pizze nur durch den besonderen Dienstleistungscharakter des Pizzaservice veranlaßt. Ohne den Pizzaservice würden also weniger Telephone, Faxgeräte, Computer, Bauleistungen, Küchengeräte und Automobile nachgefragt und verkauft.

Die in dem Zitat deutlich werdende Neigung, Dienstleistungen und die Produktion von Gütern im gesamtwirtschaftlichen Zusammenhang voneinander zu trennen oder sogar als Gegensätze zu verstehen, ist also bei genauerer Betrachtung nicht gerechtfertigt. Das gilt insbesondere auch für die Diskussion über die Qualität der durch die Nachfrage nach Dienstleistungen entstehenden Arbeitsplätze. Indem man ausschließlich auf den Arbeitsplatz zur Befriedigung der direkten Nachfrage schaut – in unserem Beispiel auf den Fahrer, der die Pizza zum Kunden bringt – kann man natürlich feststellen, daß im Vergleich zum produzierenden Gewerbe hier nur wenig qualifizierte und schlecht bezahlte Jobs entstehen. Oftmals handelt es sich sogar – wie beim Pizzaservice – nur um eine marginale Beschäftigung, die allenfalls als Nebenjob für Schüler oder Studenten attraktiv ist.

Ganz ähnlich wird die Beschäftigung im Tourismus betrachtet. Auch hier gilt natürlich zunächst, daß sie ebensowenig in den Statistiken erscheint, wie der Tourismus dort als Wirtschaftszweig aufgeführt wird. Wie es verschiedene Wirtschaftszweige gibt, die mit einem Teil ihrer Aktivitäten touristisch veranlaßte Nachfrage befriedigen), gibt es auch Beschäftigte, die nicht in nur in entsprechenden Betrieben arbeiten, sondern deren Arbeit selbst auch nur zu einem Teil im touristischen Bereich liegt. Das gilt beispielsweise für einen Gastronomiebetrieb und einen Kellner, der nicht nur für Touristen, sondern auch für Einheimische arbeitet. Die Dienstleistungsberufe in der Gastronomie und in der Hotellerie gelten dabei weder als besonders qualifiziert noch als wirklich wichtig im immer wieder beschworenen Technologiewettbewerb. Dabei wird gerne übersehen, daß es im tourismustypischen Berufen, wie in anderen Branchen auch, ganz unterschiedliche Hierarchie- und Qualifikationsebenen gibt: Im Hotel zum Beispiel reicht die Bandbreite der Tätigkeiten vom Tellerwäscher bis zu Chefköchen und der Direktionsebene (vgl. auch Wheatcroft 1996).

Ähnlich wie beim Pizzaservice schaut man auch beim Tourismus lediglich auf die auf den ersten Blick erkennbaren Wirtschaftszweige, die mit Tourismus zu tun haben. Dabei wird meist übersehen, daß Tourismus sehr viel mit sogenannter ‚Hochtechnologie' zu tun hat und es ohne ihn solche Industrien teilweise gar nicht geben würde. So hängt beispielsweise fast der gesamte Markt für zivile Flugzeuge mit seinen weltweiten Fertigungs- und Zulieferungsverflechtungen vom Tourismus ab. Nach Abzug der militärischen Entwicklungs- und Fertigungskapazitäten und denen für reine Frachtflugzeuge arbeitet der weitaus größte Teil der Beschäftigten in der zivilen Produktion bei Boeing, Airbus, Bombardier (Canadair, DeHavilland of Canada), Embraer usw. ausschließlich für den Tourismus. Das gleiche gilt für die Zulieferindustrie wie die Triebwerks- und Avionikindustrien, die Vortriebs- und elektronische Flugführungs- und Steuerungssysteme für die zivile Luftfahrt entwickeln und herstellen – alles Industrien im vielbeschworenen „high tech"-Bereich (Abbildung 7.1).

Damit spielt auch die Computer- und Softwareindustrie eine wichtige Rolle für die Befriedigung touristischer Nachfrage, denn alle diese Systeme sind ohne Computertechnologien nicht denkbar. Sie werden für Buchung und Abrechnung von Reisen eingesetzt, denn ohne Computer-Reservierungssysteme (CRS) kommt heute keine Fluggesellschaft, kein Reiseveranstalter und kein Reisebüro mehr aus (siehe auch Abschnitt 6.7).

Die in der Wirtschafts-, Wissenschafts- und Bildungspolitik gerne verwendete Gegenüberstellung von technisch innovativen, weniger innovativen und eher marginalen Wirtschaftsbereichen und die Konzentration der Aktivitäten auf die ‚hochtechnologischen Zukunftsindustrien' ist bei etwas genauerer Betrachtung der Zusammenhänge also wenig zutreffend. Sicher ist es richtig, solche Industrien zu fördern, aber man darf dabei nicht vergessen, wodurch ein großer Teil der Nachfrage nach deren Produkten ausgelöst wird.

Vor dem Hintergrund dieser Zusammenhänge und der damit deutlich werdenden Dimension des Wirtschaftsbereiches Tourismus erscheint es sinnvoll, die angebotsorientierte Systematik und die darauf aufbauende statistische Erfassung der Wirtschaftszweige zugunsten einer nachfragebezogenen Sichtweise aufzugeben. Dies allerdings ist – wie wir in diesem Kapitel noch näher beleuchten werden – sehr schwierig und mit einer Reihe von neuen Problemen behaftet.

7.1 Ansätze zur Messung

Voraussetzung für die Berechnung der wirtschaftlichen Bedeutung des Tourismus ist die Erfassung der Transaktionen, die im Rahmen touristischer Aktivitäten bzw. zu ihrer Finanzierung vorgenommen werden. Da sie von der Wirtschaftsstatistik nicht direkt erfaßt werden, ist die Messung der wirtschaftlichen Effekte zum einen immer mit einem relativ großen Aufwand verbunden, weil man die touristischen Umsätze aus den Gesamtumsätzen der einzelnen Wirtschaftszweige herausrechnen muß, zum anderen mit Unsicherheit behaftet, da dieses Herausrechnen mit Ungenauigkeiten verbunden ist.

Prinzipiell gibt es zwei verschiedene Ansätze zur Erfassung der Geldströme:

1. Messung der **Ausgaben von Touristen** für ihre Reisen;
2. Messung der **Einnahmen von Unternehmen** aus touristisch veranlaßter Nachfrage nach Gütern und Dienstleistungen.

Beide Ansätze sind mit einer Reihe von Problemen verbunden, die letztlich dazu führen, daß man die Größe des durch die touristische Nachfrage definierten Wirtschaftsbereiches nicht eindeutig erfassen, sondern nur schätzen kann. In den folgenden Abschnitten werden die Vor- und Nachteile der beiden Ansätze und ihrer Kombination dargestellt und diskutiert.

7.1.1 Messung der touristischen Ausgaben (Nachfragemethode)

Auskunft über die Reiseausgaben kann man in der Regel nur über die Touristen selbst erlangen, indem man zum Beispiel nach Beendigung ihrer Reisen bei ihnen die dabei angefallenen Ausgaben erhebt. Dabei befragt man nicht alle Reisenden, sondern eine repräsentative Stichprobe, von der aus man die Reiseausgaben auf die angezielte Grundgesamtheit hochrechnen kann (Wohnortmethode; vgl. Abschnitt 1.4.2). Eine weitere Möglichkeit wäre das Führen eines Ausgabenbuches von repräsentativ ausgewählten Touristen auf ihren Reisen. Nur in Sonderfällen wie in genau abgegrenzten Gebieten (zum Beispiel auf einer Insel) könnte man die Besucher direkt nach Beendigung ihres Aufenthaltes nach ihren Ausgaben in diesem Gebiet zu befragen – ansonsten wären die Leute meist nicht in der Lage zu sagen, an welchen Orten sie welche Ausgaben getätigt haben.

Bei diesen Erhebungsmethoden haben wir es allerdings mit den gleichen Problemen zu tun, die generell für das Erfassen des Reiseverhaltens gelten (vgl. Kapitel 1): Die Merk- und Erinnerungsfähigkeit der Menschen ist nur begrenzt, und je nach dem gewählten befragungstechnischen Ansatz bekommt man unterschiedliche Ergebnisse. Zum Teil ist dieser Mangel auch auf die während Reisen verwendeten unterschiedlichen Zahlungsmittel zurückzuführen. Wenn man in bar, mit Travellers Cheques und mit der Kreditkarte bezahlt, ist es bei der großen Menge der – möglicherweise auch noch in verschiedenen Währungen – getätigten Transaktionen oft schwierig, überhaupt noch einen Überblick über die eigenen Ausgaben zu bekommen. Oft wollen die Reisenden einen solchen Überblick auch gar nicht – wer eine Urlaubsreise macht, will meist nicht, wie vielleicht zuhause, immer genau auf den Cent schauen, sondern sich in der Illusion wiegen, daß der Urlaub nur das gekostet hat, was man zum Beispiel im Reisebüro dafür bezahlt hat.

In verschiedenen Studien (vgl. zusammenfassend dazu Frechtling 1994 b, S. 369 ff.) konnte gezeigt werden, daß Tagebuchaufzeichnungen der Ausgaben das genaueste Ergebnis liefern. Befragungen nach der Reise führen regelmäßig zu einer Unterschätzung (*underreporting*) der eigenen Reiseausgaben, die in einzelnen Untersuchungen auf bis zu 30 Prozent geschätzt werden. Zusammenfassend kann man feststellen: Je weiter der Befragungszeitpunkt vom Zeitpunkt der getätigten Ausgaben entfernt ist, desto geringer wird die Genauigkeit der darüber gemachten Angaben (Tschurtschenthaler 1993, S. 236).

Hinzu kommt, daß Touristen in vielen Fällen objektiv auch gar nicht in der Lage sind, genau festzustellen, wieviel Geld sie für Transportleistungen bzw. für Güter und Dienstleistungen am Urlaubsort ausgegeben haben. Bei Pauschalreisen zum Beispiel dürfen nach dem deutschen Reiserecht die einzelnen Komponenten der Reise nicht mit ihrem Preis ausgewiesen werden; es darf nur ein Gesamtpreis für das gesamte Leistungspaket angegeben und gefordert werden. Dienst- und Geschäftsreisende bekommen in der Regel die Tickets von ihrer Reisestelle, Hotels stellen entweder Rechnungen direkt an das Unternehmen oder werden mit einer Unternehmenskreditkarte beglichen, so daß sie häufig gar nicht wissen, was ihre Reise gekostet hat. Mit Großkundenabonnements, Netzkarten (bei der Bahn) und Vielfliegerprogrammen ist es oft erst am Ende eines Geschäftsjahres möglich, die tatsächlichen Ausgaben für eine bestimmte Reise auszurechnen. In einem Papier für Tourism Canada kam Peter Chau deshalb bereits 1988 zu dem Schluß, daß Schätzungen von Reiseausgaben aus solchen Ausgabeuntersuchungen „von geringer Qualität, teuer und unpassend" sind (cit. n. Frechtling 1994 b, S. 369; Übers. J.W.M.).

7.1.2 Messung der touristischen Einnahmen (Angebotsmethode)

Um es gleich vorwegzunehmen: Im Prinzip gilt die zitierte Feststellung von Peter Chau auch für die Messung der Einnahmen aus touristischen Aktivitäten. Befragt man nämlich Geschäftsleute wie Hoteliers, Gastronomen oder Einzelhändler, welcher Anteil ihres Umsatzes auf touristische Nachfrage zurückgeht, erhält man ein ähnlich verzerrtes Bild der Wirklichkeit wie bei der Befragung der Touristen selbst. Vor allem Einzelhändler in Orten und Regionen geringer wahrgenommener touristischer Attraktivität haben oft keine Vorstellung davon, welche Bedeutung der Tourismus für ihr eigenes Geschäft dennoch hat.

Um diesem Problem zu entgehen und vor allem auch, um die Ausgaben für teure Befragungen zu sparen, hat man nach Methoden gesucht, mit denen man aus bereits existierenden Daten über wirtschaftliche Aktivitäten die Einnahmen aus dem Tourismus herausrechnen kann. Zur Erfassung der Einnahmen und Ausgaben im internationalen Tourismus wurde in Kapitel 1 bereits auf die Auswertung von Währungstransfers im Bankensystem und die damit verbundenen Abgrenzungsschwierigkeiten im Rahmen der Erstellung von Zahlungsbilanzstatistiken hingewiesen (Abschnitt 1.4.4). Die Ausgaben des Inlandstourismus bleiben dabei natürlich ausgeblendet.

Verschiedene Methoden wurden entwickelt, die eine übergreifende Erfassung aller Einnahmen aus touristischer Nachfrage ermöglichen sollen. Da man mit solchen Methoden aufwendige Erhebungen möglichst überflüssig machen will, sind sie oft sehr spezifisch auf die jeweilige Datenlage zugeschnitten, wie sie in der Wirtschaftsstatistik der entsprechenden Länder gegeben ist. Mit anderen Worten: Die einzelnen Methoden lassen sich nicht ohne weiteres auf die Verhältnisse in einem anderen Land als denen, für die sie entwickelt wurden, anwenden. Oft muß man die Methode modifizieren oder sogar ganz darauf verzichten, wenn man sie auf ein anderes Land oder eine andere Region anwenden will, weil die entsprechende Daten dort nicht vorliegen.

Im folgenden werden in Anlehnung an Frechtling (1994 b) verschiedene dieser Methoden kurz vorgestellt und diskutiert. Er spricht in diesem Zusammenhang zwar von „Modellen" (*models*) zur Abschätzung der wirtschaftlichen Bedeutung, genau genommen handelt es sich dabei aber eher um Meßmethoden. Modelle zur Aufklärung der ökonomischen Wirkungszusammenhänge werden anschließend in einem eigenen Abschnitt (7.2) dargestellt.

☐ Methode der saisonalen Differenz (*seasonal difference model*)

Man betrachtet ein Jahr lang die Einnahmen von touristischen Betrieben eines Ortes oder einer Region wie zum Beispiel Hotels und Restaurants und bestimmt den Monat mit den geringsten Einnahmen. Die Einnahmen dieses Monats werden als Durchschnitt aller Verkäufe an Einheimische gewertet. Die Differenzen zwischen diesen Einnahmen und den Einnahmen in den übrigen Monaten entsprechen nach diesem Ansatz den Einnahmen aus dem Tourismus.

Kritik: Die Annahme, daß in dem Monat mit den geringsten Einnahmen touristischer Betriebe keinerlei Erlöse aus Verkäufen an Touristen erzielt werden, dürfte sehr unrealistisch sein. Auch dann, wenn das Geschäft sehr stark saisonal ausgeprägt ist, heißt dies nicht, daß es innerhalb des Monats mit der geringsten Nachfrage keine Touristen oder Besucher gäbe. Durch diesen Umstand werden also die Einnahmen durch den Tourismus unterschätzt. Überschätzt werden sie andererseits vermutlich dadurch, daß auch die Bewohner einer Region oder eines Ortes sich saisonal verhalten können. Freiluftgaststätten (zum Beispiel Münchener Biergärten) werden nicht nur durch Touristen, sondern auch von Einheimischen sehr stark saisonal genutzt. In Orten extremer Saisonalität wie zum Beispiel in kleinen Badeorten an der Nord- oder Ostsee wird ein großer Teil der Bewohner selbst zu Touristen und ist in den Wintermonaten verreist.

Ein weiterer wichtiger Kritikpunkt an diesem Ansatz liegt in den Saisonpreisen: In einem Ferienhotel zum Beispiel kann bei gleicher Belegung der Umsatz im November um bis zu 50 Prozent unter dem im Juli liegen.

Nicht berücksichtigt wird bei dieser Methode ferner, daß die Umsatzentwicklung der touristischen Betriebe auch durch konjunkturelle Schwankungen ausgelöst sein kann. Für Ganzjahresdestinationen schließlich ist diese Methode *per definitionem* völlig ungeeignet.

☐ Methode der Bestimmung der Einnahmereste (*residual receipts model*)

In den dieser Methode zugrundeliegenden Überlegungen geht man von der einfachen Annahme aus, daß die Einnahmen der Geschäfte an einem Ort größer sind als die Ausgaben der dort lebenden Einwohner. Die Differenz zwischen den Einnahmen der lokalen Hotels, Restaurants und Geschäfte und den Ausgaben der Einwohner für die dort angebotenen Güter und Dienstleistungen ergibt danach die Einnahmen aus touristischer Nachfrage.

Um zu dieser Zahl zu gelangen, multipliziert man die lokalen Einkommen mit dem Prozentsatz, der von den Bewohnern für Güter- und Dienstleistungen ausgegeben wird (bei 35 Prozent zum Beispiel mit 0,35) und zieht das Produkt daraus von den Einnahmen der oben genannten Unternehmen ab, um zu den Tourismuseinnahmen zu gelangen (für eine ausführliche Beschreibung des Verfahrens siehe St. Smith 1989, S. 280 ff.).

Diese Methode wurde von Kreutzwiser 1973 am Beispiel der Provinz Ontario in Kanada entwickelt, wo Wirtschaftsförderungsagenturen (*public economic development agencies*) in der Regel über die entsprechenden Daten verfügen und sie zur Verfügung stellen können. In einem Land wie Deutschland dagegen dürfte es sehr schwierig sein, diese Informationen zu bekommen.

Kritik: Problematisch an dieser Methode ist zudem die der Formel zugrundeliegende Annahme, daß die Bevölkerung eines Ortes oder einer Region nur dort einkauft bzw. daß die Einwohner aus angrenzenden Orten oder Regionen nicht in dieser Region einkaufen. Im ersten Fall werden die Einnahmen aus dem Tourismus mit diesem Verfahren unter-, im zweiten Falle überschätzt. Kreutzwiser hat dafür zwar ein Korrekturverfahren verwendet, indem er die räumliche Verteilung der Auflage der Regionalpresse als Indikator für das Einkaufsverhalten heranzog. Ob und inwieweit dies jedoch das örtliche Kaufverhalten widerspiegelt, konnte nicht überprüft werden. Das generelle Problem der räumlichen Allokation der Käufe bleibt damit bestehen. Insbesondere bei Grenzlagen, bei denen die räumliche Verteilung von Zeitungen nicht als Korrektur herangezogen werden kann, ist dieses Verfahren deshalb kaum anwendbar und läßt sich deshalb im Prinzip nur auf Inseln anwenden.

☐ Methode der Angebotsseitenschätzung (*supply-side judgmental model*)

Mit diesem Ansatz versucht man, den Beitrag des Tourismus für eine Volkswirtschaft oder für regionale Wirtschaftsräume zu bestimmen und mit dem

System der volkswirtschaftlichen Gesamtrechnung (*national account*) zu verknüpfen. Durch die Verwendung zusätzlicher Informationen und Rechnungen, die mit der Gesamtrechnung verknüpft werden (*satellite accounts*), ist es möglich, einzelne Bereiche, wie zum Beispiel den Tourismus, der mehrere Wirtschaftsbereiche umfaßt, in ihrer wirtschaftlichen Bedeutung genauer zu erfassen (vgl. ausführlicher Abschnitt 7.4).

Eine Möglichkeit, mit diesem Ansatz zu arbeiten, besteht zum Beispiel darin, daß man als erstes wiederum diejenigen Betriebe identifiziert, die touristische Nachfrage befriedigen; in einem zweiten Schritt wird der Anteil berechnet, den die Wirtschaftsleistung dieser Betriebe am Bruttoinlandprodukt ausmacht, um schließlich in einem dritten Schritt den Anteil touristischer Nachfrage an dieser Wirtschaftsleistung für jede Betriebsart über Expertenschätzungen (*judgement*) zu bestimmen.

Kritik: Die ersten beiden Stufen dieser Methode sind einigermaßen verläßlich durchzuführen - schwierig wird es jedoch im dritten Schritt, bei dem wir es nicht mehr mit objektiven Daten, sondern mit Schätzungen zu tun haben. Der Beitrag der touristischen Nachfrage zu den Erlösen der unterschiedlichen Betriebsarten (Transportunternehmen, Hotellerie, Gastronomie, Einzelhändler usw.) läßt sich so nur unzureichend bestimmen. In unterschiedlichen Regionen dürfte er bei gleichen Betriebsarten zudem auch verschiedene Werte annehmen, ebenso bei gleichen Regionen und verschiedenen Experten.

☐ Methode der Ausgabenhochrechnung (*expenditure ratio model*)

Mit diesem Verfahren werden statistische Daten über Ausgaben im Beherbergungswesen mit Daten aus Befragungen von Touristen zu ihrem Ausgabeverhalten miteinander kombiniert und zur Hochrechnung der touristischen Gesamteinnahmen in einer Region verwendet.

Als erstes werden die Einnahmen von Beherbergungsbetrieben erfaßt – in den meisten Staaten der USA lassen sich diese Daten bei den Finanzverwaltungen, die entsprechende Statistiken führen, erfragen. Mit einer repräsentativen Besucherbefragung wird dann ermittelt, welche Ausgaben die Touristen in der Region während ihres Aufenthaltes tätigen. Aus diesen Daten wird das Verhältnis aller Besucherausgaben zu den Ausgaben für die Beherbergung berechnet (*expenditure ratio*). Durch die Multiplikation der Einnahmen aus dem Beherbergungswesen mit diesem Verhältniswert lassen sich dann die Gesamteinnahmen aus dem Tourismus in dieser Region schätzen.

Beispiel: Wenn die Befragung zeigt, daß das Verhältnis der Gesamt- zu den Beherbergungsausgaben bei 3 : 1 liegt, der Verhältniswert also 3 beträgt, dann werden mit jeder Geldeinheit, die für Beherbergung eingenommen wird, insgesamt touristisch bedingte Einnahmen in Höhe von drei Geldeinheiten indiziert.

Eine genauere Abschätzung der touristischen Gesamteinnahmen läßt sich mit diesem Ansatz erzielen, wenn man nicht mit den Mittelwerten der Einnahmen aller Beherbergungsarten, sondern mit den separaten Werten für jede dieser Arten arbeitet. Damit trägt man dem unterschiedlichen Ausgabeverhalten von zum Beispiel Campingplatzbesuchern und Hotelgästen Rechnung. Dazu ist es jedoch erforderlich, daß die Angaben über die Einnahmen der Beherbergungsbetriebe ebenfalls in dieser Aufschlüsselung zur Verfügung stehen.

Kritik: Dadurch, daß man hier wesentlich auf Befragungsdaten zum Ausgabeverhalten angewiesen ist, gelten die oben (unter 7.1.1) angeführten generellen Einschränkungen zu solchen Untersuchungen auch für diesen Ansatz. Durch die Multiplikation haben bereits kleine Abweichungen der Stichprobenwerte von den wahren Werten große Auswirkungen auf den berechneten Wert der tourismusbedingten Einnahmen.

Indem diese Methode sich auf die kommerziellen Beherbergungsbetriebe beschränken muß, werden die Einnahmen von Besuchern von Freunden und Verwandten in der Region nicht erfaßt.

☐ Methode der Devisenerfassung im internationalen Reiseverkehr

Die Grundzüge dieser Methode wurden bereits in Kapitel 1 (Abschnitt 1.4.4) in Zusammenhang mit allgemeinen Erfassungsmethoden touristischen Verhaltens beschrieben und diskutiert. An dieser Stelle geht es deshalb primär um die Darstellungs- und Analysemöglichkeiten, die sich mit bzw. aus diesen Daten ergeben. Sie führen damit bereits hin zum nächsten Unterkapitel, das sich mit Modellen zur Nachzeichnung der wirtschaftlichen Auswirkungen touristischer Aktivitäten beschäftigt.

Die touristischen Anbieter, die teilweise oder vollständig für den Ausländertourismus (*inbound tourism*) arbeiten, gehören zur **Exportwirtschaft**, denn für ihre Güter und Dienstleistungen werden sie entweder direkt oder indirekt in Devisen bezahlt. Es handelt sich dabei deshalb um eine besondere Form des Exportes, weil nicht, wie traditionell üblich, mobile Güter (Rohstoffe, Fertig- und Halbfertigwaren) in das Ausland transportiert und dort konsumiert werden, sondern die Nachfrager nach immobilen touristischen Gütern (Landschaften, Sehenswürdigkeiten usw.) und Dienstleistungen (Übernachtungen, Transport vor Ort usw.) selbst mobil werden und die Leistungen am Zielort konsumieren. Für die Export- und Devisenstatistik spielt diese Unterscheidung jedoch keine Rolle.

Man bezeichnet den Tourismus deshalb in diesem Zusammenhang auch als **unsichtbaren Export**. Umgekehrt sind die Ausgaben aus dem Auslandstourismus der Inländer im Sinne der Zahlungsbilanz zu den Einfuhren (**unsichtbare Importe**) zu rechnen.

Wie wichtig der internationale Tourismus für die Wirtschaft vieler Länder ist, läßt sich deshalb einfach an dem Anteil touristischer Einnahmen an den Erlösen der Güter- und Dienstleistungsexporte ablesen. Die Deviseneinnahmen durch den Tourismus allein sagen dabei natürlich nichts darüber aus, inwieweit er tatsächlich zu einer positiven Zahlungsbilanz des Landes beiträgt. Alle Einnahmen aus dem Ausländertourismus erscheinen in der Statistik als Deviseneinnahmen und werden dem Export zugerechnet. Ein Teil der Deviseneinnahmen aus Exporten ist damit also dem Tourismus zuzuschreiben und führt damit zu seinem **Bruttodeviseneffekt** auf die Volkswirtschaft.

Ein bestimmter Prozentsatz der Deviseneinnahmen aus dem Tourismus kann jedoch für Importe ausgegeben werden, um die touristische Nachfrage aus dem Ausland bedürfnisgerecht befriedigen zu können. Vor allem in wirtschaftlich weniger entwickelten Ländern kann durch solche Devisenabflüsse (*leakage*) ein großer Teil des Bruttodeviseneffektes wieder aufgehoben werden.

Beispiel: Ein Teil des Lebensmittelbedarfes für ausländische Besucher wird in China nicht oder nicht in der gewünschten Qualität hergestellt, wie zum Beispiel Butter und Marmelade. Beide Produkte gehören nicht zu den üblichen Lebensmitteln der Chinesen und werden deshalb auch kaum produziert. Daher findet man in vielen Hotels zum Beispiel Butter aus Neuseeland und Marmelade aus der Schweiz auf den Frühstücksbuffets. Die im Tourismusgeschäft eingenommenen Devisen müssen also teilweise wieder aufgewendet werden, um solche Importprodukte damit bezahlen zu können.

Abbildung 7.2: Die Entwicklung der Reisebilanz der Bundesrepublik Deutschland 1980-2004

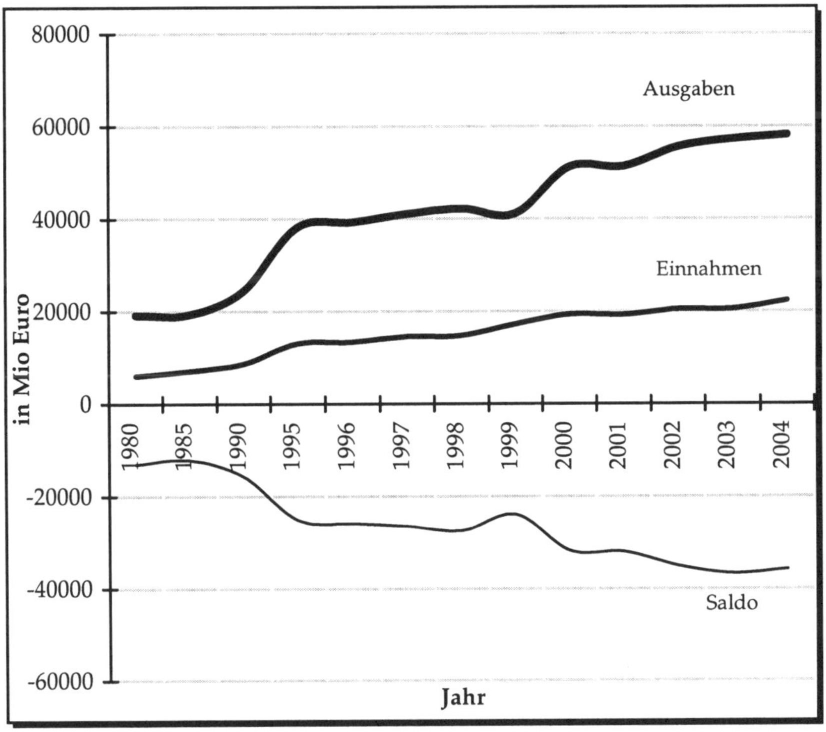

Quellen: Statistische Jahrbücher der Bundesrepublik Deutschland; eigene Berechnungen

Will man also den realen, auf die nationale Volkswirtschaft bezogenen Deviseneffekt feststellen, darf man nur den **Nettodeviseneffekt** betrachten, d.h., man muß die Devisenaufwendungen für die durch den Tourismus ausgelösten Importe von den Bruttodeviseneinnahmen abziehen. Auf die damit verbundenen Probleme wird in Abschnitt 7.2 näher eingegangen.

Eine weitere Form der Erfassung der außenwirtschaftlichen Bedeutung des Tourismus liegt in der Erstellung einer **Reisebilanz**. Hier werden die Einnahmen aus dem Ausländertourismus (*inbound tourism*) den Ausgaben aus dem Auslandstourismus (*outbound tourism*) gegenübergestellt. Bei einer positiven Reisebilanz werden mehr Devisen durch einreisende Ausländer verdient als durch ausreisende Inländer im Ausland ausgegeben werden, bei einer negativen Bilanz ist es umgekehrt. Die Bürger der Bundesrepublik Deutschland zum Beispiel geben traditionell mehr Devisen auf Auslandsreisen aus, als von ausländischen Touristen auf ihren Reisen in Deutschland von touristischen Anbietern eingenommen wird (Abbildung 7.2). Allerdings ist die Erfassung der Daten für die Reisebilanz mit einer Reihe methodischer Probleme verbunden, die ihre Aussagekraft stark einschränken (vgl. ausführlich dazu Abschnitt 1.4.4 im ersten Kapitel).

Für die Bundesrepublik Deutschland hat der durchgehend negative Saldo in der Reisebilanz eine **Ausgleichsfunktion** gegenüber den meist zu verzeichnenden Exportüberschüssen in den Handelsbeziehungen mit vielen Ländern. Ein Teil der durch die Exporte von Gütern (u.a. Maschinen, Fahrzeuge, Chemie- und pharmazeutische Erzeugnisse) eingenommenen Devisen kommt durch Reisen insbesondere in Länder mit negativen Bilanzen im Warenverkehr mit der Bundesrepublik zurück in den internationalen Wirtschaftskreislauf und hilft diesen Ländern wiederum bei der Finanzierung von Importen, auch aus Deutschland.

7.1.3 Die Messung der Beschäftigungswirkung

Ein sehr wichtiger Aspekt bei der Beschreibung und Analyse der wirtschaftlichen Bedeutung des Tourismus ist – insbesondere in Zeiten zunehmender Arbeitslosenzahlen – seine Beschäftigungswirkung. In den Studien über die wirtschaftlichen Auswirkungen des Tourismus wird ihr deshalb immer eine große Bedeutung zugemessen (siehe unten). Wie für die Erfassung der durch den Tourismus angestoßenen wirtschaftlichen Aktivitäten generell haben wir es auch hier mit Definitions-, Abgrenzungs- und Meßproblemen zu tun. Da sich die Beschäftigung im Tourismus in der Regel nicht direkt messen läßt, sondern nur über Ableitungen unter Zugrundelegung bestimmter Annahmen auf die Beschäftigungswirkung geschlossen werden kann, sind die Ergebnisse mit weiteren Unsicherheiten behaftet. In Anlehnung an Forsyth & Dwyer (1994) werden im Folgenden die wichtigsten Methoden kurz vorgestellt und diskutiert.

☐ Beschäftigtenzählung (*employment count method*)

Diese Methode erscheint zwar auf den ersten Blick als die einfachste, weil man ja „nur" die Beschäftigten im Tourismus zu zählen braucht, in Wirklichkeit ist auch dieses Verfahren aufgrund der mehrfach angesprochenen Komplexität der an der Erstellung von Gütern und Dienstleistungen für den Tourismus beteiligten Wirtschaftszweige mit einer Reihe von Problemen behaftet. Aber nicht nur in der Tourismusindustrie im engeren Sinne, auch bei Unternehmen, die für sie produzieren (Verkehrsmittel, Getränke, Reservierungssystem usw.), entstehen Arbeitsplätze durch die touristische Nachfrage.

Sie zu erfassen ist eine sehr komplizierte und aufwendige Angelegenheit, die sich kaum bewerkstelligen läßt.

Darüber hinaus wäre es mit diesem Verfahren nur möglich, den *status quo*, d.h., den zu einem bestimmten Zeitpunkt bestehenden Umfang der Beschäftigung festzustellen – welche Effekte zusätzliche Einnahmen aus dem Tourismus haben, läßt sich mit einem solchen, rein deskriptiven Verfahren natürlich nicht ermitteln.

☐ Einfache Berechnungen aufgrund der Touristenausgaben (*simple expenditure method*)

Da man die tourismusabhängigen Beschäftigten in der Regel nicht direkt zählen kann, versucht man mit diesem Verfahren, die Tourismusausgaben in Beschäftigte umzurechnen. Deshalb arbeitet man unter anderem mit den Ergebnissen der in Abschnitt 7.1.1 dargestellten Nachfragemethoden für die Bestimmung der touristischen Umsätze. Voraussetzung ist also die Kenntnis dieser Zahlen. In einem ersten Schritt wird dann der Anteil der Erlöse in den einzelnen Wirtschaftszweigen geschätzt, der für Löhne und Gehälter ausgegeben wird. Diese Anteile können mit den geschätzten Ausgaben der Touristen für diesen Wirtschaftszweig multipliziert werden, um die tourismusabhängigen Aufwendungen zu bestimmen. Diese Zahl wird dann dividiert durch die durchschnittlichen Personalkosten pro Beschäftigten in diesem Wirtschaftszweig, und man erhält dadurch die Zahl der tourismusabhängig Beschäftigten.

Diese Rechnung muß für jeden Wirtschaftszweig aufgemacht werden, der direkt oder indirekt (siehe dazu ausführlich Abschnitt 7.2.1) von der touristischen Nachfrage abhängig ist. Die Summe aller so pro Wirtschaftszweig ermittelten Beschäftigten ergibt dann die Zahl der durch den Tourismus geschaffenen Arbeitsplätze.

Für diejenigen, die Formeln bevorzugen, läßt sich diese Berechnungsmethode für die Zahl der tourismusabhängig Beschäftigten (BT) so darstellen:

$$BT = \sum_{i=1}^{n} \frac{xl_i \cdot TA_i}{PK_i}$$

XL_i kennzeichnet in der Formel den Anteil der Löhne und Gehälter an den Erlösen des Wirtschaftssektors i (bei 30 Prozent wird zum Beispiel der Wert 0,3 in die Formel eingesetzt); TA_i sind die Ausgaben der Touristen für diesen Sektor, der Wert PK_i kennzeichnet die durchschnittlichen Personalkosten pro Beschäftigten des Wirtschaftssektors i und n ist die Zahl aller vom Tourismus (teil-)abhängigen Wirtschaftssektoren.

Eine vereinfachte Variante des Verfahrens besteht darin, daß man von der Annahme ausgeht, daß das Verhältnis der Ausgaben der Touristen zu den Gesamtausgaben für jeden Wirtschaftsbereich dem Verhältnis der tourismusabhängigen zur Gesamtbeschäftigung in diesem Wirtschaftsbereich entspricht (*equal proportions method*). Formalisiert ausgedrückt:

$$\frac{TA_i}{GA_i} = \frac{BT_i}{BG_i}$$

GA$_i$ bezeichnet hier die Gesamtausgaben für den Wirtschaftssektor i (identisch mit den Gesamteinnahmen des Wirtschaftssektors i, die sich aus der Wirtschaftsstatistik entnehmen lassen); BG$_i$ ist die Zahl der Beschäftigten im Wirtschaftszweig i und TA$_i$ sind die wiederum die Ausgaben der Touristen für den Sektor i. Entsprechend diesen Annahmen läßt sich die gesamte tourismusabhängige Beschäftigung (BT) dann nach einer Umformung mit der folgenden Formel berechnen:

$$BT = \sum_{i=1}^{n} \frac{TA_i \cdot BG_i}{GA_i}$$

Um den Beschäftigungseffekt für ein Land oder eine Region berechnen zu können, müssen die Importanteile an den jeweils konsumierten Gütern bestimmt und herausgerechnet werden. Wenn zum Beispiel während eines Aufenthaltes in einem Ferienhaus in Großbritannien französischer Wein gekauft und getrunken wird, dann ist der daraus resultierende Beschäftigungseffekt für das Gastland nahe Null. Um den Importanteil der von Touristen konsumierten Waren zu ermitteln, greift man in der Regel auf die Daten über das Kaufverhalten der eigenen Bevölkerung zurück, für die der Importanteil bekannt ist und nimmt an, daß sich das Kaufverhalten der Touristen nicht davon unterscheidet.

Kritik: Da die Beschäftigungswirkung mit diesen beiden Verfahren nur aufgrund der Angaben von Touristen erfaßbar ist (Nachfragemethode; Abschnitt 7.1.1), gelten für die Ableitungen aus deren Ergebnissen natürlich die gleichen Einschränkungen wie für die Erfassung der Touristenausgaben.

Darüber hinaus führen Forsyth & Dwyer (1994) noch folgende Einwände gegenüber dieser Methode an:

(1) Da es sich bei den Angaben über die Ausgaben der Touristen immer um Vergangenheitsdaten handelt, muß angenommen werden, sie blieben über die Zeit konstant. Das allerdings – so muß man hinzufügen – ist ein generelles Problem aller empirischen Wirtschaftsforschung, das sich nicht lösen lassen wird.

(2) Es wird implizit unterstellt, daß das Verhältnis von Beschäftigung zum Umsatz im gesamten jeweils betrachteten Wirtschaftssektor konstant ist. Schon für das Gastgewerbe wie für Restaurants und Hotels unterschiedlicher Qualitätsstufen trifft diese Annahme mit Sicherheit nicht zu.

(3) Der Importanteil an den Ausbringungsmengen des jeweiligen Wirtschaftszweiges wird implizit als konstant über den gesamten Sektor angesehen. Dabei wird unterstellt, daß die zusätzlichen Güter und Dienstleistungen, die von den Touristen konsumiert werden, den gleichen Importanteil aufweisen, wie diejenigen der einheimischen Bevölkerung. Wenn die Tourismusnachfrage durch höhere Importanteile, als bei diesen Schätzungen

angenommen, befriedigt wird, wird in der Folge der Beschäftigungseffekt in dem untersuchten Land überschätzt.

(4) Beschäftigungswirksame Ausgaben des Staates werden mit diesem Ansatz nicht erfaßt, da man bei der Berechnung nur von den Ausgaben der Touristen ausgeht. Dazu gehören zum Beispiel Subventionen für örtliche Tourismusorganisationen (Tourismusämter, Tourist Informationen usw.), regionale und überregionale Tourismusverbände. Mit dem Ausblenden dieses Bereiches werden die Beschäftigungseffekte durch den Tourismus unterschätzt.

(5) Die simplen Schätzungen der Touristenausgaben und die darauf aufbauenden Berechnungen der tourismusabhängigen Beschäftigung erfassen keine indirekten Effekte, weil man dafür die konsumierten Vorleistungen (vgl. Abschnitt 7.2.1) der direkt am Tourismus partizipierenden Unternehmen erfassen müßte.

Beim Inländertourismus muß man darüber hinaus beachten, daß ein großer Teil der Ausgaben für Nahrungs- und Genußmittel auch am Wohnort getätigt worden wäre, wir es also mit einer regionalen **Umsatzverschiebung** zu tun haben, die auf nationaler Ebene keinen Beschäftigungseffekt hervorbringt.

☐ Methode des Vergleichs touristischer mit nicht-touristischen Regionen

Bei diesem Verfahren wird aufgrund der Angaben aus den Beherbergungsstatistiken zunächst ein Gebiet (zum Beispiel Landkreis) identifiziert, das extrem niedrige Übernachtungszahlen und eine dementsprechend niedrige Tourismusintensität (< 1000; vgl. Abschnitt 1.5 im ersten Kapitel) aufweist. Die Umsätze, die in diesem Gebiet im Gastgewerbe gemacht werden, lassen sich also nahezu ausschließlich auf die einheimische Nachfrage zurückführen. Schmidhauser (1978) hat dieses Verfahren angewandt, um die touristisch bedingten Umsätze und die Beschäftigungseffekte in Schweizer Orten abzuschätzen. Auch in Deutschland wurde dieses Verfahren verwendet.

Beispiele: (1) Der Landkreis Heidenheim in Baden-Württemberg weist eine Tourismusintensität (vgl. Kapitel 1) von nur 660 und 8 Beschäftigte im Gastgewerbe pro 1000 Einwohner auf. Wenn man davon ausgeht, daß dies in etwa die Zahl an Beschäftigten ist, die durch die einheimische Nachfrage bedingt ist, dann ist jede positive Differenz zu dieser Zahl durch touristische Nachfrage ausgelöst (Dissou 1992).

(2) In ähnlicher Weise kann man aus den Angaben in den amtlichen Statistiken den Umsatz pro Einwohner im Gastgewerbe in vom Tourismus kaum beeinflußten Gebieten berechnen. Jede positive Differenz dazu ist wieder durch den Tourismus bedingt. Die Zahl der durch touristische Nachfrage Beschäftigten kann man wiederum berechnen, indem man den so ermittelten touristisch bedingten Umsatz durch den durchschnittlichen Umsatz pro Beschäftigten teilt (a.a.O.).

Kritik: Bei der Berechnung des Beschäftigungseffektes geht man hier von der Annahme aus, daß das Ausgabeverhalten der Einwohner von nicht-touristisch relevanten Regionen mit dem von Einwohnern aus Tourismusgebieten identisch ist. Ob dies tatsächlich zutrifft oder ob in Tourismusregionen mit mehr und vielfältigeren gastronomischen Betrieben nicht auch ein gewisser

Angebotseffekt die Ausgabebereitschaft erhöht, bleibt offen. Da darüber hinaus die Einkommenssituation einen deutlichen Effekt auf das Ausgabeverhalten hat, dürfte man im Prinzip nur Regionen gleicher Kaufkraft miteinander vergleichen. Letzteres wäre mit relativ wenig Aufwand möglich, der erste Punkt könnte dagegen nur mit speziellen Untersuchungen geklärt werden.

Weiterhin können Tagesausflüge mit diesem Verfahren nicht erfaßt werden. Sie können sowohl in touristisch nicht relevanten Regionen als natürlich auch in ausgewiesenen Tourismusgebieten von Bedeutung sein. In Einkaufszentren zum Beispiel wird die Nachfrage nach gastronomischen Leistungen auch durch orts- bzw. regionsfremde Einkaufsbesucher beeinflußt (siehe dazu auch Abschnitt 6.2.2.4).

7.2 Modelle zur Bestimmung der ökonomischen Wirkungszusammenhänge

Die alleinige Erfassung der Einnahmen von Besuchern in einem Gebiet oder in einem Ort sagt wenig über die ökonomische Wirkung des Tourismus aus. Sie messen nur den **direkten Effekt**, den die Anwesenheit von Touristen hat. Die Ausgaben für die Beherbergung und für Restaurantbesuche geben jedoch einen wirtschaftlichen Impuls, der zu weiterer Nachfrage führt. Hotels und Restaurants sind abhängig von Zulieferern für Güter, bei denen sie die nötigen Nahrungsmittel, Getränke, Putz- und Spülmittel, Einrichtungen usw. beziehen, aber auch von Dienstleistungsunternehmen wie der Post, Telekommunikationsanbietern usw., ohne die Vorausbuchungen und die Aufgabe von Bestellungen nicht möglich wären. Die Nachfrage nach diesen Gütern und Dienstleistungen gehört damit zu den **indirekten Effekten** des Tourismus – ohne den Tourismus gäbe es die Nachfrage in diesem Umfang nicht.

Alle diese Unternehmen, ob sie nun direkt oder indirekt mit dem Tourismus zu tun haben, beschäftigen Mitarbeiter, die Einkommen für ihre Arbeit beziehen. Einen großen Teil dieses Einkommens geben sie für Güter und Dienstleistungen aus. Der Teil ihres Einkommens, der direkt oder indirekt durch die Befriedigung von Nachfrage im Tourismus verdient wurde und wieder ausgegeben wird, führt zu einem **induzierten Effekt** auf die Wirtschaft. Zur Ermittlung des gesamtwirtschaftlichen Effektes des Tourismus müssen also diese drei verschiedenen wirtschaftlichen Wirkungen addiert werden (siehe Abbildung 7.3 auf Seite 434).

7.2.1 Multiplikatormodell

Wie bereits der Name deutlich macht, geht man mit diesem Modell davon aus, daß Einnahmen aus dem Tourismus eine wirtschaftliche Wirkung entfalten, die über ihren direkt numerischen Wert hinausreichen. Der durch die touristische Nachfrage ausgelöste Bedarf an Gütern und Dienstleistungen führt zu einem wirtschaftlichen **Multiplikationseffekt** (*multiplier effect*). Das heißt, die durch den Tourismus ausgelöste Nachfragekette bekommt einen Wert, der weit größer ist als die ursprünglichen Ausgaben der Reisenden. Diese Wirkung zeigt sich natürlich nicht nur beim Tourismus, sondern ist ein genereller Effekt, der in traditioneller keynesianischer Theorie „die Beziehung zwischen einer autonomen Ausgabeninjektion in eine Ökonomie und den daraus resultierenden Einkommensveränderungen (mißt)" (B. H. Archer 1977, S. 1; Übers. J.W.M.). Im Tourismus ist dieser Wert aber deshalb von größerer Bedeutung als in anderen Wirtschaftsbereichen, weil ein großer Teil der Wirkung touristischer Ausgaben unsichtbar bleibt – der Tourismus ist im Sinne statistischer Abgrenzungen kein eigener Wirtschaftsbereich. Ganz allgemein nennt man diesen Wert einen **Multiplikator** (*multiplier*). Man kann ihn generell für eine Volkswirtschaft mit der folgenden einfachen Formel berechnen (vgl. u.a. Freyer 2006, S. 439 f.; Lundberg, Stavenga & Krishnamoorthy 1995, S. 140):

$$M = \frac{1}{1 - GNK}$$

GNK bezeichnet in dieser Formel die **Grenzneigung zum Konsum** (*marginal propensity to consume*). Damit werden die Ausgaben gekennzeichnet, die durch ein zusätzliches Einkommen ausgelöst werden. Wenn zum Beispiel 10 GE (= Geldeinheiten) zusätzlichen Einkommens zu einer Erhöhung der Konsumausgaben um 5 GE führen, dann hat GNK einen Wert von 0,5. Unter Konsumausgaben werden dabei alle Ausgaben aufgeführt, die durch die direkten Einnahmen eines Unternehmens oder Wirtschaftsbereiches ausgelöst werden. Dazu gehören die Einkäufe der Unternehmen oder Wirtschaftsbereiche ebenso wie die der darin Beschäftigten.

Beispiel: Wenn GNK = 0,5, dann ergibt dies für den Multiplikator einen Wert von M = 2. Das heißt, daß jede GE, die für touristische Leistungen ausgegeben wird, zu einem Gesamteinkommen in der Volkswirtschaft von knapp 2 GE führt. Dabei geht man davon aus, daß der Multiplikator nicht nur für die Erstausgabe wirkt, sondern jede weitere Ausgabe wieder zu anderen Einkommen und daraus entstehenden Einkaufsbereitschaften (= eine Stufe) führt. Diese Einnahmen/Ausgaben sind aufgrund der Transaktionen zeitlich verzögert, so daß sich zum Beispiel innerhalb eines Jahres 11 Stufen nachweisen lassen. Daraus ergibt sich folgende Rechnung:

Stufe (*round*)	GNK	direkte Tourismuseinnahmen: 1.000 GE	Σ kumuliert
2	0,5	500,00	1.500,00
3	0,5	250,00	1.750,00
4	0,5	125,00	1.875,00
5	0,5	62,50	1.937,50
6	0,5	31,25	1.968,75
7	0,5	15,63	1.984,38
8	0,5	7,81	1.992,19
9	0,5	3,91	1.996,10
10	0,5	1,95	1.998,05
11	0,5	0,98	1.999,03

Aus einem ursprünglichen touristischen Einkommen von 1.000 GE werden also praktisch 2.000 GE.

Dieses Modell könnte man sehen als die praktische Anwendung des volkswirtschaftlichen Lehrsatzes vom allgemeinen Gleichgewicht, den die beiden Ökonomen Jean-Baptiste Say und David Ricardo Anfang des 19. Jahrhunderts unabhängig voneinander formulierten. Eine wichtige Aussage dieses Lehrsatzes ist, daß mit den Gütern immer auch das Geld ‚produziert' wird,

Abb. 7.3: Vereinfachte Darstellung des Multiplikatoreffektes von Tourismuseinnahmen am Beispiel eines Hotels

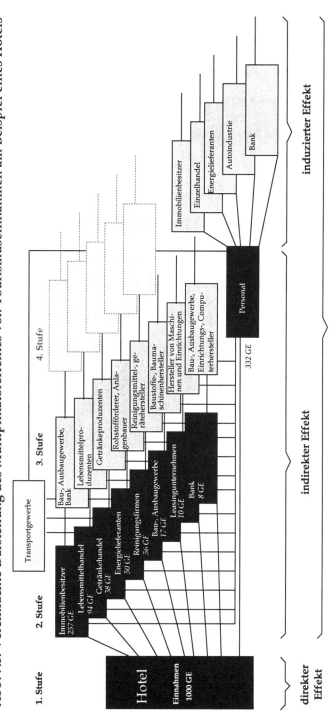

GE = Geldeinheiten; Daten aus Kanig, Kreuzig, Merk & Schmid 1995, S. 45

das für den Erwerb von Waren nötig ist. Denn der Preis einer Ware setzt sich im wesentlichen zusammen aus den Einkommen der Beschäftigten, dem Unternehmergewinn und den Aufwendungen für Land- oder Gebäudenutzung (Miete, Pacht), Investitionen (Maschinen usw.) und Vorleistungen (zum Beispiel Bezug von Halbfertigwaren). Mit anderen Worten: Das Einkommen des einen wird zu den Einnahmen des anderen.

Touristischer Müßiggang ist ein wichtiger Wirtschafts- und Beschäftigungsfaktor

Die in die Formel zur Berechnung des Multiplikatoreffektes eingegangene Grenzneigung zum Konsum (GNK) geht auf das „psychologische Gesetz" des Ökonomen John Maynard Keynes (1883-1946) zurück, nach dem die Ausgaben für den Konsum nicht proportional zur Erhöhung der Einkommen wachsen, weil immer nur ein Teil der Erhöhung für Nachfrage ausgegeben wird. Der Rest wird gespart und wird damit auf den ersten Blick aus dem Wirtschaftskreislauf herausgenommen. Bei genauerer Betrachtung wird jedoch deutlich, daß Sparen zum ersten die Bereitstellung von Liquidität über Kredite der Banken fördert und zum zweiten den Konsum nur aufschiebt und meist größeren Anschaffungen vorausgeht.

Um besser zu verstehen, was mit dem Multiplikator genau gemeint ist, greifen wir auf ein Beispiel aus dem Hotelbereich zurück. In Abbildung 7.3 wird gezeigt, wie sich der Multiplikator in einen indirekten und in einen induzierten Effekt zerlegen läßt. In der ersten Stufe haben wir es wieder mit den 1.000 GE zu tun, die in diesem Fall das Hotel einnimmt. Der **indirekte Effekt** besteht aus den Vorleistungen, die das Hotel von anderen Unternehmen beziehen muß, um den Betrieb eröffnen und aufrechterhalten zu können. Diese Stufen können sich im Prinzip *ad infinitum* hinziehen, aber die auf den ursprünglichen *input* zurückgehende Wirkung wird, wie oben zu sehen war, mit jeder weiteren Stufe geringer. Der **induzierte Effekt** ergibt sich aus den an das Personal gezahlten Löhnen und Gehältern, die wiederum zu Ausgaben in den unterschiedlichsten Wirtschaftsbereichen verwendet werden. Im Prinzip müßte man – anders als in der Abbildung geschehen – auch noch die auf den Tourismus zurückgehenden Einkommen in den Unternehmen der einzelnen Umsatzstufen dem induzierten Effekt zurechnen. Allerdings wird die Rechnung dann so kompliziert, daß man sie in der Praxis kaum noch anstellen kann. Man kann also sowohl **globale Multiplikatoren** für eine Wirtschaftsregion berechnen, indem man die entsprechenden Durchschnittswerte in die Formel einsetzt, als auch **spezifische Multiplikatoren** bestimmen, welche nur für einen bestimmten Wirtschaftsbereich gelten – zum Beispiel für den Tourismus, aber auch für jeden anderen Wirtschaftszweig wie etwa die Maschinenbauindustrie oder die Bauwirtschaft. Dazu ist es dann jedoch erforderlich, die genauen Daten über Verwendung der Einnahmen der einzelnen Wirtschaftszweige zu erheben. Denn die GNK-Werte fallen für jede Branche und für jede Umsatzstufe vermutlich unterschiedlich aus. Im Prinzip müßte man deshalb für jede Stufe den entsprechenden Wert erfassen. Beispiele aus dem Tourismus dazu werden im letzten Teil dieses Kapitels behandelt.

Für die Berechnung globaler Multiplikatoren bietet es sich an, die Differenz der Summe aller Einnahmen der Summe aller Ausgaben einer Volkswirtschaft bzw. einer Wirtschaftsregion gegenüberzustellen. Um ihn in die Formel einsetzen zu können, muß der Differenzwert jedoch noch umgerechnet werden: Wäre die Summe aller zusätzlichen Einnahmen gleich der Summe aller zusätzlichen Ausgaben und damit die Differenz gleich Null, würde GNK den Wert 1 annehmen. Wird zum Beispiel 10 Prozent weniger ausgegeben, als eingenommen, ist GNK = 0,9. Man muß sich jedoch dessen bewußt sein, daß damit ein Mittelwert verwendet wird, der für die Gesamtwirtschaft gültig ist. Auch wenn der Tourismus ein ganzes Spektrum verschiedener Wirtschaftsbereiche miteinander verbindet, ist er weit davon entfernt, die gesamte Volkswirtschaft zu bestimmen. Der verwendete Globalwert kann damit nur eine Schätzung sein. Ob diese Schätzung den tatsächlichen GNK der durch die touristische Nachfrage miteinander verflochtenen Wirtschaftsbereiche entspricht, bleibt damit offen.

7.2.2 Brutto- und Nettoeffekte

Bislang haben wir nur den Fall einer einzigen Volkswirtschaft betrachtet, in der nur eine einzige Gesamtrechnung vorliegt. Dies entspricht entweder einer Betrachtung des Tourismus auf globalem Niveau oder der eines weitgehend autarken Landes, in das es keine Importe gibt. Für die Bestimmung der weltwirtschaftlichen Bedeutung des Tourismus ist dieser Ansatz also prinzipiell gut geeignet; für die Bestimmung seiner nationalen, regionalen oder örtlichen Bedeutung dagegen muß er modifiziert werden. Dies geschieht dadurch, daß die durch den Tourismus direkt oder indirekt ausgelösten Importe vom Wert des Multiplikators abgezogen werden.

Das trifft im Prinzip für alle Umsatzstufen (*rounds*) zu. Dabei gilt: Je mehr Umsatzstufen ohne Importe auskommen, desto größer ist der Nettodeviseneffekt.

- Der **Bruttoeffekt** des Tourismus in ein Land, eine Region oder in einen Ort entspricht damit der Summe der direkten, indirekten und induzierten Einkommen durch den Tourismus.

- Der **Nettoeffekt** wird bestimmt durch den Abzug des Wertes der tourismusbezogenen Importe vom Bruttoeffekt.

Die Formel für den Multiplikator, die wir im vorangegangenen Abschnitt kennengelernt haben, ermittelt also nur den Bruttowert des wirtschaftlichen Effektes des Tourismus auf eine Volkswirtschaft. Zur Bestimmung des Nettowertes des Multiplikators müssen deshalb die Importe entsprechend in der Formel berücksichtigt werden:

$$M = \frac{1}{(1 - GNK + GNKI)}$$

Der allgemeinen Grenzneigung zum Konsum wird also ein zweiter Aspekt, nämlich die Grenzneigung zum Konsum von Importgütern (GNKI; beides gemessen als Bestandteile des Bruttoinlandproduktes) hinzugefügt. Das Bruttoinlandprodukt ist gleich der **Wertschöpfung** und mißt die im Inland entstandene wirtschaftliche Leistung minus der Vorleistungen. (zum Beispiel Wert der Gaststättenproduktion minus der Kosten für Lebensmittel, Getränke und Energie; siehe ausführlich dazu Abschnitt 7.2.3).

Tabelle 7.1: Multiplikatoren des Tourismuseinkommens in verschiedenen Ländern

Land	Einkommensmultiplikator
Türkei	1,96
Großbritannien	1,73
Republik Irland	1,72
Ägypten	1,23
Jamaika	1,23
Dominikanische Republik	1,20
Zypern	1,14
Nordirland	1,10
Bermuda	1,09
Hong Kong	1,02
Mauritius	0,96
Antigua	0,88
Seychellen*	0,88
Bahamas	0,79
Fidschi Inseln	0,72
Cayman Islands	0,65
Island	0,64
British Virgin Islands	0,58
Solomon Islands	0,52
Palau	0,50
West Samoa	0,39

Die Daten sind nicht unbedingt vergleichbar, da sowohl die Datenbasen als auch die Methoden der Bestimmung nicht immer einheitlich sind (Lundberg, Stavenga & Krishnamoorthy 1995, S. 136).

Quellen: Fletcher (1989) nach Lundberg, Stavenga & Krishnamoorthy (1995), S. 137; * B. H. Archer & Fletcher (1996), S. 42.

Beispiele: Für die **USA** galt eine allgemeine GNK von 0,9 und ein verfügbares Einkommen von 70 Prozent (= 0,7) des Bruttoinlandproduktes. Die Grenzneigung zum Konsum von Teilen des Bruttoinlandproduktes war damit 0,63 (= 0,7 von 0,9). Importe machten etwa 15 Prozent (0,15) des Bruttoinlandproduktes aus. Jeder Dollar löste also 15 *cents* an Importen aus. Das ergab folgenden Multiplikatoreffekt:

$$M = \frac{1}{(1-0,63+0,15)} = 1,92$$

(entnommen aus Lundberg, Stavenga & Krishnamoorthy 1995, S. 141; ohne Angabe eines Bezugsjahres).

In der **Bundesrepublik Deutschland** läßt sich der Multiplikator anhand der entsprechenden Angaben aus dem Statistischen Jahrbuch einfach berechnen (ohne den Staatssektor). 2004 lag das Bruttoinlandprodukt bei 2.200,24 Milliarden €, die Summe der verfügbaren Einkommen betrug 1.842,49 Milliarden €, der Verbrauch lag bei 1.588,90 Milliarden € und die Importe hatten einen Wert von 577,35 Milliarden € (Statistisches Jahrbuch 2005, S. 456, 626).

Daraus errechnen sich die folgenden Werte: allgemeine GNK = 0,89; Anteil der verfügbaren Einkommen am BIP = 0,63; Grenzneigung zum Konsum von Teilen des BIP = 0,89 · 0,63 = 0,56; Anteil der Importe am BIP = 0,20. In die Formel eingesetzt ergibt dies:

$$M = \frac{1}{(1-0,56+0,20)} = 1,56$$

Das Problem ist auch hier die Ermittlung der in die Formel einsetzbaren Werte. Die eingesetzte Importquote bezieht sich wieder auf die gesamte Volkswirtschaft und nicht allein auf die durch touristische Einnahmen ausgelösten Importe und kann damit wiederum nur als grober Schätzwert angesehen werden.

Normalerweise wird der Multiplikator für eine Periode von einem Jahr bestimmt. In diesen Rechnungen erscheint dann auch das von den Einkommen gesparte Geld ebenso wie die Devisenabflüsse als *„leakage"*, d.h. so, als stünde es dem heimischen Wirtschaftskreislauf nicht mehr zur Verfügung. Wenn man nur den Zeitraumes eines Jahres im Auge hat, trifft diese Sichtweise auch weitgehend zu. Betrachtet man jedoch längere Wirtschaftsperioden, dann bleibt das gesparte Geld (= Differenz zwischen dem verfügbaren Einkommen und dem Verbrauch) dem Wirtschaftskreislauf erhalten, weil es zur Finanzierung zunächst aufgeschobener eigener Konsumbedürfnisse verwendet wird. Da der größte Teil der Ersparnisse überdies den Banken zugutekommt, die darüber ihre Kredite finanzieren, haben die Ersparnisse genaugenommen den Wirtschaftskreislauf auch nie verlassen.

Da die **Sparquote** in die Formel für die Berechnung des Multiplikators eingeht - die GNK ist praktisch „der Kehrwert der Grenzneigung zum Sparen" (Freyer 2006, S. 439) - wird sie generell als *„leakage"*, d.h. als Verlust für den betrachteten Wirtschaftskreislauf eines Gebietes angesehen. Wenn man die Rechnung nur auf eine Periode von einem Jahr beschränkt, fällt damit die GNK in der Regel zu niedrig aus. Indem man lediglich die wirtschaftlichen Effekte aus dieser Periode erfaßt, bleibt diese Analyse als Momentaufnahme eher statisch orientiert (*static analysis*); wenn man dagegen aufeinanderfolgende Perioden im Zusammenhang analysiert, kann man die durch das Sparen verschobenen Effekte zu den Ausgabeneffekten jeder weiteren Periode dazuzählen (*lagged dynamic analysis*; Bull 1991, S. 141). Mit diesem dynamischen Verfahren läßt sich der Multiplikator realitätsgerechter berechnen, weil ansonsten die zeitverschobenen wirtschaftlichen Effekte aus der Bestimmung herausfallen und damit die tatsächliche wirtschaftliche Bedeutung des Tourismus unterschätzt wird.

Im Rahmen der Bestimmung der wirtschaftlichen Bedeutung des Tourismus werden Multiplikatoren für unterschiedliche Gebiete berechnet: Für ganze Nationen, für Regionen oder für einzelne Orte. Bei der Betrachtung und Interpretation solcher Daten muß man jedoch berücksichtigen, daß die Größe des untersuchten Gebietes einen hohen Einfluß auf die Höhe des Multiplikators hat. Je größer das Gebiet, desto höher fällt auch der Multiplikator aus (Abbildung 7.4).

Abbildung 7.4: Der Einfluß der gewählten Gebietsgröße auf den Multiplikatoreffekt

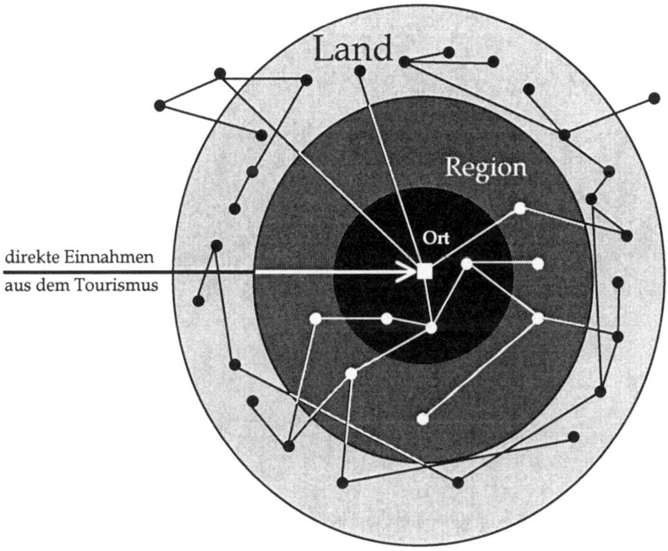

■ besuchter Ort
● Orte, in denen die Güter und Dienstleistungen für die indirekte Nachfrage produziert werden
— Beziehung indirekter Nachfrage

Wie das Bild deutlich macht, spielt auch der Entwicklungsstand einer Wirtschaft eine große Rolle für die Höhe des Multiplikators: Je diversifizierter eine Volkswirtschaft ist und je mehr Güter sie selbst zu konkurrenzfähigen Preisen herstellen kann, desto größer wird der Multiplikator. Wenn praktisch die gesamte tourismusrelevante Nachfrage innerhalb des Landes befriedigt werden kann, wird der tourismusindizierte Import im Prinzip keine Rolle mehr spielen. Manche Entwicklungsländer, die, ohne selbst über die entsprechenden wirtschaftlichen Grundlagen zu verfügen, auf den Tourismus als auf den ersten Blick am einfachsten anzuzapfende Einkommens- und Devisenquelle setzten, mußten diesen Zusammenhang bitter erfahren: Ihre für den Tourismus notwendigen Importe fraßen die Einnahmen wieder auf (vgl. Bull 1991, S. 142; vgl. auch Tabelle 7.1).

☐ Weitere Multiplikatoren: Beschäftigung und Steuern

Die Einkommensmultiplikatoren können noch durch die Berechnung weiterer Multiplikatoren ergänzt werden, die unter beschäftigungs- und finanzpolitischen Aspekten von großem Interesse sind.

Wenn man herausfinden möchte, welchen Beschäftigungseffekt der Tourismus direkt und indirekt auslöst, kann man dies vergleichsweise einfach aus den Einkommensmultiplikatoren ableiten bzw. **Beschäftigungsmultiplikatoren** berechnen, indem man zum Beispiel die in Abschnitt 7.1.3 beschriebenen Verfahren zur Umrechnung von Touristenausgaben in Arbeitsplätze anwendet.

Den **Effekt auf die Steuereinnahmen** für ein Land oder eine Region zu berechnen, ist dagegen schwieriger und hängt natürlich auch von der Komplexität der Steuergesetze und ihrer Einhaltung ab. Am einfachsten dürfte noch die Berechnung der auf der Beschäftigung basierenden Schätzung des Einkommens- und des Mehrwertsteuereffektes sein. Wenn man die durchschnittlichen Einkommen in jeder Branche und die daraus resultierende steuerliche Belastung von Arbeitnehmern kennt, läßt sich die Einkommensteuer aufgrund der Beschäftigtenzahlen hochrechnen. Da die Mehrwertsteuer für die Transaktionen zwischen Unternehmen durch den Vorsteuerabzug in der Regel nicht anfällt, betrifft sie nur die Endverbraucher. Man muß also hierfür nur das Konsumverhalten der Haushalte der vom Tourismus direkt oder indirekt abhängigen Beschäftigten heranziehen, die bei der Berechnung von induzierten Effekten ohnedies berücksichtigt werden müssen (vgl. Abbildung 7.3 auf Seite 434). Durch die Multiplikation der entsprechenden Mehrwertsteuersätze für unterschiedliche Konsumgüter (in Deutschland zum Beispiel halber Steuersatz für Lebensmittel und Bücher) kann man das Steueraufkommen hochrechnen.

Da in vielen Fällen auch die Importe besteuert werden, fällt die *leakage* des Steuer-Multiplikators – je nach Umfang und Höhe der verlangten Abgaben – meist deutlich geringer aus. Insbesondere in Ländern wie etwa den Bahamas, die fast ausschließlich auf die Tourismusnachfrage und – mangels eigener Wirtschaftsinfrastruktur (vgl. u.a. Ungefähr 1988) – auf Importe zu ihrer Befriedigung angewiesen sind, sind Importsteuern die Hauptquelle für die Finanzierung der öffentlichen Haushalte (Lundberg, Stavenga & Krishnamoorthy 1995, S. 142).

Einfach berechnen lassen sich die fiskalischen Auswirkungen des Tourismus auch im Bereich direkter Steuern, zum Beispiel bei Ausreisesteuern (*departure tax*), Flughafensteuern (*airport tax*) oder Hotelsteuern (*sales tax on hotel rooms*). Hier braucht man nur die Zahl der Touristen bzw. der Übernachtungen zu addieren und mit den entsprechenden Steuersätzen zu multiplizieren, um die Steuereinnahmen schätzen zu können. Bei den anderen Steuern, insbesondere den Unternehmenssteuern, wird die Aufgabe allerdings sehr komplex.

Dabei darf man nicht übersehen, daß der Staat bzw. darunter angesiedelte Körperschaften (Länder/Provinzen, Kommunen) Steuergelder zumindest zu einem Teil für die Verbesserung von Infrastruktur verwenden, die entweder direkt oder indirekt dem Tourismus wieder zugute kommt. In vielen Staaten gibt es darüber hinaus ein direktes Engagement des Staates in der Tourismusindustrie. Staatliche Bahn-, Flug- und Hotelgesellschaften sind nur ein Beispiel dafür. All dies zu berücksichtigen, macht eine Analyse der fiskalischen Wirkungen und der Wechselwirkungen mit der Wirtschaft zu einer sehr komplexen und kaum in allen Details lösbaren Aufgabe.

Kritik: Die Berechnung des Multiplikators auf der Basis allgemeiner Durchschnittsdaten einer Volkswirtschaft wie dem GNK-Wert kann nur zu einer relativ groben Abschätzung der tatsächlichen wirtschaftlichen Effekte führen. Der Multiplikator sagt auch nichts darüber aus, ob die vorhandenen touristischen Ressourcen gesamtwirtschaftlich gesehen effizient genutzt werden oder nicht (B. H. Archer 1982, cit. n. Spurr 1995).

Mittel- bis langfristig führt er sogar zu einer Verzerrung und vermutlich Überschätzung der tatsächlichen wirtschaftlichen Bedeutung des Tourismus, wenn man ihn nicht laufend neu berechnet. Dies hängt damit zusammen, daß der Multiplikator in der Anfangsphase touristischen Wachstums relativ hoch ist, weil die entsprechende Infrastruktur (Flughäfen, Straßen, Hotels, Restaurants usw.) erst geschaffen werden muß. In einer Phase der Konsolidierung des Tourismus werden die indirekten Effekte des Tourismus – zum Beispiel in der Bauindustrie – deutlich zurückgehen. Dadurch verringert sich der Multiplikator, so daß wir es hier mit einem **degressiven Effekt** zu tun haben. Das gilt auch – jedoch weniger stark ausgeprägt – für Beschäftigungsmultiplikatoren. Wenn ein Hotel nicht ganz ausgelastet ist, wird es kaum weniger Personen beschäftigen können als bei hoher Auslastung. Die hohe Auslastung (= größere Nachfrage durch Touristen) löst damit in diesem Fall nur marginale Beschäftigungseffekte aus.

Tabelle 7.2: Beschäftigungswirkung von Tourismuseinnahmen in Australien 1979-1993

Jahr	Ungefähre Anzahl der Beschäftigten pro 1 Mio. $ Einnahmen aus dem Ausländertourismus	Ungefähre Einnahmen aus dem Ausländertourismus, um einen Arbeitsplatz zu schaffen
1979	115	8.600 $
1984	34	29.000 $
1993	18	57.000 $

Angaben in australischen $
Quelle: Forsyth & Dwyer (1994), S. 8

Weitere Gründe für degressive Effekte auf den Multiplikator liegen im technischen Fortschritt und der damit möglichen zunehmenden Rationalisierung sowohl in den direkt, als auch insbesondere in den indirekt vom Tourismus abhängigen Branchen. Im Tourismus haben die Einführung von Computer-Reservierungssystemen (CRS) bei Fluggesellschaften, Mietwagenunternehmen und Bahnen, von computergesteuerten Hotelmanagementsystemen und nicht zuletzt auch von wenig arbeitsintensiven Restaurantkonzepten (Selbstbedienung, Buffets) dazu beigetragen, daß die direkte Beschäftigung zurückgegangen ist. Noch stärker als in den Dienstleistungsbereichen sind die Rationalisierungseffekte in den indirekt vom Tourismus abhängigen Wirtschaftsbereichen. Im Fahrzeug- und Straßenbau, bei der Herstellung von Lebensmittel und Getränken gibt es anhaltende Produktivitätsfortschritte, welche die Beschäftigung tendenziell immer mehr verringern. Damit reduziert sich der Beschäftigungsmultiplikator im Tourismus nahezu kontinuierlich, weil die tourismusabhängige Beschäftigung bei dauerhaft wachsender Touristenzahl mit einer zunehmend geringeren Rate wächst.

Wie stark sich die Multiplikatoren in relativ kurzen Zeiträumen verändern können, zeigt sehr eindrucksvoll Tabelle 7.2 am Beispiel Australiens. Die einmalige Berechnung des Einkommensmultiplikators und der Vergleich dieser Zahl mit den ebenfalls nur einmalig ermittelten Zahlen anderer Länder, wie dies manchmal geschieht (siehe Tabelle 7.1 auf Seite 437), ist vor dem Hintergrund dieser Zusammenhänge damit nur von geringer Aussagekraft.

Eine nicht nur für das Multiplikatormodell zutreffende Kritik betrifft die volle Gleichsetzung der durch Importe verursachten Devisenabflüsse mit einem Verlust (*leakage*). Dies läßt ihre binnenwirtschaftlichen Effekte unberücksichtigt. Importeure bilden jedoch einen nicht zu unterschätzenden Wirtschafts- und Beschäftigungsbereich einer Volkswirtschaft. Um die Größe der *leakage* genau zu bestimmen, müßte deshalb die Wirtschaftsleistung der Importeure vom Nominalwert der Devisenabflüsse abgezogen werden. Darüber hinaus kann ein Teil der für Importe ausgegebenen Devisen im Empfängerland wiederum zur Finanzierung von Exporten, darunter auch Reisen, ausgegeben werden, die auch dem betrachteten Land zugute kommen können.

7.2.3 Wertschöpfungsmodell

Mit dem Begriff Wertschöpfung bezeichnet man in der Volkswirtschaftslehre allgemein die in einzelnen Wirtschaftsbereichen erbrachte wirtschaftliche Leistung. Da es im wirtschaftlichen Kreislauf keine Produktion gibt, die ohne Güter und Dienstleistungen anderer Produzenten (=**Vorleistungen**) erfolgen könnte, ist der reine Wert der hergestellten Produkte kein Maß für die Produktionsleistung eines Unternehmens oder eines Wirtschaftsbereiches. Vielmehr müssen die Vorleistungen vom Wert der produzierten Waren oder Dienstleistungen abgezogen werden, um die Wertschöpfung zu ermitteln. Mit ‚Wertschöpfung' bezeichnet man also das Nettoergebnis (=Bruttoproduktionswert minus Vorleistungen) der Produktion eines Unternehmens oder eines Wirtschaftsbereiches.

Beispiel: Das Hotelgewerbe eines Gebietes hat in einer Periode Einnahmen in Höhe von 1 Mrd. Geldeinheiten (GE) erzielt. Um diese Einnahmen zu erzielen, mußte das Gewerbe Güter und Dienstleistungen (Lebensmittel, Getränke, Energie, Kommunikation, Beratungsleistungen, Bankdienstleistungen usw.) in Höhe von 680 Mio. GE von anderen Unternehmen beziehen. In diesem Fall liegt die Wertschöpfung des Hotelgewerbes bei 320 Mio. GE.

Bei der Wertschöpfung wird noch unterschieden zwischen der **Brutto-** und der **Nettowertschöpfung**. Der Wert, den wir in unserem Beispiel errechnet haben, entspricht der Bruttowertschöpfung, weil er keine Abschreibungen berücksichtigt. Zieht man den Wert der Abschreibungen einer Periode von der Bruttowertschöpfung ab, erhält man den Wert der Nettowertschöpfung (Abbildung 7.5).

Abbildung 7.5: Gesamtunternehmensleistung, Brutto- und Nettowertschöpfung

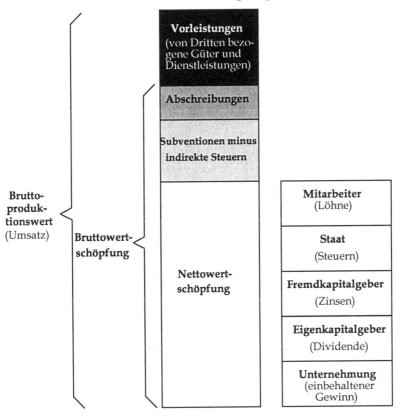

in Anlehnung an Koch et al. 1989, S. 15; Tschurtschenthaler 1993, S. 221; Rütter, Müller, Guhl & Stettler 1995, S. 19

Weil die Abschreibungen ebenso erwirtschaftet werden müssen wie die Mitarbeiterlöhne, Zinsen, Dividenden, Steuern und Gewinne, arbeitet man bei diesem Ansatz der Bestimmung der wirtschaftlichen Bedeutung des Tourismus in der Regel mit der Bruttowertschöpfung.

Mit diesem Verfahren ist es nun im Prinzip möglich, eine **Wertschöpfungskette** zu rekonstruieren, die jeweils die Vorleistungen der vorgelagerten Produktionsstufen erfaßt. Ausgangspunkt ist der Bruttoproduktionswert der an den touristischen Endverbraucher abgesetzten Güter und Dienstleistungen (1. Wertschöpfungsstufe). Die hier eingehenden Vorleistungen entsprechen dem nachgefragten Bruttoproduktionswert der vorgelagerten Stufe. Da diese Produktionsstufe ebenfalls auf Vorleistungen anderer Wirtschaftszweige (Rohstoffproduzenten, Transportunternehmen, Kommunikationsunternehmen etc.) angewiesen ist, läßt sich so im Prinzip die gesamte Wertschöpfungskette des Tourismus nachzeichnen. Herausgerechnet werden dabei die zur Produktion der Vorleistungen verwendeten Importe, um die tatsächliche Wertschöpfung innerhalb einer Region bzw. einer Volkswirtschaft zu erfassen (Abbildung 7.6).

Abbildung 7.6: Theoretisches Beispiel einer dreistufigen Wertschöpfungskette

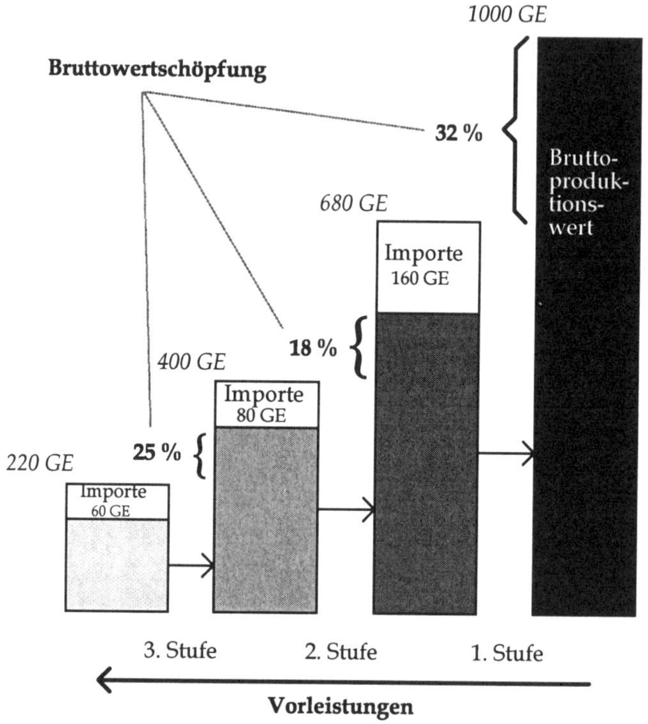

Abgezogen werden bei diesem Verfahren die Importe an den jeweiligen Vorleistungen, da sie außerhalb produziert wurden und deshalb nicht zur Wertschöpfung innerhalb des betrachteten Wirtschaftsraumes beigetragen haben. So beträgt also die Bruttowertschöpfung der zweiten Stufe nur 18 Prozent, weil 160 GE der gesamten Vorleistungen im Wert von 680 GE aus Importen stammen. Wie bei der Berechnung des Multiplikators (Abschnitt 7.2.1) werden die Importe durch die damit verbundenen Devisenabflüsse auch hier als *leakage* angesehen.

Mit diesem Verfahren ist es theoretisch möglich, die gesamte Wertschöpfung, die durch den Tourismus ausgelöst wird, zu berechnen, indem man die jeweiligen Beträge der Bruttowertschöpfung der einzelnen Stufen ermittelt und aufaddiert.

Kritik: Wie bei der Bestimmung des Multiplikators werden auch in diesem Modell Importe generell als „Verluste" gerechnet, obwohl dies nur zu einem – wenn auch großen – Teil zutrifft. Zudem werden nur die positiven wirtschaftlichen Effekte des Tourismus berücksichtigt – eventuelle negative Effekte bleiben ausgeblendet bzw. gehen sogar positiv in das Modell mit ein. Dazu gehören zum Beispiel die Beseitigung von Umweltschäden oder die Reparatur von Straßen, die durch den Tourismus in einer Region notwendig werden.

7.2.4 Input-Output Modell

Sowohl das Multiplikator- als auch das Wertschöpfungsmodell sind vor allem darauf ausgerichtet, die wirtschaftliche Wirkung von Tourismuseinnahmen auf eine Wirtschaftsregion mit globalen Maßen zu ermitteln. Die mit der Tourismusindustrie verbundenen Wirtschaftsbereiche werden dafür zwar identifiziert und ihre Anteile touristisch veranlaßter Produktion ermittelt, für die eigentliche Analyse bleiben sie jedoch ausgeklammert. Vor allem die **Interdependenzen**, die gegenseitigen Abhängigkeiten der Wirtschaftszweige voneinander, werden dabei nicht berücksichtigt. An diesem Punkt setzt die Input-Output Analyse ein.

Im Prinzip geht dieses Verfahren zurück auf das „Tableau Economique", das François Quésnay, Leibarzt von Louis XV und einer der Väter der modernen Nationalökonomie, 1759 zur Kennzeichnung der strukturellen Verflechtung der französischen Volkswirtschaft entworfen hat. Für gut hundert Jahre wurde diese Idee wieder vergessen und erst von Marie Esprit Léon Walras 1874 in seinem Buch „Eléments d'Economie Politique Pure" wieder aufgegriffen. Allerdings ließ sie sich damals aufgrund der mangelnden Datenverfügbarkeit kaum durchführen. Als die erste empirisch ermittelte Input-Output Tabelle gilt die Volkswirtschaftsbilanz für die Jahre 1922/23 der Union der Sozialistischen Sowjetrepubliken (UdSSR), die allerdings noch mit relativ groben Einteilungen der Wirtschaftssektoren auskommen mußte. Richtig bekannt wurde das Verfahren erst durch Wassily Leontief, der 1936 die ersten differenzierten Tabellen für die USA veröffentlichte und damit die „Input-Output Economics" begründete. Unabhängig davon hatte bereits 1933 der deutsche Ökonom Ferdinand Grüning im Begleitheft zu seinem Buch „Der Wirtschaftskreislauf" eine auf Gütern und nicht auf Unternehmen basierende Sektorenbildung vorgenommen und entsprechende Tabellen veröffentlicht (nach Hauke 1992, S. 4 ff.; Koesters 1983, S. 105-118). Gerade für die Verwendung im Tourismus wäre diese güterbezogene Darstellung aufgrund der nur über die Nachfrage möglichen Definition des Tourismus der angebotsorientierten Gliederung vorzuziehen.

Durch die Erfassung aller Transaktionen zwischen den Marktteilnehmern wird mit diesem Ansatz versucht, ein vollständiges Bild der Wirtschaftsbeziehungen zwischen allen Anbietern und allen Konsumenten in einem Wirtschaftsraum nachzuzeichnen. Wichtig dabei ist, daß alle Wirtschaftsbereiche in diesem Modell in ihrer Doppelrolle als Konsumenten und als Produzenten erfaßt werden. Es wird also nicht nur die einseitige Beziehung zwischen den direkten Tourismuseinnahmen auf der einen und den daraus resultierenden indirekten und induzierten Einkommenseffekten auf der anderen Seite betrachtet, sondern auch die Rückwirkung der Wirtschaftstätigkeit dieser Wirtschaftszweige auf den Tourismus (Blaine 1993).

Ausgangspunkt dieser Analyse ist eine Matrix, auf der alle Wirtschaftszweige als Nachfrager und als Hersteller mit ihren Transaktionen aufgeführt sind. Das folgende Beispiel aus Bull (1991, S. 143 ff.) macht klar, worum es dabei geht.

Beispiel: In einer Volkswirtschaft gibt es die folgenden Zusammenhänge zwischen den Wirtschaftssektoren:

Tabelle 7.3: Beispiel einer einfachen Input-Output Transaktionsmatrix

produzierender Sektor	konsumierender Sektor							
	Rohstoffförd.	Landwirtschaft	prod. Gewerbe	Baugewerbe	Tourismus	and. Dienstleist.	Endverbr.	Output
Rohstofförder.	5	5	15	10	3	5	7	50
Landwirtschaft	2	4	15	2	2	2	13	40
prod. Gewerbe	10	5	20	10	5	5	25	80
Baugewerbe	5	2	10	3	10	8	12	50
Tourismus	2	2	5	2	2	5	22	40
andere Dienstl.	4	3	8	5	5	5	20	50
Wertschöpfung	22	19	7	18	13	19		
Input	50	40	80	50	40	50		310

Quelle: Bull (1991), S. 143; Übers. J.W.M.

Die gesamte Wirtschaftsleistung gemessen als Bruttoinlandprodukt beträgt in diesem Beispiel 310 Einheiten. Mit 40 Einheiten hat der Tourismus daran einen Anteil von knapp 13 Prozent. Von diesen 40 produzierten Einheiten (*output*) gehen 22 an Endverbraucher – dabei handelt es sich meist um Urlaubsreisen. 18 Einheiten gehen an verschiedene andere Wirtschaftsbereiche: Die Rohstoffförderung hat ebenso wie die Landwirtschaft und das Baugewerbe zwei Einheiten von der Tourismuswirtschaft bezogen (Geschäftsreisen). In gleicher Größenordnung haben Unternehmen des Tourismussektors untereinander Güter und Dienstleistungen gehandelt – zum Beispiel haben Reiseveranstalter Beförderungs- und Hotelleistungen für ihre Pauschalangebote eingekauft. Bei den Verkäufen an die anderen Wirtschaftssektoren handelt es sich insgesamt um Dienst- und Geschäftsreisen, die zur Aufrechterhaltung der Produktion und des Absatzes in den jeweiligen Branchen notwendig sind.

Zur Herstellung seiner Güter und Dienstleistungen ist der Tourismus als Wirtschaftsbereich auf **Vorleistungen** anderer Wirtschaftsbereiche angewiesen. So braucht er 2 Einheiten aus der Landwirtschaft, 5 vom produzierenden und 10 vom Baugewerbe. Insgesamt machen diese Vorleistungen anderer Wirtschaftsbereiche 27 Einheiten aus. Oder, mit anderen Worten: Bei einem Input von 27 wurde ein Output von 40 erwirtschaftet. Da insgesamt 40 Einheiten an Wirtschaftsleistung erbracht wurden, ergibt dies eine **Wertschöpfung** von 13 Einheiten.

Unterstellt man **lineare Beziehungen** zwischen den betrachteten Wirtschaftsbereichen, dann kann man die indirekten Effekte steigender Ausgaben für den Tourismus bestimmen, indem man eine Matrix der direkten Nachfrage bildet, welche die notwendigen Inputs pro Einheit des Outputs angibt. Für den Tourismus zum Beispiel beträgt der gesamte Output 40 Einheiten. Um ihn zu erreichen ist ein Input des Baugewerbes von 10 Einheiten notwendig. Die Nachfrage nach Bauleistungen pro Einheit Tourismus-Output ist damit 10 : 40 = 0,25. Um eine Einheit Bauleistungen (Gesamt-Output 50) zu erstellen braucht man auf der anderen Seite einen Input von 2 : 50 = 0,04 Einheiten aus der Tourismuswirtschaft. Entsprechend sieht dann die Matrix-Tabelle aus (Tabelle 7.4).

Mit dieser Matrix ist es einfach zu bestimmen, daß jede Geldeinheit (GE) an zusätzlichen Tourismusausgaben zu 0,05 GE an zusätzlicher Nachfrage in der Landwirtschaft bzw. 0,13 GE im produzierenden Gewerbe führt usw. Da gleichzeitig auch durch jede weitere Geldeinheit, die in das Baugewerbe fließt, jeweils 0,20 GE an Nachfrage nach Rohstoffen und Gütern des produzierenden Gewerbes entstehen, kann man mit diesem Verfahren auch die über die zweite Stufe hinausgehenden indirekten Effekte bestimmen.

Tabelle 7.4: Transaktionsmatrix der direkten Nachfrage

produzieren-der Sektor	konsumierender Sektor					
	Roh-stoff-förd.	Land-wirt-schaft	prod. Ge-werbe	Bauge-werbe	Touris-mus	andere Dienst-leist.
Rohstofförder.	0,10	0,13	0,19	0,20	0,08	0,10
Landwirtchaft	0,04	0,10	0,19	0,04	0,05	0,06
prod. Gewerbe	0,20	0,13	0,25	0,20	0,13	0,10
Baugewerbe	0,10	0,06	0,13	0,06	0,25	0,16
Tourismus	0,04	0,06	0,06	0,04	0,05	0,10
andere Dienstl.	0,08	0,06	0,10	0,10	0,13	0,10

Quelle: Bull (1991), S. 144; Übers. J.W.M.

Die Unterstellung linearer Beziehungen zwischen den Wirtschaftsbereichen bedeutet darüber hinaus, daß ein Wachstum des Tourismus um 10 Prozent auch zu einer gleich großen prozentualen Steigerung der Nachfrage von Vorleistungen in den Wirtschaftsbereichen führt, die mit der Tourismuswirtschaft verbunden sind. In unserem Beispiel würde dies bedeuten, daß etwa das Baugewerbe nicht Gebäude oder Straßen im Werte von 10, sondern von 11 Einheiten für die Tourismuswirtschaft erstellen würde. Auf den gesamten Output der Bauwirtschaft bezogen, entspräche dies einer Steigerung um zwei Prozent. Umgekehrt würde dadurch das Baugewerbe natürlich auch weitere Vorleistungen (*inputs*) aus anderen Wirtschaftsbereichen nachfragen. Durch diese Interdependenzen zwischen den einzelnen Wirtschaftsbereichen würde damit auch die Gesamtnachfrage steigen.

Wir haben es also mit einer Wirkung nach Art einer Spirale zu tun, deren Weite mit jeder Drehung kleiner wird. Wie beim Multiplikatoreffekt wird mit jeder Stufe die Wirkung der Tourismuseinnahmen geringer.

Ebenso wie bei der Berechnung des Multiplikators muß beim Input-Output Modell bei der Analyse von Ländern oder Regionen die Wirkung von Importen bzw. außerhalb der Region erbrachten Vorleistungen berücksichtigt werden.

Kritik: Insbesondere die Annahme der Linearität der Nachfragebeziehungen zwischen den Wirtschaftssektoren ist eine unrealistische Voraussetzung dieses Modells. Es gibt eine Reihe plausibler Gründe, die dagegensprechen:

- Linearität würde die volle Auslastung aller betroffenen Wirtschaftsbereiche voraussetzen. Sind die vorgehaltenen Kapazitäten nicht ausgelastet, führt eine größere Nachfrage kaum zu Einkommens- und Beschäftigungseffekten. Löhne und Gehälter müssen auch gezahlt werden, wenn die Arbeitskräfte aufgrund mangelnder Nachfrage nicht voll eingesetzt werden können. Das Modell geht aber implizit von freien Kapazitäten der Wirtschaftsbereiche aus, weil sonst eine Erhöhung ihres Outputs nicht ohne weiteres möglich wäre (Briassoulis 1991).

- Auch bei voller Auslastung verläuft die tourismusinduzierte Nachfrage in den vor- bzw. nachgelagerten Wirtschaftsbereichen nicht immer parallel zur Steigerung des Tourismusaufkommens, sondern eher sprunghaft. Wenn zum Beispiel aufgrund der hohen Auslastung und von Zukunftsprojektionen ein neuer Flughafen gebaut wird, dann entsteht nach langen Jahren nur geringer Auswirkungen plötzlich ein weit überproportionaler Nachfrageeffekt nach Bauleistungen und Ausrüstungen. Dadurch, daß man die Investitionen auf die erwarteten Kapazitäten der kommenden Jahrzehnte ausrichtet, wird dieser Effekt noch gesteigert.

- Das Flughafenbeispiel weist noch auf eine weitere Einschränkung des Modells hin: es berücksichtigt keine Flexibilitätseinschränkungen auf der Angebotsseite (Adams & Parmenter 1991, S. 7). Die langen Vorlaufzeiten für Planung, Genehmigung und Errichtung von Bauten (neben Flughäfen mit extrem langen Vorlaufzeiten auch Hotels, Ferienanlagen und weitere Verkehrsinfrastruktur) führen zu erheblichen zeitlichen Differenzen in der Reaktion auf eine Erhöhung von Tourismuseinnahmen, manchmal schließen sie sogar mögliche sekundäre Effekte aus, wenn sich zum Beispiel der Aus- oder Neubau eines Flughafens oder eines Hotelprojektes nicht durchsetzen läßt.

- Kurzfristige Zusatzeinkommen im Tourismus können dazu genutzt werden, vorzeitig Kredite zurückzuzahlen oder zum Ausgleich befürchteter Nachfrageschwankungen angespart werden (Bull 1991, S. 145). Damit reduzieren sich die sekundären Effekte der Tourismuseinkommen auf ein Minimum.

- Die Möglichkeiten dazu ergeben sich aus den in allen Wirtschaftsbereichen erheblichen Elastizitäten: Auf kurzfristige Nachfrageerhöhungen kann man selbst bei voller Auslastung mit Überstunden, in manchen Wirtschaftsbereichen (zum Beispiel Rohstofferzeugung, produzierendes Gewerbe) auch ganz einfach durch den Abbau von Lagerbeständen reagieren. Auch dadurch werden mögliche sekundäre Effekte stark minimiert.

- Nicht berücksichtigt werden im Input-Output Modell auch Skaleneffekte: Durch größere Nachfrage und entsprechend gesteigerte Ausbringungsmengen läßt sich zum Beispiel mehr Arbeitsteilung einführen und die Produktivität erhöhen (*economies of scale*). Damit sinkt der relative Anteil fixer Kosten an den erbrachten Leistungen, so daß auch dadurch die Annahme linearer Beziehungen zwischen *in-* und *output*-Faktoren in Frage gestellt wird.

- Die Linearität des Beschäftigungseffektes wird auch dadurch in Frage gestellt, daß das Modell der Input-Output Analyse Arbeitslosigkeit unterstellt, weil sonst zusätzliche Nachfrage nicht zu höherer Beschäftigung führen könnte (Forsyth & Dwyer 1994, S. 10).

- Implizit geht man bei der Anwendung der Input-Output Analyse im Tourismus davon aus, daß jedes weitere Wachstum des Tourismus Touristen hervorbringt, welche die gleichen Ausgabestrukturen reproduzieren wie die vorher erfaßten Touristen (a.a.O.). Dabei kann es sich bei den zusätzlichen Touristen jedoch um ganz andere Konsumentenschichten mit entsprechend unterschiedlichem Ausgabeverhalten handeln.

Hinzu kommt, daß Input-Output Modelle im Prinzip statisch angelegt sind und die komplexen dynamischen Interdependenzen, wie sie in Tabelle 7.3 ausschnittsweise dargestellt werden, kaum erfassen können. In der Input-Output Matrix läßt sich die Zeitachse nicht darstellen. Die Zusammenhänge sind aber dynamisch auch in dem Sinne, daß die Sekundäreffekte nicht zeitgleich, sondern zeitverschoben wirksam werden. Die Analysen müßten sich also über größere Zeiträume erstrecken und die Nichtlinearität der Nachfragebeziehungen berücksichtigen. Dazu wäre es jedoch erforderlich, entsprechende Daten über die tatsächlichen Transaktionsgrößen und -zeitpunkte zur Verfügung zu haben.

Insgesamt werden also die aus den Tourismuseinkommen resultierenden Wachstumseffekte mit dem Input-Output Modell überschätzt. Sie werden auch deshalb als zu hoch angesetzt, weil das Modell Preisreaktionen auf gestiegene Nachfrage außer acht läßt (Adams & Parmenter 1991, S. 6). In der Regel führen Preiserhöhungen jedoch zu einer Verringerung der Nachfrage und damit auch der gesamtwirtschaftlichen Effekte von gestiegenen Tourismuseinnahmen. Bei gestiegenen Einnahmen von ausländischen Besuchern muß zudem berücksichtigt werden, daß durch die steigende Nachfrage nach der einheimischen Währung ihr Wert auf den Devisenmärkten gegenüber anderen vermutlich steigen wird. Für die Besucher verteuert sich damit die Destination, und die Nachfrage wird eher zurückgehen. Durch die Aufwertung der Währung verändern sich also die *terms of trade*: Die Importe verbilligen sich zwar, gleichzeitig verteuern sich jedoch die Exporte, was zu schlechteren Absatzchancen und damit zu geringeren Einkommen der exportierenden Wirtschaftszweige führt. Gleichzeitig kommt es zu Konkurrenzsituationen bei der Landnutzung zwischen der Agrar- und der Tourismuswirtschaft, die aufgrund der höheren Renditen oft zugunsten der touristischen Nutzung ausgehen (Telfer & Wall 1996). Die dadurch entstehende tendentielle Verknappung von Lebensmitteln führt zu einer Preiserhöhung oder wiederum zu einer Steigerung der Importe. „In der Folge sind die Schätzungen der Wirkungen auf der Basis von Input-Output Analysen, ob sie die generellen wirtschaftlichen Auswirkungen oder die spezieller Variablen wie die der Beschäftigung betreffen, in der Regel überhöht, sehr häufig in hohem Ausmaß. Sie können sogar die Richtung der Veränderungen falsch einschätzen" (Dwyer, Forsyth & Spurr 2004, S. 307; Übers. J.W.M.).

Kurz: Auch wenn die Grundüberlegungen des Input-Output Modells in der Anwendung bereits zu sehr komplexen Zusammenhängen und Interdependenzen führen, bleiben zu viele Einflußfaktoren unberücksichtigt, die das Nachfrage- und Angebotsverhalten beeinflussen.

7.2.5 Dynamisches multisektorales Modell

Bei diesem Ansatz handelt es sich um eine Weiterentwicklung der Input-Output Analyse, bei dem versucht wird, unter Berücksichtigung der dazu angeführten Kritikpunkte zu einem realistischeren Modell der Volkswirtschaft zu kommen. Anders als bei der Bestimmung des Multiplikators und der Input-Output Analyse, die im Zusammenhang der Untersuchung der Wirkung von Tourismuseinnahmen auf eine Volkswirtschaft nur diejenigen Wirtschaftsbereiche ins Visier nehmen, die offensichtlich tourismusinduzierte Umsätze aufweisen, versucht man mit erweiterten multisektoralen Modellen die Wirkung von Tourismuseinnahmen auf alle Wirtschaftsbereiche zu erfassen. Es geht dabei vor allem darum, zu ermitteln, welche gesamtwirtschaftlichen Konsequenzen sich aus einer Veränderung des Tourismusinputs ergeben. Dabei werden nicht nur positive, sondern auch negative Effekte des Tourismus auf die Entwicklung der verschiedenen Wirtschaftssektoren untersucht. Mit anderen Worten: Die beiden anderen Modelle berechnen nur die **Bruttoeffekte** von Tourismuseinnahmen auf die Volkswirtschaft, mit erweiterten multisektoralen Modellen dagegen können im Prinzip die **Nettoeffekte** ermittelt werden.

Für Australien haben Dixon, Parmenter, Sutton & Vincent (1982) mit ORANI[18] und seiner Prognoseversion ORANI-F (*forecasting*; Parmenter 1988) ein solches Modell entwickelt. Es ist primär nicht tourismusspezifisch, sondern soll eine Simulation der australischen Volkswirtschaft unter den verschiedensten Aspekten ermöglichen. Die Autoren gehen dabei von der Grundüberlegung aus, daß nur eine beschränkte Anzahl von Optionen für die Entwicklung einer Volkswirtschaft möglich sind, die sich nicht gegenseitig ausschließen. In der Regel führt die Ausweitung in einem Wirtschaftsbereich zu einer mehr oder weniger deutlichen Verringerung der Wirtschaftsaktivitäten in einem anderen Bereich, wobei in der Bilanz sowohl eine positive (Wachstum) wie eine negative (Schrumpfung) Gesamtentwicklung möglich ist. Das Beispiel der Veränderung der *terms of trade* bei der Kritik am Input-Output Ansatz (siehe vorangehenden Abschnitt) ist ein Beleg dafür. Darüber hinaus hat auch die Staatsverschuldung, die etwa durch Investitionen in die Verkehrsinfrastruktur zur Ermöglichung größerer Touristenströme (zeitweilig) erhöht werden muß, bei der internationalen Verflechtung der Kapitalmärkte einen Effekt auf Währungsentwicklung und Zahlungsbilanz. Zudem führen die durch erhöhte Nachfrage in einem Wirtschaftsbereich ausgelösten Preisreaktionen zu Nachfrageanpassungen in anderen Bereichen. Wenn beispielsweise die Bauleistungen durch die größere Nachfrage aus dem Tourismussektor verteuert werden, dann treffen diese Preiserhöhungen auch das produzierende Gewerbe. Die erhöhten Kosten mindern die Konkurrenzfähigkeit im internationalen Wettbewerb und führen tendentiell zu einer Verringerung der heimischen Produktion. Gleichzeitig werden Anleger eher in Wirtschaftsbereichen investieren, die direkt oder indirekt von der Tourismusentwicklung profitieren. Dieses Kapital steht damit anderen Sektoren nicht mehr zur Verfügung. Die Expansion eines Wirtschaftsbereiches hat auch Konsequenzen auf dem Arbeitsmarkt, indem Arbeitskräfte aus anderen Bereichen abgeworben werden bzw. das Angebot auf dem Arbeitsmarkt kleiner wird.

Diese Verdrängung (*crowding out*) fällt umso stärker aus, je näher eine Volkswirtschaft an der Auslastungsgrenze ihrer Kapazitäten arbeitet. Bei niedrigen Auslastungsquoten spielen solche Verdrängungseffekte nur eine geringe Rolle, finden aber gleichwohl auch dann statt (Adams & Parmenter 1991). Das ist etwa der Fall, wenn es trotz Rezession Angebotsengpässe auf wichtigen Märkten gibt. Das kann zutreffen für die Kapitalmärkte oder den Arbeitsmarkt, wenn es zum Beispiel zu wenig Softwareentwickler gibt, die gleichzeitig von allen Sektoren der Wirtschaft nachgefragt werden.

Im Modell von Dixon et al. (1982) wird versucht, diese Einschränkungen (*constraints*) des linearen Modells der Input-Output Analyse durch die Berücksichtigung von **Elastizitäten** bei den Nachfragebeziehungen aufzufangen. Ein weiterer Vorteil des ORANI-Modells gegenüber der Input-Output Analyse liegt darin, daß es mit der bisherigen Konvention bricht, nach der jede Industrie nur ein einziges Produkt herstellt und umgekehrt jedes Produkt nur von einem einzigen Wirtschaftsbereich hergestellt wird (*op. cit.*, S.

---

[18] Wofür diese Abkürzung steht, geht aus keiner der Publikationen hervor, die sich damit beschäftigen. Einem *on dit* in Australien zufolge wird das Akronym aus den Vornamen der Kinder eines der Autoren gebildet.

2). Unter diesem Aspekt ist das Modell besonders geeignet, weil der Tourismus sich aus Teilleistungen ganz unterschiedlicher Wirtschaftsbereiche zusammensetzt. Nachfrageschwächen im Tourismus können deshalb vielfach durch verstärkte Aktivitäten in einem anderen Bereich kompensiert werden. Eine Luftverkehrsgesellschaft kann zum Beispiel sinkende Passagierzahlen durch Steigerungen im Frachtgeschäft und die entsprechende Umrüstung ihres Fluggerätes auffangen.

Der Sinn des ORANI-Modells liegt in der Summe also darin, über eine Vielzahl von Variablen eine Projektion der gesamtwirtschaftlichen Effekte von einzelnen ökonomischen Veränderungen zu ermöglichen, die zur Vorab-Überprüfung wirtschafts- oder finanzpolitischer Entscheidungen herangezogen werden können.

„Ein typisches ORANI-Ergebnis liest sich dann etwa wie folgt: Mit der politischen Veränderung A in einer makroökonomischen Umwelt B wird die Variable C sich kurzfristig um x Prozent und langfristig um y Prozent verändern. Zu den politischen Veränderungen A können Veränderungen von Zöllen, Wechselkursänderungen, Veränderungen in der Größe und Zusammensetzung der Staatsausgaben, der indirekten Steuern und in der Lohnpolitik gehören. Beispiele für die C Variablen, für die Projektionen erstellt werden können, sind Industrieproduktion, Nachfrage für bestimmte Berufsgruppen auf dem Arbeitsmarkt, industrielle Investitionsraten, die Handelsbilanz, die übergreifende Beschäftigungssituation und Preise für Massengüter" (Dixon et al. (1982, S. 63; Übers. J.W.M.; Hervorh. i. Orig.).

Kritik: Zwar wird versucht, die Rahmenbedingungen des Modells über ein exogenes, d.h., außerhalb des Modells liegendes Szenario technischer und wirtschaftlicher Entwicklungen zu kontrollieren, insgesamt ist aber die Zahl der in die Modellrechnungen eingehenden Variablen und damit von Imponderabilien (Unwägbarkeiten) so groß, daß eine wirklich verläßliche Projektion mit diesem Verfahren so wenig möglich ist wie mit allen anderen Prognoseinstrumenten.

Wie bei den anderen Modellen zur Erfassung der wirtschaftlichen Bedeutung des Tourismus, ist auch das ORANI- Modell abhängig von der Verfügbarkeit adäquater Daten, insbesondere von längeren Zeitreihen. Input-Output Tabellen der Wirtschaft hat das Australian Bureau of Statistics (ABS) zwar bereits in den 1960er Jahren verfügbar gemacht, sie werden aber nur in größeren Abständen veröffentlicht (ca. fünf Jahre) und sind – wie bei amtlichen Statistiken üblich – zum Veröffentlichungszeitpunkt meist schon lange nicht mehr aktuell (*op. cit.*, S. 336). Das gilt zum Beispiel auch für die entsprechenden deutschen Statistiken (Hauke 1992, S. 19). Auch sind die Daten meist nicht vollständig und ein Teil der fehlenden Informationen muß aufgrund verschiedener Informationsquellen geschätzt werden, um die für die Modellrechnungen nötigen Eingaben machen zu können. Damit werden die Aussagemöglichkeiten des Modells stark eingeschränkt. Diese Einschränkung ist aber nicht modellspezifisch, sondern trifft alle Versuche der Ermittlung wirtschaftlicher Effekte des Tourismus gleichermaßen.

7.3 Empirische Studien

Die Zahl der Studien, die weltweit zum Thema ‚Wirtschaftsfaktor Tourismus' in den letzten Jahrzehnten durchgeführt wurde, ist kaum überblickbar. Analysen wurden durchgeführt für Orte, Regionen, Länder und schließlich die ganze Welt, um die örtliche, regionale und nationale wirtschaftliche Bedeutung des Tourismus und ihren Beitrag für die Entwicklung der Weltwirtschaft deutlich zu machen. Diese Untersuchungen sind zum Teil veröffentlicht, zum Teil handelt es sich um Auftragsforschung, deren Ergebnisse nur den Auftraggebern zur Verfügung stehen und von denen deshalb manchmal nicht einmal bekannt ist, daß es sie überhaupt gibt.

Im folgenden werden einige Beispiele aufgeführt, die unabhängig von ihrem Veröffentlichungsdatum jeweils für unterschiedliche regionale Ebenen und methodische Ansätze stehen. Alle Probleme, die in den beiden vorangegangenen Abschnitten über die Messung von Grundvariablen und die Formulierung der Modellansätze angesprochen wurden, betreffen natürlich auch die hier behandelten Studien. Das ist bei der Interpretation der Ergebnisse der Studien, soweit darauf nicht noch einmal ausdrücklich im Text hingewiesen wird, zu berücksichtigen.

7.3.1 Die Wertschöpfung des Tourismus in der Schweiz

Im Auftrag des Bundesamtes für Gewerbe, Industrie und Arbeit wurde Anfang der neunziger Jahre eine Studie über die Wertschöpfung des Tourismus in der Schweiz mit dem Bezugsjahr 1985 angefertigt. Ausgangspunkt dieser Untersuchung waren folgende Fragen (Rütter-Fischbacher 1991, S. 68):

- Welchen Beitrag leistet der Tourismus tatsächlich zum Bruttoinlandprodukt der Schweiz?
- Wie stark profitieren die einzelnen Wirtschaftszweige in der Schweiz vom Tourismus, wie groß ist ihr Anteil an der gesamten touristischen Wertschöpfung bzw. wie stark ist ihre Leistungserstellung vom Tourismus abhängig?

Es geht bei dieser Untersuchung also weder um die Bestimmung von Multiplikatoren, noch um die Anwendung eines Simulationsmodells der Schweizer Volkswirtschaft zur Abschätzung von direkten und indirekten Effekten bei Veränderungen des Tourismusvolumens. Die Frage nach den Wirkungen von Veränderungen im Tourismussektor auf andere Wirtschaftsbereiche ließe sich für die Schweiz schon deshalb nicht beantworten, weil das Schweizer Bundesamt für Statistik bis dato keine Input-Output Daten erhoben hatte (*op. cit.*, S. 72). Ausgangspunkt dieser Arbeit war das Meßverfahren der OECD, das auf schweizerische Verhältnisse angewendet werden sollte. In Übereinstimmung mit diesem Konzept, das nur den nationalen Tourismus (= Inlands- und Ausländertourismus; vgl. Abbildung 1.4 auf Seite 6) berücksichtigt, werden die binnenwirtschaftlichen Effekte des Auslandstourismus der Schweizer im Prinzip nicht erfaßt.

Übersicht 7.1: Das für die Studie verwendete Datenmaterial

Statistik	Angebotsseite	Inlands-touris-mus	Ausländer-tourismus	Aus-landstou-rismus
Grenzstatistiken				
Einreisestatistik			●	
Grenzerhebung			●	
Übernachtungsstatistik				
Logiernächtestatistik	Gastgewerbe	●	●	
Transportstatistiken				
Verkehrstatistik	Bahnen			
	Straßenverkehr			
	Schiffahrt			
	Luftfahrt			
Mikrozensus Ver-kehrsverhalten	PkW/Öffentl. Verkehr	●		
Jahresrechnungen	SBB (Bahn)			
	PTT (Bus)			
	Fluggesellschaften			
Erhebung Schiffs-reisende i. Ausland				●
Bevölkerungsumfragen				
Gästeumfragen		●	●	
Mikrozensus		●		●
Reisemarkt Schweiz		●		●
Zusatzerhebung	Zweitwohnung	●		●
Reiseziel-Monitor		●		●
SKA-Umfrage		●		●
Wirtschaftsstatistik				
Produktionskonto	alle Wirtschaftszweige			
Umfrage div. Anbie-ter im Tourismus	diverse Wirtschaftszweige			
Betriebszählung	alle Wirtschaftszweige			
Trend-Umfrage	Gastgewerbe			
Hotelpanel	Hotelgewerbe			
Kurdirektoren-Um-frage	diverse Wirtschaftszweige			
Andere Quellen				
Tourismusbilanz			●	●
Erwerbstatistik	alle Wirtschaftszweige			
Beschäftigtenstatistik	alle Wirtschaftszweige			
Ausl. Tourismusstat.				●

Quelle: Rütter-Fischbacher (1991), S. 87 - 90

Da die Studie jedoch nach der **Produzentenmethode** (vgl. Kapitel 1) vorgeht, wurde ein Teil der Aufwendungen für Auslandsreisen dem Inlandstourismus zugerechnet. Dabei handelt es sich um die Ausgaben für Flugtickets schweizerischer Fluggesellschaften, für Auslandsreisen mit inländischen

Busunternehmen und für Pauschalreisen ins Ausland, die von Schweizer Reisebüros verkauft wurden. Da sie ihre gesamte Wertschöpfung im Inland erzielen, werden sie von Rütter-Fischbacher dem Inlandstourismus zugerechnet (S. 100). Einbezogen wurde auch der nicht übernachtende Geschäftstourismus, der nach der UN/WTO-Definition (siehe Kapitel 1) ursprünglich nicht zum Tourismus gezählt wurde (*op. cit.*, S. 97; siehe auch Abschnitt 7.4).

Tabelle 7.5: Direkte Nachfrage, Wertschöpfung und Beschäftigungswirkung des Tourismus in der Schweiz 1985

Tourismus	direkte Nachfrage [Bruttoproduktionswert] (in Mio. sfr)	Bruttowertschöpfung (BWS) (in Mio sfr)	Bruttowertschöpfung in % des Bruttoinlandproduktes (in % BPI)	tourismusabhängige Beschäftigung (Anzahl Beschäftigte)	tourismusabhängige Beschäftigung (in % aller Beschäftigten)
∑ Direkt	26.013	12.755	5,6	204.469	6,4
Tourismusindustrie[1]	14.534	7.328	3,2	147.991	4,6
and. Wirtschaftszweige	3.086	2.003	2,4	33.710	1,0
Ferienhäuser/-wohnungen	2.725	1.984	0,9	4.292	0,1
priv. PkW u. Motorradverk	5.668	1.440	0,6	18.476	0,6
∑ Indirekt	-	5.973	2,6	88.713	2,8
über Vorleistungen (BWS 2. Stufe)	-	4.422	1,3	62.428	1,9
über Investitionen	3.015	1.551	0,7	26.285	0,8
Total:	29.028	18.728	8,2	293.182	9,1
Gesamtwirtschaft	–	227.950	100,0	3.217.687	100,0

[1] Touristische Anteile an den Umsätzen von Gastgewerbe, Bahnen, Straßenverkehr, Schifffahrt, Luftfahrt und Reisebüros

Quelle: Rütter-Fischbacher (1991), S. 198

Um einen Eindruck von der Komplexität der Aufgabe zu bekommen, werden in einem groben Überblick die verwendeten Statistiken aufgeführt (Übersicht 7.1). Die Angaben in diesen Statistiken sind - worauf an verschiedenen Stellen in diesem Kapitel bereits hingewiesen wurde - nicht ausschließlich tourismusbezogen, deshalb können sie in vielen Fällen nur zur Schätzung der jeweiligen touristischen Anteile herangezogen werden. Bei einigen der Statistiken handelt es sich auch nicht um Voll-, sondern Stichprobenerhebungen, wie zum Beispiel der Grenzerhebung, die jährlich an zehn Tagen von der schweizerischen Oberzolldirektion durchgeführt wird. Umfragen sind auch Grundlage für die Ausgabenstatistiken: Die Unterkunftspreise werden jährlich von den Beherbergungsbetrieben erfragt, die Ausgaben für die Verpflegung beruhen auf periodischen Gästebefragungen und die Nebenausgaben werden nach vierzehn verschiedenen Kategorien in größeren Zeitabständen bei den wichtigsten Anbietern erfragt), darunter Bergbahnen/Skilifte, Skischulen, Sehenswürdigkeiten, Uhren und Schmuck sowie Schokolade und Confiserie. Im Ergebnis kommt die Studie auf einen Prozentanteil des Tourismus an der gesamten Schweizer Bruttowertschöpfung (Bruttoinlandprodukt) im Jahre 1985 von 8,2 Prozent. Die Beschäftigungswirkung des Tourismus liegt mit 9,1 Prozent an den Gesamtbeschäftigten in der Schweiz sogar noch etwas höher. Nahezu 300.000 Arbeitsplätze hingen damit ganz vom Tourismus ab.

Bei dieser Berechnung konnte wegen mangelnder Daten nur die zweite Stufe der Vorleistungen berücksichtigt werden. Deshalb wird der Anteil der durch den Tourismus ausgelösten Wirtschaftsaktivitäten am Bruttoinlandprodukt in dieser Studie mit einem zu geringen Wert ausgewiesen. Ebenfalls geschätzt werden mußten die rein touristischen Anteile an den Umsätzen der Tourismusindustrie (vom Gastgewerbe bis zur Schiffahrt) und von den indirekt betroffenen Wirtschaftszweigen. Der Wert der Vorleistungen wurde nicht spezifisch für den Tourismus ermittelt, sondern die Zahlen für die gesamtschweizerische Wirtschaft wurden auch für die Tourismusindustrie angenommen (*op. cit.*, S. 73 f.). Das gilt ebenfalls für den Wert der Importe von Gütern und Dienstleistungen an den Vorleistungen für die tourismusbedingten Umsätze der Tourismusindustrie. Es wird also unterstellt, daß sowohl die Vorleistungsquoten als auch die Importanteile der beteiligten Wirtschaftszweige identisch sind und dem Durchschnittswert für die gesamte Schweiz entsprechen. Zudem wurden die Importe nur von den Vorleistungen der ersten Stufe abgezogen. Dadurch wird der Anteil heimischer Wirtschaftsleistungen in der Wertschöpfungskette wiederum etwas überschätzt.

Insgesamt darf man die aufgeführten Werte also nicht zu genau nehmen – die Stelle hinter dem Komma und die bei den Beschäftigten bis auf eine Person angegebenen Zahlen suggerieren eine Genauigkeit, welche die Studie aufgrund der Datenlage gar nicht haben kann. Wohl aber kennzeichnen die Ergebnisse der Analyse die Größenordnung der touristischen Wertschöpfung in der Schweiz, denn bei allen Abgrenzungs- und Interdependenzproblemen des komplexen Wirtschaftsbereiches ‚Tourismus' dürften die ermittelten Zahlen eine gute Schätzung seiner wirtschaftlichen Bedeutung abgeben.

Stellt man die Bruttowertschöpfung des Tourismus und seine Beschäftigtenzahlen denen der traditionellen Wirtschaftszweige in der Schweiz gegenüber, dann nimmt der Tourismus eine Spitzenposition ein. Lediglich der Staat hat mehr Beschäftigte und erwirtschaftet eine höhere Bruttowertschöpfung als der Tourismus. Dabei muß man jedoch berücksichtigen, daß ein solcher Vergleich nur sehr eingeschränkt möglich ist, weil der Tourismus zum Teil bereits in den Bruttowertschöpfungs- und Beschäftigungswerten anderer Wirtschaftszweige enthalten ist. Insbesondere Groß- und Einzelhandel, aber auch das Bauhauptgewerbe, das Beratungswesen, die Banken und der Fahrzeugbau arbeiten unter anderem für die Befriedigung touristisch ausgelöster Nachfrage. Im Prinzip müßten deshalb zur Vermeidung solcher

Überschneidungen diese Anteile von der Bruttowertschöpfung bzw. von den Beschäftigtenzahlen der jeweiligen Wirtschaftszweige abgezogen werden. Damit würde allerdings der Tourismus als Wirtschaftsfaktor im Vergleich eine noch dominantere Stellung im Wirtschaftsgefüge der Schweiz einnehmen. Zusammenfassend muß noch einmal darauf hingewiesen werden, daß es sich bei der Untersuchung Rütter-Fischbachers um eine Pilotuntersuchung, d.h., um den ersten Versuch einer umfassenden Bestimmung der wirtschaftlichen Bedeutung des Tourismus in der Schweiz handelt, die auch dem Zweck dienen sollte, Datenlücken zu identifizieren und Vorschläge für eine Verbesserung des wirtschaftlichen Berichtswesens zu entwickeln.

7.3.2 Die Wertschöpfung des Tourismus in Deutschland

Zwar stünden in Deutschland, anders als in der Schweiz, Input-Output-Tabellen seit vielen Jahrzehnten für die Berechnung der wirtschaftlichen Bedeutung des Tourismus zur Verfügung, aber die Studie, die von Alfred Koch und Mitarbeitern des DWIF (Deutsches Wirtschaftswissenschaftliches Institut für Fremdenverkehr) 1989 im Auftrag des Deutschen Reisebüroverbandes (DRV) erstellt wurde, arbeitet mit den gleichen Methoden wie die Schweizer Untersuchung. Die zeitlich spätere Schweizer Studie bezieht sich dabei unter anderem auf die Methodik der Studie von Koch et al. für die Bundesrepublik Deutschland, wurde hier jedoch wegen ihrer weitaus ausführlicheren und verständlicheren Darstellung als erstes vorgestellt. Nahezu alle Einschränkungen und Probleme der Studie von Rütter-Fischbacher (1991) gelten somit auch für die Arbeit von Koch *et al.* (1989). Deshalb können wir uns hier auf eine Darstellung der Ergebnisse beschränken.

Für 1986 wurde für das Gebiet der damaligen Bundesrepublik Deutschland (ohne die frühere DDR) ein Anteil des Tourismus an der gesamten **Nettowertschöpfung** von 4,6 Prozent ermittelt. Direkt und indirekt wurden damit rund 1,2 Millionen Arbeitsplätze durch den Tourismus geschaffen. In ihrer Strukturanalyse des touristischen Arbeitsmarktes haben Koch, Zeiner & Harrer (1991) für 1990 gut eine Million direkt tourismusabhängig Beschäftigte für das Gebiet der alten Bundesrepublik Deutschland ermittelt.

Schwerpunkt der Arbeit von Koch et al. (1989) war die durch den Auftraggeber DRV vorgegebene Untersuchung der wirtschaftlichen Bedeutung der ‚Reisebranche'. Dazu gehören in der verwendeten Definition die Verkehrsträger im Bahn-, Bus- und Flugbereich sowie Reisebüros und Reiseveranstalter (*op. cit.*, S.26). Sie trug mit insgesamt mit 0,6 Prozent zur gesamten Nettowertschöpfung der Wirtschaft der Bundesrepublik Deutschland bei. Direkt vom Tourismus abhängig waren in dieser Branche ca. 86.000 Arbeitsplätze. Dazu kamen weitere 43.000 indirekt durch den Tourismus Beschäftigte. Das waren zu diesem Zeitpunkt zusammen etwa 0,5 Prozent aller Beschäftigten in Deutschland.

Darüber hinaus wurde versucht, die Zahl der Arbeitsplätze zu schätzen, die durch die Reiseausgaben deutscher Touristen im Ausland geschaffen wurden und den Teil davon zu bestimmen, der auf die Inanspruchnahme von Leistungen der deutschen Reisebranche zurückgeht.

Die Zahl der Arbeitsplätze wurde bestimmt, indem man eine Wertschöpfung von einheitlich 37,5 Prozent der touristischen Ausgaben in allen Ländern angenommen und diesen Wert durch den Durchschnittswert des Bruttoinlandproduktes pro Beschäftigten des jeweiligen Landes geteilt hat.

Beispiel: Die Reisebilanz der Bundesrepublik wies für Österreich Devisenausgaben in Höhe von 6,678 Milliarden DM aus. Davon 37,5 Prozent ergab einen Beitrag zum Bruttoinlandprodukt (BIP) in Höhe von 2,5042 Milliarden DM. Dividiert durch das durchschnittliche Bruttoinlandprodukt je Beschäftigten in Österreich in Höhe von umgerechnet 40.653 DM pro Jahr ergibt dies eine Zahl von 61.600 Beschäftigten.

In der Summe ergab diese Rechnung für 1986 eine Zahl von weltweit etwa 370.000 Beschäftigten, deren Arbeitsplätze durch deutsche Auslandstouristen gesichert wurden. Die tatsächliche Zahl dürfte noch höher liegen, da die im Tourismus vielerorts übliche Teilzeit- und/oder Saisonbeschäftigung bei dieser Schätzung nicht berücksichtigt wurde. Da der Anteil der Reisebranche am gesamten touristischen Umsatz (inklusive Tagesreisen ohne Übernachtung) für Auslandsreisen bei 23,5 Prozent lag und unter Einbeziehung weiterer Ausgaben von Kunden direkt im Ausland auf insgesamt 39 Prozent an allen Reiseausgaben im Ausland geschätzt wurde (*op. cit.*, S. 25), wäre die Reisebranche durch ihre Leistungen mit ca. 144.000 Arbeitsplätzen daran beteiligt. Mit den in den letzten Jahren stark angestiegenen Auslandsreisen der Deutschen dürften diese Zahlen mittlerweile deutlich höher liegen.

In einer weiteren Studie über den „Wirtschaftsfaktor Ferntourismus" haben Koch et al. (1990) versucht aufzuzeigen, welche Bedeutung die Einnahmen aus dem Ferntourismus für ausgewählte Länder in Afrika, Asien und Mittelamerika haben. Allerdings handelt es sich dabei eher um eine Zusammenstellung von Daten aus verschiedenen Quellen, als um eine Analyse des Beitrages westlicher Länder im Allgemeinen und Deutschlands im Besonderen für die wirtschaftliche Entwicklung dieser Länder.

Insgesamt argumentieren Koch et al. in beiden Studien, daß sich auch Rückwirkungen für die deutsche Exportwirtschaft aus den Ausgaben der Urlaubsreisenden ergeben, da viele Länder erst durch den Tourismus über die nötigen Deviseneinnahmen für die Finanzierung von Importen verfügen. Damit werden durch den deutschen Auslandstourismus auch indirekt Arbeitsplätze im Inland geschaffen bzw. gesichert. Mit anderen Worten: Indirekt findet auch durch die Ausgaben der deutschen Touristen im Ausland eine Wertschöpfung im Inland statt.

Im Tourismuspolitischen Bericht der Bundesregierung 1999 liegt der Anteil des Tourismus als größter Dienstleistungssektor in Deutschland bei acht Prozent der Bruttowertschöpfung in Deutschland (BIP). Daraus abgeleitet werden 2,8 Millionen Beschäftigte, die bei Reiseveranstaltern und -mittlern, im Gastgewerbe, in Freizeitparks und im Einzelhandel arbeiten. Zudem werden nach dem Tourismuspolitischen Bericht 2003, der diese Zahlen noch einmal bestätigt, mehr als 100.000 Ausbildungsplätze in diesen tourismusabhängigen Bereichen angeboten.

7.3.3 Regionale Wertschöpfung des Tourismus: der Kanton Bern

☐ Methodischer Aufbau der Untersuchung

Aufbauend auf den methodischen Vorarbeiten in der Untersuchung von Rütter-Fischbacher (1991) über die wirtschaftliche Bedeutung des Tourismus in der Gesamtschweiz haben Rütter, Müller, Guhl & Stettler (1995) die Effekte des Tourismus für den Kanton Bern untersucht. Sie haben dabei die Nachfrage- mit der Angebotsmethode (vgl. Abschnitte 7.1.1 und 7.1.2) kombiniert, indem sie wirtschaftsstatistische Daten mit aufwendigen Gäste- und Unternehmensbefragungen in Zusammenhang gebracht haben.

Da touristische Einrichtungen und Betriebe des Gastgewerbes nicht nur von Gästen, sondern auch von Einheimischen genutzt werden, hat man versucht, mit einer von den Autoren so genannten ‚Strichlistenerhebung' an verschiedenen Orten innerhalb des Kantons (26 im Winter und 35 im Sommer) das Mengenverhältnis der beiden Gruppen zueinander zu bestimmen. Mit diesen insgesamt 64.276 Kurzbefragungen konnten zudem die Anteile von Tagesausflüglern, Übernachtungsgästen und derjenigen bestimmt werden, die bei Verwandten oder Bekannten untergekommen waren und deshalb in keiner Beherbergungsstatistik aufgeführt werden. Durch die Einbeziehung von Tagesausflüglern handelt es sich strenggenommen nicht nur um eine Untersuchung der wirtschaftlichen Effekte des Tourismus, sondern, übergreifend, um die von Besuchern (vgl. Kapitel 1).

Die Untersuchung wurde getrennt in den vier Regionen des Kantons Bern durchgeführt: dem Berner Oberland, dem Mittelland, dem Berner Jura und der Stadt Bern. Als Tagesbesucher galt in der Untersuchung derjenige, der nicht in einer der Befragungsregionen übernachtet hatte. Wer zum Beispiel in Biel im Berner Mittelland sein Feriendomizil hatte und in Interlaken im Berner Oberland befragt wurde, galt danach ebenso als Tagesgast wie jemand, der aus dem Kanton Zürich oder aus Deutschland oder Frankreich angereist war.

Die im Rahmen der Strichlistenerhebung kontaktierten Besucher wurden zudem nach ihrer Bereitschaft gefragt, einen Fragebogen zu ihren Aktivitäten und Ausgaben auszufüllen. Fragebögen an Übernachtungsgäste wurden ebenfalls über Beherbergungsbetriebe (Hotels, Ferienwohnungsvermieter, Gruppenunterkünfte, Campingplätze etc.) verteilt. Insgesamt konnten 10.700 Fragebögen ausgewertet werden – 6.900 von Tages- und 3.800 von Übernachtungsgästen. Die Rücklaufquoten der ausgegebenen Fragebögen schwankten dabei zwischen 45 Prozent und 63 Prozent.

Mit durchschnittlich 37 Prozent war die Rücklaufquote der an insgesamt 5.104 Unternehmen verschickten Fragebögen relativ gering. Dabei wurden insgesamt 32 verschiedene Wirtschaftszweige berücksichtigt, neun davon gehörten zu den touristischen Leistungsträgern im engeren Sinne (Beherbergungs-, Gaststättengewerbe, Bergbahnen, Reisebüros usw.; *op. cit.*, S. 169 ff.). Neben Angaben über ihren Umsatz, ihre Beschäftigtenzahlen etc. sollten sie den Anteil ihres Geschäftes schätzen, der durch touristische Nachfrage ausgelöst wurde. Für die meisten Unternehmer ist diese Frage nur sehr schwer zu beantworten, weil sie in der Regel ihre Kunden nicht unter dieser Perspektive sehen und entsprechende Daten für die Abwicklung ihres Tagesgeschäftes ohne Bedeutung sind. Dies erklärt vielleicht zum Teil auch die niedrige Rücklaufquote.

Abbildung 7.7: Wertschöpfungskette des Tourismus und Erhebungsmethoden bzw. Datenquellen im Kanton Bern

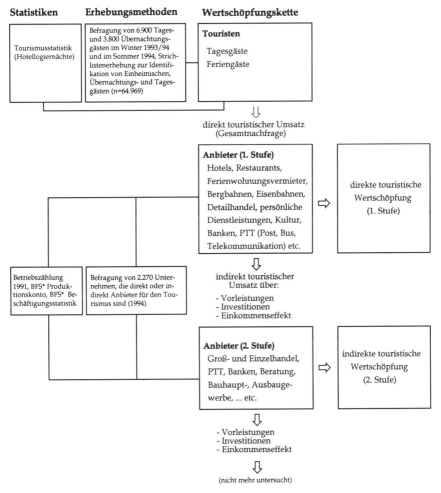

* BFS = Bundesamt für Statistik

nach Rütter, Müller, Guhl & Stettler 1995, S. 23 und weiteren Angaben in diesem Buch

Dabei war die Unternehmerbefragung von großer Bedeutung, denn nur darüber war es möglich, die Importanteile an den Vorleistungen zu ermitteln. Aufgrund des regionalen Ansatzes der Untersuchung ist der Begriff ‚Import' erheblich enger gefaßt. Er umfaßt gleichermaßen alle Vorleistungen, die aus anderen Regionen der Schweiz oder dem Ausland eingeführt wurden.

Kritik: Dadurch, daß nicht nur der Kanton, sondern auch verschiedene Regionen innerhalb des Kantons untersucht wurden, ergibt sich ein definitorisches Problem bei den Tagesbesuchern. Obwohl viele von ihnen im Kanton Bern übernachteten galten sie dennoch als Tagesgäste, wenn sie nicht in der Übernachtungsregion angetroffen wurden. Dadurch erhöht sich natürlich die Zahl der Tagesgäste im Kanton zuungunsten der Übernachtungsgäste. Die Ausgaben solcher Gäste bedeuten damit aus kantonaler Sicht keine zusätzlichen Einnahmen, sondern sind gleichbedeutend mit einer **Umsatzverschiebung** vom Übernachtungs- zum Ausflugsort innerhalb des Kantons. Damit verbergen sich auch hinter einem Teil der Tagesgäste in Wirklichkeit Touristen.

Man konnte durch die gewählten Verfahren nicht kontrollieren, zu welchem Zeitpunkt Besucher die Fragebögen ausgefüllt haben. Der Zeitfaktor hat jedoch einen großen Einfluß auf die Qualität des berichteten Verhaltens, insbesondere was die Höhe der während des Aufenthalts getätigten Ausgaben betrifft.

Zudem konnte mit dem gewählten Auswahlverfahren nur schlecht sichergestellt werden, daß die befragten Stichproben jeweils repräsentativ für die unterschiedlichen Besuchergruppen sind. Die Behauptung, daß „die Repräsentanz der einzelnen Selektionen ... von der Anzahl der erfaßten Fragebögen" abhängt (*op. cit.*, S. 51) ist nicht zutreffend. Vielmehr bestimmt in erster Linie das Auswahlverfahren die Qualität einer Stichprobe. Ein Teil der Gästebefragungen kam durch **Selbstselektion** der Besucher zustande, die sich bei der Strichlistenerhebung „dazu bereit erklärten, einen Fragebogen auszufüllen" (*op. cit.*, S. 44). Es wurde zwar vorher festgelegt, wieviele Fragebögen pro Gästekategorie verteilt werden sollten, für eine Repräsentativauswahl wäre jedoch ein nicht über die Befragten gesteuerter Zufallsalgorithmus (zum Beispiel jeder zehnte oder jeder zwanzigste Gast) notwendig gewesen. Ein Teil der Fragebögen für die Übernachtungsgäste wurde darüber hinaus über die Unterkunftsbetriebe an die Befragten weitergegeben. Auch bei diesem Verfahren entscheidet letztlich die Selbstselektion der Gäste über die Aufnahme in die Stichprobe, so daß insgesamt Zweifel an der Repräsentativität der befragten Stichproben bestehen.

☐ Ergebnisse der Studie

Trotz der methodischen Einwände zur Definition der Tagesgäste und zur Stichprobenselektion handelt es sich um eine Untersuchung, in der mehr an Informationen für die Bestimmung der wirtschaftlichen Bedeutung des Tourismus erfaßt und verarbeitet wurde, als in den bislang referierten Studien. Insbesondere die Differenzierung der Besucher nach Übernachtungs- und Tagesgästen und die Erfassung der bei Verwandten und Bekannten übernachtenden Touristen (ca. zwei Prozent) bedeutet einen Fortschritt in der Genauigkeit der festgestellten Effekte.

Auch wenn die Ergebnisse aufgrund der oben kritisierten Definition von Tagesgästen nur vorsichtig interpretiert werden können, ist die Höhe der durch die Tagesgäste veranlaßten Umsätze im Verhältnis zu den Übernachtungsgästen überraschend hoch. Zwar waren ihre Umsätze pro Tag und Person nur etwa halb so hoch, da es sich bei ihnen aber um eine fast doppelt so große Gruppe wie die der Übernachtungsgäste handelt, verteilen sich die Ausga-

DIE WIRTSCHAFTLICHE BEDEUTUNG DES TOURISMUS 461

Abb. 7.8: Die wirtschaftliche Bedeutung des Tourismus im schweizerischen Kanton Bern 1994

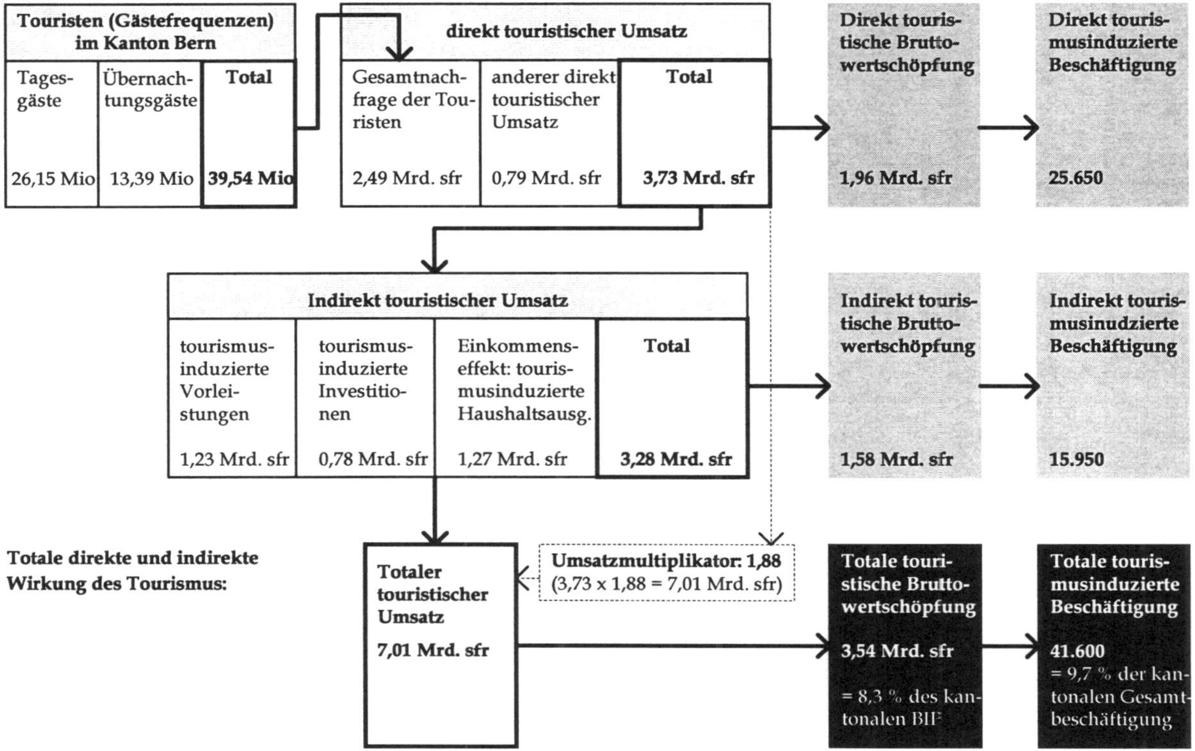

Touristen (Gästefrequenzen) im Kanton Bern		
Tagesgäste	Übernachtungsgäste	Total
26,15 Mio	13,39 Mio	39,54 Mio

direkt touristischer Umsatz		
Gesamtnachfrage der Touristen	anderer direkt touristischer Umsatz	Total
2,49 Mrd. sfr	0,79 Mrd. sfr	3,73 Mrd. sfr

Indirekt touristischer Umsatz		
tourismusinduzierte Vorleistungen	tourismusinduzierte Investitionen	Einkommenseffekt: tourismusinduzierte Haushaltsausg.	Total
1,23 Mrd. sfr	0,78 Mrd. sfr	1,27 Mrd. sfr	3,28 Mrd. sfr

Totale direkte und indirekte Wirkung des Tourismus:

Totaler touristischer Umsatz: **7,01 Mrd. sfr**

Umsatzmultiplikator: 1,88
(3,73 × 1,88 = 7,01 Mrd. sfr)

Direkt tourismusinduzierte Bruttowertschöpfung	Direkt tourismusinduzierte Beschäftigung
1,96 Mrd. sfr	25.650

Indirekt tourismusinduzierte Bruttowertschöpfung	Indirekt tourismusinduzierte Beschäftigung
1,58 Mrd. sfr	15.950

Totale touristische Bruttowertschöpfung	Totale tourismusinduzierte Beschäftigung
3,54 Mrd. sfr = 8,3 % des kantonalen BIP	41.600 = 9,7 % der kantonalen Gesamtbeschäftigung

Quelle: ergänzte Darstellung nach Rütter, Müller, Guhl & Stettler 1995, S. 8

ben fast im Verhältnis von 50 : 50 zwischen ihnen. Selbst wenn es sich bei einem Teil der Ausgaben der Tagesgäste um innerkantonale Umsatzverdrängung handelt (s.o.), bleibt ein sehr hoher Teil von durch Besucher ausgelösten wirtschaftlichen Effekten.

Vor der Berechnung der kantonalen wirtschaftlichen Effekte wurden die Importanteile an den Vorleistungen mit den Informationen aus der Unternehmerbefragung herausgerechnet. Nach dieser Erhebung wurden etwa 80 Prozent der Vorleistungen innerhalb des Kantons erbracht. Die Gesamtergebnisse der Studie sind in Abbildung 7.8 zusammengefaßt. Danach lag der Beitrag des Tourismus zur **Bruttowertschöpfung** des Kantons Bern 1994 bei 8,3 Prozent; gleichzeitig verdankten 9,7 Prozent der **Beschäftigten** im Kanton ihren Arbeitsplatz der touristischen Nachfrage. Das entspricht in etwa der Schätzung für die gesamte Schweiz von 1985 (Rütter-Fischbacher 1991). Der **Umsatzmultiplikator** (M) lag bei 1,88, d.h., auf einen Schweizer Franken, der für touristische (Dienst-)Leistungen ausgegeben wird, kommen 88 Rappen weiteren Umsatzes durch Vorleistungen anderer Wirtschaftsbereiche. Er läßt sich einfach mit der folgenden Formel errechnen:

$$M = 1 + \frac{\text{indirekt touristischer Umsatz}}{\text{direkt touristischer Umsatz}}$$

Entsprechend der Formel läßt sich statt des Umsatz- auch der **Wertschöpfungs-** (1,81) und der **Beschäftigungsmultiplikator** (1,62) errechnen, indem man statt den Umsatz- die entsprechenden Daten zur Wertschöpfung bzw. zur Beschäftigung einsetzt.

Daß der Wertschöpfungsmultiplikator etwas niedriger ausfällt als der Umsatzmultiplikator, hängt damit zusammen, daß die Vorleistungen in den touristischen Unternehmen meist etwas höher sind als im Durchschnitt der anderen Branchen. Der Tourismus ist personalintensiver und die Gehälter in den touristischen Kernbereichen sind meist niedriger als in anderen Wirtschaftszweigen, deshalb liegt der Beschäftigungsmultiplikator (den Rütter *et al.* nicht berechnet haben) deutlich unter den beiden anderen Werten.

Tabelle 7.6: **Die wirtschaftliche Bedeutung des Tourismus für die Regionen im Kanton Bern**

Indikator	Oberland	Mittelland (mit Stadt Bern)	Stadt Bern	Berner Jura
Umsatzmultiplikator	1,76	1,99	1,92	2,13
Bruttowertschöpfung (in % vom BIP)	26,6	4,8	5,4	4,2
Wertschöpfungsmultiplikator	1,61	2,06	1,97	2,15
Beschäftigung (in % der Gesamtbeschäftigung)	28,2	5,5	6,0	5,3
Beschäftigungsmultiplikator	1,52	1,76	1,75	1,80

Quelle: Rütter, Müller, Guhl & Stettler 1995, S. 9-12; eigene Berechnungen

Wenn der Multiplikator einen Wert von größer zwei annimmt, sind die indirekten Effekte des Tourismus größer als die direkten. Das ist dann der Fall, wenn die Umsätze der Vorleistungen die der direkten touristischen Nachfrage übersteigen – wenn in einer Periode viel in touristische Infrastruktur (zum Beispiel in Hotels und Flughäfen) investiert wurde.

Die separaten Berechnungen für die vier kantonalen Regionen brachten die in Tabelle 7.6 aufgeführten Ergebnisse. Die größte Rolle spielt der Tourismus danach im Berner Oberland, wo mehr als jeder vierte Arbeitsplatz von ihm abhängig ist, die geringste im Berner Jura: Hier wurde nur knapp jeder 25. Arbeitsplatz durch touristische Nachfrage direkt oder indirekt geschaffen. Dabei sind die drei betrachteten Multiplikatoren jeweils im Berner Jura am höchsten, im Oberland am niedrigsten.

Das hängt ganz einfach damit zusammen, daß im Oberland weniger Unternehmen anderer Wirtschaftsbereiche zu finden sind, die Vorleistungen für den Tourismus herstellen. Im Berner Jura hingegen spielt der Tourismus zwar nur eine geringe Rolle, dafür gibt es jedoch eine ausdifferenzierte Wirtschaftsstruktur mit vielen Betrieben (zum Beispiel Bauhaupt- und Ausbaugewerbe), die Vorleistungen für die Tourismusbranche produzieren. Damit bestätigt sich der in Abbildung 7.4 auf Seite 439 unter anderem dargestellte Zusammenhang zwischen der Diversifikation einer Volkswirtschaft und der Höhe des Multiplikators.

Indes muß man auch beachten, daß der Multiplikator in manchen primär touristischen Regionen vergleichsweise klein sein muß, weil man sonst Gefahr liefe, zumindest einen Teil des Tourismus durch die mit der Industrialisierung verbundenen negativen Effekte (Landverbrauch, Verkehrsbelastung, Umweltbelastung usw.) zu verlieren. So gesehen stehen touristische und andere Nutzungsmöglichkeiten in Konkurrenz zueinander, und die Höhe von regionalen Multiplikatoren ist nur sehr eingeschränkt als Indikator für die wirtschaftliche Bedeutung des Tourismus verwendbar.

7.3.4 Interdependenzen mit anderen Wirtschaftsbereichen: Die wirtschaftliche Bedeutung des Tourismus in Australien

Anders als bei den anderen Untersuchungen geht es hier nicht in erster Linie um die bloße Feststellung der wirtschaftlichen Bedeutung des Tourismus, sondern darum herauszubekommen, welche gesamtwirtschaftlichen Effekte mit einer Erhöhung des Ausländertourismus in Australien verbunden wären. Entsprechend dem in Abschnitt 7.2.5 vorgestellten erweiterten multisektoralen Ansatz (ORANI-Modell) werden hier nicht nur die positiven, sondern auch die negativen Wirkungen touristischer Einnahmen auf andere Wirtschaftssektoren untersucht.

Ausgangspunkt der Untersuchung von Adams & Parmenter (1991) war die folgende Frage:

- Ist eine um 10 Prozentpunkte größere Steigerung des Ausländertourismus (*inbound tourism*) als erwartet von Vorteil für die australische Wirtschaft?

Daraus ergaben sich folgende Einzelfragen, die mit dem Verfahren beantwortet werden sollten:

- Welchen Einfluß hätte diese Steigerung auf das Bruttoinlandprodukt, auf die Beschäftigung und auf die Nettodeviseneinnahmen Australiens?
- Welche Effekte hätten diese Veränderungen auf die anderen Wirtschaftssektoren?

☐ Methodisches Vorgehen

In Ergänzung zum ORANI-Modell der australischen Wirtschaft und die darin eingehenden Daten wurden speziell für diese Untersuchung noch weitere Informationen über den Tourismus eingegeben. Dazu gehören Ergebnisse des **International Visitor Survey (IVS)**, einer Repräsentativbefragung von ausländischen Besuchern im Alter ab 15 Jahren. In der Untersuchung von Adams & Parmenter wurden die Daten des IVS von 1988 verwendet, in der insgesamt 6.933 Besucher zwischen dem 1. Januar und dem 31. Dezember befragt wurden. Mit diesen Daten werden die Besucher in 28 verschiedene Typen eingeteilt. Erfaßt wurden damit die Ausgaben für Inlands- und/oder internationale Flüge, für Bahn- und Busreisen, Beherbergung, organisierte Ausflüge, Taxen, Autovermietung, Benzin, Öl, Lebensmittel, Getränke, Glücksspiele, Unterhaltung und Einkäufe von Souvenirs, Geschenken, Kleidung, Schmuck, Büchern und zollfreien Waren. Mit der Methode der Ausgabenhochrechnung (vgl. Abschnitt 7.1.1) wurden die Werte der 28 Besuchertypen auf die Gesamtzahl der Australienbesucher des Jahres hochgerechnet. Da Australien keine Landgrenzen mit anderen Nationen hat und für die meisten Besucher Visumpflicht besteht, lassen sich die Besucherzahlen mit der Grenzmethode gut bestimmen.

Diese Angaben über das Ausgabeverhalten wurden entsprechend einer 1984 vom Bureau of Industry Economics (BIE) durchgeführten speziellen Untersuchung über das Ausgabeverhalten von Touristen in Australien den einzelnen Wirtschaftssektoren, wie sie in der ORANI Input-Output Tabelle aufgeführt sind, zugeordnet. Diese Tabelle enthält 112 Wirtschaftszweige (*industries*) und 114 Massengüter (*commodities*; Adams & Parmenter 1993, S. 5). Dabei mußten einige Schätzungen vorgenommen werden, da nicht alle Ausgaben genau den spezifizierten Wirtschaftszweigen zugeordnet werden konnten. Für den Einzelhandel zum Beispiel wurden die neuesten Input-Output Tabellen des statistischen Amtes verwendet, unter der Annahme, daß das darin dokumentierte Kaufverhalten der privaten Haushalte in Australien weitgehend auch für die Besucher gilt. Darüber hinaus wurde noch geschätzt, daß 67 Prozent der Ausgaben von Touristen für Essen, Trinken und Beherbergung in Restaurants und Hotels getätigt wurden (Adams & Parmenter 1991, S. 18). In einem weiteren Schritt wurden dann die Ausgaben auf Herstellerpreise (*basic values*) umgerechnet. Das heißt, es wurden die Preise ohne indirekte Steuern plus Subventionen und ohne die Spannen für Groß- und Einzelhändler, für das Gastgewerbe und für den Transport errechnet. Damit konnten die den Herstellern von Vorleistungen zufließenden Einnahmen modellgerecht bestimmt werden. Die jeweilige Differenz zu den Verkaufspreisen (=Wertschöpfung) wurde entsprechend ihrem Anteil den beteiligten Wirtschaftssektoren zugerechnet (Gastgewerbe, Transport, Handel etc.).

In einem vierten Schritt wurden dann mit den Angaben aus den Input-Output Tabellen des statistischen Amtes die Importanteile an den jeweiligen Gütern und Dienstleistungen herausgerechnet.

Im letzten Schritt wurde aufgrund der vorhandenen Daten geschätzt, wie groß der Anteil der Käufe von ausländischen Touristen an der Produktion der einheimischen Wirtschaftssektoren ist. Im Schnitt liegt er bei unter 5 Prozent, in vielen Fällen sogar unter 1 Prozent. Die einzigen Ausnahmen sind der Luftverkehr (31,3 Prozent) und das Gastgewerbe (13,1 Prozent).

Zusätzlich wurden noch folgende Annahmen gemacht: In den Wirtschaftsbereichen mit öffentlicher Beteiligung liegt die Investitionsrate gleich hoch wie im privaten Sektor, die öffentliche Verschuldung entwickelt sich damit parallel zur privaten; die noch bestehenden Importrestriktionen werden entsprechend der Planung der Bundesregierung schrittweise zurückgenommen und die Inflationsrate liegt durchschnittlich bei 5 Prozent.

☐ Ergebnisse

Wie erwartet, würden bei einer zehn Prozentpunkte über den Annahmen liegenden Steigerung des Ausländertourismus vor allem die Wirtschaftszweige, die am meisten von der Tourismusnachfrage abhängig sind, auch überdurchschnittliche Wachstumsraten erwarten können. Das wären namentlich der Luftverkehr, das Gastgewerbe, die Kommunikations- und die Unterhaltungsindustrie. Auch die Luftfahrtindustrie (Beteiligung an der Herstellung von Verkehrsflugzeugen durch internationale Kooperationen, Ersatzteile, Wartung usw.) würde in direkter Folge des wachsenden Luftverkehrs einen erheblichen wirtschaftlichen Impuls bekommen.

Übersicht 7.2: Effekte der Steigerung des Auslandstourismus auf ausgewählte Wirtschaftssektoren in Australien

Wirtschaftssektor	Gewinner	Verlierer
Luftverkehr	⇧⇧⇧⇧⇧	
Luftfahrtindustrie	⇧⇧⇧⇧	
Kommunikationsindustrie	⇧	
Gastgewerbe	⇧	
Frucht- und Gemüseproduktion	⇧	
Unterhaltung	⇧	
Viehzucht		⇩
Dienstleistungen für die Landwirtschaft		⇩
Landwirtschaftliche Maschinen		⇩
Jagd und Fischerei		⇩
Kohle		⇩
Erze		⇩
Autos und Autoersatzteile		⇩

Quelle: Adams & Parmenter 1991, S. 30 ff.; vereinfachte Darstellung

Negativ wäre die Entwicklung insbesondere für die australische Landwirtschaft und für die Rohstofförderung (Kohle, Erze etc.), weil sich ihre Exportchancen durch den mit der größeren Nachfrage nach dem australischen

Dollar durch mehr Touristen verbundenen Aufwertungseffekt vermindern würden (Adams & Parmenter 1991, S. 29).

Daß der Luftverkehr und die eng damit verbundene Luftfahrtindustrie gegenüber allen anderen Wirtschaftszweigen und auch gegenüber dem Gastgewerbe die eindeutigen Gewinner einer solchen Entwicklung wären (Übersicht 7.2), hängt mit der solitären geographischen Lage des australischen Kontinents zusammen. Bis auf wenige Ausnahmen (zum Beispiel Kreuzfahrtpassagiere) sind alle Besucher auf das Flugzeug als Reiseverkehrsmittel angewiesen. Auch innerhalb Australiens spielt der Flugverkehr aufgrund der gleichzeitig dünnen Besiedlung und großen räumlichen Ausdehnung des Landes eine wichtige Rolle. Viele Orte sind nicht an das nur wenig ausgebaute Bahnnetz angeschlossen und der Bus ist für die Überwindung der großen Strecken zu langsam und dadurch zu teuer (Übernachtungen), um dem Flugzeug Konkurrenz machen zu können.

Sydney profitiert vor allem vom Luftverkehr

Unter der Bedingung, daß es keine volle Auslastung der australischen Wirtschaft gibt, würden die in projizierten Effekte einer Steigerung des Ausländertourismus auf die einzelnen Wirtschaftssektoren in der Bilanz zu einer leichten Erhöhung der Beschäftigung führen. Gleichzeitig würde sich jedoch die Handelsbilanz gegenüber der Projektion bei Beibehaltung des *status quo* im Tourismus verschlechtern, da die übrigen Exportindustrien durch die Veränderung der *terms of trade* leichte Einbußen hinnehmen müßten.

In einer zweiten Studie haben Adams & Parmenter (1993) die wirtschaftlichen Effekte des angenommenen Wachstums des Ausländertourismus auf die australischen Bundesstaaten untersucht. Dafür wurde zunächst zwischen lokalen (= bundesstaatbezogenen) und nationalen Wirtschaftssektoren unterschieden. 26 der insgesamt 112 Wirtschaftssektoren im ORANI-F Modell wurden den lokalen Sektoren zugeordnet. Beispiele dafür sind: Straßenverkehr, Einzelhandel, Reparaturbetriebe, Unterhaltung, Hotels, Restaurants und persönliche Dienstleistungen. Diese Bereiche weisen nur sehr geringe wirtschaftlichen Verflechtungen über die Bundesstaatsgrenzen hinweg auf. Auf Veränderungen in der Nachfrage für die Güter und Dienstleistungen dieser Branchen, die gut die Hälfte der Wertschöpfung in den einzelnen Staaten ausmachen, kann also weitgehend nur mit entsprechender Output-Anpassung innerhalb der Staaten reagiert werden. Das gilt natürlich auch für die Nachfrage aus dem Ausländertourismus.

Die restlichen 86 Wirtschaftssektoren gehören zu den nationalen Industrien, das heißt, die Nachfrage aus allen Bundesstaaten wird durch Anbieter aus allen Bundesstaaten befriedigt. Ein gutes Beispiel dafür ist die Luftverkehrsindustrie, die in allen Bundesstaaten vertreten ist und Leistungen für die Nachfrage aus allen Bundesstaaten erbringt.

Das überraschendste Ergebnis dieser Analyse ist das für den Bundesstaat Queensland. Obwohl Queensland („The Sunshine State") mit seinem tropischen Klima, seinen Stränden, Inseln und dem der Küste vorgelagerten Great Barrier Reef mit etwa 25 Prozent aller Deviseneinnahmen aus dem Tourismus eine herausgehobene Rolle in der australischen Tourismuslandschaft spielt (Spurr 1995), würde die Wirtschaft des Staates insgesamt bei einer Steigerung des Ausländertourismus paradoxerweise verlieren. Zwar wären - wie Tabelle 7.7 zeigt - die Effekte auf die lokale Tourismusbranche nach New South Wales die höchsten in Australien, aber dadurch, daß die indirekten Effekte des Tourismus hier nur sehr niedrig ausfallen, ist der Multiplikatoreffekt vergleichsweise niedrig. An diesem Beispiel bestätigt sich sehr einprägsam der Befund aus der Bern-Studie (Abschnitt 7.3.3), daß die gesamtwirtschaftliche Bedeutung des Tourismus fast mehr noch als von den direkten Umsätzen von den indirekten und induzierten Wertschöpfungsprozessen abhängt.

Tabelle 7.7: Effekte einer zehnprozentigen Steigerung des Ausländertourismus in Prozentpunkten des Bruttoinlandproduktes für die australischen Bundesstaaten über sechs Jahre

Wirtschaftssektoren	NSW[1]	VIC	QLD	SA	WA	TAS
Lokaler Tourismus	0,0226	0,0188	0,0215	0,0222	0,0176	0,0153
(a) direkter Effekt	*0,0112*	*0,0065*	*0,0165*	*0,0116*	*0,0132*	*0,0077*
(b) indirekter Effekt	*0,0114*	*0,0123*	*0,0050*	*0,0106*	*0,0040*	*0,0076*
Luftverkehr	0,0282	0,0235	0,0217	0,0193	0,0192	0,0183
Luftfahrtindustrie	0,0057	0,0084	0,0001	0,0001	0,0006	0,0001
trad. Exporteure	-0,0257	-0,0090	-0,0599	-0,0257	-0,0596	-0,0392
Andere	0,0242	0,0444	-0,0271	0,0036	-0,0488	-0,0313
BIP Wachstumsraten	**0,0550**	**0,0861**	**-0,0437**	**0,0195**	**-0,0710**	**-0,0368**

[1] Abkürzungen für die Bundesstaaten (in Klammern die Hauptstädte): NSW = New South Wales (Sydney); VIC = Victoria (Melbourne); QLD = Queensland (Brisbane); SA = South Australia (Adelaide); WA = Western Australia (Perth); TAS = Tasmania (Hobart). Das Northern Territory (NT; Darwin) und das Australian Capital Territory (ACT; Bundeshauptstadt Canberra) wurden nicht berücksichtigt.

Quelle: Adams & Parmenter 1993, S. 20

„Wenn ein Staat im Vergleich zu den anderen eine Wirtschaftsstruktur mit mehr Unternehmen in nationalen Wirtschaftssektoren aufweist, die (wie der Luftverkehr) von einer Tourismusexpansion profitieren, und weniger von solchen, deren Aussichten dadurch verschlechtert werden (wie der Landwirtschaft), dann werden die lokalen Wirtschaftssektoren in diesem Staat einen größeren Multiplikatoreffekt haben als diejenigen in dem anderen" (Adams & Parmenter 1993, S. 21; Übers. J.W.M.).

Dieser Effekt wurde zum Teil graphisch bereits aus Abbildung 7.4 auf Seite 439 deutlich, die auch den Einfluß der gewählten Regionsgröße auf den Multiplikatoreffekt zeigt. Interessant ist, daß Victoria von allen Bundesstaaten am stärksten von diesen indirekten Effekten profitieren würde. Daß New South Wales bei einem Wachstum des Ausländertourismus so gut abschneidet, ist zwar primär auch auf seine Wirtschaftsstruktur zurückzuführen, hängt aber auch mit der Rolle Sydneys als Tor zu Australien zusammen: Die meisten Touristen kommen über den Flughafen Kingsford Smith ins Land.

Daß sowohl New South Wales als auch Victoria von den Effekten auf die Luftverkehrsbranche überdurchschnittlich profitieren, liegt daran, daß die ihren Firmensitz dort haben. Auch bei den Effekten auf die Luftfahrtindustrie stehen diese beiden Staaten mit weitaus deutlicherem Abstand an erster Stelle – hier gehen die wirtschaftlichen Auswirkungen in den anderen Staaten fast gegen Null.

Hinter den „traditionellen Exporteuren" in Tabelle 7.7 verbergen sich Landwirtschaft und Rohstoffförderer. Sie verlören durch den oben beschriebenen Mechanismus der Veränderung der *terms of trade* an Exportchancen und müßten ihren Output drosseln. Am wenigsten davon betroffen wäre Victoria, und auch deshalb würde dieser eher industriell ausgerichtete Bundesstaat am meisten von der Erhöhung des Ausländertourismus profitieren, gefolgt von New South Wales, in dem mehr Betriebe aus dem Bereich traditioneller Exporteure ihren Sitz haben.

7.3.5 Beschäftigungseffekte

In den Augen vieler sind die Tätigkeiten im Tourismus wenig qualifiziert, und es genügen die sogenannten „Jedermann-Qualifikationen", um den Anforderungen in dieser Branche gerecht zu werden. Viele Beispiele, insbesondere im Gastgewerbe, belegen auf den ersten Blick diese Vermutung: Bedienungen, die in Restaurants servieren, erfüllen meist die gleichen Voraussetzungen für diesen ‚Job' wie ihre Gäste, die alle schon einmal ein Gasthaus von innen gesehen haben; Zimmermädchen in Hotels machen das, was sie zu Hause ebenfalls tun: aufräumen und saubermachen. Viele Menschen führen eine Pension oder vermieten Privatzimmer, ohne irgendeine Ausbildung dafür vorweisen zu müssen.

Wenn also kaum Anforderungen an die Qualifikation der Tätigkeiten im Tourismus gestellt werden, kann man auch davon ausgehen, daß der Arbeitsmarkt sehr flexibel auf Veränderungen der touristischen Nachfrage reagieren kann. Hinter dieser Vermutung steht in erster Linie die Annahme, daß – wie bereits in der Kritik am Input-Output Ansatz vermerkt – immer eine Arbeitsmarktreserve in Form von Arbeitslosen zur Verfügung steht. Zum anderen steht dahinter der Glaube, der Arbeitsmarkt reagiere durchgängig nach denselben Mechanismen wie andere Märkte auch.

„Aber wie realistisch ist die Annahme, daß es keine Qualifikationsengpässe im Tourismus gibt? Ungefähr zwanzig Prozent der Beschäftigten im Gastgewerbe (Australiens) sind gelernte (*skilled*), etwa vierzig Prozent angelernte (*semi-skilled*) Kräfte ... und die übrigen sind ungelernt. ... Der Luftverkehrssektor beschäftigt eine breite Palette von qualifizierten Mitarbeitern wie Piloten, Fluglotsen und Wartungspersonal" (Forsyth & Dwyer 1994, S. 14; Übers. J.W.M.).

Deshalb ist das Angebot in kritischen Bereichen des Tourismus kurzfristig fix. Gerade im Falle Australiens ist – wie wir oben gesehen haben – der Flugverkehr von entscheidender strategischer Bedeutung für die Entwicklung des Ausländertourismus. Ähnliche Engpässe gibt es auch in anderen Ländern, und bei genauerer Betrachtung der Situation kommt man zu dem Schluß, daß der Arbeitsmarkt, auch der touristische, in den meisten Ländern weitaus weniger schnell und dynamisch auf veränderte Inputs im Wirtschaftssystem reagiert als andere Märkte. Durch Tarifverträge zwischen Unternehmen und Gewerkschaften, gesetzliche Einschränkungen bei der Kündigung von Mitarbeitern und beim Arbeitsschutz sowie die notwendige Zeit für die Ausbildung von Nachwuchs (siehe dazu ausführlich Kapitel 9) sind die Verhältnisse auf den Arbeitsmärkten meist für längere Zeiträume unflexibel. Das gilt nicht nur für die Beschäftigtenzahl und die Länge der Arbeitszeit, sondern auch für die Höhe der gezahlten Löhne und Gehälter. Der auf den anderen Märkten wirkende Angebots- und Nachfragemechanismus ist auf den Arbeitsmärkten aus sozialen und politischen Erwägungen damit nur noch sehr indirekt spürbar.

Lediglich im Gastgewerbe Australiens, in dem ca. siebzig Prozent aller Tourismusbeschäftigten arbeiten, kann man aufgrund der geringeren Qualifikationsanforderungen und der Möglichkeit kurzfristigen Einsatzes an- oder ungelernten Personals an der Rezeption, in der Küche usw. unter Inkaufnahme zeitweiligen Qualitätsverlustes weitaus flexibler reagieren als in den anderen tourismusabhängigen Wirtschaftsbereichen.

Die australische Industries Assistance Commission (IAC) hat auf der Grundlage der Untersuchungen von Adams & Parmenter (1991, 1993) zwei Modelle der Beschäftigungswirkung des wachsenden Ausländertourismus simuliert (Forsyth & Dwyer 1994, S. 14 ff.):

(1) Unter der **Annahme der vollen Flexibilität der Realeinkommen** würden die Beschäftigten in qualifizierten Mangelberufen wie Pilot, Fluglotse, Flugzeugmechaniker/-elektroniker und Chefkoch höhere Löhne und Gehälter beziehen. Dadurch würde sich der Konsumentenpreisindex nur sehr leicht erhöhen. Unter der weiteren Annahme, daß die Einkommenszuwächse auf die Wirtschaftssektoren Luftverkehr und Restaurants beschränkt blieben, würde sich daraus kein Beschäftigungsabbau in anderen Bereichen ergeben. Unter diesen Voraussetzungen würde sich die Nettobeschäftigungswirkung des zehnprozentigen Zuwachses im Ausländertourismus (d.h., unter Berücksichtigung der durch den Tourismusanstieg schrumpfenden Wirtschaftssektoren; siehe den vorangegangenen Abschnitt) auf 0,21 Prozent oder 16.000 Arbeitsplätze belaufen.

(2) Unter der **Annahme fixer Realeinkommen in einigen Tourismusberufen**, die durch tarifpolitische Flexibilitätsbeschränkungen bei den oben angeführten Mangelberufen bedingt sind, beliefe sich das gesamtwirtschaftliche Beschäftigungswachstum unter ansonsten gleichen Voraussetzungen nur auf 0,12 Prozent oder 7.000 Arbeitsplätze. Da keine zusätzlichen materiellen Anreize für diese Qualifikationen angeboten werden, bleibt der Engpaß mittelfristig erhalten. Dadurch entstehen zum Beispiel den betroffenen Fluggesellschaften höhere Kosten durch mehr Wartung ihres Fluggerätes im Ausland und – paradoxerweise – höhere Personalkosten durch die Zahlung von Überstunden an das eigene Wartungspersonal. Weitere Kosten würden durch Flugverspätungen aufgrund der personellen Unterbesetzung der Flugsicherungsstellen verursacht. Ausländischen Fluggesellschaften müßten mehr Flüge nach Australien erlaubt werden, um der gestiegenen Nachfrage gerecht zu werden – dies führte zu Einnahmeverlusten bei einheimischen Fluggesellschaften.

Die IAC kommt deshalb auf der Grundlage dieser Modellrechnungen zu folgender Schlußfolgerung:

„Wenn ein Wirtschaftsbereich daran gehindert wird, höhere Einkommen für gesuchte Qualifikationen anzubieten, ist er auf kostspieligere Alternativen angewiesen. Entsprechend werden die Stückkosten bei fixen Gehältern größer als unter Bedingungen flexibler Gehälter, was gleichzeitig zu einem Arbeitskräftemangel führt" (cit. n. Forsyth & Dwyer 1994, S. 16; Übers. J.W.M.).

Eine Politik flexibler Einkommensgestaltung kann also unter bestimmten Bedingungen zu einer volkswirtschaftlich, beschäftigungspolitisch und damit auch sozial akzeptableren Lösung führen als ein starres Beharren auf einmal ausgeformten Strukturen. Inwieweit sich solche Erkenntnisse jedoch in praktische Politik umsetzen lassen, ist ein Thema, das über die Analyse des Wirtschaftsbereiches Tourismus weit hinausweist.

Kritik: Die Projektionen aus den hier vorgestellten Ergebnissen der Studien über die gesamtwirtschaftlichen Auswirkungen von Steigerungen des Ausländertourismus in Australien beziehen sich auf Zeiträume, die bei ihrer Veröffentlichung bereits teilweise abgelaufen waren. Das ist nicht den Autoren anzulasten, sondern der Trägheit der amtlichen Statistik, welche die relevanten Daten immer nur mit mehrjährigen Verspätungen verfügbar macht. Ebenfalls problematisch sind die teilweise unzureichenden Informationen in der amtlichen Statistik, die durch Ergebnisse anderer Untersuchungen oder Schätzungen ergänzt werden müssen.

Den Untersuchungen kommt aber ein großer **heuristischer Wert** zu, denn sie öffnen den Blick für übergreifende wirtschaftliche Zusammenhänge und die – positiven wie negativen – Interdependenzen zwischen den verschiedenen Sektoren der Wirtschaft. Auch die unterschiedliche regionale Ausprägung der wirtschaftlichen Effekte verweist darauf, daß Analysen mit dem Anspruch der Aufklärung über die wirtschaftliche Bedeutung des Tourismus weiter ausgreifen müssen, als dies bisher meist der Fall war. Studien, die nur die positiven wirtschaftlichen Auswirkungen des Tourismus herausstellen und eventuelle Nachteile für andere Branchen nicht einmal in Erwägung ziehen, sind vor dem Hintergrund dieser Arbeiten – bei allen ohnedies damit bereits verbundenen Problemen – nur mit Vorsicht interpretierbar.

Dabei geht es bei diesen Modellrechnungen nicht um eine Prognose - das würde schon alleine daran scheitern, daß man ja nicht einfach mal eben beschließen kann, den Ausländertourismus um zehn Prozent ansteigen zu lassen – sondern um die Möglichkeit des Ausprobierens verschiedener Alternativen und Szenarien in ihren Auswirkungen auf gesamtwirtschaftliche Entwicklungen. Die Ergebnisse solcher Studien könnten also in erster Linie zur Formulierung und Unterstützung tourismuspolitischer Entscheidungen herangezogen werden.

7.4 Tourismus-Satellitenkonto im Rahmen der volkswirtschaftlichen Gesamtrechnung

Bis dato krankten die Schätzungen über die wirtschaftliche Bedeutung des Tourismus vor allem daran, daß sie in der Regel nur punktuell vorgenommen wurden, mit unterschiedlichen Ansätzen arbeiteten und strenggenommen weder eine nationale Zeitreihe noch internationale Vergleiche erlaubten. Vor diesem Hintergrund gab es seit Jahrzehnten Bestrebungen, ein einheitliches Raster zu entwickeln, das international gültig ist und eine Dauerbeobachtung der ökonomischen Bedeutung des Tourismus im Rahmen der volkswirtschaftlichen Gesamtrechnung eines jeden Landes ermöglicht. Da, wie wir bereits mehrfach gesehen haben, der Tourismus keine Industrie im eigentlichen Sinne ist, „wo die einzelnen Bereiche ein gemeinsames Produkt oder eine Dienstleistung herstellen bzw. die gleiche Produktionsfunktion haben" (Smeral 2003, S. 35), ist sie auf der Angebotsseite nur darstellbar, wenn man über Informationen darüber verfügt, wie groß der Anteil der jeweiligen Produktion bzw. Dienstleistungserstellung einer Branche ist, der durch die touristische Nachfrage ausgelöst wird. Dabei unterscheidet man zwischen tourismusspezifischen (Transport, Beherbergung, Reiseveranstalter usw.), tourismusverwandten (Restaurants, Bars usw.) und nicht tourismusspezifischen Produkten und Dienstleistungen (zum Beispiel Einzelhandel).

Dieses Konzept einer Messung der wirtschaftlichen Bedeutung des Tourismus wurde seit Ende der 1970er Jahre zunächst in Frankreich entwickelt und dann von der OECD aufgenommen und weiterentwickelt. In den 1980er Jahren wurde es vom Statistischen Amt Kanadas (Statistics Canada) in Zusammenarbeit mit der kanadischen Tourismusbehörde (Tourism Canada) übernommen und am Beispiel des eigenen Landes getestet. Es beruht auf den von den Vereinten Nationen 1993 verabschiedeten Empfehlungen über die Führung von volkswirtschaftlichen Gesamtrechnungen (UN System of National Accounts, SNA93) in den Mitgliedsstaaten. Sie sind die Voraussetzung für die internationale Vergleichbarkeit von nationalen Wirtschaftsdaten und werden durch das Satellitenkonto zum Tourismus ergänzt, das dann ebenfalls einen Vergleich der Daten zu diesem Bereich zwischen den Volkswirtschaften der einzelnen Staaten ermöglicht. Mit einem Beschluß auf der UN/WTO-Weltkonferenz im Juni 1999 in Nizza wurde den Mitgliedsländern die Einführung dieser Satellitenkonten (*tourism satellite accounts*, TSA) empfohlen und im Jahr darauf haben die Vereinten Nationen diese Empfehlung auf ihre Mitgliedstaaten ausgedehnt.

Tabelle 7.8: Touristischer Konsum nach Produkten in Österreich

Aggregate	Anteil in Prozent
Tourismuscharakteristische Dienstleistungen	82,77
Beherbergung	22,94
Restaurant- und Gaststättendienste	34,53
Transport	14,11
Reisebüros (netto, d.h. nur die Margen)	1,03
Kultur-, Erholungs-, Unterhaltungs-, Finanz-, Versicherungs- und sonstige Dienstleistungen	10,17
Tourismusverwandte bzw. nicht tourismusspezifische Waren und Dienstleistungen	16,30
Waren	9,79
Dienstleistungen	6,50
Handelsspanne	0,93
Insgesamt	100,0

Quelle: Statistik Austria, WIFO, cit. n. Smeral 2003, S. 45; Bezugsjahr 2000

Sateles, satelitis ist im Lateinischen der Leibwächter, übergreifend auch Begleiter. In dieser letzten Rolle kann man auch das touristische Satellitenkonto sehen, das die volkswirtschaftliche Gesamtrechnung ergänzend begleitet, die durch diese Aktivitäten ausgelösten Wirtschaftstätigkeiten separat erfaßt und damit die Bedeutung des Tourismus für eine Volkswirtschaft sichtbar werden läßt. In Tabelle 7.8 ist die rechte Spalte praktisch der ‚Satellit', der den Wert der gesamten touristischen Nachfrage am Beispiel Österreichs auf die unterschiedlichen Wirtschaftsbereiche aufteilt.

Dies Aufschlüsselung ist insbesondere unter politischer Perspektive wichtig, da wegen der Angebotsfixierung der traditionellen amtlichen Wirtschaftsstatistik der Tourismus oft mit der Folge unterschätzt wird, daß damit verbundene wirtschaftliche und soziale Erhaltungs- und Entwicklungschancen bei entsprechenden Entscheidungen nicht berücksichtigt

Der Vorteil eines solchen Satellitensystems liegt darin, daß es auf die volkswirtschaftliche Gesamtrechnung bezogen bleibt und praktisch nur jenen Teil davon noch einmal einer gesonderten Betrachtung unterzieht, der auf die Verwendung von Produkten und Dienstleistungen durch Touristen zurückgeht. Diese Heraustrennung ist notwendig, weil der Tourismus, wie wir gesehen haben, eine Kombination von Leistungen verschiedener Wirtschaftssektoren ist, die, wie etwa Verkehrsbetriebe, in der Regel jeweils nur einen Teil ihres gesamtwirtschaftlichen Beitrages im Tourismus produzieren.

Tabelle 7.8 zeigt am **Beispiel** verschiedener Branchen auf, wie groß die durch den Tourismus jeweils nachgefragte Wirtschaftsleistung bei ihnen ist. Grundlage dafür sind empirische Untersuchungen über die Zahl der Touristen (bzw. Übernachtungen, Passagiere) und ihr Nachfrage- bzw. Ausgabeverhalten, aus dem die Gesamtausgaben für Produkte und Dienstleistungen der einzelnen Wirtschaftsbereiche berechnet werden (vgl. Abschnitt 7.1.1). Diese werden dann zu den Gesamtumsätzen der jeweiligen

Bereiche in Beziehung gesetzt. Schließlich es gibt nahezu keinen Sektor der Wirtschaft, der vollständig vom Tourismus lebt – selbst Reisebüros nicht, denn sie verkaufen manchmal auch Monatskarten für Berufspendler. Auch Hotels versorgen nicht nur Touristen. Ihre Bankett- und Restaurantleistungen werden auch von Einheimischen in Anspruch genommen. Im Luftverkehr spielt neben der Beförderung von Passagieren auch Fracht, die in der Schiffahrt überwiegt, eine wichtige Rolle. In diesem Zusammenhang werden auch die Ausgaben von Ausflüglern mit erfaßt (sie ließen sich auch nur schwer herausrechnen), so daß der Begriff des Tourismus in diesem Zusammenhang weiter gefaßt ist, als in den ursprünglichen Definitionen von UN/WTO (vgl. Abschnitt 1.1).

Diese Werte sind aufgrund unterschiedlicher Touristenzahlen, landesspezifischer Unterkunftsarten und Aktivitäten für jedes Land anders und müssen entsprechend erhoben werden. Da sich zudem das touristische Konsumverhalten über die Zeit verändert, müssen die die für die Berechnung verwendeten empirischen Grundlagen regelmäßig aktualisiert werden.

Bei der Berechnung dieser Werte sind eine Reihe von Problemen zu beachten. So kann zum Beispiel nicht der Bruttoumsatz von Reiseveranstaltern in die Kalkulation eingehen, denn der größte Teil dieses Umsatzes sind in der Regel im Ausland erbrachte Vorleistungen. Es darf also nur die Marge zwischen den Kosten für die Vorleistungen und dem Verkaufspreis als Umsatz genommen werden (Filip-Köhn, Hopf & Kloas 1999).

Durch die Kombination von angebots- und nachfragebezogenen Daten ist es möglich, das Spezielle an den touristisch motivierten wirtschaftlichen Transaktionen zu berücksichtigen, das u.a. in der flüchtigen Situation des Touristen liegt.

„Er oder sie ist außerhalb des normalen Lebensumfeldes und das ist der Umstand, der ihn oder sie in Besonderheit von allen anderen Konsumenten unterscheidet. Dieses Charakteristikum kann innerhalb des üblichen Rahmens der volkswirtschaftlichen Gesamtrechnung, in dem die Transakteure nach (relativ) dauerhaften Merkmalen klassifiziert und identifiziert werden, unter denen das Land oder der Wohnort eines ist, nicht berücksichtigt werden" (WTO 1999, S. 2 f.; Übers. J.W.M.).

Es ist zu hoffen, daß möglichst viele Staaten solche Satellitenkonten in ihre volkswirtschaftliche Gesamtrechnung einführen werden, um zum einen eine bessere Datengrundlage für die eigenen politischen Entscheidungen zu haben und zum anderen die internationale Vergleichbarkeit der Daten zu erhöhen, die wiederum zu einer besseren Abschätzung der wirtschaftlichen Bedeutung des Welttourismus führen.

Allerdings ist auch diese Methode nicht der Königsweg zur Erfassung der wirtschaftlichen Bedeutung des Tourismus und zur Abstützung politischer Entscheidungen, denn auch hier gibt es **Kritik**: Nicht erfaßt wird mit dieser Methode die touristische Nachfrage, die durch Exporte ins Ausland befriedigt wird. Dazu gehören zum Beispiel deutsche Bücher, Zeitungen und Zeitschriften, die auf Mallorca gekauft werden oder die Lieferung von Reisebussen, die dem Transport von Touristen dienen (Filip-Köhn, Hopf & Kloas 1999). Zudem zeigt das Satellitenkonto nur einen statischen ‚Schnappschuß' der wirtschaftlichen Situation, deren Dynamik nur *ex post* über Zeitreihenanalysen erfaßt werden kann (Dwyer, Forsythe & Spurr 2004). Für politische Entscheidungen wäre es dagegen wichtig, die Wirkungen der Veränderungen von Touristenzahlen u.a. auf andere Sektoren der Wirtschaft, das Bruttoinlandprodukt, die Beschäftigung und die Entwicklung der Exporte im Voraus abzuschätzen zu können.

Beim Konzept des Tourismus-Satellitenkontos handelt es sich also um einen eher pragmatischen Ansatz der Erfassung des Wirtschaftsfaktors Tourismus, der vor allem ohne allzu großen Aufwand eine statistische Abschätzung seiner Größe erlaubt. Seine Implementierung in das System der volkswirtschaftlichen Gesamtrechnung möglichst vieler Staaten wäre ein großer Fortschritt und würde nach einigen Jahren zu einer realistischeren Betrachtung der wirtschaftlichen Bedeutung des Tourismus führen.

8

Tourismuspolitik

Wie in den vorangegangenen Kapiteln deutlich geworden ist, handelt es sich beim Tourismus um ein komplexes System, das direkt oder indirekt nahezu alle Wirtschaftsbereiche miteinander verknüpft. Über das Ökonomische hinausgehend berührt der Tourismus auch eine Reihe wesentlicher Aspekte sozialen, psychischen und physischen Wohlbefindens, so daß seine Gestaltung praktisch alle Lebensbereiche der Mitglieder einer Gesellschaft tangiert. Wie bereits im zweiten Kapitel festgestellt wurde, bemißt sich die **Legitimität** politischer Systeme deshalb nicht zuletzt auch danach, in welchem Ausmaß die in ihnen lebenden Menschen objektiv und subjektiv in die Lage versetzt werden, am Tourismus teilzuhaben. Objektiv bezeichnet in diesem Zusammenhang die staatlichen Regelungen des Reisens, wie sie in Deutschland im Grundgesetzartikel 11 (Freizügigkeit), in den Paßgesetzen, Devisenbestimmungen usw. niedergelegt sind. In den meisten diktatorischen Regimen gibt es zudem Vorschriften, welche die räumliche Mobilität im eigenen Lande einschränken und damit auch den inländischen Tourismus stark beengen. Die subjektive Teilhabe am Tourismus bezieht sich hier in erster Linie auf die Bürger und ihre Freizeit- und Einkommenssituation: Wer kaum über wirkliche Freizeit oder über die finanziellen Mittel zur Gestaltung eines auskömmlichen Alltags verfügt, wird auch dann nicht reisen können, wenn es keine objektiven Hemmnisse gibt.

Ohne Legitimität kann Politik ihrer eigentlichen Aufgabe, der Gestaltung des öffentlichen Lebens, nicht nachkommen. Zur Legitimität eines demokratischen Herrschaftssystems gehört zudem ein Fundus an Gemeinsamkeiten, insbesondere an Vereinbarungen über Regeln und Verfahren, die das Handeln der Akteure so begrenzen, daß die Freiheit anderer nicht beschränkt wird (Popper 1945; siehe auch die Einleitung zu Kapitel 2). Dies ist um so wichtiger, als es sich bei einer Demokratie schon durch das gewollte Wechselspiel zwischen Regierung und Opposition um eine **Herrschaftsform des institutionalisierten Konflikts** und damit des immerwährenden politischen Kampfes um Macht und Einfluß handelt.

„Politik hat eine bestimmte Seite des menschlichen Zusammenlebens zum Gegenstand; ihr obliegt die Funktion des Ordnens und Sicherns. Politik ist auf die Gestaltung des gesamten öffentlichen Lebens ausgerichtet. Diese Gestaltung läuft reibungslos ab, wenn sich die Beteiligten über die Maßstäbe des Handelns einig sind. Ohne ein Mindestmaß einer solchen Einigkeit kann weder Ordnung gestaltet noch Macht behauptet werden. Zur Durchführung der Funktion des Ordnens und Sicherns gehören Macht, sowie Einrichtungen, mit denen und in denen Macht gebraucht wird. ... Politik ist Machtkampf. Beim Machtkampf handelt es sich stets um die Anerkennung des jeweiligen Machthabers durch die Beherrschten oder aus längerer Sicht gesehen darum, ob die herrschende Ordnung als gerecht anerkannt oder eine andere als gerecht angesehene Macht durchgesetzt wird" (v. d. Gablentz & Fraenkel 1959, S. 348).

Kurz zusammengefaßt mit den Titelworten eines Klassikers der Politischen Wissenschaft geht es bei der Politik darum, „wer was, wann und wie bekommt" (Lasswell 1936), wobei sichergestellt sein muß, daß sowohl die Ordnung als auch die in ihr getroffenen Entscheidungen selbst dann allgemein akzeptiert werden, wenn ein großer Teil der Beherrschten ihnen widerspricht (s.u.).

Um das politische Geschehen besser verstehen und analysieren zu können, ist es hilfreich, nach Böhret, Jann & Kronenwett (1988, S. 7) drei Ebenen zu unterscheiden:

1. Die **Form** bzw. die formalen Rahmenbedingungen, in denen Politik gemacht wird (*polity*). Dazu gehören Normen, die Verfassung, Recht und generell diejenigen Institutionen, die den politischen Prozeß ordnen.

2. Der **Inhalt** der Politik, der durch Aufgaben, Ziele, Problemlösungen und Maßnahmen gekennzeichnet ist (*policy*).

3. Der **Prozeß** der politischen Gestaltung im Widerstreit unterschiedlicher Interessen (*politics*), der zur Durchsetzung von inhaltlichen Konzepten, ihrer Ablehnung oder zu Kompromissen führt.

Ulrich von Alemann ergänzt dieses Modell durch ebenfalls drei inhaltliche Aspekte, durch die Politik gekennzeichnet ist und die sich auf die drei eher formalen Ebenen projizieren lassen: Öffentlichkeit, Interesse und Herrschaft (1994, S. 261 ff.).

- In demokratischen Systemen ist die Form gleichbedeutend mit **Öffentlichkeit**, denn die Regeln sind öffentlich, jedermann zugänglich und die Akteure handeln im öffentlichen Raum.

- Der Inhalt der Politik orientiert sich stark an den **Interessen**. „Gestaltung und Aufgabenerfüllung von Politik ist von den Interessen in der Gesellschaft abhängig. Da diese individuellen, materiellen und ideellen Interessen äußerst vielfältig und durch die Knappheit der Mittel gegensätzlich und widersprüchlich sein müssen, ist der inhaltliche Gestaltungsraum von Politik mit Konfliktstoff gefüllt" (*op. cit.*, S. 262).

- Auf der Ebene des Prozesses von Politik schließlich, bei der es um geregelte Konfliktaustragung, Konsensfindung oder Übereinstimmung, also um Durchsetzung geht, spielen Macht und alle Aspekte von **Herrschaft** eine wesentliche Rolle.

Die analytische Trennung in die drei Ebenen ist zwar zum Verständnis des Geschehens im öffentlichen Leben und der darin Handelnden notwendig, bedeutet aber nicht, daß diese drei Ebenen jeweils unabhängig voneinander wären. So kann es zum Beispiel das erklärte inhaltliche Ziel einer Politik sein, die formalen Spielregeln, nach denen der politische Prozeß abläuft, zu verändern. Aber auch dies ist in einem demokratisch verfaßten Staat nur im Rahmen vorab öffentlich festgelegter Prozeduren möglich. Die Form, in der politische Prozesse ablaufen, spielt also eine ganz entscheidende Rolle: sie legitimiert wesentlich die in diesem Rahmen getroffenen Entscheidungen. Niklas Luhmann (1969) spricht in diesem Zusammenhang von der „Legitimation durch Verfahren". Wenn zum Beispiel geregelt ist, daß alle gesellschaftlichen Gruppen im Vorfeld einer Entscheidung gehört werden und ihre Interessen in den Prozeß der Entscheidungsfindung einbringen können, wird die schließlich getroffene Entscheidung in der Regel auch von denjenigen akzeptiert, deren Interessen aus ihrer Sicht dabei zu kurz gekommen sind. Zudem steht es ihnen frei, zu versuchen, den Entscheidungsprozeß von neuem zu eröffnen, um zu für sie günstigeren Lösungen zu gelangen. Politische Entscheidungen sind demnach keine Endpunkte, sondern Zwischenstationen auf dem Wege einer immerwährenden politischen Auseinandersetzung um „bessere" Lösungen für sich zudem aufgrund andauernden technischen und sozialen Wandels laufend verändernde Problemstellungen.

Die oben angesprochenen drei Politikebenen sind im politischen System der Bundesrepublik Deutschland noch durch eine Hierarchie von Entscheidungskompetenzen zu ergänzen, die für die Tourismuspolitik von großer Bedeutung sind. In erster Linie ist es das **föderale Prinzip**, das davon ausgeht, daß eine Zentralregierung in der Regel zu wenig fach- und regionalbezogene Kenntnis besitzt, um sinnvolle Entscheidungen treffen zu können. Deshalb haben die Bundesländer eigene Kompetenzen in einer Reihe von Politikbereichen. Innerhalb der Bundesländer sind es Kreise und Kommunen, die nach dem Prinzip der Selbstverwaltung wiederum für ihre Angelegenheiten in einem weiten Rahmen selbst verantwortlich sind. Durch diese Organisation dezentraler Entscheidungen erhöht sich auch für den einzelnen Bürger die Chance, „bürgernähere Institutionen vorzufinden, sich an politischen Handlungen intensiver beteiligen zu können und staatliche Aktivitäten besser kontrollieren zu können" (Pilz 1977, S. 166).

Der zweite Hierarchieaspekt betrifft das **Subsidiaritätsprinzip**. Es ergänzt das föderale Prinzip, indem es postuliert, daß nur dort, wo die Möglichkeiten von Einzelnen bzw. die einer Gruppe nicht ausreichen, die Aufgaben ihrer Daseinsgestaltung zu lösen, der Staat eingreifen soll. Dieses ursprünglich aus der katholischen Soziallehre stammende Prinzip findet auch seine Entsprechung in der Politik, wenn zum einen in den Verwaltungshierarchien die nächsthöhere Ebene immer erst eingreifen soll, wenn die darunter liegende überfordert ist, und zum anderen, wenn postuliert wird, daß der Staat sich nur dann wirtschaftlich betätigen darf, wenn Privatunternehmen nicht in der Lage sind, die entsprechenden Aufgaben zu erfüllen. Das föderale und das Subsidiaritätsprinzip sind vor allem in den politischen Systemen der Bundesrepublik und der Schweiz verankert (vgl. auch Müller, Kramer & Krippendorf 1995, S. 146 ff.).

Das bundesstaatliche System der Bundesrepublik ist unstrittig, auch wenn der Bund in vielen ursprünglich den Ländern überlassenen Bereichen direkt und indirekt seinen politischen Einfluß in den letzten Jahrzehnten verstärkt hat. Nicht unumstritten dagegen ist das Subsidiaritätsprinzip, vor allem sein wirtschaftspolitischer Aspekt, der öffentlichen Unternehmen nur eine Lückenbüßerfunktion bei Marktversagen zugestehen will, wenn der Markt also nicht in der Lage ist, ein bestimmtes (Versorgungs-)Problem zu lösen.

Politische Entscheidungen in demokratischen Systemen werden durch formal festgelegte Verfahren und Mehrheitsentscheidungen am Ende des Entscheidungsprozesses legitimiert. Mehrheiten müssen organisiert werden. Dies geschieht zum einen durch die Bildung von Parteien, die allgemeine politische Ziele verfolgen, sich regelmäßig freien Wahlen stellen müssen und deren Repräsentanten in den Parlamenten durch diese Wahlen legitimiert werden; zum anderen durch die Bündelung von speziellen Einzelinteressen in Verbänden. Verbände sind Institutionen organisierten Interesses, die versuchen, in ihrem Sinne Einfluß auf die politischen Entscheidungsprozesse zu nehmen. Eine wichtige Funktion liegt dabei in der Übermittlung und Aufbereitung von Informationen für politische Entscheidungsträger, die bei der Vielzahl der komplexen Entscheidungen, die sie zu treffen haben, in der Regel nicht in der Lage sind, alle Konsequenzen und Probleme vorgeschlagener Regelungen und Maßnahmen zu überblicken. Deshalb wird den Verbänden und ihrer Funktion im Rahmen der Tourismuspolitik ein eigener Abschnitt gewidmet (8.3).

8.1 Was ist Tourismuspolitik?

Der Tourismus ist, wie wir in den vorangegangenen Kapiteln gesehen haben, ein sehr komplexer Wirtschafts- und Sozialbereich, dessen ökonomische Bedeutung zwar in einem globalen Sinne gesehen („eine der größten Industrien der Welt"), im speziellen aber meist verkannt wird, weil seine Relevanz nicht so sehr in Branchen und Betrieben wie in seiner Vernetzung sichtbar wird. In vielen Wirtschaftsbereichen macht die Befriedigung direkt oder indirekt touristisch bedingter Nachfrage zudem nur einen Teil der Gesamtnachfrage aus (vgl. ausführlich dazu Kapitel 7). Dies macht Wahrnehmung und Abgrenzung des Tourismus im Vergleich zu anderen Industrien so schwierig. Das gilt auch für die Wahrnehmung des Tourismus durch das politische System.

Die Ordnung der politischen Prozesse (*polity*) findet ihren Ausdruck nicht zuletzt in der **institutionellen Organisation von Politik**. Die Regelung der komplexen und fast alle Lebensbereiche direkt oder indirekt betreffenden öffentlichen Angelegenheiten verlangt nach Spezialisierung. Die Aufteilung der Bearbeitungskompetenzen in Ressorts ist Ausdruck dieser Arbeitsteilung. Die von Regierung zu Regierung wechselnde Zahl der Ministerien und die Änderungen bei der inhaltlichen Schneidung ihrer Aufgaben sind u.a. Ausdruck wahrgenommener gesellschaftlicher Problemlagen und der Festsetzung ihrer politischen Priorität. Dabei ist es naheliegend, daß aufgrund der Komplexität der zu bearbeitenden Aufgaben und Probleme nicht jedem Lebensbereich ein eigenes Ministerium zugeordnet wird.

Diese institutionalisierte Arbeitsteilung in der Politik führt häufig zu einem Denken in Schachteln: Es gibt eine Wirtschafts-, eine Sozial-, eine Finanzpolitik usw., die meist unverbunden nebeneinander stehen und für die es neben den Ministerien eigene Institutionen wie Parlamentsausschüsse und darüber hinaus entsprechend spezialisierte Politiker gibt. Das ist für die Problembearbeitung zwar einerseits sinnvoll, weil man damit die Probleme auf einigermaßen überschaubare Dimensionen begrenzen und so eher zu Lösungen kommen kann, hat aber andererseits den Nachteil, daß mit dieser Komplexitätsreduzierung wichtige Verknüpfungen der Politikbereiche untereinander gekappt und Zusammenhänge deshalb kaum noch wahrgenommen werden.

Für den Tourismus gibt es aufgrund seines bereichsübergreifenden Charakters keine Schachtel. Da der Tourismus keine Branche im traditionellen Sinne ist, sondern verschiedene Wirtschaftsbereiche direkt oder indirekt zu seiner Realisierung beitragen, finden sich in fast allen Schachteln Verbindungen zum Tourismus. Das trifft nicht nur innerhalb der Wirtschaftspolitik zu, sondern betrifft auch andere Politikbereiche wie zum Beispiel die Sozial- und die Gesundheitspolitik (vgl. Mundt 2004, S. 10). Die gesetzliche Regelung des Mindesturlaubs, die Festlegungen der Gesetze zur Reform des Gesundheitswesens über die Kriterien für die Gewährung einer Kur, ihre Dauer und ihre Finanzierung, haben jeweils unmittelbare Effekte in der Tourismusindustrie. Die Reduzierung der Kurdauer von vier auf drei Wochen, die Eigenbeteiligung der Kurgäste und die teilweise Anrechnung der Kur auf den Jahresurlaub haben zusammen mit der Angst um den Arbeitsplatz zu einer erheblichen Verringerung der Kurnachfrage geführt. Die Auslastung von Kureinrichtungen, Hotels und von Sanatorien ist dadurch so stark zurückgegangen, daß viele schließen und ihr Personal entlassen müssen. Auch die weitgehend den Bundesländern überlassene Feiertagsregelung kann von direkter Bedeutung für den Tourismus sein.

Beispiel: Nach dem Beitritt der DDR zur Bundesrepublik wurde statt des 17. Juni[19] der 3. Oktober, der Tag an dem 1990 der Beitritt vollzogen wurde, zum „Tag der deutschen Einheit" deklariert. Da gleichzeitig die Industrieverbände über die zu geringe Zahl von Arbeitstagen klagten, sollte dafür auf einen anderen Feiertag verzichtet werden. Praktisch alle Bundesländer einigten sich auf den evangelischen Buß- und Bettag, der im touristisch wenig relevanten November begangen wird. Lediglich das mehrheitlich katholische Baden-Württemberg wollte in seltenem ökumenischem Geist dafür den Pfingstmontag als Feiertag streichen. Erst nachdem die Auswirkungen

---

[19] Zur Erinnerung an den von sowjetischen Truppen brutal niedergeschlagenen Arbeiteraufstand in Ostberlin am 17. Juni 1953

dieser Streichung auf den Tourismus klar wurden und sich entsprechender Protest selbst in der führenden Regierungspartei artikulierte, wurde diese Regelung wieder rückgängig gemacht.

Tourismuspolitik ist also eine **Querschnittsaufgabe**, die praktisch alle Ressorts und Politikbereiche betrifft. Krippendorf (1976; cit. n. Müller, Kramer & Krippendorf 1995, S. 155) unterscheidet in diesem Zusammenhang zwischen direkter und indirekter Tourismuspolitik:

- **direkte Tourismuspolitik** bezieht sich dabei auf alle Maßnahmen, die „hauptsächlich oder ausschließlich aus dem Tourismus heraus begründet werden" bzw. sich auf ihn beziehen;
- **indirekte Tourismuspolitik** umfaßt dagegen alle diejenigen Maßnahmen, „die nicht in erster Linie den Tourismus zum Gegenstand haben, diesen aber ... als Wirtschaftszweig maßgeblich tangieren" (a.a.O.).

Regierungen sowohl auf Bundes- als auch auf Landesebene und kommunale Selbstverwaltungen betreiben alle auch Tourismuspolitik, selbst dann, wenn sie sich dessen gar nicht bewußt sind. Man kann deshalb mit Hall & Jenkins (1995, S. 7 f.) Tourismuspolitik definieren als alles das, was Regierungen in bezug auf Tourismus beschließen zu tun – oder nicht zu tun. Diese Definition knüpft an die gern verdrängte Tatsache an, daß, so wenig wie es Nicht-Entscheidungen gibt, es auch keine Nicht-Politik geben kann. Derjenige, der sich bewußt oder unbewußt in einer Problemlage vor einer Entscheidung drücken will und alles so weiter laufen läßt, hat damit in Wirklichkeit eine Entscheidung für den *status quo* getroffen. Dies gilt natürlich auch dann, wenn der jeweilige Entscheidungsträger die Probleme noch nicht einmal erkannt hat; er trifft die Entscheidung ja so oder so.

Tourismuspolitik wird also immer gemacht – auch wenn man sie nicht sieht. Daß sie auf Bundesebene nur einen geringen Stellenwert in Deutschland hat und kaum ins Bewußtsein der Öffentlichkeit dringt, ist auf verschiedene Umstände zurückzuführen:

- Wirtschaftspolitik geht noch allzu oft von der längst überholten Vorstellung aus, daß industrielle Güterproduktion die alleinige Grundlage für den materiellen Wohlstand sein kann. Die steigende Bedeutung von Dienstleistungen aller Art kommt nur sehr langsam in das Bewußtsein der politischen Entscheidungsträger (siehe die Einleitung zu Kapitel 7).
- Tourismus ist ein sehr komplexes Politikfeld, dessen Dimensionen nicht ohne weiteres sichtbar sind, sondern sich nur mit analytischen Mühen erschließen läßt.
- Der (Massen-)Tourismus ist, historisch gesehen, relativ neu und läßt sich keinem der traditionellen Politikfelder zuordnen, die institutionell im politischen System verankert sind wie Wirtschafts-, Finanz- oder Sozialpolitik (Hall & Jenkins 1995, S. 4). Zuständigkeiten müssen erst geprüft und entwickelt werden.
- Daraus ergibt sich, daß es auch kaum Erfahrungen in der Formulierung und Durchsetzung tourismuspolitischer Konzepte gibt, was die Neigung vieler Politiker, sich damit zu beschäftigen, nicht gerade erhöht.
- Der Tourismus als Exportindustrie spielt in Deutschland im Vergleich zum produzierenden Gewerbe nur eine geringe Rolle.

Vor diesem Hintergrund ist es plausibel, daß es in Deutschland bis heute keine differenziert ausformulierte Tourismuspolitik und entsprechend auch kein Tourismusministerium gibt, auch in den Bundesländern nicht. Lediglich in der Endphase der DDR, nach den einzigen demokratischen Parlamentswahlen, gab es 1990 kurzzeitig ein eigens für den Tourismus zuständiges Ministerium. Es wurde mit dem Beitritt der DDR zur BRD im Oktober 1990 gleich wieder aufgelöst.

In anderen Ländern wie Österreich, der Schweiz, Spanien, der Republik Irland, in den Staaten der Karibik, in Australien, Neuseeland usw. sieht die Situation anders aus. Diese Länder leben zu nicht geringen Teilen von den Einnahmen aus dem internationalen Tourismus. Daß der Tourismus bei ihnen eine solche Bedeutung hat, ist bei vielen der genannten Staaten nicht zuletzt die Folge einer auf Expansion angelegten Tourismuspolitik. In einigen dieser Länder gibt es deshalb eigene Tourismusministerien, die gleichzeitig Ausdruck des politischen Willens als auch Agenten für die weitere Entwicklung des Tourismus sind.

Wenn Tourismuspolitik alles das ist, was im politischen Raum verhandelt, entschieden und umgesetzt wird und entweder mit voller Absicht den Tourismus betrifft (= direkte Tourismuspolitik) oder unbeabsichtigt auf ihn einwirkt (= indirekte Tourismuspolitik), dann sind damit alle Ebenen der Politik angesprochen. Die Beschreibung und Analyse von Tourismuspolitik muß sich entsprechend mit allen Aspekten und Facetten der Politik auseinandersetzen, auch wenn ein Teil der Akteure sich auf den ersten Blick gar nicht mit diesem Thema beschäftigt und möglicherweise sogar völlig andere Ziele verfolgt. Parteien zum Beispiel geht es nicht nur um Inhalte von Politik und Sachfragen, sie müssen gleichzeitig auch die Ziele und Interessen der eigenen Organisation in der politischen Arena verfolgen: Eine sachlich vielleicht gebotene Entscheidung hat nur geringe Chancen, Unterstützung zu finden, wenn damit Existenz oder Wahlchancen einer Partei gefährdet werden. Zudem verfolgen auch die Verwaltungsbürokratien eigene Interessen, die denen der Politik zuwiderlaufen können. Die Komplexität politischer Prozesse wird auch darin deutlich, daß nicht selten auf unterschiedlichen Politik- und Verwaltungsebenen widersprüchliche Ziele verfolgt werden und selbst dann, wenn die Ziele übereinstimmen, unkoordinierte Maßnahmen es schwermachen, die Politik zu verstehen (vgl. ausführlich dazu Mundt 2004, S. 59-65).

Wir werden uns daher im Folgenden nur mit den Ausschnitten der Tourismuspolitik beschäftigen können, die von besonderer Bedeutung für die Organisation, Entwicklung und Wirkung des Tourismus sind. Bevor wir uns dabei im einzelnen die Akteure auf den tourismuspolitischen Bühnen näher beleuchten, müssen wir uns jedoch mit der Frage beschäftigen, welche Rolle der Staat im Tourismus spielt.

8.2 Staat und Tourismus

Geht man von einer konsequenten Anwendung des Subsidiaritätsprinzips aus, dann dürfte der Staat im Tourismus auf den ersten Blick kaum eine aktive Rolle spielen. Seine Aufgabe wäre es lediglich, die entsprechenden Rahmenbedingungen für die räumliche Freizügigkeit im eigenen Lande und, durch entsprechende Abmachungen und Verträge mit anderen Staaten, die Anerkennung der ausgestellten Reisepapiere auf Auslandsreisen zu erreichen. Wirtschaftpolitisch wäre lediglich sicherzustellen, daß die eigene Währung frei konvertierbar ist und keinerlei Devisenbeschränkungen die Reisetätigkeit behindern.

Tatsächlich sieht die Situation jedoch ganz anders aus. In nahezu allen Bereichen sind direkte und indirekte staatliche Einflüsse im Tourismus zu beobachten. Es beginnt bei den örtlichen Tourismusstellen, die von den Städten und Gemeinden entweder selbst betrieben werden oder an denen sie maßgeblich beteiligt sind, und setzt sich über die Staatsbäder fort bis auf die Ebene der nationalen Tourismusorganisationen, die mit staatlicher Unterstützung für das eigene Land als Destination werben. Der ankommende Tourismus (*inbound tourism*) wird in weiten Bereichen von öffentlichen bzw. quasi-öffentlichen Organisationen betreut und abgewickelt. Man kann daher in diesem Bereich von einer **öffentlichen Tourismuswirtschaft** sprechen. Sie wird zu einem sehr hohen Anteil aus Steuermitteln subventioniert.

Anders sieht es im Prinzip bei denjenigen Unternehmen der Tourismuswirtschaft aus, die den Auslandstourismus (*outbound tourism*) organisieren: Reiseveranstalter, Reisebüros, Busgesellschaften und – wenn auch mit Einschränkungen – Fluggesellschaften sind in der Regel rein privatwirtschaftlich organisierte Unternehmen. Wie in anderen Branchen auch, hält der Staat direkt oder indirekt Beteiligungen an solchen Unternehmen.

Im Zusammenhang mit der Tourismuspolitik ist vor allem die Rolle des Staates als Organisator bzw. Koordinator und Geldgeber für wirtschaftliche Aktivitäten interessant. Unter wirtschaftspolitischer Perspektive werden die meisten Aktivitäten und Subventionen staatlicher Stellen im Tourismus als Investitionen gesehen, die eine Reihe von Renditen in unterschiedlichen Bereichen abwerfen. Am Beispiel der nationalen Tourismuspolitik Großbritanniens haben Shaw, Greenwood & Williams 1988 (cit. n. Hall 1994, S. 29) folgende Faktoren aufgeführt, die zum Engagement des Staates geführt haben:

1. Verbesserung der Zahlungsbilanz durch ausländische Touristen bzw. dadurch, daß einheimische Reisende ihr Geld nicht im Ausland, sondern im eigenen Land ausgeben;
2. die Förderung regionaler Entwicklung;
3. Diversifizierung der nationalen Wirtschaft;
4. Steigerungen öffentlicher Einnahmen durch Steuern und Abgaben;
5. Verbesserungen des Einkommensniveaus und
6. die Schaffung von neuen Arbeitsplätzen.

Mit diesem Engagement verletzt der Staat weitgehend nicht das Subsidiaritätsprinzip, denn die vielen verschiedenen Unternehmen der Tourismuswirtschaft selbst sind offensichtlich nicht in der Lage, ihre gemeinsamen Interessen zu erkennen, zu bündeln und zu organisieren. Dies zeigt sich praktisch auf allen politischen Ebenen, von der kleinen Tourismusgemeinde über die Ferienregion bis zur gesamten Nation.

Am **Beispiel** Schwedens läßt sich die Problematik sehr anschaulich darstellen. Von 1976 bis 1992 gab es unter den sozialistischen Regierungen ein staatliches Tourismusamt. Infolge des Regierungswechsels 1991 wurde mit der Swetrac (Swedish Travel and Tourism Council AB) eine private Aktiengesellschaft an die Stelle des Amtes gesetzt, die unter dem Slogan „Next Stop Sweden" aktiv wurde. Gründungsaktionäre waren der Hotel- und Gaststättenverband, der schwedische Verband der Reisebranche und der Interessenverband der kommunalen Verkehrsämter. Zu hundert Prozent hat sich aber auch die bürgerliche Regierung nicht auf die private Organisation verlassen, sondern mit „Sverigebilden" (Image Sweden) eine kleine, dem Außenwirtschaftsministerium unterstellte Behörde eingerichtet, welche die Anschubfinanzierung für das neue Unternehmen sicherstellen sollte. Die Bereitschaft der Tourismuswirtschaft, in die neue Organisation zu investieren, war jedoch gering: Der Etat war kontinuierlich von 1991 umgerechnet 28 Millionen DM auf 1994 nur noch 11 Millionen DM geschrumpft. In der Folge mußten Auslandsvertretungen geschlossen und Werbekampagnen verringert werden. Nach der Wahlniederlage der bürgerlichen Parteien und dem Sieg der sozialistischen Partei 1994 wurde 1995 in einer Art Kompromiß zwischen den beiden früheren Konzepten eine neue Aktiengesellschaft gegründet, die jeweils zur Hälfte vom Staat und von der Tourismuswirtschaft finanziert wird.

Was in Schweden geschehen ist, würde vermutlich auch in allen anderen Ländern so oder so ähnlich ablaufen, wenn der jeweilige Staat versuchte, das nationale Tourismusmarketing aus seinem Verantwortungsbereich herauszunehmen und der Wirtschaft zu überlassen. Obwohl seit einigen Jahren Privatisierung als eine Art Allheilmittel gepriesen wird, muß man (nicht nur) an diesem Beispiel daran erinnern, daß die Interessen der einzelnen Unternehmen offensichtlich zu divergent sind, um die Selbstorganisation von Brancheninteressen zu ermöglichen (vgl. dazu auch Abschnitt 8.3). Im Bereich des Tourismus ist dies noch ausgeprägter, weil ja viele verschiedene Wirtschaftsbereiche gleichzeitig vom Tourismus profitieren. Nicht nur zwischen den Branchen, auch zwischen einzelnen Unternehmen bestehen oft große Spannungen. Viele Hoteliers zum Beispiel sehen in Reiseveranstaltern weniger ihre Vertriebspartner als die ihre Nachfragemacht ausspielenden Preisdrücker und kleine Unternehmer mißtrauen generell großen Firmen und Konzernen, die sie vielfach als Bedrohung ihrer Existenz wahrnehmen.

Vor allem in Ländern, die geographisch isoliert gelegen und relativ stark vom Ausländertourismus abhängig sind (zum Beispiel Australien, Neuseeland und die gesamte Karibik), würde ein erheblicher Druck auf den jeweiligen nationalen Fluggesellschaften lasten, den größten Teil der Finanzierungskosten für die Auslandswerbung zu tragen, weil sie aus der Sicht der anderen Unternehmen am meisten an den Touristenströmen verdienen. Diese würden dann zu recht darauf verweisen, daß ja auch ausländische Fluggesellschaften Touristen ins Land bringen, die dann ebenfalls zur Kasse gebeten werden müßten. Mit anderen Worten: Wie schon am Beispiel Schwedens eindrucksvoll zu sehen war, würde jeder glauben, der jeweils andere müsse mehr zahlen, und am Ende stünde immer weniger Geld für das Tourismusmarketing zur Verfügung.

Es bedarf also ganz offensichtlich einer **neutralen Stelle** für die Steuerung und Koordinierung übergreifender Aktivitäten der Tourismusindustrie. Diese Neutralität hat in der Regel nur der Staat, der seine Tourismuspolitik eher an übergreifenden Zielen (wie den oben genannten sechs Punkten) ausrichtet als an gruppen- oder unternehmensspezifischen Interessen. Das gilt nicht nur auf nationaler, sondern ebenso auf regionaler bzw. lokaler Ebene (vgl. dazu auch Abschnitt 8.4.2). Die Notwendigkeit der neutralen Stelle wird besonders dann deutlich, wenn es nicht mehr nur um die Förderung, sondern auch um die Drosselung des Tourismus geht, um die natürlichen und wirtschaftlichen Ressourcen einer Destination zu schonen bzw. optimaler einzusetzen.

Beispiele: Die Bermudas haben die Zahl der Touristen begrenzt, die jährlich auf die Inseln reisen dürfen. Neue Hotelprojekte werden nicht mehr genehmigt. Der Himalaya-Staat Bhutan hat über die Beschränkung der Touristenzahl hinaus ihre Routen reglementiert und einem Zwang zu Gruppenbegleitung eingeführt, als das Land 1974 für den Tourismus geöffnet wurde. Die möglichen Schäden durch den Tourismus - „von den soziokulturellen Auswirkungen bis zum Antiquitätenverkauf" (hoher Regierungsbeamter nach Kohl 1990, S. 134) - sollen vermieden werden. Auf Mallorca wurden in der Gemeinde Calvi (zu der auch die vielbesuchten Orte Magaluf und Palma Nova gehören) Billighotels abgerissen, um Naturschutzgebiete nicht zu gefährden und eine qualitative Steigerung des Tourismus zu erreichen. Die Wintersportorte Zürs und Lech am österreichischen Arlberg haben (über sehr hohe Preise der Lifttageskarten) den Tagestourismus stark beschränkt, um den Ortsgästen lange Wartezeiten an den Liften und überfüllte Skipisten zu ersparen.

In manchen Fällen ist es auch notwendig, Schlüsselunternehmen für den Tourismus eines Landes staatlich zu unterstützen. Das gilt zum Beispiel für Fluggesellschaften in kleineren Ländern, die in hohem Maße vom Tourismus abhängig und fast ausschließlich auf dem Luftweg erreichbar sind. In ihnen ist die Tourismusindustrie in extrem hohem Maße von den Flugverbindungen in die Entsendeländer abhängig. Überläßt man die Bedienung der Verbindungen nur ausländischen Gesellschaften, begibt man sich nahezu vollständig in die Hand dieser Unternehmen. Wenn sie ihre Flugverbindungen einstellen, bleiben die Hotels, Restaurants, Ausflugsbusse und viele Geschäfte, die (auch) vom Tourismus leben, leer.

Beispiele: Einige **karibische Inseln** haben in ihrer Geschichte die Erfahrung machen müssen, daß ihre wirtschaftliche Existenz auf das engste mit den Flugverbindungen us-amerikanischer Fluggesellschaften in die USA verknüpft ist. Wenn die Bedienung dieser Strecken nicht zu den gesetzten Renditezielen führt, werden sie kurzfristig eingestellt. Eine nationale Fluggesellschaft aber lohnt sich volkswirtschaftlich selbst dann, wenn sie keine Gewinne abwirft, weil sie für eine kontinuierliche Anbindung der Destination und damit eine entsprechende Auslastung der touristischen Anbieter sorgt. Das ist auch der Hauptgrund dafür, daß sich ein Land wie **Namibia** eine eigene Fluggesellschaft leistet. Sie ist der einzige Garant für eine dauerhafte Verkehrsanbindung an den Hauptmarkt Europa. Auch hier mußte man die Erfahrung machen, daß ausländische Fluggesellschaften schnell Verbindungen einstellen, wenn ihre – sich manchmal auch wandelnden – Erwartungen nicht mehr erfüllt werden.

Zudem kann es das politische Ziel einer Regierung sein, vor allem Einheimischen durch den Tourismus Beschäftigungschancen zu eröffnen und nicht von ausländischen Unternehmen abhängig zu sein. So hat der pazifische Inselstaat **Vanuatu** 1981 mit Air Vanuatu eine eigene Fluggesellschaft gegründet, welche die Inseln untereinander und mit Neuseeland und Australien verbindet. Zudem wurde bei Tour Vanuatu, einem Reise- und Rundfahrtveranstalter, eine Mehrheitsbeteiligung erworben (Hall 1994, S. 40).

In Europa betreibt **Malta** eine ähnliche Politik. Die nationale Fluggesellschaft, Air Malta, wurde 1973 mit Hilfe der Pakistan International Airlines (PIA) gegründet, die auch die ersten Flugzeuge zur Verfügung stellte und einige Zeit noch mit 20 Prozent an ihr beteiligt war. Der Staat hatte einen Anteil von 51 Prozent. Der Flugbetrieb wurde 1974, im Jahr der Gründung der unabhängigen *Repubblika ta' Malta* aufgenommen. Air Malta betreibt ein gutes Dutzend Flugzeuge. Bei insgesamt 360.000 Einwohnern der Republik Malta ist es offensichtlich, daß eine Fluggesellschaft dieser Größe in erster Linie dem Tourismus nach Malta dient. Die strategische Bedeutung, die der Fluglinie für die touristische Entwicklung beigemessen wird, zeigt sich auch in der mittlerweile hohen Staatsbeteiligung von 96,4 Prozent. Dabei war Air Malta kein Subventionsbetrieb: Mit Ausnahme des ersten Jahres hat die Gesellschaft über Jahrzehnte schwarze Zahlen geschrieben. Seit ihrer Gründung hat Air Malta zudem eine Politik der vertikalen Integration betrieben. Der erste Schritt war die Gründung eines Reiseveranstalters in Großbritannien, ihm folgten Investitionen in Hotelanlagen auf Malta, so daß die touristische Wertschöpfung zu einem großen Teil in maltesischer Hand bleibt (zu den Daten vgl. „Air Malta" in Clews 1995, S. 277-281). Seit dem Beitritt Maltas zur EU nutzt Air Malta auch die Liberalisierung und fliegt auch von Großbritannien aus in diverse europäische Destinationen (Air Malta Webseiten 2006).

Die nationalen Fluggesellschaften dieser Länder sind also **zentrale strategische Erfolgsfaktoren** für die Erhaltung und Entwicklung ihrer Tourismuswirtschaft. Die Subventionierung von Organisationen und – wenn dies überhaupt nötig sein sollte – Schlüsselunternehmen der Tourismuswirtschaft kann also gesamtwirtschaftlich gesehen erhebliche Erträge abwerfen. Damit sind diese Subventionen nicht gleichzusetzen mit den verlorenen Mitteln, die etwa in Deutschland zur Erhaltung überkommener Strukturen (wie in der Landwirtschaft) und nicht überlebensfähiger Industrien (wie den Steinkohlebergbau) eingesetzt werden, die schon lange keine Schlüsselfunktion für die wirtschaftliche Entwicklung mehr haben.

Der Staat ist aber tourismuspolitisch nicht nur im Bereich der Wirtschaftsförderung tätig, sondern unterstützt in einigen Ländern auch die touristischen Aktivitäten seiner Bürger. Vor dem Hintergrund der gesundheitlichen, sozialen und sozialintegrativen Bedeutung des Tourismus (vgl. dazu u.a. Kapitel 2 und 3) werden im Rahmen des **Sozialtourismus** Urlaubsaufenthalte von einkommensschwachen und unter verschiedenen Aspekten besonders belasteten Bevölkerungsgruppen gefördert. Dazu gehörten zum Beispiel Kinderlandverschickungen von Kindern aus wenig betuchten kinderreichen Familien und von Kindern aus Westberlin, die aufgrund der Teilung der Stadt bis 1989 kaum Gelegenheit hatten, aus ihr herauszukommen und etwas vom Landleben kennenzulernen. Die Kompetenzen dafür liegen in Deutschland primär bei den Bundesländern, die in den letzten Jahren sowohl die Mittel für die Heime als auch für die Unterstützung von Familienaufenthalten erheblich gekürzt haben (Barth 2002; vgl. auch Mundt 2004, S. 165-172). Vor dem Hintergrund der deutlich gesunkenen Reiseintensität von Arbeitslosen (siehe Abschnitt 2.3.1) heißt dies, daß immer mehr Menschen keine Möglichkeiten für längere Urlaubs- und Erholungsaufenthalte mehr haben.

Die Geschichte des Sozialtourismus begann im zwanzigsten Jahrhundert zwischen den beiden Weltkriegen. Genossenschaften (vgl. H. Teuscher 1991) und Gewerkschaften versuchten, auch Gruppen von Menschen Urlaubsreisen zu ermöglichen, die sonst keine Gelegenheit dazu hätten. In Deutschland spricht kaum noch jemand über den Sozialtourismus, in der reichen Schweiz dagegen ist er auch heute noch ein wichtiger Faktor.

Beispiel: Die Schweizer Reisekasse (Reka), gegründet im Jahre 1939, ermöglicht den ca. 300.000 Mitgliedsfamilien im Durchschnitt um 17 Prozent verbilligte Urlaubsreisen, vor allem innerhalb der Schweiz. Sie hat ca. 6.700 Vertragspartner (Beförderungsunternehmen, Hotels, Ferienwohnungen, Tankstellen usw.) und besitzt selbst ca. 1.500 Ferienwohnungen. Der Jahresumsatz liegt bei gut 300 Millionen sfr (Müller, Kramer & Krippendorf 1995, S. 169).

Zur Diskreditierung des Sozialtourismus hat wohl auch beigetragen, daß insbesondere totalitäre Regime das Reisen mit staatlicher Hilfe gefördert haben. Zunächst im faschistischen Italien, dann im nationalsozialistischen Deutschland, das mit seiner Organisation „Kraft durch Freude (KdF)" das italienische Vorbild kopierte, dann im „sozialistischen" Ostblock. In allen Fällen ging es darum, die Legitimität dieser undemokratischen Machtsysteme dadurch zu erhöhen, daß der Staat die Reisen von Gruppen förderte, die früher kaum Chancen gehabt hätten, sich den Luxus einer zeitweiligen Abwesenheit von zu Hause und den Genuß eines Ferienaufenthaltes leisten zu können.

Zudem werden heute in fast allen Ländern die Sozialetats zusammengestrichen, so daß Mittel für die Förderung des Reisens für sozial schwächere Bevölkerungsgruppen schon gar nicht mehr zu Verfügung stehen (Hall 1994, S. 44). Gleichzeitig kann man die immer geringer werdende Bedeutung des Sozialtourismus aber auch mit einem allgemeinen Wohlstandswachstum erklären, der weit mehr Leuten als früher das Reisen ermöglicht hat. Da die privatwirtschaftlich organisierte Tourismusindustrie in der Lage war, immer mehr Destinationen zu immer günstigeren Preisen zu erschließen, besteht aus dieser Sicht auch kein Bedarf mehr für die staatliche Unterstützung des Reisens. Lediglich im Bereich Jugend- und Familientourismus werden mit dem Deutsch-Französischen und dem Deutsch-Polnischen Jugendwerk noch Organisationen unterstützt, die zumindest teilweise dem Sozialtourismus zuzurechnen sind. Auch wenn die Zielsetzung der Jugendwerke eher im politischen Bereich liegt, hat es doch auch eine sozialtouristische Funktion, indem es Jugendlichen Begegnungsreisen zu subventionierten Preisen ermöglicht.

Staatliche Regelungen gelten in Deutschland auch im Kurwesen, der zum Teil dem Sozialtourismus zuzuordnen ist. Zwar kann man hier nicht selbst bestimmen, wann und wohin man fährt, aber die Aufenthalte werden im Rahmen gesetzlicher Bestimmungen zu einem großen Teil von Sozialversicherungsträgern oder Krankenkassen finanziert. In speziellen Bereichen wie etwa beim Deutschen Müttergenesungswerk bezuschußt die Bundesregierung zum Beispiel bauliche Maßnahmen bei den Kurheimen.

8.3 Verbände

Verbände werden in der betriebswirtschaftlichen Literatur zum Teil den Kooperationen zugerechnet. Dabei wird ein nicht einheitlicher und teilweise sehr weiter Begriff von Kooperation verwendet. Für Wöhe (2002, S. 302 ff.) zum Beispiel reicht die Kooperation von Interessengemeinschaften über Arbeitsgemeinschaften, Konsortien und Gemeinschaftsunternehmen bis hin zu

Verbänden. Eine ähnliche Auffassung vertritt Hans Jung (2004, S. 119 ff.), wobei er die Kooperationsformen nach dem Grad der Intensität der Zusammenarbeit unterscheidet (*op. cit.*, S. 120). Verbände wiesen danach den geringsten Grad der Zusammenarbeit auf, Interessengemeinschaften (= vertragliche Zusammenschlüsse von gleichberechtigten Unternehmen auf horizontaler Ebene zur langfristigen Gewinnmaximierung) und Kartelle den höchsten. Schierenbeck (2003, S. 48) und Schneck (1999, S. 232 f.) rechnen sogar die Kammern (zum Beispiel Handwerkskammern, Industrie- und Handelskammern [IHK]) zu den Kooperationen. Bei ihnen handelt es sich jedoch um **Zwangsverbände** öffentlich-rechtlichen Charakters, in denen jeder Handwerksbetrieb bzw. jedes Unternehmen Mitglied sein muß. Sie unter Kooperationen zu führen, ist schon vor dem Hintergrund der erheblichen Widerstände bei vielen Unternehmen gegen ihre Zwangsmitgliedschaft nicht gerechtfertigt. Es handelt sich hier ganz offensichtlich um eine Verwechselung des Begriffs **Kooperation** mit dem einer **Korporation**, ein Begriff, mit dem u.a. solche Verbände und Körperschaften in der politikwissenschaftlichen Literatur bezeichnet werden.

Ist der Kooperationsbegriff bei Schierenbeck und Schneck fast bis ins Nichtssagende verwässert, geht Selchert (1991) dagegen einen wichtigen Schritt weiter und unterscheidet zwischen Kooperationen mit wettbewerbsneutraler und solchen mit wettbewerbeinflussender Wirkung (S. 128 ff.). Verbände gehören bei ihm zu den Kooperationen mit wettbewerbsneutraler Wirkung. Schultz (1988, S. 33 ff.) ebenso wie Peters (1991, S. 25 ff.) beschränken demgegenüber den Begriff Kooperation auf eine durch betriebswirtschaftliche Ziele motivierte Zusammenarbeit zwischen verschiedenen Unternehmen, bei denen ein Teil der wirtschaftlichen Selbständigkeit aufgegeben wird. Verbände werden von ihnen in diesem Zusammenhang nicht erwähnt. Im übrigen beklagt Schultz sehr zu recht einen „Begriffswirrwarr" auf diesem Gebiet.

Es gibt eine Reihe von Gründen, der einschränkenden Definition von Schultz und von Peters zu folgen. Verbände sind Mitgliederorganisationen, die sich die im Grundgesetz garantierte Koalitionsfreiheit zunutze machen: „Das Recht zur Wahrung und Förderung der Arbeits- und Wirtschaftsbedingungen Vereinigungen zu bilden, ist für jedermann und für alle Berufe gewährleistet" (Artikel 9 [3] GG). Die Arbeit von Verbänden findet also im politischen Raum statt; es geht prinzipiell um die Vertretung gemeinsamer Brancheninteressen und nicht um die einzelner Unternehmen. Die Marktkonkurrenz der in Verbänden organisierten Unternehmen tritt zurück hinter die Belange des gesamten Wirtschaftszweiges. Auf politischer Ebene sollen günstige Rahmenbedingungen für Bestand und Entfaltung aller dazugehörigen Unternehmen geschaffen werden. Es handelt sich also um eine **politische Interessenvertretung**. Lediglich in der speziellen Situation, in der ein Verband gleichzeitig auch als Tarifpartner auftritt, könnte man von Kooperation in dem Sinne reden, daß er die Lohnverhandlungen für die Betriebe führt, die damit diesen Teil ihrer wirtschaftlichen Selbständigkeit an ihn abtreten.

Ein **Sonderfall** ist die International Air Transport Association (IATA). Sie wurde 1945 zwar einerseits als Gegengewicht zur International Civil Aviation Authority (ICAO) gegründet, bei der die Fluggesellschaften ihre Interessen bei der Regelung des Flugverkehrs einbringen wollten. Bis 1979 war die IATA mit ihren jährlichen Tarifkonferenzen quasi ein Kartell, in dem die großen Fluggesellschaften ihre Preise absprachen. Das Clearing House, in dem die abgeflogenen Flugscheine der Gesellschaften gegeneinander aufgerechnet werden, hat, ebenso wie die Lizensierung von Reisebüros, den Charakter einer Kooperation, denn sie übernimmt u.a. den Zahlungsausgleich zwischen den Fluggesellschaften und das Inkasso bei den Vertriebsstellen. Gleichzeitig tritt sie aber auch international als Interessenvertretung der Fluggesellschaften auf und beschäftigt sich dabei auch mit Fragen der Flugsicherheit, Flugsicherung, Streckenrechten und technischen Problemen (vgl. Doganis 1991, S. 36-41; Pompl 1991, S. 14 f.).

Normale Verbände sehen sich den gleichen Problemen gegenüber wie jeder Verein: Es gibt viele Mitglieder, aber nicht alle sind auch aktiv. Eine ganze Reihe von ihnen sind reine Beitragszahler („Karteileichen"), die selber kaum Initiative entwickeln, und nur ein „harter Kern" von Unternehmern und Unternehmen bestimmt die Geschäfte der Verbände, die zudem auch noch von Eigeninteressen des Verwaltungsstabes beeinflußt sein können.

Bei der Kooperation von Unternehmen dagegen ist jedes der beteiligten Unternehmen aktiv, denn es geht um die Erzielung betriebswirtschaftlicher Vorteile gegenüber Marktkonkurrenten. Mitbewerber können sich ebenfalls unterschiedlicher Kooperationsformen bedienen, um in der Konkurrenz zu bestehen. Zwar gibt es in manchen Bereichen auch eine **Verbandskonkurrenz**, im Tourismus in Deutschland gleich mehrfach, so zwischen dem Deutschen Reiseverband (DRV) und dem Verband mittelständischer Reiseunternehmen (asr) in der Touristik, dem Bundesverband Deutscher Busunternehmer (BDO), dem Internationalen Bustouristik Verband (RDA) und der Gütegemeinschaft Buskomfort (GBK) im Busbereich. Auch wenn die Interessensverbände der Busunternehmer jeweils etwas unterschiedliche Schwerpunkte setzen, indem beim einen die touristischen, beim anderen eher die Aktivitäten im öffentlichen Nahverkehr im Vordergrund stehen, sind es doch die gleichen Unternehmen, die sie vertreten. Im Prinzip verfolgen aber alle der genannten Organisationen für ihre Branchen die gleichen unternehmensübergreifenden Interessen. Auf sie trifft daher zu, was Jürgen Weber über solche Mehrfachverbände geschrieben hat:

„Zum Teil sind es ideologische Gründe, die die Konkurrenz zwischen Organisationen mit prinzipiell gleichgerichteten Interessenlagen am Leben erhalten, zum Teil ist es das Eigeninteresse der Verbandsbürokratien an der Aufrechterhaltung ihrer Organisation, und in den meisten Fällen sorgt eine schwer zu durchschauende Mischung aus historischen, egoistischen und ideologischen Gründen für die Dauerhaftigkeit einer von der Sache her nur schwer zu rechtfertigenden Konkurrenz solcher Verbände" (1981, S. 228).

Im **Tourismus** ist grundsätzlich zwischen drei verschiedenen Arten von Produzentenverbänden zu unterscheiden:

1. Den Verbänden, welche die Interessen **privatwirtschaftlicher Unternehmen** vertreten,
2. denjenigen, in denen die **öffentlichen Anbieter** im Tourismus organisiert sind und
3. Mischformen, in denen **beide Verbandsarten** als Mitglieder vertreten sind.

Für die erste Gruppe gilt das, was im Vorangegangenen eher prinzipiell ausgeführt wurde. Diese Verbände agieren als reine Interessengruppen oder „*pressure groups*", die versuchen, politische Entscheidungen im Sinne ihrer Mitglieder zu beeinflussen bzw. durchzusetzen, ohne daß sie selbst Regierungsverantwortung übernehmen wollen. Dies ist den politischen Parteien überlassen, die jedoch über ihre Mitglieder mit Interessengruppen verflochten sind. Nicht nur im öffentlichen Raum der Parlamente, sondern auch in den allenfalls halböffentlichen (nicht nur im räumlichen Sinne zu verstehenden) Lobbies und in der Verschwiegenheit einflußreicher Parteizirkel werden Gruppenanliegen verhandelt und nicht selten jener Interessenausgleich zwischen konfligierenden Positionen ausgehandelt, der später durch Parlamentsbeschlüsse seine legitimatorischen Weihen erhält. Deshalb ist die Herstellung und Pflege von Kontakten zu wichtigen Entscheidungsträgern und einflußreichen Politikern eine wichtige Aufgabe von Verbandsfunktionären. Zwar trägt das Gesicht der Verbandsarbeit auch solche konspirativen Züge, zur Arbeit von Interessengruppen gehört aber auch die Erzeugung von öffentlichem Druck durch PR-Aktionen, Demonstrationen von den Beschäftigten einer Branche usw. Dadurch will man Politiker dazu bringen, bestimmten Themen überhaupt erst einmal Aufmerksamkeit zu schenken und dann Präferenzen für interessenskonforme Lösungen der Verbände zu entwickeln.

Solche Verbände spielen eine wichtige Rolle im Prozeß der politischen Entscheidungsfindung, ihre Rolle sollte aber auch nicht überschätzt werden. Man darf nicht übersehen, daß es oft sehr schwer ist, überhaupt so etwas wie ein gemeinsames Interesse zu formulieren, das von allen Mitgliedern akzeptiert wird (vgl. Mundt 2004, S. 69-106). In einem Verband zum Beispiel, der, wie der DRV, die Interessen sowohl von Reiseveranstaltern wie auch von Reisevermittlern vertreten soll, gibt es oft schwerwiegende interne Differenzen, welche das Handeln nach außen erschweren. Auch zwischen einem Studienreiseveranstalter und einem Massenveranstalter gibt es in vielen Punkten ebenso Interessengegensätze wie zwischen einem vom Inhaber geführten Einzelreisebüro und einem Reisekonzern.

Mit dem Modell eines neuen Branchenverbands, der die Interessen von Veranstaltern und Reisebüros, von kleinen und großen Unternehmen in Unterorganisationen bündeln und damit eine institutionalisierte Konfliktaustragung ermöglichen soll, hatten die Konkurrenzverbände DRV und asr nach vielen Jahren der Diskussion 1998 endlich einen wichtigen Schritt in die richtige Richtung gemacht und, basierend auf einem Konzept des früheren TUI-Vorstandes Gerhard Heine, das Modell eines Branchenverbandes entworfen, mit dem die unterschiedlichen Interessen getrennt organisiert und unter einem gemeinsamen Dach diskutiert werden können (Abbildung 8.1). Damit sollte dem asr der Weg zurück in den DRV geebnet werden, von dem er sich Anfang der 1980 Jahre als „Arbeitsgemeinschaft selbständiger Reiseunternehmer" getrennt hatte. Die Mitgliederversammlung des DRV stimmte diesem zwischen den beiden Verbandsspitzen ausgehandelten Modell 1998 in Hannover zu, die des asr lehnte es jedoch überraschend einige Wochen später auf Mallorca ab. Daraufhin trat der Vorsitzende des asr zurück und wurde später Vorsitzender des DRV.

Viele große Unternehmen betreiben wegen der durch die Interessenkonflikte innerhalb der Verbände bedingten Schwerfälligkeit neben ihrer Mitgliedschaft noch ihre eigene Interessenpolitik, indem sie direkt versuchen, auf politische Entscheidungen Einfluß zu nehmen.

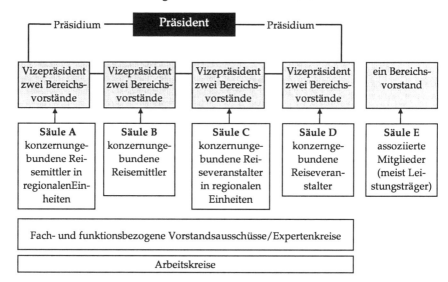

Abbildung 8.1: Fünf-Säulen-Modell des DRV

vereinfachte und ergänzte Darstellung nach Angaben des DRV

Beispiel: In den USA sind praktisch alle großen Fluggesellschaften, Hotelketten und Busunternehmen mit einem eigenen Büro oder über eine PR-Agentur bzw. Anwaltskanzlei in Washington D.C. vertreten und versuchen, ihre Firmeninteressen direkt in politische Entscheidungsprozesse einfließen zu lassen.

Interessenverbände sind meist auf Beharrung angelegte Organisationen, die gerne auf eingefahrenen Gleisen agieren und diese nur selten verlassen. Dementsprechend sind Innovationen meist nicht ihre Sache, selbst dann nicht, wenn diese im objektiven Interesse ihrer Mitglieder liegen würden. Da sie an das Votum ihrer Mitglieder gebunden sind, können sie oft auch nicht so handeln, wie manchmal etwas flexiblere Verbandsfunktionäre es richtigerweise gerne sehen würden. Das gilt nicht nur für Interessensverbände im Tourismus, sondern scheint ein generelles Charakteristikum organisierter Interessenvertretung zu sein.

Beispiele: (1) Als es in den 1970er Jahren um die Einführung des **Reiserechtsparagraphen** in das Bürgerliche Gesetzbuch (BGB) ging, haben sich die Reisebüroverbände und die Reiseveranstalter heftig dagegen gewehrt. In Wirklichkeit hat die 1979 in Kraft getretene Regelung die Pauschalreise für den Kunden zuverlässiger, sicherer und damit attraktiver gemacht. Halbwegs weitsichtige Veranstalter und Verbände hätten diese Regelung begrüßen müssen, weil sie die Marktchancen der Pauschalreisen erheblich verbessert. Die Zahlen des Reisemarktes belegen diese Entwicklung nachhaltig (vgl. Kapitel 2).

(2) Daß Verbände oft auch nur beschränkt lernfähig sind, belegt darüber hinaus die verspätete Umsetzung der **Europäischen Reiserechtsrichtlinie** von 1990 in deutsches Recht. Hier hat sich fast das Gleiche wie in den 1970er Jahren wiederholt: DRV und asr haben sich gegen die darin vorgeschriebene Insolvenzschutzregelung gewehrt und offensichtlich nicht begriffen, daß mit dieser Neuregelung endlich die Schlagzeilen über aufgrund des Konkurses ihres Veranstalters ‚gestrandete' Pauschalreisende aus der Presse verschwinden. Ohne den schließlich zum 1. November 1994 eingeführten

Insolvenzschutz hätte die Branche beim Konkurs des großen Stuttgarter Regionalveranstalters Hetzel anderthalb Jahre später erheblichen Schaden genommen.

(3) Die Reisebüroverbände finden sich mit diesem Verhalten in ‚guter' Gesellschaft: Die **Einzelhandelsverbände** haben nicht begriffen, daß nur die vollständige Abschaffung des Ladenschlußgesetzes kleinen Läden überhaupt noch eine Chance des Überlebens gibt. Wie die Erfahrungen anderer Länder zeigen, können die kleinen Läden an der Ecke nur dann überleben, wenn sie sieben Tage in der Woche geöffnet haben und der Kunde auch samstags nachmittags oder sonntags dort noch einkaufen kann. Trotzdem haben sich die Verbände – in zudem unheiliger Allianz mit Gewerkschaften, die damit vielen Menschen eine Beschäftigungschance nehmen – dagegen ausgesprochen und würden am liebsten die halbherzige neue zugunsten der rigiden alten Regelung wieder abschaffen.

(4) Auch der Verband der deutschen **Automobilindustrie** hat gezeigt, daß er aufgrund ideologisch verengter Wahrnehmung nicht immer in der Lage ist, die eigenen Interessen zu vertreten. Als es Mitte der 1980er Jahre um die Einführung des geregelten Katalysators und bleifreien Benzins zur Abgasreinigung ging, hat er sich mit den abstrusesten Argumenten dagegen gewehrt: Die Motoren würden darunter leiden, keine rechte Leistung mehr bringen und schließlich defekt werden. Das behauptete die gleiche Industrie, die seit Jahren erfolgreich entsprechend ausgerüstete Fahrzeuge in die USA lieferte. Dieses Verhalten ist auch vor allem deshalb nur schwer nachzuvollziehen, weil auf der anderen Seite die deutschen Autohersteller versuchten, ihren Umsatz über lange Aufpreislisten für oft eher zweifelhafte Zusatzausrüstungen zu erhöhen. Der gesetzlich vorgeschriebenen Pflicht, mit dem geregelten Katalysator mehr Umsatz zu machen, wollten sie sich dagegen entziehen.

Die **Verbände im öffentlichen Tourismus** sind dagegen weniger politische Interessenvertretungen als Marketing- bzw. Werbeorganisationen. Für sie würde daher die Subsumierung unter dem Begriff Kooperation für diesen Bereich ihrer Aktivitäten zutreffen, wenn die Mitglieder in diesem Zusammenhang auf einen Teil ihrer Selbständigkeit verzichten. Sie sind aber auch politisch in dem Sinne, daß sie in der Regel nicht nur entlang räumlicher politischer Einheiten organisiert sind, sondern auch von Politikern geführt werden. Sie werden damit gleichzeitig auch ein Instrument der Politik zur Durchsetzung ihrer Vorstellungen und Konzepte.

Formal gesehen sind sie in Deutschland der Zusammenschluß von Tourismusorten bzw. ihrer Verkehrsämter und dementsprechenden Einrichtungen. Unabhängig von ihrer Rechtsform (siehe Übersicht 8.2 auf Seite 508) dominieren die Kommunen diese Stellen. In der Regel sind ihre Vorsitzenden daher Bürgermeister dazugehöriger Städte oder Gemeinden bzw. Landräte. In jedem Bundesland gibt es darüber hinaus Landestourismusverbände, in denen wiederum die Regionalverbände ebenso wie die wichtigeren Tourismusorte vertreten sind. Die Vorsitzenden dieser Organisationen werden zumeist aus der Ministerriege oder aus anderen hohen politischen Ämtern (zum Beispiel Landtagspräsident) des jeweiligen Bundeslandes rekrutiert, die damit über ein Instrument zur Durchsetzung ihrer tourismuspolitischen Vorstellungen verfügen. Auf Bundesebene schließlich gibt es mit dem Deutschen Tourismusverband (DTV) eine Dachorganisation, die entsprechend dem föderativen Charakter der Bundesrepublik eher eine koordinierende Funktion im Konzert der Landestourismusverbände hat und ihrer geringen politischen Bedeutung gemäß auch keinen Bundesminister oder -politiker zum Vorsitzenden hat. Daneben existiert noch die Deutsche Zentrale für Tourismus (DZT), die für die ursprünglich nur für die Auslandswerbung der Destination Deutschland zuständig war und damit die Funktion eines *National Tourist Office* (NTO) ausübt. Seit einigen Jahren hat die DZT jedoch auch sinnvollerweise zusätzlich die Aufgabe, den Inlandstourismus zu fördern.

Ebenfalls im politischen Bereich angesiedelt sind die Kurort- und Bäderverbände, die als Vertreter eines Teils des Sozial- und Gesundheitssystems etwas anders gelagerte Interessen vertreten und dementsprechend auch andere Ansprechpartner in der Politik haben, als die übrigen Destinationen. Die Tourismusstellen der Kurorte sind in Landesverbänden organisiert und verfügen mit dem Deutschen Bäderverband (DBV) über eine Bundesorganisation. Allerdings sind die Kurorte in der Regel auch in den regionalen Tourismusverbänden vertreten.

Insgesamt ergibt die Betrachtung der Tourismusverbände ein etwas verworrenes Bild, und die Gründe für die Existenz mancher dieser Verbände sind so wenig nachvollziehbar wie die Aufgaben, die sie jeweils erfüllen sollen. Die Aufsplittung der Aktivitäten in die Zwillingsverbände DRV und asr im privatwirtschaftlichen und die von DTV und DZT im Bereich des öffentlichen Tourismus (wenngleich es im letzteren Fall weitgehend eine Arbeitsteilung gibt) hat jeweils wenig Sinn und führt oft zu Doppelaktivitäten, Interessenkonflikten und Ineffizienz. Das sehen auch die Verbände selber so, denn mit dem Bundesverband der Deutschen Tourismuswirtschaft (BTW) haben sie einen **Mischverband** gegründet, der die Belange der gesamten Tourismuswirtschaft gegenüber den politischen Entscheidungsträgern vertreten soll.

Zwar sind auch DTV und DZT im Prinzip Mischverbände, weil ihre Mitgliedschaft nicht nur aus Vertretern des öffentlichen Tourismus, sondern auch aus anderen Interessensverbänden und Tourismusunternehmen (beim DTV als „fördernde Mitglieder") besteht. Allerdings werden die Etats der Verbände weitgehend von der öffentlichen Hand gespeist. Bei der DZT zum Beispiel werden nahezu 90 Prozent des Budgets aus dem Haushalt des Bundeswirtschaftsministeriums finanziert. Entsprechend wird das Ausgabeverhalten der DZT vom Ministerium überwacht und unterliegt der Kontrolle des Bundesrechnungshofes.

Der BTW wurde nach langen Diskussionen im Dezember 1995 im Bundesministerium für Wirtschaft (*sic!*) in Bonn gegründet. Er ist einerseits ein Dachverband der Tourismuswirtschaft, dem wichtige Verbände angehören, andererseits gibt es neben diesen ordentlichen aber auch noch außerordentliche Firmenmitglieder, die das gleiche Stimmrecht wie die Verbände besitzen.

Von **Verbandsseite** waren Gründungsmitglieder: Die Arbeitsgemeinschaft Deutscher Luftfahrtunternehmen (ADL)*, der Bundesverband mittelständischer Reiseunternehmen (asr)*, der Bundesverband Deutscher Omnibusunternehmer (BDO)*, der Deutsche Hotel- und Gaststättenverband (DEHOGA)*, die Gütegemeinschaft Buskomfort (GBK), der Deutsche Reisebüroverband (DRV)*, International Hotel Association (IHA), und der Internationale Bustouristik Verband (RDA)*. Von den **Unternehmen** waren (als dann außerordentliche Mitglieder) an der Gründung beteiligt: Deutsche Bahn AG, Deutsche Lufthansa AG, Hapag Lloyd, Karstadt (als Muttergesellschaft von NUR und von Reisebüroketten), NUR, LTU, TUI und die Messe Berlin (als Ausrichter der Internationalen Tourismusbörse, ITB).

Er stand damit von Anfang an auf einer etwas breiteren Basis als das Präsidium der Deutschen Touristikwirtschaft, dem die oben mit einem * indizierten Verbände angehörten. Der Deutsche Tourismusverband (DTV) wurde jedoch erst zum 1. Januar 2002 Mitglied. Erst mit diesem Beitritt konnte der BTW seinen eigenen Anspruch, nämlich die gesamte deutsche Tourismuswirtschaft zu vertreten, einlösen. Problematisch am BTW ist jedoch, daß Großunternehmen die gleichen Stimmrechte wie den Mitgliedsverbänden eingeräumt werden. Zwar müssen bei einer Satzungsänderung beide Seiten mehrheitlich zustimmen, aber Interessenkollisionen innerhalb der vertretenen Mitgliedschaften können damit die Autorität des Verbandes tendentiell schwächen. Andererseits waren es gerade die Großunternehmen, die dem BTW den Beitritt zum Bundesverband der Deutschen Industrie (BDI; der Spitzenverband der deutschen Wirtschaft) geebnet haben, der den Belangen der Tourismuswirtschaft im vielstimmigen Konzert der Verbände eine gewichtige Stimme verleiht.

Vor dem Hintergrund einer zwar im einzelnen bekämpften, aber nicht mehr wegzudiskutierenden Verlagerung touristisch relevanter Entscheidungen in Gremien der Europäischen Union (siehe zum Beispiel die Reiserechtsrichtlinie) ist eine rein nationale Interessenvertretung wenig erfolgversprechend. Hier ist es noch wichtiger, daß die deutsche Tourismuswirtschaft in den entscheidenden Fragen mit einer Stimme auftritt und dabei vom einflußreichen BDI unterstützt wird. Denn auf europäischem Parkett agiert schon lange eine ganze Palette von nationalen und europäischen Dachverbänden der Tourismuswirtschaft (siehe dazu Vanselow 1997). Alllerdings sind die Mitgliedsverbände des BTW selbst wiederum bei europäischen Dachverbänden als Mitglieder vertreten und können damit auf verschiedenen Ebenen versuchen, ihren Einfluß geltend zu machen. Dazu gehören zum Beispiel die Association of European Airlines (AEA), der europäische Hotelverband (Hotrec), das European Council of Travel Agents and Tour Operators Associations (ECTAA), die European Tourist Trade Fairs Association (ETTFA) und darüber hinaus aus dem Bereich der öffentlichen Tourismuswirtschaft die European Travel Commission (ETC).

Verbände vertreten jedoch nicht nur die Interessen von Produzenten, sondern es gibt darüber hinaus eine ganze Reihe von Organisationen, die aus verschiedenen Gründen Einfluß auf den Tourismus nehmen (wollen). Dazu gehören in erster Linie Umweltorganisationen, aber auch soziale Organisationen, die verhindern wollen, daß die touristische Entwicklung zu Umweltzerstörungen, zu einer neuen Form eines (wirtschaftlichen) Kolonialismus oder zur ökonomischen und politischen Stabilisierung diktatorischer und menschenrechtsverachtender Regime führt.

Beispiele: Umweltgruppen haben verhindert, daß in einer Mittelmeerbucht in der Türkei, in der eine seltene Schildkrötenart am Strand ihre Eier ablegt, Hotels und Strandanlagen errichtet wurden. Nicht erfolgreich dagegen waren die Bemühungen sozialer Organisationen, die touristische Entwicklung in Goa aufzuhalten, an der die Mehrheit der Einheimischen weder interessiert ist noch wirtschaftlich partizipiert. Noch nicht absehbar ist, welche Folgen der Aufruf zum Touristenboykott von Myanmar, dem früheren Birma, haben wird, zu dem u.a. die Menschenrechtsorganisation

Amnesty International aufgerufen hat, weil die Militärdiktatur dort touristische Infrastruktur durch Zwangsarbeit errichten ließ.

Übersicht 8.1: Beispiele für Interessengruppen im Tourismus

Ebene	Produzentengruppen	Nichtproduzentengruppen	Einthemengruppen
International	World Travel & Tourism Council (WTTC), International Air Transport Association (IATA) etc.	Umweltgruppen (z.B. Greenpeace, World-Wide Fund for Nature WWF), soziale Organisationen (z.B. Tourism Concern, Amnesty International)	z.B. Organisationen zur Bekämpfung der Kinderprostitution wie End Child Prostitution, Pornography and Trafficking of Children for Sexual Purposes (ECPAT)
National	Nationale Verbände der Tourismusbranche wie in Deutschland der DRV, der asr, der Deutsche Hotel- und Gaststättenverband (DEHOGA), der Bundesverband deutscher Omnibusunternehmer (BDO) etc.	Kirchen, Verbraucherverbände, Gruppe „Neues Reisen" e.V.	Umweltgruppen z.B. gegen die Entwicklung des Flugverkehrs
Lokal	Industrie- und Handelskammern (IHK), örtliche Hotelverbände, Einzelhandelsverbände etc.	Vereine	*ad hoc*-Gruppen für oder gegen bestimmte Projekte wie Flughäfen, Hotelneubauten, Naturschutzgebiete usw.

in Anlehnung an Hall & Jenkins 1995, S. 50

Im Tourismus kann man mit Hall & Jenkins (1995, S. 50) deshalb zwischen Produzenten-, Nichtproduzenten- und Einthemengruppen (*producer, non-producer, and single interest groups*) unterscheiden. Beispiele dafür sind in Übersicht 8.1 aufgelistet. Die Nichtproduzenten- und Einthemengruppen hatten und haben einen zum Teil beträchtlichen Einfluß auf die Politik und auf das Verhalten von Unternehmen im Tourismus. Es ist zum Beispiel den internationalen Umweltorganisationen wie Greenpeace zu verdanken, daß „Ökotourismus" in der Tourismusindustrie heute kein Schimpfwort mehr, sondern fester Bestandteil des touristischen Angebotes geworden ist, an dem sich nicht nur wichtige Destinationen, sondern auch große Reiseveranstalter orientieren. ECPAT (siehe Übersicht 8.1) ist es in Zusammenarbeit mit anderen Organisationen gelungen, die Gesetzgebung in Australien und Deutschland so zu beeinflussen, daß Touristen, die sich im Ausland des sexuellen Kindesmißbrauchs schuldig gemacht haben und früher straffrei ausgingen, jetzt zu Hause mit empfindlichen Strafen rechnen müssen (Hall & Jenkins 1995, S. 56).

Diese Vielfalt der Interessengruppen und Verbände im Tourismus ist ein Beispiel dafür, daß einerseits zum Teil das Prinzip der Subsidiarität zum Tragen kommt, indem zum Beispiel Industrie- und Handelskammern in der Berufsaus- und -fortbildung von Tourismusbeschäftigten tätig sind, zum anderen nur organisiertes Interesse im politischen System eine Chance hat, gehört zu werden und die eigenen Anliegen in Entscheidungen einzubringen.

8.4 Politische Entscheidungsgremien und Administrationen

Tourismus ist ein globales Phänomen. Als Entsende- oder Empfängerländer sind praktisch alle Länder der Welt mehr oder weniger vom Tourismus tangiert. Die weiter voranschreitende weltwirtschaftliche Verflechtung führt zu einer Verdichtung geschäftlicher Kontakte, der steigende Wohlstand in vielen Ländern insbesondere Südostasiens und des pazifischen Raums führt auch zu einer Steigerung des privaten Reiseverkehrs. Mit der Gründung der **World Tourism Organization** (siehe Kapitel 1) wurde 1975 eine globale Organisation mit derzeit 146 Mitgliedsstaaten geschaffen, die alle verfügbaren Daten über den weltweiten Tourismus sammelt und verfügbar macht. Die Welttourismusorganisation war bereits seit 1977 durch ein Kooperationsabkommen mit den Vereinten Nationen verbunden und hat auf einer gemeinsamen Konferenz 1991 das Grundgerüst für eine einheitliche globale Tourismusstatistik entwickelt. Mittlerweile ist sie eine Unterorganisation der vereinten Nationen und heißt seit 2005 UNWTO. Abgesehen davon, daß die UNWTO weltweit für einen ungehinderten Reiseverkehr und für eine Entwicklung des Tourismus nach marktwirtschaftlichen Kriterien eintreten soll, hat sie keine direkte politische Funktion. Sie kann lediglich durch die (Mit-)Finanzierung und Distribution von Ergebnissen aus Untersuchungen und Projekten die globale Tourismusdiskussion beeinflussen und punktuell in Kooperation mit Entwicklungshilfeorganisationen und einzelnen Staaten zur Entwicklung und Umsetzung tourismuspolitischer Konzepte beitragen.

Tourismuspolitische Entscheidungen werden, wie andere politische Entscheidungen auch, in der Regel auf nationaler bzw., je nach der Struktur des politischen Systems, auf regionaler oder lokaler Ebene getroffen. Im Rahmen der Etablierung eines gemeinsamen Marktes in der Europäischen Union gibt es aber auch Bestrebungen für eine europäische Tourismuspolitik. Im Folgenden werden daher, angefangen auf der europäischen, die verschiedenen Ebenen tourismuspolitisch relevanter Gremien und Administrationen näher beleuchtet.

8.4.1 Die Europäische Union

Zum ersten Mal hat die damalige Europäische Gemeinschaft mit dem 1988 gefaßten Beschluß, das Jahr 1990 zum „Jahr des Tourismus" zu machen, den Tourismus als wichtiges Politikfeld markiert. Allerdings blieb dieses Jahr den meisten Menschen Europas eher verborgen, weil es von der Kommission weder vernünftig vorbereitet, noch auch von entsprechenden Ereignissen begleitet war.

Den meisten Touristikern wurde deshalb die Bedeutung der EU als tourismuspolitische Entscheidungsinstanz erst bewußt, als im gleichen Jahr mit der **Reiserechtsrichtlinie** alle Mitgliedsländer verpflichtet wurden, u.a. einen Insolvenzschutz für Pauschalreisende in das nationale Reiserecht aufzunehmen. Vor allem die in weiten Teilen müßige und lange Debatte über das Für und Wider und die Art des Insolvenzschutzes, die schließlich zu einer erheblichen Verzögerung des Umsetzens der Richtlinie in deutsches Recht führte, hat gezeigt, wie wenig bekannt die Kompetenzen europäischer Entscheidungsgremien waren und wohl zum Teil auch noch sind. Infolge dieser Verzögerung wurde die Bundesrepublik Deutschland vom Europäischen Gerichtshof (EuGH) sogar verurteilt, Schadenersatz für Personen zu leisten, die aufgrund der um Jahre verspäteten Umsetzung der Direktive beim Zusammenbruch eines Reiseveranstalters keine Möglichkeit hatten, nach deutschem Recht entschädigt zu werden.

Daß der Tourismus zu den europäischen Gemeinschaftsaufgaben gehört, wurde allerdings erst im Vertrag über die Europäische Union festgelegt, der am 7. Februar 1992 im niederländischen Maastricht von den Regierungschefs der Mitgliedsstaaten unterzeichnet wurde. Die Kompetenz der Europäischen Union in touristischen Fragen wird dabei vor allem durch das eingangs zu diesem Kapitel erläuterte Subsidiaritätsprinzip begrenzt: Die EU soll demnach nur dann aktiv werden, wenn die Mitgliedsstaaten selbst nicht in der Lage sind, politische Lösungen in einem bestimmten Bereich der Tourismuspolitik zu finden. In diesem Zusammenhang ist es nach wie vor strittig, ob die Gremien der EU im Tourismus eine ähnlich weitreichende Entscheidungsbefugnis wie in anderen Bereichen – wie zum Beispiel im Verkehrswesen und in Umwelt- und Verbraucherfragen – erhalten sollen. Allerdings spielen diese Politikbereiche im Tourismus bereits eine wichtige Rolle: Die Reiserechtsrichtlinie wurde zum Beispiel 1990 im Rahmen der EU-Verbraucherschutzpolitik erlassen und die Verkehrspolitik betrifft *per se* einen Kernbereich des Tourismus.

Innerhalb der EU gibt es dabei widerstreitende Interessen, die vor allem zu Konflikten bei der Formulierung tourismuspolitischer Ziele der EU zwischen den hochindustrialisierten Entsendeländern des Nordens und den wirtschaftlich weniger entwickelten Empfängerländern im Süden führen:

„Die ersteren sehen den Schwerpunkt in Umweltproblemen, die mit dem Tourismus verbunden sind, in Fragen der Respektierung des kulturellen und des natürlichen Erbes und in solchen der Dienstleistungsqualität ... während die letzteren ... eher an einem quantitativen Wachstum privater Dienstleistungen im Tourismus interessiert sind, manchmal auf Kosten der öffentlichen Angebote" (Commission of the European Communities 1995, S. 18; Übers. J.W.M.).

Die Kommission selbst sieht sich hier in der Rolle eines Moderators, der zum Ausgleich solcher unterschiedlichen Interessen beitragen und dabei eine gemeinschaftsorientierte Tourismuspolitik entwickeln kann. Dabei möchte sie sowohl zu einer Hebung der Qualität des Tourismus beitragen als auch insbesondere die positiven Arbeitsmarkteffekte vor allem im Bereich kleiner und mittelständischer Unternehmen weiter unterstützen, die nach Angaben der Europäischen Kommission 60 Prozent aller tourismusabhängig Beschäftigten innerhalb der EU unter Vertrag haben (Commission of the European Communities 1994, S. 7).

Tourismuspolitik kann ohne genaue Kenntnis der quantitativen Größen des Tourismus nicht sinnvoll betrieben werden. Da, wie bereits im ersten Kapitel ausführlich beschrieben, sowohl die statistische Erfassung des Tourismus als auch die Vergleichbarkeit der in den verschiedenen Ländern erhobenen Daten aufgrund unterschiedlicher methodischer Ansätze große Probleme bereitet, haben sich die Mitgliedsländer der Europäischen Union in einer Richtlinie des Rates (Nr. 95/57/EG) am 23. November 1995 „Über die Erhebung statistischer Daten im Tourismus" auf eine weitgehend einheitliche Statistik geeinigt. Auf die Details dieser Richtlinie wurde bereits in Kapitel 1 näher eingegangen.

Dem Tourismus wird von der EU jedoch nicht nur eine „anerkannte Funktion ... als ein Instrument der Entwicklung und der sozioökonomischen Integration" (a.a.O.), sondern auch als wichtiger Faktor für das kulturelle und politische Zusammenwachsen der Mitgliedsstaaten der Union gesehen:

„... der Tourismus kann ein Mittel zur Verringerung der Unterschiede zwischen den vielfältigen Wirklichkeiten sein, welche die Union konstituieren, indem durch den kontinuierlichen Prozeß einer Wahrnehmung dieser Differenzen in einem friedlichen Kontext Kommunikation zwischen den Bürgern ermöglicht wird und damit die Basis verbessert werden kann, von der aus kultureller und wirtschaftlicher Austausch zwischen den Mitgliedsstaaten stattfindet" (Commission of the European Communities 1995, S. 16; Übers. J.W.M.).

Allerdings darf man diesen Aspekt des Tourismus nicht überbewerten, wie das tragische Beispiel Jugoslawiens Anfang der 1990er Jahre gezeigt hat. Es ist sicherlich richtig, daß ohne den Ausbau touristischer Verbindungen langfristig keine Verständigung und Integration möglich ist. Aber dies alleine ist kein Garant für ein friedliches Zusammenleben unterschiedlicher Nationalitäten in einer politischen Union. Wie die Erfahrung (auch in Jugoslawien) zeigt, ist es in erster Linie die wirtschaftliche Entwicklung und eine demokratische Wirtschafts- und Sozialpolitik mit dem Effekt einer ausgewogenen Verteilung des Wohlstands, die zu der dafür notwendigen Freiheit und Toleranz führt. In diesem Punkt bestehen bzw. entwickeln sich in einigen Mitgliedsstaaten, darunter auch der Bundesrepublik Deutschland (vgl. Kapitel 2), zum Teil erhebliche Probleme, für die derzeit eine Lösung nicht in Sicht ist. Der Tourismus kann eine solche integrative Funktion aber nur wahrnehmen, wenn die soziale Kluft zwischen den verschiedenen gesellschaftlichen Gruppen nicht zu groß wird. Darüber hinaus weist die Europäische Union erhebliche demokratische Defizite auf. Das Europäische Parlament heißt zwar so, ist aber kein wirkliches Parlament, weil ihm eine Reihe von Rechten fehlt. So wird zum Beispiel die Europäische Kommission nicht vom Parlament gewählt und der aus den Regierungen der Mitgliedsländern zusammengesetzte Rat fällt einen großen Teil der Entscheidungen, die in einer parlamentarischen Demokratie den gewählten Volksvertretern vorbehalten wären. Dadurch fehlt der Union ein Teil der Legitimität und damit der Bindekraft für ihre Entscheidungen, die unmittelbare Voraussetzung für die langfristige Entwicklung eines auf Zustimmung beruhenden Herrschaftssystems ist.

Trotz dieses Demokratiedefizites haben die Entscheidungen auf europäischer Ebene in vielen Bereichen bereits heute eine über die nationalen Kompetenzen hinausgehende Regelungswirkung. In der für den Tourismus wichtigen Verkehrspolitik spielt die EU zum Beispiel die wichtigste Rolle. Am deutlichsten wird dies in der Luftfahrtpolitik, die stufenweise von einer auf strikten bilateralen Vereinbarungen beruhenden Regelung zu einer Politik des „offenen Himmels" transformiert wurde, nach der jede Fluggesellschaft seit dem 1. April 1997 ohne Beschränkungen zwischen und innerhalb der Staaten der Europäischen Union Liniendienste zwischen allen Orten aufnehmen kann. Dies hat zu erheblichen Veränderungen der Konkurrenzsituation bei den Fluggesellschaften geführt, die nunmehr auch auf ihren nationalen Heimmärkten, in denen viele von ihnen Monopolstellungen innehatten, mit Konkurrenz konfrontiert sind. Dadurch soll – wie vordem in den USA (vgl. Abschnitt 6.1.2.1) – erreicht werden, daß die Fluggesellschaften wettbewerbsfähiger und in ihrer Preisgestaltung konsumentenfreundlicher werden.

Gleichzeitig versucht die Europäische Kommission im Rahmen ihrer Aufgabe zur Durchsetzung einer einheitlichen Wettbewerbssituation in den Staaten der EU auch, Subventionen für die nationalen Fluggesellschaften zurückzufahren bzw. zu eliminieren. Die Deregulierung des Marktes für Flugreisen verträgt sich nicht mit staatlichen Fluggesellschaften, die zudem aufgrund ihrer mangelnden Konkurrenzfähigkeit öffentlicher Unterstützung bedürfen. Die Subventionierung führt zu Wettbewerbsverzerrungen, die am Ende diejenigen Fluggesellschaften bestraft, die ohne Zuwendungen des Staates auskommen und mit Fluggesellschaften konkurrieren müssen, die ihre Defizite öffentlich finanziert bekommen. Damit führt die Subventionierung in der Bilanz zu Wohlfahrtsverlusten: Die staatlichen Zahlungen werden über die Steuern auch von denen mitfinanziert, die selbst keine Flüge in Anspruch nehmen.

Allerdings muß man einschränkend auch zur Kenntnis nehmen, daß manchen nationalen Fluglinien in Europa vom jeweiligen Staat auch die Bedienung von Strecken vorgeschrieben wird, die sie aus eigener Entscheidung wegen Unwirtschaftlichkeit nicht betreiben würden. Wenn der Staat also eine Fluggesellschaft als strukturpolitisches Instrument zur Erschließung abgelegener Regionen benutzt, kann man die dafür eingenommenen Beträge nicht einfach den allgemeinen Subventionen zurechnen. Dafür müßten allerdings dann auch die entsprechenden Zahlungen zweckbestimmt sein und offengelegt werden.

Nachdem British Airways bereits 1987 privatisiert wurde und eine Reihe vormals nationaler Fluggesellschaften, darunter auch die Lufthansa, dem gefolgt sind, hat sich innerhalb der EU zu diesem Thema einiges an Konfliktstoff angesammelt und es ist nicht absehbar, wann sich die Europäische Kommission trotz der Unterstützung durch den Europäischen Gerichtshof mit ihren Vorstellungen gegen nationale Egoismen in einigen Mitgliedsstaaten durchsetzen wird.

Im Bereich der **Computer-Reservierungssysteme** (CRS) hat die Kommission mit ihrem verpflichtenden Verhaltenskodex vom 24. Juli 1989 bereits dafür gesorgt, daß die Reihenfolge der aufgeführten Verbindungen auf dem Bildschirm nach einem weitgehend objektiven und konsumentenfreundlichen Algorithmus erfolgt: Die Flugverbindungen müssen nach der Gesamtreisezeit gelistet werden. Damit entfallen Manipulationsmöglichkeiten, wie sie zum Beispiel in den USA durch die Verwendung gemeinsamer Flugnummern im Rahmen strategischer Allianzen zwischen verschiedenen Fluggesellschaften häufig vorkommen (vgl. dazu Abschnitt 6.7.1) und zu Wettbewerbsverzerrungen führen. Dieser Kodex wurde mittlerweile auch auf Charterverbindungen erweitert, die innerhalb der EU durch die Möglichkeit der Einzelplatzbuchung eine über den Pauschalreisemarkt hinausreichende Bedeutung gewonnen haben. Allerdings hat sich die Bedeutung dieses Kodex mittlerweile durch den Rückzug der Fluggesellschaften aus den CRS stark relativiert. Von den vier globalen Reservierungssystemen gibt es lediglich beim europäischen Anbieter Amadeus noch Minderheitsbeteiligungen von Luftverkehrsgesellschaften (vgl. Abschnitt 6.7). In den USA sind vor diesem Hintergrund die entsprechenden gesetzlichen Regelungen bereits abgeschafft worden (vgl. Abschnitt 6.7.1)

Flughäfen sind unter unterschiedlichen Aspekten Gegenstand der EU-Politik. Zum einen sind die großen Drehkreuze Engpaßfaktoren im nationalen und internationalen Luftverkehr, die langfristig durch Ausbau beseitigt und kurz- und mittelfristig nach fairen Wettbewerbsregeln betrieben werden sollen. Dabei geht es insbesondere um die Zuteilung von Start- und Landezeiten (*slots*) für Fluggesellschaften an stark frequentierten Flughäfen. Hierfür wurden erstmals 1947 einige Regeln durch die IATA aufgestellt und später ergänzt. Die darin enthaltenen wesentlichen Prinzipien sind auch Grundlage für die Regelungen der EU in ihrem Verhaltenskodex (*code of conduct*), der am 19. Februar 1993 in Kraft gesetzt wurde:

- Priorität für diejenigen Fluggesellschaften, die bereits Inhaber der Start- und Landezeiten (*slots*) sind (*grandfather rights*);
- Aberkennung von Start- und Landezeiten, wenn sie nicht oder nicht ausreichend genutzt werden (*use-or-lose rule*).

Anders als die IATA-Regeln, die nur empfehlenden Charakter haben, sind die EU-Bestimmungen rechtsverbindlich. Sie gelten nicht für alle Flughäfen, sondern nur für diejenigen, auf denen die Nachfrage größer ist als die vorgehaltenen Kapazitäten. Die EU unterscheidet deshalb in Anlehnung an die IATA-Regeln zwischen (a) nicht koordinierten, (b) koordinierten und (c) vollständig koordinierten Flughäfen. Die Flugbewegungen werden dann koordiniert, wenn entweder für die hauptsächlich diesen Flughafen bedienende Fluggesellschaft nicht der Nachfrage entsprechende Kapazitäten vorhanden sind oder eine neue Gesellschaft Probleme hat, dort Start- und Landezeiten zugeteilt zu bekommen. In diesen Fällen wird ein Flugkoordinator (*flight co-ordinator*) eingesetzt, der die Aufgabe hat, Start- und Landezeiten zuzuteilen, ihre Nutzung zu überwachen und alle Interessenten über noch vorhandene *slots* zu informieren. Bei vollständig koordinierten Flughäfen steht ihm ein beratendes Komitee zur Seite, in dem die Flughafengesellschaft, die Flugsicherung und Vertreter der Fluggesellschaften vertreten sind. Da in Deutschland nicht nur die Flughäfen sondern auch der Luftraum sehr stark beansprucht wird, gibt es bereits seit 1971 einen Flugplankoordinator, der alle Flüge von und zu deutschen Verkehrsflughäfen sowie die Überflüge aufeinander abstimmt.

Um zu verhindern, daß einzelne Fluggesellschaften nur deshalb *slots* beanspruchen, um Konkurrenten den Zugang zu bestimmten Flughafen zu versperren, werden nach den EU-Bestimmungen Start- und Landezeiten, die nicht zu mindestens 80 Prozent innerhalb der ersten zwei Monate genutzt werden, der Fluggesellschaft entzogen und fallen in einen Pool („*use or lose*"-Regel). In diesem Pool werden alle zurückgegebenen, neuen und eingezogenen *slots* gesammelt und dann neu vergeben. Dabei muß die Hälfte von ihnen nach der EU-Regelung an neue Fluggesellschaften vergeben werden. Auf den halbjährlich stattfindenden globalen **Flugplankonferenzen** können Fluggesellschaften die ihnen zugeteilten *slots* mit anderen auf dem gleichen oder auch einem anderen Flughafen tauschen. Nach den EU-Regeln ist ein Handel damit derzeit nicht statthaft. Man geht bei dieser Regelung also implizit davon aus, daß die *slots* zu unterschiedlichen Tageszeiten und auf verschiedenen Flughäfen gleichwertig sind. Dies ist eine völlig unrealistische Annahme. Deshalb gibt es auch eine anhaltende Diskussion darüber und offensichtlich auf manchen Flughäfen Europas auch eine Praxis, die diesen Regelungen zuwiderläuft. Sie führt wahrscheinlich dazu, daß *slots* in Zukunft in der EU handelbar sein werden.

Darüber hinaus sind auch die Bodenabfertigungsdienste auf den Flughäfen Gegenstand von EU-Regelungen. Lange Zeit hatten auf vielen Flughäfen die jeweiligen Betreibergesellschaften dafür ein Monopol, das nach Ansicht der Europäischen Kommission gegen geltendes Wettbewerbsrecht in der EU verstößt. Ab dem 1. Januar 1998 sind die Bodendienste entsprechend einer EU-Richtlinie liberalisiert, so daß zum Beispiel auch die Fluggesellschaften selbst die gesamte Bodenabfertigung vornehmen, gleichzeitig aber auch neue und von den Flughafengesellschaften unabhängige Unternehmen ihre diesbezüglichen Dienstleistungen anbieten können.

Auch im Bereich des **Busverkehrs** verfolgt die Europäische Union eine Liberalisierungspolitik ähnlich der im Luftfahrtbereich. Anders als dort handelt es sich bei den meisten Busunternehmen in der EU jedoch um nicht große nationale, sondern um kleine und mittlere Unternehmen mit regionalen oder sogar nur örtlichen Einzugsbereichen (vgl. Abschnitt 6.1.4).

8.4.2 Die Bundesrepublik Deutschland

Entsprechend der föderalen Struktur der Bundesrepublik und des sozial- und wirtschaftspolitischen Grundsatzes der Subsidiarität sind die tourismusrelevanten Kompetenzen dezentralisiert. Zwar liegt die politische Verantwortung für den Tourismus schwerpunktmäßig beim Bundesminister für Wirtschaft und den entsprechenden Ministerien der Länder, aber durch den übergreifenden Charakter des Tourismus sind praktisch alle Ressorts direkt oder indirekt mit tourismuspolitischen Fragen befaßt. Im Bundesministerium für Wirtschaft wurde ein Referat für Tourismus eingerichtet, das u.a. versucht, einen Überblick und eine Koordination tourismuspolitischer Aktivitäten der Bundesregierung herzustellen. Zudem kommt den Verbänden als „Selbsthilfeorganisationen" der Tourismuswirtschaft eine wichtige Funktion zu, weil der Staat nach dem Subsidiaritätsprinzip nur da eingreifen will, wo die Selbstregulation der Beteiligten versagt. Vor diesem Hintergrund fördert der Staat in manchen Fällen sogar – wie bei der Gründung des BTW (siehe Abschnitt 8.3) – die Selbstorganisation von Interessengruppen.

Da im Rahmen des föderalen politischen Systems der Bundesrepublik dem Bund im Tourismus wie in vielen anderen Politikbereichen (zum Beispiel der Bildungs- und Kulturpolitik) allenfalls eine Rahmenfunktion zukommt, wurde zum Informationsaustausch und zur Koordinierung tourismuspolitischer Vorhaben ein Bund-Länder-Ausschuß Tourismus eingerichtet, der in der Regel zweimal jährlich unter dem Vorsitz des Bundesministeriums für Wirtschaft zusammenkommt.

8.4.2.1 Bundesebene

Nachdem sich die Bundesregierung 1975 und 1979 zum ersten Mal offiziell zur Tourismuspolitik geäußert und ihre Ziele formuliert hat, gab es danach zwar verschiedene Antworten auf Große Anfragen im Bundestag, aber erst 1994 wurde vom Bundesministerium für Wirtschaft ein weiterer „Bericht der Bundesregierung über die Entwicklung des Tourismus" veröffentlicht. Seitdem werden in jeweils mehrjährigen Abständen „Tourismuspolitische Berichte der Bundesregierung" erstellt (so zuletzt in den Jahren 1999 und 2003).

Die grundlegenden tourismuspolitischen Ziele der Bundesregierung wurden 1994 wie folgt dargestellt:

1. *Sicherung der für die kontinuierliche Entwicklung des Tourismus erforderlichen Rahmenbedingungen.* - Im einzelnen sollen hier durch „Liberalisierung und Deregulierung unternehmerische Energien" (S. 36) freigesetzt werden, die das Wachstum begünstigen „und den notwendigen Strukturwandel für kleine und mittlere Unternehmen .. erleichtern" (a.a.O.). Gleichzeitig soll die touristische Infrastruktur durch den Einsatz öffentlicher Mittel verbessert werden.
2. *Steigerung der Leistungs- und Wettbewerbsfähigkeit der deutschen Tourismuswirtschaft.* - Hierzu gehören in erster Linie die Förderung von Existenzgründungen aus Mitteln des ERP-Plans[20], Schulungen von Fach- und Führungspersonal und die Finanzierung von Untersuchungen zu verschiedenen Themen, deren Ergebnisse der Öffentlichkeit zur Verfügung stehen. Die weitgehende Finanzierung der DZT wird ebenfalls unter diesem Punkt verbucht. Spezielle Förderungen erhalten Campingplätze, Infrastruktureinrichtungen für den Urlaub auf dem Lande und der Tourismus in Kurorte und Heilbäder, der aber mittlerweile durch die Folgen der Reform des Gesundheitswesens stark in Mitleidenschaft gezogen wird.
3. *Verbesserung der Möglichkeiten für die Teilnahme breiter Bevölkerungsschichten am Tourismus.* Hier steht die Förderung des Familienurlaubes an erster Stelle. Zusammen mit anderen Bundesministerien wird hier der Bundeswettbewerb „Fa-

---

[20] ERP = *European Recovery Program*, auch als Marshall-Plan bekannt. Mit diesem vom früheren General und damaligen US-Außenminister George C. Marshall 1948 initiierten Programm wurde der Wiederaufbau Europas nach dem Zweiten Weltkrieg finanziert. Daraus entstand ein immer noch bestehendes Sondervermögen des Bundes, das seit dem Wiederaufbau zur Finanzierung verschiedener öffentlicher Aufgaben verwendet wird.

milienferien in Deutschland" veranstaltet. Im Bereich Jugendreisen werden internationale Austauschprogramme unterstützt. Um das Reisen von Behinderten zu erleichtern, wird u.a. Selbsthilfeorganisationen Hilfe gewährt.
4. *Ausbau der internationalen Zusammenarbeit im Tourismus.* - Hier geht es generell zunächst um die Sicherung wirtschaftlicher und internationaler politischer Rahmenbedingungen, ohne die sich der Tourismus nicht entfalten kann. Dazu gehören auch Projekte zur Förderung des Tourismus in Entwicklungsländern, sofern damit eine allgemeine Verbesserung der Wirtschaftsstruktur erreicht werden kann. Im Sinne des auch auf die Europäische Union anzuwendenden Subsidiaritätsprinzips soll jedoch eine tourismuspolitische Kompetenz der europäischen Instanzen verhindert werden.
5. *Die Erhaltung von Umwelt, Natur und Landschaft als Grundlage des Tourismus.* - In diesem Bereich ist vor allem das Bundesministerium für Umwelt, Naturschutz und Reaktorsicherheit tätig, indem zum Beispiel Modellvorhaben zur Integration von Landschafts- und Tourismusplanung und die Einrichtung von Naturschutzgebieten gefördert werden.

Die Punkte 1-4 waren bereits im ersten Bericht der Bundesregierung von 1975 enthalten, Punkt 5 wurde 1994 neu dazugenommen.

In diesem Bericht sind nahezu alle Bundesministerien genannt, die auf die eine oder andere Weise direkt oder indirekt mit tourismuspolitischen Fragen zu tun haben. Dazu gehören auch das Justizministerium, das für die Formulierung des Reiserechts zuständig ist, und das Außenministerium, das u.a. für die konsularische Betreuung von Deutschen im Ausland, vor allem in Notfällen, verantwortlich ist.

Im Tourismuspolitischen Bericht 2003 wird als weiteres Ziel der Bundesregierung auch die Förderung eines **barrierefreien Tourismus** für Menschen mit Behinderungen genannt. Dabei wurden Initiativen der Europäischen Union aufgenommen, die das Jahr 2003 auch zum Jahr der Menschen mit Behinderungen ausgerufen hatte, nicht zuletzt, um auf die Schwierigkeiten dieser großen Bevölkerungsgruppen im Alltag und auf Reisen hinzuweisen und um Lösungen dafür einzufordern (siehe ausführlicher Abschnitt 8.5). 2002 hat die Bundesregierung zudem im Auftrag des Deutschen Bundestages einen „Bericht über die Konzeption der Bundesregierung für den Bereich Tourismus und Umweltschutz" vorgelegt (s. Abschnitt 8.6).

Auf parlamentarischer Ebene wurde 1987 im Wirtschaftsausschuß des Deutschen Bundestages zunächst ein Unterausschuß für „Fremdenverkehr und Tourismus" etabliert, der dann 1990 zu einem Vollausschuß aufgewertet wurde und jetzt „Ausschuß für Tourismus" heißt. Er ist zwar primär das parlamentarische Gegenüber für das Referat Tourismuspolitik des Wirtschaftsministeriums, versucht aber auch, tourismuspolitische Aspekte der Arbeit anderer Ressorts der Bundesregierung zu beeinflussen. Zum ersten Mal wurde ein **Tourismusbeauftragter** der Bundesregierung 2005 von der Großen Koalition benannt. Er ist im Wirtschaftsministerium angesiedelt, aber nicht in die Organisationshierarchie eingebunden, um seine administrative Unabhängigkeit zu gewährleisten. Im Organigramm des Ministeriums ist er unverbunden mit dem Apparat auf der gleichen Höhe wie die parlamentarischen Staatssekretäre angesiedelt. Er soll den Wirtschaftsminister in allen Fragen der Tourismuspolitik beraten.

1977 wurde durch Erlaß des Bundesministers für Wirtschaft ein **Tourismusbeirat** konstituiert, dem maximal 30 Vertreter von Unternehmen und Spitzenverbänden der Tourismuswirtschaft, der Verkehrsträger, des Deutschen Industrie- und Handelskammertages (DIHT), der Kommunen, der Gewerkschaften, der Medien und der Wissenschaft angehören. Laut Satzung hat er „die Aufgabe, den Bundesminister für Wirtschaft in Fragen der Tourismuspolitik zu beraten und durch gutachtliche Stellungnahmen zu unterstützen" (§ 1) und soll zwei Mal jährlich tagen. Die Mitglieder werden jeweils für eine Legislaturperiode (in der Regel vier Jahre) in dieses Ehrenamt berufen.

Darüber hinaus gibt es gemäß dem föderalen Aufbau der Bundesrepublik Deutschland, nach dem der Bund eher für die Rahmenbedingungen und die Länder primär für die Ausgestaltung Tourismus zuständig sind, einen **Bund-Länder-Ausschuß Tourismus**, dem die jeweiligen für den Tourismus zuständigen Referatsleiter der Landeswirtschaftsministerien vertreten sind und der in ebenfalls halbjährlichem Rhythmus tagt. Ihm obliegt die Abstimmung tourismuspolitischer Konzepte und Maßnahmen zwischen den Ländern und zwischen Bund und Ländern.

Auf der Ebene der Länderparlamente werden tourismuspolitische Fragen meist in den Wirtschaftsausschüssen und den Ausschüssen zur Landes- und Entwicklungsplanung verhandelt.

8.4.2.2 Länderebene

Das wichtigste Instrument der Bundesländer für ihre Tourismuspolitik sind die **Landestourismusverbände**. Für das Tagesgeschäft werden sie zwar von meist branchenerfahrenen Geschäftsführern geführt, ihre Präsidenten kommen jedoch in der Regel aus der Politik und sind entweder Minister oder andere hochrangige politische Repräsentanten wie Landtagspräsidenten usw. Ein großer Teil der direkten Tourismusförderung, vor allem die Werbung für ein Bundesland als Ferienzielgebiet, wird über diese Verbände abgewickelt. Für die Stadtstaaten Hamburg, Bremen und Berlin, die im übrigen zum Teil ihre Tourismusförderung nicht über Verbände, sondern über privatwirtschaftlich organisierte Unternehmen kanalisieren, ist dies ein sinnvoller Ansatz. Für die Flächenländer dagegen sind Landesorganisationen weniger geeignet.

Bundesländer sind keine Destinationen. Niemand fährt in seinem Urlaub nach Schleswig-Holstein, Sachsen oder gar nach Baden-Württemberg. Man fährt an die Nord- oder Ostsee, in die Sächsische Schweiz, in den Schwarzwald, das Allgäu oder an den Bodensee. Auch Städtereisende interessiert das Bundesland, in dem ihr Reiseziel liegt, allenfalls am Rande. Man fährt nach Heidelberg, Köln, Dresden, Frankfurt am Main oder Mainz und nicht nach Baden-Württemberg, ins Rheinland, nach Sachsen, Hessen oder Rheinland-Pfalz. Lediglich Bayern hat den Charakter eines in den Köpfen der Reisenden verankerten Reiseziels. Allerdings auch nur auf den ersten Blick, denn bei genauerer Betrachtung steht der touristische Begriff „Bayern" bei den meisten Menschen nur für einen kleinen Teil dieses Bundeslandes, nämlich Oberbayern. Manch einer mag vielleicht noch das (teilweise zu Baden-Württemberg gehörende) Allgäu mit Bayern assoziieren, die anderen Gebiete wie

Franken, Niederbayern und Schwaben dagegen werden kaum damit in Verbindung gebracht.

Vor diesem Hintergrund muß man sich fragen, was solche Verbandskonstruktionen eigentlich bewirken sollen. Wenn man zum Beispiel für ein so heterogenes Bundesland wie Baden-Württemberg wirbt, läßt sich damit praktisch nichts Markantes und Eigenständiges assoziieren. Das Gemeinsame der Industriestadt Mannheim mit der Idylle der Dichterin Annette von Droste-Hülshoff in der Meersburg oberhalb des Bodensees mit Blick auf die Schweizer und die österreichischen Alpen dürfte nur schwer zu finden sein. Deshalb wäre es tourismuspolitisch viel sinnvoller, die in den Köpfen der Touristen bereits vorhandenen Destinationen zu fördern, anstatt ein touristisch irrelevantes politisch-administratives Aggregat wie ein Bundesland zu bewerben.

Wenn damit die politische Absicht verbunden sein sollte, so etwas wie ein bundeslandspezifisches „Wir-Gefühl" bei den Einwohnern zu erzeugen, mag das schön für Lokalpatrioten sein, aber dann würden sich die imagefördenden Maßnahmen meist an die falschen Adressaten richten, denn man möchte in erster Linie ja gerade die Touristen aus anderen Bundesländern oder aus dem Ausland ansprechen. Im übrigen sollte man dann die tourismuspolitischen von anderen Zielen trennen – das wäre mit Sicherheit billiger und effektiver.

Die vergleichsweise geringen Mittel, die in den einzelnen Bundesländern zur Tourismusförderung bereitstehen, wären sinnvoller eingesetzt, wenn man sie den regionalen Destinationen, die in der Wahrnehmung der Reisenden als touristische Gebiete erkenn- und abgrenzbar sind, zukommen ließe. Dies würde gleichzeitig auch bedeuten, daß man sich in einigen Fällen über die Ländergrenzen hinwegsetzt. Dazu gehören Gebiete wie der Harz, das Allgäu, die Eifel und der Bodensee, an dessen Ufern zwei deutsche Bundesländer (Baden-Württemberg und Bayern), Österreich und die Schweiz aneinander grenzen. Mit der Internationalen Bodenseetourismus GmbH (IBT) ist man hier einen wichtigen Schritt in Richtung einer Anpassung der Entscheidungsstrukturen an die touristischen Gegebenheiten gegangen. Allerdings bestehen hier – auch bedingt durch frühere interne Managementfehler – nach wie vor erhebliche Probleme der Integration aller eigentlich Beteiligten in die notwendige grenzüberschreitende Struktur, weil einzelne Gemeinden lieber ihr eigenes Süppchen kochen möchten. Um verstehen zu können, warum dies so ist, muß man einen zweiten, etwas länger verweilenden Blick auf die Akteure und ihre Interessenlagen werfen. Dabei treten Charakteristika von politischen Prozessen (*politics*) zutage, die keineswegs auf die Tourismuspolitik beschränkt sind.

Zunächst muß man sehen, daß Politik nicht einfach das Durchsetzen des sachlich Gebotenen ist. Neben materiellen und ideologischen spielen auch persönliche Interessen eine nicht zu unterschätzende Rolle bei inhaltlichen und formellen Aspekten politischer Entscheidungen. Nicht nur bei denjenigen, die Politik als Beruf betreiben, auch bei Verbandsfunktionären und Lokalpolitikern haben persönliche Karrieregesichtspunkte einen oft höheren Stellenwert bei der Entscheidungsfindung als sachliche Erwägungen.

Beispiel: So mancher Landrat oder Bürgermeister, der vorher mit guten Argumenten relativ offen und unverhohlen die Abschaffung eines überflüssigen Tourismusverbandes fordert, wird zu seinem Befürworter, sobald sich die Möglichkeit seines Vorsitzes für diesen Verband abzeichnet.

Für die Funktionäre und Mitarbeiter der Verbände trifft dies natürlich in besonderem Maße zu, weil ihre materielle Existenz weitgehend vom Bestehen „ihrer" Organisation abhängt. Es ist deshalb legitim, wenn sie nicht nur die politischen Interessen ihrer Mitglieder, sondern auch in einem gewissen Umfang ihre Eigeninteressen vertreten. Dies wird natürlich nie explizit, sondern verbirgt sich hinter scheinbar sachlichen Argumenten. In vielen Fällen können sich darüber hinaus Parteien über die Besetzung solcher Stellen mit Mitgliedern Einfluß auf Entscheidungen sichern, besser an Informationen kommen oder auch verdiente, aber nicht mehr gebrauchte Politiker auf ein gut bezahltes und/oder statuskonformes Abstellgleis abschieben.

Mit anderen Worten: Die bereits in Abschnitt 8.2 angesprochene **Eigendynamik von politischen Institutionen** führt häufig zu Entscheidungen, die ohne Kenntnis der unterschiedlichen Interessenlagen der Akteure kaum nachzuvollziehen sind. Es gibt aber kein politisches System, in dem solche Entscheidungsmomente keine Rolle spielen würden. In diktatorischen Regimes werden sie prinzipiell hinter verschlossenen Türen gefällt und mit ideologischer oder vaterländischer Notwendigkeit begründet, in Demokratien versucht man zwar auch manchmal die Türen geschlossen zu halten, aber es handelt sich im Prinzip um Glastüren, hinter denen man nicht allzuviel verbergen kann. Alle politischen Systeme verursachen also **Kosten**, die sich nicht nur in Geld, sondern auch im Aufwand, der für ihre Aufrechterhaltung und die Eigeninteressen des Personals betrieben wird, bemißt. Die in ihnen handelnden Akteure arbeiten nicht einfach als eine Art Transmissionsriemen für die direkte Durchsetzung öffentlicher Interessen, sondern eher wie **Makler**, die zwar die Interessen von Anbietern und Nachfragern zu befriedigen versuchen, dabei aber auch durchaus ihre eigenen (materiellen) Ziele verfolgen.

Verstehen und akzeptieren sind jedoch – auch wenn der deutsche Sprachgebrauch häufig anderes suggeriert – keinesfalls gleichzusetzen. Wenn man politische Entscheidungen beeinflussen will, muß man wissen, wie das System funktioniert, in dem sie zustande kommen. Da politische Entscheidungen - wie bereits eingangs vermerkt - keinen Anspruch auf Endgültigkeit haben, muß man sie zwar einerseits hinnehmen, kann aber andererseits mit allen zur Verfügung stehenden demokratischen Mitteln versuchen, sie zu revidieren. Wenn die Tourismuspolitik besser werden soll, darf man also nicht resignieren, sondern muß beständig versuchen, die als richtig erkannten Strukturen und Maßnahmen durchzusetzen. Auch für diesen Bereich gilt damit, was Max Weber bereits 1919 in seinem berühmten Vortrag über „Politik als Beruf" gesagt hat: „Politik bedeutet ein starkes, langsames Bohren von harten Brettern mit Leidenschaft und Augenmaß zugleich."

Im Rahmen der Landesgesetzgebung können die Länder bestimmen, welche Kriterien und Verfahren für die Prädikatisierung von Tourismusorten (vgl. dazu auch Abschnitt 6.2.1) angewandt werden und welche speziellen Finanzierungsmöglichkeiten Städte und Gemeinden im Bereich der Tourismusförderung haben (Abschnitt 8.4.2.3). Darunter fallen auch Landesentwicklungspläne, über die es möglich ist, einzelne Regionen oder Kommunen mit Landesmitteln bei der Entwicklung des Tourismus zu fördern.

Auch die in die Länderkompetenz fallende **Bildungspolitik** spielt eine wichtige Rolle im Tourismus: Seit einigen Jahrzehnten schon koordinieren die dafür verantwortlichen Kultusminister der Länder die Ferientermine, um eine Entzerrung der Touristenströme zu erreichen. Würden – wie zum Beispiel in Frankreich – alle Regionen in Deutschland zur gleichen Zeit Schulferien bekommen, wäre das Chaos auf den Fernstraßen und Autobahnen, den Flughäfen, Bahnhöfen und in vielen Zielgebieten perfekt. Durch diese Maßnahme wird für die Tourismuswirtschaft vor allem über die Großen Ferien im Sommer eine Saisonverlängerung erreicht, denn die Ferientermine reichen von Mitte Juni bis Mitte September. Die meist sechswöchigen Ferien werden damit über einen Zeitraum von einem Vierteljahr verteilt und sorgen in diesem Zeitraum für hohe Auslastungen. Allerdings ist sich die Kultusministerkonferenz offensichtlich nicht (nur in diesem Falle) immer dieser Verantwortung bewußt, wie die verunglückten Ferienregelungen ab 2003, die nach massiven Protesten wieder revidiert werden mußten, zeigen.

8.4.2.3 Stadt- und Gemeindeebene

Die Förderung des Tourismus gehört nicht zu den Pflichtaufgaben der Kommunen. Im Rahmen ihrer Politik kann eine Gemeinde jedoch auch freiwillig Aufgaben übernehmen und entsprechende Ziele formulieren. In den Fällen jedoch, in denen Reisende und Urlauber eine wichtige Einkommens- und Beschäftigungsquelle für eine Kommune sind, haben die meisten von ihnen Stellen zur Förderung und Koordinierung des Tourismus eingerichtet.

Ebenso wie die nationalen, landes- oder regionalspezifischen handelt es sich auch bei den lokalen Tourismusstellen um Zuschußbetriebe. Ohne Subventionierung durch Stadt oder Gemeinde ist eine solche Stelle nicht zu betreiben. Wie die nationalen Tourismusorganisationen (siehe dazu Abschnitt 8.2) erbringen auch die lokalen Tourismusstellen kollektive Leistungen, indem sie zum Beispiel über Werbung und Öffentlichkeitsarbeit den Ort als Destination bekannter machen (Hänssler 1990). Die daraus entstehenden Vorteile für die Anbieter am Ort sind nicht im einzelnen zurechenbar, deshalb läßt sich diese Aufgabe auch nicht privatisieren. Kein Unternehmer ist in der Regel von sich aus bereit, dauerhaft für etwas zu zahlen, dessen Wert für seinen Betrieb er nicht glaubt genauer abschätzen zu können. Dort jedoch, wo sich konkret feststellen läßt, welcher Anbieter von einer Maßnahme der Tourismusstelle profitiert, ist auch eine Kommerzialisierung gegenüber den Tourismusunternehmen möglich. Zu diesen Individualleistungen gehören zum Beispiel (*op. cit.*, S. 9):

- die Erstellung von Gastgeberverzeichnissen;
- die Zimmervermittlung;
- Zusammenstellung und Verkauf von Pauschalen;
- Dienstleistungen für Tagungen und Kongresse;
- die Organisation von Veranstaltungen;

- Dienstleistungen (zum Beispiel Beratung) für einzelne Betriebe.

Die Finanzierung der in der Verwaltungen integrierten Tourismusstellen erfolgt traditionellerweise durch allgemeine Steuermittel und die Möglichkeit der Kommunen, weitere tourismusspezifische Steuern bzw. Abgaben zu erheben. Dazu gehören

- die Kurtaxe
- die Fremdenverkehrsabgabe und die
- Zweitwohnungssteuer.

Die Kurtaxe muß von den Gästen bezahlt werden und kann in der Regel nur in Kurorten oder in staatlich anerkannten Erholungsorten (siehe Abschnitt 6.2.1) verlangt werden. Sie ist als einzige der genannten Steuern und Abgaben zweckgebunden und darf nur für den Bau und die Erhaltung von Tourismuseinrichtungen verwendet werden (Lang 1996 b, S. 50 f.). Die Fremdenverkehrsabgabe kann nach den Gesetzen einiger Bundesländer von denjenigen Betrieben am Ort verlangt werden, die vom Tourismus profitieren. Dazu gehören neben Hotels und Restaurants auch Einzelhandelsunternehmen und handwerkliche Betriebe (Luft 1995, S. 119 ff.). Allerdings ist diese Abgabe umstritten, und eine Kommune muß im Prinzip schlüssig nachweisen können, daß bestimmte Betriebe besondere Vorteile aus der Befriedigung touristischer Nachfrage ziehen (vgl. zu den Meßproblemen Kapitel 7.1). Die Zweitwohnungssteuer dient einerseits zur Finanzierung von allgemeinen Infrastrukturmaßnahmen, die auch den Zweitwohnungsbesitzern zugute kommen, die ihre Steuern am Hauptwohnsitz entrichten, andererseits aber auch zur Steuerung weiteren Zuwachses meist leerstehender Wohnungen in begehrten Ferienorten (*op. cit.*, S. 121 ff.; vgl. auch Mundt 2004, S. 188 ff.).

Dadurch entsteht allerdings nur ein indirekter Zusammenhang zwischen der Leistungserbringung durch die Kommunen und ihrer Finanzierung. Für die Kollektivleistungen ist dies auch kaum anders machbar. Die aufgeführten Individualleistungen dagegen lassen sich im Prinzip kostendeckend erbringen, indem man sie den jeweiligen Kunden (Beherbergungsbetrieben, Gästen, Tagungsveranstaltern usw.) in Rechnung stellt. Damit ist eine direkte Leistungsverrechnung möglich. Darüber hinaus können noch eine Reihe weiterer Einnahmen erzielt werden, indem man in der Informationsstelle zum Beispiel auch Ansichtskarten, Reiseführer und lokale Spezialitäten verkauft oder und/oder selbst touristischer Leistungsträger mit einem Campingplatz, einem Lift, einem Fahrrad- oder Bootsverleih wird (vgl. Lang 1996, S. 97). Allerdings kann es hier zu Konflikten mit Unternehmen vor Ort kommen, die wenig Verständnis für einen subventionierten Konkurrenten aufbringen, der ihnen Teile ihres Geschäftes streitig macht.

Diese Art der weitergehenden Kommerzialisierung ist aber nicht in allen Rechtsformen der Organisation der Tourismusstellen möglich. In Deutschland sind sie traditionellerweise entweder als Abteilung oder Amt innerhalb der Stadt- bzw. Gemeindeverwaltung verankert oder werden von gemeinnützigen Verkehrsvereinen betrieben. In den letzten Jahren ist mit der immergrößer werdenden Konkurrenz einerseits und der zunehmenden Professionalisierung im Tourismus andererseits (siehe auch Kapitel 9) eine Tendenz

Übersicht 8.2: Vor- und Nachteile unterschiedlicher Rechtsformen für örtliche Tourismusstellen

	Amt	Eigenbetrieb	GmbH	Verein
Rechtsform	Teil der Verwaltung	Körperschaft des öffentlichen Rechts	privatrechtlich, juristische Person	privatrechtlich, juristische Person
Rechtsgrundlage	Gemeindeordnung	Eigenbetriebsgesetz	GmbH-Gesetz	BGB, Vereinsgesetz
Gründungsvoraussetzungen	Beschluß des Gemeinderates	Beschluß des Gemeinderates	notarielle Gründung, Stammeinlage mind. 25.000 €, Handelsregistereintrag	mindestens 7 Gründer, notarielle Gründung, Satzung, Eintrag ins Vereinsregister
Organe	Gemeinderat, (Ober-) Bürgermeister	Gemeinderat, (Ober-) Bürgermeister, Werkleitung, Werksausschuß	Geschäftsführung, Gesellschafterversammlung, evtl. Aufsichtsrat	Mitgliederversammlung, Vorstand, evtl. Beirat
Ziele	Versorgungsprinzip	Kostendeckung	in der Regel Gewinnorientierung	in der Regel kein wirtschaftliches Handeln
Finanzierung	Haushaltsplan	Wirtschaftsplan, Einnahmen aus dem Betrieb, kein Abgabenerhebungsrecht, Verlustzuweisung an die Kommune	Stammeinlage, Einnahmen aus dem Unternehmen, Nachschußpflicht zur Kostendeckung	Mitgliedsbeiträge, öffentliche Zuschüsse, evtl. Einnahmen aus „wirtschaftlichem Geschäftsbetrieb"
Rechnungswesen	Kämmerei, kameralistische Haushaltsführung	Sonderrechnung mit Wirtschaftsplan, kaufmännischer Rechnungsabschluß, Vorsteuerabzug	eigenständiges Rechnungswesen, eigenständiger Jahresabschluß und Vermögensrechnung, GmbH - Vorschriften, Vorsteuerabzug	eigenständiges Rechnungswesen, i.d.R. einfache Überschußrechnung, eigenständige Vermögensabrechnung, evtl. Vorsteuerabzug

(Forts.): **Vor- und Nachteile unterschiedlicher Rechtsformen für örtliche Tourismusstellen**

	Amt	Eigenbetrieb	GmbH	Verein
Personalwesen	Personalamt, Anwendung des Beamtenrechts oder des BAT*	Personalamt, Anwendung des Beamtenrechts oder des BAT*; eigener Personalrat	Geschäftsführung, Gesellschafterversammlung, evtl. Aufsichtsrat; Betriebsrat	Vorstand, Mitgliederversammlung; u.U. Betriebsrat f. d. Geschäftsstelle
Haftung	Gemeinde (unbegrenzt)	Gemeinde (unbegrenzt)	Gesellschaftsvermögen	Vereinsvermögen
Vorteile	kein Risiko für Geschäftspartner	kein Risiko für Geschäftspartner; Transparenz der Mittelverwendung	Transparenz der Mittelverwendung; flexible und schnelle Entscheidungen, Einbindung der örtlichen Tourismuswirtschaft in den Gesellschafterkreis bzw. in den Aufsichtsrat	Transparenz der Mittelverwendung; Einbindung ehrenamtlicher Tätigkeit, offen für Mitglieder aus allen Bereichen
Nachteile	keine Transparenz der Mittelverwendung; bürokratisch, unflexibel, an kameralistisches Haushaltsrecht gebunden, keine Beteiligung der Tourismuswirtschaft	an kameralistisches Haushaltsrecht gebunden, keine Beteiligung der Tourismuswirtschaft	Abhängigkeit von Zuschüssen	Finanzschwäche

- BAT = Bundesangestellten-Tarifvertrag

ergänzte Darstellung in Anlehnung an *touristik management* H. 12, 1992

zu beobachten, die örtlichen Tourismusstellen aus dem schwerfälligen öffentlichen Dienst herauszunehmen und in flexiblere Organisationsformen zu überführen. Schon vorher hatten die meisten der auf ehrenamtlicher Tätigkeit basierenden Verkehrsvereine an operativer Bedeutung verloren. Im Verlaufe der in den 1980er Jahren geführten Debatte über die Privatisierung kommunaler Dienstleistungen (die sich anfangs meist um die Müllbeseitigung drehte) wurde auch über die Tourismusstellen diskutiert. Diese Diskussion war zwar einerseits durchaus berechtigt, ist auf der anderen Seite aber oft ideologisch geführt worden, indem man in der Privatisierung das Allheilmittel für alle öffentlichen Übel entdeckt zu haben glaubte. Ob eine

Dienstleistung für den Kunden teuer oder preisgünstig und für den Ersteller defizitär, kostendeckend oder sogar mit einem Überschuß erbracht wird, ist – wie viele Beispiele belegen – nicht primär eine Frage der privatwirtschaftlichen oder öffentlichen Organisation, sondern des richtigen Managements. Auch innerhalb der Strukturen des öffentlichen Dienstes lassen sich erhebliche Verbesserungen und Verbilligungen erreichen – wenn man es wirklich will oder aufgrund der finanziellen Situation dazu gezwungen ist. Allerdings gibt es Organisationsstrukturen, welche die Arbeit erleichtern und solche, die sie erschweren.

Zudem lassen sich nicht alle Dienstleistungen einer Kommune in dem Sinne privatisieren, daß sich – wie bei der Müllbeseitigung – damit Gewinne erzielen lassen. Ein typisches Beispiel dafür ist die Tourismusstelle, deren kollektive Leistungen zwar gebraucht werden, für die es aber keinen Markt gibt (s.o.). Sie bleibt also immer auf öffentliche Zuschüsse angewiesen. Wenn also in diesem Zusammenhang von Privatisierung die Rede ist, dann bezieht sich dies nur auf die Rechtsform, innerhalb derer die Dienstleistungen erbracht werden, und die unter verschiedenen Aspekten Vorteile gegenüber der kommunalen Verwaltung haben. An erster Stelle steht dabei die Flexibilität der Organisation.

Einen ersten Schritt in Richtung größerer Flexibilität stellt die Einrichtung eines Eigenbetriebes der Gemeinde oder Stadt dar, der im Gegensatz zu einem Amt aus den Zwängen des Haushaltsvollzuges herausgenommen ist und damit besser wirtschaften kann. Meist werden schon Stadtwerke und Verkehrsbetriebe in dieser Rechtsform betrieben, die dann für die Tourismusstelle übernommen wird. Allerdings hat die lokale Tourismuswirtschaft hier nur die Möglichkeit indirekter Einflußnahme auf einen für sie zentralen Vertriebspartner über den Gemeinderat. Auch bei diesem Modell besteht wie beim Amt nach wie vor die Gefahr einer „Versäulung", indem der Eigenbetrieb isoliert für sich selbst und unabhängig von den Anbietern vor Ort seine Tourismuspolitik betreibt.

Erst mit der Gründung eines gemeinsamen, privatwirtschaftlich organisierten Unternehmens, an dem neben der maßgeblichen Beteiligung der Kommune auch die örtliche Tourismuswirtschaft Anteile hält, entsteht eine Struktur, die eine Kooperation von öffentlichem und privatem Sektor voraussetzt. Die GmbH ist in Deutschland diejenige Unternehmensform, die in diesem Zusammenhang die größte Rolle spielt. Eine ganze Reihe von Städten und Kurorten haben ihre Tourismusstellen so organisiert. Ein Verkehrsverein kann ebenfalls eine Lösung darstellen, allerdings sind gemeinnützigen Vereinen Grenzen bei der Kommerzialisierung gesetzt, die sich aber zum Beispiel durch ein gewerbliches Tochterunternehmen – in der Regel wieder eine GmbH – umgehen lassen.

Innerhalb der Rechtsform einer GmbH gibt es eine Reihe weiterer Vorteile, die insbesondere eine von der Kameralistik und vom öffentlichen Dienstrecht befreite Unternehmensführung ermöglichen, die für manche Kommunen schon ausreichend erscheinen, um diese Rechtsform zu wählen, auch wenn keine anderen Anteilseigner aus der örtlichen (Tourismus-)Wirtschaft mit ins Boot geholt werden. Denn durch eine GmbH lassen sich bei gewonnener Flexibilität auch Einsparungen gegenüber der einer innerhalb des öffentlichen Dienstes angesiedelten Lösung erzielen. Trotz der damit ebenfalls eröffneten Möglichkeiten einer weiteren Kommerzialisierung bleiben solche Einrichtungen aus den oben genannten Gründen immer defizitär. Deshalb haben die Kommunen durchweg auch eine Mehrheit an diesen Gesellschaften, die sie durch Zuschüsse stützen (für den Vergleich der unterschiedlichen Rechtsformen vgl. Übersicht 8.2).

Richter & Feige (2005, S. 173) glauben, in diesen Zusammenhang zwischen einer ‚echten und ‚unechten GmbH' unterscheiden zu können. ‚Unecht' ist sie ihrer Ansicht nach, wenn, wie es regelmäßig der Fall ist, die Kommune Mehrheitsgesellschafter des Unternehmens ist. Als Beispiel für eine ‚echte' GmbH führen sie u.a. die Hamburg Tourismus GmbH an, weil hier die Stadt nicht die Mehrheit der Anteile habe. Auf den ersten Blick scheinen die Autoren Recht zu haben, der zweite Blick zeigt aber, daß sie sich die Mühe einer kleinen Recherche gespart haben. Die Freie und Hansestadt Hamburg hält zwar direkt nur 40 Prozent der Anteile an der Hamburg Tourismus GmbH, hat aber indirekt über die elfprozentige Beteiligung der Hamburg Messe und Congress GmbH, die vollständig im Besitz der Hansestadt ist, eine Mehrheit von 51 Prozent in der Gesellschafterversammlung. Noch eindeutiger ist die Situation bei den anderen der in dem Beitrag als „echte GmbH" angeführten Städtetourismusgesellschaften: In Stuttgart gehört die Tourismusstelle in Wirklichkeit vollständig der Kommune, in Düsseldorf zu 75 Prozent und in Dresden zu 64 Prozent. An der Berlin Tourismus Marketing GmbH sind das Land Berlin mit 15 Prozent, die landeseigene Investitionsbank Berlin (Anstalt öffentlichen Rechts) mit 25 Prozent, die Messe Berlin GmbH (zu 99,7 Prozent im Besitz des Landes Berlin) mit fünf Prozent und die Tourismus-Marketing Brandenburg GmbH, die dem Landestourismusverband Brandenburg gehört, in dem wiederum die kommunalen Tourismusstellen organisiert sind, ebenfalls mit fünf Prozent. Gleichzeitig gibt es noch eine Überkreuzbeteiligung von jeweils fünf Prozent zwischen der Berlin Tourismus Marketing GmbH und der Tourismus-Marketing Brandenburg GmbH, so daß auch hier letztlich staatliche Stellen das Sagen haben. Die vorgeschlagene Unterscheidung zwischen ‚echten' und ‚unechten GmbH' ist damit obsolet.

Für welche Rechtsform man sich letztlich entscheidet, ist aber nicht nur von den in Übersicht 8.2 kurz skizzierten Gründen abhängig, sondern es gibt darüber hinaus noch eine Reihe von örtlichen Gegebenheiten zu beachten. Dazu gehören u.a. (Hänssler 1996, S. 64):

- die Größe der Gemeinde und der wirtschaftliche Stellenwert des Tourismus;
- die derzeitigen und zukünftigen Aufgaben der Tourismusstelle;
- die bisherige Zusammenarbeit zwischen Tourismusstelle und Betrieben;
- die Bereitschaft der Betriebe, sich an den übergreifenden Aufgaben einer Tourismusstelle zu beteiligen.

Wenn zum Beispiel schon die bisherige Zusammenarbeit zwischen kommunaler Stelle und örtlicher Tourismuswirtschaft gut funktioniert und ein gemeinsames Handlungskonzept zur Erreichung gemeinsam formulierter Ziele vorliegt, könnte die Gründung einer GmbH kaum Verbesserungen bringen. Der Aufwand dafür wäre größer als der realistischerweise zu erwartende Ertrag. Für die Gründung einer GmbH spricht jedoch die Bereitschaft der örtlichen Betriebe, sich an ihr zu beteiligen. Die Gründung einer GmbH ohne die Einbindung der lokalen Wirtschaft und in vollständigem Besitz der Gemeinde bietet dagegen kaum Vorteile; in diesem Falle ist ein Eigenbetrieb in der Regel die sinnvollere Lösung. Ebenfalls für die Gründung einer GmbH dagegen spricht, wenn der Tourismus wegen der Größe der Kommune keine große Bedeutung im politischen Alltag hat und die tourismusrelevanten Sachfragen eine zu geringe Rolle in den politischen Gremien spielen.

Beispiel: Vor der Umwandlung der Tourist Information Konstanz von einem Eigenbetrieb in eine GmbH hatte der Finanz- und Wirtschaftsplan, über den der Gemeinderat zu befinden hatte, ein Volumen von 0,6 Prozent des Gesamtetats der Stadt. Beim Stellenplan, über den ebenfalls der Gemeinderat zu entscheiden hat, waren es 0,5 Prozent der städtischen Bediensteten. Von den 392 Sitzungen des Gemeinderates und seiner Ausschüsse in der vorangegangenen Wahlperiode waren nur 11 u.a. mit dem Thema Tourismus befaßt (Frommer 1991, S. 52). Vor diesem Hintergrund kann man nicht erwarten, daß sich die städtischen Gremien dem Thema Tourismus und Tourist-Information mit der gebotenen Sachkenntnis und Sorgfalt widmen können.

Wenn allerdings der Zuschuß der Gemeinde jedes Jahr wieder Gegenstand der Diskussionen bei den Haushaltsberatungen wird, ist dieses Argument wenig stichhaltig. Erst wenn der Zuschuß für einen größeren Zeitraum (zum Beispiel eine Wahlperiode) festgeschrieben und damit nicht mehr jährlich im Rat verhandelt wird, kann die Gründung einer GmbH zu einer Entlastung der Ratsgremien führen. Vor allem aber verhindert die Unwägbarkeit rein politischer Entscheidungsprozesse, in die vielfach auch sachfremde Einflüsse mit hineinspielen (müssen), durch die daraus entstehende Planungsunsicherheit eine kontinuierliche und professionelle Arbeit der Tourismusstelle. Wünschenswert wäre zudem eine Regelung, nach der nicht gebrauchte Zuschüsse jährlich an die Stadt zurückgezahlt werden können und ein flexibler Teil der Entlohnung für die Geschäftsführung an den wirtschaftlichen Erfolg der GmbH gebunden wäre.

8.5 Barrierefreier Tourismus

Jeden kann es jederzeit treffen: Ein Unfall, ein schwerer Schlaganfall oder eine andere Krankheit können einen zu jeder Zeit zu einem Behinderten machen. Vor allem, wenn man auf den Rollstuhl angewiesen ist, werden dann mit einem Male viele Elemente der Umwelt, die man vorher entweder gar nicht, nicht bewußt oder allenfalls unter ästhetischen Gesichtspunkten wahrgenommen hat, zu unüberwindlichen Hindernissen. Treppen, enge Türen, hohe Bordsteine, Steigungen usw. versperren den Zugang zu vorher selbstverständlich aufgesuchten Orten. Aber auch Menschen ohne körperliche Behinderungen machen solche Erfahrungen, wenn sie gerade Eltern geworden und mit dem Kinderwagen unterwegs sind. Unüberlegte Öffnungsmechanismen für Türen, überflüssige Stufen, Plätze mit Klopfsteinpflaster ohne ebene Pfade usw. machen den Alltag ebenso zu einem anstrengenden Parcours wie zum Beispiel zu geringe Abstände zwischen den Tischen in Kaufhäusern, Cafés und Restaurants.

Sind die Mobilitätsmöglichkeiten schon zu Hause eingeschränkt, so potenzieren sich diese Probleme oft auf Reisen. Es ist deshalb wenig überraschend, daß die Nettoreiseintensität Behinderter deutlich unter dem Durchschnitt für die Gesamtbevölkerung liegt. So machten nur etwas mehr als die Hälfte (54 Prozent) der Deutschen mit einer Behinderung im Jahre 2002 eine Urlaubsreise von mindestens fünf Tagen Dauer während es von der Gesamtbevölkerung 75 Prozent waren – so die Ergebnisse von Sonderfragen in der Reiseanalyse 2003 (Neumann & Reuber 2004, S. 26). Bei den Kurz- und Städtereisen hingegen gab es nur geringe Unterschiede (32 Prozent bei Behinderten gegenüber 38 Prozent bei der Gesamtbevölkerung; a.a.O.).

Dabei handelt es sich bei den Behinderten keineswegs um eine kleine Gruppe in unserer Gesellschaft. Nach Angaben des Statistischen Bundesamtes lebten 2003 in Deutschland 6,6 Millionen Schwerbehinderte, das sind acht Prozent der Gesamtbevölkerung. Vor allem ältere Menschen gehören zu dieser Gruppe: Mehr als die Hälfte der Schwerbehinderten (52 Prozent) sind älter als 65 Jahre, ein gutes Fünftel (22 Prozent) gehören der Altersgruppe zwischen 55 und 65 Jahren an. Ein knappes Viertel (24 Prozent) sind Erwachsene im Alter zwischen 18 und 54 Jahren, Kinder und Jugendliche unter 18 Jahren machen nur zwei Prozent aus. 82 Prozent der schweren Behinderungen sind die Folge von Krankheiten. Vor dem Hintergrund der Überalterung unserer Gesellschaft und der mit zunehmendem Alter steigenden Wahrscheinlichkeit gesundheitlicher Beeinträchtigung (vgl. Abschnitt 2.3.5) wird man davon ausgehen müssen, daß die Zahl der Schwerbehinderten auch in Zukunft weiter steigen wird. Da der größte Teil (67 Prozent) der Schwerbehinderten mit erheblichen körperlichen Funktionseinschränkungen leben muß, liegt ihre geringere Reiseaktivität zum einen in den vielfältigen Mobilitätsbarrieren begründet, die zum anderen zu einer deutlich erschwerten Reiseorganisation führt, denn mehr als die Hälfte der Behinderten (52 Prozent) ist während ihrer Reisen auf eine Begleitperson angewiesen – in der Hälfte der Fälle ein Familienmitglied (Neumann & Reuber 2004, S. 30).

In Artikel 3 (3), Satz 2 des Grundgesetzes heißt es „Niemand darf wegen seiner Behinderung benachteiligt werden". Dieser Satz steht in Zusammenhang mit dem Verbot der Benachteiligung oder Bevorzugung (Diskriminierung) von Menschen aufgrund von Geschlecht, Abstammung, Rasse, Sprache, Heimat/Herkunft und religiösen oder politischen Anschauungen und damit der Gleichheit aller vor dem Gesetz. Anders als bei den Behinderungen handelt es sich dabei aber um Zuschreibungen, also um Eigenschaften, die nicht *per se*, wie bei den meisten Behinderten, bereits die Handlungschancen von Menschen begrenzen. Die alleinige Beschränkung auf die Gleichheit vor dem Gesetz würde die Benachteiligungen von Behinderten also nicht aufheben. Deshalb ist in § 1 des 2002 in Deutschland erlassenen Gesetzes zur Gleichstellung behinderter Menschen (BGG) auch das Ziel festgeschrieben, „die gleichberechtigte Teilhabe von behinderten Menschen am gesellschaftlichen Leben zu gewährleisten und ihnen eine selbstbestimmte Lebensführung zu ermöglichen."

Es bedarf also aktiver politischer Maßnahmen, um dieses Ziel zu erreichen. Die wichtigste Maßnahme in diesem Zusammenhang ist die Herstellung der Zugänglichkeit möglichst aller gesellschaftlichen Räume für Menschen mit Behinderungen. Barrieren, welcher Art auch immer, die Behinderten den Zugang zu diesen Räumen versperren oder unnötig erschweren, müssen also beseitigt werden. Dabei ist der Begriff der Barrierefreiheit deutlich weiter gefaßt, als es die oben angeführten Beispiele zunächst vermuten lassen. So heißt es in § 4 BGG:

„Barrierefrei sind bauliche und sonstige Anlagen, Verkehrsmittel, technische Gebrauchsgegenstände, Systeme der Informationsverarbeitung, akustische und visuelle Informationsquellen und Kommunikationseinrichtungen sowie andere gestaltete Lebensbereiche, wenn sie für behinderte Menschen in der allgemein üblichen Weise, ohne besondere Beschwernis und grundsätzlich ohne fremde Hilfe zugänglich und nutzbar sind."

Zum einen ist der Staat hier selbst gefordert, indem die öffentlichen Räume, Verkehrsmittel und Informationsquellen behindertengerecht gestaltet werden. Dies ist bereits vor dem Inkrafttreten dieses Gesetze sichtbar geworden, indem öffentliche Gebäude behindertengerechte Zugänge und Einrichtungen (wie zum Beispiel Toiletten) bekommen haben und zunehmend Busse und Bahnen eingesetzt werden, die, zum Beispiel durch Neigetechnik, keine physischen Barrieren bei Ein- und Ausstieg mehr aufweisen. Gleichzeitig muß aber auch die Gestaltung von Printmaterial und Internetseiten so erfolgen, daß Menschen mit Sehbehinderungen keine Schwierigkeiten der Informationsaufnahme aus diesen Quellen haben. Für Internetauftritte bedeutet das zum Beispiel, daß man Links farbig so absetzt, daß sie auch von Menschen mit einen Farbenfehlsichtigkeit erkannt und genutzt werden können.

Zum anderen müssen auch privat bewirtschaftete Räume, von Privatunternehmen hergestellte Produkte und Dienstleistungen barrierefrei angeboten werden. Weil niemand besser die Bedürfnisse Behinderter kennt als die Behinderten selber, sieht das deutsche Behindertengleichstellungsgesetz) in § 5 vor, daß (sofern es in dem jeweiligen Fall nicht bereits Gesetze und Verordnungen gibt) zwischen Unternehmen/Unternehmensverbänden und Behindertenverbänden „Zielvereinbarungen zur Herstellung von Barrierefreiheit" abgeschlossen werden können. Das Bundesministerium für Arbeit und Soziales (BMAS) führt ein Register, in dem diese Zielvereinbarungen im Internet veröffentlicht werden.

Beispiele: (1) Der Flughafenbetreiber Baden Airpark GmbH hat auf dieser Gesetzesgrundlage am 4. Februar 2005 mit vier Behindertenverbänden eine Zielvereinbarung über die „Barrierefreie Gestaltung des Baden-Airparks im Zuge des Ausbaus der gesamten Flughafenanlage" abgeschlossen. Darin verpflichtet sich das Unternehmen neben der entsprechenden baulichen Gestaltung u.a. für den Einstieg von behinderten Passagieren in Flugzeuge speziell geschultes Personal bereitzuhalten und laufend mit den Verbänden über weitere Verbesserungen im Gespräch zu bleiben. Dabei wird auch gesehen, daß „viele Fluggäste des Flughafens Karlsruhe/Baden-Baden zeitweilig in ihrer Mobilität beeinträchtigt (sind), sei es durch die Begleitung von Kleinkindern und/oder den Transport von Gepäckstücken, aber auch durch alters-, unfall- oder krankheitsbedingte Einschränkungen der körperlichen Funktionen." Hier zeigt es sich, daß eine barrierefreie bauliche Gestaltung nicht ‚nur' den Behinderten zugute kommt.

(2) Der Deutsche Hotel- und Gaststättenverband (DEHOGA) und der Hotelverband Deutschland (IHA) haben am 12. März 2005 mit fünf Behindertenverbänden eine Zielvereinbarung über die „Standardisierte Erfassung, Bewertung und Darstellung barrierefreier Angebote in Hotellerie und Gastronomie" abgeschlossen. Darin werden Mindeststandards für die Barrierefreiheit in Hotel- und Gastronomiebetrieben und ein

Schema für die Kategorisierung der Betriebe festgelegt, die in den Medien und Verzeichnissen der Hotelverbände (zum Beispiel ‚Deutscher Hotelführer' und ‚Hotels Deutschland') veröffentlicht werden, so daß sich behinderte Gäste bei der Auswahl ihrer Unterkunft daran orientieren können. Die Kategorien sind: A – barrierefrei für Gäste mit einer Gehbehinderung, die zeitweise auch auf einen nicht-motorisierten Rollstuhl oder eine Gehhilfe angewiesen sein können; B – barrierefrei für Gäste, die gehunfähig und ständig auf einen Rollstuhl angewiesen sind; C – barrierefrei für Gäste, die sehbehindert oder blind sind; D – barrierefrei für Gäste, die schwerhörig oder gehörlos sind; E – barrierefrei für alle Gäste mit körperlichen oder sensorischen Einschränkungen.

Der 19-sitzige Swearingen Metroliner ist eines der Pionierflugzeuge im Regionalflug – für Rollstuhlfahrer gibt es mit ihr jedoch kaum eine Chance der Mitnahme

Auch auf europäischer Ebene gibt es Bestrebungen, Behinderten das Reisen zu erleichtern. Ein Ausgangspunkt dafür war die Praxis von einigen europäischen Fluggesellschaften und Flughäfen, behinderten Fluggästen für die Nutzung eines Rollstuhls ein Entgelt in Rechnung zu stellen, das im Falle von Reisen mit Billigfluggesellschaften oft deutlich teurer als der Preis für den Flugschein war. Die Kommission hat daher im Februar 2005 nach der Diskussion eines von ihr 2002 veröffentlichten Konsultationspapiers einen Verordnungsentwurf über die „Rechte von Flugreisenden mit eingeschränkter Mobilität" (KOM 2005/47 endgültig) auf den Weg gebracht. Einer der Gründe dafür war der lange und nicht gelöste Streit zwischen Flughäfen und Fluggesellschaften darüber, wer von beiden für die Beförderung Behinderter auf den Flughäfen zuständig sein soll und der eine Lösung blockiert hat. Mit dem Verordnungsentwurf sollen zunächst übergreifend zwei Ziele erreicht werden: Einmal die Sicherstellung der Beförderung behinderter Personen durch die Fluggesellschaften, zum anderen „die unentgeltliche Gewährleistung der Hilfe, die Fluggäste eingeschränkter Mobilität benötigen, um den Luftverkehr wirklich nutzen zu können", wie es in der Begründung für den Verordnungsentwurf heißt. Dabei wird der Anteil Behinderter innerhalb der EU von der Europäischen Kommission mit 10 Prozent der Bevölkerung oder 45 Millionen Menschen noch etwas höher veranschlagt als in der Bundesrepublik Deutschland. Es wird geschätzt, daß auf Linienflügen ein Prozent, auf Charterflügen 1,6 Prozent der Passagiere innerhalb der EU Hilfe benötigen – insgesamt summiert sich dies auf mehr als sieben Millionen Fälle pro Jahr.

Im einzelnen sieht der Entwurf vor, daß eine Beförderung behinderter Menschen von einer Fluggesellschaft nicht aus Gründen der eingeschränkten Mobilität abgelehnt werden darf. Einschränkungen davon sind nur dann möglich, wenn gesetzlich festgelegte Sicherheitsanforderungen (zum Beispiel Erfordernis einer Begleitperson) dies erfordern. Die Gründe dafür müssen dem abgewiesenen Passagier innerhalb von fünf Arbeitstagen nach der Zurückweisung schriftlich unter Nennung der dabei angewendeten Sicherheitsvorschriften mitgeteilt werden.

Beispiele für eine Beförderungsverweigerung könnten sein: Von einem Rollstuhlfahrer wird eine Regionalverbindung gebucht, die mit einem kleinen Flugzeug (zum Beispiel Swearingen Metroliner mit maximal 19 Sitzen) beflogen wird, in dem es voll besetzt keinen Platz für die Mitnahme des Rollstuhls gibt; die Zahl körperlich behinderter Menschen auf einem Flug ist so groß, daß im Notfall eine Evakuierung der Passagiere aus der Kabine nicht mehr gewährleistet ist.

Den Streit um die Zuständigkeit für die Bereitstellung von Mobilitätshilfen auf Flughäfen löst der Verordnungsentwurf, indem er die Flughäfen dafür in die Verantwortung nimmt. Ihnen wird dafür das Recht eingeräumt, die dadurch entstehenden Kosten durch eine auf der Gesamtzahl aller von einer Fluggesellschaft beförderten Personen basierenden Umlage zu finanzieren. Berechnungen der EU Kommission haben ergeben, daß dafür quasi als Solidarbeitrag nur wenige Cent pro Passagier aufgewendet werden müssen. Das Europäische Parlament hat den Entwurf im Dezember 2005 nach eingehenden Diskussionen mit einer Reihe von Spezifizierungen in erster Lesung gebilligt.

Nicht nur, daß barrierefreies Reisen ein Akt der Solidarität gegenüber Menschen mit Aktivitätseinschränkungen ist, der auch Nichtbehinderten zugute kommt, die oben angeführte geringere Nettoreiseintensität der Behinderten zeigt zudem, daß es hier noch unausgeschöpfte Nachfragepotentiale für Urlaubsreisen gibt. Die Aufwendungen für die entsprechende Ausstattung von Hotels und Verkehrsmitteln sind somit nicht nur als bloße Kosten, sondern als Investitionen zu sehen, die vor dem Hintergrund alternder Gesellschaften zumindest mittel- und langfristig ihre Renditen abwirft und Arbeitsplätze schafft bzw. erhält.

8.6 Tourismus und Umwelt

Bis in die siebziger Jahre des zwanzigsten Jahrhunderts entwickelte sich der Tourismus – wie andere Wirtschaftsbranchen auch – ohne daß die Grundlagen des auf Wirtschaftswachstum angelegten Systems in Frage gestellt wurden. Erst mit dem Erscheinen des Berichts für den Club of Rome über „Die Grenzen des Wachstums" (Meadows 1972) und vor allem durch die Ölkrise 1973 mit der Folge von Sonntagsfahrverboten kam eine weite Diskussion über die Problematik einer auf ständige Vergrößerung des Wirtschaftskreislaufes und steigender Mobilität beruhenden Gesellschaft auf. In der Folge entwickelte sich die Beschäftigung mit Umweltproblemen und Ansätze zu ihrer Vermeidung zu einem eigenen Politikfeld, das in der Bundesrepublik Deutschland zunächst auf Bundesebene im Innenministerium und dann, nach der Atomkatastrophe von Tschernobyl im Jahre 1986, in einem eigenen Ministerium für Umwelt, Naturschutz und Reaktorsicherheit institutionell bearbeitet wird. Mit dem Umweltbundesamt und dem Bundesamt für Naturschutz wurden zudem Einrichtungen für die Dauerbeobachtung der Entwicklung und Politikberatung in diesem Bereich geschaffen. In manchen Bundesländern existierten Umweltressorts bereits davor.

Ähnlich wie die Tourismus- ist auch die Umweltpolitik eine Querschnittsaufgabe, denn sie spielt in praktisch allen Politikbereichen, von der Wirtschafts-, Verkehrs- und Regional- bis hin zur Gesundheits- und Finanzpolitik eine Rolle. In ihr sind ebenfalls alle Ebenen von Entscheidungsgremien und Administrationen angesprochen - von den Vereinten Nationen bis zum Rat einer Gemeinde.

Sich über die **Ziele** von Umweltpolitik zu einigen, ist ein komplizierter und kontinuierlicher Prozeß. Es besteht zwar sehr schnell Einigkeit darüber, daß die Umwelt weniger belastet und die natürlichen Ressourcen geschont werden sollen, aber bereits die Frage, welche konkreten Meßwerte dieses globale Ziel definieren, führt zu erheblichen Konflikten. Darüber hinaus spielen auch politisch-ideologische Momente eine wichtige Rolle bei der Diskussion über die Instrumente, mit denen umweltadäquates Verhalten erreicht werden soll. Grundsätzlich stehen dem Staat folgende strategische Handlungsalternativen in der Umweltpolitik zur Verfügung (nach Bartel 1994, S. 24 ff.):

1. **Aufklärung** über Umweltschädigungen und **Appelle** an das Umweltgewissen in der Hoffnung, daß dadurch das entsprechende Verhalten positiv beeinflußt wird und so etwas wie eine Umweltethik erreicht wird.
2. **Steuerpolitische Verstärkung des Marktpreismechanismus** als Anreiz für umweltschonendes Verhalten: Höhere Besteuerung knapper Ressourcen, um zu ihrem effizienteren Gebrauch anzuhalten, Subventionierung umweltkonformen Verhaltens und/oder Einführung von Umweltzertifikaten in Form handelbarer Emissionslizenzen, die das Ausmaß des Gesamtumweltverbrauchs einer Periode festlegen und deren Preisbildung dem Markt überlassen wird;
3. Umweltschutz durch **direkte staatliche Maßnahmen** wie der Bau von Umweltschutzeinrichtungen wie Klärwerke, Lärmschutzwälle usw. oder eine an Umweltvorgaben orientierte Beschaffungs- und Investitionspolitik;
4. **Umweltauflagenpolitik** durch Schaffung eines gesetzlichen Regelwerkes, das einen Rahmen für umweltrelevantes Verhalten schafft: Festlegung von Emissionsgrenzwerten, Ausweis von Naturschutzgebieten usw. und Einführung von **Sanktionen** bei Nichteinhaltung der Bestimmungen.

Aufklärung und Appelle alleine bewirken jedoch nur dann eine Änderung, wenn das Erreichen des erwünschten Verhaltens nur mit geringen Kosten verbunden ist (Michaelis 1996, S. 33). Zu diesen Kosten gehört zum Beispiel auch der persönliche Verzicht auf Konsum und Mobilität. Wenn Umweltpolitik also etwas bewirken soll, reicht der erste Punkt nicht aus, er kann allenfalls als Ergänzung und flankierende Maßnahme zu den anderen Handlungsalternativen fungieren (a.a.O.).

Tourismus hat eine ganze Reihe von negativen Auswirkungen auf die Umwelt, wie sie zum Beispiel von Poon (1993, S. 64 f.) ausschnittsweise aufgeführt werden:

1. Verschmutzung der Meere und Gewässer durch schlechte Planung und fehlende Infrastruktur (Kläranlagen);
2. Stranderosion durch den zu nahe an der Wasserlinie verlaufenden Bau von Hotels und Straßen;
3. das Abfalldumping von Kreuzfahrtschiffen, insbesondere in der Karibik, der meistbefahrenen Seeregion der Welt;
4. ungesetzliches Fischen, insbesondere mit Harpunen, das zur Vernichtung der Unterwasserfauna beiträgt;
5. Zerstörung von Riffen, insbesondere Korallenriffen, als Folge des Handels mit Muscheln, Korallen usw. als Souvenirs;
6. Übernutzung natürlicher Attraktionen wie Höhlen, Naturschutzgebiete, Reservate etc.;
7. Lärmbelastung, Menschenzusammenballungen (*overcrowding*) und Verkehrsverstopfungen an Stränden, auf Flughäfen, Straßen und vor historischen Sehenswürdigkeiten;
8. Gebäudeerosion, insbesondere antiker Monumente, durch sauren Regen (nur zum Teil tourismusbedingt) und einen kontinuierlichen Besucherstrom;
9. Zerstörung von Wäldern und Bergen durch die Übernutzung von Trekking- und Natur suchenden Touristen wie zum Beispiel im Himalaja;
10. Landschaftszerstörung durch Skipisten;
11. die Verwendung von Schneekanonen und der damit verbundene hohe Wasserverbrauch.

Es gehört zu den Aufgaben der Tourismuspolitik, diese negativen Begleiterscheinungen des Reisens zu vermeiden. Tourismuspolitik ist damit auch Umweltpolitik. Zusammengenommen spielen Umweltfragen in der Tourismuspolitik unter verschiedenen Aspekten eine Rolle:

- der **Verkehrsmittelnutzung,**
- dem **Landschaftsverbrauch** für touristische Infrastruktur,
- und der **Abfallentstehung.**

Die beiden wichtigsten Verkehrsmittel im Tourismus, Automobil und Passagierflugzeug (siehe Abbildung 2.5 auf Seite 53), sind auch die unter Umweltgesichtspunkten umstrittensten.

Nach einer Studie des Öko-Institutes für das Umweltbundesamt (Schmied et al. 2002) durch touristische Reisen (mit mindestens einer Übernachtung) innerhalb Deutschlands werden in einem Jahr ca. 15,8 Mio. Tonnen Treibhausgase ausgestoßen. Dies sind allerdings nur 1,6 Prozent des Gesamtausstoßes von 982,4 Mio. Tonnen (Bezugsjahr 1999; *op. cit.*, S. XII). Aktivitäten vor Ort (Ausflüge usw.) machen mit 8,5 Prozent von diesen 1,6 Prozent nur einen geringen Teil davon aus. Durch die Übernachtungen werden 28 Prozent davon emittiert und den erwartungsgemäß größten Anteil hat der Verkehr mit 63 Prozent (*op. cit.*, S. XIII).

Das **Automobil** wird zwar nur zu einem geringen Teil zu touristischen Zwecken genutzt, insgesamt sind aber gut die Hälfte aller Fahrten mit ihm durch Freizeitaktivitäten veranlaßt (Hopfenbeck & Zimmer 1993, S. 284). Zudem ist die Kostenwahrheit im Verkehr so stark zugunsten des privaten Automobils verzerrt, daß „die Lenkungsfunktion des Preises nicht effizient erfüllt werden kann" (Janko 1994, S. 221). Die Nichtberücksichtigung der externen Kosten der Automobilbenutzung (verursacht durch Straßenbau, Lärmemissionen, Luftverschmutzung, usw.) führt dazu, daß die Nachfrage nach Verkehrsleistungen generell zu hoch ist und das Automobil entsprechend zu häufig als Verkehrsmittel gewählt wird (a.a.O.). Die Anwendung der oben unter Punkt 2 genannten Handlungsalternativen ist jedoch weniger eine tourismuspolitische Frage als generell ein Problem der Verkehrspolitik, die auch die Verkehrsmittelnutzung im Berufs- und Besorgungsverkehr mit zu berücksichtigen hat. Auf lokaler und regionaler Ebene lassen sich jedoch tourismuspolitische Ziele mit umweltpolitischen Maßnahmen verbinden, welche die Erholungsqualität und den Attraktionswert von Ferienorten und -gebieten erheblich erhöhen.

Beispiele: Der Verkehr mit Automobilen auf den deutschen Ferieninseln in der Nordsee ist entweder ganz verboten oder sehr stark eingeschränkt. Gebirgsorte wie Oberstdorf in Deutschland und Zermatt in der Schweiz sind für Automobile weitgehend gesperrt. Durch den Rückbau von Verkehrsflächen und den Ausbau des öffentlichen Personennahverkehrs (ÖPNV) und von Rad- und Fußwegen lassen sich die örtlichen Verkehrsströme auf andere Verkehrsmittel lenken (vgl. Hopfenbeck & Zimmer 1993, S. 282 ff.).

Zwar läßt sich so die Wahl der Verkehrsmittel für die Mobilität während eines Urlaubsaufenthaltes beeinflussen, kaum Einfluß hat die Tourismuspolitik dagegen auf die Wahl des Verkehrsmittels für die An- und Abfahrt der Gäste. Durch die Zusammenarbeit mit der Bahn und die Entwicklung von entsprechenden Angeboten lassen sich allerdings Anreize für die Nutzung eines umweltfreundlicheren Verkehrsmittels entwickeln. Ergänzend kann die lokale Tourismuspolitik in Zusammenarbeit mit der Bahn ein Gepäcktransportsystem entwickeln und Leihangebote der örtlichen Wirtschaft für sperrige Urlaubsutensilien (wie Fahrräder, Ski, Surfbretter usw.) initiieren und unterstützen, die den Gebrauch des eigenen Automobils zu ihrem Transport überflüssig machen.

Die in den letzten Jahrzehnten zu beobachtende Tendenz zu Auslandsaufenthalten und insbesondere zu Fernreisen auf dem Markt für private Urlaubsreisen hat das **Flugzeug** als Reiseverkehrsmittel immer wichtiger werden lassen. Alleine 30,2 Mio. Tonnen CO_2-Äquivalente sind den Fernreisen zuzuschreiben. Mit „5,6 Tonnen pro Person und Reise – das sind 35-mal soviel wie auf Autoreisen in die Alpen (0,16 Tonnen) und rund vier mal so viel wie Flugreisen ans Mittelmeer (1,4 Tonnen)" waren 1999 die „5,4 Millionen Ferntouristen ... für mehr Treibhausgasemissionen verantwortlich als 16,9 Millionen Mittelmeerurlauber" (Schmied et al. 2002, S. XVI). Die vielfach von Umweltschutzverbänden erhobene Forderung nach dem Verzicht auf Flugreisen hatte bislang keinen Effekt und ist ein gutes Beispiel für die Wirkungslosigkeit der oben unter Punkt 1 aufgeführten umweltpolitischen Handlungsalternative von Informationen und Appellen. Die exportorientierte deutsche Wirtschaft ist zudem nach wie vor auf schnelle und regelmäßige Flugverbindungen angewiesen (Armbruster 1996, S. 3), die zum Teil nur dadurch aufrechtzuerhalten sind, daß sie auch von Privatreisenden genutzt werden können.

Anders als beim privaten Pkw sind die Kosten des Fliegens weit weniger externalisiert. Die Nutzung von Flughäfen wird mit Lande-, Passagier- und Abfertigungsgebühren und die Inanspruchnahme von Flugsicherungsdiensten und Navigationshilfen in Rechnung gestellt. Freigestellt sind die Flüge jedoch von der Mineralölsteuer, die nur in Deutschland für nicht-kommerzielle Flüge erhoben wird. Durch ein auf den deutschen Flughäfen eingeführtes System lärmabhängiger Landegebühren wird für Fluggesellschaften zudem ein Anreiz geschaffen, modernes und weniger lautes Fluggerät einzusetzen (vgl. Abschnitt 6.1.2.7). Da sich die deutschen Flughäfen zum Zeitpunkt der Einführung dieser Maßnahme noch alle in öffentlichem Besitz befanden, kann man dies als eine direkte Maßnahme im übertragenen Sinne des oben aufgeführten Punktes 2 umweltpolitischer Handlungsalternativen werten.

Da der Energieverbrauch von Flugzeugen auf den Kurzstrecken wie den meisten deutschen Inlandrelationen deutlich höher liegt als der von Automobilen oder Eisenbahnzügen, ist immer wieder gefordert worden, zumindest solche Flüge zu untersagen. Ein solches Verbot würde jedoch weder dem Selbstverständnis freier und demokratischer Systeme entsprechen noch den weltwirtschaftlichen Verflechtungen Rechnung tragen, für die schnelle Erreichbarkeit von möglichst vielen Orten eine wichtige Rolle spielt. Die richtige Antwort läge vielmehr im Ausbau der Bahnverbindungen zu den Flughäfen und in einer verbesserten Verknüpfung der beiden Verkehrsmittel Bahn und Flugzeug nach Schweizer Vorbild (vgl. Abschnitt 6.1.2.7). Ebensowenig dürfte die Forderung nach einem Verbot von Fernreisen zu privaten Zwecken international durchsetzbar sein. Deshalb wird – wie bei den Regelungen der ICAO und der EU deutlich geworden ist – in erster Linie versucht, die mit den steigenden Verkehrszahlen einhergehenden Emissionen zu reduzieren. Die ebenfalls immer wieder diskutierte Besteuerung des Kerosins auch für kommerzielle Flüge wäre dagegen nicht systemgerecht (vgl. u.a. Mundt 2004, S. 174-179). Allerdings würde sie zu einer effektiveren Nutzung der mittelfristig knappen Ressource Erdöl führen und auch die durch Schadstoffemissionen verursachten externen Kosten internalisieren, d.h., den Verursachern zurechnen (vgl. Bartel 1994, S. 25 f.). Allerdings müßte man sich weltweit darauf verständigen, dies zu tun, sonst würde diese Maßnahme nicht greifen.

Würde zum **Beispiel** nur die Bundesrepublik Mineralölsteuer auf Kerosin erheben, würde ein großer Teil der Passagiere – wie in den Grenzregionen zur Schweiz und zu den Niederlanden auch heute schon – auf das benachbarte Ausland ausweichen. Auch die Einführung dieser Steuer innerhalb der EU wäre keine Lösung, denn sie würde Flüge innerhalb Europas so stark verteuern, daß sich ein wesentlicher Teil der privaten Nachfrage auf die dann vergleichsweise günstigeren Fernreisen verschieben würde, für die der zu entrichtende Mineralölsteueranteil während des Durchflugs des EU-Luftraumes kaum ins Gewicht fallen würde. Damit aber hätte man so ziemlich das Gegenteil von dem bewirkt, was man eigentlich erreichen wollte.

Tourismus ist landschaftsbezogen – nicht nur in dem Sinne, daß Landschaftsformen oft die Attraktion einer Destination ausmachen, sondern auch dadurch, daß **Landschaft** unabhängig von ihrer touristischen Attraktivität für die Erstellung touristischer Infrastruktur genutzt wird (wie zum Beispiel bei Center Parcs, vgl. Abschnitt 6.2.2.3). Landschaft ist eine sichtbar endliche Ressource, die von allen Lebensbereichen in Anspruch genommen wird. Bei der Landnutzung ergeben sich in der Regel Konkurrenzsituationen bzw. Konflikte zwischen verschiedenen Nutzungsinteressen, die innerhalb des politischen Systems gelöst werden müssen. Dabei geht es nicht nur um die konkurrierende wirtschaftliche Verwertung von Land (zum Beispiel zwischen Landwirtschaft und Tourismus), sondern oft auch grundsätzlich darum, ob überhaupt neue Siedlungs- oder Produktionsflächen erschlossen und damit der Natur entzogen werden. Auch Fragen der Lärm- und Emissionsbelästigung für die Bevölkerung eines Ortes oder einer Region sind in diesem Zusammenhang zu klären. Das gilt auch für die Bau touristischer Infrastruktur, die oft gerade an besonders exponierten Stellen errichtet wird, die attraktiv für Touristen sind.

In Deutschland gibt es keine Statistiken über den Flächenverbrauch durch den Tourismus. Das hängt auch damit zusammen, daß zum Beispiel die Verkehrsinfrastruktur ja auch für andere (Gütertransport, Berufspendelverkehr usw.) und nicht nur für touristische Zwecke genutzt wird. Beherbergungsbetriebe machen lediglich 0,7 Prozent der gesamten Siedlungs- und Verkehrsfläche aus (Schmied *et al.*, S. IV). Insofern gibt es in Deutschland unter diesem Aspekt allenfalls lokale Probleme in besonders schützenswerten Gebieten wie etwa im Wattenmeer und anderen Naturschutzgebieten (a.a.O.).

Ziel der Umweltpolitik im Tourismus muß es sein, die (Zer-)Störungen von Landschaft und Natur durch die touristische Nutzung möglichst gering zu halten bzw. in einzelnen Fällen ganz zu verhindern. Der Tourismus als Wirtschaftsfaktor ist – von wenigen Ausnahmen (wie Geschäftsreisen) abgesehen – abhängig von einer möglichst intakten Landschaft und Natur, gleichzeitig in manchen Ländern aber auch einer der größten Verbraucher von Land. Die hinter einer Landerschließung stehenden ökonomischen Interessen von Investoren und Gemeinden oder Regionen sind oft nicht miteinander vereinbar: Viele Investoren wollen die von ihnen finanzierten Infrastruktureinrichtungen (wie Hotels oder Clubanlagen) möglichst schnell amortisieren und sind daher allenfalls an einer mittelfristigen Entwicklungsperspektive des Tourismus an dem Ort interessiert, in dem sie sich engagieren.

Beispiel: In manchen touristischen Destinationen in wirtschaftlich weniger entwickelten Regionen der Welt wird das investierte Kapital für eine Hotelanlage für Touristen aus den Industrieländern innerhalb kurzer Zeit (zum Beispiel von fünf Jahren) amortisiert, d.h., nach dieser Periode fallen keine Kapitalkosten mehr an. Abgesehen von kleineren Renovierungen sind dann nur noch direkte betriebliche Aufwendungen (*direct operating costs*) zu begleichen und der Gewinn steigt entsprechend. Je geringer die Anfangs- und die Erhaltungsinvestitionen in die Anlage sind, desto größer wird der Gewinn. Wird das Hotel nach zehn oder fünfzehn Jahren weiterverkauft, hat man in relativ kurzer Zeit sehr hohe Gewinne machen können.

Landschaft ist eine der wichtigsten Attraktionen im Tourismus – Ellory Creek im Zentrum Australiens

Vor diesem Hintergrund wird deutlich, daß manche Hotelbetreiber kein Interesse an der langfristigen Entwicklung einer Destination haben und Fragen des Umweltschutzes für sie praktisch ohne Bedeutung sind. In solchen Situationen wäre es die Aufgabe der Tourismuspolitik des jeweiligen Landes (bzw. der Region oder der Gemeinde), entsprechend des oben aufgeführten vierten Punktes der Handlungsalternativen Umweltauflagen für die Neuansiedlung von Hotels zu formulieren, die eine effiziente und langfristige Nutzung der dafür ausgewiesenen Standorte sicherstellen. Allerdings stehen einer solchen Politik oft erhebliche Hindernisse entgegen:

- die politischen Systeme in vielen Ländern sind anfällig für Partikularinteressen, die eine solche Auflagenpolitik zum Beispiel durch Korruption (Bestechung von Entscheidungsträgern) verhindern können;
- die Aussicht auf Arbeitsplätze bzw. auf Folge- oder Zuliefergeschäfte für die örtliche Wirtschaft führt oft dazu, daß eigentlich vorgesehene Umweltauflagen zur Sicherung der Investition wegfallen oder verwässert werden;
- politische Entscheidungsgremien geben aufgrund ihrer an Wahlperioden gebundenen Zusammensetzung oft den kurzfristigen Effekten den Vorzug gegenüber langfristigen Vorteilen;
- international tätige Investoren können verschiedene Länder bzw. Orte gegeneinander ausspielen und so in einem hohen Maße über die Rahmenbedingungen mitbestimmen.

Letztlich ist es eine Machtfrage, welche Interessen durchgesetzt (siehe Lasswell 1936) werden. In vielen Ländern sind wirtschaftliche und politische Eliten weitgehend identisch, so daß bei der Abwägung unterschiedlicher Alternativen weniger Aspekte des Gemeinwohls als solche des eigenen Interesses im Vordergrund der Entscheidungen stehen. Die formalen Rahmenbedingungen (*polity*) demokratischer Systeme sind in diesen Fällen oft auf den ersten Blick gegeben, Inhalte (*policy*) und Ausgestaltung der Prozesse politischer Willensbildung (*politics*) werden jedoch eher über elitäre Machtausübung als über die mühsamen und langwierigen Verfahren politischer Konsens- bzw. Entscheidungsfindung bestimmt.

Die Erhaltung von Landschaft ist eines der wichtigsten Ziele einer Politik, die auf eine langfristige Tourismusentwicklung ausgerichtet ist. Dabei geht es nicht nur um die Umweltverträglichkeit touristischer Infrastruktur, sondern auch um die Bewahrung natürlicher Räume und die von Kulturlandschaften. Im Rahmen einer von der Europäischen Gemeinschaft 1992 beschlossenen Verordnung werden Maßnahmen für eine umweltgerechte und lebensraumschützende Agrarproduktion ermöglicht, von welcher auch der Tourismus profitiert. „Die Pflege von aufgegebenen landwirtschaftlichen Flächen, eine langfristige Flächenstillegung zur Verwirklichung von Biotopen und Naturparks sowie die Erhaltung allgemein zugänglicher Flächen stehen nach dieser Verordnung im Mittelpunkt des agrarökologischen Interesses der EU" Hackl & Pruckner 1994, S. 194). Die deutschen Bundesländer Baden-Württemberg und Bayern haben daraufhin Programme beschlossen, der Landwirten für den Erhalt der Kulturlandschaft Prämien zu zahlen. Durch die **Subventionierung umweltkonformen Verhaltens** entsprechend der oben aufgeführten zweiten Handlungsalternative bleibt so die touristische Attraktivität von Regionen mit landwirtschaftlicher Tradition erhalten, die sonst dem Verfall preisgegeben wären.

Gleichzeitig muß man auch sehen, daß der Tourismus in vielen Fällen erst die **ökonomischen Voraussetzungen** für die Erhaltung von Naturräumen schafft. Ohne den Tourismus gäbe es viele Naturschutzgebiete nicht. Vor allem in Ländern der Dritten Welt werden viele Wildreservate nur durch den Tourismus erhalten – die Alternative dazu in vielen Gebieten wäre eine Viehwirtschaft, die den Bestand der Wildtiere zumindest drastisch reduzieren würde. Landschaft und Natur werden oft erst durch den Tourismus überhaupt zu einer ökonomischen Ressource oder erhalten einen weitaus höheren Wert, als er je durch landwirtschaftliche Nutzung erzielt werden könnte. Das wußte schon Theodore Roosevelt, der spätere Präsident der USA (1901-1909), als er 1899 im Entwurf seiner Neujahrsbotschaft für 1900 als Gouverneur New Yorks schrieb: „Ein lebender Hirsch in den Wäldern zieht zehnmal mehr Geld in seiner Nachbarschaft an als man mit einem erlegten Tier erzielen kann" (cit. n. Morris 2001, S. 749; Übers. J.W.M.). Allerdings war sein Biograph Edmund Morris in seinem 1979 zuerst veröffentlichten Buch der Meinung, daß es sich dabei um eine „exzentrische Bemerkung" (a.a.O.) Roosevelts handelte. Auch wenn Morris diesen Kommentar in der Neuausgabe des ersten Bandes seiner Biographie stehen ließ, so haben andere mittlerweile die Richtigkeit dieses Denkansatzes erkannt.

Beispiel: Der Staatspräsident der Malediven hat seinen Bürgern vorgerechnet, daß der Verkauf eines Hais auf dem Fischmarkt umgerechnet 24 Dollar bringt. Als Attraktion für Tauchtouristen erwirtschaftet der gleiche Hai jedoch jährlich 25.000 Dollar (*Der Spiegel*, H. 32 v. 4. August, S. 82 - 84).

Neben der Erzielung einer höheren Wertschöpfung trägt die touristische Nachfrage auch zu einer Schonung von Naturräumen bei, denn der Landschaftsverbrauch durch den Tourismus ist in der Regel geringer als in der Landwirtschaft. Auch die Naturschutzgebiete in Deutschland haben einen hohen touristischen Stellenwert, wie zum Beispiel das Wattenmeer mit den ost- und nordfriesischen Inseln, die ohne den Tourismus allesamt keine wirtschaftliche Basis mehr hätten.

Auch der Erhalt von Altstadtkernen, Bäumen, Naturräumen und Parks innerhalb von Städten und Gemeinden kann im weitesten Sinne zur Landschaftspflege gezählt werden. Hier haben die Kommunen eine Reihe von direkten und indirekten Handlungsmöglichkeiten zur Erreichung ihrer umweltpolitischen Ziele im Rahmen einer lokalen Tourismuspolitik. Dazu gehören entsprechend Handlungsalternative 4 der Beschluß von entsprechenden Ortssatzungen (zum Beispiel Baumschutz- und Gestaltungssatzungen) und die Einwirkung auf die im Einflußbereich der Kommune liegenden Einrichtungen (zum Beispiel über Beteiligungen an Hotels bzw. Eigentum an vermieteten bzw. verpachteten Gebäuden). Indirekt haben die Kommunen Einfluß auf die übergeordneten Verwaltungen, die Beschlüsse mit direkter Umweltwirkung fassen können wie zum Beispiel in der Verkehrsplanung, beim Erlaß von Schutzgebietsverordnungen und der Abfall- und Abwasserpolitik (Maschewski, Rein & Scharpf 1995).

Direkte staatliche Maßnahmen (Handlungsalternative 3) spielen eine wichtige Rolle beim Umgang mit **Abfällen**. Vor allem durch den Bau von Kläranlagen, Müllverbrennungsanlagen und Lärmschutzeinrichtungen können die negativen Umweltfolgen des Tourismus gemildert werden. Viele Destinationen für einen Strand- und Badeurlaub haben ihre Attraktivität für Touristen dadurch gefährdet, daß sie immer mehr Hotels errichten ließen, ohne in die notwendigen Folgeeinrichtungen zu investieren. Ungeklärt ins Meer eingelassene Abwässer sind aber nicht nur wenig anziehend für Touristen, sondern zudem auch noch stark gesundheitsgefährdend. Krank von der Urlaubsreise zurückkommende Touristen sind sicherlich die schlechteste Werbung für eine Destination. Um die touristische Entwicklung zu sichern, mußten deshalb Kläranlagen gebaut werden.

In puncto Appellen an das Umweltgewissen (Punkt 1 der Handlungsalternativen) hatten Umweltschutzverbände und kritische Tourismusgruppen bei manchen Reiseveranstaltern (wie insbesondere der TUI; vgl. auch Kirstges 1992 a) und vielen Hotel- und Gastronomiebetrieben durchaus Erfolg. Gestützt durch ein in den 1980er Jahren umweltsensibler gewordenes Reisepublikum wurden zunächst durch den Verzicht auf Kleinverpackungen Abfälle und den Verzicht auf tägliches Wäschewechseln und die daraus resultierenden Waschvorgänge die Abwässerbelastungen verringert. Mittlerweile sind daraus ganze „Ökochecklisten" (u.a. vom Hotel- und Gaststättenverband Baden-Württemberg) geworden, mit denen Unternehmer die Umweltverträglichkeit ihres Betriebes überprüfen und entsprechende Verbesserungen vornehmen können. Teilweise können die Unternehmen dadurch auch

Kosten sparen. Es gibt deshalb von manchen auch heftige Zweifel an diesen Fortschritten: Von Burghoff & Kresta (1995, S. 19 ff.) wird dieser Ansatz als „Absturz ins Marmeladendöschen" ironisiert, weil sie durch solche pragmatischen kleinen Schritte den großen gesellschafts- und umweltpolitischen Umbruch im Tourismus vermissen. Sie beziehen ihre Kritik dabei auch auf verschiedentlich veröffentlichte ‚Reiseknigge' mit Verhaltenstips für den umweltbewußt und ‚sanft' reisenden Touristen, wie sie von verschiedenen Nichtproduzenten- bzw. Einthemengruppen (vgl. Übersicht 8.1) veröffentlicht wurden.

„Kleine Lösungspaketchen schnüren, kleine Brötchen backen – es lief auf kleine Reformschritte hinaus, um den harten Tourismus sanft zu verbessern. Diese ‚positiven' Ansätze hatten den Vorteil, daß sich reale Probleme und Bewußtsein darüber harmonisch verbinden ließen – ohne die ökonomischen Bedingungen und die realen Entwicklungen ernsthaft in Frage stellen zu müssen" (*op. cit.*, S. 25).

Unausgesprochen läuft diese Kritik wohl darauf hinaus, entweder die Weltgesellschaft zu revolutionieren – Tourismus ist schließlich ein globales Phänomen – oder aus ökologischen Überlegungen heraus Reiseverbote auszusprechen. Wie bereits im zweiten Kapitel zu sehen war, würden solche Verbote u.a. die Legitimität eines demokratischen politischen Systems untergraben und sind schlicht illusorisch. Die wirtschaftlichen und gesellschaftlichen Verhältnisse für Umweltprobleme durch den Tourismus verantwortlich zu machen, ist ein Allgemeinplatz. Aber diese Verhältnisse durch den Tourismus ändern zu wollen, ohne den bestehenden Tourismus zu verbessern, dürfte eine Strategie sein, die umwelt- und tourismuspolitische Reformen auf den St. Nimmerleinstag verschiebt.

Eine weitere Variante von Aufklärung und Appellen sind die **Umweltgütezeichen**, mit denen man Touristen, die umweltverträglich verreisen wollen, die Möglichkeit geben will, sich aus der Vielzahl von Möglichkeiten die ihnen entsprechenden Angebote auszuwählen. Denn ohne eine entsprechende Markttransparenz ist „auch der entschiedenste Umweltschützer vor ein fast unlösbares Problem gestellt: Ihm fehlen die Informationen, die es ihm ermöglichen, seinen Einstellungen gemäß zu handeln" (Mundt 1991, S. 23; Übers. J.W.M.). Das ist mit einer der Gründe dafür, daß die Schere zwischen dem – deutlich gestiegenen – Umweltbewußtsein der Touristen und ihrem tatsächlichen Verhalten immer größer geworden ist (Wöhler 1993).

Der Tourismus hat sich hier an den Gütezeichen für umweltfreundliche Produkte wie den „Blauen Engel" orientiert. Entsprechend war die „Blaue Flagge" das erste Zeichen, das auf europäischer Ebene für Badeorte und Sportboothäfen verliehen wurde. Es wurde auf privater Ebene initiiert und wird von der EU finanziell unterstützt. Der „Grüne Koffer" wurde vom Verein „Ökologischer Tourismus in Europa" für Tourismusorte entwickelt und sollte an Gemeinden vergeben werden, die den umfangreichen Kriterien dieses Umweltgütesiegels genügen (Hopfenbeck & Zimmer 1993, S. 164 f.).

Auf lokalpolitischer Ebene haben einige Tourismusgemeinden in eigener Regie Kriterien für umweltverträgliche Beherbergungs- und Gastronomiebetriebe entwickelt, die zu einer Klassifikation in den Unterkunftsverzeichnissen führt (a.a.O.; Besler 1992). Damit kann ein potentieller Gast zwar die Angebote an einem Ort hinsichtlich ihrer Umweltverträglichkeit miteinander vergleichen, aber nicht zwischen verschiedenen Orten, weil die Kriterienkataloge nicht identisch sind.

Durchgesetzt hat sich bislang keines der überregionalen Gütesiegel (vgl. dazu auch Mundt 2004, S. 343-349). Schließlich ist nicht der Tourismusort alleine ausschlaggebend für die Umweltverträglichkeit, sondern die gesamte Reise inklusive der Wahl eines Verkehrsmittels. Im Prinzip müßte man für alle Reisen eine Umwelt- oder Ökobilanz aufstellen, wie sie im Tourismus von manchen Fluggesellschaften vorgelegt wird.

9
Tourismusberufe: Bildung, Ausbildung, Weiterbildung

Da es sich beim Tourismus nicht um einen einheitlichen Wirtschaftszweig handelt, sondern um eine Kombination der Dienstleistungen und Güterproduktionen verschiedener Wirtschaftszweige, die, wie wir in den vorangegangenen Kapiteln gesehen haben, in unterschiedlichem Maße vom Tourismus abhängen, sind auch die beruflichen Tätigkeiten im Tourismus mehr oder weniger direkt mit ihm verknüpft. Deshalb gibt es auch keinen eigentlichen touristischen Arbeitsmarkt, sondern lediglich sich teilweise überschneidende **Teilarbeitsmärkte**, auf denen in der Regel jeweils unterschiedliche Qualifikationsanforderungen vorausgesetzt werden. Reiseleiter, Animateure in einem Club und Reiseverkehrskaufleute haben praktisch nur mit Touristen zu tun. Köche und Kellner dagegen können zwar auch ausschließlich für die touristische Nachfrage arbeiten, je nach dem Standort ihrer Tätigkeiten können sie jedoch ebenfalls oder sogar fast ausschließlich für die einheimische Bevölkerung tätig sein.

Darüber hinaus lassen sich die unterschiedlichen Berufe auch nach der persönlichen Nähe zu Touristen charakterisieren. Die Tätigkeiten eines Animateurs, Reiseleiters und Flugbegleiters sind nur in direktem Kontakt mit den Reisenden durchzuführen – die Piloten einer Ferienfluggesellschaft, die Köche in einer Urlaubsdestination und Busfahrer dagegen sind zwar direkt von der touristischen Nachfrage abhängig, üben ihren Beruf aber in der Regel ohne den direkten Kontakt mit den Touristen aus, für die sie ihre Dienstleistungen erbringen.

Berufe im Tourismus lassen sich also zunächst nach zwei Kriterien typisieren:

1. Dem **Anteil touristischer Nachfrage** an der Gesamtnachfrage für die Dienstleistungen dieser beruflichen Tätigkeit;
2. Der **persönlichen Nähe zu den Touristen**, die für die Erbringung ihrer Dienstleistung notwendig ist.

Typische Tourismusberufe sind solche, die sowohl ausschließlich touristische Nachfrage befriedigen als auch in direktem Kontakt mit den Reisenden im Sinne persönlicher Dienstleistung ausgeübt werden. Dazu gehören zum Beispiel Reiseleiter, Gästeführer, Animateure und Flugbegleiter. Ihr Anteil an allen Beschäftigten in der Tourismuswirtschaft ist vergleichsweise klein. Deshalb ist ihre Arbeit nicht repräsentativ für die Tourismusberufe. Vielfach werden – mit Ausnahme des Flugbegleiters – auch Zweifel am Berufscharakter dieser Tätigkeiten im Tourismus geäußert, denn es gibt weder ein offizielles Berufsbild noch ist der Erwerb der für die Ausübung dieser Tätigkeiten notwendigen Qualifikationen geregelt. Darüber hinaus ist es auch kaum möglich, eine feste Anstellung bei einem Club, einem Reiseveranstalter oder einer Tourismusstelle für die Ausübung dieser Tätigkeiten zu bekommen. Vielfach geht man deshalb davon aus, daß es sich entweder um eine dauerhafte Nebentätigkeit (zum Beispiel als Gästeführer oder Reiseleiter) oder um einen ‚**Episodenberuf**' handelt, d.h., einen Beruf, den man nur für eine kurze Zeit (haupt)beruflich ausübt.

Beispiel: In Interviews mit Vertretern der Branche, die der Studienkreis für Tourismus im Auftrag des Bundesinstituts für Berufsbildung (BIBB) Ende der 1980er Jahre im Rahmen eines Projektes über die Feststellung des Qualifikationsbedarfes in der Tourismuswirtschaft durchgeführt hat (Sander *et al.* 1989), haben zwar alle Interviewpartner den Episodencharakter dieser typischen Tourismusberufe hervorgehoben, aber nahezu jeder kannte mindestens eine Person, die ihre Tätigkeiten als Reiseleiter, Animateur, Gästeführer oder in einer Kombination daraus zu einem Lebensberuf gemacht hatte. Für diese Berufe gilt also das gleiche wie für Taxifahrer: Für einige ist es ein biographisches Zwischenspiel, um sich das Studium zu verdienen oder übergangsweise der Arbeitslosigkeit im eigentlich erlernten Beruf zu entgehen, für andere jedoch ein Lebensberuf.

In anderen Ländern (u.a. Griechenland, Ägypten, Frankreich, Spanien) sind diese Tätigkeiten zum Teil offiziell „verberuflicht" und können nur mit dem Nachweis des erfolgreichen Durchlaufens einer geregelten Ausbildung ausgeübt werden; teilweise – für Studienreiseleiter – wird sogar ein Studium (zum Beispiel der Geschichte oder der Kunstgeschichte) dafür vorausgesetzt.

Eher **repräsentative Tourismusberufe** sind diejenigen, die von einer weitaus größeren Zahl von Personen ausgeübt werden und die entweder nicht ausschließlich zur Befriedigung touristischer Nachfrage dienen und/oder nur einen geringen oder gar keinen Anteil persönlicher Dienstleistung am Reisenden enthalten. Es sind gleichzeitig diejenigen Berufe, die als Lebensberufe gelten und für die deshalb offizielle Berufsbilder existieren, in denen auch die Ausbildungsgänge entsprechend geregelt sind.

9.1 Ausbildungsberufe im Tourismus

Im **Hotel- und Gaststättengewerbe** arbeitet weitaus der größte Teil aller Personen in Tourismusberufen. Allerdings ist hier nicht die gesamte Nachfrage tourismusbezogen. Man kann zwar davon ausgehen, daß die Beherbergungsangebote nur von Reisenden in Anspruch genommen werden, ihre Nutzung für Veranstaltungen aller Art (Feiern, Bälle usw.) und die gastronomischen Leistungen werden jedoch in hohem Maße von der einheimischen Bevölkerung genutzt. Die Tätigkeiten in diesem Gewerbe sind, im Gegensatz zu den tourismustypischen Arbeitsfeldern, schon seit langem „verberuflicht".

Die längste Berufstradition im Tourismus weist der **Hotelfachmann** auf. In diesem Sektor gibt es fünf verschiedene Ausbildungsberufe: Hotelfachmann, Restaurantfachmann, Koch, Kaufmannsgehilfe im Hotel- und Gaststättengewerbe und Fachgehilfe im Gaststättengewerbe. In der Bundesrepublik Deutschland findet die Ausbildung dafür im dualen System, d.h. in einem anerkannten Ausbildungsbetrieb mit ergänzendem Berufsschulunterricht (meist ein Tag pro Woche) statt. Bis auf den Fachgehilfen (zwei Jahre) dauert sie in der Regel drei Jahre. Weiterbildungsmöglichkeiten im Rahmen von Kursen mit dem Abschluß „Meister" gibt es für Köche, Restaurantfachleute und die Hotelfachberufe (Klemm & Steinecke 1991, S. 65-76).

Das **Reisemittlergewerbe** stellt nach Gastronomie/Beherbergung und den Unternehmen zur Personenbeförderung die dritthöchste Zahl der Beschäftigten im engeren Tourismusbereich. Anders als im Hotel- und Gaststättengewerbe steht ihre Arbeit jedoch ausschließlich in Zusammenhang mit touristischer Nachfrage. Die Tätigkeiten in Reisebüros sind ebenfalls seit langem geregelt über ein offizielles Berufsbild mit entsprechendem Ausbildungsgang. Früher war es der Reisebürogehilfe (ab 1940), dann ab 1962 der Reisebürokaufmann und seit 1974 (1979 und 1998 reformiert) ist es der Reiseverkehrskaufmann, der nicht nur in Reisebüros, sondern auch bei Reiseveranstaltern und in **örtlichen Tourismusstellen** und Kurverwaltungen eingesetzt und ausgebildet wurde. Damit sollte der in den 1950er Jahren beginnenden Spezialisierung zum reinen Reiseveranstalter und der zunehmenden Professionalisierung in öffentlichen Tourismusstellen Rechnung getragen. Allerdings betrug der Anteil der Auszubildenden im Bereich des öffentlichen Tourismus nur drei Prozent an allen Auszubildenden in diesem Lehrberuf (Noack 1993). Deshalb und weil mit der zunehmenden Bedeutung von Freizeitanlagen neue Qualifikationen nachgefragt wurden, ist die Unterteilung in die beiden Fachrichtungen 2005 wieder aufgehoben und der Teil für die Tourismusstellen in den neuen Ausbildungsberuf ‚Kaufmann/Kauffrau für Tourismus und Freizeit' integriert worden.

Zur Ausbildung der Reiseverkehrskaufleute gehören neben der Vermittlung grundlegender kaufmännischer Kompetenzen im **Reisebüro** und beim **Reiseveranstalter** allgemeine Kenntnisse über den Reisemarkt, über die rechtlichen Grundlagen der Reiseveranstaltung und der -vermittlung. Spezielles Wissen wird vermittelt über Bahn, Bus, Flugzeug, Schiff und über elektronische Buchungssysteme (CRS). Da viele Reisebüros auch Eigenveranstaltung betreiben, spielen die Informationsbeschaffung und das Einholen von Angeboten zur Ausarbeitung von Pauschalangeboten nicht nur bei den Reiseveranstaltern eine Rolle im Ausbildungsprogramm. In **Kur- und Tourismusstellen** stehen die Vermittlung von Unterkünften (ebenfalls mit elektronischen Buchungssystemen), Werbung und Öffentlichkeitsarbeit für den Ort und das Organisieren von Programmen zur Gästebetreuung im Vordergrund der Ausbildung. Bei den Kurbetrieben kommen noch Kenntnisse über Kurarten, Anwendungen und das Sozialversicherungswesen dazu.

Im **Bereich des Personenverkehrs** gibt es nur mit dem **Luftverkehrskaufmann** einen spezielles kaufmännisches Berufsbild. In den anderen Personenverkehrsbereichen existiert in der Bundesrepublik Deutschland keine dementsprechende Ausbildung. Der Luftverkehrskaufmann wird über eine Dauer von drei Jahren speziell für die Bedürfnisse von Luftverkehrsgesellschaften und Flughafengesellschaften ausgebildet. Neben allgemeinen kaufmännischen Inhalten werden spezielle Kenntnisse u.a. über den Flugbetrieb, die Flugplanung und das Streckenmanagement im Bereich Passage und Fracht vermittelt. Es handelt sich deshalb nicht um einen ausschließlich durch die touristische Nachfrage bedingten Beruf, da er auch im wachsenden Luftfrachtbereich eine wichtige Rolle spielt. In der Untersuchung von Koch et al. 1991 wurden jedoch offensichtlich nur die tourismusabhängig Beschäftigten in diesem Beruf berücksichtigt. Insgesamt ist die Bedeutung dieses Berufes mit ca. 50 Ausbildungsanfängern pro Jahr sehr gering.

Die Ausbildung zum **Buskraftfahrer** (Fachrichtung Personenverkehr) ist der zweite der beiden Ausbildungsberufe im Personenverkehrswesen. Sie erfolgt ebenfalls im dualen System in einem Busbetrieb und an der Berufsschule und dauert zwei Jahre. Dieser Beruf ist aber ebenfalls nicht ausschließlich tourismusbezogen, denn ein großer Teil der Busfahrer arbeitet im Bereich des öffentlichen Personennahverkehrs (ÖPNV). Dort, wo Busse privater Unternehmer im ÖPNV eingesetzt werden, können die Fahrer sowohl in dem einen wie im anderen Bereich eingesetzt werden.

9.1.1 Fort- und Weiterbildungsmöglichkeiten

Anders als bei den Berufen des Hotel- und Gaststättengewerbes, die noch in der handwerklichen Tradition stehen, gibt es bei den moderneren kaufmännischen Berufen keine Weiterbildung im Sinne der Meisterschaft. Das trifft auch für den Reiseverkehrskaufmann zu. Im Rahmen von nicht staatlich anerkannten Fortbildungsmaßnahmen der Industrie- und Handelskammern (IHK) besteht allerdings die Möglichkeit für sogenannte Erwachsenenqualifizierungen zum Fremdenverkehrs- oder zum Touristikfachwirt (Noack 1993).

Darüber hinaus bieten Verbände und private Institute eine Vielzahl von Fortbildungsmöglichkeiten. So gibt es zum Beispiel ein Bildungswerk der Omnibusunternehmer e.V. (Böblingen), das Seminare und Lehrgänge für Unternehmer und Busfahrer veranstaltet, oder die Aktion Junge Touristik (AJT) in Köln, die ein breitgefächertes Angebot an Fortbildungen für Reisebüromitarbeiter hat und in verschiedenen Orten Seminare durchführt. Übergreifend für den gesamten Tourismus führt das Deutsche Seminar für Tourismus (DSFT) in Berlin Lehrgänge, Seminare und Vortragsveranstaltungen durch. Dazu gehört auch die aus einer Kombination von Präsenzseminaren und Fernstudium erfolgende Ausbildung zum „Dozenten für Weiterbildung", mit dem nach dem Motto „*train the trainer*" erfahrene Fachkräfte mit und ohne Hochschulabschluß eine rhetorisch, didaktisch und gruppendynamisch ausgerichtete Zusatzausbildung bekommen, die sie zu Dozententätigkeiten qualifiziert. In die Hochschulgesetze vieler Bundesländer wurde zudem ein Passus aufgenommen, daß erfahrene und besonders fähige Berufstätige auch ohne die jeweilige Zugangsberechtigung (Abitur oder Fachhochschulreife) ein Studium an einer Hochschule aufnehmen können. Damit erweitern sich die Fort- und Weiterbildungsmöglichkeiten erheblich.

9.2 Hochschulausbildung

Bis in die siebziger Jahre des zwanzigsten Jahrhunderts waren die Ausbildungsgänge im Tourismus in Deutschland beschränkt auf den nicht-akademischen Bereich. Erst nach der Anfang der 1970er Jahre erfolgten Umwandlung der Ingenieurschulen und der Höheren Berufsfachschulen in **Fachhochschulen (FH)**, die zwar dem tertiären Bildungsbereich angehören, aber im Vergleich zu den Universitäten eine weniger wissenschaftsbezogene als berufs- und praxisorientierte Ausbildung anbieten sollen, wurden auch tourismusbetriebswirtschaftliche Studiengänge entwickelt. Die ersten Fachhochschulen mit diesem Angebot waren die in München, Heilbronn und Worms. Seitdem wurde mit dem generellen Ausbau des Fachhochschulwesens auch die Tourismusbetriebswirtschaft weiter ausgebaut.

Der Praxisbezug an den Fachhochschulen wird einerseits durch den Einsatz entsprechend qualifizierter Dozenten und Lehrbeauftragter und andererseits durch Pflichtpraktika hergestellt, die in einem fortgeschrittenen Studienabschnitt in der Tourismusbranche abgeleistet werden müssen; in manchen Fachhochschulen ist bereits ein Vorpraktikum Voraussetzung für die Zulassung zum Studium. Das entspricht dem Modell der „*Sandwich*"-Kurse an den Universitäten in Großbritannien, wo die ebenfalls zur Pflicht gemachten Praktika (*industry placements*) den Bezug zu den Tätigkeitsfeldern in der Tourismusbranche herstellen.

Einen Schritt weiter in Richtung Praxis gehen die **Berufsakademien (BA)**, an denen nach den Feststellungen des Deutschen Wissenschaftsrates und dem Beschluß der Kultusministerkonferenz (1995) ein dem an Fachhochschulen gleichwertiges Studium im dualen System absolviert wird. Die Berufsakademie setzt sich zusammen aus den beiden Lernorten Staatliche Studienakademie und Ausbildungsbetrieb, zwischen denen die Studenten im viertel- oder halbjährlichen Rhythmus wechseln. Die von Beginn an (1979, Ravensburg) kurze Studiendauer von drei Jahren wird allerdings erkauft durch den Wegfall von Semesterferien. Die Studenten an Berufsakademien unterliegen den gleichen Urlaubsregelungen wie sonstige Beschäftigte in den entsprechenden Branchen, erhalten dafür aber auch eine Ausbildungsvergütung über die gesamte Dauer der Ausbildung. Der vielfach berichtete „Praxisschock", der sonst oft beim Übertritt von der Hochschule in das Berufsleben auftritt, ist hier bereits Bestandteil des Studiums.

Insgesamt ist die Ausbildung an den Fachhochschulen und Berufsakademien so breit angelegt, daß keine so enge Spezialisierung erfolgt, die den Absolventen andere Arbeitsmärkte als die im touristischen Bereich verschließen würden.

So zeigt zum **Beispiel** der Verbleib von Berufsakademieabsolventen des Studiengangs Tourismus, daß nach durchschnittlich 5,8 Berufsjahren ein gutes Viertel der Absolventen berufliche Aufgaben als Betriebswirte außerhalb der Tourismuswirtschaft und des Gastgewerbes angenommen hat (Mundt 2001, S. 188 f.).

Der Vorteil der Fachhochschulen liegt in einer meist noch intensiveren betriebswirtschaftlichen Grundausbildung, jener der der Berufsakademien in der größeren praktischen und sozialen Erfahrung im zur Ausbildung gehörenden Berufsleben.

Tourismusbezogene Studiengänge an den **Universitäten** werden als Spezialisierungen vor allem in den Fächern Geographie und Pädagogik, vereinzelt auch im Rahmen von Verkehrs- und Kulturwissenschaften angeboten.

Vor allem die Fächer Geographie und Pädagogik, die in erster Linie im Rahmen von Lehramtsstudiengängen nachgefragt werden, waren von der Krise der Lehrerausbildung in den 1970er und 1980er Jahren betroffen. Die in diesen ausschließlich auf Lehrerkarrieren ausgerichteten Studiengängen erworbenen und nur im Lehramt verwertbaren Qualifikationen führen in regelmäßigen Abständen (ca. alle 50 Jahre) zu einer Überfüllungskrise, weil dem etwa sechsjährigen Ausbildungszyklus ein etwa dreißigjähriger Berufszyklus gegenübersteht, so daß sich die Ausbildungs- und die Nachfragekapazitäten in einem so geschlossenen Arbeitsmarkt nicht synchronisieren lassen (Mundt 1987, S. 206 ff.). Dadurch ergaben sich Kapazitätsüberhänge in den Fachbereichen Geographie und Erziehungswissenschaften der Universitäten. Auf der Suche nach der weiteren Existenzberechtigung kamen vorher im universitären Bereich eher abseitige Zweige der Erziehungswissenschaften wie Sozial- und Freizeitpädagogik ebenso in den Blick wie die Fremdenverkehrsgeographie und die tourismusbezogenen Aspekte von Raumplanung, über die mit dem Ausbau von Diplom-Studiengängen neue Berufsfelder erschlossen und damit Studenten gewonnen werden konnten. Es sind also auch legitime Eigen- und Marktinteressen der Bildungsinstitutionen und ihrer Abteilungen, die im Rahmen des Wettbewerbs um die Allokation von Mitteln zum Ausbau der tourismusbezogenen Studiengänge beigetragen haben.

Universitäre Studiengänge mit einer tourismusbezogenen Qualifizierung im Bereich der Betriebswirtschaft sind dagegen nur selten zu finden. Dies mag zum einen an der bereits etablierten und vom Arbeitsmarkt akzeptierten betriebswirtschaftlichen Ausbildung an Fachhochschulen und Berufsakademien liegen, unterstreicht zum anderen aber die primär durch die bestehenden ungenutzten Ausbildungskapazitäten der Universitäten motivierte Suche nach neuen Berufsfeldern, denn die Absolventen der universitären Betriebswirtschaftsstudiengänge waren und sind nicht an geschlossene Karrierekanäle gebunden.

Alle diese Studiengänge haben unterschiedliche **Vor- und Nachteile**. Die vorher bestehenden erheblichen Unterschiede in der Studiendauer zwischen den drei Hochschultypen haben durch die Einführung der einheitlich auf drei Jahre begrenzten Bachelor-Studiengänge weitgehend ihre Bedeutung verloren. Der Vorteil der Ausbildung an einer Berufsakademie liegt in der engen Verzahnung mit der betrieblichen Praxis und einer geringen Quote von Studienabbrechern. Erkauft ist dieser Vorteil durch starke Verschulung, hohe Arbeitsbelastung, erzwungene Mobilität (mehrmaliges Umziehen zwischen Ausbildungs- und Studienort) und den Verzicht auf Semesterferien. Die Universitäten als anderes Extrem haben den Vorteil einer vergleichsweise hohen Selbstorganisation des Studiums, der Möglichkeiten, auch Vorlesungen in anderen Fächern zu besuchen und längerer vorlesungsfreier Zeiten. Der Nachteil liegt darin, daß man vielfach mit der „akademischen Freiheit" allein gelassen wird, keine Strukturierungshilfen bekommt und daß deshalb das Risiko eines Studienabbruchs hoch ist. Die Fachhochschulen liegen zwischen den beiden Extremen: Sie sind nicht so verschult wie die Berufsakademien, bieten also mehr Möglichkeiten, während des Studiums auch fachfremde Vorlesungen zu besuchen. Es gibt Semesterferien und durch die Pflichtpraktika wird, wenn auch in eingeschränkterem Umfang, Praxiserfahrung vermittelt. Damit kann man den seinen eigenen Neigungen und Vorstellungen am ehesten entsprechenden Weg zu einer fundierten Bildung und Ausbildung im Tourismus wählen.

Es gibt praktisch keinen Hochschulstudiengang, der nicht **interdisziplinäre Elemente** in sich vereinigen würde. Das gilt um so mehr für die Angebote im Tourismusbereich. Alleine das in praktisch allen Studiengängen vorgesehene Fach Marketing verlangt die Beschäftigung mit psychologischen und soziologischen Theorien, mit empirischer Sozialforschung (Marktforschung) und gesamtwirtschaftlichen Analysen, wie ein kurzer Blick in das Inhaltsverzeichnis eines Standardwerkes in Marketing belegt (vgl. u. a. Nieschlag, Dichtl & Hörschgen 1991). Für Internationales Marketing sind darüber hinaus auch völkerkundliche und kultursoziologische und -psychologische Kenntnisse notwendig (vgl. u.a. Jain 1987). Das gilt auch für den Tourismus, der sich ja zu großen Teilen im internationalen Raum abspielt (Freyer & Pompl 1996). Darüber hinaus enthalten die betriebswirtschaftlichen Studiengänge geographische, die geographischen Studiengänge betriebswirtschaftliche Elemente. Man kann also davon ausgehen, daß jeder, der sich ernsthaft mit den Inhalten der angebotenen Studiengänge beschäftigt hat, studienfachübergreifende Qualifikationen erwirbt, die sich nicht nur in einem spezifischen Berufsfeld nutzbringend verwerten lassen.

9.2.1 Fort- und Weiterbildungsmöglichkeiten

Die Hochschulgesetze geben den verschiedenen Institutionen des tertiären Bildungsbereiches auch einen Weiterbildungsauftrag. Die Universitäten bieten traditionell über den ersten Studienabschluß – der bis 2010 in den meisten Studiengängen nur noch der Bachelor sein soll – hinaus für besonders motivierte und/oder qualifizierte Studenten den Master (Magister) und die Promotion, die bis dato allerdings in den meisten Fällen und aus guten Gründen nicht mit einem postgraduierten Aufbaustudium verknüpft ist, sondern in einem weitgehend ungeregelten Verfahren, in dem man sich mit den Betreuern der Arbeit arrangieren muß, erworben wird.

Versuche, ein solches differenziertes System von Abschlüssen in der Bundesrepublik zu etablieren, sind Ende der 1960er Jahre zunächst gescheitert. An der 1965 als Reformuniversität geplanten Hochschule in Konstanz sollte zum Beispiel in einigen Fächern mit dem Baccalaureus (Bacc.) ein dem britischen B.A. entsprechender Abschluß an die Stelle des bisherigen Vordiploms treten, zwischen M.A. und Promotion wurde das Lizentiat (Lic.) als weiterer akademischer Grad eingeführt. Das Lizentiat erhielt, wer nach seinem Studienabschluß weiter wissenschaftlich tätig war, eine kleinere wissenschaftliche Arbeit (zum Beispiel ein abgeschlossenes Kapitel aus einer geplanten Dissertation) angefertigt und eine mündliche Prüfung abgelegt hatte. Diese Prüfung entsprach der mündlichen Doktorprüfung (Rigorosum), so daß, wer promovieren wollte, im Anschluß nur noch die Dissertation einreichen mußte (Universität Konstanz 1965, S. 27-33). Weder der Bacc. noch der Lic. (den es aber für eine Zeit gab) konnten sich durchsetzen. Erst mit der zunehmenden Internationalisierung des Hochschulwesens im Rahmen der europäischen Integration (u.a. durch das Erasmus- und Sokrates-Programm der EU), der größer werdenden Zahl von Studienabbrechern und der Forderung nach schnelleren und praxisrelevanteren Studiengängen hatten sich Mitte der 1990er Jahre einige Universitäten entschlossen, den B.A. nach dem Grundstudium als Abschluß einzuführen. Ohne diese Maßnahme gäbe es weiterhin das Problem, daß etwa jeder vierte Student, obwohl er während des Studiums Qualifikationen erworben hat, die Hochschule ohne einen Abschluß verläßt (Wissenschaftsrat 2006, S. 57). Vor allem um die Vergleichbarkeit der Abschlüsse in einem geeinten Europa sicherzustellen, wird mit dem 1999 von den meisten europäischen Staaten in Bologna beschlossenen Prozeß das europäische Hochschulsystem weitgehend einheitlich auf die drei Studienabschlüsse Bachelor (drei Jahre), Master (plus ein bis zwei Jahre) und Doktorat umgestellt.

Fachhochschulen und Berufsakademien als vergleichsweise junge und eher berufs- als wissenschaftsorientierte Bildungseinrichtungen sollen zwar auch Weiterbildungsangebote machen, sie verfügen aber im Gegensatz zu den Universitäten nicht über das Promotionsrecht.

9.3 Qualitätsprobleme von Bildung und Ausbildung

In den vorangegangenen Abschnitten war, wie in der Überschrift zu diesem Kapitel, häufig von zwei Begriffen die Rede: Bildung und Ausbildung.

Unter **Bildung** versteht man in diesem Zusammenhang die Vermittlung der Kenntnis grundlegender Begriffe, des Verständnisses für übergreifende Prozesse und Zusammenhänge und von problem- und lösungsorientiertem Denken. Es geht dabei also um zeitunabhängige Dispositionen. **Ausbildung** dagegen ist spezieller angelegt und meint die Vermittlung der berufspraktischen Fertigkeiten und Kompetenzen, die direkt auf die Bewältigung eines speziellen Tätigkeitsfeldes bezogen sind. Hierbei stehen also zeitabhängige Fertigkeiten im Vordergrund.

Beide Begriffe stehen in einem engen Zusammenhang zueinander und lassen sich zwar definitorisch, nicht aber praktisch immer trennscharf voneinander abgrenzen: Bildung beinhaltet oft auch die Vermittlung von Elementen spezieller Fähigkeiten, Ausbildung kann zum **exemplarischen Lernen** theoretischer Zusammenhänge werden, wenn man etwa an einem berufspraktischen Beispiel übergreifenden Verkettungen und Wechselbeziehungen nachgeht.

Alle Qualifikationsprozesse sind zukunftsbezogen, weil ihr Ergebnis im Prinzip für ein ganzes Berufsleben Geltung haben soll. Demgegenüber steht allerdings die Forderung nach lebenslangem Lernen, weil man davon ausgehen muß, mehrmals in seinem Leben den Beruf wechseln zu müssen. Selbst wenn man seinen Beruf nicht wechselt, verändern sich seine Inhalte oft so durchgreifend, daß man faktisch einen anderen Beruf erlernen muß, um in seinem Beruf bleiben zu können.

Ein **Beispiel**, das für alle Wirtschafts- und Verwaltungsbereiche gilt: Wer heute Sekretariatsarbeiten bewältigen muß, für den sind Stenographie und die Beherrschung der Schreibmaschine längst obsolet. Ohne allgemeine EDV-Kenntnisse und ohne die spezielle Kenntnis von Textverarbeitungs- und Datenbankprogrammen hat man in diesem Bereich keine Chance mehr. Innerhalb nur eines halben Jahrzehnts haben sich hier die technischen Qualifikationsanforderungen an das Personal grundlegend gewandelt.

Reine Ausbildung nur für ein eng umgrenztes Tätigkeitsfeld wäre deshalb langfristig nicht zu verantworten: Je länger die Ausbildungszeit zurückliegt, desto weniger wären die Fähigkeiten und Fertigkeiten von Mitarbeitern in den Betrieben verwertbar und desto geringer wären ihre Chancen, eine ihren Qualifikationen entsprechende oder sogar überhaupt eine Anstellung zu finden. Um dies zu vermeiden, muß der Bildungsanteil an den Qualifikationsprozessen möglichst hoch sein, der eine Disposition für die Einstellung auf neue, unvorhersehbare berufliche Problemlagen und damit auch die Bereitschaft für Fort- und Weiterbildung schafft. Man spricht deshalb auch von **beruflicher Grundbildung**, in der nicht spezielle Fertigkeiten, sondern Schlüsselqualifikationen zu vermitteln sind.

„**Schlüsselqualifikationen** sind ... solche Kenntnisse, Fähigkeiten und Fertigkeiten, welche nicht unmittelbaren und begrenzten Bezug zu bestimmten, disparaten praktischen Tätigkeiten erbringen, sondern vielmehr a) die Eignung für eine große Zahl von Positionen und Funktionen als alternative Optionen zum gleichen Zeitpunkt und b) die Eignung für die Bewältigung einer Sequenz von (meist unvorhersehbaren) Änderungen und Anforderungen im Laufe des Lebens" (Mertens 1974, S. 40; Hervorh. d. J.W.M.).

Im Englischen nennt man diese Fähigkeiten, ohne die man auf den Arbeitsmärkten nicht überleben kann, daher ‚*survival skills*'. Im Dienstleistungsbereich gilt die Forderung nach solchen Qualifikationen in besonderem Maße. Anders als bei der Güterproduktion, in der Produktivitätszuwächse vor allem durch Arbeitsteilung erreicht werden, läßt sich die Produktivität im Dienstleistungsbereich meist nur durch **Arbeitsbündelung** erreichen, d.h., jeder Mitarbeiter muß in der Lage sein, mehrere Tätigkeiten auszuüben und innerhalb eines kurzen Zeitraumes von einer zur anderen zu wechseln. Das gilt zum Beispiel für Hotels, in denen das Personal an der Rezeption vor allem am Abend, wenn die Gäste ankommen, und am Morgen, wenn sie abreisen, gebraucht wird. Indem man das dort eingesetzte Personal außerhalb dieser Zeiten nicht nur für Verwaltungsarbeiten einsetzt, sondern auch im Restaurant oder beim Zimmerservice, können Kosten gespart und die Produktivität des einzelnen Mitarbeiters erhöht werden.

Darüber hinaus sichern Ausbildungskonzepte, die sich an einer langfristig verwertbaren Grundbildung orientieren, auch die notwendige Flexibilität zwischen unterschiedlichen Tätigkeitsfeldern. Allerdings scheint der Transfer von Absolventen allgemein kaufmännischer Ausbildungsgänge in die Tourismuswirtschaft eher akzeptiert zu werden, als umgekehrt der von Reiseverkehrskaufleuten in andere Bereiche kaufmännischer Praxis. Dies ist wohl auch eine Reaktion auf den Umstand, daß viele der ausbildenden Tourismusunternehmen kaum oder gar kein Interesse an der Vermittlung entsprechend transferierbarer Schlüsselqualifikationen zeigen (Pellettier & Thomson 1992,

S. 66). Nicht nur aus der Sicht der Auszubildenden, deren Optionen auf dem Arbeitsmarkt dadurch beschränkt werden, auch aus der Perspektive der Tourismusbranche, die ebenso wie alle anderen Wirtschaftsbereiche mit erheblichem Wandel über die Spanne eines Arbeitslebens rechnen muß, bedeutet dies eine Einschränkung künftig notwendiger Verwertungsmöglichkeiten der Ausbildung.

Dabei kann das System der betrieblichen Ausbildung, ergänzt durch die Berufsschule, im Prinzip dieser Forderung auch in der Tourismuswirtschaft Rechnung tragen. Das Durchlaufen aller Stationen in einem Hotel, der verschiedenen Abteilungen bei Reiseveranstaltern, in größeren Reisebüros, Tourismusstellen und in Verkehrsbetrieben verschafft nicht nur die notwendige Breite der inhaltlichen Kenntnisse, sondern vermittelt auch wichtige soziale Erfahrungen und Kompetenzen, die vor allem im Bereich der persönlichen Dienstleistung von entscheidender Bedeutung sind.

Allerdings ist die Praxis der dualen Berufsausbildung generell mit einer Reihe von **Qualitätsproblemen** behaftet. Für neun von zehn Ausbildern in den Betrieben ist die Ausbildung nur eine Nebentätigkeit, die in der Regel erst an zweiter Stelle nach der eigentlichen Berufsaufgabe kommt. Nebenberufliche Ausbilder haben zwar, wie aus einer Untersuchung des Bundesinstituts für Berufsbildung hervorgeht, häufiger eine bessere Ausbildung als die Gesamtzahl der Beschäftigten, im Vergleich zu den hauptberuflich tätigen Ausbildern in der Wirtschaft schneiden sie jedoch deutlich schlechter ab (Jansen 1989). Dies wird vom Bildungsökonomen Harry Maier als ein wesentlicher Grund für die sinkende Attraktivität der betrieblichen Ausbildung gesehen (1994, S. 194), die sich weiter fortsetzt: Von 1999 bis 2004 ist nach Angaben des Instituts der Deutschen Wirtschaft der Anteil von Abiturienten, die einen Lehrvertrag unterschrieben haben, von etwa einem Drittel auf nurmehr 20 Prozent zurückgegangen. Für die Tourismuswirtschaft muß man auf der anderen Seite aber sehen, daß wir es in der Regel nur mit sehr kleinen Betrieben zu tun haben, die es sich gar nicht leisten könnten, hauptberufliche Ausbilder einzustellen. Die Ausbildung in einer Branche kann zudem nicht eine Branchenstruktur suggerieren, die es so gar nicht gibt. Zudem kann man durchaus der Meinung sein, daß weniger die fachliche Ausbildung als die soziale Erfahrung von Studenten in der Arbeitswelt für ihr Lernen wesentlich ist.

Die Wichtigkeit des praktischen Lernens und Kennenlernens wird auch in den Tourismusstudiengängen an den Hochschulen gesehen, die nahezu alle entweder verschiedene Praktika vorsehen (FH und Universität) oder ebenfalls im dualen System stattfinden (Berufsakademie). Inwieweit die damit verbundenen Ziele allerdings wirklich erreicht werden, ist weitgehend unbekannt, denn es gibt keine systematischen und regelmäßigen Untersuchungen über die Effektivität von beruflicher Bildung und Ausbildung in der Bundesrepublik Deutschland. Auch die Tourismusbildung und -ausbildung ist davon betroffen: „Bei Besuchen staatlicher Institutionen, die Tourismuskurse durchführen, löste die Idee, die Meinungen der Studenten zu erfassen und zur zentralen Grundlage für die Beurteilung der Kurse oder der Institutionen zu machen, eingeschränkte Zustimmung in Frankreich, ein Achselzucken in

Italien, ein gewisses Maß an Überraschung in den Niederlanden und einen ziemlichen Schock in Deutschland aus"[21] stellten Pellettier & Thomson (1992, S. 65; Übers. J.W.M.) in ihrer Zusammenfassung einer Untersuchung über die Tourismusausbildung in Ländern der damaligen Europäischen Gemeinschaft fest.

Allerdings wäre es mehr als fahrlässig, die Qualität von Lehre und Ausbildung in hohem Maße durch die Beurteilung von Schülern, Lehrlingen und Studenten zu bestimmen, wie es die häufig vertretene Sicht von Studenten als ‚Kunden' nahelegt. Auch die Zahlung von Studiengebühren verwandelt sie nicht in Konsumenten, die mit der Entrichtung eines Kaufpreises das Anrecht auf einen erfolgreichen Abschluß des Studiums erwerben, auch wenn es durchaus Tendenzen in diese Richtung gibt.

Beispiel: In angelsächsischen Hochschulsystemen sind Studiengebühren schon seit längerem die Regel und viele Hochschulen sind teilweise abhängig von den hohen Gebühren, die vor allem ausländische Studierende entrichten müssen (zum Beispiel in Australien, Neuseeland, teilweise auch in den USA und in Großbritannien). Die Abschlußnoten werden hier in der Regel nicht bloß rechnerisch aus den Noten gebildet, welche die Lehrenden für die entsprechenden Prüfungsleistungen geben, sondern von einem Gremium festgesetzt. Oft ist auch der Dekan berechtigt, die letzte Entscheidung über das Bestehen oder Nicht-Bestehen eines Examens zu fällen. Nicht nur in privaten Hochschulen, die sich primär aus Studiengebühren finanzieren, auch in öffentlichen Einrichtungen kommt es daher vor, daß Studenten Abschlüsse bekommen, für die sie sich nicht qualifiziert haben, weil man sonst befürchtet, einen schlechten Ruf bei prospektiven Studenten zu bekommen, die sich dann für eine andere Hochschule entscheiden. Das wird bei den Diskussionen bei uns gerne übersehen: Daß nämlich der viel gepriesene Wettbewerb zwischen den Hochschulen nicht automatisch zu einer Verbesserung, sondern oft zu einer Verschlechterung der Ausbildungsqualität führt.

Studenten sind ganz im Gegenteil die (Ko-)Produzenten ihrer eigenen Qualifikation, die sie unter Anleitung und mit Unterstützung des Lehrpersonals und unter Verwendung von zu recherchierenden und zu bewertenden Informationsquellen (Bibliotheken, Zeitungen, Zeitschriften, Online-Informationen aller Art) letztlich selbst herstellen. Man kann es auch in dieses Bild fassen: Die Bildungseinrichtungen liefern nur das Werkzeug – inwieweit der Umgang damit gelernt wird, liegt letztlich ebenso bei den Studierenden wie die Entscheidung darüber, was damit schließlich hergestellt werden soll, d.h., welche Berufskarriere sie damit machen. Dabei ist natürlich zu konzedieren, daß berufliche Schicksale (wie der Name schon sagt) nicht nur von der Person, sondern auch von individuell nicht steuerbaren Faktoren (in erster Linie den Entwicklungen auf dem Arbeitsmarkt) abhängen. Vieles ist also Zufall – aber es kommt darauf an, was man aus den darin liegenden Chancen macht.

Der Natur der Sache entsprechend können die meisten Studenten in der kurzen Lebensphase ihres Studiums, die sie in der Regel als junge Menschen durchlaufen, die Relevanz von Inhalten nur sehr eingeschränkt, wenn überhaupt, beurteilen. Bildung ist kein auf kurze Zeiträume ausgerichtetes Geschäft, sondern entfaltet ihre Wirkung erst langfristig und dann nicht nur

---

[21] im Englischen umfaßt der Begriff „*students*" sowohl Studenten als auch Schüler und schließt in diesem Zusammenhang auch Auszubildende mit ein

durch Inhalte, sondern auch durch zum Teil schwer meßbare Lernbereitschaften, Haltungen, Einstellungen und Handlungsdispositionen. Absolventen eines Studiengangs evaluieren ihn nach einigen Jahren Berufspraxis meist ganz anders als während des Studiums. Vor allem vorher unbeliebte Fächer und Inhalte, mit denen man während eines Studiums wenig anfangen konnte, werden vor dem Hintergrund der eigenen beruflichen Erfahrungen, wie Absolventenbefragungen zeigen, zusammen mit dem Erwerb von Allgemeinbildung später als sehr wichtig und positiv angesehen (vgl. Mundt 2001).

Dies heißt nicht, daß die Befragung von Studierenden unsinnig wäre. Auch Bildung und Ausbildung sind Dienstleistungen, die ebenso wie der Service touristischer Anbieter und Einrichtungen bestimmten Anforderungen genügen müssen. Die Beurteilung von Lehrveranstaltungen und Seminaren durch Studenten ist dabei aber nur ein Aspekt unter vielen, auch wenn sie dem Lehrpersonal immer wieder auch wichtige Anregungen zur Verbesserung ihrer Arbeit vermitteln können. Bedeutsamer ist die Schaffung eines Umfeldes, in dem sich nicht nur die Lernenden, sondern auch die Lehrenden dem Urteil der jeweils anderen stellen. Auch wenn die Qualität dieser Bewertungen aus den oben genannten Gründen nicht gleichgesetzt werden kann, schafft es doch eine **offene Lernkultur**, in der die Meinungen und Einstellungen der Studierenden ernst genommen werden. Dabei darf man nie vergessen, daß man die Qualität einer Lehrveranstaltung oder eines Lehrenden nicht mit der Qualität der Lernergebnisse auf den Schüler- oder Studierendenseite gleichsetzen kann. Die Wege von Bildungsprozessen sind verschlungener als es dieses weitverbreitete simple Input-Output Denken vermuten läßt.

Beispiel: Ein Mittelstufenschüler eines Gymnasiums mit guten Englischkenntnissen und -noten gibt einem Schüler aus der Unterstufe Nachhilfeunterricht in diesem Fach. Er schafft es gerade, ihn auf einem ausreichenden Leistungsniveau zu halten. Nun wird dieser Schüler auch noch in seiner zweiten Fremdsprache Latein schlecht und seine Mutter überzeugt den Mittelstufenschüler gegen seine begründeten Bedenken – er ist in Latein selber alles andere als gut – davon, daß er seine Nachhilfestunden auch auf Latein auszuweiten muß. Das verblüffende Ergebnis: Die Note in Englisch bleibt schlecht, aber in Latein wird der Nachhilfeschüler plötzlich ziemlich gut. Die Erklärung dafür ist einfach: In Englisch hatte er keine Chance irgendetwas besser zu wissen, in Latein jedoch merkte er schnell die Schwächen seines Nachhilfelehrers. Um sie ausnutzen und ihm damit eins auswischen zu können, bereitete er sich gut auf die Latein-Nachhilfestunden vor – kein Wunder also, daß er darüber in diesem Fach besser wurde.

Keine Frage, daß die Qualität des Unterrichts für Latein in diesem Beispiel schlecht, die für Englisch dagegen gut bewertet würde. Schon dies zeigt die geringe Aussagekraft nicht nur von studentischen Bewertungen. Machte man also wider besseres Wissen Vorstellungen und Meinungen der Lernenden zum zentralen Maßstab für die inhaltliche Ausgestaltung und Strukturierung von Studien- und Ausbildungsgängen, betröge man sie letztlich um ihre Bildung und damit auch um ihre beruflichen Entwicklungs- und Karrierechancen. Gleichzeitig würde man auch der gesellschaftlichen Aufgabe von Bildungsreinrichtungen nicht mehr gerecht, wenn eine zunächst an ihren verständlicherweise begrenzten Interessen ausgerichtete Konsumentenperspektive der Studierenden die Qualität der Studien- und Ausbildungsgänge zentral bestimmte. Denn damit würde weitgehend an den gesellschaftlichen Bedürfnissen vorbei ausgebildet, weil der ebenso anhaltende wie durchgreifende Wandel von Wirtschaft und Gesellschaft nach weiten Horizonten und exemplarischen wie übergreifenden Inhalten und Methoden ihrer Vermittlung verlangt. Aber auch die, wie auch immer gemessene Qualifikation der Lehrenden für die Qualität eines Studiums ist, wie dieses paradoxe Beispiel zeigt, allenfalls von eingeschränkter Bedeutung für den Studienerfolg. Zumindest an Universitäten ist die Ausstattung der Bibliotheken weitaus wichtiger. Erst durch das selbständige Lesen von relevanter Literatur und das ‚Schmökern' in Büchern und Zeitschriften, die nicht immer mit dem eigentlichen Thema zu tun haben, sowie die Abfassung eigener Arbeiten gewinnt man den Überblick und entwickelt letztlich die Maßstäbe, die man benötigt, um seine persönliche Urteilskraft ausbilden und anwenden zu können.

Gleichwohl spielt die wissenschaftliche Qualifikation der Lehrenden formal eine immer größere Rolle im akademischen Bereich. Vor allem in den angelsächsischen Hochschulmodellen, die man in Deutschland gerade dabei ist weitgehend unkritisch zu übernehmen (s.u.), werden Hochschulkarrieren nach rigiden, tayloristischen Kriterien geformt, die nur scheinbar wissenschaftliche Leistungen zu ihrem Maßstab machen. *„Publish or perish"* ist schon seit langem die Losung für Wissenschaftler an den Hochschulen in den Vereinigten Staaten wie in Großbritannien, Australien oder Neuseeland.

In Großbritannien soll zum **Beispiel** mit der jeweils in Abständen von einigen Jahren durchgeführten *Research Assessment Exercise* (RAE) festgestellt werden, wo die Gelder für Forschungsprojekte an den Universitäten am besten angelegt sind. Dabei kommen dann – wie bei der RAE 2001 – Ergebnisse zustande wie die, daß britische Forscher weltweit an erster Stelle bei der Anzahl von Veröffentlichungen und der Anzahl zitierter Arbeiten pro eine Millionen Dollar eingesetzter Fördermittel liegen. Die Fachbereiche der Universitäten werden entsprechend solcher Kriterien nach sieben Kategorien benotet und die Forschungsmittel danach verteilt. Die Mittel werden also nach dem Matthäus-Prinzip verteilt: „Wer hat, dem wird gegeben". Gerade junge Wissenschaftler bleiben dabei oft ohne Chancen, denn aus der Sicht der Universitätsverwaltungen ist es nach diesen Spielregeln sinnvoll, solche gestandenen Wissenschaftler anzuwerben, mit denen man die höchsten Fördermittel für die Forschung einwerben kann. Das geht nur über höhere Gehälter, deren Kosten an anderer Stelle wieder eingespart werden müssen – in der Regel bei den Personalstellen für die Lehre, was vermutlich auch wiederum kein direkter Beitrag zur Verbesserung der Qualität einer Hochschule ist.

Man schaut also nicht mehr wirklich danach, was und warum jemand geschrieben hat, sondern beschränkt sich fast nur noch auf quantitative Maßzahlen, was auch in Großbritannien selbst sehr kritisch gesehen wird. Es gibt viele Gründe, Essays und Artikel zu verfassen, schreibt der renommierte britische Historiker David Cannadine und führt als letzten an, daß man „(neuerdings und höchst bedauerlich) [damit] notwendiges Futter für die Research Assessment Exercise" herstellen muß (2004, S. IX). Auch für Deutschland stellen Finetti & Himmelrath fest, „daß wissenschaftliche Leistung immer stärker quantitativ und immer weniger qualitativ bewertet wird" (1999, S. 159). Nicht mehr derjenige schreibt also, der etwas zu sagen hat, sondern alle, die eine Stelle haben oder behalten wollen, sind gezwungen nach Inhalten zu suchen, die sich für eine Veröffentlichung in bestimmten Zeitschriften verwerten lassen. Denn hinter solchen Maßzahlen stehen weitere, weitgehend inhaltsleere Formalisierungen wie die des wissenschaftlichen Prestiges einer Fachzeitschrift. Es wird nämlich nicht die tatsächliche Qualität einer Veröffentlichung evaluiert, sondern es werden lediglich Indikatoren erfaßt, wie zum einen der Rang der Fachzeitschrift, in welcher sie erschienen ist und – auf längere Sicht – zum anderen die Häufigkeit, mit der sie in anderen Arbeiten – natürlich wiederum nur in entsprechend bewerteten Publikationen – zitiert wird.

Problematisch ist insbesondere die Ermittlung des Prestiges einer Fachzeitschrift. Normalerweise interessiert einen Wissenschaftler bei der inhaltlichen Arbeit beim Lesen einer Quelle ja keineswegs, an welchem Ort sie erschienen ist. Was zählt, ist nur die inhaltliche Qualität in Zusammenhang mit dem bearbeiteten Forschungsfeld. Verwendet und damit zitiert wird also das, was dem Autor wichtig ist. Trotzdem gibt es solche Ranglisten. Berücksichtigung finden dabei im Prinzip nur noch diejenigen Fachzeitschriften, die ein doppeltes anonymes Blindbegutachtungsverfahren für die eingereichten Arbeiten anwenden (*refereed journals*). Dabei wird die Arbeit anonymisiert an zwei Gutachter weitergeleitet, die dann darüber entscheiden, ob sie gleich oder erst nach Überarbeitungen, die dann erneut begutachtet werden müssen, angenommen wird. Dieses Verfahren stammt aus den Naturwissenschaften und hat dort möglicherweise schon deshalb Sinn, weil zum einen selbst in kleinen Fachgebieten der Spezialisierungsgrad mittlerweile so hoch ist, daß im Herausgebergremium, so groß es auch sein mag, nicht für alle Forschungsfragen kompetente Wissenschaftler vertreten sind. Zudem ist hier, wie eine Vielzahl von teilweise spektakulären Fällen belegt, die Wahrscheinlichkeit, daß Daten gefälscht oder unzulässig interpretiert werden, vergleichsweise hoch. Im medizinischen Bereich können zudem auch Patientenschicksale von den veröffentlichen Ergebnissen abhängen. Bei wissenschaftlichen Journalen im Tourismus (und in vielen anderen Disziplinen) muß man sich allerdings fragen, welchen Sinn solche Verfahren haben, zumal sie auch unterschiedlich streng gehandhabt werden. Die Herausgeber der Zeitschriften mit ihren oft grotesk großen *editorial boards* wären, von Einzelfällen abgesehen, ohne weiteres in der Lage, die eingesandten Artikel selbst zu begutachten und über ihre Veröffentlichung zu entscheiden. Damit könnten Artikel wesentlich schneller veröffentlicht und in die wissenschaftliche Diskussion eingebracht werden als heute, wo Artikel meist erst ein oder zwei Jahre, manchmal sogar erst vier Jahre nach ihrem Eingang veröffentlicht werden. Der Begutachtungsvorgang führt zudem in der Regel schon in vorauseilendem Gehorsam dazu, daß aus einfachen Mitteilungen schwer lesbare und mit vielen Literaturangaben nur so gespickte und die eigentlichen Ergebnisse eher am Rande behandelnde Elaborate werden.

„Teil des Problems ist der Minderwertigkeitskomplex, unter dem viele Tourismuswissenschaftler (und andere aus jüngeren Disziplinen) an Hochschulen leiden. Sie glauben, es sei ihre Aufgabe sicherzustellen, daß Wissenschaft aussieht wie Wissenschaft, unter der sie Naturwissenschaften verstehen, die, wie wir alle wissen, für

Laien unverständlich aussieht. Der Grund dafür, daß Naturwissenschaft so aussieht wie sie aussieht liegt daran, daß sie nicht anders aussehen kann. ... Als Chemiker oder Physiker kann man nicht über das Wasser diskutieren ohne über Elemente, Verbindungen, molekulare Strukturen, Formeln usw. zu sprechen. ... Im Tourismus ist das nicht der Fall. Vieles Nützliche und Wahre kann einfach beschrieben werden. ... Russels[22] Anliegen war es, schwierige Ideen verständlich zu machen. Für Tourismusgutachter, vor allem beschäftigt mit der Legitimation ihres Faches, ist es fast immer das Gegenteil: Sie sind dafür da, einfache Ideen schwierig erscheinen zu lassen, denn so sieht Wissenschaft aus" (Seaton 1996, S. 398; Übers. J.W.M.).

Man muß man seine Artikel also auch deshalb so kompliziert wie möglich verfassen, damit sie in den relevanten Gremien auch vor den Augen anderer Fachwissenschaftler bestehen können, die es in ihren Bereichen oft nicht anders halten und in den Gremien der Universitäten und als externe Gutachter zum Beispiel in der *Research Assessment Exercise* vertreten sind. Wir haben es hier also mit einer weiteren Variante des ‚Kühlschrank-Fehlschlusses' (*refrigerator fallacy*; Ayittey 2005, S. 88) zu tun (vgl. Abschnitt 6.2.3). So werden aus vielen Arbeiten entsprechend echte **Imponate**[23], die eher darauf angelegt sind, zu beeindrucken als konstruktiv und angemessen zu einem (wissenschaftlichen) Diskurs beizutragen.

Dazu kommt, daß aus dem zunächst verständlichen Motiv, die wissenschaftliche Leistung des akademischen Personals meß- und damit vergleichbar zu machen, sowohl für die Verteilung von Forschungsmitteln wie auch für Personalentscheidungen immer mehr rein quantitative Meßgrößen von oft zweifelhafter Qualität herangezogen werden. Als Leistung gilt hier in erster Linie die Veröffentlichung eines Artikels in einer wissenschaftlichen Fachzeitschrift. Welcher Wert ihr beigemessen wird hängt von der Reputation (*journal impact factor*) des Journals ab, in der er publiziert wird. Gemessen wird die Reputation über die Häufigkeit, mit der Artikel aus ihr in Beiträgen in Fachzeitschriften in einem bestimmten Zeitraum zitiert werden. Hier gibt es eine Reihe von verzerrenden Faktoren (Selbstzitierung; häufigeres Zitieren von Arbeiten, die im gleichen Journal erschienen sind; Beschränkung auf einen zu kurzen Zeitraum; Zitierkartelle; Artikel werden als Beispiele für fehlerhaftes Vorgehen angeführt usw.; vgl. zusammenfassend Matzler *et al.* 2001, S. 163 ff.), die zu wenig validen Ergebnissen führen. Zudem spielt natürlich die Sprache, in der ein Artikel veröffentlicht wurde, eine zentrale Rolle: Nichtenglischsprachige Zeitschriften und und damit auch Artikel werden fast vollständig ignoriert. Darüber hinaus wird oft auch noch der *Social Sciences Citation Index* (SSCI) hinzugezogen, mit dem man feststellen kann, wie häufig die Arbeiten von Wissenschaftlern in entsprechenden wissenschaftlichen Zeitschriften zitiert werden. Ursprünglich wurde dieser Index (für den weit-

---

[22] Bertrand Russell (1872-1970), britischer Mathematiker und Philosoph, der für seine präzise wissenschaftliche Prosa 1950 den Literaturnobelpreis bekam.

[23] Als Imponat bezeichnet man „ein Ding, das fast genauso aussieht wie das richtige Ding, aber nicht identisch mit ihm ist, weshalb es zwar anders als das Original, aber so gut wie nicht unterscheidbar von ihm ist". Es „imponiert [also] als solches, ohne es zu sein" (Nichts 1999, S. 46). Der Autor führt als ein einprägsames Beispiel dafür die holländische Tomate an.

gehend die gleichen Einschränkungen gelten) zwar entwickelt, um die Literatursuche zu erleichtern, hat aber, vor allem in den USA, zunehmend Bedeutung für Personalentscheidungen an Universitäten und Forschungseinrichtungen bekommen. Wer zum Beispiel auf Lebenszeit angestellt werden will (*tenure*), muß entsprechende Punktezahlen im Index aufweisen.

Für akademische Karrieren im Fachgebiet Tourismus ist dieses schematisierte Verfahren allerdings weitgehend (noch) nicht anwendbar, weil touristische wissenschaftliche Fachzeitschriften bislang kaum in diesen Indizes vertreten sind. Deshalb gibt es Versuche, ihr Renommée statt dessen über Befragungen von Wissenschaftlern in diesem Bereich zu ermitteln.

So haben zum **Beispiel** Pechlaner, Zehrer & Abfalter (2002) und Pechlaner, Zehrer, Matzler & Abfalter (2004) in einer Online-Befragung, die an mehr als 1.000 Mitglieder zweier internationaler wissenschaftlicher Organisationen von Tourismusexperten gerichtet war, versucht, die wissenschaftliche Relevanz von 22 englischsprachigen wissenschaftlichen touristischen Fachzeitschriften zu erfassen. Mit der sehr geringen Rücklaufquote[24] von nur 13 Prozent zeigt die Untersuchung allerdings vor allem eines: das Desinteresse der Wissenschaftler an einem solchen wirklichkeitsfernen Unterfangen. Es ist wohlbegründet: Wenn man an einem Thema arbeitet, sucht man sich die entsprechende Literatur dazu wo immer man sie finden kann. Was zählt, ist der Informationsgehalt des einzelnen Artikels und sonst nichts. Auch werden wissenschaftliche Journale in der Regel nicht wie Fachzeitschriften gelesen, sondern nur dann in die Hand genommen, wenn man etwas sucht. Schließlich liefern sie, anders als die an ein breiteres Publikum in der Praxis gerichteten Fachzeitschriften, keine aktuellen Informationen über ein Fachgebiet, sondern unzusammenhängende wissenschaftliche Abhandlungen. Die wenigen Angaben zur ebenfalls erhobenen Lesehäufigkeit dürften daher ebenso ein reines Befragungsartefakt sein wie die ebenfalls über eine simple Skala abgefragte Einschätzung der ‚wissenschaftlichen Relevanz' der Journale. Es ist nicht ohne Ironie, daß diese ‚Untersuchung', die ein in empirischer Sozialforschung ausgewiesener Kollege treffend „ein gutes Beispiel für ein schlechtes Beispiel" genannt hat, u.a. in der wissenschaftlichen Zeitschrift erschienen ist, welcher die wenigen Beantworter des Fragebogens Platz zwei nach der wissenschaftlichen Bedeutung zugewiesen haben.

Einen anderen Zweck als die Grundlagen für die Ausweitung solcher auf reinen Formalien beruhenden Einstellungs- und Beförderungspraktiken in Hochschulen und Forschungseinrichtungen zu liefern, haben solche ‚Untersuchungen' nicht. Es ist deshalb erstaunlich, daß Wissenschaftler selbst dazu beitragen, daß inhaltliche Kriterien eine zunehmend geringere Rolle bei solchen Personalentscheidungen spielen. Abgesehen davon, daß manche von ihnen nur das für objektiv und wissenschaftlich halten, was sich in Zahlen ausdrücken läßt, kann man auch an sich unterstützenswerte Ziele dahinter sehen, wie das, gerechte und ohne auf das Ansehen von Personen oder persönliche Beziehungen zurückzuführende Entscheidungen zu treffen – wie

---

[24] Der Rücklauf wurde zudem nicht kontrolliert. Zwar konnte man nach Angaben eines der Autoren der Studie nur einmal vom gleichen PC – solange man nicht über einen anderen Provider ins Netz ging – den Fragebogen beantworten, von anderen PC konnte man jedoch jederzeit das Gleiche wieder tun, so daß nicht auszuschließen ist, daß zumindest einige der 142 Fragebögen online von ein- und derselben Person ausgefüllt wurden.

zum Beispiel beim anonymen Begutachtungsverfahren. Andererseits scheint vielen Wissenschaftsadministratoren vorzuschweben, daß man Entscheidungen über Personal und Forschungsmittel demnächst quasi automatisch durch die Eingabe und Aufsummierung der entsprechenden Punkte treffen kann, ohne daß man sich noch inhaltlich und persönlich mit Personalauswahlverfahren und Forschungsanträgen auseinandersetzen und sich mühsam sein eigenes Urteil bilden muß.

Vor dem Hintergrund des weiter wachsenden Hochschulbereichs ist ein solches *outsourcing* von Kompetenz und der damit erreichte Rationalisierungsgewinn zwar verständlich, aber keineswegs akzeptabel. Es ist das Dementi der eigenen Wissenschaftlichkeit, wenn sich zum Beispiel Berufungskommissionen bei der Auswahl von Lehr- und Forschungspersonal primär von der Zahl der Publikationen in entsprechend renommierten wissenschaftlichen Fachzeitschriften leiten lassen und sich nicht mehr inhaltlich mit den vorgelegten Arbeiten auseinandersetzten. Das führt dazu, daß derjenige, der eine Wissenschafts- bzw. Hochschulkarriere machen will, sich nach diesen Spielregeln richten muß. Um die Zahl der Veröffentlichungen möglichst schnell auf das geforderte Niveau zu heben, muß man aus einem Vorhaben möglichst viele Publikationen machen. In den USA spricht man deshalb von der *smallest publishable unit*, in die man seine Ergebnisse dafür zerlegen muß. Man kann relativ sicher sein, daß sich niemand die Mühe machen wird, sie alle zu lesen, um den ebenfalls nicht seltenen Doppelveröffentlichungen auf die Spur zu kommen – außerdem macht man es selber ja auch so. Viele Wissenschaftler haben dieses System mittlerweile internalisiert.

„Noch verbreiteter – und zudem näher am Tatbestand des Betruges – ist die Praxis der *Co-* und *Ehrenautorenschaft*, mit der Wissenschaftler als Autoren von Publikationen genannt werden, an denen sie nur ein geringes oder gar kein Zutun gehabt haben, für die sie keine Verantwortung übernehmen können und es im Zweifelfall auch gar nicht wollen" (Finetti & Himmelrath 1999, S. 164; Hervorh. i. Orig.).

In Gesprächen mit Kollegen aus Großbritannien oder Australien ist es jetzt schon so, daß selbst eigentlich kritische Köpfe bewundernd zum Beispiel von einem jungen Kollegen erzählen, der schon mehr als dreißig Publikationen in *refereed journals* vorweisen kann und die in ihren Lebensläufen zunehmend weniger Angaben über ihre eigentliche wissenschaftliche Tätigkeit machen, dafür aber herausheben in wie vielen Herausgebergremien oder Beiräten von wissenschaftlichen Journalen sie sitzen.

Daß die akademischen Ausbildungsgänge im Tourismus weltweit wachsen, ist deshalb auch gut an der zunehmenden Zahl von englischsprachigen wissenschaftlichen Fachzeitschriften zu erkennen. Denn dies ist nicht etwa Folge davon, daß es immer mehr mitteilenswerte Forschungsergebnisse gäbe, sondern liegt einzig darin begründet, daß die wachsende Zahl von Hochschullehrern Publikationspunkte für ihre beruflichen Karrieren sammeln muß. Jedes Jahr kommen daher mehrere neue wissenschaftliche Zeitschriften mit immer spezialisierteren Titeln auf den Markt – mit dem Effekt, daß es immer schwieriger und teurer wird, die wenigen wirklich interessanten Artikel aus der großen Zahl bangloser und überflüssiger Publikationen herauszusuchen. Vermutlich finden die meisten dieser Artikel auch nie einen Leser (was nicht heißt, daß sie auch nicht zitiert würden), sondern verstopfen nur die Kommunikationskanäle – kennzeichnen also faktisch einen Rückschritt der Informationsverbreitung. Da zudem in der Regel nicht nur ein Artikel über die Ergebnisse eines Projekts erscheint (s.o.), muß man sich die Gesamtschau oft mühsam aus verschiedenen und auch noch teilredundanten Artikeln zusammenbasteln. Damit ist es nahezu unmöglich geworden, auch nur halbwegs den Überblick über den Forschungsstand in vielen Teilgebieten des Tourismus zu bekommen bzw. zu behalten.

Mit diesem Ansatz der vorgeblichen Messung akademischer Leistungen entsteht letztlich ein **selbstreferentielles System** (Niklas Luhmann), in dem die wissenschaftlichen Zeitschriften keine kommunikativen Funktionen mehr erfüllen, sondern weitgehend nur noch als Ressource für die Begründung und Steuerung akademischer Karrieren dienen. Inhalte spielen dementsprechend kaum noch eine Rolle. Es ist wie bei Simulationen, wie sie in Planspielen verwendet werden: Am Anfang spielt man die Simulation, kennt man das Spiel durch Wiederholungen besser, nur noch die Regeln, nach denen die Modellierung des Systems erfolgt ist und die eigentliche Realität gerät aus dem Blick.

Wer zum **Beispiel** eine akademische Karriere machen will, tut gut daran, weniger Bücher als Artikel in solchen wissenschaftlichen Zeitschriften zu veröffentlichen, die im *Social Sciences Citation Index* erfaßt werden. Dies ist weniger aufwendig und bringt meist mehr Punkte (auch das stammt aus den Naturwissenschaften – in den Wirtschafts- und Sozialwissenschaften spielen Monographien dagegen eigentlich eine größere Rolle). Zudem muß man Artikel ja auch nicht alleine verfassen. Da es die Menge macht, ist es sinnvoller, mit anderen zusammen zu schreiben (oder auch nur seinen Namen darauf setzen zu lassen, s.o.) – dann hat man weniger Arbeit. Noch besser ist es, man hat eine Stellung, die es einem erlaubt, andere für einen arbeiten zu lassen. Dann kann man immer wieder Projekte initiieren oder Abschlußarbeiten schreiben lassen, bei deren Veröffentlichung man selbst im Prinzip auch ohne eigenes Zutun als Autor erscheinen kann. Da dann die eigene Forschung auch positiv evaluiert wird, bekommt man mehr Forschungsgelder, mit denen man wieder Projekte und Mitarbeiter finanzieren kann, die einem dann die Arbeit machen und Artikel produzieren. Nicht, daß dies immer reibungslos funktionierte, aber es kommt durchaus zu solchen Spiralen sich selbst verstärkender Effekte und entsprechender Karrieren.

Der bloße Selbstbezug des wissenschaftlichen Produktions- und Karrierebetriebs wird auch darin deutlich, daß die Inhalte wissenschaftlicher Zeitschriften in der touristischen Praxis kaum wahrgenommen und kaum eine oder gar keine Rolle spielen. Hier gilt zudem vermutlich das Gleiche, was Parnell (1997; cit. n. Matzler *et al*. 2001, S. 165) für Managementzeitschriften herausgefunden hat: Praktiker bewerten diejenigen Zeitschriften niedriger, die von Wissenschaftlern hoch bewertet werden und umgekehrt. Vor dem Hintergrund der oben zitierten Bemerkungen von Tony Seaton (1996) ist das wenig verwunderlich, wird doch die Wissenschaftlichkeit vor allem durch die Umkehrung der berühmten Sätze aus Ludwig Wittgensteins *Tractatus logico-philosophicus* demonstriert: „Alles was man sagen kann, kann man klar sagen. Und worüber man nicht sprechen kann, darüber muß man schweigen." Mit anderen Worten: Sehr viele Artikel in wissenschaftlichen Zeitschriften sind (nicht nur) aus der Sicht der Praxis schlecht bis gar nicht lesbar und es bedarf einiger Mühe herauszufinden, was überhaupt mitgeteilt werden soll.

In der Konsequenz werden Berührungen mit der touristischen Praxis dadurch erheblich erschwert. Es gibt sogar Hochschulen in den USA, die Veröffentlichungen ihrer Mitarbeiter in praxisbezogenen Fachzeitschriften nicht nur nicht gelten lassen, sondern sogar mit Punktabzug ‚bestrafen'. Und je geringer die Punktzahl, desto mehr Lehre muß gemacht werden. Die zunehmend an deutschen Universitäten zu beobachtende unkritische Übernahme solcher tayloristischen Verfahren aus den USA und anderen angelsächsischen Ländern steht in bemerkenswertem Gegensatz zur gleichzeitigen Forderung nach mehr Praxisbezug. Dafür werden – wie zum Beispiel nach dem baden-württembergischen oder dem bayerischen Hochschulgesetz – sogar Leitungsgremien geschaffen, in denen Industrievertreter auf Kosten der Stimmen der Professoren über die Belange von Universitäten entscheiden können. Aber vielleicht ist dies nur scheinbar ein Widerspruch, denn durch die Reduktion der Leistungsmessung auf rein quantitative Merkmale kann jetzt jeder mitreden und mitentscheiden.

Bildung und Ausbildung werden auch dadurch immer mehr auf ihren **Warencharakter** verkürzt, wenn Etikette mehr Gültigkeit beanspruchen können als Inhalte. Damit bleibt am Ende auch die Eigenverantwortlichkeit der Studierenden weitgehend auf der Strecke, denn dahinter steckt letztlich wieder das falsche Bild vom Studenten als Kunden, der ein Anrecht auf entsprechende Abschlüsse hat.

So spielen bei der Einführung des gestuften Systems angelsächsischer Studienabschlüsse an den Hochschulen studentische Bewertungen wiederum eine große Rolle. Um die entsprechenden Abschlußbezeichnungen verleihen zu dürfen (Akkreditierung), müssen die angebotenen Studiengänge in der Regel erfolgreich ein Prüfverfahren bei einer unabhängigen Agentur durchlaufen und werden dann regelmäßig überwacht. Das Verfahren ist allerdings sehr bürokratisch angelegt. Das wird schon darin deutlich, daß die Kultusministerkonferenz eigens dafür einen Akkreditierungsrat in Form einer Stiftung installiert hat, der wiederum Akkreditierungsagenturen akkreditiert, damit diese dann einzelne Studiengänge an den Hochschulen akkreditieren dürfen. Dabei werden vor allem große Stapel von Papier bewegt, viele Berichte geschrieben und viel Zeit aufgewendet, die dann für die inhaltliche Verbesserung der Studiengänge und vor allem der einzelnen Lehrveranstaltungen fehlt. Unter ‚Qualitätssicherung' könnte man sich auch etwas anderes vorstellen. Der Vorteil einer möglicherweise besseren Vergleichbarkeit der Studiengänge wird mit einem Verlust von Flexibilität in den einzelnen Studiengängen erkauft. Gerade wenn es – wie bei den Bachelorabschlüssen – vorgeblich um eine bessere Berufsbezogenheit der Studiengänge geht, wären bei dem sich eher beschleunigenden Wandel der Qualifikationsanforderungen weitgefaßte Rahmen und dezentrale Strukturen nötig, die eine schnelle Anpassung der Studieninhalte an die Erfordernisse der Praxis ermöglichten. Gleichzeitig würde damit auch der inhaltliche Wettbewerb zwischen gleichen oder ähnlichen Studiengängen an verschiedenen Hochschulen stimuliert. Er wird jetzt nicht zuletzt auch dadurch behindert, daß notwendige

Anpassungen und Änderungen in einem langwierigen und bürokratischen Prozeß wiederum über die Akkreditierungsagenturen erfolgen müssen. Schnelle Anpassungen werden damit unmöglich, was zusammen mit dem damit verbundenen Arbeitsaufwand eher dazu führen wird, daß notwendige Veränderungen dann eher nicht mehr vorgenommen werden. Nicht zuletzt müssen die Hochschulen erhebliche Summen für die Akkreditierungsagenturen aufwenden, die in den entsprechenden Etats dann fehlen.

9.4 Angebot und Nachfrage auf dem touristischen Arbeitsmarkt

Einerseits ist, wie Otto Schneider, der langjährige Präsident des Deutschen Reiseverbandes (DRV), in einer Studie zum akademischen Nachwuchs im Tourismus konstatiert, „die Zeit der Pioniere mit dem richtigen ‚Riecher' für das Geschäft ... vorbei. In den Führungsetagen der touristischen Großunternehmen haben längst die Akademiker Platz genommen" (1996, S. 6). Andererseits wird vielfach kritisiert, daß sich zu viele Bildungs- und Ausbildungseinrichtungen die Vermittlung von Qualifikationen für die Tourismuswirtschaft zur Aufgabe setzen und damit die Gefahr besteht, daß über den Bedarf hinaus „produziert" wird (vgl. u.a. Barg 1995).

Man muß aber sehen, daß Bildungs- und Ausbildungseinrichtungen auf zwei Märkte mit ganz unterschiedlichen Charakteristika reagieren müssen, denn es ist ihre Aufgabe, sowohl die Nachfrage von Schulabgängern nach Ausbildungsplätzen als auch die von Studenten nach Studienplätzen und die Nachfrage der Tourismuswirtschaft nach Qualifikationen zu befriedigen. Die Ausbildungsbetriebe und Hochschulen stehen damit im Schnittpunkt **zweier Märkte** (siehe),

- dem für Bildungs- und Ausbildungsgänge, die von jungen Leuten auf dem Wege in das Berufsleben nachgefragt werden und

- dem für Qualifikationen, die von den Unternehmen für die Erfüllung ihrer Aufgaben benötigt werden.

Sie müssen beide Nachfragen so gut es geht befriedigen, wenn sie nicht ihre Legitimation als Bildungs- und Ausbildungsinstitutionen verlieren wollen. Das gilt auch für Betriebe, die ausbilden. Viele Betriebe bilden zwar aus, aber entweder nicht oder nicht ausschließlich für den eigenen Bedarf. Abgesehen davon, daß sie bei eigenem Bedarf nach Abschluß der Ausbildung eine Wahlmöglichkeit zwischen mehreren Absolventen haben, reagieren sie damit auch auf die große Nachfrage nach Ausbildungsstellen. So gesehen sind die Ausbildungsbetriebe in einer ähnlichen Lage wie die Hochschulen in Abbildung 9.1 – allerdings mit dem Unterschied, daß sie im Gegensatz zu den reinen Bildungs- und Ausbildungseinrichtungen zusätzlich auch noch die Abnehmer von Qualifikationen sind. Mit den Ausbildungskapazitäten der Hochschulen kommt eine weitere eigenständige Größe in das Wechselspiel zwischen Angebot und Nachfrage und bestimmt damit ebenfalls die Berufswahlmöglichkeiten im Tourismus.

Beispiel: Um für Studenten attraktiv zu werden und sich auf dem Hochschulmarkt zu etablieren, haben die Vorläufer der neuen Universitäten in Großbritannien, die

Polytechnics, betriebswirtschaftliche Studiengänge mit dem Schwerpunkt Tourismus eingerichtet (*business studies with tourism*). Vor allem seitdem die Hochschulen über die Zahl ihrer Studenten auch Einkommen erwirtschaften müssen, werden die populären Tourismusstudiengänge konsequent gefördert: Gab es 1985 noch gar keine akademischen Kurse (*degree courses*) in Großbritannien, waren es 1990 bereits 25 (Go 1994). 1993 wurden bereits 27 grundständige Studiengänge (*undergraduate degree courses*) und 26 Aufbaustudiengänge (*postgraduate degree courses*) an den britischen Hochschulen angeboten (Airey 1995).

Beide Märkte sind nicht synchronisierbar: Im Hochschulbereich kann die Nachfrage nach Studienplätzen ebensowenig Maßstab für die Bereitstellung von Arbeitsplätzen sein wie die Nachfrage der Tourismuswirtschaft die Zahl der Studienplätze bestimmen kann. Selbst bei der betrieblichen Ausbildung im dualen System ist die Zahl der zur Verfügung gestellten Ausbildungsplätze nicht allein bestimmt durch den angenommenen betrieblichen Bedarf. Auch wenn häufig einer „bedarfsgerechten" Ausbildung das Wort geredet wird (zum Beispiel Barg 1995) – sie ist weder machbar noch wünschenswert.

Abbildung 9.1: Skizze der Nachfragebeziehungen von Qualifikationen auf dem Arbeits- und Ausbildungsmarkt

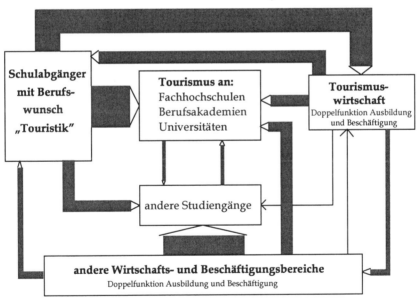

▬▬▷ = Nachfragerichtung

Quelle: Mundt 1996 (Übersetzung J.W.M.)

Der Begriff „**bedarfsgerecht**" in bezug auf die Anforderungen einer bestimmten Branche oder sogar nur eines Teils einer Branche hat eine qualitative und eine quantitative Komponente. Der qualitative Aspekt würde eine genaue Passung der allgemeinen Bildungs- und der speziellen Ausbildungsinhalte mit den an bestimmten Arbeitsplätzen geforderten Qualifikationen bedeuten. Diese Qualifikationen müßten zum richtigen Zeitpunkt in der richtigen Menge dem Arbeitsmarkt zur Verfügung stehen, wenn auch die quantitative Komponente stimmen sollte.

Machbar ist diese Passung nicht, weil der Qualifikationsbedarf der Wirtschaft in der Regel nur kurzfristig bekannt ist: Es werden meist zu einem bestimmten Zeitpunkt spezielle Qualifikationen gesucht. Kurzfristige Reaktionen sind auf dem Ausbildungsmarkt wegen der langwierigen Bereitstellung von Bildungs- und Ausbildungsinfrastruktur und wegen der Dauer von Bildungs- und Ausbildungsprozessen gar nicht möglich. Würden die Ausbildungskapazitäten entsprechend einer momentanen Nachfrage ausgerichtet und orientierten sich Ausbildungsbetriebe und Hochschulen daran, würde es mindestens drei Jahre dauern, bis die gewünschte Qualifikation auf dem Arbeitsmarkt vorhanden wäre. Orientierten sich die Studienfachentscheidungen der Studenten daran und wären die entsprechenden Ausbildungskapazitäten bereitgestellt, dauerte die „Produktion" der gewünschten Qualifikationen an den Hochschulen mindestens vier bis sechs Jahre, wie Maier (1994, S. 92 f.) am Beispiel von Softwareingenieuren in den 1980er Jahren zeigt. So lange kann man aber in der Wirtschaft nicht warten und wird andere Wege des Mangelausgleichs finden müssen, zum Beispiel über eine schnelle Qualifizierung des eigenen Personals über Weiterbildungsmaßnahmen.

Langfristige Personalbedarfsplanung mit Blick auf die erforderlichen Qualifikationen findet, wenn überhaupt, nur in großen Wirtschaftsunternehmen statt. Die Tourismusbranche besteht aber zum größten Teil aus kleinen Unternehmen.

Wünschbar wäre die „bedarfsgerechte" Passung von Bildungs- und Beschäftigungssystem aber auch schon deshalb nicht, weil damit bildungsverlaufstypische Umorientierungen ausgeblendet würden und sowohl die Flexibilität des Ausbildungssystems als auch die seiner Absolventen dadurch verhindert würde. Konkret geäußerter Bedarf ist immer kurzfristig: Es werden nur spezielle, für die Erledigung ganz bestimmter Aufgaben notwendige Qualifikationen nachgefragt. Diese können aber nicht die Bildung und Ausbildung von Nachwuchs leiten, weil sie nicht langfristig angelegt sind und jede Flexibilität verhindern würden.

Diese Flexibilität ist aber schon wegen der zeitlichen Verschiebung zwischen Nachfrageartikulation und -befriedigung auf dem Arbeitsmarkt von zentraler Bedeutung. Bedarfsgerechte Ausbildung würde also voraussetzen, daß man entweder heute schon die genauen Anforderungsprofile der Beschäftigten von morgen kennte, oder aber – wahrscheinlicher – würde dazu führen, daß man die Beschäftigten von morgen entsprechend den Bedürfnissen von gestern ausbildet.

Die Vorstellung einer bedarfsgerechten Passung von Bildungs- und Beschäftigungssystem geht davon aus, daß das Bildungssystem nach dem Bedürfnissen des Beschäftigungssystems ausgerichtet werden muß. Die Beziehung zwischen dem **Bildungs- und Beschäftigungssystem** ist aber **nicht einseitig** bestimmt. Das Beschäftigungssystem reagiert auch auf das Angebot der durch das Bildungs- und Ausbildungssystem bereitgestellten Qualifikationen, indem es zum Beispiel das darin liegende **Innovationspotential** nutzt (Maier 1994, S. 241).

Beispiel: Die Tourismusstellen der Städte und Gemeinden wurden bis in die 1980er Jahre hinein in der Regel als normales Amt betrieben. Die Amtsleiter waren keine ausgebildeten Tourismus- sondern Verwaltungsfachleute. Versetzungen zwischen verschiedenen Ämtern waren normal, so daß beispielsweise die Karriere vom Kataster- oder Friedhofs- zum damaligen Fremdenverkehrsamt möglich war. Es gab zwar hier und da bereits vorher schon Versuche, das Fremdenverkehrsamt aus dem Versetzungsreigen der Ämter herauszulösen, aber erst mit dem Angebot von Fachhochschul- und Berufsakademieabsolventen der Fachrichtung Tourismusbetriebswirtschaft auf dem Arbeitsmarkt konnte dieser Weg konsequent beschritten werden. Durch die Nutzung ihrer Kompetenzen war es möglich, daß viele Fremdenverkehrsämter als kommunale Eigenbetriebe oder eigenständige GmbHs ausgegliedert und ihre Handlungsfähigkeit und Flexibilität erhöht wurden. Mittlerweile sind viele Leitungen örtlicher Fremdenverkehrsstellen mit Diplom-Betriebswirten der tourismuswirtschaftlichen Studiengänge besetzt und in der Regel wird diese Qualifikation jetzt bei der Neubesetzung solcher Stellen vorausgesetzt.

Es wäre also naiv zu glauben, der Bedarf an Hochschulabsolventen ließe sich einfach anhand objektiver Kriterien der zu verrichtenden Tätigkeiten bestimmen. In die Entscheidung eines Unternehmens, für bestimmte Stellen primär oder nur Hochschulabsolventen einzustellen, gehen auch subjektive Bewertungen und soziale Momente ein. Wer einmal gute Erfahrungen gemacht hat, wird sich auch bei weiteren Stellenbesetzungen für Hochschulabsolventen einsetzen. Wichtiger aber ist: Wer selber erfolgreich eine Hochschule besucht hat und in eine Stelle vorgerückt ist, in der er bei Personalentscheidungen zumindest mitredet, wird sich in aller Regel ab einer bestimmten Ebene für Hochschulabsolventen entscheiden, weil er sonst seinen eigenen Abschluß implizit entwertete. Keinen Hochschulabsolventen für leitende Aufgaben in einem Unternehmen einzustellen würde ja entweder bedeuten, daß die Hochschulqualifikation dafür nicht notwendig oder sie mit anderen Ausbildungsgängen außerhalb der Hochschule gleichzusetzen ist.

Ein gutes **Beispiel** für die **Schließung von Karrieren für Nicht-Hochschulabsolventen** ist die Entwicklung im Bankwesen. In den Anfängen der Bundesrepublik war es noch normal, mit einem Volksschulabschluß (heute: Hauptschulabschluß), einer abgeschlossenen Banklehre, Berufserfahrung und Fortbildungen bis in den Vorstand einer Bank vorzurücken. Heute ist dies fast unmöglich geworden. Wer mit einem akademischen Abschluß in eine Vorstandsposition gekommen ist, würde seine eigene Qualifikation zumindest relativieren, wenn er in der Folge Leute ohne solchen Abschluß in seinem Gremium akzeptieren würde. Was hier im Allgemeinen geschieht, funktioniert im Speziellen als „*old boys' network*" der Elitehochschulen in England, Frankreich oder in den USA: Wer zum Beispiel als Harvard-Absolvent in einer dem Eliteanspruch entsprechenden Stellung sitzt, muß dafür sorgen, daß der Nachwuchs auf der gleichen Ebene ebenfalls wieder aus Harvard kommt, sonst würde er implizit zugeben, daß man auch als Absolvent einer anderen oder sogar einer *no name*-Hochschule dafür qualifiziert ist (vgl. Mundt 1987).

Wenn also schon die Branchensignale divergent sind, weil es keine einheitlichen Bedarfsvorstellungen gibt, nach was sonst als nach ihrem Berufsinteresse sollten sich Studenten bei der Studienfachwahl richten? Die tatsächlichen und die vorgestellten beruflichen Perspektiven in der Tourismuswirtschaft – viel reisen können, andere Kulturen kennenlernen, Sprachen lernen, Umgang mit Menschen haben usw. – motivieren viele junge Menschen zu einem tourismusbezogenen Studium. Eine ganze Reihe von ihnen, besonders viele Frauen, hätten nie an ein Studium der Betriebswirtschaft auch nur gedacht, wäre es nicht mit dem attraktiven Berufsfeld Tourismus verknüpft gewesen. Deshalb ist die Ausrichtung der Studienfachentscheidung an den eigenen Wünschen, Vorstellungen und Interessen sinnvoller und erfolgversprechender als eine Entscheidung, die sich an zweifelhaften Arbeitsmarkt- und Bedarfsprognosen orientiert.

Wie Abbildung 9.1 auch zeigt, bilden die tertiären Bildungs- und Ausbildungsinstitutionen nicht nur für die touristischen, sondern auch für andere Arbeitsmärkte aus. Nicht alle Absolventen bekommen einen Arbeitsplatz in der Tourismusindustrie, nicht alle wollen aber auch nach dem Abschluß des Studiums dort noch einen Arbeitsplatz. Während des Studiums und/oder während der Praktika oder Praxisphasen ändern sich bei vielen Studenten die ursprünglichen Vorstellungen und Absichten hinsichtlich der geplanten Berufskarriere.

Solche Bilder motivieren viele Studenten zu einem tourismusbezogenen Studium

Wachsende Bildungs- und Ausbildungskapazitäten, die größer werden als die Nachfrage nach diesen Qualifikationen in der Tourismuswirtschaft, haben drei weitgehend positive Konsequenzen:

1. sie erhöhen die Studienmotivation und lassen die Quote der Studierenden an einem Altersjahrgang steigen;

2. sie führen dazu, daß ein größer werdender Teil der Absolventen keine Beschäftigung im Tourismus findet und in andere – im übrigen häufig besser zahlende – Wirtschaftsbereiche überwechselt;

3. sie erhöhen die Konkurrenz unter den Bildungs- und Ausbildungseinrichtungen und führen langfristig zu einem Qualitätswettbewerb zwischen ihnen.

Mit dem Überwechseln in andere Wirtschafts- und Beschäftigungsbereiche kann zumindest ein großer Teil der möglichen Übernachfrage nach touristischen Studiengängen und Abschlüssen auf dem Arbeitsmarkt kompensiert werden. Die Absolventen können sich umorientieren, weil sie aufgrund der inhaltlichen Breite und der methodischen Tiefe der Studiengänge, die bei entsprechender Motivation einen Transfer in andere Arbeitsfelder ermöglichen, flexibel einsetzbar sind. Die Fachrichtungen in den Bildungs- und Ausbildungsinstitutionen dagegen kommen in eine schwierigere Situation. Für die einzelnen Ausbildungsinstitutionen mögen darin Nachteile liegen – für die Studenten und für die Tourismuswirtschaft wie für die Wirtschaft generell kann dies nur von Vorteil sein. Die falscheste Reaktion wäre es deshalb, die Zahl der Studienplätze im Fach Tourismusbetriebswirtschaft zu verringern.

Analoges gilt für die tourismusbezogenen Studiengänge im Rahmen anderer Fachrichtungen, auch wenn insgesamt der Bedarf nach nicht-betriebswirtschaftlich ausgebildeten Hochschulabsolventen nicht besonders groß zu sein scheint. Dem tragen aber die meisten dieser Studiengänge Rechnung, indem sie auch betriebswirtschaftliche Komponenten enthalten. Man darf darüber hinaus nicht übersehen, daß es im Rahmen der Planung touristischer Infrastruktur jenseits der betriebswirtschaftlichen Kompetenz liegende Aufgabenbereiche gibt, die zum Beispiel von Geographen mit einer Spezialisierung in Raum- und Regionalplanung bearbeitet werden können. Vor allem in den Bereichen Jugend- und Studienreisen, für die es eine Reihe spezieller Veranstalter gibt, spielt die Reise- und Urlaubspädagogik eine wichtige Rolle: Die Ausbildung und Supervision von Betreuern und Reiseleitern verlangt fundierte psychologische (zum Beispiel gruppendynamische) und didaktische Kenntnisse.

Generell vermitteln Studiengänge an Hochschulen vor allem übergreifende methodische Kenntnisse, die über die primär fachgebundene Vermittlung hinaus auf andere Bereiche angewendet und übertragen werden können. Die große Nachfrage nach Studienplätzen insbesondere in der Tourismusbetriebswirtschaft an Fachhochschulen und Berufsakademien nur unter dem Blickwinkel des touristischen Arbeitsmarktes zu sehen, wäre deshalb unangemessen. Das Studium wird mit einem Diplom in Betriebswirtschaft abgeschlossen und befähigt allgemein zur Arbeit in entsprechenden Positionen auch außerhalb der Tourismuswirtschaft. Damit tragen die Ausbildungseinrichtungen auch zur Befriedigung der allgemeinen Nachfrage nach betriebswirtschaftlichen Qualifikationen der Wirtschaft bei (Abbildung 9.1).

Die Qualifikation von Reiseverkehrskaufleuten dagegen wird auf den Arbeitsmärkten außerhalb der Tourismuswirtschaft offensichtlich als zu speziell eingeschätzt. Sie werden eher in ihrer Funktion als (Reise-)Verkäufer denn als Kaufleute mit Schlüsselqualifikationen gesehen, die sich schnell in andere Aufgabenbereiche einarbeiten können. Vermutlich ist aber auch die Nachfrage von Reiseverkehrskaufleuten nach Arbeitsplätzen außerhalb der Tourismuswirtschaft gering. Das kann wiederum zwei Gründe haben:

1. sie schätzen selbst ihre Kompetenz für die Bewältigung kaufmännischer Aufgaben in anderen Wirtschaftsbereichen als zu gering ein;
2. das Arbeitsfeld Tourismus hat eine so hohe Attraktivität, daß man eher Nachteile (zum Beispiel schlechtere Bezahlung) in Kauf nimmt, als in als weniger interessant empfundene Wirtschaftsbereiche einzusteigen.

Für die Attraktivität einer Arbeitsstelle in der Reisewirtschaft spricht auch die Tatsache, daß es in ihr umgekehrt eine Reihe von Beschäftigten gibt, die aus anderen Branchen übergewechselt sind. Ihre dort erworbenen Qualifikationen waren dabei offensichtlich eine ausreichende Grundlage für den erfolgreichen Erwerb ergänzender Fähigkeiten und Fertigkeiten zur Erledigung tourismusspezifischer Aufgaben. Darüber hinaus gibt es auch in der Tourismuswirtschaft Arbeitsbereiche, die keine branchenspezifische Ausbildung erfordern. Dazu gehören zum Beispiel die Buchhaltung oder – bei größeren Betrieben – das Personalwesen.

Literatur

Ackermann, Frieda & Willy 1975/1982: Die Alten vom Weissen Berg. Brief an die Öko-Zeitschrift *Kompost* vom 6. Dezember 1975. In: Künstlerhaus Bethanien (Hrsg.), S. 245 – 249

Adams, Philip D.; 1993: The Medium Term Significance of International Tourism for the State Economies. Part II. Canberra: Bureau of Tourism Research/ Commonwealth of Australia

—; B. R. Parmenter 1991: The Medium Term Significance of International Tourism for the Australian Economy. Part I. Canberra: Bureau of Tourism Research/Commonwealth of Australia

Aderhold, Peter 1995: Moderates Wachstum auch in den nächsten Jahren: Zweit- und Drittreisen bescheren Zuwächse. In: *Fremdenverkehrswirtschaft International*, Nr. 28 v. 27. Dezember, S. 35 - 36

—; Dietlind von Laßberg; Martin Stäbler & Armin Vielhaber 1993: Tourismus in Entwicklungsländer. Bonn: Bundesministerium für wirtschaftliche Zusammenarbeit und Entwicklung (= *Materialien zur Entwicklungspolitik* Nr. 88)

Adler, Judith 1989: Travel as Performed Art. In: *American Journal of Sociology*, Vol. 94, S. 1366 - 1391

AIEST (Association Internationale d'Experts Scientifiques du Tourisme) 1990 (Hrsg.): Erfordernisse akademischer Ausbildung im Tourismus. St. Gallen: Édition AIEST

Airey, David 1995: Tourism Degrees - Past, Present, and Future. Inaugural Lecture. Nottingham: The Nottingham Trent University / Nottingham Business School

Albers, Patricia C.; William R. James 1983: Tourism and the Changing Photographic Image of the Great Lakes Indians. In: *Annals of Tourism Research*, vol. 10, S. 123 - 148

Alemann, Ulrich v. 1994: Parteien und Interessenorganisationen in der pluralistischen Demokratie. In: ders., Loss & Vowe (Hrsg.), S. 255 - 317

—; Kay Loss & Gerhard Vowe (Hrsg.) 1994: Politik. Eine Einführung. Opladen: Westdeutscher Verlag

Althof, Wolfgang 1996: Incoming-Tourismus. München und Wien: Oldenbourg (= *Lehr- und Handbücher zu Tourismus, Verkehr und Freizeit*)

Anft, Michael 1993: Flow. In: Hahn & Kagelmann (Hrsg.), S. 141-147

Arbeitskreis Konjunktur beim Deutschen Institut für Wirtschaftsforschung 1997: Grundlinien der Wirtschaftsentwicklung. Bundesrepublik Deutschland: Nur zögernde Erholung. In: *DIW-Wochenbericht* 1/2

Archer, Brian H. 1977: Tourism Multipliers: The State of the Art. Bangor: University of Wales Press (= *Bangor Occasional Papers in Economics*, Vol. 11)

Archer, Brian H. 1991: The Value of Multipliers and their Policy Implications. In: Medlik (Ed.), S. 15 - 30

—; John Fletcher 1996: The Economic Impact of Tourism in the Seychelles. In: *Annals of Tourism Research*, Vol. 23, S. 32 - 47

Archer, Léonie J. 1993: Aircraft Emissions and the Environment: CO_x SO_x HO_x & NO_x. Oxford: Oxford Institute for Energy Studies (= *O·I·E·S Papers on Energy and the Environment*, Vol. 17)

Argyle, Michael 1972: Soziale Interaktion. Köln: Kiepenheuer & Witsch (Orig.: Social Interaction. London: Methuen & Co. Ltd 1969)

Armbruster, Jürgen 1996: Flugverkehr und Umwelt. Wieviel Mobilität tut uns gut? Berlin und Heidelberg: Springer Verlag

Artho, Sigrid 1996: Auswirkungen der Überalterung im Tourismus. Alter als Chance für die Reiseveranstalter. Bern, Stuttgart, Wien: Paul Haupt Verlag (= *St. Galler Beiträge zum Tourismus und zur Verkehrswirtschaft*, Bd. 29)

Ateljevic, Irena; Stephen Doorne 2001: 'Nowhere Left to Run': A Study of Value Boundaries and Segmentation Within the Backpacker Market of New Zealand. In Mazanec *et al.* (Eds), S. 169-187

Auth, Heinz 1987: Mit der Lockheed Super Constellation über den Atlantik. In: *aerokurier*, 31. Jahrg., H. 5 (Mai), S. 546-553

Ayittey, George B. N. 2005: Africa Unchained. The Blueprint for Africa's Future. New York: Palgrave Macmillan

Bahr, Hans-Dieter 1994: Die Sprache des Gastes. Eine Metaethik. Leipzig: Reclam

Bähre, Heike 2003: Tourismuspolitik in der Systemtransformation. Eine Untersuchung zum Reisen in der DDR und zum ostdeutschen Tourismus im Zeitraum 1980-2000. Band I: Hauptteil; Band II: Statistische Übersichten und Befragungen. Berlin: Integron – Institut für Tourismus- und Politikberatung

— 2004: Systemtransformation im ostdeutschen Tourismus. Ein Plädoyer für mehr Nachhaltigkeit in der Tourismuspolitik. In: *Tourismus Journal*, 8 (1), S. 27-50

Baltes, Paul B.; Jürgen Mittelstraß (Hrsg.) 1992: Zukunft des Alterns und gesellschaftliche Entwicklung. Berlin: de Gruyter (= *Forschungsbericht* 5 *der Akademie der Wissenschaften*)

Barg, Claus-Dieter 1995: Touristikerschwemme. In: *touristik management*, H. 1/2, S. 3 (Editorial)

Bartel, Rainer 1994: Allgemeine Grundlagen der Umweltpolitik. In: ders. & Hackl (Hrsg.), S. 3 - 32

—; Franz Hackl (Hrsg.) 1994: Einführung in die Umweltpolitik. München: Vahlen Verlag

Barth, Ina 2002: Gemeinnützige Familienerholung in Deutschland. In: *Tourismus Jahrbuch*, 6 (2), S. 68-92

Bartholomai, Bernd; Stefan Bach 1996: Immobilienvermögen der privaten Haushalte. In: *DIW-Wochenbericht* Nr. 4

Bauer, Thomas; Bob McKercher (Hrsg.) 2003: Sex and Tourism. Journeys of Romance, Love, and Lust. New York etc.: The Haworth Hospitality Press

Baumol, William J.; John C. Panzar & Robert D. Willig 1988: Contestable Markets and the Theory of Industry Structure. San Diego, New York etc.: Harcort Brace Jovanovich & Academic Press (2nd, revised ed.)

Beck, Ulrich 1986: Risikogesellschaft. Auf dem Weg in eine andere Moderne. Frankfurt am Main: Suhrkamp

Becker, Christoph; Albrecht Steinecke (Hrsg.) 1993 a: Megatrend Kultur? Chancen und Risiken der Vermarktung des kulturellen Erbes. Trier: Europäisches Tourismus Institut (= *ETI-Texte*, Band 1)

Becker, Christoph; Albrecht Steinecke (Hrsg.) 1993 b: Kulturtourismus in Europa. Wachstum ohne Grenzen? Trier: Europäisches Tourismus Institut (= *ETI-Studien*, Band 2)

Bedau, Klaus-Dietrich 1995: Die Vermögenseinkommen der privaten Haushalte 1994. In: *DIW-Wochenbericht* Nr. 25

— 1996: Reale Nettolöhne in Westdeutschland 1995 kaum höher als 1980. In: *DIW-Wochenbericht* Nr. 22

— 1999: Geldvermögen und Vermögenseinkommen der privaten Haushalte. In: *DIW-Wochenbericht* Nr. 30

Behm, Karl 1924: Diskussionsbeitrag zur Klärung des Begriffes „Erholung". In: Stephani (Hrsg.), S. 491 - 493

Benjamin, Walter 1963: Das Kunstwerk im Zeitalter seiner technischen Reproduzierbarkeit. Frankfurt am Main: Suhrkamp (Nachdruck 1977; erstmals erschienen in einer franz. Übers. in der *Zeitschrift für Sozialforschung*, 5. Jahrg., 1936)

Bensberger Protokolle (83) 1995: Kathedralen der Freizeitgesellschaft. Kurzurlaub in Erlebniswelten. Trends, Hintergründe, Auswirkungen. Bensberg: Thomas-Morus-Akademie

Besler, Walter 1992: Das Öko-Modell Hindelang. In: Roth & Schrand (Hrsg.), S. 215 - 226

Beyhoff, Stefan 1993: Luftverkehrsinfrastruktur - Engpässe und marktwirtschaftliche Lösungen. In: Frank & Walter (Hrsg.), S. 225 - 237

Bieger, Thomas 2004: Tourismuslehre – Ein Grundriß. Bern etc.: Haupt

— 2005: Management von Destinationen und Tourismusorganisationen. München und Wien: Oldenbourg (= *Lehr- und Handbücher zu Tourismus, Verkehr und Freizeit*; 6. Aufl.)

—; Eva Ludwig 2000: Markenmanagement im alpinen Tourismus: Notwendigkeit der Regionalisierung von Destinationsmarken? In: *Tourismus Journal*, 4 (3), S. 337-342

—; Harald Pechlaner & Albrecht Steinecke (Hrsg.) 2001: Erfolgskonzepte im Tourismus. Marken – Kultur – Neue Geschäftsmodelle. Wien: Linde Verlag 2001 (= *Schriftenreihe Management und Unternehmenskultur der Europäischen Akademie Bozen*, Bd. 5)

Bingelli, Urs; Lucio Pompeo 2002: Hyped Hopes for Europe's Low Cost Airlines. In: *The McKinsey Quarterly*, No. 4

Blaine, Thomas W. 1993: Input-Output Analysis: Applications to the Assessment of the Economic Impact of Tourism. In: VNR's Encyclopedia of Hospitality and Tourism. New York: Van Nostrand & Rinehold, S. 663 - 670

Bloch, Ernst 1964: Tübinger Einleitung in die Philosophie I. Frankfurt am Main: Suhrkamp Verlag (2. Aufl.)

— 1969: Spuren. Frankfurt am Main: Suhrkamp (9. Aufl. 1995; Erstausgabe Berlin: Paul Cassirer 1930)

Böhret, Carl; Werner Jann & Eva Kronenwett 1988: Innenpolitik und politische Theorie. Ein Studienbuch. Opladen: Westdeutscher Verlag (3., neubarb. u. erw. Aufl.)

Bojanic, David C. 1992: A Look at Modernized Family Life Cycle and Overseas Travel. In: *Journal of Travel & Tourism Marketing*, Vol. 1, S. 61 – 79

Boonchalaski, Wathinee; Philip Guest 1998: Prostitution in Thailand. In: Lim (Hrsg.), S 130-169

Boorstin, Daniel J. 1964: Das Image oder Was wurde aus dem amerikanischen Traum? Reinbek bei Hamburg: Rowohlt (Orig.: The Image or What Happened to the American Dream? New York: Atheneum 1961)

Borrmann, Christine; Marisa Weinhold 1994: Perspektiven der deutschen Tourismuswirtschaft im EWR unter besonderer Berücksichtigung ihrer mittelständischen Struktur. Baden-Baden: Nomos Verlagsgesellschaft (=*Veröffentlichungen des HWWA-Institut für Wirtschaftsforschung - Hamburg*, Bd. 11)

Böttcher, Silke; Jonathan Schulz 2005: Tourismus in der Euregio Bodensee. Eine deskriptive Analyse. Konstanz: Internationale Bodenseekonferenz und Translake

Braun, Ottmar L. ; Martin Lohmann 1989: Die Reiseentscheidung. Einige Ergebnisse zum Stand der Forschung. Starnberg: Studienkreis für Tourismus

— 1993: Vom Alltagsstreß zur Urlaubszufriedenheit. Untersuchungen zur Psychologie des Touristen. München: Quintessenz Verlag

Brenke, Karl 2004: Dauer der Arbeitszeiten in Deutschland. In: *DIW-Wochenberichte*, H. 47, S. 731-737

Briassoulis, Helen 1991: Methodological Issues. Tourism Input-Output Analysis. In: *Annals of Tourism Research*, Vol. 18, S. 485-495

Brown, Graham 1992: Tourism and Symbolic Consumption. In: Johnson & Thomas (Eds), S. 57 - 71

Bruhn, Manfred 1994: Markenartikel. In: Diller (Hrsg.), S. 640 f.

Brysch, Armin 2001: Markenbildung im Deutschlandtourismus – Beispiele, Erfahrungen, Herausforderungen. In: Bieger, Pechlaner & Steinecke (Hrsg.), S. 35-40

Bull, Adrian 1991: The Economics of Travel and Tourism. Melbourne: Pitman Publishing

Bundesinstitut für Bevölkerungsforschung (BiB) 2004: Bevölkerung. Fakten – Trends – Ursachen – Erwartungen. Die wichtigsten Fragen. Wiesbaden: BiB (2. überarb. Auflage)

Bundesministerium für Innerdeutsche Beziehungen (Hrsg.) 1985: DDR-Handbuch (2 Bde.). Köln: Verlag Wissenschaft und Politik (3., überarb. u. erw. Aufl.)

Bundesministerium für Innerdeutsche Beziehungen 1978: Zahlenspiegel. Bundesrepublik Deutschland/Deutsche Demokratische Republik - Ein Vergleich. Bonn

Bundesministerium für Innerdeutsche Beziehungen 1988: Zahlenspiegel. Bundesrepublik Deutschland/Deutsche Demokratische Republik - Ein Vergleich. Bonn

Bundesministerium für Wirtschaft und Arbeit 2003: Tourismuspolitischer Bericht der Bundesregierung. Dokumentation. Berlin: Bundesministerium für Wirtschaft und Arbeit

Bundesregierung 1999: Tourismuspolitischer Bericht der Bundesregierung. Deutscher Bundestag, 14. Wahlperiode, Drucksache 14/2473 v. 30. Dezember 1999

Bundesregierung 2002: Konzeption der Bundesregierung für den Bereich „Tourismus und Umweltschutz". Berlin: Bundesministerium für Umwelt und Reaktorsicherheit

Burghoff, Christel; Edith Kresta 1995: Schöne Ferien. Tourismus zwischen Biotop und künstlichen Paradiesen. München: C. H. Beck Verlag

Bütow, Martin 1996: Abenteuerurlaub Marke DDR: Camping. In: Haus der Geschichte der Bundesrepublik Deutschland (Hrsg.), S. 101 - 105

Buttler, F.; Friedemann Stoos 1992: Europäischer Wirtschaftsraum - wachsender Qualifikationsbedarf. In: *Beiträge des Instituts der Deutschen Wirtschaft (IdW)*, Nr. 176/5/1992, S. 33 ff.

Cahoon, D.; E. M. Edmonds 1980: The watched pot still won't boil: Expectancy as a variable in estimating the passage of time. In: *Bulletin of the Psychoconomic Society*, 16, S. 115 ff. (cit. n. Levine 1998)

Caldwell, Bettye M. 1966: The Usefulness of the Critical Period Hypothesis in the Study of Filiative Behavior. In: Rosenblith & Allinsmith (Eds), S. 310-317

Cannadine, David 2004: In Churchill's Shadow. Confronting the Past in Modern Britain. Oxford etc.: Oxford University Press

Cantauw, Christiane (Hrsg.) 1995: Arbeit, Freizeit, Reisen. Die feinen Unterschiede im Alltag. Münster und New York: Waxmann

Carroll, Brian 1980: Australian Aviators. An Illustrated History. North Melbourne: Cassell Australia

Chabal, Patrick; Jean-Pascal Daloze 1999: Africa Works. Disorder as Political Instrument. Oxford and Bloomington: James Curry and Indiana University Press in assciation with The African Institute

Chadwick, Robin A. 1994: Concepts, Definitions, and Measures Used in Travel and Tourism Research. In: Ritchie & Goeldner (Eds), S. 65 - 80

Clews, Stanley J. A. (Ed.) 1995: The Malta Yearbook 1995. Sliema: De La Salle Brothers Publications

Clift, Stephen; Stephen J. Page (Eds) 1996: Health and the International Tourist. London and New York: Routledge

Cohen, Erik 1972: Toward a Sociology of International Tourism. In: *Social Research*, Vol. 39 (1), S. 164 - 182

— 1973: Nomads from Affluence: Notes on the Phenomenon of Drifter-Tourism. In: *International Journal of Comparative Sociology*, Vol. XIV, S. 89 - 103

— 1982: Thai Girls and Farang Men: The Edge of Ambiguity. In: *Annals of Tourism Research*, Vol. 9, S. 403 - 428

— 1988: Authenticity and Commoditization in Tourism. In: *Annals of Tourism Research*, Vol. 15, S. 371 - 386

— 2003: Transnational Marriage in Thailand: The Dynamics of Extreme Heterogamy. In: Bauer & McKercher (Hrsg.), S. 57-81

Cohen, Stanley; Laurie Taylor 1977: Ausbruchsversuche. Identität und Widerstand in der modernen Lebenswelt. Frankfurt am Main: Suhrkamp 1977 (Orig.: Escape Attempts. The Theory and Resistance to Everyday Life. London: Allen Lane 1976)

Commission of the European Communities 1994: Report from the Commission to the Council, the European Parliament, and the Economic and Social Committees on Community Measures Affecting Tourism (Council Decision 92/421/EEC). Brüssel

— 1995: The Role of the Union in the Field of Tourism. Commission Green Paper. Brüssel

Conseil de l'Europe (Hrsg.) 1991: Protection des Côtes de la Méditerranée. Actes du Colloque de l'Escala. Troisième colloque organisé par le Centre Naturopa. L'Escala (Espagne) 6-8 novembre 1990, o. O. (Strasbourg) 1991

Cooper, Chris ; A. Lockwood (Eds) 1994: Progress in Tourism, Recreation, and Hospitality Management. Vol. 6. Chichester, New York etc: John Wiley & Sons

—; John Fletcher; David Gilbert & Stephen Wanhill 1993: Tourism Principles and Practice. London: Pitman Publishing

Corbin, Alain 1994: Meereslust. Abendland und die Entdeckung der Küste. Frankfurt: Fischer Taschenbuch Verlag (orig.: Le territoire du vide. L'Occident et le plaisir du rivage 1750 - 1840. Paris: Aubier 1988)

Crompton, John 1979: Motivations for Pleasure Vacations. In: *Annals of Tourism Research*, Vol. 6, S. 408 - 424

Crompton, John 1992: Structure of Vacation Destination Choice Sets. In: *Annals of Tourism Research*, Vol. 19, S. 420 - 434

Csikszentmihalyi, Mihaly; Isabella Selega Csikszentmihalyi (Eds) 1988: Optimal Experience. Psychological Studies of Flow in Consciousness. Cambridge etc.: Cambridge University Press

Daly, Nina; Christiane Wenhart 2005: Unterschiede im Verständnis des Markenbegriffs zwischen Markenlaien und Markenexperten. In: *Planung & Analyse*, 33 (3), S. 59-63

Dann, Graham M. S. 1977: Anomie, Ego-Enhancement and Tourism. In: *Annals of Tourism Research*, Vol. 4, S. 184 -194

— 1981: Tourist Motivation: An Appraisal. In: *Annals of Tourism Research*, Vol. 8, S. 187-219

— 1996: The People of Tourist Brochures. In: Selwyn (Ed.), S. 61-81

Dany, Max; Jean Robert Laloy 1980: Le Français de l'Hôtellerie et du Tourisme. Paris: Hachette

Daudel, Sylvain; Georges Vialle 1992: Yield Management. Erträge optimieren durch nachfrageorientierte Angebotssteuerung. Frankfurt am Main: Campus (Orig.: Le Yield-Management. Paris: Inter-Éditions 1989)

Davidson, Rob 1994: Business Travel. London: Pitman Publishing

Decrop, Alain 2000: Commitments and Opportunities. Judgement and Decision Making by Vacationers. Namur: Presse universitaire de Namur

Deja-Lölhöffel, Brigitte 1986: Freizeit in der DDR. Berlin: Verlag Gebr. Holzapfel

Derrick, Frederick W.; Alane K. Lehfeld 1980: The Family Life Cycle: An Alternative Approach. In: *Journal of Consumer Resarch*, Vol. 7, September, S. 214 - 217

Deutsche Bundesbank 1992: Die Zahlungsbilanzstatistik der Bundesrepublik Deutschland. Inhalt, Aufbau und methodische Grundlagen. Frankfurt: Deutsche Bundesbank (= *Sonderdrucke der Deutschen Bundesbank* Nr. 8; 2. Auflage)

Deutsche Gesellschaft für Freizeit (DGF) 1988 ff: Freizeit-Daten. Erkrath: DGF

— (Hrsg.) 1994: Freizeit, Tourismus und europäischer Binnenmarkt. Erkrath: DGF

Diewald, Martin; Sigrid Wehner 1996: Verbreitung und Wechsel von Lebensformen im jüngeren Erwachsenenalter - Der Zeitraum von 1984 - 1993. In: Zapf, Schupp & Habich (Hrsg.), S. 125 - 146

Diller, Hermann (Hrsg.) 1994: Vahlens Großes Marketinglexikon. München: dtv

Dissou, Daniela 1992: Die wirtschaftlichen Auswirkungen des Tourismus am Beispiel des Beschäftigungseffektes; dargestellt und berechnet für die Landkreise Baden-Württembergs. Diplomarbeit in der Fachrichtung Tourismusbetriebswirtschaft an der Berufsakademie Ravensburg. Ravensburg (unveröff.)

Dixon, Peter; Brian R. Parmenter; John Sutton & D. P. Vincent 1982: ORANI: A Multisectoral Model of the Australian Economy. Amsterdam etc.: North-Holland Publishing (= *Contributions to Economic Analysis*, Vol. 142)

Doensen, Harry J. F. 2000: Kurzreisen - Bungalowpark-Urlaub. In: Mundt (Hrsg.), S. 331-344

Doganis, Rigas 1991: Flying Off Course. The Economics of International Airlines. London: Harper Collins Academic (2., erw. Aufl.)

— 2001: The Airline Business in the Twenty-first Century. London: Routledge

Dörner, Dietrich 1989: Die Logik des Mißlingens. Strategisches Denken in komplexen Situationen. Reinbek: Rowohlt

Drever, James; Werner D. Fröhlich 1968: Wörterbuch zur Psychologie. München: dtv

Dreyer, Axel (Hrsg.) 1996 a: Kulturtourismus. München und Wien: Oldenbourg (= Lehr- und Handbücher zu Tourismus, Verkehr und Freizeit)

— 1996 b: Events als Aufhänger der Kommunikation von Destinationen. In: Bieger (Hrsg.), S. 246 - 262

Drieseberg, Thomas J. 1992: Lebensstile in der Marktforschung - eine empirische Bestandsaufnahme. In: *planung und analyse*, Heft 5, S. 18 - 26

— 1995 a: Lebensstil-Forschung. Theoretische Grundlagen und praktische Anwendungen. Heidelberg: Physica-Verlag (= Konsum und Verhalten, Bd. 41)

— 1995 b: Lebensstil - Grundlage moderner Marktsegmentierung. In: *planung + analyse*, Heft 3, S. 22 - 28

Drosdowski, Günther; Paul Grebe und weitere Mitarbeiter der Dudenredaktion 1963: Duden Etymologie. Herkunftswörterbuch der deutschen Sprache. Mannheim, Wien, Zürich: Dudenverlag

DTV & Deutscher Heilbäderverband 2005: Begriffsbestimmungen – Qualitätsstandards für die Prädikatisierung von Kurorten, Erholungsorte und Heilbrunnen: Bonn: Deutscher Tourismusverband und Deutscher Heilbäderverband (12. Aufl.)

Dundler, Franz; Ralf Keipinger 1992: Urlaubsreisen 1954 - 1991. Dokumentation soziologischer Stichprobenerhebungen zum touristischen Verhalten der Bundesdeutschen. Starnberg: Studienkreis für Tourismus

Durkheim, Emile 1897: La Suicide. Paris (dtsch.: Der Selbstmord. Neuwied: Luchterhand 1973)

— 1912: Les formes élementaires de la vie religieuse. Paris (deutsch: Die elementaren Formen des religiösen Lebens. Frankfurt am Main: Suhrkamp 1984 [3. Aufl.])

Dürr, Karin 2004: Alles Marke, oder was? In: *Planung & Analyse*, 32 (3), S. 4

Dwyer, Larry; Peter Forsythe & Ray Spurr 2004: Evaluating Tourism's Economic Effects: New and Old Approaches. In: *Tourism Management*, Vol. 25, S. 307-317

Echtermeyer, Monika 1993: Globale Computerreservierungssysteme im internationalen Luftverkehr. Trier: FTM (= Trends - Forschung - Konzepte im strategischen Tourismusmanagement, Bd. 2)

— 1998: Elektronisches Tourismusmarketing. Globale CRS-Netze und neue Informationstechnologien. Berlin: de Gruyter

Eckart, Thomas 1997: Arm in Deutschland. Eine sozialpolitische Bestandsaufnahme. München und Landsberg: Günter Olzog Verlag (= Geschichte und Staat, Bd. 311)

Eichhorn, Wolfgang; Erich Hahn; Günter Heyden; Manfred Puschmann; Robert Schulz & Horst Taubert (Hrsg.) 1969: Wörterbuch der marxistisch-leninistischen Soziologie. Berlin (DDR): Dietz Verlag

Eisenhut, Erich W. 2000: Incentive-Reisen. In Mundt (Hrsg.), S. 345-360

Elias, Norbert 1984: Über die Zeit. Arbeiten zur Wissenssoziologie II. Frankfurt am Main: Suhrkamp

EMNID 1980: Informationen Nr. 8, S. 14

Ender, Walter A. (Hrsg.) 1978: Festschrift zur Vollendung des 70. Lebensjahres von Prof. Dkfm. Dr. Paul Bernecker. Wien: Manz Verlag (= Beiträge zur Fremdenverkehrsforschung, Bd. 2)

Enquist, Per Olov 2005: Der Besuch des Leibarztes. Roman. Frankfurt am Main: Fischer Taschenbuch Verlag (orig. Livläkarens Besök, Stockholm: Norderstedts 1999)

Enzensberger, Hans Magnus 1958: Eine Theorie des Tourismus. In: *Merkur*, Heft 126 (wiederabgedruckt in ders.: Einzelheiten. Frankfurt am Main: Suhrkamp 1962, S. 147 - 168)

Erdmann, Benedikt 1995: Erfolgsfaktoren der Reisebüros. Eine Analyse des Betriebsvergleichs 1993. Durchgeführt vom Institut für Handelsforschung an der Universität Köln. Hamburg: Verlag Dieter Niedecken

Faché, Willy (Hrsg.) 1991 a: Kurzurlaubsreisen. Rotterdam: Center Parcs

— 1991 b: Feriendörfer für jede Jahreszeit und für jedes Alter. In: ders. (Hrsg.), S. 56 – 91

Fandel, Günter; Hans Botho von Portatius (Hrsg.) 2005: Revenue Management. Wiesbaden: Gabler (= *Zeitschrift für Betriebswirtschaft [ZfB]*, Special Issue 1/2005)

Faust, Volker (Hrsg.) 1986: Wetter - Klima - menschliche Gesundheit. Stuttgart: Hippokrates Verlag

Festinger, Lionel 1957: A Theory of Cognitive Dissonance. New York: Harper & Row

Fichtner, Uwe; Rudolf Michna 1987: Freizeitparks. Allgemeine Züge eines modernen Freizeitangebotes, vertieft am Beispiel des Europa-Park in Rust/Baden. Freiburg: Selbstverlag der Verfasser

Filip-Köhn, Renate; Rainer Hopf & Jutta Kloas 1999: Zur gesamtwirtschaftlichen Bedeutung des Tourismus in der Bundesrepublik Deutschland. In: *DIW Wochenberichte 9* (Deutsches Institut für Wirtschaftsforschung, Berlin)

Finetti, Marco; Armin Himmelrath 1999: Der Sündenfall. Betrug und Fälschung in der deutschen Wissenschaft. Stuttgart: Dr. Josef Raabe Verlag

Finke, Renate 2005: Erbschaftsvolumen bei 1 Billionen Euro bis 2010. In: *Wirtschaft & Märkte* (Allianz Gruppe/Dresdner Bank), 8 (2005), S. 26-33

Flavell, John H. 1963: The Developmental Psychology of Jean Piaget. Princeton etc.: D. van Nostrand Company, Inc.

Fodness, Dale 1994: Measuring Tourist Motivation. In: *Annals of Tourism Research*, Vol. 21, S. 555 - 581

Forsyth, Peter; Larry Dwyer 1994: Modelling Tourism Jobs. Measuring the Employment Impacts of Inbound Tourism. Canberra: Australian Government Publishing Service (= *Occasional Paper* No. 2)

Fraenkel, Ernst; Karl Dietrich Bracher (Hrsg.) 1959: Fischer Lexikon Staat und Politik. Frankfurt am Main: Fischer Bücherei

Frank, Hans-Joachim; Norbert Walter (Hrsg.) 1993: Strategien gegen den Verkehrsinfarkt. Stuttgart: Schäffer-Poeschel / Deutsche Bank Research

Frechtling, Douglas C. 1994 a: Assessing the Economic Impacts of Travel and Tourism - Introduction to Travel Economic Impact Estimation. In: Ritchie & Goeldner (Eds), S. 359-365

— 1994 b: Assessing the Impacts of Travel & Tourism - Measuring Economic Benefits. In: Ritchie & Goeldner (Eds), S. 367 - 391

— 1994 c: Assessing the Impacts of Travel and Tourism - Measuring Economic Costs. In: Ritchie & Goeldner (Eds), S. 393 - 402

Freyer, Walter 1996: Event-Mangement im Tourismus. Kulturveranstaltungen und Festivals als touristische Leistungsangebote. In: Dreyer (Hrsg.), S. 211-242

— 1997: Tourismusmarketing. Marktorientiertes Management im Mikro- und Makrobereich der Tourismuswirtschaft. München und Wien: Oldenbourg (= *Lehr- und Handbücher zu Tourismus, Verkehr und Freizeit*)

Freyer, Walter 2006: Tourismus. Einführung in die Fremdenverkehrsökonomie. München und Wien: Oldenbourg Verlag (8. Auflage; = *Lehr- und Handbücher zu Tourismus, Verkehr und Freizeit*)

—; Knut Scherhag (Hrsg.) 1996: Zukunft des Tourismus. Tagungsband zum 2. Dresdener Tourismus Symposium. Dresden: FIT-Verlag

—; Wilhelm Pompl (Hrsg.) 1999: Reisebüro-Management. München, Wien: Oldenbourg

—; — 1996: Schlüsselkompetenzen im internationalen Tourismusmanagement. In: Keller (Hrsg.), S. 303 – 322

Friedell, Egon 1927-1931: Kulturgeschichte der Neuzeit. München: C.H. Beck'sche Verlagsbuchhandlung (fünf Bände; cit. n. d. zweibändigen Dünndruckfaksimile-Ausgabe: München: dtv 1976)

Friedrich-Erbert-Stiftung (Hrsg.) 1978: Urlaub und Tourismus in beiden deutschen Staaten. Bonn: Verlag Neue Gesellschaft

Fromme, Johannes; Wolfgang Nahrstedt (Hrsg.) 1989: Baden Gehen. Freizeitorientierte Bäderkonzepte - Antworten auf veränderte Lebens-, Reise- und Badestile. Bielefeld: IFKA (= *Dokumentation der 6. Bielefelder Winterakademie*)

Frommer, Konrad 1991: Tourist-Information Konstanz GmbH - Vom städtischen Amt über einen Kommunalen Eigenbetrieb zur GmbH. In: Hänssler & Frommer

Führich, Ernst 1993: Wirtschaftsprivatrecht. Grundzüge des Zivil-, Handels-, Gesellschafts-, Wettbewerbs- und Verfahrensrechts für Wirtschaftswissenschaftler und Unternehmenspraxis. München: Vahlen Verlag

— 2000: Reisevertragsrecht für Veranstalter. In: Mundt (Hrsg.), S. 155-199

— 2005: Reiserecht. Handbuch des Reisevertrags-, Reiseversicherungs- und Individualreiserechts. Heidelberg: C.F. Müller Verlag (5., neu bearb. Aufl.)

Fussell, Paul 1980: Abroad. British Literary Travelling Between the Wars. New York and Oxford: Oxford University Press

fvw Dokumentation 2005 a : Ketten und Kooperationen. Beilage zur FVW-International Nr. 14 v. 10. Juni

fvw Dokumentation 2005 b: Deutsche Veranstalter 05. Beilage zur FVW International Nr. 31 v. 21. Dezember

Gablentz, Otto-H. v. d.; Ernst Fraenkel 1959: Wissenschaft von der Politik. In: Fraenkel & Bracher (Hrsg.), S. 345-350

Gasser, Ruth V.; Klaus Weiermeir (Eds) 1994: Spoilt for Choice. Decision Making Processes and Preference Changes of Tourists - Intertemporal and Intercountry Perspectives. Thauer - Wien - München: Kulturverlag

Gee, Chuck; James C. Makens & Choy J. L. Dexter (Eds) 1989: The Travel Industry. New York: Van Nostrand Reinhold (2nd ed.)

Geißler, Rainer 1996: Die Sozialstruktur Deutschlands. Zur gesellschaftlichen Entwicklung mit einer Zwischenbilanz der Vereinigung. Opladen: Westdeutscher Verlag (2., neubearb. u. erweit. Aufl.)

Go, Frank 1994: Emerging Issues in Tourism Education. In: Theobald (Ed.), S. 330-346

Goffman, Erving 1959: The Presentation of Self in Everyday Life. Garden-City, N.Y.: Doubleday

Gorsemann, Sabine 1995 a: Bildungsgut und touristische Gebrauchsanweisung. Produktion, Aufbau und Funktion von Reiseführern. Münster und New York: Waxmann

Gorsemann, Sabine 1995 b: Bildungsgut und touristische Gebrauchsanweisung: Reiseführer als Vermittler zwischen dem Alltag der Leser und der bereisten Fremde. In: Cantauw (Hrsg.), S. 83 - 91

Graburn, Nelson H. H. 1989: Tourism: The Sacred Journey. In: V. L. Smith (Ed.), S. 21 - 36

Graf, Bettina 2002: Reisen und seelische Gesundheit. Erfahrungs(t)räume zwischen Autonomie und Geborgenheit. München, Wien: Profil Verlag

Graf, Otto 1922: Die Arbeitspause in Theorie und Praxis. In: *Psychologische Arbeiten*, 9. Jahrg., S. 563 - 681

Graham, Anne 2003: Managing Airports. An International Perspective. Oxford and Burlington: Butterworth-Heinemann (2nd edition)

Greenblat, Cathy Stein; John H. Gagnon 1983: Temporary Strangers. Travel and Tourism from a Sociological Perspective. In: *Sociological Perspectives*, Vol. 26 (1), S. 89-110

Grimm, Jacob; Wilhelm Grimm 1878: Deutsches Wörterbuch. Bd. 4: Forschel - Gefolgsmann. Leipzig: Verlag von S. Hirzel (Faksimileausgabe München: dtv 1991)

—; — & Moriz Heyne. 1885: Deutsches Wörterbuch. Bd. 12: L - Mythisch. Leipzig: Verlag von S. Hirzel (Faksimileausgabe München: dtv 1991)

Grohmann, Heinz (Hrsg.) 1991: Außenhandels- und Zahlungsbilanzstatistik. Göttingen: Vandenhoek & Rupprecht (= *Sonderhefte zum Allgemeinen Statistischen Archiv*, Heft 27)

Gross, Harald 2005: Brand Lands: Erlebnis von Marken und neue Unternehmenskommunikation. In: Kagelmann, Bachleitner & Rieder (Hrsg.), S. 181-192

Gross, Peter 1983: Die Verheißungen der Dienstleistungsgesellschaft. Soziale Befreiung oder Sozialherrschaft? Opladen: Westdeutscher Verlag

— 1994: Die Multioptionsgesellschaft. Frankfurt am Main: Suhrkamp Verlag

Groß, Sven 2006: Die Entstehung einer Tourismuswissenschaft im deutschsprachigen Raum – Status Quo und Anforderungen an eine eigenständige Tourismuswissenschaft. In: *Tourismus Journal*, 8 (2), 2004, S. 243-263 (erschienen 2006)

—; Alexander Schröder 2005: Low Cost Airlines in Europa – Eine marktorientierte Betrachtung von Billigfliegern. Dresden: FIT

Großmann, Margita 1996: „Boten der Völkerfreundschaft"? DDR-Urlauber im sozialistischen Ausland. In: Haus der Geschichte der Bundesrepublik Deutschland (Hrsg.), S. 77 – 82

Gugg, D; D. Hank-Haase 1997: Senioren auf Reisen. Touristischer Wachstumsmarkt Nr. 1. Eine Untersuchung zu Volumen und Struktur des zukünftigen Seniorenreisemarktes mit Marketingrichtlinien für die Tourismuswirtschaft und die Hotellerie. Bonn: Interhoga (= *Gastgewerbliche Schriftenreihe*, Bd. 81)

Gunkel, Kay; Silke Brocks 2003: Der Omnibusverkehr in der Europäischen Union. Praxishandbuch für den grenzüberschreitenden Personenverkehr mit Omnibussen in Europa (herausgegeben v. d. Vereinigung Europäischer Verkehrsunternehmen e.V.). Bielefeld: Erich Schmidt Verlag (= *Schriftenreihe Verkehr und Technik*, Bd. 92)

Günter, Janne 1980: Leben in Eisenheim. Arbeit, Kommunikation und Sozialisation in einer Arbeitersiedlung. Weinheim und Basel: Beltz

Günther, Armin 1996: Reisen als ästhetisches Projekt. Über den Formenwandel touristischen Erlebens. In: H. Hartmann & R. Haubl (Hrsg.), S. 95 – 124

— 1998: Sex Tourism without Sex Tourists. In: Oppermann (Hrsg.), S. 71-80

Hacker, Winfried 1986: Arbeitspsychologie. Psychische Regulation von Arbeitstätigkeiten. Bern u.a.: Huber Verlag

Hackl, Franz; Gerald J. Pruckner 1994: Gesellschaftliche Nutzen und Kosten landschaftsbezogener Wirtschaftsaktivität: Ökologische Agrarpolitik und Tourismus. In: Bartel & Hackl (Hrsg.), S. 185 – 198

Haedrich, Günther 1991: Modernes Marketing im Tourismus. In: Studienkreis für Tourismus e.V. (Hrsg.): Marketing im Tourismus. Konzepte und Strategien für heute und morgen. (Bericht über eine Fachtagung des Studienkreises für Tourismus am 7. März 1990 im Rahmen der Internationalen Tourismusbörse, Berlin). Starnberg: Studienkreis für Tourismus, S. 21-38

—; Kristiane Klemm & Edgar Kreilkamp 1990: Die akademische Tourismusausbildung in der Bundesrepublik Deutschland. In: AIEST (Hrsg.), S. 27 - 42

—; Claude Kaspar; Kristiane Klemm & Edgar Kreilkamp (Hrsg.) 1993: Tourismus-Management. Tourismus-Marketing und Fremdenverkehrsplanung. Berlin/New York: Walter de Gruyter (2. überarb. u. erg. Aufl.)

Hahn, Heinz; Klaus D. Hartmann 1973: Reiseinformation, Reiseentscheidung, Reisevorbereitung. Starnberg: Studienkreis für Tourismus

—; H. Jürgen Kagelmann (Hrsg.) 1993: Tourismuspsychologie und Tourismussoziologie. Ein Handbuch zur Tourismuswissenschaft. München: Quintessenz Verlag

Haider, Manfred 1962: Ermüdung, Beanspruchung und Leistung. Eine Einführung in die Ermüdungs- und Monotonieforschung. Wien: Franz Deuticke Verlag

Hall, Colin Michael 1994: Tourism and Politics. Policy, Power and Place. Chichester etc.: John Wiley & Sons

— 1996: Tourism Prostitution. The Control and Health Implications of Sex Tourism in South-East Asia and Australia. In: Clift & Page (Eds), S. 179 - 196

Hall, Colin Michael; John M. Jenkins 1995: Tourism and Public Policy. London and New York: Routledge

Hanke, Helmut 1979: Freizeit in der DDR. Berlin (DDR): Dietz Verlag

Hanlon, Pat 1996: Global Airlines. Competition in a Transnational Industry. Oxford, London etc.: Butterworth-Heinemann

Hänssler, Karl Heinz 1990: Die GmbH als Rechtsform kommunaler Fremdenverkehrsstellen. In: *BW Touristik intern*, Heft 2, S. 1 - 10)

— 1992: Berechnung des Tourismus als Wirtschaftsfaktor. Ravensburg (unveröff. Manuskript)

— 1996: Überlegungen zum Rechtsformwechsel - am Beispiel der GmbH. In: Landesfremdenverkehrsverband Baden-Württemberg (Hrsg.), S. 61-66

— (Hrsg.) 2004 a: Management in der Hotellerie und Gastronomie. Betriebswirtschaftliche Grundlagen. München, Wien: Oldenbourg (6., überarb. u. erw. Aufl.)

— 2004 b: Betriebsarten und Betriebstypen des Gastgewerbes. In: ders. (Hrsg.), S. 53-74

—; Konrad Frommer 1991: Die Umwandlung der Tourist-Information Konstanz von einem städtischen Amt über einen Eigenbetrieb zur GmbH. Ravensburg (Dokumentation)

Harrer, Bernhard 1993: Touristischer Arbeitsmarkt. In: Hahn & Kagelmann (Hrsg.), S. 499-502

Hartmann Hans A.; Rolf Haubl (Hrsg.) 1996: Freizeit in der Erlebnisgesellschaft. Amüsement zwischen Selbstverwirklichung und Kommerz. Opladen: Westdeutscher Verlag

Hartmann, Klaus D. 1973: Reisevorbereitungen, Informationsbedarf, Entscheidungsfaktoren. Psychologische Leitstudie der Reiseanalyse 1973. Starnberg: Studienkreis für Tourismus (unveröff.)

— 1978: Urlaubsreisen 1978. Psychologische Leitstudie zur Reiseanalyse 1978. Starnberg: Studienkreis für Tourismus (unveröff.)

— 1981: Senioren sind muntere Reisende. Ältere Leute aktiver als erwartet. In: Studienkreis für Tourismus (Hrsg.), S. 125 - 129

—; Gudrun Meyer 1982: Psychologische Leitstudie zur Reiseanalyse 1981. Urlauberwartungen, Urlaubsaktivitäten, Urlaubsarten. Starnberg: Studienkreis für Tourismus (unveröffentlicht)

Hartmann, Marco 1999: Dachmarkenpolitik und -strategie. Das Beispiel Schweiz Ferien. In: *Tourismus Journal*, 3 (1), S. 55-64

Hauke, Wolfgang 1992: Darstellung struktureller Zusammenhänge und Entwicklungen in Input-Output-Tabellen. Bergisch Gladbach - Köln: Verlag Josef Eul (= Reihe *Quantitative Ökonomie*, Bd. 37)

Haus der Geschichte der Bundesrepublik Deutschland (Hrsg.) 1996: Endlich Urlaub! Die Deutschen reisen. Begleitbuch zur Ausstellung im Haus der Geschichte in Bonn vom 6. Juni bis 13. Oktober 1996. Köln: DuMont Buchverlag

Häusler, Nicole; Christina Kamp, Peter Müller-Rockstroh, Wolfgang Scholz & Barbara E. Schulz (Eds) 1995: Retracing the Track of Tourism. Studies on Travels, Tourists, and Development. Saarbrücken: Verlag für Entwicklungspolitik Breitenbach

Häußermann, Hartmut; Walter Siebel 1995: Dienstleistungsgesellschaften. Frankfurt am Main: Suhrkamp

Helbing, Jan 2001: Revenue Management im Tourismus. In: *Tourismus Jahrbuch*, 5 (1), S. 5-44

Heller, André 1990: Der Einfall touristischer Horden führt zur Ausrottung des Schönen ... In: Ludwig, Has & Neuer (Hrsg.), S. 158 - 163

Hellmich, Andrea 1986: Frauen zwischen Familie und Beruf. Eine Untersuchung über Voraussetzung und Nutzen einer Berufskontaktpflege von Frauen in der Familienphase. Stuttgart u.a.: Kohlhammer (= Band 184 der *Schriftenreihe des Bundesministers für Jugend, Familie, Frauen und Gesundheit*)

Hellpach, Willy 1939: Geopsyche. Die Menschenseele unterm Einfluß von Wetter und Klima, Boden und Landschaft. Leipzig: Verlag von Wilhelm Engelmann (5., erw. Aufl.)

Hennig, Christoph 1995: Die Lust der Lemminge. In: *Die Zeit* Nr. 26 v. 23. Juni, S. 51 f.

— 1997: Reiselust. Touristen, Tourismus und Urlaubskultur. Frankfurt am Main und Leipzig: Insel Verlag

— 1999: Der Wunsch nach Verwandlung. Über den Zusammenhang von Religion und Reisen. Vortrag auf der Tagung *Rituale der Verwandlung - Reisen als inszeniertes Erlebnis*. Evangelische Akademie Baden, Bad Herrenalb am 7. Oktober 1999 (unveröffentlichtes Manuskript)

Herrmann, Theo 1969: Lehrbuch der empirischen Persönlichkeitsforschung. Göttingen: Verlag für Psychologie Dr. C.J. Hogrefe

Hilz, Andreas 2000: Yield Management für Reiseveranstalter. In: Mundt (Hrsg.), S. 451-474

Hitchins, Fred 1995: Check your stats before you start that research journey. In: *researchplus* (= supplement to the *Magazine of the Market Research Society*), June, S. 10-11

Hittmair, Anton 1959: Die Wissenschaft vom Urlaub. In: *Münchener Medizinische Wochenschrift*, Jahrgang 101, S. 1329 - 1330

—, 1972: Der richtige Urlaub. Salzburg: Residenz Verlag

— 1983: Leben, Erleben, Überleben. Erfahrungen und Erkenntnisse eines großen Arztes und Naturforschers. Innsbruck und Wien: Tyrolia Verlag

Hochschild, Arlie Rusell 1990: Das gekaufte Herz. Zur Kommerzialisierung der Gefühle. Frankfurt am Main: Campus (orig.: The Managed Heart. Commercialization of Human Feeling. Berkley/Los Angeles: University of California Press 1983)

Hodgson, Peter 1995: Travelling so fast they can't stop for research? In: *researchplus* (= supplement to the *Magazine of the Market Research Society*), June, S. 5 - 6

Hofmann, Gabriele 1995: „Der kleine Bruder des Urlaubs" - Das Wochenende auf dem Dauercampingplatz. In: Cantauw (Hrsg.), S. 92 - 104

Hofmann, Wolfgang 2000: Die Flugpauschalreise. In: Mundt (Hrsg.) 2000, S. 116-154

Hohorst, Gerd; Jürgen Kocka & Gerhard A. Ritter 1978: Sozialgeschichtliches Arbeitsbuch II. Materialien zur Statistik des Kaiserreichs 1870-1914. München: Beck (2., durchgesehene Aufl.)

Holloway, J. Christopher 1981: The Guided Tour. A Sociological Approach. In: *Annals of Tourism Research*, Vol. 8, S. 377-402

— 2000: Großbritannien: Das Mutterland der Pauschalreise. In: Mundt (Hrsg.), S. 1-20

Holst, Elke; Jürgen Schupp 1996: Wandel der Erwerbsorientierung von Frauen - Zum Prozeß der Erwerbsbereitschaft und der Eingliederung in den Arbeitsmarkt. In: Zapf, Schupp & Habich (Hrsg.), 162 - 192

Hopfenbeck, Waldemar; Peter Zimmer 1993: Umweltorientiertes Tourismusmanagement. Strategien, Checklisten, Fallstudien. Landsberg am Lech: Verlag Moderne Industrie

HSH Nordbank Research 2004: Regionalfluggesellschaften. Entwicklung und Anbieter in Europa. Hamburg und Kiel: HSH Nordbank Analysen

Husmann, Jürgen; Botho Graf Pückler; Alexander Barthel o.J.: Handbuch einkommens-, vermögens- und sozialpolitischer Daten. Tabellen und Kommentare. Köln: Wirtschaftsverlag Bachem (Loseblattsammlung)

Huster, Ernst-Ulrich 1993: Neuer Reichtum und alte Armut. Düsseldorf: Patmos Verlag

Imhof, Arthur E. 1981: Die gewonnenen Jahre. Von der Zunahme unserer Lebensspanne seit dreihundert Jahren. München: Verlag C.H. Beck

Inguanez, Joe 1994: The Impact of Tourism in Malta. Cultural Rupture or Continuity? In: Sultana & Baldacchino (Eds), S. 343 - 352

Institut der Deutschen Wirtschaft (IDW) 2004: Deutschland in Zahlen. Köln: Deutscher Institutsverlag

Internationaler Eisenbahnverband & Gemeinschaft der Europäischen Bahnen 1993: Hochgeschwindigkeit. Ein Bahnnetz für Europa. Paris und Brüssel: Internationaler Eisenbahnverband & Gemeinschaft der Europäischen Bahnen

Jacobs, Klaus; Martin Kohli 1990: Der Trend zum frühen Ruhestand. Die Entwicklung der Erwerbsbeteiligung der Älteren im internationalen Vergleich. In: *WSI-Mitteilungen*, 43. Jahrg., H. 8, S. 498 - 509

Jaeschke, Arndt Moritz 2004: Zusammenarbeit in der Hotellerie – Funktionelle Entkoppelung, Betreiberformen und Kooperationen. In: Hänssler (Hrsg.), S. 75-90

Jahrefeld, Martin 1996: Die Internet-Kenntnis stammt meist aus zweiter Hand. ETC-Umfrage über Multimedia im Reisebüro. In: *Fremdenverkehrswirtschaft International* Nr. 24 v. 31. Oktober 1996, S. 88 - 91

Jaide, Walter 1988: Generationen eines Jahrhunderts. Wechsel der Jugendgenerationen im Jahrhunderttrend. Zur Sozialgeschichte der Jugend in Deutschland 1871-1985. Opladen: Leske + Budrich

Jain, Subbash C. 1987: International Marketing Management. Boston: PWS-Kent Publishing Company (2nd ed.)

Janko, Yvonne 1993: Lärm und Abgase: Ökologische Verkehrspolitik. In: Bartel & Hackl (Hrsg.), S. 219 - 240

Jansen, Rolf 1989: Grundinformationen zum Ausbildungspersonal. Ergebnisse einer repräsentativen Erwerbstätigenbefragung. In: *Berufsbildung in Wissenschaft und Praxis*, 18. Jahrg., H. 4, S. 11 - 16

Johnson, Peter; Barry Thomas (Eds) 1992: Choice and Demand in Tourism. London: Mansell Publishing

Jones, Gavin W.; Endang Sulistyaningsih & Terence H. Hall 1998: Prostitution in Indonesia. In: Lim (Hrsg.), S. 29-66

Joppien, Martin Günter 2003: Strategisches Airline-Management. Evolutionstheorie und Luftverkehrsstrategien. Bern, Stuttgart, Wien: Paul Haupt (= *Berner betriebswirtschaftliche Schriften*, Bd. 31)

Jung, Hans 2004: Allgemeine Betriebswirtschaftslehre. München und Wien: Oldenbourg (9., überarb. Aufl.)

Jung, Helmut 1990: Reiseverhalten und Einstellungen zum Reisen in der ehemaligen DDR im August/September 1990. Erfahrungen mit einer qualitativen Pilotstudie einen Monat vor der Vereinigung. In: Schmidt, Mundt & Lohmann (Hrsg.), S. 49 - 67

Kagelmann, H. Jürgen 1996: Urlaubsmotive - neu betrachtet. Überlegungen zum gegenwärtigen Stand der psychologischen Motivforschung - am Beispiel der Abenteuersportreisen. In: Freyer & Scherhag (Hrsg.), S. 193 – 219

—; Reinhard Bachleitner & Max Rieder (Hrsg.) 2005: Erlebniswelten. Zum Erlebnisboom in der Postmoderne. München, Wien: Profil Verlag

Kairu, Kagia; Mark Hodson 1996: As Others See Us: The Safari Guide. In: *The Sunday Times* v. 17. November, Travel Section, S. 3

Kaminsky, Petra 1999: An den Zwergen versagt die ökonomische Theorie. Mini-Reisebüros widerstehen dem Konkurrenzdruck. In: *Fremdenverkehrswirtschaft International (FVW)* Nr. 27 v. 5. November 1999, S. 58-59

Kanig, Wolfgang F.; Karl-Heinz Kreuzig; Julia Merk & Rudolf Schmid 1995: Betriebsvergleich Hotellerie und Gastronomie Deutschland 1994. Düsseldorf: BBG · Consulting Betriebsberatung Gastgewerbe GmbH

Kapeller, Wolfgang (Hrsg.) 2000: Case Studies. Aktuelle Fallbeispiele aus Marketing, Werbung und Verkauf. Landsberg/Lech: Verlag moderne Industrie (Heft 4)

Kapuscinski, Ryszard 2001: Afrikanisches Fieber. Erfahrungen aus vierzig Jahren. München, Zürich: Piper

Karsten, Anitra 1928: Psychische Sättigung. In: *Psychologische Forschung. Zeitschrift für Psychologie und ihre Grenzwissenschaften*. 8. Jahrg., Bd. 10, S. 142 - 254

Kaspar, Claude 1996: Die Tourismuslehre im Grundriß. Bern und Stuttgart: Paul Haupt Verlag (5., überarb. u. erg. Aufl.; = *St. Galler Beiträge zum Tourismus und zur Verkehrswirtschaft*, Bd. 1)

Kaufmann, Jean-Claude 1996: Frauenkörper - Männerblicke. Konstanz: UVK - Universitätsverlag Konstanz (= *édition discours*, Bd. 10; orig.: Corps de femmes, regard d'hommes. Sociologie des seins nu. Paris: Édition Nathan 1995)

Kay-Trask, Haunani; Claus Biegert 1990: Blumen und Bomben. Tourismus in Hawaii. In: Ludwig, Has & Neuer (Hrsg.), S. 146-150

Kearney, A. T. (Consulting) 2006: Airport Cities – Marktplätze des 21. Jahrhunderts. Internationale Studienergebnisse (Auszug). Unterlage zur Pressekonferenz in Wien am 8. März 2006

Keller, Peter (Ed.) 1996: Globalisation and Tourism. Reports from the 46th AIEST Congress in Rotorua (New Zealand). St. Gall: Édition AIEST

— (Ed.) 1998: Destination Marketing – Scopes and Limitations. Reports of the AIEST 48th Congress in Marrakech/Morocco. St. Gall: Édition AIEST

Kerner, Karin 1982: Margret Hammelrath: ‚Wenn du jetzt nicht weggehst, wirst du nie du selbst'. In: Künstlerhaus Bethanien (Hrsg.), S. 239 - 244

Keul, Alexander G.; Anton Kühberger 1996: Die Straße der Ameisen. Beobachtungen und Interviews zum Salzburger Städtetourismus. München und Wien: Profil Verlag (= Reihe *Tourismuswissenschaftliche Manuskripte*, Bd. 1)

Kimms, Alf; Robert Klein 2005: Revenue Management im Branchenvergleich. In: Fandel & v. Portatius (Hrsg.), S. 1-30

Kirstges, Torsten H. 1992: Sanfter Tourismus. Chancen und Probleme der Realisierung eines ökologieorientierten und sozialverträglichen Tourismus durch deutsche Reiseveranstalter. München und Wien: Oldenbourg

— 2005: Expansionsstrategien im Tourismus. Marktanalyse und Strategiebausteine unter besonderer Berücksichtigung mittelständische Reiseveranstalter. Wilhelmshaven: Dr. Kirstges Buch- und Musikverlag (3., vollst. überarb. Aufl.)

Kistler, Helmut 1986: Bundesdeutsche Geschichte. Die Entwicklung der Bundesrepublik Deutschland seit 1945. Stuttgart: Verlag Bonn Aktuell

Kleiber, Dieter; Martin Wilke (unter Mitarb. v. Renate Soellner u. Doris Velten) 1995: Aids, Sex und Tourismus. Ergebnisse einer Befragung deutscher Urlauber und Sextouristen. Baden-Baden: Nomos (= *Schriftenreihe des Ministeriums für Gesundheit*, Bd. 33)

—; — 1993: Sextourismus. In: Hahn & Kagelmann, S. 315-320

Klemm, Kristiane; Albrecht Steinecke 1991: Berufe im Tourismus. Bielefeld: W. Bertelsmann (= *Blätter zur Berufskunde der Bundesanstalt für Arbeit*, Bd. O)

Klingenstein, Max A. 1996: Studienreisen. In: Mundt (Hrsg.) 1996 a, S. 263 - 294

Kmieciak, Peter 1976: Wertstrukturen und Wertwandel in der Bundesrepublik Deutschland - Grundlagen einer interdisziplinären empirischen Wertforschung mit einer Sekundäranalyse von Umfragedaten. Göttingen: Verlag Otto Schwartz & Co. (= *Schriften der Kommission für wirtschaftlichen und sozialen Wandel*, Bd. 135)

Knebel, Hans-Joachim 1960: Soziologische Strukturwandlungen im modernen Tourismus. Stuttgart: Enke

Knoblich, Hans 1994: Image. In: Diller (Hrsg.), S. 434 f.

Knowles, John 1964: Double Vision. American Thoughts Abroad. New York: Macmillan [cit. n. Leed 1993]

Koch, Alfred 1990: Wirtschaftsfaktor Ferntourismus. Die ökonomische Bedeutung des Ausländerreiseverkehrs, dargestellt am Beispiel von 10 Ländern in Afrika, Asien, Mittelamerika und der Karibik. München und Frankfurt am Main: DWIF und Deutscher Reisebüroverband (DRV)

— et al. 1989: Wirtschaftsfaktor Tourismus. Die binnen- und außenwirtschaftliche Bedeutung des Reiseverkehrs der Deutschen unter besonderer Berücksichtigung der Reiseveranstalter- und Reisemittlerbranche. München und Frankfurt am Main: DWIF und Deutscher Reisebüroverband (DRV)

—; Manfred Zeiner & Bernhard Harrer 1991: Strukturanalyse des touristischen Arbeitsmarktes. München: DWIF (= *Schriftenreihe des Deutschen Wirtschaftswissenschaftlichen Instituts für Fremdenverkehr*, Bd. 42)

—; Manfred Zeiner & Mathias Feige 1989: Untersuchung zur gegenwärtigen und künftigen Bedeutung des Fremdenverkehrs für München. München: Deutsches Wirtschaftswissenschaftliches Institut für Fremdenverkehr an der Universität München (DWIF; unveröff.)

Köcher, Renate 2005: Die Sorge um den Arbeitsplatz bleibt. In: *Frankfurter Allgemeine Zeitung* Nr. 297 v. 21. Dezember, S. 5

Koesters, Paul-Heinz 1983: Ökonomen verändern die Welt. Lehren, die unser Leben bestimmen. Hamburg: Gruner + Jahr

Kohl, Manfred 1990: Das Königreich im Himalaja praktiziert einen sanften Tourismus. Ein Modell für die Dritte Welt? In: Ludwig, Haas & Neuer (Hrsg.), S. 134 - 139

Kohli, Martin 1992: Altern in soziologischer Perspektive. In: Baltes & Mittelstraß (Hrsg.), S. 231 - 259

Kort-Krieger, Ute; Jörn W. Mundt 1986: Praxis der Wahlforschung. Eine Einführung. Frankfurt am Main/New York: Campus (= *Arbeitsbuch zur sozialwissenschaftlichen Methodenlehre des Zentralarchivs für empirische Sozialforschung der Universität zu Köln*)

Krause, Juliane v. 1995: For Children's Sake: Stop the Demand. Tourism and Child Prostitution in Thailand. In: Häusler et al. (Eds), S. 301 - 320

Krauthäuser, Josef; Ulrich Kappner 1996: Fliegen ist für alle da. Von der Vickers Viking zum Airbus A 330 - Die Geschichte der LTU. Allershausen: NARA-Verlag

Kreilkamp, Edgar; Ulrike Regele & Dirk J. Schmücker 1996: Betriebsvergleich der deutschen Reisebüros 1994. Schwerpunktthema: Personal. Eine Studie im Auftrag von DRV und asr. Hamburg: Verlag Dieter Niedecken

Kreutzwiser, R.D. 1973: A Methodology for Estimating Tourist Spending in Ontario Counties. Unpublished MA thesis, Department of Geography, University of Waterloo, Waterloo (Canada) [cit. n. St. Smith 1989]

Krippendorf, Jost 1984: Die Ferienmenschen. Für ein neues Verständnis von Freizeit und Reisen. Zürich und Schwäbisch Hall: Orell Füssli

Krüger, Lutz 1990: Yield Management. Dynamische Gewinnsteuerung im Rahmen integrierter Informationstechnologie. In: *Controlling*, 2 (5), S. 240-251

Kruse, Judith 1996: Nische im Sozialismus. In: Haus der Geschichte der Bundesrepublik Deutschland (Hrsg.), S. 106 - 111

Künstlerhaus Bethanien (Hrsg.) 1982: Wohnsitz: Nirgendwo. Vom Leben und vom Überleben auf der Strasse. Berlin: Frölich & Kaufmann

Kuß, Alfred 1994: Kaufentscheidung. In: Diller (Hrsg.), S. 512 - 515

Landesfremdenverkehrsverband Baden-Württemberg Marketing o.J. [1996] (Hrsg.): Dokumentation Rechtsformen in der Diskussion - Zauberformel Privatisierung? O.O. [Stuttgart]

Landgrebe, Silke; Peter Schnell (Hrsg.) 2005: Städtetourismus. München, Wien: Oldenbourg

Lane, David 1971: The End of Inequality? Stratification under State Socialism. Harmondsworth/Essex: Penguin Books (= *Penguin Modern Sociology Monographs*)

Lang, Heinrich R. 1996 a: Kommerzialisierung in lokalen Tourismusstellen. In: Landesfremdenverkehrsverband Baden Württemberg Marketing (Hrsg.), S. 89 - 102

—.; (unter Mitarb. v. Peter Sander) 1996 b: Tourismus, Kur- und Bädereinrichtungen. Stuttgart und Zürich: AKAD-Verlag (= Lektion 6 der Allgemeinen Tourismuslehre im Rahmen des *Fernstudiengangs Tourismusbetriebswirtschaft*)

Langner, Sabine J. 1996: The Allocation of Slots in the Airline Industry. A Transaction Cost Economics Analysis. Baden-Baden: Nomos (= *Karlsruhe Papers in Economic Policy Research*, Vol. 3)

Laßberg, Dietlind von; Christian Steinmassl 1991: Urlaubsreisen 1990. Kurzfassung der Reiseanalyse 1990. Starnberg: Studienkreis für Tourismus

Lasswell, Harold D. 1936: Politics: Who Gets What, When, How? New York: McGraw-Hill

Lauterbach, Wolfgang 1991: Erwerbsmuster von Frauen. Entwicklungen und Veränderungen seit Beginn dieses Jahrhunderts. In: Karl-Ulrich Mayer et al. (Hrsg.), S. 23 - 56

Lawson, Rob 1991: Patterns of Tourist Expenditure and Types of Vacation Across the Family Life Cycle. In: *Journal of Travel Research*, Spring, S. 12 - 18

Leed, Eric J. 1993: Die Erfahrung der Ferne. Reisen von Gilgamesch bis zum Tourismus unserer Tage. Frankfurt am Main/New York: Campus (Orig.: The Mind of the Traveller. New York: Basic Books 1991)

Lehr, Ursula 2000: Senioren: eine sehr heterogene Gruppe. In: Meyer-Hentschel Management Consulting (Hrsg.), S. 141-169

Leontief, Wassily 1966: Input-Output Economics. New York: Oxford University Press

Lettl-Schröder, Maria 1997: Urlaubsverhalten unter die Lupe genommen. Steckbriefe touristischer Marktuntersuchungen. In: *Fremdenverkehrswirtschaft International* Nr. 5 v. 28. Februar, S. 114 - 116

Levine, Robert 1998: Eine Landkarte der Zeit. Wie Kulturen mit Zeit umgehen. München: Piper (Orig.: A Geography of Time. New York: Basic Books 1997)

Lewin, Kurt 1926: Vorsatz, Wille und Bedürfnis. In: *Psychologische Forschung. Zeitschrift für Psychologie und ihre Grenzwissenschaften*, 6. Jahrg., Bd. 7, S. 330 - 385

Lexer, Matthias; Dietrich Kralik et al. (Bearb.) 1935: Deutsches Wörterbuch von Jacob und Wilhelm Grimm. 11. Band, I. Abteilung, I. Teil: T - Treftig (= *Grimm'sches Wörterbuch*, Bd. 21). Leipzig: Verlag von S. Hirzel (Faksimiledünndruckausgabe München: dtv 1991)

Lim, Lin Lean (Hrsg.) 1998: The Sex Sector. The Economic and Social Bases of Prostitution in Southeast Asia. Genf: Internationl Labour Office (ILO)

Lindenmeier, Jörg; Dieter K. Tscheulin 2005: Kundenzufriedenheitsrelevante Effekte der Überbuchung im Rahmen des Revenue-Managements. In: Fandel & v. Portatius (Hrsg.), S. 101-123

Löfgren, Orvar 1999: On Holiday. A History of Vacationing. Berkley etc.: University of California Press (= *California Studies in Critical Human Geography*, Vol. 6)

Lohmann, Martin 1988: Junge Senioren sind reisefreudig. In: Studienkreis für Tourismus (Hrsg.), S. 86 - 92

Lohmann, Martin 1989: Holidays By the Number. National Statistics, Travel Surveys, and Tourism Studies in Europe. In: ders. & v. Laßberg (Bearb.), S. 25 - 31

— 1997: Kultur-Tourismus. Skript zur gleichnamigen Präsenzversanstaltung an der Fern-Universität Gesamthochschule Hagen (unveröff.)

—; Dietlind v. Laßberg (Bearb.) 1989: Tourism in Europe. Bericht über eine Fachtagung des Studienkreises für Tourismus e.V. im Rahmen der 23. Internationalen Tourismusbörse am 8. März 1989 in Berlin. Starnberg: Studienkreis für Tourismus

—; Karin Besel 1990: Urlaubsreisen 1989. Kurzfassung der Reiseanalyse 1989. Starnberg: Studienkreis für Tourismus

—; Johanna Danielsson 2001: Predicting Travel Patterns of Senior Citizens: How the Past May Provide a Key to the Future. In: *Journal of Vacation Marketing*, 7 (4), S. 357-366

—; Peter Aderhold & Bente Zahl 2004: Urlaubsreisetrends 2015 – Die RA-Trendstudie. Kiel: Forschungsgemeinschaft Urlaub + Reisen (F.U.R)

Lowyck, Els; Luk van Langenhove & Livin Bollaert 1992: Typologies of Tourist Roles. In: Johnson & Thomas (Eds), S. 13 - 32

Lücke, Michael 1999: Neue Marketingstrategie für eine Mittelgebirgsregion – Das Fallbeispiel Harz. In: *Tourismus Jahrbuch*, 5 (2), S. 34-45

Lüdtke, Hartmut 1975: Freizeit in der Industriegesellschaft - Emanzipation oder Anpassung? Opladen: Leske (2., überarb. u. erg. Aufl.)

Lüdtke, Hartmut 1995: Zeitverwendung und Lebensstile. Empirische Analysen zu Freizeitverhalten, expressiver Ungleichheit und Lebensqualität in Westdeutschland. Marburg: Universität Marburg (= *Marburger Beiträge zur sozialwissenschaftlichen Forschung [MBSF]*, Bd. 5)

Ludwig, Klemens; Michael Has & Martina Neuer (Hrsg.) 1990: Der neue Tourismus. Rücksicht auf Land und Leute. München: Beck Verlag (2. Auflage)

Luft, Hartmut 1995: Grundlagen der kommunalen Fremdenverkehrsförderung. Kommunale Fremdenverkehrsbetriebslehre. Limburgerhof: FBV-Medien-Verlags GmbH (2., erw. u. aktualisierte Aufl.)

— 2004: Organisation und Vermarktung von Tourismusorten und Tourismusregionen. Destination Management. Meßkirch: Gmeiner-Verlag (2., aktualisierte Aufl.)

Luhmann, Niklas 1969: Legitimation durch Verfahren. Neuwied: Luchterhand (= *Soziologische Texte*, Bd. 66)

Lundberg, Donald E.; Mink H. Stavenga & M. Krishnamoorthy 1995: Tourism Economics. New York etc.: John Wiley & Sons

MacCannell, Dean 1973: Staged Authenticity: Arrangements of Social Space in Tourist Settings. In: *American Journal of Sociology*, Vol. 79, S. 589 - 603

— 1976: The Tourist. A New Theory of the Leisure Class. New York: Schocken Books (revised edition 1989)

Mäder, Ueli 1982: Fluchthelfer Tourismus: Wärme in der Ferne. Reisen in die 3. Welt, wer trägt die Last? Zürich: Rotbuch Verlag

Maier, Harry 1994: Bildungsökonomie. Die Interdependenz von Bildungs- und Beschäftigungssystem. Stuttgart: Schäffer-Poeschel Verlag (= *UTB Uni-Taschenbuch 1814*)

Maleri, Rudolf 1991: Grundlagen der Dienstleistungsproduktion. Berlin-Heidelberg: Springer (2. völlig neu bearb. u. erweiterte Aufl.)

Maluga, Gabriele 1996: Der „Frequent Flyer" - „Jäger und Sammler" im 20. Jahrhundert. In: *WRP - Wettbewerb in Recht und Praxis*, H. 3, S. 184 – 190

Mann, Golo; Harry Pross 1957: Außenpolitik. Frankfurt am Main: Fischer Bücherei (= *Fischer Lexikon*)

Mannheim, Karl 1928: Das Problem der Generationen. In: *Kölner Vierteljahreshefte für Soziologie*, 7 (2), S. 157-185 u. 309-330

Mansfield, Yoel 1992: From Motivation to Actual Travel. In: *Annals of Tourism Research*, Vol. 19, pp 399 - 419

— 1994: The „Value-Stretch" Model and its Implementation in Detecting Tourists' Class-Differentiated Destination Choice. In: Gasser & Weiermeir (Eds), S. 60 - 79

Manz, Günter; Gunnar Winkler 1979 (Hrsg.): Theorie und Praxis der Sozialpolitik in der DDR. Berlin: Akademie Verlag (Hrsg. v. Institut für Soziologie d. Akademie der Wissenschaften der DDR)

Margreiter, Josef G. 2001: Die Marke Tirol. In: Bieger, Pechlaner & Steinecke (Hrsg.), S. 29-34

Markwell, Kevin W. 1997: Dimensions of Photography in a Nature-Based Tour. In: *Annals of Tourism Research*, Vol. 24, S. 131 - 155

Maschewski, Anja; Hartmut Rein & Helmut Scharpf 1995: Umweltvorsorge in Fremdenverkehrsgemeinden. Eine Planungshilfe für Gemeinden. Berlin: Büro für Tourismus- und Erholungsplanung

Maslow, Abraham H. 1954: Motivation and Personality. New York: Harper

Maturana, Humberto R.; Francisco J. Varela 1987: Der Baum der Erkenntnis. Die biologischen Wurzeln menschlichen Erkennens. München: Goldmann

Matzler, Kurt; Hans H. Hinterhuber; Harald Pechlaner & Jürgen Geier 2001: Ein Ranking deutschsprachiger Fachzeitschriften der Allgemeinen Betriebswirtschaftslehre. In: *Zeitschrift für Betriebswirtschaft*, Ergänzungsheft 1, S. 161-175

Mayer, Karl-Ulrich et al. (Hrsg.) 1991: Vom Regen in die Traufe: Frauen zwischen Beruf und Familie. Frankfurt am Main: Campus

Mazanec, Josef . A.; Geoffrey I. Crouch; J. R. Brent Ritchie & Archie G. Woodside (Eds) 2001: Consumer Psychology of Tourism, Hospitality and Leisure. Volume II. London: CAB International

Meadows, Donella H. 1972: The Limits to Growth. A Report for the Club of Rome's Project on the Predicament of Mankind. New York: Universe Books (dtsch.: Die Grenzen des Wachstums. Berichts des Club of Rome zur Lage der Menschheit. Reinbek bei Hamburg: Rowohlt 1973)

Medlik, Slavoj (Ed.) 1991: Managing Tourism. Oxford: Butterworth-Heinemann (1995 paperback edition)

— ; A. J. Burkart 1992: Tourism. Past, Present and Future. Oxford: Butterworth Heinemann (2nd ed.)

Mercer Management Consulting 2002: Impact of Low Cost Carriers. Summary of Mercer Study. München, Paris (Power Point Präsentation)

Mertens, Dieter 1974: Schlüsselqualifikationen. Thesen zur Schulung für eine moderne Gesellschaft. In: *Mitteilungen aus der Arbeitsmarkt- und Berufsforschung*, 7. Jahrg., S. 36-43

Meyer, Wolfgang 1993: Touristische Images (Reiseländerimages). In: Hahn & Kagelmann, S. 321-325

Meyer-Hentschel Management Consulting (Hrsg.) 2000: Handbuch Senioren-Marketing. Erfolgsstrategien aus der Praxis. Frankfurt am Main: Deutscher Fachverlag

Michaelis, Peter 1996: Ökonomische Instrumente in der Umweltpolitik. Eine anwendungsorientierte Einführung. Heidelberg: Physica-Verlag

Miersch, Michael 1997: Der tote Elefant ist nützlich. In: *Der Spiegel*, H. 32 v. 4. August, S. 82 - 84

Milgram, Stanley 1963: Behavioral Study of Obedience. In: *Journal of Abnormal and Social Psychology*, vol. 67, S. 371 - 378

Mitford, Nancy 1959: The Tourist. In: *Encounter*, 17 (4), S. 3 - 7

Mohr, Niko; Marcus Rodermann 1995: Airlines. Eine industrieökonomische Branchenanalyse. Trier: Forschungskreis Tourismus-Management e.V. (= *Trends-Forschung-Konzepte im strategischen Tourismusmanagement*, Bd. 7)

Morgan, Nigel; Annette Pritchard & Roger Pride (Eds) 2002: Destination Branding. Creating the Unique Destination Proposition. Oxford etc.: Butterworth-Heinemann

Morris, Edmund 2001: The Rise of Theodore Roosevelt. New York: The Modern Library (revised and updated edition; Erstausgabe 1979)

Moutinho, Luiz 1987: Consumer Behaviour in Tourism. In: *European Journal of Marketing*, Vol. 21, S. 3 - 44

Müllenmeister, Horst Martin 1993: Studienreisen: Vermarktung des kulturellen Erbes. In: Becker & Steinecke (Hrsg.) 1993 a, S. 145-160

Müller, Hans-Peter 1992: Sozialstruktur und Lebensstile. Der neuere theoretische Diskurs über soziale Ungleichheit. Frankfurt am Main: Suhrkamp

Müller, Hansruedi; Bernhard Kramer & Jost Krippendorf 1995: Freizeit und Tourismus. Eine Einführung in Theorie und Politik. Bern: Forschungsinstitut für Freizeit und Tourismus an der Universität Bern (FIF; 6. Aufl.; = *Berner Studien zu Freuzeit und Tourismus*, Bd. 28)

Mundt, Jörn W. 1980: Vorschulkinder und ihre Umwelt. Eine Studie über Lebensbedingungen und Entwicklungschancen. Weinheim und Basel: Beltz

— 1987: Die Bildung der Herrschaft und die Herrschaft der Bildung. Über das Bildungswesen in Deutschland. Frankfurt am Main/New York: Campus

— (Hrsg.) 2000: Reiseveranstaltung. Lehr- und Handbuch. München, Wien: Oldenbourg

—. 1989 a: Konkurrenz künftig über den Preis. Die Urlaubsreisen in Charter- und Linienflugzeugen. In: *Fremdenverkehrswirtschaft International* Nr. 8 vom 28. März, S. 5-8

— 1989 b: Wasser, Strand und Liebelei. Einige Anmerkungen zum Strand- und Badeurlaub. In: Museum Ostdeutsche Galerie Regensburg (Hrsg.), S. 17-27

— 1989 c: Bade- und Strandurlaub. Urlaubserwartungen und -aktivitäten gestern und heute. In: Fromme & Nahrstedt (Hrsg.), S. 117-123

— 1990 a: Wozu brauchen wir Urlaub? In: *Psychologie heute*, 17. Jahrg., Heft 8, S. 20-29 (Titelgeschichte)

Mundt, Jörn W. 1990 b: Anteil der Flugreisen ist überproportional gestiegen. Die Flugzeugnutzung in der Bundesrepublik Deutschland anhand der Reiseanalyse 1989. In: *Fremdenverkehrswirtschaft International*, H. 25 v. 13. November, S. 67 - 68

— 1990 c: Nicht Video, sondern Landschaft. In: *Bus-Fahrt*, Heft 1 (Januar), S. 37-39

— 1991 a: Market Transparency: Prerequisite for Soft Tourism. In: Conseil de l'Europe (Hrsg.), S. 18 - 27

— 1991 b: Çevreye Duyarli Turistin Ortaya çikisy – Alman Piyasasindaki Egilim ve Gelismeler. In: Türkiye Çevre Solunlari Vafki (Hrsg.), S. 49-64

— 1992 a: Fluchthelfer Tourismus oder „Wohin und Zurück"? Weshalb verreisen so viele Menschen? Über Motive und Chancen eines Massenphänomens. In: *Frankfurter Allgemeine Zeitung* (F.A.Z.) vom 5. März, S. R 9 - R 10

— 1992 b: Der Mythos vom Vielreisenden. In: *abenteuer & reisen*, H. 9, S. 28-30 (= Thema des Monats)

— 1996: Requirements for Education and Training. In: OECD 1996 b, S. 98 - 106

— (Hrsg.) 2000 a: Reiseveranstaltung. Ein Lehr- und Handbuch. München und Wien: Oldenbourg (5., völlig neu bearbeitete und erweiterte Aufl.; 1. Aufl. 1993)

— 2000 b: Die Entwicklung der Reiseveranstalter in Deutschland. In: ders. (Hrsg.), S. 21-70

— 2001: Karrieren von Absolventen des ersten an einer Berufsakademie eingerichteten Diplomstudiengangs in Tourismusbetriebswirtschaft. Ergebnisse einer empirischen Studie. In: *Tourismus Jahrbuch*, 5 (2), S. 174-204

— 2002 a: Internationale Expansionsstrategien von deutschen Reiseveranstaltern. In: Pompl & Lieb (Hrsg.), S. 127-151

— 2002 b: Aspekte des Verbandshandelns im Tourismus. In: *Tourismus Jahrbuch*, 6 (1), S. 96-123

— 2002 c: The Branding of Myths and the Myths of Branding. Some Critical Remarks on the 'Branding' of Destinations. In: *Tourism*, 50 (4), S. 339-348

— 2004. Tourismuspolitik. München, Wien: Oldenbourg

—.; Martin Lohmann 1986: Urlaubsreisen 1985: Schiffstourismus. Sonderstudie für das Seepassage-Komitee-Deutschland e.V. (SPKD) Hamburg. Unveröff. Marktstudie. Starnberg: Studienkreis für Tourismus

— ; Martin Lohmann 1988: Erholung und Urlaub. Zum Stand der Erholungsforschung im Hinblick auf Urlaubsreisen. Starnberg: Studienkreis für Tourismus

Murphy, Patrick E.; William A. Staples 1979: A Modernized Family Life Cycle. In: *Journal of Consumer Research*, Vol. 6, June 1979, S. 12 - 22

Murray, Keith B. 1991: A Test of Services Marketing Theory: Consumer Information Acquisition Activities. In: *Journal of Marketing*, Vol. 55, S. 10 - 15

Museum Ostdeutsche Galerie Regensburg (Hrsg.): Thalatta, Thalatta! Das Strandbild im Zeitalter des Massentourismus. (Katalog zur gleichnamigen Ausstellung). Regensburg: Museum Ostdeutsche Galerie

Nahrstedt, Wolfgang; Ilona Stehr; Martin Schmidt & Dieter Brinkmann 1994: Tourismusberufe für Hochschulabsolventen. Bielefeld: Institut für Freizeitwissenschaft und Kulturarbeit e.V. (IFKA)

—; Meike Piwodda & Thomas Vodde (Hrsg.) 1995: Tourismuswissenschaft. Praxis und Theorie im Dialog. Bielefeld: Institut für Freizeitwissenschaft und Kulturarbeit e.V. (IFKA)

Neuer, Martina 1990: Die vier schönsten Wochen im Jahr. Funktion und Motivation des Reisens. In: Ludwig, Has & Neuer (Hrsg.), S. 13 – 27

Neumann, Peter; Paul Reuber (Hrsg.) 2004: Ökonomische Impulse eines barrierefreien Tourismus für alle. Langfassung einer Untersuchung im Auftrag des Bundesministeriums für Wirtschaft und Arbeit. Münster: Institut für Geographie der Westfälischen Wilhelms-Universität (= *Münstersche Geographische Arbeiten*, Bd. 47)

Nichts, Heinrich Wilhelm 1999: Nütziges Lexikon. Mehr als 500 Begriffe neu entdeckt und kurz und bündig erklärt. Meersburg: MVM

Nies, Irmtraud 2005: Reisebüro. Rechts- und Versicherungsfragen. München: C.H. Beck Verlag (2. Aufl.)

Nieschlag, Robert; Erwin Dichtl & Hans Hörschgen 1991: Marketing. Berlin: Duncker & Humblot (16., durchgesehene Aufl.)

Noack, Michael 1993: Reiseverkehrskaufmann/-frau. In: Hahn & Kagelmann (Hrsg.), S. 522 - 525

Nohl, Werner 1983: Städtischer Freiraum und Reproduktion der Arbeitskraft. Einführung in eine arbeitnehmerorientierte Freiraumplanung. München: IMU-Institut (= *Reihe Studien*, Bd. 2)

Noll, Heinz-Herbert 1996: Trend zum frühzeitigen Ausstieg aus dem Erwerbsleben bisher ungebrochen. Der Übergang in den Ruhestand im Zeitverlauf und internationalen Vergleich. In: *Informationsdienst Soziale Indikatoren (ISI)*, Nr. 16, S. 8 - 13

—; Stefan Weick 2004: Verluste an Lebensqualität im Alter vor allem immaterieller Art. Indikatoren zur Lebenssituation der älteren Bevölkerung. In: *Informationsdienst Soziale Indikatoren (ISI)*, Nr. 31, S. 7-11

Nolte, Paul 2004: Generation Reform. Jenseits der blockierten Republik. München: C.H. Beck

NTO (National Tourist Organisation) Malta o.J. (1994): Tourism and the Economy. Valetta: NTO Malta (unveröff. Papier)

Obier, Cornelius; Svea-D. Schmidt 2000: Die Minis kommen in Mode. Die Zahl der Reisebüros in Deutschland wächst. In: *Fremdenverkehrswirtschaft International (fvw)* Nr. 22 v. 15. September, S. 48-49

OECD (Organisation for Economic Co-Operation and Development) 1991: Manual on Tourism Economic Accounts. OECD Tourism Committee. Paris: OECD

— 1992: Tourism Policy and International Tourism in OECD Member Countries. Paris: OECD Publication Service

— 1995: Tourism Policy and International Tourism in OECD Countries 1992 - 1993. Special Feature: Tourism and Employment. Paris: OECD Publication Service

— 1996 a: Tourism Policy and International Tourism in OECD Countries 1993 - 1994. Paris: OECD Publication Service

— 1996 b: Seminar on Perspectives and Challenges of Employment in the Tourism Industry. Herausgegeben vom Ministerium für wirtschaftliche Angelegenheiten, Wien.

Opaschowski, Horst 2002: Tourismus. Eine systematische Einführung. Opladen: Leske + Budrich (3. Aufl.)

Oppermann, Martin 1995: A Model of Travel Itineraries. In: *Journal of Travel Research*, Spring, S. 57-61

— (Ed.) 1998: Sex Tourism and Prostitution. Aspects of Leisure, Recreation and Work. Elmsford (N.Y.): Cognizant Communications

Parkinson, C. Northcote 1966: Parkinsons Gesetz und andere Untersuchungen über die Verwaltung. Reinbek bei Hamburg: Rowohlt (3. Aufl.; Orig.: Parkinson's Law. Boston: Houghton-Mifflin 1957)

Parmenter, Brian R. 1988: ORANI-F: User's Manual. Melbourne: University of Melbourne, Institute of Applied Economic and Social Research (= *IAESR Working Paper* No. 7)

Pearce, Philip L. 1982: The Social Psychology of Tourist Behaviour. Oxford etc.: Pergamon Press

— 1984: Tourist-Guide Interaction. In: *Annals of Tourism Research*, vol. 11, S. 129-146

— 1995: Towards the Better Management of Tourist Queues. In: Medlik (Ed.), S. 215-223

Pechlaner, Harald; Anita Zehrer & Dagmar Abfalter 2002: How Can Scientific Journal Quality be Assessed? An Exploratory Study of Tourism and Hospitality Journals. In: *Tourism*, 50 (4), S. 395-399

—; —; Kurt Matzler & Dagmar Abfalter 2004: A Ranking of International Tourism and Hospitality Journals. In: *Journal of Travel Research*, 42 (4), S. 328-332

Pellettier, Vanessa; Craig Thomson 1992: Travel and Tourism. In: Rust (Ed.), S. 57 - 69

Penz, Otto; Stefan Rösch 2005: Mißerfolge und Scheitern von Erlebniswelten. In: Kagelmann, Bachleitner & Rieder (Hrsg.), S. 39-46

Peters, Sönke 1991: Betriebswirtschaftslehre. Eine Einführung. München und Wien: Oldenbourg (4., überab. u. aktualisierte Aufl.)

Pfaffenberger, Hans 1965: Urlaub an der Ostsee. Beobachtungen eines Sozialpädagogen in einem norddeutschen Familienferienort. München: Studienkreis für Tourismus (mimeograph. Manuskr.)

Piaget, Jean 1973: Einführung in die genetische Erkenntnistheorie. Frankfurt am Main: Suhrkamp (orig.: Genetic Epistemology. New York: Columbia University Press 1970)

Pilz, Frank 1977: Einführung in das politische System der Bundesrepublik Deutschland. Staatliche, wirtschaftliche und soziale Strukturen und Prozesse. München: C. H. Beck Verlag

Pirck, Peter 2005: Marke ist machbar. In: *Planung & Analyse*, 33 (3), S. 49-53

Pivonas, Gisela 1973: Urlaubsreisen 1973. Psychologische Leitstudie zur Reiseanalyse 1973. Starnberg: Studienkreis für Tourismus (unveröff.)

— 1980: Reiseentscheidung. Eine verlaufsanalytische Entscheidung. Starnberg: Studienkreis für Tourismus (unveröff.)

Plog, Stanley C. 1973: Why Destinations Areas Rise and Fall in Popularity. In: *Cornell Hotel and Restaurant Administration Quarterly*, November, S. 13-16

— 1987: Understanding Psychographics in Tourism Research. In: Ritchie & Goeldner (Eds), S. 203-214

— 1990: A Carpenter's Tools: An Answer to Stephen L. J. Smith's Review of Psychocentrism/Allocentrism. In: *Journal of Travel Research*, vol. 28, no. 4, S. 43

Pölt, Stefan 2001: Revenue Management Tutorial. Berlin: Deutsche Lufthansa AG (unveröff.)

Pompl, Wilhelm 1994: Touristikmanagement 1. Beschaffungsmanagement. Berlin, Heidelberg etc.: Springer

— 1996: Touristik-Management 2. Qualitäts-, Produkt-, Preismanagement. Berlin, Heidelberg etc.: Springer

Pompl, Wilhelm 2000: Das Produkt Pauschalreise - Konzept und Elemente. In: Mundt (Hrsg.), S. 73-113

— 1999: Reisebüros – Einführung. In: Freyer & Pompl (Hrsg.), S. 3-29

— 2002: Luftverkehr. Eine ökonomische Einführung. Heidelberg u.a.: Springer Verlag (4., überarbeitete und vollständig aktualisierte Auflage)

—; Manfred G. Lieb (Hrsg.) 1997: Qualitätsmanagement im Tourismus. München und Wien: Oldenbourg (= *Lehr- und Handbücher zu Tourismus, Verkehr und Freizeit*)

— (Hrsg.) 2002: Internationales Tourismusmanagement. Herausforderungen, Strategien, Instrumente. München: Vahlen

Poon, Auliana 1993: Tourism, Technology an Competitive Strategies. Wallingford: CAB International

Popitz, Heinrich 1968: Prozesse der Machtbildung. Tübingen: J.C.B. Mohr (Paul Siebeck)

Popper, Karl R. 1945: The Open Society and Its Enemies. Vol. I: The Spell of Plato. London: Routledge & Kegan Paul (dtsch.: Die offene Gesellschaft und ihre Feinde. Bd. 1: Der Zauber Platons. Tübingen: J. C.B. Mohr [Paul Siebeck]; 7. Aufl. mit weitgeh. Verbesserungen u. neuem Anh. 1992)

Porter, Michael E. 1992: Wettbewerbsstrategie. Methoden zur Analyse von Branchen und Konkurrenten. Frankfurt am Main: Campus (7. Aufl.; Orig.: Competive Strategy. Glencoe: Free Press 1980)

Prahl, Hans-Werner; Albrecht Steinecke 1979: Der Millionen-Urlaub. Von der Bildungsreise zur totalen Freizeit. Darmstadt und Neuwied: Luchterhand

Pride, Roger 2002: Brand Wales: 'Natural Revival'. In: Morgan, Pritchard & Pride (Eds), S. 109-123

Raaij, Fred van; Dick A. Francken 1984: Vacation Decisions, Activities, and Satisfactions. In: *Annals of Tourism Research*, Vol. 11, S. 101-112

Reber Consult + Partner 1995: Reisemarkt 2000 - unter besonderer Berücksichtigung der Vertriebslandschaft. Studie im Auftrag der TUI und des TUI-Agenturbeirates. Fellbach bei Stuttgart (verv. Typoskript)

Redfoot, Donald L. 1984: Touristic Authenticity, Touristic Angst, and Modern Reality. In: *Qualitative Sociology*, Vol. 7, S. 291-309

Reinhold, Gerd; unter Mitarb. v. Siegfried Lamneck & Helga Recker (Hrsg.) 1991: Soziologie-Lexikon. München und Wien: Oldenbourg

Reiss, Matthias 1993: Kognitive Karten. In: Hahn & Kagelmann (Hrsg.), S. 166 - 168

Richter, Claudia; Mathias Feige 2005: Benchmarkingorientiertes Monitoring von Tourismusmarketingorganisationen in Großstädten. In: Landgrebe & Schnell (Hrsg.), S. 163-180

Rieger, Paul 1962: Urlaub in Rimini. Beobachtungen eines Theologen an der italienischen Adria. München: Studienkreis für Tourismus (mimeograph. Manuskr.)

Rieger, Paul 1964: Urlaub in Bibione. Beobachtungen eines Theologen in einem Ferienappartmenthaus an der italienischen Adria. München: Studienkreis für Tourismus (mimeograph. Manuskr.)

Riemer, Klaus 1995: Center Parcs. In: *Bensberger Protokolle* 83, S. 66 - 68

Rigby, Stuart 1989: British Tourism Surveys: Past, Present, Future. In: Lohmann & v. Laßberg (Bearb.), S. 75 - 87

Ritchie, J. R. Brent; Charles R. Goeldner (Eds) 1994: Travel, Tourism, and Hospitality Research. A Handbook for Managers and Researchers. New York etc.: John Wiley & Sons (2nd ed.)

—; Robin J.B. Ritchie 1998: The Branding of Tourism Destinations. Past Achievements and Future Challenges. In: Keller (Ed.), S. 89-116

Ritzer, George 1995: Die McDonaldisierung der Gesellschaft. Frankfurt am Main: S. Fischer (orig.: The McDonaldization of Society. Newbury Park [CA]: Pine Forge Press 1993)

Roberts, Ken 2004: The Leisure Industries. Basingstoke and New York: Palgrave Macmillan

Roll, Evelyn 1997: Im Adlon nachts um zwei. In: *Süddeutsche Zeitung* Nr. 161 v. 16. Juli, S. 8

Rosacker, Horst Dieter 1993: Psychozentrismus/Allozentrismus. In: Heinz Hahn & H. Jürgen Kagelmann (Hrsg.), S. 195 - 198

Rosenblith, Judy F.; Wesley Allinsmith (Eds) 1966: The Causes of Behavior. Readings in Child Development and Educational Psychology. Boston: Allyn & Bacon

Roth, Peter 2000: Das Marketing der Reiseveranstalter. In: Mundt (Hrsg.), S. 395-449

—; Axel Schrand (Hrsg.) 1992: Touristik-Marketing. Das Marketing der Tourismus-Organisationen, Verkehrsträger, Reiseveranstalter und Reisebüros. München: Vahlen Verlag

Rothärmel, Bettina 1996: Musicalmanagement - am Beispiel der Stella Musical AG. In: Dreyer (Hrsg.), S. 243 - 266

Rupperti, Thomas 1995: Die Bauerndörfer in Kärnten. In: *Bensberger Protokolle* 83, S. 69-72

Rust, W. Bonney (Ed.) 1992: Strategies for Vocational Education and Training in Europe. Vol. IV. London: Association of Vocational Colleges International at Middlesex Polytechnic

Rütter, Heinz; Hansruedi Müller; Doris Guhl & Jürg Stettler 1995: Tourismus im Kanton Bern. Wertschöpfungsstudie. Rüschlikon und Bern: Rütter Wirtschaftsberatung und FIF [Forschungsinstitut für Freizeit und Tourismus] (= *Berner Studien zu Freizeit und Tourismus*, Bd. 34)

Rütter-Fischbacher, Heinz 1991: Wertschöpfung des Tourismus in der Schweiz. Forschungsprojekt im Auftrag des Dienstes für Tourismus des BIGA. Bern: Bundesamt für Industrie, Gewerbe und Arbeit

Ryan, Chris 1991: Recreational Tourism. A Social Science Perspective. London: Routledge

—; Colin Michael Hall 2001: Sex Tourism. Marginal People and Liminalities. London: Routledge

Saborowski, Christian; Jürgen Schupp & Gert G. Wagner 2004: Urlaub in Deutschland: Erwerbstätige nutzen ihren Urlaubsanspruch oftmals nicht aus. In: DIW-Wochenbericht Nr. 15

Said, Edward W. 1978: Orientalism. New York: Pantheon Books (cit. n. d. Taschenbuchausgabe der Vintage Books/Random House, New York 2003)

Sander, Reinhard A. M.; Jörn W. Mundt; Martin Lohmann & Roland Wagner-Döbler 1989: Analyse der Tätigkeitsanforderungen in den Bereichen Reiseveranstaltung, Reisevermittlung und Fremdenverkehrswesen. Endbericht für das Projekt „Bedarfsanalyse beruflicher Qualifikationen im Freizeitbereich" des Bundesinstitutes für Berufsbildung (BIBB), Berlin. Starnberg: Studienkreis für Tourismus (unveröffentlicht)

Schäfers, Bernhard 2004: Sozialstruktur und sozialer Wandel in Deutschland. Stuttgart: Lucius & Lucius (8., völlig neu bearbeitete Aufl.)

Scheicher, Ursula 1997: Sargschläfer. Mit dem Schlafkojenbus quer durch Vietnam. Sendung im ZDF am 18. April (21.15 - 21.45 Uhr; in der Reihe „*Die Reportage*")

Scherhag, Knut 1999: Destinationsmarken. In: *Tourismus Jahrbuch*, 3 (1), S. 18-44

— 2003: Destinationsmarken und ihre Bedeutung im touristischen Wettbewerb. Lohmar: Eul

Schierenbeck, Henner 2003: Grundzüge der Betriebswirtschaftslehre. München und Wien: Oldenbourg (16., vollst. überarb. u. erw. Aufl.)

Schmidhauser, Hanspeter 1978: Der Beschäftigungseffekt des Fremdenverkehrs im tertiären Sektor, dargestellt am Beispiel der Schweiz. In: Ender (Hrsg.)

Schmidt, Harald; Jörn W. Mundt & Martin Lohmann (Hrsg.) 1990: Die Reisen der neuen Bundesbürger. Pilotuntersuchung zum Reiseverhalten in der früheren DDR. Starnberg: Studienkreis für Tourismus

Schmidt, Lutz 1996 a: Zukunft für den klassischen Ticket-Großhandel. Der Markt der Consolidators. In: *Fremdenverkehrswirtschaft International*, H. 24 v. 31. Oktober, S. 160 - 163

— 1996 b: Unverzichtbarer zusätzlicher Vertriebsweg. Die Bedeutung der Ticket-Großhändler für die Fluggesellschaften. In: *Fremdenverkehrswirtschaft International*, H. 24 v. 31. Oktober, S. 164

Schmidtke, Heinz 1965: Die Ermüdung. Symptome, Theorien, Meßversuche. Bern und Stuttgart: Verlag Hans Huber

Schmied, Martin; Matthias Buchert; Christian Hochfeld & Beate Schmitt 20002: Umwelt und Tourismus. Daten, Fakten, Perspektiven. Berlin: Erich Schmidt Verlag (= *Berichte/Umweltbundesamt* 4/02)

Schneck, Otmar 1999: Betriebswirtschaftslehre. Eine praxisorientierte Einführung mit Fallbeispielen. Frankfurt am Main, New York: Campus (2., aktual. Aufl.)

Schneider, Otto 1996: Akademischer Nachwuchs in der deutschen Reisebranche. Frankfurt am Main: Willy Scharnow-Stiftung

Schörcher, Ursula; Thomas Richters 1993: Tourismus-Marketing im Linienverkehr. In: Haedrich et al. (Hrsg.), S. 553 - 567

Schuh, Angela 1986: Klimatherapie: Ein neues System für Terrainkursen unter Einschluß einer Thermoregulationsbehandlung. In: Volker Faust (Hrsg.), S. 117 - 122

Schultz, Reinhard 1988: Betriebswirtschaftslehre. Sozialökonomische Einführung. München und Wien: Oldenbourg

Schulz, Axel; Klaus Frank & Erwin Seitz 1996: Tourismus und EDV. Reservierungssysteme und Telematik. München: Vahlen Verlag

Schulze, Gerhard 1992: Die Erlebnisgesellschaft. Kultursoziologie der Gegenwart. Frankfurt am Main, New York: Campus

— 1999: Kulissen des Glücks. Streifzüge durch die Eventkultur. Frankfurt am Main: Campus (cit. n. d. Ausgabe der Büchergilde Gutenberg 2001)

Schuster, Martin 1996: Fotopsychologie. Lächeln für die Ewigkeit. Berlin und Heidelberg: Springer

Schuster, Rudolf (Hrsg.) 1985: Deutsche Verfassungen. München: Goldmann (16. Aufl.)

Schwark, Jürgen (Hrsg.) 2004: Tourismus und Industriekultur. Vermarktung von Technik und Arbeit. Berlin: Erich Schmidt Verlag (= *Schriften zu Tourismus und Freizeit*, Bd. 2)

Seaton, Anthony V. 1996: Blowing the Whistle on Tourism Referees. In: *Tourism Management*, 17 (6), S. 397-399

Secord, Paul F.; Carl W. Backman 1964: Social Psychology. International Student Edition. New York etc. and Tokyo: McGraw-Hill and Kogakusha

Seifert, Karl-Dieter 1994: Weg und Absturz der Interflug. Der Luftverkehr in der DDR. Berlin: Brandenburgisches Verlagshaus

Seitz, Erwin; Wolfgang Meyer; unter Mitarbeit v. Dominik Rossmann & Markus Bayerle 2006: Tourismusmarktforschung. Ein praxisorientierter Leitfaden für Touristik und Fremdenverkehr. München: Vahlen Verlag (2. vollständig überarbeitete Auflage)

Selbach, Claus-Ulrich 1996: Reise nach Plan. Der Feriendienst des Freien Deutschen Gewerkschaftsbundes. In: Haus der Geschichte der Bundesrepublik Deutschland (Hrsg.), S. 65 - 82

Selchert, Friedrich W. 1991: Einführung in die Betriebswirtschaftslehre in Übersichtsdarstellungen. München und Wien: Oldenbourg (3., wesentl. erw. Aufl.)

Selwyn, Tom (Ed.) 1996: The Tourist Image. Myths and Myth Making in Tourism. Chichester, New York etc.: John Wiley & Sons

Sharpley, Richard 1994: Tourism, Tourists & Society. Huntingdon: ELM Publications

Siedentopf, I. 1984: Die Schweizen – eine fremdenverkehrsgeographische Dokumentation. In: *Zeitschrift für Wirtschaftsgeographie*, 28 (2), S. 126-130

Simmel, Georg 1923: Soziologie. Untersuchungen über die Formen der Vergesellschaftung. Berlin: Duncker & Humblot (4. Auflage 1958; unveränderter Nachdr. der 3. Aufl. v. 1923; Erstausgabe 1908)

Smeral, Egon 2003: Die Zukunft des internationalen Tourismus. Entwicklungsperspektiven für das 21. Jahrhundert. Wien: Linde

Smith, Barry C.; John F. Leimkuhler & Ross M. Darrow 1992: Yield Management at American Airlines. In: *Interfaces*, Vol. 22, S. 8 - 31

Smith, Stephen L. J. 1989: Tourism Analysis. A Handbook. Harlow: Longman Scientific and Technical

— 1990: A Test of Plog's Allocentric/Psychocentric Model: Evidence From Seven Nations. In: *Journal of Travel Research*, 28 (4), S. 40-43

Smith, Valene L. (Ed.) 1989 a: Hosts and Guests. The Anthropology of Tourism. Philadelphia: University of Pennsylvania Press (2nd ed.)

Smith, Valene L. 1989 b: Introduction. In: dies. (Ed.), S. 1-17

Smith, Valene L. 1989 c: Eskimo Tourism: Micro Models and Marginal Men. In: dies. (Ed.), S. 55-82

Sontag, Susan 1996: Über Fotografie. Frankfurt am Main: Fischer Taschenbuch Verlag (orig.: On Photography. New York: Farrar, Straus & Giroux 1977)

Soto, Hernando de 2002: Freiheit für das Kapital! Warum der Kapitalismus nicht weltweit funktioniert. Berlin: Rowohlt Berlin (orig.: The Mystery of Capital. New York: Bantam Press 2000)

Soyez, D. 1993: Kulturtourismus in Industrielandschaften: Synopse und ‚Widerstandsanalyse'. In: Becker & Steinecke (Hrsg.) 1993 b, S. 40-63

Spann, Martin; Joachim Klein; Karim Makhlouf & Martin Bernhardt 2005: Interaktive Preismaßnahmen bei Low-Cost-Fluglinien. In: Fandel & v. Portatius (Hrsg.), S. 53-77

SPIEGEL 1994: SPIEGEL-Dokumentation Geschäftsreisen 1994. Hamburg: SPIEGEL-Verlag

Spitzing, Günter 1985: Fotopsychologie. Die subjektive Seite des Objektivs. Weinheim und Basel: Beltz

Spörel, Ulrich 1993: Die Deutsche Tourismusstatistik. In: Haedrich *et al.* (Hrsg.), S. 135-153

Spurr, Ray 1995: Tourism Growth and Employment. Paper prepared for the 66th meeting of the OECD Tourism Committee in Paris on 7 June, 1995 (Australian Department of Tourism, Canberra)

Statistisches Bundesamt 1995: Luftverkehr 1993. Fachserie 8 (Verkehr), Reihe 6. Stuttgart: Metzler-Poeschel

— 2004: Einkommens- und Verbrauchsstichprobe – Ausgewählte Ergebnisse zu den Einkommen und Ausgaben privater Haushalte (1. Halbjahr 2003). Wiesbaden: Statistisches Bundesamt

— 2005: Datenreport 2004. Zahlen und Fakten über die Bundesrepublik Deutschland. Bonn: Bundeszentrale für Politische Bildung (2., aktualisierte Aufl.; erstellt in Zusammenarbeit mit Wissenschaftszentrum Berlin für Sozialforschung [WZB] und dem Zentrum für Umfragen, Methoden und Analysen [ZUMA], Mannheim)

— : Statistische Jahrbücher (mehrere Jahre). Stuttgart: Metzler-Poeschel

Staufenbiel, Fred 1969: Freizeit. In: Eichhorn et. al. (Hrsg.), S. 132 f.

Steger, Almut 1991: Die Zahlungsbilanzstatistik der Deutschen Bundesbank. In: Grohmann (Hrsg.), S. 61 - 80

Stephani (Hrsg.) 1924: Erholung und Erholungsfürsorge. Bericht über die Tagung der Vereinigung Deutscher Kommunal-, Schul- und Fürsorgeärzte vom 9. - 12. September 1924 im Kinder-Erholungsheim Heuberg bei Stetten am kalten Markt. Leipzig: Verlag von Leopold Voss (= *Zeitschrift für Schulgesundheitsfürsorge und soziale Hygiene*, 37. Jahrg., Ergänzungsheft 12 b)

Sterzenbach, Rüdiger 1991: Omnibusverkehr. Eine Dienstleistungslehre. München: Huss Verlag

—; Roland Conrady 2003: Luftverkehr. Betriebswirtschaftliches Lehr- und Handbuch. München, Wien: Oldenbourg (3. völlig überarbeitete und erweiterte Auflage)

Stolle, Christa 1990: Sextourismus. In der Ferne ist ER wieder der Pascha. In: Ludwig, Has & Neuer (Hrsg.), S. 73 - 80

Strasdas, Wolfgang 1992: Ferienzentren der zweiten Generation. Ökologische, soziale und ökonomische Auswirkungen. Untersuchung im Auftrag des Bundesministeriums für Umwelt, Naturschutz und Reaktorsicherheit. Bonn: BMU

Stringer, Peter F. 1981: Hosts and Guests. The Bed-And-Breakfast Phenomenon. In: *Annals of Tourism Research*, vol. 8, S. 357 - 376

Studienkreis für Tourismus e.V. (Hrsg.) 1969: Motive - Meinungen - Verhaltensweisen. Einige Ergebnisse und Probleme der psychologischen Tourismusforschung. Starnberg: Studienkreis für Tourismus

— (Hrsg.) 1981: Reisemotive – Länderimages – Urlaubsverhalten. Neue Ergebnisse der psychologischen Tourismusforschung. Bericht über eine Fachtagung des Studienkreises für Tourismus e.V. im Rahmen der 15. Internationalen Tourismus-Börse am 4. März 1981 in Berlin. Starnberg: Studienkreis für Tourismus

Studienkreis für Tourismus e.V. (Hrsg.) 1988: Festschrift zum 60. Geburtstag von Paul Rieger. Starnberg: Studienkreis für Tourismus

Sultana, Ronald G.; Godfrey Baldacchino (Eds) 1994: Maltese Society. A Sociological Inquiry. Msida: Mireva Publications

Swarbrooke, John 1995: The Development and Management of Visitor Attractions. Oxford: Butterworth-Heinemann

Telfer, David J.; Geoffrey Wall 1996: Linkages between Tourism and Food Production. In: *Annals of Tourism Research*, vol. 23, S. 635-653

Tessaring, Manfred 1991: Tendenzen des Qualifikationsbedarfs in der Bundesrepublik Deutschland bis zum Jahr 2010. In: *Mitteilungen aus der Arbeitsmarkt- und Berufsforschung*, 24. Jahrg., S. 45 - 65

Teuscher, Hans 1991: Swiss Travel Saving Fund. In: Medlik (Ed.), S. 59 - 66

Teuscher, Wolf Rütger 1993: Konsequenzen der Deregulierung im Luftverkehr. In: Frank & Walter (Hrsg.), S. 239 - 265

Than-Dam, Truong 1983: The Dynamics of Sex Tourism: The Case of Southeast Asia. In: *Development and Change*, Vol. 14, S. 533 - 553

Theobald, William F. (Ed.) 1994 a: Global Tourism. The Next Decade. Oxford: Butterworth-Heinemann

TID-Touristik Kontakt 2006. Hamburg: Verlag Tourcon Hannelore Niedecken

Tower, John 1985: The Grand Tour. A Key Phase in the History of Tourism. In: *Annals of Tourism Research*, Vol. 12, S. 297 - 333

Trappmann, Klaus 1982: Eine andere Not. Gregor Gog, eine Biographie. In: Künstlerhaus Bethanien (Hrsg.), S. 223 - 232

Tribe, John 1995: The Economics of Leisure and Tourism. Environments, Markets, and Impacts. Oxford: Butterworth-Heinemann

Tscheulin, Dieter K.; Jörg Lindenmeier 2003: Yield-Management – Ein State-of-the-Art. In: *Zeitschrift für Betriebswirtschaft (ZfB)*, 73 (6), S. 629-662

Tschurtschenthaler, Paul 1993: Methoden zur Berechnung der Wertschöpfung im Tourismus. In: Haedrich et al. (Hrsg.), S. 213 – 241

— 1997: Umwelt und Destination Management in alpinen Tourismusregionen. In: *Tourismus Journal*, 1 (3-4), pp. 535-562

Türkiye Çevre Solunlari Vafki (Hrsg.): Turizm ve çevre Konferansi. Ankara: Türkiye Çevre Solunlari Vafki Yayini

U.S. Department of Commerce 1986: Regional Multipliers: A User Handbook for the Regional Input-Output Modelling System (RIMS II). Washington D.C.: US Government Printing Office

Um, Seoho; John L. Crompton 1990: Attitude Determinants in Tourism Destination Choice. In: *Annals of Tourism Research*, Vol. 17, pp 432 - 448

Ungefehr, Friederike 1988: Ökonomische Abhängigkeit als Dilemma von Kleinstaaten: Das Beispiel der Tourismuswirtschaft der Bahamas. In: *Geographische Zeitschrift*, 76. Jahrg., H. 1., S. 48 - 60

Ungefug, Hans-Georg 1996: Ketten kaufen nur noch ganz vereinzelt Büros auf. Der Marktwert von Reisebüros ist drastisch gesunken. In: *Fremdenverkehrswirtschaft International* Nr. 24 v. 31. Oktober, S. 166 - 172

United Nations 1994: Recommendations on Tourism Statistics. Department for Economic and Social Information and Policy Analysis – Statistical Division. New York: United Nations

Universität Konstanz 1965: Bericht des Gründungsausschusses. Konstanz: Universitätsverlag

Urbain, Jean-Didier 1991: L'idiot du voyage. Histoires de touristes. Paris: Librairie Plon

Urbain, Jean-Didier 1994: Sur la Plage. Mœurs et coutumes balnéaires (XIXe-XXe siècles). Paris: Édition Payot & Rivage

Urry, John 1990: The Tourist Gaze. Leisure and Travel in Contemporary Societies. London: Sage Publications

Vanselow, Heidrun 1997: EU-Lobbyisten wollen stärker mit einer Stimme sprechen. Rund 40 Tourismus-Dachverbände in Brüssel aktiv. In: *Fremdenverkehrswirtschaft International*, H. 5 v. 28. Februar, S. 107 - 110

Varela, Francisco J. 1990: Kognitionswissenschaft - Kognitionstechnik. Eine Skizze aktueller Perspektiven. Frankfurt am Main: Suhrkamp

VDR (Verband Deutsches Reisemanagement) 2005: Geschäftsreiseanalyse 2005. Erstellt in Zusammenarbeit mit Bearing Point. Frankfurt (Main): VDR

Veblen, Thorstein 1899: A Theory of the Leisure Class. New York: McMillan Company (dtsch.: Theorie der feinen Leute. Köln: Kiepenheuer & Witsch 1953)

Vellas, François; Lionel Bécherel 1995: International Tourism. An Economic Perspective. Basingstoke and London: Macmillan Business

Vester, Heinz-Günter 1993: Kulturschock. In: Hahn & Kagelmann (Hrsg.), S. 171 - 174

Vester, Michael; Peter von Oertzen; Heiko Geiling; Thomas Hermann & Dagmar Müller 1993: Soziale Milieus im gesellschaftlichen Strukturwandel. Zwischen Integration und Ausgrenzung. Köln: Bund-Verlag (und die vollständig überarbeitete, erweiterte und aktualisierte Neuausgabe Frankfurt am Main: Suhrkamp 2001 [= *Suhrkamp Taschenbuch Wissenschaft*, stw 1312])

Wagner, Janet; Shermann Hanna 1983: The Effectiveness of Life Cycle Variables in Consumer Expenditure Research. In: *Journal of Consumer Research*, Vol. 10, December 1983, S. 281-291

Wahl, Anke 2003: Die Veränderung von Lebensstilen. Generationenfolge, Lebenslauf und sozialer Wandel. Frankfurt am Main: Campus (= *Campus Forschung*, Bd. 860)

Wang, Ning 2000: Tourism and Modernity. A Sociological Analysis. Amsterdam etc.: Pergamon Press

Warwick, Graham 1997: Caribbean Spirit. Air Jamaica has Placed its Hopes for a Profitable Share of the Caribbean Tourist Market on a new Montego Bay Hub. In: *Flight International*, 23 - 29 July, S. 36 - 37

Weber, Jürgen 1981: Interessengruppen im politischen System der Bundesrepublik Deutschland. München: Bayerische Landeszentrale für politische Bildungsarbeit (2., überarb. u. erw. Aufl.)

Weber, Max 1904/1968: Die Objektivität sozialwissenschaftlicher und sozialpolitischer Erkenntnis. In ders. 1968, S. 1-64

— 1919: Politik als Beruf. Berlin: De Gruyter (5. Neudruck 1968)

Weber, Max 1921/1976: Wirtschaft und Gesellschaft. Grundriß der verstehenden Soziologie. Tübingen: J.C.B. Mohr (Paul Siebeck) (5., revidierte Aufl., hrsg. v. Johannes Winckelmann)

— 1968: Methodologische Schriften. Frankfurt am Main: S. Fischer Verlag (hrsg. v. Johannes Winckelmann)

Weiler, Guido Aurel 1998: Sextourismus und AIDS-Prävention. Eine qualitative Studie zum HIV-Schutzverhalten deutscher Freier auf den Philippinen. München, Wien: Profil Verlag (= *Prävention und psychosoziale Gesundheitsforschung, Forschungsberichte* Bd. 8)

Weinhold, Marisa Diana 1995: Computerreservierungssysteme im Flugverkehr. Erfahrungen in den USA und Empfehlungen für Europa. Baden-Baden: Nomos Verlagsgesellschaft (= *Veröffentlichungen des HWWA-Institut für Wirtschaftsforschung - Hamburg*, Bd. 13)

Wells, William D.; George Gubar 1966: Life Cycle Concept in Marketing Research. In: *Journal of Marketing Research*, Vol. III, S. 355 - 363

Wenzel, Carl-Otto; Jochen Franck 1995: Euro Disney und Mall of America. Erlebnis- und Themenwelten für den (Kurz-)Urlaub. Konzepte, Angebote, Zielgruppen. In: *Bensberger Protokolle* 83, S. 73 - 129

Wheatcroft, Stephen 1996: Flexibility in the Labour Market: An Industry Perspective. In: OECD 1996 b, S. 157 - 162

Wicklund, Robert A.; Peter M. Gollwitzer 1982: Symbolic Self Completion. Hillsdale: Erlbaum

Widmann, Torsten (unter Mitarbeit von Jennifer Arleth) 2006: Shoppingtourismus. Wachstumsimpulse für Tourismus und Einzelhandel in Deutschland. Trier: Selbstverlag der Geographischen Gesellschaft (= *Materialien zur Fremdenverkehrsgeographie*, Bd. 64)

Wiese, Leopold v. 1930: Fremdenverkehr als zwischenmenschliche Beziehungen. In: *Archiv für den Fremdenverkehr. Vierteljahrsschrift des Forschungsinstituts für den Fremdenverkehr*. 1. Jahrg., H. 1, S. 1-3

Wissenschaftsrat 2006: Empfehlungen zur Entwicklung und Förderung der Geisteswissenschaften in Deutschland. Berlin: Wissenschaftsrat

Witt, Christine A.; Peter L. Wright 1992: Tourist Motivation. Life after Maslow. In: Johnson & Thomas (Eds), S. 33 – 55

Wittgenstein, Ludwig 1969: Tractatus logico-philosophicus. Logisch-philosophische Abhandlung. Frankfurt am Mein: Suhrkamp (6. Aufl.; Erstauflage 1921)

Wöhe, Günter; Ulrich Döring (Mitarb.) 2002: Einführung in die Allgemeine Betriebswirtschaftslehre. München: Vahlen Verlag (21., neubearb. Aufl.)

Wöhler, Karlheinz 1993: Umweltbewußtsein und Umweltverhalten von Touristen. ‚Sanftes' Tourismuspotential - Eine empirische Studie. In: *Zeitschrift für Umweltpolitik & Umweltrecht*, 3. Jahrg., S. 311 – 341

— 2005 a: Topographie des Erlebens. Zur Verortung touristischer Erlebniswelten. In: Ders. (Hrsg.), S. 17-28

— (Hrsg.) 2005 b: Erlebniswelten. Herstellung und Nutzung touristischer Welten. Münster: LIT Verlag (= *Tourismus. Beiträge zur Wissenschaft und Praxis*, Bd. 5)

Wölfer, Joachim 1995: Deutsche Passagier-Luftfahrt von 1955 bis heute. Hamburg etc.: Verlag E.S. Mittler & Sohn

World Tourism Organisation (WTO) 1999: Tourism Satellite Account (TSA). The Conceptual Framework. Madrid: WTO

WTTC (World Travel & Tourism Council) 1995 a: Travel & Tourism. A New Economic Perspective. The 1995 WTTC Report - Research Edition. Oxford: Pergamon/Elsevier Science

— 1995 b: Travel and Tourism's Economic Perspective. A Special Report from the Travel & Tourism Council. Brüssel: WTTC

Yale, Pat 1995: The Business of Tour Operations. Harlow: Longman Scientific & Technical

Yannakis, Andrew; Heather Gibson 1992: Roles Tourists Play. In: *Annals of Tourism Research*, Vol. 19, S. 287 - 303

Zapf, Wolfgang; Jürgen Schupp & Michael Habich (Hrsg.) 1996: Lebenslagen im Wandel. Sozialberichterstattung im Längsschnitt. Frankfurt am Main: Campus

Zapf, Wolfgang; Sigrid Breuer; Jürgen Hampel; Peter Krause; Hans Michael Mohr & Erich Wiegand 1987: Individualisierung und Sicherheit. Untersuchungen zur Lebensqualität in der Bundesrepublik Deutschland. München: C. H. Beck (= *Schriftenreihe des Bundeskanzleramtes*, Bd. 4)

Zimmerman, Carol A. 1982: The Life Cycle Concept as a Tool for Travel Research. In: *Transportation*, Vol. 11, S. 51-69

Personenregister

Abfalter, Dagmar 542, 575
Ackermann, Frieda 223, 553
Ackermann, Willy 223, 553
Adams, Philip D. 448, 449, 450, 463, 464, 465, 466, 467, 468, 469, 553
Aderhold, Peter 50, 59, 553, 570
Adler, Judith 250, 251, 553
Airey, David 547, 553
Albers, Patricia C. 181, 182, 553
Alemann, Ulrich v. 476, 477, 553
Allinsmith, Wesley 557, 577
Althof, Wolfgang 28, 553
Anft, Michael 138, 553
Archer, Brian H. 433, 437, 441, 553
Archer, Léonie J. 554
Argyle, Michael 195, 554
Arleth, Jennifer 583
Armbruster, Jürgen 520, 554
Artho, Sigrid 85, 554
Ateljevic, Irena 228, 229, 230, 554
Auth, Heinz 55, 554
Ayittey, George B. N. 232, 349, 541, 554

Bach, Stefan 42, 554
Bachleitner, Reinhard 562, 566, 575
Backman, Carl W. 79, 195, 579
Baedeker, Karl 176
Bahr, Hans-Dieter 214, 554
Bähre, Heike 90, 92, 93, 98, 554
Baldacchino, Godfrey 565, 581
Baltes, Paul B. 554, 568
Barg, Claus-Dieter 546, 547, 554
Bartel, Rainer 517, 520, 554, 563, 566
Barth, Frederick 166
Barth, Ina 485, 554
Barthel, Alexander 565
Bartholomai, Bernd 42, 554
Baumol, William J. 267, 554
Bayerle, Markus 579
Bécherel, Lionel 7, 582
Beck, Ulrich 41, 76, 99, 251, 554, 575
Becker, Christoph 572
Bedau, Klaus-Dietrich 42, 555
Behm, Karl 121, 122, 555
Benjamin, Walter 188, 189, 555
Besel, Karin 570
Besler, Walter 526, 555
Beyhoff, Stefan 308, 555
Bieger, Thomas 201, 326, 327, 328, 334, 348, 349, 351, 353, 354, 555, 556, 559, 571
Biegert, Claus 243, 567

Binggeli, Urs 281, 555
Blaine, Thomas W. 445, 555
Blair, Eric 89
Bloch, Ernst 166, 179, 555
Bohlen, Dieter 349
Böhret, Carl 476, 555
Bojanic, David C. 70, 555
Bollaert, Livin 156, 222, 570
Boonchalaksi, Wathinee 236
Boorstin, Daniel J. 176, 195, 196, 197, 244, 245, 555
Borrmann, Christine 395, 556
Böttcher, Silke 15
Bracher, Karl Dietrich 560, 561
Braun, Ottmar L. 124, 125, 126, 145, 155, 156, 159, 160, 161, 556
Brenke, Karl 39, 40, 556
Breuer, Sigrid 584
Briassoulis, Helen 447, 556
Brinkmann, Dieter 573
Brocks, Silke 318, 319, 562
Brown, Graham 159, 556
Bruhn, Manfred 152, 556
Brysch, Armin 348, 556
Buchert, Matthias 578
Bull, Adrian 439, 440, 445, 446, 447, 448, 556
Burghoff, Christel 248, 525, 556
Burkart, A. J. 571
Bütow, Martin 95, 556
Buttler, F. 556
Byron, Lord 247

Cahoon, D. 170, 556
Caldwell, Bettye 82, 557
Cannadine, David 539, 557
Cantauw, Christine 557, 562, 565
Carroll, Brian 557
Carter, Jimmy 260, 267
Chabal, Patrick 232, 557
Chadwick, Robin A. 557
Chau, Peter 422
Choonhavan, Chalichai 237
Clews, Stanley J. A. 485, 557
Clift, Stephen 557, 563
Cohen, Erik 195, 224, 225, 226, 227, 234, 237, 245, 557
Cohen, Stanley 557
Conle, Kurt 399
Conrady, Roland 265, 277, 580
Cook, James 179
Cook, Thomas 254

Cooper, Chris 69, 557
Corbin, Alain 204, 557
Cortez, Hernando 247
Corti, Axel 1
Crompton, John 133, 154, 557, 558, 581
Crouch, Geoffrey I. 571
Csikszentmihalyi, Isabella Selega 558
Csikszentmihalyi, Milhaly 137, 138, 558

Daloz, Jean-Pascal 232, 557
Daly, Nina 353, 354, 558
Danielsson, Johanna 84, 85, 87, 570
Dann, Graham M.S. 119, 120, 124, 224, 245, 558
Dany, Max 359, 558
Darrow, Ross M. 293, 579
Daudel, Sylvain 295, 558
Davidson, Rob 113, 114, 558
Decrop, Alain 162, 558
Degener, Carl 254
Deja-Lölhöffel, Brigitte 91, 92, 94, 558
Derrick, Frederick W. 68, 558
Dexter, Choy J. L. 561
Dichtl, Erwin 147, 533, 574
Diewald, Martin 44, 558
Diller, Hermann 556, 558, 568
Dirnagel, Karl 134
Dirscherl, Klaus 79
Disney, Walt 336, 337, 344
Dissou, Daniela 431, 558
Dixon, Peter 450, 451, 558
Doensen, Harry J. F. 343, 344, 345, 558
Doganis, Rigas 277, 284, 308, 488, 558
Domino, Fats 87
Doorne, Stephen 228, 229, 230, 554
Döring, Ulrich 583
Dörner, Dietrich 558
Doxey, G. 240, 241, 242, 244
Drever, James 79, 559
Drexler, Heinrich 134
Dreyer, Axel 559, 577
Drieseberg, Thomas J. 77, 78, 79, 559
Drosdowski, Günther 2, 9, 138, 213, 559
Dundler, Franz 47, 50, 51, 559
Durkheim, Emile 119, 131, 559
Dürr, Karin 349, 354, 559
Dwyer, Larry 428, 430, 441, 448, 449, 469, 470, 473, 559, 560

Echtermeyer, Monika 404, 408, 559
Eckart, Thomas 559
Edmonds, E. M. 170, 556
Eichhorn, Wolfgang 559, 580
Einstein, Albert 129, 171
Eisenhut, Erich W. 113, 142, 559
Elias, Norbert 131, 170, 559

Ender, Walter A. 559, 578
Enquist, Per Olov 335, 559
Enzensberger, Hans Magnus 244, 560
Erdmann, Benedikt 387, 560
Faché, Willy 343, 560
Fandel, Günther 560, 567, 569, 580

Faust, Volker 560, 578
Feige, Mathias 511, 568, 576
Festinger, Lionel 153, 195, 560
Fichtner, Uwe 336, 337, 338, 339, 340, 560
Filip-Köhn, Renate 473, 560
Finetti, Marco 539, 543, 560
Finke, Renate 42, 43, 72, 560
Flavell, John H. 130, 560
Fletcher, John 69, 437, 553, 557
Fodness, Dale 116, 127, 128, 560
Forsyth, Peter 428, 430, 441, 448, 449, 469, 470, 473, 559, 560
Fraenkel, Ernst 476, 560, 561
Franck, Jochen 337, 338, 340, 345, 346, 347, 583
Francken, Dick A. 150, 576
Frank, Hans-Joachim 560, 581
Frank, Klaus 578
Frechtling, Douglas C. 20, 28, 422, 423, 560
Freyer, Walter 326, 433, 438, 533, 560, 561, 566, 576
Friedell, Egon 178, 561
Fröhlich, Werner D. 79, 559
Fromme, Johannes 561, 572
Frommer, Konrad 512, 561, 563
Führich, Ernst 365, 368, 377, 378, 379, 561
Fussell, Paul 247, 561

Gablentz, Otto-H. v.d. 476, 561
Gagnon, John H. 46, 49, 562
Ganser, Karl 174
Gasser, Ruth 561, 571
Gee, Chuck 561
Geier, Jürgen 571
Geiling, Heiko 582
Geißler, Rainer 100, 101, 561
Gibson, Heather 221, 584
Gilbert, David 69, 557
Go, Frank 547, 561
Goeldner, Charles R. 557, 560, 575, 577
Goffman, Erving 189, 561
Gog, Gregor 224, 581
Gollwitzer, Peter M. 125, 583
Gorsemann, Sabine 176, 180, 561, 562
Graburn, Nelson H. H. 131, 132, 562
Graf, Bettina 134, 562

Graf, Otto 132, 562
Graham, Anne 306, 311, 562
Grebe, Paul 2, 9, 138, 213, 559
Greenblat, Cathy Stein 46, 49, 562
Greenwood, J. 482
Grimm, Jacob 121, 213, 562
Grimm, Wilhelm 121, 213, 562
Grohmann, Heinz 562, 580
Gross, Harald 341
Gross, Peter 41, 215, 562
Groß, Sven 285, 562
Großmann, Margita 92, 93, 562
Grüning, Ferdinand 445
Gubar, George 67, 583
Guest, Philip 236, 555
Gugg, D. 72, 562
Guhl, Doris 443, 458, 459, 462, 577
Gunkel, Kay 318, 319, 562
Günter, Janne 174, 562
Günter, Roland 174
Günther, Armin 133, 190, 234, 559, 562, 563

Habich, Michael 558, 565, 584
Hacker, Winfried 132, 563
Hackl, Franz 523, 554, 563, 566
Haedrich, Günther 414, 563, 578, 580, 581
Hahn, Erich 559
Hahn, Heinz 144, 145, 553, 563, 567, 572, 574, 576, 577, 582
Haider, Manfred 132, 563
Haji-Ioannou, Stelios 281
Haley, Bill 87
Hall, Colin Michael 136, 234, 480, 482, 484, 486, 494, 495, 563, 577
Hall, Terence H. 237
Hammelrath, Margret 567
Hammelrath, Willi 224
Hampel, Jürgen 584
Hanke, Helmut 563
Hank-Haase, D. 72, 562
Hanlon, Pat 266, 269, 407, 408, 563
Hanna, Shermann 68, 582
Hänssler, Karl Heinz 360, 506, 511, 561, 563, 566
Harrer, Bernhard 456, 563, 568
Hartmann, Hans A. 562, 564
Hartmann, Klaus D. 127, 144, 145, 159, 160, 161, 563, 564
Hartmann, Marco 349
Has, Michael 564, 567, 568, 570, 574, 580
Haubl, Rolf 562, 564
Hauke, Wolfgang 445, 451, 564
Häusler, Nicole 564, 568
Häußermann, Hartmut 40, 564

Heine, Gerhard 489
Helbing, Jan 298, 374, 564
Heller, André 247, 248, 343, 564
Hellmich, Andrea 76, 564
Hellpach, Willy 210, 564
Hennig, Christoph 206, 209, 210, 211, 213, 229, 230, 248, 250, 337, 564
Hermann, Thomas 582
Herrmann, Theo 152, 564
Heyden, Günter 559
Heyne, Moritz 121, 562
Hilton, Conrad 197
Hilz, Andreas 373, 564
Himmelrath, Armin 539, 543, 560
Hinterhuber, Hans H. 571
Hitchcock, A. 19
Hitchins, Fred 24, 565
Hitler, Adolf 4
Hittmair, Anton 123, 565
Hochfeld, Christian 578
Hochschild, Arlie Russel 215, 565
Hodgson, Peter 565
Hodson, Mark 190, 566
Hofmann, Gabriele 210, 211, 212, 565
Hofmann, Wolfgang 373, 398, 565
Hohorst, Gerd 40, 565
Holloway, J. Christopher 49, 196, 287, 368, 400, 565
Holst, Elke 75, 565
Hopf, Rainer 473, 560
Hopfenbeck, Waldemar 519, 525, 565
Hörschgen, Hans 147, 533, 574
Husmann, Jürgen 565
Huster, Ernst-Ulrich 99, 565

Imhof, Arthur E. 74, 75, 565
Inguanez, Joe 244, 565

Jacobs, Klaus 73, 566
Jaeschke, Arndt-Moritz 361, 362, 363, 364, 566
Jahrefeld, Martin 566
Jaide, Walter 40, 41, 566
Jain, Subbash C. 533, 566
James, Henry 9
James, William R. 181, 182, 553
Janko, Yvonne 519, 566
Jann, Werner 476, 555
Jans, Reinhard 236
Jansen, Rolf 536, 566
Jenkins, John M. 480, 494, 495, 563
Johnson, Peter 556, 566, 570, 583
Jones, Kevin W. 237
Joppien, Martin Günter 300, 302, 566
Jung, Hans 487, 566
Jung, Helmut 93, 96, 566

Kagelmann, H. Jürgen 139, 553, 563, 566, 567, 572, 574, 576, 577, 582
Kairu, Kagia 190, 566
Kamp, Christina 476, 564
Kanig, Wolfgang F. 566
Kappner, Ulrich 399, 568
Kapuscinski, Ryszard 130, 170, 193, 232, 567
Karsten, Anitra 126, 128, 567
Kaspar, Claude 12, 30, 324, 325, 326, 328, 329, 330, 332, 344, 563, 567
Kaufmann, Jean-Claude 207, 209, 210, 567
Kay-Trask, Haunani 243, 567
Keipinger, Ralf 47, 50, 51, 559
Keller, Peter 561, 567, 577
Kerner, Karin 224, 567
Keul, Alexander G. 177, 567
Keynes, John Meynard 435
Kimms, Alf 298, 567
Kirstges, Torsten 374, 375, 524, 567
Kistler, Helmut 49, 567
Kleiber, Dieter 136, 137, 232, 233, 234, 235, 236, 567
Klein, Robert 298, 567
Klemm, Kristiane 529, 563, 567
Klingenstein, Max A. 371, 567
Kloas, Jutta 473, 560
Kmieciak, Peter 45, 567
Knebel, Hans-Joachim 168, 205, 223, 567
Knoblich, Hans 152, 568
Knowles, John 131, 568
Koch, Alfred 27, 443, 456, 457, 530, 568
Kocka, Jürgen 40, 565
Koesters, Paul-Heinz 107, 445, 568
Kohl, Manfred 484, 568
Kohli, Martin 73, 566, 568
Kort-Krieger, Ute 77, 568
Kralik, Dietrich 1, 569
Kramer, Bernhard 478, 480, 486, 572
Krause, Juliane v. 236, 237, 568
Krause, Peter 584
Krauthäuser, Josef 399, 568
Kreilkamp, Edgar 383, 388, 389, 563, 568
Kresta, Edith 248, 525, 556
Kreutzwiser, R. D. 424, 568
Kreuzig, Karl-Heinz 566
Krippendorf, Jost 116, 118, 119, 120, 478, 480, 486, 568, 572
Krishnamoorthy, M. 433, 437, 438, 440, 570
Kronenwett, Eva 476, 555
Krüger, Lutz 294, 568
Kruse, Judith 95, 568
Kühberger, Anton 177, 567
Kuß, Alfred 147, 568

Kyriazi, G. 336

Laker, Sir Freddy 284
Laloy, Jean Robert 359, 558
Lamneck, Siegfried 576
Landgrebe, Silke 569, 576
Lane, David 89, 569
Lang, Heinrich R. 330, 331, 507, 569
Langenhove, Luk van 156, 222, 570
Langner, Sabine J. 307, 569
Laßberg, Dietlind von 50, 116, 128, 553, 569, 570, 576
Lasswell, Harold D. 476, 522, 569
Lauterbach, Wolfgang 75, 569
Lawson, Rob 68, 81, 569
Leed, Eric J. 131, 138, 139, 165, 166, 168, 568, 569
Lehfeld, Alane K. 68, 558
Lehr, Ursula 42, 67, 543, 553, 569
Leimkuhler, John F. 293, 579
Leiris, Michel 131
Leontief, Wassily 445, 569
Lettl-Schröder, Maria 569
Levine, Robert 170, 171, 556, 569
Lewin, Kurt 125, 126, 569
Lexer, Matthias 1, 569
Lieb, Manfred G. 397, 573, 576
Lim, Lin Lean 555, 566, 569
Lindenmeier, Jörg 292, 294, 569, 581
Little Richard 87
Lockwood, A. 557
Löfgren, Orvar 172, 173, 210, 250, 335, 570
Lohmann, Martin 9, 19, 48, 59, 84, 85, 87, 94, 134, 145, 155, 156, 160, 161, 205, 247, 321, 556, 566, 570, 573, 576, 577, 578
Lorraine, Claude 172
Loss, Kay 553
Lowyck, Els 156, 222, 570
Lücke, Michael 171, 349, 570
Lüdtke, Hartmut 39, 45, 79, 80, 570
Ludwig, Eva 348, 555
Ludwig, Klemens 564, 567, 568, 570, 574, 580
Luft, Hartmut 350, 507, 570
Luhmann, Niklas 477, 544, 570
Lundberg, Donald E. 433, 437, 438, 440, 570

MacCannell, Dean 188, 189, 203, 221, 227, 570
Mäder, Ueli 116, 570
Maier, Harry 536, 548, 571
Makens, James C. 561
Maleri, Rudolf 295, 571

Maluga, Gabriele 571
Mann, Golo 260, 571
Mann, Thomas 129, 133, 170
Mannheim, Karl 82, 88, 571
Mansfield, Yoel 149, 571
Manz, Günter 90, 571
Margreiter, Josef G. 349, 571
Markwell, Kevin W. 185, 195, 571
Maschewski, Anja 524, 571
Maslow, Abraham H. 108, 109, 110, 111, 158, 571, 583
Maturana, Humberto R. 179, 571
Matzler, Kurt 541, 542, 544, 571, 575
Mayer, Karl-Ulrich 569, 571
Mazanec, Josef A. 554, 571
McLuhan, Marshal 65
Meadows, Donella 517, 571
Medlik, Slavoj 553, 571, 575, 581
Merk, Julia 566
Mertens, Dieter 535, 572
Meyer, Gudrun 127, 564
Meyer, Wolfgang 22, 78, 152, 572, 579
Michaelis, Peter 518, 572
Michna, Rudolf 336, 337, 338, 339, 340, 560
Milgram, Stanley 199, 572
Milligan, J. 243
Mitford, Nancy 177, 178, 187, 188, 189, 572
Mittelstraß, Jürgen 554, 568
Mohr, Hans Michael 584
Mohr, Niko 269, 572
Morgan, Nigel 348, 351, 572, 576
Morris, Edmund 523, 572
Moutinho, Luiz 147, 150, 151, 572
Müllenmeister, Horst Martin 174, 572
Müller, Dagmar 582
Müller, Hans-Peter 572
Müller, Hansruedi 443, 458, 459, 462, 478, 480, 486, 572, 577
Müller-Rockstroh, Peter 564
Murphy, Patrick E. 68, 573
Murray, Keith B. 147, 573

Nahrstedt, Wolfgang 561, 572, 573
Neuer, Martina 117, 564, 567, 568, 570, 574, 580
Neumann, Peter 513, 574
Nichts, Heinrich Wilhelm 541, 574
Nies, Irmtraud 377, 574
Nieschlag, Robert 147, 533, 574
Noack, Michael 529, 530, 574
Nohl, Werner 116, 574
Noll, Heinz-Herbert 71, 73, 574
Nolte, Paul 42, 574

Obier, Cornelius 574
Oertzen, Peter v. 582
Opaschowski, Horst W. 168, 574
Oppermann, Martin 13, 217, 574
Orwell, George Siehe Blair, Eric

Page, Stephen J. 557, 563
Panzar, John C. 267, 554
Parkinson, C. Northcote 255, 413, 575
Parmenter, Brian R. 448, 449, 450, 463, 464, 465, 466, 467, 468, 469, 553, 558, 575
Pearce, Philip L. 9, 575
Pechlaner, Harald 542, 555, 556, 571, 575
Pellettier, Vanessa 535, 537, 575
Penz, Otto 343, 575
Percy, N. 176, 177
Peters, Sönke 487, 575
Pfaffenberger, Hans 209, 575
Piaget, Jean 130, 575
Pilz, Frank 477, 575
Pirck, Peter 349, 575
Pivonas, Gisela 155, 575
Piwodda, Meike 573
Plog, Stanley C. 156, 157, 158, 213, 575
Pölt, Stefan 298, 575
Pompeo, Lucio 281, 555
Pompl, Wilhelm 261, 262, 273, 317, 318, 392, 397, 408, 488, 533, 561, 573, 575, 576
Poon, Auliana 518, 576
Popitz, Heinrich 238, 239, 576
Popper, Karl R. 37, 476, 576
Portatius, Hans Botho v. 560, 567, 569, 580
Porter, Michael E. 397, 400, 401, 403, 576
Prahl, Hans-Werner 247, 576
Presley, Elvis 87
Pride, Roger 348, 349, 351, 572, 576
Pritchard, Annette 348, 351, 572, 576
Pross, Harry 260, 571
Pruckner, Gerald J. 523, 563
Pückler, Botho Graf 565
Puschmann, Manfred 559
Pyszka, N. 81

Quésnay, François 445

Raaij, Fred van 150, 576
Recker, Helga 576
Redfoot, Donald L. 176, 177, 184, 186, 220, 221, 222, 247, 248, 576
Regele, Ulrike 383, 388, 389, 568
Rein, Hartmut 524, 571
Reinhold, Gerd 117, 561, 576
Reiss, Matthias 201, 576

Reuber, Paul 513, 574
Ricardo, David 106, 433
Richter, Claudia 511, 576
Richters, Thomas 265, 578
Rieder, Max 562, 566, 575
Rieger, Paul 207, 208, 209, 576, 581
Riemer, Klaus 344, 576
Rigby, Stuart 576
Ritchie, J. R. Brent 348, 351, 353, 557, 560, 571, 575, 577
Ritchie, Robin J. B. 348, 351, 353, 577
Ritter, Gerhard A. 40, 565
Ritzer, George 55, 176, 363, 577
Roberts, Ken 46, 577
Rodermann, Marcus 269, 572
Rogers, Judy 20
Rohr, Anna v. 312
Roll, Evelyn 189, 577
Roosevelt, Franklin Delano 266
Roosevelt, Theodore 523
Rosacker, Horst Dieter 577
Rösch, Stefan 343, 575
Rosenblith, Judy F. 557, 577
Rossmann, Dominik 579
Roth, Peter 555
Rothärmel, Bettina 577
Rousseau, Jean-Jacques 79, 205, 335
Rupperti, Thomas 577
Rust, W. Bonney 575, 577
Rütter, Heinz 443, 458, 459, 462, 577
Rütter-Fischbacher, Heinz 452, 453, 454, 455, 456, 458, 462, 577
Rüttgers, Jürgen 419
Ryan, Chris 234, 240, 242, 243, 577

Saborowski, Christian 39, 40, 577
Said, Edward W. 178, 577
Sander, Peter 569
Sander, Reinhard 577
Say, Jean-Baptiste 433
Schäfers, Bernhard 101, 578
Scharpf, Helmut 524, 571
Scheicher, Ursula 184, 578
Scherhag, Knut 348, 561, 566, 578
Schierenbeck, Henner 487, 578
Schmid, Rudolf 566
Schmidhauser, Hanspeter 12, 431, 578
Schmidt, Harald 94, 566, 578
Schmidt, Lutz 578
Schmidt, Martin 573
Schmidt, Svea-D. 574
Schmidtke, Heinz 123, 578
Schmied, Martin 518, 519, 520, 521, 578
Schmitt, Beate 578
Schmücker, Dirk J. 383, 388, 389, 568
Schneck, Otmar 487, 578

Schneider, Otto 546, 578
Schnell, Peter 576
Scholz, Wolfgang 564
Schörcher, Ursula 265, 578
Schrand, Axel 555, 577
Schröder, Alexander 286, 562
Schuh, Angela 134, 578
Schultz, Reinhard 487, 578
Schulz, Axel 578
Schulz, Barbara E. 564
Schulz, Jonathan 15
Schulz, Robert 559
Schulze, Gerhard 44, 45, 191, 578
Schupp, Jürgen 39, 40, 75, 558, 565, 577, 584
Schuster, Martin 185, 186, 578
Schuster, Rudolf 90, 578
Schwark, Jürgen 174, 579
Seaton, Anthony V. 541, 544, 579
Secord, Paul F. 79, 195, 579
Seifert, Karl-Dieter 287, 579
Seitz, Erwin 22, 78, 407, 578, 579
Selbach, Claus-Ulrich 91, 579
Selchert, Friedrich W. 487, 579
Selwyn. Tom 558, 579
Sharpley, Richard 9, 71, 117, 136, 167, 237, 240, 241, 242, 579
Shaw, G. 482
Siebel, Walter 40, 564
Siedentopf, I. 172, 579
Simmel, Georg 214, 215, 579
Smeral, Egon 471, 472, 579
Smith, Barry C. 579
Smith, Stephen L. J. 158, 293, 424, 568, 579
Smith, Valene L. 167, 220, 221, 241, 242, 579
Soellner, Renate 567
Sontag, Susan 183, 184, 579
Soto, Hernando de 232, 579
Soyez, D. 174, 579
Spann, Martin 299, 300, 580
Spitzing, Günter 186, 580
Spörel, Ulrich 14, 17, 580
Spurr, Ray 441, 449, 467, 473, 559, 580
Stäbler, Martin 50, 553
Stalder, Franz Jos. 213
Staples, William A. 68, 573
Staufenbiel, Fred 90, 580
Stavenga, Mink H. 433, 437, 438, 440, 570
Steger, Almut 27, 580
Stehr, Ilona 573
Steinecke, Albrecht 247, 529, 554, 555, 556, 567, 571, 572, 576, 579
Steinmassl, Christian 116, 128, 569
Stephani 555, 580

Sterzenbach, Rüdiger 265, 277, 317, 580
Stettler, Jürg 443, 458, 459, 462, 577
Stoetzer, Matthias-Wolfgang 312
Stolle, Christa 137, 580
Stoos, Friedemann 556
Stoph, Willi 95
Strasdas, Wolfgang 344, 580
Stringer, Peter F. 218, 580
Sulistyaningsih, Endang 237
Sultana, Ronald G. 565, 581
Sutton, John 450, 558
Swarbrooke, John 326, 327, 334, 340, 581

Taubert, Horst 559
Taylor, Laurie 557
Telfer, David J. 449, 581
Tessaring, Manfred 581
Teuscher, Hans 485, 581
Teuscher, Wolf Rütger 581
Than-Dam, Truong 236, 581
Theobald, William F. 561, 581
Thomas, Barry 556, 570
Thomas, William I. 152
Thomson, Craig 535, 537
Tower, John 176, 581
Trappmann, Klaus 224, 581
Tribe, John 581
Tscheulin, Dieter K. 292, 294, 569, 581
Tschurtschenthaler, Paul 327, 422, 443, 581
Turner, Victor 167

Um, Seoho 581
Ungefehr, Friederike 440, 581
Ungefug, Hans-Georg 389, 390, 581
Urbain, Jean-Didier 8, 207, 582
Urry, John 168, 175, 183, 184, 186, 237, 582

Vanselow, Heidrun 493, 582
Varela, Francisco J. 179, 571, 582
Veblen, Thorstein 125, 158, 582
Vellas, François 7, 582
Velten, Doris 567
Vester, Heinz-Günter 197, 582
Vester, Michael 44, 61, 64, 582
Vialle, Georges 295, 558
Vielhaber, Armin 50, 553
Vincent, D. P. 450, 558
Vodde, Thomas 573
Vowe, Gerhard 553

Wagner, Gert G. 39, 40, 577

Wagner, Janet 68, 582
Wagner-Döbler, Roland 577
Wahl, Anke 82, 88, 582
Wall, Geoffrey 449, 581
Walras, Marie Esprit Léon 445
Walter, Norbert 560, 581
Wang, Ning 187, 582
Wanhill, Stephen 69, 557
Warwick, Graham 404, 582
Webber, Andrew Lloyd 347
Weber, Jürgen 488, 582
Weber, Max 216, 333, 505, 582, 583
Wehner, Sigrid 44, 558
Weick, Stefan 71, 574
Weiermeir, Klaus 561, 571
Weiler, Guido Aurel 234, 583
Weinhold, Marisa Diana 268, 270, 395, 405, 407, 408, 556, 583
Wells, William D. 67, 583
Wenhart, Christiane 353, 354, 558
Wenzel, Carl-Otto 337, 338, 340, 345, 346, 347, 583
Wheatcroft, Stephen 420, 583
Wicklund, Robert A. 125, 583
Widmann, Torsten 347, 583
Wiegand, Erich 584
Wiese, Leopold von 219, 583
Wilke, Martin 136, 137, 232, 233, 234, 235, 236, 567
Williams, A. M. 482
Willig, Robert D. 267, 554
Winckelmann, Johann Joachim 178
Winckelmann, Johannes 583
Winkler, Gunnar 90, 571
Witt, Christine A. 107, 109, 161, 583
Wittgenstein, Ludwig 544, 583
Wöhe, Günter 486, 583
Wöhler, Karlheinz 191, 525, 583
Wöhrl, Hans-Rudolf 268
Wölfer, Joachim 287, 583
Woodside, Archie G. 571
Wright, Peter L. 107, 109, 161, 583

Yale, Pat 254, 400, 401, 584
Yannakis, Andrew 221, 584

Zahl, Bente 570
Zapf, Wolfgang 41, 558, 565, 584
Zehrer, Anita 542, 575
Zeiner, Manfred 456, 568
Zimmer, Peter 519, 525, 565
Zimmerman, Carol A. 68, 584

Sachregister

A. T. Kearney 303, 567
ABC-Paramount Theaters 336
Aberdeen 308
Abfälle 116, 524
Abfertigungsgebühren 271, 289, 306, 520
abr 38
Abschneidegrenze
   Betten 14, 15
   Busse 32
Accor 363
AdamAir 285
Adelaide 467
Adria 207, 208, 254
Adria Airways 275
AER 392
Aer Lingus 275, 411
Aer Rianta 309
Aero Lloyd 268
Aeromexico 275
Afghanistan 225, 226
Afrika 50, 105, 136, 158, 170, 321, 457
Ägäis 55, 238
Agenturvertrag 369, 377, 382
Ägypten 34, 50, 224, 358, 437, 528
Aida 322, 323
AIDA Cruises 323, 367
AIDS 137, 231
Air Berlin 285, 286, 288, 290, 292
Air Canada 272, 275, 312
Air Dolomiti 314
Air Europa 275
Air Europe 401
Air France 272, 277, 278, 312, 409, 411
Air France-KLM 275
Air Jamaica 403
Air Malta 485
Air Marin 400
Air New Zealand 272, 275
Air Nostrum 280
Air Transat 291
Air Vanuatu 484
Air Wisconsin 280
AirAsia 285
Airbus 258, 259, 263, 267, 270, 279, 284, 290, 301, 305, 420
Airports Council International (ACI) 310
Airtours (GB) 322, 369
AirTran 285, 312
AirTran Airways 285
Akkreditierung
   von Studiengängen 545
Aktion Junge Touristik (AJT) 530
Aktionsraum

   touristischer 201
Alaska 167
Alaska Airlines 312
Alitalia 272, 275, 411
All Nippon Airways (ANA) 275
Alleinreisende 197
Alleinstellung 353
Allgäu 15, 503, 504
Allgemeine Versicherungsbedingungen (AVB) 377
Allkauf 392
allocentrics 156, 157, 158
Alltours 367, 392
Alpen 254, 325, 504
Alpetour 366, 367
Alternativtouristen 222
Alterskohorte 67, 82, 83, 85, 86, 87, 88, 104, 147
Amadeus 404, 406, 409, 412, 499
amadeus.net 412
American Airlines 274, 275, 280, 281, 312, 403, 404, 405, 406, 407, 409, 411
American Airlines Decision Technologies 405
American Eagle 278, 280
American Overseas Airlines 258
American Society of Travel Agents (ASTA) 407
Ameropa 257, 367
Amnesty International 494
Amsterdam 227, 232, 271, 303
   Schipol 310, 314
amtliche Statistik 10, 12, 15, 63, 79
Anaheim 335, 339
Angebot
   abgeleitetes 324, 325, 326
   ursprüngliches 324, 325, 326
Angebote
   überschnittene 385, 386
Angebotsmethode 422, 458
Angola 197
Animateur 218, 527, 528
Ankara 267
Ankunftsdichte 28
Anomie 119, 120, 224, 245
Ansichtskarte 180, 181, 183, 184, 507
Antalya 17, 309
Antigua 437
Apartheid 413
Aparthotel Siehe Hotels
Apollo 406, 407
Arbeitsbündelung 535
Arbeitsgemeinschaft Deutscher Luftfahrtunternehmen (ADL) 492

Arbeitsgemeinschaft Deutscher
    Verkehrsflughäfen (ADV) 17
Arbeitslose 38, 98, 99, 100, 103, 104, 128,
    428, 468
Arbeitslosigkeit 41, 98, 103, 104, 124,
    218, 227, 448, 528
Arbeitsmarkt 40, 62, 450, 451, 456, 468,
    469, 496, 527, 532, 536, 547, 548, 549,
    550, 551
Arbeitspausen 121
Arbeitsteilung 106, 108, 111, 116, 118,
    142, 448, 479, 535
Arbeitszeitreduktion 39
Arke Reizen 369
Arlberg 484
Ascheberg 335
Asiana 275
Asien 50, 457
Association of European Airlines (AEA),
    493
Astar 312
Ästhetisierung der Landschaft 171
Athen 181
Atlanta 312
Atlantic Southeast Airlines 280
Atlas Reisen 392
ATR 279
Attraktionen 178, 183, 203, 227, 245, 326,
    329, 332, 334, 339, 341, 346, 348, 358,
    518, 522
    touristische 326, 327, 328, 329
Attraktionswert 160, 161, 345, 519
audio-animatronics 337
Aufbaustudium 533
Aura 188, 189
Ausbildung 41, 67, 82, 218, 320, 468, 469,
    527, 528, 529, 530, 531, 532, 534, 535,
    536, 537, 538, 545, 546, 547, 548, 551,
    552, 553
    Definition 534
Ausbildungsberufe 529, 530
Ausbildungsphase 44, 74
Ausbildungszyklus 532
Ausflügler 4, 5, 17, 27, 330, 346
Ausflugsfahrten 317
Ausgleichsfunktion
    des Tourismus 428
Ausländertourismus 6
Auslandstourismus 6, 11
Ausreisesteuer 440
Außenorientierung 44
Außenwirtschaftsgesetz 49
Außenwirtschaftsverordnung (AWV) 27
Aussteiger-Touristen 223, 224
Ausstellungen 112, 113
Austauschbeziehungen 106, 216

Australien 175, 201, 202, 227, 235, 271,
    272, 275, 281, 285, 321, 327, 441, 442,
    450, 463, 464, 465, 466, 467, 468, 469,
    470, 481, 483, 484, 494, 522, 537, 539,
    543
    Capital Territory 467
    New South Wales 467, 468
    Northern Territory 467
    Queensland 467
    South Australia 467
    Tasmania 467
    Victoria 467, 468
    Western Australia 467
Austrian Airlines 275, 411
Authentizität 117, 119, 120, 168, 187,
    189, 202, 204, 224, 245, 246, 249, 341
Authentizitätsthese 119, 120
Autobahngebühren 57
Automatisierung 39, 64, 118, 123
Automobil 10, 17, 28, 43, 47, 53, 57, 58,
    95, 97, 108, 111, 145, 153, 213, 251, 255,
    296, 303, 314, 323, 324, 339, 341, 355,
    412, 419, 518, 519, 520
Autostadt (Wolfsburg) 175, 341, 342
Avis 315
Ayia Napa 242

B & B, bed and breakfast 218
BA Citiexpress 280
BAA 308
Bachelor (B.A.) 532, 533, 534, 545
Bachelor-Studiengänge 532
Bad Cannstadt 331
Bad Doberan-Heiligendamm 208
Baden Airpark GmbH 514
Baden-Baden 329, 366
Baden-Württemberg 29, 310, 329, 331,
    431, 479, 503, 504, 523, 524
    Bettenauslastung 15
    Zimmerauslastung 15
Badeurlauber 149, 204
BAE-Systems 279
Bahamas 29, 327, 437, 440
    Eleuthera 327
    out islands 329
    Walker Key 329
Bahn 53, 54, 55, 58, 95, 143, 254, 255, 256,
    257, 296, 303, 316, 366, 375, 382, 410,
    422, 441, 453, 456, 464, 492, 519, 520,
    529
Bahn.de 386
Bahncard 257
Bahnhöfe 57, 58, 254, 257, 506
Bahnlizenz 381
Bahnreise 55, 367
Balearen 243, 244

Bali 225
Bangkok 199, 394
Bankbürgschaft 381
Barbados 29, 119, 124
Barcelona 192, 298, 310
barrierefreier Tourismus 502, 512
Basel-Mulhouse 314
BasisResearch 93
BAT-Freizeitforschungsinstitut 22, 23
Bayern 29, 96, 175, 503, 504, 523
Beanspruchungsnutzen 295, 296, 299
Beatles 87
Bedürfnispyramide 109, 110, 111
Beech 279
Beförderungspflicht 55, 260, 263
Beherbergungsbetriebe 15, 16, 25, 230, 350, 356, 357, 360, 426, 458, 521
Beherbergungsstatistik 14, 15, 16, 431, 458
Beherbergungsstatistikgesetz (BeherbStatG) 14
Behinderte 502, 512, 513, 514, 515, 516
Bekannten- und Verwandtenbesuche 108
Belegungssymbole
 für Liegestühle 238, 239, 240
Belgien 162, 280, 291, 343, 369, 395
Beratung 375, 376, 378, 381, 414, 507
Bereitstellungsnutzen 295, 296
Bergbahn 455, 458
Berlin 22, 23, 29, 90, 93, 96, 181, 189, 201, 223, 256, 287, 290, 303, 503, 511, 530, 556, 570, 582
 Schönefeld 303
 Tegel 290
 Tempelhof 283
Berlin Tourismus Marketing GmbH 511
Bermuda 437, 484
Bern
 Jura 458, 462, 463
 Kanton 458, 460, 461, 462
 Mittelland 458, 462
 Oberland 458, 462, 463
 Stadt 458, 462
Berufsakademie (BA) 531, 532, 533, 534, 536, 547, 549, 551
Berufsschule 530, 536
Berufsschulunterricht 529
Berufszyklus 532
Beschäftigungseffekte 431, 441, 468
Beschäftigungsmultiplikator 440, 441, 442, 462
Beschäftigungswirkung
 des Tourismus 428, 430, 441, 454, 455, 469
Best Western 363
Best-RMG 392

Besucher 4, 5, 17, 26, 27, 159, 177, 187, 190, 226, 227, 237, 240, 241, 242, 327, 328, 333, 334, 337, 338, 339, 340, 346, 458, 460, 462, 518
Besucherbefragung 421, 425
Besucherlenkung 339
Betriebsvergleich 387, 388, 389
Bhutan 484
Bibione 208
bilaterale Verkehrsabkommen 276
Bildpostkarten 181
Bildschirmtext 369, 375
Bildung
 Definition 534
Bildungsexpansion 58, 87
Bildungspolitik 420, 506
Bildungsstand 20, 58, 62, 77, 87
Bildungswerk der Omnibusunternehmer e.V. 530
Billigfluggesellschaften 31, 52, 54, 104, 261, 265, 268, 272, 280, 281, 283, 284, 285, 286, 292, 298, 299, 355, 374, 410, 411, 515
Billing and Settlement Plan (BSP) 274
Birmingham 301, 303
Blick
 touristischer 168, 171, 175, 176, 177, 179, 180, 187, 191, 194, 204, 245, 246, 249, 325, 337
Blockparteien 89
Bloomington 345
Blue 1 275
Blue Panorama 291
bmibaby 285
Bochum 326, 347
Bodensee 191, 349, 503, 504
Bodenseeflughafen 310
Bodenseeregion 15, 330
Boeing 258, 259, 263, 268, 270, 279, 283, 293, 294, 301, 308, 420
Bonn 257, 492
Bonus 370
Bonusmeilen 143, 276, 314
Bordeaux 175
Borkum 167
Boston 258
Bournemouth 206, 258
Brandenburg 29, 331
Brasilien 224, 233, 275, 279, 285
Bratislava 94
Bregenz 189, 280
Bremen 29, 287, 305, 307, 319, 503
Brisbane 467
Britannia Airways 400
Britannia Nordic 291

British Airways 268, 271, 272, 273, 274, 275, 277, 278, 280, 281, 285, 301, 409, 411, 498
British Airways Connect 277
British Home Tourism Survey 25
British Mediterranean Airways 301
British Midland 275, 285, 410
  Cyberseat 410
British Tourism Survey Monthly 25
British Virgin Islands 437
Brüssel 162
Bruttodeviseneffekt 426, 427
Bruttoeffekt
  des Tourismus 436
Bruttoinlandprodukt 102, 103, 244, 425, 437, 438, 446, 452, 454, 455, 457, 462, 464, 467
Bruttoproduktionswert 442, 443, 454
Bruttowertschöpfung 442, 443, 444, 454, 455, 462
Buchungen
  aktive 387
  passive 387
Buchungsentgelte 380
Buchungsklassen 296, 297, 298, 299
Buchungsstellen 22, 382, 396
Budget (Autovermieter) 315
Bulgarien 92, 93, 94
Bundesamt für Naturschutz 517
Bundesarbeitsgericht 143
Bundesinstitut für Berufsbildung (BIBB) 528
Bundesinstitut für Bevölkerungsforschung 75, 556
Bundeskartellamt 287
Bundesministerium für Arbeit und Soziales 514
Bundesministerium für Umwelt, Naturschutz und Reaktorsicherheit 517
Bundesministerium für Verkehr 314
Bundesministerium für Wirtschaft 492, 500, 501, 503
Bundesregierung 314, 457, 465, 486, 501, 502, 556
  Tourismusbeauftragter 502
  tourismuspolitische Ziele 501
Bundestag 65, 501, 502, 556
  Ausschuß für Tourismus 502
Bundesverband der Deutschen Industrie (BDI) 493
Bundesverband der Deutschen Tourismuswirtschaft (BTW) 492, 493, 501
Bundesverband Deutscher Autovermieter (BAV) 314, 315

Bundesverband Deutscher Omnibusunternehmer (BDO) 316, 317, 320, 488, 492, 494
Bundesverband mittelständischer Reiseunternehmer (asr) 393, 488, 490, 492, 494
Bundesverkehrswegeplan 314
Bund-Länder-Ausschuß Tourismus 501, 503
Bungalowpark 341, 343, 344, 348, 354
Burano 188
Bureau of Industry Economics (BIE) 464
Bürgerliches Gesetzbuch (BGB) 31, 263, 362, 365, 377, 378, 379, 380, 490, 508
Bus 53, 58, 59, 196, 303, 316, 318, 319, 320, 364, 366, 453, 456, 466, 529
Busfahrer 108, 527, 530
Business Class 297
Business Plus 392
Buskraftfahrer (Fachrichtung Personenverkehr) 530
Busreise 58, 59, 340, 367, 381, 464
Busreiseveranstalter 32, 317, 368
Busunternehmen 58, 230, 260, 316, 317, 318, 319, 320, 348, 366, 381, 454, 490, 500
Buzz 285

CAA (Civil Aviation Authority, GB) 198, 368
Call Center 367, 369, 375
Camper 210, 211, 212
Camping 94, 95, 145, 210, 211, 212, 360
Campingplätze 14, 25, 458, 501
  Klssifikation 360
Canadair 279, 420
Canberra 467
Canterbury 177
Caribbean Carousel 322
Carlson Wagonlit Travel (CWT) 392
Carnival Cruise Lines 322
Cathay Pacific 275
Cayman Islands 437
Cendant 409, 412
Center Parc 146, 203, 324, 326, 343, 344, 354, 521
CentrO 346, 347, 348
Charlotte 312
Charterflüge 17, 55, 265, 287, 288, 289
Charterfluggesellschaften 17, 31, 54, 55, 262, 265, 272, 284, 286, 287, 289, 290, 291, 292, 358, 398, 399, 400, 401, 403
Charterkette 263, 265, 288, 289, 372
Chartertourist 220, 241, 242, 244
Chautauqua Airlines 280
Check-in 305, 306

Chicagoer Abkommen 260, 261, 262
Chikago
 Midway 312
Chile 275
China 180, 198, 232, 275, 368, 413, 427
China Southern 275
Cincinnatti 312
CityNightLine 256
Civil Aeronautics Board (CAB) 266, 408
Clarkson Holidays 400, 402
Claude-Glas 171, 178
Clearing House 273, 488
Cleveland 312
Club Méditerranée 322
Club of Rome 517
Clubschiff 321, 322
Cluburlaub 146, 321, 322, 366, 367
Clusteranalyse 80
code share 279, 408
Comair (Südafrika) 301
Comair (USA) 280
Comecon 94
Computer-Reservierungssysteme (CRS) 292, 359, 404, 405, 406, 407, 408, 409, 410, 411, 412, 420, 441, 499, 529
 display bias 407
 integriert 407
 nicht-integriert 407
Condor 287, 291, 312, 399, 400, 402
Coney Island 157, 336
Consolidator 393, 394
Consolidatortickets 226, 379
contestable markets 267, 268
Continental 275, 312, 406, 411
Copa Airlines 275
corporate rate 143, 384
Corsair 291, 403
Côte d'Azur 325, 340
Cotswolds 175
Croatia Airlines 275
cross selling 384
CRS Siehe Computer-Reservierungssysteme
CSA Czech Airlines 275

Dallas 281, 312
Dan-Air 401
Dänemark 285, 291, 335, 342, 359
Darwin 467
Datenschutz 14
Davos 129
Daytona Beach 70, 71, 136
dba 268, 283, 285, 286, 288, 312, 399
DDR 37, 60, 88, 89, 90, 91, 92, 93, 94, 95, 96, 97, 98, 103, 255, 287, 391, 456, 479, 481, 556

DDR-Bürger 92, 93, 96
DDR-Regierung 287
DDR-Verfassung 90, 91
Deauville 206
Debonair 285
Deckungsbeiträge 372, 373, 374
DeHavilland 258
DeHavilland of Canada 279, 305, 420
Delta Air 268
Delta Air Lines 274, 275, 280, 285, 301, 312, 411
Delta Connection 278, 300, 301
demographische Etwicklung 74
Demokratie 38, 89, 476, 497, 553
DER 379, 381, 392, 393
DER Business Travel 392
Deregulierung 15, 260, 266, 267, 268, 269, 273, 274, 281, 290, 292, 300, 304, 404, 498, 501
Destinationen 19, 31, 53, 145, 151, 156, 159, 180, 186, 191, 201, 202, 226, 237, 243, 251, 265, 269, 270, 288, 289, 291, 296, 323, 324, 325, 326, 327, 328, 329, 330, 331, 333, 334, 339, 340, 342, 348, 350, 351, 352, 353, 354, 368, 372, 401, 403, 413, 449, 482, 484, 485, 486, 492, 494, 503, 504, 506, 521, 522, 524
 als Wettbewerbseinheit 328
 gesundheitstouristische 331
 synthetische 352, 353, 354, 355
 traditionelle 349, 350, 352, 353, 355
Destinationsagenturen 348, 353, 355
Destinationsmarken 348, 351, 354, 355
 Definition 351
Detroit 312
Deutsche BA 268
Deutsche Bahn AG 54, 255, 256, 257, 303, 304, 319, 376, 381, 382, 386, 492
Deutsche Bundesbahn 254, 255, 257, 287, 406
Deutsche Bundesbank 26, 27, 28
Deutsche Flugsicherung (DFS) 304
Deutsche Gesellschaft für Freizeit (DGF) 39
Deutsche Reichsbahn 255
Deutsche Touring 319
Deutsche Tourismusanalyse 22, 23
Deutsche Zentrale für Tourismus (DZT) 492, 501
Deutscher Bäderverband (DBV) 329, 330, 492
Deutscher Flugdienst (DFD) 286, 287
Deutscher Hotel- und Gaststättenverband (DEHOGA) 356, 358, 492, 494, 514
Deutscher Industrie- und Handelstag (DIHT) 503

Deutscher Reisemonitor 22, 23, 24
Deutscher Reisering 392
Deutscher Reiseverband (DRV) 376, 382, 393, 456, 488, 489, 490, 492, 494, 546
Deutscher Tourismusverband (DTV) 329, 330, 359, 491, 492, 493
Deutscher Wissenschaftsrat 531
Deutsches Seminar für Tourismus (DSFT) 530
Deutsches Wirtschaftswissenschaftliches Institut für Fremdenverkehr (DWIF) 456
Deutsch-Französisches Jugendwerk 486
Deutsch-Polnisches Jugendwerk 486
Devisenbeschränkungen 49, 93, 482
Dienstleistung, persönliche 215, 467
Dienstleistungsgesellschaft 45, 64, 65, 73, 74, 81, 109, 117, 120, 193, 220, 419
Dinosaur Walk Museum 346
Direktflüge 274, 276, 277, 298
Direktinkasso 396
Direktvertrieb 371
Discount Travel 392
Disneyland 201, 203, 245, 326, 335, 336, 337, 338, 339, 343
Disneyland Hong Kong 336
Disney-Parks 191, 335, 338, 339, 340, 341, 343, 354
Disneyworld 202, 251, 335, 339, 346
Dissonanz
  kognitive 153, 195
Dissonanzreduktion
  kognitive 153, 161, 195
DIVO-Institut 21, 46, 47, 50, 52, 53, 83
Dixieland 87
Dominikanische Republik 233, 290, 413, 437
Doppelzählungen 18
Dorint Hotels 363
Douglas 258, 262, 263, 560
Dozent für Weiterbildung
  im Tourismus 531
Dreamland 336
Drehkreuze 261, 265, 269, 270, 271, 272, 277, 278, 279, 289, 300, 313, 403, 499
Dresden 503, 511, 561
Dritte Welt 5, 50, 197, 220, 231, 232, 237, 523
DRS-Seereederei 322
Dschiddah 312
duales System 529, 530, 531, 536, 547
Dublin 4
Dublin Airport Authority 309
Duisburg 399
Düsseldorf 4, 290, 303, 308, 309, 511
  Lohausen 309
dynamic packaging 374

EasyJet 281, 285, 299, 312, 410
Economy 294, 297, 553, 574
ECPAT Siehe End Child Prostitution...
Edinburgh 308
Edmonton 345, 346
Eifel 504
Eilat 226
Einheimische 136, 168, 180, 181, 188, 203, 207, 213, 216, 217, 218, 220, 221, 223, 224, 226, 227, 232, 237, 240, 243, 245, 247, 248, 249, 326, 420, 423, 458, 484, 493
Einkaufszentren 177, 327, 345, 432
Einkommen
  frei verfügbare 41
Einkommens- und Verbrauchsstichprobe (EVS) 42, 100
Einkommensmillionäre 99, 101
Einkommensmultiplikator 440
Einstellung 20, 79, 80, 151, 195, 244, 525
Einwohner 191, 216, 226, 240, 241, 242, 245, 431, 485, 504
Einzelhandel 98, 302, 312, 380, 393, 455, 457, 464, 467, 471, 507
Einzelhandelsverbände 491, 494
Einzelhändler 395, 422, 425, 464
Einzelplatzbuchung 17, 31, 290, 499
Eisenbahn 53, 193, 225, 254, 520
Eisenbahnunternehmen 254
e-mail 383
Embraer 278, 279, 284, 420
Emden 178
Emirates 272
End Child Prostitution, Pornography and Trafficking of Children for Sexual Purposes (ECPAT) 494
England 106, 166, 177, 183, 258, 336, 549
Entfremdung 117, 120, 214, 215, 243
Entscheidungspfade 145, 146
Entsolidarisierung 104
EPCOT-Center 339, 343
Episodenberuf 528
Erasmus-Programm 534
Erbschaften 42, 72, 104
Erfahrungsraum 203, 204, 250
Erfolgsfaktoren
  strategische 485
Ergänzungsluftverkehr 265, 277
Erholung 4, 90, 111, 115, 121, 122, 123, 125, 127, 144, 145, 194, 198, 204, 205, 317, 325, 327, 328, 329, 331, 418, 507, 580
  Definition 121
Erholungsbedürftigkeit 126
Erholungsort 328, 329, 330, 332
Erholungstheorie 123

Erinnerungswert 186
Erlebnisgesellschaft 45, 60
Erlösrendite 388
Ermüdung 121, 122, 123, 126, 127, 128, 563
   Definition 121
Ermüdungsreste 122
ERP-Programm 501
Ertragsmanagement 260, 292, 297, 298, 299, 300, 307, 372, 373, 374, 375, 393, 405
Ertragssteuerung Siehe Ertragsmanagement
Erwerbstätigkeit 67, 73, 74
Erwünschtheit
   soziale 79, 134
Eskapismus 224, 225
Essen 175
Etihad 272
Etix 411
ETOPS 259
Euro Disney 336, 337, 340, 343
Europäische Gemeinschaft (EG) 25, 495, 523, 537
Europäische Kommission 365, 395, 396, 408, 497, 498, 500, 515, 516
Europäische Union (EU) 17, 25, 31, 260, 261, 293, 318, 351, 365, 395, 396, 410, 493, 495, 496, 497, 498, 499, 500, 502, 520, 521, 523, 525, 534
Europäische Währungsunion 27
Europäische Zivilluftfahrtkonferenz (ECAC) 408
Europäischer Gerichtshof (EuGH) 351, 395, 496, 498
Europäischer Hotelverband (Hotrec) 493
Europapark 340
Europcar 315
European Council of Travel Agents and Tour Operators Associations (ECTAA) 493
European Regions Airlines Association (ERA) 277
European Tourist Trade Fairs Association (ETTFA) 493
European Travel Commission (ETC) 493
European Travel Monitor (ETM) 24, 25
Eurosur S.A. 320
Eurotunnel 324
Eurowings 268, 280, 314, 399
EWG-Vertrag 395
Excel Airways 291
Expedia 386, 411
Export 426, 428, 442, 449, 467, 468
   unsichtbarer 426
Exportwirtschaft 426, 457

ExpressJet 280

Fachgehilfe
   im Gaststättengewerbe 529
Fachhochschule (FH) 531, 532, 533, 534, 536, 547, 549, 551
Fachreisebüro 381
Fachzeitschriften 540, 541, 542, 543, 545
Fähren 323, 324
Fahrgeschäft 336, 338
Fährschiffahrt 323
Fahrstuhl-Effekt 41, 43, 46, 60, 62, 76, 82, 83
Faktorenanalyse 80, 235
Familienferien 207, 502
Familiensituation (und Reiseentscheidung) 146
Familienurlaub 501
Familienzyklus 66, 67, 68, 69, 75, 76, 78
Fantasia 340
FDGB 89, 91, 92
FDGB-Feriendienst 91
Federal Express 269
Fehlmengenkosten 293, 294
Feiertage 115, 131, 132
Ferienhäuser 25, 28, 454
   Klassifikation 360
Ferienhotel Siehe Hotels
Ferienregelungen 74
Ferienwohnung 14, 28, 51, 59, 69, 212, 217, 367, 486
   Klassifikation 360
Ferienzielreisen 317, 318
Fernreisen 102, 258, 265, 519, 520, 521
Fernsehen 65
Festanmietung 373
Fidschi Inseln 179, 437
Film 188, 249, 250
Finanzpolitik 480
Finnair 275, 291, 411
Finnland 275, 291, 324
Firmendienst 376, 383
Firmenreisebüros 383
Firmenverkaufsstellen 347
First 291, 294, 392, 399
First Choice 291
Fischer Reisen 400
FKK 95
flag carrier 261
Flirt und Liebe 134, 135, 136, 207
Florenz 180, 247
Florida 71, 201, 322, 325, 335, 343, 344, 346
Flow-Erlebnis 137, 138, 139
Flucht
   als Reisemotiv 2, 89, 116, 117, 127

Flugbegleiter 527, 528
Flugbörse 392
Fluggesellschaften 8, 17, 18, 51, 52, 55, 56, 96, 143, 156, 167, 215, 225, 257, 258, 259, 260, 261, 262, 264, 265, 266, 267, 268, 269, 271, 272, 273, 274, 275, 276, 277, 279, 280, 281, 282, 283, 284, 285, 286, 288, 291, 292, 293, 294, 295, 296, 297, 298, 299, 300, 301, 302, 304, 306, 307, 309, 310, 311, 312, 313, 314, 320, 368, 372, 373, 378, 379, 380, 384, 385, 394, 395, 397, 398, 399, 400, 401, 402, 403, 404, 405, 406, 407, 408, 409, 410, 411, 412, 413, 420, 441, 453, 470, 482, 483, 484, 485, 487, 488, 490, 498, 499, 500, 515, 516, 520, 526
  traditionelle 300, 302
Flughäfen 18, 57, 257, 268, 271, 277, 278, 280, 282, 284, 289, 300, 302, 303, 304, 306, 307, 308, 309, 310, 311, 312, 313, 314, 410, 418, 441, 448, 463, 494, 499, 500, 506, 515, 516, 518, 520
  Verkehrsanbindung 303
Flughafengesellschaften 303, 306, 307, 310, 311, 500, 530
Flughafenlounges 297
Flughafensteuer 440
Flugkoordinator 499
Flugpauschalreise 17, 54, 145, 287, 368, 398
Flugpläne 276, 290
Flugplankonferenzen 500
Flugplankoordinator 500
Flugpreise 55, 258, 266, 267, 268, 281, 403
Flugreise 17, 18, 53, 54, 56, 96, 226, 258, 287, 343, 364, 367, 368, 498, 520
Flugreisende 192
Flugzeugumläufe 55, 282, 289, 290, 294
fluid pricing 374
Flußkreuzfahrten 323
flybe 265, 280, 285
Fokker 279
Forschungsgemeinschaft Urlaub und Reisen (F.U.R) 23, 30, 47, 50, 51, 52, 53, 61, 62, 63, 65, 66, 72, 83, 97
Fort Lauderdale 322
Fortbildungsmöglichkeiten im Tourismus 530
Franchise 217, 279, 280, 301, 302, 363, 364, 369, 389, 390, 392, 393, 396
Franchisesysteme 279, 302, 363, 389, 390, 391, 392, 393, 399
Franchising 300, 301
Franken 504
Frankfurt
  Hahn 309

Frankfurt am Main 256, 257, 307, 319, 333, 394, 503
  Rhein-Main 257, 271, 301, 302, 303, 306, 307, 310, 311, 312, 313
Frankreich 50, 51, 57, 73, 158, 206, 223, 256, 275, 303, 336, 340, 343, 358, 458, 506, 528, 536, 549
Fraport AG 302, 309
Free Life from Center Parcs 343
Freiburg 200
Freiheiten der Luft 261
Freizeit 4, 10, 39, 41, 43, 44, 45, 46, 49, 60, 68, 74, 86, 90, 95, 98, 116, 120, 122, 125, 128, 135, 139, 158, 173, 176, 218, 222, 248, 251, 334, 336, 345, 347, 418, 475, 519
Freizeitkarriere 44, 46
Freizeitparadox 128
Freizeitpark 326, 334, 339, 345
Fremdenverkehr 1, 2, 3, 324
Fremdenverkehrsabgabe 507
Fremdenverkehrsamt 549
Fremdenverkehrsgemeinde Siehe Tourismusgemeinde
Friedrich-Ebert-Stiftung 91, 92
Friedrichshafen 280, 282, 290
  Löwental 290, 303, 310
Frontier 285
Fronträume 189, 216, 218
FTI 367
FTI Ferienwelt 392
Fünf vor Flug 392
funships 322
Futura 291
Futuroscope 251, 340
Galileo 404, 406, 409, 412
Gammlertourismus (drifter tourism) 225, 227

Gander 258
Garantievertrag 373
Gäste 2, 8, 16, 26, 190, 196, 207, 214, 216, 217, 218, 219, 220, 238, 240, 241, 244, 246, 253, 314, 344, 345, 356, 357, 358, 453, 458, 507, 528, 530
Gästebefragung 455, 460
Gästebetreuung 333, 398
Gästeführer 528
Gastgeber 15, 124, 180, 213, 214, 216, 217, 218, 219, 240, 243, 244
Gastgebergesellschaft 227
Gastgeberrolle 218
Gastgeberverzeichnisse 506
Gastgewerbe 243, 325, 350, 355, 430, 431, 453, 454, 455, 457, 464, 465, 466, 468, 469

Gasthöfe 358, 360
Gastronomen 422
Gastronomie 302, 312, 334, 339, 347, 355,
    390, 420, 425, 514, 529
  gehobenere 363
GB Airways 301
Geburtenrückgang 75
Gegenkultur 225, 227
Gelegenheitsverkehr 262, 316, 317, 318,
    319
Gemeindeordnung 508
Gemeinderat 508, 510, 512
Gemeinschaft Unabhängiger Staaten
    (GUS) 94
Gemeinschaftsflüge 280
General Agreement on Tariffs and Trade
    (GATT) 5
Generationenwechsel 88
Genf 273
  Cointrin 303
Geographie 532
  Fremdenverkehrsgeographie 532
German Wings 268
germanwings 285, 286
Geschäftsbesorgung 362
Geschäftsbesorgungsvertrag 378, 379
Geschäftsreisen 3, 10, 14, 26, 28, 54, 110,
    112, 113, 141, 142, 143, 198, 231, 288,
    296, 299, 307, 314, 332, 358, 380, 383,
    384, 422, 446, 521
Geschäftsreisende 17, 246, 255, 256, 261,
    265, 272, 290, 295, 296, 299, 356, 358,
    382, 422
Gesetz über das Paßwesen 49
Gesetz zur Gleichstellung behinderter
    Menschen (BGG) 513, 514
Gesetz zur Umsetzung von Vorschlägen
    zu Bürokratieabbau und
    Deregulierung aus den Regionen 15
Gesundheit 4, 34, 47, 81, 114, 133, 134,
    149, 231, 331, 517
Gesundheitspolitik 479
Gewinnschwelle 372
Gexx 299
Ghana 193
Glasgow 308
  Prestwick 310
Globale Distributionssysteme (GDS) 404
Go! 285
Goa 226, 243, 493
Gol 285
Göteborg 324
Gran Canaria 291
Gran Dorado 344, 345
Grand Cañon 177
Graumarkttickets 394
Great Barrier Reef 467

Greenpeace 494
Grenzmethode 11, 12, 13, 17, 19, 25, 464
Grenzneigung zum Konsum 433, 435,
    436, 437, 438, 441
Griechenland 31, 50, 51, 148, 366, 401,
    528
  antikes 178
Großbritannien 4, 16, 24, 29, 49, 56, 73,
    158, 218, 235, 254, 258, 275, 279, 280,
    285, 287, 291, 308, 316, 322, 324, 342,
    343, 365, 368, 395, 400, 430, 437, 482,
    485, 531, 537, 539, 543, 546, 565
Großenbrode 206
Großvaterrechte 268, 499
Großveranstalter 366, 367, 369, 386, 400
Grundbedürfnis 106, 108, 109, 110, 111
Grundbildung
  berufliche 535
Grundgesetz (GG) 37, 65, 475, 487, 513
Gruppenfreistellung 273
Gruppenreise 167, 185, 194, 195, 196,
    206, 210
Gruppenreisende 198
Guernsey 243
Guide Michelin 77, 176, 178, 360
Gütegemeinschaft Buskomfort (GBK)
    320, 488, 492
Gütesiegel 320, 355

Hadj 114, 167
Halbtax-Abonnement 257
Halo-Effekt 152
Hamburg 23, 29, 200, 256, 257, 273, 287,
    290, 313, 326, 347, 349, 503
  Fuhlsbüttel 290, 309
Hamburg Messe und Congress GmbH
    511
Hamburg Tourismus GmbH 511
Handel 38, 106, 107, 190, 214, 247, 333,
    345, 395, 464, 494, 500, 508, 518
Handelsbilanz 451, 466
Handelsgesetzbuch (HGB) 377, 378, 380
Handelsherr 362, 376, 378, 393, 395
Handelsmakler 376, 378
Handelsvertreter 376, 377, 378, 379, 380,
    393, 395, 396
  integrierter 395
  nicht-integrierter 396
Händler 214, 315, 376, 380, 393, 394
Handwerkskammern 487
Hannover 256, 257
  Langenhagen 309
Hapag 286
Hapagfly 287, 291
Hapag-Lloyd 392, 399, 492

Hapag-Lloyd Express (HLX) 284, 285, 286
Harz 504
Hauptreiseleistungen 31, 365
Haupturlaubsreise 19, 23, 30, 48, 49, 50, 51, 52, 53, 59, 72, 83, 96, 202, 204, 210, 365
  Definition 19
  Reisezeitpunkte 30
Haushaltseinkommen 40
Haushaltsnettoeinkommen 61
Hautfarbe 205
Hawaii 157, 167, 243
Hayman Island 327
Hedonismus 45
Heidelberg 29, 503
Heidenheim 431
Heilbronn 531
Helgoland 189
Helsinki 324
Helvetic Airways 299
Heraklion 17, 290, 291
Herrschaft 89, 321, 476, 477
Herstellerdominanz 393
Hertz 315
Hessen 29, 309, 503
Hetzel 365, 400, 491
Hilfebeziehung 215
Hilton 197, 363
Hinterzarten 29
Hippies 225, 227
Hippietourismus 227
Hobart 467
Hochgeschwindigkeitsnetz 303
Hochgeschwindigkeitszüge 256
Hochschulabsolventen 63, 549, 551
Hochschulausbildung 531
Hochschulgesetze
  der Länder 531, 533
Hochseekreuzfahrten 321, 323
Hochtief 309
Holiday Cars 316
Holiday Express 392
Holiday Inn 198, 363
Holiday Land 392
Holland International 369
Holstein 335
Hong Kong 158, 198, 199, 437
Horizon Holidays 287
Hotelfachmann 529
Hotelführer 360
Hoteliers 240, 339, 422, 483
Hotelkette 143, 197, 245, 361, 363, 403, 404, 490
Hotellerie 15, 347, 360, 363, 390, 420, 425, 514
Hotelpacht

Festpacht 361
Mischpacht 361
variable Pacht 361
Hotelreservierungssystem 404
Hotels 8, 11, 12, 14, 15, 16, 25, 28, 31, 51, 52, 59, 69, 71, 92, 137, 143, 145, 146, 150, 154, 168, 175, 189, 197, 211, 215, 216, 218, 219, 230, 238, 239, 240, 243, 282, 284, 285, 292, 302, 304, 314, 316, 320, 325, 334, 338, 339, 340, 342, 344, 346, 356, 357, 358, 359, 360, 361, 363, 364, 365, 367, 368, 371, 373, 374, 375, 376, 380, 384, 385, 386, 397, 398, 400, 401, 402, 403, 404, 406, 411, 414, 418, 419, 420, 422, 423, 424, 427, 430, 432, 434, 435, 441, 448, 458, 463, 464, 467, 468, 473, 479, 483, 484, 486, 492, 493, 494, 507, 514, 516, 518, 521, 522, 524, 529, 530, 535, 536
  Aparthotel 357
  Betreiberkonzepte 360, 363
  Definition 356
  Eigentümerbetriebe 360, 363
  Ferienhotel 217, 358, 424
  Garni 357
  Heuhotel 356
  Klassifikation 12, 358, 359
  Kurhotel 357
  Managementbetriebe 363
  Managementverträge 362, 363
  Motel 356, 357
  Pachtbetriebe 360, 361, 363
  Qualität 358
  Seminarhotel 358
  Stadthotel 358
  Themenhotel 358
Hotelsteuer 440
Hotelverband Deutschland (IHA) 514
Houston 312
Hovercraft 324
HSH Nordbank 278, 565
hub and spoke-System 269

IATA Siehe International Air Transport Association
IATA-Lizenz 381, 394, 395
IATA-Tarifkonferenzen 273
Iberia 272, 275, 280, 312, 409, 411
Ibis-Hotels 363, 390
Ibiza 71, 226
ICE 54, 256, 257, 304
Ilyushin 263
Image 59, 151, 152, 321, 337
  Definition 151
Implant-Reisebüros 382, 383, 384
  geschlossene 383

offene 383
Imponat 541
Importe 427, 428, 436, 437, 438, 440, 442, 444, 447, 449, 455, 457, 459
  unsichtbare 426
Incentive-Reise 113
Incoming-Agentur 16, 197, 398
Indianer 181, 182, 183
Indien 223, 225, 226, 284
Individualgastronomie 360
Individualisierung 44, 68, 76, 78
Individualreise 31, 52, 198, 340
Indonesien 220, 237, 284, 285, 323
Industrie- und Handelskammer (IHK) 487, 495, 530
Industriegesellschaft 38, 116, 119, 120, 223, 254
Industriekultur 174, 175
Industrieländer 65, 136, 170, 521
Industries Assistance Commission (IAC) 469, 470
Informationsquelle 155
Infox 395
Infrastruktur
  touristische 245, 326, 332, 339, 463, 494, 501, 518, 521, 523, 551
Infratil 310
Inkonsistenz
  des Konsumverhaltens 77
Inlandsreisen 24
Inlandstourismus 6, 11, 17, 423, 453, 454
Innenorientierung 45
Innsbruck 343
Input-Output Analyse 445, 448, 449, 450
Input-Output Modell 445, 447, 448, 449
Input-Output Tabellen 451, 464, 465
Input-Output Transaktionsmatrix 446
Insolvenzschutz 31, 364, 365, 490, 496
Institut der Deutschen Wirtschaft (IDW) 99, 536, 565
Institut für Demoskopie (IfD) 21, 45, 46, 102
Institut für Marktforschung (IM) 93
Inszenierung 191, 192, 203, 250, 335, 338, 341, 358
Integration
  horizontale 279
  vertikale 278, 397, 398, 399, 400, 402, 403, 485
Intercondor 287
Intercontinental 363
Interessengemeinschaft 487
Interessengruppen 489, 494, 495, 501
Interessenverbände 490
Interessenvertretung 487, 488, 490, 493
Interflug 96, 287
Interlaken 458

Interlining 273, 282, 295, 296
International Air Transport Association (IATA) 273, 376, 380, 381, 382, 394, 487, 494, 499
International Civil Aviation Organisation (ICAO) 260, 266, 408, 487, 520
International Hotel Association (IHA) 492
International Leisure Group (ILG) 399, 401
International Monetary Fund 26
International Passenger Survey 24
International Visitor Survey (IVS) 464
Internationale Bauausstellung (IBA) 174
Internationale Bodenseetourismus GmbH (IBT) 504
Internationale Tourismusbörse (ITB) 22, 23, 492
Internationaler Bustouristik Verband (RDA) 488, 492
Interne Reservierungssysteme (IRS) 404, 407
Internet 32, 112, 283, 284, 316, 346, 359, 367, 369, 371, 375, 386, 410, 411, 514, 566
Internetbuchungsmaschinen 413
Internetnutzung 22
Internetreisebüros 369, 375, 386, 387, 412
Internetreiseportale 412
Intervallreisende 48
Inuit 167
Investitionsbank Berlin 511
IPK 23
Iran 225
Irland 218, 275, 285, 366, 437, 481
Island 17, 437
Israel 226
Istanbul 197, 312
Italien 3, 29, 31, 50, 51, 54, 57, 96, 275, 279, 291, 325, 357, 359, 402, 486, 537
ITS 369
IUOTO 4, 5
Izmir 290

Jahn Reisen 399
Jahrgangskohorten 83
Jamaika 403, 437
  Montego Bay 403
Japan 16, 202, 225, 256, 275, 335, 340
Jetblue 265, 284, 285, 312
Jetstar 285
Jordanien 34
Jugendbewegung 2
Jugendgesetz der DDR 91
Jugendherbergen 230, 360

Jugendreisen 551
Jugoslawien 50, 497

Kabinenteiler 297
Kabotage 261, 319
Kairo 181
Kaiserliches Statistisches Amt 40
Kaiserreich 40
Kalifornien 201, 267, 335, 340
Kameralistik 254, 508, 509, 510
Kanada 275, 279, 285, 291, 345, 424
  Ontario 20, 424
Kanarische Inseln 55, 145
Kanton Bern 459
Karibik 27, 118, 136, 137, 157, 246, 322, 323, 403, 413, 481, 483, 484, 518
Karstadt 399, 492
Karstadt Reisebüro 392
KarstadtQuelle 287, 392
Kartell 487
Kartellbehörden 273, 274
Käseglocke (environmental bubble) 195, 196, 197, 206, 213, 245
Katalog 31, 51, 155, 322, 344, 365, 366, 385, 386
Kataloge 180, 250, Siehe Kataloge
Katalogherstellung 371
Katalogpreis 395
Kathmandu 226
Kaufentscheidung 77, 147, 148, 149, 150, 153, 156
Kaufkraftüberhang 98
Kaufmannsgehilfe 529
Kaukasus 301
Kellner 198, 420, 527
Kenia 137, 190, 226, 233, 236, 275
Kenya Airways 275
Kettenlänge 289
Kiel 23, 324
Kinderbetreuung 74
Kinderprostitution 137, 231, 235, 237, 494
Kiwi Experience 230
Kjøbenhavns Sommertivoli og Vauxhall 336
Klassengesellschaft 42, 76
Kleinbetriebe 15
Klima 121, 133, 134, 151, 157, 193, 219, 324, 325, 331, 350, 467, 560
Klima-Terrain Kur 134
klimatische Grenzen 200
KLM 274, 277, 285, 411
Koalitionsfreiheit 487
Koch Übersee 392
Köche 55, 527, 529
Kohorteneffekte 68

Köln 181, 200, 257, 503, 530
Kommerzialisierung 190, 226, 227, 506, 507, 510, 511
Kommunikationstechnik 112
Komplexitätsreduktion 151
Konflikt
  institutionalisierter 476
Kongreß 4, 9, 14, 112, 113, 325, 326, 333, 339, 506
Konsolidierung 55, 441
Konstanz 202, 304, 331, 347, 368, 512, 534
Konsum
  demonstrativer 125
Konsumverhalten 77, 97, 440
Kontingente 91, 293, 296, 297, 364, 367, 404
Kontingentvertrag 373
Kooperation 24, 276, 280, 321, 343, 353, 388, 389, 391, 392, 393, 465, 486, 487, 488, 491, 495, 510
Kopenhagen 181, 336
  Kastrup 310
Korean Air 275
Korporation 487
Korsika 287
Kosten
  externe 519, 520
Kostendeckungsprinzip 307, 311
Kraft durch Freude (KdF) 486
Krankenkassen 331, 486
Kreditkarte 27, 410, 422
Kreutzer Touristik 400
Kreuzfahrt 4, 33, 56, 137, 145, 146, 195, 223, 316, 321, 322, 323, 324, 365, 366, 367, 406
Kreuzfahrtenmarkt 322
Kreuzfahrtschiff 195, 213, 238, 321, 518
Kreuzflüge 137
Kreuzlingen 347
Kreuztickets 296
kritische Periode 82
Kroatien 275
Kuba 273, 413
Kühlschrank-Fehlschluß 349, 541
Kulturkritik 196
Kultusministerkonferenz 506, 531, 545
Kureinrichtungen 357, 479
Kuren 134, 331
Kurhotel Siehe Hotels
Kurkonzert 88, 223
Kurort 134, 205, 223, 331, 357, 492, 501, 507, 510
Kurortegesetz 329, 331, 332
Kurortstypen 331
Kurregime 134
Kurtaxe 15, 507

Kurverwaltung 529
Kurzreise 22, 48, 58, 93, 102, 115, 149, 317, 331
Kurzurlaubsreisen 10

L'Tur 366, 372
Ladenschlußgesetz 257, 491
Lagoon-Park 336
Laker Airways 281
Lamu 226
LanChile 275
Landal GreenParks 343
Landegebühren 271, 282, 289, 305, 306, 307, 311, 520
  variable 308
Länderparlamente 503
Landestourismusverband Brandenburg 511
Landestourismusverbände 491, 503
Landschaft 35, 86, 127, 160, 171, 172, 177, 184, 187, 188, 191, 192, 193, 194, 203, 204, 205, 206, 210, 227, 245, 251, 320, 324, 325, 336, 344, 426, 502, 521, 522, 523, 524
  Kulturlandschaft 205, 523
Landschaftspflege 524
Landschaftsverbrauch 518
Landschaftszerstörung 518
Langzeitarbeitslose 98
Langzeitarbeitslosigkeit 104
Las Vegas 322, 329, 358, 374
Last Minute-Reisen 374, 410
Last-Minute Veranstalter 366
Lastminute.com 386
leakage 427, 438, 440, 442, 444
Lebenserwartung 41, 42, 72, 73, 74
Lebenslage 68, 76, 80, 139, 146, 147
Lebensläufe 68, 73, 86
Lebensphasen 67, 68, 69, 72
Lebensstil 20, 38, 66, 76, 77, 79, 80, 81, 167, 175, 221, 224, 230
Lebensstilforschung 78
Lech 484
Leerflüge 288
Legitimation 88, 94, 477, 546
Legitimität 90, 475, 476, 486, 497, 525
Legoland 251, 337, 340, 342, 346
Lehramtsstudiengänge 532
Leicester 254
Leipzig 333
Leistungsträger 193, 328, 333, 349, 354, 364, 365, 368, 375, 376, 377, 378, 379, 380, 382, 383, 385, 386, 388, 393, 395, 396, 398, 404, 405, 417, 458, 507
Leitveranstalter 386, 399
Lernen

exemplarisches 534
Liberalisierung 263, 281, 394, 399, 404, 485, 501
Liechtenstein 202
Liegestühle 238, 239, 240
Liegestuhltouristen 223, 237, 240
Lima 309
Lindau 15, 330
Linienflüge 17, 55, 265, 268, 290, 376
Linienfluggesellschaften 17, 54, 253, 260, 261, 262, 263, 265, 266, 268, 272, 274, 275, 277, 278, 279, 281, 283, 286, 288, 290, 291, 292, 295, 299, 300, 314, 372, 393, 394, 410
  Definition 260
  traditionelle 261, 272, 273, 276, 277, 292, 358, 374
Lion Airlines 285
Lizentiat (Lic.) 534
Lobby 216, 356
Lockheed 55, 554
Logotyp 152
London 4, 16, 24, 181, 193, 200, 201, 271, 273, 281, 332, 336, 386, 394, 577
  Gatwick 308, 310
  Heathrow 271, 273, 300, 308, 310, 313
  Stansted 308, 310
LOT Polish Airlines 275
Loughborough 254
LTU 286, 287, 288, 290, 291, 399, 492
Lübeck 282, 310
  Blankensee 310
Luftfahrtpolitik 266, 498
Luftfahrtstatistik 17, 18, 291
  Doppelzählungen 18
Lufthansa 55, 257, 268, 271, 272, 273, 275, 276, 277, 278, 280, 286, 287, 293, 294, 298, 300, 304, 309, 312, 313, 392, 393, 394, 400, 402, 406, 408, 409, 410, 411, 492, 498
  Info Flyway 410
Lufthansa City Center 392
Lufthansa Regional 300
Luftkissenfahrzeuge Siehe Hovercraft
Luftverkehrsgesetz 262
Luftverkehrskaufmann 530
Luna Park 336
Lunn Poly 400
Luxemburg 314
Lyon 256
  Satolas 303

Maastricht 496
Mack 342
Madrid 5, 256
  Barajas 310

Magic Bus 230
Mailand
　Malpensa 310
Mainau 190, 191
Mainz 503
Maklervertrag 377
Malaysia 29, 195, 284, 285
Malediven 523
Mall of America 345, 346, 347
Mallorca 17, 33, 34, 55, 139, 145, 192, 206, 220, 241, 244, 284, 288, 290, 291, 292, 310, 315, 323, 366, 386, 473, 484, 489
　Alcudia 206
　C'an Pastilla 366
　Calvi 484
　El Arenal 139, 241, 366
　Magaluf 241, 484
　Palma de Mallorca 17, 192, 241, 288, 290, 291
　Palma Nova 484
Malta 29, 190, 244, 290, 400, 485
Malus 370, 378
Managementgebühr 362, 384
Manaus 323
Manchester 310
Mangelgesellschaft 97, 110
Mannheim 319, 504
Marge 380, 473
Maritim 363
Marken 111, 148, 153, 301, 341, 343, 348, 349, 351, 353, 354, 355, 363, 556
　Bedeutung 354
　Definition 349, 351
Markenpräferenz 354
Markenschutz 351
Markenwelten 327, 341
Marketing 23, 78, 81, 276, 301, 330, 334, 340, 341, 351, 353, 354, 363, 393, 413, 414, 491, 533, 563, 569, 570
　internationales 533
Marketingallianz 276
Marketinginstrumente 353
Markteintrittsbarrieren 267, 300, 320, 403
Marktforschung 12, 20, 21, 78, 533
Markttransaktionskosten 397
Markttransparenz 147, 407, 525
Marne-La-Vallee 335
Marokko 50
Marriott 363
Marseille 202
Martinair 291
Massai 190, 245
Massenproduktion 118, 183
Massentourismus 167, 220, 226, 227, 241, 244, 248, 251

Massentouristen 8
Master (M.A.) 533, 534
Mauritius 437
McDonald's 363, 390
Meadowhall 346
Mechanisierung 123
Mecklenburg-Vorpommern 29, 96
Meer 146, 160, 192, 204, 205, 206, 208, 210, 226, 325, 524
　Verschmutzung 518
Meersburg 29, 504
Meier's Weltreisen 399
Meinungsforschung 20
Mekka 114, 167
Melbourne 467
Melderechtsrahmengesetz (MRRG) 7
Menorca 290
Mercer Consulting 284, 571
Mercure Hotels 363
Merlin Entertainment 342
Mesa Air Group 280
Messe Berlin 492
Messen 112, 113, 327, 333
Messewesen 113
Methode der Angebotsseitenschätzung 424
Methode der Ausgabenhochrechnung 425, 464
Methode der Bestimmung der Einnahmereste 424
Methode der Devisenerfassung 426
Methode der saisonalen Differenz 423
Mexiko 5, 227, 275
Meyer-Hentschel Management Consulting 569, 572
Miami 157, 201, 322
Miami Beach 157, 201
Midlands 254
Mietomnibusverkehr 317, 318
Mietvertrag 377
Mietwagen 33, 143, 314, 364, 366, 376, 383, 384, 398, 404, 441
Mietwagenmakler 316
Mietwagenunternehmen 314, 315, 316, 380, 419
Milieu 44, 66, 76, 77
　gewerkschaftliches 77
　katholisches 76
Milieus, soziale 65, 76, 77
Mindestumsätze 369, 377, 382, 386
Mineralölsteuer 54
　für Flugtreibstoff 520, 521
Minneapolis 312, 345
Mischverband 492
Mitsubishi-Hotelführer 360
Mittelamerika 457
Mittelmeer 170, 194, 223, 322, 323, 493

Mobilität 2, 3, 6, 37, 44, 54, 66, 76, 106, 118, 254, 475, 517, 518, 519, 533
Monarch Airlines 291
Monarch Scheduled 285
Montreal 273
Moskau 181, 201
Motel Siehe Hotels
Motivation 44, 107, 108, 109, 110, 111, 113, 115, 124, 125, 127, 128, 146, 218, 219, 245, 248, 551
 extrinsische 111
 intrinsische 111, 137
 Schubfaktoren 107, 108, 110, 120, 146
 Zugfaktoren 107, 108, 110, 120, 146, 245
Motivationsansätze 116, 133
Motivationstypen 111
Mövenpick 363
Multimedia 112
Multioptionsgesellschaft 41
Multiplikator 433, 434, 435, 436, 437, 438, 439, 440, 441, 442, 444, 445, 447, 449, 452, 463, 467, 468
 degressiver Effekt 441
 indirekter Effekt 435
 induzierter Effekt 432, 435, 436, 440
 Steuermultiplikator 440
 Umsatzmultiplikator 462
 Wertschöpfungsmultiplikator 462
München 18, 22, 23, 139, 174, 199, 200, 226, 256, 257, 271, 288, 290, 298, 303, 308, 310, 312, 313, 319, 330, 332, 347, 423, 531, 553, 555, 574, 576, 580, 584
Musicals 189, 347
Müttergenesungswerk 486
Myanmar (Birma) 493
MyTravel 291, 322
MyTravel A/S 291
MyTravel Airways 291
MyTravel Group 291

Nachentscheidungskonflikt 153
Nachfragemethode 34, 421, 429, 430
Nachtportier 356, 357
Nairobi 190
Namibia 197, 484
Namur 162
National Tourist Office (NTO) 492
National Travel Survey 24
Nationale Front 89
Naturschutzgebiet 484, 494, 502, 517, 518, 523, 524
Neckermann 369, 393, 399
Neckermann Preisknüller 400
Neckermann Urlaubswelt 392
negotiated fares 384

Nepal 149, 225
Nettodeviseneffekt 427, 436
Nettoeffekt
 des Tourismus 437
Nettoreiseintensität 21, 30, 46, 47, 48, 60, 61, 63, 65, 66, 67, 69, 83, 85, 87, 98, 512, 516
Nettowertschöpfung 442, 443, 456
Netzfluggesellschaften 261, 265, 274, 283, 286, 292, 296, 298, 299, 300, 302, 378, 379, 386, 411
Neufundland 258
Neuguinea 166
Neuseeland 68, 202, 227, 228, 229, 230, 275, 321, 427, 481, 483, 484, 537, 539
New Orleans 281
New York 4, 18, 54, 157, 175, 181, 258, 281, 296, 306, 313, 332, 336, 358, 407, 523, 577
New York Air 407
Newark 312
Niederbayern 504
Niederlande 160, 161, 225, 275, 343, 359, 369, 520, 537
Niedersachsen 29
Niedrigtarifkontingente 297
Nielsen-Marktforschung 355
Nizza 191, 325, 471
no shows 293, 296
non traditional outlets 387
Nordafrika 301
Nordatlantik 258, 274, 321
Norddeutscher Lloyd 287
Nordirland 437
Nordrhein-Westfalen 29, 309
Nordsee 15, 134, 207, 360, 424, 503, 519
Normaltarifkontingente 297
Northeim 391
Northwest Airlines 274, 275, 276, 312, 409, 411
Northwest Airlink 300
Norwegen 17, 285, 324
Norwegian 285
Nouvelles Frontières 403
Novasol 367
NUR - Neckermann und Reisen 369, 399, 492
Nürnberg 319
Nürnberger Flugdienst (NFD) 268, 399

Oakland 312
Oben-Ohne 209
Oberägypten 3
Oberallgäu 15
Oberbayern 167, 174, 331, 503
Oberhausen 29, 174, 224, 346, 347, 348

Oberstdorf 519
Oetker-Konzern 287
offene Gesellschaft 37, 38
OFT (Otto Freizeit und Touristik) 392, 412
Öger 367
Ökobilanz 526
Ökocheckliste 524
Ökonomieprinzip 150, 151, 153, 202
Ökosteuer 54
Ökotourismus 494
Oktoberfest 331, 347
Olimar 367
Ölkrise 98, 517
Olympic Airways 272
Oneworld 275
Online-Reisebüros Siehe Internetreisebüros
Oodnadatta 202
Opel live 343
Opodo 386, 411, 412
ORANI 450, 451, 463, 464, 466
Orbitz 386, 411, 412
Organisation for Economic Co-operation and Development (OECD) 452, 471, 573, 574, 583
Orient 178
Orientierung
　dynamische 124
　statische 124, 125, 126, 159
Orlando 335, 339
Ortswechsel 133
Oslo 324
Österreich 1, 50, 51, 54, 57, 96, 160, 161, 200, 275, 280, 357, 457, 472, 481, 504
Ostfriesland 177, 178
Ostpreußen 243
Ostschweiz 15
Ostsee 15, 59, 96, 206, 207, 209, 360, 424, 503
Ottawa 6
Ozeanien 321

P&O North Sea Ferries 324
Pädagogik 532
　Freizeitpädagogik 532
Paketreiseveranstalter 320, 366
Pakistan 225
Pakistan International Airlines (PIA) 485
Paladien 403
Palästina 224
Palau 437
Palm Cove 202
Pan American World Airways 272
Panama 275

Paradies 89, 114
Parahotellerie 360
Paris 177, 181, 201, 249, 256, 271, 303, 332, 335, 339
　Charles de Gaulle 303, 310
　Orly 310, 312
Parlament 478, 479, 481, 489, 497
　Europäisches 497
Pauschalreisen 26, 31, 33, 34, 51, 52, 149, 219, 223, 254, 262, 263, 284, 286, 290, 316, 317, 320, 364, 365, 366, 367, 368, 369, 374, 375, 376, 380, 382, 386, 387, 397, 398, 400, 409, 412, 422, 454, 490, 496
Pauschalreisende 223, 233, 490, 496
Pause 121, 123, 132, 133
　Vorauswirkung 132
Pendler 6
Pension 14, 15, 51, 59, 160, 217, 357, 360, 371, 468
　Frühstückspension 357
　Klassifikation 359
Pension (Ruhestand) 40, 72, 104, 218
Personenbeförderungsgesetz (PBefG) 316, 318, 319, 320
Perth 467
Philadelphia 312
Philippinen 137, 233, 323
Photographien 158, 180, 181, 182, 183, 186, 193, 250
Photographieren 180, 183, 185, 186, 195
Pilgerreise 5, 114, 167
Pilotengewerkschaften 302
Pinnacle Airlines 280
Pisa 177
Pittsburgh 312
Planwirtschaft 93
Pluralisierung 44, 68, 76, 78
Polarisierung
　der Gesellschaft 101
Polen 92, 93, 94, 243, 275
policy 476, 523
politics 476, 504, 523
Politikbereiche 477, 479, 480, 496, 501, 517
polity 476, 478, 523
Port Aventura 340
Portugal 106, 107, 366, 367
Positionierungsfahrten 314
Postkarten 181, 182, 183, 188, 193, 220
Prädikatisierung
　von Tourismusorten 332, 505
Prag 93, 94, 201, 332
Präsidium der Deutschen Touristikwirtschaft 493
Praxisschock 531
Preis

Lenkungsfunktion 519
Preisabsprachen 273
Preisangabenverordnung 374
Preisbindung 395, 396
Preisdifferenzierung 260, 295, 297, 345, 374, 393
Preiskonkurrenz 266, 269, 378, 379, 380
Preussag 399
Priceline 412
Prima Urlaub 392
Prinzip
  föderales 477
Privatisierung 403, 483, 509, 510
Privatreisen 8, 28, 265, 380, 382, 384
Privatreisende 8, 257, 265, 295, 296, 299, 332, 376
Privatzimmer 58, 59, 60, 360, 468
  Klassifikation 360
Pro Tours/RCE 392
Produktdifferenzierung 266, 297
Produktionsstufen
  nachgelagerte 397, 398, 400
  vorgelagerte 397, 398
Produktivität 39, 55, 64, 99, 102, 104, 106, 111, 123, 193, 205, 255, 258, 321, 386, 442, 448, 535
Produktivitätszuwachs
  durch CRS 405
Promenade 206, 223
Promotionsrecht 534
Prostituierte 136, 137, 222, 231, 233, 234, 235, 237
Prostitution 136, 234, 235, 236, 237
Prostitutionstourismus 136, 223, 236, 237
Provision 263, 369, 371, 377, 378, 379, 380, 382, 384, 387, 388, 389, 390, 391, 396, 402, 413
  Basisprovision 370, 392
  Staffelprovision 369, 377, 388, 389, 392
  Superprovision 377, 385, 386
Provisionskürzungen 370, 380
Provisionsstaffel 370
psychocentrics 156, 157, 158, 213
Punkt-zu-Punkt-Verkehr 269

Qantas 275, 285
QTA 392
queue-management 339

Rail & Fly 257
Rationalisierung 39, 64, 173, 176, 193, 202, 250, 407, 441
  der Arbeitswelt 173
Raumkosten 384

Ravensburger Spieleland 342, 343
Reader's Digest 173
Realität
  virtuelle 172
Reber Consult + Partner 412, 576
Rechtsform
  von Tourismusstellen 255, 491, 507, 508, 509, 510, 511
Reederei 240, 286, 287, 321, 324
refereed journals 540, 543
Régional Compagnie Aérienne Européenne 277
Regionalflug 265, 515
Regionalfluggesellschaften 265, 272, 277, 278, 279, 280, 284, 285, 301
Regionalflugzeuge 263, 279
Regression 169, 199, 210
Reise 2, 9
Reise Quelle 392
Reiseanalyse 21, 22, 23, 30, 32, 34, 35, 46, 47, 48, 51, 52, 53, 58, 61, 62, 63, 65, 66, 67, 69, 72, 83, 86, 97, 102, 116, 135, 136, 145, 151, 155, 159, 221, 222, 232, 513, 564, 570
Reiseausgaben 22, 26, 27, 28, 145, 419, 421, 422, 456, 457
Reisebedürfnis 107, 375
Reisebilanz 427, 428, 457
Reisebüro ‚Jugendtourist' 91
Reisebüro der DDR 92, 94
Reisebüro Kimmel 392
Reisebürokaufmann 529
Reisebürokette 363, 385, 386, 388, 392, 393, 396, 400, 402, 489, 492
Reisebürokooperationen 389, 392, 393
Reisebüros 4, 26, 32, 85, 91, 92, 94, 96, 142, 144, 148, 153, 155, 162, 193, 253, 273, 274, 283, 292, 302, 304, 316, 362, 363, 365, 367, 368, 369, 370, 371, 375, 376, 377, 378, 379, 380, 381, 382, 383, 384, 385, 386, 387, 388, 389, 390, 391, 392, 393, 394, 395, 396, 397, 398, 399, 400, 402, 403, 404, 405, 406, 407, 409, 410, 411, 412, 413, 414, 420, 422, 454, 456, 458, 472, 473, 482, 488, 489, 529, 536, 566, 574
  klassische 382
  branchenfremde 381
  Erlösrendite 388
  Kennzahlen 387
  konkursresistente 382
  Konzentrationsprozesse 389
  Mitarbeiter 405, 530
  nicht stationäre 386
  Online 411
  Standort 388
  stationäre 369, 370, 375, 376, 387

Umsatzrendite 388
unabhängige 389
Reisebüroterminals 405, 411
Reisebürovertrieb 369, 371, 391, 393, 395
  stationärer 371
Reisecenter Alltours 392
Reisechancen 60, 66, 76
Reiseentscheidung 22, 85, 107, 141, 142,
  143, 144, 145, 146, 148, 149, 150, 152,
  153, 154, 155, 156, 157, 159, 160, 161,
  162, 219, 246, 375
Reiseführer 175, 176, 177, 179, 180, 181,
  193, 225, 226, 250, 337, 507
Reisehäufigkeit 30, 62, 117
Reiseintensität 46, 48, 49, 60, 62, 63, 65,
  66, 69, 70, 86, 98, 117, 120
  Bruttoreiseintensität 30
  Nettoreiseintensität 30
Reiseland 144, 391, 392
Reiseleistungen 163, 364, 376, 386, 393,
  395, 396, 411, 414
Reiseleiter 108, 194, 199, 203, 527, 528,
  551
Reisemittlergewerbe 529
Reisemotivation 105, 107, 108, 117, 120,
  125, 126, 127, 137, 139, 141, 146, 168,
  204, 246, 334
Reisemotive 22, 23, 34, 112, 113, 115,
  134, 135, 183, 187, 207, 222
Reisende 6
  international 7
Reiseorganisation 26, 145, 192, 202, 203,
  250
Reiseorganisationsform 51, 85
Reiserecht 31, 32, 51, 52, 317, 365, 422,
  496, 502
Reiserechtsparagraph 31, 490
Reiserechtsrichtlinie 31, 365, 490, 493,
  496
Reiseregelmäßigkeit 48
Reiserichtlinien 143
Reisesozialisation 49, 68, 81, 83, 86, 87,
  147
  phasenspezifische 86
Reisestile 147, 221
Reisestiltyp 80, 221, 222
Reiseveranstalter 4, 31, 32, 33, 34, 48, 51,
  52, 54, 102, 145, 149, 154, 155, 158, 193,
  233, 240, 257, 265, 284, 287, 288, 289,
  291, 292, 302, 314, 317, 333, 340, 347,
  348, 349, 364, 365, 366, 367, 368, 369,
  370, 371, 372, 373, 374, 375, 376, 377,
  378, 380, 381, 382, 384, 385, 386, 387,
  388, 389, 391, 392, 393, 395, 396, 397,
  398, 399, 400, 401, 402, 403, 404, 405,
  406, 414, 419, 420, 446, 456, 457, 471,

473, 482, 483, 485, 489, 490, 494, 496,
  524, 528, 529, 530, 536, 567
  klassische 368
  mittlere 367
  rechtl. Def. 31
  virtuelle 367
Reiseverkehr 1, 2, 8, 11, 26, 27, 28, 55, 94,
  256, 426, 495, 519
Reiseverkehrskaufleute 527, 529, 530,
  535, 551, 552
Reiseverkehrskaufmann 321
Reiseverkehrsmittel 53
Reiseverläufe
  Grundformen 13
Reisevermittler 368, 388, 390, 489
Reiseversicherungen 376, 406
Reisevertrag 153, 263, 365, 377
Reisezielentfernung 202, 203
Reisezielentscheidung 111, 120, 146, 150,
  151, 154, 156, 157, 158, 159, 161
Reisezielwahl 53, 55, 83, 85, 107, 149, 156
Release-Periode 373
Renten 40, 67, 72, 104
Rentenversicherung 104
Rentner 89, 104, 320
Research Assessment Exercise (RAE)
  539, 541
Reservierungssysteme 362, 404, 405,
  407, 420, 499
  interne (IRS) 404
Restaurant 77, 189, 216, 343, 356, 472,
  535
Restaurantfachmann 529
Restaurants 8, 71, 176, 178, 215, 216, 243,
  304, 324, 340, 344, 346, 352, 355, 360,
  363, 406, 414, 423, 424, 430, 432, 441,
  464, 467, 468, 469, 471, 484, 507, 512
revenue management Siehe
  Ertragsmanagement
Rewe 287, 367, 379, 381, 392, 393, 399
Rezession 41, 42, 43, 46, 47, 74, 114, 340,
  450
Rheinland 503
Rheinland-Pfalz 29, 332, 503
Riesevermittlungsvertrag 377
Rimini 207, 208, 254
Rochester 177
Rock'n Roll 87
Roissy 303, 310
Rolle
  soziale 118
Rollstuhlfahrer 515, 516
Rom 4, 169, 202, 303
Roma
  Fiumicino 310
Rostock 96
Rotterdam 343

RSA 275
RSG 392
RTK 392
Rückräume 189, 216, 218
Rucksacktourismus 227
Rucksacktouristen 228, 229, 230
Rückzugsgesellschaft 94
RUF 367
Rügen 93
Ruhestand 67, 74
Ruhpolding 254
Ruhrgebiet 174, 243
Rumänien 92, 93, 94
Rundreise 14, 33, 137, 144, 169, 176, 187, 218, 340
Rüsselsheim 343
RWE 309
Ryanair 281, 282, 283, 284, 285, 300, 310, 410

Saab 270, 279
Saarbrücken
    Ensheim 309
Saarland 29, 331
SABRE 404, 405, 406, 407, 409, 412
Sachsen 29, 503
    Sächsische Schweiz 503
Sachsen-Anhalt 29
Safari Parks 327
Saisonpreise 371, 424
Salt Lake City 312, 336
Salzburg 177
San Francisco 181, 227, 260, 300, 339
San Jose State University 282
Sandals Hotelgruppe 403
Santiago de Compostella 114
SAS 272, 275, 277, 409
Sättigung
    psychische 126, 127, 128
Sättigungspotentiale 128
Scandinavian Leisure Group 369
Scharnow 287
Schengener Abkommen 17, 25
Schleswig-Holstein 29, 503
Schließung von Karrieren 549
Schlüsselqualifikationen 535, 551
    Definition 535
Schmetterling 392
Schottland 335
Schulferien 70, 506
Schwaben 504
Schwarzgeld 99
Schwarzmarkt 93
Schwarzwald 503
Schweden 73, 172, 291, 324, 369, 483

Schweiz 14, 15, 27, 51, 56, 57, 99, 118, 130, 158, 172, 173, 200, 213, 243, 256, 257, 275, 303, 347, 349, 362, 427, 431, 452, 453, 454, 455, 456, 459, 462, 478, 481, 486, 504, 519, 520
Schweiz der USA 173
Schweizen 172
Schweizer Bundesbahnen (SBB) 257, 453
Schweizer Panorama 172
Schweizer Reisekasse (Reka) 486
Schwerbehinderte 513
scope clauses 302
Sea Spirit from Center Parcs 343
Sealife Centre 8, 342, 348
SED 89, 90, 91, 94, 95, 97
Seebad 206, 331
Seenachtfest (Konstanz) 331
Seepassage-Komitee Deutschland (SPKD) 321
Sehenswürdigkeit 128, 158, 169, 175, 176, 178, 182, 183, 246, 426, 455, 518
Sekundärentscheidungen 146
Selbstentfremdung 118, 215
Selbstergänzung 124, 125, 126, 159
    symbolische 123, 125, 159
Selbststilisierung 158, 209, 211
Selbstverbesserung 123, 124
Seminarhotel Siehe Hotels
setting 196, 199
Sevilla 256
Sex 136, 235, 236, 237, 338, 366
Sextourismus 136, 233
Sextouristen 222, 231, 232, 233, 235, 236
    Definition 231
    weibliche 233, 236
Sexualität 107, 134, 136
    padophile 137
Seychellen 437
Sheffield 346
Shinkansen 256
Sicherheitsbedürfnisse 110
Singapore Airlines (SIA) 272, 275
Singapur 29, 158, 313
Sitzladefaktor 288, 291, 292
Skaleneffekt 271, 448
Skandinavien 323
Skilift 455
Skyteam 275
Skytrain 281, 284
Skywest Airlines 280
slots 268, 271, 307, 308, 499, 500
Slowakei 94
Slowenien 200, 275, 357
SN Brussels 280
SNCF 256
Social Sciences Citation Index (SSCI) 541, 544

Sokrates-Programm 534
Solidarität 104
  sozialistische 93
Solidarnosc 94
Solomon Islands 437
Sondertarife 57, 273, 294, 295, 296, 297, 298, 299
Song 285
Sortiment 52, 360, 380, 381, 385, 386, 399
Sortimentgestaltung 385
Sortimentsbereinigung 385, 386
South African Airways 275
Southampton 308
Southwest Airlines 281, 285, 312
Souvenirs 159, 181, 190, 250, 339, 464, 518
Sowjetunion 88, 91, 93, 94
soziale Differenzierung 60
Sozialhilfe 98
Sozialhilfeempfänger 99
Sozialisation 81, 82
  phasenspezifische 85
Sozialpolitik 90, 480, 497
Sozialstaat 101, 103, 104
Sozialtourismus 485, 486
Sozialversicherungsträger 331, 486
Sozioökonomisches Panel (SOEP) 40, 72, 75
Spanair 275, 291
Spanien 31, 50, 51, 96, 148, 149, 220, 244, 256, 275, 280, 291, 319, 358, 400, 402, 481, 528
Sparquote 438
Spezialveranstalter 366, 367
Spies 369
Spirit Airlines 285
Sporturlaub 34
Sprachgrenzen 200
Spring Break 70, 71
St. Moritz 349
Stadthotel Siehe Hotels
Standardpauschalreise 194
Standortmethode 11, 12, 14, 17, 18
Star Alliance 275, 313, 408
START 406, 409
Starwood 363
Stasi 89
Statistics Canada 471
Statistikrichtlinie
  europäische 25
Statistisches Amt der DDR 93
Statistisches Bundesamt 14, 15, 17, 18, 22, 28, 40, 41, 42, 64, 73, 74, 75, 100, 101, 103, 580
Statuspassage 159
Statusverlust 124
Steeplechase Park 336

Steigenberger 363
Steingaden 331
Stella Musical AG 347
Stereotyp 180, 181, 186, 240
Sterling Airlines 285
Stichprobenfehler 21
Stoffwechsel 123
Stralsund 200
Strand 33, 34, 71, 146, 148, 149, 157, 167, 194, 204, 206, 207, 209, 210, 211, 226, 334, 336, 366, 493, 518, 524
Strandroutine 209
Strandurlaub 33, 34, 51, 146, 149, 204, 205, 207, 209, 322
strategische Allianzen 274, 276, 277, 302, 409
Streckensysteme 269
strukturelle Überkapazität 295
Strukturvertrieb 375, 387
Studentenbewegung 223
Studienkreis für Tourismus 21, 23, 46, 47, 50, 52, 53, 66, 69, 83, 97, 207, 528, 570, 580
Studienmotivation 550
Studienreise 3, 33, 34, 62, 145, 146, 187, 194, 366, 528, 551
Studienreiseveranstalter 33, 371, 489
Studiosus 187, 367
Stuttgart 17, 29, 202, 224, 257, 287, 303, 326, 330, 331, 347, 348, 365, 400, 511, 530
  Echterdingen 303
Subsidiaritätsprinzip 38, 477, 478, 481, 482, 495, 496, 500, 501, 502
Subvention 431, 464, 482, 485, 498, 506, 517, 523
Südafrika 158, 167
Südamerika 50, 271, 321
Südflug 287
Südkorea 237, 275
Südostasien 136, 225, 233, 236, 237, 271, 321, 495
Südsee 246, 322
Südtirol 51, 200
Suhl 93
Sun Parcs 343, 344, 345
Sunny Cars 316
Suprastruktur 326
Surfer's Paradise 201
Suurhusen 177, 178
Sverigebilden 483
Swearingen 515, 516
Swedish Travel and Tourism Council 483
Swiss 262, 275, 277
Sydney 181, 202, 466, 467, 468
Syrien 224

Systemgastronomie 360, 363

Tableau Economique 445
Tagesgeschäftsreisen 5
Tallahassee 202
TAP Air Portugal 275
Tarifpflicht 260, 291
Tarom 275
Tauschbeziehung 215
Technisierung 118
Ted 285
Teilstrecken 271, 298
Terminal 304, 309, 311, 313, 406
terms of trade 449, 450, 466, 468
Terroranschläge 54, 113, 306, 313, 402
Tessin 224
Texas 281
TGV 256, 303, 340
Thai Airways 275
Thailand 137, 225, 233, 237, 275, 284, 290, 555
Themenhotel Siehe Hotels
Themenparks 327, 335, 340, 341, 342, 343, 344, 348, 354, 358
Thomas Cook 287, 291, 367, 392, 400, 403
Thomas Cook Belgium 291
Thomas Cook Reisebüro 392
Thomas Cook UK 291
Thomas-Theorem 152
Thomson 322, 374, 400, 402, 537, 575
Thomsonfly 291
THR 399
Three-Way-Roadhouse 202
Thüringen 29
Ticketautomat 410
Ticketgroßhändler Siehe Consolidator
Tickets
    elektronische 381, 411
Tirol 343, 349
Tivoli 181, 336
Tjæreborg 399
TMCV 392
Tokyo 245, 335
Torcello 187, 189, 190
Toronto 312
Torremolinos 71
Tour 2
Tour Contact 392
Tour Vanuatu 484
Tourism Canada 422, 471
Tourism Concern 494
Tourismus
    rationalisierter 176, 230
Tourismusämter 431
Tourismusausgaben 418, 429, 446

Tourismusbeirat 503
Tourismusberufe 470, 527, 528, 529
    repräsentative 528
    typische 528
Tourismusbetriebswirtschaft 531, 549, 551
Tourismusdichte 28
Tourismusförderung 237, 502, 503, 504, 506
Tourismusgemeinde 482, 525
Tourismusintensität 28, 29, 328, 431
Tourismuskritik 118, 120, 177, 186, 195, 244, 246, 247, 366
Tourismus-Marketing Brandenburg GmbH 511
Tourismusort 188, 206, 216, 240, 243, 328, 329, 330, 332, 333, 334, 404, 491, 505, 525, 526
    im engeren Sinne 328, 329, 330, 332
    im weiteren Sinne 328, 332, 333
Tourismuspolitik 334, 475, 477, 478, 480, 481, 482, 483, 495, 496, 497, 501, 502, 503, 504, 505, 510, 518, 519, 522, 524
    direkte 480, 481
    indirekte 480, 481
Tourismuspolitischer Bericht 457, 501, 502
Tourismus-Satellitenkonto 5, 471
Tourismusstatistik
    europäische 25
Tourismusstelle 158, 333, 334, 419, 482, 492, 506, 507, 508, 509, 510, 511, 512, 528, 529, 530, 536, 549
    Amt 508, 509, 549
    Eigenbetrieb 508, 509, 510, 512, 549
    GmbH 508, 509, 511, 512
    Verein 508, 509
Tourismusverbände 5, 24, 54, 431, 492
Tourismuswirtschaft
    öffentliche 482, 493
Tourist 2, 4, 9
    Definition 4
Tourist Informationen 431
Touristik 3, 4, 90, 366, 376, 380, 382, 400, 412, 413, 488, 530
Touristik Express 392
Touristikbüros 381, 382
Touristikfachwirt 530
TouristikZug 256
Touropa 287
Trans World Airlines (TWA) 272, 281
Transaktionsgebühr 384
Transaktionskosten 384
Transavia Airlines 291
Transfer 282, 284, 316, 364, 398, 551
Transportmittelmethode 11, 17
Travel Manager 143

Travel Overland 226, 392
Travel Unie International 369
Travelocity 412
Travelport 409
Travemünde 324
Treibhausgase 518
Tschechien 275, 357
Tschechoslowakei 92, 93, 94
TSS 392
TUI 102, 284, 286, 287, 291, 314, 366, 367, 369, 391, 392, 393, 399, 400, 403, 406, 409, 412, 489, 492, 524, 576
TUI Belgium 291
TUI Cars 316
TUI Reise Center 392, 399
TUI Travel Star 392
Tunesien 50, 148, 400
Tupolev 258, 263
Türkei 50, 51, 148, 224, 225, 227, 366, 367, 402, 437, 493
Turnusreisen 322
TVG 392

Überbuchung 292, 293, 372
Überlingen 191
Übernachtungsdichte 28
überschnittene Angebote 154
Überverkauf 293, 294
UdSSR 92, 94, 445
UK Tourism Survey 24, 25
Umkehrzeiten 282, 283
Umsatzstufen 377, 436
Umsatzverschiebung 431, 460
Umsteigeverbindung 18, 271, 290
Umverteilung 102
Umwelt 3, 54, 66, 85, 106, 108, 111, 123, 124, 126, 135, 151, 161, 167, 168, 170, 174, 181, 182, 185, 186, 195, 196, 197, 203, 210, 211, 213, 218, 231, 241, 245, 247, 249, 271, 451, 496, 502, 512, 516, 517, 518, 526
Umweltauflagen 517, 522
Umweltbundesamt 517, 518
Umweltgütezeichen 525
  Blaue Flagge 525
  Blauer Engel 525
  Grüner Koffer 525
Umweltpolitik 517, 518, 521
  Instrumente 517
Umweltschutz 522
Ungarn 92, 93, 94, 357
United Airlines 274, 275, 276, 312, 407, 409
United Express 278, 300
United Nations (UN) 4, 5, 6, 7, 9, 26, 28, 260, 454, 471, 472, 495, 517

Universität 71, 531, 532, 533, 534, 536, 546, 547
Universität Konstanz 533, 534, 582
uno actu-Prinzip 349
Unterengadin 172
Unternehmen
  virtuelle 367, 368
Urlaub 9
Urlaub auf dem Lande 501
Urlauber 9, 10
Urlaubsaktivität 135, 136, 231
Urlaubsanspruch 38, 39, 90, 91, 128
Urlaubsparadies 114, 115
Urlaubsregelung 4, 38, 115, 531
Urlaubsreisearten 30
Urlaubsreiseintensität 29
Urlaubsreisen 8, 9, 10, 19, 22, 23, 26, 30, 34, 35, 38, 42, 46, 47, 48, 50, 52, 53, 54, 57, 62, 65, 69, 85, 87, 90, 91, 92, 95, 102, 111, 114, 115, 116, 117, 126, 128, 133, 135, 141, 144, 152, 168, 186, 221, 231, 254, 256, 288, 324, 330, 341, 412, 446, 457, 485, 486, 516, 519, 570
  längere 10
Urlaubsreisende 10
US Airways 274, 275, 280, 312
US Airways Express 280, 300
USA 49, 68, 71, 73, 81, 113, 116, 127, 157, 173, 223, 235, 244, 245, 260, 261, 266, 267, 270, 271, 272, 274, 275, 276, 278, 279, 280, 281, 283, 284, 285, 291, 300, 301, 302, 313, 321, 336, 340, 342, 345, 347, 356, 364, 374, 386, 403, 404, 405, 406, 407, 408, 411, 412, 425, 437, 445, 484, 490, 491, 498, 499, 523, 537, 542, 543, 545, 549, 583
USA Interactive 411
USAir Siehe US Airways

Vamos 367
Vanuatu 484
VARIG 272
Varta-Hotelführer 360
Vauxhall Gardens 336
VEB Deutsche Lufthansa 287
Venedig 131, 187
Veranstalterarten 366, 367
Veranstalterreise 4, 31, 32, 51, 52, 145, 153, 193, 260, 364, 366, 368, 376, 396, 412
Veranstaltungen 58, 318, 327, 329, 331, 333, 334, 347, 506, 529
Verband Deutsches Reisemanagement (VDR) 142, 143, 582

Verbände 379, 478, 486, 487, 488, 489, 490, 491, 492, 493, 494, 495, 503, 505, 530
 im öffentlichen Tourismus 491
Verbandskonkurrenz 488
Vereinsgesetz 508
Vereinte Nationen Siehe United Nations
Vergnügungszentren 328
Verkaufssteuerung 369, 398
Verkehrsamt 328, 329, 333, 483, 491
Verkehrsmittelwahl 143, 192, 519
Verkehrspolitik 54, 255, 496, 498, 517, 519
Verkehrsverein 155, 325, 507, 509, 510
Vermögenseinkommen 42, 43, 47, 72, 104
Versailles 177
Versicherungsvertragsgesetz (VVG) 377
Vertriebsbindung 399
Verwandten- und Bekanntenbesuche 11, 34
Videokonferenz 112
Vielfliegerprogramme 143
Vietnam 184, 225
Virgin Blue 285
Vnà 172
Völklingen 175
volkswirtschaftliche Gesamtrechnung 5, 425, 471, 472, 473, 474
Vollpauschalreise 203
Vollreisebüro 381, 382
Vorfelddienste 306, 310
Vorleistungen 431, 435, 437, 442, 443, 444, 446, 447, 454, 455, 459, 462, 463, 464

Wahlen 20, 77, 88, 145, 478
Wahrnehmung, optische 179
Wandel
 sozialer 62, 81, 477
Wandervogel 223
Warschau 94, 201
Washington D.C. 490
Wattenmeer 160, 524
Weimarer Republik 38, 41
Weiterbildung 44, 527, 530, 533, 535
Wellington 310
Weltkulturerbe 175
Welttourismusorganisation 5
Welttourismusorganisation (UNWTO) 5, 6, 7, 8, 9, 17, 18, 26, 495
Werbefahrten 318, 320
Werklieferungsvertrag 365
Werkvertrag 377
Wertewandel 45

Wertschöpfung 107, 314, 348, 398, 399, 410, 437, 442, 443, 444, 446, 452, 454, 455, 456, 457, 459, 462, 464, 467, 485, 524
 regionale 458
Wertschöpfungskette 368, 397, 398, 408, 443, 444, 455, 459
 vertikale 402
Wertschöpfungsmodell 442, 445
West Edmonton Mall 345, 346
West Samoa 437
WestJet Airlines 285
wet lease 279
Wettbewerbsrecht 395, 500
Wettbewerbstheorie 397
Who (Popgruppe) 87
Wienerwald 363, 390
Windhuk 197
 Katutura 197
Winglets 259
Wirklichkeit
 inszenierte (staged authenticity) 188, 189
Wirtschaftspolitik 479, 480
Wirtschaftszweig 107, 417, 420, 421, 428, 429, 430, 436, 443, 445, 449, 452, 453, 454, 455, 458, 462, 464, 465, 466, 480, 487, 527
Wochenarbeitszeit 38, 39, 40, 41, 98, 123, 128
Wohlfahrtsverlust 498
Wohlstandsnomaden 224, 225, 226
Wohneigentumsquote 72
Wohnortmethode 11, 12, 19, 20, 25, 26, 421
 Nachteile 20
 Vorteile 19
Wolfsburg 175, 302, 342
World Airways 291
World Trade Organisation (WTO) 5
World Travel and Tourism Council (WTTC) 419, 494, 584
World Travel Monitor (WTM) 24
Worldspan 404, 409, 412
World-Wide Fund for Nature (WWF) 494
Worms 531
WTO Siehe Welttourismusorganisation (UNWTO)

Yardbirds 87
yield management Siehe Ertragsmanagement
Yulara 202

Zahlungsbilanz 26, 27, 28, 423, 426, 450, 482
Zahlungsmittel 27, 422
Zauberberg 129, 130, 133, 170
Zeit
  soziale 170
Zeitempfinden 129, 133, 210
Zeiterleben 129, 169, 170
Zeitgefühl 129
Zeitsouveränität 139, 168, 170, 205
Zermatt 519
Zielgebiete 26, 233, 316, 366, 367, 386, 403, 506
Zielgebietsagenturen 367
Zielgebietskenntnisse 375

Zimmervermittlung 16, 506
Zubringerdienste 265, 278, 300, 301
Zubringerschutzgürtel 300
Zufallshandeln 148
Zürich 271, 330, 458
  Kloten 271, 303, 314
Zürs 484
Zwangsverbände 487
Zweidrittelgesellschaft 43
Zweit- und Drittreisen 19, 30
  Reisezeitpunkte 30
Zweitwohnungssteuer 507
Zwischenlandung 261, 269, 289, 298
Zwischenstück 289, 290
Zypern 241, 242, 437